上海交通大学
百年报刊集成

第一辑（1896—1949）

学 术 学 科

理学卷（第二册）

上海交通大学
档案文博管理中心 编

上海交通大学出版社
SHANGHAI JIAO TONG UNIVERSITY PRESS

目　录

《科学通讯》简介

该刊系综合性自然科学月刊。1935 年 4 月在上海创刊,1937 年 6 月停刊。每学年 8 期(三、四、五、六、十、十一、十二、一月各一册),共出 3 卷 19 期。本册收录全部期号,包括第 1—8 期、第 2 卷第 1—8 期、第 3 卷第 1—3 期。

该刊由交通大学科学学院编辑,交通大学出版委员会发行。交大科学学院成立于 1930 年,下设数学、物理、化学 3 系,课程设置理论与实用并重。该刊编辑委员会成员有:裘维裕(科学学院院长兼物理系主任)、徐名材(化学系主任)、胡敦复(数学系主任)、顾澄(总编辑)、范会国(数学系教授)、武崇林(数学系教授)、周铭(物理系教授)、胡刚复(物理系教授)、时昭涵(化学系教授)、丁嗣贤(化学系教授),皆为科学学院任课教师[①]。

刊名由时任交通大学校长黎照寰题写。黎照寰在第一期《弁言》中提出"科学之昌明关系文化之盛衰,国家之强弱,我国科学推行不广,无相互之研究高深之探讨"是创办该刊最大的一个原因,"有鉴于此,欲救其失"。[②] 时任交大科学学院院长兼物理系主任的裘维裕在《发刊大意》提出"本刊要旨约有四端:一,以备中学教员之顾问;二,以资大学学生之参考;三,以助无师自修者之研究;四,则本校校友散处各地,借兹一编,可相切磋"。并且,说明其四尤为重要,"此尤为本刊目的之所在,通讯二字所由起"。[③]

栏目设有谈言、教材、丛录、书评、通信、消息、参考、专载等八栏,限于篇幅,每期栏目有调整。(1)谈言——对抽象的科学根本问题,以"借物引喻""设例指明"等方式,"提其要旨所在",以期对"阅者有举一反三之益";本栏还收录可备教学两方采用的教授法或研究法等文章;(2)教材——"取中学教材之理论较奥者,或教科书限于篇幅不能详尽者,或大

---

① 科学学院科学通讯编辑委员会:《科学通讯》1935 年第 1 期,封三。
② 黎照寰:《弁言》,《科学通讯》1935 年第 1 期,第 1 页。
③ 裘维裕:《发刊大意》,《科学通讯》1935 年第 1 期,第 3 页。

学教材与中学教材之基本观念有关者,择要说明,不厌详尽",以备中学教师、大学生及高中学生参考学习之用;(3)丛录——"凡中外科学杂志或名人著作或前贤传记颇有趣味之处,择要转录以供同嗜";(4)书评——"中外科学专书于教科或参考有关者,随时绍介或加评语以资讨论";(5)通信——"本刊要旨在嘤鸣求友,凡阅本刊遇有疑义者,极望通信赐教,同人必视力所能及详尽做答"。创刊号即刊载国外 A. Baranoff 的来信"EDUCATIONAL PLAN OF THE SCHOOL AT MOLLEVANGEN, DENMARK";(6)消息——"海内外科学要闻随时绍介";(7)参考——"凡科学中常用之重要常数,或重要公式无论旧有或新见,择要登载,备阅者得之可省翻阅他书之劳,而有应用之益";(8)专载——介绍数理名著,"仿函授之法,作讲义之体,以供自修之用"。[①]

该刊所刊文章多为长篇论著,有的甚至需要连载数期才能完成,如第一期所载《近代几何之导引》,连续登载了 19 期之多。刊物文章有的是师生们撰写的学术论文,有的是从国外翻译过来的文章,有的刊号中译著较多,几近 1/3。刊物作者或译者主要是交通大学教师,如第一期中顾澄、范会国、武崇林、徐名材等即为当时的任课教师。也有学生作者(译者),如第一期中汤明奇(1937 届电机工程学院)、又如第 6 期程嘉垕(1936 届机械工程学院)、郭钟福(1936 届化学系)等皆为当时的在校学生。这些信息反映了 20 世纪 30 年代交通大学师生对当时国内外科学发展极为关注,也反映了交通大学浓厚的科学研究风气。

---

① 裘维裕:《发刊大意》,《科学通讯》1935 年第 1 期,第 3 页。

科學通訊

黎照寰

第 一 期

中華民國二十四年四月　　　上海交通大學科學學院編輯

弁　言

　　科學之昌明關係文化之盛衰國家之强弱。此近世學者所以努力求之而國家所以竭力倡之者也。我國向以科舉取士,但重文章,未知科學。間有發明者一二傑出之士千百年千萬人中所僅見者也。降至清季,始倡新學。然而推行不廣,學者不多。故遠不能追踪歐洲,近不能爭勝日本。上下呼號者數十年,遠近留學者更不知若干輩,仍不能與人並駕齊驅。其故雖多,而無相互之研究高深之探討,則其最著者焉。

　　吾校科學學院之編印科學通訊即有鑒於此,欲救其失。然獨力不勝,甚望海內宏達聞風興起共同赴之,使吾國數千年之文化數千年之國祚均不致自我而斬,則幸甚矣。瞻念前途,我心何極。

　　　　　　　　　民國二十四年四月黎照寰

上海交通大学百年报刊集成·第一辑（1896—1949）·学术学科

交大季刊

每册大洋三角　全年壹元　　本校出版處發行　各地書局代售

第十二期工程號要目
世界自動車事業檢討
紐約御鐵隧道之計劃和建築及管理
區房子指數與蓄水工程
機車房之規劃及佈置
兩車之壓力（英文）
三相電力機車之計劃與驗用之研究（英文）
變一個單相變壓器由三相變成二相之理論
射水器原理
交流感應電動機試驗報告
膠濟鐵路四方機廠實習總報告
工程雜記

第十三期科學號要目
由東博山玻璃工業概況
聲振數之絕對依與其等勁之個數之關係
液體在大束體內運動之流態
磁學概要
橡膠乳計之工業應用
出席高國數學年會之經過
暑期工業考察報告
科學學院概況
研究所油漆試驗室報告

第十四期要目
宇宙成因論
公共車輛概說
全國學界志會試驗路線澄複
潮滿時代海上交通查
中國運輸之經濟觀
兩年間鐵路護理文學制度之概述
恩俾料性鋼院工程實行概況
劉少巴黎往事之雜感
尾關海之雜考
學生旅遊序
說宋正聲身省

第十五期管理號要目
論積分 $\int LF(x,y)dx$ 之極大極小是否為變分學中之問題
最高國問題
電力燈光的新優性
美國時代的都市交通查
橡皮製造之概要
潮汗電壓及技術車之檢驗
幫與中國管理問題之研究
改革教育及等科與鐵路之前途
島村生活之科學化與經濟計畫
正太鐵路機廠實習總報告
公路視測報告

管理學院叢書

1.	鐵道經濟論叢	鍾偉成編	每冊大洋二角
2.	東北鐵路問題之研究	王同文著	上下冊合購壹元二角
3.	吾國鐵路枕木問題之研究	楊塨　王以燧著　陳菁纏	每冊大洋四角
4.	鐵路估值	凃忑著	每冊大洋二角

發行者　上海徐家匯交通大學管理學院

代售處　各地大書局

科學通訊

第一期　目錄

國立交通大學研究所

本所成立以來設置（一）工業研究部分設設計材料機械電氣物理化學等組（二）經濟研究部分設社會經濟實業經濟交通管理會計統計等組除按照所訂計畫進行研究外歷承各路局各機關（如中國工程師學會上海市公用局義興公司等）託辦各項研究及試驗工作薄有貢獻關於上列諸組事項如蒙各界垂詢請惠臨上海徐家匯本所面洽或函商可也此布

溝渠工程學

是書為本大學土木工程學教授顧康樂所著。係參考中西工程書籍雜誌，採擇各著之精粹而成。書凡十四章，詳述溝渠設計，建築與養護之原理及方法。舉凡污水量，暴雨水量，溝渠水力學，溝渠系統設計，溝渠附屬品，污水抽升，管圈設計，開掘填覆，列板撐檔以及施工之實際進行，無不條分縷析，詳為解釋。至於插圖之豐富，文字之簡明，尚其餘事。

▲商務印書館出版，定價一元八角。

發 刊 大 意

裘 維 裕

本刊要旨約有四端：一，以備中學教員之顧問；二，以資大學學生之參考；三，以助無師自修者之研究；四則本校校友散處各地，藉茲一編可相切磋，此尤本刊目的之所在，通訊二字所由起，全刊內容，約分八欄，略述如次：

（一）談言：　凡與科學根本問題有關，或於應用之際須注意其應用條件者，往往理極抽象，出以嚴格之論初學不易澈底了解，倘借物引喻或設例指明，釋以粗淺之語提其要旨所在，則理論雖不周密而頗能引人注意；或於閱者有舉一反三之益。此外凡關於教授法或研究法等可備教學兩方採用者，亦歸入此欄。

（二）教材：　去年中學理科教員暑期講習班，時期太促，本校同人覺尚有未盡之責。故本刊一部份，取中學教材之理論較奧者，或教科書限於篇幅不能詳盡者，或大學教材與中學教材之基本觀念有關者，擇要說明，不厭詳盡，以備中學教師之參考及高中學生預備升入大學理工各科者之習讀；一部份取大學理科教材之繁賾曲折或貌似簡易而實難澈底了解者，詳細說明備大學學生之參考。

（三）叢錄：　凡中外科學雜誌或名人著作或前賢傳記頗有趣味之處，擇要轉錄以供同嗜。

（四）書評：　中外科學專書於教科或參考有關者，隨時紹介或

加評語以資討論。

（五）通信：　本刊要旨首在嚶鳴求友,凡閱本刊遇有疑義者,極望通信賜教,同人必視力所能及詳盡作答。

（六）消息：　海內外科學要聞隨時紹介。

（七）參考：　凡科學中常用之重要常數,或重要公式無論舊有或新見,擇要登載,備閱者得之可省翻閱他書之勞而有應用之益。

（八）專載：　現在中小學教員因困於環境,無力入大學研究而於授課之暇盡力自修者頗多。惟各國有統系之名著文字皆過謹嚴,自修不易十分了解,尋常大學課本又僅略舉要點,詳細講解付諸教師,自修頗感困難。故本刊設專載一項,仿函授之法,作講義之體,以供自修之用;大學研究生讀之亦可獲益。

惟以上八欄因限於篇幅不能每期盡有,只能視各稿之輕重緩急於出版之際斟酌付刊。

本刊同人均在校擔任課務及研究工作撰稿皆於百忙中抽暇為之。偶有疏漏,自不能免。海內大雅幸賜匡正。

談 言

無理數論究竟要不要

顧 澄

尋常中學代數中, 2 之平方根為 $\sqrt{2}$, a 之立方根為 $\sqrt[3]{a}$, 5 之對數為 log5, 各視作一數, 在任何計算之中, 按照根數對數之化法及四則, 隨意計算。絕不發生何種困難。遇及實用, 只須用開方查表等法將其求至所需小數位為止, 亦不發生何種問題。故中學生甚至大學一二年生皆覺無理數'無特加注意之必要。

及讀實變數數函論或無窮級數論等, 劈頭來一數系或實數論, 用種種方法討論無理數, 或用 Dedekind 之分裁 (Section) 或用 Cantor 之規則敘列 (Regular Sequence) 或用 Knopp 之節套 (Nest of intereals). 甚至推而廣之, 凡敘列或級數之不收斂者亦可以其上下限($\neq \pm \infty$ 時)定無理數。種種說法, 弄得讀者頭昏目眩, 究為何事!

所以人言無理數在代數中本是一尋常淺顯之物, 實數函論或他種高等解析裝門面擺架子, 必要開頭來一大篇無理數, 愈要講得明白愈使學生糊塗。學生本來未嘗不明白無理數, 一讀此類無理數論, 玄之又玄, 反因此不明白起來, 真是數學中之魔道! 故無論何種高析, 凡開頭有涉及無理數論者皆應先將刪去然後令學生學習。此種論調, 風行一時, 究竟對否?不佞敢堅決斷言此但知

---

* 此應稱實數論, 本文因特注重無理數, 故稱無理數論, 使易醒目。

解析之皮毛不知解析之眞相者所言,不對!決不對!

至此種論調之起,實因無論各書如何注重無理數論,如何力言無理數論爲解析之基礎,學生讀過之後,往往仍不能明其重要所在。蓋各書但提及其重要,而未詳言其因何重要;但言其爲近代解析之基礎,而未詳言何以無此則基礎不穩。至其所以如此,實因未講無理數論前,就著書之統系論,無法詳言及此;既講無理論後,仍須循序進論一切,無法取將論未論者預先總起來將其與無理數之重要關係作詳細之說明;故只能於進行一切之際令讀者自悟。此如初等代數開頭講負數之際,亦只能以一二語提明其重要而無法言其重要之所以然,只能俟讀者逐漸讀下去自悟其重要之所在。但程度稍差之學生於讀無理數論之際,因其理論周密只能集中腦力於無理數之本身,無暇再聯想到其與初高等微積有何關係;讀完無理數論之後,又因以前習慣形式計算,但注意記號之運用算式之變化而不再深思記號所代者爲何物。甚至極通用之公式如 $\dfrac{d}{dx}x^{\mu}=\mu x^{\mu-1}$ 仍以爲不論 x, μ 爲何數此式必能應用。至此,所讀之無理數已無異完全忘却,點組論(theory of set of points)更弄不清,須應用點組論之處(此實實數函數論之主要地方,一切高等解析之精神所在)只能糊塗過去。所讀函數論之結果仍是死記些公式定理,與前讀初高等微積只講形式運算而不重理論硏究時所得知識仍是一樣。於是終身但覺無理數論點組論等之討厭而無用。讀任何高等解析須刪去無理數論之主張大抵皆此輩所發。

本談要旨專爲此種讀讀過無理數論尙不知其重要者說法故不談無理數論之本身,而略談其重要所在,同時又欲引起未讀無理數論者之注意。故以下皆用極淺之例說明無理數論之作用

及就易於懷疑之點略加解釋以爲初學之一助。至實數論(包括無理數論)之本身,本刊下期另有專載,此係談言,不便加入。

(A)　無理數論之重要所在

無理數論之重要究在何處,必讀過點組論無窮級數論及與此二者相關之微積分論者方能知,此非短篇所能詳只能略說數語於次:

不明無理數論,決不能明點組論;不明點組論,決不能明一切高等解析(此指注重理論之高等解析,非指但講形式計算之高等解析,必理論高等解析眞明而後初等解析之應用方能無誤,此俟另文論之), 尤其是實數函數論。又不明無理數論,決不能明近代無窮級數論及無窮積論之眞義,高等解析之較深者幾無不與此二者相關,故可一言以蔽之曰不明無理數論決不能讀一切高等解析。(近代幾何近代代數之較深處亦有與點組論或函數論相關者,如是則以簡接影響論,無理數論之重要幾與一切高等數學有關)。

以上云云,旣非短篇所能詳,故以下但就初讀無理數論者易於懷疑之點說明之。

(B)　無理數在初等代數及解析中地位不同,$\sqrt{2}$ 是何物。

如前所言,無理數在尋常代數中,似與有理數相類,無須特別重視者。實因尋常代數中每題所用之數皆爲有窮個常數;卽所謂未知數雖有時謂之變數,不過藉與高等數學聯絡,純是一種名稱上之便利,其實仍是求能適合於某方程式之若干常數而已。例如求一變數二次方程式

$$x^2 - 4x + 2 = 0 \qquad\qquad (1)$$

之根,得

$$x=2\pm\sqrt{2} \tag{2}$$

此 x 之兩值。仍各爲確定之數（與代表無窮個數之變數不同）。此 $\sqrt{2}$ 儘可如此寫法,無須再加討論。遇此爲應用問題之結果,亦只須用開方法求至所需之小數位爲止。

但令 $$y=x^2-4x+2 \tag{3}$$

而細考 x 自 0 至 4 時 y 之情形如何,卽可略知無理數之重要。

難者曰。 欲知此 y 隨 x 之變化甚易,只要用解析幾何之法將此式作成一圖,其全體變化卽可一目了然。且此圖爲一抛物線,作法甚易,與無理數有何關係。

答曰 籠統言之,誠是如此。稍一分析,難處立見。此可作抛物線,但

$$y=\sum_{0}^{\infty} a^{n}\cos b^{n}\pi x, \quad (0<a<1, \quad ab>H\tfrac{3}{2}\pi, \quad b\ 爲奇數)$$

如何作法。今以(3)爲例,乃與(1),(2)連帶言之,求淺顯耳。試問 $x=\sqrt{2}$ 之點在 x 軸上如何作法*。欲知此點所在須先確知 $\sqrt{2}$ 爲何數。如云用開方之法 $\sqrt{2}=1.4$, 然 1.4 之平方並不是 2,如再開一位令 $\sqrt{2}=1.41$, 然 1.41 之平方仍不是 2; 再開幾位令 $\sqrt{2}=1.4142135$, 然 1.4142135 之平方仍不是 2.卽再開一百位亦是無用,其結果之平方決不是 2.卽此可知 $\sqrt{2}$ 之眞相尙不能知,x=$\sqrt{2}$之點尙不能作,遑論 y 之圖。

難者曰。 此眞强辭奪理,前後矛盾。(2)中之 $\sqrt{2}$ 旣可求至所

*此雖可用幾何作圖法,卽每邊之長爲一單位時,其對角線之長爲 $\sqrt{2}$, 但無理數之種類甚多不能用幾何作圖法作出者多至不可數計。此處以 $\sqrt{2}$ 爲例不過爲便計耳,閱者勿以辭害意。又此處注重在 $\sqrt{2}$ 爲何物。所謂 x 軸上作表 $\sqrt{2}$ 之點不過借此說說而已。

需小數位止,此亦何嘗不可求至所需小數位,不必說求至七位,卽求至四位,作圖已極精密;$\sqrt{2}$之開不盡誰不知,何必要你如此說法。

答。　(2)只有一個$\sqrt{2}$之單獨結果,故只須求至所需小數位爲止。今 x 軸上有無窮個無理數;不但如此,甚至無論如何接近之兩無理數間亦有無窮個無理數;倘統統馬馬虎虎求若干位小數作之,勢必有許多分不出大小,稍一隨意必至亂七八糟次序顚到,數之次序尙分不清,還講函數!

難者曰。　$\sqrt{2}$雖開不完,但無論有如何多之無理數,只要皆求至第 m 位小數,其大小次序必能顯出,何至有分不出大小之虞。

答。　此語似是而實非,其病卽在「無論有如何多」六字。須知無理數之個數如有窮盡,固無論有一千個或一萬個終能求得一 m 使各求至第 m 位小數爲止時各數之大小次序皆能明白。但無理數之個數爲無窮,則此種 m 卽求不到;詳言之,凡不同之無理數有自第十一位小數起始異者(卽第十一位小數前之數字全同,至第十一位小數之數字始不同),有自第一百零一位小數起始異者,有自第一萬零一位小數起始異者,有自第一百萬,一千萬,一萬萬……零一位小數起始異者。你這個m 顧了一萬位顧不了一萬零一位,顧了一百萬位顧不了一百萬零一位,……有定之 m 如何能馭無窮之變化(旣云各求至 m 位小數,此 m 必是確定之數)!如用一活動之 m 以定無理數之大小與位置則已涉及無理數論之範圍(一活動之 m 再加一個可任意小之 ε, 卽可生出定無理數之法)。此非反對無理數者所能知也。

**　無窮不是數,無窮個指其個數多至無窮無盡,非若三個之三確有其數也。

（C）　無理數之小數與分數之小數有何分別？

學生讀無理數論之際,常覺以分數化爲小數亦大抵爲不盡小數.例如 $\frac{1}{3}$ = ·333···,此 ·333··· 亦無論寫至小數第幾位止,以 3 乘之不能得 1, 正與 1·414··· 無論寫至小數第幾位小數止,平方之不能得 2 相同,旣可以 ·333··· 表 $\frac{1}{3}$, 何嘗不可以 1·414··· 表 $\sqrt{2}$,何必作許多討論,以敍列

$$1, \quad 1·4, \quad 1·41, \quad 1·414, \quad ··· \tag{1}$$

表 $\sqrt{2}$.

釋之曰　·333··· 中有 ··· 之處一直是3, 不全寫出已可知其全體。1·414··· 中 ··· 之處旣非皆是 4, 亦非皆是 14 或 414; 用開方法無論開幾位,開到何處只能知到何處,以下如何仍不能知。且 ·333· 雖不能以 3 乘之仍能得 1,然以循環小數之化法化之仍能得 $\frac{1}{3}$;而 1·414··· 則無法將其復化爲 $\sqrt{2}$.故1·414··· 與 ·333··· 外貌雖同而性質實大異。要之凡表分數之小數皆是循環小數,知其循環節即無異知其全體(因可照其循環節一直想下去,無論第幾位小數一想即得);凡表無理數之小數皆非循環小數,旣無循環節則無論求至第幾位小數終不能知其全體,故 $\sqrt{2}$ 不能以 1·414··· 表之,必以敍列(1)表之始能明其眞相。　　　　　　　　（未完）

教　材

化學試驗補充材料

陳同素選譯

1. 肥皂中之游離碱

純粹之肥皂（如梨牌肥皂）不含游離碱,可用以與他種肥皂（如普通之洗衣肥皂）比較其不同之點,甚為簡易。

法將每種肥皂切成屑片,各取等重分別溶於100cc 水與 50cc 之95％醇之混合液中。此醇中之水足以顯明游離碱之離子。乃各滴 phenolphthalein 液二滴於上述之溶液中,則普通肥皂之溶液即呈紅色,而另一溶液則仍為無色,溶液最好盛於玻筒之內。

2. 木炭過濾

取玻璃燈罩一個,裝一塞,穿孔,插入長約6Cm 之玻管,管端套橡皮管一段附一撧夾。將燈罩倒置於鐵圈上。先填以棉絮等物約2Cm 深,然後裝入骨炭粒至燈罩收縮處。在燈罩之上再安置一鐵圈其直徑較一500cc 燒瓶之直徑略小。另取一燒瓶,瓶口亦裝一塞,中鑽一孔,直徑約 $1-\frac{1}{4}$ Cm.

瓶內盛以 Methyl violet 之稀溶液,乃用右手執瓶斜入鐵圈,同時左手即在圈內接之而以大姆指按住塞中之孔。遂倒放入圈,左

手大姆指亦同時離去。瓶頸插入燈罩底部至少4Cm.任液流滿燈
罩,乃將掀夾旋開,使液流出約每秒鐘數滴,此時流出液體即清澄
無色。用過木炭可取出放入密閉之鐵皿內熱之半時復可應用。此
法比舊法之須早先用木炭煑沸溶液者實簡捷多多,良以此法可
於上課前臨時作之,且自動表演也。

3.　自酸性硫酸鈉製食鹽

在製造鹽酸時係用一分子之硫酸與一分子之食鹽相作用,
乃生成酸性硫酸鈉及氯化氫氣體。在一般學生以爲氯化氫爲揮
發性故此種化學作用可以完全變化,在所用硫酸不甚稀時確然
如斯,但事實上此作用

$$NaCl + H_2SO_4 \longrightarrow NaHSO_4 + HCl$$

係可逆的,試表明如下:注酸性硫酸鈉於玻筒內然後加入純粹濃
鹽酸即有食鹽結晶分出甚多。此實驗爲集團作用(Mass action)之
一絕好例子也。

4.　玻璃之溶解

取一十分清潔之玻璃試管在一極乾淨之乳鉢內研碎成末。
另取一沈澱瓶或大試管盛水,並加 phenolphthalein 液 8—10 滴。將玻
璃粉末傾入乃呈紅色。此即證明玻璃之水解作用;如玻璃爲不溶
解者則決無此現象也。

玻璃綿亦可應用。

如謂紅色反應係由於玻璃中之游離鹼,則將玻璃粉末再三
洗滌後用之仍呈紅色,足證上說之謬也。

用市上買來之玻璃粉則呈色益顯。

5.　溫度對於作用速度之影響

化學作用之速度可以溫度之增加而促進之,舉例以明之:先配一暗紫色之過錳酸鉀溶液,大約溶解 1gm 於 1000cc 水中卽可再加入100cc之1—5硫酸。於每一瓶內注入此液 200cc, 取其一瓶養之幾沸。然後用自照相材料店中買來之顯影藥製成溶液,其濃度配至此液200cc 可於五分鐘內還原過錳酸鉀之冷溶液變為無色時為相宜。乃盛顯影藥液於兩個玻筒內。同時一則加過錳酸鉀之熱溶液 200cc, 一則加冷溶液 200cc, 如此熱溶液立卽褪色而冷溶液則需經過五分鐘之時間。

6.　水對於鉛管之作用

輭水可作用於鉛管而致鉛毒,硬水則對於鉛管甚少溶解作用,試作下述試驗以明之。

於二個相彷之有蓋玻璃瓶內各放入刮淨之鉛管一枚。一盛蒸餾水,一盛硬水。此盛輭水(卽蒸餾水)之一瓶過24時後卽顯示其作用。如瓶放置暖處更為昭彰。可察見瓶內底部邊側均有白色渣澱麕集,而蒸餾水變為渾濁。於是將二個瓶內之水各注出若干而加以硫化銨試其鉛質,(如用硫化氫氣體通入亦可,但在作示範試驗時不甚便捷耳。)則蒸餾水之溶液卽呈梭色,而硬水則仍係無色也。

如浸一鉛管於蒸餾水內經五年之久,則可以生成極多之沈澱,將水搖撼之後,卽成懸濁液可表演於大衆之前。

7.　用硝酸銨凍水

當固體溶入水中時其溶液之溫度卽行降下。但欲在大衆之前表演此溫度之降下足以使水冰凍之實驗甚鮮。茲述一則:用一30×40cm. 之盒置於桌上,底朝上。注約 2cc 水於底部之中央。然後取一 400cc 之薄玻杯置水滴上面,務使杯底盡濕。於是加 100gm 之粒狀硝酸銨於杯中,慎勿潑出杯外以致低溫之水成於杯底。隨後注入 100cc 水於此鹽而用木片或角箆拌之;半分鐘內此玻杯卽凍牢於盒上,舉杯時卽連盒同起矣。

玻杯之所以須置於盒之中央者卽爲此也。

用過之溶液仍須收藏以備再行結晶。

8.　氫氧化鋅之兩性反應

於玻筒內 300cc 水中,加 10gm 之熔化氯化鋅。攪拌之至氯化鋅不見及生成鹽基性氯化鋅之沈澱爲止。

$$ZnCl_2 + H_2O = HCl + Zn(OH)Cl.$$

此爲水解作用之一例。

漸漸加入濃鹽酸至沈澱不見爲止。

$$Zn(OH)Cl + HCl = Zn\,Cl_2 + H_2O$$

次徐加濃苛性鈉溶液於此液內。生成氫氧化鋅之膠狀澱。

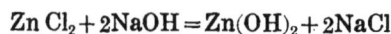

$$Zn\,Cl_2 + 2NaOH = Zn(OH)_2 + 2NaCl$$

繼積加入苛性鈉,沈澱消失。

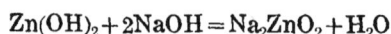

$$Zn(OH)_2 + 2NaOH = Na_2ZnO_2 + H_2O$$

再加濃鹽酸沈澱復現。

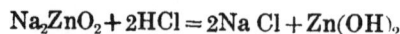

$$Na_2ZnO_2 + 2HCl = 2Na\,Cl + Zn(OH)_2$$

繼加鹽酸至此沈澱,復消失。

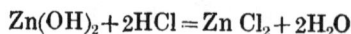

$$Zn(OH)_2 + 2HCl = Zn\,Cl_2 + 2H_2O$$

以上諸反應可以週而復始,進行不輟。

二正項級數之比較之幾個法則

范　會　國

1. 設 W_n 爲正整變數 n 之一函數,並無論 n 取任何數值,都爲決定,及爲正數。於 n 無窮增大時,W_n 之情形爲如何,是乃數理學之一重要問題,而值得研求者也。譬如當比較二正項級數 Σu_n, Σv_n 時,比率 $W_n = \dfrac{u_n}{v_n}$ 之極限,或當研究一交迭級數 (alternating scries) 時,其普通項之絕對值 W_n 之極限,盡人皆知其往往必需判定者也。

設 β_n 爲正整變數 n 之一函數,而由下之等式

$$\frac{W_{n+1}}{W_n} = \frac{1}{1 + \beta_n}$$

決定之,吾人今欲先證明在某種情形中,由於函數 β_n 之簡略研究,可以推知 W_n 係趨近於零,或趨近於非爲零之一極限,或無窮增大。再應用所得結果,以推出比較二正項級數之幾個普通法則。

2. 試作比率 $\dfrac{W_{n+1}}{W_n}$. 吾人知道若此比率有一極限 $l < 1$, 則級數 ΣW_n 爲收斂,而 W_n 趨近於零。若此比率有一極限 $l > 1$, 或僅知此比率恆大於 1, 則 W_n 漸變大,而不趨近於零。茲設此比率由小於 1 而趨近於 1, 則 W_n 之極限爲如何,便非尋常法則所可判定,而爲吾人所欲探究者也。

因由假設,比率 $\dfrac{W_{n+1}}{W_n}$ 由小於 1 而趨近於 1, 故可有

$$\frac{W_{n+1}}{W_n} = \frac{1}{1 + \beta_n},$$

其中 β_n 爲大於零之無窮小。

試取乘積 $n\beta_n$，並設其有異於零之一極限 h. 設 k 爲小於 h 之一正數，並取一級數 ΣV_n，其中 $V_n = \dfrac{1}{n^k}$，則比率 $\dfrac{V_{n+1}}{V_n}$ 之形狀與比率 $\dfrac{W_{n+1}}{W_n}$ 之形狀相同，而可以 $\dfrac{1}{1+\alpha_n}$ 表之，$(\alpha_n > 0)$，茲甚易求出

$$\lim_{n \to \infty} n\, \alpha_n = k,$$

故由某一項起，必有

$$\frac{W_{n+1}}{W_n} < \frac{V_{n+1}}{V_n},$$

由是

$$\frac{W_{n+1}}{V_{n+1}} < \frac{W_n}{V_n},$$

因之推得

$$\frac{W_n}{V_n} < \frac{W_N}{V_N},$$

或

$$W_n < V_n \frac{W_N}{V_N},$$

其中 N 爲一固定數。因爲當 n 無窮增大時，V_n 趨近於零，故 W_n 亦必趨近於零。由是得一法則如次：

I. 若當 n 無窮增大時，乘積 $n\beta_n$ 趨近於一極限 $h \neq 0$，則函數 W_n 趨近於零。

例：試取調和級數 $\Sigma \dfrac{1}{n}$，並命 $W_n = \dfrac{1}{n}$，則有 $\dfrac{W_{n+1}}{W_n} = \dfrac{1}{1+\dfrac{1}{n}}$

$\beta_n = \dfrac{1}{n}$，$\displaystyle\lim_{n \to \infty} n\beta_n = 1$，$\displaystyle\lim_{n \to \infty} W_n = 0$.

由 Raabe 及 Duhamel 法則，吾人知道若 $h > 1$，則級數 ΣW_n 爲收歛，因之 W_n 趨近於零，是與上之結果相符合。但若 $0 < h \leqq 1$，則因級數 ΣW_n 爲發散，或不知其收發性，因之不能斷定 W_n 是否趨近於零，然

由上結果,仍可判定在此情形中 W_n 仍趨近於零。

3. 以上係假定 β_n 為正無窮小,茲設只知 β_n 為由下之等式

$$\frac{W_{n+1}}{W_n} = \frac{1}{1+\beta_n}$$

所決定,而將上之結果補充之。

a) 設級數 $\Sigma\beta_n$ 為絕對收斂。試取一級數 Σa_n, 其中普通項 $a_n = \log W_n - \log W_{n+1} = \log(1+\beta_n)$,(符號 log 係表納氏對數)。由於假設,當 n 無窮增大時,β_n 趨近於零,故 a_n 及 β_n 在此情形中為同價(equivalent) 無窮小,而級數 $\Sigma|a_n|$ 之收發性與級數 $\Sigma|\beta_n|$ 者同,因之,前此級數亦為收斂,而級數 Σa_n 為絕對收斂。

級數 Σa_n 之起頭 n 項之和為

$$a_1 + a_2 + \cdots + a_n = \log W_1 - \log W_{n+1},$$

今既已證此級數為收斂,故當 n 無窮增大時,此和數趨近於一有限極限(finite limit),而 $\log W_{n+1}$ 亦趨近於一有限極限,因之 W_{n+1} 趨近於異於零之一有限極限。由是,得一法則如次:

II. 設 β_n 為由等式

$$\frac{W_{n+1}}{W_n} = \frac{1}{1+\beta_n}$$

所決定之一函數,並級數 $\Sigma\beta_n$ 為絕對收斂,則當 n 無窮增大時,W_n 趨近於異於零之一有限極限。

b) 茲設由某項起,β_n 之號恆不變,及級數 $\Sigma\beta_n$ 為發散。在此假設中,上之級數 Σa_n 之普通項 a_n 於 β_n 恆不變號後,亦恆不變號:若 $\beta_n > 0$, 則此號為正,$\beta_n < 0$, 則此號為負。此處甚易證明級數 Σa_n 為發散,蓋若 β_n 趨近於零,則由前之推理,可知此級數 Σa_n 與級數 $\Sigma\beta_n$ 同為發散;若 β_n 不趨近於零,或無一極限,則一方面,因由某項起,a_n 之號恆不變,他方面,因在此情形中,a_n 又不趨近於零,故級數 Σa_n

乃爲發散。由此故當 n 無窮增大時,級數 Σa_n 之起頭 n 項之和

$$a_1 + a_2 + \cdots + a_n = \log W_1 - \log W_{n+1}$$

亦無窮增大;若 $\beta_n > 0$, 則此和數趨近於 $(+\infty)$;若 $\beta_n < 0$, 則此和數趨近於 $(-\infty)$。是故若 β_n 爲正數, 則 W_{n+1} 趨近於零;若 β_n 爲負數, 則 W_{n+1} 趨近於 $(+\infty)$。由是得一法則如次:

　　III. 設級數 $\Sigma\beta_n$ 爲發散,及由某項起,β_n 之號恆不變,則 W_n 趨近於零,若 β_n 爲正數;W_n 趨近於 $(+\infty)$,若 β_n 爲負數。

論方程式 $x^{2^n} - 1 = 0$ 之原根

武　崇　林

　　§1　於此篇,吾人將論方程式

(1) 　　　　　　　　$x^n - 1 = 0, \qquad N = 2^n$

一原根之求法及其應用。所謂單位之N次原根 (N[th] primitive rcots of unity)者,卽指 (1) 式之根,不自乘至 N 次冪,不能等於 1 者也。通常吾人習知

(2) 　　　　　　$\varrho_n = \cos\dfrac{2\pi}{N} + i\sin\dfrac{2\pi}{N}, \qquad N = 2^n$

爲單位之一 N 次原根.且

(3) 　　　　　$\varrho_n, \quad \varrho_n^2, \quad \varrho_n^3 \cdots\cdots \varrho_n^{N-1}, \varrho_n^N = 1$

俱不相等,且盡爲 (1) 之根。

　　雖然 ϱ_n 之根究竟如何求得?如不欲用 Demoivre 定理及超越函數 cosine 及 sine, 則除非 N 具有特別之形狀,殊未易以簡單之代數式表示之,此其求法係高等代數之範圍,茲姑不具列.以下之所

論者,乃在 N 爲 2 之乘羃,如方程式 1)者,其一原根,恰有簡單之代數式可求也。

在本文之先,吾人且研究方程式

（4）
$$x^2=\alpha+\beta i, \qquad \beta \neq 0$$

之二根

$$x_1=\xi_1+\eta_1 i, \qquad x_2=\xi_2+\eta_2 i,$$

其中

（5）
$$\xi_1=\sqrt{\frac{1}{2}\sqrt{\alpha^2+\beta^2}+\frac{1}{2}\alpha}, \qquad \xi_3=-\sqrt{\frac{1}{2}\sqrt{\alpha^2+\beta^2}+\frac{1}{2}\alpha},$$

$$\eta_1=\frac{\beta}{|\beta_1|}\sqrt{\frac{1}{2}\sqrt{\alpha^2+\beta^2}-\frac{1}{2}\alpha}, \qquad \eta_2=-\frac{\beta}{|\beta|}\sqrt{\frac{1}{2}\sqrt{\alpha^2+\beta^2}-\frac{1}{2}\alpha},$$

方根俱取正號.若 $\beta>0$,則無論如何,（4）將具有一根,其實數及虛數二部係數俱爲正數.於下文複數之開方,除特聲明外,咸如此定之。

§2　吾人容易見方程式(1),得以下之一串方程式替代之:

$$x_1^2=1,$$

$$x_2^2=x_1, \qquad x_2^{2^2}=1,$$

（6）
$$x_3^2=x_2, \qquad x_3^{2^3}=1,$$

$$\cdots\cdots\cdots$$

$$x^2\equiv x_n^2=x_{n-1}, \quad x_n^{2^n}=1.$$

於此一串 n 個方程式中,每個具有兩根,故見相應於其 2^n 個之組合數,知方程式(1)根之個數不能多於 2^n.

欲求(1)之一原根,吾人先求在所有此等可能根中,尋出虛數部爲正而實數部最大者。先取(6₁)之一根 ϱ_1 爲

$$\varrho_1=-\sqrt[2]{1}=-1,$$

取(6₂)之一根爲

$$\varrho_2=+\sqrt[2]{-1}=i .$$

自此以後,(6)中各方程式根之取法,將依§1所述為準;即:

（7）
$$\varrho_3 為 (6_3) 之一根, 而 \varrho_3 = \sqrt[2]{\varrho_2} = \sqrt{\tfrac{1}{2}} + i\sqrt{\tfrac{1}{2}}, \quad \varrho_3^{2^3} = 1,$$
$$\varrho_4 為 (6_4) 之一根, 而 \varrho_4 = \sqrt[2]{\varrho_3} = \sqrt{\tfrac{1}{2} + \sqrt{\tfrac{1}{2}}} + i\sqrt{\tfrac{1}{2} - \sqrt{\tfrac{1}{2}}}, \quad \varrho_4^{2^4} = 1$$

欲求 ϱ_K 之公共形狀,則命 $\varrho_K = x_K + iy_K$ 為 (6_K) 之一根,

$$\varrho_{K+1} = \sqrt[2]{\varrho_K} = x_{K+1} + iy_{K+1},$$
$$x_{K+1} + iy_{K+1} = \sqrt{x_K + iy_{K+1}}$$
$$= \sqrt{\tfrac{1}{2}\sqrt{x_K^2 + y_K^2} + \tfrac{1}{2}y_K} + i\sqrt{\tfrac{1}{2}\sqrt{x_K^2 + y_K^2} - \tfrac{1}{2}y_K}$$

但因 $\varrho_K^{2^k} = 1$,故 $\sqrt{x_K^2 + y_K^2} = |x_K + iy_K| = |\varrho_K| = 1$,故

（8）
$$x_{K+1} + iy_{K+1} = \sqrt{\tfrac{1}{2} + \tfrac{1}{2}y_K} + i\sqrt{\tfrac{1}{2} - \tfrac{1}{2}y_K}$$

取 $k = n-1$,則

$$x_n + iy_n = \sqrt{\tfrac{1}{2} + \tfrac{1}{2}y_{n-1}} + i\sqrt{\tfrac{1}{2} - \tfrac{1}{2}y_{n-1}};$$

取 $k = n-2$,

$$x_{n-1} + iy_{n-1} = \sqrt{\tfrac{1}{2} + \tfrac{1}{2}y_{n-2}} + i\sqrt{\tfrac{1}{2} - \tfrac{1}{2}y_{n-2}}$$

代入上式,則

$$x_n + iy_n = \sqrt{\tfrac{1}{2} + \tfrac{1}{2}\sqrt{\tfrac{1}{2} + \tfrac{1}{2}y_{n-2}}} + i\sqrt{\tfrac{1}{2} - \tfrac{1}{2}\sqrt{\tfrac{1}{2} + \tfrac{1}{2}y_{n-2}}}.$$

由此類推,即可見

$$x_n = \sqrt{\tfrac{1}{2} + \tfrac{1}{2}\sqrt{\tfrac{1}{2} + \cdots + \tfrac{1}{2}\sqrt{\tfrac{1}{2} + \tfrac{1}{2}\sqrt{\tfrac{1}{2} + y_3}}}},$$
$$y_n = \sqrt{\tfrac{1}{2} - \tfrac{1}{2}\sqrt{\tfrac{1}{2} + \cdots + \tfrac{1}{2}\sqrt{\tfrac{1}{2} + \tfrac{1}{2}\sqrt{\tfrac{1}{2} + y_3}}}},$$

其 $y^3 = \sqrt{\tfrac{1}{2}}$(見(7)式),而根號共有 $n-3$ 重。於是

$$(x_n + iy_n)^{2^n} = \varrho_n^{2^n} = 1.$$

依吾人根之取法,自 ϱ_3 以後,各 ϱ 俱為虛實二部俱為正號之複數,因而 ϱ_n 在 (1) 所有各根中,虛數部為正號,而實數部則具最大之正值。何以言之,若

$$\varrho = x + iy, \quad x^2 + y^2 = 1, \quad x,y 勿論正負$$

則由 (5)

$$\sqrt{\varrho}=\pm\left\{\sqrt{\tfrac{1}{2}+\tfrac{1}{2}x}+\frac{y}{|y|}\,i\,\sqrt{\tfrac{1}{2}-\tfrac{1}{2}x}\right\}$$

見 $\sqrt{\varrho}$ 之實數部之絕對值,自因 x 爲正之故,而大於 x 之爲負者,且 x 愈大,其值亦愈大。今 $x_3^{2^3}-1=0$ 之八根爲

$$1,\quad -1,\quad i,\quad -i\quad \sqrt{\tfrac{1}{2}}\pm i\sqrt{\tfrac{1}{2}},\ -(\sqrt{\tfrac{1}{2}}\pm i\sqrt{\tfrac{1}{2}}),$$

其複根內確有實數部不小於其他之實數部者,故見此事對於 ϱ_3 爲巳眞,因而對於 ϱ_4 亦眞。以下同此,終必對 ϱ_n 亦爲眞實,此外吾人亦易見在 $k>3$ 時,必有 $x_K>1$,且 $y_K>0$.

　　茲再示所得之 ϱ_n 爲 (1) 之一原根。因 $(\varrho_n^\nu)^N=(\varrho_n^N)^\nu=1$ 之故,

(3)　　　　　　$\varrho_n,\quad \varrho_n^2,\quad \varrho_n^3,\quad \cdots \varrho_n^{N-1},\quad \varrho_n^N=1$

盡皆 (1) 式之根。如云 ϱ_n 之乘冪不須至 N 次即可等於 1,則姑命能等於 1 之最低次乘冪爲 μ 次,即

$$\varrho_n^\mu=1,\quad 1\leqq\mu\leqq N-1.$$

如云 μ 爲 2 之一乘冪若 2^λ $0\leqq n\leqq n-1$,則將有

$$1=\varrho_n^\mu=\varrho_n^{2^\lambda}=\varrho_{n-1}^{2^{\lambda-1}}=\varrho_{n-2}^{2^{\lambda-2}}=\cdots=\varrho_{n-\lambda}$$

但如 $\lambda<n$,則由 ϱ_n 之作法 $\varrho_{n-\lambda}$ 決不能等於 1.如云 μ 非 2 之乘冪,則 $N=2^n$ 不能爲 μ 所除盡,因而可命

$$N=a\mu+b,\quad 1\leqq b\leqq\mu-1,$$

於是

$$1=\varrho_n^n=\varrho_n^{a\mu+b}=(\varrho_n^\mu)^a\,\varrho_n^b=\varrho_n^b;$$

是即謂 ϱ_n^b 可等於 1,而 $\beta<\mu$,與 μ 之假設相反。

　　是以於 (3) 之各根中,ϱ_n^ν,$\nu=1,2,3,\cdots N-1$ 時決無能爲 1 者,是亦即謂 ϱ_n 不自乘至 N 次冪不能等於 1 也。且 (3) 中任何二

根如 $\varrho_n{}^k$, $\varrho_n{}^l$ 自亦不能相等,藉之不然,則或 $\varrho_n{}^{k-1}$ 或 $\varrho_n{}^{k-1}$ 必有一等於 1 者,皆不可能也。 （待續）

理学卷（第二册） 科学通讯 第一期（1935）

叢　錄

食物化學常識

徐　名　材

（一）　無機物質與營養之關係

　　鈣及磷　鈣爲血中重要成分。若因患病而含量較少,血液凝結性低減,心臟運動,卽失常軌。骨內雖含有磷鈣二質,而變化甚緩,故日常需要,須賴食物供給。兒童正在發育,需量倍於成人。孕婦及乳母,日以鈣質供給嬰兒,故食物之補充尤爲重要。據化學家研究所得,成人每日最少需鈣〇·六八公分,磷一·三二公分,孕婦需鈣一·六〇公分,乳母需量更大。食物中含鈣最多者爲牛乳,每一大瓶含鈣一·二〇公分,磷〇,九〇公分;次爲蔬菜,他物含量較少,觀下表可以概見。

食物名稱	灰份(乾量之百分數下同)	鈣質	磷質
麥粉	〇·一九	〇·〇二二	〇·一〇二
米	〇·三一	〇·〇〇九	〇·一〇四
豆	四·三〇	〇·一一七	〇、五三二
花生	二·五四	〇·〇六八	〇·四〇〇
牛乳	七·一七	一·三三六	〇·九七八
蛋	三·四六	〇·二五〇	〇·八五六

蘋果	一・八一	○・○二七	○・○六四
香蕉	二・九二	○・○三七	○・一一九
白菜	七・一九	○・五九○	○・二六二
馬鈴薯	二・一四	○・○二七	○・二七○

　　鐵　血液內主要成分紅血輪,含鐵甚富,常人皮膚紅潤,實賴斯質所致;患貧血症者膚色蒼白,一望而知。成人每日需量約為十五公絲,為量雖似甚少,但因吸收不易,食物含量,應倍蓰於此數,穀類食物,含鐵甚少,白菜含量超過麥粉十四倍,菠菜超過六十倍,其他含鐵較多之食物,為牛羊肉,肝油,蛋黃及青菜,豆,馬鈴薯,水果等次之。吾人食物既以穀類為主體,若不用含鐵食料以補充之,營養不足,自不待言。

　　銅　據近年科學家研究所得,食物內須含銅少量,血液方能吸收鐵質,化成紅色顏料,理由何在,尚未明白。含銅之最佳食物為肝油,每週食一次已足。但如吾人常用熟牛乳及青菜,可以無須利賴肝油,乞靈藥物,更可不必也。

　　碘　人身缺乏碘質,即易患鵝喉症,新陳代謝作用,亦因之發生障礙。美國中部諸邦,人畜患斯症者甚多,加碘於食物中,即可預防,現已確實證明。故市上有含碘食鹽之出售。但人身需碘甚微,每年約只五公絲,多食非徒無益,反有實害。

　　鎂　普通食物含鎂甚富。據動物試驗結果,若飼鼠類以除去鎂質之飼料,則鼠類感覺敏捷,易於發怒,終至顛狂而死。荷蘭乳牛冬季養於棚內,春初放牧草地,每致死亡,其理由實在冬季飼料之缺少鎂質,亦已由試驗證明。鎂質在食物中關係之重,可以概見。

　　錳　食物中含有錳質少許,除去不易。但據美國化學家試驗結果,若以除去錳質之飼料供給鼠類,初時生長如常;歷百日後,雄

鼠卽不能生育,雌鼠產後不復盡乳哺責任。若飼料內加入錳質十

萬分之五,生活卽恢復舊觀。足徵少量之錳與營養饒有關係也。

其他　　食物中必需之無機元素,計有鈉.鉀.鈣.鎂.氯.碘.磷.硫.鐵.

銅.錳等凡十一。但據專家研究結果,牛乳內尚含有鋇.硼.鋰.鉚.鍶.鈦.

鋅等質,與人體營養有若何關係,現尚未能明白云。

陶　瓷　器

〔By Albert V. Bleininger〕

湯 明 奇 譯

通常飲食器皿,如瓦器,陶器,半瓷器及瓷器等之窰業製造品,

可分爲二大類。一爲富有細孔及吸收性,另一則似玻璃質而無吸

收性。前者代表一種產品,而結構中有或多或少之小孔,可使水或

他種液體滲透其中,且置於陽光之前並不透光。反之,似玻璃質之

陶瓷器,在未塗釉前,浸入液體中,實無吸收作用,如使光線穿射此

類似碗碟厚薄之物體,可見其透光極爲顯著。

今依此觀點。試確定兩名詞以爲鑑別之用.凡窰貨之有孔及

吸收性者名之曰陶器,其似玻璃之不吸水者稱爲瓷器。關於吸水

多寡,亦不必過於拘泥確定,例如可設言此樣品之吸水量爲其重

量百分之一等。總之,吸水較多者爲陶器無疑,陶器可微透光或毫

不透光,而瓷器之透光則甚顯著也。

玻璃質一詞非謂瓷器實爲玻璃,蓋言其中含有適當量之似

玻璃物質,而使其結構緊密無吸水性。陶器亦含有此類物質,不過

其量甚微而已。瓷器之斷面有時頗類似玻璃,常示石類之通性。

　　陶瓷器之主要原料品爲黏土,長石,石英等。窰貨之外形及構造之所以不同,卽在所用黏土之差別,及鹽基性成分之配合比例,此外與燒煉之程度及方法亦有甚大之關係。今分述於後。

黏土

　　當製作品之造形或作模時,黏土滲入混合物中,用以調整所需要之可塑性程度。適於此用之黏土約有兩種:卽高嶺土與陶土,前者又分爲初生及次生高嶺土二類。初生高嶺土,由火成岩自然風化漸次形成。而仍與同處;次生高嶺土則已與其長成地分離,不復可尋於岩石附近。此類土粒較爲細勻,煆燒後其色彩不似初生土之純白,蓋其中雜質較多,惟其黏性則頗大。

　　陶土之黏性極大,質地堅固,可賦予陶瓷器以强度。此土不能煉成白色,且在窰火溫度較低時,漸呈密實及似玻璃性。如製純白色之器皿時,陶土用量以愈少愈佳,蓋其本質爲乳酪色也。

　　化學上,高嶺土與陶土均爲礬土之含水矽酸鹽,高嶺土可以 $Al_2O_3 \cdot 2SiO_2 \cdot 2H_2O$ 式表之,僅有極微雜質。但陶土之成分,與此理論式略異,其中似有大量之氧化鐵,石灰,氧化鎂及鹼類等。物理性質差別更大,陶土爲極細微粒而富有膠質物。純高嶺土之熔點近似白金(1755°C),陶土之鎔點則較低。吾人不可以爲高嶺土或陶土之性質永爲一定,尤其陶土之物理性質,常示雲泥之差。此則與陶土沉積之天然狀態有關,其中異同變化,常使製陶者驚異不置也。

長石

　　長石出生於火石岩附近,似壁狀巖石。爲炭酸鉀,炭酸鈉,礬土之矽酸化合物。長石中之正長石及斜長石含有多量炭酸鉀與極少炭酸鈉極適於陶瓷製造。純粹炭酸鉀長石之化學式爲 $K_2O \cdot Al_2$

$O_3 \cdot 6SiO_2$ 自其成分觀之,此類礦石可鎔於較低溫度,約在 1270℃ 左右,如易炭酸鉀爲炭酸鈉或他種鹽基性鎔劑,其鎔點必更低於是。長石並無一定鎔點自不待言,僅在燒煉時漸由結晶形變爲玻璃質狀態,其變化之速率視溫度及加熱時間而定。此爲窰貨在受熱過程中之特徵。長石在鎔解時爲一透光之玻璃體,頗富有膠黏性,冷後則極堅硬,由此可立知長石之功用在供給玻璃性之黏合物質,以鎔和他種不易鎔化之成分。依所用長石份量之大小,可定成品中有多少之玻璃性。同時,長石在鎔解狀態中,可溶化黏土石英之類,故在窰火溫度時,玻璃體逐漸長大。除較純長石外,岩石之富有長石黏土及石英要亦可爲代用品,長石用時必先加以研碎。

石英

陶瓷器之第三種成份爲石英碎粉。石英所含幾全爲二氧化矽,可自砂土,石英岩石,矽岩中得之。其主要功用,在當坯體受燒煉或乾燥中,減小收縮性並增高硬度,如此,在窰火溫度最高之玻璃化過程中,製作物不致扭彎變形。石英雖爲一普通之礦石,而其屬性則極特異。尤足令人驚奇者,石英有七種不同之晶體,在高溫度且可變爲玻璃。以製陶觀點而論,其中最重要之晶體爲 α 與 β 石英,α 與 β 白硅石 Crisotobalite。在 575℃ 時,α 變爲 β 石英,體積驟然脹大。當冷却時,在同一溫度之頃,β 石英還原爲 α 石英,體積縮小。溫度高過 1370℃ 時 β 石英變爲 β 白硅石 Crisotobalite, 在 230℃ β 亦可變爲 α Crisotobalite 白硅石。其他三種結晶體可以鱗石英名之,在製陶上不足重要故不贅述。

鎔解之長石可溶化適當量之石英,阻止其晶體變化。溶化作用關係於陶瓷器之最後性質甚大。已溶化爲似玻璃質之石英,與結晶形石英性質大有差別,試以熱膨脹係數爲例,可見其分子間

有極顯著之變化,石英晶體之膨脹係數爲 .C0001660 (每攝氏度),而
巳鎔之二氧化矽,巳不復爲石英,其膨脹係數爲 .00000055,約相當
於前者百分之三·三,可謂爲一切物體膨脹係數之最低者。此等
劇烈變化,對於出品性質影響至大。彰彰明甚。實際觀察之亦復如
此。依此類推,製陶者心目中之迷惘現象,常可以科學解釋廓清之。
玻璃質之黏土,陶土亦可溶化石英。石英付與物體以靱性。惟若用
量過多,在高溫易驟生變化。蓋若結晶形有變常則隨有體積之變
化也。除石英外,尙有他種含有石英之礦石,如燧石,黑矽石,玉髓等
亦可採用,惟燒煉時]之處理方法,略有差異。

　　窰貨之物理性質,不僅端賴原料之配合,且與所加特種原料
之性質,窰火程度等有甚大之關係焉。　　　　　　　　　　(未完)

製　革　叢　談

陳　同　素

花　編　革　製　法

　　花編革之性質需要柔,屈,牢。原料用鹽皮時先浸水二日而漂
洗之,乾皮浸在每立方釈含 1—1.5 瓩苛性鈉之水溶液中;至第三
日放水皷中乾搖10分鐘,乃用流水搖20分鐘,然後浸清水中二三
日備浸灰焉,此步手續不宜過久,否則減少革之強度。若在水皷中
浸灰水可多用;皮 100 瓩 則用石灰10瓩,硫化鈉三瓩,搖動 2 時後
加鹽 2 % 繼續搖動3—4時而在流水中冲之;若用槽者。則皮 100 瓩,
用石灰12瓩,硫化鈉 1 瓩,脫毛刮肉之後洗濯於 1 % 鹽酸液內。然

後濾淨而秤之,用1—1.5％乳酸(35℃)脫灰,然後洗濯而濾清之。先浸1°Be之栲皮 (Bark) 汁中5—8 時,乃以礬鞣之於水鼓中2—3 時(25—30℃)。鞣液配方錄下:

　　　明礬　　8％(或硫酸鋁6％)
　　　鹽　　　2％

溶解於沸水中,然後冲淡至50％。乾後置水鼓中,以下列各物混成之加料處理之:牛油,羊毛脂,魚油及菜油(Colza oil) (40—45℃)。此混合物之成份可以變通,而其熔點則不得超過40℃。此革擱置一夜使冷,兩面以滑石刷之卽成。

乳　化　劑

　　以苛性鉀與乾酪素加熱作用,卽得一優美之乳化劑名曰 Amoa. 用之加於礦油及礦蠟中,得一永久之乳化液,雖以水稀釋之亦不爲分散云。

毛皮與革服之洗淨法

　　毛皮與革服之洗淨可應用普通之乾洗法,惟加少許石蠟,所得結果甚佳,不褪色,增美觀仍能保持皮革之柔度。先述用液之製法如下:

　　熔化切碎之石蠟(熔點45℃)後,加入 Naphtha. 各種物件之洗法列述如下:—

(1) 白毛皮　以含有 alcoholic-Benzine 肥皂 之 Naphtha 刷之,乃於清純之 Nahtha 中洗濯 5 分鐘,旋轉 3 分鐘,浸石蠟 Naphtha 中約 5 分鐘,旋轉3分鐘,懸烘室(不得超過 120°F)中乾燥之。

(2)有色毛皮　先以 alcoholic-Benzine 肥皂刷洗玷汚部份乃於清純之
　　　　　　　Naphtha 中洗濯 10 分鐘而旋轉 3 分鐘;浸於石蠟 Na-
　　　　　　　phtha 中 5 分鐘而旋轉 3 分鐘;懸掛烘室中。

(3)毛飾衣服　取毛飾一部份浸於石蠟 Naphtha 液中如乾洗法然,
　　　　　　　旋轉3分鐘,懸諸烘室內　　　　　　（未完。）

爆　炸　物

(By Charles L. Reese)

郭　鍾　福　譯

　　近世爆炸物之製造,實亦一化學,工業上之問題。今日所用諸
主要基本爆炸物,皆爲化學家在實驗室中偶而發現,初本無意於
如何應用也;而不知彼等之研究,每發現新的爆炸藥物.

　　格勞勃 Glauber 以强硝酸處理木材時,發現苦味酸 Picric acid,
此爲化學物第一個用作炸藥者。初祇用作黄色染料,迨 1805 年始
知可作爆炸藥物。1871 年經斯普侖結爾 Sprengel以雷酸綠鹽之處
理,始得施諸實用。

　　陝白英 Schoebein 在 1845 年發現火棉;意人沙勃雷羅 Sobrero
在 1846 年發現硝化甘油。此二者爲今日爆炸物之基本原料。

　　三硝基甲笨 Trinitro-toluene 與三硝基二甲笨 Trinitro-xylene,在
用作爆炸物之前已爲人知。此類硝酸鹽或硝基化合物,化學家述
其爆炸能力,皆舉其含氮之量以示之。蓋分析時,氮易定量之故。其
實氧之儲量,最屬重要,因炸裂時,端賴多量氧之供給,以起內部燃
燒也。

　　在平常狀態下,爆炸物似皆穩定;但稍變其環境,如升高溫度,

或機械的振動,足使其分解崩裂或轟炸,隨作用速度之不同而異。硝化甘油之組成爲 $C_3H_5(NO_3)_3$,其氧之含量(每分子中有九個氧原子)足以化所有炭份成二氧化炭,所有氫份成水。故此爲劇烈之爆炸物。

爆炸物之工業應用

提及爆炸物,普通人總聯想及戰爭,其實專爲戰爭而製造炸藥之工業,決不能存在,戰事時需要量固鉅,然戰爭不常有,且每須建設臨時工廠以應付之也。

即以美國而論,平時需炸藥年達六萬萬金元之鉅,而歐戰四年期內之產量全額至多小不過三十萬萬元,其製造工廠戰後多已停廢矣.

爆炸物於近代文明之關係極大,在建設方面之効用較破壞方面爲重要,故軍用爆炸物,如無烟火藥三硝基甲苯等之產量,遠不及硝化甘油炸藥,黑火藥,獵槍火藥之多。

硝化甘油炸藥,黑火藥,於煤鐵及其他金屬之供給,饒有關係。當巴拿馬運河建築時,曾用六千三百萬磅之硝化甘油炸藥。使不假借爆炸物,建築時確將感極度困難,諸如鐵道公路,祇得隨河流山徑,迂曲而進矣。大戰終了後,所剩餘諸無數軍用炸藥,各國皆用以建築新路,去大地之障礙,築洩水之溝渠,故於和平時建設之供獻者甚多。

藥

火藥在十九世紀之中葉以前,爲唯一推進用炸藥,其歷史則尚未深知。我國應用之於戰爭者約在 1232 年,早先火藥之應用,祇限於戰爭,不知用以轟裂障礙,然亦不過當作粗製手溜彈,以驚敵人用耳及。1346 年當克雷塞 Crecy 戰爭時,英人初用以發炮。及十六

世紀之末,火藥用時,已成粉末狀態,然裝置於槍械中時,極感不便,終於改成粒狀.

1860 年前,火藥無顯著之進步。及美國軍械部盧特曼 Rodman 將軍,發現藥物繼續燃燒之原理,知燃燒之速度.以及施於子彈之壓力,隨製造粒藥時密度之不同而異。彼所製藥粒,成棱柱,立方,六角,圓柱,或球形等,且首倡粒藥上多貫穿孔隙,以增加燃燒面積。應用於巨炮者,以六角柱體,有七孔者最適當云。

具孔隙之原因,在使燃燒面之增加。苟粒藥物無孔隙者燃燒時,燃燒面積勢必漸減,氣體發生隨之而緩。氣體體積之減少,足使彈丸之速度有限。若具有孔隙之藥粒,其燃燒時不祇外面四週,卽孔隙間亦能燃着,故能霎時間增加氣體之發生,直至孔隙變大遇及外部,則藥粒已燒完矣。

在 1880 年用焦炭代替木炭以製火藥燃燒之速度更能如意;因其色褐,故名褐火藥,燃燒時較黑火藥爲慢,爲大型鎗械所常用,1898 年當美西戰爭時美人所用之軍用炸藥,卽屬此項棱柱體之褐火藥.

在軍事上火藥之放用祇限於裝置榴散彈,藥線及無烟火藥之引火藥;但於獵鎗上,以其價賤,用者仍多,工程上亦仍以此藥,爲轟炸之用。且黑火藥之性質不如近世烈性爆炸物之强,礦物經炸不易裂爲碎屑,故對于鬆脆礦物之採取,甚爲相宜。

黑火藥常爲硫磺,木炭與硝酸鈉或硝酸鉀之混合物。但爲軍事上用,常以硝酸鉀代替硝酸鈉,以後者甚易潮解也。

黑火藥爲其性質所限,在軍事上效用不大,其體積漲大率不甚大,大概只有藥末之半,能轉變爲氣體;然同時有極多烟臭發生,足使鎗械污濁損傷。

火棉之發現

陝白英在 1845 年發現火棉,沙白雷羅在 1846 年發現硝化甘油,首闢近代炸藥之先然初時製造,每發生意外危險,使其進步甚慢。陝白英曾售其火棉專利於英國霍兒與森斯公司,然未數月即發生極大爆炸慘劇,閱六年奧國政府用以作發炮試驗,亦以屢次爆炸中止。至 1865 年阿卑爾 Fredrich Abel 知火棉所以不穩定者,由於洗去餘酸之困難,故改用搗漿器,施以激盪手續,而清洗之。能使硝化纖維易於處理,便於貯藏,確為一重大之發現,且其漿狀物能任意壓成塊狀,以便運輸或應用。此火棉塊狀物,可以雷酸鹽(fulminate)為引火藥,為水雷,地雷,以及軍事上轟炸之用,迨三硝基甲苯及其他烈性爆炸物發明後,始被擯棄,而以後者代替。

(未完)

上海交通大学百年报刊集成・第一辑（1896—1949）・学术学科

書　評

化學參考書籍選輯

（美國化學會圖書委員會訂）

陳 同 素 譯

A. 通 俗 化 學

1.　化學講話　*The Story of Chemistry. Darrow, F. L. Blue Ribbon Books, Inc., New York City.1927, 496 pp. $1.00.*

本書以歷史的體裁,編述化學之理論及應用,取材較諸初級學校所用教本爲廣,對於最近進展情形特別注重,而於研究之價值尤詳盡闡明而注意之。

2.　發明叢談　*Popular Research Narratives. Flinn. A. D. and others. Engineering Foundation, 29 W.29th St. New York City, 1924-1928, 3 Vols., 457 pp., $1.50.*

每冊述簡明之研究或發明歷史五十則,其中並有發明家自述之文。

3.　化學漫談　*Romance of Chemisty. Foster, Wm. Century Co., New York City, 1927, 468 pp. $3.00.*

本書敍述近代化學之進步,凡大學或高中之初學者所應知之原理,反應,元素等,均以生動之文筆描寫之。

4.　化學戰爭　*The Chemical Warfare. Fries, A.A. and West,C.J. Mc-*

Graw-Hill Book Co, NewYork City, 1921, 445 pp. $3.50.

本書關於世界大戰中之化學戰史有簡明之敍述,可作軍隊及化學家之參考。

5. **工業化學**　*Chemistry in Industry. Howe H.E. (editor) . The Chemical Foundation, Inc., New York City, 1924-25, 2 Vols, 802 pp., $ 2.00.*

本書由四十三位工業專家用通俗體裁,講述化學之如何應用於工業,但不適爲教本之用,

6. **化學與家庭**　*Chemistry and the Home. Howe, H. E. & Turner, F. M. Scribners, New York City, 1929, 356 pp., $1.50.*

此書爲對於化學智識甚淺之讀者而作,論及化學與家庭組織,家庭布置,家庭經營等之關係,茲略錄數題如下:食品;廚中金物件;玻璃與陶瓷;清潔之保持;織物;油漆;香料;園藝化學,

7. **化學淺識**　*At Home Among The Atoms. Kendall. J. Century Co., New., York City, 1929, 318 pp., $3.00.*

書內舉述適宜之例題使讀書覺得化學之有趣味與生氣,各種化學上之進展及實用均敍述清楚,化學偉人之歷史亦述及焉。

8. **日常化學**　*The Chemistry of Familiar Things. Sadtler, S. S. J. G. Lippincott Co., New York City, 1924, 320 pp., 4th ed., $ 3.00.*

本書關於化學原子有三章,其餘討論光,熱,水;碱類及鹽類;金屬;地球進化之化學;土壤;動物飼養;醱酵;皮革及橡皮;砂質;等等。

9. **創造化學**　*Creative Chemistry. Slosson, E.E. The Centry Co., New York City, rev. ed., 1930, 311 pp., $ 3.50 (Original ed , The Chemical Fouddation, Inc., New York City, $1.00)*

本書敍述前三十年化學界之成功,及其對於政治,經濟,社會各方面之影響,以及國際間之原料爭奪如何促進化學進步之實例。

10. **科學世界** *Science Remaking The World. Slosson, E. E and Caldwell, O. W. Garden City Publishing Co., Garden City, New York, 1923, 292 pp., $1.00,*

本書爲哥侖比亞大學敎育學院之講義,內容爲報告近代科學之成功與科學在社會及工業上之地位。

傅種孫著高中平面幾何敎科書
顧　澄

傅君仲嘉好學深思,曾譯羅索氏數理哲學及赫伯氏幾何原理,於數學之基礎 (foundation) 頗有研究;且在北平各大學任課多年,所學甚廣,而尤長於幾何。故此書之著不但本其多年敎授高中幾何之經驗,知學生困難所在,詳徵曲喻,引之入勝而已;且以極高之目光作中學之敎本,提要鈎玄,深入題出,遠非流行幾何敎本東抄西襲雜湊成書者所能望其項背,卽求之英美中學幾何亦未見有能出其右者。來者不可知,斷爲空前之作可無疑也。

至書中優點,詳見原序,不必再舉;惟可贅一言者,此書首編雖僅備引徵,高中學生不必盡讀,至中學敎習實皆宜熟玩而深思之;大學初年學生補讀一遍亦至有益。

繆譯立體解析幾何序
顧　澄

繆君蘊輝前畢業於北京大學,成績冠同儕,時北大數系課程

繁重,解析代數幾何三類同時並進,各成系統,非精力過人者不能兼習,穆君天才卓越,盡讀各課,無不應付裕如,且常獨具見解有所發見,從余研究實變數函數論,如集合論之類,常人於其過於抽象之處視為難解者,穆君皆能分析毫芒,知其要旨。畢業後復在北大為助教,藉以研究,嗣有所感,離平至濟,別時頗戀戀,不相晤者已四年矣。近以所譯立體解析幾何見示,文理曉暢,自非學有根底見理明而不為原文所拘者不能如此。現在中學課程,以數學鐘點太少,且立體幾何最難教,往往不甚重視。甚或以為立體幾何與高等數學無關,中學於此儘可從略。此乃但知高等數學之初步,而非真知高等數學者之意見。即以高等解析初若無關於幾何者論,懸想二變數函數之變化其需助於立體解析幾何,正與懸想一變數函數之變化需助於平面解析幾何相同。凡關於多變數函數之微分積分、偏微分方程式,多重積分之變分法之類,其應用皆在於空間;苟無立體幾何之知識與之息息相應,不惟其重要理法不易了解,且將盡陷於空論而不能有利於人事。須知人類棲息於三度空間,無時不需立體幾何之應用。吾人研究數學,正欲擴充知識於直覺所不及;故窮原則析理於毫芒,竟委則推及於無際。人方百計進探四度空間之影像,而吾乃反將直覺所及之立體幾何輕視之;豈非將使生活三度空間之人類自貶為二度空間之動物。況自飛機潛艇發明以來,吾人上天入海,世界日擴,一切研究,有賴於數學之應用於空間者正多;若再不知注重,何以應付將來之環境。穆君掌教高中,必有見及此,先令學生注重初等立體幾何再譯此為教本以厚其基而擴其用;且將以矯現在高中之誤,而導之於正。否則以穆君之學,豈不能譯程度較深之書以揚名,而必以此出版乎,不佞於酬應文字,摒絕已久,今嘉其意之深,故特為之序。

理学卷（第二册） 科学通讯 第一期（1935）

消　息

交通大學科學學院概況

交大科學學院,成立於民國十九年,現設數學物理化學三系。茲分述概況如左:

(甲)數學系

本年度有教員八人,學生九人。設備方面有模型數十種,圖書二千餘冊,尚在繼續增購,以期完備。現行課程,理論與實用並重;一二年級注意基本原理及應用方法,三四年級方逐漸注重較深理論。現設學程十八門,共九十二學分,本系學生須全部修習,不得選擇;此外尚須兼讀理論物理學電磁學近世物理及經濟學統計學等課。

(乙)物理系

現有教員十四人,學生二十二人。儀器設備,約值十二萬元;其較貴重者,有分度機,比長器,球面測光儀,交流電位計,陰極射線示波器,振子示波器,各種高溫計,各種高頻振動器,各種標準儀器等。關於研究近世物理之各種設備,正在籌畫裝置中。本系課程,在使學生有鞏固之基本物理智識,並有相當之各種重要實用學識。現有學程二十四門,學分九十一,均係必修科目;此外兼須修習對於物理有關係之數學化學及機械電機等課。下年度起二三年級添

設選課數門,俾學生得各就性之所近,選修一二種。

(丙)化學系

化學系教員共二十一人,學生五十六人。現有設備,約值十二萬元。專用儀器,有物理化學試驗,及工業分析應用之各項標準器具。工業化學試驗室內,備有真空烘乾器,複效蒸發器,煤膠蒸溜鍋,冷熱壓濾器,各種化工器械,以及油漆電鍍製革等項設備,正在繼續布置中。課程方面,注重基本原理及實際應用。三年級起,分甲乙二組,俾有志研究學術及從事工業者,得各就個性所近,分別修習。現設學程二十五,學分一百十四。

工業化學新出品

徐 名 材

年來各國新創造之工業用品甚多,茲撮述數種,以見梗概:—

(一)炭化硼　　質堅硬如鑽石,可為工業上磨擦劑之用;

(二)氧化鈉　　性較苛性曹達為烈,而用量可減十之二;

(三)無水氟酸　　純度甚高,不蝕鋼鐵,可以用鋼筒裝置,不必用橡皮或蠟製等瓶,可省運費不少;

(四)偏磷酸鈉　　西名 Sodium Metaphosphate,可供潔水及洗濯之用;

(五)結晶矽酸鈉($Na_2SiO_35H_2O$)　　祛汙力強;可供電鍍牛乳織染製革等廠清洗之用;

(六)丁酸(Butyric acid)　　純度九九,可製香料及硝棉漆用;

(七)笨醚(Diphenyl oxide)　　現已大量製造,為高壓汽鍋傳熱劑

之用;

　　(八)橡皮粉　　可以攪和顏料填劑等,爲製造橡皮物品之用;

　　(九)橡皮紙　　從橡膠製成,色透明,不吸水,富有彈性,稍施壓力,即能黏合,可供包裹之用;

　　(十)製漆用人工樹脂　　原料與電木相同,不含松香及他種樹脂,能完全溶化於桐油;製成之漆色淡速乾,堅而且靭,日久不變黃色,酸礆不能侵蝕。

EDUCATIONAL PLAN OF

THE SCHOOL AT MOLLEVANGEN, DENMARK.

I see the reason for the presentation of the following Report not only in the interest, which quite naturally will be aroused by the teaching method described therein, but even more in the fact of establishment of a connection between that technique of teaching and the whole attitude towards life and its values. This attitude is essentially liberal, insofar it disclaims dogmatical authority, but it is at the same time far from anarchism. For it admits the existence of objective and binding truth, and the ability of men "to recognize moral truth and to act out of respect for it."

The important role which is assigned to faithful observation of facts in the surrounding nature, and to a scientific conduct towards them, is clearly pointed out in the Report. The importance is seen both with respect to intellectual training and to moral education.

It seems to me that such ideas may find response among the readers of this magazine, who have an insight into the powerful means of science, and who, at the same time, are aware of the manifold inadequatenesses in our prevailing methods of education, and of things elsewhere in the world. I may close this preface by expressing the hope, that the work of our friends in far-away Denmark will stimulate our own endeavours.

A. Baranoff.

1. The Aim.

The school at Mollevangen is continuing the work of the educational establishment, Walkemühle, Germany, the idea for which was conceived under the impression of the world war.

The founders of the Walkemühle School, and among them especially Leonard Nelson, came forward with an educational experiment which drew its force from the idea of freedom and self-determination, though the nations at that time engaged in war were endeavoring to promote a display of power, and force was the deciding factor in international conflicts. To secure the right of existence for the ideas of freedom and selfdetermination was, then, the high purpose on which the school was founded during this difficult war period.

Our re-opening in Denmark is also in denial of force. We believe that men are capable of doing good out of their freedom, and that the only life worth living is based on selfdetermined action.

It was Kant who laid stress upon the idea of selfdetermined action, by the assertion that men possess reason. Reason, according to him, is the ability to recognize general and necessary truths, both in theory and in matters of practical judgment. The conviction that men are able to recognize moral truth and to act out of respect for it, furnishes the decisive foundation for education. But the full extent of the educational task will not be understood until the nature of men is taken into account. We do not share the optimism of the period of enlightenment, when the belief prevailed that enlightenment was by itself sufficient to make men good, and that moral insight would motivate the will.

To attain character, a particular and most difficult effort of education is required. The interests of men are frequently opposed to moral good, and moral action presumes exercise and discipline. Resoluteness must be practised; the disposition to conquer difficulties and to realize aims must be fostered; it is necessary to learn how to grasp opportunities, instead of having them slide by. These factors form an acting human being, and "action alone and nothing else in the world may lay claim to the predicate of moral good". (Nelson: Kritik der praktischen Vernunft. pg 76.)

Our educational purpose may thus be formulated, "We want to help in the cultivation of active and strong men, who are guided in their personal and public life by morality based on insight."

But what is morality demanding of people? Such an educational aim will only be clear and comprehensible if we can give a verifiable definition of what we mean by "the good". We believe that we are on solid ground as we attempt such an answer. What was initiated by Kant, has been developed by Fries and Nelson, both of whom refer to Kant as a source. These scientists have not only proved the existence of a moral principle, but they have derived its content (here indicated by the word, "justice"). We consider ourselves to be adherents of their ethics and pedagogics, as stated in Nelson's work "System of Philosophical Ethics and Pedagogics".

It may give an impression of arrogance, in these rather sceptical times, to claim the existence of a pedagogical system based on scientific ethics. In reply, we express our readiness to put any

41

of our educational convictions to discussion, and expose them to rigorous tests by the greatest master of all theories, experience.

2. **The Way.**

What program of educational work is suggested by the above principles?

There is first a negative condition which is based on the ability of reason to recognise truth, the exclusion of authoritative treatment of the children, and of any dogmatic teaching. Authoritative treatment and dogmatic assertions force upon the child the will of another person, and make the will and judgment of that person the motive and the pattern for the behavior of the child. Such treatment, even with the best intentions, is apt to destroy the sensitive self-confidence of the child.

Through the impact of the environment in which the child lives, it will be the art of education to strengthen his power of self-action and help him to a stronger, richer and purer life.

The development of education proceeds in line with the evolutionary laws of the human mind. During the first period, the child is comprehending the world through his senses. Contemplation in the most comprehensive sense is supplying the material for the evolution of the mind.

In the second stage the intellect is stimulated to work this material into experience. The child is searching after connections and laws in order that he may put the world of impressions into a system and be able to control nature.

In the third stage men ask what is the value and meaning of the sensual world. They search their own lives and the outer world for their meaning in terms of ideas. They advance to moral, political and religious problems, and try to get a philosophy of their own.

It may not be possible to fix definite ages for these steps of evolution, but it is fairly safe to say that up to the twelfth year the first stage prevails, while the third one does not begin till the close of the school age.

Based on these laws of evolution and using the principle of self-action, the general course of teaching proceeds somewhat as follows.

"General culture as well as intellectual culture is based on self-action. It requires an act of cognition to take an independent attitude towards reality, and we cannot therefore be content with second hand material. Hence that subject of instruction will be most suitable which gives opportunity for personal investigation, and requires the minimum of a mere act of memory. It will be necessary to begin with one's own observations of facts, and refrain from every step beyond observation which has not been gained by one's own intellectual work." (Nelson) This kind of teaching begins with contemplative apprehension of the environment, and must lead through a thorough mathematical and scientific education toward philosophical studies. The strongly developed senses accompany the pupil throughout the process, and while scientific problems as well as questions of morals and aesthetics may arise at times when they cannot be dealt with systematically, yet their immediateness may serve as a stimulus for later work.

One consequence of these educational principles which is of particular significance at present, is the non-admittance of politics into the school. During the first and second periods no independent political judgment is possible. Opinions forced upon the uncontrolled emotions of youth, would cause a mental state poles apart from the pure air of free self-activity.

In order to convey a clear conception of the method during the period of contemplation (the children at present attending the school all belong to this group) the following program is submitted. The children should investigate, know, and be able to represent what can be found within a radius of about 5 km in the country surrounding their residence. This material comprises the life of animals and plants, the features of the landscape, the weather, the turn of the seasons, the activities of men, their work, their customs, the simplest technical achievements, especially in kitchen, house and yard. About all these things the children should be able to give accounts in oral or written reports, in drawings, in plastic art or in some other way. The teaching of reading, writing and arithmetic proceeds in close connection with this program and complies with the requirements of primary schools.

The ground of his investigations will also provide a natural foundation for the child's actions. The work of the peasants, the business of the country town, the life of the educators—they all are understandable and are open to the participation of the children. Household and garden are cared for together by children and teachers. There are no servants. The danger of dilettantism can be avoided through the utmost simplicity in daily life. The harmony between theoretical and practical activity—established by this way of life—is supplemented by sport, hiking, evening hours with reading stories, festivals and times of recreation. These "creative

43

pauses" will become still richer and more beautiful when we become better acquainted with Denmark's nature and people. The landscape surrounding us will facilitate this aim.

A child who at the age of twelve has mastered the realm of observation, and who is at the same time a practical member of the educational community, isn't any more in a state of gloomy dependance upon his surroundings. He is—giving due allowance to the relativity of this notion—free, and hence may be called a cultivated child.

Concerning the second and third periods, it will suffice within this report, to point out the relation between the teaching material of these periods and our educational aim. During the second period mathematics and natural science are the chief subjects. The teaching accords with the desire of the growing child to understand his environment, to comprehend the order of nature and to look for connections and explanations. Aside from its practical value the particular significance of geometry will reveal itself through the obvious and proven character of its theorems, which serves to strengthen first the belief in the existence of truth and second self confidence in the ability to grasp that truth.

The teacher will not confine himself to these two points of view concerning the value of geometry. The famous words of Kant on the starred sky above me and the moral law within me describe the fact that, he who understands the natural world in its finite mechanics, will be able to understand the world of moral necessity, where there is no help from nature, in its full greatness and independence. "No searching will raise men in moral respect more than the consistent study of nature". (Nelson)

In expounding these ideas we went beyond the limits of the second educational period. However, an education based on such ideas will prepare the ground for the philosophical and religious problems which approach men in the course of the third period. We are convinced that an education on these lines will not only lead to a harmonization of knowledge and belief, but will enable the student to defend the rights of each. This is one reason why we refuse a premature offering of religious teaching. Such an offering would only reveal the teacher's own uncertainty.

The method during the second and third period is guided by the desire to add thinking to observation as a means of investigation. To think together—these words understood in their full meaning—is the subject of Socratic discourses. Their importance as a means of research and teaching has been set forth in detail by Nelson.

44

We close this description of our educational plan by pointing to two consequences inferred from it;

1. We want to make the attendance as far as possible independent of the financial situation of the parents. We hope to attain this aim by leading a simple life, by having teachers who have made the adjustment between service and low salaries, and by fixing the monthly tuition for each child at fifty crowns. What is being paid above this sum is used for children without means.

2. We don't want to confine the children to a single race or nation. The youth should realize that national and racial qualities are not bound to overshadow the common bond among men, and that life becomes richer through mutual respect and completion.

Out of this conviction arises our hope that our school will some day be supported by Danish teachers and children, and that we may enter into a spiritual interchange with the people of the country which gives us the right to work here.

Mollevangen, February 1934.

Signature: Minna Specht

Dr. Gustav Heckmann.

理学卷（第二册） 科学通讯 第一期（1935）

專　載

近 代 幾 何 之 導 引

Graustein 氏原著　　　　　　顧澄達 悟

本書初稿原係直譯 Graustiue 氏 之 Introduction to higher geometry 而略加註譯,凡所加之語皆以 [ ] 表明之以便讀者與原書對閱。嗣以中英文構造不同,逐句直譯,冗長意晦;如用中國古文句法雖此弊可免,但於現在學生亦有不便。爰將初稿略加修改,雖學理方面或較周密而措辭遣句則與原書頗有出入矣。(例如第一編之標題改爲代數上之預備,用意較醒。倘照原文,則書屬幾何而講代數,未免突兀,此外如引起讀者興趣或令其注意某種事理更明晰插科,因中英文習慣不同,而有所改易者亦頗多了。

higher geometry 譯爲高等幾何易與高中幾何混,改爲射影幾何則原書雖偏重於此而不以此爲限,而其中所講實爲各種近代幾何之要義,故更其名爲近代幾何之導引。

本書不務文辭之美觀,但求說理之透澈。故文言與白話並用;而所謂文言亦無異白話,不過多幾個之,乎,者,也,縱,抑,且,而 …,以便讀者易明語氣之轉折斷落,使不致誤會而已。如有以不文不白見譏者,則敬答之曰此係數學而非文學,又凡最足害文辭之簡潔美觀而不敢避者有數事如下。

(1)少用代名詞。此因前有數名詞時,讀者往往不易明其所代者爲何字,中英文皆易犯此,故力避之,凡稍易誤會之代名詞一律改用本名。

(2)少用意同形異之字以防誤會。

(3)不刪可刪之字以足語意。如「必爲」,「亦爲」中之「必」,「亦」之類。

(4)重複句。恐一句不明再複一句,以後一句爲前一句之解釋。凡遇就原文恐人難解,或意奧事蹟限制太多,不能以一句分爲數句,爲說理嚴密、數字句冗長者,常用複句解釋,使讀者易明其意。

(5)另有規定之句法,皆有附註說明。

近代幾何之導引

第 一 編
代數方面之預備

1. 引. 矩陣 近代幾何之發展，與近代代數有密切關係，故以解析法討論近代幾何，須先有近代代數之預備。茲爲便讀者計，取近代代數中之若干理法爲以下各編所常用者，略述於次。餘俟需要之際，隨時補述。惟本書主在幾何而不在代數，凡本書所及之近代代數不過備研究近代幾何之工具而已，讀者欲知其詳，當於近代代數專書中求之。

今假定讀者已知行列式之算法，並假定其已能用此算法推求「n 元(unknown)之 n 一次方程式」之解(此種求解法卽所謂 Cramer 氏法是也)，例如 n＝3 時，假定讀者已知以下所述：*

設 3 三元一次方程式爲

$$a_1x + b_1y + c_1z = k_1$$
$$(I) \qquad a_2x + b_2y + c_2z = k_2$$
$$a_3x + b_3y + c_3z = k_3$$

則其諸元之係數所成之行列式不爲 0 時，卽

$$|\,abc\,| \neq 0$$

時，此 (1) 必有一聯立解(Simultaneous Solution) 亦只有一聯

---

* 原註解析幾何第十六編之 1-6, 8 各節，假定讀者已經明白，本書所謂解析幾何指Osgood and Grausteen 之 Plane and Solid Geometry

立解,卽

$$x=\frac{|kbc|}{|abc|}, \qquad y=\frac{|akc|}{|abc|}, \qquad z=\frac{|abk|}{|abc|}$$

此 中 之 $|kbc|$ 爲 一 行 列 式,卽 將 $|abc|$ 中 之 各 a 改 爲 其 相 應 各 k 後 所 成 之 行 列 式 是 也, $|akc|$, $|abk|$ 照 此 類 推,

一 組 一 次 方 程 式 之 性·質 如 欲 作 更 進 之 討 論,尚 須 借 助 於 矩 陣 (matrix) 之 觀 念。在 (1) 之 一 組 一 次 方 程 式 中,方 程 式 數 正 與 元 數 相 等,故 其 元 之 係 數 適 可 列 成 一 方 陣,惟 此 乃 一 特 例 而 巳。就 通 例 而 論,方 程 式 數 與 元 數 大 抵 相 異;而 當 其 相 異 時,其 元 之 係 數 卽 列 成 長 方 形,而 不 爲 正 方 形 矣。[長 方 形 亦 謂 之 矩 形,下 矩 陣 之 譯 名 源 此,凡 正 方 形 常 略 稱 爲 方 形]。

凡 數 之 列 成 此 種 矩 形 者 (列 成 方 形 者 爲 其 特 例) 謂 之 **矩 陣**。例 如

$$(2) \qquad \left\| \begin{array}{ccc} a_1 & a_0 & a_0 \\ b_1 & b_2 & b_3 \end{array} \right\|$$

爲 兩 列 (row) 三 行 (column) 之 矩 陣,而

$$(3) \qquad \left\| \begin{array}{cccc} a_1 & a_2 & a_3 & a_4 \\ b_1 & b_2 & b_3 & b_4 \\ c_1 & c_2 & c_3 & c_4 \\ d_1 & d_2 & d_3 & d_4 \end{array} \right\|$$

爲 四 列 四 行 之 **方 形 矩 陣** Sguare Matrix) [方 形 包 括 於 矩 形 之 中,卽 方 形 爲 矩 形 之 一 種 特 例,矩 陣 之 適 爲 方 形 者 謂 之 方 形 矩 陣,略 稱 爲 **方 矩 陣**]。

凡 矩 陣 皆 非 行 列 式,甚 至 矩 陣 爲 方 矩 陣 時 亦 然, [卽 矩 陣 是 矩 陣,行 列 式 是 行 列 式,二 者 並 非 一 物;甚 至 方 矩 陣 與 行 列 式 亦 是

不同,不可誤而爲一]。如 (3) 之矩陣乃將十六數照一種排列方法所列成之一組數,而其相應之行列式

$$(3)' \qquad \begin{vmatrix} a_1 & a_2 & a_3 & a_4 \\ b_1 & b_2 & b_3 & b_4 \\ c_1 & c_2 & c_3 & c_4 \\ d_1 & d_2 & d_3 & d_4 \end{vmatrix}.$$

則爲一個數,卽照某定律由十六數所成之一多項式是也。[簡言之,卽行列式 (3)',可照行列式之算法先將其作成一多項式,再併爲一個數,故其所代表者實爲一個數;至於矩陣(3)則其所代表者爲按照某種排列之一組數,而非一個數也*]。

　　但從一矩陣可作成許多行列式,其作法爲在矩陣中除去若干行及若干列,而將所餘諸原素(elements)作成行列式; [去行列之法有許多。故作成之行列式亦可有許多],例如從矩陣(2)可作成三個兩列行列式:

$$\begin{vmatrix} a_2 & a_3 \\ b_2 & b_3 \end{vmatrix}, \qquad \begin{vmatrix} a_1 & a_3 \\ b_1 & b_3 \end{vmatrix}, \qquad \begin{vmatrix} a_1 & a_2 \\ b_1 & b_2 \end{vmatrix};$$

此第一式爲去(2)之第一行所作之行列式,第二式爲去(2)之第二行所作之行列式,第三式爲去(2)之第三行所作之行列式。又從矩陣(2)可作成六個一列行列式,卽(2)中六個原素是也。[例如去(2)中之第一列及第一第二兩行,所餘者但爲一原素 b_3, 卽可以之爲一列行列式 $|b_3|$。其餘類推],又從矩陣(3)可作成四階(fouth order),三階,

---

　　*矩陣亦可作爲高階複素數。但此爲本書所不用,故如此云云。要之,矩陣之起源不過將一組一次方程式之係數列成一陣,以便就係數之情形考察方程式之性質耳。故矩陣之本身但爲若干數之一種排列,並不能如行列式之將其併成一數。至於視爲高階複素數等乃矩陣論進展以後之事,既非本書以下所應用,此處儘可不管,以省繁瀆。

二階及一階之諸行列式。【從 (3) 作成之四階行列式卽

$$\begin{vmatrix} a_1 & a_2 & a_3 & a_4 \\ b_1 & b_2 & b_3 & b_4 \\ c_1 & c_2 & c_3 & c_4 \\ d_1 & d_2 & d_3 & d_4 \end{vmatrix}$$

因 (3) 原爲方形,故可以 (3) 中原素按照其原有之次序作成此行列式也。以前所謂去矩陣之若干行列而作成行列式,乃就普通矩陣而言,若矩陣本爲方形,則不去其行列,亦可將其原有之原素(按照其原有次序)作成行列式,乃極顯明之事.不去其行列亦可作爲去其 0 行 0 列解,而上之「若干」二字所表之數亦可作爲 0 亦包括在內。詳言之,上之「若干」二字並非但表多數,乃兼表 0 及 1 之二數者也】。

定義　設有一矩陣,若從此矩陣作成之一切行列式中,其階(order)數爲 r 者不盡爲 o,而其階數大於 r 者無一不爲 o,則此矩陣謂之 **r 品** 矩陣,或曰此矩陣爲 r 品 (Rank),或曰此矩陣之品數爲 r。

例如有一個八列六行之矩陣,若從之作成之一切行列式中,其六,五,四各階之諸行列式完全爲 0,而其三階諸行列式至少有一個不爲 0,則此矩陣之品數爲三。

若矩陣之原素皆爲 0,則此定義雖不能應用,但亦可謂此種矩陣爲 **0 品**。

例如矩陣

$$\begin{Vmatrix} 2 & 1 & 3 \\ 4 & 5 & 2 \end{Vmatrix}, \quad \begin{Vmatrix} 4 & 2 & 6 \\ 6 & 3 & 9 \end{Vmatrix}, \quad \begin{vmatrix} 0 & 0 & 0 \\ 0 & 0 & 0 \end{vmatrix}$$

之品數依次爲2, 1, 0。

以矩陣分作種種行列式而考察矩陣之品數,其最初之目的所在,觀下之A, B各節自知。

習　題

求以下諸矩陣之品數:

1.　$\begin{Vmatrix} 4 & -2 & 6 \\ -6 & 3 & -9 \end{Vmatrix}$,　2.　$\begin{Vmatrix} 1 & 0 & 1 \\ 2 & 1 & 4 \\ 1 & 2 & 3 \end{Vmatrix}$,　3.　$\begin{Vmatrix} 1 & 2 & -1 & 3 \\ 4 & 3 & 2 & 1 \\ -2 & 1 & -4 & 5 \end{Vmatrix}$

4. 設將一矩陣之行列相交換而得一新矩陣,則此新矩陣之品數與原矩陣之品數相同,試證之。

2. 齊一次方程式　凡 x_1, x_2, x_3 之多項式,其各項之次數就 x_1, x_2, x_3 而論爲相同者,謂之齊次多項式,或謂此種多項式爲**齊次**(homogeneous)。例如

$$2x_1-5x_2+3x_3, \qquad 3x_1x_2-5x_2^2+4x_1x_3$$

依次爲 x_1, x_2, x_3 之一次及二次之齊次多項式,

A　2三元齊一次方程式系　[一次方程式之爲齊次者簡稱齊一次方程式。一組聯立方程式簡稱方程式系],設有兩聯立方程式

(1)　　　　　$a_1x_1+a_2x_2+a_3x_3=0,$

　　　　　　　$b_1x_1+b_2x_2+b_3x_3=0。$

則其解(Solution)之顯而易見者爲 $x_1=0, x_2=0, x_3=0$。[方程式之解卽滿足方程式中各元之值,以前亦謂之根]。但此解不適於本書以後之用,今爲覓其他解計,可就其係數矩陣

(2)　　　　　$\begin{vmatrix} a_1 & a_2 & a_3 \\ b_1 & b_2 & b_3 \end{vmatrix}$

之品數 r 為 2, 1, 0 時,分作三種情形討論之。

第一種: $r=2$,　在此種情形之下,(2)中之兩列行列式*至少有一個不為 o。設 $a_1 b_2 - a_2 b_1 \neq o$,先以(1)之兩方程式寫作

(3)　　　　　　　$a_1 x_1 + a_2 x_2 = -a_3 x_3$,

　　　　　　　　　$b_1 x_1 + b_2 x_2 = -b_3 x_3$,

再以此作為但關於 x_1, x_2 之兩方程式,† 則用 Cramer 氏法可不問 x_3 之值為如何而得其解為

(4)　　　　$x_1 = \dfrac{\begin{vmatrix} a_2 & a_3 \\ b_2 & b_3 \end{vmatrix}}{\begin{vmatrix} a_1 & a_2 \\ b_1 & b_2 \end{vmatrix}} x_3$,　　　　$x_2 = \dfrac{\begin{vmatrix} a_3 & a_1 \\ b_3 & b_1 \end{vmatrix}}{\begin{vmatrix} a_1 & a_2 \\ b_1 & b_2 \end{vmatrix}} x_3$,

故關於 x_1, x_2, x_3 之兩方程式(1)有

(5)　　　　$x_1 = \dfrac{|a_2 b_3|}{|a_1 b_2|} x_3$,　　$x_2 = \dfrac{|a_3 b_1|}{|a_1 b_2|} x_3$,　　$x_3 = x_3$

之解*而此 x_3 為一任意常數(Arbitrary Constant)。

若 k 為一任意常數,則 $k|a_1 b_2|$ 亦為一任意常數。故(5)中之 x_3 可以 $k|a_1 a_2|$ 代之,而得

(I)　　　　$x_1 = k|a_2 a_3|$,　　$x_2 = k|a_3 b_1|$,　　$x_3 = k|a_1 b_2|$,

此中之 k 為任意常數。

既凡(3)之解盡在(4)中,則凡(1)之解自必盡在(I)中 [k 為 1 時,令 I)中之 k 為 1 而得(1)之解為 $x_1 = |a_2 b_3|$, $x_2 = |a_3 b_1|$, $x_3 = |a_1 b_2|$; k 為 2 時,由同法得 $x_1 = 2|a_2 b_2|$, $x_2 = 2|a_3 b_1|$, $x_3 = 2|a_1 b_2|$, k 可為種種之數,(1)遂有種種之解,再逆言之,(4).(5)中 x_3 既可為任意之數,則(1)之解

*即由(2)作成之一切兩列行列式。

†即但以 x_1, x_2 為元之兩方程式。

*此 $|a_2 b_3|$, $|a_3 b_1|$, $|a_1 b_2|$ 即(4)中各行列式之簡式,作此簡式之法為以原行列式主對角線(principal diagonal)上之原素平列於兩垂線中。例如 $\begin{vmatrix} a_1 a_2 \\ b_1 b_2 \end{vmatrix}$ 之主對角線上原素為 $a_1 b_2$,以之平列於兩垂線中為 $|a_1 b_2|$。[此照原註略加說明],

理学卷（第二册）　科学通讯　第一期（1935）

必多至無窮;旣令 $x_3=k\,|\,a_1b_2\,|$,而 k 爲任意常數,則(1)之解雖多至無窮;而仍可以(I)總表之。所謂(1)之解盡在(I)中者,卽謂(1)之解盡可以(I)表之也]。

因(I)包括(1)之一切解,故常謂(I)爲(1)之 **通解** (General Solution)在(I)中指定 k 之一特值而得之解謂之(1)之 **特解** (Particular Solution)。例如在(I)中令 $k=0$ 所得(1)之特解爲 0,0,0,令 $k=1$ 所得(1)之特解爲 $|\,a_2b_3\,|$, $|\,a_3b_1\,|$, $|\,a_1b_2\,|$。

第二種: $r=1.$ 在此種情形之下,(2)中之兩列行列式無不爲 0,但 2)之原素必至少有一個不爲 0。設 $a_1\neq 0$ 而就 x_1 解(1)之第一方程式(卽以 x_1 爲元而求(1)之第一方程式之解),則得

$$x_1=-\frac{a_2}{a_1}x_2-\frac{a_3}{a_1}x_3 , \qquad (a)$$

此 x_1 之值,不問其中 x_2, x_3 爲何數,必能滿足(1)之第二方程式(作爲但以 x_1 爲元之方程式)*;蓋以此 x_1 之值代入此第二方程中,其結果爲

$$(a_1b_2-a_2b_1)x_2+(a_1b_3-a_3b_1)x_3=0, \qquad (b)$$

且從假設(by hypothesis)可知此 $a_1b_2-a_2b_1$ 及 $a_1b_3-a_3b_1$ 皆等於 0 也。[「從假設」者卽從以上 $r=1$ 之假定也。從 $r=1$ 之假定可知(2)中之兩列行列式皆爲 0,此 $a_1b_2-a_2b_1$, $a_1b_3-a_3b_1$ 卽 $\begin{vmatrix}a_1a_2\\b_1b_2\end{vmatrix}$, $\begin{vmatrix}a_1a_3\\b_1b_3\end{vmatrix}$ 之值,故皆爲 0,如是則(b)式之左邊亦爲 0,而 x_1 之值必能滿**足(1)之第二程式]。

由此可知(1)之通解爲

---

*蓋字以下云云,乃釋明蓋字以上一語之理;此種文法本書常用,故註明之。

**「滿足」二字爲一重要術語,例如(1)之兩方程式,若有 a,b,c 三數,能以之依次代 x_1,x_2,x_3 時,使此兩方程式之兩邊相等,則謂之此三數滿足此兩方程式,滿足方程式之數卽方程式之解,滿足二字,有時因行文上之便利改爲「適」或「適於」,「合」,或「合於」就上下文觀自知其皆與「滿足」意同。

$$(6) \qquad x_1 = -\frac{a_2}{a_1}x_2 - \frac{a_3}{a_1}x_3, \qquad x_2 = x_2, \qquad x_3 = x_3$$

或

$$(II) \qquad x_1 = -ka_2 - la_3, \qquad x_2 = ka_1, \qquad x_3 = la_1,$$

此 k, l 皆爲任意常數。

第三種：$r = 0$. 在此種情形之下，(1)中係數皆爲 0；故(1)之通解爲

$$(III) \qquad x_1 = k, \qquad x_2 = l, \qquad x_3 = m,$$

此 k, l, m 爲任意常數。

綜以上三種情形而言，(1)之兩方程式有 0,0,0 以外之他解，又若(1)中只有一個方程式，亦是如此；此易證明，無須詳述。

定理A　凡三元齊一次方程式系，其方程式之數少於三時，常有 0, 0, 0 以外之他解。

從以上三種情形，可知方程式系(1)之通解中常有 3−r 個任意常數 [此 3 爲元之個數，卽三元之三]，3−r 個元之值可任意給與，與定之後其餘各元之值卽可由之決定。例如 r=1 時，通解(II)中所含之兩任意常數 k, l 與「可以給與 x_2, x_3 之兩任意值」相應。

習題　但有一方程式 $a_1x_1 + a_2r_2 + a_3x_3 = 0$ 時，上「通解中常有 3−r 個任意常數」一語亦是眞確；試證之。

B　3 三元齊一次方程式系　三聯立方程式

$$a_1x_1 + a_2x_2 + a_3x_3 = 0,$$
$$(7) \qquad b_1x_1 + b_2x_2 + b_3x_3 = 0,$$
$$c_1x_1 + c_2x_2 + c_3x_3 = 0,$$

未必常有 0,0,0 以外之他解。蓋若其係數之行列式 $|abc|$ 不爲 0，則

如第 1 款所言,從 Cramer 氏法只能有一解;且因(7)右之數皆爲 o,故此解必爲 0,0,0。[如是則 $|abc|\neq o$ 時,無 0,0,0 外之他解明矣]。

　　從上可知若方程式系(7)有 0,0,0 以外之他解,其係數之行列式非爲 0 不可。其逆(Conversly),若 $|abc|=0$,則方程式系(7)確有 0,0,0 以外之他解;蓋 $|abc|$ 旣爲 0,則矩陣 $\|abc\|$ 之品數 r 必爲 2,1,或 0,且就此三種品數而論,(7)之情形正與(1)相類;今再證明如下:

　　第一種:r=2. 設 $|a_1b_2|\neq 0$,則從 A 之第一種情形可知(7)中前兩方程式之通解爲前之(I),卽

$$(I)\qquad x_1=k\,|a_2b_3|,\quad x_2=k\,|a_3b_1|,\quad x_3=k\,|a_2b_1|。$$

以此代入(7)之第三方程式,得

$$k\,|abc|=0,$$

且從假設,知 $|abc|=0$,故(7)之諸解盡在(I)中。

　　第二種:r=1. 在此種情形之下,(7)中係數至少有一不爲 0。設 $a_1\neq o$,則(7)之通解爲前之(II);蓋 (II) 之諸值旣可爲(7)中第一方程式之通解,且因 $\|abc\|$ 中之兩列行列式皆爲 0(因 r=1)又可知此 (II) 必滿足(7)之第二,三兩方程式也。(參觀 A 之第二種情形)。

　　第三種:r=0. 在此種情形之下,(7)中係數皆爲 0,故其通解亦必爲前之(III)。

　　所欲證明者已全證明,可得定理如下。

　　定理B　　凡三元齊一次方程式系,其有 0,0,0 以外之解之必充條件爲「其係數行列式*爲0」。[必充條件爲必要兼充分之條件.(Necessary and Sufficient Condition) 之簡稱]。

＊「其逆」卽「倒過來說」之意。

†係數行列式,卽元之係數所成之行列式。

此亦如前之A,若方程系系之品數(卽矩陣∥abc∥之品數)爲r,則通解中有 $3-r$ 個任意常數。蓋若 $r<3$,則(7)之解在各種情形之下正與(1)相類;若 $r=3$,則(7之通解但爲 $0,0,0$ 而不含任意常數。

　　C　三以上之三元齊一次方程式系(卽元三而方程式不止三之齊一次方程系)　此可就在(7)之三方程式外,再加幾個同型方程式着想。加後之方程式系,其矩陣之品數仍至多爲三. [方程式系之矩陣,卽方程式中係數所成之矩陣]。

　　若 $r=3$,則此矩陣中之三列行列式至少有一個不爲0,設 $|abc|$ ∓ 0,則其前三方程式只有 $0,0,0$ 之一解;故此系亦惟有此一解 $0,0,0$。

　　若 $r=2$,而設 $|a_1b_2| \mp 0$,則此系之通解爲 (I),蓋 (I) 之諸值既可爲此系前二方程式之通解;且因此系之矩陣中之三列行列式皆爲 0,而又可知此 (I) 必滿足此系之其餘諸方程式也,參觀 B 下之第一種情形。

　　若 $r=1$,而設 $a_1 \mp 0$,則 (II) 爲此系之通解。又若 $r=0$,則 (III) 爲此系之通解。其理甚明,不贅述。[以上所謂此系之「系」卽指所言之「方程式系」,又此處所謂之「方程式系」乃指「於(7)中三方程式再加幾個同型方程式後所成之方程式系」]。

　　從此處及以前之研究得下之定理。

　　定理 C　凡元數三方程式數不止三之齊一次方程式系,其係數矩陣之品數小於三時,必有 $0,0,0$ 外之解,亦惟其係數矩陣之品數小於三時,方有 $0,0,0$ 外之解。〔簡言之卽此種方程式系有 $0,0,0$ 外之解之必充條

　　●「三以上」從四起,三以上方程式,卽四個或不止四個方程式

理学卷（第二册）　科学通讯　第一期（1935）

件爲「其係數矩陣之品數小於三」]

此亦如前之 A,B, 通解中常有 $3-r$ 個任意常數。

綜括 由以上所得理論上之諸結果,可合成一定理如下。

定理 1. 若三元齊一次方程系之品數爲 r, 則此系之通解中有 $3-r$ 個任意常數。

此定理謂 $r=3$ 時,通解中無任意常數[因 $r=3$, 則 $r-3=0$],無任意常數,卽只有 0,0,0 一解之意;蓋若尙有 0, 0, 0 外之他解 x_1, x_2, x_3, 則 kx_1, kx_2, kx_3(k 爲任意常數)亦將爲一解。此決不能,無待詳言矣。

因此定理旣担保 $r=3$ 時,只有一解 0, 0, 0, 又担保 $r<3$ 時,必有 0,0,0 外之解;則前三定理巳全包括於此定理之中明矣。例如方程式之個數少於三,則 r 亦小於三而常有 0,0,0 外之解(定理 A)。又若方程式至少有三個(卽三個或不止三個),則 r 可等於三或小於三,而惟 r 小於三時方必有 0,0,0 外之解(定理 B,C)。

公例 (General case). 從三元方程式系所得以上諸結果可以作爲標準結果,並立可推廣至任意個元而得此類方程式系之公例如下。

定理 2. 「若 n 元齊一次方程系」之品數爲 r, 則此系之通解中有 $n-r$ 個任意常數。

本刊廣告價目表

等級 地位	甲	乙	丙	丁　普通	全頁價目	半頁價目
底封面外頁					伍拾元	
底封面裏頁及封面裏頁					三十五元	二十元
封面裏頁					二十五元	十五元
封面裏頁之對面　通					二十元	十二元

一、乙丙丁四分之一頁按照半頁價目六折計算
二、廣告概用白紙黑字如用彩印色紙價目另議
三、廣告如用銅鋅版由本刊代辦照製版費
四、連登多期價目從廉請逕函本校出版處經理組接洽

科學學院科學通訊投稿簡章

一、投稿不拘文言白話凡中英德法文力所歡迎
二、談言教材叢談專消息均以科學為範圍
三、投寄之圖畫及地點請詳細開示
四、投寄之稿務寫清楚並加新式標點凡外國文稿件亟請名出版日期及地點詳細開示
五、打印之如有插圖附表必須製版請用墨巴
六、投寄之稿無論登載與否概不退還但預有聲明並備足回郵者不在此限
七、投寄之稿經本刊揚載後每篇酌致酬金若本刊可未揚載已先在他處發表者恕不致酬
八、投寄之稿揚載後版權即為本校出版委員會所有但有另行約定者不在此限
九、投寄之稿有酌量增刪之權如投稿人不願有何增刪則應於投稿時聲明
十、投寄之稿應逕寄上海徐家滙交通大學科學院科學通訊編輯委員會

中華民國二十四年四月出版

科學學院科學通訊
第一期

編輯者　交通大學科學學院
發行者　交通大學出版委員會
印刷者　上海　上海徐家滙　中國科學公司
代售處　上海　世界出版社　作者書社　現代書局　蘇新書社
　　　　南京　正中書局　黎明書局
　　　　天津　志恆書店
　　　　漢口　光華書局　大公報社代辦部
　　　　安慶　世界書店
　　　　武昌　學生書店　新光書店
　　　　廣州　廣州圖書消費合作社
　　　　雲南　雲南文化書店

本刊價目

每冊大洋二角　全年八冊
預訂壹元四角　國外另加郵費

版權所有

科學學院科學通訊編輯委員會

裴維裕（科學院院長兼物理系主任）
學系主任　徐名材（化學系主任）　胡致復（數學系主任）　顧澄（總編輯）
范會國（數）
剛復（理）　武崇林（數）　周銘（理）　胡
時昭涵（化）　丁嗣賢（化）

科學通訊

黎照寰

第 二 期

中華民國二十四年五月　　　　上海交通大學科學學院編輯

交大季刊

每册大洋三角　全年壹元　　本校出版處發行　各地書局代售

第十三期科學號要目

山東博山玻璃工業概況
整函數之絕對值與其零點之個數之關係
球體在大球體內運動之流線
磁學綱要
橡膠乳汁之工業應用
出席萬國數學學會之經過
暑期工業考察報告
科學學院概況
研究所油漆試驗室報告

第十四期要目

宇宙成因攷
公路車輛概說
全國經濟委員會試驗路築造法
前漢時代海上交通攷
中國運輸之經濟觀
蕉芚鐵路處理文書制度之概述
粵漢路株韶段工程進行概況
對於巴黎撞車之觀感
鳳雨勘詩圖序
畢君枕梅傳
肴海詩草序
讀宋芷灣詩集

第十五期要目

線積分 $\int LF(x,y)dx$ 之極大極小是否爲變分
　　學中之問題
氣象四變談
電力發光的新途徑
前漢時代陸路交通攷
機車鍋爐之檢驗
蒸汽機車及煤水車之檢驗
解決中國運輸問題之途徑
改進設備及業務與鐵路之前途
農村生活之科學進步與經濟計畫
正太鐵路機廠機段實習總報告
公路參觀報告

第十六期要目

前漢時代陸路交通攷（續）
中國公路運輸概況
流體動力學上之相似性
On a Theorem of Lebesgue's.
煤粉用爲燃料之檢討
道路材料試驗撮要
國有各路車輛過軌問題
Book Review on Technical Mechanics
　by Maurer and Roark.
粵漢鐵路株韶段鐵道測量總報告
上海市中心區道路工程管理處實習報告
蘇次河先生榕嶺盦詩集序
仁義障
法蘭梯電器製造廠記略
What Prevents Social Progress?

管 理 學 院 叢 書

1.	鐵道經濟論叢	鍾偉成編	每冊大洋二角
2.	東北鐵路問題之研究	王同文著	上下冊合購壹元二角
3.	吾國鐵路枕木問題之研究	楊　城 王以瑷著 陳善繼	每　冊　大洋四角
4.	鐵路估值	涂　宓著	每　冊　大洋二角

發行者　上海徐家匯交通大學管理學院

代售處　各地大書局

科 學 通 訊

第 二 期　　目　錄

國立交通大學研究所

本所成立以來設置（一）工業研究部分設設計材料機械電氣物理化學等組（二）經濟研究部分設社會經濟實業經濟交通管理會計統計等組除按照所訂計畫進行研究外歷承各路局各機關（如中國工程師學會上海市公用局義興公司等）託辦各項研究及試驗工作薄有貢獻關於上列諸組事項如蒙各界垂詢請惠臨上海徐家匯本所面洽或函商可也此布

溝渠工程學

是書爲本大學土木工程學教授顧康樂所著。係參考中西工程書籍雜誌，採擇各著之精粹而成。書凡十四章，詳述溝渠設計，建築與養護之原理及方法。舉凡污水量，暴雨水量，溝渠水力學，溝渠系統設計，溝渠附屬品，污水抽升，管圈設計，開掘塡覆，列板撐檔以及施工之實際進行，無不條分縷析，詳爲解釋。至於插圖之豐富，文字之簡明，尚其餘事。

▲商務印書館出版，定價一元八角。

理学卷（第二册） 科学通讯 第二期（1935）

談　言

無理數論究竟要不要(續)

顧　澄

（D）　$(1, 1.4, 1.41, 1.414 \cdots)$ 與 1.414 何異

難者曰。　$1.414 \cdots$ 固不足表 $\sqrt{2}$ 之全體。但敍列

$$1, 1.4, 1.41, 1.414 \cdots \tag{1}$$

仍是 $1.414 \cdots$ 之變相,其 $\cdots$ 處仍只能開一位得一項,無法知其全體。此種掩耳盜鈴以半斤代八兩之法有何好處,必勞 Cantor 先生費如許氣力作以規則敍列表無理數之實數論,真所不解。

答,　敍列之好處,在其一個極限[*]（本文所謂敍列指有理數所成之規則敍列,且指其極限不為有理數者否則臨時說明之)。但用 $1.414 \cdots$ 顯不出其極限,想不到其極限,更想不到其極限必有一個且只有一個,一用敍列卽易想到其極限,並易證明其極限必有一個且只有一個。倘但以敍列 (1) 表 $\sqrt{2}$ 而不連帶說明 (1) 有一

---

[*] 此極限 Russell 頗反對見其所著數理哲中,本處不便作比較討論。嚴格論之,卽照 Cantor 之說,亦必先定凡規則敍列為實數,再下其次序(卽 $<$, $=$ $>$)及四則等之定義後方能證明 $\alpha = (a_1 a_2 \cdots)$ 為無理數及 a_n 為有理數時,此 $(a, a, \cdots)$ 之極限為 α,此處云云不過為便利而已。

又定無理數之法甚多,已見本談開始時所言。以下但就敍列說明者,一則限於篇幅二則以其為初學所易知且於應用為最便耳。

極限及只有一極限;則(1)與 1.4.4… 確是半斤八兩毫無好處。既連帶說明敍列之極限,則好處立生,蓋既知敍列必有一極限及只有一極限,則從敍列(1)可知 $\sqrt{2}$ 必有一確定之值,在數軸上必有一確定之位置,不若以前但用 1.414… 時因不能知其全體而渺茫難定矣。詳言之雖(1)與 1.414… 同是寫不出 $\sqrt{2}$ 之全體,同有…。但不知(1)有極限之前 1.414… 之…處終是不可究詰。既知(1)有極限則(1)之…處雖不知其全體而已有歸宿;同時 1.414… 之…處亦因之有歸宿。故敍列之極限既明之後,儘可以 1.414… 爲(1)之簡號;此時二者眞可視爲半斤八兩,二而實一。若於已明敍列之極限後,不思未明其極限之前,而用種種說法強謂 Contor 先生白費氣力,則不佞亦不願再答矣。

(E) 何不逕以敍列之極限爲無理數

難者曰。 敍列(1)之好處既在其極限,且其極限既卽是 $\sqrt{2}$,何不逕云(1)之極限是 $\sqrt{2}$。何必云(1)卽是 $\sqrt{2}$,故作疑陣,故神其辭,令人難解。

答, 不云(1)是 $\sqrt{2}$ 而云(1)之極限是 $\sqrt{2}$ 本無不可,但如

$$1,\ 1\tfrac{1}{2},\ 1\tfrac{1}{3},\ 1\tfrac{1}{4},\ \cdots 1\tfrac{1}{n}\cdots\cdots \tag{2}$$

之敍列其極限在有理數中覓得出卽是 1,與其用(2)表 1;不如逕云(2)之極限爲 1;無如

$$1,\ 1.4,\ 1.414,\ \cdots\cdots \tag{1}$$

之極限在有理數中覓不得,無法以有理數表之。故(1)之極限爲何物只能以(1)表之(有同極限之敍甚多,皆可以之表同極限,此處暫不談)。離去此(1),則(1)之極限無所附麗,無從明白。與其先寫出(1),再言(1)之極限是 $\sqrt{2}$;不如逕言(1)卽是 $\sqrt{2}$ 較爲直捷。倘表一切無理數之敍列皆與(2)相類,其極限皆在有理數中,儘可以其極限表

無理數;無如凡表無理數之敍列其極限皆不在有理數中(否則卽無無理數矣);　故只能以敍列之本身表敍列之極限。因此縱欲以敍列之極限表無理數,亦仍只能以敍列之本身表無理數(不過先知敍列有極限,則,以敍列表無理數之作用較易明白);　此非故作疑陣,不得已耳。

(F)　何必用無窮個有理數表一個無理數

難者曰,　分數之記號用兩自然數及一畫如 $\frac{2}{3}$,負數只須再加一負號如 $-\frac{2}{3}$,至於 -5 之類只須一自然數及一負號,皆極簡單易明。今敍列 $(a_1, a_2, a_3, \cdots)$ 中有無窮個有理數,以此表無理數何等麻煩,何等費解。且以一個無窮敍列表一無理數已經不便之極,再來一個「凡同極限的敍列所成之一組敍列為一無理數」(此一組敍列中有無窮個敍列;一個無窮不夠,還來無窮個無窮),玄之又玄,令人更難索解!這又何必!

答,　如 $\sqrt{2}$ 及 log 之類,記號雖簡,但實際不過代表「2 之平方根」及「5 之對數」兩語。僅憑此兩記號不能顯出其值之大小。如欲以有理數為原料作一可以顯出其值之記號,則非用無窮個有理數不可。蓋於有窮個有理數施有理運算(卽加,減,乘,除)之結果仍為有理數,故不得不以無窮個有理數表無理數。此不但 Cantor 之敍列如此:卽 Dedekind 之分截 $(A \mid B)$,表面上雖僅 A,B 兩字,而實則每字中含無窮個有理數;Knopp 之節套 $(X_n \mid Y_n)$ 亦然,以他種方法定無理數亦無不如此。

至以無窮個同極限敍列為一無理數,正如以無窮個等值分數。

$$\frac{1}{2}, \quad \frac{2}{4}, \quad \frac{3}{6}, \quad \frac{4}{8}, \quad \frac{5}{10}, \cdots\cdots$$

視為一分數,亦無足異,蓋就嚴格之定義論,

$$1,\ 1.4,\ 1.41,\ 1.414,\cdots \qquad\qquad\text{(I)}$$

雖是 $\sqrt{2}$,但　　$1.4,\ 1.41,\ 1.414,\ 1.4142,\cdots$ 　　　　(II)

$$1.4+\tfrac{1}{2},\ 1.41+\tfrac{1}{3},\ 1.414+\tfrac{1}{4},\ 1.1442+\tfrac{1}{5},\cdots \qquad\text{(II)}$$

等亦皆是 $\sqrt{2}$。不能云(I)是 $\sqrt{2}$ 而 (II),(III),… 等不是 $\sqrt{2}$,故只能云一組相等(即同極限)敍列為一無理數。但為便利計,亦不妨云一敍列是一無理數,凡與之相等之一切敍列皆是此無理數,例如云(I)是 $\sqrt{2}$,凡與(I)相等之 (II),(III),… 皆是 $\sqrt{2}$,

至於一種記號,麻煩不麻煩,費解不費解,全視用之久不久慣不慣。試一懸想古代之人,當其只知自然數而尚未知分數負數之時,驟語以分數負數之作用及其記號為 $\dfrac{a}{b}$, $-a$ (a,b 皆為自然數),恐其對此茫然,認為麻煩與費解,或視現在初讀無理數論者為尤甚。須知 $\dfrac{a}{b}$ 與 $(a_1,a_2,a_3\cdots)$ 在表面上雖有繁簡之不同,而其為數之記號則一。如問何必以 $(a_1,a_2,a_3\cdots)$ 表無理數與問何必以 $\dfrac{a}{b}$ 表分數何異。明乎此,則以上云云更無足怪矣。

(G)　以敍列表無理數有益無損

難者曰。　以 $(1,1.4,1.41,\cdots)$ 顯 $\sqrt{2}$ 之值,固無異以 .5 顯 $\tfrac{1}{2}$ 之值。但

$$\sqrt{2},\ \sqrt{3},\ \sqrt{5},\ \sqrt{6},\cdots \qquad\qquad(\alpha)$$

等之大小次序,一見 2, 3, 5, 6, 即知;

$$\log 2,\ \log 3,\ \log 5,\ \log 6,\cdots \qquad\qquad(\beta)$$

等亦然;甚至

$$\sqrt{2},\ \sqrt[3]{3},\ \sqrt[4]{5}, \qquad\qquad(\gamma)$$

亦只須將其化為

$$\sqrt[12]{64},\ \sqrt[13]{81},\ \sqrt[12]{125} \qquad\qquad(\varrho)$$

亦一望而知其大小次序,何必用敍列顯其大小次序,自討苦吃?

答,　專就(α)或(β)或(γ)論誠然如此,試問 $\sqrt{2},\ \log_e 4.113,\ \log_1 2.59$,

三數是否能一望其 2, 4, 113, 259 而知其大小次序,(α)或(β)不過如同分母之分數故極易知其大小次序,(γ)已如異分母之分數須化後始易知其大小次序。但無理數之種類甚多,若混合在一起,欲分別其大小次序,仍非各作其敍列不可。如云尋常計算可利用開方對數表等,分別其大小次序,則作敍列亦可利用開方對數表等,並不吃虧。卽就寫法之便否而論,以前已經說過,無理數論眞能明白之後儘可以 1.414… 爲(1, 1.4, 1.41,…)之簡號,故在形式記算中 $\sqrt{a}$, $\log a$,… 等雖寫時簡便,但一遇 a 爲數目例如變爲 $\sqrt{2}$, $\log_e 4.113$ 則欲比較其大小,做敍列仍免不了,故以敍列表無理數實有益無損。

(H)　究竟以敍列表無理數還是以敍列爲無理數

難者曰。　忽言以敍列表無理數忽言以敍列爲無理數究竟是表是爲?

答,　旣可表卽可爲,例如 1, 2, 3,… 旣可視作表自然數之記號亦可名之爲自然數,不但如此,例如(1, 1.4, 1.41,…)旣可决定 $\sqrt{2}$ 之位置,即可視爲 $\sqrt{2}$ 之定義;旣爲 $\sqrt{2}$ 之定義,卽可視之爲 $\sqrt{2}$,上言敍列表無理數者,不過因人腦中已有無理數如 $\sqrt{2}$ $\log 5$… 之類,用一表字使人易明敍列之作用而已,實則儘可謂敍列爲無理數。本談係談言體例不作嚴格之論調,此類之事如欲知其詳,須先明數之觀念。本刊下期專載中有 Knopp 無窮級數之理論應用第一編專講實數論(無理數論包括在內)於數之觀念略有所述,雖其中以節套爲無理數而不以敍列爲無理數,而數之觀念則一。本談以敍列爲無理數不過因敍列便於應用且爲解初學誤會起見便於說明而已。至於無理數之定法(卽下其定義之法), 則各家不一。Knopp 之實數論亦僅是一家之論,如欲作稍進之研究,

***

　＊第三期稿多,預算限於篇幅排不下,第四期必能排出。

理学卷（第二册）　科学通讯　第二期（1935）

可先讀Hobson實數函數論第一冊第一編，Pierpont實數函數論第一冊前三編，Knopp無窮級數之理數及應用前二編，再讀Russell數理哲學前七編。於是再詳細比較討論之，本談至此已嫌太長，暫告結束，俟後再談。

前 期 本 篇 正 誤

	誤	正
3頁 6行	數函論	函數論
7行	分戕	分戯
9行	interals	intervals
4頁 15行	高折	高等解析
6行	無理論	無理數論
8行	進行一切	進論一切
16行	無理數巳	無理數論巳
6頁 12行	$ab > H\frac{3}{2}\pi$	$ab > 1 + \frac{3}{2}\pi$
23行	便計耳	便利計耳

上海交通大学百年报刊集成·第一辑（1896—1949）·学术学科

理学卷（第二册） 科学通讯 第二期（1935）

教　材

二正項級數之比較之幾個法則　(續)

范　會　國

4. 設一級數 Σu_n，其中普通項 u_n 恆爲正數，並設當 n 無窮增大時，比率 $\frac{u_{n+1}}{u_n}$ 由小於 1 而趨近於 1.試再取別一正項級數 Σv_n 以與級數 Σu_n 比較，並設比率 $\frac{v_{n+1}}{v_n}$ 亦趨近於 1.在許多情形中，求級數 Σu_n 之收發性之最簡捷之道，乃先作由下式所決定之差數 b_n：

$$b_n = \frac{u_n}{u_{n+1}} - \frac{v_n}{v_{n+1}},$$

其次研求當 n 相當增大時，b_n 之號爲如何，再次研求級數 Σb_n 之收發性。

a) 若由某項起，差數 b_n 爲正，及級數 Σv_n 爲收斂，則級數 Σu_n 亦爲收斂。

證：因由假設 $b_n > 0$，故 $\frac{u_{n+1}}{u_n} < \frac{v_{n+1}}{v_n}$ 因之，依數理學中之一尋常法則，可知級數 Σu_n 亦爲收斂。

b) 若由某項起，差數 b_n 爲負，及級數 Σv_n 爲發散，則級數 Σu_n 亦爲發散。

證：因由假設 $b_n < 0$，故 $\frac{u_{n+1}}{u_n} > \frac{v_{n+1}}{v_n}$ 因之，依數理學中之一尋常法則，可知級數 Σu_n 亦爲發散。

c) 若級數 Σb_n 爲絕對收斂，則二級數 Σu_n 及 Σv_n 之收發性相

同.

證:命

$$w_n = \frac{u_n}{v_n} \quad ,$$

則有

$$\frac{w_{n+1}}{w_n} = \frac{v_n}{v_{n+1}} : \frac{u_n}{u_{n+1}} = \frac{1}{1 + b_n \frac{v_{n+1}}{v_n}}$$

在第3節中所用之 β_n 此處爲

$$\beta_n = b_n \frac{v_{n+1}}{v_n} \quad ;$$

因由假設,比率 $\frac{v_{n+1}}{v_n}$ 趨近於1, β_n 及 b_n 爲兩個同價之量,故級數 $\Sigma\beta_n$ 與級數 Σb_n 同爲絕對收斂,由是,故依第 3 節之法則 II, 可知當 n 無窮增大時, w_n 趨近於異於零之一有限極限,而二級數 Σu_n 及 Σv_n 之收發性乃爲相同。

5. 由於應用以上結果,可以證明下之定理:

設 Σu_n 爲一正項級數,若相連二項之比率 $\frac{u_n}{u_{n+1}}$ 在 n 爲無窮大之鄰近可以展爲一有限展開式,其形狀爲 $1 + \frac{k}{n} + \frac{\lambda}{n^p}$,(其中 k 表一常數 >0, $p>1$, λ 於 n 無窮增大時爲一有限值),則此級數之收發性與級數 $\Sigma \frac{1}{n^\kappa}$ 者同。

證:命

$$v_n = \frac{1}{n^\kappa}$$

及取級數 $\Sigma v_n = \Sigma \frac{1}{k^k}$ 以與級數 Σu_n 比較,再作差數

$$b_n = \frac{u_n}{u_{n+1}} - \frac{v_n}{v_{n+1}}$$

　　由 於 假 設,在 n 為 無 窮 大 之 鄰 近,比 率$\dfrac{u_n}{u_{n+1}}$之 有 限 展 開 式 之 起

頭 二 項 為$1+\dfrac{k}{n}$;他 方 面,比 率$\dfrac{v_n}{v_{n+1}}=\left(1+\dfrac{1}{n}\right)^k$之 有 限 展 開 式 之 起

頭 二 項 亦 為$1+\dfrac{k}{n}$;是 故 於 n 無 窮 大 時,b_n 為 $\dfrac{1}{n}$ 之 一 無 窮 小,其 級

(order)大 於$\dfrac{1}{n^\alpha}$ ($\alpha>1$)。因 此,故 級 數Σb_n 為 收 斂,及 其 各 項 俱 為 同 號,

因 之,依 第 4 節 之 c),可 知 兩 級 數Σu_n 及 Σv_n 之 收 發 性 相 同。

　　若 要 應 用 上 之 定 理,顯 然 只 須:

　　α) 證 明 比 率$\dfrac{u_n}{u_{n+1}}$於 n,無 窮 增 大 時,是 否 趨 近 於 1;

　　β) 求 出$\dfrac{u_n}{u_{n+1}}$之 有 限 展 開 式 至 於 第 二 項;

　　例:設 有 一 正 項 級 數,其 相 連 二 項 之 比$\dfrac{u_n}{u_{n+1}}$為 正 整 變 數 n 之

一 有 理 分 數,試 求 此 級 數 之 收 斂 條 件。

　　若 比 率$\dfrac{u_n}{u_{n+1}}$趨 近 於 異 於 1 之 一 極 限,此 處 不 加 以 討 論,茲 設

$$\frac{u_n}{u_{n+1}}=\frac{n^p+an^{p-1}+\cdots+l}{n^p+a'n^{p-1}+\cdots+l'}$$

命

$$n=\frac{1}{x},$$

則 有

$$\frac{u_n}{u_{n+1}}=\frac{1+ax+\cdots+lx^p}{1+a'x+\cdots+l'x^p},$$

當 x 趨 近 於 零 時,此 函 數$\dfrac{u_n}{u_{n+1}}$趨 近 於 1, 及 在 x=0 之 鄰 近,可 展 為 任

意 多 項 之 有 限 展 開 式,茲 可 求 出 此 展 開 式,不 過 只 須 至 第 二 項 則

足 矣,其 結 果 為

$$\frac{u_n}{u_{n+1}}=1+(a-a')x+\varepsilon x,$$

其 中 ε 趨 近 於 零,當 x 趨 近 於 零。

若 $a-a'<0$, 則當 n 相當大時, $\dfrac{u_n}{u_{n+1}}$ 小於 1, 卽 $\dfrac{u_{n+1}}{u_n}$ 大於 1, 而級數 Σu_n 爲發散.

若 $a-a'\geqq 0$, 則在 n 爲無窮大之鄰近, $\dfrac{u_n}{u_{n+1}}$ 之有限展開式之起頭二項爲 $1+\dfrac{a-a'}{n}$, 而級數 Σu_n 之收發性與級數 $\Sigma\dfrac{1}{n^{a-a'}}$ 者同, 是故若 $a-a'>1$, 則級數 Σu_n 爲收斂, 若 $a-a'\leqq 1$, 則級數 Σu_n 爲發散。

由上所述, 可得一定理如次:

設有一級數 Σu_n, 其相連二項之比爲

$$\frac{u_n}{u_{n+1}}=\frac{n^p+an^{p-1}+\cdots+1}{n^p+a'n^{p-1}+\cdots+1},$$

若要此級數爲收斂, 其必要及充分之條件爲 $a>a'+1$。

此定理爲 gauss 定理, 其證法頗多, 此處之證法, 似頗精確, 而又不甚繁難也。

6. 茲再應用以上結果以證明 Raabe 及 Duhamel 定理, 此定理是:

設有一正項級數 Σu_n, 其相連二項之比 $\dfrac{u_{n+1}}{u_n}$ 由小於 1 而趨近於 1, 卽

$$\frac{u_{n+1}}{u_n}=\frac{1}{1+\alpha_n},$$

其中 α_n 恆爲正數。若由某項起, $n\alpha_n$ 恆大於一固定數 $k>1$ $(n\alpha_n>k>1)$, 則此級數 Σu_n 爲收斂; 若由某項起, $n\alpha_n$ 恆小於 1, $(n\alpha_n<1)$, 則此級數 Σu_n 爲發散。

α) 設於 n 相當大時, 無等式 $n\alpha_n>k>1$ 得到滿足。

試取一級數 Σv_n, 其頭項爲 v_1, 其相連二項之比爲

$$\frac{v_{n+1}}{v_n}=\frac{1}{1+\dfrac{k}{n}}$$

並以此級數與級數 Σu_n 比較。

　　因

$$\frac{v_n}{v_{n+1}} = 1 + \frac{k}{n}$$

故依第 5 節所述,此級數 Σv_n 之收發性與級數 $\Sigma \frac{1}{n^k}$ 之收發性相同,因之,此級數爲收斂。但是,由於假定,差數

$$\frac{u_n}{u_{n+1}} - \frac{v_n}{v_{n+1}} = \frac{n\alpha_n - k}{n}$$

爲正,故有

$$\frac{u_{n+1}}{u_n} < \frac{v_{n+1}}{v_n},$$

而級數 Σu_n 亦爲收斂。

　　β) 設,於 n 相當大時,無等式 $n\alpha_n < 1$ 得到滿足。

　　命

$$v_n = \frac{1}{n} \quad,$$

及以發散級數 $\Sigma v_n = \Sigma \frac{1}{n}$ 與級數 Σu_n 比較。此處之差數 b_n 爲

$$b_n = \frac{u_n}{u_{n+1}} - \frac{v_n}{v_{n+1}} = \frac{n\alpha_n - 1}{n} \quad,$$

依假定,此差數爲負,故有

$$\frac{u_{n+1}}{u_n} > \frac{v_{n+1}}{v_n},$$

因之,級數 Σu_n 亦爲發散。

　　若 $n\alpha_n$ 趨近於 1,而恒小於 1,則級數 Σn_n 仍爲發散,是故爲要補充上之定理只須假設 $n\alpha_n$ 趨近於 1,而不恆小於 1。在此情形中,吾人可取調和級數 $\Sigma \frac{1}{n}$ 爲級數 Σv_n,而應用下之法則:

　　若級數 $\Sigma b_n = \Sigma \left(\alpha_n - \frac{1}{n} \right)$ 爲絕對收斂,則級數 Σu_n 爲發散。(此法

則不過第 4 節之法則 c)之一特別情形耳)。

論 方 程 式 $x^{n}-1=0$ 之 原 根 (續)

武 崇 林

§3, 　方程式(1)之 N 個根,因其絕對值均等于 1,故表其根之各點,俱位於單位圓上;又因相隣二根 $\varrho_n{}^m$, $\varrho_n{}^{m+1}$ 之距離爲

$$| \varrho_n{}^m - \varrho_n{}^{m+1} | = | \varrho_n{}^m | \, | 1 - \varrho_n | = | 1 - \varrho_n |$$

與 m 無關,故任何相隣二根之距離相等。因 $\varrho_n{}^0 = 1$, $\varrho_n = x_n + i y_n$, $y_n > 0$ 且 x_n 爲最大,亦且決無 $\varrho_n{}^{m+1} = \varrho_n{}^{m-1}$ 者,故亦易見依(3)之次序,其各根之角,漸次增大。不甯唯是,順依(3)之次序,則圓周恰經過一次,而並未重複其任何一段。蓋因如謂不然,或則必有一 $\varrho_n{}^K$, $1 \leqslant K \leqslant N-1$, 與 $\varrho_n{}^0 = 1$ 重合,此前此見其爲不可能;或則必有一 $\varrho_n{}^K$ 位於 $\varrho_n{}^0 = 1$, 及 ϱ_n 之間,如是則 (1) 將有一根 $\varrho_n{}^K$ 其實數部大於 ϱ_n 之實數部,此前亦見其爲不可能,既

$$| \varrho_n{}^0 - \varrho_n{}^{N-1} | = | 1 - \varrho_n |,$$

故知經過圓周一次之語確乎不謬。凡此所言,吾人並未採用根 ϱ_n 之形如(2)者之性質,而所得結果,當提醒吾人,此所得之 ϱ_n,實卽(2) 之 ϱ_n 也。

　　就幾何言之,$| 1 - \varrho_n |$ 乃單位圓內正 2^n 多邊形一邊之長度,茲已可見。在 n 漸次增大無限時,$| 1 - \varrho_n |$ 自應漸次減小至零,亦當如吾人之所期待者。 如欲純以解析方法證實此事,吾人且研究以下之關係。 由(8),

(9) 　　$| 1 - \varrho_n | = \sqrt{(1-x_n)^2 + y_n{}^2} = \sqrt{2(1-x_n)} = 2 y_{n+1}$, 　　(因 $x_n{}^2 + y_n{}^2 = 1$)

是以

$$2^n | 1 - \varrho_n | = 2^{n+1} y_{n+1}。$$

玆 證 明 極 限

$$\lim_{n\to\infty} 2^n |1-\varrho_n| = \lim_{n\to\infty} 2^n y_n$$

確 存 在。因

(10) $$2x_{n+1}y_{n+1} = 2\sqrt{\tfrac{1}{2}(1+x_n)\tfrac{1}{2}(1-x_n)} = \sqrt{1-x_n^2} = y_n,$$

故 以 $x_{n+1}<1$ 故,而

$$2y_{n+1} > y_n。$$

是 以

(11) $$2^{n+1}y_{n+1} > 2^n y_n > \cdots > 2^3 y_3 = 4\sqrt{2}, \qquad (n>3)。$$

在 另 一 方 面,

$$y_{n+1} < \frac{y_{n+1}}{x_{n+1}} = \frac{2\,x_{n+1}\,y_{n+1}}{2\,x_{n+1}^2} = \frac{y_n}{1+x_n} ,$$

$$= \frac{x_n}{1+y_n}\,\frac{y_n}{x_n} < \frac{1}{2}\cdot\frac{y_n}{x_n}, \qquad (由(8)及(10))$$

因 而

(12) $$2^{n+1}y_{n+1} < 2^{n+1}\frac{y_{n+1}}{x_{n+1}} < 2^n \frac{y_n}{x_n} < \cdots < 2^3\frac{y_3}{x_3} = 8, \qquad (由(7_1))。$$

所 以 由 (11),知 數 序

(13) $$2^n y_n \qquad (n=3,4,5\cdots\cdots)$$

爲 獨 增,由 (12),知 數 序 之 任 何 項 均 小 於 8,故 由 極 限 論,知

$$\lim_{n\to\infty} 2^n |1-\varrho_n| = \lim_{n\to\infty} 2^n y_n = c$$

存 在,其 c 爲 大 於 $4\sqrt{2}$ 而 小 於 8 之 一 數.

　　因 由 (12)

$$|1-\varrho_n| = 2y_{n+1} < \frac{8}{2^n},$$

自 然 見

$$\lim_{n\to\infty} |1-\varrho^n| = 0,$$

如吾人之所欲示者也。

再者由(9)

$$\lim_{n\to\infty} 2^{2n+1}(1-x_n)=c^2,$$

因而

$$\lim_{n\to\infty} 2^n(1-x_n)=0。$$

今

$$\varrho_n-1=(x_n-1)+y_n i,$$

因得

$$\lim_{n\to\infty} 2^n(\varrho_n-1)=\lim_{n\to\infty} 2^n(x_n-1)+i\lim_{n\to\infty} 2^n y_n,$$

尊用適所得之結果,即有

$$\lim_{n\to\infty} 2^n(\varrho_n-1)=ci。$$

若一複元函數 $f(z)$ 在 $|z|=r$ 之圓內及圓上爲綿續,則如於圓周上取 $N=2^n$ 個等距離點, $f(z)$ 在此 N 點上數值之算術平均,當 $n\to\infty$ 時,應用上之結果,可證其有一極限值,稱作 $f(z)$ 在 $|z|=r$ 圓上之中值.在以冪級數爲基礎而作複元函數理論之研究時,此事有時亦得其應用也。　　　　　　　　　　　　　　　(完)

　　正誤.　　上期第 16 頁第十一行, $x^n-1=0$ 應爲 $x^N-1=0$ 之誤;第 18 頁第六行 $\sqrt{x_k+iy_{k+1}}$,應爲 $\sqrt{x_k+iy_k}$ 之誤;第 19 頁第十四行 "若 2^λ $0\leq n\leq n-1$",應爲 "若 2^λ, $0\leq\lambda\leq n-1$" 之誤。

光 之 頻 率 與 波 長

許 國 保

光波之主要區別，厥在光之頻率(Frequency)及光之波長(wave length)。例如紅光線與綠光線不同因其頻率及波長不同之故也。普通教本中述及光線之不同，往往以波長區別之。例如談及人目可見之光線則曰其波長之範圍約在 0.4μ 及 0.8μ 之間(μ爲千分之一密厘米突)而對於波長之定義或不加以詳明之註解，此實易於引起誤會者也。

光之波長 λ 與頻率 ν 有相互之關係。設光在某種介質 (medium)之中其前進速度爲 v 則

$$\lambda = \frac{v}{\nu}.$$

而光在不同之介質中其速度恆不同。光在眞空之速度爲 $c = 3 \times 10^{10}$ cm/sec. 設某介質之絕對折射率(卽對於眞空之折射率 Absolute index of refraction) 爲 n 則光在此介質中之速度爲

$$v = \frac{c}{n},$$

是以光在此介質中之波長爲

$$\lambda = \frac{c}{n\nu}.$$

由此公式觀之則同一頻率之光在各種介質之中(n不同)其波長不同，反之同一波長之光在各種介質之中其頻率不同。如是則光之根本性質，究以頻率定之乎，抑以波長定之乎？此問題在識者固不值一解而在初學者或有疑問焉，爰作此篇以說明之。

　　欲解答此問題,當推究光之來源。若依電子學說,則光之源在電子之振動。設電子之振動頻率爲 v,則其所發出之光之頻率亦爲 v,以後此光無論射入何種介質中其頻率必仍爲 v。若依量子學說,則光之源在原子或分子所發出之光子(photon)設每光子之能(energy)爲 hv(h 即 Planck 之量子,等於 6.45×10^{-27} erg.sec)則此光之頻率爲 v,以後此光無論射入何種介質中,其頻率必仍爲 v。由是言之,無論根據何種學說,在光之源僅有頻率,而無波長可言。光之有波長乃由於光射入介質後有一定速率乃有波長耳。光之頻率僅係於光之源而與光所在之介質無關,但光之波長則既係於光之源而又與光所在之介質有關。夫介質雖與光有密切之關係,究非光之本身。是則光之根本區別在於頻率而不在波長不辯而自明矣。

　　鈉(Sodium)之原子發出黃色之光,其頻率爲每秒 $5.1 \times 1^{.14}$ 次($v = 5.1 \times 10^{14}$),其在眞空中之波長爲

$$\lambda = \frac{c}{v} = \frac{3 \times 10^{10}}{5.1 \times 10^{14}} = 0.589 \ \mu.$$

　　水之絕對折射率 n 約爲 4/3,玻璃之絕對折射率 n 約爲 1.5,因之此光線在水中之波長將爲

$$\lambda = \frac{c}{nv} = 0.589 \times \frac{3}{4} = 0.442 \ \mu,$$

而其在玻璃中之波長將爲

$$\lambda = \frac{c}{nv} = 0.589 \div 1.5 = 0.393 \ u.$$

　　若光之色果以波長決定之,則此鈉光線在眞空中爲黃色,在

水中將爲藍色,在玻璃中且爲紫色矣。實際則不然,此光線固無論在何種介質中均爲黃色,蓋其頻率固在任何介質中均相同也。是光之色係於光之頻率而不係於波長。

關於確定光之色是否與介質有關係之試驗,尚未見之記載。其原因或以此等實驗不易爲之。蓋此實驗不能以儀器爲之而必得以人目爲之,因儀器雖能量波長或頻率而不能辨顏色也。欲辨光之顏色是否與介質有關,要在置人目於介質之中。使人在玻璃中觀光線固屬不可能之事,在水中觀光線或屬可能。但猶有一層人目中受光線之神經繫於網膜(retina),網膜在牟子中,牟子中有一種液體此液體亦爲一種一定之介質。網膜常在此介質之中,雖吾人能移目於各種介質中而仍不能置網膜於他種介質也。是則此種實驗或爲終不可能者。雖然吾人不妨以耳旁證之。耳之能辨音調之高低,全在鼓膜之振動。外來之聲音入耳既耳之鼓膜振動,其振動之頻率與聲波振動之頻率同。鼓膜之振動傳之神經乃辨音調。是以聲學上音調之高低常以頻率表明之,如 C 調,D 調,E 調等。音义之調常註以頻率之數如 C 調爲 256,未聞以波長表明之也。蓋亦以音調之區別全在頻率而不在波長,聲波之長在氣體,流體或固體之介質中固大不相同也。如是則網膜之所以能感光之色當亦以感受光波振動之頻率而然。總之無論光之色是否全係於頻率(此問題尚無關於物理之大旨,蓋色者尚有人之感覺在焉物理之旨當超乎人也)而光之根本區別在頻率,不在波長,固無疑義矣。然而物理學上常以波長規定人目所能見光之範圍何也,蓋其所謂波長乃指光在眞空中之波長也。眞空中之波長

$$\lambda = \frac{c}{v} .$$

$c = 3 \times 10^{10}$ 爲固定數,是以眞空中之波長全視頻率而定固可以之代替頻率也。聲學上所以不能用波長而必得用頻率因眞空中無聲故也。但在光學上用波長而不加以在眞空中之註解亦易引起誤會固不如用頻率之爲直截也。

Clebsch 氏 級 數 之 改 正

高 揚 芝

設 $f = a_x{}^m b_y{}^n$ 爲 $(x_1 x_2)$, $(y_1 y_2)$ 兩組變數之齊次式,用符號方法 (Symbolic method 所表示者,式中

$$m+n \text{ 表方次}$$

$$a_x \text{ 表 } a_1 x_1 + a_2 x_2$$

$$b_y \text{ 表 } b_1 y_1 + b_2 y_2$$

今爲便於立論計,假定 $n \leqq m$,按 Clebsch 氏之理論,f 等於以下級數

$$\sum_{k=0}^{n} \frac{\binom{m}{k}\binom{n}{k}}{\binom{m+n-k+1}{k}} \frac{(x\ y)^k}{(n-k\ !)} D_{xy}^{n-k}\left\{(ab)^k a_x^{m-k} b_x^{n-k}\right\} \cdots\cdots (1)$$

式中 　　D_{xy} 表 $y_1 \dfrac{\partial}{\partial x_1} + y_2 \dfrac{\partial}{\partial x_2}$

(xy) 　表 $\begin{vmatrix} x_1 & x_2 \\ y_1 & y_2 \end{vmatrix}$

$(ab)^k a_x^{m-k} b_x^{n-k}$ 　表 $(x_1 x_2)$ 之齊次式用符號法所表示者。

$D_{xy}^{n-k}\left\{(ab)^k a_x^{m-k} b_x^{n-k}\right\}$ 表上式之 $(n-k)$ 級極式。

(1 式卽爲 Clebsch 氏級數(見 Turnbull 之 Theory of Determinant, Matrices, and Invariants.)

今 設 $m=1$, $n=1$, 則 $f=a_x b_y$, 如 用 公 式（1）求 其 等 式 則

$$f=D_{xy}a_x b_x+\frac{(xy)(ab)}{2} \quad\cdots\cdots\cdots\cdots\cdots\cdots\cdots\cdots\cdots\cdots\cdots (2)$$

再 設 $m=3$　$n=2$ 則 $f=a_x^3\ b_x^2$ 如 用 公 式（1）求 其 等 式 則

$$f=\frac{1}{2}D_{xy}^2\ a_x^3\ b_x^2+\frac{6}{5}(xy\cdot D_{xy}(ab\quad a_x^2\quad b_x+\frac{1}{2}\ (xy)^2(ab)^2 a_x \cdots\cdots (3)$$

不 用 公 式,將 以 上 兩 例 實 際 演 算 如 下:

$$D_{xy}a_x b_x=a_x b_y+b_x a_y \cdots\cdots\cdots\cdots\cdots\cdots\cdots\cdots\cdots\cdots\cdots (4)$$

$$a_x b_y-a_x b_y=0 \cdots\cdots\cdots\cdots\cdots\cdots\cdots\cdots\cdots\cdots\cdots\cdots\cdots\cdots (5)$$

$$a_x b_y-a_y b_x=(ab)(xy) \cdots\cdots\cdots\cdots\cdots\cdots\cdots\cdots\cdots\cdots (6)$$

（5）+（6）$2a_x b_y-(a_x b_y+a_y b_x)=(ab)(xy) \cdots\cdots\cdots\cdots\cdots (7)$

由（1）及（7）得

$$a_x b_y=\frac{1}{2}\ D_{xy}a_x b_x+\ \frac{1}{2}(ab)(xy) \cdots\cdots\cdots\cdots\cdots\cdots\cdots (8)$$

（8）與（2）不 週 合。

又 　　　　$D_{xy}^2\ a_x^3\ b_x^2=6\ a_x\ b_x^2\ a_y^2+12\ a_x^2 b_x a_y b_y+2\ a_x^3\ b_y^2 \cdots\cdots (9)$

$$2\ a_x^3\ b_y^2-2a_x^3\ b_y^2=0\ \cdots\cdots\cdots\cdots\cdots\cdots\cdots\cdots\cdots (10)$$

$$12(a_x^3\ b_y^2-\ a_x^2 b_x a_y b_y)=12\ a_x^2\ b_y(xy)\ (ab) \cdots\cdots\cdots\cdots (11)$$

$$6(a_x^3\ b_y^2-a_x\ b_x^2\ a_y^2)=6\ a_x^2 b_y(ab)(xy)+6a_x b_x a_y(ab)(xy) \quad (12)$$

（10）+（11）+（12）$20a_x^3 b_y^2-\ D_{xy}^2 a_x^3 b_x^2=18a_x^2\ b_y(ab)(xy)+6a_x b_x a_y(ab(xy) \cdots (13)$

依 同 法 又 可 算 得

$$a_x^2 b_y=\frac{1}{3}\ D_{xy}\ a_x^2 b_x+\frac{2}{3}a_x(ab)(xy) \cdots\cdots\cdots\cdots\cdots\cdots\cdots (14)$$

$$a_x b_x a_y = \frac{1}{3} D_{xy} \overset{2}{a_x} b_x - \frac{1}{3} a_x (ab)(xy) \cdots\cdots\cdots (15)$$

將 (14),(15) 之等值代入 (13) 中得

$$\overset{3}{a_x} \overset{2}{b_y} = \frac{1}{20} D_{xy}^2 \overset{3}{a_x} \overset{2}{b_x} + \frac{2}{5}(xy) D_{xy} \overset{2}{a_x} b_x + \frac{1}{2}(xy)^2 (ab)^2 a_x \cdots (16)$$

(16) 與 (3) 亦不適合。由此兩例,可驗明 Turnbull 書所載 Clebsch 氏級數確為錯誤。今特將 $a_x{}^m \, b_y{}^n$ 之等式重新推演之,俾得正確之公式。

因　$D_{xy} \overset{m}{a_x} \overset{n}{b_x} = \overset{m}{a_p} D_{xy} \overset{n}{b_x} + \overset{n}{b_x} D_{xy} \overset{m}{a_x}$

$$D_{xy}^2 \overset{m}{a_x} \overset{n}{b_x} = \overset{m}{a_x} D_{xy}^2 \overset{n}{b_x} + 2 D_{xy} \overset{m}{a_x} D_{xy} \overset{n}{b_x} + \overset{n}{b_x} D_{xy}^2 \overset{m}{a_x}$$

$$D_{xy}^3 \overset{m}{a_x} \overset{n}{b_x} = \overset{m}{a_x} D_{xy}^3 \overset{n}{b_x} + 3 D_{xy} \overset{m}{a_x} D_{xy}^2 \overset{n}{b_x} + 3 D_{xy}^2 \overset{m}{a_x} D_{xy} \overset{n}{b_x} + \overset{n}{b_x} D_{xy}^3 \overset{m}{a_x}$$

用數學歸納法甚易證明下式:

$$D_{xy}^k \overset{m}{a_x} \overset{n}{b_x} = \overset{m}{a_x} D_{xy}^k \overset{n}{b_x} + \binom{k}{1} D_{xy} \overset{m}{a_x} D_{xy}^{k-1} \overset{n}{b_x} + \binom{k}{2} D_{xy}^2 \overset{m}{a_x} D_{xy}^{k-2} \overset{n}{b_x}$$

$$+ \cdots\cdots + \binom{k}{k} D_{xy}^k \overset{m}{a_x} D_{xy}^{n-k} \overset{n}{b_x} .$$

故　$D_{xy}^n \overset{m}{a_x} \overset{n}{b_x} = \overset{m}{a_x} D_{xy}^n \overset{n}{b_x} + \binom{n}{1} D_{xy} \overset{m}{a_x} D_{xy}^{n-1} \overset{n}{b_x} + \binom{n}{2} D_{xy}^2 \overset{m}{a_x} D_{xy}^{n-2} \overset{n}{b_x}$

$$+ \cdots\cdots + \binom{n}{n} \overset{n}{b_x} D_{xy}^n \overset{m}{a_x} \cdots\cdots\cdots\cdots (17)$$

今　$D_{xy}^k \overset{n}{b_x} = n(n-1)\cdots\cdots(n-k+1) \overset{n-k}{b_x} \overset{k}{b_y} \qquad k=1, 2, \cdots n$

$$D_{xy}^j \overset{m}{a_x} = m(m-1)\cdots\cdots(m-j+1) \overset{m-j}{a_x} \overset{j}{a_r} \qquad j=1, 2, \cdots\cdots n.$$

故 (17) 可寫為

$$D_{xy}^n \overset{m}{a_x} \overset{n}{b_x} = n! \left[\binom{m}{0}\binom{n}{0} \overset{m}{a_x} \overset{n}{b_y} + \binom{n}{1}\binom{m}{1} \overset{m-1}{a_x} \overset{n-1}{b_y} a_y b_x + \binom{n}{2}\binom{m}{2} \overset{m-2}{a_x} \overset{n-2}{b_y} \overset{2}{a_y} \overset{2}{b_x} \right.$$

理学卷（第二册） 科学通讯 第二期（1935）

教材四   Clebsch 氏級數之改正   31

$$+\cdots\cdots+\binom{n}{k}\binom{m}{k}a_x^{m-k}b_y^{n-k}a_y^{k}b_x^{k}+\cdots\cdots$$

$$+\binom{n}{n}\binom{m}{n}a_x^{m-n}b_x^{n}a_y^{n}\Big]\cdots\cdots\cdots\cdots\cdots\cdots\cdots\cdots (18)$$

但 $a_x^{m-1}b_y^{n-1}b_xa_y=a_x^{m}b_y^{n}-a_x^{m-1}b_y^{n-1}(ab)(xy)$

$$a_x^{m-2}b_y^{n-2}b_x^{2}a_y^{2}=a_x^{m}b_y^{n}-2a_x^{m-1}b_y^{n-1}(ab)(xy)+a_x^{m-2}b_y^{n-2}(ab)^2(xy)^2$$

$$a_x^{m-3}b_y^{n-3}b_x^{3}a_y^{3}=a_x^{m}b_y^{n}-3a_x^{m-1}b_y^{n-1}(ab)(xy)+3a_x^{m-2}b^{n-2}(ab)^2(xy)^2$$

$$-a_x^{m-3}b_y^{n-3}(ab)^3(xy)^3$$

用數學歸納法甚易證明下式:

$$a_x^{m-k}b_y^{n-k}b_x^{k}a_y^{k}=\binom{k}{0}a_x^{m}b_y^{n}+(-1)\binom{k}{1}a_x^{m-1}b_y^{n-1}(ab)(xy)+(-1)^2$$

$$\binom{k}{2}a_x^{m-2}b_y^{n-2}(ab)^2(xy)^2$$

$$+\cdots\cdots+(-1)^{r}\binom{k}{r}a_x^{m}b_y^{n}(ab)^{r}(xy)^{r}+$$

$$+(-1)^k\binom{k}{k}a_x^{m-k}b_y^{n-k}(ab)^{k}(xy)^{k}\cdots\cdots\cdots\cdots\cdots\cdots (19)$$

將(18)中之各項,按(15)式代入則得

$$\frac{D_{xy}^{n}a_x^{m}b_x^{n}}{n!}=\Big[\binom{m}{0}\binom{n}{0}\binom{0}{0}+\binom{m}{1}\binom{n}{1}\binom{1}{0}+\binom{m}{2}\binom{n}{3}\binom{2}{0}$$

$$+\cdots\cdots+\binom{m}{n}\binom{n}{n}\binom{n}{0}\Big]a_x^{m}b_y^{n}$$

$$+(-1)\Big[\binom{m}{1}\binom{n}{1}\binom{1}{1}+\binom{m}{2}\binom{n}{2}\binom{2}{1}+\binom{m}{3}\binom{n}{3}\binom{3}{1}$$

$$+\cdots\cdots+\binom{m}{n}\binom{n}{n}\binom{n}{1}\Big]a_x^{m-1}b_x^{n-1}(ab)(xy)$$

$$+(-1)^2\Big[\binom{m}{2}\binom{n}{2}\binom{2}{2}+\binom{m}{3}\binom{n}{3}\binom{3}{2}+\binom{m}{4}\binom{n}{4}\binom{4}{2}$$

$$+\cdots\cdots+\binom{m}{n}\binom{n}{n}\binom{n}{2}\Big]a_x^{m-2}b_y^{n-2}(ab)^2(xy)^2$$

$$+\cdots\cdots+(-1)^k\Big[\binom{m}{k}\binom{n}{k}\binom{k}{k}+\binom{m}{k+1}\binom{n}{k+1}\binom{k+1}{k}$$

$$+\cdots\cdots+\binom{m}{n}\binom{n}{n}\binom{n}{k}\Big]a_x^{m-k}b_y^{n-k}(ab)^k(xy)^k$$

$$+\cdots\cdots+(-1)n\Big[\binom{m}{n}\binom{n}{n}\binom{n}{n}\Big]a_x^{m-n}(ab)^n(xy)^n\cdots\cdots\cdots\cdots(20)$$

（未完）

叢　錄

陶　磁　器 （續）

湯　明　奇

成　分

為使讀者獲得一般陶瓷器成分之觀念起見,今列表於後:

	英國陶器	美國陶器	歐洲硬火瓷	軟瓷	食具用瓷	骨瓷
高陵土	43	38.2	50	19	38.5	30
陶土	18	13.1		15.5	6.0	
長石		13.4	25	30.0	16.0	
角石	15					26
燧石(石英)	24	35.3	25	35.5	38.0	
碳酸鈣					1.5	
骨灰						44.0

從上數字可知陶瓷器原料組成之範圍甚廣,蓋依所需要之產品及燒煉程序而定。

陶瓷之配製

按製造步驟而言,通常製陶者所取得之高陵土,均巳在礦田經過洗淨處理;而陶土則仍為天然狀態;燧石或石英必須為磨碎各種原料按一定比例權其輕重,攪合於水中使攙雜成懸濁體。此可以備有輪翼之攪拌槽為之,或用一轉動球磨,其中有無數燧石

球發生磨研作用。然後以金屬篩或綢布細篩過濾，以分離較粗大之雜質。復使液體流過串聯電磁石左近而吸去其中鐵屑。以大容器貯存之，自此可以唧筒汲起至濾壓機內，其作用在排擠懸濁體內之水分使黏土成一圓餅狀。泥餅或黏土片更須穿過一類似臘腸碾磨機之機器，受轉刀之割切壓榨，加以捏搓。然後再强令自細管中流出而成連續軟泥圓柱體。此之謂「捏土工」。黏土圓柱截成適當長短以備後用。

　　歐洲業陶者並不依上述方法配製原料。惟以可轉動之平板，其上排有連列圓轆，擠搓陶土，如此可啓發可塑性至最大程度。混合物若僅有少量或全無陶土者須安放於潮濕窖中數週，如有大量陶土，則可不必有此種處理。

作模與造形

　　製造坯模之方法有三：即篩陶法，壓榨法及鑄形法是也。篩陶一詞係指造形車床之機械動作，其上裝載有適當之石膏模型。車床下部為轉動模，上部設置外形鋼模，固定於佐其上下之槓杆上，俗名為拖曳棒。在造形之先，取定量黏土塊，置於潮潤之燒石膏上，以平面大槌擊打而成泥餅。泥餅拋入轉動模內，以水濕其外面。拖曳棒自高落下，泥餅上部之外形乃成。例如製碟盤時，轉動模塑成裏面，而外形鋼模修整其凸面。杯碗之類則恰反於是。

　　壓榨法為以棒擊適當大小之泥片，然後擲入燒石膏·模型中，製作物之內面因擠壓形成。外形用小工具手工修成。大盤，橢圓淺盆皆以此法造成。

　　鑄形法較簡便但需時較多，用於不能以篩陶法製作之形體。其步驟即先加矽酸或炭酸蘇打於素地中，因此製成沉重但保有流動性之懸濁體。此方法包有一難能可貴之化學作用。蓋用上述

化學劑產生之懸濁體,其水分須僅稍多於可塑性黏土之水,而其流動性則恰足以傾注也。其中原理大概因鹼鹽可使黏土分散爲小粒,所需要之狀態爲一定點不可稍過,化學劑之多寡視所用黏土性質而定,約在 0,15 至 0,4% 之間。當鑄形時將懸濁物注入燒石膏模內,有一部份水爲原模吸收,黏土殼片附着於原模內面。多餘水須卽時傾出。當黏土收縮時,其本體自與原模鬆離。用此等方法造成之坯模須加以烘乾,並修整完善。

焙　燒

已曬乾坯模放入火泥箱又名「焙箱」內。焙箱運載至窰內堆成高柱體。第一次之焙燒通稱爲初燒。(bisque burn) 如燒陶器,窰火之溫度至1270℃已可;如爲瓷器,溫度須達 1330℃。製陶者常將此時溫度昇高超過鎔釉之溫度,或者適反於是,總之坯模及鎔釉之溫度多常在 1400° C. 以上。

當焙煉時,化學作用與物理變化連續發生。黏土中之水分最先完全驅出。窰火溫度漸高後,長石漸鎔而顯示其溶化作用。黏土分解爲一種新的矽酸化合物,名硅礬土 (mullite),其成份爲(3Al$_2$O3. 2SiO$_2$)。最初此化合物爲無定形,後漸結晶爲針狀。耐火瓷含此等晶狀物甚多。石英之溶解程度與溫度俱進。同時坯模漸形收縮,表面細孔亦趨減少,因之終成爲密實而無吸收性之物體。瓷器本體的結構中,含有未分解黏土,及已分解之無定形與結晶體硅礬土(Mullite)，此外有自鎔解長石與溶化石英所生之玻璃,以及較粗未溶之石英粒。透光程度與玻璃質之多寡成正比例。　　(未完)

製　革　叢　談（續）

陳　同　素

(4) **革服**　以 2.5 磅石蠟加於 25 加侖 Naphtha（不用肥皂）在乾洗機中洗濯 10 分鐘,滾轉使冷約 20 分鐘,懸於烘室內。

又,以石蠟 Naphtha 液刷衣服全部,尤宜注意於難去之污點,用 Alcoholic Benzine 肥皂洗時亦然。在清純 Naphtha 中洗濯 5 分鐘,旋轉 3 分鐘;浸於石蠟 Naphtha 液內 5 分鐘,滾轉使冷約 20 分鐘,懸於烘室內。

(5) **白手套**　置 1¼ 时直徑之榆木球適量於網袋（20″×30″）內,加許多手套使滿但須鬆弛而縛住之。乃將袋置於乾洗機（圓筒直徑不得過 30 时）。筒中盛 Naphtha 液（其中溶 1 磅 Benzine 肥皂）。洗 5 分鐘,濾清以除去表面污礦再以 1 夸脫肥皂與 50 加侖 Naphtha 之液體加入筒中。洗 1 刻鐘,濾清,於石蠟 Naphtah 液中洗 5 分鐘,旋轉 3 分鐘,然後將每只手套吹空後於烘室中蒸乾餘剩之 Naphtha（溫度不得超過 110℉)

(6) **有色手套**　裝榆木球於網袋中然後盛滿手套而縛住之。置乾洗機中。筒內盛石蠟 Naphtha 液（溶入 1 磅 Benzine 肥皂）洗 1 刻鐘,濾清。於石蠟 Naphtha 液內洗 5 分鐘,旋轉 3 分鐘,吹空手套,烘乾餘剩之 Naphtha 於一不銹之筒內。

此法優點在於不損品質,故可用於精美織物,且 Naphtha 一物可以除蠹,石蠟一物用以掀復油脂,蓋乾洗時油脂被除甚多;復能囘復毛皮或革之美觀,有時石蠟成薄膜附着毛面能使毛頭光彩益佳,而用量並不多,故無臭無色,毫無妨礙也。

鉻鞣絨革之製法

此種絨革以小牛皮或羊皮製之爲最宜,鉻鞣法與製箱皮相同。此後掛起24時,於是推開漸乾之,以1.5～2%之硼砂液刷上以中和之。在60°C,以200%之水在水鼓中轉動約15～20分鐘以熱之。然後上油。(以10瓩馬賽利肥皂溶於600克之硼砂及16瓩水中,加2瓩牛仔脚油,待冷至35°C加2瓩蛋黃,攪拌至冷)乾後,調入木屑而以肉面在細輪上壓擦,此後乃染色焉。

鹽　皮　法

牛於未殺之前先行洗沐,及殺死之後,剝皮宜保持其淸潔,毋使沾汚血泥,在6時以內卽行鹽皮,所用食鹽命雜質不得過0.01%,而硫酸鈣不得過1%。水份不得過2%。並可和入4～5%之碱灰。鹽量用皮重之40～50%。　　　(完)

爆　炸　物　(續)

郭德福譯

無烟火藥之發明

1865年條爾茲 Schultze首先發明無烟火藥,彼用木質之球粒,經硝化後,復浸入硝酸鋇與硝酸鉀之中。伏爾克曼 Volkmann 在五年後,用醚及酒精之混合液,使硝化之木材,一部變成膠質,燃燒時更能連續不斷,此種藉溶劑使硝化纖維成爲膠質之方法,可認爲已創設近代無烟火藥工業之基礎。當時並有相似之藥物,名 E. C. 藥粉者,於1882年,發現於英國,亦爲硝化棉一部轉成膠質物後,和

以硝酸鋇與硝酸鉀之混合物,爲獵人及射擊運動者常應用。

首用於軍事上之無煙火藥,名 B 藥粒,爲法國工程家菲雷（Vieille) 所發明,後爲法政府所採用。製造時用酒精及醚,使硝化棉成團狀,再展開成片,於是割條而乾之卽成。

二年後諾貝爾 Nobel 在 1888 年製巴力斯他 (Ballistite),係用膠狀之溶性弱硝化棉與硝化甘油混合而成,同年英政府發明科達 (Cordite), 係用膠狀之不溶性強硝化棉與硝化甘油及丙酮所混合而成。自菲雷之 B 藥粒,諾貝爾之巴力斯他,及英政府之科達發明以後,世界上各政府皆經許多試驗而選用之。

無煙火藥之用於來福槍者,分二類:爲硝化甘油火藥 Nitroglycerine powders, 包含硝化甘油與硝化纖維。二爲硝化纖維火藥 (Nitrocellulose powders), 祇含有硝化纖維者。此兩種火藥,均壓成膠狀物體,有時和以穩定劑,割切成條狀,繩狀,或管狀,後再切成適宜之長度。

無烟火藥之穩定性

最初硝化纖維不知精製與穩定之法,故無煙火藥之穩定性極弱;後有穩定劑之發現,能與自硝化纖維分解而得之物質起作用,阻止藥物全部分化速度之增加。穩定劑之種類甚多,如尿素戊醇等皆是。二苯胺 Diphenylamine 之穩定能力極大,故現常採用之,用量祇 0.5%—1.5% 卽夠。至科達之製造則需用 5 % 之礦脂(粗製凡士林)。

美政府之無烟火藥

美國當大戰時,所製之無煙火藥,總量較任何國家爲多。1900年後,經精密研究後,始爲陸海軍所採用,其成分爲硝化纖維內加 0.5% 之二苯胺爲穩定劑,其硝化纖維中氮之含量,爲百分之 12.5

至 12.7。加入醚二份與酒精一份之混合液中,則 95% 以上能溶解。

硝化纖維之種類

硝化纖維爲纖維素之經硝酸與硫酸混合液處理後而得者。普通稱爲火棉,殊不確切。其實火棉單指纖維素之經强烈硝化,含氮至13—13.4%,在醚與酒精之混合液中,不甚溶解者而言。至溶性硝化棉,則全能溶於醚與酒精混合液中。軍用者,含氮量達 11.9—12.8%。凡硝化纖維之用作軍用藥者,工廠中通稱爲『湃落』"Pyro"。

棉之精煉

製造之先,須取棉精煉之。通常原料,爲棉實去棉後所剩留之短棉取下時附着有油脂,碎殼與葉片等皆應先行除去。精煉時,即以之攪拌於直立之鍋中,注入鹼液,加壓蒸煑,復傾入洗滌槽以去殘鹼,再入漂白液中,而後以清水洗淨之。此清洗之棉,經壓轉機,以去一部之水份,於是放入彈棉機,以碎裂其纖維。當硝化之時,棉之水份,不能過1.5—2%。水份愈少愈佳。

棉之硝化

棉硝化之法甚多,美國現最通行者,爲每卅六磅棉,用1500 磅之硫酸與硝酸混合液。放入機械攪拌器中卅分鐘。酸之最初溫度爲三十至卅五度;但硝化時,溫度稍增高,硝化時間足夠後,移入高速度旋轉之離心分離器中,約四分鐘,盡力析出所含之酸液。此時大概每磅硝化纖維,即含有一磅之酸,再傾入滿儲冷水之浴池中清洗。後再汲至沸水盆中,煑四十至五十小時,是所謂初煑,其目的在起水術作用,分解不安定之酯類(Esters),煑完後再轉入搗漿機,使其在水中碎裂成細分狀態,搗至適當程度後,再放入化漿桶之備有攪拌器者,於此中再煑十二時,惟須換水數次,完畢後以冷水

清洗十次。每次洗時,須攪拌而讓其沉積。凡此完密之蒸煑,打漿與清洗,所以除去不穩定之產物,與細少之殘酸。最後此潔淨之硝化纖維,乃放入離心器中,以除去 65～70% 之水分。

無烟火藥之製造

在製造之先,硝化纖維須藉酒精,除去水份。普通以潮濕之"洴落",(乾量四十五磅),加入水力壓機,用每平方時 250 磅之低壓,壓成塊狀。於是用酒精約五十磅,亦藉水壓機壓下。當其經過硝化棉時,卽被吸收而將水擠出。最後施用高壓將多量之酒精壓出,剩留之量,只及硝化棉重量約三分之一。此項大塊,卽送入碎塊機中,使分裂成小片。更轉入混合機中,灌入適量之醚使乾量每百磅之硝化棉約含酒精 $33\frac{1}{3}$ 磅,醚 $66\frac{2}{3}$ 磅。若用二苯胺作穩定劑者,可先溶入醚中,此混合機,須備有鹽水冷却器,以免溶解劑因蒸發而致耗失,混合後經三十分鐘,卽可見粉狀之膠質物。

此膠質物卽打入初步製塊機用三千磅之壓力,使形成柱狀體。後可裝入最後壓榨機經模型成條,更經割切機,成各種大小不同之粒狀,視槍之口徑而定。

溶劑之收回與藥物之乾燥

藥粒於是移入溶劑收回箱中。內具熱管與冷凝管。須經四日至八日後,始得取出。但此時藥粒內,溶劑含量仍多,不能卽用。應再放入乾燥室中,溫度約攝氏五十五度。此乾燥法普通名為空氣乾燥,常須五十至一百日。

歐戰時代藥粒之乾燥,常用熱水處理。可減縮時間,僅需六日至廿五日之間。在此法中,當一部溶劑收回後,藥粒卽放入五十五度之熱水中。經過適當之時期,將水洩出,而表面所有之水份,可放入空氣乾燥室中或打入熱空氣以除去之。　　（未完）

理学卷（第二册） 科学通讯 第二期（1935）

書　評

化學參考書選輯　（續）

陳　同　素　譯

B. 中學教科書

11. **化學初步**　A First Book in Chemistry. Brandburg, R, H.D. Appleton and Co., New york City, 1928, 674 pp., $ 1.80。

　　凡化學之各綱目無不論及,尤注重於化學之關於工業,農業,家庭及個人者,照片圖版以及各種問題,方程式,溫習,撮要均甚多,食品營養化學討論尤為詳盡。

12. **化學大綱**　First Principles of Chemistry. Brownlee, R.B., Fuller, R.W., Hancock, W. J., Sohon, M.D., and Whitsit, J. E. Allyn and Bacon, Boston, 1931, 777 pp., $ 1.80。

　　本書內容特點:　化學原理之注重;電子及原子序數之先行提出而用以解釋化學上之各種應用問題;金屬之分組討論,豐富之練習;新式之試驗;甚多之附圖,照片,三色版等。

13. **高中化學**　High School Chemistry. Bruce, G. H. World Book Co., Yonkers-on-Hudson, New york, rev. ed. 1933, 550 pp., $ 1.68。

　　本書優點如左:　文字均用簡短分段;物理及化學性質均以

表格列之;章首排列題目;習題繁多。前數章中用文字方程式。電子
學說於原子價,方程式,及氧化還原等論題中屢次提及之。

14. **近代化學**　　Modern Ghemistry. Dull, C. E. Henry Holt & Co.,
　　　　　　　　　new york City, 1931, 776 pp., $ 1.80。

　　本書編印整潔並附明瞭圖解甚多,講述化學先進之努力與
成功,習題豐富,用簡單方法教授化學方程式,章首彙列教材,章末
附有簡明結論。

15. **化學基礎**　　The Elements of Chemistry. Foster, Wm. D. Van
　　　　　　　　　Nostrand Co., New york City, 2 nd ed., 1932, 673 pp.,
　　　　　　　　　$ 3.00。

　　本書取材新穎,文字醒豁,插圖優美,材料亦較僅供高中學生
習讀之教本爲豐富,補充教材如練習,問題及參觀等均甚多,爲教
師學生良好之參考書也。

16. **化學初階**　　Introductory Chemistry. Gordon, Neil E. World Book
　　　　　　　　　Co., Yonkers-on-Hudson, New york, 1927, 608 pp.,
　　　　　　　　　$ 2.20。

　　按照美國化學會所規定高中最低標準而編輯前編爲化學
基本智識,後編 300 頁爲補充材料。補充讀物之參考每於篇段之
末插入之。

17. **化學精華**　　Elements of Chemistry. Holmes, H. N. and mattern,
　　　　　　　　　L. W. The macmillan Co., New york City, 1927, 519
　　　　　　　　　pp., $ 1.80。

　　本書材料去其瑣細而擷其精華,順事物自然之關係以連續
之,且多有趣之應用,下列諸章尤見優越;膠體,燃料,氣體定律,設計
工作之商討,及精選之參考材料等。

書評　　　　　　　化學參考書選輯　　　　　33

18.　今日化學　　Chemistry for To-day. Mepherson, Wm., Henderson, Wm. E., and Fowler, G. W. Ginn and Co., Boston, 1930, 588 pp., $ 1.80。

　　每章之末附有事實問題繼以理論問題及添加材料。內容頗新如製氣之Vorce電池，用釩之氧化物作硫酸之觸媒，碳化鎢(Carboloy各種新鋼等。有少數智題解釋詳盡，附錄中列入通俗化學書目。

19.　化學實驗　　Laboratory Exercise. Brownlee, R.B., and others, Loseleaf, Allyn and Bacon, Boston, 1931 282 pp., $ 1.00。

　　該書爲著者所編"化學大綱"之並行本。聚凡敎科材料中所應有之實驗皆包羅之。

20.　化學實驗　　A Laboratory manual of Chemistry. Holmes H. N., and Mattern, L. W. The macmillan Co., New york City, 1028, 157 pp., $ 1.00。

　　該書爲著者所編敎科書之並行本，對於膠體及其相關材料最有價值。

21.　化學實驗指南 Chemistry Workbook and Laboraoty Guide. Mc Gill. M.V. and Brandburg, G. M. Lyons and Carnahan, New york City, 1931, 252 pp., $ 1.00。

　　(includes a separate booklet of lests on all units)

　　集中於學生個別實驗之訓練，堪作參考之用，隨意節取，並不妨礙；實習材料極爲豐富。

22.　敎授測驗　　Instructional Tests for high schools and Colleseg. Glénn, E. R. and Welton, L. E. World Book co., yon-

上海交通大学百年报刊集成·第一辑（1896—1949）·学术学科

34	科 學 通 訊	書 評

kers-on-Hudson,New york, 1930, 76 pp., 36 Cents,

Teachers manual 16 Cents, Key 16 Cents.

指明學生學習之困難與差誤，幷供迅速檢討學生進步之用，包含 36 個測驗不拘順序且甚簡捷可於上課時內筆答及修改之，測驗方法如下：選擇，比較，正負，補充，簡明答語，術語問題等，每一測驗包括是種項目一組，關於測驗之評閱亦有所指示。

C. 化 學 計 算

23. **化 學 計 算**　Chemical Calculations. Jaffe, B. world Book Co, Yon kers-on-Hudson, New york, 1926, 192 pp., $1.22。

大學或高中學生之簡易計算，習題之排列分門別類同時又按其功課順序由淺入深，可與任何新版普通化學教本參酌應用，其材料分爲：分類習題；大學一年生習題；課題。

24. **化 學 題 解**　First Problems in Chemistry. Meyer, M. D. C. Heath and Co., Boston, 1925, 312 dp., $1.60。

學生之優良參考書，詳解初等化學所遇見之特別學名，理論，原則及計算方法等包含 800 個習題及問題。　（完）

專　　載

近 代 幾 何 學 之 導 引

一　續

Graustein原著　　　　顧澄達愷

附理(Corollary)A. 若方程式之個數少於 n, 則此系常有 0,0,0⋯0 外之解。

附理 B　若方程式之個數等於 n, 則在(及惟在)其係數之行列式爲 0 時此系有 0,0,0 ⋯ 0 外之解 [在(及惟在)⋯,即「在係數之行列爲 0 時,必有 0,0,0⋯0外之解;及惟在係數之行列式爲 0 時,方有 0,0,0⋯0 外之解」之意。此乃以兩語縮爲一語之省文法,讀者宜注意,以下仿此,不再加註]。

附理 C　若方程式之個數等於或大於 n, 則在(及惟在) r<n 時此系有 0,0,0⋯0 外之解。

[以上三附理乃承定理 2 而言,其中所謂方程式皆指齊一次方程式,所謂 n 皆指元之個數;原文如此,因其意易明,無須改爲嚴密之辭句,反致冗長難讀;讀者幸勿以辭害意,凡以下遇此類情形,讀者可自思得之,不再加附註]。

例　　題

1.　解方程式系

$$2x_1 + 3x_2 + 6x_3 = 0, \quad 3x_1 - 6x_2 + 2x_3 = 0,$$

先求其一特解,再寫出其通解。

2. 求方程式系

$$3x_1+2x_2-2x_3=0, \quad 2x_1+3x_2-x_3=0, \quad 8x_1+7x_3-5x_3=0$$

之一切解。

3. 就 $n=2$ 時證明定理 2 之附理 $B.$

4. 就方程式系

$$a_1x_1+a_2x_2=0, \quad b_1x_1+b_2x_2=0, \quad c_1x_1+c_2x_2=0$$

證明定理 2 之附理 C。

5. 就四元方程式之齊一次方程式系作完全之研究;再就 $n=4$ 時,證明定理 2 之附理 $B.$

6. 求方程式系

$$x_1+2x_2-x_3+x_4=0, \quad x_1+2x_2+x_3-2x_4=0$$

之一切解。

7. 凡 n 元之齊一次方程式式系,在(及惟在)其品數小於 n 時有 $0,0,0\cdots0$ 外之解;試證之。

3. **比例**(Proportionality) **一次相倍**(Linear Dependence)

此「雙數」(number pair) 與彼「雙數」成比例之尋常定義爲彼此須互爲倍數。例如 2,4 及 3,6 兩雙數,照此定義能成比例 [2,4 皆 $\frac{1}{2}$ 倍之,得 3,6; 3,6 皆 $\frac{2}{3}$ 倍之,得 2,4]。但如 2,4 及 0,0 兩雙數,則照此定義不能成比例;蓋第二雙固爲第一雙之倍數,而第一雙則不能爲第二雙之倍數也。[2,4 可各以 0 乘之而得 0,0;而 0,0 則無法可以他數乘之而得 2,4]。故爲便利起見,可推廣此定義,使此種型式之兩雙數[卽類於 2,4;0,0 者],亦可成爲比例;其推廣之法爲兩雙中只須有一雙爲他雙之倍數已足;詳言之,卽兩雙中至少有一雙爲他雙之倍數,此兩雙卽可謂之成比例是也。

今述此推廣之定義如下。

定義 1　　凡兩雙數 a_1, a_2 及 b_1, b_2, 若能有不全為0之兩數 k, l, 能使

(1) $$ka_1 + lb_1 = o, \qquad ka_2 + lb_2 = o,$$

則謂之此兩雙數成比例 [k, l 不全為0, 卽其中至少須有一個不為0; 有一個不為0, 則他一個為0不為0均可]。

此定義旣只須 k, l 兩數中, 至少有一數不為0, 此定義所需者為「至少有一雙數為他雙數之倍數」明矣。*

此推廣定義之重要利益極易說明, 無論照新定義或舊定義, 若 a_1, a_2 及 b_1, b_2 成比例, 其行列式 $|ab|$ 固皆等于0; 但專照舊定義, 則其逆**(concerse)卽不眞確; 例如 2, 4 及 0, 0, 其行列式 $|20|$ 雖等於0而照舊定義仍不能成比例。若專用此新定義, 則此逆立變為眞確矣。

定理 1　　凡兩雙數為 a_1, a_2 及 b_1, b_2, 則在(及惟在)其列行式 $|ab| = o$ 時能成比例(照推廣之定義言)

從定義1可知在 k, l 為元之方程式(1)有 0, 0 外之解時 a_1, a_2 及 b_1, b_2 能成比例; 亦惟此方程式(1)有 0, 0 外之解時, a_1, a_2 及 b_1, b_2 方能成比例。又凡兩元之兩齊次一次方程式, 在(及惟在)其係數之行列式為0時, 有 0, 0 外之解, 故此定理卽可由此證明。

此比例之定義可推廣至 n 個數為一組之兩組數。例如 $n = 3$, 得定義如下:

定理 2　　設兩個三數組 (number triples) [三個數為一組

---

*原註　例如 $k \neq o$, 則(1)可寫作 $a_1 = mb_1$, $a_2 = mb_2$, 此 $m = -l/k$,

**逆卽「反果為因」而倒言之之意, 在此處上有「a_1, a_2 及 b_1, b_2 成比例(因), 其行列式 $|a_1 b_2|$ 等於 0(果)」之語, 其逆卽「行列式 $|a_1 b_2|$ 等於 0, 則 a_1, a_2 及 成比例」。凡定理中之因, 謂之定理之假設; 定理中之果謂之定理之終結。又原定理為「若 a 為 b, 則 c 為 d」則其逆定理為「若 c 為 d, 則 a 為 b」; 原定理與逆定理並提時原定理亦稱「直接定理」。

者謂之三數組]爲

$$(2) \qquad\qquad a_1, \quad a_2, \quad a_3,$$
$$\qquad\qquad\qquad b_1, \quad b_2, \quad b_3,$$

則在(及惟在)有不全爲0之兩數 k,l 能使

$$(3) \qquad ka_1+lb_1=o, \quad ka_2+lb_2=o, \quad ka_3+lb_3=o,$$

時謂之此(2)之兩個三數組成比例。*

換句話說,卽在(及惟在)兩元三方程式之齊次一次方程式系(3)有0,0外之解時,謂之此(2)之兩個三數組成比例。又「有此0,0外之解」之必充條件爲「此方程式系之品數小於二」,參觀2款定理2之附理 C. 故

定理2　設兩個三數組爲 a_1,a_2,a_3,及 b_1,b_2,b_3,則在(及惟在)

$$(4) \qquad \begin{vmatrix} a_2 & a_3 \\ b_2 & b_3 \end{vmatrix}=o, \qquad \begin{vmatrix} a_3 & a_1 \\ b_3 & b_1 \end{vmatrix}=o, \qquad \begin{vmatrix} a_1 & a_2 \\ b_1 & b_2 \end{vmatrix}=o,$$

時,卽在(及惟在)其矩陣之品數小於 2 時,兩個三數組成比例。

一次相倚(Linear dependence)　兩組數成比例爲兩組數互相倚之一種特型[互相倚者,有相互之關係也];其諸方程式[例如(3)]表示此種相倚者皆爲一次,故謂之一次相倚,而當其應用於兩組數時,其意實與「成比例」相同。

今再推廣一次相倚之意思,而將其應用於三個三數組如下。

定義3　設三個三數組爲

---

*此定義之原文,似一定理;故略改之使成定義語氣。又「及惟在」三字乃遷就原文而設,照定義論此三字無必要,可以刪去。

$$a_1, \quad a_2, \quad a_3,$$

(5) $$b_2, \quad b_2, \quad b_3,$$

$$c_1, \quad c_2, \quad c_3,$$

則在(及惟在)有不全爲 0 之三數 k, l, m 能使

$$ka_1 + lb_1 + mc_1 = o,$$

(6) $$ka_2 + lb_2 + mc_2 = o,$$

$$ka_3 + lb_3 + mc_3 = o,$$

時,謂之此(5)之三個三數組爲一次相倚。

此(6)之三方程式在(及惟在) $|abc| = o$ 時有 $0, 0, 0$ 外之解。故

定理 3   凡三個三數組,在(及惟在)其行列式爲 0 時,爲一次相倚,亦卽在(及惟在)其矩陣之品數小於三時爲一次相倚。

此處之 k, l, m 或以前之 k, l 皆謂之**相倚常數**(constant of dependence). 此種相倚常數,往往可視察得之;並常可由「表示一次相倚之方程式系」求得之,求得之法卽解此方程式系是也。

上已言明,兩個三數組,在(及惟在)其矩陣之品數小於二時,爲一次相倚;三個三數組,在(及惟在)其矩陣之品數小於三時,爲一次相倚。今再推廣之,得通例如下。

定理 4. m 個三數組爲一次相倚之必充條件爲其矩陣之品數小於 m.

因無論幾個三數組之矩陣,其行數皆爲三;故其品數必不能大於三,且因此可知當 $m > 3$ 時,其品數常小於 m。故此定理實已含有「三個以上之三數組常爲一次相倚」之理。

茲就 $m = 4$ 時證明此理,餘可類推。在(5)之三個三數組外,再加

第四個三數組 d_1, d_2, d_3，則從定義,在(及惟在)有不全爲 0 之四數 A,B,C,D 能使

$$(7) \quad \begin{aligned} Aa_1+Bb_1+Cc_1+Dd_1&=o \\ Aa_2+Bb_2+Cc_2+Dd_2&=o \\ Aa_3+Bb_3+Cc_3+Dd_3&=o \end{aligned}$$

時,此 $a_1, a_2\, a_3;\ b_1, b_2, b_3;\ c_1, c_2, c_3;\ d_1, d_2, d_3$ 爲一次相倚。此三方程式有四元, 必常有 0,0,0,0 外之解;參觀 2 款定理 2 之附理 A，故四個三數組常爲一次相倚。

同理,可知五個或五個以上之三數組皆常爲一次相倚。但此可以他法證明之。例如有五個三數組,其四個如前,第五個爲 l_1, l_2, l_3。其前四個已經知其爲一次相倚,而必有不全爲)之四數 A,B,C,D 能適於(7)矣。故必有不全爲 o 之 A,B,C,D,E 能適於三方程式

$$(8) \quad Aa_i+Bb_i+Cc_i+Dd_i+Ee_i=o, \quad (i=1,2,3)$$

蓋只須令 A,B,C,D 仍爲能滿足(7)之值,及令 E 等於 0,則此 A,B,C,D, E 自能滿足(8)之三方程式也。[此(8)表三個方程式之法須注意。即 $i=1$ 時爲第一式, $i=2$ 時爲第二式, $i=3$ 時爲第三式。右邊之($i=1$, $2,3$)即示此(8)表此三式之意]。

公例　以上之結果,可推廣至 n 個數爲一組之 m 組數;此種推廣之法頗簡單易明;可遞述一定理如下。

定理5　m 個 n 數組(n 個數爲一組者謂之 n 數組)爲一次相倚之必充條件爲其矩陣之品數小於 m,其特列,若 $m>n$,則此 m 個 n 數組常爲一次相倚,若 $m=n$,則此 m 個 n 數組在(及惟在)其行列式爲 o 時爲一次相倚。

[原書於定義 3 後,未下 m 個三數組爲一次相倚之定義,而遞

言定定理 4, 末下 m 個 n 數組爲一次相倚之定義而巡言定理 5; 意在此種定義讀者可從定義 3 推知也。惟爲讀者易明計,究以補一定義如下爲宜。

定義　設 m 個 n 數組爲

$$
\begin{array}{ll}
a_1',\ a_2',\ a_3',\ \cdots a_n', & \text{第一組} \\
a_1'',\ a_2'',\ a_3'',\ \cdots a_n'', & \text{第二組} \\
a_1''',\ a_2''',\ a_3''',\ \cdots a_n''', & \text{第三組} \\
\cdots\cdots\cdots\cdots\cdots & \cdots\cdots\cdots \\
a_1^{(m)},\ a_2^{(m)},\ a_3^{(m)},\ \cdots a_n^{(m)}, & \text{第 } m \text{ 組}
\end{array}
$$

(9)

則在(及惟在)有「不全爲 0 之 m 個數 $k_1, k_2, k_3, \cdots k_m$」能使 n 個方程式

$$
\begin{aligned}
&k_1 a_1' + k_2 a_1'' + k_3 a_1''' + \cdots + k_m a_1^{(m)} = 0, \\
&k_1 a_2' + k_2 a_2'' + k_3 a_2''' + \cdots + k_m a_2^{(m)} = 0, \\
&k_1 a_3' + k_2 a_3'' + k_3 a_3''' + \cdots + k_m a_3^{(m)} = 0, \\
&\cdots\cdots\cdots\cdots\cdots\cdots\cdots\cdots\cdots \\
&k_1 a_n' + k_2 a_n'' + k_3 a_n''' + \cdots + k_m a_n^{(m)} = 0,
\end{aligned}
$$

(10)

成立時,謂之此(9)爲一次相倚。

此(10)中 n 個方程式,可以一簡式

$$
k_1 a_i' + k_2 a_i'' + k_3 a_i''' + \cdots + k_m a_i^{(m)} = 0, \quad (i = 1, 2, 3, \cdots n)
$$

表之;又(9)中 m 個 n 數組,亦可以一簡式

$$
a_1^{(j)}, a_2^{(j)}, a_3^{(j)}, \cdots a_n^{(j)} \qquad (j = 1, 2, 3, \cdots m)
$$

表之;此種簡式表法,於計算上頗便利,讀者可預先熟練之。]

例 題

1. 證明三數組 5,14,4; 2,−1,1; 3,4,2 爲一次相倚。並求其相倚

常 數 之 諸 值。

　　2.　作四個四數組爲一次相倚之定義並證明「四個四數組爲
一次相倚之必充條件」爲「其行列式爲 0」。

　　3.　四數組 1,2,3,4; 2,2,1,3; 4,1,2,5 是否爲一次相倚?

　　4.　證明定理 5.［因上旣補一定義,故此題中删去一語］

　　5.　在 m 個 n 數組中,如有 q 個爲一次相倚,則此 m 個亦必爲
一次相倚,試證明之。此 q 爲小於 m 之任意數。

　　6.　在 m 個 n 數組中,若有一個其中各數皆爲 0,則此 m 個必
爲一次相倚試證明之。

　　4　一次連合(Lenear conbination)　若有 k,l 兩數能合於

　　(1)　　　　　$c_1=ka_1+lb_1$,　$c_2=ka_2+lb_2$,　$c_3=ka_3+lb_3$,

則三數組 c_1,c_2,c_3 謂之兩個三數組 a_1,a_2,a_3 及 b_1,b_2,b_3 之一次連合.

　　公例,若有 $A,B,\cdots G$ **諸數能合於方程式**

　　(2)　　　　　$h_i=Aa_i+Bb_i+\cdots+Gg_i$,　　　($i=1,2,\cdots n$)

則此 n 數組 $h_1,h_2,\cdots h_n$ 謂之諸 n 數組 $a_1,a_2\cdots a_n;b_1,b_2\cdots b_n;\cdots;g_1,g_2\cdots g_n$
之一次連合。

　　　一次連合與一次相倚有密切之關係,例如(1)可寫作下之形
式

　　　　　　$ka_1+lb_1-c_1=0$,　$ka_2+lb_2-c_2=0$,　$ka_3+lb_3-c_3=0$

從此可知三個三數組 a_1,a_2,a_3; b_1,b_2,b_3; $c_1c_2c_3$ 爲一次相倚。又(2)可作
爲表示「諸 n 數組 $a_1,a_2\cdots a_n$; $b_1,b_2\cdots b_n;\cdots$; $g_1,g_2\cdots g_n$ 及 $h_1,h_2\cdots h_n$ 爲一次相
倚」之解釋。

　　　定理 1　若一個「數組」爲 m 個「數組」之一次連合,則
此 $m+1$ 個「數組」爲一次相倚［「數組」卽諸數所成之一組;如三

數組,四數組,……皆可謂之數組】

此定理之逆亦爲眞確,即

定理2　若若干個「數組」爲一次相倚,則其中至少有一個「數組」爲其他諸「數組」之一次連合。

例如就 3 款之(7)'言之,此(7)表四個三數組 a_1, a_2, a_3; b_1, b_2, b_3; c_1, c_2, c_3; d_1, d_2, d_3 之一次相倚。其四個相倚常數 A, B, C, D 中至少有一個不爲 0。設 $D \neq 0$,則(7)之三方程式可就 d_1, d_2, d_3 解之,而得三數組 d_1, d_2, d_3 爲他三個三數組 a_1, a_2, a_3; b_1, b_2, b_3; c_1, c_2, c_3 之一次連合。

例　題

1. 證

$$\begin{vmatrix} a_1 & 3a_1 - c_1 & c_1 \\ a_2 & 3a_2 - c_2 & c_2 \\ a_3 & 3a_3 - c_3 & c_3 \end{vmatrix} = 0$$

2. 若行列式之一行(或列)爲兩個或兩個以上之他行(或他列)之一次連合,則此行列式爲 0;試證之。

3. 若行列式中各行(或各列)之原素之和爲 0,則此行列式爲 0;試證之。

5　齊一次方程式　結論(Conclusion)

定理1　若 $r_1, r_2, \cdots r_n$ 及 $s_1, s_2, \cdots s_n$ 爲「 n 元 $x_1, x_2, \cdots x_n$ 之齊一次方程式系」之兩解,則

(a) 　　　　　kr_1, 　kr_2, 　$\cdots$ 　kr_n

(b) 　　　　　$r_1 + s_1$, 　$r_2 + s_2$, 　$\cdots$ 　$r_n + s_n$

亦皆爲此方程式系之解,(a)中之 k 爲任意常數.

此定理之證明頗易,讀者可自爲之。從此可知若 $r_1, r_2, \cdots r_n$ 及 $s_1,$

$s_2, \cdots s_n$ 爲解,則 $kr_1, kr_2, \cdots kr_n$ 及 $ls_1, ls_2, \cdots ls_n$ 亦皆爲解;且因此可知

(c) 　　　　　$kr_1 + ls_1, \quad kr_2 + ls_2, \cdots \quad kr_n + ls_n$

亦爲一解,同理若 $t_1, t_2, \cdots t_n$ 爲第三解,則

(d) 　　　$kr_1 + ls_1 + mt_1, \quad kr_2 + ls_2 + mt_2, \quad \cdots \quad kr_n + ls_n + mt_n$

亦爲一解.

解 (c) 爲兩特解之一次連合,解 (d) 爲三特解之一次連合。通例:

凡若干解之一次連合亦爲一解

【以上所謂「解」皆指「n 元 $x_1, x_2, \cdots x_n$ 齊一次方程式系」之「解」而言;原文因承上文而言,其意易明,故作簡語。此種情形以下甚多,不再詳註。讀者可自得之,幸勿以爲疎漏】

以上云云,再借 2 款關於方程式系

$$a_1 x_1 + a_2 x_2 + a_3 x_3 = o$$
$$b_1 x_1 + b_2 x_2 + b_3 x_3 = o$$

所得之結果說明之。

當 $r = o$ 時,此方程系之通解

$$x_1 = k, \quad x_2 = l, \quad x_3 = m,$$

亦可寫作

$$x_1 = k(1) + l(0) + m(0),$$
$$x_2 = k(0) + l(1) + m(0),$$
$$x_3 = k(0) + l(0) + m(1),$$

之形式;由是此通解爲三特解 1,0,0; 0,1,0; 0,0,1; 之任意一次連合 (abitrary linear combination)。此宜注意者,**此三特解不爲一次相倚。**

當 $r = 1$ 時,此方程式系之通解

$$x_1 = -a_2 k - a_3 l, \quad x_2 = ka_1, \quad x_3 = la_1, \quad a_1 \neq o$$

可寫作

$$x_1 = k(-a_2) + l(-a_3), \quad x_2 = k(a_1) + l(o), \quad x_3 = k(o) + l(a_1)$$

之形式；而此爲兩特解 $-a_2, a_1, o$ 及 $-a_3, o, a_1$ 之任意一次連合，又此兩特解亦不爲一次相倚。

當 $r = 2$ 時，此方程式系之通解

$$x_1 = k\,|a_2 b_3|, \quad x_2 = k\,|a_3 b_1|, \quad x_3 = k\,|a_1 b_2|$$

爲特解 $|a_2 b_3|, |a_3 b_1|, |a_2 b_1|$ 之一次連合(倍數)。

從以上之結果，可知

定理2　若「n 元之齊一次方程式系」之品數爲 r，則此方程式之各解可寫作 $n-r$ 個一次獨立解(linearly independent solutions)之一次結合。[「一次獨立」卽「不一次相倚」之意]。

上舉各例中，以一組特解之一次連合表通解時，雖所舉諸特解皆爲一組一次獨立解之特例，實則此定理 x 對於任意 $n-r$ 個一次獨立解無不眞確。

例　題

1.　就 $n = 3$ 證明定理 1.

2.　方程式系

$$x_1 - x_2 + x_3 + x_4 = o, \quad x_1 + x_2 + 5x_3 - 3x_4 = o, \quad 3x_1 - x_2 + 7x_3 - x_4 = o$$

之品數爲 2. 求此方程式系之通解，並證明此通解可作爲兩個一次獨立特解之任意一次連合。

6.　**行列式及其餘因數**　讀者可再囘想行列式論中所謂行列式 Δ 中一原素 m 之子式(Minor)M，此 M 卽在 Δ 中除去含有 m 之一行一列後所成之小行列式。讀者亦必能憶及：若 m 在第 i 列

及第 j 行中,則積

(1) $\qquad\qquad (-1)^{i+j}mM$

必爲 Δ 中含 m 之項之全體所組成;及由一列(或一行)上一切原素作成與(1)同型之積時,此諸積之和必與 Δ 相等。

以(1)中 mM 旁之符號 $(-1)^{i+j}$ 直接附於子式 M 之左而作成 $(-1)^{i+j}M$,並名之曰餘因數(Cofactor),頗有便利。

定義　原素 m 之餘因數 M' 爲 m 之子式之附有符號者,卽

$$M' = (-1)^{i+j}M。$$

如是則「一原素 m 與其餘因素 M' 之積 mM'」爲「Δ 中含有 m 之一切項」所組成。

定理1　凡行列式之一列(或一行)上諸原素以其餘因數乘之,所得諸積之和與此行列式相等。

定理2　若一行列式之一列(或一行)上各原素以「他一列(或他一行)上相應各原素之餘因數」乘之,則所得諸積之和爲0。

本篇中所言諸事,其較詳之討論,讀者可參觀 Bocher 氏 Introduction to Higher Algebra. II, III, IV 各編。

[原文因假定讀者已略知行列式論,故此 6 欵所言,不加證明,但備讀者之回想而已。又本篇所論諸事,不過備以下各編之應用,故但就以下各編所需要者言之,而不詳舉一切],

例　題

1. 設一行列式之各原素以其餘因數代入之,所得之新行列式謂之原行列式之附屬行列式(adjoint),若 Δ 爲 n 階行列式,Δ'

為其附屬行列式,則

　　(a)　　　　若 $n=2$, 則　$\Delta'=\Delta$;　　(b) 若 $n=3$,　則 $\Delta'=\Delta^2$;

試證之.又在通例,Δ' 之值如何?

　　2　若 M 為 n 階行列式 Δ 中一原素 m 之餘因數,及 μ 為 Δ 之附屬行列式中 M 之餘因數,則

$$\mu=\Delta^{n-2}m。$$

就 $(\alpha)n=2$ 時,$(b)n=3$ 時實驗此定理。

　　3. 凡一行列式,其中「關於其主對角線為對稱之各兩原素」彼此相等,則此行列式謂之對稱行列式。〔例如

$$\begin{vmatrix} x & a & b & c \\ a & y & d & f \\ b & d & z & e \\ c & f & e & w \end{vmatrix},\quad \begin{vmatrix} a & 1 & 2 & 3 \\ 1 & b & 4 & 5 \\ 2 & 4 & c & 6 \\ 3 & 5 & 6 & d \end{vmatrix},$$

皆為對稱行列式〕

　　若行列式為對稱,則其附屬行列式亦為對稱。

　　就 $n=3$ 時實驗此定理。

　　4. 凡一行列式,其主對角線上之原素皆為 0,其關於主對角線為對稱之各兩原素皆此為彼之負數,則此行列式謂之斜對稱 (Skewsymmetric) 行列式。

　　凡奇數階之斜對稱行列式常為 0。

　　就 $n=3$ 時實驗此定理。

　　5　凡兩 n 階行列式之積,可以一他 n 階行列式表之.此「他 n 階行中第 i 列及第 j 行之公有原素」為「第一行列式中第 i 列及第二行列式中第 j 行上之相應原

理学卷（第二册）　科学通讯　第二期（1935）

素之積」之知。

此定理就 $n=2$ 卽

$$\begin{vmatrix} a_1 & a_2 \\ b_1 & b_2 \end{vmatrix} \begin{vmatrix} \alpha_1 & \alpha_2 \\ \beta_1 & \beta_2 \end{vmatrix} = \begin{vmatrix} a_1\alpha_1 + a_2\beta_1 & a_1\alpha_2 + a_2\beta_2 \\ b_1\alpha_1 + b_2\beta_1 & b_1\alpha_2 + b_3\beta_2 \end{vmatrix}$$

實驗之。

中華民國二十四年五月出版

科學學院科學通訊 第二期

編輯者 交通大學科學學院

發行者 交通大學出版委員會 （上海徐家滙）

印刷者 上海中國科學公司

代售處 上海 世界出版社 作者書社 現代書局 黎明書局 大公報社代辦部

南京 正中書局

天津 志恆書店

漢口 光華書局

武昌 學生書店

安慶 新光書店

廣州 廣州圖書消費合作社

雲南 雲南文化書店

蘇新書社

本刊價目

每冊大洋二角　全年 八冊

兩訂壹元四角　國外另加郵費

版權所有

科學學院科學通訊編輯委員會

名譽總裁（科學院長兼物理系主任）徐名材（化）

物理系主任 胡敦復（數）

化學系主任 顧澄（邊編）

武崇林（數）周銘（理）胡剛復（理）時昭涵（化）丁嗣賢（化）沈會通（數）

科學通訊

黎照寰

第 三 期

中華民國二十四年六月　　上海交通大學科學學院編輯

國立交通大學研究所

本所成立以來設置（一）工業研究部分設設計材料機械電氣物理化學等組（二）經濟研究部分設社會經濟實業經濟交通管理會計統計等組除按照所訂計畫進行研究外歷承各路局各機關（如中國工程師學會上海市公用局義興公司等）託辦各項研究及試驗工作薄有貢獻關於上列諸組事項如蒙各界垂詢請惠臨上海徐家匯本所面洽或函商可也此布

溝渠工程學

是書爲本大學土木工程學教授顧康樂所著。係參考中西工程書籍雜誌，採擇各著之精粹而成。書凡十四章，詳述溝渠設計，建築與養護之原理及方法。舉凡污水量，暴雨水量，溝渠水力學，溝渠系統設計，溝渠附屬品，污水抽升，管圈設計，開掘塡覆，列板撐檔以及施工之實際進行，無不條分縷析，詳爲解釋。至於插圖之豐富，文字之簡明，尚其餘事。

▲商務印書館出版，定價一元八角。

科 學 通 訊

第 三 期 目 錄

上海交通大学百年报刊集成·第一辑（1896—1949）·学术学科

每冊大洋三角
全年壹元
交 大 季 刊
本校出版處發行
各地書局代售

第十三期科學號要目

山東博山玻璃工業概況
整函數之絕對值與其零點之個數之關係
球體在大球體內運動之流線
磁學綱要
橡膠乳汁之工業應用
出席萬國數學學會之經過
暑期工業考察報告
科學學院概況
研究所油漆試驗室報告

第十四期要目

宇宙成因攷
公路車輛概說
全國經濟委員會試驗路築造法
前漢時代海上交通攷
中國運輸之經濟觀
蕪乍鐵路處理文書制度之概述
粵漢路株韶段工程進行概況
對於巴黎撞車之觀感
風雨勘詩圖序
畢君枕梅傳
育海詩草序
讀宋芷灣詩集

第十五期要目

線積分 $\int LF(x,y)dx$ 之極大極小是否爲變分學中之問題
氣象四變談
電力發光之新途徑
前漢時代陸路交通攷
機車鍋爐之檢驗
蒸汽機車及煤水車之檢驗
解決中國運輸問題之途徑
改進設備及業務與鐵路之前途
農村生活之科學進步與經濟計畫
正太鐵路機廠機段實習總報告
公路參觀報告

第十六期要目

前漢時代陸路交通攷(續)
中國公路運輸概況
流體動力學上之相似性
On a-Theorem of Lebesgue's.
煤粉用爲燃料之檢討
道路材料試驗撮要
國有各路車輛過軌問題
Book Review on Technical Mechanics
by Maurer and Roark.
粵漢鐵路株韶段段鐵道測量總報告
上海市中心區道路工程管理處實習報告
蕭次河先生榕樹廬詩集序
仁義墨
法蘭梯電器製造廠記略
What Prevents Social Progress?

管 理 學 院 叢 書

1. 鐵道經濟論叢　　鍾偉成編　　每冊大洋二角

2. 東北鐵路問題之研究　　王同文著　　上下冊合購壹元二角

3. 吾國鐵路枕木問題之研究　　楊城 王以瑗著 陳善繼　　每冊大洋四角

4. 鐵路估值　　凃宓著　　每冊大洋二角

發行者　上海徐家匯交通大學管理學院

代售處　各地大書局

談　言

公式不可瞎用

顧　澄

有許多公式皆在某種條件之下方能應用,此種條件可名之為應用條件。初學往往不加注意,視公式為萬能,隨意亂用。習慣既成,而所得結果陷於謬誤而不自知。此雖極淺之事,任教課者宜時時令學生注意於此,使養成留心公式之來源及其應用條件之習慣,否則失之毫釐差以千里,於實際應用(如重要工程之類)將發生極大之危險。茲取最淺顯者略舉數例於下。舉一反三,是在閱者,

$$1 \qquad a^2+b^2 > 2ab, \qquad\qquad (1)$$

此公式須 $a \neq b$ 時方能應用,因此式之來源由於 $(a-b)^2 > o$,如 $a = b$ 則 $(a-a)^2 = (b-b)^2 = o$ 而不 $> o$,因此不能得 (1)。從實驗可知 $a = b$ 則 $a^2+a^2 = 2a^2 = 2aa$ 而不 $> 2aa$,故 $a = b$ 時 (1) 不可用。現在吾國流行之 Fine 氏 College Algebra p. 340, 例 1, 即漏去此 $a \neq b$ 之條件。雖係著者一時疏忽或係一種漏刊,不足為此書之病,惟教師教至此類地方,宜令學生注意及此。

$$2 \qquad a > b \ 則 \ \frac{1}{a} > \frac{1}{b} \qquad\qquad (2)$$

此公式須 a, b 皆為正時方能應用,但亦可推廣為「須 a, b 為同號時方可用」(此易證明),若 a, b 不同號則此式必不可用,例如 $2 > -2$ 而

$\frac{1}{2} < -\frac{1}{2}$ 反爲 $\frac{1}{2} > -\frac{1}{2}$。此雖顯而易見之事,然下之錯誤極易發生:

設 $c > o$ 則無論 x 爲何數 $c+x > x$, 此爲眞確,但稍不留意,即以爲可由此得

3. $$\frac{1}{c+x} < \frac{1}{x} \qquad (3)$$

實則 x 爲正時,此 (3) 雖爲眞確,而 x 爲負時,則必 $x < -c$ 此 (3) 方能成立;至 $x=o$,則此 (3) 更顯然不成立。故在 $-c \leq x \leq o$ 時此 (3) 皆不能成立,即不能用。

4. $$\frac{d}{dx}x^{\mu} = \mu x^{\mu-1}, \qquad x,\mu \text{ 皆實數。} \qquad (4)$$

此式當 μ 爲正整數時,無論 x 爲何數,皆可應用,此閱各初等微積分中此式之來源可知。否則在 x 爲 o 時,此式即不能用;又 x 爲負時,此式似可應用,而嚴格言之,亦頗有問題。略述如下。

(a) 實數論中旣證明 $a > o$ 時, $\log a$ 爲存在,則 $x > o$ 時, $x^{\mu} = e^{\mu\log x}$ 乃顯而易見之事。故 μ 非正整數時,各書求得 (4) 式皆從先變 x^{μ} 爲 $e^{\mu\log x}$ 入手,如是則 $x=o$ 及 $<o$ 時,此 (4) 即不能用,因 $\log x$ 之 x 不能爲 o 及負也。但 μ 爲正分數及 x 爲 o 時 x^{μ} 爲存在;又 μ 爲奇分母之任何分數及 x 爲負時, x^{μ} 亦存在。故在 $x=o$ 及 μ 爲正分數時 (4) 不能用而求 $\frac{d}{dx}x^{\mu}$ 以逕從微係數之基本定義入手,而察其存在與否爲較便。至 $x<o$ 及 μ 爲奇分母之分數亦可不從微係數之基本定義入手,而以下法求之:

設 $x^{\mu} = x^{\frac{p}{q}}$ 及 $p < q$, p 及 q 爲互素, q 爲奇數:

(I) 如 $x<o$ 及 p 爲偶, 令 $y=x^p$ 則此 y 爲正,而

$$x^{\mu} = (x^p)^{\frac{1}{q}} = y^{\frac{1}{q}}$$

故　　　$$\frac{d}{dx}x^{\mu}=\frac{d}{dx}y^{\frac{1}{q}}=\frac{d}{dy}y^{\frac{1}{q}}\frac{dy}{dx}$$

$$=\frac{1}{q}y^{\frac{1}{q}-1}px^{p-1}$$

$$=\frac{p}{q}x^{\frac{p}{q}-1}=\mu x^{\mu-1} \tag{4$'$}$$

(II)　如 $x<0$ 及 p 爲奇,則 $x^{\frac{p}{q}}=\left(x^{p}\right)^{\frac{1}{q}}=-\left(-x^{p}\right)^{\frac{1}{q}}$,令 $y=-x^{p}$,則此 y 爲正,而

$$\frac{d}{dx}x^{\frac{p}{q}}=\frac{d}{dx}\left(-y^{\frac{1}{q}}\right)=-\frac{d}{dy}y^{\frac{1}{q}}\left(-px^{p-1}\right)$$

$$=\frac{p}{q}x^{\frac{p}{q}-1} \qquad \left[\text{如 } q-1 \text{ 爲偶}, \ y^{\frac{1-q}{q}}=x^{\frac{p(1-q)}{q}}\right]$$

$$=\mu x^{\mu-1} \tag{4$''$}$$

此 (4$'$) 及 (4$''$) 之形式雖與 (4) 同,然其來源已不同。故嚴格言之, μ 爲分數(分母爲奇數)時如 x 爲負只能用由 $(I),(II)$ 間接推出之(4)$'$, 4)$''$而不能直接用(4);亦即未知可由 $(I),(II)$ 推出 (4)$'$, (4)$''$ 時,不能貿然竟以 (4) 爲可用。(此處假定 (4) 爲由 $e^{\mu\log x}$ 推出者)。

(III)　μ 爲分數而其分母爲偶數時,如 x 爲負,則 x^{μ} 不存在, $\frac{d}{dx}x^{\mu}$ 根本不能求,不能因從 (4)$'$ (4)$''$ 所得之 $\mu x^{\mu-1}$ 不存在而謂 $\frac{d}{dx}x^{\mu}$ 不存在,因 (4)$'$ (4)$''$ 乃假定 μ 之分母爲奇數當 x^{μ} 存在時所得之公式,不能施之於 μ 之分母爲偶數時及 x^{μ} 爲不存在時也。

μ 爲負及 $x=0$ 時其情形同此。

理学卷（第二册）　科学通讯　第三期（1935）

　　此節所言,初觀似屬無謂,實則不然,因往往有 $x=a$ 時 $f(x)$ 不存在,而其導式 $f'(x)$ 之公式在 $x=a$ 時反存在者。倘因此後者存在而謂 $f(x)$ 在 $x=a$ 時有微係數豈不大誤。茲設例明之如下

　　令　$f(x) = \arctan\dfrac{1}{x}$　　此在 $x=0$ 時不存在,其 $f'(0)$ 決無存在之理。

然令 $u=\dfrac{1}{x}$ 用公式

$$\frac{d}{dx}\ \arctan u = \frac{\dfrac{du}{dx}}{1+u^2} \tag{5}$$

則得

$$\frac{dy}{dx} = -\frac{1}{1+x^2} \tag{6}$$

此在 $x=0$ 時反是存在。須知 (5) 為假定 $\arctan u$ 存在時所得者,決不能施之於 $\arctan u$ 不存在時,否則卽生以無為有之危險。卽此可知「因 x^μ 不存在而 $\dfrac{d}{dx}x^\mu$ 不能求」與「因 $\mu x^{\mu-1}$ 不存在而謂 $\dfrac{d}{dx}x^\mu$ 不存在」截然兩事,不可混而為一矣。

　　再設　　$f(x)=x^2\sin\dfrac{1}{x}$　　　　$x \neq 0$　時,

　　　　　　　　$= 0$　　　　　　$x=0$　時,

用尋常公式求之

$$f'(x) = 2x\sin\frac{1}{x} + x^2\cos\frac{1}{x}(-x^{-2})$$

$$= 2x\sin\frac{1}{x} - \cos\frac{1}{x} \tag{7}$$

此在 $x=0$ 時不存在。但逕從微係數之基本定義求之,則

$$\frac{f(0+\Delta x)-f(0)}{\Delta x} = \frac{(\Delta x)^2\sin\dfrac{1}{\Delta x}}{\Delta x} = \Delta x\sin\frac{1}{\Delta x},$$

　　令 $\Delta x \to 0$ 則得 $f'(0)=0$ 實為存在。若誤用 (7) 式,則將生以有為無之危險。

理学卷（第二册）　科学通讯　第三期（1935）

至此 (7) 之不可用,實由於在求得 (7) 前曾用過

$$\frac{d}{dx}\left(\frac{1}{x}\right)=\frac{d}{dx}\left(x^{-1}\right)=-x^{-2} \qquad (8)$$

此在 $x=o$ 時實不可用,故在 $x=o$ 時 (7) 亦不可用,更須注意得 (7) 之前雖 x^{-2} 已與 x^2 抵銷而 (7) 中已無 x^{-2} 之痕跡,但在 $x=o$ 時 (7) 仍不可用。又 (7) 之不存在固因 $x=o$ 時 $\cos\frac{1}{x}$ 之無意義,但 (7) 之不可用實由於 $x=o$ 時 (8) 不可用,尤須注意。

(IV)　如 μ 為負無理數及 $x=o$ 則 x^{μ} 不存在;又 μ 為任何無理數及 x 為負,則 x^{μ} 不存在。此皆絕對不能用 (4) *,更非如 (II) 中之可間接推得 (4)' 及 (4)" 矣。

(b)　倘 (4) 不由 $e^{\mu\log x}$ 推得而用別法推得,則其在何時可用,仍須細察別法之源流不可大意,即前各書有用

$$(1+x)^{\mu}=1+\mu x+\frac{\mu(\mu-1)}{2}x^2+\cdots \quad |x|<1,\ \mu\text{ 非正整數} \quad (9)$$

推用 (4) 者,而其得 (9) 之法或用戴勞級數,或假途於仍與戴勞級數有關之 $\log(1+x)=1-\frac{x}{2}+\frac{x^2}{3}-\cdots$ 等甚或利用微分方程式,此皆本末倒置殊乖推理縱或費盡心思用無關微積之法先得 (9),再得 (4);然如此所得之 (4) 在 $x=o$ 時仍不可用,又 μ 為無理數及 x 為負時亦然,其情形與 (a) 中所言者同。

又本刊下期教材「不等式」末,利用不等式推得之 (4) 亦在 $x\leq o$ 時不能用,因所用不等式之 x 及 y 已皆假定為正也。（未完）

---

*　驟觀此語,似乎 x^{μ} 既不存在,如何說得到能否用 (4)。今所以如此說法者,與 (III) 中云云意同。

教　材

不　等　式

武　崇　林

引言　不等式在近代解析中,漸次佔重要位置。迄于今日,其地位似已顚撲不破矣。然流行之教科中所載,多係已成典籍之論,而稍涉近代,每有若干不等式,程度亦屬初等,而性質又復重要者,除散見于雜誌論文外,竟少逃及。G. H. Hardy 不久以前,曾謂英國之教科中,曾無特與 Hölder 及 Minkowski 不等式以愷切之證明者.然則集一二習用之不等式而論列之,或亦不爲無補也。

§1　等差,等比及調和中值。

命 $a_1 a_2 \cdots a_n$ 爲 n 個任意實數,則其等差中值 $A(a)$ 之定義爲

$$A(a) = \frac{a_1 + a_2 + \cdots + a_n}{n}$$

若各數皆爲正數,則等比中值 $G(a)$ 及調和中值 $H(a)$ 順次爲

$$G(a) = \sqrt[n]{a_1 a_2 \cdots a_n}, \qquad H(a) = \frac{1}{\dfrac{1}{a_1} + \dfrac{1}{a_2} + \cdots + \dfrac{1}{a_n}}$$

關于三種中值重要之一定理如次:

若 $a_1, a_2, \cdots a_n$ 俱爲正數,且其中至少有二者不相等,則

$$(1,1) \qquad\qquad H(a) < G(a) < A(a)$$

理学卷（第二册） 科学通讯 第三期（1935）

教材一 　　　　　不　等　式　　　　　$\tilde{7}$

最先吾人見若 a 中有一爲零,則 $H(a)$ 無定義,而 $G(a)<A(a)$ 顯然爲眞. 故設各 a 俱大于零,茲先證

(1 1a) $$G(a)<A(a)$$

此亦卽謂

$$a_1\,a_2\cdots a_n<\left(\frac{a_1+a_2+\cdots+a_n}{n}\right)^n$$

若 $n=2$, 則因 $a_1\neq a_2$, 見

(1.2) $$a_1 a_2=\left(\frac{a_1+a_2}{2}\right)^2-\left(\frac{a_1-a_2}{2}\right)^2<\left(\frac{a_1+a_2}{2}\right)^2$$

若 $n=2^2$, 則 a_1, a_2, a_3, a_4 中至少有二者不相等;云此爲 a_1, a_2,則由 (1.0)

(1.3) $$a_1 a_2<\left(\frac{a_1+a_2}{2}\right)^2$$

然由 (1.2) 亦見

$$a_3 a_4=\left(\frac{a_3+a_4}{2}\right)^2-\left(\frac{a_3-a_4}{2}\right)^2,$$

故勿論 a_3, a_4 相等與否。

(1.4) $$a_3 a_4\leqq\left(\frac{a_3+a_4}{2}\right)^2$$

因各數俱爲正,故由將 (1.3) 及 (1.4) 相乘,而得

$$a_1\,a_2\,a_3\,a_4<\left(\frac{a_1+a_2}{2}\right)^2\left(\frac{a_3+a_4}{2}\right)^2<\left(\frac{a_1+a_2+a_3+a_4}{4}\right)^4\left[再用(1.4)\right]$$

依此類推,若 $n=2^m$, 則

$$(1.5) \qquad a_1 a_2 \cdots a_n < \left(\frac{a_1 + a_2 + \cdots + a_n}{n} \right)^n$$

于任意情形 n 爲一正整數；如 n 爲 2 之某一乘冪，則由 (1.5) 已得 (1.1a) 之證明，如 n 非 2 之乘冪，則必位于連續二乘冪 2^{m-1} 及 2^m 之間，茲命 $k = 2^m - n$ 于是于 n 個 a 之後，附加以 k 個 $b = \dfrac{a_1 + a_2 + \cdots + a_n}{n}$ 。如原有 n 個 a 不全相等，則加 b 之後自仍不全相等，是以由 (1.5) 得

$$a_1 a_2 \cdots a_n b^k < \left(\frac{a_1 + a_2 + \cdots + a_n + kb}{2^m} \right)^{2^m}.$$

今 $\qquad a_1 + a_2 + \cdots + a_n + kb = nb + kb + 2^m b,$

因而上式卽可書作

$$a_1 a_2 \cdots a_n b^k < b^{2^m},$$

或卽

$$a_1 a_2 \cdots a_n < b^{2^m - k} = b^n = \left(\frac{a_1 + a_2 + \cdots + a_n}{n} \right)^n$$

故得 (1.1a) 之證

若命 $a_i = 1/b_i \; i = 1, 2, \cdots n$，則 n 個 b 亦大于零而不全相等，且易見 $G(a = /G\,b), H(a) = 1/A(b)$. 故應用已證得之 (1.1$a$)，得 $G(b) < A(b)$，是亦卽 $G(a) > H(a)$ 也。

茲試取流行代數書中另一證法而研究之（例如 Chrystal, Text Book of Algebra, 第二册，47 頁 或 Hall and Knight, Higher Algebra, 211 頁）。

如云各 a 不全相等，則命 a_1 爲最小者中之一，而 a_2 爲最大者中之一；若以 $\dfrac{a_1 + a_2}{2}$ 替代 a_1，及 a_2 則見 $a_1 + a_2 + \cdots + a_n$ 之值雖未改，而

已有

$$\left(\frac{a_1+a_2}{2}\right)^2>a_1\,a_2,$$

故見 $G(a)$ 之值卽因此增大。

　　故設想各 a 之值可以任意變化，而 $\Sigma a=a_1+a_2+\cdots+a_n$ 之值不變，且假設此等 a 具有一組之值 $a_1, a_2,\cdots a_n$ 存在，能使 $G(a)$ 達到其上限，則此一組之 a 必各相等；因如上所言，如其不等，$G(a)$ 不能最大也。　由是 $G(a)$ 之上限卽係 $A(a)$，且僅在各 a 俱相等時 $G(a)$ 始能達到此上限。

　　至于各 a 是否確具有一組之值 a，能使 $G(a)$ 達到其上限，則各書並未論及，且 $G(a)$ 之是否應具一有限之上限，則更無論矣。如 $G(a)$ 之值，可以任何大，則何以見其必不能超逾 $A(a)$？　是以欲證明完全，必須證明 $G(a)$ 可以達到其有限之上限。　今命

$$\Phi\,(a_1, a_1,\cdots a_{n-1})=a_1\,a_2\cdots a_{n-1}\,(nA-a_1-a_2-\cdots-a_{n-1})$$

爲 $n-1$ 個變數 $a_1\,a_2\cdots a_{n-1}$ 之函數，其中 $nA=a_1+a_2+\cdots+a_{n-1}+a_n$，則見 φ 在以下之閉區域中

$$a_1\geqq 0,\ a_1\geqq 0,\cdots a_{n-1}\geqq 0,\ a_1+a_2+\cdots+a_{n-1}\leqq nA$$

爲一綿續函數，是以由 Weierstrass 定理。在此區域內，各 a 必具一組之值 $a_1, a_2,\cdots a_{n-1}$ 能使 Φ 達到其有限之上限也。

　　前第一證法，係創自 Cauchy，可以稱作"代數證明，"或"有限證明"。　若此處之證法，不證第二段，則不能稱爲完全之證明，如證第二段，則又必需引用綿續函數上限之定理，可見此並非代數之證明，或可稱作"無限證明"也。　　　　　　　　（待續）

初等幾何學　切圜一題之討論

陳　懷　書

與中等學生談幾何往往面有難色甚至有學智若干時期教科書已讀過半示以任何問題縱苦於求證未能求作不得者即可以索解矣亦每患條件紛紜依據失當前提結論顛倒混淆令人起眉目不清似是而非之感即所解能明順如題矣或仍不免於祗見一方未窺全豹設於題義前有所推廣便覺其理解有未能充分之嫌是豈幾何獨較他科爲難哉蓋幾何重推理而函義繁複立論謹嚴學生苟於推理工夫素欠研練其思想自不克有序而敘述之方式亦即無法以形成非若代數三角諸科或猶可模倣例題吞剝公式也即勉能如題而止而事項之羅列既考慮未周討論之範圍又推敲未盡終覺題有餘蘊語焉不詳解如未解耳爰取切圜一題 the Tengencies 即阿破羅尼問題 Apollonius' Problem 悉心討論之其題曰「求作一圜與既定三圜相切」此既定之三圜者大至無外則成爲線小至無窮則成一點是一題可釋作十題而每一題中其既定之點線圜又有種種不同之位置或切或割或平行或不平行究其位置蓋不下百餘式焉其中有能解者有不能解者有僅有一解者有多至數十解者因其位置之不同胍以相當之解法謂非習數者應盡之責乎課餘有暇日作數圖彙爲一編計得推論二百二十二款得解七百八十有一非敢謂盡推理之奇觀極研究之能事或可爲初中學生學智幾何之一助歟茲應養吾先生之命以十題之推論分列十表就正于海內賢人至其本題作法詳載於 Nixon 氏之 Euclid Revised 中不再贅綠推論各圖因太占篇幅亦均從略

第一題　過三點作圜

三點不在一直線上……………………………………………………………一解

三點在同一直線上……………………………………………………………一解

理学卷（第二册） 科学通讯 第三期（1935）

第二題　　切三直線作圖

三直線
- 交於三點 …………………………………… 四解
- 互相平行 …………………………………… 不定
- 交於一點 …………………………………… 一解
- 交於二點 …………………………………… 二解

第三題　　過二點切一線作圖

二點在直線之同側
- 聯結二點之直線與定線相交 ………………… 二解
- 聯結二點之直線與定線平行 ………………… 一解

二點在直線之異側 ……………………………………… 無解

二點在直線上 …………………………………………… 一解

一點在直線上一點在直線外 …………………………… 一解

第四題　　過一點切二線作圖

二線相交
- 點在二線之間 …………………………………… 二解
- 點在一線之上 …………………………………… 二解
- 點在二線交角之平分線上 ……………………… 二解
- 點與二線之交點相合 …………………………… 一解

二線平行
- 點在二線之同側 ………………………………… 一解
- 點在二線之間 …………………………………… 二解
- 點在一線之上 …………………………………… 二解

第五題　　過二點切一圓作圖

二點在圓外
- 聯結二點之直線不與圓交 ……………………… 二解
- 聯結二點之直線與圓相交 ……………………… 二解
- 聯結二點之直線與圓相切 ……………………… 二解

第六題　　過一點切二圓作圓

理学卷（第二册）　科学通讯　第三期（1935）

教材二　　　切圓一題之討論　　　13

二圓內切
- 點在二圓之外 …………………………………………… 一 解
  - 點在二圓之一個公切線上 ……………… 一 解
- 點在一圓之上 …………………………………………… 二 解
- 點在一圓之內
  - 不在二圓公共之部分中 ………………… 三 解
  - 在二圓公共之部分中 …………………… 一 解
- 點與二圓之切點相合 …………………………………… 不 定

二圓相容
- 點在二圓之外 …………………………………………… 無 解
- 點在二圓之內 …………………………………………… 無 解
- 點在一圓之內他圓之外 ……………………………… 四 解
- 點在一圓之上 …………………………………………… 二 解

第七題　　過一點切一圓及一線作圖

直線不與圓過
- 點在圓外
  - 點與圓在線之同側 …………………………… 四 解
    - 且點在平行於定線之一個切線上 … 二 解
  - 點與圓在線之異側 …………………………… 無 解
  - 點在定線上 …………………………………… 二 解
- 點在圓上 …………………………………………… 二 解
  - 過定點之直徑垂直於定線 … 一 解
- 點在圓內 …………………………………………… 無 解

直線與圓相切
- 點在圓外
  - 點與圓在線之同側 …………………………… 三 解
    - 且點在平行於定線之一個切線上 … 二 解
  - 點與圓在線之異側 …………………………… 一 解
  - 點在定線上 …………………………………… 二 解
- 點在圓上 …………………………………………… 二 解
  - 定點與切點相合 ……………………………… 不 定
  - 定點在過切點之徑之他端 ………………… 一 解
- 點在圓內 …………………………………………… 一 解

直線與圓相交
- 點在圓外 ………………………………………… 二解
  - 點在平行於定線之切線上 ………………… 一解
- 點在圓上 ………………………………………… 二解
  - 點在垂直於定線之徑之一端 …………… 一解
  - 點與直線交圓之點相合 ………………… 一解
- 點在圓內 ………………………………………… 二解
  - 點在定線上 ………………………………… 二解

第八題　　切一圓及二直線作圓

二線相交
- 圓與二線相離 …………………………………… 四解
- 圓與二線相切 …………………………………… 五解
- 圓與一線相切
  - 與又一線相離 ………………………………… 四解
  - 與又一線相交
    - 二線交點在圓上 ……………… 三解
    - 二線交點不在圓上 …………… 六解
- 圓與二線相交
  - 二線交點在圓外 ……………………… 八解
  - 二線交點在圓上 ……………………… 五解
  - 二線交點在圓內 ……………………… 八解
- 圓與一線相交與又一線相離 …………………… 四解

二線平行
- 圓與二線相離
  - 二線在圓之異側 …………………… 四解
  - 二線在圓之同側 …………………… 無解
- 圓與二線相切 …………………………………… 五解
- 圓與一線相切
  - 與又一線相交 ………………………………… 五解
  - 與又一線相離
    - 二線在圓之異側 ………… 四解
    - 二線在圓之同側 ………… 三解
- 圓與二線相交 …………………………………… 四解
- 圓與一線相交與又一線相離 …………………… 三解

（未完）

理学卷（第二册）　科学通讯　第三期（1935）

139

厚透鏡公式之新證法

沈　德　滋

　　厚透鏡公式之證法,在許多光學敎科書上,幾無一不從球折射面公式而以代數方法求得。但此種完全借重於代數之證法,對於初學光學者每不易一目了然。若能轉變方法,而將經過厚透鏡之主要光線作出,於是直接從圖形上求之;則初學者既有圖形之輔助,了解必易;而敎師亦能按圖解釋,不必費辭;且厚透鏡之一切重要性質,均可在圖形上一覽無餘,故較之普通證法,似覺醒目。茲爲便利初學者且參考起見,故先將球折射面之重要關係,介紹於下:

(I)

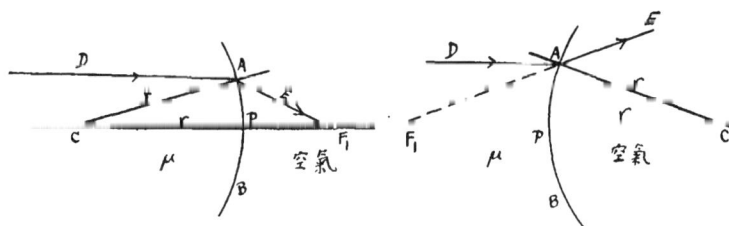

圖一　凸折射面　　　　　圖二　凹折射面

　　圖中 APB 係代表折射球面之主截面,其左旁介質之折射率爲 μ 而右旁介質爲空氣;C 爲球心,而半徑 $PC=r$。若 DA 爲在折射率爲 μ 之介質中鄰近軸線 CP)而與軸線平行之任意入射線,則其折射線 AE 或 AE 之延長線)與軸線交於一點 F_1,此點 F_1 對於入射線 DA 而言稱爲球折射面之第二主焦點;PF_1 曰第二主焦距,而

$$PF_1=-r/(\mu-1)$$

　　(注意)一切距離如 PC,PF_1 等均從 P 點量起;而所量之方向與光線進行之方向相反者爲正,相同者爲負。

(II)

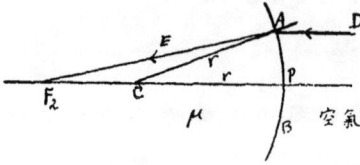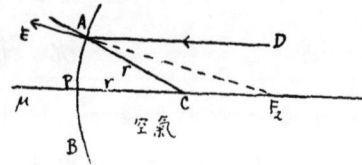

圖　　三　　　　　　　　圖　　四

　　若 *DA* 爲在空氣中鄰近軸線而與軸線平行之任意入射線,則其折射線 *AE*(或 *AE* 之延長線)與軸線交於一點 F_2 此點 F_2 對於入射線 *DA* 而言,亦稱第二主焦點; PF_2 曰第二主焦距,而

$$PF_2 = \mu r / \mu - 1$$

(III) 反之若 EAF_1 (圖一,圖二)爲入射線,則 *AD* 爲其折射線且與軸平行。此點 F_1 對於入射線 *EA* 而言,稱爲第一主焦點; PF_1 曰第一主焦距,而

$$PF_1 = -r / (\mu - 1)$$

　　故對於入射線從空氣中出發而言,則從(II)

　　(第二主焦距) $PF_2 = \mu r / \mu - 1 = -\mu (-r / \mu - 1) = -\mu PF_1$ (第一主焦距)

(IV) 若 *O* 爲鄰近軸線之發光點,則從 *O* 發出而與軸鄰近之一切光線之折射線(或折射線之延長線)交於一點 *I*,此點 *I* 卽 *O* 之實像(或虛像)。

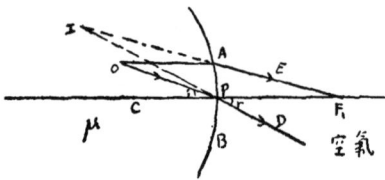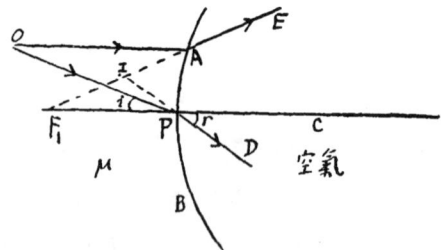

圖　　五　　　　　　　　圖　　六

　　故欲決定 *O* 之實像或虛像,則祇須作從 *O* 發出之任意二光

理学卷（第二册） 科学通讯 第三期（1935）

線之折射線(或折射線之延長線)之交點可也。例如 APB 代表折射球面，而 O 為在折射率為 μ 之介質中之發光點。若從 O 發出之入射線 OA 與軸線平行，則折射線 AE 必過第二主焦點 F_1[見(I)]。又因 C 為球心，故 CP 為球面法線；若 PD 為入射線 OP 之折射線，則 $\sin r =$ μ$\sin i$(折射定律)；但 O 既鄰近軸線，則 i 與 r 之角度甚小，故 $\sin i = i, \sin r = r$，即 $r = $μ$i$，現折射線 AE 與 PD 之位置已定，故將此折射線延長交於 I，則 I 即 O 之虛像也。餘可類推。

反之若 I 為 O 之實像(或虛像)，則從 O 發出鄰近軸線之任意入射線(或入射線之延長線)必過 I 點。

現上述各節，已足以供給證明厚透鏡公式之用，故以下即可開始討論厚鏡之性質矣。

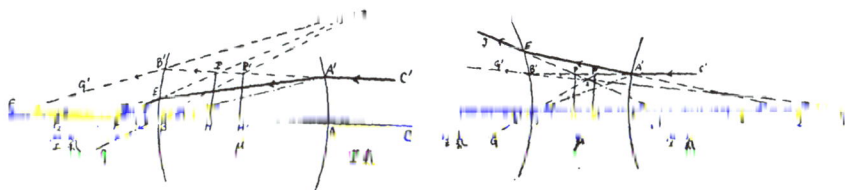

圖　七　　　　　　　圖　八

厚透鏡實係兩個球折射面所合成現令 $A'A, B'B$ 代表厚透鏡之兩個球面，其兩旁之介質為空氣，而中間介質之折射率為μ。CAB 為軸線，而透鏡之厚 $AB = d$。從(I)令 F_1 為折射面 $B'B$ 之第二主焦點，而 $f_b = (BF_1) = -r_b/($μ$-1)$ 為其第二主焦距。又從(II)令 F_2 為折射面 AA' 之第二主焦點，而 $f'_a = (AF_2) = $μ$r_a/($μ$-1)$ 為其第二主焦距(r_a, r_b 為 AA', BB' 之球半徑)。

若 $C'A'$ 為鄰近軸線且與軸線平行之入射線，而 $A'E$ 為 $C'A'$ 在透鏡內之折射線，則從(II)知 $A'E$ 之延長線必過 F_2。次作補助光線 $A'B'$ 與軸線 AB 平行，從(I)知 $A'B'$ 之折射線 $B'G'$ 之延長線必過 F_1；又

作 $A'B$,若 BG 爲 $A'B$ 之折射線,則 $r=\mu i$,然後延長 BG,$B'G'$ 交 於 I,從 IV 知此點 I 卽 A' 點之像,故 EJ 若爲 $A'E$ 之折射線,則 EJ 之延長線必 過 I。令 EJ 與軸之交點爲 F。次從直線 FEI 及 GBI 與 $A'B'$ 之交點 P 及 P' 作垂直線 PH 及 $P'H'$ 與 AB 直交於 H 及 H'。因 $C'A'B'$ $||CAB$ 且甚接近, 故 $\overset{\frown}{AA'}$,$\overset{\frown}{BB'}$ 及 $\overset{\frown}{E'B}$ 均幾乎各與從 A',B' 及 E 所作 CAB 之垂直線相合。

故　　　　　$PH=P'H'\doteq A'A\doteq B'B;B'P'=BH';PP'=HH'$ ⋯⋯ ⋯⋯⋯(1)

又從相似直角三角形 ΔEFB 及 ΔFHP,卽得

$$\frac{HF}{BF}=\frac{PH}{EB}=\frac{A'A}{EB}\qquad (因\ PH=A'A)見(I) ⋯⋯⋯⋯⋯⋯(2)$$

但從相似直角三角形 $A'F_2A$ 及 EF_2B,則

$$\frac{A'A}{EB}=\frac{AF_2}{BF_2}=\frac{AF_2}{AF_2+BA}=\frac{f_a'}{f_a'+d} ⋯⋯⋯⋯⋯⋯(3)$$

(注意)一切距離無論從何點量起,凡所量之方與光線進行方 向相同者爲正,相反者爲負;而從 A 量至 B,則寫作 AB;若從 B 至 A, 則寫作 BA,而 $AB=-BA$。

從(2)(3)卽得　$\dfrac{HF}{FB}=\dfrac{f_a'}{f_a'+d}$ ，或 $BF=HF(f_a'+d)/f_a'$ ⋯⋯⋯⋯(4)

又因 $<I'BH'=r$, $<A'BA=i$;

故　　　　$\tan\gamma=\dfrac{P'H'}{BH'}$, $\tan i=\dfrac{A'A}{BA}=\dfrac{A'A}{d}$;

但 r 與 i 之角度甚小,故　$\dfrac{P'H'}{BH'}=r$, $\dfrac{A'A}{d}=i$;

惟 $r=\mu i$, $P'H'=BH'$; 故 $\mu=\dfrac{\gamma}{i}=\dfrac{P'H'\cdot d}{BH'\cdot A'A}=\dfrac{d}{BH'}$

卽　　　　$BH'=\dfrac{d}{\mu}$ ⋯⋯⋯⋯⋯⋯⋯⋯ ⋯⋯⋯⋯⋯(5)

又從 ΔF_1IB, $\Delta B'P'I$; 知

$$\frac{BF_1}{B'P'}=\frac{BF}{P'P} \quad 卽 \quad \frac{f_b}{BH'}=\frac{FB}{HH'} ⋯⋯⋯⋯⋯(6)$$

(因 $F_1B=f_b$,$B'H'=BH'$,$PP'=HH'$見(1))

惟　　　$HH'=BH'-BH=BH'-(BF-HF)=BH'-BF+HF$ ⋯⋯ ⋯⋯(7)

故將(4),(5),(7)代入(6)即得

$$\frac{f_b}{\frac{d}{\mu}} = \frac{BF}{\frac{d}{\mu}-BF+HF}$$

$$\therefore \quad \frac{\mu f_b}{d} = \frac{HF(f_a'+d)/f_a'}{\frac{d}{\mu}-HF(f_a'+d)/f_a'+HF}$$

$$= \frac{HF(f_a'+d)}{\frac{d}{\mu}f_a'-HF(f_a'+d)+HFf_a'}$$

$$= \frac{HF(f_a'+d)}{\left(\frac{f_a'}{\mu}-HF\right)d}$$

$$\therefore \quad f_a'f_b-\mu f_b HF = HF(f_a'+d)$$

$$\therefore \quad HF = \frac{f_b'f_a}{f_a'+d+\mu f_b} \quad \cdots\cdots\cdots\cdots\cdots(8)$$

從(III)令 f_a 表折射面 AA' 之第一主焦距,則

$$f_a = -r_a/(\mu-1),$$

而

$$f_a' = -\mu f_a, \quad \cdots\cdots\cdots\cdots\cdots(9)$$

代入(8)即得

$$HF = \frac{\mu f_a f_b}{\mu(f_b-f_a)+d} \quad \cdots\cdots\cdots\cdots(10)$$

又因

$$BH = BF-HF$$

從(4)即得

$$BH = HF(f_a'+d)/f_a'-HF = HF\left\{\frac{f_a'+d}{f_a'}-1\right\} = HF\left(\frac{d}{f_a'}\right)$$

以(9)(10)代入

$$BH = \left\{\frac{-\mu(f_a f_b)}{\mu(f_b-f_a)+d}\right\}\left\{\frac{d}{-\mu f_a}\right\}$$

$$\therefore \quad BH = \frac{f_b d}{\mu(f_b-f_a)+d} \quad \cdots\cdots\cdots\cdots(11)$$

但 f_a,f_b,d,μ 均係定數,故從11)知 HB 之距離一定。惟 H 係直線 PH 之垂足,而 P 則係鄰近軸線且與軸線平行之任意入射線 $C'A'$ 與其從透鏡透出之折射線 EF 延長線之交點,故從整個透鏡而言,凡鄰近軸線而與軸平行之一切入射線,及其從透鏡第二面 $(B'B)$ 透出

之折射線,其延長線必相交於一個與軸線垂直而與第二面之極

點'B)距離爲 $BH = \dfrac{f_\mathrm{b}d}{\mu f_\mathrm{b}-f_\mathrm{a})+d}$ 之平面上(卽經過 PH 而與 AB 垂

直之平面)。此平面曰第二主平面。第二主平面與第二面極點間

之距離常以 β 表之,如此距離從第二面極點量起,則

$$\beta = \frac{f_\mathrm{b}d}{\mu(f_\mathrm{b}-f_\mathrm{a})+d} \quad [見(II)] \quad \cdots\cdots\cdots\cdots\cdots\cdots\cdots\cdots\cdots\cdots (12)$$

又 從(10)知 HF 之距離亦一定,現 H 之位置既一定,故 F 之位

置亦一定。但 F 係入射線 $C'A'$ 透過透鏡後之折射線 EF 與軸線之

交點,故凡鄰近軸線而與軸線平行之一切入射線,其透鏡透過後

之折射線(或折射線之延長線)必交於軸上一點 F,而此點 F 與第

二主平面(PH)之距離 $HF = \dfrac{-\mu f_\mathrm{a}f_\mathrm{b}}{\mu(f_\mathrm{b}-f_\mathrm{a})+d}$ [見(10)]。此點 F 曰透鏡之第

二主焦點,而第二主焦點與第二主平面間之距離曰第二主焦距。

第二主焦距如以 F 表之,而其距離從第二主平面量起,則

$$F = \frac{-\mu f_\mathrm{a}f_\mathrm{b}}{\mu(f_\mathrm{b}-f_\mathrm{a})+d} \quad \cdots\cdots\cdots\cdots\cdots\cdots\cdots\cdots\cdots\cdots (13)$$

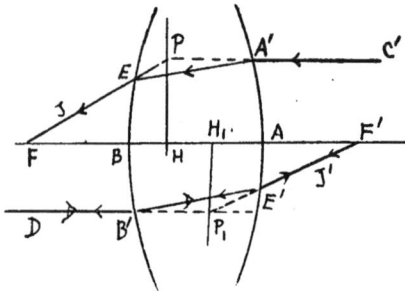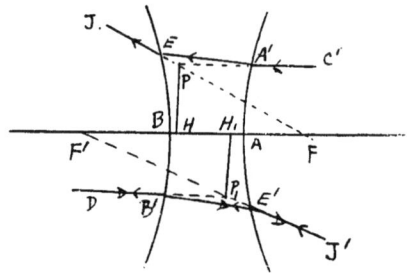

圖　九　　　　　　圖　十

同 理若 DB' 爲鄰近軸線且與軸線平行之入射線,而 $E'J'$ 爲其

透過透鏡後之折射線,則此二線之延長線必交一個與軸線垂直

而與極點 A 距離$(AH_1) = \dfrac{f_\mathrm{a}d}{\mu(f_\mathrm{a}-f_\mathrm{b})+d}$ 之平面 (P_1H_1)上;而折射線 $E'J'$

理学卷（第二册）　科学通讯　第三期（1935）

教材三　　　　厚透鏡公式之新證法　　　　21

與軸線之交點 F' 與此平面之距離 $(H_1F_1')=\dfrac{-\mu f_a f_b}{\mu(f_a-f_b)+d}$ 。

　　反之若 $J'E'F'$ 爲入射線,則 $B'D$ 卽 $J'E'$ 之折射線,故凡入射線 $(J'E'F')$ 經透鏡之折射後,其從透鏡第二面 $(B'B)$ 透出之折射線 $B'D$) 若與軸線平行,則此入射線及其折射線之延長線必相交於一個與軸線垂直而與透鏡第一面之極點 A)距離 $(AH_1)=\dfrac{f_a d}{\mu(f_b-f_a)+d}$ (因今以 $J'E'$ 爲入射線,是則光線進行之方向已度,故前節 AH_1 及 H_1F' 兩式中之 f_a,f_b,AH_1 及 H_1F' 均須加一負號,於是遂得此式,及下式 H_1F_1')之平面上;且此入射線或入射線之延長線與軸線之交點 F') 與此平面之距離 $(H_1F_1')=\dfrac{\mu f_a f_b}{\mu(f_b-f_a)+d}$;此平面曰第一主平面,而第一主平面與透鏡第一面極點間之距離 (AH_1) 常以 a 表之;如此距離從極點量起,則

$$a=\frac{f_a d}{\mu f_b-f_a)+d} \quad\cdots\cdots\cdots\cdots\cdots\cdots\cdots\cdots\cdots\cdots(14)$$

此 F' 點曰第一主焦點,而第一主焦點與第一主平面間之距離 (H_1F_1') 如以 F' 表之,且 F' 從第一主平面量起,則

$$F'=\frac{\mu f_a f_b}{\mu(f_b-f_a)+d} \quad\cdots\cdots\cdots\cdots\cdots\cdots\cdots\cdots(15)$$

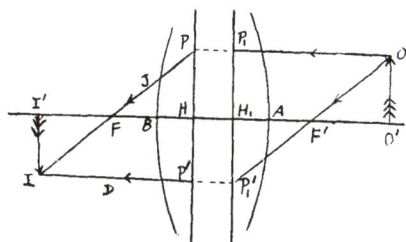 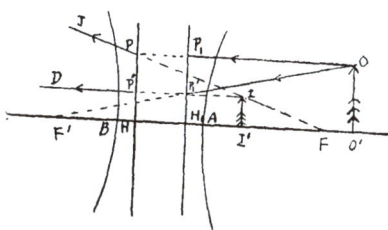

圖　十　一　　　　　　圖　十　二

現令 O 爲鄰近軸線之發光點;$P_1H_1P_1'$ 及 PHP' 爲厚透鏡之第一及第二主平面,而 F' 及 F 爲第一及第二主焦點若 OP_1 爲與軸平行

之入射線,則根據前節知其從透鏡透出之折射線PJ之延長線通過F_1,且與入射線(OP_1)之延長線交於P。又若OP_1'爲通過F_1'之入射線,則其折射線$P'D$與軸平行,且與OP'之延長線交於P_1'。從(IV)若I爲折射線PJ,$P'D$(或折射線之延長線)之交點,則I即O之實像(或虛像)。又從O及I各引直線OO'及II'各與軸線垂直,則從相似直角三角形$OO'F'$,$H_1P_1'F_1'$,$II'F_1$及PHF即得

$$\frac{OO'}{H_1P_1'} = \frac{F_1'O'}{H_1F_1'} = \frac{H_1O'-H_1F_1'}{H_1F_1'} = \frac{H_1O'-F_1'}{F_1'} \quad\cdots\cdots\cdots\cdots(16)$$

$$\frac{II'}{HP} = \frac{FI'}{HF_1} = \frac{HI'-HF_1}{HF_1} = \frac{HI'-F_1}{F_1} \quad\cdots\cdots\cdots\cdots(17)$$

但　　$H_1P_1'=(HP')=II'$　,　$HP=(H_1P_1)=OO'$;

而從$(13)(15)$知　　　　　　$F_1'=-F_1$

故從$(16)(17)$　　$\dfrac{H_1O'+F_1}{-F_1} = \dfrac{F_1}{HI'-F_1}$

令 $H_1O'=U$,　　$HI'=V$　代入上式卽得

$$UV + F_1V - F_1U = 0$$

$$\therefore \quad \frac{I}{V} - \frac{I}{U} = \frac{I}{F_1} \quad\cdots\cdots\cdots\cdots\cdots\cdots\cdots\cdots(18)$$

但 從(16)知　　$\dfrac{OO'}{II'} = \left(\dfrac{OO'}{H_1P_1'}\right) = \dfrac{U-F_1'}{F'} = $ 常 數

故 O 向 O' 移近,I 亦卽向 I' 移近。故 OO' 若爲物體,則 II' 卽係 OO' 之 像。

故(18)式中之 U 卽物體(OO')與第一主平面$(P_1H_1P_1')$間之距離,而此距離係從第一主平面量起;V 卽 OO'之像 (II')與第二主平面(PHP')間之距離,而此距離係從第二主平面起量。

如令物體(OO')與透鏡第一面極點A之距離$AO'=u$;而像(II')與第二面極點B之距離$BI'=v$,則

$$u = AO' = H_1O' + AH_1 = U + a \qquad \therefore U=u-a$$
$$v=BI'=HI'+BH=V+\beta \qquad \therefore V=v-\beta\cdots\cdots\cdots(19)$$

以(19)代入(18)卽得下式

$$\frac{I}{v-\beta}-\frac{I}{u-a}=\frac{I}{F} \quad \cdots\cdots\cdots\cdots\cdots\cdots\cdots\cdots\cdots\cdots\cdots(20)$$

[a , β 及 F 見 (14), (12) 及 (13)]

公式 (20) 或公式 (18)，卽所謂厚透鏡公式。凡一切關於厚透鏡之問題，(20)或(18)兩式均可應用。若厚透鏡兩旁之介質並非空氣，而爲兩種折射率不同之介質，則亦可用同樣之證法而得(12)(13),(14),(15),(18)及(20)等相似之公式，惟限於篇幅，玆不多贅。本篇如有未妥之處，尚希閱者指正爲幸。

Globach 氏級數之收止 (續)

高揚芝

設

$$\Phi_n(m,n)\equiv(-1)^s\left[\binom{m}{s}\binom{n}{s}\binom{s}{s}+\binom{m}{s+1}\binom{n}{s+1}\binom{s+1}{s}+\binom{m}{s+2}\binom{n}{s+2}\binom{s+2}{s}\right.$$

$$\left.+\cdots\cdots+\binom{m}{n}\binom{n}{n}\binom{n}{s}\right]$$

則 (20) 可寫爲

$$\frac{D_{xy}^n a_x^m b_x^n}{n!}=\Phi_0(m,n)\,a_x^m b_y^n+\Phi_1(m,n)\,a_y^{m-1}b^{n-1}(ab)(xy)+$$

$$\Phi_2(m,n)\,a_x^{m-2}b_y^{n-2}(ab)^2(xy)^2$$

$$+\cdots\cdots+\Phi_k(m,n)\,a_x^{m-k}b_y^{n-k}(ab)^k(xy)^k$$

$$+\cdots\cdots+\Phi_n(m,n)\,a_x^{m-n}(ab)^n(xy)^n.$$

故可求得 $\dfrac{D_{xy}^n a_x^m b_x^n}{n!\,\Phi_0(m,n)}$

$$a_x^m b_y^n = \frac{D_{xy}^n a_x^m b_x^n}{n!\,\Phi_0(m,n)} - \frac{\Phi_1(m,n)}{\Phi_0(m,n)} a_x^{m-1} b_y^{n-1} (ab)(xy) -$$

$$\frac{\Phi_2(m,n)}{\Phi_0(m,n)} a_x^{m-2} b_y^{n-2} (ab)^2 (xy)^2$$

$$- \cdots\cdots - \frac{\Phi_k(m,n)}{\Phi_0(m,n)} a_x^{m-k} b_y^{n-k} (ab)^k (xy)^k$$

$$- \cdots\cdots \rightarrow \frac{\Phi_n(m,n)}{\Phi_0(m,n)} a_x^{m-n} (ab)^n (xy)^n \quad\cdots\cdots\cdots\cdots\cdots\cdots\cdots\cdots (21)$$

上式之 m, n, 如迭次各代以 $m-1$, $n-1$；$m-2$, $n-2$；$\cdots\cdots$；$m-n+1,1$；可得 $n-1$ 個類似之式。將逐次所得之結果代入 (21) 式得

$$a_x^m b_y^n = C_0 \frac{D_{xy}^n a_x^m b_x^n}{n!\,\Phi_0(m\,n)} + C_1(xy)\frac{D_{xy}^{n-1}\left[a_x^{m-1} b_x^{n-1}(ab)\right]}{(n-1)!\,\Phi_0(m-1,\,n-1)} + \cdots\cdots$$

$$+ C_k(xy)^k \frac{D_{xy}^{n-k}\left[a_x^{m-k} b_x^{n-k}(ab)^k\right]}{(n-k)!\,\Phi_0(m-k,n-k)} + \cdots\cdots$$

或簡寫為

$$a_x^m b_y^n = \sum_{k=o}^{n} C_k \frac{D_{xy}^{n-k}\left[a_x^{m-k} b_x^{n-k}(ab)^k\right]}{(n-k)!\,\Phi_0(m-k,n-k)} (xy)^k \cdots\cdots\cdots\cdots\cdots\cdots (22)$$

式中　$C_k = (-1)\left[C_0 \frac{\Phi_k(m,n)}{\Phi_0(m,n)} + C_1\frac{\Phi_{k-1}(m-1,n-1)}{\Phi_0(m-1,n-1)} + C_2\frac{\Phi_{k-2}(m-2,n-2)}{\Phi_0(m-2,n-2)}\right.$

$$\left. + \cdots\cdots + C_{k-1}\frac{\Phi_1(m-k+1,\,n-k+1)}{\Phi_0(m-k+1,\,n-k+1)}\right]$$

而 $C_0 = 1$

(22) 式卽所推得之公式。

今再利用 (22) 式計算 $a_x b_y$ 及 $a_x^3 b_y^2$ 如下：

令 $m=1$, $n=1$

$$a_x b_y = C_0 \frac{D_{xy} a_x b_x}{1!\,\Phi_0(11)} + C_1 \frac{(xy)\,(ab)}{(1-1)!\,\Phi_0(0,0)}$$

$$C_0 = 1$$

$$\Phi_0(1,1) = \left[\binom{1}{0}\binom{1}{0}\binom{0}{0} + \binom{1}{1}\binom{1}{1}\binom{1}{0}\right] = 2$$

$$\Phi_0(0,0) = \left[\binom{0}{0}\binom{0}{0}\binom{0}{0}\right] = 1$$

$$C_1 = (-1)\frac{\Phi_1(11)}{\Phi_0(11)} = (-1)\frac{(-)\left[\binom{1}{1}\binom{1}{1}\binom{1}{1}\right]}{2} = \frac{1}{2}$$

$$\text{故}\quad a_x b_y = \frac{D_{xy} a_x b_x}{2} + \frac{(xy)(ab)}{2} \quad\cdots\cdots\cdots\cdots\cdots\cdots\cdots\cdots (23)$$

(23) 與 (8) 適合。

令 $m=3, n=2$。

$$a_x' b_y' = C_0 \frac{D_{xy} a_x b_x}{2!\,\Phi_0(3,2)} + C_1(x,y)\frac{D_{xy} a_x b_x (ab)}{1!\,\Phi_0(2,1)} + C_2 (xy)^2 \frac{a_x (ab)^2}{0!\Phi_0(1,0)}$$

$$C_0 = 1$$

$$\Phi_0(3,2) = \left[\binom{3}{0}\binom{2}{0}\binom{0}{0} + \binom{3}{1}\binom{2}{1}\binom{1}{0} + \binom{3}{2}\binom{2}{2}\binom{2}{0}\right] = 10$$

$$\Phi_0(2,1) = \left[\binom{2}{0}\binom{1}{0}\binom{0}{0} + \binom{2}{1}\binom{1}{1}\binom{1}{0}\right] = 3$$

$$\Phi_0(1,0) = \left[\binom{1}{0}\binom{0}{0}\binom{0}{0}\right] = 1$$

$$C_1 = (-1)\frac{\Phi_1(3,2)}{\Phi_0(3,2)} = (-1)\frac{(-1)\left[\binom{3}{1}\binom{2}{1}\binom{1}{1} + \binom{3}{2}\binom{2}{2}\binom{2}{1}\right]}{10} = \frac{12}{10}$$

$$C_2 = (-1) C_0 \frac{\Phi_1(3,2)}{\Phi_0(3,2)} + (-1)C_1 \frac{\Phi_1(2,1)}{\Phi_0(2,1)}$$

$$= (-1)\frac{\left[\binom{3}{2}\binom{2}{2}\binom{2}{2}\right]}{10} + (-1)\frac{12}{10}\frac{(-1)\left[\binom{2}{1}\binom{1}{1}\binom{1}{1}\right]}{3}$$

$$= \frac{-3}{10} + \frac{8}{10} = \frac{1}{2}$$

故 $a_x^3 b_y^2 = \dfrac{D_{xy}^2 a_x^3 b_x^2}{20} + \dfrac{2}{5}(xy) D_{xy} a_x^2 b_x (ab) + \dfrac{1}{2}(xy) ab)^2 a_x \cdots\cdots(24)$

(24) 與 (10) 適合. (完)

理学卷（第二册） 科学通讯 第三期（1935）

叢　錄

陶　磁　器

湯 明 奇 譯

　　塗釉　塗釉時將經過一次焙煉之窰貨浸於含有釉劑之懸濁體內。釉藥實際亦爲玻璃質，其成分視出品性質與所施溫度高低而異。若光澤在低溫度燒煉中所需要者，釉藥中可滲以氧化鉛與硼酸。硼酸本溶於水，故必先鎔於玻璃屑中使變爲不溶性，而後滲入。加釉火之溫度愈高，則釉之成分亦可愈單純。例如高火瓷釉可僅含有 16.6% 長石，9.8% 白堊粉，23.2% 高陵土及 50.4% 石英屑。選擇釉劑之外，須與坯模本體之軟硬膨脹率度，顏色，結構，光澤等因于相適應。釉之膨脹率應較低於坯模，否則必生罅隙。配合一適用釉劑，常爲一繁難問題。窰中空氣亦有影響於釉藥燒煉，（如氧之過多或不足）尤其在釉劑中含有可還原之氧化物時如氧化鉛等，加金屬氧化物可得着色釉劑，如藍色用氧化鈷，綠色用鉻，黃色用鐵或鈾，棕色用錳等。錫之氧化物用以製不透明釉劑。

　　初燒及上釉後之焙燒常在圓形窰內爲之，其直徑爲十六至十八英尺。以燃料經濟及加火勻配等立場而論，此一步驟可謂最重要而又最易被忽視者近年製造家多傾向於建用連續窰，大有普遍之勢。窰形爲長洞燧道，用絕緣齒輪荷負之列車，以紓緩速度行駛其間。火爐位於中央，燃燒氣體之流向與列車反對。溫度保持

常況,當一列車離窰後,別一列車自他端駛入。如此,自己燒煉物品放射之熱及燃燒氣體所生之熱均可利用,故較舊法燃料可省至70%,同時溫度散播更為均勻。其他尚有多種連續式窰亦可收同一效果。

飾彩　飾彩可加於釉裏層或釉表面。前者先將彩畫繪於初燒窰貨上而後塗釉。後者則將彩畫塗於塗釉之窰貨,經過一次或多次不越 775°C 溫度之燒煉。用於飾釉裏面之顏料多甚耐火,用於表面者則為易熔之硼矽酸鉛。在後者情況中,可用之色彩物極尠,如銻,鎘,鉍,銅之氧化物等,在高溫度甚易腿色。如加火不烈則美麗之顏色如玫瑰,緋紅,紫等可自黃金得之。黃金多用以畫線紋打標戳。黃金分曇鍍及輝鍍兩種,前者確為純金,付彩後須摩擦使生光澤。後者僅含些微貴金屬不必摩擦,但不經久。

有色飾彩可直接繪描或用石板輸送器,將圖畫自紙移印於陶瓷器上使之固着。此種方法頗臻完美,有名藝術家之作品多經轉印成功。但有時仍以直接手繪為佳。

專門知識與陶瓷業

陶瓷製造為手工業,應用藝術專門科學之集合事業。今以科學目光視之,此中固有許多饒有興味之研究工作焉,各種粘土膠體性質之管制,可塑性,窰火溫度之影響,鎔解現象,釉劑之玻璃性質,瓷窰溫度之匀調,燃料問題等等。其他對於礦石之天然屬性,亦須加以分析研究,如長石,石英,輪土,炭酸化合物,鉛,硼化合物,有色金屬化合物等。製陶業中多種困難迷惑之問題,均可為有科學訓棟者之探討對象。同時手工技術,應用藝術各有其重要性,自不待言。

譯名疑誤:

Earthen ware 陶器

Porcelain 瓷器

Clay 黏土

Ballday 陶土（？）

Primary Kaolin 初生高陵土（？）

Secondary Kaolin 次生高陵土（？）

Alumina 礬土（？）

Orthoclase 正長石（？）

Microcline 斜長石（？）

Crislobalite（？）白硅石

Jiggering Process 碾陶坯法（？）

Pressing 壓榨法（？）

Casting 鑄形法

Pugging Process 捏土工（？）

"Pull down" 拖曳棒（？）

Sagger 焙箱（？）

Bisque Burn 初燒（？）　　　　　Dullite（？）硅礬土

Matt 曇鍍（？）

Cright 輝鍍（？）

附註：（1）原文中第一段，論陶瓷器之命名，不適合國情，故未全譯。

　　　　（2）文中敍長石陶土等產地，只指美國而言，故未譯之。

　　　　（3）又陶瓷器之成分，多指歐美國家之出產品，獨無中國．甚

　　　　　　以為憾。一時亦尋不出適當補充材料。

原文見　　　　Chmistry in Industry vol. II.

p.p.95—109

理学卷（第二册）　科学通讯　第三期（1935）

153

爆　炸　物

郭　德　福　譯

混和與裝箱

乾燥處理完畢後,粒藥卽放入足容十萬餘磅之大塔中混和,更經數次攪擾,以使各部性質均一。至水分含量,皆有一定,必隨應用時天氣之不同而異。混和後卽裝入塗鋅之箱內,每箱約可容一百四十磅,加以密封,待用時再啓發。

多空式藥粒

美國各種鎗械所用之無烟火藥,常爲圓柱形,中心有貫穿之孔。來福鎗上用者,其長爲1/16吋至1/4吋。巨炮上用者,亦圓柱形,有七個垂直柱底之圓孔,一在中心,餘分列六角形之頂點。每個距離中心約藥粒直徑之四分之一。藥粒之長約二倍半於其直徑,而圓孔之直徑祇及其十分之一。凡中央圓孔之邊至四週圓孔之內緣,以及四週圓孔隙之外緣,至藥粒之外邊,其距離均稱爲間距。此間距足以定各種藥粒燃燒時間之長短。當多孔藥粒燃燒時,因其質堅而密,故層層燃着,其外邊燃面漸減,孔內燃面却漸增。於此可明悉燃爐一藥粒之時間,全倚其間距之大小而定,故製造時,可隨各種鎗械而變更之。巨型鎗之間距,約有0.166吋之多,至小型鎗祇0.022吋。

無烟火藥之燃燒

鎗械中無煙火藥之推進能力,由於不斷燃燒中,有巨量氣體生成之故;因氣體在禁錮中,具强大之壓力,且足使燃燒加速。當氣體之壓力,足夠勝過子彈之惰性與各種阻力時,子彈卽能如矢離

弓而出;但在巨型鎗中,彈丸前進八九呎後,始得極大之壓力。

　　無煙火藥之優點在其藥粒之全部能化成氣體,主要者爲一氧化炭,二氧化炭與氮。若黑火藥則不過原料中百分之五十,能成氣體。且無煙火藥質較密緻堅硬,燃燒時祗能層層而進,速度勻整增加;至黑火藥,則點着後,火餤能霎時間侵及全部。

　　欲得轟炸之效,藥物最好能在極短時間中,同時着火故以少量黑火藥爲引藥。至燃點時亦須有經驗,否則每有緩發誤發之弊,使速度不能均一。黑火藥之用量自數厘至幾磅視鎗彈之大小而定。

英國所用之無烟火藥

　　大戰開始之時,英人用科達爲標準推進藥。科達本爲英人所發明,其成分如下:硝化甘油 68%,火棉 37%,礦質膠 5%。

　　稍變科達之成份,使硝化甘油減至 30%,火棉增至 65%,礦質膠如舊,則此藥對於槍械銹蝕之保護甚效甚著。製科達用之火棉,其質量則高,內 13%,大概由醚與酒精此會收中,行 88%,小能溶解。

　　科達之製造如下:火棉乾燥後,卽與硝化甘油混和成漿糊狀。然後放入揑和機加酮攪和數小時,使成硬圍。礦脂當拌和時,同時加入。密和後,移至壓榨室,放入模型中,加壓成條 (Cord, 故名科達 Cordite)。科達之徑小者,可捲於軸上,若大者則舖於桌上,而任意割切之乾燥時,放入攝氏四十度之暖室中,約經二月或三月,視其直徑而定。乾燥後,混和而儲藏之。

來福鎗藥

　　來福鎗藥如砲彈藥然,分作硝化甘油與硝化纖維之二類。藥粒之形,有立方者,有不規則之薄片者,有圓柱形具孔隙者等等。美國最初,類用硝化甘油作原料。但因其有損蝕機械之弊,於 1909 年

經杜邦公司與軍隊兩方專家之合作,改用硝化纖維藥,形爲圓柱,中貫孔隙。藥中含 1% 之石墨,以作滑料與冷却劑,同時因着火點較硝化甘油爲低,故侵蝕作用得大減。藥粒製成後,外更塗以石墨,以減少帶電作用,使在自動裝彈機中,能流動自如。現美國小型鎗械,卽用此種炸藥。

木漿纖維

大戰時因巨量爆炸物之生產,致原料時告恐慌。德國大戰時受封鎖後,我人省知其棉花,不足製無煙火藥,而代以木漿。在美國現固無此種狀况,但自 1918 年夏大旱以後,棉花之收獲,逐漸減少,爲預料所不及。幸此問題早在研究中,據試驗結果,木漿纖維極短,機械處理時,困難叢生,但使木漿與棉花各半混和,則製造上可無問題。美國在休戰將成立時,所用之無煙火藥,係用棉 75%,木漿 25% 所製成者。

若大戰不停,美國能於 1919 年出無煙火藥十萬萬磅,數量殊足驚人,第今後之工作,有待於我人之研究者正多:如方法之改良,新炸藥之發明;製造之經濟,搬運之安全等等,多至不可枚舉,其發展正無限量也。

原文名 Military-Industrial Explosives, 見 Chemitry in Industry Vol. II.

通　信

復太原鐵路工程處

顧　澄

近黎校長得太原鐵路工程處郵片，詢不佞何在，以前拙著各書何處出售，及索本校第十五期季刊，幷問三題等，惟片中但書寄處而未具名，謹復如次。既承垂詢，倘蒙以大名賜示，尤所感荷。

（一）不佞現在交大，寓法租界姚主敎路 236 號，季刊第十五期等，已由本校出版處寄上。

（二）不佞所譯著各書前季出版者皆由上海普及書局代售，辛亥普及倒閉，不佞時在北京無法取回存書，損失甚巨，以後不敢再印，距今已二十五年，早無售處，近陳懷書君所譯幾何作圖不能問題，已在商務出版，所商第一題（即知三角形三角三邊分統之長求作三角形）卽在其中，可向購閱，已知其不能作圖後，另用曲綫作圖，實不必研究，因卽使求得曲綫作法，亦非幾何之正軌也、

（三）茲將其他二題奉復如次。

（I）　求　$\lim\limits_{x \to \infty} \dfrac{\log x}{x}$，此極限爲 0，其理如下。

因　$\lim\limits_{x \to \infty} \log x = \infty$，$\lim\limits_{x \to \infty} x \to \infty$，故可用微分學中不定形 $\dfrac{\infty}{\infty}$ 法，得

$$\lim_{x \to \infty} \frac{\log x}{x} = \lim_{x \to \infty} \frac{\dfrac{d}{dx}\log x}{\dfrac{d}{dx}x} = \lim_{x \to \infty} \frac{1}{x} = 0,$$

此題甚易,而以見問,或因過別種疑義而發,此好學深思者所常有,特附數語如下:此題不可利用

$$\log(1+x) = x - \frac{x^2}{2} + \frac{x^3}{3} - \cdots$$

因此式惟在 $|x|<1$ 及 $x=1$ 時方爲有效也。

(II)　設　　$y = x + ax^2 + bx^3 + \cdots$　　　　　　　　(1)

則　　　　$x = y + (\ )y^2 + (\ )y^3 + (\ )y^4 + \cdots$　　　　(2)

如何證明之(此題形式照來片所寫)。

答　　此題爲函數論及級數論中所皆有,茲介紹吾國已有翻印之本二種如下,以便購閱。

(a)　Fierpont's The theory of functions of real variables, Volume II. 本題見此書 p.203—205,但其(14)式中錯刊一符號,卽 $\sqrt{\quad}$ 前之 $+$ 應改爲 $-$,此從其(11)式可知;因 $u=o$ 時,須 $x=o$ 也。

(b　Knopp's Theory and application of infinite series. 本題見此書 P.184—188。

此二書上海海格路北京圖書公司代售。每種約四元左右。

至何以能從 (1) 得 (2),約略言之如下。

因 (1) 在其收歛節內連續,在其收歛節內有連續之導來函數,故利用陰函數之存在定理,知可在 (0,0) 旁從 (1) 定出獨一無二之一值連續函數 $x = \Phi(y)$,且此必能滿足 (1)。於是再證 $\Phi(y)$ 可展爲2)右之級數此種證法於先斷 $x = \Phi(y)$ 之存在極關重要,而爲全部之主要關鍵,否則以下云云卽屬無根。上舉 b)書中雖不用陰函數存在定理先證明 $x = \Phi(x)$ 之存在。但其證法亦頗精細,可以參觀,并先參觀其 140 定理。

專　　載

近代幾何之導引 (二續)

Graustein 氏原著　　　　顧澄達怡

第　二　編

幾何學上之引論

1. 射影及剛動　射影性質及度量性質　讀者所熟知之歐氏幾何學其所論者爲長度,角度及面積之類;此爲量數*(Measure)之幾何學,或度量幾何學(Metric geometry)。約一百年前曾發生一種與量數無涉之新幾何學,卽所謂射影幾何學(projective geometry)

欲知此兩種幾何間根本上之分別可先研究與之相應之兩種運算(Operations),此兩種運算卽所謂剛動(rigid motion)及射影(Projection)是也。

直線向直線上之射影　設 L 及 L' 爲一平面上之不同兩直線,O 爲在此平面中而不在此兩直線上之一點,再設 $A,B,C,D,\cdots$ 爲 L 上諸點: $A,'B,'C,'E,'\cdots$ 爲 $OA,OB,OC,OL,\cdots$ 諸直線與 L' 相遇之諸點。則此 $A,'B,'C,'D,'\cdots$ 謂之 L 上 $A,B,C,D,\cdots$ **諸點從** O **射在** L' **上之射影** 而此種射影方法謂之**直線** L **從** O **射在直線** L' **上之射影**,此點 O 謂之**射影之中心**(Center of projection) 略曰**射心**。

---

*量數爲測度一量所得之數,如測一綫之長所得之數。

一　圖　　　　　　　　　　　二　圖

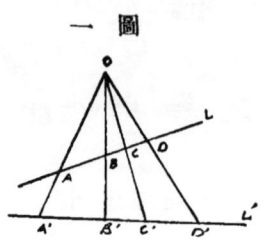

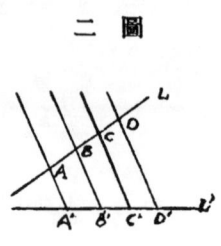

L 向 L' 上之射影,可不用「過一點 O 之諸直線」(一圖)作之,而用「有定方向 d 之諸直線」(二圖)作之,但此定方向不能與 L 及 L' 之方向相同。此後一法所作之射影,謂之 **平行射影**;前一法所作之射影,謂之 **中心射影**(Central projection)。又此方向 d 謂之射向。

　　平面向平面上之射影　設 p 及 p' 爲空間中不同兩平面,O 爲不在此兩平面上之空間一點,則「此平面 p 從 O 射在平面 p' 上之 **中心射影**」可以 p 上任意點 P 射至 p' 上之 P',此 P' 卽 OP 與 p' 相遇之點也。(詳見三圖)。

　　又設 d 爲空間一方向(不與 p,p' 平行者)。則「p 按方向 d 射在 p' 上之 **平行射影**」可以 p 上任意一點 P 射至 p' 上之 P',此 P' 卽「既經過 P 又有方向 d 之直線」與 p' 相遇之點。

　　如三圖,p 中一直線 L 與 p 外一點 O 可決定一平面,此平面與 p' 交於直線 L'。若一點 P 走成 L,則其射影 P' 走成 L'。故由中心射影法,一直線之射影亦爲一直線;用平行射影法亦是如此,其理易明,無待詳述。

　　凡共線諸點(卽同在一直線上之諸點)其射影亦爲共線(Collinear)諸點;凡共點諸線(卽同過一點之諸線)其射影亦爲共點(Concurrent)諸線;凡三角形之射影亦爲三角形,[此皆顯明之事,觀右圖自

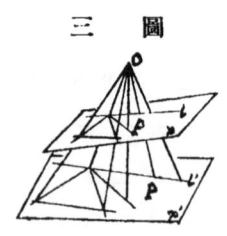

三　圖

知,以上云云亦可改爲:共線諸點射成共線諸點;共點諸線射成共點諸線;三角形射成三角形]。

　　讀者當已熟知平面與迴轉錐[Cone of revolution]之交線皆爲割錐線(Conics)。此對於"聯「一割錐線上諸點」及「此割錐線之平面外之一點」所作之任意錐"或"「過一割錐線上諸點之平行線(不在此割錐線之平面上者)」所成之任意柱(Cylinder)"亦皆眞確*。由此可知一割錐線之射影亦爲割錐線。

　　上已列舉若干圖形(Figurs),其若干性質(Properties)不因射影而變(卽其若干性質亦爲其射影所同有)。此種性質卽所謂射影性質(Projective properties)。

定義　凡一圖形之性質爲其一切射影所保存者

---

　　*此種句法,讀者初觀,必覺冗長難明,但習讀之後,必反覺易於明白。今將此句詳細闡明,以俾讀者後遇此種句法易於明白如下。此句之要點,在「此對於任意錐或任意柱亦皆眞確」而所謂任意錐爲指聯前點諸點所成者,而諸點乃指在一割錐線上者,而一點乃指不此割錐線所居之平面」之外者;又所謂任意柱乃指由諸平行線所成者,此諸平行線乃指既過「此割錐線上諸點」而又不在「此割錐線所居平面」之上者;又「此對於…亦屬眞確」卽言「平面與此種任意錐或任意柱的交」線亦爲割錐線。

　　讀者就以上之釋明而注意原句中,「」之用法,自覺原句不難明白。習之旣久,反覺如釋明中云云雖語語短而易明,而反有不能一望而知其全體意義之感矣。

　　又爲便讀者計原句亦可改作如下:

　　今聯「一割錐線上諸點」及「此割錐線所在平面外之一點」作一任意錐,或「過此割錐線上諸點」作「不在此割錐線所在平面中之諸平行線」而成一任意柱時,此任意錐或任意柱與一平面之交線亦爲割錐線。

　　此「改句」似較原句易讀易明,惟就上下文言仍不若原句之直捷。現爲譯本易行計,本書前數編往往先用此類「改句」之法,而逐漸變爲用「原句」之法,俾讀者逐漸習慣「原句」之句法,易一望而知全體之意義。要之讀者於本書荀稍用讀英文原書時分析長句之方法,則中文究較英文易明。惟吾國人一遇中文卽欲如報紙之易讀,遂覺譯本之不易了解。實則以英人讀英書,亦必覺算學書不如報紙之易明,可斷言也。

謂之射影性質(Projective property)【凡一圖形之射影,如爲中心射影,則因射心之位置變而其射影之位置亦變;如爲平行射影,則因射向變而其射影之位置亦變,故一圖形之射影可隨其射心或射向之不同而亦有種種之不同,此定義中所謂「一切射影」卽指此「種種不同之射影」之全體,保存者,謂圖形之性質亦爲其射影所有也;例如圖形爲共線諸點,其一切射影亦皆謂共線諸點;其一切射影之位置雖有種種之不同,而此圖形之「共線」性質則爲其一切射影所同有(亦卽爲其一切射影所保存)。此共線諸點之「共線」性質,卽一種射影性質也】。或謂之此性質屬於射影。

從以上所言,可知下擧性質皆爲射影性質:一曲線爲直線[因直線之射影皆爲直線,故一曲線爲直線則其一切射影亦皆爲直線];一曲線爲割錐線;一點在一直線上;諸點爲共線;諸直線爲共點;直線圖形爲三角形。

此宜注意者,凡圖形之性質如但爲其若干種射影所保存,而不爲其一切射影所保存,仍不能謂之射影性質;必爲其一切射影所保存者方能謂之射影性質。例如一圓之射影雖有時亦仍爲一圓,然不能凡圓之射影無不爲圓,故「曲線爲圓」卽非射影性質。

剛動　凡以一物由此處移至彼處,但變其所居之位置而不變其本身之任何形狀時,謂之此物屬於剛動[卽此物之此種行動謂之剛動]。故一物之剛動卽一物在空間之位置之變動。[例如一個三角形由甲處移至乙處,而其各角之大小各邊之長短等等皆完全如舊毫無所變,則謂之此三角形作一由甲至乙之剛動;亦可謂此剛動使此三角形由甲至乙]。

凡以上所擧諸性質,其屬於射影者,皆顯爲剛動所保存,實則凡「射影性質」無不爲剛動所保存,理至顯明無待詳論。但「不屬於射

影之性質|不爲剛動所變者亦甚多。例如距離,角度及面積之類,雖皆不屬於射影而仍不變於剛動。此種不屬於射影而不變於剛動之性質謂之**度量性質**

定義　凡圖形之性質能爲一切剛動所保存,而不能爲一切射影所保存者,謂之度量性質,或謂之此性質屬於度量。

圓爲屬於度量之圖形,而普通割錐線(general conic)則屬於射影。又二等邊三角形屬於度量,而任意三角形則屬於射影。

射影定理及度量定理　上已將性質分爲射影及度量,今亦可如此以別定理。

定義　凡定理之專講射影性質者謂之**射影定理**,或謂之此定理屬於射影。凡定理之含有度量性質(或但含度量性質,或兼含射影性質)者,謂之**度量定理**,或謂之此定理屬於度量。

匹薩古氏定理(Pythagorean theoream)卽度量定理之一例,實則歐氏幾何中之一切定理皆爲度量定理。歐氏幾何爲度量性質之幾何,卽度量幾何是也。[此處所謂歐氏幾何,乃指歐氏所作之幾何原本,卽吾國徐光啓李善蘭二先生先後所譯者,至現在歐美通行之幾何敎本及我國現在之他種幾何譯本,往往於歐氏幾何中定理之外,加入射影定理,已非歐氏原本,讀者幸勿誤會]。

射影幾何　所論者專爲射影性質;卽研究此種性質及覓此種性質間之種種關係而將其作成種種定理;其討論之法,正與「歐氏幾何之研究種種度量性質,而作成與之相關之種種定理」相

同。*

各種幾何　凡圖形施以某種運算†(operations)時所生變動之狀態可爲分別圖形性質之標準；圖形之性質按此種狀態分類之法，其思想實始於德國數學家 Felix Klein 氏(1894—1925)，其時約在五十年前也。吾人現在所論者只能作爲此種思想之導引而已。至其發展之情形及應用範圍之推廣，俟後詳論。惟從上所言，吾人已得一種敎訓；卽「幾何學不止一種」是也。實則在歐氏幾何及射影幾何之外，尚有許多他種幾何，入後自能明白。

例　題

1. 以下諸圖形，誰屬於射影？誰屬於度量？

(a) 平形四邊形；(b)銳角三角形；(c)四點(其中無三點在一線上者)及聯此四點之六直線所成之圖形，(d) 三角形及其一中線 (median line)：(e)抛物線；(f)割錐線及在其上之若干點；(g) 割錐線及在其上之若干點，此若干點中有一點爲此割錐線之頂點；(h) 一直線及一割錐線之有兩交點者。

2. 「一點在兩點之中間」之性質爲一切平行射影所保存，又若 L, L′ 爲平行時，此性質亦爲一切中心射影所保存，試證之。此性質是否屬於度量？是否屬於射影？

3. 「一直線爲一曲線之切線」之性質爲射影性質，試證之。

＊原註 在 Poncelet (1798—1862) 氏之前，雖已有射影定理及射影理論，但皆散沒無統系，射影幾何之眞正創造者實爲 Poncelet 氏。氏爲法國之兵士，政治家，而又爲算學家者也。氏之主要著作爲1822 年所印之行 Traite des Proprietes Projectives des Figures，乃 因戰事被俘，在俄國獄中時(1812—14年)所作者也。

†此運算卽剛勘射影之類，凡一切變形如以下各欄所言者，皆可謂之運算。

理学卷（第二册）　科学通讯　第三期（1935）

2. 射影之影消點及影消線　如四圖之中心射影，L 上之一點，如「其與 O 之聯線」* 與 L′ 平行，則此點在 L′ 上卽無射影。在 L 上只有一點 V 有此種性質。同樣，L′ 上亦有一點不為「L 上之點」之射影，此點卽「既經過 O 且與 L 平行之直線」與 L′ 相遇之點 W′。

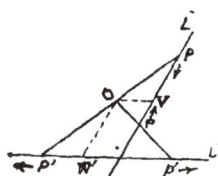

四　圖

L 上之一點 P 向 V 進行而以 V 作為其極限時，其進行之方有兩種，設先從一方進行，再從他方進行，則此「P 在 L′ 上之射影 P′」在 L′ 上先在此方向無窮的後退，再在他方向無窮的後退。因此理由，V 謂之 L 上之**影消點** (Vauishing point)；同理，W′ 謂之 L′ 上之影消點。（當 V 取得此點時，因 P 遂近 V 時其射影 P′ 無窮的後退更遠而不能見也。無窮的後退亦永遠不可以無窮的前進，無窮的前進亦可遠至消滅不見。）

L 上 V 外之一點 P 向 L′ 取此一定點，及是 L′ 上 W′ 外之各點各為 L 上一定點之射影，故若除去 V 及 W′ 二點，則 L 上之各點各有 L′ 上之一點與之相應，及 L′ 上之各點各有 L 上之一點與之相應。此種情形謂之射影作成「L 上 V 外諸點」與「L′ 上 W′ 外諸點」間之一一相應 (one-to-one correspondence)

如五圖之中心射影，p 上之一直線，如「其與 O 所決定之平面」

---

*聯線之「線」為直線，以後凡單用一「線」字皆指「直線」，原文對於直線亦 Line 及 Straight line 並用而不一律。又此處之 O 為射心，因既有圖，則讀者視圖卽可知其為射心，不必詳細說明也。原文亦如此。以後此種省文之法，讀者可以意會，幸勿責其疎漏。又以後凡單用一「面」字皆指「平面」。

十反言之卽 L′ 上亦有一點在 L 上無射影。

與 p′ 平行,則此直線在 p′ 上無射影,而此直
線謂之**影消線**(vanishing line),經過 O 與 p′
平行之平面必有(及只有)一個,故 p 中亦必
有(及只有)一影消線。此「經過 O 與 p′ 平行之
平面」與 p 之交線 V 卽是此影消線,同樣 P′
中亦必有(及只有)一影消線 W′。

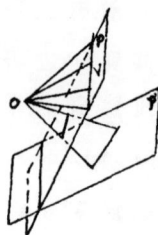

五　圖

　　影消線上之點皆爲影消點,且凡是影消點必皆在影消線上,
蓋凡 p 上之點,其與 O 之聯線能與 p′ 平行者,必是影消點;又惟其
與 O 之聯線能與 p′ 平行者方是影消點;今凡「過 O 而與 p′ 平行之
線」必皆在「過 O 而與 p′ 平行之面」上;故凡過 O 而與 p′ 平行之線,其
與 p 之交點(卽 p 上之影消點)必皆爲 V 上之點;「V 與 O 決定之平
面旣與 p′ 平行,則 V 上點與 O 之聯線亦皆與 p′ 平行;故 V 上之點
皆爲影消點」。

　　此射影作成「平面 p 中點(V 上點除外)」與「平面 P′ 中點(W′ 上
點除外)」間之一一相應·並作成「p 中 V 外之線」與「p′ 中 W′ 外之線」
間之一一相應。

　　從以上之研究,可知前款中所言,有必須加以限制者。例如前
款曾云一直線射成一直線;此就大概而論,固屬眞確;但影消線則
須除外,因其射影不存在也。又如相交兩直線縱其中無一爲影消
線,亦但就大概而論可射爲相交兩直線而已,未必常能如是也;可
則,蓋相交兩直線亦有可射爲平行兩直線者。(參觀下之例題3)。

例　　題

　　1. 凡一線在他線上之射影,在何種情形之下始無影消點,
試詳細說明之。

　　2. 凡一面在他面上之射影,在何種情形之下始無影消線,

理学卷（第二册）　科学通讯　第三期（1935）

專載　　　近代幾何之導引　　　43

試詳細說明之。

3. 如五圖，「p 中兩直線之交於影消線上者」射成兩平行線，試證之。

4. 三角形之射影大抵亦為三角形。其除外例是什麼？

3. 平面及空間之推廣　如前款所言之各種除外例，應如何設法，將其化去，高等幾何之工作卽在於是。其化去之法，並非將此種除外例置之不論（此是不可能之事），乃在另立幾何上之新觀念使此種除外例包括於通例之中而為其特例。

前款所舉諸除外例，迹其來源，實起於一單純之原因，卽兩平行線不能相交是也。若能去此原因，則此種除外例亦隨之而自去。

若兩平行線能有一共點，則此點必異於尋常之點（卽習慣上所知之點）而另為新點。若創造新點為吾人之所願，及所造之點能有益於吾人，則如何造法實屬吾人之自由。因此，吾人對於「設想兩平行線有一共有之新點」，可以認為而謂此新點曰兩平行線之交點。此新點為一理想上之點（Ideal point），盖據尋常點所有之意義中，此種新點不能真實存在也，在習慣上，因有顯明之理由，謂此新點曰無窮遠點（Point at infinity）。

鐵道上之直線路軌，吾人縱目望之，似乎雙方遠遠收斂，然則於兩平行線之上，能否設想有兩無窮遠點（兩方各有一點）？

此非能否之問題，而為是否有益於吾人目的之問題。其為無益，至為顯明。因如有兩無窮遠點，前兩直線將不交於一點而交於兩點；兩交點與無交點，其不受歡迎，正是相同。

如四圖之中心射影，對於 L 上之點 V 吾人自可以 L′ 上之一無窮遠點或兩無窮遠點與之相應。但若設想 L′ 上有兩無窮遠點，則對於一點 V 將有兩點與之相應。今用射影之法，凡 L 上 V 外之

各點，L′上皆只有一點與之相應；如是則「有兩點與 V 相應」與「無一點與 V 相應」其弊亦正同。故

在各直線上創造理想上之點，以一爲便。（理想上之點以下略曰**理想點**）

凡無窮遠點之在「有定向之一切直線」上者，自可設想其爲相同之一點〔兩平行線旣作爲有一無窮遠點，則一羣平行線自可作爲皆有一無窮遠之交點，又每一線上旣作爲只有一無窮遠點，則一羣平行線上之無窮遠點自可作爲盡相同，有定向之一切直線卽是一羣平行線，以此一切直線上之一切無窮遠點作爲相同之一點，實出於自然之設想〕。此點謂之**在定向之無窮遠點**（Point at infinity in given direction）〔設此定向爲 d，則可略曰 d **向無窮遠點**〕。

綜以上討論之結果，得

公約一　　對於「各組有定向之一切直線」各造一理想點（卽無窮遠點）與之相應．**此點應設想其在此組中之各線上，而不在此組外之他線上．又此點謂之在此定向之無窮遠點．**〔無窮遠點不過一種假定之點，爲簡明計，此公約可以如下：每組有定向之一切直線，可作爲有一無窮遠點（理想點）與之相應；此無窮遠點可作爲但在此組中之各線上而不在此組外之他線上；又此無窮遠點可作爲在此定向之無窮遠點。以下各公約，可照此類推〕。

一平面中之方向旣有無窮多，則一平面中之理想點亦應有無窮多。因此可設想此無窮多之理想點組成一曲線。但此曲線是何種形式？圓乎？橢圓乎？某某曲線乎？

如何選擇，其權仍屬吾人。吾人旣創造理想點，則此一切理想

點之組成何種曲線,自應仍由吾人規定之。

在中心射影,已知一影消點,射成一無窮遠點.在五圖之射影,又知平面 p 上之影消點,射成平面 p' 上之無窮遠點;平面 p 中之一切影消點組成一影消線 V,而凡平面 p 中 V 外之直線皆射成平面 p' 上之一直線。故為有益吾人之目的起見,可公認「平面 p' 中之一切無窮遠點組成一直線」故。

公約二　一平面中一切理想點組成一理想直線;卽在此平面上之無窮遠直線.

為分別原有之點線及此新創之點線計,原有之點線可謂之**有窮遠點,有窮遠線**同此,原有之平面可謂之**有窮遠平面**。以無窮遠點與有窮遠點合成之新平面應謂之**廣義平面** (Extended plane) 〔有窮遠點及無窮遠點合成之新線謂之**廣義直線**〕。

廣義空間 (Extended Space)。在有窮空間中加入無窮遠點後,空間之意義亦須推廣,其推廣之法可以下之公約成之。

公約三　對於有窮空間之各方向,各造一無窮遠點與之相應。此點應設想其在有定向之一切直線上,而不在其他有窮遠直線上。

公約四　在「與定方向垂直之一切方向」之一切無窮遠點應組成一無窮遠直線。此無窮遠直線及其上之點應設想其在「與定方向垂直之一切平面」上,而不在其他有窮遠平面上。

公約五　一切無窮遠點組成一理想平面卽無窮遠平面 (Plane of infinity)

此諸公約與以前關於「有窮遠平面(在所設空間中者)之推廣」之諸公約相一致,其意甚明。

理学卷（第二册）　科学通讯　第三期（1935）

除外例之消滅　以前所云之諸除外例,在有窮之範圍內方能發生;在推廣之範圍內完全消滅;因此類除外例可視作通例中之特例也。

例如平行射影前為中心射影之除外例;今則但為中心射影之特例而已,因平行射影可作為「射心為理想點之中心射影」也。

例　題

1. 「一線 L 向又一線 L′ 上之射影」作成「廣義線 L 上之點與廣義線 L′ 上之點間之一一相應而無所除外」;試就 (a) L 及 L′ 上皆有影消點時, (b) L 及 L′ 上皆無影消點時,證明之。

2. 就「平面向平面上之射影」證明類於上題之問題。

4. Desargues **氏之三角形定理***　今證明一射影幾何中最古及最重要之定理於下。

設 ABC 及 A′B′C′ 為兩相應三角形;其相應之法為其頂點 (vertices) A 與 A′ 相應,B 與 B′ 相應,C 與 C′ 相應,其邊 BC 與 B′C′ 相應, CA 與 C′A′ 相應, AB 與 A′B′ 相應。並假定其每兩相應邊及每兩相應頂點各不相同。(例如 A 與 A′ 為不同兩點, BC 與 B′C′ 為不同兩線,餘類推)。

Desagues 氏三角形定理　若兩三角形相應頂點之聯線為共點,則其相應邊之交點為共線。其逆,若其相應邊之交點為共線,則其相應頂點之聯線為共點†

如六圖,先就兩三角形 ABC, A′B′C′ 在不同兩平面 p, $p′$ 上時證之;若相應頂點之三聯線同過一點 O(有窮遠點或理想點),則兩相應邊在過 O 之平面上,必能相交;其交點既同在 $pp′$ 之上,則必在 $pp′$ 之交線 L 上,

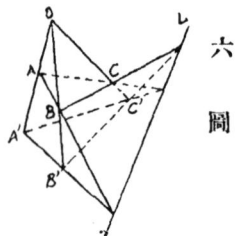

六圖

故各對相應邊之交點必皆在 L 上。

其逆，若兩三角形各對相應邊相交，則此各對相應邊各在一平面中；如此而得之三平面交於一點O。又此三平面兩兩相交之三交線顯為 AA′, BB′, CC′. 故 AA′, BB′, CC′ 必皆經過O。

再設 ABC, A′B′C′為同在一平面 p 中之兩三角形而證之。設其相應邊之三交點在一直線 L 上。在過此 L 之第二平面中，作過此三交點之三直線成一三角形 A″B″C″，如七圖。則 ABC 及 A″B″C″ 在不同兩面中，而其相應邊之交點為共線，故其相應頂點之聯線AA″, B′B″, C′C″ 相應邊之交點皆同在 AA″, BB″, C′C″ 交於一點V。既 AA″ 及 A′A″ 依次含有V及V′，則平面 AA′A″ 含有直線 VV′。同理，兩平面 BB′B″ 及 CC′C″ 皆含有直線 VV′，因此三平面 AA′A″, BB′B″, CC′C″ 經過一直線。故此三平面與 p 之三交線必同過一點。今此三交線顯為 AA′, BB′, CC′，即所設兩三角形對應頂點之三聯線。

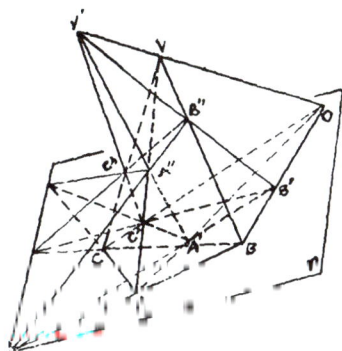

七　　　圖

其逆，設 AA′, BB′, CC′ 同過一點 O. 在平面 P 外取不同兩點 V, V′，但此 V, V′ 須取與 O 為共線者。因 AA′, VV′ 交於 O，則 AV, A′V′ 必交於一點A″；同理BV, B′V′ 交於一點B″ 及 CV, C′V′ 交於一點C″。

---

*原註　Deargues (1593–1662) 為法國建築師及有非常能力之幾何學者，常彼之世，其著作超羣軼倫，遠出於時代之前，其三角形定理見其論割錐線之小冊中，時為 1639 年。

小原註　在射影幾何中，三角形之邊並非一段直線，而為完全直線。故此處末云引長此三角形之一邊，與他三角形之一邊相遇。

既三點 A″, B″, C″ 依次在三線 VA, VB, VC 之上，則此 A″, B″, C″ 所成之三角形適與三角形 ABC 有 V 爲射心之互射關係。同理，三角形 A″B″C″ 與三角形 A′B′C′ 有 V′ 爲射心之互射關係。故 ABC 之各邊與 A″B″C″ 之相應邊之三交點爲共線，而所共之線卽是含 A″B″C″ 之平面與 P 之交線 L；又 A′B′C′ 之各邊與 A″B″C″ 之相應邊之三交點亦皆在 L 上。故所設兩三角形 ABC, A′B′C′ 之相應邊之三交點亦皆在 L 上。

　　以下如無相反之說明，本書所論者先以平面幾何爲限。

科學學院科學通訊投稿簡章

一、投稿不拘文言白話凡中英通法文均所歡迎
二、談言教材叢錄書評消息均以科學為號召
三、投稿之稿如係翻譯請附寄原本否則須將原文題目著者名出版日期及地點詳細開示
四、投寄之稿務望繕寫清楚並加新式標點凡外國文稿件並請打印之如有插圖附表必須製版者請用墨色
五、來稿請註明姓名住址以便通訊并加蓋印章俾於發給稿費
六、投寄之稿無論登載與否概不退還但預有聲明並備足回件郵資者不在此限
七、投寄之稿經本刊揭載後每篇酌致酬金若本刊向未揭載者恕不致酬
八、先在他處發表者本刊揭載後版權即為本校出版委員會所有
九、投寄之稿本院委員會有酌量增刪之權如投稿人不願有所增刪則應於投稿時聲明
十、投寄之稿應寄上海徐家滙交通大學科學學院科學通訊編輯委員會

中華民國二十四年六月出版
科學學院科學通訊
第三期

編輯者　交通大學科學學院
發行者　交通大學出版委員會
印刷者　上海（上海徐家滙）中國科學公司
代售處　上海

南京　正中書局
天津　志恆書店
漢口　世界書局
安慶　作者書社
武昌　現代書局
廣州　學生書店
雲南　黎明書局
廣州　世界書局消費合作社　蘇新書社
雲南圖書消費合作社
雲南文化書店
上海雜誌公司
新光書店
大公報社代辦部
世界出版社

版權所有

本刊價目
每冊大洋二角
預訂壹元四角　全年八冊　國外另加郵費

科學學院科學通訊編輯委員會

裕（科學院長兼物理系主任）　徐名材（化）　主任（化）
物理系主任　胡敦復
數學系主任　徐澄（總編）
（數）武崇林（數）　周銘（理）　胡
范會國（數）
（理）時昭涵（化）　丁嗣賢（化）

科學通訊

黎照寰

第 四 期

中華民國二十四年十月　　　　上海交通大學科學學院編輯

科 學 通 訊

第 四 期 目 錄

國立交通大學研究所

本所成立以來設置（一）工業研究部分設設計材料機械電氣物理化學等組（二）經濟研究部分設社會經濟實業經濟交通管理會計統計等組除按照所訂計畫進行研究外歷承各路局各機關（如中國工程師學會上海市公用局義興公司等）託辦各項研究及試驗工作薄有貢獻關於上列諸組事項如蒙各界垂詢請惠臨上海徐家匯本所面洽或函商可也此布

溝渠工程學

是書爲本大學土木工程學教授顧康樂所著。係參考中西工程書籍雜誌，採擇各著之精粹而成。書凡十四章，詳述溝渠設計，建築與養護之原理及方法。舉凡污水水量，暴雨水量，溝渠水力學，溝渠系統設計，溝渠附屬品，污水抽升，管圈設計，開掘填覆，列板撐檔以及施工之實際進行，無不條分縷析，詳爲解釋。至於插圖之豐富，文字之簡明，尚其餘事。

▲商務印書館出版，定價一元八角。

談　言

譯　名　難

(附 $f'(x)$ 之定議及公式不可瞎用之續)*

顧　澄

九月五日開數學名詞審查會於滬上,到者北平鄭君桐蓀熊君迪之,武昌曾君昭安,浙江陳君建功錢君卓如,廣東何君衍璿,本埠朱君公謹胡君敦復,皆一時碩彥,盡八日之力竟將數千譯名,多年懸案,完全解決,告一段落,厥功不可謂不偉不侫方栖西河之痛□□□□□心棲未□,不惟高論弘宏,甚至名名如何通過,方免方□然者無所聞主事後始知者。惟於諸君崇論宏議之間,精神間爲稍□之間兒譯名之艱難不一□□兒如同一□其爲原名而□□之用□□□□但願此尖銳無以求通原意欲舉此譯者見此欲所走之名與其所譯之書義有不符,遂致疑於本會同人謂爲粗率;不能不略有陳述以廣其意。惟貿然爲之,懼有掠美之嫌。爰先贅此數語,而後舉例如下:

英美數學名詞,譯自德法,因各入譯法不一, 致字異意同如

---

*本刊談言,立論不求十分嚴格,前已聲明,因此每篇之中統系亦不必十分嚴格,此期本應續前期之公式不可瞎用,但數學名詞審查會係九月集會,故先登此篇。但恐閱者望前期之續,故附一 $f'(x)$ 之定義及於4款說明此定義之要用,以爲防止誤用公式之一助,藉慰閱者之望。本編統系不嚴武由於此。以後各期當將與公式不可瞎用有關諸稿彙完之後再爲他篇。

every-where dense 及 Pantaxis, 或字同意異如 Maximum 之類, 無論矣。今取一最普通之 derivative 言之。此爲徵積中主要名詞, 不但爲初高等解析中所不能無; 并爲其他數學物理涉及徵積者所常用; 且自牛頓發明徵積至今, 年已三百。似乎此字之用法必各書一律不至分歧矣, 而孰知其不然。但就英文數學在吾國已極通行之五書而論, derivative 一名已有三種不同之意義。同是 $f'(x)$ 亦有三種不同之名稱。紛亂已極。在譯書上發生極大之困難*。幸政府力求統一名詞卽將公佈, 有一標準於譯讀兩方裨益非淺*。

　　1.　　欲明此字用法之不同, 須先言數種記號之定義。蓋必記號之義先定, 再述各書以同此一字或名此號或名彼號; 其分歧情

*例如譯徵積分等, 其中有 derivative 之定義者, 讀者尚能知 derivative 之譯名爲何義。

　　凡譯「有 derivative 之名而無 derivative 之定義之書,」如必欲譯作紀數或導數, 而 derivative 在書中適爲函數 $f'(x)$ 而非數 $f'(a)$, 則困難立生, (其詳見 2,3 兩款) 況此項譯名在吾國已有各種不同之主張如導函數, 導來函數, 導微函數, 微導函數, 導式, 引函數, 引數, 紀數, 導數, 誘導函數。卽此已是十種。在譯者不妨隨手寫去, 無如苦了讀者, 買了一本譯本, 還要買一本原本對一對方能明白。我們做事終要代別人想一想。尤其是中小學書中的名詞, 學生已經習慣。你在高等數學中把他改了, 誰曉得你肚裏的意思。例如嚴又陵想到四方, 覺得方可代四, 將 Quaternion 譯作「方維」。如再有一人覺得維是線, 線是邊, 且四維是四樣「主要東西」(原素), 四邊形的邊亦是四邊形的主要東西 (原素); 於是忽發奇想又將四邊形改爲「方維」, 說可少一「形」字! 這兩個「方維」不但中學畢業生做夢也想不到你所譯的是何名, 所指的是何義; 就是數學狠好的人恐怕也莫名其妙。如附原名, 則此種名詞尚須附原名不如索性讀原書; 如加定義 (初等幾何以外之書), 則此類名詞尚須加定義, 譯書無異做字典。現在教部力求統一名詞, 眞是救苦救難的觀世音, 可使學生少出寃枉錢, 不費白腦力。否則將來愈譯愈歧。眞不得了。

形始易清楚也。

設 $f(x)$ 爲 x 之函數,其定義區域 (Domain of definitien) 爲 D, a 爲 D 之正義聚點 (proper limiting point), 名

$$\frac{\Delta y}{\Delta x} = \frac{f(x)-f(a)}{x-a}, \qquad x \text{ 在 } D \text{ 中}$$

爲 a 上之差商。因 $x-a=\Delta x$ 則 $x=a+\Delta x$ 而差商爲

$$\frac{\Delta y}{\Delta x} = \frac{f(a+\Delta x)-f(a)}{\Delta x}.$$

於是有下定義:

定義一. $\displaystyle\lim_{\Delta x \to 0} \frac{\Delta y}{\Delta x} = \lim_{\Delta x \to 0} \frac{f(a+\Delta x)-f(a)}{\Delta x}$ 存在時,以 $f'(a)$ 爲此極限之記號。

凡 D 中之正義聚點 a, $f(x)$ 在其上有 $f'(a)$ 者,謂之 $f(x)$ 之可微分點。D 中有可微分點時, D 中之一切可微分點另成一點集 Δ。於是有下定義:

定義二. 以 Δ 中之一切 $f'(a)$ 作一新函數,以 $f'(x)$ 爲其記號。

注意(1)　此 Δ 爲 $f'(x)$ 之定義區域。凡 D 中之可微分點皆在 Δ 中,凡 Δ 中之點皆爲可微分點。故 D 中任一可微分點 a 之 $f'(a)$ 皆爲 $f'(x)$ 之一值,可謂之「在 a 上之 $f'(x)$」。故單獨之記號 $f'(x)$ 爲函數;加「在 a 上之」四字之「在 a 上之 $f'(x)$」卽只指一數(極限值)。

注意(2)　D 爲任意點集,故 D 中之點未必盡爲正義聚點,其正義聚點又未必盡爲可微分點。故 Δ 亦許與 D 同,亦許爲 D 之一部分,亦許不存在。Δ 不存在時 $f'(x)$ 亦不存在。

注意(3)　定義一中,未假定 $f(x)$ 在 a 上連續者,因在 a 上連續仍不能保 $f'(a)$ 存在;只要 $\displaystyle\lim_{\Delta x \to 0} \frac{\Delta y}{\Delta x} = \lim_{\Delta x \to 0} \frac{f(a+\Delta x)-f(a)}{\Delta x}$ 存在,$f(x)$ 在 a 上當然連

續，至許多書上先假定 $f(x)$ 在 a 上連續者，實因其胸中有一「$f(x)$ 在 a 上連續為 $f'(a)$ 存在之必要件」之定理。覺得須先假定 $f(x)$ 在 a 上連續。實則此定理乃有此定義後之事。先行假定大可不必。（要之，此項假定已含在「$\lim\limits_{\Delta x \to 0} \dfrac{\Delta y}{\Delta x}$ 須存在」之中，不必重複也）。

注意(4) 尋常 $f'(a)$ 及 $f'(x)$ 之定義，以區間 (intervale) 為 $f(x)$ 之定義區域者，已包括於此兩定義中。

注意(5) 定義二改為「以 D 中一切 $f'(a)$ 另作一函數，其記號為 $f'(x)$」；固無不可惟 $f'(x)$ 之定義區域雖意在言外，但定一函數究應先明定其定義區域，不可草率。

又此定義一，二乃根據 Pierpont 氏實函數論第一冊 p.222 而稍改其形式者；此項更改，本屬無須，而所以改之者，因本刊為初學說法說得明白些，可令人易了解而少誤會。且就本談前數款之目的論，此二定義固應力求簡潔，但因須顧及末一款之 (b)【與本刊第三期公式不可瞎用有關】，使初學易知形式紀函數與真實紀函數之分別以防誤用公式，則此二定義實應不嫌冗長說得愈清楚愈有益於閱者。此五條注意亦由於此，蓋本刊之目的專在助中學教習。大中學學生及無師自修者之研究數學，而不在滿諸名山傳之其人也。（下兩定義因與末款無關，故但舉大意，力求簡略）。

照此兩定義，則

(1) $f'(a)$ 為一極限卽是一數（而非一種函數）。

(2) $f'(x)$ 為一函數（而非一數）Δ 為其定義區域。

定義三。 若上差商之極限

$$\lim_{\Delta x \to 0} \frac{\Delta y}{\Delta x}$$

不存在，但其右左極限

$$R \lim_{\Delta x \to 0} \frac{\Delta y}{\Delta x}$$

及

$$L \lim_{\Delta x \to 0} \frac{\Delta y}{\Delta x}$$

皆存在而各不相等,則依次以 $R f'(a)$ 及 $L f'(a)$ 表之。又照作 $f'(x)$ 之法作函數 $R f'(x)$, 及 $L f'(x)$。[*]

定義四。 若

$$R \lim_{\Delta x \to 0} \frac{\Delta y}{\Delta x}$$

亦不存在,則以 $R f'(a)$ 表 $R \overline{\lim}_{\Delta x \to 0} \frac{\Delta y}{\Delta x}$, 以 $\underline{R} f'(a)$ 表 $R \underline{\lim}_{\Delta x \to 0} \frac{\Delta y}{\Delta x}$。

又若

$$L \lim_{\Delta x \to 0} \frac{\Delta y}{\Delta x}$$

不存在,則以 $\overline{L} f'(a)$ 表 $L \overline{\lim}_{\Delta x \to 0} \frac{\Delta y}{\Delta x}$, 以 $\underline{L} f'(a)$ 表 $L \underline{\lim}_{\Delta x \to 0} \frac{\Delta y}{\Delta x}$。

照上作成 $R f'(a)$ 之法,又可作成函數 $\overline{R} f'(x)$, $\underline{R} f'(x)$, $\overline{L} f'(a)$ 及 $\underline{L} f'(x)$。

照此所定兩則

(3)　$R f'(a)$,　$L f'(a)$,　$\overline{R} f'(a)$,　$\underline{R} f'(a)$,　$\overline{L} f'(a)$ 及 $\underline{L} f'(a)$ 各為一數(不是函數)

(4)　$R f'(x)$,　$L f'(x)$,　$\overline{R} f'(x)$,　$\underline{R} f'(x)$,　$\overline{L} f'(x)$, 及 $\underline{L} f'(x)$ 各為一函數(不各是一數)。

2.　今可說明各書中 derivative 一字用法不同矣。

今取在吾國最通行之兩種高等微積及三種實函數論以為標準如下。(以下所謂紀數為 derivative, 紀函數為 derived function,

---

[*]其定義區域閱者自可照作 $f'(a)$ 之法想得,例如凡 D 中正義聚點,邊商之右極限 $R \lim_{\Delta a \to \Delta} \frac{\Delta y}{\Delta a}$ 在其中存在者,另成一點集,此點集卽 $R_{l}'(a)$ 之定義區域餘推類)。

微分係數為 differential coefficent ⋯⋯ 皆照此次通過之名。紀數及紀函數為熊君迪之所主張。以下均從之)。

(A) Goursat 數學解析第一冊。p.5 紀數 (derivative) 之定義中,說明 $\frac{f(x+h)-f(x)}{h}$ 中之 x 為確定之數,則其所謂紀數即 1 欵定義一之 $f'(a)$ [此書中雖未作 $\frac{f(a+h)-f(a)}{h}$ 之形式,但為引徵 1 欵定義便利計,故用 $f'(a)$,關於以下各書同此],是一數而非函數。但其 p.7, 6 欵言逐次紀數(successive derivative) 時,又言 $f(x)$ 之紀數 (derivative) 通例為別一函數 $f'(x)$。是則函數 $f'(x)$ 亦謂之紀數而不稱紀函數矣*。一名兩用,似不甚宜。

(B) Wilson 高等微積。名 $f'(a)$ 為「對於 $x=a$ 之紀數 (derivative of $f(x)$ for the value $x=a)$ 」,名 $f'(x)$ 為紀數(derivative)。此雖與 Goursat 書相類,但於下定義時加「對於 $x=a$ 之」於紀數之前,以名 $f'(a)$;單用「紀數」以名 $f'(x)$; 較有分別。

(C) Townsend 實函數論。 p.149. 名 $f'(a)$ 為紀數(derivative);名 $f'(x)$ 為紀函數(derived function);雖兩名分清,但以 derivative 為 derived function 之簡稱者他書有之,以此兩字各表一意者,實不常見。(此次審查之數學名詞原稿,似根據此書。以後譯他種微積及函數論者宜注意此兩名之別,否則認定 derivative 為 $f'(a)$ 即發生不便矣)。又此書名 (p.151)

$$D^+f(a) \text{ 即上之 } \bar{R}\, f'(a)$$

為 upper right-hand derivative number。於 derivative 之下加一 number,

---

*既規定紀數及紀函數二名,則譯Gounsat 氏書應將 derivative 譯作兩名:遇其 derivative 指 $f'(a)$ 時應譯作紀數,指 $f'(x)$ 時應譯作紀函數。此處皆譯作紀數者,因照原文呆譯方可顯出各書 derivative 一名用法之不同,以見下 3欵末節之言,有注意之價值也。

　** O. H. Hardy Pure Mathematics P. 199.

似不甚宜。此爲一數，前之 derivative $f'(a)$ 何嘗不是數且其 29 欵 (p.149) 之標題爲 Definition of a derivative and of a derivative number。頗似 derivative $f'(a)$ 非數而 derivative number $\overline{R}\,f'(a)$ 等爲數者。終覺有些不妥。

(D) Hobson 實函數論第一册。 此書中之紀數（derivative）一名，旣非 $f'(a)$，又非 $f'(x)$；乃指 $R\,f'(a)$，$L f'(a)$，及 $D^+f(a)$即 $\overline{R}\,f'(a)$，$D^+f(x)$ 即 $\overline{R}\,f'(x)$，…… 等；在分言時雖於紀數上（derivative）加左 (on the left) 右 (on the right) 及上極下極 (upper and lower extreme) 等區別字以明之 (p.354；在總稱時則 $D^+f(x)$, $D_+f(x)$, $\overline{D}^-f(x)$, $\underline{D}\,f(x)$（即 $\overline{R}\,f(x)$, $\underline{R}\,f(x)$, $\overline{L}\,f'(x)$, $\underline{L}\,f'(x)$）但統謂之紀數（derivatives），而不再加區別字 (p.384, 383 欵，及 p. 386, 986 欵等)。是則此書所謂紀數（derivative）即 $f'(x)$ 如上其值並以 $\displaystyle \lim_{\Delta x \to 0} \frac{\Delta y}{\Delta x}$ 在 …… 前之義 $f'(a)$。而 $Rf'(a), D^+f(a)$,…… 等則此極限不必存在，且反注重其不存在時之 $R\,f'(a), D^+f(a)$, …… 也。至於 $f'(a)$ 則呼爲 a 上之微分係數 (differential coefficient at a)，而 $f'(x)$ 兩則上似同 …… 如 p. 366, 至 …… have a continuous differential coefficient $f'(x)$ at every point of an open interval (a, b), …… 及 p. 368 之末，the function $f'(x)$ may itself have a differential coefficient $f''(x)$,…… 此前者雖 $f'(x)$ 後有 at every point …… 但從其前之 continuous 字著想可見其視 $f'(x)$ 爲函數；此後者更於 $f'(x)$ 之前加一 function, 其必視 $f'(x)$ 爲函數無疑。惟於此後者之末亦稱 $f''(x)$ 爲二階紀數 (second derivative), 則未免自亂其例耳。

(E) Pierpont 氏實函數論第一册。

p.222. 名 $f'(a)$ 爲在 a 上之微分係數(differential coefficient at a), 名 $f'(x)$ 爲 $f(x)$ 之紀數 (derivative), 名 $R\,f'(a)$ 及 $L\,f'(a)$ 爲右及左微

分係數,名 $R f'(x)$ 及 $L f'(x)$ 為右及左紀數 (right hand and left hand derivative),又其第二冊 p.494 總稱 $\overline{R} f'(x)$, $\underset{\raise2pt{}}{R}f'(x)$, …… 等為 derivates。(Pierpont 為 Weierstrass 之高足,平素注重理論嚴格,但以其 $f'(x)$ 之定義與他四書比較,自知其優點,故附此數語順便為初學紹介。惟此書刊誤處頗多,閱時須留意耳。)

3. 但就上五書論, derivative 之用法已各不同 (Goursat 與 Wilson 似同而略異,見 2 中)。函數 $f'(x)$ 名之為 derivative 者三書 (Goursat, Wilson, Pierpont),名之為differential coefficent者一書(Hobson),名之為 derived funetion 者一書 (Townsond 。數(極限值) $f'(a)$ 名之為 derivative 者三書(Goursat, Townsowd, Wilson),名之為differential Coefficent 者二書 (Hobson, Pierpont)。

上以 $f'(x)$ 及 $f'(a)$ 為主體言者專就名詞 derivative 言,惟 Town-sond 專以名數 $f'(a)$。Hobson 既不用以名 $f'(a)$ 亦不用以名 $f'(x)$,竟用之於 $f'(a)$ 不存在時之 $R f'(a)$,…… 等(詳見 2。Pierpont 專以名 $f'(x)$,Goursat 有時用以名 $f'(a)$ 有時用以名 $f'(x)$。Wilson 則必於 derivative 後加 for the value $x=a$ 方以名 $f'(a)$,否則以之名 $f'(x)$。[惟於derivative 之後加 for the value $x=a$ 或 at $x=a$ 或 at a 等方以名 $f'(a)$ 者,其 derivative 之本身實以名 $f'(x)$。此猶「function $f(x)$ at a」雖表數 $f'(a)$,而function之本身實名函數而非名數也。]

此五書之外如Hardy之純粹數學 P. 199,不但名函數 $f(x)$ 為derivative,且於 derivative 之後,加 or derived function,則 derivative 為 derived function 之簡名矣 (以function at a 例 derivative at a)。

既有此種種不同,而欲譯定一名,可為譯各書時所通用,決無是理。惟有規定二名(例如熊君主張之紀數及紀函數)以後譯書者遇 $f'(a)$ 則名之為紀數,遇 $f'(x)$ 則名之為紀函數,而不問原書中稱

之爲何名。(惟如此則於譯名之下須加定義,或加通用之記號如 $f'(a)$, $f'(x)$ 等。若但於 derivative 之下附一譯名紀數,則仍恐人不知此 derivative 爲上述諸義中之何義。但此則無異作一辭典,頗費時日,不能於短時間成之,須視以後會中同人之努力矣)。至於導數紀數,何者爲妥,尚屬小事,此觀上擧五書名稱之不同,卽可知其大概。惟吾國譯名如能 先行劃一以防分歧而便教讀。自屬更善耳。

$f'(a)$ 及 $f'(x)$…… 必須各有定義

4.　　$f'(a)$, $f'(x)$, $R f'(a)$, $R f'(x)$, $\overline{R} f'(a)$, $\overline{R} f'(x)$, 等須各有定義,如 Goursat 書於下 $f'(a)$ 之定義後,不再明白規定 $f'(x)$ 之意義,讀者卽易出誤會,其詳如下。

「 $f'(a)$ 旣加定義,則雖於 p.7 (Goursat 書,下同)畢明其所謂 a derivative 之意義,讀者仍易誤解爲分指各數 $f'(a)$ 而不總指一函數,且從 first derivative 求 second derivative 時,加 first derivative 旣分指各數,而非總指一函數,卽不可通直帶數之 derivative 皆爲 0 也。其再於 p.7, 6 欵加「函數 $f(x)$ 之 derivative 大抵爲 x 之他函數 $f(x)$」,亦卽此意,但讀者往往死記其 p.5, 5 欵 derivative 之定義,仍以爲此書中之 derivative 非指一數 $f'(a)$,卽分指與 $f'(a)$ 同類之各數,而强謂 second derivative 可從

$$\lim_{h_1 \to 0, h_2 \to 0} \frac{f(a+h_1+h_2)-f(a+h_1)-f(a+h_2)+f(a)}{h_1 h_2} = l \qquad (1)$$

求之, l 如存在卽是 $f''(a)$;故 first derivative 儘可爲一數 $f'(a)$ 而不必爲函數 $f'(x)$ 云云。此亦一知半解者之意見。蓋一則旣用直接求 $f''(a)$ 之法,何必云從 first derivative 求 second derivative;二則此種求法須先假定 derivative 爲連續 (Goursat 氏書 p.7),旣非函數卽

說不到連續；三則當 $f'(x)$ 及 $f''(x)$ 在 a 之隣近存在時，此極限 l 固爲 $f''(a)$；但此逆則不確，即 l 存在時未必即爲 $f''(a)$ [Hobson 實函數論第一册 p.370]，也。要之 Goursat 書中 $f'(a)$ 及 $f'(x)$ 皆謂之 derivative。致讀者之生此種誤解，實由於書中未明白規定 $f'(x)$ 之意義耳。

　　b.　求函數 $f(x)$ 之紀函數* $f'(x)$，若不如 1 欵中明白規定紀函數 $f'(x)$ 之定義，則 $f'(x)$ 之定義區域 Δ 不明，往往誤認形式紀函數爲眞實紀函數[所謂形式紀函數即但憑形式計算所得之 $f'(x)$（即但憑公式求得之 $f'(x)$），凡初等微積專用形計算所得之 $f'(x)$ 皆是形式紀函數。所謂眞實紀函數爲形式紀函數經過審查除去其不合理各值後之結果]**。例如下 (2)，(3) 兩例之 $\Phi(x)$ 及 $F(x)$，其形式紀函數皆爲 $-\dfrac{1}{1+x^2}$，其眞實紀函數則爲「$x \neq 0$ 時之 $-\dfrac{1}{1+x^2}$」。故 $\Phi(x)$ 及 $F(x)$ 之紀函數應寫作

$$\Phi'(x) = -\frac{1}{1+x^2},\ x \neq 0,$$

$$F'(x) = -\frac{1}{1+x^2},\ x \neq 0. \tag{I}$$

不應但寫作

---

　　*(x) 以後謂之紀函數，$f'(a)$ 以後謂之紀數，因此係本會通過之名，熊君迪之所創者也。

　　**廣言之，凡專用公式之計算（尚未審定其是否合理者）謂之形式計算；由形式計算所得之結果，謂之形式結果。例如但照馬氏展開式 (Maclaurin's development) 之形式，將一實函數展成級數而不問其在理論上可能與否，則此種計算即是形式計算，其結果即是形式結果。此種形式結果竟有全不合理，不僅如(II)比(I)所差僅一點上之值耳。故形式計算雖爲初學數學者所必經之階級，要不可以此爲自足。不侫雖年屆伏櫪而仍望吾國數學之日進；遇但知形式計算者，常言之諄諄不憚觸忌；而無如聽者藐藐絲毫故習。特再附數語於此，倘只知形式計算者閱之能翻然自拔不自誤誤人，則於數學前途或不無微益耳。

$$\Phi'(x) = -\frac{1}{1+x^2},$$

$$F'(x) = -\frac{1}{1+x^2}。 \qquad (II)$$

故知 1 之定義後,於「防止瞎用公式(見本刊第三期談言)」可發生一部分之效力。茲設三例以明之如下:

(1) 設

$$f(x) = x^2 \sin\frac{1}{x}, \qquad x \neq 0 \text{ 時},$$

$$= 0, \qquad x = 0 \text{ 時}。$$

知 1 之定義後立可知其眞實紀函數爲($f'(0)=0$ 之求法見本刊三期談言)。

$$f'(x) = 2x \sin\frac{1}{x} - \cos\frac{1}{x}, \qquad x \neq 0 \text{ 時},$$

$$= 0, \qquad x = 0 \text{ 時}。$$

而不至誤認 $2x\sin\frac{1}{x} - \cos\frac{1}{x}$ 爲眞實紀函數;蓋 $2x\sin\frac{1}{x} - \cos\frac{1}{x}$ 爲 $x \neq 0$ 時之 $f'(x)$, 不能用之於 $x=0$ 時也[參觀本刊第三期談言 (III) 中之語(p.3之末)]。本刊第三期談言,因限於程度,擬專對只學初等微積而尚未知 1 狀之定義者說法,故但就「$x=0$ 時 $2x\sin\frac{1}{x} - \cos\frac{1}{x}$ 不存在」以明不能憑此公式以斷 $f'(0)$ 爲不存在,及說明此公式之來源用過 $\frac{d}{dx}x^{-1} = -x^{-2}$, 故在 $x=0$ 時此公式不能用。凡所云云,其目的重在公式不可瞎用;若閱者已知 1 狀定義,則立可知 $f(x)$ 之眞實紀函數如上;而決不至瞎用公式 $2x\sin\frac{1}{x} - \cos\frac{1}{x}$,認 $f'(0)$ 爲不存在矣。

再假定閱者已明白函數之定義區域及 1 狀定義,而嚴格言之,以明上節末數語如下。

點 o 在 $f(x)$ 之定義區域 D 中,而不在 $x^2\sin\dfrac{1}{x}$ 之定義區域中。故 $2x\sin\dfrac{1}{x}-\cos\dfrac{1}{x}$, $x\neq o$, 僅爲 $x^2\sin\dfrac{1}{x}$ 之眞實紀函數;姑無論其在 $x=o$ 時不存在及其來源用過 $\dfrac{d}{dx}x^{-1}=-x^{-2}$ 之公式,卽使其在 $x=o$ 時存在及其來源中未用過此公式,亦決不能運用以求 $f'(o)$。簡言之, $2x\sin\dfrac{1}{x}-\cos\dfrac{1}{x}$ 爲 $x\neq o$ 時之 $f'(x)$,而非 $x=o$ 時之 $f'(x)$ 也。至於他種函數亦有在「$x\neq o$ 時之眞實紀函數」中令 $x=o$ 卽得 $x=o$ 時之眞實紀數者;此只可視爲偶然之事,而決不能視爲常例作爲定法。此猶函數之極限 $\lim\limits_{x\to a}f(x)$ 與函數之值 $f(a)$,雖凡 a 爲 $f(x)$ 之連續點時,此二者必相等,但究非同物:一遇 a 爲 $f(x)$ 之不連續點,此二者卽不相等矣;故其等爲偶然,其不等爲常例,惟習於初等函數(縱有不連續點亦皆爲孤點)而未深究不連續函數(不連續點多至無窮,且非皆爲孤點)者,往往反視偶爲常,視常爲偶,觀念顚倒,雖誤而不能自覺耳。明乎此而推廣之,細味數學中各項定義之眞相而不使稍有誤解,則公式之誤用自能不至大犯矣。

(2) 設

$$\Phi(x)=\arctan\dfrac{1}{x},$$

則其定義區域 D 中無點 o, D 旣無 o,則 o 自非 D 之正義聚點,從 1 欵定義,自知 $\Phi'(x)$ 之定義區域 Δ 中當然無點 o,而 $\Phi'(o)$ 當然不存在。若但照形式計算,則得

$$\Phi'(x)=-\dfrac{1}{1+x^2},$$

此在 $x=o$ 時,並非不存在;而其值爲 -1。若不知 1 欵定義必誤以爲 $\Phi'(o)=-1$ 矣。旣知此定義,自知此形式紀函數必須審查其是否爲眞實紀函數,且知審查之法不能但憑此形式紀函數 $-\dfrac{1}{1+x^2}$ 察其在何點上存在,在何點上不存在,以決定

理学卷（第二册）　科学通讯　第四期（1935）

真實紀函數；并須於 $-\dfrac{1}{1+x^2}$ 之外,從此定義着想,以察

$-\dfrac{1}{1-x^2}$ 之定義區域是否爲此定義中之 Δ ,方能決定

真實紀函數。此從「$\Phi(x)$ 之真實紀函數爲

$$x\neq0 \text{ 時之 } -\frac{1}{1+x^2}$$

而非無限制之 $-\dfrac{1}{1+x^2}$,以及此 $x\neq0$ 之限制決不能單憑 $-\dfrac{1}{1+x^2}$

看出」即可知此1欵定義之重要矣。

（3）　　設另定一函數

$$F(x)=\arctan\frac{1}{x}, \qquad x\neq0 \text{ 時,}$$

$$=\frac{\pi}{2} \qquad\qquad x=0 \text{ 時,}$$

[ο雖非 $\arctan\dfrac{1}{x}$ 之可去不連續點,但照函數之定義應可定一,如

甲定 $F(x)=\dfrac{\pi}{2}$ 内即看出此定義絕對不可,此學以得處如

(1) 例,ο爲可去不連續點,方能另定一函數,如 (1) 例之定 $f(x)$ 。誤

也]。則 $F(x)$ 之定義區域 D 中已有點 0 ,且 0 爲 D 之正義聚點矣。然

$F'(x)$ 仍爲 $x\neq0$ 時之 $-\dfrac{1}{1+x^2}$,而非無限制之 $-\dfrac{1}{1+x^2}$ 。何則,$F(0)$ 雖

已存在,而 $F(x)$ 在 0 上仍不連續,故 $F'(x)$ 之定義區域 Δ 中仍無點

0 。若但照形式計算得

$$\frac{d}{dx}\arctan\frac{1}{x}=-\frac{1}{1+x^2},$$

及不知其在 $x=0$ 時不可用,則將覩 $x=0$ 時此式之左明明存在,誤

以爲 $F'(0)=-1$,而忘却函數在不連續點上無紀數矣。若不忘却此

理,又必胡思亂想,想出許多不正當之解釋,而自以爲是矣。

　　由此可知審查形式紀函數以求真實紀函數,更須於形式紀

上海交通大学百年报刊集成·第一辑（1896—1949）·学术学科

函數外根據各種定理〔在此例，卽「某點上有紀數之必要條件爲原函數在此點上連續」之定理〕以爲審查之具矣。

從上三例，可知 $f'(x)$ 之定義若不明白規定如 1 欵中云云，而但如尋常書中糊塗過去，讀者極易發生誤解，以爲形式計算已能盡微分之能事，則誤人不淺矣。故初學於經過注重形式計算之初高等微積之後，必須再經理論上之陶冶，方能目光深遠不至誤用公式而不自知。此理論研究之所以尤貴於形式計算也。（此所謂注重形式計算之高等微積，指大學課程中之第二步微積卽美國式之 Advanced Calculus）。

再 Goursat 氏書雖亦偏重形式計算，理論較略。但究是高等微積中之好書。例如其中雖未明白規定 $f'(x)$ 之定義，但其 p.7，6 欵前之數語，讀者苟能細玩，自能察知其所謂 a derivative 卽是一種函數。6 欵中再言「$f(x)$ 之 derivative 通例爲別一函數 $f'(x)$」亦不覺突兀，所患讀者於此類地方不求甚解糊塗過去而但死記其中公式耳。本欵所言，意在說明 1 款定義之重要，使但學初高等微積只知形式計算者，注意及此，爲防誤用公式之一助而已。非對 Goursat 氏書加以攻擊也。

三期談言正誤

P.5 「又 7）之不存在一義」應改爲「又 $a=0$ 時(7)之不存在固因其無意義」。「(8) 不可用」應改「7」非 $f(a)$ 之 $f'(a)$」。參觀本談 P.11，12.

教 材

展開三角函數爲無窮乘積之一法

范會國

　　三角函數之展開爲無窮乘積,大抵數理解析中,多有述及;惟所須之預備智識,往往頗多,閱讀稍覺費事,難免望洋興歎!本篇所述之一法,只基於關於冪級數之一定理,及初步微分方程式之少許智識,於初學者,或非無補也。

　　1. 預備定理. 設當 $-1 < x < +1$ 時,係數爲正之二冪級數

$$a_0 + a_1 x + a_2 x^2 + \cdots + a_n x^n + \cdots,$$

$$b_0 + b_1 x + b_2 x^2 + \cdots + b_n x^n + \cdots,$$

爲收斂及表一函數 $A(x)$ 及 $B(x)$,若級數

$$a_0 + a_1 + a_2 + \cdots + a_n + \cdots$$

爲發散及比率 $\dfrac{b_n}{a_n}$ 於 $n \longrightarrow \infty$ 時有一有限且異於零之極限 λ,則比率 $\dfrac{B(x)}{A(x)}$ 于 x 由小於1而趨近於1時亦有同樣之極限 λ.

　　證: 設 x 爲正及 $\leqq 1$: 所取之二級數之同次序之二項之比爲 $\dfrac{b_n}{a_n}$,其極限爲 λ,故此二級數之本性相同,換言之,卽其收發性爲相同,因而依假設于 $x=1$ 時,同爲發散。

　　試先證于 x 趨近于1時,二函數 $A(x)$ 及 $B(x)$ 俱有其極限爲 $(+\infty)$. 爲此,設 P 爲任一正數。由假設,級數

$$a_0 + a_1 + a_2 + \cdots + a_n + \cdots$$

爲發散,所以可選 n 相當大而使

$$a_0+a_1+a_2+\cdots\cdots+a_n>P+1。$$

當 x 由小於 1 而趨近於 1 時,多項式

$$a_0+a_1x+a_2x^2+\cdots\cdots+a_nx^n$$

有其極限爲

$$a_0+a_1+a_2+\cdots\cdots+a_n,$$

是以可選小於 1 之一正數 r 以使不等式 $r<x<1$ 引出不等式

$$a_0+a_1x+a_2x^2+\cdots\cdots+a_nx^n>P,$$

因之,更得

$$A(x)>P,$$

卽 $\lim\limits_{x=1}A(x)=+\infty.$ 同理, $\lim\limits_{x=1}B(x)=+\infty.$

　　至此,可進而證比率 $\dfrac{B(x)}{A(x)}$ 在上述之條件中有其極限爲 λ. 爲此,設 ε 爲已知之任一正數。因比率 $\dfrac{b_n}{a_n}$ 於 $n\longrightarrow+\infty$ 時有其極限爲 λ,吾人可找得一正整數 q 以使不等式 $n>q$ 引出不等式

$$\lambda-\frac{\varepsilon}{2}<\frac{b_n}{a_n}<\lambda+\frac{\varepsilon}{2};$$

今因 a_n 及 x 俱爲正,故由是得

$$\left(\lambda-\frac{\varepsilon}{2}\right)a_nx^n<b_nx^n<\left(\lambda+\frac{\varepsilon}{2}\right)a_nx^n,$$

因而

$$\left(\lambda-\frac{\varepsilon}{2}\right)\sum_{n=q+}^{+\infty}a_nx^n<\sum_{n=q+1}^{+\infty}b_nx^n<\left(\lambda+\frac{\varepsilon}{2}\right)\sum_{n=q+1}^{+\infty}a_nx^n,$$

若以 $A_q(x)$ 及 $B_q(x)$ 表所取之二級數之起頭 $q+1$ 項之和,則得

$$\left(\lambda-\frac{\varepsilon}{2}\right)\left[A(x)-A_q(x)\right]<B(x)-B_q(x)<\left(\lambda+\frac{\varepsilon}{2}\right)\left[A(x)-A_q(x)\right],$$

若乘各邊以正數 $\dfrac{B(x)}{A(x)\left[B(x)-B_q(x)\right]}$，則得

$$\left(\lambda-\frac{\varepsilon}{2}\right)\frac{1-\dfrac{A_q(x)}{A(x)}}{1-\dfrac{B_q(x)}{B(x)}}<\frac{B(x)}{A(x)}<\left(\lambda+\frac{\varepsilon}{2}\right)\frac{1-\dfrac{A_q(x)}{A(x)}}{1-\dfrac{B_q(x)}{B(x)}}$$

因 q 爲已決定,故於令 x 趨近於 1 時,以 $A(x)$ 及 $B(x)$ 俱無窮增大, $A_q(x)$ 及 $B_q(x)$ 各趨近於其有限之極限,第一邊及第三邊乃有其極限 爲 $\lambda-\dfrac{\varepsilon}{2}$ 及 $\lambda+\dfrac{\varepsilon}{2}$.

是故吾人可找得小於 1 之一數 r' 以使不等式 $r'<x<1$ 引出 不等式

$$\left(\lambda-\frac{\varepsilon}{2}\right)\frac{1-\dfrac{A_q(x)}{A(x)}}{1-\dfrac{B_q(x)}{B(x)}}>\lambda-\varepsilon,$$

及

$$\left(\lambda+\frac{\varepsilon}{2}\right)\frac{1-\dfrac{A_q(x)}{A(x)}}{1-\dfrac{B_q(x)}{B(x)}}<\lambda+\varepsilon;$$

因之於 $r'<x<1$ 時,乃有

$$\lambda-\varepsilon<\frac{B(x)}{A(x)}<\lambda+\varepsilon.$$

是以

$$\lim_{x=1}\frac{B(x)}{A(x)}=\lambda,$$

2. 應用。 茲應用上之預備定理於下二冪級數:

$$A(x)=1+\frac{2^2}{3!}x+\frac{2^2 4^2}{5!}x^2+\cdots+\frac{2^2 4^2\cdots(2n)^2}{(2n+1)!}x^n+\cdots,$$

$$B(x)=1+\frac{(2^2-\alpha^2)}{3!}x+\frac{(2^2-\alpha^2)(4^2-\alpha^2)}{5!}x^2+\cdots$$

$$+\frac{(2^2-\alpha^2)(4^2-\alpha^2)\cdots(4n^2-\alpha^2)}{(2n+1)!}x^n+\cdots,$$

x 爲含在 0 及 1 中。

茲設 α 爲含在 (-2) 及 $(+2)$ 中之一實數;於是第二級數之一切係數俱爲正數。

依 D'Alembert 法則,當 $0<x<1$ 時,第一級數爲收歛。惟於 $x=1$ 時,此級數爲發散,蓋其後一項與前一項之比

$$\frac{4n^2}{2n\,2n+1)}=\frac{n}{n+\frac{1}{2}}$$

大於調和級數之後一項與前一項之比 $\dfrac{n}{n+1}$ 也。

至於第二級數,於 $0<x<1$ 時,亦爲收歛,則甚顯然者也。

在此之比率 $\dfrac{b_n}{a_n}$ 爲

$$\frac{b_n}{a_n}=\frac{(2^2-\alpha^2)(4^2-\alpha^2)\cdots(4n^2-\alpha^2)}{2^2\cdot4\cdots4n^2}$$

$$=\left(1-\frac{\alpha^2}{2^2}\right)\left(1-\frac{\alpha}{4}\right)\cdots\left(1-\frac{\alpha^2}{4n^2}\right).$$

此比率於 $n\longrightarrow+\infty$ 時,有一有限且異於零之極限,是卽斂性無窮乘積

$$\left(1-\frac{\alpha^2}{2^2}\right)\left(1-\frac{\alpha^2}{4^2}\right)\cdots\left(1-\frac{\alpha^2}{4n^2}\right)\cdots$$

之值 λ 也.此無窮乘積之所以爲收歛者,蓋以級數

$$\alpha^2\left(\frac{1}{2^2}+\frac{1}{4^2}+\cdots+\frac{1}{(2n)^2}+\cdots\right)$$

爲收歛也。

是以依預備定理得

$$\lim_{x=1} \frac{B(x)}{A(x)} = \lambda.$$

3. 當 $o < x < 1$ 時,試求 $B(x)$ 及 $A(x)$.

在此可命

$$x = \sin^2 t, \qquad\qquad o < t < \frac{\pi}{2}.$$

試以 β_{2n} 表係數

$$\frac{(2^2 - \alpha^2)(4^2 - \alpha^2)\cdots(4n^2 - \alpha^2)}{(2n+1)!},$$

及命 $\beta_0 = 1$.

無論 n 爲一正整數或零,都有

$$\frac{\beta_{2n+2}}{\beta_{2n}} = \frac{(2n+2)^2 - \alpha^2}{(2n+3)(2n+2)},$$

甚且

(1) $\qquad (2n+3)\beta_{2n+2} - (2n+2)\beta_{2n} = -\frac{\alpha^2 \beta_{2n}}{(2n+1)}.$

依微分一冪級數及一函數之函數定理,乘積

$$\sin t \cos t\, B(\sin^2 t) = \sum_{0}^{+\infty} \beta_{2n} \sin^{2n+1} t \cos t$$

爲斂性級數

$$F(t) = \sum_{0}^{+\infty} \beta_{2n} \frac{\sin^{2n+2} t}{2n+2} + C$$

之導函數,其中 C 表一任意常數,容後始決定之.

如是,得

(2) $\qquad B(\sin^2 t) = \frac{F'(t)}{\sin t \cos t}.$

今試求 $F''(t)$：函數 $\sin^{2n+1}t\cos t$ 之導函數爲 $(2n+1)\sin^{2n}t\cos^2 t-\sin^{2n+2}t$，或於代 $\cos^2 t$ 以 $1-\sin^2 t$ 後，爲 $(2n+1)\sin^{2n}t-(2n+2)\sin^{2n+2}t$．因而得 $F''(t)$ 爲二斂性級數之差：

$$F''(t)=\sum_0^{+\infty}(2n+1)\beta_{2n}\sin^{2n}t-\sum_0^{+\infty}(2n+2)\beta_{2n}\sin^{2n+2}t.$$

其中第一級數可書爲

$$1+\sum_0^{\infty}(2n+3)\beta_{2n+2}\sin^{2n+2}t,$$

由是

$$F''(t)=1+\sum_0^{+\infty}\Big[(2n+3)\beta_{2n+2}-(2n+2)\beta_{2n}\Big]\sin^{2n+2}t,$$

再依關係 (1)，得

$$F''(t)=1-\alpha^2\sum_0^{+\infty}\beta_{2n}\frac{\sin^{2n+2}t}{2n+2}=1-\alpha^2\Big[F(t)-C\Big].$$

是故於 $o<t<\dfrac{\pi}{2}$ 時，函數 $F(t)$ 滿足於微分方程式

$$(3)\qquad F''(t)+\alpha^2 F(t)=1+\alpha^2 C.$$

試先設 $\alpha\neq o$，而求 $B(\sin^2 t)$，爲此，試取 $C=-\dfrac{1}{\alpha^2}$；於是微分方程式 (3) 變爲

$$F''(t)+\alpha^2 F(t)=o,$$

因之，得

$$F(t)=C_1\cos \alpha t+C_2\sin \alpha t。$$

其中 C_1 及 C_2 表二任意常數。

由 $F(t)$ 之式，卽表 $F(t)$ 之級數，可見

$$F(o)=C=-\frac{1}{\alpha^2},$$

$$F'(o)=o,$$

因 而 得 $\quad C_1 = -\dfrac{1}{2^2}, \qquad C_2 = o,$ 及

$$F(t) = -\frac{1}{\alpha^2}\cos\alpha t,$$

$$F'(t) = \frac{1}{\alpha}\sin t;$$

由 是,依 關 係 (2),得

$$(4)\qquad B(\sin^2 t) = \frac{\sin\alpha t}{\alpha\sin t\cos t}\cdot$$

　　 兹 再 求 $A(\sin^2 t)$，**換 言 之,即** $\alpha = o$ **時 之** $B(\sin^2\alpha)$。**在 此,微 分 方 程式 (3) 變 爲**

$$F'''(t) = 1.$$

在 此 試 取 $C = o$，**於 是** $F(o) = F'(o) = o$，**因 而 得** $F(t) = \dfrac{t^2}{2}$，$F'(t) = t$，**及**

$$(5)\qquad A(\sin^2\alpha) = \frac{t}{\sin t\cos t}\cdot$$

　　4. 結 果. 　　**在 上 已 見**

$$\lambda = \lim_{x=1}\frac{B(x)}{A(x)},$$

即

$$\lambda = \lim_{t=\frac{\pi}{2}}\frac{B(\sin^2 t)}{A(\sin^2 t)}\cdot$$

依 (4) 及 (5),得

$$\gamma = \lim_{t=\frac{\pi}{2}}\frac{\sin\alpha t}{\alpha t} = \frac{\sin\alpha\frac{\pi}{2}}{\alpha\frac{\pi}{2}}$$

是 以

$$(6) \qquad \sin\alpha\,\frac{\pi}{2} = \frac{2\pi}{2}\left(1 - \frac{\alpha^2}{2^2}\right)\left(1 - \frac{\alpha^2}{4^2}\right)\cdots\left(1 - \frac{\alpha^2}{4n^2}\right)\cdots$$

在上之證明中,曾假設 $\alpha \neq o$,但此結果(6)於 $\alpha = o$ 時,仍然存在。同樣,在上之推理中,亦假設 α 爲含在 (-2) 及 $(+2)$ 中;惟若(6)之兩邊爲以4爲週期之 α 之週期函數,則無論 α 爲若何,此結果仍爲眞確今者,(6)之兩邊恰爲 α 之週期函數,其週期爲4.何則蓋一方面,第一邊 $\sin\alpha\,\frac{\pi}{2}$ 顯爲以 4 爲週期;他方面,爲欲證明第二邊亦爲以 4 爲週期,試以 $P(\alpha)$ 表此第二邊,及取比率 $\frac{P(\alpha+4)}{P(\alpha)}$,則得

$$\frac{P(\alpha+4)}{P(\alpha)} = \lim_{n+\infty} \frac{(\alpha+4)\left[2^2-(\alpha+4)^2\right]\left[4^2-(\alpha+4)^2\right]\cdots\left[4n^2-(\alpha+4)^2\right]}{\alpha\left[2^2-\alpha^2\right]\left[4^2-\alpha^2\right]\cdots\left[4n^2-\alpha^2\right]},$$

於將各括孤 [　] 中之平方之差分解及簡約之,則得

$$\frac{P(\alpha+4)}{P(\alpha)} = \lim_{n=\infty} \frac{(2n+2+n)(2n+2+\alpha)}{(2n-2-\alpha)(2n-\alpha)} = 1,$$

是知 $P(\alpha)$ 爲以4爲週期。

今若代 $\dfrac{\alpha\pi}{2}$ 以 z,則無論 z 爲任何實數,都有

$$(7) \qquad \sin z = \left(1 - \frac{z^2}{\pi^2}\right)\left(1 - \frac{z^2}{4\pi^2}\right)\left(1 - \frac{z^2}{9\pi^2}\right)\cdots\left(1 - \frac{z^2}{n^2\pi^2}\right)\cdots,$$

是卽所欲得之 $\sin z$ 之無窮乘積也。

若再代 z 以 πx,則上式可書爲

$$\frac{\sin\pi x}{\pi} = x(1-x^2)\left(1 - \frac{x^2}{4}\right)\left(1 - \frac{x^2}{9}\right)\cdots\left(1 - \frac{x^2}{n^2}\right)\cdots。$$

茲有可察出者:因(6)之第二邊爲 α 之週期函數,其週期爲4,故(7)之第二邊乃爲 z 之週期函數,其週期爲 2π.如是之結果,許多數理解析中往往直接證明之.復次,如是之結果,於展開 $\sin z$ 爲幂級數時,不能發現,蓋由表 $\sin z$ 之幂級數

理学卷（第二册） 科学通讯 第四期（1935）

$$\frac{z}{1} - \frac{z^3}{3!} + \frac{z^5}{5!} - \frac{z^7}{7!} + \cdots,$$

不能發見此函數有一週期 2π 也。

最後,若察出 $\cos z = \dfrac{\sin 2z}{2\sin z}$,則易得 $\cos z$ 之無窮乘積爲

$$\cos z = \left(1 - \frac{4z^2}{\pi^2}\right)\left(1 - \frac{4z^2}{9\pi^2}\right)\left(1 - \frac{4z^2}{25\pi^2}\right)\cdots\left[1 - \frac{4z^2}{(2n+1)^2\pi^2}\right]\cdots.$$

不　等　式 (一續)

武 崇 林

§?, 一些式不等式。

設 x, y 各爲正而不相等,則

$(2.1a)$ 　　$mx y^{m-1}(x-y) > x^m - y^m > m y^{m-1}(x-y),$ 　　$m < 0$ 或 $m > 1,$

$(2.1b)$ 　　$mx^{m-1}(x-y) < x^m - y^m < m y^{m-1}(x-y),$ 　　$0 < m < 1,$

如 $m = 0$ 或 $m = 1$,則 $(2.1a)$ 及 $(2.1b)$ 兩式均成等式,故可以略去不談。在證明之前,吾人先示上之二式可以化爲其特例之一。

(i) 　吾人可設 $m > 0$。　此因若設 $(2.2a)$ 在 $m > 1$ 時已經證明之後,如取 $m < 0$,則可命 $m = -n$, $n > 0$ 且 $1 + n > 1$,因而

$$x^m - y^m = x^{-n} - y^{-n} = x^{-n}y^{-n-1}(y^{n+1} - x^n y) = x^{-n}y^{-n-1}\{y^{n+1} - x^{n+1} - x^n(y-x)\}$$
$$> x^{-n}y^{-n-1}\{(n+1)x^n(y-x) - x^n(y-x)\}$$
$$= x^{-n}y^{-n-1}\cdot n\cdot x^n(y-x) = my^{m-1}(x-y),$$

故 $(2.1a)$ 之後半,在 m 爲負時,可以自其在 m 爲正時推得。　同樣其前半在 m 爲負時亦可自其在 m 爲正時推得。

(ii) 　若 x, y 互換,則 $(2.1a)$ 及 $(2.1b)$ 之後半均變爲其前半,**故**

吾人僅證明 (2·1a) (2·1b) 之各後半卽爲已足。

　　(iii) 因 (2·1a), (2·1b) 兩式對 x, y 皆係齊次,而 x, y 又均設爲正,故可以命其中之一者爲 1 而其普遍性亦不致少損. 是以若命 $y=1$,則吾人所需證明者當爲以下之二式也:

　　　若 x 爲正且不等於 1, 則

$$(2·2a) \qquad x^m - 1 > m(x-1), \qquad m > 1,$$

$$(2·2b) \qquad x^m - 1 < m(x-1), \qquad o < m < 1.$$

　　　若於 (2·2a) 內書 $m = 1/k$, 則 $o < k < 1$, 且設 $x = y^{1/m} = y^k$, 因得

$$y - 1 > \frac{1}{k}(y^k - 1),$$

或卽 $\qquad y^k - 1 < k(y-1),$

是卽 (2·2b), 故見所有需證明者,僅 (2·2a) 而已

　　今證 (2·2a) 如次,此係 Hardy. 所發現曾載于 Jour. Lon. Math, Soc, IV, (1929) 68 頁。

　　　若 q 爲大於 1 之整數,則依 $y \gtrless 1$ 而

$$qy^q \gtrless 1 + y + y^2 + \cdots + y^{q-1} = \frac{y^q - 1}{y - 1} \gtrless q,$$

如以 x 代 y^q, 則

$$qx \gtrless \frac{x-1}{x^{1/q} - 1} \gtrless q, \qquad x \gtrless 1$$

因而勿論 $x \gtrless 1$,

$$(2·3) \qquad \frac{x-1}{x} < q(x^{1/q} - 1) < x - 1.$$

　　　其次

$$\frac{y^{q+1} - 1}{q+1} - \frac{y^q - 1}{q} = \frac{y-1}{q(q+1)}(qy^q - y^{q-1} - y^{q-2} - \cdots - y - 1)$$

$$= \frac{(y-1)^2}{q(q+1)}\{y^{q-1} + (y^{q-1} + y^{q-2}) + \cdots$$

$$+ (y^{q-1} + y^{q-2} + \cdots + y + 1)\}$$

其右端折括弧內共有 $\tfrac{1}{2}q(q+1)$ 項,各項均在 y^2 及 1 之間,是以依 $y \gtrless 1$ 而得

$$(2 \cdot 4) \qquad \tfrac{1}{2}(y-1)^2 \gtrless \frac{y^{q+1}-1}{q+1} - \frac{y^q-1}{q} \gtrless \tfrac{1}{2} y^q (y-)^2.$$

若 p 爲大於 q 之整數,則繼續施用 $(2 \cdot 4)$ 式 $p-q$ 次,且加其結果,則得

$$(2 \cdot 5) \qquad \tfrac{1}{2}(p-q)(y-1)^2 \gtrless \frac{y^p-1}{p} - \frac{y^q-1}{q} \gtrless \tfrac{1}{2}(p-q)y^q(y-1)^2, \quad y \gtrless 1$$

然自 $(2 \cdot 3)$ 可得

$$(2 \cdot 6) \qquad \left(\frac{x-1}{x}\right)^2 \gtrless q^2 (x^{1/q}-1)^2 \gtrless (x-1)^2, \qquad x \gtrless 1$$

故於 $(2 \cdot 5)$ 內以 x 代 y^q,且應用 $(2 \cdot 6)$,則得

$$(2 \cdot 7a) \qquad \frac{q^{p/q}-1}{p/q} - (x-1) \gtrless \tfrac{1}{2}(p-q) \cdot q \cdot (x^{1/q}-1)^2 \gtrless \tfrac{1}{2} \cdot \frac{p-q}{q} \left(\frac{x-1}{x}\right)^q, \qquad x > 1,$$

$$(2 \cdot 7b) \qquad \frac{x^{p/q}-1}{p/q} - (x-1) \gtrless \tfrac{1}{2}(p-q)x^{p/q}(x^{1/q}-1)^2 \gtrless \tfrac{1}{2} \frac{p-q}{q} x^{p/q}(x-1)^2, \quad x < 1,$$

若 m 爲有理數而等於 p/q 則 $(2 \cdot 7)$ 即 $(2 \cdot 8)$ 之證明 …… 若 m 則無理數則命 p_i/q_i, $i = 1, 2, 3, \cdots$ 爲一有理數序,其極限爲 m,則見 $(2 \cdot 7)$ 式對 i 爲大於一定數之分數 p_i/q_i,統爲眞實,故命 $i \to \infty$ 則得

$$(2 \cdot 8) \qquad \begin{aligned} &\frac{x^m-1}{m} - (x-1) \geq \tfrac{1}{2}(m-1)\left(\frac{x-1}{x}\right)^2 > 0, \qquad x > 1, \\ &\frac{x^m-1}{m} - (x-1) \geq \tfrac{1}{2}(m-)x^m(x-1)^2 > 0, \qquad x < 1. \end{aligned}$$

是亦 $(2 \cdot 2a)$ 之證.

在流行之敎科中,證明率及於 m 爲有理數而止,(譬如 Chrystal 代數學,卷二,第 43 頁)若 m 爲無理數時,則必須引用無理數之現代定義,如以上所用卽 Cantor 之極限定義也。(參閱上期及本期談言欄"無理數論究竟要不要?")證明不等式之一最大困難,在於施

行極限之後,＞及＜記號,各『退化』而爲 ≥ 及 ≤,(參閱以上自 (2·7) 式至 (2·8) 式之過程)因而不復能嚴格保持＞或＜之記號;若 Hairdy 之所證,吾人確見其能保持＞及＜記號於施行極限運算之後也。

最後吾人可以略述上不等式之一應用。尋常在初等微積分中,求乘冪 x^m 之導來函數亦每及於有理指數而止。然若設無理指數定義爲已知之後,則應用上之不等式,其導來函數之求法亦殊易: 如今 δx 爲 x 之增加,(設爲正,如爲負,則調換下式之 $(x+\delta x)^m - x^m$ 爲 $x^m - (x-\delta x)^m$) 則由 (2·1a) 及 (2·1b).

$$mx^{m-1}\delta x > (x+\delta x)^m - x^m > m\delta x(x+\delta x)^{m-1}, \qquad m>1 \text{ 或 } m<0.$$

$$mx^{m-1}\delta x < (x+\delta x)^m - x^m < m\delta x(x+\delta x)^{m-1}, \qquad 0<m<1.$$

由是

$$mx^{m-1} \gtreqless \frac{(x+\delta x)^m - x^m}{\delta x} \gtreqless m(x+\delta x)^{m-1}.$$

$$\lim_{\delta x \to 0} m(x+\delta x)^{m-1} = mx^{m-1},$$

故

$$\frac{dx^m}{dx} \equiv \lim_{\delta x \to 0} \frac{(x+\delta x)^m - x^m}{\delta x} = mx^{m-1}$$

在稍精審之作,或則變 x^m 爲 $e^{m\log x}$,(例如 Gibson, Advanced Calculus, p.46) 或則應用定積分,(例如 R. Courant, Vorlesungen über Differential- und Integralrechnung, I, SS. 103—105 及 125—126,然究不如用上式之直接了當,即或不用 m 在無理時之理,而僅用 m 在有理時亦可以求得也。何以含近圖遠?抑未暇思及此乎?　　　(待續)

205

理学卷（第二册）　科学通讯　第四期（1935）

初等幾何學　切圜一題之討論（一續）

陳　懷　書

第九題　切一線及二圜作圜

二圓不等

直線交二圓
- 直線不過二圓之切點 ……………………六 解
  - └ 直線又平行於一個公切線 …六 解
- 直線過二圓之切點 ……………………三 解
  - └ 直線又平行於一個公切線 …三 解

內切
- 直線不會二圓 ………………………………二 解
  - └ 直線垂直於二圓之聯心線 ……二 解
- 直線切一圓不會第二圓 …………………二 解
  - └ 直線垂直於二圓之聯心線 ……二 解
- 直線切一圓交第二圓 ……………………五 解
  - └ 直線垂直於二圓之聯心線 ……五 解
- 直線爲公切線 ………………………………不 定
- 直線交一圓不會第二圓 …………………四 解
  - └ 直線垂直於二圓之聯心線 ……四 解
- 直線交二圓
  - 直線過切點 …………………………三 解
  - 直線不過切點 ………………………六 解
    - └ 直線垂直於二圓之聯心線 …五 解

相交
- 直線不會二圓 ………………………………三 解
  - └ 直線又平行於一個公切線 …………三 解
- 直線切一圓
  - 不交第二圓 …………………………四 解
    - └ 直線又平行於一個公切線 …四 解
  - 交第二圓 ……………………………六 解
    - 直線過交點又平行於一個公切線 …三 解
    - 直線不過交點平行於一個公切線 …五 解
- 直線外切二圓 ………………………………五 解
- 直線切一圓於二圓之交點且交第二圓 ……三 解
- 直線交一圓不會第二圓 …………………四 解
  - └ 直線平行於一個公切線 …………三 解
- 直線交二圓
  - 直線過二圓之二交點 ………………二 解
  - 直線過二圓之一交點 ………………五 解
    - └ 直線又平行於一個公切線 …五 解
  - 直線不過二圓之交點 ………………八 解
    - └ 直線又平行於一個公切線 …八 解

教材三　　　　切圓一題之討論　　　　29

化學實驗補充材料（續第一期）

陳同素選譯

9. 泡沫之經久

泡沫救火器與焙粉有相似之處。焙粉放入麵麬內所發生之二氧化碳氣泡爲蛋白質化合物所成之膜包圍。故較之焙粉僅加水所生之氣泡經久多多。

取一不含蛋白之焙粉樣品，將乾蛋白研細，於 100 克焙粉加用 1 克。乃取此二種焙粉（一含蛋白，一不含蛋白）同時行兩個實驗

以資比較,每種各取 10 克盛高脚瓶內各加 5 毫升 (c.c.) 水。如此可觀察一蛋白之焙粉所生泡沫歷久不散,卽倒持之亦不見水滴流出,另外一種則幾乎隨生隨滅。此實驗足以示膠質化學之如何可以應用於商品上甚明(在製麵包時因本身已有蛋白質故無須添加蛋白質也)。

10. 液體之過冷却

液體之過冷却以冰醋酸實驗之最爲佳妙。醋酸冰點爲 16°C 用 2～½ 升 (liter) 之瓶內盛冰醋酸浸於一桶之冰水內,自課前到課後約一小時。

只要搖動此液體,摩擦其瓶塞,或用玻棒輕輕撩動卽有結晶形成。如失敗則可置醋酸一試驗管於冰鹽合成之冷却劑內,俟其結晶以玻管取一微粒,投入此過冷却液體內,卽可結晶。

在戶外冷却則各種條件不同,故成績不及上述之佳。

11. 過飽和溶液

最適宜於試驗過飽和溶液之材料當推醋酸鈉。放 576 克純粹醋酸鈉之結晶於略大於 1 升之瓶內瓶之內壁須選其光滑者,瓶蓋用木塞加入 600 毫升蒸餾水。放此瓶於冷水桶內加熱至沸。煮十分鐘結晶盡溶。熱瓶時瓶塞亦須煮於水內以溶解殘留塞上之結晶。待結晶溶解後置於靜處,瓶塞輕輕塞上,蓋瓶冷後收縮所生之眞空能吸住此瓶塞甚牢也。冷却約需二時不可促進迨冷至室內溫度時輕將瓶塞旋出。有時此空氣之突入卽能使之結晶。或取一長 25 厘米 (cm) 之玻棒插入液中,結晶卽開始進行,若不然則取出玻棒用手指摩擦棒端使生結晶。復插入此飽和液內則棒

端凝成一球而繼續生長以至滿瓶硬結,提玻棒而瓶亦隨起矣。瓶內結晶加熱卽溶可以反覆應用。

12. 鐵 之 腐 蝕

塗錫之鐵較之塗鋅之鐵容易侵蝕。可以下述試驗證之:

取同樣大小之鋅條及錫條各一,於一端繞細鐵絲十週用橡皮圈縛住之。取 250 毫升量筒兩只各盛水及加濃硫酸 2 滴再加亦血鹽數滴混和後溶液帶黃色,爲欲使兩瓶內之溶液濃度平均起見,可先在另一較大容器內配就後裝兩筒分用之。若分置鋅條及錫條於筒內,繞鐵絲之端向上,則見附錫之鐵卽成硫酸低鐵而發生藍色 (Turnbull's Blue) 而附鋅之鐵絲則不溶入液中,故無藍色發生。

試查電位表卽知鐵在鋅錫之間,鋅最高。故附鋅之鐵卽使溶入液內亦當立卽淅出,但錫在下位無此能力也。

13. 硫酸銨之加水分解

將硫酸銨煑沸卽變爲酸,緣該鹽加水分解而生成氫氧化銨及硫酸之故也。前者極易分解成爲揮發性之氨及水,故溶液中所留剩者乃係硫酸。

取 5 克純粹硫酸銨及 290 毫升水盛燒瓶內煑之。瓶塞上裝一雙曲玻管導入另一玻杯,中盛 200 毫升水及數滴 phenolphthalein, 管端離開液面約 0.5 厘米,煑硫酸銨時此收汽杯內之水變紅。

用下列方法試驗結果更爲明顯:加數滴 phenolphthalein 於硫酸銨溶液內,再加碳酸鈉溶液使呈紅色。煑之,紅色卽褪,而收汽杯

內之液體立即變紅。硫酸銨溶液冷却後則紅色又現,殆因加熱時 NH_4 及 OH 兩離子併合成不離解之氫氧化銨也。此項解釋是否正確,作一實驗證明如下:

取一 250 毫升燒瓶裝水半滿加2滴氫氧化銨,加 phenolphthalein 數滴使呈紅色。熱此溶液則紅色褪,冷之則復顯。

14. 保護膠質

阿拉伯膠可以阻制氯化銀之沈澱,試驗如後:先做溶液三種 (a) 溶解 1 克硝酸銀於 200 毫升蒸餾水;(b) 溶 5 毫升之純粹鹽酸於 40 毫升蒸餾水;(c) 溶解 5 克阿拉伯膠於 100 毫升蒸餾水。

用 500 毫升玻筒兩只各盛 400 毫升蒸餾水,加 (c) 液 10 毫升於其中之一筒內。混和之,乃於每筒內加 10 毫升之 (a) 液與 (b) 液混和之。

阿拉伯膠隔離此二種化合物質,故只有少量可以互相化合,而所生之澱粒乃至細至微懸浮於液內,至於未加保護膠質之一筒則其澱粒至粗且大,故少頃即全沈降焉。

將此二筒爆日光下,則細澱一筒容易還原不久色即變藍,粗澱則僅稍稍變色耳。設靜置一日,則澱粗者全降而上面得一清澄之液體。澱細者,其液爲深藍色。

此種加用保護膠質之細澱。照相底片即應用之,而其感光速度則依其澱粒之粗細而定也。

15. 懸濁液之沈降速度

懸濁液吸收某種電荷後可以使其沈降速度減至極慢。舉例如下:——

上海交通大学百年报刊集成 · 第一辑(1896—1949) · 学术学科

　　取玻筒兩只容量約 100 毫升,各盛蒸餾水幾滿。於每筒內加 0.1 克之白泥細粉。一則加濃鹽酸 5 滴,一則加濃苛性鈉 5 滴。

　　此粘土即吸收 OH 離子於表面,故其微粒爲同性電荷互相排斥而使沈降速度減小。加酸之一筒經過一天後即完全沈降,而加苛性鈉者則須經過數星期方始下降。倘粒子極細則竟可常持其懸浮液之狀態也。

　　倘用浸過石蠟之木塞全部塞入瓶口,再以石蠟封固,可供數年之用。

16. 乾粉與濕粉之分離

　　取玻璃粉5份與煙煤粉 1 份相混。放入一小篩內,於其下面立一盛水玻筒篩距水面約五厘米。輕拍小篩則見玻璃粉沈入筒底而煙煤粉則浮於水面,但如拍之過久,倘此混合粉未積存過久,取其二種粉末均有沈降。倘重複此稍厚之一層浮水面時,即輕拍此玻筒則僅有玻璃粉可以沈下而煙煤粉則不然。

　　許多之礦之淘洗即利用此原理而使雜質分離也。

17. 鉛室製硫酸法

　　製造硫酸之鉛室法中之化學作用可以下述之實驗示明之。

　　注入 5 毫升之發煙硝酸於50厘米長之玻璃圓筒內,然後傾斜此筒使平臥而旋轉之,則筒內之酸沿邊旋流而至筒口。復將圓筒立直,用玻管導入二氧化硫氣體。如此筒邊即生成所謂「鉛室晶」。其作用如下:

理学卷（第二册）　科学通讯　第四期（1935）

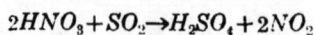

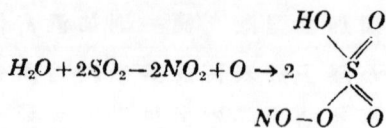

$$2HNO_3+SO_2 \rightarrow H_2SO_4+2NO_2$$

$$H_2O+2SO_2-2NO_2+O \rightarrow 2 \quad \begin{array}{c} HO \quad O \\ \diagdown \quad / \\ S \\ / \quad \diagdown \\ NO-O \quad O \end{array}$$

（鉛室晶）

水由酸中而來，氧從空氣而來待鉛室晶成功後，二氧化硫即停止導入而通入水汽結晶乃溶解而氧化氮復發生。(有櫻色烟表示)

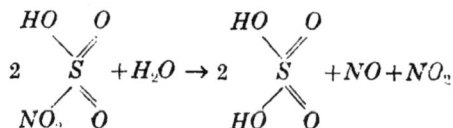

$$2 \quad \begin{array}{c} HO \quad O \\ \diagdown \quad / \\ S \\ / \quad \diagdown \\ NO_2 \quad O \end{array} +H_2O \rightarrow 2 \quad \begin{array}{c} HO \quad O \\ \diagdown \quad / \\ S \\ / \quad \diagdown \\ HO \quad O \end{array} +NO+NO_2$$

$$2NO+O_2 \rightarrow 2NO_2$$

空氣　櫻色

及櫻色烟消失後，乃停止水汽，而加水於圓筒至筒高三分之一，搖和後，傾其一半於他瓶。一則加氯化鋇溶液及純粹鹽酸以試驗其硫酸根。一則加入藍色石蕊液試驗其酸性。

18. 銨汞膏

先製鈉汞膏如下，注 10 毫升汞於厚實之磁缽中。取出數塊圓形鈉塊(直經約 5 毫米(mm)) 置濾紙上。用缽杵擊研一塊，鈉即粘附杵端。乃將杵浸入汞內至作用發生。此時汞發微熱，故第二塊鈉放下後作用較速。繼續加鈉至成一稠厚似乳酪狀之物體，冷後變硬。

另製一氯化銨之飽和溶液如下。盛 50 毫升於玻璃結晶皿內，擊碎鈉汞膏成四五塊後，加入此氯化銨溶液中其作用如下：

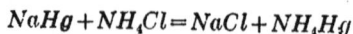

$$NaHg+NH_4Cl=NaCl+NH_4Hg$$

所成之物曰銨汞膏而其中之銨根暫時可認爲金屬。但此膏即行分解成氨,氫及汞。欲證明此節可用一大試驗管放入少許此海綿狀之銨汞膏,而覆一小玻皿於管口。待銨汞膏分解片刻後,取火持近管口,即有氣體自燃,可以證明氫之發生。再以紅試紙持向管口則變爲藍,或以鹽酸瓶之蓋近管口,則有白霧發生,均足表示氨之生成。　　　　　　　　　　　　　　　　（完）

水滴下墜速度之測量

蔡其清

物體下墜速度之測量,不僅於予初學者以加速運動之可以直接測量,(不必如 Atwood 氏機或斜面運動之須精解析而後明者且甚難根當呈於流體阻小研究之資料著物體普通在空氣中墜落,而呈氣爲流質常施阻力於物體以尼其行,由典速度之與自由墜落不同則阻力定律可得而計也。故對於速度測量之裝置,學者顏多設計,而其中尤感興味者,殆爲水滴下墜速度之測量乎。

最初測定水滴下墜速度者爲 Lenard[1],其法先以向上氣流支持落至某處時之水滴,再測量向上氣流之速度,同時Mache[2] 更向雨滴攝影因攝影機之曝光時間爲已知,則自雨滴在照片所劃之長線可以計算其速度。依此法所計算之雨滴之終端速度大致頗能與 Lenard 所得者相符。

稍後 Schmidt[3] 用二圓板各刻去扇形之長條,安置於軸上而以電動機相對旋轉之。使水滴適能通過二空隙間,如是由圓板旋轉之速度,及二板間之距離,可以計算其下墜之速度。

理学卷（第二册）　科学通讯　第四期（1935）

其後英人 *Flower*[4] 更創二法。其一為彈動扭力天平。用定量之水滴，落於天平之一盤上，則見天平之彈動偏轉常依水滴之速度而增（即依運動量而增，蓋此處質量為定值）惟據其本人謂速度與偏轉間不能有線性關係，故不久即行放棄。其另一法則用高速電影攝影機，使一串量水滴落於發光刻度毛玻璃前，其旁更置一發光時間指示器，二者同時攝成片。如是則水滴之位置可於刻度毛玻璃上讀出，而時間則由時間指示器上讀出。由前後二影片間水滴之位置及時間之差，則在此處之平均速度，可以求得，又因時間甚短，故幾近於瞬時速度。

由上所述，得見諸家設計漸次進步。此中自以 *Flower* 之法最為精密，因彼之刻度可讀至 0.1 厘米，而時間可讀至 0.002 秒，*Lenard* 之法祇能用於終端速度，（即無加速速度）蓋終端速度祇有賴於氣體與水滴之相對速度，氣動而水靜與水動而氣靜，其阻力固無異也。故必俟氣體阻力等於水滴重力，然後得以平衡，其不能用以測量任何中間速度也明矣。其餘他法雖可以測量下墜時任何一處之速度，惜當時各家皆注重於終端速度，對於中間速度，未有數據以遺吾人，以致使探討加速運動阻力者無所依據，不為無遺憾耳。

著者前與班樂夫博士研究水滴當落下而振盪時，得見可藉水滴之振盪以推知其在空中之速度。其法以定量水滴自高處落於一毛玻璃板上，再量其在板上擴展之直徑，則其結果不但此直徑依落下之高而增，且為週期的漲縮，此漲縮即由於水滴之振盪也。其週期則有公式可以算出，而一週期所行之距離，即為二高之差，故在此一週期中之平均速度可以求得。又因其週期甚短故亦幾近於瞬時速度。惜此水滴因空氣之阻力，振盪漸趨微弱，故不適

於落下長距離後之測量。

　　日人 *Miyagi*[5] 嘗以迴旋鼓攝影術記載氣泡在水內之上升。著者曾擬增加其旋轉速度，以用之於水滴下墜之測量。其法如圖一，卽在一迴旋鼓上裹一溴紙，旋轉於固定之圓筒內，圓筒上開一狹長之窗，置於滴落裝置之前。對方則更自一匣內發出强光，置於一旋轉圓板之後，圓板上開若干扇形之長窗，使燈光時曜時掩，於是途攝得一串水滴之影於溴紙上。至時間之記錄則另用一燈，以透鏡集光於音叉上之小鏡，再反射於旋轉鼓上。當音叉振動時紙上卽現一波形之曲線，因音叉之頻率為已知，故時間亦不難由此讀出。此法惜以所攝距離過短，且裝置調節費事，故尚未舉行。

　　前著者嘗讀 *Lunnon*[6] 其"動接滯體阻力"之實並略抑 *Flower* 氏"彈動扭力天平"之製，參以己意，擬有一法，其法如圖二，在水滴滴落處裝一附件上有一輪，其軸安置於鑽石之上，故轉動時阻力极微軸極靈活附　一金屬片而聯於一電极而與電之用如　　迴一細針，此針精小之表面張力，可粘着於水滴之上，當水滴落下時，則細針亦因之下墜，而他端之金屬片卽上升以通電路，此電路亦通過天平而至「時間記錄器」(*Chronograph*) 卽在器上作一記號。及至水滴落至天平之盤上時，天平卽失其平衡而偏轉，故電路復開，於是在器上再作一記號。此二記號之距離所表之時間，可比較器上他一針所記之電動音叉之頻率而知之，如是二高間落下所需之時間為已知則在此二高間之平均速度卽可得矣。本實驗之用"時間記錄器"乃採自 *Lunnon* 氏者，其記載可望準確。設天平上之接觸點不佳，則可改用水銀接觸法。至細針之製，須用不易起化學變化之金屬，更須時時清潔，則水滴落下後留在針上之水可望定量，不致應響於水滴之均勻。又此針須極細，而與對方之小金屬片

保持平衡,則可望不施引力於水滴而造成水滴之初速度。故各物如能精密製造,實驗時可無困難。

　　水滴大小之勻均,爲本實驗一重要條件。依實驗,水滴大小常依滴落速度而增,故欲得均勻之水滴,須有均勻之滴落速度,而欲速度均勻,尤須壓力均一,因此化學上用之滴管不能適用。現在所用者爲等水準瓶,如圖三瓶中貯水以塞密封之。故瓦中空氣,不與外界相通,另自水中導出二管,一通大氣,一通滴管。其通大氣之管一端在水內者,其壓力爲大氣之壓力。自此端至滴管之端,爲水準之高。蓋瓶水自滴管中滴去,則瓶中之氣壓減而通大氣之管自能上升氣泡以補足之。故水準之高與瓶內水面無關,所以謂之「等水準瓶。」惟氣泡上升時因表面張力關係,須俟水滴滴落數滴後,始得一氣泡上升,以致滴落速度稍有週期變化,不能爲絕對的均一矣。

參考書

(1)　Lenard, P., Met. Zeit., 39, p. 249 (1904)

(2)　Mache, H., Met. Zeit., 39, p. 378 (1904)

(3)　Schmidt, W., Akad. Wiss. Wien. Sitz. Ber., 118, 2a, p. 71 (1909)

(4)　Flower, W. D., Proc. Phys. Soc. 40 p. 167 (1927-28)

(5)　Miyagi, O., Phil. Mag. (6), 50 p. 112 (1925)

(6)　Lunnon, R. G., Proc. Roy. Soc. 118 p. 680 (1928)

理学卷（第二册） 科学通讯 第四期（1935）

書　評

化學參攷書籍選輯 （續第二期）

陳同素選譯

化學教授法

25.　高中化學教案。 *Teaching of High School Chemistry. Frank, J. O. J. O. Frank and Sons, Oshkosh, Wis., 5th. ed., 1932,285pp., $3.00.*

凡教授高中化學所需用之教材均搜羅而說明之。可供垂間之各種材料如試驗教車,小冊,展覽品,工業品等等均列表說明。其餘如關於化學教授上之新近情况亦有詳釋。

26.　理科教本, *How to Teach Secondary Chemistry and Allied Sciences. Haub, H.D.F. Harr Wagner Pub, Co.,San Francisco, 1929,299pp., $2.50.*

首論實驗室教室貯藏室之計畫,布置,設備等問題。教員與學生之目的申述詳明,所述教材綱要,適用於各種學生及教本。

化　學　史

27. 近世著名化學家. *Eminent Chemists of Our Time. Harrow, Benjamine. D. Van Nostrand Co., New Yock City, 2nd ed., 1927,471pp., $3.00*

潘金 (*Perkin*) 與煤膠染料;孟岱理 (*Mendelejeff*) 與週期律;冷

賽 (*Ramsay*) 與大氣中之氣體;黎查德 (*Richards*) 與原子量;樊哈夫 (*Van't Hoff*) 與物理化學;阿侖內 (*Arrhenius*) 與離解理論;毛森 (*Moissan*) 與電爐;居利夫人 (*Madame Currie*) 與鐳;冷森 (*Remsen*) 與美國化學之物與等。

28. **二十世紀化學新發明。** *Chemical Invention and Discovery in the Twentieth Century. Tilden, W.A. George Routhedge & Sons, London, or E.P. Dutton & Co., New York City, 5th ed., 1926, 487pp., $4.00*

世界上幾個大實驗室之描寫及化學儀器之說明三章;近代發見及發明十章;近代應用化學十四章;有機化學之最近進展五章;插圖甚多。

29. **包士德傳.** *Life of Pasteur. Vallery-Radot, D. (translated by Mrs. R.L. Devonshire) Garden City Pub. Co., Garden City, N.Y. 1913, 484 pp., $1.00*

此書不論是否科學家均宜閱讀,書中講述包氏對細菌,種苗等之研究工作,並描寫包氏之人格及其科學精神。

30. **化學簡史。** *A Short History of Chemistry. Venable, F.P.D.C. Heath & Co., Boston, 2nd ed., 1922, 175pp., $1.60.*

為教員與學生有價值之參考書。化學各部份及各學理之進展歷史用簡明文字敍述之。

手冊字典

31. **二十世紀製方新編.** *Henley's Twentieth Century Book of Formulas, Recipes, and Processes. Hiscox, C.D. The Norman Henley Publishing Co, 2W.45th St., New York City, rev.ed, 1933., 809pp., $4.00.*

書內包含家庭與工廠所需用之公式及製方甚多;並包含檢

驗食物內攙雜物,防腐劑,及顏料等方法;照相之材料及方法;化學遊戲等等。

32.　**化學字典**.　*Chemical Dictionary. Hackh, I.W.D.P. Blackiston's Son & Co., Philadelphia, 790pp.,$10.00*.

化學用字之注音,釋義及其用法設例。實驗儀器之圖形以及其他許多之圖表,曲綫,公式。釋義簡潔明瞭而正確。

化 學 理 論

33.　**理論化學概要**.　*Outlines of Theoretical Chemistry. Getman, F.H. and Daniels, F. John Wiley & Sons, Inc., New York City, 5thed.,1931, 643pp., $3.75*.

本書每連討論一題必舉其重要之點而詳細轉述了許多實況,須用數學解釋之教材比前版加多。文字優美,凡程度較高之中學生均可閱讀

34.　**膠體化學實驗**.　*Laboratory Manual of Colloid Chemistry. Holmes, H.N John Wiley & Sons, Inc., New York City, 2nd ed.,1927,288 pp.,$3.00*.

書內多理論方面之參插故可兼供教科書之用。有許多實驗極合表演之用,或供高材生之應用。

普 通 及 無 機 化 學

35.　**日用化學**.　*Chemistry Applied to Home and Community. Berry, Pauline G.J.B. Lippincott Co., Philadelphia, 1926, 534pp.,$3.50*.

教科實驗並有。爲女子深求實用科目之基礎 —— 例如營養,烹飪,織物等 —— 兼及直接應用於家庭問題之化學教材,每章有完全之書目參考。

36．**大學化學入門**．*Introductory College Chemistry. Holmes, H.N. The Macmillan Co.. rev. ed.,1931,550pp.,$3.25*

教材注意工業上之新近進展。例如石油之氫化及裂化,醇之合成新法,貝基氏煤質提油法等。氮氣固定法敍述尤詳。膠體化學,有機化學,營養化學及光化學等亦多論述。工業上之方法較理論爲注重。

34．**大學無機化學**．*Inorganic Chemistry for Colleges Foster, Wm.D.Van Nostrand Co., New York City, 1929,837pp.,$3.00.*

此書包涵甚廣。化學理論闡明無遺,事實之記載亦甚豐富,元素則分族討論,史料甚多爲教員及學生之適用參攷書。

38．**普通化學**。*General Chemistry. Deming, H.G. John Wiley & Sons, Inc., New York City, 4th ed., 1935,715pp.,$3.50.*

注重基本原理之工業應用。其主要題材,及其敍述方法均極有裨益於師生之參考。索引詳備,檢查亦便。

39．**史氏大學化學**．*Smith's College Chemistry, Kendall, James. The Century Co., New York City, rev.ed., 1929,759pp.,$3.75.*

本書內容透徹新穎,深合於高級中學之參考。原子學說提出甚早。晶體結構亦有講述。電離解新說討論甚詳。全書四分之一係專論金屬部分。

40．**吹玻璃法**．*Laboratory Glass Blowing. Frary, Taylor, and Edwards. McGraw-Hill Book Co.,New York City, 1928,116pp.,$1.50.*

本書所有練習,均順序漸進,表明普通化學實驗室有用之吹玻璃各方法。應用手術各詳加解釋。務使學生不依賴教員而自行操作。該書爲教員製備或修理上課時應用儀器之最有用之書籍。

（待續）

專　載

近代幾何學之導引 （三續）

Graustein 氏原著　　　顧澄達指

第　二　編

幾何學上之引論

例題。　以上所言之 Desargues 氏定理乃屬於廣義範圍者。試就有窮範圍內詳細說明之，並詳舉其一切除外例。在此類除外例中憚出典　而證明其確已包括廣書中所言之內。

6　完全四角形及完全四邊形

定義　四點（其中無三點爲共線者）及其六連線所成之圖形謂之完全四角形(Complete quadrangle)

此四點謂之完四角形之頂 (vertices)，此六聯線謂之完全四角形之邊。[每點爲一頂，每一連線爲一邊；完全四角形共四頂六邊]。

定義　四線（其中無三線爲共點者）及其六交點所成之圖形，謂之完全四邊形(Complete quadrilaterals)

此四線謂之完全四邊形之邊，此六交點謂之完全四邊形之頂[每線爲一邊，每交點爲一頂；完全四邊形共四邊六頂]。

由 Desargues 氏定理可推得關於完全四角形及完全四邊形之若干射影定理如下。

定理1　　若兩完全四角形之五對相應邊[*]之五交點同在一直線上，則其第六對相應邊之交點亦必在此直線上，且其相應頂之四連線必爲共點。

設兩完全四角形爲 $ABCD$, $A'B'C'D'$；及 CD, $C'D'$ 爲其第六對相應邊，如八圖。因兩三角形 ABC, $A'B'C'$ 之三對相應邊之三交點同在直線 L 上，則三直線 AA', BB', CC' 必爲共點。同理，AA', BB', DD' 亦爲共點。由是，AA', BB', CC', DD' 必爲共點；此所共之點即 AA', BB' 之交點[**]。又旣知「兩三角形 ACD, $A'C'D'$ 之三對相應頂之三連線」爲共點，則 CD 及 $C'D'$ 自必交於 L 之上。

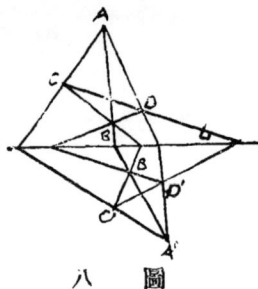

八　圖

此定理之逆不眞確。可以下定理代之。

定理2　　若兩完全四角形之四對相應頂之四連線爲共點，則其六對相應邊之六交點(其中每三點在一直線上)在四直線上，此六交點大抵適爲一完全四邊形之六頂。

---

[*]原註．　此假定兩完全四角形之相應法與 Desargues 氏定理中兩三角形之相應法同樣。

[**]原註．　若 AA' 及 BB' 爲相同之一直線，則此推理即無效。但凡 AA' 及 BB' 爲不同之直線時，此種推理旣皆有效，則按諸連續原理，於 AA' 及 BB' 合一時，此論斷仍爲眞確。若兩確定之完全四角形，其所居之位置適使 AA' 及 BB' 爲同線者，可作爲兩變動完全四角形(其 AA' 及 BB' 爲不同兩線者)之極限；又若對此兩變動完全四邊形，此問題之論斷常爲眞確，則對於其極限(即此兩確定之完全四角形)亦爲眞確。

此定理之證明,讀者可自爲之。[應用 Desargues 定理]。

6. **對立原理** (Principle of Duality)。此原理在射影幾何中最爲重要。

定義 1. 點與線謂之**對立原素**.(Dual elements)

定義 2 「在一點上作一線」與「在一線上作一點」謂之**對立運算**(Dual Operation)*。

由是,在一點上作兩線與在一線上作兩點,或令兩線交於一點與以一線連兩點,亦皆可謂之對立運算。

如此得到之兩圖形(卽「在一點上之兩線」之圖形,及「在一線上之兩點」之圖形),謂之**對立圖形** (Dual Figure)

定義 3 凡點線所組成之兩圖形可以對立法互得者(卽此圖形中之各原素改爲其對立原素,各運算改爲其對立運算時,其結果卽成彼圖形者)謂之**對立圖形**。或謂之兩此圖形爲對立。或謂之此圖形爲彼圖形之對立。

---

*「在一點上作一線」卽「作通過一點之線」之意。「在一點上作兩線」卽作通過一點之兩線」之意。又「線在點上」卽「線過點」之意。就通俗及意義顯明而論,只能云「點在線上」不能云「線在點上」。但爲明點線對立計,以「點在線上」與「線在點上」成對立,習慣之後,自覺其對立關係,更爲顯明。又如下文「令兩線交於一點」與「以一線連兩點」,文雖通俗易明,而點線對立之次序則顚倒而反晦。若改爲「以兩線交於一點」與「以兩點連爲一線」,或「交兩線於一點」與「連兩點爲一線」甚或「以一點連兩線」與「以一線連兩點」,則文雖不順(「以一點連兩線」更似不通),而點線對立之次序則反順而顯。文字不過爲表示意思之符號,苟於數理有益,不妨改作,自我開始。故於下文先留其原狀,以求通俗;入後則漸用此改法。以求理顯。特先註明於此。

　　完全四角形之對立圖形為完全四邊形,完全四邊形之對立圖形為完全四角形。一完全四角形為「先取四點(其中無三點共線)再以其兩兩相連作,連線」所成之圖形;其對立圖形為「先取四線(其中無三線共點) 再令其兩兩相交作交點」所成之圖形,此圖形即完全四邊形。

　　從定義二,易知「一線及其上一點」之圖形與其本身為對立,如此者謂之**本身對立** (Self-dual) **或自對立**。

　　若一三角形作為「三點(不共線者)及其連線」所成,則其對立圖形為「三線(不共點者)及其交點」所成。故三角形為自對立。

　　今可作「Desargues 氏定理中所有圖形」之對立圖形,及說明此定理中所有事實」之對立關係如下。兩三角形之對立圖形為兩新三角形。以一雙三角形之相應邊交於一點,其對立之法為以他雙三角形之相應頂連以直線,故「一雙三角形相應邊之交點為共線」與『他雙三角形相應頂之連線為共點』為對立。由是 Desargues 氏**直接定理**之假設及終結,依次與其**逆定理**之假設及終結為對立。為表明此種事實計,可云此直接定理及其逆定理為對立定理 (Dual theorem), 或云 Desargues 氏定理(就其全體言)為自對立。

　　以上已對立 Desargues 氏定理,許多其他定理亦可照此對立之。[此中對立二字作動字用]。例如 5 款定理1之對立定理為:

　　定理1　　若兩完全四邊形之五雙相應頂之連線同過一點,則其第六雙相應頂之連線亦過**此點**,且其相應邊之交點必為共線。

　　此定理之為真確,自然仍須證明。

　　注意　就以上定義之基礎而論,凡圖形及性質,吾人可將其對立者,皆屬於射影方面。故對立原理乃專屬於射影幾何者。在度

量幾何中無類此之情形。例如一圓,長度爲 2 之一段線,30°之角等,皆無可以對立之基礎*。

例　　　題

1.　說明完全五點形 (Complete five-points)之對立圖形。並將其畫出;完全五點形爲五點(其中無三點共線)及其諸連線所成之圖形。

2.　作與以下各圖形互相對立之圖形:

3.　證定理 1。

4.　說出 5 款定理 2 之對立定理,並證明之。

5.　完全四邊形之兩頂不在其一邊之上者明之對頂(opposite vertiecs), 對頂之連線謂之對頂線 (diagonal)。就完全四角形言,對邊 (Opposite sides) 及 對邊點 (diagonel points) 之對立定義應如何?[對邊點卽兩對邊之交點]。畫出其圖形。

6.　若一完全四角形之諸頂在一完全四邊形之諸邊上,而「此完全四角形之兩對邊」與「此完全四邊形之兩對頂線」爲共點,則「此完全四邊形之兩對頂」與「此全四角形之兩對邊點」爲共線。證明此定理及說明其對立定理。此對立定理與原定理之關係如何?

---

*原註.　對立之觀念 Poncelet 氏於其極及極線論之統系的用鑿中,曾加探討;此極與極線論卽對立圖形彼此相應之理論也。至對立原理之首作獨立陳述者則爲 Gergonne 氏，時 1286 年也。

第 三 編

齊次卡氏坐標　　點及線之一次相倚

1.　齊次卡氏坐標　欲得無窮遠點之十分利益,必須先有其坐標。但在尋常卡氏坐標 (Cartesian Coordinates) 中,無從得此種坐標,蓋一切雙數組 (x,y) 均已用作有窮遠點之坐標也。所以必須規定有無窮遠點坐標之新坐標系。

此諸新坐標謂之齊次卡氏坐標 (Homogeneous Cartesian Coordinates) 或略稱齊次坐標有窮遠點之舊卡氏坐標因此可謂之非齊次卡氏坐標 (Non homgeneous Cartesian Coordinates), 或略稱非齊次坐標。今先言「將有窮遠點之非齊次坐標改爲齊次坐標」之定義。

定義　有窮遠點 (x, y) 之齊次坐標爲凡三數組 (x_1, x_2, x_3) 之合於

$$\frac{x_1}{x_3} = x, \qquad\qquad \frac{x_2}{x_3} = y$$

二式者。

例如 (x, y) 之一組齊次坐標爲 $(x,y,1)$, $(-3x,-3y,-3)$ 及 $(\gamma x, \gamma y, \gamma)$; 此 γ 可爲任意數但不能爲 o.

由是,一有窮遠點之齊次坐標有無窮多;其每兩個坐標中之三數組成比例,每坐標中之第三標不爲 o。其逆,任意三數組(其第三數不爲 o)皆可爲一有窮遠點之齊次坐標,即 (x_1, x_2, x_3) 爲有窮遠點 $x = \frac{x_1}{x_3}$, $y = \frac{x_2}{x_3}$ 之齊次坐標 $(x_3 \neq o)$。例如 $(3, -2, 4)$ 爲 $\left(\frac{3}{4}, -\frac{1}{2}\right)$ 點之齊次坐標。

故一切有窮遠點有一切三數組 (x_1, x_2, x_3) 與之互相應 $(x_3 \neq o)$。

理学卷（第二册）　科学通讯　第四期（1935）

此外尚有合於 $(x_1, x_2, 0)$ 之一切三數組；今欲令其為一切無窮遠點之坐標。

為意義有定，便於說明計；就無窮遠點，其方向之斜率 (Slope) 為 λ 者，言之。經過此無窮遠點之任意直線 L 即是斜率為 λ 之任意直線 L，其方程式為

$$y = \lambda x + b.$$

設變點 (Variable point) $P:(xy)$ 在線 L 上向兩方無窮後退。由此而得之「P 之齊次坐標」之極限若能無關於 b（即與斜率為 λ 之特別一線無關），則以此極限作為此無窮遠點之齊次坐標，實有理由。

P 之齊次坐標為 $(x, \lambda x + b, 1)$，當 x 趨於正無窮時 P 在 L 上向方無窮後退；此其當 x 趨於負無窮時，P 在 L 上同他　　方無窮後退。

P 之齊次坐標為 $(x, \lambda x + b, 1)$。此中第一第二兩標皆隨 x 趨於無窮，而亦趨於無窮。但就 $(1, \lambda + (b/x), 1/x)$ 考之則無論 x 趨於正無窮或負無窮，此坐標之極限為 $(1, \lambda, 0)$；此與 b 無關。

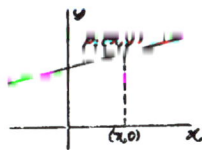

一　圖

故無窮遠點，其方向之斜率為 λ 者，照此理由，可以 $(\gamma, \gamma\lambda, 0)$ 作為其一組齊次坐標。**（γ 為不等於 0 之任意數）

定義　凡三數組 $(x_1, x_2 0)$ 之合於

$$\frac{x_2}{x_1} = \lambda$$

者組成無窮遠點（其方向之斜率為 λ 者）之一組齊次坐標（同類之齊次坐標均在其中）。*

50   科 學 通 訊

    凡廣義平面上之點,今已皆與以齊次坐標[+];而所有三數組,除一個 $(0,0,0)$ 之外,已皆有其所表之點。至此 $(0,0,0)$ 則不用之,[++]此公約也。

直線之齊次坐標方程式。   設直線 L 之方程式爲

(1) $a_1x + a_2y + a_3 = 0;$

以

[**] 原文以 (x_1,x_2,x_3) 爲 x_1,x_2,x_3 三數所成,名之曰一組坐標;而 x_1,x_2,x_3 依次謂之第一,第二,第三坐標。又 表 (x,y) 之 $(x,y,1)$,$(-3x,-3y,-3)$ 及 $(\gamma x,\gamma y,\gamma)$,總稱之曰 (x,y) 之諸組齊次坐標。因此凡言 (x_1,x_2,x_3) 之極限時,亦稱諸極限,意在 x_1,x,x_3 三數之三極限也。(此組字卽原文之 Set,諸極限爲原文之 limits)。

    今爲行文簡便計,(x_1,x_2,x_3) 謂之一個坐標;在意義顯明處,更略去「一個」二字,或略去「個」字,必表 (x,y) 之 $(x,y,1)$,$(-3x,-3y,-3)$ …及 $(\gamma x,\gamma y,\gamma)$,方謂之 (x,y) 之一組坐標;$(\gamma,\gamma\lambda,0)$ 亦謂之一組齊次坐標者,因 γ 爲不等於 0 之任意數,其形式雖爲一個坐標,而其所代表者實一組坐標也。「一組坐標」四字,有時代表同類坐標之全體,有時代表同類坐標中之若干個,不再嚴爲分別,因讀者自可意會也;遇須注意其全體時,則改「一組坐標」爲「一切坐標」,又 (x_1,x_2,x_3) 之極限,因此亦但稱極限而不曰諸極限,要之此種地方讀者自能意會,文句不必十分細別也。又 (x_1,x_2,x_3) 之 x_1 謂之第一坐標,x_2 謂之第二坐標,x_3 謂之第三坐標頗不安。因設同時論及 $(x_1x_2x_3)$,(y_1,y_2,y_3),(z_1,z_2,z_3) …… 等若干坐標,則所謂第一坐標,指 (x_1,x_2,x_3) 乎,抑但指 x_1 乎,將不易辨別矣。故譯文不稱 x_1 爲第一坐標,而稱之爲第一標,x_2 稱爲第二標,x_3 稱爲第三標,以示分別。

    [*]原註 此定義及以前之討論,y 軸方向之無窮遠點未能包括在內;讀者可自考之。

    [+]原註 齊次卡氏坐標,係 18 35 年德國幾何家兼物理家 Pluecker 氏 (1801—68)所作。至無窮遠綫及無窮遠點則 Poncelet 氏已先用之,且其用法頗有統系焉。

    [++]   任意一點 a 之坐標 (a_1,a_2,a_3) 以 γ 除其中各數,所得之 $\left(\dfrac{a_1}{\gamma},\dfrac{a_2}{\gamma},\dfrac{a_3}{\gamma}\right)$ 仍爲 a 之坐標。當 $\gamma\to\infty$ 時,$\left(\dfrac{a_1}{\gamma},\dfrac{a_2}{\gamma},\dfrac{a_3}{\gamma}\right)\to(0,0,0)$。無論 a_1,a_2,a_3 爲何種定數,其結果皆是如此,故 $(0,0,0)$ 不能以之代表一確定之點。

本刊廣告價目表

等級	地位	全頁價目	半頁價目
甲	底封面外頁	伍拾元	
乙	封面裏頁及底面	三十五元	二十元
丙	封面裏頁	二十五元	十五元
丙	底面裏頁之對面		
丁普	通	二十元	十二元

一、乙丙丁四分之一頁按照半頁價目六折計算

二、廣告概用白紙黑字如用彩色套紙價目另議

三、廣告如用銅鋅版由本刊代辦照收製版費

四、連登多期價目從廉請逕函本校出版處經理組接洽

科學學院科學通訊投稿簡章

一、投稿不拘文言白話凡中英德洋文均所歡迎

二、談晉教材叢錄書評消息均以科學為範圍

三、投寄之稿如係翻譯請附寄原本否則須將原文題目著明

四、投寄之稿務望繕寫清楚並加新式標點凡外國文稿作並請

五、投寄之如有插圖刪附表必須製版者請用墨色

六、時核對之

六、投寄之稿無論登載與否概不退還但預有聲明並備足回郵資者不在此限

七、投寄之稿經本刊揭載後每篇酌致酬金若本刊尚未揭載先在他處發表者恕不致酬

八、投寄之稿經本刊揭載版權即爲本校出版委員會所有

九、投寄之稿本校委員會有權增刪之如投稿人不願有另行約定者不在此限

十、增刪則應於投稿時聲明

投寄之稿應逕寄上海徐家滙交大學科學學院科學通訊編輯委員會

中華民國二十四年十月出版

科學學院科學通訊

第四期

編輯者 交通大學科學學院

發行者 交通大學出版委員會

印刷者 上海中國科學公司

代售處 上海

上海徐家滙

南京 正中書局

天津 世界出版社 作者書社 現代書局 黎明書局

漢口 志恆書店 光華書店 上海雜誌公司 蘇新書社

安慶 世界書局 新光書店

武昌 學生書局 大公報社代辦部

廣州 廣州閱書消費合作社

雲南 雲南文化書店

本刊價目

零售 洋二角 全年 八册（二十四年六月各一册）

預訂 五元四角 國外另加郵費（二十三年十二月各一册）

版權所有

科學學院科學通訊編輯委員會

賈維裕（科學院長兼物理系主任） 徐名材（化）

胡敦復（數學系主任） 顧澄（總編）

范會國（數） 武崇林（數） 周銘（理） 胡

副復（理） 時昭涵（化） 丁嗣賢（化）

科學通訊

第 五 期

中華民國二十四年十一月　　　上海交通大學科學學院編輯

國立交通大學研究所

本所成立以來設置（一）工業研究部分設設計材料機械電氣物理化學等組（二）經濟研究部分設社會經濟實業經濟照所訂計畫進行研究外歷承交通管理會計統計等組除按各路局各機關（如中國工程師學會上海市公用局義興公司等）託辦各項研究及試驗工作薄有貢獻關於上列諸組事項如蒙各界垂詢請惠臨上海徐家匯本所面洽或函商可也此布

溝渠工程學

是書爲本大學土木工程學教授顧康樂所著。係參考中西工程書籍雜誌，採擇各著之精粹而成。書凡十四章，詳述溝渠設計，建築與養護之原理及方法。舉凡污水量，暴雨水量，溝渠水力學，溝渠系統設計，溝渠附屬品，污水抽升，管圈設計，開掘填覆，列板撑檔以及施工之實際進行，無不條分縷析，詳爲解釋。至於插圖之豐富，文字之簡明，尚其餘事。

▲商務印書館出版，定價一元八角。

理学卷（第二册） 科学通讯 第五期（1935）

科 學 通 訊

第 五 期　　目　錄

交 大 季 刊

每冊大洋三角　全年壹元　　　　本校出版處發行　各地書局代售

管 理 學 院 叢 書

1. 鐵道經濟論叢　　　　　　鍾偉成編　　　　每冊大洋二角

2. 東北鐵路問題之研究　　　王同文著　　　　上下冊合購壹元二角

3. 吾國鐵路枕木問題之研究　楊　城
　　　　　　　　　　　　　王以瑗著　　　　每冊大洋四角
　　　　　　　　　　　　　陳善繼

4. 鐵路估值　　　　　　　　凃　宓著　　　　每冊大洋二角

發行者　上海徐家匯交通大學管理學院

代售處　各地大書局

談　言

公式不可瞎用(一續)

附應用條件之廣狹

顧　澄

1　　　$$\dfrac{\partial^2 f}{\partial x \partial y} = \dfrac{\partial^2 f}{\partial y \partial x} \; , \; 即 \; f_{xy} = f_{yx}$$　　　(a)

此 f_{xy} 係 $\dfrac{\partial}{\partial y}\left(\dfrac{\partial f}{\partial x}\right)$。因此記號各書略異，有 $f_{xy} = \dfrac{\partial}{\partial x}\left(\dfrac{\partial f}{\partial y}\right)$者，亦有寫作 f_{xy}'' 者，特先註明，以便列舉各書中(a)之應用條件時易以此　　。

尋常學生，大抵以為求偏微分時，變數之次序可隨意變更，f_{xy} 與 f_{yx} 總是相等，計算之際随　易見，毫不懷疑。自此則此兩式有時不等，公式 (a) 不可隨意瞎用。但以前天資卓異，不但於微積多貢獻變分學有發明，且於其他數學亦有傑作，名滿全球，澤貽後世之大數學家 Euler 亦以為此二式是無條件的相等。最奇者以 Cauchy 之偉大亦是如此(批評解析家已於十八世紀末開始工作，Cauchy 為其中之一，且為十九世紀前五十年中創作甚富極負甚名者，而竟亦未知此兩式有時不等，故謂之奇)。直至十九世紀中葉，始有人注意及此，自 P.H.Blanchet, Linderhöf, Genocehi 開始研究以後.至 Peano 及 Schwarz 出,(a) 之應用條件方能逐漸明白 (1890)。此後復有進步，則近三十年內事耳。即此可見批評解析之重要及理論方面之力量，有非以前偏重進展不究根源之數學家所能夢見者矣。

此 (a) 之 外 貌, 雖 僅 爲 初 等 徵 積 之 一 公 式; 論 其 重 要, 則 凡 多 變 數 函 數 $f(x_1, x_2, \cdots x_n)$ 之 理 論 與 偏 徵 分 有 關 者 皆 以 此 爲 基 礎。此 a 之 應 用 條 件 不 明, 則 此 類 理 論 皆 不 可 恃; 甚 至 兩 變 數 函 數 之 戴 勞 級 數 亦 成 廢 物。此 (a) 之 應 用 條 件 範 圍 不 廣, 則 此 類 理 論 全 受 拘 束, 其 應 用 亦 不 能 廣。故 諸 大 家 研 究 (a) 之 應 用 條 件, 層 出 不 窮, 實 非 小 題 大 做; 蓋 目 光 甚 遠, 用 意 別 有 所 在。特 非 僅 知 形 式 計 算 者 所 能 知 耳。

2　　至 以 前 數 學 家 之 誤 認 (a) 式 爲 無 條 件 成 立, 其 主 因 實 由 於 誤 認 兩 層 極 限 之 次 序 可 以 隨 意 顛 倒, 卽 誤 認

$$\lim_{y \to b} \lim_{x \to a} f(x, y) = \lim_{x \to a} \lim_{y \to b} f(x, y) \qquad (b)$$

可 以 無 條 件 成 立。實 則 此 式 兩 邊 未 必 相 等。亦 有 應 用 條 件 不 可 隨 意 瞎 用。

例 如

$$f(x, y) = \frac{x - y}{x + y}, \qquad (1)$$

則

$$\lim_{y \to 0} \lim_{x \to 0} f(x, y) = \lim_{y \to 0} \frac{-y}{y} = -1, \qquad (2)$$

$$\lim_{x \to 0} \lim_{y \to 0} f(x, y) = \lim_{x \to 0} \frac{x}{x} = 1 \qquad (3)$$

此 二 者 並 不 相 等, 且 因 此 可 知 不 但 (a) 有 應 用 條 件, 卽 學 生 慣 用 之

$$\int_c^d \int_a^b f(x, y) \, dx dy = \int_a^b \int_c^d f(x, y) dy dx \qquad (c)$$

亦 有 應 用 條 件, 不 可 隨 意 瞎 用; 蓋 $(a), (c)$ 皆 爲 兩 層 極 限, 均 受 (b) 之 應 用 條 件 之 束 縛 也。如 是 則 須 先 講 (b) 之 應 用 條 件 矣。但 此 項 條 件 種 類 不 一。此 處 先 談, 頗 有 喧 賓 奪 主 之 嫌, 祇 能 俟 諸 異 日。

至 $(1), (2)(3)$ 之 情 形 十 分 簡 單, 以 前 大 數 學 家 何 至 此 類 情 形 尚 不 能 覺 察, 而 竟 誤 認 (b) 式 無 條 件 成 立。蓋 牛 頓, 萊 本 之 發 明 微 積 之

理学卷（第二册）　科学通讯　第五期（1935）

後,其同時及繼起諸名人如 Euler, Bernouilli 等皆但注意微積方法之進展,無暇於其基礎所在之極限論,作精密之研究;且皆喜以幾何釋明其微積方法,而卽恃以爲保證。無如點集論未發明以前,尚無所謂非直覺 (non-intuitional) 之曲線曲面,凡彼時之曲線曲面皆偏重於直覺所能明。表曲面之函數 $z=f(x,y)$ 大抵爲初等函數之 $f(x, y)$,f_x,f_y 皆爲連續者。如是則 f_x 旣在閉域 D 內連續,則 f_{xy} 在 D 中存在(有窮)時,f_{xy} 縱在 D 內不連續亦至多爲點態不連續 (point- wise dis-continuous);再加 f_y 在 D 內存在,則凡 D 中之點,f_{xy} 及 f_{yx} 在其上旣存在復相等者,其所成之點集必在 D 中處處稠密 (everywhere dense in D);且其密度稠至此點集之超窮基數爲 c 卽 continuounm 之 cardinal number)。故在幾何方面,決不能從直覺上發見 f_{xy} 及 f_{yx} 有不等之時,其少日之經驗旣如此,所以雖有(1)(2)(3)之情形且亦不易覺察明察秋毫而不能見輿薪,孟子雖以爲必無之理。實則數學家頗有類此之事當其專心一事之際,卽便心事溫前恐亦不體牛頓令士区只兩貓洞,便僕彫火爐避點,不知者視爲異談,其知者知其方察秋毫心有專注不及見輿薪耳。如 Euler 等之不知 (1)(2)(3) 之情形,誤認(b)爲無條件成立,或由太用力於微積進展之故;特 Cauchy 身處批評解析已起之時,且爲複函數論之創造者,而亦未見及此,則殊可怪。意談數史者有所誤乎,不佞未讀 Cauchy 專集,無從爲之辯護,亦只能人云亦云而已。

3　茲先舉一實例,以明 (a) 式不能瞎用,而後再談其應用條件。

設　　　$f(x,y)= xy\dfrac{x^2-y^2}{x^2+y^2}$　　　(x,y) 不爲原點(o,o) 時,

　　　　　　$=o$　　　　　　(x,y) 爲原點(o,o) 時,

則(x,y)不在原點(o,o)上時,得

$$\frac{\partial f}{\partial x} = y \left\{ \frac{x^2 - y^2}{x^2 + y^2} + \frac{4x^2 \ y^2}{(x^2 + y^2)^2} \right\} \tag{1}$$

$$\frac{\partial f}{\partial y} = x \left\{ \frac{x^2 - y^2}{x^2 + y^2} - \frac{4 \ x^2 \ y^2}{(x^2 + y^2)^2} \right\} \tag{2}$$

(x,y)爲原點(o,o)時,得

$$\frac{\partial f}{\partial x} = o, \ \frac{\partial f}{\partial y} = o \tag{3}$$

再從 $(1),(2)$ 得

$$f_x(o,y) = -y, \qquad y \neq o \tag{4}$$

$$f_y(x,o) = x, \qquad x \neq o, \tag{5}$$

再求第二階紀函數,於(x,y)不爲原點(o,o)時,從(1)及(2)得

$$\frac{\partial^2 f}{\partial x \partial y} = \frac{x^2 - y^2}{x^2 + y^2} \left\{ 1 + \frac{8x^2 \ y^2}{(x^2 + y^2)^2} \right\} = \frac{\partial^2 f}{\partial y \partial x};$$

於(x,y)爲原點(o,o)時,從$(3),(4)$及(5)得

$$\frac{\Delta f_x}{\Delta y} = -\frac{\Delta y}{\Delta y} = -1, \quad \therefore f_{xy}(o,o) = -1, \tag{6}$$

$$\frac{\Delta f_y'}{\Delta x} = \frac{\Delta x}{\Delta x} = 1, \quad \therefore f_{yx}(o,o) = 1. \tag{7}$$

由此可知在原點(o,o)上,並不

$$\frac{\partial^2 f}{\partial x \partial y} = \frac{\partial^2 f}{\partial y \partial x},$$

而實

$$\frac{\partial^2 f}{\partial x \partial y} \neq \frac{\partial^2 f}{\partial y \partial x}.$$

此公式之不能瞎用明矣。

4 同時,更須注意在本例計算中不可瞎用公式之處如下:

I. 求(3)時,萬不可以$x = o, y = o$ 代入(1)及(2)中求之;雖代入後似亦可以得(3),但如此得到的(3)是不對的,須知(3)卽是$f_x(o,o) = o$,$f_y(o,o) = o$,此是原點上的f_y及f_x,不是原點以外的f_x及f_y。凡少經驗

的學生算題目,用不合理的方法求得書上之答數,即自以爲是;先生對他說用錯了方法,他還不信;所以我在此要多談幾句:第一要注意:(1),(2)是假定(x,y)不爲原點時之f_x及f_y;在原點上的f_x及f_y如何能憑他求。

第二要注意$xy\dfrac{x^2-y^2}{x^2+y^2}$,$f(x,y)$是兩種函數;$(x,y)$不在原點上時,他們是相同的;$(x,y)$在原點上時,他們是絕不相同的,(參觀下期通信 V)$x=0,y=0$時$f(x,y)$是存在的,$xy\dfrac{x^2-y^2}{x^2+y^2}$是不存在的(因$0.0\dfrac{0-0}{0+0}$即$0\dfrac{0}{0}$,無意義)。若另令$\Phi(x,y)=xy\dfrac{x^2-y^2}{x^2+y^2}$而專但就$\Phi$說,則$\Phi$之定義區域中旣無$(0,0)$,則$\Phi x(0,0)$及$\Phi y(0,0)$是不存在的,決不能無中生有的以$x=0,y=0$代入(1)及(2)中求(3)(注意$(x,y)$不爲原點時,$fx$及$fy$依次與$\Phi x$及$\Phi y$相同,$(x,y)$在原點上則不相同)。無論以$x=0,y=0$代入(1)及(2)後所得的並不是$0$及$0$,即使是的,亦決不能就說(3)只經得到了。第三要注意:以$(0,0)$代入(1)及(2)逐

$$0\left\{\frac{0-0}{0+0}+\frac{40.0}{(0+0)^2}=0\left\{\frac{0}{0}+\frac{0}{0}\right\}\right.$$

$$0\left\{\frac{0-0}{0+0}-\frac{40.0}{(0+0)^2}=0\left\{\frac{0}{0}-\frac{0}{0}\right\}\right.$$

皆是無意義,萬勿以爲皆是0(因聽人說過此前式右邊是$\dfrac{0^2}{0}+\dfrac{0^2}{0}$,分子是比分母高一級的無窮小,所以是$0$,等等的瞎話;這是代入法,又不是求極限,那裏說得到無窮小,所以注明)。

此第一注意是本題不可少的。第二第三兩注意,乃因別的感觸有爲而發,附入此處的。

那末,(3)究竟如何求法呢?上面太略,補一求法於下:

此只能從f_x及f_y之根本定義求,即

$$f_x(0,0)=\lim_{\Delta x\to 0}\frac{f(\Delta+\Delta x,0)-f(0,0)}{\Delta x}$$

$$=\lim_{\Delta x\to 0}\frac{\Delta x.0\,\dfrac{(\Delta x)^2-0^2}{(\Delta x)^2+0^2}}{\Delta x}$$

$$= \lim_{\Delta x \to 0} \quad o\left\{ \frac{(\Delta x)^2}{(\Delta x,^2)} \right\}$$

$$= o$$

$$f_y(0,0) = \lim_{\Delta x \to 0} \frac{f(0,0+\Delta y) - f(0,0)}{\Delta x}$$

$$= \lim_{\Delta x \to 0} \quad o\left\{ \frac{-(\Delta y)^2}{(\Delta y)^2} \right\} = o_{\circ}$$

II.　　求 (6) 卽

$$f_{xy}(0,0) = -1$$

時,萬不能從(4) 卽

$$f_x(0,y) = -y$$

先就 y 求偏紀函數得

$$f_{xy}(0,y) = -1,$$

再在此中令 $y=0$ 得

$$f_{xy}(0,0) = -1_{\circ}$$

此結果雖與前得之(6)同,然決不能用此法求(6)。瞎用慣公式的人,亦許不信此話,所以再多說兩句:

第一要注意:(4)是 $y \neq o$ 時的 f_x; $y=0$ 時的 f_{xy},是不能單從他求的。要曉得求 $f_{xy}(0,0)$ 是應該從 $f_x(0,0)$ 下手,上面求(6)太略些,今再詳細一點求他:從 (3) 及 (4) 得

$$f_{xy}(0,0) = \lim_{\Delta y \to 0} \frac{f_x(0,0+\Delta y) - f(0,0)}{\Delta y}$$

$$= \lim_{\Delta y \to 0} \frac{f_x(0,0+\Delta y) - o}{\Delta y}$$

$$= \lim_{\Delta y \to 0} \frac{-\Delta y}{\Delta y} \qquad -\Delta y \text{ 是從 (4) 得來}$$

$$= -1_{\circ}$$

第二要注意:此 $f_{xy}(0,0)$ 的求法好像同下法一樣,而實則不然

先從 $f_x(o,y)=-y$ 起；因要求 $f_{xy}(o,o)$，先將 $f_x(o,y)$ 改爲 $f_x(o,o+\Delta y)$ $=-\Delta y$，及令 $f_x(oy)$ 之 y 爲 o，即 $f_x(o,o)=o$；於是

$$f_{xy}(o,o)=\lim_{\Delta y\to o}\frac{f_x(o,o+\Delta y)-f_x(o,o)}{\Delta y}$$

$$=\lim_{\Delta y\to o}\frac{f_x(o,o+\Delta y)-o}{\Delta y}$$

$$=\lim_{\Delta y\to o}\frac{-\Delta y}{\Delta y}$$

$$=-1$$

此右邊三式同上面右邊三式完全一樣，何以說不能從（4）即 $f_x(o,y)=-y$ 求 $f_{xy}(o,o)$？

此確是用公式時，是否合法，不易分別處。其原因在求 $f_{xy}(o,o)$ 須從 $f_x(o,o)$ 下手，令 $x=o$ 爲常數，於 y 方面加 $-\Delta y$ 確是從(4)得 $f_x(o,o+\Delta y)$ $=f_x(o,\Delta y)=-\Delta y$，但 $\Delta f_x(o,o)=f_x(o,o+\Delta y)-f_x(o,o)$ 之 $f_x(o,o)$ 决不可從 $f_x(o,y)$ 之 y 爲 o 得來，此右了標實標在則可 $f_x(o,o)=o$ 乃由令 $f_x(oy)=-y$ 之 y 爲 o 得來。此種誤認即是瞎用了（4）式，如認此 $f_x(o,o)$ $=o$ 是(3)之第一式，即是不錯。此種分別初學極須注意。要之，(6)是須用(3)，(4)合求的，不能單用(4)求的。

至此 $f_x(o,o)=o$ 所以不能認爲由令 $f_x(o,y)=-y$ 之 y 爲 o 得來，與 I 中所謂不能以 $x=o,y=o$ 代入(1)及(2)得(3)相同。因爲(4)是從(2)來的，與原點無關係；原點上的 $f_x(o,o)$ 不能從非原點上的 $f_x(oy)$ 得來。

又(7)即 $f_{xy}(o,o)=1$ 亦不能直接從(5)求，理與上同，不必再說。

以上 $f_{xy}(o,o)$ 之求法，從偏紀數之根本定義下手，錯否尚看得出，若運用公式 $\frac{d}{dy}y^n=ny^{n-1}$ 從(4)得

$$f'_{xy}(o,y)=\frac{d}{dy}(-y)=-1$$

再令 $y=o$，得 $f'_{xy}(o,o)=-1$ 則其誤更難看出。此種絕不思索，不問 $f_x(o,y)$ 之

來源,閉了眼瞎算是萬萬不可的。

　　第三要注意:此單用(4)式誤得之結果確是 -1,非若 I 中以 $x=o,y=o$ 代入(1)及(2)所得之結果是無意義。但因其來源不合理,仍不能馬馬虎虎算是得了 $f'_{xy}(o,o)=-1$。數學第一是要嚴格,隨便慣了,是要失以毫釐差以千里的。

　　III　以上所設之例,是 Peano 首先提出的;以上(1)至(7)的七個算式是從 Pierpont 實函數論第 I 册 p, 262-264 上抄來的。又 I 中所謂「不能以 $x=o,y=o$ 代入(1),(2)中求(3)」及 II 中開始七行亦是 Pierpont 的意思。但恐太簡單,閱者不易明白;故在 I 及 II 中加了好多算式及許多說話;因此是談言,不是譯書,不妨如此;且必須如此,方能比請閱者查書有用些。但 Pierpont 於 p.264 又加一句話,說要與 388,4 (p.242) 的例,比較一比較;加這一句,無異加了許多句;與其將他抄出來,不如將其宗旨所在說一說:

　　Pierpont 是 Weierstrass 的高足,觀其書中云云,可知他是十分崇拜 Weiestrass 的嚴格解析家。這本書已出版三十年,當時美國數學家還不是現在的情形;他肚子裏一定有種種說不出的不滿,上講堂同做書時候(這書是他的 Lectures 編成的)耐不住,拿他平日所見所聞的來加以譏評;所以常說流行的書如何錯誤,無經驗的學生如何應留心誤算;此處竟有大學三年生常閉了眼睛瞎求微分,絕不管「公式及定理常受條件限制,並不處處皆可以應用的」(p. 264) 云云。這種口氣,察其弦外餘音,恐是指桑罵槐,別有用意的。一方面呢,亦許因種種看不慣,借此發洩發洩;又一方面呢,亦實具救弊苦心不得不說。且難明之理從反面說出,是更易令人知道。此種講書方法我是極端贊成的:所以此書雖老,於現在學生還很有益處,我常向他人介紹。其此處令人與 388,4 比較及 388,4 中所言,雖因發洩鬱氣,說話似有過火之處;但究具一片救弊苦心,為之說明如

理学卷（第二册） 科学通讯 第五期（1935）

下:

他見他人分不清 $f'(a)$ 及 $\lim\limits_{x\to a} f'(x)$, 遇到不能用公式求 $f'(a)$, 只能從 $f'(a)$ 之根本定義求 $f'(a)$ 的時候, 常有人就拿 $\lim\limits_{x\to a} f'(x)$ 來當 $f'(a)$。所以他在 388,4 (p.242) 說: 必 $f'(x)$ 在 a 上連續, 方能 $\lim\limits_{x\to a} f'(x)=f'(a)$; 倘使 $f'(x)$ 在 a 上之值還沒有一定, 那裏能就拿 $\lim\limits_{x\to a} f'(x)$ 來當 $f'(a)$。於是舉了一個實例, 以明 $\lim\limits_{x\to a} f'(x)$ 不存在的時候 $f'(a)$ 能存在; 若照他人辦法, 豈非將因 $\lim\limits_{x\to a} f'(x)$ 不存在, 而即以為 $f'(a)$ 亦不存在麼。這種大聲疾呼的救弊方法, 確是能發人深省的。他在 p.264 要人與 p.242 之 388,4 比較, 似令人勿以

$$\lim_{y\to 0} f_{xy}(o,y) \text{ 為 } f_{xy}(0,0),$$

$$\lim_{x\to 0, y\to 0} f_{u}(x,y) \text{ 為 } f_{u}(0,0),$$

而須按根本定義求 $f_{xy}(o,o)$ 及 $f_{u}(o,o)$ 之意。

此種用意雖好, 而我於上面加以「過火」兩字者; 因「$f'(a)$ 及 $\lim\limits_{x\to a} f'(x)$ 之別」與「$f(a)$ 及 $\lim\limits_{x\to a} f(x)$ 之別」有些不同; 後者固必須先知 $f(a)$ 在 a 上連續方能 $f(a) = \lim\limits_{x\to a} f(x)$; 前者則另有一定理我們亦須注意的, 卽

設 $f(x)$ 在閉區間 (closed interval) (a,b) 中連續, 及 c 在開區間 (a^{*},b^{*}) 中時, $f'(x)$ 在 $D_{\delta}{}^{*}(c)$ 中存在 ($\delta>o$ 而可任意小); 則 $\lim\limits_{x\to c} f'(x)$ 存在時, $f'(c)=\lim\limits_{x\to c} f'(x)$。〔$D_{\delta}{}^{*}(c)$ 是 $D_{\delta}(c)$ 之無 c 點者〕。

此定理極易證明, 只須從均值定律下手, 閱者可自證之。

如是, 則此例從 $\lim\limits_{y\to 0} f_{xy}(o,y)$ 得 $f_{xy}(o,o)$ 亦未嘗不可, 故謂為「過火」。但亦有可為 Pierpont 辯護之處, 其一, p.263 本令人勿以 $y=o$ 代入 $f_{xy}(o,y)=-1$ 中得 $f_{xy}(o,o)$, 並未明言勿以 $\lim\limits_{y\to 0} f_{xy}(o,y)$ 為 $f_{xy}(o,o)$。其二, p.264 所加一句, 即使如上所言, 令人勿以 $\lim\limits_{y\to 0} f_{xy}(o,y)$ 為 $f_{xy}(o,o)$;

但其意亦在須先注意此 $f'_{xy}(o,y)$ 是否合此定理之條件,不能貿然爲之。此幸合此定理耳。倘不加此一句,則不合此定理之假設時,恐人亦將因 $\lim\limits_{y\to o} f_{xy}(o,y)$ 存在而卽以其爲 $f_{xy}(o,o)$,或將因 $\lim\limits_{y\to o} f_{xy}(o,y)$ 不存在而以爲 $f_{xy}(o,o)$ 亦不存在;甚至合此定理之假設時,亦將因 $\lim\limits_{y\to o} f_{xy}(o,y)$ 不存在而以爲 $f_{xy}(o,o)$ 亦不存在。此皆 Pierpont 深惡痛疾之事,遂不覺太注意於 $\lim\limits_{x\to a} f'(x)$ 不存在時(p. 242 之例2)而言之諄諄耳。上舉定理渠豈不知, p. 242 但言 $f'(x)$ 在 a 上連續方 $f'(a)=\lim\limits_{x\to a} f'(x)$ 而未言及此定理者;或因欲令人遇不能用公式求 $f'(a)$ 時須用 $f'(a)$ 之定義求之,以養成其習慣,暫不願舉此定理開一方便之門,致人遂不能成此習慣,及遂不注意公式之可用與否耳。且從定義求 $f'(a)$ 亦事簡而比引用此定理易;如 p. 242 例2,倘引用此定理則 $\lim\limits_{x\to o} f'(x)$ 不存在,仍須用定義求 $f'(o)$,反不值得矣。

　　由是,則上所謂「過火」,實一種吹毛求疵之言,或大違 Pierpont 之本意,惜事太微細,不便一函問之。

　　VI. 上雖說及可根據一種定理令

$$\lim_{y\to o} f_{xy}(o,y)=f_{xy}(o,o)$$

Pierpont 的話,未免過火,但再看 Townsend 及 Hobson 書中對於此例如何作法,卽可知此「過火」二字之評語妥當不妥當, Townsend 之作法 (Townsend 實函數論 p.189),先按 $f'(a)$ 之根本定義求得 $f_x(o,o)=o$ 及 $f_y(o,o)=o$。此與 Pierpont 的主張同。但其最後求 f_{yx} 及 f_{xy} 則與 Pierpont 不同,簡直從兩層極限下手:

$$f_{yx}(o,o)=\lim_{\Delta x\to o}\lim_{\Delta y\to o}\left\{\frac{f(o+\Delta x,o+\Delta y)-f(o+\Delta x,o)-f(o,o+\Delta y)+f(o,o)}{\Delta x\,\Delta y}\right\}(8)$$

$$=\lim_{\Delta x\to o}\lim_{\Delta y\to o}\left\{\frac{(\Delta x)^2-(\Delta y)^2}{(\Delta x)^2+(\Delta y)^2}\right\}=1,$$

$$f_{xy}(0,0) = \lim_{\Delta y \to o} \lim_{\Delta x \to o} \left\{ \frac{(\Delta x)^2 - \Delta y^2}{(\Delta x)^2 + \Delta y^2} \right\} = -1,$$

(Townsend 書內 f_{xy} 中 x 及 y 之次序與上所用相反,故改之)。

此種作法當然對的。但閱者應注意此法不是可以通用的。因已經先知 $f_x(0,0)$ 及 $f_y(0,0)$ 存在,自然可用此法,如尚未知其存在,則此法卽不可隨意瞎用。因 $f_y(0,0)$ 不存在時,此兩層極限(8)有時仍能存在。不但現在數學家規定 $f_y(0,0)$ 不存在時,(8)雖存在仍不能視作 $f_{yx}(0,0)$;在定義方面講,亦是 $f_y(0,0)$ 旣不存在,如何能發生 $f_{yx}(0,0)$。所以此例之可以用此作法,實因先知 $f_x(0,0)$ 及 $f_y(0,0)$ 存在的緣故。Townsend 因在其書中 (p. 171) 說過應如何用兩層極限定 f_{yx} 的情形,所以此處想借用，用此作法。但閱者須知兩層極限(8)不是 $f_{yx}(0,0)$ 的根本定義。其初用者且 Townsend 的作法,所以用兩層極限。求 f_{yx} 是最根本的方法。所以 Townsend 的作法並不比 Pierpont 的法好。

我們再看，看 Hobson 的作法 (p. 429)。他的作法是完全與 Pierpont 一樣(里其記號兩樣是外貌不同,內對則一也)。

但 Hobson 的話旣簡且明,十分雅潔,不多幾句,連 $f(x,y)$ 在 $(0,0)$ 上連續,和 f_{xy} 及 f_{yx} 在 $(0,0)$ 上皆不連續,都說得很明白,這是英國紳士的脩辭,遠非美國少年所能及的。更不像我這談言,囉囉嗦嗦,忽文忽白,專就文學方面講,簡直了是東門。但就字異論,却有些不同之點:Hobson 是要做一本名著,向世界表示學問。Pierpont 雖亦想發揮他先生的主張,表示他自己的學力;可是抱了些且救目前流弊的心思,從正面說了,還要在反面說幾句;因此一部簡明謹嚴的佳作,中間插了些對初學不可不說,對通人實在不必說的話;看起來好像不雅潔,且得罪了許多人(但我是贊成的)。至於我這談言呢,更是專為初學說法,檢初學容易誤會或不易十分了解的基本觀念詳談細說,想矯正只知形式計算者的通病;所以只求說得透澈,文呀白的全不管;照現在學生的中文程度和吾國文字的不盡適於科學,倘要擺起文學架子,不管學理說得明白不明白,專在脩辭方面去講究,在數學方面是勞而

無益的,還不如去做文學書的好。但今天提到Hobson的書,想到文字方面,眞是權衡在上,我這談言對了他,頗覺自慚形穢,不得不略表宗旨各異,遮一遮醜。不料一直寫下,又是去題千里的跑野馬。但數學文字,我的這種做品,是我近數年來有意如此的;本要在一切拙作上,做篇長序說一說,可是沒功夫,現旣想到,恐後忘却,只好借此地方,隨手寫出,略表微意罷了。

Townsend 的作法旣不比 Pierpont 的好, Hobson 的作法,又與 Pierpont 一樣,都沒有用我所說的,令

$$\lim_{y \to o} \; y_{xy} \, o, y = f_{xy} \, o, o).$$

可見 Pierpont 的說話並不「過火」,我倒有點吹毛求疵的過火了。爲「過火」兩字,自己駁自己的說了一大節,豈非無謂,但却有些用意:

(一) 論問題的作法,有定理可用不妨用,如 Townsend 用兩層極限求 f_{xy}, 及我所說的令 $\lim_{y \to o} f_{xy} \, (o, y) = f_{xy} \, (o, o)$, 皆有定理可用,在普通做題時是可以的。

(二) 在說明根本重要觀念,設例打破以前之錯誤或證明一種事實不成立時,此例之作法愈用根本方法愈好;苟非不得巳,終以少用定理爲是。因定理有假設限制,稍不留心,卽犯誤用。且用定理多轉折,不如用根本方法顯明可恃,易使人信。所以 Pierpont 及 Hobson 所採的作法,是最妥當的。Pierpont 對「少經驗的讀者」所下的警告,更是很有益於初學的。

本期限於篇幅,尙有 $f_{xy} = f_{yx}$ 之十餘種應用條件及其廣狹之批評,下期續登。

四 期 談 言 正 誤

p5. 末三行 $f'(a)$ 及 $Rf'(a)$ 應改爲 $f'(x)$ 及 $Rf'(x)$.

p14. 末附正誤中「7」非 $f(a)$ 應改爲 (7) 非 $f(x)$

教 材

電 磁 學 上 之 單 位

許 國 保

電磁學上所用之單位,系統頗繁,如普通物理學上常用之「靜電單位」(Electrostatic units) 及「電磁單位」(Electromagnetic units),實驗與工程上應用之「實用單位」(Practical units), 與理論物理學上常當採用之「赫維賽德羅倫徹單位」(Heaviside-Lorentz units), 已有四種系統之多。初學者往往昧於鑒別而不易求其各系統間之相互關係。本篇擬從各單位系統之來源說起。用簡明基本方法以徹底解說各系統間之相互關係。

電磁學上普通應用之單位計有:

中名	英名	簡號
電荷	Charge	Q
電流	Current	I
電勢	Electric Potential	V
電場強度	Electric Field Intensity	E
極化	Electric Polarization	P
位移	Electric Displacement	D
電阻	Resistance	R
電容	Capacity	C

磁 極 強 度 ·············· Pole Strength ················· m

磁 場 強 度 ·············· Magnetic Field Intensity ·········· H

磁 化 強 度 ·············· Intensity of Magnetization ········· M

磁 感 應 強 度 ············ Magnetic Induction ·········· B

感 應 係 數 ·············· Inductance ··········· L

靜電單位系統發源於靜電學之庫侖定律 (Coulomb's Law)。最初所規定者爲電荷之單位。其規定如下:

若置兩個「單位點電荷」(unit point charges)使其互距爲

1 cm. 則其相互吸力或斥力爲1「達因」(dyne)。

如此規定之電荷單位爲靜電單位系統中之電荷單位。在規定此單位時吾等須用一長度 cm., 又須用一力 dyne, 此長度及力均爲 c.g.s. 系統之單位,而力之「因次」(dimension) 中,尤包括「質量」「長度」及「時間」。由此觀之,可見靜電單位系統仍應用 c.g.s. 系統;凡靜電單位中有包含或應用長度,質量或時間者,其單位仍當用 cm., gram 及 sec. 也。

電磁單位系統發源於靜磁學之庫侖定律。最初所規定者爲磁極強度之單位。其規定如下:

若置兩個「單位點磁極」(unit point poles 使其互距爲

1 cm. 則其相互吸力或斥力爲一「達因」(dyne)。

如此規定之磁極強度單位爲電磁單位系統中之磁極強度單位。在規定此單位時,吾等亦須用一長度 cm.及一力 dyne。可見電磁單位系統亦仍應用 c.g.s. 單位系統也。質是之故,吾等常稱靜電單位系統及電磁單位系統爲「厘米克秒制靜電單位系統」及「厘米克秒制電磁單位系統」 (System of c.g.s. electrostatic units and System of c.g.s. electromagnetic units)。

以上最初所規定之「靜電單位系統之電荷單位」及「電磁單位系統之磁極強度單位」初無相互之關係。但由靜電系統中之電荷單位,吾等可推求而得電流電勢電場強度極化位移電阻電容等之靜電單位;一方面由電磁系統中之磁極強度單位,吾等可推得磁場強度磁化強度磁感應強度等之電磁單位。在推求各單位時,吾等所最應注意者厥爲各單位之基本定義。若忽視基本定義則推求時易於錯誤。惟由基本定義而推得之結果,決不致誤也。各單位之基本定義可略言之如下:

1　　電流　「電流量」爲每單位時間內經過「某一定截面」之「電荷量」

$$ I = \frac{dQ}{dt} \qquad 是以 I 之因次爲 \frac{Q}{t} \qquad (t 代表時間) $$

2　　電勢 (1) 甲乙兩點間之「電勢差」(Potential difference) 乃在某一定電場中將「單位點電荷」由甲點移至乙點所須做之「工作」(work)。

$$ V = \frac{W}{Q} \qquad 是以 V 之因次爲 \frac{W}{Q} \qquad (W 代表工作) $$

3　　電場強度　「電場強度之量」乃一「單位點電荷」在電場中所受之力之量。

$$ E = \frac{F}{Q} \qquad 是以 E 之因次爲 \frac{F}{Q} \qquad (F 代表力) $$

4　　電勢 (2) 根基「定義 3」若某電場之強度爲 E,則一單位點電荷在此電場中所受之力爲 E。若移此單位點電荷,沿 E 之方向行 l 個「長度單位」則其所做之工作爲 El。是以

$$ V = El \qquad V 之因次又可以 El 代表之。 \qquad (l 代表長度) $$

$$\left(因 E = \frac{F}{Q}, El = \frac{Fl}{Q} = \frac{W}{Q}\right)$$

5 極化 「極化之量」等於在單位容積內所有「電矩」(di-pole moments) 之量 (dipole moment = Ql)

$$P = \frac{Ql}{S} \qquad P 之因次爲 \frac{Ql}{l^3} = \frac{Q}{l^2} \qquad (S 代表容積)$$

6 位移 根基高斯定律 (Gauss Law) 每 Q 電荷共有 $4\pi Q$ 「位移線」(lines of displacement)。位移之單位爲每「單位面積」上有一「位移線」。

$$\int DdA = 4\pi Q \qquad 是之 D 之因次爲 \frac{Q}{A} = \frac{Q}{l^2} \quad (A 代表面積)$$

附註 由定義 5 及 6 觀之 D 與 P 之因次相同,在靜電單位系統中 Q 之單位由庫侖定律得來:

$$F = \frac{QQ'}{l^2}$$

是以 Q 之因次爲 $\sqrt{Fl}$,因此 E 之因次爲 F/Q,又爲 $\sqrt{F}/l$,同時 P 及 D 之因次爲 Q/l^2,又爲 $\sqrt{F}/l$。故在靜電單位系統中 E, P, D 均同因次而在 $D = KE$ 公式中之「介質常數」(dielectric constant) K 爲無因次。

7 電阻

$$R = \frac{V}{I} \quad 電阻之因次爲 \frac{V}{I}$$

8 電容

$$C = \frac{Q}{V} \quad 電容之因次爲 \frac{Q}{V}$$

(因 $V = \frac{W}{Q}$,是以 C 之因次爲 $Q^2/W = Fl^2/Fl = l$。

在靜電單位系統中 C 之因次爲 l)

9　　磁場強度　　「磁場強度之量」乃一「單位點磁極」在磁場中所受之力之量。

$$H = \frac{F}{m}$$　　　　是以 H 之因次爲 $\frac{F}{m}$

10　　磁化強度　　「磁化之量」等於在單位容積內所有「磁矩」

(magnetic moments 之 量 (magnetic moment $= ml$)

$$M = \frac{ml}{S}$$　　M 之因次爲 $\frac{ml}{l^3} - \frac{m}{l^2}$

11　　磁感應強度　　根基高斯定律,每 m 磁極量共有 $4\pi m$ 條「磁感應線」(lines of induction)磁感應強度之單位乃每單位面積上有一條「磁感應線」。

$$\int \cdots = \cdots \qquad \cdots \cdots \frac{m}{A} - \frac{m}{l}$$

附註　　由定義 10 及 11 觀之 B 與 M 之因次相同。而在電磁單位系統中⋯⋯⋯⋯

$$F = \frac{mm'}{l^2}$$

m 之因次爲 $\sqrt{F}l$。因此 H 之因次爲 F/m,又爲 $\sqrt{F}/l$。同時 M 及 B 之因次爲 m/l^2,亦爲 $\sqrt{F}/l$。故在電磁單位系統中 H, M, B 均同因次而程 $B = \mu H$ 及式中之「導磁係數」(magnetic permeability) μ 爲無因次:

12　　感應係數

$$V = L \frac{dI}{dt}$$　　　是以 L 之因次爲 $\frac{Vt}{I}$

以上十二條定義,無論在靜電單位系統,電磁單位系統及實用單位系統中均不變更。但因在靜電系統中之電荷 Q 之單位已由庫侖定律規定,是以根據定義 1,2,3,4,5,6,7,8 及 12 等 I, V, E, P, D, R, C 及 L 之單位在靜電系統中已可規定。(註:感應係數 L 雖依定義 12

可由靜電單位系統中之 V 及 I 單位規定之,但究因 L 與磁感應有關是以 L 之定義置於各定義之末。)同時因電磁系統中之磁極強度單位亦已由庫侖定律規定,是以根據定義 9, 10 及 11, H, M, 及 B 之單位在電磁系統中亦可規定。此兩系統原無相互關係。關係之發生,一則起因於電流 (I) 能產生磁場 (H),此爲安培 (Ampere) 定律;再則起因於磁場之變化 (dB/dt) 能產生電勢 (V) 此爲法拉第 (Faraday) 定律。

　　根據安培定律,吾等可規定電流 I 在電磁系統中之單位。按安培定律,電磁系統中之電流單位應規定如下:

　　定義 13　設在繞成圓周形之導線上有電流 I (以電磁單位計算)而圓周之半徑爲 r, 則在圓周中心之磁場強度:

$$H = \frac{2\pi I}{r}$$

假定圓周之半徑爲 1 而中心之磁場強度亦爲 1 則所經之電流必爲 1 個電磁單位。依照上述之公式

　　在電磁系統中,電流 I 之因次爲 Hl。

　　根據法拉第定律,吾等可規定電勢 V 在電磁系統中之單位。按法拉第定律,電磁系統中之電勢單位應規定如下;

　　定義 14　設有一導線圈其面積爲 A 而垂直於某磁場。此磁場中之「磁感應 B」每單位時間內之變化爲 dB/dt, 則其因感應而在線圈中所發生之電勢(以電磁單位計算) V 爲

$$V = A\frac{dB}{dt}$$

假定 $A = 1$, $dB/dt = 1$, 則所感應之電勢卽爲一個電磁單位。依照上述之公式

　　在電磁系統中,電勢 V 之因次爲 $\dfrac{BA}{t} = \dfrac{Bl^2}{t}$。

定義13與14並非無關。因根據定義2, V 之因次為 W/Q 而根據定義1 Q 之因次又為 It; 是 V 之因次為 $W/It = W/Hlt$。在電磁系統中 H 之因次為 $\sqrt{F}/l$, W 之因次為 Fl, 是以 V 之因次又為 $Fl/\sqrt{F}t = \sqrt{F}l/t = Hl^2/t$。在電磁系統中 B 與 H 同因次, 故由定義1, 2及13所推得之結果, 與定義14同。是以法拉第之時, 倘當時物理家對於電磁及靜電單位系統中之各單位因次問題之明瞭能與現今相等, 則法拉第之電磁感應現象至少可早十年發現也。

電荷(或電勢)之單位既在靜電單位系統及電磁單位系統中均已有確切規定, 則吾等即可比較此兩單位(靜電系統之電荷單位及電磁系統之電荷單位)之大小。此大小之比較不能由理論推得, 必須由實驗求得之。實驗所得之結果, 電磁系統中之電荷單位較靜電系統中之電荷單位大 c 倍, $c = 3 \times 10^{10}$。以後吾等將以 Q_s 及 Q_m 表示某一定電荷量用靜電單位及電磁單位所量得之數量; V_s 及 V_m 表示某一電勢量用靜電單位及電磁單位所量得之數量, 餘均做此類推。因電荷在電磁系統中之單位大, 在靜電系統中之單位小, 是以 Q_s 較 Q_m 大 c 倍此關係可以公式表明之

$$Q_m = \frac{Q_s}{c} \qquad\qquad (1)$$

又 Q_s 在靜電系統中之因次為 $\sqrt{F}l$, 而 Q_m 在電磁系統中之因次為 $Hlt = lt\sqrt{F}/l = \sqrt{F}t$ 是以

$$\frac{Q_s}{Q_m} = c \text{ 之因次為 } \frac{\sqrt{F}l}{\sqrt{F}t} = \frac{l}{t}$$

由此可見 c 之因次與速率之因次同, c 之值即光在真空中之速率也。

根據公式(1)及定義 1 至14, 吾等可求各單位在電磁及靜電兩系統之相互關係矣。

上海交通大学百年报刊集成 · 第一辑 （1896—1949） · 学术学科

$$I = Q/t \qquad \frac{I_m}{I_s} = \frac{Q_m}{t_m} \frac{t_s}{Q_s} = \frac{Q_m}{Q_s} = \frac{1}{c} \quad \text{(因 } t \text{ 在兩系統中均爲秒)}$$

是以
$$I_m = \frac{I_s}{c} \tag{2}$$

$$V = \frac{W}{Q} \qquad \frac{V_m}{V_s} = \frac{W_m}{Q_m} \frac{Q_s}{W_s} = \frac{Q_s}{Q_m} = c \qquad V_m = c\,V_s \tag{3}$$

$$E = \frac{F}{Q} \qquad \frac{E_m}{E_s} = \frac{F_m}{Q_m} \frac{Q_s}{F_s} = \frac{Q_s}{Q_m} = c \qquad E_m = c\,E_s \tag{4}$$

$$P = \frac{Q}{l^2} \qquad \frac{P_m}{P_s} = \frac{Q_m}{l^2_m} \frac{l^2_s}{Q_s} = \frac{Q_m}{Q_s} = \frac{1}{c} \qquad P_m = \frac{1}{c} P_s \tag{5}$$

$$D = \frac{Q}{l^2} \qquad \frac{D_m}{D_s} = \frac{Q_m}{l^2_m} \frac{l^2_s}{Q_s} = \frac{Q_m}{Q_s} = \frac{1}{c} \qquad D_m = \frac{1}{c} D_s \tag{6}$$

$$R = \frac{V}{I} \qquad \frac{R_m}{R_s} = \frac{V_m}{I_m} \frac{I_s}{V_s} = c^2 \qquad R_m = c^2 R_s \tag{7}$$

$$C = \frac{Q}{V} \qquad \frac{C_m}{C_s} = \frac{Q_m}{V_m} \frac{V_s}{Q_s} = \frac{1}{c^2} \qquad C_m = \frac{1}{c^2} C_s \tag{8}$$

$$H = \frac{I}{l} \qquad \frac{H_m}{H_s} = \frac{I_m}{l_m} \frac{l_s}{I_s} = \frac{I_m}{I_s} = \frac{1}{c} \qquad H_m = \frac{1}{c} H_s \tag{9}$$

$$m = \frac{F}{H} \qquad \frac{m_m}{m_s} = \frac{F_m}{H_m} \frac{H_s}{F_s} = c \qquad m_m = c\,m_s \tag{10}$$

$$M = \frac{m}{l^2} \qquad \frac{M_m}{M_s} = \frac{m_m}{l^2_m} \frac{l^2_s}{m_s} = c \qquad M_m = c\,M_s \tag{11}$$

$$B = \frac{m}{l^2} \qquad \frac{B_m}{B_s} = \frac{m_m}{l^2_m} \frac{l^2_s}{m_s} = c \qquad B_m = c\,B_s \tag{12}$$

$$L = \frac{Vt}{I} \qquad \frac{L_m}{L_s} = \frac{V_m t_m}{I_m} \frac{I_s}{V_s t_s} = c^2 \qquad L_m = c^2 L_s \tag{13}$$

此外「介質常數」K 及「導磁係數」μ 在兩系統中之相互關係亦可推得如下

$$K = \frac{D}{E} \qquad \frac{K_m}{K_s} = \frac{D_m}{E_m} \frac{E_s}{D_s} = \frac{1}{c^2} \qquad K_m = \frac{1}{c^2} K_s \tag{14}$$

（是以 K_m 之因次爲 $\dfrac{1}{v^2} = t^2/l^2$）

$$\mu = \frac{B}{H} \qquad \frac{\mu_m}{\mu_s} = \frac{B_m}{H_m} \cdot \frac{H_s}{B_s} = c^2 \qquad\qquad \mu_m = c^2 \mu_s \qquad (15)$$

（是以 μ_s 之因次亦爲 $\frac{1}{v^2} = t^2/l^2$）。

初等幾何學 切圜一題之討論（三續）

陳 懷 書

第十題　切三圜作圜

食品中之飲料

楊權文

　　人生飲食所需，除日常富有營養素物質外，必須兼飲液質以解渴，其液質之充作飲料，而普天下不可須臾或缺者，厥惟水份，然水苟純潔，淡而無味，於是將各種適宜物質攙雜其中，庶幾芬香撲鼻，五味勻調，雖不充腸，確甚適口，而飲料之能事畢矣；菓汁糖漿，甘辛得當，各視其性之所嗜而施用之，初非有好憎於其間也，其攙雜物質之最為普通，而世界各國大都採用者，為茶咖啡可可三種，茶取其葉，咖啡可可取其子，皆具有興奮作用，試飲之餘，陡覺精神爽豁，胸襟清虛，咸公認以為人羣生活之需要品矣。

　　茶樹屬山茶科，莖幹低小，自根際叢生，高約六七尺，為常綠灌木；葉互生，長橢圓形，緣有鋸齒；花生葉腋，色白芳香，具有花梗，五萼五瓣，雄蕊數多，雌蕊一本，秋冬結實，殼褐色，扁圓三角形，藏種子一

理学卷（第二册）　科学通讯　第五期（1935）

枚至三枚,成熟裂開,則散出其子;產於中國日本印度錫蘭爪哇臺灣等處,專為採取其葉而栽植者。

春季採其嫩葉而焙製之,是為茶,有紅茶綠茶之分,依色味及製法而為之區別;將茶和以沸水,淪出其質,芬香濃烈,為著名飲料,可療養精神疲倦,能增進血液循環;惟飲茶過度,非徒無益,而有害之;茶葉之中,含有一種揮發性精油 (Essential oil), 主發香氣,與茶素 (Theine),其成分為 ($C_8H_{10}N_4O_2$), 係植物性有機鹼類 (Alkaloids) 之一,主解渴提神,並含單寧 (Tannin), 主苦味,炭水化合物 (Corbohydrate), 及植物酪素 (Legumin), 供營養,其多寡依茶類之品質與產地而有差別;印度產與錫蘭產含單寧較多;茶之種子,含有脂肪,可以榨油,茶樹之木材,堅密精緻,可供雕刻之用;茶末施以壓力,可製茶磚。

案茶本為我國著名產物,中部沿長江流域與南部諸省均產之;至茶之為飲,發乎神農,見神農食經及桐君錄;周公作爾雅,始分茶茗,郭璞注以為早采為茶,晚采為茗,因又有香茗之稱;漢晉以還,嗜飲之者代有名人,故華陀食論壺居士食忌陶宏景雜錄均論及飲茶之利弊;迨至唐代盛行,陸羽著茶經,始詳及煮法與其器皿,自是厥後,我國飲茶之風,當已普及全國;宋代蘇軾茶說既考其品質而丁謂茶圖蔡襄茶錄且誌其產地焉;南北朝鮑昭妹鮑令暉作香茗賦,唐張孟陽王維詠之以詩,皆讚美其品質之高貴優良,歠飲之餘,足以賞心樂事;明代李時珍編本草綱目,始詳性質功用,而茶之記載於是乎大備;總之我國所產,品質佳良,聲譽中外,久為輸出大宗,今則漸為外商所奪,日就衰落矣。

咖啡樹屬茜草科,為常綠灌木,高二十尺許;葉對生,似長卵形而尖,花生葉腋,花萼合瓣,花冠五裂,白色芳香,雄蕊與花冠裂片之數同,雌蕊一枚,柱頭二裂;果實為漿果肉質,紅色,大如胡椒,含二種

| 教材三 | 食品中之飲料 | 25 |

子；原產阿剌伯及阿比西尼亞，今則巴西爪哇錫蘭印度西印度凡世界熱界地方多培植之，尤以巴西出產最多。

先自軟殼中取出其子，晒乾炒焦後研爲粉末，是爲咖啡，和以沸水，煎出其質，香味甚佳，亦爲飲料中之重要品；咖啡除炭水化合物外，亦含有一種芳香揮發之精油與咖啡素 (Caffeine)，其成分爲 ($C_8H_{10}N_4O_2$) 與茶素同，亦主解渴提神，然飲之過度亦有害；間有雜於咖啡而代充咖啡用者，爲苦苣焦糖車前棋無花果及各種焦穀等粉末。

可可樹屬梧桐科，爲常綠喬木，高約十六尺，乃世界無風帶產物；葉橢圓形而尖；花赤色，果實長橢圓形，長三寸餘，外有肉質之果，內含多數種子，種實富有脂肪，榨可得可可脂 (Cacao Butter)；產於南亞美利加西印度亞細亞南部等處，其餘熱帶地方亦多栽植之。

歐美各國常利用此種子，炒焦後去其皮，將其仁搗成粉末，加同量之糖及膏漿，與黃色之色素少許，用以調製糖果，稱爲諸古律 (Chocolate)，可以佐食品，或溶於沸水而充飲料；又炒種子之全部或專炒其仁，製成粉末，未和其他物品者，稱爲可可，再加糖牛乳或澱粉等，同溶於沸水中而爲飲料；可可除炭水化合物外，含有一種可可素 (Theobromine)，其成分爲 ($C_7H_8N_4O_2$)，亦屬植物性有機鹼質之一，並含少量咖啡素，故亦可以解渴提神；然與茶及咖啡兩相比較，營養素較多而興奮劑較少，頗適宜爲孩提飲品；其香氣因含有少許龍腦醇 (Linalool) 故，成分爲 ($C_{10}H_{17}OH$) 係屬醇類 (Alcohol) 之一。

水於人生，不特解渴，實爲構造身體成分之一種，故不得不飲；且其功用，可以輔助消化，排洩廢料，調節體溫升降，維持血液循環，生活機能，其組織作用，全在水份爲之運輸分泌，是則飲料本原，水

爲主要,茶咖啡可可三者不過增加芳香之附味而已;惟人生食品,均屬有機物質,大都富含水份,是以食品之中,本亦自有其水之作用。

叢　錄

製　革　叢　談（續）

陳　同　素

1. 燻　革

以鹽皮在冷水中洗淨鹽質約 15—20 分鐘，浸冷水中一夜，刮肉，浸新灰中四日，脫毛，刮肉，洗淨，再刮去小毛及肉屑，稱之，以 Oropon 脫灰，用 2% 硫酸與 10—12% 鹽液之混合液浸漬，以　　心望盆轉動之約 15—25 分鐘，瀝清後以二浴法鞣之（用此法以後可得較佳之色澤）此後即行壓緊及擠去餘水。將革削片修切之後，在溫水中洗滌約一刻鐘而後以 1%（依據修切樣之尺寸）碳酸鈉中和之，再洗，用 4—7% 牛存脚油上油（55°C）革須先在熱水中熱過。轉動半時後油即全行吸入革內。然後磨光，掛諸烘樓上（溫度不得過 40°C）。乾後置數日，再以溫水潮潤，堆積一日使軟，乃釘板上烘乾之。(50—55°C)溶條前之以備燻焉。

煙室須有透風之設備，使工程完畢煙可立消。室中裝網格，上舖紙張以防肉面之被燻。發煙以橡木燃燒而以馬糞覆之。並在門內張一革以觀察革色之變遷，革被燻愈久則色澤愈深。普通時間大約爲 1—3 時，但仍須視皮革本來之色澤而定也。煙室宜保持清潔，若灰塵遇 Pyroligneous acid 即生斑點，迨所欲之革色已得，即速將窗戶打開以除煙氣。革取出後以法國光粉（French Chalk）刷之，推

平;若爲重革則伸張後滾平卽成。

2. 各種鞣料之成份

茲蒐集各種鞣料之成份,表列如下,以備鞣皮者之參攷。

	皮,果,木 鞣素(平均)	(限程)	(最多量)
Pine bark	13.4	——	
Mimosa	36.2	31.2—42.8	
Mangrove	43.2	29—54	
Valonia	31.2	28.6—35.3	
Trillo	43.7	37—51	
Sumac	29.2	22.1—34	
Mallet bark	50.6	50.2—51	
Myrobalan	33.8		
Myrobalan rinds	47		
Knoppern	37.1		
Divi-divi	48.8	45.7 - 51.8	
Tannon	56.8		
China gall beard	69.1		
Trillo dust	4.4		

膏

	鞣素	非鞣素	不溶物
Pine bark(20.4—22.3°Be)	20.7—25.6	13.1—16	0.3—3.8
Pine bark(固體)	54.4—56.1		2.2—5.3
Mimosa (22—26°Be)	29—38		1.0
Mimosa (28—31°Be)	41—44		1.0
Mangrove (固體)	56—63	8—16	0.4—8

理学卷（第二册） 科学通讯 第五期（1935）

Myrobalan (20—29°C)	24—30	7—15	0.5—2.5
Myrobalan (固體)	54—61	18—27	2—10
Sumac (液體)	17—26		0—1
Valex (固體)	69		
Cube gambier (含澱粉及砂)	35.7	13	41.8
Cube gambier	58.8	14.1	13.1
Block gambier	49.5—52.7	14.5—14.8	5.5—3.2
Oak wood (25°Be)	22—30	7—17	0.5—4
Oak wood (固體)	54—69	15—25	0.5—5.5
Chestnut wood (25°Be)	28—36	5—9	0.5—2
Chestnut wood (27.5°Be)	34—36	6—10	0.5—2
Chestnut wood (31°Be)	04 01	8 12	0.5—1 8
Chestnut wood (固體)	55—82	8—20	0.5 8
Quebracho (冷溶)	57—78	9—14	0 4
Quebracho (固體)	56.5—73	2—10	4—15
Uranday	73.5	6	2.5

3. 革之代用品

以 1 quart 橡皮液, 1 oz 膠質 (glue), 100 滴粗製油, 1 oz. 澱粉, 及 100% 之水, 在標準溫度混和, 與織物粘合, 加 2 oz 滑石粉, 乃以每方呎25磅之壓力壓之。最後用再強之壓力 (每方时 100 磅) 壓至所欲得之厚度爲止。

4. 油鞣術

潮濕之皮不能吸油, 故先當用醇, 濃鹽液, 或浸酸工程以去水份, 然後以油擦入空隙皮組織方爲正法。鞣皮之後, 乃以醇醚處理之至無油可以被吸; 乃用 5% 之酸性碳酸鈉及蒸餾水先後洗濯

之而乾燥。此被吸收之油可自 100 減去水份灰份及皮質之和而知之。.

　　橄欖油不能鞣皮。亞麻仁油,鰵魚油所鞣之革甚爲柔輭。皮以脂酸處理者須置於一定濕度之密器中,此則示皮之用此種鞣法者須使之濕。鰵魚油及其脂酸則不論其爲乾爲濕均無出入。酸性油比中性油鞣皮快。故宜加有機酸(乳酸),惟皮中含石灰多者仍無效,蓋所加之酸均變爲肥皂矣。

　　無論何種之油所鞣之皮其乾後之情形與硬脂酸所鞣之皮相仿。油鞣之術在於含氧油脂在空氣中之作用。油鞣革清潔柔輭。最合用之油爲中性之甘油化物及含少量之游離酸云。

書　評

化學參考書籍選輯(續)

（美國化學會圖書委員會訂）

陳　同　素　譯

有　機　化　學

41.　碳素世界　*In the Realm of Carbon. Deming, H.G. John Wiley & Sons, Inc., New York City, 1930, 265 pp. $3.00.*

此書目的在使一般普通讀者得探知有機化學之進步狀況，及其對於近世物質文明之種種貢獻而作。文筆甚為雋永。

42.　食品論　*Food Products, Sherman, H.C. Macmillan Co., New York City, 2nd Ed., 1924, 681 pp., $3.00.(3, d sd. in 1931)*

以通俗之體裁論及:食品之價值,國家或省市之食品管理,食品之生產,成份,性質,營養值,製法及食品經濟等。每章均有完全之參考書目。附錄內有食品法規及食品價值表格等。

工　業　化　學

43.　工程材料化學　*Chemistry of Engineering Materials. Leighou, R. B. Mc-Graw-Hill BookCo., New York City, 2nd ed., 1931, 684 pp., $4.00.*

從應用者之立場,討論工程材料之性質甚為詳盡,論題如:燃料;非鐵金屬及合金;鋼鐵及其銹蝕;建築石料;水泥,石灰,油漆;滑油

等等。有高中程度之學生卽可閱讀。

43．**工業化學**　*Industrial Chemistry. Read, W.T. John Wiley & Sons, Inc,. New York City, 1933, 576 pp., $5.00.*

　　每一工業均經該業專家審訂。敍述顯明,凡有初步化學程度者均能閱讀。各大工業均經論述,欲知化學及化學家在工業方面之功用者,對首六章所述尤感特別興趣。

45．**工業化學**　*Industrial Chemistry. Riegel, E.R. Chemical Catalog Co., New York City, rev.ed., 1933,748 pp., $6.00.*

　　本書全一冊使讀者對於化學在各項工商業上之活動獲一完備影像,文字簡潔,避免高深數學之應用。關於各項化學品之來源,製法及其用途,均講述詳晰。修訂本較初版多出三分之一。技術及經濟二方面均插入最新之材料。

46．**業餘照相術**　*Photography for the Amateur. French, Geo. W. Falk Publishing Co., New York City, 2nd ed. 1933, 416pp., $3.00.*

　　詳細講明照相之手續,初學者讀之,亦甚易明瞭。而對於普通容易差誤之點尤加注意。說明詳盡,綜使學生有能力可以得到值得公開展覽之作品。

47．**工程冶金學**　*Engineering Metallurgy. Stoughton, Bradley, and Butts, Allison. McGraw-Hill Book Co., New York City, 1926, 441 pp., $4.00.*

　　該書爲用金屬品者之敎本。內容廣博,但對於冶金,及其對於化學,物理,及機械各方面之關係均僅述梗概,簡明申述重要方法及設備之原理及其說明,討論金屬之性質及應用,幷表明試驗方法及雜質之影響。

雜　誌

48.　**化 學 教 育 雜 誌**　*Journal of Chemical Education. Otto Reinmuth, editor, University of Chicago Publication & Business Offices: 20th & Northampton Sts., Easton, Pa., $3.00 a Year; Single Copies 50 Cents. $2.00 a Year for 10 or More Student Subscriptions. Send Subscriptions to Harvey F. Mack, Easton, Pa.,*

　　此書爲美國化學會化學教育組之刊物,報告化學教育之理論及實施之進步,爲全世界之惟一刊物。內包有許多附有插圖之　　　　　　　　　　　　　　

49.　**科 學 週 報(包 括 化 學)**　*The Science Leaflet including the Chemistry Leaflet, Pauline G. Beery, editor, State College, Pa., $2.00 Per 24 issues (School Year) to one Subscriber $1.25 per year in groups of 10 or more to one address. Single Copies 10 Cents. Send Subscriptions to Science Leaflet, Lancaster, Pa.*

　　此週報專爲初學科學之學生而作,每週出一本。內容順序係按照普通基本教科書之主要題材。此報甚有價值,不特青年學生,卽教員及普通讀者閱之,亦能獲得許多興趣及知識。

50.　**科 學 美 國**　*Scientific American, O.D. Munn, editor & Publisher, 24 West 40th. St., New York City, $4.00 a Year.*

　　本誌刊載正確之科學新聞,工業研究效果,巨大工程之說明,均以通俗之筆敍述之。以供普通讀者之需要,其中有關於應用化學之材料頗多。

上海交通大学百年报刊集成·第一辑（1896—1949）·学术学科

通 信

怪函之駁復

$x=0$ 時，arctan $\dfrac{1}{x}$ 及 $x^2\sin\dfrac{1}{x}$ 是否存在

及 $\tan\dfrac{\pi}{2}$ 是否為 ∞，……等

顧 澄

　　近得某君函，對於本刊第三期談言有所質疑，學問切磋，固所甚願。 惟函中竟有「$\dfrac{1}{0}=\infty$，$\tan\dfrac{\pi}{2}=\infty$ 你還不知道麼」等語，措辭狂悖，意氣陵人，頗似有意挑戰者；然其函中云云，實無一不謬，以今日數學界而有此事，只能名之曰怪函。函既怪，則不佞亦懶於正式答復，但將其意分條列舉，逐一細駁，并略示以讀書之法，或於某君不無微益也。惟語過露骨，某君之名，只能姑隱，以存忠厚。

　　以下云云頗有可作本刊三期公式不可晴用之注解者，閱者可互相參觀。某君全函之意如下：

　　(1)　　$x=0$ 時，arctan$\dfrac{1}{x}=\dfrac{\pi}{2}$ 是存在的，並非不存在。

其理由為：　arctan$\dfrac{1}{0}=$arctan$\infty=\dfrac{\pi}{2}$。此根據下之 (2)、(3)。

　　　　　(2)　　　　$\dfrac{1}{0}=\infty$

　　　　　(3)　　　　$\tan\dfrac{\pi}{2}=\infty$

269

理学卷（第二册）　科学通讯　第五期（1935）

(4)　　　　　$x=0$ 時，$x^2\sin\dfrac{1}{x}=0$ 亦是存在，而非不存在。

其理由為：(a) 不問 x 為何數，$\sin\dfrac{1}{x}$ 之值皆為有窮。凡 0 乘有窮數得 0，故 $0\sin\dfrac{1}{0}=0$；

(b)　因 $\displaystyle\lim_{x\to 0}x^2\sin\dfrac{1}{x}=0$，故　$x=0$ 時 $x^2\sin\dfrac{1}{x}=0$，

(c)　許多書中皆有

$$f(x)=x^2\sin\dfrac{1}{x} \qquad x\ne 0 \left.\right\}\ (a)$$
$$\quad=0 \qquad\qquad x=0$$

又因 ⋯⋯ $\sin\dfrac{1}{x}=0$，⋯⋯ $\sin\dfrac{1}{x}=\cdots$，⋯⋯ $x^2\sin\dfrac{1}{x}$
$=0$，則 $x^2\sin\dfrac{1}{x}$ 在 $x=0$ 上有 ⋯ 數 等。故 $x=0$ 時 $x^2\sin\dfrac{1}{x}=0$。

(5)　$x=0$ 時 $x^2\sin\dfrac{1}{0}=0^2\sin\dfrac{1}{0}$ 中亦有 $\dfrac{1}{0}$。然因 0 為 $x^2\sin\dfrac{1}{x}$ 之可去不連續點，在 $x=0$ 時 $x^2\sin\dfrac{1}{x}=\displaystyle\lim_{x\to 0}x^2\sin\dfrac{1}{x}=0$，故在 $x=0$ 時，亦可 $\arctan\dfrac{1}{x}$
$=\displaystyle\lim_{x\to 0}\arctan\dfrac{1}{x}=\dfrac{\pi}{2}$。

(b)　凡 0 為底之冪，不問其指數為何數，皆是 0，即不論 μ 為何數，皆 $0^\mu=0$，但 $0^0=1$。

(7)　$a<0$ 及 μ 為無理數時，a^μ 亦是存在的，例如 $(-3)^{\sqrt{2}}=$
$(-3)^{1\cdot414}=(-3)^{1+\frac{414}{1000}}=(-3)\left((-3)^{414}\right)^{\frac{1}{1000}}$
$$=-3\left(3^{414}\right)^{\frac{1}{1000}}$$

再用對數表即可求得其值。

　　　閱者試先掩卷一想，此七條所云，究竟對否。實則此七條無一不錯，在

數學稍有程度，已具統系思想者，皆能一窒卽知其誤。但某君頗用功，常讀書，平日談起來幾乎無書不讀，何以來函如此，竟似函數之定義區域尙不知，函數之意義尙未全明，一般冪之定義還是一知牛解，函數之極限與函數之值還分不清楚，甚至「不可以 0 除」及「∞ 不是常數」都不記憶。此無他，總言之，大約習慣形式計算，只在運用公式上着想，不在理論上注意，定理則但記其內容不管其證法，方法則但記其規則忘却其來源，讀書縱多，所記憶者仍是一盤散沙，毫無統系，一遇應用，隨意亂想，謬誤百出，自以爲是，此所謂學而不思則罔。欲救此弊，只要讀書慢慢向前，多思索；並不可太信書，須多懷疑，遇與已見不合應多參考，多細想，必求求合於理安於心而後已(做書的是人，我亦是人，他的主張未必全對，我的意見未必全錯。苟不合理安心此問題只能作爲未解決。必常持此種態度，方能眞明數學)。致勸某君只要取一種雖淺近而有統系(從實數論開始的)的實函數論，照上述讀法一字不脫，讀了三分之一自知上擧七條無一不錯(若未讀過實函數論三分之一(不讀而查查，還是無用的)，恐怕此七條之錯告訴了你，你尙不信服的。然則本編可以卽此而止矣。不！

　　以某君之程度尙如此！恐不但中學生，大學生，甚至別種高等數學已讀讀過多年而尙未經嚴格實函數論之訓練，思想統系尙未成熟者，亦許覺得上擧七條中尙有對的，非全錯的！所以還要逐條駁斥，一則或於大中學生，及自修數學的有些益處，二則對「此七條之誤尙是不知的人」去講公式不可瞎用，無異對牛彈琴。旣見某君之函，覺要續談公式不可瞎用，非先談此七條之誤不可！但置之談言恐喧賓奪主，故置之於此。

　　要說明此七條是無一不錯是極容易的。要知 (1) 的錯誤只要說明 (2) 至 (5) 的錯誤。依次列擧如下：

　　(2) 淺至稍佳的初中代數深至實函數論，凡屬解析方面有統系的書，無一不提及「不可以 0 除」(此不必引經據典，註明某書第幾頁，我想卽使但知書名而不明書的內容的學生在書中覓不得，至少耳朵裏終聽見過)。旣不可以 0 除，則自必「$\frac{1}{0}$ 是無意義」。因此，

$\frac{1}{0}$決不是我們所謂的數。又「∞不是數」初等微積中大抵提及。實函數論中不但提及,並且鄭重說明「無窮是代表變數變動的方式,不是數」或「無窮是一種想像的情形(mode of thinking)或「無窮是無止境的意思,不是數」。因此∞亦決不是數,那裏能

$$\frac{1}{0} = \infty \qquad\qquad (a)$$

此(a)式給他一個滑稽的解釋「不是數＝不是數」,倒亦許可能的。可是不能作為(1)的根據。(不可以 o 除的緣故見後)。

以前馮君漢叔在北平公開演講,題目是「0不可為除數」,我當時覺得這種東西離不知道,何必大張旗鼓的講。已經講完的時候我到會揚去招呼有馮甘兩化家,他問我講期如何答。我亦好。他覺得我容講的淺,很高興的說「0除 o 是無窮」,怎麼說「0不可為除數」,真是無聊。我聽了此訊,方知道馮君講此,是具不得已的苦衷,確有見地,並非無聊。然後不料馮君講過之後,此次還來某君之函有此(2)條。弄得我亦要來談此事,可嘆,可嘆。憶及此事,附註於此。

但有一種事實,腦筋不清楚的人也許能因此誤想 $\frac{1}{0}$ 是＝∞ 的。尋常書中常有「$\frac{a}{x}$ 之 x 愈小則 $\frac{a}{x}$ 愈大,x 小至於 o,則 $\frac{a}{x}$ 大至無窮(其言外有默認 a 為≠ o 之正數,及 x 自大於 o 的正數起逐漸小至於 o 之意)」。糊塗先生分不清「函數之極限」及「函數在某點上之值」的,遂以為 $\frac{a}{o} = \infty$。謬種流傳,誤人不淺,某君的先生恐要負些責任。實則,但從極限方面講,亦應

$$R \lim_{x \to o} \frac{1}{x} = \infty \qquad\qquad L \lim_{x \to o} \frac{1}{x} = -\infty$$

不宜寫作

$$\lim_{x \to o} \frac{1}{x} = \infty$$

$R \lim\limits_{x\to 0} \dfrac{1}{x}$ 之 $x\to 0$ 爲 x 從 0 之右 $\to 0$，卽 x 從大於 0 之數起 $\to 0$。$L \lim\limits_{x\to 0} \dfrac{1}{x}$ 之 $x\to 0$ 爲 x 從 0 之左 $\to 0$，卽 x 從小於 0 之數起 $\to 0$。$R \lim\limits_{x\to 0}$ 謂之右極限。$L \lim\limits_{x\to 0}$ 謂之左極限，因下文須用故註明於此。函數 $f(x)$ 在 a 點上之左右極限不等時，$f(x)$ 在 a 上無極限；其左右極限相等時，方在 a 上有極限，故 $\lim\limits_{x\to 0}\dfrac{1}{x}$ 實不存在。故 $\dfrac{1}{x}$ 爲 $\dfrac{1}{x^2}$，則 $\lim\limits_{x\to 0}\dfrac{1}{x^2}=\infty$ 方是存在(因 ∞ 雖不是數，但此極限表確定之情形，亦可謂之存在。此種極限謂之廣義極限 (improper limit)。因此，∞ 雖不是普通所謂之數，亦可謂之理想數。實則仍是一種表確定變態之記號而已。並非眞是一數)但有些初等微積，因限於程度，不能講左右極限爲便利計，以 $+\infty$ 表正無窮，以 $-\infty$ 表負無窮；而以 ∞ 表絕對值無窮，書中遂有

$$\lim_{x\to 0}\ \frac{a}{x}=\infty$$

之式。在做書的人並不錯，因旣經預先說明 ∞ 之用法，自可寫出此式。但腦筋糊塗的人，往往因此誤解，雖讀過高等數學尙以爲 $\lim\limits_{x\to 0}\dfrac{a}{x}$ 是存在的。此因與(3)，(5)肯有關係，故特註明。

(3)′　　初等三角中，往往有

$$\tan\frac{\pi}{2}=\infty$$

之式。此亦 $L \lim\limits_{x\to\frac{\pi}{2}}\tan x=\infty$ 之略號，並非眞是「$x=\dfrac{\pi}{2}$ 時 $\tan x$ 之值爲 ∞」之意。實則 $x=\dfrac{\pi}{2}$ 時，$\tan x$ 不存在，甚至 $\lim\limits_{x\to\frac{\pi}{2}}\tan x$ 亦不存在。故(3)是錯的。

初等三角不能講極限，更不能講左右極限，而欲講圓函數之值的變化；所以對於 $\tan x$ 說 x 愈大則 $\tan x$ 愈大，x 大至趨於 $90°$ 則 $\tan x$ 愈變愈大沒有止境。其說此之法與說明 x 由正 $\to 0$ 時 $\dfrac{1}{x}\to\infty$ 是一樣的。凡思想稍有統系者，自知 $\tan\dfrac{\pi}{2}=\infty$ 之不對，與 $\dfrac{1}{0}=\infty$ 相類。$\tan\dfrac{\pi}{2}$ 爲不存在的緣故見後。

理学卷（第二册）　科学通讯　第五期（1935）

又稍佳之三角書中亦不肯寫出 $\tan\dfrac{\pi}{2}=\infty$。應用方面 $\tan 90°$ 亦實用不著。至多正切表中，∞ 與 $90°$ 並列，以示值之變化而已。

　(4)′，(a)′．$x\neq 0$ 時 $\sin\dfrac{1}{x}$ 之值雖是有窮，但 $x=0$ 時 $x\sin\dfrac{1}{x}$ 爲無意義，$x^2\sin\dfrac{1}{x}$ 亦是無意義，何能存在。須知 $\dfrac{1}{0}$ 既無意義決不能受任何運算而發生意義。甚至 $0\times\dfrac{1}{0}$ 亦決不是 1 而仍是無意義。何況 $0^2\sin\dfrac{1}{0}$ 及 $\arctan\dfrac{1}{0}$。故(4)及(1)皆錯，(4)，(a)亦錯。

　(b)′　　$f(a)$ 及 $\lim\limits_{x\to a}f(x)$ 是兩物，不一定等，故(4)，(b)錯。

　(c)′　　$f(x)$ 及 $x^2\sin\dfrac{1}{x}$ 在 $x=0$ 時不同。設「$x=0$ 時 $x\sin\dfrac{1}{x}=0$，則……」等，誤解書意，不肯讀書。(詳見後)故(4)，(c)錯。

　(5)′　　0 不是 $\arctan\dfrac{1}{x}$ 之「可去不連續點」及 $\lim\limits_{x\to 0}\arctan\dfrac{1}{x}$ 不存在(因左右極限(左 $\lim\limits_{x\to 0}\arctan\dfrac{1}{x}=-\dfrac{\pi}{2}$ 及 右 $\lim\limits_{x\to 0}\arctan\dfrac{1}{x}=\dfrac{\pi}{2}$)不相等)。與其所援之例不合。所援之例已錯，此更是錯而又錯。

　(6)′　　$a\neq 0$ 及 $b>0$ 時，令 $a^{-b}=a^{\frac{1}{b}}$ 是一種規約。故 a^{μ} 之 μ 爲負數時，規約中既不許 $a=0$；則 0^{μ} 當然不存在而非 $=0$。規約雖無理可證，而亦有其目的。此定義中除去 $a=0$ 之目的，即使不生 $\dfrac{1}{0}$。例如 $a\neq 0$ 及 $\mu=-2$ 則 $a^{-2}=\dfrac{1}{a^2}=\dfrac{1}{0^2}=\dfrac{1}{0}$ 爲無意義。又 $a^0=1$ 雖亦是一種規約，但此 a 決不能爲 0。因如 $a=0$，則 $a^0=a^{m-m}=a^m\cdot a^{-m}=0^m\cdot 0^{-m}$ 將生無意義。(m 爲正則 0^{-m} 無意義，m 爲負則 0^m 無意義)。爲清楚起見，此規約中亦應除去 $a=0$，但有些書中未除去是筆誤(亦許刊誤)，故特注明。

　(7)′　　a^{μ} 之 μ 爲無理數時 a 不可爲負，亦是從一種規約發生。欲知此規約之目的，只須(7)中多求 $\sqrt{2}$ 之兩位小數令 $\sqrt{2}=1.41421$，

卽可知若照某君算法,則(7)中(—3)$\sqrt{2}$之結果原爲負而現在則變爲正。因小數之位數不同,而其結果時正時負,將無從捉摸。故此定義中除去 $a<0$。

照以上說法,已極明白;但得某君函時,覺得奇怪,照例除沒有讀通實函數論的人外,此七條之誤皆能一望而知。但就是未讀實函數論的人此(1),(2),(3)的錯誤終應知道,并此而不知的人不外兩種。一是腦筋糊塗,除記些公式定理外,毫無理解的人;不惟三言兩語不能敎他明白。就是長篇的同他講,亦是對牛彈琴,他不會明白的。二是書讀得太少,未曾深入,爲幾本但重形式計算的書所範圍,沒有理論經驗的人;此則或尚有法敎他明白。但又思及偏重形式計算的人「$\tan\frac{\pi}{2}$的不存在」亦許忽略過去。至「不可以 0 除」,初等微積終是讀過的,何以竟亦不知,或已忘却。於是推其致誤之由,必是平日誤解了所讀之書。此則亦非寥寥數語可以敎他明白,遂作了一長篇,專示其誤因所在,欲使學生及自修者見之,得一激刺,於讀書時留心算式外的說明,及慢向前多思索,不蹈某君覆轍。嗣覺此篇太冗長瑣碎,似乎小題大做,無聊之品遂棄而不用縮成上之(2)'至(7)'以求簡明。及付刊之際,又覺得但言其錯誤所在,而不言其致誤之由。此第一種人不必說;就是第二種人恐因不自知其誤由所在,見了還是不信的,故再將原文用小字附錄於次。(與上重覆處亦未刪去,以便閱覽)本刊諛言之使命,原不在陳義高體裁嚴以求藏諸名山傳之後世,而在補偏救弊助人讀書。況各國名著,雖緊要關鍵所在,亦不肯多費筆墨,讀者往往買櫝還珠,終身坐櫝觀天而不自覺。吾國刊物正宜取有關數學基礎處多說些,使人注意,不致誤入歧途。近朱君公謹所作算理叢談亦是此意。不知者謂其何不發表些其高深研究。其知者知其別有懷抱,而不肯明說。不佞老矣,無所顧忌,不憚放言,倘數頁之地而能令不善讀書者知讀書之法,未嘗無小補於學界,故決附此。(本期限於篇幅,附件下期續登)

專　　載

近代幾何之導引（四續）

Graustein 氏原著　　　顧澄達愷

第　二　編

幾何學上之引論

$$x = \frac{x_1}{x_3}, \qquad y = \frac{x_2}{x_3},$$

代其 x 及 y 後，再以 x_3 乘之，則得

(2)
$$u_1 v_1 + u_2 v_2 + u_3 v_3 = 0$$

此方程式(2)爲「此綫 L 之齊次坐標方程式」。蓋就有窮遠點言，凡 L 上之有窮遠點，其齊次坐標皆能滿足此方程式(2)；亦惟 L 上有窮遠點，其齊次坐標方能滿足此(2)，又就無窮遠點 P 言，P 在 L 上，其坐標方能滿足此(2)，亦惟 P 在 L 上其坐標方能滿足此(2)。（參觀例題 4。

　　因在（及惟在）$x_3 = 0$ 時，點 (x_1, x_2, x_3) 爲（及方爲）一理想點，* 故方程

---

*此句中「在（及惟在）」，「爲（及方爲）」之意義如下：此句應作二小句用，即「因在 $x_3 = 0$ 時，點 (x_1, x_2, x_3) 爲理想點」及「惟在 $x_3 = 0$ 時，點 (x_1, x_2, x_3) 方爲理想點」。此二小句中雖省去在字，較爲通順，但加一在字而用「在（及惟在）…爲（及方爲）」之法將其併爲一句，意義較顯，原文用 If, and only if 將兩小句併爲一句，今不譯爲「若（及惟若）」者，因「惟若」二字在中文不習見，不如改「若…」爲「在…時」之易明；又加「及方爲」三字與「及惟在」三字相應，使其意益顯。此種併兩小句爲一句之法，在此處雖不見其益而反覺其不便於讀，但習之既久，以後遇情形相同而意義複雜之處，自覺此種併句之法更易醒目，不但專爲節省文字而已。又「及方爲」三字，有時省去；因此三字本可不加，不過初用此種併句法時使讀者注意「惟」字之作用耳。又以後凡遇「有（及方有）」，「能（及方能）」，…等，皆可照上言併句之法類推，要之「方」與「惟」相應，至於「爲」，「有」，「能」…等，則各隨其情形而變，讀者一經習慣此種句法，自能明白。

式

(3) $$x_3 = 0$$

為無窮遠線之方程式。

方程式(1)惟在 a_1, a_2 不全為 o 時方能代表一線。但方程式(2)則常代表一線,只須 a_1, a_2, a_3 不全為 o 而已;其特例,若 $a_1 = a_2 = o$, 則此線為一理想線。

方程式(2)不但 x_1, x_2, x_3 皆為一次,并就 x_1, x_2, x_3 而論為齊次。齊次坐標之名稱實由於此。

例 題

1. 求以下各點之齊次坐標,先求其一切齊次坐標,再檢出其最簡單者:

(a) $(0,0)$; (b) $(-2,3)$; (c) $\left(\dfrac{2}{3}, \dfrac{3}{5}\right)$; (d) $(0,1)$;

(e) 無窮遠點其方向為 $3/4$ 者;

(f) 無窮遠點其方向為 y 軸之方向者。

2. 求與下列各點相同之點(即求下列各點之他種齊次坐標),其能有非齊次坐標者舉出之。

(a) $(2,4,-1)$;(b) $(3,4,2)$; (c) $(2,1,0)$; (d) $(0,1,0)$

3. 以下諸方程式所表者為何物?

(a) $x_1 + x_2 - 4x_3 = 0$; (b) $x_1 + 2x_2 = 0$; $x_2 - 3x_3 = 0$

4. 一理想點 P 在(及惟在)L 上時,其坐標能(及方能)適於方程式(2);試證之。

2 關於點及線之應用

定理 1 a 兩點 (a_1, a_2, a_3) 及 (b_1, b_2, b_3) 在(及惟在)

$$\begin{vmatrix} a_2 & a_3 \\ b_2 & b_3 \end{vmatrix} = o, \qquad \begin{vmatrix} a_3 & a_1 \\ b_3 & b_1 \end{vmatrix} = o, \qquad \begin{vmatrix} a_1 & a_2 \\ b_1 & b_2 \end{vmatrix} = o,$$

時，爲（及方爲）相同。[*]

定理 1b　兩直線

(1)
$$a_1x_1 + a_2x_2 + a_3x_3 = 0,$$
$$b_1x_1 + b_2x_2 + b_3x_3 = 0$$

在（及但在）

$$\begin{vmatrix} a_2 & a_3 \\ b_2 & b_3 \end{vmatrix} = 0, \quad \begin{vmatrix} a_3 & a_1 \\ b_3 & b_1 \end{vmatrix} = 0, \quad \begin{vmatrix} a_1 & a_2 \\ b_1 & b_2 \end{vmatrix} = 0$$

時 爲（及方爲）相同。

此兩定理乃從「在（及惟在）兩三數組 a_1, a_2, a_3 及 b_1, b_2, b_3 能成比例時，此兩點或兩線爲（及方爲）相同」所得之結果，參觀第一編 3 款定理 2。

定理 2a　設(1)爲不同兩線（卽不相同之兩線），則其交點爲

(2)
$$x_1 = \begin{vmatrix} a_2 & a_3 \\ b_2 & b_3 \end{vmatrix}, \quad x_2 = \begin{vmatrix} a_3 & a_1 \\ b_3 & b_1 \end{vmatrix}, \quad x_3 = \begin{vmatrix} a_1 & a_2 \\ b_1 & b_2 \end{vmatrix}$$

蓋從第一編 2 欵, (1)中兩方程式之一個聯立解爲(2)，而其他之解則皆與此解成比例也。「定理 2a 之證至此止」。[**]

---

[*] 此定理亦可改爲：兩點 (a_1, a_2, a_3) 及 (b_1, b_2, b_3) 爲相等之充必條件爲 $\begin{vmatrix} a_2a_3 \\ b_2b_3 \end{vmatrix} = 0,$ $\begin{vmatrix} a_3a_1 \\ b_3b_1 \end{vmatrix} = 0,$ $\begin{vmatrix} a_1a_2 \\ b_1b_2 \end{vmatrix} = 0,$ 「在 … 爲 …」是「充分」，「惟在 … 方爲 …」是「必要」，又「充必條件」常稱爲「必充條件」，故以後改譯此類定理時亦從習慣稱「必充條件」，雖與「在（及惟在）… 爲（及方爲）…」之次序倒置，而於定理之作用則一也。

[**] 普通數學書，常先定理再證明。本書原文，因說理便利或爲節省文字計，有時證明在定理之先，有時證明在定理之後，頗不一致。譯者恐讀者不便，遇證明在定理之前者，常加「故得下之定理」或「故：」以明之。今原文於此定理 2a 下云云，一部分（從蓋字至也字）爲定理 2a 之證。又一部分爲下定理 3a 之證，故此處加〔定理 2a 之證至此止〕一語，以明段落，若以後常加此類之語，又嫌辭費；在意甚顯之處，以後不再加此類之語讀者自思可耳。至此處意亦甚顯，而加此語。借此示例，使讀者知原文有此種情形，譯者不便大改其組織耳。

在(及惟在)

$$\begin{vmatrix} a_2 & a_3 \\ b_2 & b_3 \end{vmatrix} c_1 + \begin{vmatrix} a_3 & a_1 \\ b_3 & b_1 \end{vmatrix} c_2 + \begin{vmatrix} a_1 & a_2 \\ b_1 & b_2 \end{vmatrix} c_3 = 0,$$

即　　　　　　　　　$|a\ b\ c| = 0$

時,(1)中兩線之交點(2)在(及方在)第三線

$$c_1 x_1 + c_2 x_2 + c_3 x_3 = 0$$

上。故得下定理:

定理3a　三線在(及惟在)其方程式之係數之行列式爲o時,爲(及方爲)共點。(即三線共點之必充條件爲其方程式係數之行列式等於o)

今再加一證明,此三線,在(及惟在)其三方程式有 $x_1 = 0$, $x_2 = 0$, $x_3 = 0$ 外之聯立解時,有(及方有)一公共之點(因 (o,o,o) 非點之坐標);而「其三方程式有o,o,o外之解」之必充條件爲「其係數之行列式爲o」。故此定理爲眞確。

定理2b　不同兩點(a_1, a_2, a_3),(b_1, b_2, b_3)之連線之方程式爲

(3)　　　　　　　　　$|x\ a\ b| = 0$。

此連線之方程式必爲

(4)　　　　　　$\gamma_1 x_1 + \gamma_2 x_2 + \gamma_3 x_3 = 0$

之形式,所未知者 γ_1, γ_2 及 γ_3 之值而已。既(a_1, a_2, a_3)及(b_1, b_2, b_3)在此線上,則此 γ_2, γ_2 及 γ_3 之值可從

$$a_1 \gamma_1 + a_2 \gamma_2 + a_3 \gamma_3 = 0,$$
$$b_1 \gamma_1 + b_2 \gamma_2 + b_3 \gamma_3 = 0。$$

決定之,今此「以 $\gamma_1\ \gamma_2, \gamma_3$ 爲元之兩方程式」與「(1)中以 x_1, x_2, x_3 爲元之兩

方程式,其係數全同。故(4)中 $\gamma_1,\gamma_2,\gamma_3$ 之值,可依次以(2)中 x_1,x_2,x_3 之值表之;而此線之方程式必爲

$$\begin{vmatrix} a_2 & a_3 \\ b_2 & b_3 \end{vmatrix} x_1 + \begin{vmatrix} a_3 & a_1 \\ b_3 & b_1 \end{vmatrix} x_2 + \begin{vmatrix} a_1 & a_2 \\ b_1 & b_2 \end{vmatrix} x_3 = o,$$

即

$$|\, x\ a\ b\,| = o.$$

定理 3 b　三點,在(及惟在)其齊次坐標之行列式爲 o 時,爲(及方爲)共線。(即三點共線之必充條件爲其齊次坐標之行列等於 o)。

此因在(及但在) $|\, c\ a\ b\,| = o$ 即 $|\, a\ b\ c\,| = o$ 時,第三點 (c_1, c_2, c_3) 在(及方在)線(3)之上。[*]

輪序及輪進　(2)中諸行列式,乃從矩陣

$$\begin{Vmatrix} a_1 & a_2 & a_3 \\ b_1 & b_2 & b_3 \end{Vmatrix}$$

所得之三個兩列行列式,此矩陣中之諸行,在此三行列式中者,依次爲第 2,3 行,第 3,1 行,第 1,

此卽所謂輪序 (Cyclic order) 之一例。如二圖,若將 1, 2, 3 三數分置於一圓之上,而照矢之方向在圖上前進,則經過三雙數之次序適爲 23,31,12。

當照矢之方向,在圖上前進時,由 1 至 2,2 至 3,3 至 1。若在 (2) 之第一方程式 [**] 中,將其諸下標 (Subscripts) 照此輪進,則其

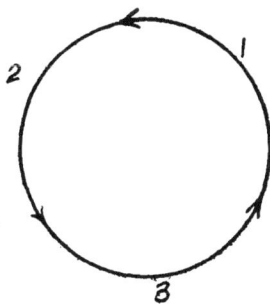

二　圖

---

[*] 原註。此證明中假定諸點中至少有兩點不相同。但卽使三點全同,此定理亦仍眞確;蓋三點全同時,旣 $|\, a\ b\ c\,| = o$,而又必有一直線能過此相同三點也。此項注意亦可應用於定理 3a。

結果卽爲(2)之第二方程式。同樣,若將(2)之第二方程式中諸下標照此輪進,卽得第三方程式。故欲寫出(2)中三方程式,只須知其第一方程式。〔a_1, a_1, a_3 等右下角之1,2,3謂之下標。此輪進亦可謂之輪換。下標1,2,3之輪進卽換1爲2,換2爲3,換3爲1。以上卽言(2)之第一方程式中 x, a, b 之下標1,2,3皆照此輪換,卽可得(2)之第二方程式也。餘類推〕。

例 題

1. 求以下各兩線之交點:

    (a) $2x_1 - 3x_2 + 4x_3 = 0,$ $x_1 + x_2 + x_3 = 0$

    (b) $4x_1 - 6x_2 + x_3 = 0,$ $2x_1 + 3x_2 - 2x_3 = 0$

2. 求以下各兩點之連線:

    (a) $(1, -1, 2),$ $(0, 1, 4);$ (b) $(4, 1, -2),$ $(1, 1, 0)$

3. 三線

     $x_1 - x_2 - x_3 = 0,$ $2x_1 + x_2 + 3x_3 = 0,$ $7x_1 - x_2 + 3x_3 = 0$

是否爲共點?若爲共點則求出其所共之點。

4. 三點 $(2, 3, 1),$ $(5, -2, 2),$ $(1, -8, 0)$ 是否爲共線?

5. 兩有窮遠線,在(及惟在)其爲平行時,交(及方交)於無窮遠點,此事就解析方面驗明之。

6. 試從定理 $2b$ 推出「不同兩點 $(x_1, y_1),$ (x_2, y_2) 之連線之非齊次坐標方程式」之爲行列式之形式者。

7. 證:兩有窮遠點 $(a_1, a_2, a_3),$ $(b_1, b_2, b_3),$ 在(及惟在) $a_2b_3 - a_3b_2 = 0,$ $a_3b_1 - a_1b_3 = 0$ 時,爲(及方爲)相同。

**原文 the first of equation (2)。原文除特別注重之若干恒等式外,凡屬中間有 = 號之式皆謂之 equation。譯者一律譯爲方程式不再細爲分別。因程度已能讀此書者決不至因此發生誤會也。

3　**簡記法**(Abridged Notation)　微積分中,常有以簡號代表函數之通習。例如兩變數 x,y 之函數 x^2+y^2-1, 可以 $f(x,y)$ 表之,即令

$$f(x,y)\equiv x^2+y^2-1。$$

以此種習慣引入幾何,頗覺便利。在幾何中,研究令函數等於 o 所得方程式之軌跡,較研究函數之本身爲有味。例如 $f(x,y)=o$ 或更簡之爲 $f=o$, 則其所表者實爲單位圖(Unit Cercle)

$$x^2+y^2-1=o$$

之簡記法。

同法,設

$$\alpha(x_1,x_2,x_3)\equiv a_1x_1+a_2x_2+a_3x_3。$$

則 $\alpha(x_1,x_2,x_3)=o$ 或 $\alpha=o$ 爲一線之齊次坐標方程式。

$\varrho(x_0y_0)=o$ 所表者爲: $x=x_0,\ y=y_0$ 時,函數 $\varrho(x,y)$ 之值爲 o, 或點 (x_0y_0) 在方程式 $\varrho(xy)=o$ 所表之軌跡上。例如 $f(1,o)=o$ 所表者爲:點 $(1,o)$ 在單位圖 $f(x,y)=o$ 上。*

4　**兩直線之一次連合　標束**(Pencils of Lines) 設

$$\alpha=o　　　　\alpha(x_1,x_2,x_3)\equiv a_1x_1+a_2x_2+a_3x_3$$
$$\beta=o　　　　\beta(x_1,x_2,x_3)\equiv b_1x_1+b_2x_2+b_3x_3$$

爲不同兩線,及作方程式

$$k\alpha+l\beta=o,　　　　　　　　(a)$$

即

$$(ka_1+lb_1)x_1+(ka_2+lb_2)x_2+(ka_3+lb_3)x_3=o　　　　(a)'$$

此 k 及 l 爲不全爲 o 之二常數。

此方程式中 x_1,x_2,x_3 之係數不能全爲 o,[**] 蓋若能全爲 o, 則兩

---

*原註。簡記法雖在 Pluecker 氏前已有人用,然因 Pluecker 氏樂用之,且因其用法有統系途能顯著於世。

** Vanish 本書皆譯作「爲 o」,因譯作「消滅」等反難解。譯作「等于 o」,「變爲 o」因更妥,但「爲 o」已明白,不必辭費。爲者是也。

三數組 a_1, a_2, a_3 及 b_1, b_2, b_3 將成比例(第一編, 3款, 定理 2), 而 $\alpha=0$, $\beta=0$ 將同爲一線矣[此反於假設]。由是 $k\alpha+l\beta=0$ 必爲一線。此線 (a) 謂之原兩線 $\alpha=0$, $\beta=0$ 之 **一次連合**。

定理1　不同兩線之 **一次連合** 爲過其交點之線。

若 $(\gamma_1, \gamma_2, \gamma_3)$ 爲兩線 $\alpha=0$, $\beta=0$ 之共有點, 則

$$\alpha\,(\gamma_1, \gamma_2, \gamma_3)=0, \qquad \beta\,(\gamma_1, \gamma_2, \gamma_3)=0.$$

故不問 k 及 l 爲何數, 必

$$k\alpha\,(\gamma_1, \gamma_2, \gamma_3) + l\beta\,(\gamma_1, \gamma_2, \gamma_3)=0.$$

故 $(\gamma_1, \gamma_2, \gamma_3)$ 必在線 $k\alpha+l\beta=0$ 上。

定理2　凡過「不同兩線之交點」之線可以「此不同兩線之一次連合」表之。

設不同兩線 $\alpha=0$, $\beta=0$ 之共有點爲 P, 及過 P 之線爲 L; 並設 (s_1, s_2, s_3) 爲 L 上 P 以外之點。因線 $k\alpha+l\beta=0$ 過 P, 故若此線含有此點 (s_1, s_2, s_3), 即若

$$k\alpha\,(s_1, s_2, s_3) + l\beta\,(s_1, s_2, s_3)=0,$$

則此線必與 L 相合。此式爲 k, l 之**方程式**, 而 $\alpha(s_1, s_2, s_3)$ 及 $\beta(s_1, s_2, s_3)$ 爲不等於 0 之常數, 此方程式之一解爲 $k=\beta\,(s_1, s_2, s_3)$ $l=-\alpha(s_1, s_2, s_3)$。

故 k, l 爲此兩數時, $k\alpha+l\beta=0$ 所表者即爲 L.

例　求旣過點 $(2,1,1)$ 又過「兩線

$$2x_1-3x_2+x_3=0, \qquad 5x_1-3x_2-2x_3=0 \qquad\qquad (a)$$

之交點」之線之方程式。

若 $2k+5l=0$, 即 $k=5$, $l=-2$, 則題中兩線之 **一次連合**

$$k\,(2x_1-3x_2+x_3)+l\,(5x_1-3x_2-2x_3)=0 \qquad\qquad (b)$$

含有點 $(2,1,1)$。故所求線之方程式爲 $x_2-x_3=0$。〔經過 (a) 中兩線交

---

* 因 s 不在 $\alpha=0$, $\beta=0$ 上。

點之線有無窮多,皆可以 (b) 表之 (定理2)。(b) 所代表之一切直線中,其含點 $(2,1,1)$ 者,其方程式必能為 $x_1=2, x_2=1, x_3=1$ 所滿足。故欲在 (b) 所代表之一切線中求出其含點 $(2,1,1)$ 者,只須先以 $x_1=2, x_2=1, x_3=1$ 代入 (b) 中定 k, l 之值,再以所得 k, l 之值代入 (b) 中,即得所求線之方程式。上之 $2k+5l=0$ 即以 $x_1=2, x_2=1, x=2$ 代入 (b) 中所得者; $x_2-x_3=0$ 即以 $k=5, l=-2$ 代入 (b) 中所得者; $k=5, l=-2$ 為 $2k+5l=0$ 之一解。本例作法照原文直譯,實則可改為: (a) 中兩直線之一次連合 $(b$ 含有點 $(2,1,1)$,則 $2k+5l=0$,即 $k=5, l=-2$; 因此所求之直線方程式為 $x_2-x_3=0$,此種說法,較易明白)。

線束　凡在一點(有窮遠點或無窮遠點)上之諸線,其全體謂之線束,此點謂之此線束之頂,略稱**束頂**。(即同過一點之一切線總稱之為線束。此點謂之束頂)。

倘甲線 10 倘

定理3　若 $\alpha=0, \beta=0$ 為不同兩線,則 k, l 為 $0, 0$ 外之一切雙數組時,凡 $k\alpha+l\beta=0$ 所表線之全體為一線束,其束頂為 $\alpha=0$ 及 $\beta=0$ 之交點。

例　題

1.　求過原點 (Origin) 及「兩線之

$$3x+2y+1=0, \qquad 4x-y-2=0$$

交點」之線之方程式,先用齊次坐標求之,再用非齊次坐標求之。*

2.　求過「兩線

$$2x_1+5x_2-x=0, \qquad 3x_1+2x_2-4x_3=0$$

之交點」及平行於 x 軸之直線方程式。

　　*原註　兩線之一次 連合之理論,當齊次坐標改為非齊次坐標時,根本上仍是相同;參觀解析幾何　九編3斟。

3.　求「經過題 2 中兩線之交點」及「垂直於題 1 中第一線」之線之方程式。

4.　兩平行線

$$6x_1 - 9x_2 + 2x_3 = o, \qquad 4x_1 - 6x_2 - 3x_3 = o$$

之何種一次連合爲無窮遠線?

5.　求與題 4 之兩線平行及經過點 $(2,3,-2)$ 之線之方程式。

6.　若 $\alpha = o$ 爲有窮遠線, $\beta = o$ 爲無窮遠線,則線束 $k\alpha + l\beta = o$ 應作何解釋?

7.　若 k 及 l 皆爲任意常數,則以下各方程式所表者爲何物?

　　　(a)　$k(3x_1 + 5x_3) + lx_3 = o$,　(b)　$kx - ly = o$。

5　**直線之一次相倚**　若無論 x_1, x_2, x_3 之值爲何數, x_1, x_2, x_3 之函數 $f(x_1, x_2, x_3)$ 之值常爲 o,則謂之此函數**恆等於** o (Identically zero) 而以 $f(x_1, x_2, x_3) \equiv o$ 表之。[+]

預備定理　若 $A_1 x_1 + A_2 x_2 + A_3 x_3$ 恆等於 o,卽

$$A_1 x_1 + A_2 x_2 + A_3 x_3 \equiv o,$$

則 $A_1 = o$, $A_2 = o$, $A_3 = o$

　　旣不論 x_1, x_2, x_3 之值爲何數, $A_1 x_1 + A_2 x_2 + A_3 x_3$ 必等於 o, 則在 $x_1 = 1, x_2 = o, x_3 = o$ 時此式應等於 o;故 $A_1 = o$。同理 $A_2 = o$, $A_3 = o$。

定義　設兩線爲

(1)　　　$\alpha \equiv a_1 x_1 + a_2 x_2 + a_3 x_3 = o$,　　$\beta \equiv b_1 x_1 + b_2 x_2 + b_3 x_3 = o$。

則在(及惟在)有不全爲 o 之兩常數 k, l 能使(無論 $x_1, x_2,$

[+] 此與方程式不同,例如方程式 $x_1 + 2x_2 + x_3 = o$,則凡在此線之點(x_1, x_2, x_3) 固能代入其左邊中令其左邊爲 o,但不在此線上之點(x_1, x_2, x_3)則無一能代入其左邊而得 o 之結果,此恆等式$f(x_1, x_2, x_3) \equiv o$ 乃表示以無論何點代入其左邊必得 o 之結果也。

x_3 之 值 爲 何 數)，$k\alpha+l\beta$ 恆 等 於 o，卽

(2)
$$ka + l\beta \equiv o$$

時，謂 之 此 兩 線 α, β 爲 一 次 相 倚.

因

$$k\alpha+l\beta \equiv (ka_1+lb_1)x_1 + (ka_2+lb_2)x_2 + (ka_3+lb_3)x_3$$

故 在 (及 惟 在)

(3)
$$ka_1 + lb_3 = o, \qquad ka_2 + l\beta_2 = o, \qquad ka_3 + l\beta_3 = o$$

時 $k\alpha+l\beta$ 爲 (及 方 爲) 恆 等 於 o。

此 k, l 旣 不 全 爲 o，則「能 有 滿 足 (3) 之 k, l」之 條 件 正 與「此 兩 直 線 ⋯⋯⋯⋯⋯⋯⋯⋯⋯⋯⋯⋯ 及 b_1, b_2, b_3 爲⋯ 次 相 倚」之 條 件 相 同；參 觀 第 一 編 3 款。且 當 合 此 條 件 時，此 兩 線 爲 相 同，其 逆 亦 是 眞 確。故 得 下 定 理.

定理 1　兩 線 在 (及 惟 在) 其 爲 相 同 時，爲 (及 方 爲) 一 次 相 倚。

任 幾 條 線 爲 一 次 相 倚 之 定 義，可 照「兩 線 爲 一 次 相 倚 之 定 義」類 推。例 如 就 三 線

(4)
$$\alpha \equiv a_1x_1 + a_2x_2 + a_3x_3 = o,$$
$$\beta \equiv b_1x_1 + b_2x_2 + b_3x_3 = o,$$
$$\gamma \equiv c_1x_1 + c_2x_2 + c_3x_3 = o, .$$

而 論，在 (及 惟 在) 有 不 全 爲 o 之 三 常 數 k, l, m 能 使

(5)
$$k\alpha + l\beta + m\gamma \equiv o$$

時，卽 能 使

$$ka_1 + lb_1 + mc_1 = o$$

52　　　　　　　　　科　學　通　訊

(6) $$ka_2 + lb_2 + mc_2 = o$$
$$ka_3 + lk_3 + mc_3 = o$$

時，謂之此三線 $a=o$, $\beta=o$, $\gamma=o$ 為一次相倚。

在（及惟在）$|abc|=o$ 時，(6) 有（及方有）o,o,o 外之 k, l, m 之解。此 $|abc|=o$ 正與「(4)中諸線為共點」之必充條件相同。故得下定理:

定理 2　　三線在（及惟在）其為共點時，為（及方為）一次相倚。

今再加根據恆等式(Identities)之第二種證明。設有不全為 o 之 k,l,m，能使 (5) 成立；並設 $m \neq o$, 則
$$\gamma \equiv -\frac{k}{m}\alpha - \frac{}{m}。$$

從此恆等式可知:線 $\gamma=o$ 與線
$$-\frac{k}{m}\alpha - \frac{l}{m}\beta=o \qquad 卽 k\alpha + l\beta = o$$

相同。* 故若 $\alpha=o$ 及 $\beta=o$ 為不同兩線，則 $\gamma=o$ 必經過其交點，若 $\alpha=o$ 及 $\beta=o$ 為相合兩線，則 $\gamma=o$ 與之相同〔相合(Coincide)者，合而為一也〕。

其逆，設 $\alpha=o$, $\beta=o$, $\gamma=o$ 為共點。若 $\alpha=o$, $\beta=o$ 為不同兩線，則從 4 款定理 2，$\gamma=o$ 必為其一次連合卽
$$\gamma \equiv k\alpha + l\beta,$$

故
$$k\alpha + l\beta - \gamma \equiv o,$$

而此三線為一次相倚。又若 $\alpha=o$, $\beta=o$ 為相同兩線，則從定理 1，必有不全為 o 之兩常數 k,l 能使 $k\alpha+l\beta \equiv o$。故若 k,l 為合於此式之兩常數，而 $m=o$, 則此 k, l, m 必能使 (5) 有效，而此三線亦為一次相倚。

＊因恒等式兩邊之相應係數必各對相等，此從上之預備定理可知。例如 $\gamma_1 x_1 + \gamma_2 x_2 + \gamma_3 x_3 \equiv s_1 x_1 + s_2 x_2 + s_3 x_3$ 則必 $\gamma_1 = s_1$, $\gamma_2 = s_2$, $\gamma_3 = s_3$；因變此式為 $(\gamma_1 - s_1)x_1 + (\gamma_2 - s_2)x_2 + (\gamma_3 - s_3)x_3 \equiv o$, 則其各係數必皆為 o 也。故 $\gamma = o$ 之係數必與 $-\frac{k}{m}\alpha - \frac{l}{m}\beta = o$ 之係數依次相等。　　　　（待續）

本刊廣告價目表

等級 地位	全頁價目	半頁價目
甲 底封面外頁	伍拾元	
乙 底封面裏頁及 封面裏頁	三十五元	二十元
丙 封面裏頁 底面裏頁之對面	二十五元	十五元
丁 普通	二十元	十二元

一、乙丙丁四分之一頁按照半頁價目六折計算

二、廣告概用白紙黑字如用彩印色紙價目另議

三、廣告如用銅鋅版由本刊代辦照收製版費

四、連登多期價目從廉請逕函本校出版處經理組接洽

科學學院科學通訊投稿簡章

一、投稿不拘文言白話凡中英德法文均所歡迎

二、談言教材料籌錄書評消息均以科學為範圍

三、投寄之稿如係翻譯請附寄原文科學論圖

四、投寄之稿日期及地點詳細開示名出版日期及地點詳細開示並註明著者姓

五、打印之如有插圖須用新式標點並加新武標點凡外國文稿件並請

六、投寄之稿無論登載與否概不退還但預有聲明並備足回郵之稿者不在此限

七、投寄之稿揭載後每篇酌金若本刊尚未揭載已先在他處發表者恕不致酬

八、投寄之稿經本刊揭載後版權即為本校出版委員會所有

九、投寄之稿本委員會有酌量增刪之權如投稿人不願有所增刪則應於投稿時聲明

十、投寄之稿應逕寄上海徐家匯交通大學科學學院科學通訊編輯委員會

中華民國二十四年十一月出版

科學學院科學通訊
第五期

編輯者 交通大學科學學院

發行者 交通大學出版委員會

印刷者 上海徐家匯

出版者 上海中國科學公司

代售處 上海 世界出版社 上海雜誌公司 大公報社代辦部

南京 正中書局 志恆書店 光華書店 現代書局 新光書店

天津 漢口 安慶 武昌 廣州 世界書局 黎明書局 學生書局 世界書店 現代書局 蘇新書社

雲南廣州圖書消費合作社

雲南文化書店

版權所有

本刊價目

全年 八冊（二月、四月、六月各一冊 九月、十一月、一月各一冊）

零售每大洋二角

全年 國外另加郵費

裝訂壹元四角

科學學院科學通訊編輯委員會

委員 裘維裕（科學學院長兼物理系主任）

學系主任 胡敦復（數學系主任） 徐名材（化）

輯 范會國（數） 武崇林（數） 顧澄（總編）

周銘（理） 胡剛復（理） 時昭涵（化） 丁嗣賢（化）

科學通訊

黎照寰

第 六 期

中華民國二十四年十二月　　　上海交通大學科學學院編輯

每冊大洋三角　　　**交　大　季　刊**　　　本校出版處發行
全年壹元　　　　　　　　　　　　　　　　各地書局代售

第十四期要目

宇宙成因攷
公路車輛概說
全國經濟委員會試驗路築造法
前漢時代海上交通攷
中國運輸之經濟觀
蕪芹鐵路處理文書制度之槪述
粤漢鐵路株韶段工程進行槪況
劉於巴黎撞車之觀感
風雨勘詩圖序
畢君枕樓傳
倉海詩草序
讀宋芷灣詩集

第十五期要目

線積分 $\int LF(x,y)dx$ 之極大極小是否爲變分
　　學中之一問題
氣象四變談
電力發光的新途徑
前漢時代陸路交通攷
機車鍋爐之檢驗
蒸汽機車及煤水車之檢驗
解決中國運輸問題之途徑
改進設備及業務與鐵路之前途
農村生活之科學進步與經濟計畫
正太鐵路機廠機段實習總報告
公路參觀報告

第十六期要目

前漢時代陸路交通攷(續)
中國公路運輸槪況
流體動力學上之相似性
On a Theorem of Lebesgue's.
煤粉用爲燃料之檢討
道路材料試驗撮要
國有各路車輛過軌問題
Book Review on Technical Mechanics
　　by Maurer and Roark.
粤漢鐵路株韶段鐵道測量總報告
上海市中心區道路工程管理處實習報告
蘇次河先生榕樹廬詩集序
仁義釋
法蘭梯電器製造廠記略
What Prevents Social Progress?

第十七期要目

前漢時代陸路交通考(續)
陶藝淺說
鼠籠式交流感應電動機之現勢
無空氣注射狄思爾引擎之燃燒方法
道路材料試驗撮要(續)
擬議鍋爐弢電彈規章草案
研究所化學組試驗報告
待焚文稿自敍
漫遊記自序
墨子鬭詁補正歟
中國要早日實行工業化
Recent Advances in Industrial Electro-
　　Chemistry

管 理 學 院 叢 書

1. 鐵道經濟論叢　　　　　　鍾偉成編　　　每冊大洋二角

2. 東北鐵路問題之研究　　　王同文著　　　上下冊合購壹元二角

3. 吾國鐵路枕木問題之研究　楊　城
　　　　　　　　　　　　　王以瑗著　　　每冊大洋四角
　　　　　　　　　　　　　陳善繼

4. 鐵路估值　　　　　　　　涂　宓著　　　每冊大洋二角

發行者　上海徐家匯交通大學管理學院

代售處　各地大書局

科 學 通 訊

第 六 期　　目 錄

國立交通大學研究所

本所成立以來設置（一）工業研究部分設設計材料機械電氣物理化學等組（二）經濟研究部分設社會經濟實業經濟交通管理會計統計等組除按照所訂計畫進行研究外歷承各路局各機關（如中國工程師學會上海市公用局義興公司等）託辦各項研究及試驗工作薄有貢獻關於上列諸組事項如蒙各界垂詢請惠臨上海徐家匯本所面洽或函商可也此布

溝渠工程學

是書為本大學土木工程學教授顧康樂所著。係參考中西工程書籍雜誌，採擇各著之精粹而成。書凡十四章，詳述溝渠設計，建築與養護之原理及方法。舉凡污水水量，暴雨水量，溝渠水力學，溝渠系統設計，溝渠附屬品，污水抽升，管圈設計，開掘填覆，列板撑檔以及施工之實際進行，無不條分縷析，詳為解釋。至於插圖之豐富，文字之簡明，尚其餘事。

▲商務印書館出版，定價一元八角。

理学卷（第二册） 科学通讯 第六期（1935）

談　言

公 式 不 可 瞎 用 (二續)

應 用 條 件 之 廣 狹

$f_{xy}=f_{yx}$ 之 應 用 件

顧　澄

5　在說明 $f_{xy}=f_{yx}$ 之應用條件前,先略談應用條件之廣狹。所謂廣,就是限制少而其應用之範圍大,所謂狹,就是限制多而其應用之範圍小,蓋數學者不但辨察此公式任何種條件之下可用,且常研究由狹條件變成廣條件之法。蓋條件愈廣則此公式之效用愈大,實諸研究愈能在何種情形之下尚能及適此實於應用方面亦有關係上……一个初學者在初中學生程度,只能講狹條件而不能講廣條件,乃著書者不得已之事。並非安於狹為已足。故程度較高之學生不但應注意此式之應用條件而不瞎用此式,並須注意其較廣之應用條件不至可用時不取用,有利器而不知用亦是可惜之事,此其二。只知狹條件不知廣條件,在理論上終覺不舒服,此其三。

　　理論粗疏而名為高等之數學亦有不注意應用條件之廣狹者,但高等書中之此類缺點,初學往往不易看出。本欲取一為例,以娛閱者;因非數語可了。特取初等幾何中最淺定理以喻之 (因條件廣狹問題在數學中關係甚巨,閱者幸勿責其辭費):

(1) 三等邊三角形之三內角之和爲二直角。

(2) 二等邊三角形之三內角之和爲二直角。

(3) 直角三角形之三內角之和爲二直角。

(4) 銳角三角形之三內角之和爲二直角。

(5) 三角形之三內角之和爲二直角。(此改爲:多角形爲三角形,則其內角之和爲二直角,則假設之條件更顯。)

定理之假設無異公式之應用條件,定理之終結無異公式之本身。故儘可以定理作譬。不佞用意所在,閱者以此五定理之假設一比較即能明白,否則請看一段故事:

初中小孩先生教他(1),明白了,很滿意,停幾天,他一邁學了(2),(3),(4)更快樂,常回去告訴母親,說他已經學懂了幾何。但他的哥哥姊姊都是高中學生,每聽他說一次,哥搖頭姊冷笑,聽他說至(3),已都變臉;聽他說至(4),哥哥耐不住,大聲的說這個先生怎麼的,眞豈有此理!弟弟聽了吃一嚇,可是他很聰明,停晌兒,笑說我知道了!這先生眞不好,怎不告訴我任意三角形亦是這樣〔卽(5)〕的!母親說不是先生不好,先因你年紀小,只能從(1)到(5)慢慢告訴你;這先生眞能教,眞是好!哥哥還是憤憤的說看他明天教不教(5),明天弟弟帶笑的跳回來尋哥哥,說先生眞是教我(5)了!母親摸摸他們的頭笑道是不是?

這段故事中,弟弟初學幾何,程度一點沒有,看見(1),(2),(3),(4)覺得都是好的。哥哥學過幾何,見了(1)就不順眼,心中早已罵先生;再見(2),(3),(4)沒有一順眼的,自然耐不住,要開口。幸弟弟聰明,否則還要自以爲是,同哥哥拌嘴。母親經驗多,別有見解,但幸是先生教了(5),否則哥哥還是不服氣,弟弟亦要不信服先生的。

試想想此五條定理中,那一條的假設狹,那一條的假設廣,(5)比(1)的應用範圍,廣狹之間,豈非相去甚遠(我們實用上遇到的三角形,有幾個是三等邊的?)但做初等微積的人,必有此母親的見地,方能做得循循善誘引人入勝。美國式的初等微積好處在此;但是名爲高等解析或實函數論,若

定理的假設及公式的應用條件與此(1),(2),(3),(4)相類,則弟弟式的人雖看得慣,哥哥式的人見了終忍不住要開口的。母親見哥哥此時開了口,不但不駡先生,還要獎勵他,說他目光很遠,畢竟是我的兒與衆不同。

此(1)並非不通,但是「三等邊」三字可去掉的。(2)改三爲二,去了一個條件,比(1)當然好些,但仍是五十步笑百步,實則「二等邊」三字亦可去掉。(3)換了方法不就邊着想而從角研究,以爲只要假定一角爲直角,比(2)要假定二邊相等範圍廣些,自以爲好的了。不料(4)說三個角都是銳角亦成。(5)按上去說鈍角三角形亦興,告訴你任意三角形都成,你們給他戴的帽子都很難看!快給我取去!到了(5)這個定理方圓滿,方純潔無玼的美觀。

閱者暫不要說「世界上數學中,那眞會跑出來這種(1),(2),(3),(4)半吊了二百五的定理,以上所說都是廢話,決沒有的事」,請你從初等微積起至精深的實變數止,細玩此公式應用條件的不同兩兩比較,個中的雜誌來做參考,你就會相信這(1)(2)(3)(4)的實驗是不差的,但他究已秘聞了幾個樣子,我由求目擊其以人,還不敢下十分的斷語!因我沒有工夫去專研究這公式的應用條件,不過覺得所見的書中此公式已有很廣的應用條件,似乎已到了像(5)的地位了。

今將各書中$f_{xy}=f_{yx}$的應用條件列作一表於下,以便比較!

F. Granville 初等微積 P. 203。結論中未說明應用條件,但其來源中說明假定f_{xy}及f_{yx}皆爲連續。結論中無應用條件,雖易令人誤會,但初等微積偏重形式計算,此是小孩的母親一定允許的。故亦將此書列入。

I. Granvill 初等微積　$f_{xy}=f_{yx}$之應用條件:

p. 203		f_{xy} 連續	f_{yx} 連續

理学卷（第二册）　科学通讯　第六期（1935）

II. Goursat 數學解析　$f_{xy}(x,y)=f_{yx}(x,y)$ 之應用條件：

p. 13			f_{xy} 連續	f_{yx} 連續

III. Woods 高等微積 $f_{xy}(a,b)=f_{yx}(a,b)$ 之應用條件：

p. 68	$f_x(a,b)$存在	$f_y(a,b)$存在	$f_{xy}(a,b)$存在	$f_{yx}(a,b)$存在
	f_x在(a,b)點上連續，	f_y在(a,b)點上連續，	f_{xy}在(a,b)點上連續，	f_{yx}在(a,b)點上連續

IV. Townsend 實函數數論 $f_{xy}(x_0,y_0)=f_{yx}(x_0,y_0)$ 之應用條件：

p. 190		f_y在$D(x_0,y_0)$中存在	f_{xy}在$D(x_0,y_0)$中存在	註$D(x_0,y_0)$為(x_0y_0)點之鄰
			f_{xy}在(x_0,y_0)點上連續	
p. 192	$f_x(x_0,y_0)$存在	f_y在$D(x_0,y_0)$中存在	f_{xy}在$D*(x_0,y_0)$中存在	註$D*(x_0,y_0)$為$D(x_0,y_0)$之去(x_0,y_0)點者
	$f(xy)$在$D*(x_0,y_0)$中連續		$\lim\limits_{\substack{x\to x_0\\ y\to y_0}} f_{xy}(xy)$存在	

$f_{xy}=f_{xy}$ 之應用條件：

p. 194			f_{xy}在R域中存在	f_{yx}在R域中存在
			f_{xy}關於x及y各連續	f_{yx}關於x及y各連續

V. Pierfont 實函數論第一冊，$f_{xy}(a,b)=f_{yx}(a,b)$ 之應用條件：

p. 265	f_x在$D(a,b)$中存在	f_y在D中 $y=b$ 線上連續	f_{xy}在$D*(a,b)$中存在，
			$\lim\limits_{\substack{x\to a\\ y\to b}} f_{xy}(xy)$存在 有窮或無窮

VI. Hobson 實函數論第一冊，$f_{xy}(x_0,y_0)=f_{yx}(x_0,y_0)$ 之應用條件：

p. 425	$f_x(x_0,y_0)$存在	$f_y(x_0,y_0)$存在	f_{yx}在$D\varepsilon*(x_0,y_0)$中存在，有窮 $\lim\limits_{\substack{x\to x_0\\ y\to y_0}} f_{yx}(x,y)$存在，有窮或無窮	註$\begin{cases}D\varepsilon*為除去\\(x_0,y_0)點後\\之(x_0\ y_0)\\之\varepsilon鄰\end{cases}$
P. 426	f_x在$D(x_0,y_0)$中兩線$x=x_0,y=y_0$上存在 f_x當$x\ne a$時在$y=b$上連續	f_y當$y=y_0$時在$R\varepsilon(x_0)$中存在 註$\begin{cases}R\varepsilon(x_0)為x_0之\varepsilon鄰，\\含x_0在內\end{cases}$	f_{yx}在$D\varepsilon*(x_0,y_0)$中存在，有窮 $\lim\limits_{\substack{x\to x_0\\ y\to y_0}} f_{yx}(x,y\ $存在，有窮或無窮	註$\begin{cases}D\varepsilon*\ (x_0,y_0)\\為在D(x_0,y_0)\\中除去x=x_0\\y=y_0兩線後\\之(x_0,y_0)之\\\varepsilon鄰\end{cases}$
P. 427	f_x在(x_0,y_0)上有全微分	f_y在(x_0,y_0)上有全微分		

P 428

$f_x(x_0,y_0)$存在	$f_y(x_0,y_0)$存在,	$f_{xy}(x_0,y_0)$存在	$f_{yx}(x_0,y_0)$存在
$f_x{}^2$在$D(x_0,y_0)$中存在	$f_y{}^2$在$D(x_0,y_0)$中存在		
$f_x{}^2$在(x_0,y_0)點上連續	$f_y{}^2$在(x_0,y_0)點上連續		

註　　以上 f_{xy} 皆為 $\frac{\partial}{\partial y}\left(\frac{\partial f}{\partial x}\right)$，將各書改為一律以便比較。

$f_{xy}(x_0,y_0)=f_{yx}(x_0y_0)$之應用條件,尚有 V(p.265)所附之系:「$f_x,f_y$ 及 f_{xy} 皆在 $D(x_0y_0)$中連續」及 VI(p.425)所附與 IV(p.190)相同之條件,因其已包括於 IV,V,VI 中未列入表。

又 I,II,III,IV,V 五書吾國巳皆有翻版,VI 亦早通行吾國,且聞上海巳在翻印,一兩月即將出版因此,上表中所列諸應用條件之證明,凡自修數學者及中學敎習大學學生,皆能在此六書中查閱,故略而不載以省篇幅,又如 W. H. Young 之 Fundamental Theorems in Differential Calculus 中之應用條件:「f'_x,f'_y 在於 (x_0,y_0) 上有一階微分」(此比 VI(p.427)限制較少,應用較廣, VI(p.427)亦 Young 之作品)等,因在此六書之外,閱者不易查閱,未列入。

應用條件之廣狹不在條數之多寡,而在各條內容之寬緊.至不必假定之件而列入假定之中,如上舉幾何定理(1),(2),……(4)中多假定「三等邊」,「二等邊」等,自是不妥。

但比較條件之廣狹有易比者,有不易比者。如「二等邊」自然比「三等邊」之範圍寬;前者較廣,一望而知.至「直角」比「二等邊」範圍就寬,即不易明;論應用,自量邊易而量角難,然此亦視各人之習慣,不易下斷.即此知上舉各條件亦不易絕對斷言其就廣就狹只能略作評論如次:

I 及 II 完全相同。

III 當然不及 II, 因關於 f_x 及 f_y 之四種假定全是不必的。

IV(p.190)比 II 好,因但假定 f_{xy} 在 $D(x_0,y_0)$ 中存在而未假定其

連續,自比 II 之假定 f_{xy} 連續寬,至其假定 f_y 在 $D(x_0,y_0)$ 中存在,及 f_{xy} 在 (x_0,y_0) 上連續似比 II 多一條件,實在此二條件已含於「II 之假定 f_{yx} 及 f_{xy} 連續」之中。故總算起來,此三條實比 II 之二條應用廣些。

IV (p. 192)又比 IV (p. 190)好。因此只假定 $\lim\limits_{\substack{x\to x_0 \\ y\to y_0}} f_{xy}(x,y)$ 存在,而未假定 f_{xy} 在(x_0,y_0)點上連續,且此只假定 f_{xy} 在 $D^*(x_0,y_0)$中存在,而未假定 f_{xy} 在 $D(x_0,y_0)$中存在。至其比 IV(p.190)多假定 $f_x(x_0,y_0)$存在,則此假定已含於「IV (p.190)之假定 f_{xy} 在 $D(x_0 y_0)$中存在」之中,惟其假定 $f(x,y)$ 在 $D^*(x_0,y_0)$中連續實可不必的。原書因用均值定律來證,爲小心起見,多此一假定,實則儘可不必。只要查閱 V(p. 265—266) 或 VI(p.425) 之證法自知。故此去此假定後,可比 IV(p.190)應用廣些、

IV(p.194)不及 IV(p.192)。因雖少了一個 $\lim\limits_{\substack{x\to x_0 \\ y\to y_0}} f_{xy}(x,y)$爲存在之假定而多了其他三假定皆分量很重的,且 IV (p.192) 關於 $f_x{}'$ 及 f'_y 之兩假定亦已含在此諸條件假定中,故此比 IV (p.192) 應用狹些。但此比 II 則應用廣。因此僅假定 f_{xy}(及 f_{yx})對於 x 及 y 分別連續而未假定對於 x 及 y 同時連續也。

V (p.265)又比 IV (p.192) 好,乃一望而知之事,但 f_x 在 $D(a,b)$中存在儘可改爲 $f_x(a,b)$ 存在。因在 (a,b) 點外 f_{xy} 既存在,則 f'_x 自必存在。此書誤刊甚多亦許印錯的。

VI (p.425) 但假定 $f_y(x_0,y_0)$ 存在,未假定在 D 中線 $y=b$ 上存在,自然比 V (p.265)好。

VI(p.426)比 VI (p.425)好。就表面論 VI (p.426)於 f_x 及 f_y 雖加了許多假定,但此皆因在 $D^*(x_0,y_0)$ 中抽去 $x=x_0,y=y_0$ 兩線而補假定的,實已皆含在 VI(p.425)關於 f_{xy} 之假定中也。

VI (p.427) 及 VI (p.426) 當然是兩極好之定理;但論應用,則亦許比 VI(p.246)狹(因 f_x 及 f_y 有全微分之充分條件爲: f_{x^2} 在 $D\,(x_0,y_0)$ 中存在,$f_{xy}(x_0,b_0)$ 存在,f_{x^2}(或 f_{xy})在(x_0,y_0)上連續,f_{yx} 在 $D\,(x_0,y_0)$中存在,$f_{y^2}\,(x_0,y_0)$ 存在,及 f_{yx}(或 f_{y^2})在 (x_0,y_0) 上連續也)。此處不便再作詳細討論,因應用條件之廣狹乃本談之附帶品,已經說了不少,若再將此 VI(p.427),VI(p.428)及 VI (p.426) 中之條件一一詳細比較,勢必又須數頁方完,似有喧賓奪主之嫌,只得暫行中止,俟後另談。

但尚須加數語:上舉諸條件皆充分而非必要,合此諸條件之一,固然能保證公式可用。但不合此諸條件時,亦非此公式必不能用,仍須研究其可用與否。(凡充分條件皆有此種缺點)例如

$$f(x,y)=\frac{x^2+y^2}{4}\log(x^2+y^2),\qquad (x,y)\ \text{不在原點上時}$$

$$=0\qquad\qquad (x,y)\ \text{在原點上時}$$

$$f_x(x,y)=\frac{x}{2}\left\{1+\log\,(x^2+y^2)\right\}\qquad (x,y)\ \text{不在原點上時,}$$

$$f_y(x,y)=\frac{y}{2}\left\{1+\log\,(x^2+y^2)\right\}\qquad (x,y)\ \text{不在原點上時}\qquad\biggr\}\ (1)$$

從偏紀數之定義,得

$$f_x(0,0)=0\qquad 及\qquad f_y(0,0)=0 \tag{2}$$

又(x,y)不在原點上時

$$f_{xy}(x,y)=f_{yx}(x,y)=\frac{xy}{x^2+y^2}, \tag{3}$$

卽 f_{xy} 及 f_{yx} 皆在 $D^*\,(0,0)$ 中存在。但

$$\lim_{\substack{x\to 0\\ y\to 0}} f_{xy}\,(x,y)\ 及\ \lim_{\substack{x\to 0\\ y\to 0}} f_{yx}\,(x,y)\ 皆不存在。 \tag{4}$$

故不合於上舉 I 至 VI 之一切條件,但從第二階偏紀數之定義,仍可得

理学卷（第二册）　科学通讯　第六期（1935）

$$f_{xy}(o,o)=f_{yx}(o,o)=o。 \tag{5}$$

此例見 Townsend 實函數論 p. 191。但原書未言(4)之兩極限皆不存在,而但言 f_{xy} 及 f_{yx} 在 (o,o) 上皆不連續(本談凡言 $\Phi(x,y)$ 在 (a,b) 上連續,指關於 x,y 同時連續言,非指單關於 x 連續及單關於 y 連續言),並未言(4)之兩極限皆不存在。因 Townsend 設此例,專對 IV (p. 190)言,故如此云云。我欲對於自 I 至 VI 之一切條件言,故改之為(4)。

又 Townsend 以「$\lim\limits_{\substack{x\to o \\ y\to o}} f_{xy}$ 及 $\lim\limits_{\substack{x\to o \\ y\to o}} f_{yx}$ 不是 o」為其所謂「f_{xy} 及 f_{yx} 在

(o,o)上不連續」之根據;似有語病,因但言此兩極限不是 o, 則此兩極限亦許存在而為他數。如是,則 f_{xy} 及 f_{yx} 仍在 (o,o) 上不連續(即甲種不連續而非乙種不連續)。故但照 Townsend 所言,則人將以為此例雖不合於 IV (p.190),而亦許合於 V (p.265) 或 VI (p.425) 等,大約 Townsend 之此例,亦是從他處抄來,做書時但注意其 IV (p.190) 而未留心「不但 f_{xy} 及 f_{yx} 在 (o,o) 上不連續,並且 $(x,y)\to(o,o)$ 時其極限亦不存在」,故留此一語病。

至此兩極限不存在極易證明:令 $y=ax$ 則 $x\to o$ 時, y 亦 $\to o$。於是 (x,y) 在 $y=ax$ 線上 $\to(o,o)$ 則

$$\lim_{\substack{x\to o \\ y\to o}} f_{xy} = \lim_{\substack{x\to o \\ y\to o}} \frac{xy}{x^2+y^2} = \lim_{x\to o} \frac{ax^2}{x^2+a^2x^2} = \frac{a}{1+a^2} \tag{6}$$

再令 (x,y) 在 $y=bx$ 線$(b\neq a)$上 $\to(o,o)$,則

$$\lim_{\substack{x\to o \\ y\to o}} f_{xy} = \lim_{x\to o} \frac{bx^2}{x^2+b^2x^2} = \frac{b}{1+b^2} \tag{7}$$

此(6),(7)既不等,則 $\lim\limits_{\substack{x\to o \\ y\to o}} f_{xy}$ 當然不存在。同理, $\lim\limits_{\substack{x\to o \\ y\to o}} f_{yx}$ 亦不存在。

此非有意吹毛求疵,實因吾人讀書不可太信書,須處處懷疑,

細細研究,必求合於理安於心而後信之,如是方能得書之益,不受書之誤。以大體論, Townsend 書很好,頗合教課之用,上所謂語病,亦不過措辭稍不周密,並非大錯,（吾人自己著書,隨筆寫下去,此種稍不留心之處,亦所難免）。上所云云,不過欲借此與閱者談談讀書方法耳。但(4)則必須說明,因必改 f_{xy} 及 f_{yx} 在 $(0,0)$ 上不連續為(4)中兩極限不存在,方能說明不合於 I 至 VI(p.426)之諸條件也。

　　至此例與 VI (p.427) 及 VI (p.428) 亦不合,但從其 $f_{x^2}(0,0) = -\infty$ 已可斷定。故此例與自 I 至 IV 之一切條件皆不合。

　　但仍

$$f_{xy}(0,0) = f_{xy}(0,0)。$$

教　材

電磁學上之單位　　　（續）

許　國　保

吾等旣明瞭靜電單位系統與電磁單位系統之後,乃可討論「實用單位系統」與該兩系統之關係。在實用單位系統中,吾等最初所規定者爲電流單位,因電流在工程上固爲最切實用也。工程界規定電流之實用單位爲安培 (Ampere)。此安培單位小於電磁系統中之電流單位十倍。假定以後吾等以 I_p, V_p 等代表某一定電流或電勢等以實用單位所量得之數值,則

$$I_p = 10\,I_m \qquad\qquad (16)$$

同時因 $VI = VQ/t = W/t$ 爲「工率」(power)。在 c.g.s. 系統中工率之單位爲 erg/sec,但此單位在實用時嫌其太小,故工程上所用之工率實用單位爲「瓦特」(watt),一瓦特 10^7 倍於 erg/sec。若以 U 代表工率則

$$VI = U, \qquad V = \frac{U}{I}, \qquad\qquad U_p = \frac{U_m}{10^7}$$

$$\frac{V_p}{V_m} = \frac{U_p}{U_m}\,\frac{I_m}{I_p} = \frac{1}{10^8}, \qquad\qquad V_p = \frac{1}{10^8}V_m \qquad\qquad (17)$$

在實用單位系統中,「工作」之單位爲「焦耳」(joule)。1 焦耳 (joule) 等於 10^7 個「爾格」(erg),卽等於 1「瓦特秒」(watt-sec)。是以實用單位系統中所用之時間單位仍爲秒,但實用單位因其工作單位並不與

教材一　　　　　電 磁 學 上 之 單 位　　　　　11

c.g.s. 系統之工作單位相等故根本不是 c.g.s. 系統,吾等不可因其所用之時間單位爲秒而謬斷其所用長度及質量單位爲「厘米」(cm)爲「克」(gram)也。

因「實用系統」所用之時間單位爲秒而 $Q = It$, 是以

$$\frac{Q_p}{Q_m} = \frac{I_p t_p}{I_m t_m} = \frac{I_p}{I_m} = 10, \qquad Q_p = 10 Q_m \tag{18}$$

或由 $V = W/Q$ 即 $Q = W/V$ 求得亦可, $W_p = W_m/10^7$,

$$\frac{Q_p}{Q_m} = \frac{W_p}{V_p} \cdot \frac{V_m}{W_m} = \frac{10^8}{10^7} = 10, \qquad Q_p = 10 Q_m$$

由公式(16),(17)及(18)與定義7,8及12吾等即可求得

$$R = \frac{V}{I}, \qquad \frac{R_p}{R_m} = \frac{V_p}{I_p} \cdot \frac{I_m}{V_m} = \frac{1}{10^9}, \qquad R_p = \frac{1}{10^9} R_m \tag{19}$$

$$C = \frac{Q}{V}, \qquad \frac{C_p}{C_m} = \frac{Q_p}{Q_m} \cdot \frac{V_m}{V_p} = 10^9, \qquad C_p = 10^9 C_m \tag{20}$$

$$L = \frac{Vt}{I}, \qquad \frac{L_p}{L_m} = \frac{V_p t_p}{I_p} \cdot \frac{I_m}{V_m t_m} = \frac{1}{10^9}, \qquad L_m = \frac{1}{10^9} L_m \tag{21}$$

但若欲求 E, P, D, m, H, M 及 B 等在「實用單位系統」中之單位,我等即感覺困難;因定義3,5,6,9,10,11及13中均含有 F 之單位或 l 之單位也。吾等現在僅知在實用單位系統中 t 之單位亦爲秒,惟尚未知長度之單位是否爲 cm. 及力之單位是否爲 dyne 也。因爲工作之實用單位爲 joule 可見力與長度之單位必不是 dyne 及 cm. 也。吾等在求 E, P 等實用單位之前,吾等必得先求出長度或力在實用單位系統中之單位。在事實方面,工程上固以 R, C, L, V, Q, I 等最爲切實用,而 E, P, D 等並不十分切用,所以 E, P, D 等之實用單位並不需要。工程上固須用 B 及 H,但工程上往往借用 B 及 H 之電磁單位而將「感應電勢」(induced e.m.f.)用下公式表明之

$$V_p = \frac{1}{10^8} V_m = \frac{1}{10^8} A \frac{dB_m}{dt}, \qquad A = 面積(cm^2)。$$

工程或實驗上有時亦須用 E,但 E 往往以每米厘間電勢相差之「伏特」數(volts per cm)表明之。此種習慣上所規定之單位雖合實用,但究係混合系統並不合於實用系統之原則。吾等若欲推得一純粹之實用系統單位制,則必須依照公式 (16) 及 (17) 之規並應用定義 1 至 14。第一步吾等可求出「實用單位系統中之長度單位。其方法如下:

(1)若根據靜電系統則電容 C 之因次為 l(根據定義 8),再用公式(20)及(8)

$$C_p = 10^9 C_m = \frac{10^9}{c^2} C_s$$

或
$$C_p = \frac{1}{9.10^{11}} C_s \tag{22}$$

$$\frac{l_p}{l_s} = \frac{C_p}{C_s} = \frac{1}{9.10^{11}} \text{ 或 } l_p = \frac{1}{9.10^{11}} l_s \tag{23}$$

即長度之單位為 9.10^{11} cm. 也。

又在靜電系統中 V 之因次為 El(定義 4),Q 之因次為 Dl^2(定義 6),是以

$$\frac{Q}{V} = \frac{Dl^2}{El},$$

因在靜電系統中 D 與 E 同因次是以

$$l \text{ 之因次為 } \frac{Q}{V}(即 C)$$

因此 $\dfrac{l_p}{l_s} = \dfrac{Q_p}{V_p} \dfrac{V_s}{Q_s} = \dfrac{Q_p}{Q_m} \dfrac{Q_m}{Q_s} \dfrac{V_s}{V_m} \dfrac{V_m}{V_p} = \dfrac{10^9}{c^2} = \dfrac{1}{9.10^{11}}$ 與公式(23)同。

(2)若根據電磁系統則電容 C 之因次為 t^2/l(根據公式 (8) C 之因次為 l 而 c^2 之因次為 l^2/t^2),而 l 之因次為 t^2/C。是以

教材一　　　　電　磁　學　上　之　單　位　　　　**13**

$$\frac{l_p}{l_m} = \frac{t'_p}{C_p} \quad \frac{C_m}{t^2_m} = \frac{C_m}{C_p} = \frac{1}{10^9}, \qquad l_p = \frac{1}{10^9} l_m \tag{24}$$

即長度之單位爲 10^9cm. 也。

又在電磁系統中，V 之因次爲 Bl^2/t，Q 之因次爲 Hlt

$$\frac{V}{Q} \text{ 之因次爲 } \frac{Bl}{Ht^2},$$

在電磁系統中 B 與 H 同因次，是以 l 之因次爲 Vt^2/Q 即 t^2/C 因此

$$\frac{l_p}{l_m} = \frac{V_p t^2_p}{Q_p} \quad \frac{Q_m}{V_m t^2_m} = \frac{V_p Q_m}{Q_p V_m} = \frac{1}{10^9}$$

　　由此觀之若「實用單位系統」當依據「靜電單位系統」也，則「實用單位系統」中之長度單位應爲 9.10^{11} cms。反之若「實用單位系統」當依據「電磁單位系統」也，則其長度單位應爲 10^9cms. 二者之間當何捨何從乎？則荅曰當從「電磁單位系統」其故因實用單位系統比較與電磁單位系統有密切關係，蓋電磁現象之最切實用者厥爲磁矩電感應也。依以下規定「實用系統」中之長度單位爲 10^9cm。

$$l_p = \frac{1}{10^9} l_m = \frac{1}{10^9} l_s \tag{25}$$

依據公式(25)及 $W_p = \frac{1}{10^7} W_m = \frac{1}{10^7} W_s$，吾等卽可規定 F 在實用系統之單位

$$\frac{F_p}{F_m} = \frac{W_p}{l_p} \quad \frac{l_m}{W_m} = \frac{1}{10^7} \cdot \frac{10^9}{1} = 100, \qquad F_p = 100 F_m = 100 F_s \tag{26}$$

在實用單位系統中力之單位爲 1/100 達因(dyne)。

$$\left\{ \begin{array}{l} \text{由 } F \text{ 及 } l \text{ 之單位吾等又可求得質量 } m \text{ 之單位 } m = Ft^2/l, \\[2mm] \dfrac{m_p}{m_m} = \dfrac{F_p t^2_p}{l_p} \quad \dfrac{l_m}{F_m t^2_m} = 100 \cdot 10^9 = 10^{11} \qquad m_p = 10^{11} m_m \\[2mm] \text{質量之單位在實用系統中爲 } 10^{-11} \text{克(gram)} \end{array} \right.$$

因 F 及 l 單位之規定，其餘各單位均迎刃而解矣。

$$\frac{E_p}{E_m}=\frac{F_p}{Q_p}\frac{Q_m}{F_m}=\frac{100}{10}=10, \qquad E_p=10\,E_m \qquad (27)$$

$$\frac{P_p}{P_m}=\frac{Q_p}{l^2{}_p}\frac{l^2{}_m}{Q_m}=10^{18}.10=10^{19}, \qquad P_p=10^{19}P_m \qquad (28)$$

$$\frac{D_p}{D_m}=\frac{Q_p}{l^2{}_p}\frac{l^2{}_m}{Q_m}=10^{18}.10=10^{19}, \qquad D_p=10^{19}D_m \qquad (29)$$

$$\frac{H_p}{H_m}=\frac{I_p}{l_p}\frac{l_m}{I_m}=10.10^9=10^{10}, \qquad H_p=10^{10}H_m \qquad (30)$$

$$\frac{m_p}{m_m}=\frac{F_p}{H_p}\frac{H_m}{F_m}=\frac{100}{10^{10}}=\frac{1}{10^8}, \qquad m_p=\frac{1}{10^8}\,m_m \qquad (31)$$

$$\frac{M_p}{M_m}=\frac{m_p}{l^2{}_p}\frac{l^2{}_m}{m_m}=\frac{1}{10^8}\;10^{18}=10^{10} \qquad M_p=10^{10}M_m \qquad (32)$$

$$\frac{B_p}{B_m}=\frac{m_p}{l^2{}_p}\frac{l^2{}_m}{m_m}=10^{10} \qquad B_p=10^{10}B_m \qquad (33)$$

$$\frac{K_p}{K_m}=\frac{D_p}{E_p}\frac{E_m}{D_m}=10^{19}.\frac{1}{10}=10^{18} \qquad K_p=10^{18}K_m \qquad (34)$$

$$\frac{\mu_p}{\mu_m}=\frac{B_p}{H_p}\frac{H_m}{B_m}=10^{10}.\frac{1}{10^{10}}=1 \qquad \mu_p=\mu_m \qquad (35)$$

　　在「赫維賽德羅倫徹單位系統」(以後簡稱「赫羅單位系統」)中其基本規定如下：

　　(1)凡關於電或電磁性之單位如 Q,I,V,E,P,D,R,C,L 及 K 等均依靜電系統法規定之。

　　(2)凡關於單純磁性之單位如 $m,H,B,$ 及 μ 等均依電磁系統法規定之。

　　(3)赫羅單位系統中之電荷(Q)單位亦依照庫侖定律規定,但略改如下(以後以 $Q_l,\ V_l$ 等代表用赫羅單位量得 Q,V 等之數量)：

$$F_l=\frac{Q_l\,Q_l{}'}{4\pi l^2} \qquad (F\text{ 仍以 dyne 爲單位, }l\text{ 仍以 cm. 爲單位})$$

以代替靜電系統中之 　　 $F=\dfrac{Q_s\,Q_s{}'}{l^2}$

是以　　$\dfrac{Q_l^2}{4\pi}=\dfrac{Q_s^2}{1}$　　　　　$Q_l=\sqrt{4\pi}\,Q_s=c\sqrt{4\pi}\,Q_m$　　　　(36)

(4)赫羅單位系統中之磁極強度(m)單位亦依照庫侖定律規定而略改如下：

$$F=\dfrac{m_l m_l'}{4\pi l^2}\text{以代替電磁系統中之}F=\dfrac{m_m m_m'}{l^2},$$

是以　　　　　$m_l=\sqrt{4\pi}\,m_m=c\sqrt{4\pi}\,m_s$　　　　　　(37)

(5)定義6及11中之高斯定律亦略改如下：

$$\int D_l\,dA=Q_l\qquad\text{以代替}\int D_s\,dA=4\pi Q_s$$

是以　$\dfrac{D_l}{D_s}=\dfrac{Q_l}{4\pi Q_s}=\dfrac{1}{\sqrt{4\pi}}$　　$D_l=\dfrac{1}{\sqrt{4\pi}}D_s=\dfrac{c}{\sqrt{4\pi}}\,D_m$　(38)

$$\int B_l\,dA=m_l\qquad\text{以代替}\int B_m\,dA=4\pi m_m$$

是以　$\dfrac{D_l}{B_m}=\dfrac{m_l}{4\pi m_m}=\dfrac{1}{\sqrt{4\pi}}$　　$B_l=\dfrac{1}{\sqrt{4\pi}}B_m=\dfrac{c}{\sqrt{4\pi}}\,B_s$　(39)

根據以上各規定，所有第 1,2,3,4,5,6,7,8,9,10 及 13 等其餘各單位均可推得如下

$$I_l=\sqrt{4\pi}\,I_s=c\sqrt{4\pi}\,I_m\tag{40}$$

$$V_l=\dfrac{1}{\sqrt{4\pi}}V_s=\dfrac{1}{c\sqrt{4\pi}}V_m\tag{41}$$

$$E_l=\dfrac{1}{\sqrt{4\pi}}E_s=\dfrac{1}{c\sqrt{4\pi}}E_m\tag{42}$$

$$P_l=\sqrt{4\pi}\,P_s=c\sqrt{4\pi}\,P_m\tag{43}$$

$$R_l=\dfrac{1}{4\pi}R_s=\dfrac{1}{c^2 4\pi}R_m\tag{44}$$

$$C_l=4\pi\,C_s=c^2 4\pi\,C_m\tag{45}$$

$$L_l=\dfrac{1}{4\pi}L_s=\dfrac{1}{c^2 4\pi}L_m\tag{46}$$

$$H_l = \frac{1}{\sqrt{4\pi}} H_m = \frac{1}{c\sqrt{4\pi}} H_s \tag{47}$$

$$M_l = \sqrt{4\pi}\, M_m = c\sqrt{4\pi}\, M_s \tag{48}$$

$$K_l = K_s = c^2 K_m \tag{49}$$

$$\mu_l = \mu_m = c^2 \mu_s \tag{50}$$

結論　近世理論電磁學雖常有採用赫羅單位系統者,然亦頗多不採取赫羅系統而用一種靜電電磁混合系統。此系統與赫羅系統相似,凡關於電及電磁性之單位以靜電單位規定之而凡關於純磁性之單位則以電磁單位規定之,但並不採取赫羅系統中第(3),(4),(5)各條之規定。關於 $D, B, Q,$ 及 m 單位之規定仍依據高斯及庫侖定律之原狀。

　　又關於電磁學上單位之因次(dimension)問題,亦尙有一言。本篇在靜電系中,以 Q 之因次為 $\sqrt{F}\,l$ 而以 K 為無因次同時在電磁系統中,以 m 之因次為 $\sqrt{Fl}$ 而以 μ 為無因次。普通書本中有不規定 K 及 μ 之因次者,根據庫侖定律在介質中之公式:

$$F = \frac{QQ'}{Kl^2} \qquad 及 \qquad F = \frac{mm'}{\mu l^2}$$

而規定 Q 之因次為 $\sqrt{K}\sqrt{F}\,l$ 及 m 之因次為 $\sqrt{\mu}\sqrt{F}\,l$。如是則在靜電系統中 E 之因次為 $\sqrt{F}/\sqrt{K}\,l, D$ 之因次為 $\sqrt{K}\sqrt{F}/l, D$ 與 E 不能同因次,在電磁系統中 H 之因次為 $\sqrt{F}/\sqrt{\mu}\,l, B$ 之因次為 $\sqrt{\mu}\sqrt{F}/l,$ B 與 H 亦不同因次。又 C 在靜電系統中之因次當為 $Kl,$ 在電磁系統中 $t^2/\mu l$。假定 C 在靜電及電磁兩系統中之因次當相同則

$$\frac{Kl, \mu l}{t^2} 為無因次$$

卽　　　$\dfrac{1}{\sqrt{K\mu}}$ 之因次當為速率,

但吾等仍不知 $K \cdot$ 與 μ 各個之因次也。不知 K, μ 之各個因次固與靜電電磁兩系統無關,但在推求實用系統中之長度單位吾等卽感因難,蓋吾等不能如上文之確定 C 之因次為 t^2/l 及 B 與 H 同因次。此確定乃推求實用長度單位之必須標準也。

不　等　式 (二續)

武　崇　林

§3　Hölder 及 Minkowski 不等式。

于 §2 之 (2·2a) 中 命 $a = a/b,\ a > o,\ b > o,\ a = p,\ \beta = 1 - a$ 則 自

$$x^p < px + (1-p)$$

卽得

$$\frac{a^a}{b^a} < a \cdot \frac{a}{b} + \beta$$

或卽

$$\frac{a^a b^\beta}{b} < a \cdot \frac{a}{b} + \beta。$$

是以推得以下之結果:若

$$a > o,\ b > o,\ a \neq b,\ a > o,\ \beta > o,\ a + \beta = 1 \ 則$$

(3·1)

$$a^a b^\beta < a a + b \beta。$$

Hölder 氏不等式可以述如以下:

若 $a_1, a_2, \cdots\cdots a_n;\ b_1, b_2, \cdots\cdots b_n$ 俱為正數且 $1/p + 1/q = 1$, 則

(3·2) 　　　　$\sum_1^n a_i b_i \leqslant \{\sum_1^n a_i{}^p\}^{1/p} \{\sum_1^n b_i{}^q\}^{1/q}。$

且僅在 $a^p{}_i = \lambda b^q{}_i\ \ i = 1, 2, \cdots\cdots n$ 同時成立時,上式兩端始能相等,其 λ 與 n 無關。

證　吾人容易見下式之眞實,

$$(3\cdot3)\qquad \frac{\Sigma a^{\alpha}{}_i b^{\beta}{}_i}{(\Sigma a_i)^{\alpha}\cdot(\Sigma b_i)^{\beta}} = \Sigma\left(\frac{a_i}{\Sigma a_i}\right)^{\alpha}\left(\frac{b_i}{\Sigma b_i}\right)^{\beta},$$

其中和式俱對 $i=1$ 至 $i=n$ 而言,以下仿此。 但 $(3\cdot3)$ 右端之任一項,

假如 $\dfrac{a_v}{\Sigma a}\neq\dfrac{b_v}{\Sigma b}$,則由 $(3\cdot1)$,

$$(3\cdot4)\qquad \left(\frac{a_v}{\Sigma a}\right)^{\alpha}\left(\frac{b_v}{\Sigma b}\right)^{\beta} < \alpha\frac{a_v}{\Sigma a} + \beta\frac{b_v}{\Sigma b}.$$

故對 $v=1,2,\cdots\cdots n$ 而將 $(3\cdot4)$ 之各不等式相加,則得

$$(3\cdot5)\qquad \frac{\Sigma a_i{}^{\alpha}b_i{}^{\beta}}{(\Sigma a_i)^{\alpha}(\Sigma b_i)^{\beta}} < \alpha\cdot\Sigma\cdot\frac{a_v}{\Sigma a} + \beta\cdot\Sigma\cdot\frac{b_v}{\Sigma b} = \alpha+\beta = 1;$$

除非對 $v=1,2,\cdots\cdots n$

$$(3\cdot6a)\qquad \frac{a_v}{\Sigma a} = \cdot\frac{b_v}{\Sigma b}$$

全爲眞實外 $(3\cdot5)$ 必能成立,而若 $(3\cdot6\alpha)$ 全爲眞實,則 $(3\cdot5)$ 之左端顯卽等于1。

若於 $(3\cdot5)$ 中以 $1/p$ 及 $1/q$ 代 α 及 β,並以 a 代 a^{α}, b 代 b^{β},則所得卽係 $(3\cdot2)$,而相等之條件則成爲

$$(3\cdot6b)\qquad a^p{}_v=\lambda b^q{}_v, \qquad v=1,2,\cdots\cdots n。$$

　系　若 $1/p+1/q=1$, a_i,b_i 如前,則

$$\frac{1}{n}\sum_1^n a_i\,b_i < \left(\frac{1}{n}\cdot\sum_1^n a^p{}_i\right)^{1/p}\cdot\left(\frac{1}{n}\sum_1^n b_i{}^q\right)^1\ 。$$

此事顯然眞實,蓋 Hölder 不等式不僅對 a_i, b_i 爲齊次,亦且對和式符號 Σ 亦復如此也。是以此類之不等式,如以中值替代和式,均仍可以成立,如欲將以上之定理推及於定積分間之不等式,則 Holder 不等式之此一特殊形式殊爲重要也。

　　茲吾人再論 Minkowski 不等式。

　　若 $M_p(a) = (a_1{}^p+a_2{}^p+\cdots\cdots+a_n{}^p)^{1/p}$, $a_i>0$, $p>1$, 則

理学卷（第二册） 科学通讯 第六期（1935）

教材二 　　　　　　　不　　等　　式　　　　　　　**19**

$$(3\cdot7) \qquad M_p(a+b) \leqslant M_p(a) + M_p(b)。$$

且僅在 $a_i = \lambda b_i$ $i=1,2,\cdots\cdots n$ 同時成立時，上式中等號始爲可用。

　　　　證　　最簡單之一證明當係自 Hölder 不等式之推論。吾人見

$$(3\cdot8) \qquad B = \Sigma(a_i+b_i)^p = \Sigma a(a_ib_i)^{p-1} + \Sigma b_i(a_i+b_i)^{p-1},$$

其中和式符號，均係自 $i=1$ 至 $i=n$, 下同。於 (3·8) 右端之每一和式，各應用 Hölder 不等式，且命 $1/p + 1/q = 1$, 則得

$$B \leqslant (\Sigma a^p)^{1/p}\{\Sigma(a+b)^p\}^{1/q} + (\Sigma b^p)^{1/p}\{\Sigma(a+b)^p)^{1/q}$$

$$= \{(\Sigma a^p)^{1/p} + (\Sigma b^p)^{1/p}\}\{\Sigma(a+b)^p\}^{1/q}$$

$$= B^{1/q}\{(\Sigma a^p)^{1/p} + (\Sigma b^p)^{1/p}\},$$

或卽　　　 $$B^{1-1/q} = B^{1/p} \leqslant (\Sigma a^p)^{1/p} + (\Sigma b^p)^{1/p},$$

是卽 (3·7) 式，

　　　　最後若欲求 (3·7) 式中之等式爲何時可以成爲眞相應用 Hölder 氏不等式於 (3·8) 時，其相等之條件爲

$$a_i{}^p = \lambda_1(a_i+b_i)^{(p-1)q} = \lambda_1(a_i+b_i)^p,$$

$$b_i{}^p = \lambda_2(a_i+b_i)。$$

是以見 Minkowski 不等式相等之條件乃爲

$$a_i = \lambda b_i \qquad i=1,2,\cdots\cdots n$$

同時眞實也。

　　　　Hölder 及 Minkowski 不等式俱可推廣及於定積分，此事吾人將置而不論。以適當之討論，須用 Lebesgue 積分始有興趣，而將引吾人離所謂初等數學太遠也。

§ 4　Cauchy 不等式及其擴張。

　　　　若 $a_1, a_2, \cdots\cdots a_n;\ b_1, b_2, \cdots\cdots b_n$ 爲兩組任意實數，則

$$(4\cdot1) \qquad (\overset{n}{\underset{1}{\Sigma}} a_ib_i)^2 \leqslant (\overset{n}{\underset{1}{\Sigma}} a_i{}^2)(\overset{n}{\underset{1}{\Sigma}} b_i{}^2)$$

其等號之成立，僅在有 λ, μ 二數存在，$\lambda^2 + \mu^2 > 0$, 而能使

(4·2) $$\lambda a_i + \mu b_i = 0, \qquad i = 1, 2, \cdots n$$

之時,換言之卽 $(a), (b)$ 二組成比例時也。

證 試研究下之二次方式:

(4·3) $$\Sigma(xa_i + yb_i)^2 \equiv x^2 (\Sigma a_i^2) + 2xy(\Sigma a_i b_i) + y^2 (\Sigma b_i^2)。$$

就 (4·3) 而言,除去 (4·2) 成立外,其方式之值,勿論 x, y 取任何實值,必常大於零。因而 (4·3) 右端之二次方式係數,必能滿足

$$4(\Sigma a_i b_i)^2 - 4(\Sigma a_i^2)(\Sigma b_i^2) < 0$$

之條件,因 x^2, y^2 之係數均大於零也。至問何時始能有不全等於零之 x, y 之值能使 (4·3) 之二次方式之值爲零,亦卽謂何時 (4·1) 中之等號始能發現,則易見必僅在 (4·3) 左端之 n 個平方併爲一個平方之時,卽謂須 (4·2) 成立或 (a) (b) 二組爲成比例時也。最後吾人見者各 a_i 均等於零,各 b_i 亦等於零,換言之卽 (a) (b) 均係所謂 null set 者,等號自然可以成立。但此事尋常均略去不談,因其無關宏恉也。

至其他之證明有用以下之恆等式

$$(\Sigma a_i^2)(\Sigma b_i^2) - (\Sigma a_i b_i)^2 = \Sigma(a_i b_j - a_j b_i)^2$$

如尋常所謂 Lagrange Identity 云者,然普通之證明,實非可以如以上證明之一蹴而幾也。Cauchy不等式又可以擴張至 k 組實數如下:

若 $a_{11} a_{12} \cdots a_{1n}; a_{21} a_{22} \cdots n_{2n}; \cdots a_{k1} a_{k2} \cdots a_{kn}$ 爲 k 組任意實數,則

(4·4) $$\begin{vmatrix} \Sigma a_{1i}^2 & \Sigma a_{1i}a_{2i} & \cdots\cdots \Sigma a_{1i}a_{ki} \\ \Sigma a_{2i}a_{1i} & \Sigma a_{2i}^2 & \cdots\cdots \Sigma a_{2i}a_{ki} \\ \cdots\cdots\cdots\cdots\cdots\cdots\cdots\cdots\cdots \\ \Sigma a_{ki}a_{1i} & \Sigma a_{ki}a_{2i} & \cdots\cdots \Sigma a_{ki}^2 \end{vmatrix} \geqq 0。$$

其等式之成立僅在有不全爲零之一組實數 $c_1, c_2, \cdots\cdots c_k$ 存在,能使 $n - k + 1$ 個等式

(4·5) $$c_1 a_{1i} + c_2 a_{2i} + \cdots + c_k a_{ki} = 0$$

成立時,其 i 表 $1, 2, \cdots n$ 中之某 $n-k+1$ 個數。

　　證　試研究以下之二次方式

(4·6)
$$\Sigma(a_{1i}x_1 + a_{2i}x_2 + \cdots + a_{ki}x_k)^2$$
$$\equiv (\Sigma a^2_{1i})x_1^2 \quad\quad + (\Sigma a_{1i}a_{2i})x_1 x_2 + \cdots + (\Sigma a_{1i}a_{ki})x_1 x_k$$
$$+ (\Sigma a_{2i}a_{1i})x_2 x_1 \quad + (\Sigma a^2_{2i})x_2^2 \quad + \cdots + (\Sigma a_{2i}a_{ki})x_2 x_k$$
$$+ \quad\quad \cdots\cdots\cdots\cdots\cdots\cdots\cdots$$
$$+ (\Sigma a_{ki}a_{1i})x_k x_1 + (\Sigma a_{ki}a_{2i})x_k x_2 + \cdots + (\Sigma a^2_{ni})x_k^2$$

其判別式顯為(4·4)之行列式,且勿論 $x_1, x_2, \cdots x_k$ 取有何值,此二次方式(4·6)之值必大於零,除非有不全等於零之 x 之值,能使此二次方式等於零。其條件以下再及。在代數學中吾人智知，一有定二次方式(4·6),必可以實係數立，九形化化作 $y_1^2 + y_2^2 + \cdots y_k^2$ 之形既，且四二次方式之判別式為二權(weight 2)之不變式,故(4·6)之判別式(4·4)必舉展也,冀 c 為屬(4·6)成為 $y_1^2 + y_2^2 + \cdots + y_k^2$ 之一次形化之行列式。由是一有定正二次方式之判別式必大於零,是卽(4·4)之證明。茲再考究(4·4)何時可以等於零。判別式等於零之充要條件,為二次方式之為『異』二次方式,換言之,卽可以變作變數個數小於 k 之其他二次方式是此。是以見僅在(4·5)成立時,判別式始得為零,亦卽謂僅在(4·5)成立時,(4·4)中之等號始為可用。

　　最後吾人可以言,若 (a_{1i}) $(a_{2i}) \cdots (a_{ki})$ 各組為一次相倚時,(4·4)之等號可以成立,因於此時,不僅(4·5)成立,且有多餘之等式存在也。吾人又智知若組數多於每組內數之個數,則各組必為一次相倚,故得以下之

　　系　若 $k > n$ 則(4·4)之行列式常等於零。

§5 Hadamard 行列式定理。

於解析幾何中,吾人見若 $O\,(o, o, o)$, $P_1\,(x_1,\,y_1,\,z_1)$, $P_2\,(x_2,\,y_2,\,z_2)$, $P_3\,(x_3, y_3, z_3)$ 爲平行六面體之四頂點,則其體積之絕對値爲

$$\begin{vmatrix} x_1 & y_1 & z_1 \\ x_2 & y_2 & z_2 \\ x_3 & y_3 & z_3 \end{vmatrix}$$

而以 OP_1, OP_2, OP_3 爲相交三稜之直六面體之體積,則不能小於適所云平行六面體之體積,是以

$$\begin{vmatrix} x_1 & y_1 & z_1 \\ x_2 & y_2 & z_2 \\ x_3 & y_3 & z_3 \end{vmatrix}^2 \leqslant (x_1^2+y_1^2+z_1^2)(x_2^2+y_2^2+z_2^2)(x_3^2+y_3^2+z_3^2)$$

至於平行四邊形亦有相似之不等式。推廣此之結果,卽得所謂

Hadamard 行列式定理。若

$$D=|a_{ij}|, \qquad i,j=1,2,\cdots n,$$

a_{ij} 俱爲實數 (亦可以爲複數,但此僅論實數) 則

(5·1) $$D^2 \leqslant \Sigma a_{1i}^2 \cdot \Sigma a_{2i}^2 \cdots \Sigma a_{ni}^2;$$

除非

(5·2) $$a_{1i}a_{1j}+a_{2i}a_{j2}+\cdots+a_{in}a_{jn}=0 \quad i\neq j \quad i,j=1,2\cdots n$$

俱爲眞實,或 (5·1) 之右端有一因子爲零時,等號始能成立。

此定理之證明可以用純粹代數方法,例如 Kowalewski, Einführung in die Determinantentheorie, (1925) SS 256−258,或可用解析方法,例如 Bôcher, Integral Equations §8, pp. 29−31, 用代數者殊覺繁瑣,用解析者不能脫 Weieistrass 定理之羈絆。此節承接以前,仍應用二次方式之理論。

命 $\Phi\equiv\Sigma_1^n c_{ij}x_ix_j$ 爲一有定正二次方式, $\psi=\sum_1^n x_i^2$。 Φ,ψ 二方式之

$\lambda-$方程式為

$$(5\cdot3)\qquad\begin{vmatrix}c_{11}-\lambda & c_{12} & \cdots\cdots & c_1 \\ c_{21} & c_{22}-\lambda & \cdots & c_2 \\ \cdots\cdots & \cdots\cdots & \cdots\cdots \\ c_{n1} & c_{n2} & \cdots\cdots & c_{nn}-\lambda\end{vmatrix}=O.$$

Φ,ψ 二方式可以用一實係數一次形化,同時化作 (Bôcher, Algebra, p.171)

$$\Phi=\lambda_1 x'^2_1+\lambda_2 x'^2_2+\cdots+\lambda_n x'^2_n,\quad \psi=x'^2_1+x'^2_2+\cdots+x'^2_n。$$

其 $\lambda_1,\lambda_2\cdots\lambda_n$ 為 $(5\cdot3)$ 之 n 個根。因 Φ 係設為有定正二次方式,故 $\lambda_1,\lambda_2,\cdots\lambda_n$ 俱大於零,且見

$$\lambda_1+\lambda_2+\cdots+\lambda_n=\sum_1^n c_{ii},\quad \lambda_1\lambda_2\cdots\lambda_n=|c_{ii}|\equiv\Delta。$$

由 §1 之 $(1\cdot1)$

$$(5\cdot4)\qquad\Delta\leqslant\left(\frac{c_{11}+c_{22}+\cdots+c_{nn}}{n}\right).$$

茲分取一有定正二次方式

$$\sum_1^n\frac{c_{ij}}{\sqrt{c_{ii}c_{jj}}}x_i x_j\equiv\sum_1^n a_{ij}x_i x_j$$

應用 $(5\cdot4)$ 得

$$\frac{\Delta}{c_{11}c_{22}\cdots c_{nn}}\leqslant\left(\frac{a_{11}+a_{22}+\cdots+a_{nn}}{n}\right)^n=1$$

是以

$$(5\cdot5)\qquad\Delta\leqslant c_{11}c_{22}\cdots c_{nn}$$

　　$(5\cdot5)$ 雖非 Hadamard 定理;然實與之等值。蓋如研究次之二次方式

$$(5\cdot6)\qquad\Sigma_1^n(a_{1i}x_1+a_{2i}x_2+\cdots+a_{ni}x_n)\equiv\sum_1^n c_{ij}x_i x_j$$

其中

$$c_{ij} = a_{i1}a_{1j} + a_{2i}a_{2j} + \cdots + a_{ni}a_{nj}; \qquad i \neq j$$

(5·7)

$$c_{ii} = a_{1i}^2 + a_{2i}^2 + \cdots + a_{ni}^2$$

則見 $\Delta = |c_{ij}| = D$。　　除非 $D = o$，(5·6) 爲一有定正方式，所以必有

$$\Delta = |c_{ij}| \lessgtr c_{11}c_{22}\cdots c_{nn}$$

參考 (5·7)，見此即係 Hadamard 定理之證明。

　　茲考究 (5·4) 中等號何時可以發現。顯然 (見§1) 此必在

$$c_{11} = c_{22} = \cdots = c_n = k$$

之時，換言之卽必 (5·3) 之個根俱等於 k。但如此則因 (5·3) 之展開式中僅有一項爲 $(k-\lambda)^n$，是以必須 $c_{ij} = o, i \neq j$。由是見如欲 (5·5) 之等號爲眞實，必須 $a_{11} = a_{22} = \cdots = a_{nn}, a_{ij} = o$。但前之條件題已眞實，因 $a_{ii} = 1$，而後之條件則與 $c_{ij} = o$ 相等。是以欲 (5·1) 內等號爲眞實，或亦卽謂 (5·5) 內等號爲眞實，必在 $c_{ij} = o$ 之時，亦卽謂在 (5·2) 爲眞實時也。　　　　　　　　　　　　　　　　（待續）

製 冷 化 學

(By Frederick G. Keyes) 程 嘉 壆 譯

　　普通家用之冰箱，乃最簡單之製冷設備。箱中置一冰塊，使周繞此冰塊之空氣變冷而下降，與熱空氣互相置換。此與空氣之自熱體上騰同理而異趣。空氣因冰塊發生周流，其所得低溫顏足以保藏食品或作其他相類之用途。

　　在美國各地，冰車之輸送冰塊，已成司空見慣。於他處則尚未能普遍，故有賴於他種製冷方法，庶足供給多方面之應用。初期之一種設備，其所根據之基本原理，在普通物理實驗中卽已涉及。係

將定量之水置於保溫瓶內,且用眞空唧筒抽除瓶中空氣,於是水卽沸騰蒸發,漸次凝結成冰。成冰之理蓋在於此類物體之自液態變爲氣態固態,或作相反之變化,其所具熱能恆須有所增減。

　　自然界諸物可大別爲氣液固三態。其轉化之際總伴有能之變化。自氣態轉爲液態或自液態轉爲氣態時,能量之變化最大。所謂變態之潛熱者乃蘇格蘭化學家布萊克博士　(Dr. Joseph Black 1728—1799)所發現。

人造冰之初期試驗

　　布氏乃愛丁堡大學化學教授柯倫博士(Dr. Wm. Cullen)之門生兼繼任者。柯倫於 1755 年藉排氣唧筒使水蒸發而製成冰塊。水之自液態變爲氣態,在此實驗中甚爲迅速。此變態中所需之熱,如布氏所示乃甘本身所儲熱能之一部分以及自貯器及周圍空氣內奪取而得者。存儲之熱旣經逐漸提出,水溫大降,以致開始冰結。

　　六十餘年後黎斯里氏(Sir John Leslie)應用同法,更用硫酸吸收水汽助蒸而間之作用,乃使每次攝取一啣里一磅水之人造冰,其後柯倫氏之原法多經改良,至佛勞斯(Fleuss)氏所設計之機器,則每用一磅硫酸已可製成三磅之冰。

　　製冷一事,胥賴於液體蒸發期間熱能之吸收。自布氏發現潛熱及柯倫氏發明製冷法而後百年間,柯倫氏方法固多所改良,同時,更發現種種之原理,於物體之眞性亦得更爲明白。

　　普利斯特力(Joseph Priestley)於 1774 年製成氨。是時對於此物之名稱爲『鹼性空氣』。彼覺察此物在水中之溶解度極高,其後此項性能竟乃大用於水吸式之製冷法內。波義耳及給呂薩克旣發現氣體之各種通性,更益以日積月累所得關於熱能之各種知識,終得在普通溫度下將氣體壓至液化點,甚至使壓縮空氣膨漲而

獲得製冷之目的。

　　氣體壓力與液化之關係至 1832 年始由法拉第氏表出，其後更由愛爾蘭化學家兼物理家之安特留斯 (Thomas Andrews) 氏加以推衍，研究其數值。物質之諸般通性，因此而益得明瞭。溫度及壓力對於液體氣體相變之關係至此始行完全顯露。昔日使氮或氧液化之嘗試失敗，蓋可自安氏之結論解釋之。法拉第氏嘗推想無論壓力之大小何如，氣體液化之溫度有一上限，逾限即不得液化。此事亦至安氏始得證實。此極限溫度稱為臨界溫度，且為物性中之一項重要常數。現已就二百餘種之純粹化合物求得其每種之臨界溫度。

　　潛熱之性質發現後百年間，製冷機之設計及使用方面諸基本原理皆作急速之發展。生長於美國之倫福(Count Rumford) 氏曾作若干基本試驗，證明熱為能之一種，惟非物質。加諾 (Sadi Carnot) 於 1824 年證一式，以各溫度下之有效熱量，表明一熱機關所作之功。麥耶(1814—1871) 朱爾 (1818—1869) 湯姆生 (1824—1907) 攝拉修斯 (1822—1888)馮海毋何斯(1821—1994) 及其他諸氏完成理論之骨幹，而蔚為今日之熱力學，微此則舉凡製冷廠，蒸汽廠以及其他相類之靈巧設計恐皆屬不可能矣。實則即近代之理論化學亦以熱之學說為基據而得固定其地位。

製冷機

　　在設計之理論尚未確立以前，曾利用液體蒸發時吸收熱能之性質試造種種之製冷機。當蒸汽在汽機之汽缸內抵抗活塞而膨漲，其溫度下降。此事實現已應用於製冷。所用壓縮空氣即相當於蒸汽。其冷排氣即用以使水冰結，使鹽水變涼，或直接用於製冷。

　　藉液體蒸發之潛熱抽除熱能，可有二法。一稱為壓縮法，一稱

爲吸收法。除此二類外，更有獨樹一幟之另一種製冷機，其所利用者乃壓縮氣體膨漲時所生之冷却。此機中所常用之氣體爲空氣，故常稱之爲密氣製冷機。綜言之，現共有壓縮式吸收式及密氣式等三種製冷機。如前所述，前二種胥賴於液體變爲氣體時熱之吸收；第三種則賴於使氣體作功時此氣體之冷却。

壓縮機

美國工程師潘經斯(Jacob Perkins)曾應用醚(Ether)設計初期之壓縮機，且於 1834 年呈請專利。迄 1861 年始能建造稍可實用之製冷機，用以使原油冷却而得抽提石蠟，惟此機之效率殊不佳。就各種技術之歷史而言，舉凡一事業之興起，在設計之精確科學基礎尙未確立以前，總須經歷一長期之嘗試時期，製冷機之製造亦未可逃此䓣例。1870 年此盎國(Munich)工程師林對(Carl Linde)氏發表一篇極重要之論文，其題爲「機械之除熱法」。熱力之基本理論工是如何應用於機械製冷之問題。

林對氏之第一機於 1874 年完成其所用之氣體爲二氧化碳。經過屢次試驗，知此機之效率大勝於前此之任何構造。而得確悉其設計之健全。其後曾試用各種製冷流體，至 1877 年始應用氨。設計之原理旣已盡悉，故於設計方面常有所改良，而應用壓縮法以爲機械的製冷，亦遂得逐漸普遍。

概言之，壓縮機內包含一壓縮器，一凝冷器及一蒸發器。

圖一示壓縮器正在作左向之衝程，而將蒸汽從蒸發圈引入汽缸。氣體在蒸發圈內蒸發，遂得吸取蒸發圈四圍之熱。壓縮器繼作右向衝程，氣體受壓縮，被送入凝冷器而凝爲液體。於是其潛熱付與冷水。撥動膨漲瓣，使適量之液體流入蒸發圈。當左向衝程復行開始，此液體更事蒸發。圖一內在壓縮管系之吸引及壓縮方面

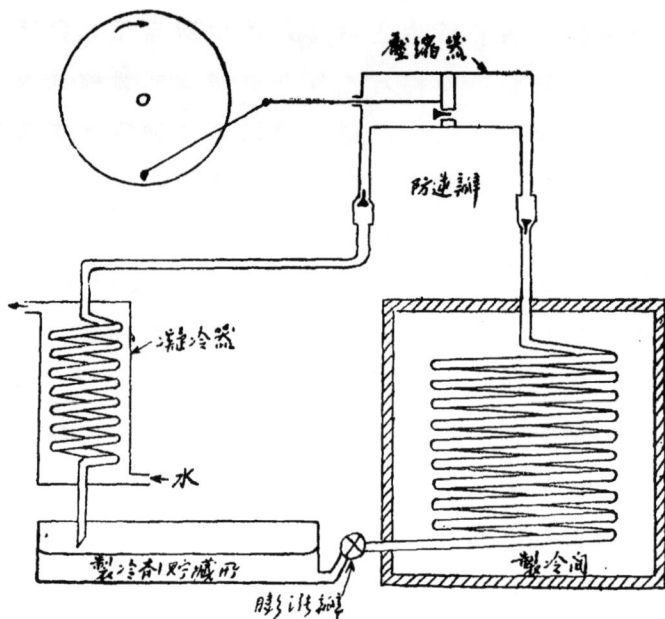

圖一 壓縮式製冷器

均示有一防逆瓣(Check valve)。活塞上亦有一活瓣。當活塞自左向右,此瓣開張,惟吸引防逆瓣則閉,用以保留活塞作左向衝程時間內引入汽缸之蒸汽,且迫之通過活塞上之活瓣,而至活塞之左側。同時壓縮管系內之防逆瓣則能防止接收器內之液體經凝冷器而復行氣化。左向衝程復令活塞上之防逆瓣關閉,使壓縮之氣體穿過壓縮防逆瓣,同時更自蒸發圈內經過吸引防逆瓣而將蒸發氣體引入氣缸。諸防逆瓣僅能循箭頭所示之方向開張。

　　上所述者乃壓縮法之大要。壓縮器之作用,在使處於蒸發圈處低溫低壓下之蒸發氣體移至另一壓力,使之在冷水之溫度下得凝結而為液體。(待續)

磨　擦　劑 (Abrasives)

By F.J. Tone 程伯高 譯

　　近代之化學,已將刨磨金屬之方法大事革新。在古時,人類固已知用天然堅石,製作銳利工具,或磨光金屬器皿。後化學家製成人工磨劑,對於今日之機械技術極有幫助。金剛砂為不純粹之氧化鋁。在法洛斯 Pharaohs 之時代此物卽已用於磨研刨光。卽昔印第安人亦知用以磨石。迨至埃契遜 Acheson 氏發現矽砥 (Carborundum) 後,前者始漸失其主要磨劑之地位。埃氏久已念及金剛砂一物,必將為一硬度尤高者所替代。彼於一八九一年蓄意用電爐製成一種結晶炭,使其具有金剛鑽之若干特質,俾用之以為磨劑。僉認定炭為鋼鐵中之堅硬劑,而結晶形炭之金剛鑽,為已知諸物中之最硬者,故氏決定作　試驗以上和炭而用電熱之以冀得　人造之磨擦劑,在埃氏之自傳內,對於其初次之實驗有云.

　　『以發電機之一導線,繫於一類似錫工用以盛鎔錫之鐵碗上,碗內置滿焦炭末及黏土之混和物;另一導線則繫於一弧光炭上,炭端則插入此混和物內。因焦炭末之量甚多,足以令電流通過。繼則於弧光炭及鐵碗間之混和物內通過一強烈之電流,於是其中部受高熱而融熔。及冷却後審視之。雖結果未能饜望,然予忽發現弧光炭之端,有晶瑩作星狀者在。鈌之以割玻璃,其作用一如金剛鑽。予乃復作此試驗,集得大量此項物體,以探究其磨擦性質。予安置一鐵盤於車床,將所集得之物,膠塗於其上。藉此轉盤,竟能將一戒指上所鑲金鋼鑽之平面刮去。此戒指現尚為予所戴用。

　　現予製成一小磚爐。經過長久之工作,所集得此項硬物之量

已多,足可送往紐約寶石工處應用。此物雖未經任何化學分析,然
予覺其中包括碳(Carbon)及鋼玉(Corundum) 二者,故稱之爲炭鋼
玉(Corborundum)。』〔按:炭鋼玉不過示命名之由,通常譯作矽砥。〕

由是可見卽在一已認爲失敗之實驗中,由精密之觀察,竟可
獲得甚大之發現。設令當時失察,又安能使此微小之鐵碗成爲人
工磨劑之發祥地,爲今日一年產三萬噸之實業之起始點耶。其後
復求知此燦然之結晶體實爲矽化碳。前此固未知之也。其每分子
內,含有一原子之矽及一原子之炭。及至今日,利用電爐之高溫,藉
炭與矽二者之反應,已能製造鉅量之矽砥。其反應可用下式表之:

$$SiO_2 + 3C \longrightarrow SiC + 2CO$$

此不過爐內反應之簡單表示而已,實則更有其他較複雜之反
應存在。矽砥非由液體凝成,且既成形亦不復能熔融。如強欲令之
熔融,則此晶體終惟有出諸分解之一途:矽之蒸汽離去,僅留存矽
砥型之石墨晶體而已,故矽砥由諸氣體所組成,比較合理,爐中雖
有炭之蒸汽,然殊不足以應此反應之需要。但爐內有多量之一氧
化炭,二氧化矽及矽之蒸汽。可參照下式:

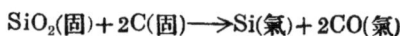

$$SiO_2(固) + 2C(固) \longrightarrow Si(氣) + 2CO(氣)$$

繼之則爲　　3Si(氣) + 2CO(氣) \longrightarrow 2SiC + SiO_2,

於是可知矽砥之晶體,直接由氣體間之反應而生成。

高溫化學

埃氏所發明炭與矽之合成,實爲近代高溫化學之典型。以前
佔地殼成分過半之矽石,猶被視爲最難還原之一物。但一經電弧
之熱度,其分子間之結合疎散,於是新結合生焉。在此情形之下,矽
石極易與其氧原子脫離,而另行組成新化合物。當未應用電爐時,
工廠中能得到之最高溫度,約僅攝氏一千八百度。但電爐則能達

323

理学卷（第二册）　科学通讯　第六期（1935）

三千五百度之多,此卽炭弧間炭蒸汽所具之溫度。在昔時所能達得之溫度下,每有若干元素及化合物被認爲惰性物體。今日則溫度之極限提高,轉覺此等物體均懷具甚大之化學能力。此項進展,不獨以矽砥一物,錫於世人,其他賴高溫而生者,實擧不勝擧。若炭化鈣,若金屬矽,若靑亞胺基質(Cyanamide),石墨,燐,硝酸,矽鐵齊,鉻鐵齊,以及其他對於近代冶鋼學基本方面極有影響之鐵合金等,均其例也。其尤屬可慶者,當電化學家藉知應用電爐電池之時,須大量而價廉之電力;而水電工程師適當其時利用瀑布能力以發電之問題解決。若尼亞加拉(Niagara)之瀑布等有助於電化學家者不少。

　　初期之矽砥爐每日產量不增四件之一噸,彼時珠寶商收買矽研之價格,每磅約在八十金元之譜乎今日之電爐則需用三千馬力,在三十六小時內可產矽砥一萬八千磅,其市價則低至每磅十五分。爐中之混料,包括作純淨玻璃砂狀之砂石,及焦炭之細木。此焦炭可以提煉煤油時所遺下之渣滓充之。其外則有若干鋸屑及食鹽。鋸屑用以使此混料成多孔狀,俾大量之一氧化炭氣得從混料中均勻排出。至食鹽則與焦炭及砂內之雜質合成氯化物以除去此等雜質。此混合物普通爲砂 56％焦炭 35％鋸屑 7 ％食鹽 2 ％。

電　爐

　　電爐可分爲抵抗爐弧爐及誘導爐等三類。矽砥爐屬於抵抗式。在此類爐內,電能直接通過電阻物而變爲熱能。用長方形之磚製成,(長 45 呎闊 10 呎高亦 10 呎。)爐兩端置有炭極,幷加以圍護,其外端則連於電源,電流卽藉此炭極而入爐。在每次應用此爐時,始則須將焦炭矽鹽及鋸屑之混和物置入爐內,塡滿及半。更作一三

呎闊一呎深之溝,將粒狀焦炭塡入,溝通二端炭極,以爲傳電之需。此焦炭心蓋卽爐內之電阻物也。再將混和物塡滿爐腹,焦炭心於是被圍於中央。初步工作旣畢,則閉合電路,一萬安培之電流經炭心而轉爲熱能。此作用與白熱燈絲之熾熱相類,惟前者之規模甚大耳。炭心發生之熱,傳至其周繞之混料。使之在轉瞬間獲得高溫,矽石與炭間之反應於以完成。其反應溫度約在攝氏一千五百度至二千二百度之間。此爐每次應用,需三十六小時。在冷却後,除去外層未生作用之混料,於是顯出柱狀之燦爛晶體。此等晶體之固結,幷不密實,故可碎爲大塊。取出後則送往碎礪場所,以完成碎煉篩分諸手續。(待續)

叢　錄

合　成　樹　脂 (Synthetic Resin)

(By A.V.H. Mory) 郭　鍾　福　譯

(譯自 Howe: Chemistry in Industry. Vol. I.)

（一）引言

近世合成法 (synthetic process)，能自無機物或各元素間，而得有機物者，巳極平凡，然其初固以為不藉生物體之生命力，而可造有機物者，為一怪異，之事也。人類智慧無窮，盡力研究，故今日有許多天然物，不論其自動物體或植物體者，皆能以人工合成之矣。如性膠染料，療病藥物等合成物，並皆謀出天然物之上；又如合成樹脂，亦較天然者卓越，因合成物，品質優美，巧奪天工，成本低廉，人竟用之，利單制勝自然，可無疑矣，然進言之，因無物不自天然中，更立人之需特取用，今日之情形壹可遽以為滿，後來之發明，此有待於我人也。茲篇僅就樹脂一項，簡言之於後。

（二）歷史

藉個體之聚合 (polymerization)，或二種以上物體之縮合 (condensation)，每可得非結晶形之樹脂體 (resinous-body)。最著者如酚 (phenol) 與甲醛 (formaldehyde)，可縮合而成樹脂狀物。一八七二年，德化學家貝由 (Bayer) 巳從事研究，嗣後繼續之者紛起，然或以成本昂貴，或以鑄型不得其法，總不能出售應世。及美國化學家貝克蘭 (Backeland) 於一九〇九年，始研究成功，而獲專利權。產物無味無

臭,少活性;卽普通所謂電木,西人所謂 Bakelite, Redmanol, Condensite 者是也。今卽論此酚醛縮合物,蓋亦化學上之極大供獻也。

(三) 製造法

置適當比例之酚(卽石炭酸)與甲醛溶液於釜中,周圍以蒸氣緩緩加熱。其作用進行時,有熱發生。故有時須停止蒸汽,不使過度沸煮,數小時後,釜中分成兩層;上層爲水,下層爲鎔融之樹脂。去水後可引出至淺盤內冷却,此步驟似極簡單,然關係其成敗,須密切注意,偶不愼,產物卽異其品質。

(四) 產物之性質

在適當條件下,縮合之樹脂,剛冷却後,形似琥珀,極潔淨。然質似松脂,性脆易鎔,能溶於酮,酒精,苯胺(aniline),苯(benzene)三氯甲烷,醚,揮發油,松精,油類,有機酸,及無機酸等之中。如在鹼類中,初則極度軟化,繼則崩裂散分。如於日光中曝露,其物理性或電磁性無變化。入水中一日,其吸水量約 0.05—0.2 %。

天然樹脂遇熱則鎔,遇冷則凝,其鎔融度與溶解度不少變,然此人造樹脂則不然。如加熱鎔融,體積漲大。有若干氣體驅出,型鑄後之成品,卽不易復鎔,耐熱至 500° F 過此則焦化,能長時間耐熱 300° F.,且不能溶於普通溶劑中。性極堅硬,其強度較天然者超出多多。具蘭克當型鑄時,同時加熱加壓,成品更佳美云。(待續)

理学卷（第二册） 科学通讯 第六期（1935）

通　信

怪 函 之 駁 復 (續)

顧　澄

茲先說明(1)至(5)無一不錯如下：

I.　$x=0$ 時，$\arctan\dfrac{1}{x}$ 及 $x^2\sin\dfrac{1}{x}$ 不存在極易明白。閱者只要知道，「不可以 0 除」(即 0 不能爲除數)。自知 $\dfrac{1}{0}$ 既無意義，則 $\dfrac{1}{0}$ 決不能受任何運算而發生意

義，其兩 $0\times\dfrac{1}{0}$ 亦決不是 1 而甚無意義(須知 $0\times\dfrac{1}{0}=1$ 乃指 $0\to0$ 時，$\dfrac{1}{0}$ 爲所述

義之結果，不能認此爲同例 $0\times\dfrac{1}{0}$，⋯⋯⋯⋯⋯⋯⋯⋯⋯⋯ ⋯⋯$\dfrac{1}{0}=0$，亦不能認以答

例而云 $0\times\dfrac{1}{0}=0$)。何況 $\arctan\dfrac{1}{0}$ 及 $0^2\sin\dfrac{1}{0}$。但是君於「不可以 0 除」及「$\dfrac{1}{0}$ 爲無

⋯⋯⋯⋯⋯⋯⋯⋯⋯⋯⋯⋯⋯⋯⋯⋯⋯⋯⋯⋯⋯⋯⋯⋯⋯⋯⋯⋯⋯⋯⋯

⋯⋯⋯⋯⋯⋯⋯⋯⋯⋯⋯⋯⋯⋯⋯⋯⋯⋯⋯⋯⋯⋯⋯⋯⋯⋯⋯⋯⋯⋯⋯

(5) 條，乃測其言外之意列入者)。此實由於數學觀念尙無統系之故。

照此答復恐尙不信，茲將其致誤之因分別細說於次：

II 誤於初等三角　三角中之 $\tan\dfrac{\pi}{2}=\infty$，實就 $\tan x$ 之值之變

化言，仍是 $L\lim\limits_{x\to\frac{\pi}{2}}\tan x=+\infty$ 之意。不過初等三角限於程度，不能講極

限，更不能講左右極限，遂作此類不嚴格之略號 $\tan\dfrac{\pi}{2}=\infty$。實則

$$L\lim_{x\to\frac{\pi}{2}}\tan x=\infty,\qquad R\lim_{x\to\frac{\pi}{2}}\tan x=-\infty$$

卽用略號,亦不應作 $\tan\dfrac{\pi}{2}=\infty$。況 $f(a)$ 與 $\lim\limits_{x\to a}f(x)$,又截然兩物不能混而爲一(詳見後)。

　　照 $\tan x$ 之定義,$\tan\dfrac{\pi}{2}$ 實不存在,凡讀函數論者,皆知 $\tan x$ 之定義區域中無

$$\dfrac{\pi}{2}+m\,\pi$$

之點$(m=o,\pm1,\pm2\cdots,)$卽此可知 $\tan\dfrac{\pi}{2}$ 爲不存在。照例,函數之定義區域爲研究函數之始基(起碼貨)。說明 (3) 之誤因,有此巳足。爲未讀函數論者(或讀而尙不清楚者)計,再就 $\tan x$ 之定義說明 $\tan\dfrac{\pi}{2}$ 爲不存在如下:

　　(α)　$\tan x$ 之幾何上定義。

　　設 O 圓之半徑 $OA=1$,$OX\perp OY$,B 爲切線 AC 與 OD 之交點點,弧 AD 之長爲 x,則名 AB 之長爲 $\tan x$ (線從 A 至 C 爲正向,弧從 A 至 D 爲正向)。

　　如 OD 合於 OD' 則弧 $AD'=\dfrac{\pi}{2}$ 而切線 AC 與 OD' 無交點,無所謂 AB 之長,卽 $\tan x$ 不存在。「所謂弧 AD(卽 x)漸長,$\tan x=AB$ 漸大;弧 $AD\to$弧 AD'(卽 $x\to\dfrac{\pi}{2}$,照圖中

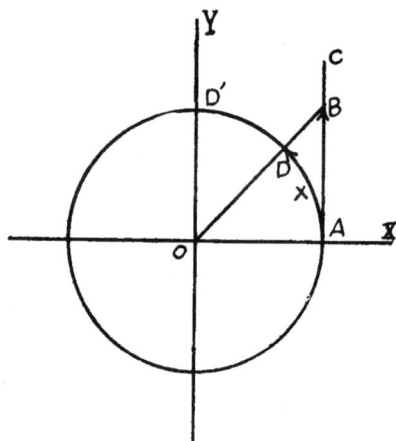

方向),則 $\tan x=AB\to\infty$ 等等;皆但就 $\tan x$ 之值之變化言。又所謂 $AB\to\infty$ 乃言 AB 一直變大(卽一直向上)沒有完的意思,不能因此而謂 ∞ 是數。當不問 $\tan x$ 之值之變化,而但問 $x=\dfrac{\pi}{2}$ 時 $\tan x$ 爲何數之

理学卷（第二册） 科学通讯 第六期（1935）

通信　　　　　　怪　函　之　駁　復　　　　　37

際,不能云 $\tan\dfrac{\pi}{2}=\infty$ 」。故 $\tan\dfrac{\pi}{2}$ 爲不存在。

（β）　$\tan x$ 之解析上定義　於 $\sin x$ 及 $\cos x$ 之解析上定義既下之後,$\tan x$ 之定義爲

$$\tan x=\frac{\sin x}{\cos x},$$

故　　　　　　　　　$$\tan\frac{\pi}{2}=\frac{1}{0}$$

爲不存在,甚至

$$\lim_{x\to\frac{\pi}{2}}\tan x=\lim_{x\to\frac{\pi}{2}}\frac{\sin x}{\cos x}$$

亦不存在。在解析上定義亦是如此,因上之 $x\to\dfrac{\pi}{2}$ 但就圖中方向言,若 x 與此方向 $\to\dfrac{\pi}{2}$,則 $\tan x\to-\infty$ 而不 $\to\infty$ 也,故（1）所根據之（3）微窒說。

III　誤於初等微積　實則只能言「誤讀」而不能言「誤於」。因初等微積人概言 π「$\dfrac{1}{0}$ 無意義(即 $\dfrac{1}{0}$ 所除不可用)」「一下是數」等並未誤人;乃讀者不善讀書,誤認其幾種略號,遂以 $x=0$ 時 $\dfrac{1}{x}=\infty$ 耳。此乃自誤不可責書。至此自誤之由,則因初等微積雖說過 $\dfrac{1}{0}$ 是無意義,∞ 不是數等。但喜用幾種略號如 $\dfrac{a}{\infty}=0$ 及 $\dfrac{a}{0}=\infty$ 之類。又因初等微積限於程度當然不能講左右極限,故常以 ∞ 表絕對值之無窮,而此兩略號爲 $a\neq 0$ 之 $\lim\limits_{x\to\infty}\dfrac{a}{x}$ 及 $\lim\limits_{x\to 0}\dfrac{a}{x}$,(此第一式固無問題,第二式實不如改作 $a>0,\lim\limits_{x\to 0}\dfrac{a}{x^2}=+\infty$。因如此則廣義極限（improper limit）存在;而 $\lim\limits_{x\to 0}\dfrac{a}{x}$ 則廣義極限不存在,於極限之存在問題,易令讀者生誤會也）。然初等微積於用此略號之前,未嘗不鄭重說明其爲略

號,惜讀者往往久則忘其爲略號,而竟以爲 $\frac{1}{x}$ 在 $x=0$ 上之值爲 ∞。

此卽(2)之誤因所在。又讀者何以常忘却此 $\frac{a}{o}=\infty$ 爲略號,尚有別

種原因如下:

(a)　初等微積所講者皆連續函數所重者爲形式計算,凡計

算 $\lim\limits_{x \to a} f(x)$ 之習題,其 $f(x)$ 大抵在 $x=a$ 上連續,故大抵

$$\lim_{x \to a} f(x) = f(a)$$

於是讀者誤以爲求 $\lim\limits_{x \to a} f(x)$ 之值,只須以 a 代 $f(x)$ 中之 x。積久則不

惟忘却 $\frac{a}{o}$ 爲略號,且直認 $\lim\limits_{x \to o} \frac{a}{x}$ 與 $\frac{a}{o}$ 爲一物矣。(4)(b)之誤因亦卽在

是。因誤認 $\lim\limits_{x \to o} f(x)$ 與 $f(o)$ 爲一物也。然初等微積實有 $\lim\limits_{x \to a} f(x)$ 之定

義。其定義中並未說 $\lim\limits_{x \to a} f(x)$ 卽是 $f(a)$。且尚有連續之定義,說明此

二者相等時 $f(x)$ 在 $x=a$ 上連續,讀者只須稍一返想,倘二者必定

相等,則函數無不連續,何必再有連續之定義;又求極限之結果既

必與代入法之結果相等,又何必再要極限之定義,何必再勞諸大

數學家講極限論。故此種錯誤皆由於學而不思之故,自誤也,於書

何責。

(b)　初等微積中雖說明「不可以 o 除」,但其說明之法常或

作命令辭禁人以 o 爲除數,或擧一二例以明「如用 o 除,將發生不

正當之結果」。此後者雖已頗費心思,然「不可以 o 除」之根本要義

在何處則未說及,且所選問題中,凡有「以 o 除」而發生無意義結果

者大抵避去,讀者不易遇「因以 o 除而發生之困難」。故讀者始則習

慣 $\frac{a}{o}=\infty,\frac{a}{\infty}=o$ 等記號,繼又遇不定形之記號 $\frac{o}{o},\frac{\infty}{\infty},\infty^{o},\infty-\infty$ 等等,

所謂「不可以 o 除」自然忘却而誤認 $\frac{1}{o}=\infty$。此眞所謂買櫝還珠,且終

理学卷（第二册） 科学通讯 第六期（1935）

身坐檻觀天矣。今爲根本說明「不可以 o 除」計，略加數語如下：

　　現在稍佳之初中代數巳說明「除法爲乘法之反法」，至一切稍重理論之書述及除法之定義者，無不云「除法是乘法之反法」及「以乘法之積定除法之商」，卽 $\frac{b}{a}$ 之定義爲合於 $xa=b$ 之 x。至以連減法爲除法之定義早棄而不用。如是，則不能爲乘法之反法者卽非除法。今無論 a 爲何數，$a\times o=o$ 巳爲乘法中之重要定理，且在實數中算不出合於 $x\times o=1$ 之 x，則 $x=\frac{1}{o}$ 當然無意義，當然不是數，$a\neq o$ 時亦無合於 $x\times o=a$ 之 x，故 $\frac{a}{o}$ 亦不是數當 $a=o$ 時，雖任何數能合於 $x\times o=o$ 之 x，而 $\frac{o}{o}$ 謂之不定；但 $\frac{o}{o}$ 既非一定之數而爲不定，則一入置中叫且其之他用亦隨点不定故 $\frac{o}{o}$ 亦當近世解析所擯棄，* 而統言之曰「不可以 o 除」。至有些書內，在特種情形之下，或從 $\frac{o}{o}$ 斷定 $x=o$。此實一種但顧便利不避粗疏之法；嚴格解析常設注避去，另用合理方法求得 $x=o$（此不過附帶提及，在此處不便多談）又若 $\frac{1}{o}=\infty$ 則 $\infty\times o$ 將必 $=1$，決無是理卽此更可知(2)是錯的。

　　IV $\sin\frac{1}{x}$ 在 $x\neq o$ 時雖常爲有窮，但在 $x=o$ 時實無意義，I 中巳經說過。以「$x\neq o$ 時 $\sin\frac{1}{x}$ 常爲有窮」說明

$$\lim_{x\to 0} x^2\sin\frac{1}{x}=o$$

是可以的（因令 $x\to o$ 時，是不令 $x=o$ 的）。但決不能因「$x\neq o$ 時 $\sin\frac{1}{x}$ 常爲有窮」而說「$x=o$ 時 $x^2\sin\frac{1}{x}(=o)$ 是存在的」。(4),(a) 之錯在此。

　　V (4),(c) 似乎有根據。許多書上，確有

---

　　* 又加減乘除之結果，除去 $\frac{o}{o}$ 之外，皆必有一而只有一。故此 $\frac{o}{o}$ 爲例外而必須除去。

$$f(x) = x^2\sin\frac{1}{x}, \quad x \ne 0, \left.\phantom{\frac{1}{x}}\right\} \text{(α)}$$
$$= 0, \quad x = 0。$$

及「設 $x=0$ 時 $x\sin\frac{1}{x}=0$ 則…」及「若 $x=0$ 時 $x^2\sin\frac{1}{x}=0$, 則…」等。可惜某君不善讀書;或忘却了現在函數的定義,尚以爲函數必是一個算式。實則讀書遇到此種地方,只要想一想:「旣(α)之 $f(x)$ 卽是 $x^2\sin\frac{1}{x}$, 只要寫成 $f(x)=x^2\sin\frac{1}{x}$ 巳足,何必如(α)中寫成兩行!旣 $x=0$ 時 $x^2\sin\frac{1}{x}=0$, 則(α)中何必再寫第二行!做書的人何不憚煩至此!」,「旣 $x=0$ 時 $x^2\sin\frac{1}{x}$ 必$=0$,何必再多此設 $x=0$ 則 $x\sin\frac{1}{x}=0$ 一句!」,「旣 $x=0$ 時 $x^2\sin\frac{1}{x}$ 必$=0$,何必多此若 $x=0$ 時 $x^2\sin\frac{1}{x}=0$一句!」。有此一想,再連帶想及函數之定義,自能恍然於(4),(c)末句之誤。但恐某君學而不思,巳成習慣,想還想不明。只得再說幾句:

0 是 $x^2\sin\frac{1}{x}$ 之不連續點,其所以爲不連續點卽因「$\lim_{x\to 0} x^2\sin\frac{1}{x}=0$ 而 $x^2\sin\frac{1}{x}$ 在 $x=0$ 時不存在」的緣故。倘 $x=0$ 時 $x^2\sin\frac{1}{x}$ 是$=0$,是存在的,0 卽非不連續點。若如某君之意,不連續將變爲連續矣!但 0 雖是不連續點。而仍是一種可去不連續點,可利用他另造一種函數如(α),及再造一種同類函數

$$\Phi(x) = x\sin\frac{1}{x}, \quad x \ne 0 \left.\phantom{\frac{1}{x}}\right\} \text{(β)}$$
$$= 0, \quad x = 0$$

藉此說明兩種直覺上不易見到的情形,* 用幾何的話來說,很前的數學家以爲連續曲線是處處有切線的;並以爲其切線的方向

---

* $x=a$ 爲 $f(x)$ 之可去不連續點時,以 $\lim_{x\to a} f(x)$ 給與 $f(x)$ 作爲其在 $x=a$ 上之值,自然尚有許多其他利用之處,以不在本文範圍之內不贅。

理学卷（第二册） 科学通讯 第六期（1935）

通信　　　　怪　函　之　駁　復　　　　**41**

是連續漸變而不會忽然突變的。後來的數學家研究起來知道不是這樣,做書的人遂利用此 $\Phi(x)$ 來說明 $\Phi(x)$ 雖在 $x=0$ 上連續,可是在 $x=0$ 上沒有紀數(切線);及利用此 $f(x)$ 來說明 $f(x)$ 雖處處有紀數(切線),可是其 $f'(x)$ 在 $x=0$ 上不連續(即切線之方向在 $x=0$ 上突變)。〔至曲線處處連續而處處無切線者,因不在本文範圍之內,只好暫且不談。但以後還要談到的〕。這是做書的一番好意,用極簡單的函數來說明直覺上極不易知的理,不料某君竟誤認此 $f(x)$ 就是 $x^4\sin\frac{1}{x}$ 。

至於「若 $x=0$ 時 $x^2\sin\frac{1}{x}=0$, 則 $x^2\sin\frac{1}{x}$ 在 $x=0$ 上有紀數」等,在表面上雖未顯明的照 (α) 規規矩矩的另規定一函數 $f(x)$;但因有若 $x=0$ 時 $x^2\sin\frac{1}{x}=0$ 一語,其與 (α) 另定 $f(x)$ 一樣。須知 $x^2\sin\frac{1}{x}$ 在 $x=0$ 上本無意義,我們不妨給他一意義。如何給法呢? 就是令 $x^2\sin\frac{1}{x}$ 在 $x=0$ 上之值為0就是 $x^2\sin\frac{1}{x}$ 在 $x=0$ 上本是無值今日給他一個值的意思。即 $\lim_{x\to0}x^2\sin\frac{1}{x}=0$ 的值。所以本可給此值。至於給以何數均無不可。但在此不給 0 而給他數則不能如以上所說的話來利用他,所以各書所給的都是0)。給了此值(0)後的 $x^2\sin\frac{1}{x}$ 已不是原來的 $x^2\sin\frac{1}{x}$,而已與 (α) 之 $f(x)$ 一樣。但給此值後的 $x^2\sin\frac{1}{x}$ 與原來的 $x^2\sin\frac{1}{x}$ 所差僅是一點上的值,其餘皆是一樣。不妨將給值之事提明一語(即若 $x=0$ 時 $x^2\sin\frac{1}{x}=0$ 一語)後,即仍以 $x^2\sin\frac{1}{x}$ 之形式表「給此值後之 $x^2\sin\frac{1}{x}$ 」。譬如某君鑲了一個牙,鑲牙後之某君與鑲牙前之某君所差不過一牙,儘可不改名換姓而仍稱為某君。但是不可忘去牙醫的好處,竟以為我本有這個牙!

但為做書的設想,欲令學生不生誤會,究以照 (α) 及 (β) 辦法,明明白白另定一函數的好。今再定一函數,以便比較,使上意益顯如

下:

設 $F(x)$ 之定義區域爲 $(0, 100)$ 及

$$F(x) = x^2, \qquad x 在 (0,10^*) 中,$$

$$= x+1, \qquad x 在 (10,50^*) 中,$$

$$= 2x+5 \qquad x 在 (50,100) 中;$$

此 $(0,10^*)$ 之 $*$ 爲表示區間 $(0,10)$ 之除去點 10 者。

此 $F(x)$ 旣非 x^2 又非 $x+1$, 更非 $2x+3$ 而自成一函數〔$x=10$ 時, $F(x)=11$, $x^2=100$, $2x+5=25$, 三者全不相同。又 $x=-1$ 時 $F(x)$ 無意義 (因 -1 不在 $F(x)$ 之定義區域中), $x^2=1$, $x+1=0$, $2x+5=3$, 四者全不同〕。中國古訓謂麟之形狀爲鷹身牛尾馬蹄。然麟是麟, 決不能因其鷹身而謂其是鷹, 因其牛尾而謂其是牛。此猶 $F(x)$ 雖由 x^2, $x+1$, $2x+5$ 組成而決不能謂其是 x^2。

明乎此, 則上 (α) 之 $f(x)$ 決不能謂其卽是 $x^2\sin\frac{1}{x}$; 否則猶認獅首人身之像爲獅象, 未免太近視矣。

某君不注意此 $f(x)$ 與 $x^2\sin\frac{1}{x}$ 不同, 而誤認 $x=0$ 時 $x^2\sin\frac{1}{x}=0$; 遂以爲凡函數 $\Phi(x)$ 有可去不連續點 a 時, $\Phi(x)$ 在 a 上之極限 $\lim\limits_{x\to a}\Phi(x)$ 卽是 $\Phi(a)$。此無異認不連續爲連續矣! (5) 之誤因此其一。

再設一例以明之如下。設

$$\psi(x) = \lim_{n\to\infty}\frac{nx}{1+nx},$$

其定義區域爲 $(-\infty, \infty)$。則

$$\psi(x)=1, \qquad x \neq 0 時,$$

$$=0, \qquad x=0 時,$$

故 0 爲 $\psi(x)$ 之可去不連續點〔須注意 $\lim\limits_{x\to 0}\psi(x)=1$, 而 $\neq 0$, 此因 $x\to 0$ 時 $x\neq 0$〕。但 $x=0$ 時 $\psi(x)$ 存在〔因 $\psi(0)=0$〕, 與〔$x=0$ 時 $x^2\sin\frac{1}{x}$ 不存在〕

不同。然仍可因 $\lim\limits_{x\to 0} \psi(x)$ 存在而另定一連續之新函數 $\Psi(x)$ 如下：

$$\Psi(x)=\psi(x), \qquad x\neq 0\text{ 時}$$
$$= 1。\qquad x=0\text{ 時}。$$

不能因此而云「$x=0$, 時 $\psi(x)=1$」，更是顯而易見；因 $\psi(0)$ 明明是 0，而不是 1 也。

此既不能因 $\Psi(0)=1$ 而謂 $\psi(0)=1$, 則必不能因 $f(0)=0$ 而謂 $0^2\sin\frac{1}{0}=0$。

(4).(c) 之誤，更顯然矣。

VI　至(5)之誤，從 V 所言已是甚顯，蓋某君因不知(a)之 $f(x)$ 與特殊 $0^2\sin\frac{1}{x}$ 有別(即不知 V 中所謂在 $x=0$ 上已給值之 $0^2\sin\frac{1}{x}$ 與未給值之 $x^2\sin\frac{1}{x}$ 有別)，見了書中之(α)等覺得奇怪，何以 $0^2\sin\frac{1}{0}$ 有了 $\frac{1}{0}$ 仍能有意義而爲 0。於是胡思亂想，始則想到(4).(a)；繼又想到(4).(b)；繼又想到 0 倘 $0^2\sin\frac{1}{x}$ 若可用 f 連續函數據以代幾 $x=0$ 得 $f(x)$ 之可去不連續點時必 $f(a)=\lim\limits_{x\to a} f(x)$。看見本刊第三期談言中說 $\arctan\frac{1}{x}$ 在 $x=0$ 上不存在，反以爲大錯，而援其在書中誤解之(α)來斷此錯，但又見第三期談言中亦有(α)，故來兩說了(1),(2),(3) 又說出(4)。此(5)雖未明白說出，但既提(4)之(b)及(c)，亦許其胸中有一「可去不連續點」在。(所可疑者彼既認 $x=0$ 時 $x^2\sin\frac{1}{x}$ 爲存在。似尚不明連續之定義，不應知道此 0 是不連續點耳)，姑爲代擬此(5)，預先說明其誤，以解其胸中之疑，省得再打筆墨官司。

某君以上三種想得之結果無一不誤，已見上 I 至 V。今可言者，0 雖是 $\arctan\frac{1}{x}$ 之不連續點，但並不是「可去不連續點」，此從

$$L \lim_{x \to 0} \arctan \frac{1}{x} = -\frac{\pi}{2}, \qquad R \lim_{x \to 0} \arctan \frac{1}{x} = \frac{\pi}{2},$$

可知,且此左,右兩極限旣不等,則不但 $x=o$ 時 $\arctan \frac{1}{x}$ 不 存 在,并且

$\lim_{x \to 0} \arctan \frac{1}{x}$ 亦 不 存 在。(此左右兩極限分不出,實受三角中 $\tan \frac{\pi}{2}$

$= \infty$ 之 害,故 I 中 特 提 明 $R \lim_{x \to \frac{\pi}{2}} \tan x = -\infty$ 及 $L \lim_{x \to \frac{\pi}{2}} \tan x = +\infty$)。故

(5)不 但 爲 錯 誤,且 爲 誤 中 之 誤。

四 期 本 篇 刊 誤

p.39.　$a^{-b} = a^{\frac{1}{b}}$　應改爲　$a^{-b} = \frac{1}{a^b}$

問 答

關於定義之形式 （顧澄）

鄭君莊問：貴刊二期 p.38 末小註言「及惟在」三字可删,何故?豈不合 (3) 之條件者亦可謂之「此……成比例」耶?

答：定義與定理不同,凡定理中有「在（及惟在）」者,「在」表充分,「及惟在」表必要,「及惟在」三字決不可删。至於定義則僅可删,何則,「在……時,謂之……成比例」則「不在……時當然不謂之……成比例」,「謂之」卽是「叫他」,合於某種情形的東西叫他「甲」,是硬定的名稱,但有目的而沒有理由的;不合某種情形的東西自然不叫他「甲」。所以凡是定義只要說「……合某條件（或若……,或在……時,或凡……者）,則謂之……」,不必再加「……不合某條件（或若……,或在……時,或凡……者）,則不謂之……」,亦不必再加「必……合某條件方謂之……」。若此處「及惟在」不可删;則不但數學中名詞之定義,凡一切書上之定義（苟非如此定義原文之形式者）皆將爲之加類此之語矣。至於定理則不然,「在甲爲乙時則丙爲丁」我們不能自由地說「不在甲爲乙時則不是丙爲丁」,須看後者有無理由可以成立而後下斷;非若定義中之「謂之」,「不謂之」之純屬吾人之自由矣。例如「若兩線不相交則謂之兩線平行」已成一定義,不必再將「惟兩線不相交時方謂之兩線平行」加入其中。

理学卷（第二册） 科学通讯 第六期（1935）

專 載

近 代 幾 何

之 導 引

William C. Graustein 原著

顧 澄 達恉

定理3　若不同三線爲一次相倚,則其三方程式可擇定一種形式,使其相倚常數皆爲1。

若不同三線 $\alpha=o$, $\beta=o$, $\gamma=o$ 爲一次相倚,即 $k\alpha+l\beta+m\gamma\equiv o$,則其相倚常數無一能爲 o〔例如 $m=o$,則 $k\alpha+l\beta\equiv o$ 而 α, β 不能不同矣〕。因此,$k\alpha=o$, $l\beta=o$, $m\gamma=o$ 亦必爲此三線之方程式。令 $k\alpha\equiv\alpha'$, $l\beta\equiv\beta'$, $m\gamma\equiv\gamma'$,則上之恆等式即變爲 $\alpha'+\beta'+\gamma'\equiv o$,而此定理已證明矣。〔此定理之要點,爲不同三線爲一次相倚時,若其三方程式本不能使其相倚常數皆爲 1 者,仍可變此三方程式之形式,使其相倚常數皆可爲1〕。

定理4　若干直線之一次相倚,與「其係數之一次相倚」同條件。〔即欲知此若干直線是否一次相倚,異只另觀其方程式之係數是否一次相倚〕。

在兩線爲一次相倚時,已可從定理 1 之證明知此定理爲眞。而「三線及三線以上」內定理亦眞,惟證明讀者可自爲之。

例　題

1.　證明兩線
$$4x_1-2x_2+6x_3=o, \qquad 6x_1-3x_2+9x_3=o$$
爲一次相倚;及求其相倚常數。

2.　證明三線
$$5x_1+6x_2-3x_3=o, \qquad 2x_1+3x_2-4x_3=o, \qquad 4x_1-3x_2+6x_3=o$$
爲一次相倚;及求其相倚常數。

3.　變上題中三方程式之形式,使表其一次相倚之恆等式中之相倚常數皆爲1。

4.　證凡四線常爲一次相倚。

5.　若四條線中無三條爲共點,則可擇定此四線之方程式 $\alpha=0, \beta=0, \gamma=0, \delta=0$, 使 $\alpha+\beta+\gamma+\delta\equiv0$。

6.　兩有窮遠線在(及惟在)其與無窮遠線爲一次相倚時,此兩有窮遠線爲(及方爲)平行,試證明之。再就兩有窮遠線

$$\alpha \equiv a_1x + a_2y + a_3=0, \qquad \beta \equiv b_1x + b_2y + b_3 = 0.$$

證明下定理:在(及惟在)有三常數 $k,l,m(m\neq0)$,能使 $k\alpha+l\beta\equiv m$ 時,此兩有窮遠線爲(及方爲)平行而不相同。

6　點之一次相倚　點列 (Range of Points)　爲簡便計,以後以 x 代表點 $(x_1 \, x_2, x_3)$; $x:(x_1 \, x_2 \, x_3)$ 卽 x 爲 (x_1, x_2, x_3) 之意。

定義　若干點,在(及惟在)其齊次坐標爲一次相倚時,[*] 謂之此若干點爲一次相倚。

就兩點而論,此定義卽言「此兩點之坐標成比例時,此兩點爲一次相倚」,故得下定理:

定理1　兩點,在(及惟在)其爲相同時,爲(及方爲)一次相倚。

設三點爲 $a:(a_1,a_2,a_3),b:(b_1,b_2,b_3)$, $c:(c_1 \, c_2,c_3)$。因在(及惟在)有不全爲 o 之三常數 k, l, m,能滿足三方程式

$$ka_1 + lb_1 + mc_1 = o.$$
(1)
$$ka_2 + lb_2 + mc_2 = o,$$
$$ka_3 + lb_3 + mc_3 = o,$$

時此三點爲(及方爲)一次相倚。故此三點爲一次相倚之必充條件

---

[*]「齊次坐標爲一次相倚」卽「坐標中之數爲一次相倚」。例如三點爲 $(a_1,a_2,a_3),(b_1,b_2,b_3),(c_1,c_2,c_3)$,則三個三數組 a_1,a_2,a_3; b_1,b_2,b_3; c_1,c_2,c_3 爲一次相倚時,此三點爲一次相倚。

為 $|a\,b\,c|=o$。從2欵定理3 b,此條件卽三點為共線之必充條件,故得下定理:

定理2　**三點在(及惟在)其為共線時,為(及方為)一次相倚。**

注意:此諸定理與「關於諸線一次相倚之相應諸定理」為對立。

(1)中三方程式,可簡寫為

$$ka_i + lb_i + mc_i = o, \qquad (i = 1, 2, 3)$$

更可去其下標,但寫為

$$ka + lb + mc = o,$$

而以此式作為 **記號方程式**(symbolic equation),以之代表(1)中三方程式之全體。

點列。凡在一線上之諸點,其全體謂之點列,此卽線中之內涵,因線本身卽由「不同兩點」,此卽由所定線,本體上於是希望點列中所有之點能為「不同兩點之一次連合所表點之全體」。此希望確能達到。

定理3　若 a,b 為不同兩點,則 k,l 為 o,o 外之一切雙數時,凡 $ka+lb : (ka_1+lb_1, ka_2+lb_2, ka_3+lb_3)$ 所表點之全體為 a,b 線上之點列〔a,b 線卽經過 a,b 兩點之直線〕。

先證明一任意點 $ka+lb$ 必在 a,b 線上如下,以 (c_1,c_2,c_3) 表此點之坐標 $(ka_1+lb_1, ka_2+lb_2, ka_3+lb_3)$,則

$$c_i = ka_i + lb_i, \qquad (i = 1, 2, 3)$$

其記號方程式為

$$ka + lb - c = o,$$

故三點 a, b, c 爲一次相倚,而 c(即 $ka+lb$)在 a, b 線上。

其逆,若點 c 在 a, b 線上,則三點 a, b, c 爲一次相倚,卽

$$ka + lb + mc = 0.$$

因 a, b 爲不同兩點,此常數 m 不能爲 0,故此式可以 m 除之,而得 c 爲

$$c = -\frac{k}{m}a - \frac{l}{m}b,$$

此卽 a 及 b 之一次連合。

例　求「兩點$(-6,0)$, $(6,4)$之連線」與抛物線

$$y^2 - x - 4 = 0$$

相遇之點題中兩點之齊次坐標爲$(-6,0,1)$,$(6,4,1)$; 此兩點之連線上任意點 P 之坐標爲

$$(-6k + 6l, 4l, k + l).$$

題中抛物線之齊次坐標方程式爲

$$x_2^2 - x_1 x_3 - 4x_3^2 = 0.$$

若 P 之坐標滿足此方程式,則

$$16\, l^2 + 6\, (k^2 - l^2) - 4\,(k + l)^2 = 0,$$

即　　　　　　　　$$k^2 - 4kl + 3\, l^2 = 0.$$

因此知,若 $k - l = 0$ 或 $k - 3l = 0$,則 P 在題中之抛物線上。令 $k=1$, $l=1$ 及 $k=3$, $l=1$,則得所求之點爲 $(0,2,1)$ 及 $(-3,1,1)$ 卽 $(0,2)$ 及 $(-3,1)$。

例　題

1.　證明三點 $(2,3,-2)$, $(4,5,2)$, $(1, 2, -4)$ 爲一次相倚;並求其相倚常數之各值。

2.　變 1 中各點之坐標(但不變各點之位置),使其相倚常數皆可爲 1。

3. 兩點 $(1,1,2)$, $(2,-1,3)$ 之何種一次連合爲此兩點之連線上之無窮遠點?

求以下各兩點之連線與各曲線相遇之點:

定點　　　　　　　　　定曲線

4.　　　$(2,1,3,)$,　$(3,1,2)$,　　　$x_1 - x_2 + x_3 = 0$.

5.　　　$(5,1,5,)$,　$(1,3,1)$,　　　$2x^2 + y^2 - 3 = 0$.

6.　　　$(1,0)$,　　$(0,-1)$,　　　$x^2 + y^2 - 2x - 1 = 0$.

7.　　若 A,B,C 爲不同之三共線點,則可擇定 A,B 之坐標 a, b 使 C 之坐標爲 $a + b$. 試證明之。

7　Desargues 氏三角形定理之解析證明法

今爲說明一次連合及一次相倚之用途起見,述在平面上之 Desargues 氏定理之解析證明法。先證明下定理:

定理1　若兩三角形相應邊之交點爲共線,則其相應頂之連線爲共點。

設甲三角形三邊之齊次坐標方程式爲 $\alpha=0, \beta=0, \gamma=0$; 乙三角形三邊之齊次坐標方程式爲 $\alpha'=0, \beta'=0, \gamma'=0$; 如圖中所示。設三雙相應邊之交點 A'', B'', C'' 在直線 L 上,而 L 之方程式爲 $\delta=0$。

$\alpha=0, \alpha'=0$ 之公共點 A'' 旣爲 L 所經過,則 δ 必與「α 及 α' 之某種一次連合」恆同, 卽 $\delta \equiv A\alpha - A'\alpha'$。又因 L 經過 B'' 及 C'', 從同理可得 $\delta \equiv B\beta - B'\beta'$ 及 $\delta \equiv C\gamma - C'\gamma'$。*故

(1)　　　　　$A\alpha - A'\alpha' \equiv B\beta - B\beta' \equiv C\gamma - C'\gamma' \equiv \delta$.

從此恆等式可得三恆等式如下:

---

*原註　此三式中之 A,A', B,B', C,C' 爲一次連合之常數,與三圖中之 A,A', B,B', C,C', 不同,讀者幸勿誤會。

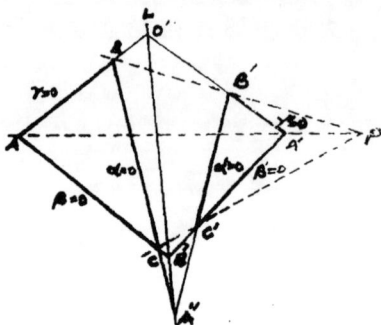

三　　圖

$$B\beta - C\gamma \equiv B'\beta' - C'\gamma',$$
$$(2) \qquad C\gamma - A\alpha \equiv C'\gamma' - A'\alpha',$$
$$A\alpha - B\beta \equiv A'\alpha' - B'\beta'.$$

從此第一式可知兩方程式 $B\beta - C\gamma = 0$ 及 $B'\beta' - C'\gamma' = 0$ 表相同之線[†]。此線為 $\beta = 0$ 及 $\gamma = 0$ 之一次連合,故此線必過點 A; 又此線亦為 $\beta' = 0$ 及 $\gamma' = 0$ 之一次連合,故此線亦必過點 A'; 因此可知此線為 AA'。

同理,從 (2) 之第二式可得表線 BB' 之兩方程式,及從 (2) 之第三式可得表線 CC' 之兩方程式。由是得表三線 AA', BB', CC' 之兩組方程式如下:

$$
\begin{array}{lll}
AA' & B\beta - C\gamma = 0, & B'\beta' - C'\gamma' = 0, \\
(3) \quad BB' & C\gamma - A\alpha = 0, & C'\gamma' - A'\alpha' = 0, \\
CC' & A\alpha - B\beta = 0, & A'\alpha' - B'\beta' = 0.
\end{array}
$$

此兩組方程式各為一次相倚(其相倚常數皆為1)。故三線 AA', BB', CC' 為共點。

定理2　若兩三角形相應頂之連線為共點,則其相應邊之交點為共線。

因定理2為定理1之對立,又定理1證中所用「關於線之一次連合及一次相倚理論」與「關於點之一次連合及一次相倚理論」為對立,故此定理2之證明可與定理1之證明為對立;即欲得此定理2之證明,可從定理1之證明由對立法得之。

設 $a: (a_1, a_2, a_3), b, c$ 為甲三角形三頂 A, B, C 之坐標; a', b', c' 為

[†]原註　此因不能 $B = C = 0$ 或 $B' = C' = 0$,故此二式確能表直線。

乙三角形三頂 A',B',C' 之坐標；$d:(d_1,d_2,d_3)$ 爲(三圖)中點 P 之坐標；則得記號式

$$Aa-A'a'=Bb-B'b'=Cc-C'c'=d.$$

讀者可先證明此式，再完成此定理之證明。

例　題

1.　作全定理2之證明。

2.　**預備定理**A　設三角形之三邊爲 $\alpha=0,\ \beta=0,\ \gamma=0$ 則「過其三頂之不同三線(每線只過一頂)爲共點」之必充條件爲此三線之方程式可爲下之形式：

$$(4) \qquad B\beta-C\gamma=0, \qquad C\gamma-A\alpha=0, \qquad A\alpha-B\beta=0.$$

此條件顯爲充分；蓋 (4) 中三方程式表共點三直線，且此三直線各過一頂也，(參觀 3) 中諸方程式)。

　　此外所待證明者爲「此條件爲必要」。即三直線旣爲共點，則必爲一次相倚。從 5 款定理3，可擇定此三直線之方程式

$$B\beta+C'\gamma=0, \qquad C\gamma+A'\alpha=0, \qquad A\alpha+B'\beta=0,$$

使其相倚常數皆能爲1，卽

$$(B\beta+C'\gamma)+(C\gamma+A'\alpha)+(A\alpha+B'\beta)\equiv0.$$

故

$$(A+A')\alpha+(B+B')\beta+(C+C')\gamma\equiv0.$$

可由此斷定

$$A+A'=0, \qquad B+B'=0, \qquad C+C'=0,$$

而完成此證。

此斷定之法如何?(卽試證明此斷定爲眞確)。

3，　定理 2 之證明，亦可照定理 1 證明中之步驟逆推得之。

試 以 此 法 證 明 定 理2。先 用 預 備 定 理A,作 成 (3) 中 諸 方 程 式 而 後 逆 推 之 可 也。

4. 預 備 定 理B. 此 爲 預 備 定 理A之 對 立。說 明 之, 並 證 明 之。

5.、 定 理 1 之 證 明,亦 可 照 定 理 2 證 明 中 之 步 驟 逆 推 得 之。 試 以 此 法 證 明 定 理1。

8　四 點 或 四 線 之 一 次 相 倚　從 第 一 編 3 款,定 理 4, 知 四 個 三 數 組 常 爲 一 次 相 倚,故 得 下 定 理:

定 理 1　四 點 常 爲 一 次 相 倚。

欲 得 此 定 理 之 幾 何 上 意 義,只 須 就「其 四 點 中 至 少 有 三 點 不 共 線 之 通 例」研 究 之。* 設 a, b, c, d 爲 四 點,則 表 示 其 一 次 相 倚 之 記 號 方 程 式 爲

(1)
$$ka + lb + mc + nd = o。$$

再 設 a, b, c 三 點 非 一 次 相 倚,則 此 1) 式 中 之 n 不 能 爲 o。因 此 可 以 n 除 (1) 式,而 將 其 寫 作

$$d = Aa + Bb + Cc,$$

此 中 $A = -k/n, B = -l/n, C = -m/n$。由 是 點 d 之 坐 標 可 以「三 點 a, b, c 之 坐 標 之 一 次 連 合」表 之。今 d 爲 平 面 中 之 任 意 一 點,故 得 下 定 理:

定 理 2　任 意 一 點 之 齊 次 坐 標 可 以「不 共 線 三 點 之 齊 次 坐 標 之 一 次 連 合」表 之〔此 四 點 皆 在 同 平 面 中,凡 本 編 所 言 之 點 皆 在 同 平 面 中 者〕。

此 結 果,亦 可 以 別 法 說 明 如 下:「不 共 線 三 點 之 一 次 連 合 所

---

*原 註　其 特 例,卽 四 點 中 之 每 三 點 爲 一 次 相 倚 時,雖 無 新 意 義,不 過 其 四 點 爲 共 線 而 已。

科學學院科學通訊投稿簡章

一、投稿不拘文言白話凡中英德法文均所歡迎

二、談言教材叢錄書評消息均以科學爲範圍

三、投寄之稿如係翻譯請附寄原本否則須將原文題目著者姓名出版日期及地點詳細開示

四、投寄之稿務望繕寫清楚並加新式標點凡外國文稿件並清

五、打印之稿如有插圖附表必須製版者請用墨色

六、來稿請註明姓名住址以便通訊并加藍印章俾於勘給稿費

七、投寄之稿無論登載與否概不退還以預有聲明並願足回郵資者不在此限

八、先在他處發表者忍不致酬

九、投寄之稿經本刊揭載後每篇酌致國金若本刊尚未揭載已有別約定者不在此限

十、投寄之稿本院委員會有酌量增刪之權如投稿人不願有所增刪則應於投稿時聲明

十一、投寄之稿應逕寄上海徐家滙交通大學科學學院科學通訊編輯委員會

中華民國二十四年十二月出版

科學學院科學通訊

第六期

編輯者 交通大學科學學院

發行者 交通大學出版委員會（上海徐家滙）

印刷者 上海中國科學公司

代售處 上海

<table>
南京　正中書局
天津　志恆書局
漢口　光華書店
安慶　世界書局
武昌　學生書店
廣州　廣州圖書消費合作社
雲南　雲南文化書店
</table>

世界出版社　上海雜誌公司　現代書局　黎明書局　蘇新書社　新光書店　大公報社代辦部

版權所有

本刊價目

每册洋一角　全年八册

預訂至元四角　國外另加郵費

科學學院科學通訊編輯委員會

羅維倬（科學院長兼物理系主任）　徐名材（化學系主任）　胡敦復（數學系主任）　顧澄（總編輯）　范會國（數）　武崇林（數）　周銘（理）　胡剛復（理）　時昭涵（化）　丁嗣賢（化）

科學通訊

黎照寰

第 七 期

中華民國二十五年一月　　　上海交通大學科學學院編輯

國立交通大學研究所

本所成立以來設置（一）工業研究部分設設計材料機械電氣物理化學等組（二）經濟研究部分設社會經濟實業經濟交通管理會計統計等組除按照所訂計畫進行研究外歷承各路局各機關（如中國工程師學會上海市公用局義興公司等）託辦各項研究及試驗工作薄有貢獻關於上列諸組事項如蒙各界垂詢請惠臨上海徐家匯本所面洽或函商可也此布

溝渠工程學

是書爲本大學土木工程學教授顧康樂所著。係參考中西工程書籍雜誌，採擇各著之精粹而成。書凡十四章，詳述溝渠設計，建築與養護之原理及方法。舉凡污水水量，暴雨水量，溝渠水力學，溝渠系統設計，溝渠附屬品，污水抽升，管圈設計，開掘填覆，列板撐檔以及施工之實際進行，無不條分縷析，詳爲解釋。至於插圖之豐富，文字之簡明，尚其餘事。

▲商務印書館出版，定價一元八角。

科 學 通 訊

第 七 期　 目　 錄

國立交通大學研究所

本所成立以來設置（一）工業研究部分設設計材料機械電氣物理化學等組（二）經濟研究部分設社會經濟實業經濟交通管理會計統計等組除按照所訂計畫進行研究外歷承各路局各機關（如中國工程師學會上海市公用局義興公司等）託辦各項研究及試驗工作薄有貢獻關於上列諸組事項如蒙各界垂詢請惠臨上海徐家匯本所面洽或函商可也此布

溝渠工程學

是書爲本大學土木工程學教授顧康樂所著。係參考中西工程書籍雜誌，採擇各著之精粹而成。書凡十四章，詳述溝渠設計，建築與養護之原理及方法。舉凡污水量，暴雨水量，溝渠水力學，溝渠系統設計，溝渠附屬品，污水抽升，管圈設計，開掘填覆，列板撐檔以及施工之實際進行，無不條分縷析，詳爲解釋。至於插圖之豐富，文字之簡明，尚其餘事。

▲商務印書館出版，定價一元八角。

談　言

公式不可瞎用(三續)

顧　澄

公式 $df(x,y) = \dfrac{\partial f}{\partial x} dx + \dfrac{\partial f}{\partial y} dy$. 即 $df(x,y) = f_x dx + f_y dy$.　　　(1)

1. 此亦常用之公式。爲全微分論之基礎。其應用條件極重要。今先設數例，以明此式不可隨意應用，如下。

此式之應用……………………………………，x，y，均爲函數或四變數均可，故於其

$$y = \varphi(x)$$

時，可憑以求

$$\frac{df}{dx} = \frac{\partial f}{\partial x} + \frac{\partial f}{\partial y} \frac{dy}{dx}.$$　　　(2)

但講形式計算者常言，只要記好以 dx 除(1)之兩邊即可得(2)。*

又於其

$$x = \varphi_1(t), \qquad y = \psi_2(t)$$

時，可憑以求

$$\frac{df}{dt} = \frac{\partial f}{\partial x} \frac{dx}{dt} + \frac{\partial f}{\partial y} \frac{dy}{dt}.$$　　　(3)

但講形式計算者常言，只要記好以 dt 除(1)之兩邊即可得(3)。*

如但知此種機械的形式計算，而不知(1)之應用條件，常生

---

* 就理論言，當然不應如此說法。

極大之錯誤而不自知。例如

(I)　　設　$f(x,y)=\dfrac{x^2y}{3x^2+y^3}$,　　(x,y) 不爲 (o,o) 時,

$$=o, \qquad (x,y) 爲 (o,o) 時。$$

則　　　　$f_x(o,o)=\lim\limits_{\Delta x \to o} \dfrac{1}{\Delta x}\left\{\dfrac{(\Delta x)^2 o}{3(\Delta x)^2+o}-o\right\}$

$$=o. \tag{4}$$

同理,　　　　$f_y(o,o)=0.$ $\qquad\qquad\qquad$ (5)

　　設　　　　　　　$y=\varphi(x)=x,$

卽設 (x,y) 但在線 $y=x$ 上時,則

$$\frac{dy}{dx}=1. \tag{6}$$

以 (4), (5), (6) 代入 (2),得 (x,y) 爲 (o,o) 時之 $\dfrac{df}{dx}$ 爲

$$\frac{df}{dx}=0+0\cdot1=0 \tag{7}$$

　　但知形式計算式者。必覺得此（7）是一定對的。實則大錯。此可以實驗明之:

　　以 $y=x$ 代入 (1),得

$$f(x,x)=\frac{x^3}{3x^2+x^3}=\frac{x}{3+x}, \qquad x\neq o 時。$$

$$=0, \qquad\qquad x=o 時。$$

而 $x=o$ 時,

$$\frac{df}{dx}=\lim\limits_{\Delta x \to o}\frac{1}{\Delta x}\left\{\frac{\Delta x}{3+\Delta x}-0\right\}$$

$$=\frac{1}{3}. \tag{8}$$

此 (8) 與 (7) 完全不同, 故 (7) 是錯的。

　　註。　　求此 (8) 不可先用公式

$$\frac{d}{dx}\left(\frac{u}{v}\right)=\frac{v\dfrac{du}{dx}-u\dfrac{dv}{nx}}{v^2}$$

從 $\dfrac{x}{3+x}$ 得

$$\frac{df}{dx}=\frac{(3+x)-x(1)}{(3+x)^2}$$

$$=\frac{3}{(3+x)^2}$$

再令 $x=0$, 得

$$\frac{df}{dx}=\frac{1}{3}。 \tag{9}$$

此因 $\dfrac{x}{3+x}$ 為 $x\neq 0$ 時之 $f(x,x)$, 非 $x=0$ 時之 $f(x,x)$; 不可憑以求 $x=0$ 時之 $\dfrac{df}{dx}$ 也。

　　糊塗學生往往以為 (9) 是 $\dfrac{1}{3}$, (8) 亦是 $\dfrac{1}{3}$。既可用 (8) 何以不能用 (9)。此正如糊塗先生令糊塗學生算 $3\times\dfrac{3}{2}$; 學生斜看了 $\times$ 號, 以為是 $+$ 號, 做了 $3+\dfrac{3}{2}=\dfrac{9}{2}$ 以為是對的。先生因 $3\times\dfrac{3}{2}$ 是 $\dfrac{9}{2}$, 見了學生的答數 $\dfrac{9}{2}$ 亦以為對的, 給了十分分數。別人見了, 說學生做錯了題, 先生給錯了分數。這兩個糊塗蟲, 還死不服, 強辨飾非的說了半天 (尤其是先生心上知錯, 面上不服錯, 硬跟我要學生算出 $\dfrac{9}{2}$, 不問他用何法算出 $\dfrac{9}{2}$, 終是對的)。閱者噠之以鼻。他倆還一吹一唱的, 自以為得意。

　　(II)　　設　　　$f(x,y)=\sqrt[4]{x^2y^2}$,

則

$$f_x(0,0)=\lim_{\Delta x\to 0}\frac{1}{\Delta x}\left\{\sqrt[4]{(\Delta x)^2.0}-0\right\}=0, \tag{10}$$

$$f_y(0,0) = \lim_{\Delta y \to 0} \frac{1}{\Delta y} \left\{ \sqrt[4]{0.(\Delta y)^2} - 0 \right\} = 0 \tag{11}$$

再設

$$x = \varphi_1(t) = t, \qquad y = \varphi_2(t) = t, \tag{12}$$

則

$$\frac{dx}{dt} = 1, \qquad \frac{dy}{dt} = 1 \text{。} \tag{13}$$

以 (10),(11),(13) 代入 (3) 得 (x,y) 爲 $(0,0)$ 時之 $\dfrac{df}{dt}$ 爲

$$\frac{df}{dt} = 0.1 + 0.1 = 0 \text{。} \tag{14}$$

但以 (12) 代入 $f(x,y)$，得

$$f(t,t) = \sqrt[4]{t^2 t^2} = t,$$

而

$$\frac{df}{dt} = 1. \tag{15}$$

故 (14) 是錯的。

詳言之，設

$$f(x,y) = \sqrt[4]{x^2 y^2}, \tag{α}$$

及

$$y = t, \qquad x = t, \tag{β}$$

則因 (1) 不合應用條件，只能以 (β) 代入 (α) 後直接求原點上之 $\dfrac{df}{dt}$，不能用 (1)，(3) 求原點上之 $\dfrac{df}{dt}$。

　　註。求 (10) 時不能應用公式 $\dfrac{d}{dx} x^\mu = \mu x_0^{\mu-1}$ 因在此例 $\mu = \dfrac{2}{4}$; $x=0$ 時不能用此公式也。理見本刊第三期談言。

　　2. 上就利用 (1) 求 (2),(3) 言，今再就 (1) 之根本問題言之。

理学卷（第二册） 科学通讯 第七期（1936）

(1) 實爲 $y=\varphi(x)$ 時

$$dy=\varphi'(x_0)dx$$

之推廣。此式從

$$\Delta y=\varphi'(x_0)\Delta x+\Delta x\varepsilon$$

發生。此當 $\varphi'(x_0)$ 存 在 時，$\Delta x\to 0$ 自 能 使 $\varepsilon\to 0$。

此 (1) 實從　　　$\Delta f(x,y)=f_x(x_0,y_0)\Delta x+f_y(x_0,y_0)+\Delta x\varepsilon_1+\Delta y\varepsilon_2$　　(a)

發生。

但 $f_x(x_0,y_0)$ 及 $f_y(x_0,y_0)$ 存 在*時，未 必 $\lim\limits_{\Delta x\to 0}\varepsilon_1=0,\ \lim\limits_{\Delta y\to 0}\varepsilon_2=0$ 必 $f_x(x_0,y_0)$ 及 $f_y(x_0,y_0)$ 存 在，且 $\lim\limits_{\Delta x\to 0}\varepsilon_1=0,\ \lim\limits_{\Delta x\to 0}\varepsilon_2=0$，方 能 謂 之 $f(x,y)$ 在 (x_0,y_0) 上 有 全 微 分（或 稱 $f(x,y)$ 在 (x_0,y_0) 上 可 全 微），而 令

$$df=f_x(x_0,y_0)\Delta x+f_y(x_0,y_0)\Delta y$$

並 此 形 式 寫 正 亦 即 謂 之 全 微 分

$$dy=f_x(x_0,y_0)dx+f_y(x_0,y_0)dy$$

而 謂 之 $f(x,y)$ 在 (x_0,y_0) 上 之 全 微 分。

倘 $f_x(x_0,y_0),\ f_y(x_0,y_0)$ 雖 皆 存 在，而 不「$\Delta x\to 0$ 時 $\varepsilon_1\to 0$ 及 $\Delta y\to 0$ 時 $\varepsilon_2\to 0$」，則 $f(x,y)$ 在 (x_0,y_0) 上 無 全 微 分（即 不 可 全 微），而

$$df=f_x(x_0,y_0)dx+f_y(x_0,y_0)dy$$

不 成 立。

故 非 任 何 兩 變 數 函 數 皆 能 在 (x_0,y_0) 上 有 全 微 分（即 皆 爲 可 全 微）而 可 用 用 公 式 (1)。

設 例 明 之 如 下。

(III) 　再 用 (II) 之 $f(x,y)$，卽

$$f(x,y)=\sqrt[4]{x^2y^2}.$$

---

*本談凡極限稱存在時皆指其爲有窮的存在，其鑒爲無窮的存在時，於「存在」之下加「有窮或無窮」以明之。

則照（II）中求法，

$$f_x(0,0)=0 , \qquad f_y(0,0)=0;$$

故 (x,y) 在原點 $(0,0)$ 上時，

$$df=0。 \tag{1}'$$

但此 $f(x,y)$ 在 $(0,0)$ 上實無全微分。蓋此 df 雖爲 0，但從 (a) 式則 (x,y) 在 $(0,0)$ 上時：

$$\Delta f(x,y)=df+\Delta x\varepsilon_1+\Delta y\varepsilon_2$$
$$=\Delta x\varepsilon_1+\Delta y\varepsilon_2 , \tag{2}'$$

而當 $\Delta x\to 0$，$\Delta y\to 0$ 時不是 ε_1 及 ε_2 之極限皆爲 0 也。今再說明此末一語如下。

從直接計算，得

$$\Delta f(x,y)=\sqrt[4]{(0+\Delta x)^2(0+\Delta y)^2}-\sqrt[4]{0^2.0^2}$$
$$=\sqrt[4]{(\Delta x)^2(\Delta y)^2}$$
$$=\sqrt{|\Delta x\cdot\Delta y|}。 \tag{3}'$$

從 $(2)'$，$(3)'$ 得

$$\sqrt{\Delta x\cdot\Delta y}=\Delta x\varepsilon_1+\Delta y\varepsilon_2。 \tag{4}'$$

如右圖，$(\Delta x,\Delta y)$ 沿 L 線 $\to 0$ 時，

$$\Delta x=\varrho\cos\theta, \quad \Delta y=\varrho\sin\theta, \qquad \theta 爲常數。$$

以此代入 $(4)'$，得

$$\varrho\sqrt{\sin\theta\cos\theta}=\varrho(\varepsilon_1\cos\theta+\varepsilon_2\sin\theta),$$

卽

$$\sqrt{\tfrac{1}{2}\sin 2\theta}=\varepsilon_1\cos\theta+\varepsilon_2\sin\theta, \tag{5}'$$

倘 ε_1 及 ε_2 之極限皆爲 0，則此 $(5)'$ 之左亦應 $\to 0$，但 $(5)'$ 之左僅與 θ 相關，$2\theta\neq n\pi(n=0,1,\cdots)$ 時，$(5)'$ 左不能爲 0。由此得一矛盾，故 ε_1 及 ε_2 之極限不爲 0。

再略言之，$(\Delta x,\Delta y)$ 沿 $L\to(0,0)$ 時，$\varrho\to 0$。今 $(5)'$ 已脫離 ϱ，其 θ 之

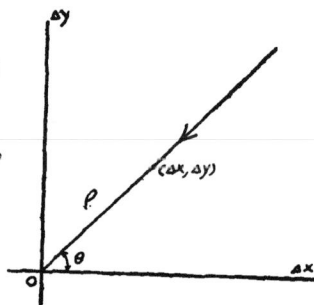

值如右圖時, (5)′左絕不因 $\varrho \to o$ 而亦 $\to o$。亦卽 $(\Delta x,\Delta y) \to (o,o)$ 時 (5)′ 左不 $\to o$, 故 (5)′右亦不能 $\to o$。故 ε_1 及 ε_2 亦不 $\to o$。

從上可知此 $f(x,y)$ 在原點上無全徼分。故有 (II) 中所言不能應用之情形。

(IV)　設　$f(x,y) = \dfrac{xy}{\sqrt{x^2+y^2}}$,　(x,y) 不在原點 (o,o) 上時,

$$= o, \qquad (x,y) \text{ 在原點 } (o,o) \text{ 上時。}$$

則

$$f_x(o,o) = \lim_{\Delta x \to o} \frac{1}{\Delta x}\left\{\frac{\Delta x \cdot o}{\sqrt{\Delta x^2 + o^2}} - o\right\}$$

$$= o,$$

同理

$$f_y(o,o) = o。$$

故 (x,y) 在原點上時

$$df = o。$$

惟 (III), 得

$$\Delta f = \Delta x \varepsilon_1 + \Delta y \varepsilon_2。 \tag{6}$$

再如 (III) 中,　令

$$\Delta x = \varrho\cos\theta, \quad \Delta y = \varrho\sin\theta, \quad \theta \text{ 爲常數而} \neq \frac{n}{2}\pi, \quad n = 0,1, \cdots$$

則 (6)′變爲

$$r\cos\theta\,\sin\theta = r(\varepsilon_1\cos\theta + \varepsilon_2\sin\theta)$$

卽

$$\cos\theta\,\sin\theta = \varepsilon_1\cos\theta + \varepsilon_2\sin\theta。$$

若 $(\Delta x,\Delta y) \to (o,o)$ 時 $\varepsilon_1 \to o$ 及 $\varepsilon_2 \to 0$ 則應得

$$\cos\theta\,\sin\theta = \tfrac{1}{2}\sin2\theta = o,$$

此不可能。故此 $f(x,y)$ 在原點上無全徼分。卽 (x,y) 爲原點時,萬勿以爲此 $f(x,y)$ 之全徼分卽是 $df = o$。

(a) 及 (1) 之推廣

$$\Delta f(x_1, x_2, \cdots x_m) = fx_1\Delta x_1 + fx_2\Delta x_2 + \cdots + fx_m\Delta x_m + \Delta x_1\varepsilon_1 + \Delta x_2 + \cdots + \Delta x_m\varepsilon_m$$

及

$$df = fx_1 dx_1 + fx_2 dx_2 + \cdots + fx_m dx_m$$

與 (a) 及 (1) 之情形同。

　　3.　上 2 就 $f(x, y)$ 爲可全徵之根本定義言。但直接研究 $(\Delta x, \Delta y) \to (o, o)$ 時,ε_1 及 ε_2 是否皆 $\to o$;終覺費事。故必須另求 $f(x, y)$ 在 (x_0, y_0) 上之可全徵條件,以便於用。此項可全徵條件亦有多種,廣狹不同。其情形與前期談言 $f_{xy} = f_{yx}$ 之應用條件相類。但談言非做書,前期談言,已將 $f_{xy} = f_{yx}$ 之各條件列表比較其廣狹,足爲示例之用。本談不必再行如此。藉可節省篇幅,且使閱者不至有老戲重聽之沈悶。故不再引經據典作頭巾氣的冗語。而但略舉數種常用者如下:

　　(一)　最狹之充分條件爲 f_x 及 f_y 關於 (x, y) 同時連續。⎫

　　(二)　亦有於(一)中再加 $f(x, y)$ 關於 (x, y) 連續者。　⎬

　　(三)　$f(x, y)$ 在 (x_0, y_0) 上可全徵之充分條件爲:$f(x, y)$ 在 $D(x_0, y_0)$ 中存在,f_x 在 $D(x_0, y_0)$ 中存在,f_y 在 (x_0, y_0) 上存在,f_x 或 f_y 在 (x_0, y_0) 上連續。

　　(四)　$f(x, y)$ 在 (x_0, y_0) 上可全徵之充分及必要條件爲:曲面 $z = f(x, y)$ 在點 (x_0, y_0, z_0) 上有不與 z 軸平行之切面。〔此亦可譯成解析方面之定理,以幾何上語出之便記憶耳〕。

　　(五)　$f(x, y)$ 在 (x_0, y_0) 上可全徵之必要條件爲: $f(x, y)$ 在 (x_0, y_0) 上關於 x, y 同時連續。

　　(六)　設 $f(x, y)$ 之 f_x 及 f_y 皆在 (x_0, y_0) 上存在,則 $f(x, y)$ 在 (x_0, y_0) 上可全徵之充分條件爲:$f(x, y)$ 於 $x \neq x_0$ 時在 $D(x_0, y_0)$ 中關於 y 連

續,差商

$$\frac{f(x_0+\Delta x,y)-f(x_0,y)}{\Delta x},$$

對 於 $D(x_0,y_0)$ 中 之 一 切 y,關 於 Δx 爲 勻 歛。

（七）　$f(x,y)$ 在 (x_0,y_0) 上 可 全 徵 之 充 分 條 件 爲: $f_x(x_0,y_0)$ 及 $f_y(x_0,y_0)$ 存 在,差 商

$$F(h,k) = \frac{f(x_0+h, y_0+k) - f(x_0, y_0+k)}{h}$$

在 點 $h=0,\ k=0$ 上 關 於 h,k 同 時 連 續。

上（三）至（七）之 較 廣 條 件 常 見 於 實 函 數 論。（一）,（二）兩 狹 條 件 則 但 見 於 初 高 等 微 積。初 高 等 微 積 但 注 重 形 式 計 算 不 詳 細 討 論 全 徵 分 之 存 在 與 否,故 但 以（一）,（二）爲 1 款（2）或（3）之 條 件,如 Granville 初 等 微 積 p. 108 之（51）或 在 典 上 述 中 有“句「假 定 f'_x 及 f'_y 爲 連 續」,Goursat 之 Mathematical Analysiss I, p. 21 末 之「if $y-f(u,v,w)$ is a composite function, we have

$$y_x = u_x f_u + v_x f_v + w_x f_w$$

at least if f_u, f_v, f_w are continnous, ……」之 類。因 其 與（1）有 關,故 列 之 爲（一）。 至 Goursat 此 書 p. 25, §15 正 式 講 全 徵 分 時,則 但 講 形 式 計 算,絕 未 言 及 存 在 條 件。故 閱 者 欲 得 各 公 式 之 較 廣 條 件,應 於 實 函 數 論 中 求 之。不 僅 此（1）爲 然 也。

所 最 宜 注 意 者,$y=f(x)$ 之 $f'(x)$ 存 在 時,y 之 微 分 亦 存 在,

$$dy=f'(x)dx$$

一 定 可 用。但 $z=f(x,y)$ 之 $f_x(x,y)$ 及 $f_y(x,y)$ 雖 皆 存 在,z 之 全 徵 分 尚 不 能 必 其 存 在,

$$dz=f_x dx + f_y dy$$

不 一 定 可 用,必 須 合 其 應 用 條 件 方 可 應 用。

教　材

不　等　式(三續)

武　崇　林

§6.　論凸函數 (Convex functions)

Hölder 不等式乃範圍極廣之 Jensen 定理一特例。　J.L.W.V. Jensen 曾引入『凸函數』之概念,並證明一極普遍之定理,所有初等不等式,大部可以包括於此一結果中。用 Jensen 定理推求不等式,乃證不等式之一簡單而復優美之方法,其唯一可論之點,乃在其法須求助於微積分之淺近定理,因而不能離所謂極限與綿續而獨立,如吾人前此之若干證明也。

命 $\varphi(t)$ 之定義區間爲 $\alpha \leq t \leq \beta$。若 t_1, t_2 爲 (α, β) 內任何二數,而

(6.1)
$$\varphi\left(\frac{t_1+t_2}{2}\right) \leq \frac{\varphi(t_1)+\varphi(t_2)}{2},$$

則 $\varphi(t)$ 稱爲凸函數 (Convex function) 若 $-\varphi$ 爲凸函數,則 φ 稱作凹函數 (Concave function)。關於此等函數,吾人先有以下之定理:

若　$t_1, t_2, \cdots t_n$ 爲區間 (α, β) 內 n 個任意數值,且 $\varphi(t)$ 爲凸函數,則

(6.2)
$$\varphi\left(\frac{t_1+t_2+\cdots+t_n}{n}\right) \leq \frac{\varphi(t_1)+\varphi(t_2)+\cdots+\varphi(t_n)}{n}$$

證。　吾人將以歸納法證明此定理。然吾人此處所用與尋常稍有不同。設有命題 $\varrho(n)$ 於此,尋常歸納法,係由

教材一 **不 等 式** 11

(i) 自 $\varrho(n)$ 可以推得 $\varrho(n+1)$,

(ii) $n=1$ 時 $\varrho(n)$ 爲眞

推得 $\varrho(n)$ 普遍之眞實性。然此亦可以由另一方法證明,即自

(i) 自 $\varrho(n)$ 可以推得 $\varrho(n-1)$,

(ii) $\varrho(n)$ 對無限個數之 n 爲眞

兩事亦可以推出 $\varrho(n)$ 之普遍眞實性也。吾人可以稱此爲『退歸納法』(backwords induction)。

由凸函數之定義 (6.1), 命 $t_1=\dfrac{x_1+x_2}{2}, t_2=\dfrac{x_3+x_4}{2}$ 則得

$$\varphi\left(\frac{x_1+x_2+x_3+x_4}{4}\right) \leq \frac{1}{2}\left\{\varphi\left(\frac{x_1+x_2}{2}\right)+\varphi\left(\frac{x_3+x_4}{2}\right)\right\}$$

$$\leq \frac{\varphi(x_1)+\varphi(x_2)+\varphi(x_3)+\varphi(x_4)}{4}$$

以下類推,故見 (6.2) 對於特殊之 $n=2^m$, m 任何正整數,均爲眞實

茲設 (6.2) 對於 n 個任何數均爲眞實。命 $t_1, t_2, \cdots t_{n-1}$ 爲 (α, β) 內 $n-1$ 個 數,命 $t_n=\dfrac{t_1+t_2+\cdots+t_{n-1}}{n-1}$,則 t_n 亦在 (α,β) 內,且得

$$\varphi(t_n)=\varphi\left(\frac{(n-1)t_n+t_n}{n}\right)=\varphi\left(\frac{t_1+t_2+\cdots+t_{n-1}+t_n}{n}\right)$$

$$\leq \frac{\varphi(t_1)+\varphi(t_2)+\cdots+\varphi(t_n)}{n},$$

即 $\left(1-\dfrac{1}{n}\right)\varphi(t_n) \leq \dfrac{\varphi(t_1)+\varphi(t_2)+\cdots+\varphi(t_{n-1})}{n}$。

移去左端之因子即得 (6.2) 中以 $n-1$ 代 n 之算式。故得證。

於 (6.2) 中聚若干個 t 爲羣,譬如使首 m_1 個各相等,次 m_2 個相等……則得

$$\varphi\left(\frac{m_1t_1+m_2t_2+\cdots+m_kt_k}{m_1+m_2+\cdots+m_k}\right) \leq \frac{m_1\varphi(t_1)+m_2\varphi(t_2)+\cdots+m_k\varphi(t_k)}{m_1+m_2+\cdots+m_k}$$

或亦可書

(6.3)　　　$\varphi(a_1t_1+a_2t_2+\ \ +a_kt_k)\leq a_1\varphi(t_1)+a_2\varphi(t_2)+\cdots+a_k\varphi(t_k),$

其中 $a_1+a_2+\cdots+a_n=1$, a_i 等均爲有理正數。若 $\varphi(t)$ 爲綿續函數,則命 a_1, $a_2\cdots a_k$ 各漸近於 k 個實數 α_1, $\alpha_2,\cdots\alpha_k$ 則自 (6.3) 求極限得

(6.4)　　　$\varphi(a_1t_1+a_2t_2+\cdots+a_kt_k)\leq a_1\varphi(t_1)+a_2\varphi(t_2)+\cdots+a_k\varphi(t_k),$

其中 $a_1+a_2+\cdots+a_k=1$, $a_i>0$。更命 p_1, $p_2\cdots p_k$ 爲 k 個任意正實數, 且 $a_i=p_i/\Sigma p$, 則得

$$\varphi\left(\frac{p_1t_1+p_2t_2+\cdots+p_kt_k}{\Sigma p}\right)\leq\frac{p_1\varphi(t_1)+p_2\varphi(t_2)+\cdots+p_k\varphi(t_k)}{\Sigma p},$$

由是得 Jensen 之定理

　　　命 a_1, a_2, $\cdots a_n$ 爲任意正實數,若 $\varphi(t)$ 爲綿續凸函數,則

(6.5)　　　$\varphi\left(\dfrac{a_1t_1+a_2t_2+\cdots+a_nt_n}{a_1+a_2+\cdots+a_n}\right)\leq\dfrac{a_1\varphi\cdot t_1)+a_2\varphi(t_2)+\cdots+a_n\varphi(t_n)}{a_1+a_2+\cdots+a_n}$。

　　　吾人茲將研究 (6.4) 及 (6.5) 中等號何時發現。就圖象而言, (6.1) 之定義,乃謂在 $y=\varphi(x)$ 曲綫上任何弦之中點,不能在曲綫相 應點之下,而

(6.6)　　　$\varphi(a_1t_1+a_2t_2)\leq a_1\varphi(t_1)+a_2\varphi(t_2)$　　　〔(6.4), $k=2$〕

則謂弦之全部不能在曲綫之下。此之所謂曲綫,自係任何曲綫,不 必爲綿續者。如設 $\varphi(x)$ 爲綿續凸函數,則見 (6.6) 中之等號之能成 立。必僅在 t_1, t_2 重合,或 $\varphi(x)$ 爲 x 之一次函數時。何以言之?設 t_1, t_2 重合,則 (6.6) 之成爲等式顯然自明。今設 $t_1<t_3<t_2$, 則吾人得取 a_1, a_2 二正數 $a_1+a_2=1$, 且 $t_3=a_1t_1+a_2t_2$。命曲綫上座標爲 t_1 $t_2\cdots$ 之點 爲 P_1, $P_2\cdots$ 若 $\varphi(x)$ 非一次函數,則 (x_1x_2) 區間內必有一點 t_4, 其 P_4 在 弦 P_1P_2 之下方。設云 x_4 爲在 (x_1x_3) 之間,則 x_3 在 (x_4x_2) 之間。由凸函 數之定義〔或由 (6.6)〕P_3 不能在 P_2P_4 之上方,因而必在 P_1P_2 之下方, 故 (6.6) 中僅 $<$ 成立而等號則否。由是可見 (6.6) 中等號,如能成立,

教材一　　　　　　　不　等　式　　　　　　　13

除去 t_1, t_2 重合外,必僅在 $\varphi(x)$ 爲一次函數之時。至 $\varphi(x)$ 爲一次函數時 (6.6) 中等號之確能成立,則固顯然之事實無須贅言也。

將上之理論推及於 (6.4) 之普遍情形,亦復不難。如 $k=3$, 命 $t_1 < t_2 < t_3,\ \alpha_1 + \alpha_2 + \alpha_3 = 1$, 則

$$\varphi(\alpha_1 t_1 + \alpha_2 t_2 + \alpha_3 t_3) = \varphi\left(\alpha_1 t_1 + (\alpha_2 + \alpha_3) \cdot \frac{\alpha_2 t_2 + \alpha_3 t_3}{\alpha_2 + \alpha_3}\right)$$

$$\geq \alpha_1 \varphi(t_1) + (\alpha_2 + \alpha_3) \varphi\left(\frac{\alpha_2 t_2 + \alpha_3 t_3}{\alpha_2 + \alpha_3}\right)$$

$$\geq \alpha_1 \varphi(t_1) + \alpha_2 + \alpha_3 \left\{\frac{\alpha_2}{\alpha_2 + \alpha_3} \varphi(t_2) + \frac{\alpha_3}{\alpha_2 + \alpha_3} \varphi(t_3)\right\}$$

$$= \alpha_1 \varphi(t_1) + \alpha_2 \varphi(t_2) + \alpha_3 \varphi(t_3)_{\circ}$$

用 $\geq$ 號必須成爲 $=$ 號故, $\varphi(t)$ 在

$$\left(t_1, \ \frac{\alpha_2 t_2 + \alpha_3 t_3}{\alpha_2 + \alpha_3}\right), \ (t_2, t_3)$$

兩區間內必須爲一次函數。但 $t_2 < \dfrac{\alpha_2 t_2 + \alpha_3 t_3}{\alpha_2 + \alpha_3} < t_3$, 故 $\varphi(x)$ 在 $(t_1 t_3)$ 內亦爲一次函數矣。下同此,用其推至於更普遍。

若 $\varphi(x)$ 爲綿積凸函數,則除非各 t 俱相等或 $\varphi(x)$ 爲一次函數,必有

(6.4a) $\qquad \varphi(\alpha_1 t_1 + \alpha_2 t_2 + \cdots + \alpha_k t_k) < \alpha_1 \varphi(t_1) + \alpha_2 \varphi(t_2) + \cdots + \alpha_k \varphi(t_n), \qquad \Sigma \alpha = 1$

(6.5a) $\qquad \varphi\left(\dfrac{a_1 t_1 + a_2 t_2 + \cdots + a_k t_k}{a_1 + a_2 + \cdots + a_k}\right) < \dfrac{a_1 \varphi(t_1) + a_2 \varphi(t_2) + \cdots + a_k \varphi(t_k)}{a_1 + a_2 + \cdots + a_k}$

凡凸函數滿足 (6.1) 之 $>$ 號者,將稱作眞凸函數 (Strictly convex function)。

§7. 具有兩次導來函數之凸函數。

設 $\varphi(x)$ 在開區間 $\alpha < x < \beta$ 內具有二次導來函數 $\varphi''(x)$,則 $\varphi(x)$ 在此區間內爲凸函數之充要條件爲

(7.1) $\qquad\qquad\qquad\qquad \varphi''(x) \geq 0_{\circ}$

證　(i)　(7.1) 爲必要條件。命 $h > 0$，且 $t \pm h$ 俱不出區間 (α, β) 之外。因 $\varphi(x)$ 爲凸函數，故

$$(7.2) \qquad\qquad \varphi(t+h) + \varphi(t-h) \geqq 2\varphi(t)。$$

由中值定理得

$$(7.3) \qquad \begin{aligned} \varphi(t+h) &= \varphi(t) + h\varphi'(t) + \frac{h^2}{2}[\varphi''(t) + \varepsilon_1], \\ \varphi(t-h) &= \varphi(t) - h\varphi'(t) + \frac{h^2}{2}[\varphi''(t) + \varepsilon_2], \end{aligned}$$

其中，在 $h \to 0$ 時，$\varepsilon_1, \varepsilon_2$ 各趨近於零。將 (7.3) 之二式相加，則

$$\varphi(t+h) + \varphi(t-h) = 2\varphi(t) + h^2\varphi''(t) + \tfrac{1}{2}h^2(\varepsilon_1 + \varepsilon_2)。$$

故由 (7.2)

$$h^2[\varphi''(t) + \tfrac{1}{2}(\varepsilon_1 + \varepsilon_2)] \geqq 0。$$

因得 (7.1)

(ii)　(7.1) 爲充足條件。因二次導來函數存在，故若命 $t_1 < t_2$ 俱在 (α, β) 中，則可書

$$\varphi(t_1) = \varphi\left(\frac{t_1+t_2}{2}\right) + \frac{t_1-t_2}{2} \varphi'\left(\frac{t_1+t_2}{2}\right) + \frac{(t_1-t_2)^2}{8} \varphi''(\tau_1),$$

$$\varphi(t_2) = \varphi\left(\frac{t_1+t_2}{2}\right) - \frac{t_1-t_2}{2} \varphi'\left(\frac{t_1+t_2}{2}\right) + \frac{(t_1-t_2)^2}{8} \varphi''(\tau_2)$$

其中 $t_1 < \tau_1 < \tfrac{1}{2}(t_1+t_2) < \tau_2 < t_2$，　相加則得

$$\varphi(t_1) + \varphi(t_2) \geqq 2\varphi\left(\frac{t_1+t_2}{1}\right)$$

故見 (7.1) 爲充足條件，因 t_1, t_1 爲 (α, β) 內任二點也。

系　若 $\varphi''(x) > 0$，則 $\varphi(x)$ 爲眞凸函數，且得滿足 (6.4a) 及 (6.5a)，除非各 t 俱爲相等。

吾人見 (6.4) (6.5) 二定理範圍殊大，卽上之定理及系所含亦復不少，蓋不僅 α_i，a_i 等可取任何正實數外，卽具 $\varphi''(x) \gtrless 0$ 之函數，

教材一　　　　　　　不　　等　　式　　　　　　　15

其類亦甚廣也。Jensen 本人曾謂其定理幾可以包有所有之初等不等式云。茲略舉數例如下。

(i) 取 $\varphi(t) = -\log t$，$\varphi''(t) = 1/t^2 > 0$，故 $\varphi(t)$ 在任何 $t > 0$ 之區間內為凸函數。故若取 $a_1, a_2 \cdots a_n$，$t_1 t_2, \cdots t_n$ 俱大於零，則 $1/t_1, 1/t_2, \cdots 1/t_n$ 亦然。由 (6.5a) 取 a 及 $1/t$ 則得

$$-\log\left(\frac{a_1/t_1 + a_2/t_2 + \cdots + a_n/t_n}{a_1 + a_2 + \cdots + a_n}\right) < -\frac{a_1\log\frac{1}{t_1} + a_2\log\frac{1}{t_2} + \cdots + a_n\log\frac{1}{t_n}}{a_1 + a_2 + \cdots + a_n}$$

或卽

$$\frac{a_1 + a_2 + \cdots + a_n}{\frac{a_1}{t_1} + \frac{a_2}{t_2} + \cdots + \frac{a_n}{t_n}} < (t_1^{a_1} t_2^{a_2} \cdots t_n^{a_n})^{\frac{1}{a_1 + a_2 + \cdots + a_n}}$$

若取 a 及 t 則得

$$\log\left(\frac{a_1 t_1 + a_2 t_2 + \cdots + a_n t_n}{a_1 + a_2 + \cdots + a_n}\right) < \frac{a_1\log t_1 + a_2\log t_2 + \cdots + a_n\log t_n}{a_1 + a_2 + \cdots + a_n}$$

或卽

$$(t_1^{a_1} t_2^{a_2} \cdots t_n^{a_n})^{\frac{1}{a_1 + a_2 + \cdots + a_n}} < \frac{a_1 t_1 + a_2 t_2 + \cdots + a_n t_n}{a_1 + a_2 + \cdots + a_n}$$

結合以上二式則得

$$\frac{a_1 + a_2 + \cdots + a_n}{\frac{a_1}{t_1} + \frac{a_2}{t_2} + \cdots + \frac{a_n}{t_n}} < (t_1^{a_1} t_2^{a_2} \cdots t_n^{a_n})^{\frac{1}{a_1 + a_2 + \cdots + a_n}} < \frac{a_1 t_1 + a_2 t_2 + \cdots + a_n t_n}{a_1 + a_2 + \cdots + a_n}$$

是卽等差等比調和中組定理 (1.1) 之擴張。

(ii) 取 $x > 0$　若 $0 < m < 1$，則 x^m 為凹函數，若 $m < 0$ 或 $m > 1$，則為凸函數。故得下之結果

若 $a_1 a_2 \cdots a_n$ 為正實數 $t_1 t_2 \cdots t_n$ 亦然則

$$\left(\frac{a_1t_1+a_2t_2+\cdots a_nt_n}{a_1+a_2+\cdots+a_n}\right)^m \gtreqless \frac{a_1t_1{}^m+a_2t_2{}^m+\cdots+a_nt_n{}^m}{a_1+a_2+\cdots+a_n}$$

一視 $0<m<1$ 或 $m<0$，$m>1$ 爲斷。(參見 Chrystal Algebra II, pp 48—9 讀者當見彼處之證明係默認 m 爲有理數也)

　　　iii) 命 $\varphi(x)=x^{r/s}$，$0<r<s$。若 $x>0$，則 $\varphi''(x)>0$。故若 p_1, p_2, $\cdots p_n$ 俱大於零，a_1 a_2 $\cdots a_n$ 亦大於零，則由 (6.5a)，

$$\left(\frac{p_1a_1+p_2a_2+\cdots+p_na_n}{p_1+p_2+\cdots+p_n}\right)^{r/s} < \frac{p_1a_1{}^{r/s}+p_2a_2{}^{r/s}+\cdots+p_na_n{}^{r/s}}{p_1+p_2+\cdots+p_n}$$

於此中命 $a_i=b_i{}^s$ 則得

$$\left(\frac{p_1b_1{}^s+p_2b_2+\cdots+p_nb_n{}^s}{p_1+p_2+\cdots+p_n}\right)^{r/s} < \frac{p_1b_1{}^r+p_2b_2{}^r+\cdots+p_nb_n{}^r}{p_1+p_2+\cdots+p_n}$$

由是得 Jensen 不等式如下:

　　　若 b_1 $b_2\cdots b_n$ 及 p_1 $p\cdots p_n$ 俱大於零，且 $0<r<s$，則

$$\left(\frac{p_1b_1{}^r+p_2b_2{}^r+\cdots+p_nb_n{}^r}{p_1+p_2+\cdots+p_n}\right)^{1/r} > \left(\frac{p_1b_1{}^s+p_2b_2{}^s+\cdots+p_nb_n{}^s}{p_1+p_2+\cdots+p_n}\right)^{1/s}。$$

　　　(*iv*)　Minkowski 不等式 (3.8) 之完全形狀如下:

(3.8a)　若 $p\geq 1$，則 $M_p(a+b)\leq M_p(a)+M_p(b)$，

(3.8b)　若 $p\leq 1$，則 $M_p(a+b)\geq M_p(a)+M_p(b)$。

除非 $a_i=\lambda b_i$，$i=1, 2, \cdots n$ 或 $p=1$。

　　　由 $M_p(a)$ 之定義知 $p\neq 0$。命

$$A_i=ta_i+(1-t)b_i, \quad i=1, 2, \cdots n, \quad 0\leq t\leq 1。$$

又

$$\varphi(t)=M_p(A)=(A_1{}^p+A_2{}^p+\cdots+A_n{}^p)^{1/p}。$$

吾人容易計算得

$$\varphi''(t)=(p-1)(A_1{}^p+A_2{}^p+\cdots+A_n{}^p)^{\frac{1}{p}-2} \times$$

$$\times\left[(A_1{}^p+\cdots+A_n{}^p)\left\{A_1{}^{p-2}(a_1-b_1)^2+\cdots+A_n{}^{p-2}(a_n-b_n)^2\right\}\right.$$

教材一　　　　　不　等　式　　　　　17

$$-\left\{A_1^{p-1}(a_1-b_1)+\cdots\cdots+A_n^{p-1}(a_n-b_n)\right\}^2\right]$$

於 Cauchy 不等式 (4.1) 內，以 $A_i^{p/2}$ 代 a_i 以 $A_i^{p/2-1}(a_i-b_i)$ 代 b_i，則易見方括弧內之算式必常爲正，除非

$$\frac{A_i^{p/2}}{A_i^{p/2-1}(a_i-b_i)}=常數=k\qquad i=1,2,\cdots n$$

卽謂

$$\frac{b_i}{a_i}=\frac{k-t}{k-t-1}=\lambda\qquad i=1,2,\cdots n$$

由是可見 $\varphi''(t)$ 之符號乃視 $p-1$ 爲定。是以若

(7.0a)　　　　　　$p\geqq1$，則 $\psi''(t)\geqq0$，　　$\varphi(0)+\psi(1)\geqq2\varphi(\tfrac{1}{2})$，

(7.6b)　　　　　　$p<1$，則 $\varphi''(t)<0$，　　$\varphi(0)+\varphi(1)<2\varphi(\tfrac{1}{2})$，

但 (7.6) 兩式實卽 (3.8) 兩式也。　　　　　　　　　　（待續）

感應放射 (Induced Radioactivity)*

Ellis 原著　　　鄭昌時 譯

從 Curie-Joliot 大婦發表他們製造低原子序數放射性原子的成功到現在剛剛一年。在他們第一次試驗中，他們發見當鋁原子被 α 質點撞擊時，就生出一種燐的放射性同位元素，關係式如下：

$$_{13}Al^{27}+_2He^4\longrightarrow{}_{15}P^{30}+_0n^1。$$

放射性燐的行爲極與天然存在的放射元素相似，不過發射出的不是 β 射線（卽負電子）而是正子 (Positvon)，結果成功了一個已知的穩定的矽同位原素：

---

*原文見 Nature

$$_{15}P^{30} \longrightarrow _{14}Si^{30} + \overset{+}{E}.$$

他的放射衰變的半期壽命 (half-period of radioactive decay) 大約 3.2分鐘。

　　用硼或鎂代替鋁,曾得到相似的結果。如用平常易致的 α 粒子源 (Source) 則產生的放射物的總量非常少。就是假定從來源發射出的 α 質點一起都能射中鋁的原子,結果所得到的放射性燐所有的活動力也不過來源的活動力的百萬分之一至千萬分之一。

　　强度(intensity)如此之小實在是試驗困難之主因,除用 Geiger 所設計的精細的計錄法以外,用別的方法簡直不可能。

　　從Joliot夫婦首次的發見後,實際上受了他們的暗示,別種造放射性元素的方法也陸續發見。質子,重氫 (deuteron),與中子 (neutron) 都被引入於原子核的反應中,這種反應結果生出放射物,這裏不必把所有已經發見的放射性同位元素列一張表。但只要說一句:有五十種以上已經確認了。其中有一件重要的事值得注意的。Aston 造的穩定同位元素表至少是一種關於原子核構造可能性的推測 —— 爲什麼某種質子與中子的結合會出現,而別種結合便不出現。他後來更精細的測定同位元素準確質量的工作告訴我們關於這幾種原子核的約束能量 (energy of binding),並且與我們一種定量理論的基礎。現在在Joliot夫婦發見之後,大批新的原子核使這種材料突然豐富起來,關於那些原子核,在相當的試驗下,我們合理的希望,可以得到相似的知識。扼要的說,這種發見一定可視爲我們知識範圍顯著的擴充。

　　去考察這些新的放射性同位元素和已經知道的穩定同位元素的關係是很有趣味的。顯然的,質子和中子間的某種結合能

教材二　　　　感應放射 Induced Radioactivity)　　　**19**

做成穩固的原子核。這個不變的標準當然根據質子與中子間相互作用的基本定律，但是一個原子核究竟是絕對不變或具放射性是和鄰近有否原子核存在的可能相連的。照我們現在的知識看起來，一個原子核 A 是穩定或者放射是看 $A \rightarrow B+C$ 的反應是收熱的或放熱的而定，此中 B 與 C 是另一可能有的原子核。在實驗中 C 只可以是質子，中子，α 質點，電子或是正子。在天然放射元素中，C 是一 α 質點或者是一電子。在新發見的放射元素中，C 或是一電子或是一正子。發射出重質點的感應放射却不曾見過。

　　普通說來，決定正子或是電子被射出的緣因是容易見到的。假定原子核是由質子及中子所造成，只要把已經知道的穩定同位元素表概查一下，就可以看見穩定的原子核只有在中子數目與質子數目之比在某一狹益範圍內時才曾被組織成功。中子個數與質子個數的比太大或太小的同位元素自然界中都不會存在。現在加進一個 α 質點（即兩個中子和兩個質子），而發出一個中子，其實是加進一個中子和兩個質子，那就是降低中子與質子個數的比。假使關於新元素的這個比數出了這穩定範圍，這元素便有放射性，而他的變化顯然趨向於增加這個比數。只要射出一個正子而把質子變成中子，此事便可實現。若是原來 α 粒子被吸收而放出一個質子，那麼事情剛剛相反，做成的放射物會射出負的電子而把中子變成質子。試舉一個上面所說的第一種變化的實例，我們可用鎂原子被 α 質點撞擊來說。鎂有三種穩定同位元素，其中之一有下面的反應:

$$_{12}Mg^{25} + {}_2He^4 \longrightarrow {}_{13}Al^{28} + {}_1H^1 。$$

這樣所做成的鋁同位元素有放射性，他的壽命是 $2\frac{1}{4}$ 分鐘，放出的是負電子。　　　　　　　　　　　　　　　　　　　（待續）

製 冷 化 學 (續)

(By Frederick G. Keyes) 程嘉垕譯

吸 收 機

　　現時之吸收機皆爲水氨吸收機。然根據其一般原理,若一氣體可爲一固體或液體所吸收,則總可假想一法而藉以製冷。在水氨吸收機則固須能吸收多量之氨。在水之冰點及大氣壓力下一磅之氨尚可爲一磅之水所吸收。若加熱於此溶液,氨之壓力增高特速。設繼續加熱至甚高之溫度,則最後所得壓力,足可使此氨及小部分之水在普通自來水溫度下實行液化。此液化之氨至某處更任其氣化,吸收該處周圍之熱,同時將先前吸氨之水冷却,使更得吸收此氣化之氨。

　　圖二示一器皿內貯有氨之強溶液,更置一管圈於內,使蒸汽或冷水均得送入以便加熱或凝冷。加熱於氨液,壓力增高,蒸汽經過防逆瓣而至凝冷器,凝成液體,繼則經過一膨脹瓣,使流入蒸發圈。發生器內加熱之時期

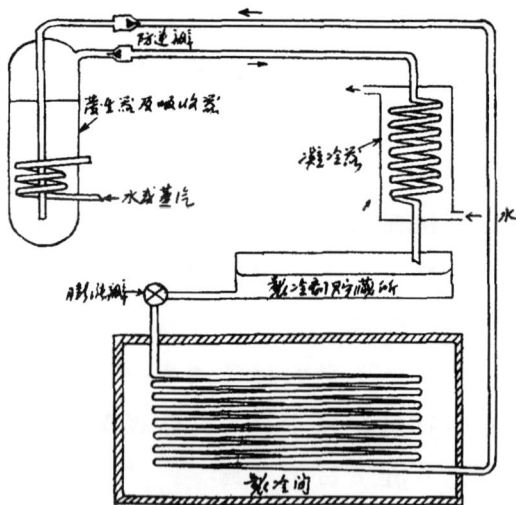

圖二 吸收式製冷器

既畢,遂使之開始冷却而成爲一吸收器。氨氣經過另一阻逆瓣,被

吮吸而入此吸收器。氨在蒸發圈內之蒸發取熱,與圖一所示壓縮機場合內者相同。

用水吸收之法,在原則方面頗為簡單,然因水亦稍具揮發性,不免有小部分之水與氨相混而一齊昇騰。故現用精溜器及分析器以析離此部分之水。此種隔別二揮發成分之法,與分離酒精與水之法相類。

此機內所用之水,固可以任何能吸收氨之鹽類替代。若硝酸銨,硫靖酸銨等物,均已知其能吸收多量之氨。於此場合如能應用無水氨,則可免除析離第二揮發性物質之麻煩。錫埃(Seay)氏確曾應用硝酸銨,且於此物之使用亦已呈請專利。

水氨機乃法人卡雷(Carré)氏所創製,且早於 1863 年輸入美國。故在美國大型之水氨機業已克臻完美之境。化學家之將否求得他種吸收劑及附着劑,就今日之形勢以觀,對於此類製冷機似已無足輕重。

此項加熱以去其量上較其所用而消耗以附着之氣所得者,復欲其解脫,則需要大量之熱,故其效率必然甚低。矽石膠(silica ''gel'') 有附着多量水分之性能,且已試用於製冷機器而正在進展途中。實則若任何物體能與大量氣體相聯合,則僅據原則而論,即可加以應用。茲就炭酸鈣而言之。置之發生器內,加熱至高溫度,則二氧化炭之壓力展發甚高,足以令二氧化炭在普通溫度之下液化。二氧化炭既行離析,經過蒸發圈而蒸發,完成其製冷之目的。更使氧化鈣冷却,則二氧化炭氣即被吸引而附着。此法中加熱於炭酸鈣而驅出炭酸,所需之能頗巨,與其所生之製冷效應相較殊不合算。故由經濟方面着想,此項方法決不可施諸實用。

就壓縮法與吸收法相較其推動壓縮器及加熱於發生器所

需之能,則易見吸收法爲不經濟。在吸收法所加之熱量須足以將氣體自吸收劑內驅出。使氨從其水溶液析離所需之熱較助長製冷效應之潛熱爲多。以同容量之此二類製冷機相較,吸收法所耗費之能較之壓縮法者大過數倍。

在家用之小型製冷器內,因所需製冷之量甚微,於效率一事未嘗着重,故頗便於應用吸收法。此類小型製冷器之特式,在於其器具之簡單,且其各部份無日漸擦損之虞。故現時市場上除有種種壓縮式製冷器外,更有家用之水氨製冷器及固體吸收製冷器出售。截至最近對於此小型機之發展約已耗去六千萬金元。惟其進展則多限於家用之方面。

密空氣機 (Dense Air Machines)

第三種之製冷器,爲密空氣機。其進展多爲美國醫士戈理博士(Dr. John Gorrie)之功績。彼於 1850 年八月二十二日獲得 8080 號之專利證。戈理氏之努力,不僅有關於製冷,蓋其動機實在於備辦多量之冰,助益各種熱病之醫療,而使病者減少苦痛。

此種機器內包含二主要部分,其一用以壓縮空氣,另一部分爲此壓縮空氣所推動。由第二部分所得動力更可用以被助運轉壓縮空氣之部分。空氣受壓縮而生熱,此熱爲周圍冷水所吸收。此在冷水溫度下之空氣繼則進入膨脹機,推動活塞,及至排出時則舉凡其壓力及溫度均行降低。

其後戈理氏之機器曾爲若干人所改良。在美國則亞倫(Leicester Allen) 氏之所設計已廣用於船舶及聯邦之軍艦上。然此種機器所展發之效率尙未得超過其可能數值之三分之一。

現時之製冰,或供給一般製冷之需要,多取用壓縮機而少用吸收式或密空氣式者。至將來則當可見各種作特殊用途之小型

教材三　　　　製　冷　化　學　　　　23

製冷器之益事進展。家用冰箱雖貢獻於世之爲時最久,惟在將來之進展中則此不過一小項目而已。彼時冰塊之價格與夫操持之適便,將不足以與小型製冷機相比擬。故舉凡醫院,雜貨商,糖果店,藥房,點心舖,菜館,花房,肉舖,果舖,珍味店,貨車以及冷藏車等皆將使用小型之製冷機矣。

製冷之展望

由前所述,當巳知可倫氏最先發明眞空製冰法其後化學家普利斯特力發現氨之極度溶解於水,而確立水氨吸收機之基礎。繼之而興者則有固體之吸收劑與附着劑。若氨二氧化硫二氧化炭,乙烷醚,甲烷醚,氧化甲烷,氧化乙烷及炭氫化合物等各種製冷劑,皆曾爲化學家所致力,其中一部分確已應用於小型機內。五十年來製冷機內所生之種種繁複潤滑問題現亦巳由化學者供給各種潤油而得解决他若傳源製冷中應用之氧化鈣液所生銹蝕,現巳能在金屬表面塗一層極具防護性之油漆而使之減至極少。其外則在諸新式之製冷機內所用各項物料之品質,亦旣已大事改良。

最近化學家巳發現兩種特別適合於製冷之吸收劑其一爲固體之附着劑,使蒸氣分子凝結而附着於其廣大之表面。另一種爲固體之氨吸收劑,設應用之則器具可大事簡省,且在操作方面亦較水氨法爲經濟。此後數十年間,機械製冷法將有急速之進展,所生特殊問題必多,是尚有待於科學家之繼續運用其才智更益以無間之努力,始可加以解决,而獲得更多之成就。

(原文名 Chemistry in Refrigeration 見 Chemistry in Industry Vol. II)

磨擦劑 (Abrasives)(續)

By F.J. Tone　程伯高譯

人造石墨

　　因矽砥之產生,埃氏又發明人造石墨。彼得悉當爐中溫度高至二千二百四十度時,旣成之矽砥分子復行破裂。矽作氣體離去,炭則以石墨之狀態留存。人造石墨業之基本原則,胥在於此矽砥之分解作用而已。

　　矽砥之發現,引起製造他種人工磨擦劑之研究。爪可勃氏Charles B. Jacobs 於一八九九年用電爐熔化鐵礬土 (bauxite) 以製造結晶礬石或稱爲人造鋼玉。鐵礬土爲純淨之氧化鋁,天然間甚多,其主要之雜質爲矽石及鐵錳之氧化物。製造此磨擦劑時,須先將鐵礬土煅燒,以除去30% 之水分,然後與焦炭研末及細鐵屑混和。繼則送入一弧式之圓爐。爐外殼爲鐵,直徑約 $7\frac{1}{2}$ 呎高六呎,其底上鋪炭。此鐵殼之爐壁,用水套冷却,故不須襯料。爐頂開張,電極垂直懸入爐中,混料入爐,融溶而漸次形成鑄塊。爐腹旣滿,停止電流,使鑄塊冷却而固結。經此手續,天生礬石遂化成一甚堅靭之結晶物體。此中含有96% 之礬石。原來之諸雜質則多被還原而與鐵錳諸物合成鐵錳之矽化物,沈至爐底,頗易分離。此等矽化物可用之爲下級之矽鐵劑。

　　人造鋼玉在商業方面之名稱甚多,若 Alundum, aloxite 等,在化學成分方面,此物與紅寶石 (Ruby) 及藍寶石 (Sapphire) 相似,與天產鋼玉亦不甚逕庭,但在物體之構造方面則相異。蓋此礬石結晶藉薄層雜質之密結,故堅靭而均勻,此等特質皆製磨輪之磨擦

劑所應具有者也。今人工製品旣勝過天產者,是又化學家戰勝自然之一例。

當此粗製之磨劑旣離爐而出,則送至磨碾場,俾得碾之成粉成粒。此碾壓在滾軸間施行。繼則用洗濯,化學處理法以提煉之,更用磁力集中法以除去雜質。矽砥之化學處理時,始則煑沸於硫酸中,繼則於苟性鈉之溶液中。由是則石墨,矽及鐵鋁之矽化物均被除去。然後利用篩器,據其顆粒大小,自 6 號篩粒至最細粉末,分成若干等級。此等粒狀體已足爲磨擦金石之用。或更進一步則有磨輪,砂紙,砂布,銳砥 (Sharpening stone) 等等之製作。

磨輪

將磨劑製成磨輪或其他形式,是又化學家之工作。磨輪之主要成分爲磨擦劑與黏合劑。主要之黏合劑有瓷土,矽酸蘇打,蟲膠,橡皮,電木(bakelite),phenol resin, redmanol 等,用所謂結黏法(vetrified procococ)製成之結黏輪普通用之而極多,陶瓷化學家所貢獻於此種磨輪之諸難題,業已全部解決。製作時對於成品等級之規定乃首要之事。蓋磨輪上之工作範圍甚廣,苟不嚴加區別,則於各項特殊工作決不易滿意也。磨輪乃視其硬度之高下而定成若干等級。例若磨鋼鑄品用之磨輪,其等級決不能與用以磨鍛鋼之磨輪等級相同。變改所用黏合劑與其用量以及在窰中之烤火法,在在有影響於成品之等級。凡此種種工作,均須加以嚴格之科學的管束,俾所製成某種等級之磨輪諸部,均確與所設之等級標準無二致。磨輪之輪周速率,約在每分鐘一哩之譜。因高速而生離心應力,以及金屬物品所施與磨輪之強烈衝擊及扭折應力。故結黏磨輪之時,宜特加注意,對於此點陶瓷化學家已得最大成功。

在製作黏合磨輪時,先將磨劑粒與黏土長石燧石或其他陶

瓷原料混和,再用壓鑄法或塡塞法模鑄成形。置入窰內,以攝氏一千三百度之溫度燒煆之,每次約需四至五日。諸黏料經此煆燒,均行結黏。旣從窰內取出,乃架緊於車床上,以鉛塡充軸孔,繼則作速度試驗。於是一磨輪完全製成。

因有機化學之發展,以致又有所謂彈性磨輪之製造。其所用之黏合劑爲橡皮,電木及 redmanol 等。設欲鋸花崗石,大理石及炭,或欲切割刀鋼及其他堅硬物體。普通之金屬鋸均不足以應用,故需要高度堅硬而有彈性之薄片磨輪。在此種場合,工作最有效率者厥爲此有機質黏合劑所製成之彈性磨輪矣。

應　用

欲歷敍人工磨擦劑之應用,則幾將涉及全部工業製品。在金屬工業中則自小針以至機車,自鋼筆以至耕犂收割機,皆賴此物。在石工方面則舉凡大理石,花崗石,縞瑪瑙 (onyx) 之製作,皆因人工磨劑而得大事革新。在修飾皮革靴履時亦非此物不可。珠寶之成形,玻璃之磨面挫角,亦事事均需此物。我國人則應用大量之矽砥以磨玉。印第安人則用矽砥輪以去米糠。卽海洋船舶上所用之無線電收音器中亦每備有矽砥晶石。

吾人今日之生活水準,實多從大量生產所得之產品而來。在機械技術方面大量生產之方法,乃爲同時製作若干彼此全然相同之零件,使在合裝時可互相調置。精確之磨機磨輪旣行作成,大量生產之技術乃受惠多多。蓋成品之精確與細緻,非此等磨劑莫辦也。機件之複製品無論盈千累萬,其尺度之相差,鮮有逾越千分之一吋者。車床對於硬鋼卽不復能應用,然因精磨機之發明,今日所用之拐臂梢,縱軸以及機器上之易損部分,多有用硬鋼製成者。在潤滑時,吾人固需要一持久之油層,俾能減少磨擦而增長機件

之壽命；故軸承部份之製作應極精細，而磨機於此項工作，即可應付裕如。

在機械工作之諸大量生產中，以製球承軸內所用鋼球時所需之精確度爲最高。每一矽砥輪在十小時內，可製成五千個直徑四分之一吋之鋼球；至其精確度則高至令人不能置信。其工作精確度規定爲一吋之二萬分之一，但若干廠家之規定，更有低至一吋之四萬分之一者，此蓋相當於吾人頭髮寬度之四十分之一矣。

自動車機件之完美及其可任意調置，均爲近代磨輪之功績。在製作時，每部分均須應用人工磨劑，設令無人工磨劑，以及鉛，合金鋼，高速鋼等等之電爐製品，則製車人工耗費之大將不堪聞問，在今日之工業界共無他其立足之餘地。

現又有利用磨擦劑以作防滑路面者，此蓋鑒於光滑路面之危險也。昔曾有統計，謂因滑跌、顛躓及墜落而發生之不幸事件，較之鐵電車自動車及此類而發生者尤多合肥菁瓦或混凝十之成分內，均含有若干磨劑，至所用之量則務令其成品表面上之磨劑粒子，足以保障行步之安全，然同時復不欲其有所阻滯。此種路面對於樓梯，電梯進出處裝置機器之地面，斜路，以及醫院學校等處均屬必需。

人造磨劑有可貴之難熔性及禦熱性。此固可以測知者；蓋製作磨劑之原料，即爲有高度難熔性之物；而磨劑之製成，又在極高之溫度中也。故參用人造磨劑製成之磚壁，旣能忍受高度之熱，又能有高度之傳熱性與極大之强度。故有稱爲超等難溶體者。火磚失其效用之場合，此種磚壁則每足勝任。

未來之工作

電爐工作溫度之得適度增加，使化學家又得到一新的工具。

由是而埃氏及其他諸人,相繼由實驗而得極豐富之收穫。然而現
所成就者,固非其極限也。若令在緊閉之器皿內作化學反應漸增
其壓力,操縱其蒸汽相(vapor phase)乃屬可能之事,於是必有新反
應發生,而開拓高溫高壓化學之園地。昔毛森 Moissan 氏將飽含炭
質之溶鐵急速冷却;因鐵之緊縮而生高度之壓力,於是其中之炭
質乃凝固而作結晶形式,遂得金鋼鑽之小粒。彼又曾將糖置於密
罐內加熱,因氣體之發生而生出高度之壓力。及驟加冷却,彼又得
金鋼鑽狀之炭晶。若炭質在大氣壓力下加熱,并不經有液體狀態,
由固體直接化為氣體。如在高壓下加熱,則炭質可成液態。設能製
造一種器械,令炭質轉至液態,繼則驟然冷之,則商業上大量製造
金鋼鑽之問題即可解決。無論此種發明對於寶石業之影響何如,
但在磨劑製作技術中,則必為一大進步矣。

　　柘榴石(garnet)乃一種天產之結晶礦石,極適宜於磨擦木質。
雖近世之人造磨劑硬度較高,猶不足以與之抗衡。因柘榴石製成
之砂紙砂布之特色,在於其裂成之顆粒切緣每作鑿狀。即至今日,
電化學家仍未能製成具有此種特質之人工磨劑。若能製成一種
物體,令其構造與柘榴石相伯仲,而硬度且或過之,則於木工業之
貢獻,奚復待言。

　　吾人已由研究知若干種炭化物若炭化硼,炭化鎢,炭化鐕,炭
化鋯等,其所具之硬度及其他特質,多有超過砂砥者。若生產之耗
費能降低,則均可力謀其發展也。

　　由是可知在磨劑之範圍內所未發明者猶多,此需待化學家
之努力者也。

叢　錄

原子物理學二十五年之囘顧[*]

Rutherford 原著

鄭 昌 時 譯

　　過去二十五年爲物理學的一個空前活動時期,有許多重要
發見,把我們關於原子本性和物質與輻射間相互關係的知識大
加擴充。囘頭一看,我們就可以看見進步的方向實大受前世紀末,
電子 (electron),X 射線,放射現象 (Radioactivity) 三大發見的影響。
1913 年 X 射線有波動性的證明,發展了研究元素的 X 射線譜
(X-ray Spectra) 的新方法,因此供給我們原子內部電子擺列和他
的振動頻率的重要知識在射線研究的研究途徑了解了內部自
動不穩變化並且第一次使我們體會着原子結構中所存在之力
之巨大。J.J. Thomson 早認電子爲原子結構中的基本份子,並且曾
設法估計每個原子中電子的個數。

　　根據質點 α 穿透物質時的射散現象 (Scattering) 而證實的
原子核論 (Nuclear theory) 應屬於本時期的初年。Moseley 證明原子
的性質不爲原子量而爲原子序數 (Atomic number) 所決定是一個
顯著的進步。原子序數爲原子核所有電荷 (Charge) 單位的總數,
同時亦爲圍繞原子核的電子的數目。於是我們發見了一個非常
簡單的關係,聯結了所有的元素 —— 這個關係統治了我們後來

[*]原文見 Nature

一切關於元素知識的進展。

　　證明化學元素通常由於多數不同質量的同位元素(isotopes)所組成爲一重要的進步。這個觀念起源於放射元素的化學性質之研究，我們當歸功於 Soddy。在原子核論中，同位元素爲核電荷同而質量不同的原子。他們除質量外應具有相同的化學性質及幾乎相同的光譜(Spectra)。Aston 於 1919 年指出如以 O（氧原子量）= 16, 則各個同位元素的質量近於整數。這個整數規則，雖爲便利起見可視爲一種依據，實在不過是一種近似而已。同位元素質量的精確測定是第一件重要事情，因爲他能表示原子中所儲能量的多少，而應用於一切原子蛻變的計算中。

　　現在已經知道原子的種類有二百五十種以上，就是其中最輕的原子氫在過去幾年內也曾發見他含有三種質量各爲 1,2,3 的同位元素。質量 3 的同位元素首被 Oliphant 在原子蛻變實驗中發見，並且知道在尋常氫氣中約佔一萬萬分之一。Urey 發見的質量 2 的同位元素，就是現稱爲重氫（deuterium）的，因爲他容易提煉到近純粹的程度，而可供給各種物理及化學試驗之用，所以更有許多重要結果。

　　這個時期也見到了開始應用量子觀念以解釋 X 射線及光譜的來歷及其最後的成功。這個令人驚奇的進步，應大部歸功於 Bohr 的工作，實在是這個時期的一個大大的勝利。不到十年這頭緒紛紜的各種元素光譜已經沿着公共綫索整理得有條有理了。

　　同時，由考察繞原子核的電子如何分組，元素週期表的內在的意義也就完全明瞭。

　　Bohr 的應用量子論解釋光譜開始遇到多種困難，結果引起一種新力學 —— 波動力學（Wave Mechanics）—— 的發展，這種新

力學與 de Broglie, Heisenburg, Schrödinger, Born 及 Dirac 等名字往往連在一起。用波動力學不獨解釋光譜的種種複雜之處得到成功,並可解釋原子物理上的許多深奧問題。波動力學也曾被用以說明幾種放射性關係如 Geiger-Nuttall 規則,而 Gamow 曾用這種理論去說明用低速度質點做元素的人工變化之可能,照舊力學說起來,低速度質點是不能跑進原子核的。

波動力學所根據的概念之亞種巴爲 Davisson 與 Germer, G. P. Thomson 與 Stern 由觀察電子向原子籠狀結晶體上所發生的繞射作用 (diffration effect),與以直接的實驗證明。

由上可見過去二十五年大部時間社致力於原子及元素的構造與其性質之研究。極人的知識的新圓地已被開發出來而佇輻射熱論,輻射量子論 (Quantum theory of Radiation) 一且在此期中雖已在 1905 年被 Planck 所推進,而用以說明熱體光譜能量的分配,不過要到本時期這個新概念的完全意義及豐富內容始爲一般所認識。雖然 Einstein 早就用以解釋光電效應 (Photo-electric effect), Nernst 和 Debye 用以說明比熱之隨溫度而變,但他的整個重要性在 Bohr 的光譜來源之工作未出之先仍未被人了解。一個量子 (Quantum) 和一個電子間的能量交換已經由此明白,但一個量子和一個電子間如何引起散射的作用,則由 Comptom 加以推究而用量子論說明了的。　　（待續）

合 成 樹 脂 (Synthetic Resin)

By A. V. H. Mory　郭鍾福譯

（五）工業應用

酚醛之初縮物,能鎔融,性脆,易溶解。及後加熱固結,則性質殊異。以此工業上之利用極多。

如溶於適當之溶劑中,塗金屬面上,乾後熱烘,得耐久之薄層,可防其生銹。以此作金屬上之塗漆甚為適當。

膠黏之物質,每以溫度過高,而影響其效能。而此合成樹脂,可以代之。如電燈泡之玻璃與金屬間,即以此粘合者也。

天然樹脂,如含來革 shellac 強度韌度頗不弱。在普通溫度下,常用作絕緣體。然在高溫時即軟化。故今漸改用酚醛縮合物。因其易於鑄型,成品硬固耐熱,不僅電業上應用甚多,即各種建築上:如金屬,陶磁,木材等原料,亦可以此合成物代替矣。

貝克蘭鑑於其初縮物,經鎔融後,流動性太甚;冷固後,收縮又極多;且受擊易粉碎,不宜鑄物。後用纖維類(如木纖維,石棉絨等)作填充料,加入鎔液中,得適當之粘度後,始解決一切困難。

橡皮經加硫作用,亦可得堅硬之絕緣體。電業中應用亦廣。然此酚醛縮合物,較硬橡皮性更穩定;堅固耐熱,又過之;且其鑄製甚易,無慮形狀之繁細,皆能模刻。故以經濟眼光觀之,勝硬橡皮仍多也。

又工業上應用最廣者,莫如粘疊紙布所成之塊層。法以縮合物溶於酒精中,成假漆狀,盛入槽內,以長紙或布繞於軸上。緩緩抽過此液,再經過乾燥室,而轉繞於另一軸上。此滿塗假漆之布或紙,

再切成長條,層層疊置,放入水壓機上,以蒸汽熱之。於是高壓高溫下,假漆初則鎔融,粘合各片,繼則硬固而成堅密之塊層。

此種塊層,廣遍應用於機械電氣方面。市上有 Bakelite Dilecto, Formica, Celoron, Textolite Micarta, Fibros 等即此物也。如無線電中之各種器械;機械中之無聲齒輪;汽車中之正時齒輪(timing gear), 點火裝置(ignition system), 散熱汽蓋(radiator cap), 號角等,皆以此製之。

最近此縮合物,復於磨輪(grinding wheel)製造時,作粘合之用,以其在高熱時,不失堅强之能力也。

合成樹脂之純淨製造物,能具各種顏色。其美觀可與寶石相媲。其肌切半透明,且光澤。而觸之有暖意,故常充作琥珀,製各種器具,用者稱便。

(六)　餘言

酚醛縮合物之用雖廣,然仍嫌其價格過昂。否則其用更不止此也。其最困難者爲原料之昂貴,而無滿意之代替物,故原料之便宜,機械之精密,產量之增加,製造時間之減短,皆可以研究,而降底其售價。

然產物雖堅牢而具韌性,絕緣性亦頗佳;然需要改進之點尚多,如能增加長途輸電用之電壓高度,或減少無線電具用之電流損失等,其進步殊無限量。故質的改良尚須多加探討,是則須待化學家之進一步研究矣。

書　評

化　學　實　驗

陳　同　素

1. **卓氏化學實驗。**　*Exercises in 2nd Year Chemistry, William H. Chapin, Oberlin College, 3rd. edition, John Wiley & Sons, Inc., New York City, 1934 xiii+255pp. 34 Figs.,15×25cm.,$2.50*

此書與著者所編之『大學二年化學』教科書並行,分爲二編:第一編屬於理論化學,有實驗六十一,如:天秤量器等之用法,氣體定律,三態之變化,分子量,原子價,溶解度,離子學說,化學平衡,指示劑,膠體及電化學等等。第二編屬於定量分析,有實驗二十五,如酸鹼之量法,重量及容量分析法,氧化及還原法,電化分析法等等。所用儀器均不複雜而價甚便宜,手續簡便而完全,計算例甚多,應用原理之實用問題佔多數,對於實驗尤佳,全書一無錯誤之處。

2. **貝氏化學實驗。**　*Experiments & Problems for College Chemistry. Belcher & Colbert, Assistant Prof. of Chemistry, University of Oklahoma, 2nd. ed., D. Appleton Century Co., New York City, 1934, x+195pp. 18 line drawing,28×21cm., bound in heavy water proof paper,$ 1.50*

此書有實驗三十六,計算十四,表格二,儀器名單一,藥品份量單一。此書材料與普通化學大學教科書並行(依據史廿二氏教科書爲藍本)。每一實驗首述其目的及需用儀器與藥品,次爲簡括之原理及實驗手續,有時並附圖解。每個實驗隨處有問題以啓發或連貫學生之智識。書中有空白紙張,備學生實驗紀錄之用。

理學卷（第二冊）　科學通訊　第七期（1936）

專　載

近　代　幾　何

之　導　引

William C. Graustein 原著

顧　澄　達惜

理学卷（第二册） 科学通讯 第七期（1936）

表點之全體」包括平面中之一切點。

定理1及2之幾何證明法頗易。茲就定理2言之。ab 連線與 cd 連線中之交點爲 a 及 b 之一次連合，即 $ka+lb$；又點 d 爲此點 $ka+lb$

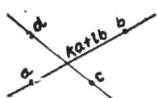

及 c 之一次連合，即 $d=A(ka+lb)+Cc$。故 d 爲 a,b,c 之一次連合。〔既 d 爲 a,b,c 之一次連合，則 a,b,c,d 自爲一次相倚；定理1亦因此自明〕。

四　　圖

直線方面亦有與此定理1及2相類之定理如下：

定理3　四線常爲一次相倚。

定理4　任意一線之方程式可以「不共點三線之三方程式」之一次連合表之。

例　　題

1.　點 $(1,1,1)$，以不共線三點 $(1,0,0)$，$(0,1,0)$，$(0,0,1)$ 之一次連合表之。

2.　定理1之幾何證明法如何？

3.　設四定點 a,b,c,d 中之任何三點爲不共線，則可擇定此四定點之坐標，使 $a+b+c+d=o$，試證明之。

4.　設四點中至少有三點不共線；試就此種四點之通例，求(1)中相倚常數之各特值。（此項特值詳細分別言之）。

9　應用於完全四角形及完全四邊形　完全四角形之兩邊，其交點不爲頂者，謂之對邊。如五圖，一完全四角形共有三雙對邊，即 p_1，p_2；q_1，q_2；r_1，r_2。三雙

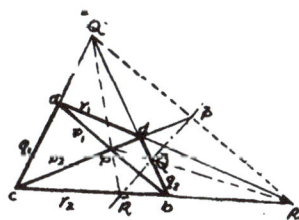

五　　圖

十原註　若 d 與 c 相合，此定理已顯然明白。〔附註「ab 連線」即「連 a 及 b 之線」〕。

對邊所決定之三點 P,Q,R 謂之對邊點 (diagonal points)。

照8款例題3,此完全四角形之四頂,可擇定其坐標 a,b,c,d 使

(1) $$a+b+c+d=o.$$

因此可得

$$a+b=-(c+d).$$

此爲一例,餘可類推〔卽亦可從 (1) 得 $a+c=-(b+d)$ 之類〕。從此記號方程式,知 $a+b$ 及 $c+d$ 爲同點之坐標。此點既在 ab 連線 p_1 上,又在 cd 連線 p_2 上;故此點必爲對邊點 P。同理,可得他兩對邊點之坐標。上之結果作表明之如下:

(2)
$$
\begin{aligned}
P&: &a+b& &\text{或}& &c+d\\
Q&: &a+c& &\text{或}& &d+b\\
R&: &a+d& &\text{或}& &b+c
\end{aligned}
$$

此三點 P,Q,R 能否有共線之時?試假定其能共線,則其坐標 $c+d, d+b, b+c$ 應爲一次相倚,而有常數 B,C,D (不全爲 o)能使

$$B(c+d)+C(d+b)+D(b+c)=o,$$

如是,則

$$(C+D)b+(D+B)c+(B+C)d=o。$$

B,C,D 既不能全爲 o,則 $C+D, D+B, B+C$ 亦不能全爲 o。如是,則 b,c,d 將爲一次相倚矣。但此無異云完全四角之三頂爲共線,此不可能。故得下定理:

定理 1 完全四角形之三個對邊點決不能共線。

此三個對邊點爲頂之三角形,謂之完全四角形之對邊點三角形(Diagonal triangle)。

例　題

1. 五圖中,$\overline{P,Q,R}$ 三點,可以 $c-d, d-b, b-c$ 爲其坐標,試證

第三編　　　　　點及線之一次相倚　　　　　71

明之;並由此證明下之定理: 完全四角形之三邊(旣不共點而又各過一對邊點者)與「對邊點三角形之對邊」之交點爲共線(如五圖,完全四角形之三邊其旣不共點又各過一對邊點者爲 Pc, Qd, Rb; 對邊點三角形爲 $\triangle PQR$。「過 P, Q, R 之三邊 Pc, Qd, Rb (就完全四角形言)」與「P, Q, R 之對邊 QR, RP, PQ (就對邊點三角形言)」依次交於 $\overline{P}, \overline{Q}, \overline{R}$。此 $\overline{P}, \overline{Q}, \overline{R}$ 爲共線上「對邊點三角形之對邊」中末後「對邊」二字意義不明,故釋明之。注意「過 P 之 Pc」與「$\triangle PQR$ 之 P 之對邊」交於 $\overline{P}$)。

2.　上題中之定理,其幾何證明法如何?

3.　「完全四邊形之對頂及對頂綫」爲「完全四角形之對邊及對邊點」之對立。試作其定義,並證明此三條對頂綫決不能共點。

4.　說明題1中定理之對立,並證明之。

10　度量的應用　直線方程式之法式(Normal form for the Equation of a line)

設 L 爲不經過原點 O 之有窮遠線;並設從原點 O 向 L 作垂線,其垂趾爲 Q(垂趾卽此垂線與 L 之交點)。則 L 之

六　　圖

位置爲一角 φ 及一長 p 所決定;此 φ 爲 x 之正軸及「有向線」OQ 所成之角,p 爲線段 OQ 之長,此 p 爲正數卽 $p>0$(「有向綫」卽有方向之直線(directed line),線段卽直線上之一段(line-segment)「有向綫」有正負;單稱線段皆不分正負,其長爲正數;「線段」前加「有向」二字成「有向線段」則亦有正負兩方向)。線 L 之方程式以 φ 及 p 定之[*],卽

(1)　　　　　　　$x \cos\varphi + y \sin\varphi - p = 0.$

[*]原註　從「折線 OMP 在 OQ 上之射影」等於「OP 在 OQ 上之射影」卽得此式。

從 一 直 線 至 一 點 之 有 向 距 離(Directed Distance)。 如 六 圖, P_0 爲 平 面 中 任 意 一 點;並 設 從 P_0 向 L 作 垂 線,其 垂 趾 爲 R。從 L 至 P_0 之 「有 向 距 離」卽 有 方 向 之 線 段 (directed line-segment) RP_0,以 d 表 之;其 正 負 之 定 法 爲:「從 R 至 P_0 之 方 向」與「從 O 至 Q 之 方 向」相 同 時, d 爲 正;相 反 時, d 爲 負。(有 向 距 離 略 稱「向 距」)。如 是,則 P_0 及 O 在 L 之 兩 旁 時, d 顯 爲 正; P_0 及 O 在 L 之 同 旁 時, d 顯 爲 負。

求 d 之 公 式 如 下。經 過 P_0 作 一 與 L 平 行 之 直 線 L'。如 六 圖,若 L' 與 半 直 線 OQ 相 交。則 關 於 L' 之 角 及 長 爲 $\varphi'=\varphi$ 及 $p'=p+d$;若 L' 與 反 向 半 直 線**相 交,則 $\varphi'=\varphi+\pi$, $p'=-p-d$。在 此 兩 種 情 形 之 下, L' 之 方 程 式 皆 爲

$$x \cos \varphi+y \sin \varphi-p-d=o.$$

因 $P_0:(x_0,y_0)$ 在 L' 上,得

(2) $$d=x_0 \cos \varphi+y_0 \sin \Phi-p.$$

故 得 下 定 理:

定理1　一 直 線 之 方 程 式 爲 法 式

$$\alpha(x,y)\equiv x \cos \varphi+y \sin \varphi-p=o$$

時,從 此 線 至 點 (x_0,y_0) 之 向 距 d 爲

$$d=\alpha(x_0,y_0).$$

設 不 經 過 o 之 相 交 兩 線 之 方 程 式 之 法 式 爲 $\alpha=o,\beta=o$;則 其 一 次 連 合 $\alpha-k\beta=o$ 有 一 簡 單 幾 何 意 義,此 意 義 易 從 定 理 1 推 知 如 下:

定理2　設「從 兩 線 $\alpha=o, \beta=o$ 至 一 動 點 之 兩 向 距 之 比」常 爲 k,則 線 $\alpha-k\beta=o$ 爲 此 動 點 之 軌 跡。若 $k>o$, 則 此

**半 直 線(half-line)及 反 向 半 直 線(opposite half-line)之 意 義 如 下:如 下 圖,在 一 直 線 上 取 定 一 點 O,則 O 分 此 直 線 爲 兩 部,稱 此 部 爲 半 直 線 時,稱 他 一 部 爲 反 向 半 直 線。

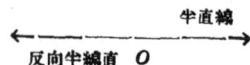

半 直 線
←————————————————→
反向半線直　O

線經過以 $\alpha=o,\ \beta=o$ 爲界之兩區域,而其中一區域含有原點在內;若 $k<o$,則此線經過以 $\alpha=o,\beta=o$ 爲界之他兩區域。〔此 $\alpha=o,\ \beta=o$ 爲兩直線方程式之法式。所謂以 $\alpha=o,\ \beta=o$ 爲界之前兩區域及後兩區域;以圖明之如下:

(一),(二)爲 $k>o$ 時,$\alpha-k\beta=o$ 所經過之兩區域,(二)中含有原點 o。(1),(2) 爲 $k<o$ 時,$\alpha-k\beta=o$ 所經過之兩區域〕

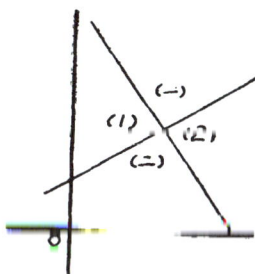

　　附理　「兩線 $\alpha=o,\ \beta=o$ 之兩交角」之兩平分線(binector)之方程式爲 $\alpha-\beta=o,\ \alpha+\beta=o$。

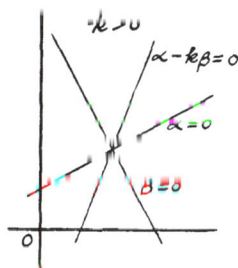

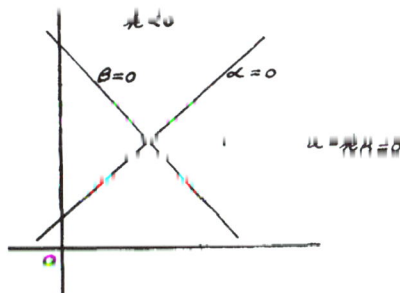

　　應用　今可應用上理證明若下定理如下。

　　定理3　三角形之內角平分線交於一點。

　　在此三角形內取定原點 O;設此三角形三邊方程式之法式爲 $\alpha=o,\ \beta=o,\ \gamma=o$;則此三角形之內角平分線爲

$$\alpha-\beta=o,\qquad \beta-\gamma=o,\qquad \gamma-\alpha=o。$$

此三方程式爲一次相倚。故此三條內角平分線爲共點。

　　定理4　三角形之中線(Medians)爲共點。

如前,在此三角形內取定原點 O。如七圖, M 爲 AB 之中點,從 M 至兩邊 $\alpha=0, \beta=0$ 之距離 MA'。 MB' 爲

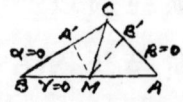

七　　圖

$$MA'=\tfrac{1}{2} c \sin B, \qquad MB'=\tfrac{1}{2} c \sin A,$$

此 c 爲邊 AB 之長。故中線 CM 之方程式爲

$$\alpha \sin A - \beta \sin B = 0。$$

同理,他兩中線之方程式爲

$$\beta \sin B - \gamma \sin C = 0, \qquad \gamma \sin C - \alpha \sin A = 0。$$

此三中線顯爲一次相倚,故必爲共點。

應用於圓　　設兩圓交於不同兩點 P_1, P_2, 此兩圓之方程式爲

$$\alpha \equiv x^2 + y^2 + a_1 x + a_2 y + a_3 = 0$$

$$\beta \equiv x^2 + y^2 + b_1 x + b_2 y + b_3 = 0$$

則 k, l 不全爲 0 時,

$$k\alpha + l\beta = 0$$

代表經過 P_1, P_2 之一曲線。從此式得

$$(k+l)(x^2+y^2)+(ka_1+lb_1)x+(ka_2+lb_2)y+(ka_3+lb_3)=0,$$

除 $k+l=0$ 外,此曲線顯爲一圓。

其除外例,卽 $k+l=0$ 時,此曲線爲一直線。因此線含有 P_1, P_2 兩點,此線必爲兩圓之公弦,其方程式顯爲 $\alpha - \beta = 0$。

凡經過此兩點 P_1, P_2 之圓,無論其爲何種,必能取適當之 k, l 而以 $k\alpha + l\beta = 0$ 表之。此類圓之全體及其公弦 $P_1 P_2$ 總稱爲圓束 (pencil of circles)。

設

$$\gamma \equiv x^2 + y^2 + c_1 x + c_2 y + c_3 = 0$$

爲第三圓,並設此圓與兩圓 $\alpha=0, \beta=0$ 各交於不同兩點。則此三圓

中,每兩圓之公弦爲

$$\alpha-\beta=o,\qquad \beta-\gamma=o,\qquad \gamma-\alpha=o.$$

而此三公弦顯爲共點。因此得下定理:

定理5　若三圓互相交,則作其每兩圓之公弦時,此三公弦爲共點[*]

注意　以簡記法證明一定理時,證明中之方程式往往可與以新解釋,而得新定理。

例如在定理 3 之證明中, $\alpha=o$, $\beta=o$, $\gamma=o$ 原作爲三角形之三邊; $\alpha-\beta=o$, $\beta-\gamma=o$, $\gamma-\alpha=o$ 原作爲三條內角平分線。今若以 $\alpha=o$, $\beta=o$, $\gamma=o$ 作爲三圓;則 $\alpha-\beta=o$, $\beta-\gamma=o$, $\gamma-\alpha=o$ 即可作爲三公弦;而定理 5 之證明即可變爲定理 5 之證明。

例　　題

1.　從線

$$\alpha(x,y)\equiv a_1x+a_2y+a_3=0$$

至點 (x,y) 之向距爲

$$d=\frac{\alpha(x,y)}{\sqrt{a_1^2+a_2^2}},$$

凡點 (x,y) 之在此線之某一旁者,此 d 皆爲正;則在此線之他旁者,此 d 皆爲負,試證之。

2.　「三角形兩頂上之外角平分線」及「其第三頂上之內角平分線」爲共點,試證明之。

3.　三角形之三高(altitude)爲共點,試證明之。

4.　若相交兩線之方程式之法式爲 $\alpha=o,\beta=o$,則兩線 $k\alpha-l\beta=o$, 及 $l\alpha-k\beta=o$ 與 $\alpha-\beta=o$ 成相同之角,試證之。

---

[*]原註　此所共之點可爲無窮遠點。

5. 過三角形之各頂作 L_1, L_2, L_3 三線,再過其各頂作 L_1', L_2', L_3' 三線,使「L_1', L_2', L_3' 與各角之平分線所成之角」依次與「L_1, L_2, L_3 與各角之平分線所成之角」相等,但 L_1', L_2', L_3' 須依次與 L_1, L_2, L_3 在各角平分線之兩傍。如是則 L_1, L_2, L_3 為共點時 L_1', L_2', L_3' 亦為共點,試證之。L_1, L_2, L_3 所共之點為 P_1；L_1', L_2', L_3' 所共之點為 P_2；則 P_1, P_2 謂之關於此三角形之**等角共軛點**(Isogonal conjngate points)

6. 設兩三角形之頂各各相應,若從此三角形之三頂向彼三角形之對邊所作三垂線為共點,則從彼三角形之三頂向此三角形之對邊所作三垂線亦為共點。試證之。

7. 設有互相交之三圓及一點 P。則凡此 P 及「此三圓中每兩圓之交點」所定之三圓,大抵再有一公共點。試證之。

8. 設有互相交之四圓,若有一法能將其分為兩對,使此對圓之兩交點與彼對圓之兩交點同在一圓之上,則無論用何法將其分為兩對時,此性質仍能保存,試證之。

9. 在 Desargues 氏三角形定理之證明中,所用之諸方程式作為代表圓之方程式時,則此三角形之定理將變為何種關於圓之定理?

第 四 編

調 和 分 離

1 線段之分離(Division of a line-segment)　　線段之分離,在其初等理論中,照定比分線段,通例有內外兩分點。* 爲本編及以下各編之目的計,此種理論宜加修改,使分線段爲定比時,每一定比只有一分點與之相應。欲達此目的,可將以前所用之**絕對比**改爲**代數比**,代數比即兩有向**線段**所定之比。〔絕對比 (absolute ratio) 係兩無向線段之長之比,其值常爲正。代數比(algebraic ratio) 係兩「有向線段之長」之比,其值在此兩有向線段同向時爲正,異向時爲負〕。

定義　一有窮遠線段 P_1P_2 爲一點 P 所分時,若兩有向線段 PP_1, PP_2 之商爲 μ,即若

$$\mu = \frac{\overline{PP_1}}{\overline{PP_2}},\dagger$$

則 μ 稱爲 P 分 P_1P_2 之代數比。

從視察上可知 P 在 P_1P_2 之外時 μ 爲正,P 在 P_1P_2 之內時 μ 爲負。

〔照普通習慣,所謂一點 P 分線段 P_1P_2,此點必在 P_1P_2 之內而不在 P_1P_2 之外,如下之甲圖;因若 P 在 P_1P_2 之外如乙圖,在普通習慣上即無所謂 P 分 $P_1 P_2$。今在幾何上,P 在 $P_1 P_2$ 之外(如乙圖),亦云 P 分

---

*原註　參觀解析幾何 P. 17

$\dagger$ $\overline{PP_1}$爲從 P 至 P_1之有向線段。去上之一畫但寫成 PP_1 者爲無向線段。$\overline{PP_1}$ 之向即從 P 至 P_1 之向。凡兩有向線段之同向者,其長爲同符號;異向者其長爲異符號。

甲　圖　　　　　　　　乙　圖　　　　　　　　丙　圖

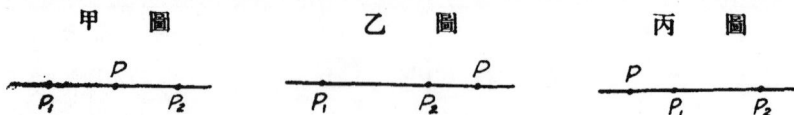

P_1P_2 爲 PP_1, PP_2；此 在 普 通 習 慣 上 似 爲 一 不 通 之 語,但 在 幾 何 上 則 用 之 已 久,初 等 幾 何 中 所 謂 內 分 點 外 分 點,讀 者 當 已 知 之;要 之 分 字 之 用 法,旣 經 說 明 其 在 幾 何 中 之 新 義,卽 無 所 謂 不 通。讀 者 於 此 加 以 注 意 可 耳。又 如 甲 圖 P 在 P_1P_2 之 內, $\overline{PP_1}$, $\overline{PP_2}$ 爲 異 向 故 μ 爲 負; 如 乙 圖 或 丙 圖, $\overline{PP_1}$ $\overline{PP_2}$ 皆 爲 同 向,故 μ 爲 正〕

旣 $\overline{PP_1}=\mu\overline{PP_2}$, 則「$\overline{PP_1}$ 在 坐 標 軸 上 之 正 射 影」等 於「$\overline{PP_2}$ 在 坐 標 軸 上 之 正 射 影」之 μ 倍。故 可 得 P 之 坐 標 之 公 式 如 下:

定理1　設「P_2:(x_1,y_1) 及 P_2:(x_2,y_2) 爲 界 之 線 段」被 P:(x,y) 分 成 比 μ, 則 P 之 座 標 (x,y) 爲

(Ⅰ)
$$x = \frac{x_1-\mu x_2}{1-\mu}, \qquad y = \frac{y_1-\mu y_2}{1-\mu} \ 。$$

$\mu=1$ 時,(Ⅰ) 之 兩 公 式 無 意 義;但 在 幾 何 方 面,則「μ 趨 近 於 1 而 以 1 爲 其 極 限 時,此 P 無 窮 後 退」爲 顯 而 易 見 之 事。又 在 P 之 齊 次 坐 標 $(x_1-\mu x_2, y_1-\mu y_2, 1-\mu)$ 中,可 令 $\mu=1$, 而 其 結 果 爲 P_1P_2 線 上 之 無 窮 遠 點。因 此 可 云 P_1P_2 線 上 之 無 窮 遠 點 分 線 段 P_1P_2 之 比 爲 $\mu=1$。

由 是,在 一 有 窮 遠 線 上,只 有（及 必 有）一 點 能 將 其 上 之「有 窮 線 段」分 爲 定 比(此 比 爲 代 數 比),

再 引 入 齊 次 坐 標,而 證 下 之 定 理:

定理2　「兩 有 窮 遠 點 a:(a_1,a_2,a_3) 及 b:(b_1,b_2,b_3) 爲 界 之 線 段」被 點 $a+\lambda b$ 分 成 比 μ,則

(2) $$\mu = -\lambda \frac{b_3}{a_3}$$

若 $a+\lambda b$ 為無窮遠點,則 $a_3+\lambda b_3 = o$ 而 $-\lambda b_3/a_3$ 之值為 1;此正與定理所言者相等。

若 $a+\lambda b$ 為有窮遠點,則 μ 可從 (1) 之兩方程式定之;令

$$x_1 = \frac{a_1}{a_3}, \qquad x_2 = \frac{b_1}{b_3}, \qquad x = \frac{a_1+\lambda b_1}{a_3+\lambda b_3},$$

$$y_1 = \frac{a_2}{a_3}, \qquad y_2 = \frac{b_2}{b_3}, \qquad y = \frac{a_2+\lambda b_2}{a_3+\lambda b_3},$$

而以之代入 (1) 之兩方程式中,得

$$(a_3 b_1 - a_1 b_3)(a_3\mu + \lambda b_3) = o, \qquad (a_3 b_2 - a_2 b_3)(a_3\mu + \lambda b_3) = o$$

若 $a_3 b_1 - a_1 b_3$ 及 $a_3 b_2 - a_2 b_3$ 皆為 o,則 x_1, y_1 將依次等於 x_2, y_2;但 a, b 為不同兩點,不能如此,故必 $a_3\mu + \lambda b_3 = o$,而 μ 與定理所言者亦相符。

2　點之調和分離(Harmonic division of points)　設 P_1, P_2 為有窮遠直線 L 上之不同兩點;再設此 L 上之他不同兩點 Q_1, Q_2 將線段 $P_1 P_2$ 依次分為兩代數比 μ_1 而 IV 而 此 兩比之負數,則謂之 Q_1, Q_2

一　圖

將 P_1, P_2 調和分離,以式明之,即

(1)　　　　　　$\mu_1 = -\mu_2$, 即 $\dfrac{\overline{Q_1 P_1}}{\overline{Q_1 P_2}} = - \dfrac{\overline{Q_2 P_1}}{\overline{Q_2 P_2}}$

時,謂之 Q_1, Q_2 將 P_1, P_2 **調和分離**。或謂之 Q_1, Q_2 與 P_1, P_2 為調和分佈。

若 $\mu_2 = 1$,即若 Q_2 為 L 上之無窮遠點,則 $\mu_1 = -1$ 而 Q_1 為 $P_1 P_2$ 之中點。故兩不同有窮遠點被其中點及「其線上之無窮遠點」調和分離。

設 P_1, P_2 之坐標依次為 $a:(a_1, a_2, a_3), b:(b_1, b_2, b_3)$,其連線上之任意

兩點為 $a+\lambda_1 b$, $a+\lambda_2 b$, 則從 1 款定理 2, 此兩點分 $P_1 P_2$ 之兩代數比 μ_1, μ_2 為

$$\mu_1 = -\lambda_1 \frac{b_3}{a_3}, \qquad \mu_2 = -\lambda_2 \frac{b_3}{a_3} \, \circ$$

因此, 在(及但在) $\lambda_1 = -\lambda_2 (\neq o)$ 時, $\mu_1 = -\mu_2$, 故得下定理:

定理1　兩點, 在(及但在)其坐標能寫作

$$a+\lambda b, \qquad\qquad a-\lambda b, \qquad\qquad \lambda \neq o$$

之形式或與之相等之形式

$$ka+lb, \qquad\qquad ka-lb, \qquad\qquad kl \neq o$$

時, 能(及方能)將不同兩點 a, b 調和分離。〔即 c, d 兩點能將不同兩點 a, b 調和分離之必充條件為「c, d 之坐標能寫作 $a+\lambda b, a-\lambda b$ 或 $ka+lb, ka-lb$ 之形式」, 此 λ, k, l 皆不等於 0〕

　　調和分離之定義中, 假定兩點 P_1, P_2 皆為有窮遠點。當此兩點之一為無窮遠點或此兩點皆為無窮遠點時, 此定義即無意義。但在此種情形之下, 定理 1 仍有意義。*吾人遇 a, b 或 a, b 之一為無窮遠點時, 可以此定理之內容作為調和分離之定義, 如是則此定理即普遍有效矣。

　　定理2　若 Q_1, Q_2 將 P_1, P_2 調和分離, 則 P_1, P_2 亦將 Q_1, Q_2 調和分離。

---

　　*嚴格言之, 在 P_1, P_2 之一為無窮遠點或 P_1, P_2 皆為無窮遠點時, 既此定義無意義, 則由此定義發生之定理在 P_1, P_2 之一為無窮遠點或 P_1, P_2 皆為無窮遠點時亦不能有意義。在此處似宜改為: 但此定理中之四點仍有意義。今只云「仍有意義」者從原文耳。原文所謂仍有意義者, 或亦指「P_1, P_2 為 (a_1, a_2, o), (b_1, b_2, b_3) 或 (a_1, a_2, o), (b_1, b_2, o) 時 $a+\lambda b, a-\lambda b$, 為 $(a_1+\lambda b_1, a_2+\lambda b_2, \lambda b_3)$, $(a_1-\lambda b_1, a_2-\lambda b_2 - \lambda b_3)$ 或 $(a_1+\lambda b_1, a_2+\lambda b_2, o)$, $(a_1-\lambda b_1, a_2-\lambda b_2, o)$。此諸坐標仍有意義」而言。此諸坐標既有意義, 即據此定理之內容作為調和分離之定義之推廣未嘗不可。

若此四點皆爲有窮遠點,則證明此理,只須將(1)改寫爲

$$\frac{\overline{P_1Q_1}}{\overline{P_1Q_2}} = - \frac{\overline{P_2Q_1}}{\overline{P_2Q_2}},$$

並注意其中 $\overline{P_1Q_1}$, $\overline{P_1Q_2}$, $\overline{P_2Q_1}$, $\overline{P_2Q_2}$ 之符號,已可知此理爲不謬。

若此四點中有一點爲無窮遠點或此四點全爲無窮遠點,則其證明可以如下:

將此四點之坐標寫成定理1中列舉之形式,卽

$$u, \qquad b, \qquad a+\lambda b, \qquad a-\lambda b, \qquad\qquad \lambda \neq 0$$

並令

$$a' = a + \lambda b, \qquad b' = a - \lambda b,$$

則得

$$2a = a' + b', \qquad 2\lambda b = a' - b'。$$

故原四點之坐標亦可寫作

$$a' + b', \qquad a' \quad b', \qquad a', \qquad b'。$$

因此,從定理 1, 可知 P_1,P_2 將 Q_1Q_2 調和分離。

從定理2, 可知兩雙點 P_1,P_2 及 Q_1,Q_2,其次序之先後可以隨意。甚至各雙中之點亦是如此,因從定理1, 可知若 Q_1, Q_2 將 P_1, P_2 調和分離,則 Q_2,Q_1 亦將 P_1,P_2 調和分離也。

若兩雙點中之一雙點 (例如 P_1,P_2) 爲已知,及他一雙點中之一點(例如 Q_1)亦爲已知,則其第四點(例如 Q_2)卽可惟一決定。蓋若 P_1,P_2 爲點 a,b,則 Q_1 必有 $a+\lambda b$ 式之惟一坐標;因此從定理1,可知 Q_2 必爲點 $a-\lambda b$ 也,故得下之定理:

定理3　若 P_1,P_2,Q_1 爲三不同共線點,則必有(及只有)一點 Q_2 能與 Q_1 將 P_1,P_2 調和分離〔卽有(及只有)一點 Q_2 能使 Q_1,Q_2 與 P_1,P_2 成調和分佈〕。

理学卷（第二册）　科学通讯　第七期（1936）

此點 Q_2 謂之 P_1, P_2 及 Q_1 之 **第四調和點** (fourth harmonic point); 或謂之 **關 於** P_1, P_2 之「Q_1之調和共軛點」(harmonic conjugate point of Q_1 with respect to P_1 and P_2)。此 兩 雙 點 P_1, P_2 及 Q_1, Q_2 謂之 **調 和 列 點** (harmonic sets)。

例　　　題

1.　證明 $P_1:(3,1)$, $P_2:(7,5)$ 及 $Q_1:(6,4)$, $Q_2:(9,7)$ 爲調和列點。證法應分兩種:(a)先求 Q_1, Q_2 分 $P_1 P_2$ 之 兩 比,再證之;(b)先以「P_1, P_2之齊次坐標之一次連合」表 Q_1, Q_2 之齊次坐標,再證之。

2.　證明 $(2,3,2)$,$(1,-2,3)$ 及 $(8,5,12)$,$(4,13,0)$爲調和列點。

3.　求關於 $(2,1,1)$,$(1,2,2)$之$(4,3,3)$之調和共軛點。

4.　設有三無窮遠點,其前兩點之方向與兩軸之方向同,其第三點之方向之斜率爲1,求其第四調和點。

5.　若 P_1, P_2, Q_1, Q_2 爲不相同之四共線點,則在(及惟在)

$$\overline{MQ_1} \cdot \overline{MQ_2} = a^2$$

時 Q_1, Q_2 能(及方能)將 $P_1 P_2$ 調和分離;此式中 $a = \frac{1}{2} P_1 P_2$, M 爲 $P_1 P_2$ 之中點。試證之。

6.　若 Q_1, Q_2 將 P_1, P_2 調和分離,則凡經過 Q_1, Q_2 之圓必皆與「以 $P_1 P_2$ 爲直徑之圓」直交。試證之。

3　　兩線之分離 (Division of two tines),設 L_1, L_2 爲兩有窮遠線,L 爲經過其交點之有窮遠線;又設 D_1, D_2 依次爲從 L_1, L_2 至 L 上任意一點之方向距離*。則比

(1)
$$\mu = \frac{D_1}{D_2}$$

爲常數。此常數比謂之 L 分 L_1, L_2 之比。

今推廣此意如下。若 L_1, L_2 交於一有窮遠點,則就 L_1, L_2 爲界之

四區域而論，$D_1 D_2$ 對於其一區域中之各點皆為正，對於此一區域之對頂區域中之各點皆為負，對於其餘兩區域中之各點為一正一負；其情形如二圖。若定線 L 經過二圖中 $(+,+)$ 及 $(-,-)$ 兩區域，則(1)所定之比 μ 顯為正常數。又若 L 經過其他兩區域，則 μ 為負常數。†

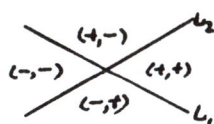

圖　　二

若 L_1 及 L_2 為平行，則「從 L_1, L_2 至一點 P 之兩方向距離 D_1, D_2」在同一線上量出之。吾人在此線上可認定一個方向為量 D_1, D_2 二者之正方向。如是則在 L_1,

圖　　三

二圖。在此種情形之下，若與 L_1, L_2 平行之線 L 在 $(+,+)$ 或 $(-,-)$ 之區域中，則比 μ 為正常數；若 L 在 $(+,-)$ 區域中，則 μ 為負常數。

如二圖所示之例，無與此 μ 相應之有窮連線。但以無窮連

---

† 一點至一線之方向距離，此書皆謂之一線至一點之方向距離。此始於前編 10 款之 RP_0，因在該款中先定 OQ 為正向也。以本處論，以何向為正向

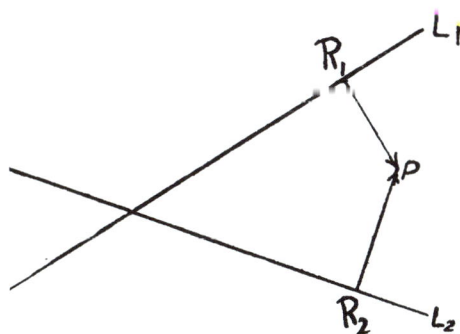

應可任意規定，所謂「從 L_1, L_2 至 L 上任意一點之方向距離」如改作「從 L 上任意一點至 L_1, L_2 之方向距離」始較直截顯明。因不欲多改原書，遂照譯耳。恐讀者不明此語何意，特註明之。凡遇「兩線至一點之方向距離」，皆作「從一點至兩線之距離」著想而附以相反之方向可也。如下圖從點 P 至兩線 L_1, L_2 之距離為 PR_1, PR_2。「兩線 L_1, L_2 至點 P 之方向距離為 $\overline{R_1 P}, \overline{R_2 P}$

小二圖中 $(+,-)$ 及 $(-,+)$ 須就 (L_1, L_2) 之次序著想，或就 (D_1, D_2) 之次序著想。即 $(+,-)$ 為「D_1 為正及 D_2 為負」之意。

84　　　　　　　　近 代 幾 何 之 導 引

線爲與 $\mu=1$ 相應之線,亦有理由,吾人可以公認之。

從視察上可知:經過一定點（有窮遠或無窮遠）及分「在此點上之兩定直線」爲定比之線有一而惟有一（即如此之直線必有一條亦只有一條）。

注意　比 μ 之符號,視兩個方向距離之兩個正向如何取法而定。例如改 D_2 爲 $-D_2$ 則 μ 之符號即將因之而變。在任意特種問題之下, D_1, D_2 之正向須先取定,既經取定則在此問題之中須永守勿變。[例如在某問題中,既照二圖(或三圖)取定 D_1, D_2 之正向,則在此某問題中須常是如此勿再變更。但在取定之初, D_1 或 D_2 之正向亦不妨反於二圖(或三圖)之取法;不過既經反取,則在此某問題中又須永守勿變矣]。如是則在各區域中 D_1, D_2 之符號有定,而 L 之位置亦對於 μ 之定值而有定矣。*

關於 μ 之公式　設 L_1, L_2 之方程式爲

(2)　　　　$\alpha \equiv a_1 x + a_2 y + a_3 = o$,　　　$\beta \equiv b_1 x + b_2 y + b_3 = o$

及取 D_1, D_2 爲(第三編,10 款,題 10)

(3)　　　　$D_1 = \dfrac{\alpha(x,y)}{\sqrt{a_1^2 + a_2^2}}$　　　$D_2 = \dfrac{\beta(x,y)}{\sqrt{b_1^2 + b_2^2}}$。

則 L 爲分 L_1, L_2 於定比 μ 之有窮遠直線時,從(1)可知此 L 之方程式爲

$$\frac{\alpha(x,y)}{\sqrt{a_1^2 + a_2^2}} = \mu \frac{\beta(x,y)}{\sqrt{b_1^2 + b_2^2}},$$

即

(4)　　　　$\alpha + \lambda \beta = o$,　　　此中 $\lambda = -\mu \sqrt{\dfrac{a_1^2 + a_2^2}{b_1^2 + b_2^2}}$。

原註　在此處須注意:當 L_1, L_2 爲平行時,若照定量 D_1 及 D_2 之兩正向,此處經變,則三圖中一距離(例如 D_2)之符號即因之而變,及三區域中之三對符號,由左至右應爲(一,十),(十,十),(十,一)如是則無窮遠線應使與 $\mu = -1$ 相應而不復與 $\mu = 1$ 相應矣。

中華民國二十五年一月出版

科學學院科學通訊

第七期

編輯者　交通大學科學學院

發行者　交通大學出版處
　　　　上海徐家滙

印刷者　上海中國科學公司

代售處　上海　世界出版社　上海雜誌公司
　　　　　　　作者書社　黎明書局
　　　　　　　蘇新書社
　　　　南京　正中書局
　　　　天津　志恆書局　大公報社代辦部
　　　　漢口　光華書店
　　　　武昌　學生書店　新光書店
　　　　安慶　世界書局
　　　　廣州　廣州圖書消費合作社
　　　　雲南　雲南文化書店

本刊價目

每冊大洋二角　全年八冊
（三四五六月各一册）
預計壹元四角
（十十一十二一月各一册）
國外另加郵費

科學學院科學通訊編輯委員會

委員長　科學院院長兼物理系主任　徐名材（化）
　　　　（數學系主任）胡敦復（數學系主任）顧澄（總編輯）馬名海
　　　　（化）（總編輯）周銘（理）胡
副委員　時昭涵（化）　工嗣賢（化）

版權所有

科學通訊

黎照寰

第 八 期

中華民國二十五年三月　　　上海交通大學科學學院編輯

國立交通大學研究所

本所成立以來設置（一）工業研究部分設設計材料機械電氣物理化學等組（二）經濟研究部分設社會經濟實業經濟照所訂計畫進行研究外歷承交通管理會計統計等組除按各路局各機關（如中國工程師學會上海市公用局義興公司等）託辦各項研究及試驗工作薄有貢獻關於上列諸組事項如蒙各界垂詢請惠臨上海徐家匯本所面洽或函商可也此布

溝渠工程學

是書爲本大學土木工程學教授顧康樂所著。係參考中西工程書籍雜誌，採擇各著之精粹而成。書凡十四章，詳述溝渠設計，建築與養護之原理及方法。舉凡污水水量，暴雨水量，溝渠水力學，溝渠系統設計，溝渠附屬品，污水抽升，管圈設計，開掘填覆，列板撐檔以及施工之實際進行，無不條分縷析，詳爲解釋。至於插圖之豐富，文字之簡明，尚其餘事。

▲商務印書館出版，定價一元八角。

科 學 通 訊

第 八 期　　目　　錄

談　言

有些代數中 $\frac{0}{0}$ 之誤解

顧　澄

本刊自去年四月杪第一期起至今年三月，已照預定出足八期。本談既此第一年結束，略有聲明如下。（一）以前本談爲自修者及大學生說法時較多。本期不能不與中學教師及中學生談談，以符第一期本刊聲明之要旨。（二）本刊第一，二期談言中曾言「實數論另有專載」及「Knopp 氏無窮級數論第二編再讀實數論……」，於第四期此兩地皆出此訊，而綿十期皆自實以限於篇幅，專載欄內「近世幾何既不便中斷，亦無餘地可以排入此種。惟已將 Knopp 級數論譯稿陸續排入本校季刊，以符前言。并用五，六號字密排，雖僅 32 面，字數已抵商務大學叢書（小本）100 面左右。欲睹此譯者，請閱吏大季刊第十八期可也。

有些代數學小冊「分數之值」，遇 $\frac{0}{0}$ 時，恆欲以分數之極限爲分數之值，意在便宜行事而實誤人不淺。蓋中學生一經習慣牢不可破；以後進研高深數學遂發生種種誤會而不自覺也。例如 $\frac{x^2-4}{x-2}$ *，有些代數中謂 $x=0$ 時此分數之值爲 $\frac{9-4}{3-2}=5$，$x=2$ 時，此分數之值因 $\frac{4-4}{2-2}=\frac{0}{0}$ 爲不定，必先將此分數約爲 $x+2$ 始能得其眞值 $2+2=4$。此種云云實是大謬。

欲知此謬，須先明分數之值與分數之極限。二者意義絕不相

---

*此處不作普遍之論而但以此爲例者，因爲中學生說法，使易明瞭而已。但此談於大學生亦未嘗無益。舉一反三，是在閱者。

同,萬不可混而爲一。例如

$$\lim_{x\to 3}\frac{x^2-4}{x-2}=1 \text{ 及 } \frac{3^2-4}{3-2}=1, \tag{1}$$

其右邊雖皆爲1,而左邊之意義則全異,此正如

$$4\div 4=1 \text{ 及 } 1+0=1, \tag{2}$$

右雖同而左意不一。故 $x\to 2$ 時雖 $\frac{x^2-4}{x-2}\to 4$,卽

$$\lim_{x\to 2}\frac{x^2-4}{x-2}=4。$$

決不能因(1)而謂 $x=2$ 時 $\frac{x^2-4}{x-2}$ 之眞值爲4。此猶決不能因(2)而謂除法之結果卽是加法之結果。

凡類於求(1)中第一式之 $\lim\limits_{x\to 3}\frac{x^2-4}{x-2}$ 者,以後簡稱爲「求分數之極限」;凡類於在 $x=3$ 時求 $\frac{x^2-4}{x-2}$ 之值者以後簡稱爲「求分數之值」;以便說明。此後者求法甚易,只須以 x 之值代入分數卽得(例如 $x=3$ 則 $\frac{x^2-4}{x-2}$ 之值爲 $\frac{3^2-4}{3-2}=5$)。至於前者則意義複雜不易簡單說明俟後另談。(約略言之,極限之定義爲: x 依任何方法趨近 a 時,若 $f(x)$ 常趨近 b 則謂之 $x\to a$ 時 $f(x)\to b$,而以 $\lim\limits_{x\to a}f(x)=b$ 表之。此最宜注意者 (一)「任何方法」四字及「常」字之關係,(二) x 趨近 a 時可與 a 任意接近而不能等於 a。但 $f(x)$ 趨近 b 時雖不必等於 b 而有時亦能等於 b。$\frac{x^2-4}{x-2}$ 亦是一種 x 之函數 $f(x)$,故此類分數之極限亦可包括於此定義中)。

難者曰 $x=10$ 時 $\frac{x^2-4}{x-2}=\frac{10^2-4}{10-2}=\frac{96}{8}$ 可約爲 12

$x=\ 9$ 時 $\frac{x^2-4}{x-2}=\frac{81-4}{9-2}=\frac{77}{7}$ 可約爲 11

$x=\ 8$ 時 $\frac{x^2-4}{x-2}=\frac{64-4}{8-2}=\frac{60}{6}$ 可約爲 10

$\cdots\cdots\cdots\cdots\cdots\cdots\cdots\cdots\cdots\cdots$

此皆與「先將 $\frac{x^2-4}{x-2}$ 約去 $x-2$ 得 $x+2$ 後,再以 $10, 9, 8, \cdots$ 代 x

x 所得之結果」同。故 $x=2$ 時求 $\frac{x^2-4}{x-2}$ 之值亦儘可先將 $\frac{x^2-4}{x-2}$ 約爲 $x+2$ 後,再以 $x=2$ 代入 $x+2$ 得 4。倘 $\frac{x^2-4}{x-2}$ 不能約爲 $x+2$ 則 $\frac{96}{8}$, $\frac{77}{7}$, $\frac{60}{6}$, …… 等亦將不能約爲 12, 11, 10, …… 等矣,必無是理。故 $x=2$ 時 $\frac{x^2-4}{x-2}$ 雖等於 $\frac{0}{0}$ 爲不定,然一經約去 $x-2$ 得 $x+2$ 後,即可得其眞值爲 4。

　　答曰　　何謂約?約者以同數除分母分子也。此由於「以同數除分母分子時,分數之值不變」之定理。故 $x\neq2$ 時 $\frac{x^2-4}{x-2}$ 儘可以 $x-2$ 除其分母分子而約之爲 $x+2$。但 $x=2$ 則決不能如此,何則? 0 不可爲除數。$x-2$ 則 $x-2=0$,故 $x=2$ 時決不能以 $x-2$ 除 $\frac{x^2-4}{x-2}$ 之分母分子將 $\frac{x^2-4}{x-2}$ 約爲 $x+2$。此如 $\frac{00}{0}$ 儘可等於 $\frac{90\div2}{0\div2}=\frac{90\div4}{0\div4}=\frac{90\div8}{0\div8}=12$ 而決不能等於 $\frac{96\div0}{8\div0}$,蓋 $96\div0$ 及 $8\div0$ 皆無意義也。

　　難者曰　　0 固不能除 96。但 $0\div0$ 爲不定,可爲任何數。$x=2$ 時 $x-2$ 固爲 0,但 x^2-4 亦爲 0,而

$$\frac{x^2-4}{x-2}=\frac{(x^2-4)\div(x-2)}{(x-2)\div(x-2)}=\frac{0\div0}{0\div0}。$$

何謂 $x=2$ 時不能以 $x-2$ 除分母分子。如云不能,則仍是預認 $\frac{0}{0}$ 爲不是數(然 $\frac{0}{0}$ 實可爲任意數),而陷於辨論循環之錯誤矣。

　　答曰　　既 $0\div0$ 可爲任何數,則

$$\frac{0\div0}{0\div0}=\frac{任何數}{任何數}=任何數,$$

而 $x=2$ 時 $\frac{x^2-4}{x-2}$ 之值不能確定,何能謂其必是 $x+2=4$。又須知「0 不能爲除數」並非專指「被除數非 0 時」言,實兼「被除數爲 0 時」言。故前

答並不陷於辨論循環之謬誤。

難者曰　96÷0 爲無意義,實因無合於 0×x=96 中 x 之實數。今 0÷0 則一切實數咸合於 0×x=0 之 x。故 0÷0 雖爲不定仍有意義。何能云不能以 0 除 0。

答曰　96÷0 爲不能,0÷0 爲不定,二者雖有分別,而近世數學所謂「不能以 0 除」仍兼此二者而言者,實係一種規約。其目的有二。其一,0 不爲除數時,凡加減乘除之結果皆爲獨一無二,十分確定之數。獨 0÷0 可爲任意數,絕不確定。故在四則計算中決不能容此例外,須將除去。其二,0÷0 旣爲不定,則任何算式中一有 0÷0 即全體因之不定,吾人計算要在能得確定之結果,故決不能容此擾亂之物入於算式之中,必須將其擯之計算之外。此如彼認 x=2 時,可

$$\frac{x^2-4}{x-2}=\frac{(x^2-4)\div(x-2)^*}{(x-2)\div(x-2)}=x+2=4$$

者,其目的亦欲離去 $\frac{0}{0}$ 之不定而得確定之結果。惜未注意 $x-2$ 爲 0 時不可以之除。倘再認 0÷0 = 任何數可入算式,則

$$\frac{0\div0}{0\div0}=\frac{任何數}{任何數}=任何數$$

仍不能得確定之結果。即此更可知所謂「不可以 0 除」之目的矣。旣有此「不可以 0 除」之規約,則 0÷0 雖有不定之解釋而爲簡便計,不妨與96÷0同謂之無意義;且凡分數之值爲 $\frac{a}{o}$(a≠o)及 $\frac{o}{o}$ 時,不妨皆謂之不存在;何則,此二者咸已擯之除法之外也。

難者曰　旣 0 不可以爲除數,則 $\lim\limits_{x\to2}(x^2-4)=0,\lim\limits_{x\to2}(x-2)=0$。

---

*$(x-2)\div(x-2)$ 在形式上雖爲 1。但 x=2 則此式爲 $o\div o$, 即變爲不定而不能謂其必爲 1 矣故 x≠2 時可確定此式爲 1。若 x=2 則不能必其爲 1。

何以

$$\lim_{x\to 2}\frac{x^2-4}{x-2}=\frac{\displaystyle\lim_{x\to 2}(x^2-4)}{\displaystyle\lim_{x\to 2}(x-2)}=\frac{0}{0} \tag{3}$$

能爲 4?

答曰　求此極限不宜寫成（3）之形式*。應先將 $\frac{x^2-4}{x-2}$ 約爲 $x+2$ 而後求其極限,即

$$\lim_{x\to 2}\frac{x^2-4}{x-2}=\lim_{x\to 2}(x+2)=4。 \tag{4}$$

不此可約 $\frac{x^2-4}{x-2}$ 爲 $x+2$ 者,因照極限之定義 $x\to 2$ 時 x 不能等於 2,x 既不等於 2, 則在 $x\to 2$ 之一切途中 $x-2$ 無時爲 0 且永不爲 0, 故可先約 $\frac{x^2-4}{x-2}$ 爲 $x+2$ 而後如（4）求其極限也。**

何以有些代數誤以分數之極限爲分數之值？

有些舊代數者大抵因講求分數之值遇 $\frac{0}{0}$ 時,覺得無法解決,同時想及求分數極限之不定形, 遂欲以李代桃另立一種規

---

*因 $\displaystyle\lim_{x\to a}f(x)=l$, $\displaystyle\lim_{x\to a}\Phi(x)=m$ 及 $m\neq 0$ 始能

$$\lim_{x\to a}\frac{f(x)}{\Phi(x)}=\frac{\displaystyle\lim_{x\to a}f(x)}{\displaystyle\lim_{x\to a}\Phi(x)}。$$

此 $m\neq 0$ 之條件須注意。

**高中學生雖讀過高等代數而於極限之意義尚不十分明白者,恐於此數語尚難十分了解,但此處不便再作詳細之說明。關於極限之定義俟後另談。閱者於此,如有疑意,可先就已知之極限定義熟思之。

† 不定形 $\frac{0}{0}$ 乃 $\frac{\displaystyle\lim_{x\to a}f(x)}{\displaystyle\lim_{x\to a}\Phi(x)}$ 爲 $\frac{0}{0}$ 時之一種簡號。 與 $\frac{f(a)}{\Phi(a)}$ 爲 $\frac{0}{0}$ 不同。

約。甚或著者雖知形式計算而於數學之一切根本觀念尚未十分清晰，竟二者不分認李爲桃。此後者之謬，從以上所言可知，不必再行詳論。至此前者，雖設立規約，本屬吾人之自由；但此種規約實無設立之必要，且於解析方面生種種之不便。例如 $x=2$ 爲 $\dfrac{x^2-4}{x-2}$ 之不連續點。若行此規約則不連續將變爲連續矣。

難者曰 $x=2$ 爲 $\dfrac{x^2-4}{x-2}$ 之可去不連續點，故儘可於 $x=2$ 時，令 $\dfrac{x^2-4}{x-2}$ 之值爲 4 而使之連續。然則此種規約亦未嘗不可立。何必加以反對。

答曰 著述數學必求謹嚴。無甚大益之規約不宜設立，且既因「不可以 0 除」，當 $x=2$ 時 $\dfrac{x^2-4}{x-2}$ 本無定值，則所謂「於 $x=2$ 時令 $\dfrac{x^2-4}{x-2}=4$ 使之連續」，實無異另定一連續函數

$$f(x)=\frac{x^2-4}{x-2},\ x\neq2 \text{ 時,}$$

$$=0,\qquad x=2 \text{ 時。}$$

另定一函數，固無不可。但不必立上言之規約。蓋一有此種規約，不但與「0 不可爲除數」相矛盾，且并「$x=2$ 爲 $\dfrac{x^2-4}{x-2}$ 之可去不連續點」一語爲不通矣。且即立此規約，亦不過規約而已，亦決不能認 4 爲 $x=2$ 時 $\dfrac{x^2-4}{x-2}$ 之眞值，況此種規約不宜設立乎。

總上所言，$x=2$ 時分數 $\dfrac{x^2-4}{x-2}$ 之值無定義，謂之不定可，竟謂之不存在亦無不可。正不必畫蛇添足如有些著書者云云也。

教　材

不　等　式（四續）

武　崇　林

§8. 收斂定理之一二。

於前之數節中,所有和式,項數俱屬有限。故收斂問題,自無由發生。然於 Hölder 及 Minkowski 不等式中,命 $n \to \infty$, 則正項級數收斂之 二定律,立可得出雖於實用無大神益,然才可以視作此二不等式之直接應用也。

(i) 若 $1/p + 1/q = 1$ 且 Σa_r^p 及 Σb_r^q 俱收斂,則 $\Sigma a_r b_r$ 亦然。

(ii) 若 $p > 1$ 且 Σa_r^p, Σb_r^p 俱收斂,則 $\Sigma (a_r + b_r)^p$ 亦然。

證明殊易弗即復贅。

Carleman 定理。 若 $a_1, a_2, \cdots a_n \cdots$ 等各數俱爲正,且 $\sum\limits_{1}^{\infty} a_r$ 收斂爲和 S, 則如命 $g_n = (a_1 a_2 \cdots a_n)^{1/n}$, 級數 $\sum\limits_{1}^{\infty} g_n$ 卽收斂爲和 U, 其 $U \leqslant eS$。

證　茲先示:若

$$b_n = \frac{a_1 + 2a_2 + \cdots + na_n}{n(n+1)},$$

則 Σb_n 亦收斂爲和 S。 吾人習知若叙列 $\{s_n\}$ 之極限爲 S, 則叙序 $\{\sigma_n\}$, 其

$$\sigma_n = \frac{s_1 + s_2 + \cdots + s_n}{n},$$

極限亦爲 S。 茲命 $s_n = \overset{n}{\underset{1}{\Sigma}} a_n$ 則

$$\Sigma b_n = \frac{a_1}{1 \cdot 2} + \frac{a_1 + 2a_2}{2 \cdot 3} + \frac{a_1 + 2a_2 + 3a_3}{3 \cdot 4} + \cdots + \frac{a_1 + 2a_2 + \cdots + na_n}{n(n+1)}$$

$$= a_1 \left\{ 1 - \frac{1}{n+1} \right\} + 2a_2 \left\{ \frac{1}{2} - \frac{1}{n+1} \right\} + \cdots + na_n \left\{ \frac{1}{n} - \frac{1}{n+1} \right\}$$

$$= \frac{na_1}{n+1} + \frac{(n-1)a_2}{n+1} + \cdots + \frac{a_n}{n+1}$$

$$= \frac{s_1 + s_2 + \cdots + s_n}{n+1} = \frac{s_1 + s_2 + \cdots + s_n}{n} \cdot \frac{1}{1 + 1/n}$$

是以當 $n \to \infty$ 時

$$\overset{n}{\underset{1}{\Sigma}} b_n \to S。$$

今

$$g_n = (a_1 a_2 \cdots a_n)^{1/n} = \frac{1}{(n!)^{1/n}} (a_1 \cdot 2a_2 \cdot 3a_3 \cdots na_n)^{1/n}$$

$$\leqslant \frac{n+1}{(n!)^{1/n}} b_n。 \qquad 〔由(1 \cdot 1)〕$$

但

$$\left(1 + \frac{1}{1}\right)^1 \left(1 + \frac{1}{2}\right)^2 \cdots \left(1 + \frac{1}{n}\right)^n = \frac{(n+1)^n}{n!} < e^n,$$

故 $$\frac{n+1}{(n!)^{1/n}} < e,$$

因而吾人有

$$\overset{n}{\underset{1}{\Sigma}} g_n < e \Sigma b_n。$$

于上式命 $n \to \infty$，則見 $\overset{\infty}{\underset{1}{\Sigma}} g_n$ 之爲收斂且其和 U 不能超逾 eS 也。

于以上 Carleman 定理內，e 係所謂『最適』常數，『最適』常數者，即

謂其不能更小或更大。于本定理內 e 卽不能更小,更小則定理將不能無往不眞實也。此所用之證法,其原理殊爲單簡,在證常數爲『最適』時,每可以用之。

$$命 \qquad a_n = 1/n, \qquad n = 1, 2, \cdots\cdots m$$

$$a_n = 0 \qquad n > m$$

則對任何 m, $\sum_1^\infty a_n$ 必爲收斂。　茲吾人將證

$$(8.1) \qquad \lim_{m\to\infty} \frac{\prod_1^\infty g_n}{\sum_1^\infty a_n} = e$$

假如 (8.1) 爸屬眞則 e 之爲『最適』,顯然可見,以若取 $e' < e$ 則當 m 爲充份大時,$\sum_1^\infty g_n$ 將大於 $e' \sum_1^\infty a_n$,則 Carleman 本理將不復爲眞也。

$$(0.2) \qquad \frac{\sum_1^\infty g_n}{\sum_1^\infty a_m} \qquad \frac{1 + \left(\dfrac{1}{2!}\right)^{1/2} + \left(\dfrac{1}{3!}\right)^{1/3} + \cdots + \left(\dfrac{1}{m!}\right)^{1/m}}{1 + \dfrac{1}{2} + \dfrac{1}{3} + \cdots + \dfrac{1}{m}} = \frac{A_m}{B_m} (二如),$$

由 Couchy 之一定理,(譬如見 Gibson, Advanced Calculus, p.38) 見 (8.2) 之是否有極限,與極限之爲何數,一視 $\dfrac{A_{m+1} - A_m}{B_{m+1} - B_m}$ 爲依歸。故吾人之所需證,乃在示

$$\frac{\left(\dfrac{1}{(m+1)!}\right)^{1/m+1}}{\dfrac{1}{m+1}} \qquad 或即 \qquad \frac{m+1}{[(m+1)!]^{1/m+1}}$$

當 $m \to \infty$ 時極限之爲 e 也。　但此事殊易易,參閱如此處所舉 Gibson 之書 53 葉即得之。

　　9.　　Hardy 不等式及 Hilbert 複級數定理。

若 $k>1$ 且 $A_n=a_1+a_2+\cdots+a_n$ 爲一正項級數首 n 項之和,則如

級數 Σa_r^k 收歛且和等於 S,下之二級數

$$\Sigma\left(\frac{A_r}{r}\right)^k \text{ 及 } \Sigma a_r\left(\frac{A_r}{r}\right)^{k-1}$$

亦各收歛,而其和順次以 V 及 T 表之,則有

(9.1) $$V \leqslant \frac{k}{k-1}T \leqslant \left(\frac{k}{k-1}\right)^k S。$$

　　證　　書 $u_n=A_n/n$ 則

$$a_n=nu_n-(n-1)u_{n-1}。$$

于以下,如遇有下誌爲零者,其數當認爲零,

　　由(1.1),若有 $k-1$ 項爲 u_n^k 而一項爲 u_{n-1}^k 則

$$(u_n^{k(k-1)}u_{n-1}^k)^{1/k} \leqslant \frac{(k-1)\,u_n^k+u_{n-1}^k}{k}$$

是卽

(9.2) $$ku^{k-1}u_{n-1} \leqslant (k-1)u_n^k+u_{n-1}^k$$

　　勿論 n 爲若何整數,吾人可書

$$u_n^k-\frac{k}{k-1}\left\{nu_n-(n-1)u_{n-1}\right\}u_n^{k-1}$$

$$=u_n^k(1-\frac{nk}{k-1})+\frac{n-1}{k-1}\,kn_n^{k-1}u_{n-1}$$

$$\leqslant u_n^k(1-\frac{nk}{k-1})+\frac{n-1}{k-1}\left\{(k-1)u_n^k+u_{n-1}^k\right\} \quad 〔由(9.2)〕$$

(9.3) $$\leqslant \frac{1}{k-1}\left\{(n-1)u_{n-1}^k-nu_n^k\right\}$$

　　茲命 $S_n,\,T_n,\,V_n$ 順次爲三級數首 n 項之和　　自(9.3)取 $n=1, 2,$
$\cdots n$ 而相加,則得

(9.4)
$$V_n - \frac{k}{k-1}T_n \leqslant -\frac{nu_n^k}{k-1} \leqslant 0$$

再者由 Hölder 不等式,

(9.5)
$$\left(\sum_1^n a_r\, b_r^{k-1}\right)^k \leqslant \left(\sum_1^n a_r^k\right)\left(\sum_1^n b_r^k\right)^{11k}$$

若於 (9.5) 內命 u_r 為 b_r,則其式成為

(9.6)
$$T_n^k \leqslant S_n V_n^{k-1}$$

由 (9.4) 及 (9.6) 吾人推得

(9.7)
$$V_n - \frac{k}{k-1}T_n \leqslant \left(\frac{k}{k-1}\right)^k S_n$$

⸻⸻⸻⸻⸻⸻⸻⸻⸻⸻⸻⸻⸻
近於 S,是以知 $\{V_n\}$, $\{T_n\}$ 順次具有極限 V 及 T。故于上式 (9.7) 內,命 $n \to \infty$,則得

$$V - \frac{k}{k-1}T \leqslant \left(\frac{k}{k-1}\right)^k S_0$$

即得證

Hardy 不等式內 $\left(\frac{k}{k-1}\right)^k$ 亦係最適常數此由 Landau 所證明,但其證較繁,茲不更及。Hardy 之不等式,自謂係當研究如何簡化 Hilbert 複級數定理時所發現者云。

Hilbert 定理　　若 $a_m \geqslant o$, 且 Σa_m^2 收歛,則以下之複級數

$$\sum_{m \leqslant n}^{\infty} \frac{a_m a_n}{m+n}$$

常收歛。

證　于 Hardy 不等式中取 $k=2$, 則見若 Σa_n^2 收斂爲 S, $\Sigma \dfrac{a_n A_n}{n}$ 將收斂爲 T, 且 $T \leqslant 2S$。今

$$(9.8) \qquad \frac{a_1}{n+1} + \frac{a_2}{n+2} + \cdots + \frac{a_n}{2n} < \frac{a_1 + a_2 + \cdots + a_n}{n} = \frac{A_n}{n}$$

但(9.8)右端實卽 $\displaystyle\sum_{m=1}^{n} \frac{a_m}{m+n}$, 所以

$$a_n \cdot \sum_{m=1}^{n} \frac{a_n}{m+n} < \frac{n_n A_n}{n},$$

因而

$$(9.9) \qquad \sum_n a_n \sum_{m=n}^{\infty} \frac{a_n}{m+n} < \sum_n \frac{a_n A_n}{n}$$

但上之複級數各項均不小於零,故若(9.9)左端之叠級數爲收斂,則複級數亦必收斂而具相等之和,故得證

吾人得證明

$$\Sigma \frac{a_m a_n}{m+n} \leqslant \pi \Sigma a_n^2$$

而 π 且爲『最適』常數。但最簡之證明,亦須涉及無限二重積分之理論,故將割愛不談,所可進一言者爲 Hilbert 此定理,最初乃在其積分方程式講義中所發現,而爲 Weyl 所遽以公諸世者也。(完)

感應放射 (Induced Radioactivity)(續)

Ellis 原著　　　鄭昌時 譯

用質子和重氫去使原子核發生變化,引起放射物的產生前面已經提到過,但是因為這種射線的強弱可以自由操縱,並且用專門方法可以使他人人的增加,這件事便值得特別注意了。Lawrence 曾經做出一種放射物,他的總量竟可以和天然存在的放射物的相比。 個特別有興趣的例便是鈉原子被重氫所撞擊時,出用下面的反應:

$$_{11}Na^m + _1D^2 \longrightarrow _{11}Na^{n} + _1H^2。$$

這個新的鈉同位元素發出 β 質點而分裂,他的半期壽命有十五個半鐘頭。射出的 β 質點並不算特別能量豐富,至多的能量 下過 古萬伏特,但是卻有 個強烈的頻率率 ,射線,約有五十萬伏特的能量,一同發射出來。用一微安培(micro. ampere),一百七十萬伏特的電壓射擊工作一小時可以得到二百分之一 毫居里(millicurie)的放射物。這個分量,他的能力已經可以用尋常的游離法 (Ionization method) 測驗出來了,我們相信不久還可以大大增加產量。

等到能夠得到相當量的,同這(意即指新的鈉同位元素 —— 譯者註)差不多的一種放射物,有適當長的壽命,並且射出這種高頻率 γ 射線,那麼又有大批新的研究可做了。

從產生的新放射元素的數目上看起來,Fermi用中子作撞擊質點所得結果最可驚異。試驗中所用的中子是使 α 質點打到鈹

原子上而發生的,做的時候是把鈹和氡同裝在一支小管內。所發生中子的數目只有來源所射出的 α 質點數目的十萬分之一,但是他們使原子核發生變化的功效却大多了。其實,相當多的中子,能射中了原子核而產生一個放射性的原子。這種實驗比用 α 質點或質子時範圍大了許多,因爲中子不帶電荷所以對於輕元素和重元素是無分別的。這樣所做成的新放射性同位元素在全個週期表上分配得很勻,譬如從氟和鎂得放射物,從釷和鈾也得到放射物。普徧的說,輕元素變成放射性的方法是獲得一中子,同時射出一 α 質點或一質子。其結果原子核內中子與質子的比大於相當的穩定比,爲了必需再使原子穩定,核的內部就發生變化,一個中子放出一個電子變成一個質子。重的元素則開始時便因核的電場吸力大其放出帶正電的 α 質點或質子的機會隨而減少,變化過程中比較是單單獲得一個中子的時候多,做成的放射性原子核仍舊有一個太大的中子與質子的比數。

　　有幾點關於原子核直接獲得中子的方法現在還不容易明瞭,似乎當中子所有的能量減少時被獲的機會應該加多。Fermi 的確曾指出當撞擊時若在中子來源和靶子之間圍以石蠟或水,產生放射元素的效率可以增加十倍以至百倍。因爲來源中初出來的中子經與氫原子核幾次彈性碰撞 (elastic collision) 之後,速度慢下來,在這種情形之下,中子比較的容易被所撞擊的物質的原子核所獲住了。

　　最後,舉一個例來表示產生新原子核的方法的伸縮性,我們可以考察某種放射性的鋁同位元素 $_{13}A^{28}$ 的做成方法。這個元素可以用不同的物質和不同的撞擊粒子來做成,方法不下五種。

　　中子射到鋁,矽或燐的原子核中可以有下面幾種方法做成

$_{13}A^{28}$:

$$_{13}Al^{27} + _0n^1 \longrightarrow _{13}Al^{28}$$
$$_{14}Sl^{28} + _0n^1 \longrightarrow _{13}Al^{28} + _1H^1$$
$$_{15}P^{31} + _0n^1 \longrightarrow _{13}Al^{28} + _2He^4。$$

　　也可以用重氫射擊鋁原子或用α粒子射擊鎂原子得到$_{13}A^{28}$，後面一個反應我們在說明別一種關係時曾提到過的：

$$_{13}Al^{27} + _1D^2 \longrightarrow _{13}Al^{28} + _1H^1$$
$$_{12}Mg^{25} + _2He^4 \longrightarrow _{13}Al^{28} + _1H^1$$

　　每種情形之下,最後結果總得到$_{13}Al^{28}$,再放出β粒子變成$_{14}Si^{28}$,有28秒鐘的壽命。

氧氣之實驗室製法

陳 同 素

　　制氧　普通單止實驗製造氧氣類多用 MnO_2 及 $HClO_3$,入混合物以熱之,以導管通入集氣筒而收集之,所用材料極為普通而價廉,此實驗術亦有一種,用解作用及其餘作用,故初學者實之最為相宜。但亦有其弊,試述於下。

　　(1)氯酸鉀之融熔輒引起試管內之氣流中止,或則忽然發生氣體因使鬆細材料被冲入導管內。此種現象能引起試管之破裂或有時甚至發生爆炸。

　　(2)倘試管加熱時,橡皮塞末端灼熱過甚,則能在此氧氣中燃着而爆發。

　　(3)氯酸鉀如無意中混有還原劑如碳,硫,糖等物,則加熱時甚為危險。

(4)氯酸鉀加熱至一定溫度時,氧氣卽源源生出,初不以去其熱源而卽停止,故在調換集氣瓶時不免損失。如尚需多量之氧非重行裝置不可。

爰有下述改良之法:

於次亞氯酸鈣之懸濁液中加氧化鈷(或鈷之鹽類被次亞氯酸鈣溶液中之游離OH基轉變成氧化鈷),次亞氯酸鈣乃分解而發生氧氣。其作用可表示如下:

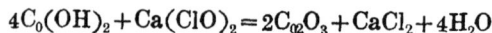

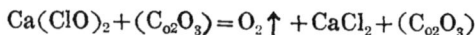

$$C_0^{++} + 2OH^- = C_0(OH)_2$$

$$4C_0(OH)_2 + Ca(ClO)_2 = 2C_{02}O_3 + CaCl_2 + 4H_2O$$

$$Ca(ClO)_2 + (C_{02}O_3) = O_2\uparrow + CaCl_2 + (C_{02}O_3)$$

手續如下:　用一燒瓶裝上長頸漏斗及導管如製氫時所用,加約150竓水及10竓之2%氯化鈷(C_0Cl_2)溶液。復製備次亞氯酸鈣之懸濁液如下:置20克漂白粉於玻杯內,加 100 竓水,攪之至無塊粒為止。將燒瓶內之液體加熱(80°−85°C),乃以20竓次亞氯酸鈣液自漏斗管中注下。初生出之100竓氣體大部份為空氣,故不用之。以後生出之氣體乃收集瓶中以備試驗之用。若氣體發生延緩則可添加10竓次亞氯酸鈣液。瓶中液體不使超過沸點。

此法經濟又便利;氧氣發生之速率可以溫度及加次亞氯酸鈣之速率而定之。此瓶於需用時祇須加添次亞氯酸鈣液及加熱即有氧氣發生。

製氯　普通製氯氣之法,類多用二氧化錳及鹽酸,或有以過錳酸鉀代二氧化錳者,與製氧之法相彷,所用材料亦屬普通而便宜,且表示氧化與還原作用。但亦有其弊,述之於下:

(1)開始作用時極慢。

(2)生成水及用去 HCl, 結果稀釋酸液。

　　(3)使學生做到保持 HCl 之高濃度及溫度之在沸點以下(以減少水之蒸餾過去而入集氣筒)，甚爲難能。茲亦擬一新法以免去上述之弊。用漂白粉(或次亞氯酸鈣)以代二氧化錳，若以 HCl 注入漂白粉液則氯之發生驟然而不連續，故當以漂白粉液注入 HCl，其手續如下：

　　漂白粉液加下少量以免氯氣發生之太速，此實驗宜於通風棚內行之。裝置與製氧法相仿，但集氣時爲置換空氣法。瓶中盛 25 瓩之濃 HCl(比重1.12)。盛 15 克漂白粉於杯中，加 50 瓩水，攪至均勻無粒，徐徐注 10 瓩於漏斗管中；繼續每次約加 5 瓩。集氣於瓶內，蓋好以白紙襯視瓶中氯氣之是否盛滿滿後以塗有凡士林之玻片覆之，繼集他瓶，如尚需多量之氣則可繼加漂白粉液，若不集氣於瓶時，則可將導管通入 NaOH 溶液內，加水充滿燒瓶則所有氯氣盡行驅入 NaOH 溶液內，然後可以取去塞子，洗淨此瓶。

　　依此法製出之氯氣其氣流連續，氣體之發生可以節制漂白粉液之加入以管理之。只要瓶內有酸，則加下漂白粉液，卽可得到氯氣，不必加熱，故無水可以蒸餾過去而混入氯氣中。

叢　錄

原子物理學二十五年之囘顧

Rutherford 原著　　鄭昌時譯

（續）

　　另一個輻射與物質間相互作用的奇怪形式新近被發見。當一量子能狠大的 γ 射綫與原子核近邊的强電場起相互作用時，γ 射綫的能量會變成一對電子 —— 一個正的，一個負的。因爲電子對(Electron pair) 的物質能量 (mass energy) 近於一百萬伏特，所以這種作用只會在 γ 射綫的能量超過此數時發生。使高頻率輻射(High fregnency Radiation) 穿過重原子量的物質是實驗室中產生正電子 (positive electron) 的最簡便方法。

　　對於過去數年中差不多世界上許多工作者集中注意的二個重要問題，即宇宙射綫(cosmic rays)和物質蛻變(transformation of matter) 此地只作簡單的提論。Kolköster 首言我們大氣中有貫穿力狠强的輻射存在, Millikan, Clay, A.H. Compton, Blackett 等繼作此輻射性質之探究。我們只看用驗電器(Electroscope)在地面上觀察這種輻射的電離能力(ionising effect) 之微小，就知道常在困難情形下作精確的觀察時，熟練及專門技能的需要。這種研究已遍佈全世界，無論水底深處，陸上及海上，高山上大氣中高度不同之處，並伸張到同溫層(Stratosphere)都做過這種量度。

　　現在看起來其主要的輻射似乎包含一注運動極快有正有負的電子，或許亦有質子(protons)與高頻率的輻射混在一道。有幾

個質點可以相信他有高到 10^9 伏特的能量,更有少數有高到 10^{10} 伏特的能量 —— 這種能量並不與從原子蛻變時所期待着的同級、自然關於這非常的輻射的來歷和性質有許多推測,有的當他由大氣邊界而來,有的當他由外空(outer space) 深處而來質點能具有如此龐大的能量的條件實在是物理學中一個特出的沒有解決的問題。

放射性元素的天然蛻變在 1903 年已經弄得明白了,用人工的方法變化許多穩定的化學元素是屬於過去二十五年內的成功。這種原子變化的研究狠有成就,由此而發見原子構造中三種重要的實體,即質子、中子(neutron)及正子(positron),正子與負電子相當而正電而實現了有相當的小小質量。

欲得到真正的元素變化必需更換他的核電荷或質量或二者同變。要達到這目的,主要方法不外用進行狠快的質點如質子,中子或 α 質點去轟擊要試驗的元素。碰巧在許多質點中會有一個穿進原子核而被帶住,這原子核結果會不穩定而爆裂,拋出一個或幾個很快的粒子,有時且發出頻率狠高的輻射。剩下的原子核或者成爲一個穩定的元素,或者成爲一個同放射元素一樣仍不穩定的元素。由這個方法最近 Curie-Joliot 夫婦用 α 質點施撞擊而得到人爲的放射元素。

第一次原子變化試驗成功是在 1919 年,當氮原子被 α 質點撞擊時,發現他自身變爲他元素且發出狠快的質子。Rutherford 和 Chadwick 二人找到約有十二種輕元素在同樣情形下會有相仿的變化發生。因爲擴大這觀察,各處研究室中集中力量試驗利用大批不同的高速度質點連珠發射出來作撞擊之用。Cockcroft 和 Walton 首先證明輕元素如鋰與硼被放在電管(discharge Tube)中

速度增至很快的質子射線所撞擊時會有顯著的變化。Lawrence
在加利福尼亞(California)用一種巧妙的方法使粒子在磁場內經
多次加速,曾得到能量差不多到二百萬伏特之高的極快的質點。
他覺得在產生某一類元素的蛻變中用原子量二的重氫的游子
比質子更有效力。在有幾個試驗中,中子會和質子,α 質點同樣的
在原子蛻變後出現。

　　Feather 與 Harkins 指出 Chadwick 所發見的中子其重要不獨
簡單化了原子核構造的意義,並且可視爲許多元素發生變化的
非常有力的主動份子。Fermi 和他同事在羅馬做了一個重要試
驗,他們指出即最重的原子核的組織內,中子也能自由跑進,結果
往往得到人爲放射物,每種各有其固有的放射係數,破裂着而發
射出很快的負電子。現在已知道的這種放射物已超過五十種。

　　用這種變化原子的方法,我們知道可以從輕元素造成重元
素,又可以把原子打成碎片又可以產生許多放射性的同位元素,
幾種新的,意料不到的穩定同位元素如 H^3, He^3,及 Be^8 都經發現了,
比天然放射物的 γ 射綫的頻率更高的 γ 射綫也曾被觀察到。

　　原子核蛻變知識的進步所以如此之快,頗得力於各種新式
專門研究工具之進步;例如 Wynn Williams 所設計的自動計數 α
粒子和質子的方法,記錄正負電子的 Geiger-Müller 管,以及 C. T. R.
Wilson 所設計的奇妙的儀器『霧室』(Cloud Chamber)。Gaede 發明的
高速率擴散抽氣機(Diffuison Pump)使高度眞空(high Vacua)能夠
很快得到,而高電壓得以應用於放電管。

　　我們對於原子核構造的種種觀念尚在實驗證明中,但大體
上可以相信質子和中子是他的基本單位。不過,如果質子和中子
間有什麼一定的關係,那末,這個關係還沒有決定。有人相信在原

子核中他們可以因得到或失去一個電子而互相變換的,並且帶負電的質子或許也能產生。在我們要想得到原子核構造的滿意的解釋之先,我們還需要更多的知識,可以應用到原子核上面去的任何詳細理論,或者離我們還很遠呢。

製 革 叢 談

陳 同 素

浸皮時之皮內變化

皮浸漬之時間長,則有許多皮內物質溶化水中;如氨,脲,脲,Indole, Skatole 及尿酸未辨之蛋白質物,此如內容并細處理時之變化情形,可試驗如下:切皮成方每邊 1/8 吋,分此皮塊為數組,每組 10 克重。分別試驗如下:

　　(甲)組不經處理;(乙)組以飽和鹽液浸之48時;(丙)組以(乙)法處理之皮浸水中24時,(丁)組以經過(乙)(丙)二種手續之皮浸水120時。經此處理後,洗淨,以20光 HCl 處理,過剩之酸以真空蒸餾法(35℃)去之。餘渣集於無氨之水中而分之為四屬氮化物。此等分屬示皮內氮素之分佈,述之於后:

　　(1)Amid N_2 —— 當真空蒸餾時發出為氨,Amine 並示 Di-Carboxylic acid 之存在量。

　　(2)Melanin N_2 —— 當以酸處理時所生之腐敗物質,大約為碳水化合物及 Amino acid tryptophane 化合而成。

　　(3) Basic N_2—— 為 Basic amino acid, arginin,lysin, histidin, Cystin之氮素,在 HCl 中以燐鎢酸澱出之酸類。

　　(4) Non-basic N_2 —— 示 Mono-amino acid 之氮素及不為燐鎢酸所澱

出之酸類。

試驗結果列如下表:

表一　各種處理法之皮內氮素分佈

氮　　屬		甲	乙	丙	丁
Amino	N_2	5.12	5.49	4.49	4.52
Melanin	N_2	1.95	0.81	0.98	0.56
Basic	N_2	20.35	19.51	18.20	17.85
Non-basic	N_2	73.20	74.19	76.33	77.08

由此可見皮經各種處理後,發生一種「鹽基性的變化」(1)Melanin N_2 漸見減少,(2) 自原本之皮起其 Basic N_2 亦漸見減少。故每一種手續使 Basic amino acids 變化。Basic N_2 之半為 Arginin, 此物易分解;此即 Basic N_2 漸見減少之理也。(3) Non-basic N_2 則漸增。

浸漬時間之關係可以下述試法測之。(甲) 生鮮皮不加處理,(乙) 浸 24 時,(丙)浸 48 時,(丁)浸 72 時,(戊)浸 96 時, (己) 浸 120 時。溫度保持 25℃。乃照上法洗淨,得結果如下表:

表二　浸漬時之氮素分佈變化

氮　　屬		甲	乙	丙	丁	戊	己
Amid	N_2	4.32	4.22	4.41	4.41	4.55	6.61
Melanin	N_2	0.77	0.81	0.79	1.27	1.04	1.17
Basic	N_2	31.35	25.40	22.10	21.35	21.25	24.55
Non-basic	N_2	62.85	69.57	72.97	72.97	73.25	67.67

由上表可知:(1) Amid N_2 持常度;(2)Basic N_2 在先一日內減少甚多以後則漸緩;(3)Non-basic N_2 漸次增加。

Basic N_2 依浸時之長久而減少,因其主成份之 Arginin (此物為 Guanidine $(NH_2)_2C=NH$ 之衍生物)甚易分解成脲及 Ornithin

$$HN=\underset{\underset{NH-(CH_2)_3-CH(NH_2)COOH}{|}}{\overset{\overset{NH_2}{|}}{C}} \ +H_2O\rightarrow O=\underset{\underset{NH_2}{|}}{\overset{\overset{NH_2}{|}}{C}}+H_2N-(CH_2)_3-CH(NH_2)COOH$$

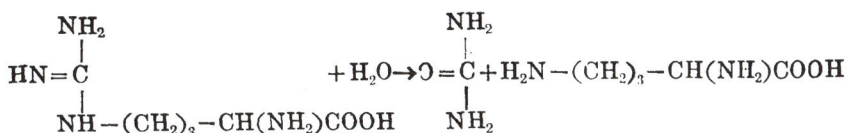

脲極易氧化爲氨及二氧化碳,考脲及胺均可溶解於水,故在浸漬時可以除去之。然實際上欲在浸皮水內求脲,不可得之,此因脲又被分解之故也。總言之:浸漬時間長則皮內之氮素物漸漸消失至水中。

世界礦產分佈概述

陳　同　壽

鋁。——世界鋁礦，半以上內產於歐洲,其餘爲英國,法國,蓋阿那,及蘇里南。至於鋁之冶金工業則歐洲與北美各半。

鉻。——菲洲爲鉻礦之中心。產品三分之二爲美國製鋼業所用。

銅。——世界銅工業之半在美國,其次則爲智利加拿大,及南美中部。銅業勢力爲美國,英國,比利時,握持,而精煉業之百分之八十三爲美國所把持。

鋼鐵。——世界鋼鐵工業集中於歐洲西部及美國。

鉛。——鉛之分佈甚廣,但其三分之一之製鉛工業在美國。其次爲墨西哥,澳大利亞及加拿大。

錳。——俄國在 1929 年產全世界錳礦之三分之一,錳工業之發達者,爲英,俄,巴西及美。

汞。——汞大部產於西班牙及意大利。

鉬。——美國出產全額之百分之九十四,可以壟斷該項礦產。

鎳。——加拿大富於是礦,佔全額百分之九十。

理学卷（第二册）　科学通讯　第八期（1936）

石油。——世界石油工業,首推美國,次爲俄國及南美北部。

鉀。——德,法出產甚多,但美國及馬六哥蘊藏亦富。

銀。——墨西哥及美國爲主要產銀國。

硫。——美國產百分之八十五,意國產百分之十一。

錫。——馬來,玻琍維亞,內善倫,東印度均開採錫礦,英國主其產權。

鎢。——我國所產佔全世界總產額之半,蒲馬佔五分之一。

釩。——世界產量之三分之二爲美國製鋼業所用。祕魯產百分之六十,菲洲西南部產百分之二十,美國產百分之十七。

鋅。——此項工業集中於美國;美國產百分之四十,墨西哥,澳大利亞,德國,波蘭,各佔百分之十。

　　　——摘錄 "Advance of Science" 106—107 頁。

書　評

化學參考書籍選輯(續)

陳　同　素　譯

3. **化學示範實驗**　*Chemiche Unterrichtsversuche Prof. Dr.H.Reinboldt,*
Bonn. Theodor Steinkopff, Dresdon, 1934. xx+326
pp. 112 Figs, RM. 10。

此書雖為化學實驗示範之摘要,但其主要目標在於訓練化學教師之裝置示範試驗及表演其技術於學生之前。因習單板化學教員對於此項新措法大多不注意,故此書允宜人手一編也。

實驗方法均詳細敍述,並多附精美之圖解,復有參考材料,尤注意於屬內方面。每種手續均極精密而完善。第一編講實驗室儀器之製法,氣體之製法,使用及液化等。第二編篇幅較廣,俾教師實驗操作時之嚮導。實驗種數在五百以上用過是書後,對於裝置各種儀器及技術方面均可大有進步。實驗題材粹於將普通化學各個重要部份,盡行蒐集於此。除製法外對於化合物或元素之性質亦盡量表示,如製氧一節,則有以擴散法與氫之分離,由植物發生氧氣,塵埃之爆炸,觸媒氧化等。即製法亦收羅甚博,如金屬化合物之還原以氫,以碳,以一氧化碳,以鋁,以鐵,以電離法等。但對於產量一方面不計及之,蓋僅取以表演製造之方法而已。

書末有索引,用者可隨意檢閱。

4. **營養基礎**　*The Foundations of Nutrition,Mary Swartz Rose, Ph. D.,*

Prof. of Nutrition, Teacher's College, Columbia Univ. The Macmillan Co., New York City, 1933. 2nd ed. xi+630 pp. 101 Figs. 13×20 cm. $ 3.00

　　此書爲欲使生活更佳勝而對於自然科學無特別訓棟之人而寫。敍述人生營養之基本原理,頗饒興趣,文筆生動。故自 1927 年初版以來,已經數度翻印。現再版出世,內容更加擴充,自十二章增至二十六章。新近發表之研究亦收羅入書。每種維他命分章論之。附錄亦經修正及增加。

　　裝幀印刷較前尤爲精美。所論雖屬基本智識,但均爲有根據的及科學化的材料。對於應用於食物選擇及調理等諸問題,亦有討論。

5. **食品論**　*Food Products, Henry C. Sherman, Columbia Univ. The Macmillan Co., New York City, 3rd edition, xi+674 pp. 42 Figs. 13×19.5 cm. $ 3.00*

　　此書要目如下:食品之主要成份及功用,食品之管理,牛乳,蛋,肉,禽肉,野味,魚,海味,五穀,蔬菜,鮮果,油脂,糖,蜜餞,食品之附屬物如焙粉,香料,調味品,茶,咖啡,飲料等。末章則論及食品經濟。附錄中有食品及藥料之取締法令;檢查肉類規則;食品中之鈣,燐,鐵,錳,銅等成份;及食品中之維他命。

　　諸凡食品之出產,處理,成份,屬雜及檢查,純潔,及分類等均論及焉。每種食品均示其營養價值,及膳食上之地位。食品加工法亦略加申述。涉及每種食品時均有詳細之參考列出。誠爲研究營養者不可少之佳作也。

6. **實業化的蘇俄**　*Industrialized Russia, Alcan Hirsch, Ph. D., Consulting Chemical Engineer, The Chemical Catalog Co.,*

Inc., New York City, 1934, 309 pp. 20.25×13.75 cm.

$ 3.00

蘇俄政府之政策如何姑不論之,而其近年來基本工業之猛進,實至足驚人。著者此書實不啻一冊人類偉大實業之試驗報告也。書中所述均極有趣而可靠。

著者以蘇俄化學工業顧問之卓越地位,故於其基本政策及統計等均得參與討論。彼與蘇俄政工兩界領袖接觸之後覺得與以前往俄考察者所得之影像不同。該書文筆引人入勝,幾使讀者忘其正在讀一統計文字也。且不僅涉及目下已經成功之實業,卽蘇俄第二步五年計劃之雄心亦有論及。第一步注重基本工業,第二步且注重傢俱品與日用品。是書主頁意義在乎著者吉數語中。吾等勿徒羨其已成功之境域,而當慕其克勤祗勵之功夫,此實可以磨勵吾人之志氣。值得一讀。

（完）

上海交通大学百年报刊集成·第一辑（1896—1949）·学术学科

專　載

近　代　幾　何

之　導　引

William C. Graustein 原著

顧　澄　達　恉

理学卷（第二册） 科学通讯 第八期（1936）

定理 1　一線 $\alpha+\lambda\beta=0$ 分兩有窮遠線 $\alpha=0,\beta=0$ 之比 μ 爲

$$(5) \qquad \mu=-\lambda\sqrt{\frac{b_1{}^2+b_2{}^2}{a_1{}^2+a_2{}^2}},$$

此係照(3)取定 D_1,D_2 者(卽照(3)取定 D_1,D_2 則此(5)式成立)。

　　若 $\alpha+\lambda\beta=0$ 爲有窮遠線,則此定理可從(4)直接推知。[*]

4　直線之調和分離　若經過一點 P（有窮遠或無窮

遠）之不同兩直線 M_1,M_2 分經過此 P 之兩直線 L_1,L_2 於兩代數比 μ_1,
μ_2,而此兩比適此爲彼之負數,卽

$$(1) \qquad \mu_1=-\mu_2,$$

則謂之 M_1,M_2 將 L_1,L_2 調和分離或謂之 M_1,M_2 與 L_1,L_2 調和分佈。

　　若 P 爲一有窮遠點及 $\mu_2=1,\mu_1=-1$,則 M_1 及 M_2 爲 L_1 及 L_2 之兩
交角之兩平分線,故「交於有窮遠點之兩直線之兩交角
之兩平分線」與此兩直線爲調和分佈。

　　設 L_1,L_2 爲 3 款之兩線 $\alpha=0,\beta=0$,而今將其方程式寫成齊次坐
標之形式,卽

$$\alpha\equiv a_1x_1+a_2x_2+a_3x_3=0, \qquad \beta\equiv b_1x_1+b_2x_2+b_3x_3=0,$$

則經過 P 之任意兩線爲 $\alpha+\lambda_1\beta=0$, $\alpha+\lambda_2\beta=0$〔P 爲 $\alpha=0,\beta=0$ 之交點〕。

---

[*]原註　此 $\alpha+\lambda\beta=0$ 爲無窮遠線時,此定理可說明如下:當 $\alpha=0,\beta=0$, 爲平行
而 $\alpha+\lambda\beta=0$ 爲無窮遠線(欲以 $\alpha=0,\beta=0$ 之一次連合表無窮遠線,可就(2)之兩
方程式寫成齊次坐標形式者着想)時欲證明此定理,必須證明:可照「量(3)
中兩距離之正向爲相同或相反」而化(5)爲 $\mu=1$ 或 $\mu=-1$;參觀前頁附註。

　　旣 $\alpha=0,\beta=0$,爲平行,則必有一常數 $k\neq0$ 能使 $a_1=kb_1,a_2=kb_2$。因此,若 $\alpha+\lambda\beta=0$ 爲
無窮遠線,則 λ 之值必爲 $-k$。因 $a_1=kb_1$, $a_2=kb_2$ 及 $\lambda=-k$ 則(5)化爲 $\mu=k/\sqrt{k^2}$,
故照 $k>0$ 或 $k<0$ 而得 $\mu=1$ 或 $\mu=-1$。

　　現在所須證明者,但爲「量(3)中兩距離之正向」可照「$k>0$ 或 $k<0$」而爲相同
或相反耳,從(3)之兩公式易知:若 $k>0$,則 $D_1-D_2\equiv$ 常數;又若 $k<0$, 則 $D_1+D_2\equiv$
常數。故量此兩距離之正向在 $k>0$ 時爲相同,在 $k<0$ 時爲反。

從 3 款定理 1, 在(及惟在) $\lambda_1 = -\lambda_2$ 時此兩線分 L_1, L_2 之兩比 μ_1, μ_2 適(及方)此爲彼之負數。故得下定理:

定理1　兩線,在(及惟在)其方程式可寫作

$$\alpha + \lambda\beta = 0, \qquad \alpha - \lambda\beta = 0, \qquad\qquad \lambda \neq 0$$

之形式或與之相等之形式

$$k\alpha + l\beta = 0, \qquad k\alpha - l\beta = 0, \qquad\qquad kl \neq 0$$

時,能(及方能)將不同兩線 $\alpha = 0, \beta = 0$ 調和分離。

此定理在 L_1, L_2 皆爲有窮遠線時已經證明。當此兩線中有一線爲無窮遠線時,可以此定理之內容爲其調和分離之定義。

以下兩定理與 2 款之定理 2 及 3 相類,可以同法證明之。

定理2　若 M_1, M_2 將 L_1, L_2 調和分離,則 L_1, L_2 亦將 M_1, M_2 調和分離。

定理3　若 L_1, L_2 及 M_1 爲三不同共點線,則必有(及只有)一線 M_2 能與 M_1 將 L_1, L_2 調和分離。

此 M_2 謂之 L_1, L_2 及 M_1 之**第四調和線**或謂之關於 L_1, L_2 之 M_1 之**調和共軛線**。此兩雙直線謂之**調和束線**。*

例　　　題

1.　證明兩雙直線

$$2x_1 - 3x_2 + 4x_3 = 0 \qquad\qquad 7x_1 - 3x_2 + 11x_3 = 0$$
及
$$x_1 + x_2 + x_3 = 0 \qquad\qquad x_1 - 9x_2 + 5x_3 = 0$$

爲調和束線。

---

*原註　調和分離及其廣義之交比(第六編),已爲希臘人所知,但方向線段之引入及負量與正量同用,則爲近世之觀念;Moebius 氏(1790—1868)在其主要著作 Der barycentrische Calcul(1928) 中首先作成其有效果之狀態。

理学卷（第二册）　科学通讯　第八期（1936）

2.　證明兩雙直線

$$x=o,\qquad y=o\qquad 及\qquad x+2y=o,\ x-2y=o$$

爲調和束線。

3.　求關於 $x_1-2x_2+x_3=o,\ 2x_1+x_2+2x_3=o$ 之 $4x_1-3x_2+4x_3=o$ 之調和共軛線。

4.　證明兩互相垂直之線爲「既經過其交點又與其成等傾角之任意兩線」所調和分離。（即後兩線與前兩線成調和分佈）。

5　調和分離爲射影性質　先言下之二定理:

定理1　若四線（用適宜之法將其分爲兩對時）爲調和束線,則另一線截此四線之四截點（將其分爲相應之兩對時）爲調和列點。

定理2　若四點（用適宜之法將其分爲兩對時）爲調和列點,則另一點連此四點之四連線（將其分爲相應之兩對時）爲調和束線。

此兩定理可以同時證明,設 P_1,P_2,Q_1,Q_2 爲共線四點,其坐標爲

(1)　　　　　　$a,\qquad b,\qquad a+\lambda b,\qquad a+\lambda' b,$

在此四點所居線外之任一點爲 $r:(r_1,r_2,r_3)$; 及 r 連此四點之線爲 L_1,L_2,M_1,M_2。則 L_1 及 L_2 之方程式爲 $|x\,a\,r|=o$ 及 $|x\,b\,r|=o$; M_1 之方程式爲

$$|x\,\overline{a+\lambda b}\,r|=o,$$

即　　　　　　　　$|x\,a\,r|+\lambda|x\,b\,r|=o。$

同理,可得 M_2 之方程式。由是,L_1,L_2,M_1,M_2 之方程式爲

(2)
$$|x\,a\,r|=o,\qquad |x\,a\,r|+\lambda|x\,b\,r|=o,$$
$$|x\,b\,r|=o,\qquad |x\,a\,r|+\lambda'|x\,b\,r|=o。$$

　　P_1, P_2 與 Q_1, Q_2 成調和列點之條件爲 $\lambda' = -\lambda$。但此適與「L_1, L_2 與 M_1, M_2 成調和束線之條件」相同。故此兩定理已皆證明。

定理 3　調和分離爲射影性質。

　　如四圖,線向線上之射影,只須證明:若兩雙點 P_1, P_2 與 Q_1, Q_2 成調和列點,則其射影 $P_1'P_2'$ 與 $Q_1'Q_2'$ 亦成調和列點。既 P_1, P_2 與 Q_1, Q_2 成調和列點,則從定理 2,兩雙線 CP_1, CP_2, 與 CQ_1, CQ_2 亦成調和束線。再從定理 1,此兩雙點 P_1', P_2' 與 $Q_1'Q_2'$ 自成調和列點。

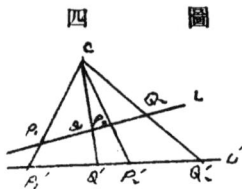

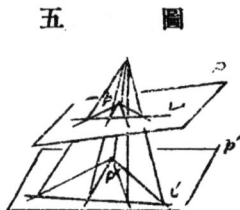

四　　圖　　　　　　五　　圖

　　面向面上之射影,只須證明調和束線之射影亦爲調和束線。如五圖,設面 p 中經過點 P 之四線爲調和束線,而證明其在面 p' 上之射影(卽經過點 P' 之四線)亦爲調和束線如下。既過 P 四線爲調和束線,則其被截線 L 所截之四點必成調和列點。因此,L 之射影 L' 截過 P' 四線之四截點亦成調和列點。故此過 P' 四線必爲調和束線(過 P' 四線卽五圖中過 P 四線之射影)。

　　調和分離能爲射影性質,就其定義而論,頗難預知。蓋其定義以距離之比爲基礎,而距離之本身實爲度量性質也。*

*原註　讀者或已電及調和分離之理論,先論有窮遠原素 (element) 再以其結果推廣至無窮遠原素,如以上各款之程序,似於一貫及優秀皆有缺乏。但此種論法別有原因,其理由所在至此已可明白。蓋既欲進論一射影性質,而又覺其進論之基礎建於距離之度量觀念爲較善。且距離之定義,只能下於有窮平面之中,而射影性質之定義必須下於廣義平面之全體。此所以調和分離之觀念,先就有窮遠原素立論之後;再推廣其涵義,使對於一切原素皆能有效耳。

凡以前所言射影之性質皆有對立之可能。因此，可公認 **四點所成之調和列點及四線所成之調和束線可作成對立圖**形由是，定理1及2爲對立定理。

例　　題

1.　設 L_1, L_2 及 M_1 爲經過 O 之不同三線。作一與 M_1 平行之線，此線與 L_1, L_2 交於兩點 P_1, P_2；P_1, P_2 之中點與 O 之連線爲 M_2；證明 M_2 爲 L_1, L_2 及 M_1 之第四調和線。

2.　設 P_1，P_2 及 Q_1 爲線 L 上之不同三點。作經過 P_1, P_2 之兩平行線 L_1, L_2，再作經過 Q_1 之線，此線與 L_1, L_2 之交點爲 A_1 及 A_2，在 L_2 上取一點 B_2，使 P_2 爲 $A_2 B_2$ 之中點，再作線 $A_1 B_2$，此線與 L 交點 Q_2，證明 Q_2 爲關於 P_1, P_2 之 Q_1 之調和共軛點。

6　　完全四邊形及完全四角形之調和性質

有許多「關於完全四邊形及完全四角形之調和列點及調和束線」在射影幾何中頗爲重要。

完全四邊形　一完全四邊形之兩頂，其連線不爲此完全四邊形之一邊者，謂之**對頂**。如六圖，一完全四邊形有三雙對頂，卽 P_1, P_2；Q_1, Q_2；R_1, R_2。此三雙對頂所決定之三線 $P_1 P_2, Q_1 Q_2, R_1 R_2$ 卽 p, q, r 謂之**對頂線**。此三條對頂線所成之三角形 PQR 謂之**對頂線三角形**。

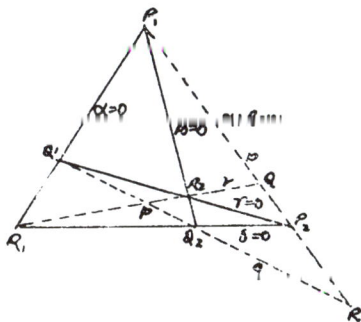

六　　圖

照第三編，5款，題 5，此完全四邊形之方程式 $\alpha = 0, \beta = 0, \gamma = 0, \delta = 0$ 可擇定其形式，使能合於下之 (1) 式，

(1)　　　　　　　　　　　　$\alpha+\beta+\gamma+\delta\equiv o$。

從此恆等式,可得各對頂線之兩方程式如下:

$$p:\qquad \alpha+\beta=o,\quad 或\quad \gamma+\delta=o,$$

(2)　　　　$q:\qquad \alpha+\gamma=o,\quad 或\quad \delta+\beta=o,$

$$r:\qquad \alpha+\delta=o,\quad 或\quad \beta+\gamma=o。$$

例如,因 $\alpha+\beta\equiv-(\gamma+\delta)$,則兩方程式 $\alpha+\beta=o$ 及 $\gamma+\delta=o$ 表相同之線,而此線顯為對頂線 p。其餘 q,r 之方程式可照此類推。

今就此完全四邊形之兩邊(交於 P_1 者)及對頂線 p(經過 P_1 者)考之。關於兩邊 $\alpha=o,\beta=o$ 之「對頂線 $\alpha+\beta=o$ 之調和共軛線」為 $\alpha-\beta=o$。此為何線?上圖暗示其為 P_1P,此即 P_1 與「兩對頂線 q,r 之交點」之連線。若此為真確,須能證明 $\alpha-\beta=o$ 為「q 之兩方程式之一」及「r 之兩方程式之一」之一次連合。今因

$$\alpha-\beta\equiv(\alpha+\gamma)-(\beta+\gamma),$$

則此能證明,已屬顯然。由是得下之完全四邊形之調和性質。

定理 $1a$　　一完全四邊形之兩邊被「其交點上之對頂線」及「其交點與他兩對頂線交點之連線」調和分離。[「其交點」即此兩邊之交點]。

讀者可作線 P_1P。

既 P_1 上兩雙線 $[P_1Q_1, P_1Q_2$ 及 $P_1P,P_1R]$ 成調和束線,則對頂線 r 截此兩雙線之截點 R_1,R_2 及 P,Q 必成調和列點。故得下定理:[*]

---

[*]此處雖但就六圖 P_1 上兩雙線言,實則其他各頂 P_2, Q_1, Q_2, R_1,R_2 上皆有同類之情形。例如 Q_1, Q_2 及 P,R 亦成調和列點;P_1,P_2 及 Q,R 亦成調和列點,此皆包括於定理 $2a$ 中。自定理 $1a$ 至定理 $3b$ 讀者宜作種種之圖研究之。六七兩圖不過略示其例而已。又此各定理證中所言亦但示其例而已,例如定理 $1b$ 中所謂兩頂不僅如證中所言邊 p_2 上兩頂(七圖)凡他邊上之兩頂無不合此定理 $1b$。

定理 $2a$　　完全四邊形之兩對頂被「其對頂線及他兩對頂線之兩交點」調和分離〔「其對頂線」卽過此兩對頂之對頂線〕。

因 R_1, R_2 及 P, Q 爲調和列點,則以此兩雙點與點 R 相連之兩雙線必爲調和束線。此兩雙線中之兩線 RQ 及 RP 爲對頂線 p 及 q;其他兩線爲 R 及兩頂 R_1, R_2 之連線,而此兩頂在第三對頂線上,〔以上云云,可參觀上之六圖〕,故得下定理:

定理 $3a$　　完全四邊形之兩對頂線被其交點與「第三對頂線上兩頂」之兩連線調和分離。

完全四角形　　以下所舉之定理與以上所舉諸定理對立。

定理 $1b$　　完全四角形之兩頂被「其連邊上之對邊點」及其連邊與「他兩對邊點之連線」之交點調和分離〔「其連邊」卽過此兩頂之邊〕。

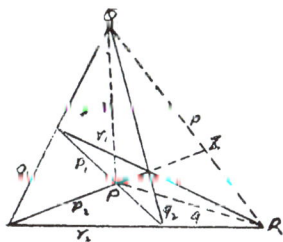

七　圖

證明此定理不必用對立之法,再照定理 1 之證明重寫一遍,只須證明(以此爲例)邊 p_2(七圖)上之兩頂被對邊點 P 及「p_2 與 q 之交點 X」調和分離,此從「在四線 q_1, q_2, r_1, r_2 所成之完全四邊形中,兩邊 q_1, q_2 被 p, r 調和分離」之事實,立可推知。

定理 $2b$　　此爲定理 $2a$ 之對立。其說明與證明讀者自可爲之。

定理 $3b$　　完全四角形之兩對邊點被「其連線與第三對邊點上兩邊之兩交點」調和分離〔「其連線」卽

此 兩 對 邊 點 之 連 線）。

例　　　　題

1.　　說 明 定 理 $2b$,並 證 明 之。

2.　　證 明 定 理 $3b$。

3.　　以 解 析 法 證 明 定 理 $1b$,以 定 理 $1a$ 之 證 明 之 對 立 證 之。

4.　　設 A,B,C 爲 完 全 四 邊 形 之 共 線 三 頂,並 設 M 爲(關 於 A, B) C 之 調 和 共 軛 點。證 明 M 及「C 之 對 頂」之 連 線 經 過 兩 對 頂 線 之 交 點(此 兩 對 頂 線 爲 依 次 經 過 A,B 兩 點 者)。說 明 其 對 立 定 理。

7　有三定原素,求作其第四調和原素　　調和分離之射影審定法　三 共 線 點 P_1,P_2 及 Q_1 爲 已 知,其 第 四 調 和 點 Q_2(Q_2 爲 能 與 Q_1 將 P_1,P_2 調 和 分 離 之 點)之 作 法 可 以 如 下。

　　如 八 圖,在 經 過 Q_1 之 線 上,擇 取 兩 點 A,C;
由 A 及 C 至 P_1 及 P_2 作 四 連 線。此 四 連 線 之 兩
新 交 點 以 B 及 D 表 之。則 線 BD 與「三 已 知 點
所 在 線」之 交 點 即 所 求 之 Q_2。其 理 如 下:P_1,P_2

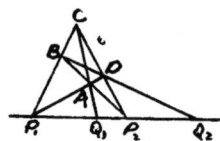

八　　圖

爲 完 全 四 角 形 $ABCD$ 之 兩 對 邊 點,Q_1,Q_2 爲「P_1,P_2 所 定 之 線」與
「第 三 對 邊 點 上 此 完 全 四 角 形 之 兩 邊」之 兩 交 點。故 從 6 欵,定 理 3
b,Q_1,Q_2 必 將 P_1,P_2 調 和 分 離。

　　從 此 法 可 知:若 P_1,P_2 及 Q_1,Q_2 爲 調 和 列 點,則 必 有 一 完 全 四 角
形 $ABCD$,其 六 邊 中 兩 邊 過 P_1,兩 邊 過 P_2,又 兩 邊 一 過 Q_1,一 過 Q_2。從
前 款 定 理 $3b$ 可 知 其 逆 爲 眞,即 如 有 兩 雙 點,其 對 於 一 完 全 四 角 形
有 此 種 關 係 時,必 爲 調 和 列 點 是 也。[此 兩 雙 點 須 爲 共 線]。故 得 下
定 理:

定理 $1a$　　一 線 上 之 兩 雙 點,在 (及 惟 在)「有 一 完
全 四 角 形,其 兩 雙 邊 各 過 其 一 雙 點 中 之 各 點,其 又 一

雙邊中之各邊各過其又一雙點中之各點」時, 爲(及方爲)調和列點。

從此定理, 可得一決定四點是否爲調和列點之方法, 此決定法純爲射影性質。倘調和分離之進論, 覺不由距離之度量性質開始爲適宜, 則儘可以此定理之內容爲調和分離之定義。

例　　　　題

1.　有共點三線, 求作其第四調和線。

2.　說明定理1a之對立, 並證明之。

3　兩雙點, 仕(及惟仕)有「一完全四邊形, 其一雙對頂適爲此兩雙點中之一雙點其此兩對頂之對頂線與他兩對頂線之交點適爲此兩雙點中之他一雙點」時, 爲(及方爲)調和列點, 試證之。說明此定理之對立。

8　一度量定理之射影的推廣　讀者當已知三角形之三中線爲共點之定理今可推此推廣, 得一範圍更廣之定理而即以「三中線共點之定理」爲其特例。

三角形一邊 L 之中點可作爲關於 L 上兩頂之「L 上無窮遠點之調和共軛點」。因此, 三中線爲共點之定理可以如下:從三角形各邊上之無窮遠點起, 仕各邊上各作其關於兩頂之調和共軛點(即各邊之中點), 則此三調和共軛點(即三邊之中點)與相對三頂之連線(即三中線)爲共點。

此三角形三邊上之三無窮遠點(每邊上一點)爲共線。若此三無窮遠點改爲不相同之任意三共線點(每點在此三角形之每邊上), 則此定理仍爲真確。

定理1　若在三角形各邊上各取一點所得之不

94　　　　　　近 代 幾 何 之 導 引

相同三點爲共線,則此三點之三調和共軛點(關於此三角形各邊上兩頂者)與其相對三頂之三連線爲共點。

　　設 $P_1 P_2 P_3$ 爲三角形;Q_1, Q_2, Q_3 爲其各邊上之點,而此三點爲共線;R_1, R_2, R_3 爲其關於各邊上兩頂之三調和共軛點如九圖〔R_1 爲關於兩頂 P_2, P_3 之 Q_1 之調和共軛點;R_2 爲關於 P_1, P_3 之 Q_2 之調和共軛點;R_3 爲關於 P_1, P_2 之 Q_3 之調和共軛點〕。

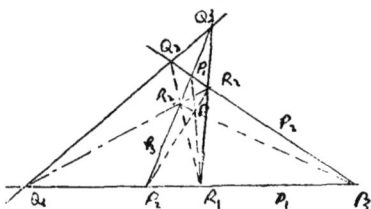

九　　圖

　　此圖精密作之,可得其暗示,卽三角形 $R_1 R_2 R_3$ 之各邊似與原三角形 $P_1 P_2 P_3$ 之相應各邊交於 Q_1, Q_2, Q_3,若確能如此,則此兩三角形間有 Desargues 氏三角形定理之關係,而其相應頂之連線 $P_1 R_1$, $P_2 R_2$, $P_3 R_3$ 爲共點;此定理已經證明。[圖中暗示之結果,是否眞確,尙須證明。故下文再證之]。

　　從圖可證其確能如此,例如欲證 Q_1, R_3, R_2 爲共線,只須以 Q_1 爲射心將線 p_3 射於線 p_2 上。p_3 上之三點 P_1, P_2 及 Q_3 射在 p_2 上爲三點 P_1, P_3 及 Q_2。因 R_3 爲 P_1, P_2 及 Q_3 之第四調和點,其射影應爲 P_1, P_3 及 Q_2 之第四調和點卽 R_2。因此 Q_1, R_3 與 R_2 必爲共線。

　　此宜注意者,中線共點定理雖爲度量定理,但其推廣定理(卽上之定理1)實爲一射影定理。

　　定理1之逆　若「在三角形各邊上各取一點所得之不相同三點」與其相對三頂之三連線爲共點,則「關於此三角形每兩頂之此三點之三個調和共軛

點」爲共線。

　　從此定理之假設,旣 P_1R_1, P_2R_2, P_3R_3 有一公共點P,則若能證明Q_1,Q_2,Q_3爲兩三角形$P_1P_2P_3$及$R_1R_2R_3$之三雙相應邊之三交點,自知此Q_1,Q_2,Q_3必爲共線(九圖)。此易證明如下。例如欲證明R_2R_3及P_2P_3交於Q_1,只須就完全四角形$P_1R_2PR_3$考察之。此完全角形之一雙邊經過P_2,又一雙邊經過P_3,第五邊經過R_1,從7款,可知其第六邊R_2R_3必經過「關於P_2, P_3之R_1之調和共軛點Q_1」。故R_2R_3與P_2P_3交於Q_1。

例　　　題

　　1. 定理1之對立　若過三角形之各頂各作一線所成之一[不]相同[三]線凡一點,則此三線之一調和共軛線(關於此三角形之每頂之兩邊者)與其對邊之三交點爲共線,試證明之。「凡過三角形ABC之頂A之線AD與A之對邊BC相[交]時,[即稱]AD與[其]對邊相交」。

　　2.　在上題中以三角形三內角之平分線爲經過各頂之不同三線時,應有何種度量定理?

　　3.　定理1之對立在性質上與定理1之逆同,試證之。

　　4.　試作定理1之解析證明。以$a:(a_1,a_2,a_3),b,c$爲P_1,P_2,P_3之坐標,則Q_1,Q_2,Q_3之坐標爲$Bb-Cc$, $Cc-Aa$, $Aa-Bb$, 此A,B,C爲常數(第三編,7款,題4)。故R_1,R_2,R_3之坐標爲$Bb+Cc$, $Cc+Aa$, $Aa+Bb$。(何故?)

　　再從視察上求出一點P,使其坐標旣可爲a及$Bb+Cc$之一次連合,又可爲b及$Cc+Aa$之一次連合,又可爲c及$Aa+Bb$之一次連合;或寫出三線P_1R_1, P_2R_2, P_3R_3之方程式而證明其爲一次相倚。

　　5.　試作「定理1之對立」之解析證明。

6.　設一三角形之三頂爲 a, b, c, 在此三角形各邊上各取一點所得不相同三點爲 R_1, R_2, R_3。試證此三點 R_1, R_2, R_3 與其對頂相連之三線,在(及惟在)此三點之坐標可寫成 $Bb+Cc$, $Cc+Aa$, $Aa+Bb$ 時,爲(及方爲)共點。(參觀題4)。〔R_1 之對頂即 R_1 所在邊之對頂, R_2 之對頂卽 R_2 所在邊之對頂,餘類推。〕

7.　說明前定理之對立。

8.　若過三角形之各頂各作一線所得之不相同三線爲共點,則此三線中兩線之調和共軛線(關於此三角形之邊者)與此三線中之又一線交於一點。試證明之。從此定理可得何種度量定理爲其特例?〔設三角形爲 $P_1 P_2 P_3$, 過其頂 P_1 之線爲 $P_1 R_1$, 則關於此三角形之邊之 $P_1 R_1$ 之調和共軛線卽關於 $P_1 P_2, P_1 P_3$ 之 $P_1 R_1$ 之調和共軛線,餘類推。〕

9.　若過三角形之各頂各作一線所得之三線爲共點,則「此三線之三調和共軛線(關於此三角形之邊者)所成之第二三角形」與「原有之三角形」間有 Desargues 氏三角形定理之關係。

10.　設完全四邊形之對頂線三角形爲已知,求作此完全四邊形。

若 Q_1, Q_2, Q_3 爲不相同之三共線點,且此中各點在三角形之各邊上;R_1, R_2, R_3 爲其調和共軛點(關於此三角形各邊上之兩頂者);則 $Q_1 R_1$, $Q_2 R_2$ 及 $Q_3 R_3$ 爲一完全四邊形之三雙「對頂」,而此完全四邊形之對頂線三角形卽原有之三角形。試證之。

11.　完全四角形之對邊點三角形爲已知時,作此完全四角形之法如何?試說明之,並證明其作法。

12.　若在「完全四邊形之對頂線三角形」之各邊上各取一點所得之不相同三點爲共線,則此三點之三調和共軛點(關於此完

理学卷（第二册） 科学通讯 第八期（1936）

第五編　　　　調　和　分　離　　　　97

全四邊形之頂者)亦爲共線,試證之。

　　解析證明法之指示。先設定對頂線三角形之各頂之坐標;再以此等坐標表此完全四邊形諸頂之坐標。參觀題10。

　　13.　從題12求出一關於「完全四邊形各對頂線之中點」之定理。[此各對頂線指其兩對頂間之一段,故有中點之可言。]

第 五 編

線 坐 標

1 點幾何及線幾何 在以上所研究之幾何中,常以點爲基本原素。故先定點之坐標,以曲線作爲點之軌跡而研究之。

但如以上各編所言,至少在對立原則之有效範圍內,線之重要正與點同,故必能有以線爲基本原素之幾何與以點爲基本原素之幾何互相對立,同有意義。以線爲基本原素之幾何以後謂之**線素幾何**,略稱**線幾何**(line geometry);以點爲基本原素之幾何卽尋常幾何,當其與線幾何相對並提時可謂之**點素幾何**,略稱**點幾何**(point geomtry)。

在線幾何中,必須以線定點;在點幾何中既線爲點列,在線幾何中可以點爲線束。就線幾何之目的而論,無論何種曲線應以切線定之而不以點定之,其詳見後。〔以線定點,即「以線爲原素而下點之定義」之意,定 (defined) 字之此種用法與一定之定不同。讀者應注意此節中之三定字皆作此解。〕

線幾何之第一問題爲規定平面中線之坐標。

2 齊次線坐標 (Homogeneous Line Coordinates)。 茲再述一已知定理:凡 x_1, x_2, x_3 之一次齊次方程式

(1) $$a_1x_1 + a_2x_2 + a_3x_3 = 0 \quad (a_1, a_2, a_3 \text{ 不全爲 } 0)$$

皆代表一線,其逆亦眞。

兩方程式

(2)　　　　　$2x_1 - 3x_2 + 4x_3 = 0,$　　　$2rx_1 - 3rx_2 + 4rx_3 = 0,$　　　$r \neq 0$

表相同之一線,此線之坐標須能使此線與他線有別〔即線不相同,其坐標亦必須有別〕。其方程式中一組係數適能爲此之用〔即可以此組係數爲此線之坐標,因線不同則其方程式之係數亦不同也〕。可爲線之坐標者,尚有比此組係數能更簡者否?

定義　以一線之方程式中之係數爲此線之齊次坐標。

例如 $(2,-3,4),(4,-6,8)$ 及 $(2r,-3r,4r)$ 爲線(2)之一組齊次坐標。(a_1,a_2,a_3) 及 (ra_1, ra_2, ra_3) 皆爲任意線(1)之齊次坐標。

因此,則一線必有無窮多之齊次坐標,而其中每兩坐標必成此例,乃顯而易見之事。其逆,凡任意三數共有 $\qquad$ 亦可序而不全爲 o 者皆爲惟一直線之齊次坐標〔惟一即獨一無二之意;例如 $(1,2,3)$ 三數,必有一線能以之爲坐標,亦只有一線能以之爲坐標〕。例如 $(2,0,0)$ 爲線 $2v_1 + 0v_3 = 0$ 之坐標。

任意一線可以 (u_1,u_2,u_3) 代之,而謂之線 u。

定理 1　設一點爲 $x:(x_1,x_2,x_3)$,則在(及惟在) x_1,x_2,x_3 能適於

(3)　　　　　$u_1x_1 + u_2x_2 + u_3x_3 = 0$

時,此點 x 在(及方在)線 $u:(u_1,u_2,u_3)$ 之上,〔即點 x 在線 u 上之必充條件爲(3)〕。

因線 u 之方程式爲

$$u_1X_1 + u_2X_2 + u_3X_3 = o,$$

此 (X_1,X_2,X_3) 爲流動坐標 (running coordinates);又因點 x 是否在此線上可從(3)是否成立而定;故此定理爲眞。

定義　設有一定點及一 u_1, u_2, u_3 元之方程式,若此方程式能(及只能)爲此定點上一切線之坐標所適合,則此方程式謂之此定點之線坐標方程式。〔「線坐標方程式」即「以線坐標爲元之方程式」。「u_1, u_2, u_3 元方程式」即「以 u_1, u_2, u_3 爲元之方程式」,例如 $2u_1 + 3u_2 + 4u_3 = 0$。(u_1, u_2, u_3) 爲線坐標,則「u_1, u_2, u_3 元之方程式」即「線坐標方程式」。此定義謂「一點之線坐標方程式」爲「線坐標方程式」之能(及只能)爲「經過此點之一切線之坐標」所適合者〕。

就幾何方面言之,此定義謂:在線幾何中,一點可作爲一線束。

從定理 1, 在(及惟在)

$$2u_1 + u_2 + 3u_3 = 0$$

時,線 u 能(及方能)經過點 $(2,1,3)$。故此方程式爲點 $(2,1,3)$ 之線坐標方程式。

定理 2　一點 $a: (a_1, a_2, a_3)$ 之線坐標方程式爲

$$a_1 u_1 + a_2 u_2 + a_3 u_3 = 0。$$

其逆,凡 u_1, u_2, u_3 元之一次齊次方程式(其係數不全爲 0 者)皆代表一點。

此定理之證明讀者可自爲之。

點及線間之解析對立　點幾何及線幾何之根本情形,今已可得而言矣。在點幾何中,點有坐標而線有方程式〔且線之方程式以點之坐標爲元〕; 在線幾何中,則線有坐標而點有方程式,且點之方程式亦以線之坐標爲元。

此兩幾何之關係爲一重要條件(3)〔即點 x 在線 u 上之必充條件〕所連絡。因(3)就諸 x 及諸 u 爲對稱,此兩幾何間之關係爲交

互 (reciprocal)。不但線之坐標爲其點坐標方程式之係數,而點之坐標亦爲其線坐標方程式之係數。例·如

	坐　標	方　程　式
點	$a:(a_1,a_2,a_3)$	$a_1u_1+a_2u_2+a_3u_3=0$,
線	$a:(a_1,a_2,a_3)$	$a_1x_1+a_2x_2+a_3x_3=0$。

　　此點線間之交互關係爲「點線間幾何上交互關係」之解析複產物。換句話說,吾人早經熟知之幾何的對立,今已植其相應之解析的對立之基礎矣[*]。

<h3 style="text-align:center">例　　題</h3>

　　1　何爲 u 軸之坐標?何爲無窮遠線之坐標?經過原點及斜率爲 2 之直線,其坐標爲何?

　　2.　設二線之坐標依次爲

　　　　(a)　$(1,1,-1)$;　(b)　$(1,-1,0)$;　(c)　$(\ ,1,\ )$;

求代表此各線之一切坐標.

　　3.　以下事方程式所表目爲同物

　　　　$2u_1-3u_2+u_3=0$;　$u_2-u_3=0$;　$u_1=0$。

　　4.　何爲原點之線坐標方程式?在斜率爲 $\frac{1}{2}$ 之方向之無窮遠點,其線坐標方程如何?

　　3　一種記號　廣義平面中之解析幾何,以點及線之齊次坐標將其進論時,其所論者爲有次序之三數組:(a_1,a_2,a_3),(x_1,x_2,x_3),(u_1,u_2,u_3)。此種三數組之連合,已證明其重要者,爲

---

[*]原註　以線爲基本原素,實始於 Pluecker 氏,一種觀念能歸功於一人且能爲之保證有如氏之於此者實非常見之事。1829 年氏介紹線坐標(正與此處所定者相同),並進論點線間之解析對立。

$$a_1x_1+a_2x_2+a_3x_3, \quad u_1x_1+u_2x_2+u_3x_3。$$

在進論之前,此類算式宜採用適宜之記號以便討論如下:

若$a:(a_1,a_2,a_3),b:(b_1,b_2,b_3)$爲兩任意有序之三數組,則算式

$$a_1b_1+a_2b_2+a_3b_3$$

以記號$(a\,|\,b)$表之,卽

$$(a\,|\,b)\equiv a_1b_1+a_2b_2+a_3b_3。$$

如是則直線 $a:(a_1,a_2,a_3)$之方程式爲$(a\,|\,x)=o$,而點 x 在線u上之條件爲$(u\,|\,x)=o$。

例題　　作成記號$(a\,|\,b)$之運算律 (laws of operation) 如下:

$$(a\,|\,b)=(b\,|\,a), \quad (\overline{a+b}\,|\,c)=(a\,|\,c)+(b\,|\,c),$$

$$(ka\,|\,b)=k(b\,|\,a), \quad (\overline{ka+lb}\,|\,c)=k(a\,|\,c)+l(b\,|\,c)。$$

此k,l皆爲一尋常之數。

4　點線間之解析對立　點線間之解析對立,以下列各行明之,較爲明顯。

點		線	
坐　標	方程式	坐　標	方程式
(a_1,a_2,a_3)	$(a\,|\,u)=o$	(a_1,a_2,a_3)	$(a\,|\,x)=o$
(b_1,b_2,b_3)	$(b\,|\,u)=o$	(b_1,b_2,b_3)	$(b\,|\,x)=o$
(c_1,c_2,c_3)	$(c\,|\,u)=o$	(c_1,c_2,c_3)	$(c\,|\,x)=o$

吾人已經注意及:當判定若干線之是否爲一次相倚時,就其方程式判定可,就其方程式之係數判定亦可,二者相同,無所分別;以前所謂線之方程式之係數今已爲線之坐標,判定若干點之是否一次相倚,其情形亦復如是;卽就其坐標判定或就其方程式判定,二者亦同。

定理 1 a　　兩點,在(及惟在)其坐標或方程式爲一次相倚時,爲(及方爲)相同。

定理 2 a　　三點,在(及惟在)其坐標或方程式爲一次相倚時,爲(及方爲)共線

定理 1 b　　兩線,在(及惟在)其坐標或方程式爲一次相倚時,爲(及方爲)相同。

定理 2 b　　三線,在(及惟在)其坐標或方程式爲一次相倚時,爲共點。

再就不同兩線之交點及不同兩點之連線考之得

定理 3 a　　兩點 a,b 之連線之方程式爲

$$|xab|=o,$$

此線之坐標爲

$$|a_2a_3|,\quad|a_3b_1|,\quad|a_1b_2|,$$

定理 3 b　　兩線 a,b 之交點之方程式爲

$$|uab|=o,$$

此點之坐標爲

$$|u_2b_3|,\quad|u_3b_1|,\quad|u_1b_2|。$$

定理 $3a$ 之前部,前巳言之.至其第二部即可由是推知;蓋一線之方程式係數即此線之坐標,而 $|xab|=o$ 中 x_1,x_2,x_3 之係數適爲此三行列式 $|a_2b_3|$, $|a_3b_2|$, $|a_1b_2|$ 也。

此值得再與第二證明。照一點之方程式之定義,可知兩點 a,b 之方程式

$$a_1u_1+a_2u_2+a_3u_3=o,\quad b_1u_1+b_2u_2+b_3u_3=o$$

之 o,o,o 外之聯立解爲此兩點連線之坐標。故 $|a_2b_3|$, $|a_3b_1|$, $|a_1b_2|$ 爲此線之坐標。

定理 4 a　「不同兩點

定理 4 b　「不同兩線

a,b 所定之點列」中之任意一點爲 $ka+lb$; 或「兩點 $(a\mid u)=o, (b\mid u)=o$ 所定之點列」中任意一點之方程式爲	a,b 所定之線束」中之任意一線爲 $ka+lb$, 或「兩線 $(a\mid x)=o, (b\mid x)=o$ 所定之線束」中任意一線之方程式爲
$$k(a\mid u)+l(b\mid u)=o。$$	$$k(a\mid x)+l(b\mid x)=o。$$

定理 $4a$ 之第一部及定理 $4b$ 之第二部前已言及其餘兩部可直接由是推知。例如點 $ka+lb$ 之方程式爲 $\overline{(ka+lb}\mid u)=o$, 而此可化爲 $k(a\mid u)+l(b\mid u)=o$。

　　在未知線坐標之前,吾人所用者,於點只有坐標,於線只有方程式。今則於點線二者皆有坐標及方程式可備吾人之用矣。至用坐標或方程式,大抵儘可隨意。倘欲專用坐標,亦未嘗不可,此種情形,可以下例明之。

　　例　設有一點 $(1,2,-1)$ 及兩線 $(2,1,3),(1,-1,0)$; 求此點及此兩線交點之連線之坐標。

　　所設兩線之交點上之任意線之坐標爲 $(2k+l,k-l,3k)$ (此從定理 $4b$ 可知)。此線經過點 $(1,2,-1)$, 則
$$2k+l+2(k-l)-3k=o,$$
即 $k-l=o$。因此,若 $k=l=1$, 則此線經過 $(1,2,-1)$。故所求之線爲 $(3,0,3)$ 即 $(1,0,1)$。[所設兩線即本例所設之線 $(2,1,3),(1,-1,0)$]。

例　　題

　1.　求兩點。
$$3u_1+4u_2-11u_3=0, \quad 5u_1-3u_2+u_3=0。$$
之連線之坐標。

本刊廣告價目表

等級	地位	全頁目	半頁目
甲	底封面外頁	伍拾元	
乙	封面裏頁及底封面裏頁	三十五元	二十元
丙	封面裏頁之對面	二十五元	十五元
丁	普通	二一元	十二元

一、乙丙丁四分之一頁按照半頁價目折計算
二、廣告概用白紙黑字如用彩印色紙另目另議
三、廣告如用銅鋅版由本刊代辦照版費
四、連登多期價目從廉請逕函本校出版處經理組接洽

科學學院科學通訊投稿簡章

一、投稿不拘文言白話凡中英德法文均所歡迎
二、談言教材叢錄書評消息均以科學為範圍
三、投寄之稿如係翻譯請附寄原本並須將原文書名出版日期及地點詳細開示
四、打印之稿務望繕寫清楚並加新式標點凡外國文字名稱請註明姓名以便通訊加蓋印章俾資稽核
五、來稿請註明姓名住址以便通訊
六、投寄之稿無論登載與否槪不退還預有聲明備用如須退回者請先在信內聲明
七、投寄之稿經本刊揭載後每篇酌贈薄酬送本刊若干本
八、投寄之稿經本刊揭載後版權卽歸本校出版委員會所有
九、有另行約定之稿曾有酌量增删之權如投稿時聲明不在此限
十、投寄之稿應逕寄上海徐家滙交通大學科學學院科學通訊編輯委員會

中華民國二十五年三月出版

科學通訊 第八期

編輯者　交通大學科學學院
發行者　交通大學出版處　上海徐家滙
印刷者　上海中國科學公司
代售處　上海　世界出版社　作者書社　正中書局　光華書局　新光書店　大公報社代辦部　蘇新書社　黎明書局　上海雜誌公司
　　　　南京　志恆書店
　　　　天津　世界書局
　　　　漢口　世界書店
　　　　武昌　學生書店
　　　　安徽　廣州圖書消費合作社　廣州　雲南文化書店　雲南

版權所有

本刊價目

每册大洋一角　預訂壹元四角　國外另加郵費
（全年八册）

科學學院科學通訊編輯委員會

顧問（科學院長兼物理系主任）徐名材（化）
委員（科學院研究部主任）胡剛復（數）
范會國（算）　武崇甫（數）　周銘（理）　顧澄（總編輯）
觀復理　時昭涵（化）　嗣賢（化）

科學通訊

黎照寰

第二卷　第一期

（總九）

中華民國二十五年四月　　　　上海交通大學科學學院編輯

本 刊 啓 事

　　本刊自去年四月起至今年三月止一年八期已經出齊，合成第一卷。本期爲第二卷第一期。以後每卷第一期皆在四月，第八期皆在下年三月出版。每年二·七·八·九月因寒暑假停出，其他各月皆月出一册，恐未周知，特此聲明·

國立交通大學研究所

本所成立以來設置（一）工業研究部分設設計材料機械電氣物理化學等組（二）經濟研究部分設社會經濟實業經濟交通管理會計統計等組除按照所訂計畫進行研究外歷承各路局各機關（如中國工程師學會上海市公用局義興公司等）託辦各項研究及試驗工作薄有貢獻關於上列諸組事項如蒙各界垂詢請惠臨上海徐家匯本所面洽或函商可也此布

科 學 通 訊

第 二 卷　　第 一 期

目　　錄

本 校 出 版 刊 物

一. 期 刊

1. 交大季刊	每冊三角	全年一元
2. 交大三日刊	半年五角	全年一元
3. 科學通訊（全年八期）	每冊二角	全年一元四角
4. 管理二月刊（全年五期）	每冊四角	全年一元六角

二. 本 校 一 覽

1. 中文本	每冊四角
2. 英文本	每冊六角

三. 本 校 研 究 所 編 輯 刊 物

1. 油漆試驗報告, 第一號	每冊二角
2. 油漆試驗報告, 第二號	每冊六角
3. 地下流水問題之解法（英文本）	每冊三角
4. 美國鐵道會計實務, 第一編（英文本）	每冊六角
5. 解決中國運輸問題之途徑（英文本）	每冊四角
6. 解決中國運輸問題之途徑（譯本）	每冊三角
7. 鐵路零担貨運安全辦法	每冊四角

經 售 處　　　　本 校 出 版 處

談　言

應用無理方程式之一問題

顧　澄

十期裏……中學生談話，亦借此問題略談無理方程式之本身．此談雖若冗長支蔓，眉目不清，統系缺乏．但欲眉目分明，辭句簡潔，統系秩然，莫如美國代數教科書之佳本．此談儘可不作．此談之目的，正欲談些教科書中……欲使學生明瞭而後已．如是則……如……重 6 之五款中……層層訊問，令學生作答，而後再自 7 款起重講一遍．私意中……智慣，若欲講 9 款，不能不先講 7，8 兩款所有無理方程式本身所有之規約及理論略略悟及，使 9 款之作用易於明白．至於 10 及 11 兩款，不過附帶之談資，使學生略有興味，引其思想活變，勿陷呆版而已．

……

$$\sqrt{16-x^2}+\sqrt{9-x^2}=…… \tag{1}$$

因

$$(\sqrt{16-x^2})^2-(\sqrt{9-x^2})^2=7, \tag{2}$$

以(1)除(2)得

$$\sqrt{16-x^2}-\sqrt{9-x^2}=\frac{7}{2}. \tag{3}$$

(1)加(3)得

$$2\sqrt{16-x^2}=\frac{11}{2},$$

即

$$16-x^2=\frac{121}{16},$$

即
$$x = \frac{3\sqrt{15}}{4} \text{ 或} - \frac{3\sqrt{15}}{4} \tag{4}$$

因

$$\sqrt{16 - \left(\frac{\pm 3\sqrt{15}}{4}\right)^2} + \sqrt{9 - \left(\frac{\pm 3\sqrt{15}}{4}\right)^2} = \sqrt{16 - \frac{135}{16}} + \sqrt{9 - \frac{135}{16}}$$

$$= \frac{11}{4} + \frac{3}{4}$$

$$= \frac{7}{2} \neq 2,$$

故(4)之二數皆不能滿足(1),而此(1)為無根.

2. 設三角形 ABC 三邊為 a,b,c 如右圖,求其高 AD.

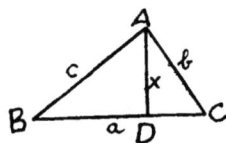

一 圖

令 $x = AD$,則

$$\sqrt{c^2 - x^2} + \sqrt{b^2 - x^2} = a \tag{5}$$

如 $a=2$, $b=3$, $c=4$; 則以之代入(5),即得上之方程式 (1). 上已證明 (1)為無根,豈非此三角形將為無高?然此三角形明明有高(2,3,4合於兩邊之和大於他一邊之條件,此三邊確能成一三角形,一定有高).應用方程式(1)何以不能求得此三角形之高?請中學生試思之.

3. 聰明學生必答曰.此 $a = 5$, 則此三角形為直角三角形,而 c 為直角.今此題 $a = 2 < 5$, 故此三角形應為下二圖之形式.解此問題應用方程式

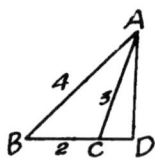

二 圖

$$\sqrt{16 - x^2} - \sqrt{9 - x^2} = 2 \tag{1'}$$

不應用方程式(1).

此答誠然.試再問曰.如不言明三邊為 $2,3,4$ 而但言三邊為 a,b,c 之任意三角形,則如何?

聰明學生必又答曰,可先同時寫出兩方程式

$$\sqrt{c^2-x^2}+\sqrt{b^2-x^2}=c \qquad (5)$$

$$\sqrt{c^2-x^2}-\sqrt{b^2-x^2}=c \qquad (5)'$$

而註明如 $a^2+b^2>c^2$　則用(5),

$\qquad a^2+b^2<c^2$　則用(5)'.

試再問曰,用(5)或(5)'所得之結果是否相同,必再答曰同.試再問曰,結果旣同,則何必分別用(5)成(5)'.必再答曰,因照代數中無理方程式之規約,必有此分別解法方合理且.

4. 以上諸答皆合,但此諸答案,實因此題甚淺近,可憑淺顯之幾何定理,先由 $a^2+b^2>c^2$ 及 $a^2+b^2<c^2$ 以判所求之高在三角形內(如一圖)及三角形外(如二圖),再憑此以定用(5)或(5)'耳.如遇應慎難之問題須用極複雜之無理方程式,則此種分別即不易看出.且以代數取幾何,往往須利用代數之力以求出幾何上之情形.例如右第三圖求從一點 P 作雙曲線之切線.在直覺上似乎可作四切線而實則只能作二切線.又直覺上似乎能有特種直線可與此雙曲線交於四點實則決無此種直線.何以知之?可利用代數之力知之(例如 $y=mx+c$ 與

$$\frac{x^2}{a^2}-\frac{y^2}{b^1}=1$$

只有相同或不同之四種聯立解,

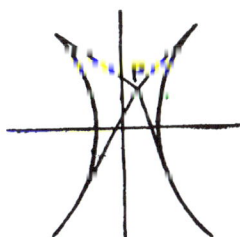

三　　圖

決不能有不相同之四種聯立解,故決不能有與雙曲線交於四點之直線). 今設不用 $a^2+b^2>c^2$ 及 $a^2+b^2<c^2$ 以定用(5)及(5)' 則如何?

5. 糊塗學生必答曰量出 a,b,c 之長用圓規作一精密之三角形,即可看出 AD 在三角形內或三角形外而定用(5)或(5)'.若照此種答法,則 AD 亦可精密作出,量出其長,不必用代數求之矣.須知作圖計算不過借圖以明算法之步驟而已,遇 C 角與直角相

上海交通大学百年报刊集成·第一辑（1896—1949）·学术学科

差極微之三角形,且微至目力辨不出 AD 在三角形之內或外(及不准用 $a^2+b^2>c^2$ 及 $a^2+b^2<c^2$ 以決定其在三角之內或外)時,則試問從何決定用(5)或(5)'?若因此而無法決定用(5)或(5)',則豈非代數之力將小至連此種淺近應用題都不能解決?

必又答曰,如是則任解'(5)或(5)'式,求出其結果以為所求之高可耳.試再問設所得結果不能滿足所取之方程式（例如仍令 $a=2$, $b=3$, $c=4$ 而所取之方程式為(1),則所得之根不能滿足(1)),則此所得結果不幸算錯亦至多不能滿足所取之方程式.此算錯之結果是否亦可為此所求之高?

6. 聰明學生答曰,此自然不可.然則用無理方程式求此高應如何?答曰仍以 $a=2$, $b=3$, $c=4$ 為例,先用(1)求之,所得結果如能滿足(1),則以其正根為所求之高（負根當然不用),且可決定 AD 在三角形內.所得結果如不能滿足(1),則用(1)'求之,所得之根必能滿足(1)',則以其正根為所求之高,且可決定 AD 在此三角形外.如此則此例不必先用他法決定 AD 在三角形之內或外,而後決定用(1)或(1)'.反可遞(1)及(1)'以決定 AD 在此三角形之內或外矣.故此例從(1)所得之根雖不能滿足(1),而(1)為無根;然決不能因此斷此三角形為無高,而只能因此斷 AD 不在此三角形內,且因此可知所得之根雖不能滿足(1)而必能滿足(1)'.

此答極好,今再就代數中無理方程式之本身及其應用方法略談如次.

7. 凡類於 $\sqrt{a^2-x^2}$ 之二次根式本有正負兩值.普通代數書中皆以 $\sqrt{a^2-x^2}$ 表其正值,以 $-\sqrt{a^2-x^2}$ 表其負值,以資計算上之便利,實是一種規約,此規約既定,則方程式

$$\sqrt{16-x^2}+\sqrt{9-x^2}=2 \qquad\qquad (1)$$

中之 $\sqrt{16-x^2}$ 及 $\sqrt{9-x^2}$ 當然皆但取其正值而不取其負值.又所謂方程式之根必須能滿足此方程式.今憑 (I) 求得之 $\dfrac{3\sqrt{15}}{4}$ 或 $-\dfrac{3\sqrt{5}}{4}$ 既皆不能滿足此(I),則當然皆非(I)之根.專就代數方面立論,此種說法當然極好;且必如此說法方能辨別 $\dfrac{3\sqrt{15}}{4}$ 是否爲(I)之根,而不至誤以

$$\sqrt{16-x^2} - \sqrt{9-x^2} = 2 \qquad\qquad (II)$$

之根爲(I)之根.例如照普通方法解此(I), (II),將其寫在兩方以資對照如下:

$\sqrt{16-x^2} = 2 - \sqrt{9-x^2},\quad$ (I)'	$\sqrt{16-x^2} = 2 + \sqrt{9-x^2}\quad$ (II)'
$16-x^2 = 4 - 4\sqrt{9-x^2} + 9 - x^2$	$16-x^2 = 4 + 4\sqrt{9-x^2} + 9 - x^2$
$3 = -4\sqrt{9-x^2}$	$3 = 4\sqrt{9-x^2}$
$9 = 16\,(9-x^2)\quad$ (I)''	$9 = 16(9-x^2)\quad$ (II)''
$x = \pm\dfrac{3\sqrt{15}}{4}$	$x = \pm\dfrac{3\sqrt{15}}{4}$

由此可知(I), (II)雖本不同,而依次算至(I)'', (II)''忽變爲相同.因此所得結果亦遂不能不同.稍不留意即易誤以(II)之根爲(I)之根.至(I),(II)本是不同,何以算至(I)'', (II)''即變爲相同,此實由於將其上一式兩邊平方之故.閱者自能一望而知,不必細論.(惟中學生所宜注意者,$x-3=0$ 本只有一根3.若改寫爲 $x=3$,再兩邊平方之爲 $x^2=9$,再解之得 $(x-3)(x+3)=0$,即多出一根 -3.然此 -3 決非原方程式 $x-3=0$ 之根.故用兩邊平方法時,必須將所得結果代入原方程式中驗之,以察其是否爲原方程之根).

8.　但於此尚有一問題,即 $\pm\dfrac{3\sqrt{15}}{4}$ 既非(I)之根,則是否尚

有他法可求得(I)之根?此從上之 $3=-4\sqrt{9-x^2}$ 可斷(I)爲無根,因其左邊爲正數 3, 而其右邊只能爲 0, 負數, 虛數三種, 決不能左右相等也. 此 $3=-4\sqrt{9-x^2}$ 雖已非(I)之本身, 但用兩邊平方法, 只能增出客根而不能失去原根, 故 $3=-4\sqrt{9-x^2}$ 旣無根, 則(I)亦必無根. 即就(I)之本身說明其無根亦非難事. 從(I)之左邊可知惟 $x=o$ 時

$$\sqrt{16-0}+\sqrt{9-0}=4+3=7$$

方是整數, 然 7 不等於 2. x 爲 o 以外之數時, $\sqrt{16-x^2}+\sqrt{9-x^2}$ 皆爲無理數或虛數決不能等於整數 2. 故可知(1)決無根. 欲免視代數如機械, 盲目應用, 發生錯誤. 此種討論, 極爲重要, 學生於此類情形, 宜常討論, 養成習慣.

9. 由上所言, 可知代數中欲理論謹嚴, 分別(I), (II). 自須有上言之規約, 而認(I)爲無根. 但施之實用而得 $\sqrt{b^2-x^2}$ 時, 往往不易決定其應取正值或負值. 凡實用上所得之方程式如

$$\sqrt{a^2-x^2}+\sqrt{b^2-x^2}=c$$

之類. 應先寫作

$$\pm\sqrt{a^2-x^2}\pm\sqrt{b^2-x^2}=c,$$

作爲四個方程式, 而後分別察其四式中何式合於應用問題. 再以 2 中應用問題爲例, 須先寫作

$$\pm\sqrt{16-x^2}\pm\sqrt{9-x^2}=2, \qquad\qquad (\text{III})$$

次察知因右邊爲正數,

$$-\sqrt{16-x^2}-\sqrt{9-x^2}=2 \qquad\qquad (\text{IV})$$

當然不能用, 又因 $16>9$,

$$-\sqrt{16-x^2}+\sqrt{9-x^2}=2 \qquad\qquad (V)$$

之左邊爲負數或虛數, 此(V)當然亦不能用. 於是四個方程式中, 只

有兩個

$$\sqrt{16-x^2} + \sqrt{9-x^2} = 2, \qquad\qquad \text{(I)}$$

$$\sqrt{16-x^2} - \sqrt{9-x^2} = 2, \qquad\qquad \text{(II)}$$

須再察其孰為可用.於是用上言之法察知(I)為無根,如是則僅餘(II)式,求得其根為 $\pm\dfrac{3\sqrt{15}}{4}$. 高為正數,負根當然不適用;故所求之高為 $\dfrac{3\sqrt{15}}{4}$.且因僅(2)可用,知此高必在三角形外.

　　再設 2 中三角形之三邊 a,b,c 依次為 $\sqrt{7},3,4$ 而求其高 AD (如一圖). 則

$$\pm\sqrt{16-x^2} \pm \sqrt{9-x^2} = \sqrt{7}.$$

此仍如前作為四個方程式,其中

$$-\sqrt{16-x^2} - \sqrt{9-x^2} = \sqrt{7},$$

$$-\sqrt{16-x^2} + \sqrt{9-x^2} = \sqrt{7},$$

仍如前例,皆不適用.但其餘兩方程式

$$\sqrt{16-x^2} + \sqrt{9-x^2} = \sqrt{7},$$

$$\sqrt{16-x^2} - \sqrt{9-x^2} = \sqrt{7},$$

末兩式皆可用,此高可認為在三角形內,亦可認為在三角形外,似乎離奇.實則所在既兼內外,其地位必在內外之間,故此高必為此三角形之一邊. $b=3$, 故此高卽為 b 邊而此三角為直角三角形.(又從 $\sqrt{9-3^2}=0$ 知 $DC=0$,可斷此三角形為直角三角形).

　　10. (III)所代表之四個方程式(IV),(V),(I),(II)中,既(IV),(V)兩式必不可用,則所餘僅(I),(II)兩式.再從一二兩圖,依次知 $BD+DC=DC=a$ 及 $BD+DC=BC=a$, (BD 為正,則第二圖之 DC 為負). 故此(I),(II)兩式亦可寫作

$$\sqrt{16-x^2} + \sqrt{9-x^2} = 2, \qquad\qquad (VI)$$

而認 $\sqrt{9-x^2}$ 有兩值,卽 $\pm\sqrt{9-x^2}$.於是如前之(I)′,(II)′求之如下,

$$16-x^2 = 4-4\sqrt{9-x^2}+9-x^2,$$

$$3 = -4\sqrt{9-x^2}.$$

此 $\sqrt{9-x^2}$ 雖仍含有兩值,仍無異兩方程式.但再進一步,得

$$9 = 16(9-x^2) \qquad\qquad (VII)$$

則右邊不能再分兩值,而不復有兩方程式之形迹.但旣知 (I),(II)
兩方程式中,必有一方程式可用,則不妨卽以從 (VII) 求得之正
根 $\dfrac{3\sqrt{15}}{4}$ 爲所求之高.再以此正根代入(VI)之左邊,以察 $\sqrt{9-x^2}$ 應
取何值始合於(VI).在此例知應取其負值,於是知此三角形有二
圖 $BD+DC=BC$ 之情形,而可斷定高 AD 在三角形外.此種應用無
理方程式之法,雖不合代數之正規.但在應用上亦有便利之處.

　　11　英國 Charles Smith 氏 A Treatise on Algebra (卽吾國以前
從日譯所謂查理斯密大代數)1905 年版 p. 120, Ex. 2 解方程式

$$\sqrt{2x+8} - 2\sqrt{x+5} = 2 \qquad\qquad (a)$$

得 $x=4$ 或 -4 後,竟認爲(a)式之根,但照上言規約, $\sqrt{2x+8}$ 及 $\sqrt{x+5}$
皆作爲正值,則

$$\sqrt{24+8} - 2\sqrt{4+5} = 4-6 = -2 \neq 2,$$

$$\sqrt{2(-4)+8} - 2\sqrt{-4+5} = 0-2 = -2 \neq 2,$$

而 4 及 -4 皆不能滿足(a);無一能爲(a)之根,而(a)實爲無根.似乎一
種極大之錯誤.然以 Smith 之程度何以竟至此種淺近易明之錯
誤尚不能知.且此書在外國銷行甚廣,何以用此書者對於此種錯
誤亦皆熟視無視,豈非怪事.實則 Smith 氏並未用 $\sqrt{2x+8}$ 等專表
其正值之規約,其視此

$$\sqrt{2x+8}-2\sqrt{x+5}=2 \qquad\qquad (a)$$

實同於

$$\pm\sqrt{2x+8}\mp2\sqrt{x+5}=2. \qquad\qquad (b)$$

此觀其 p.120 末及 p.130 上之註語可知．如此則在 Smith 氏之意 (a) 實代表 (b) 之四方程式．在 (b) 左代入 4 及 −4 後得 ±4∓6 及 0∓2 而皆爲 −2 及 2．於是此 4 能滿足 (b) 中

$$-\sqrt{2x+8}+2\sqrt{x+5}=2$$

一方程式；及 −4 能滿足 (b) 中

$$+\sqrt{2x+8}+2\sqrt{x+5}=2$$

$$-\sqrt{2x+8}+2\sqrt{x+2}=2$$

而方程式，故視 4 或 −4 爲 (a) 之根耳．就有此語說明不與他書所定規約，而視 (a) 爲 (b)，則自有其立脚點亦即不能謂之錯誤．但終不及定一規約以 $\sqrt{2x+8}$ 及 $\sqrt{x+5}$ 皆專表正值，如上 7,8,9 中所言，在理論及應用上較爲清晰與嚴密．

　　至 Smith 氏之用意，或亦因在應用上較爲便利，如 10 中所言之類．但理論之嚴密，正以防應用之錯誤．謂 Smith 錯誤固不可．然 Smith 氏之法亦不必用．例如援用其法，雖可求得 2 中設題之高，而不易決定此高在三角形內或三角形外．若照 7,8,9 法，則一見 (I) 爲無根卽可知此高必在三角形外．但亦不可因 (I) 爲無根，卽不加思索，而認 2 題之三角形爲無高耳．要之以數學施於實用，須活變而不可呆版；尤必先注意數學上之理論而後能應用無誤．若但記些死公式死方法，不惟理論學不進去，且應用必更易錯誤矣．

教　材

射鏡及透鏡公式之討論

趙　富　鑫

各種物理教科書中,對于射鏡及透鏡公式之討論,殊爲簡略. 故學者于運用此公式以計算各種習題,如各式透鏡射鏡之組合等,每感困難.玆就此二公式詳細討論之,且進而討論球面折射面及兩旁介質不同之透鏡,并各示一簡易之推算法.至于各種公式之來源,則不再贅.

(一)射鏡公式 (Mirror Equation)

一　實物及虛物(Real Object and Virtual Object)

普通之實物,可視爲一個或許多點光源所組成.光線由此發散,其入射于鏡上之光爲發散波(Divergent Wave). 故實物者,入射光線(Imident Rays)由之發散之點也.實際上入射光線經過此點(圖一 a).

然有時入射光爲會聚波(Convergent Wave),向射鏡後一點或許多點會聚.若無射鏡,則在光之會聚點成一實像.于是對射鏡言之,此點卽可稱爲虛物.故虛物者入射光線向之會聚之點也.實際上入射光線不經過此點(圖一 b).

二　實像及虛像(Real Image and Virtual Image)

光由射鏡返射時,若返射光爲會聚波,則其會聚點有一實像

理学卷（第二册） 科学通讯 第二卷 第一期（1936）

(Real Image).卽以白紙置于此點,紙上現一明晰之像.故實像者,返射光線向之會聚之點也.返射光線經過此點.(圖一c).

　　光由射鏡返射時.若返射光爲發散波,則不能成實像,而返射光線若自鏡後一點發出.實際上則幷不經過此點.此點卽爲虛像.故虛像者,返射光線由之發散之點也.(圖一d).

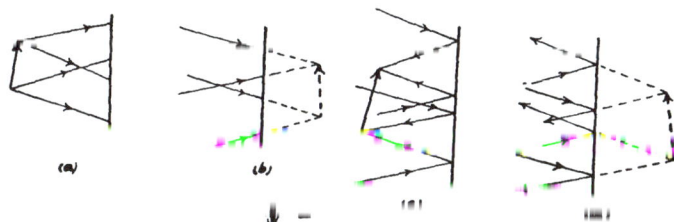

(a)　　　(b)　　　(c)　　　(d)

三　　射鏡公式

普通之射鏡公式爲

$$\frac{1}{u} + \frac{1}{v} = \frac{2}{R}$$

　　u 爲物距(Object Distance),卽自鏡面頂點 (Pole or Vertex)沿主軸(Principal axis)至物點之距離.

　　v 爲像距 (Image Distance),卽自鏡面頂點沿主軸至像點之距離.

　　R 爲半徑 (Radius),卽自鏡面頂點沿主軸至鏡面中心之距離.

　　此三距離,俱自鏡面頂點量起.若量時方向與入射光線相反,則此距離爲正,若相同,則爲負.故凹面之半徑爲正,凸面之半徑爲負.實物之物距爲正,虛物之物距爲負.實像之像距爲正,虛像之像距爲負.

四　主焦點及焦距

若入射光線平行于主軸,則凹鏡之返射光線會聚于主軸上之定點,而凸鏡之返射光線,則由鏡後主軸上之定點發散.反之,如實物置于凹鏡前主軸上之定點,或虛物在凸鏡後主軸上之定點,則返射光線平行于主軸.此定點曰主焦點(Principal Focus).簡稱焦點.故主焦點者,入射光線平行于主軸時,返射光線向之會聚,或由之發散之點也.亦返射光線平行于主軸時,入射光線向之會聚,或由之發散之點也.換言之,即物在無限遠時之像點,或像在無限遠時之物點也.

自鏡面頂點至主焦點之距離,曰焦距(Focal Distance or Length).其記號為 f.

設 u 為無限大,則 v 為 $\dfrac{R}{2}$,設 v 為無限大,則 u 為 $\dfrac{R}{2}$.故

$$f = \frac{R}{2}$$

凹鏡之主焦點在鏡前,曰實焦點(Real Focus),f 為正.

凸鏡之主焦點在鏡後,曰虛焦點(Virtual Focus), f 為負.(圖二 $a\,b$)

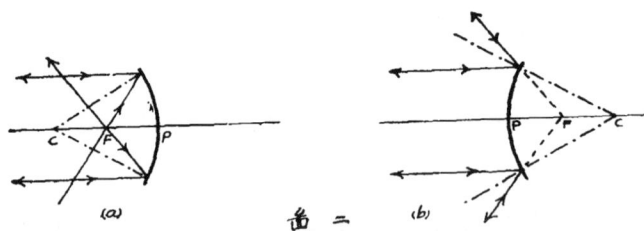

(a)　　　　圖　二　　　　(b)

若以焦距表示之,則射鏡公式為

$$\frac{1}{u} + \frac{1}{v} = \frac{1}{f}$$

理学卷（第二册）　科学通讯　第二卷　第一期　（1936）

五　公式之討論

由上公式,若巳知 u, 則可求 v.

$$\frac{1}{v} = \frac{1}{f} - \frac{1}{u} = \frac{u-f}{fu}$$

$$v = \frac{fu}{u-f} = \frac{f}{1-\dfrac{f}{u}}$$

甲　凹鏡　　　　f 恆爲正.

$u = \pm\infty$	$\dfrac{f}{u}=0$	$1-\dfrac{f}{u}=1$	$v=f$	實像(圖二 a)
$\infty>u>2f$ 實物	$0<\dfrac{f}{u}<\dfrac{1}{2}$	$1>1-\dfrac{f}{u}>\dfrac{1}{2}$	$f<v<2f$	實像(圖三 a)
$u=2f$ 實物	$\dfrac{f}{u}=\dfrac{1}{2}$	$1-\dfrac{f}{u}=\dfrac{1}{2}$	$v=2f$	實像(圖三 b)
$2f>u>f$ 實物	$\dfrac{1}{2}<\dfrac{f}{u}<1$	$\dfrac{1}{2}>1-\dfrac{f}{u}>0$	$2f<v<\infty$	實像(圖三 c)
$u=f$ 實物	$\dfrac{f}{u}=1$	$1-\dfrac{f}{u}=0$	$v=\pm\infty$	(圖二 a)
$f>u>0$ 實物	$1<\dfrac{f}{u}<\infty$	$0>1-\dfrac{f}{u}>(-\infty)$	$(-\infty)<v<0$	虛像(圖三 d)
$u=0$	$\dfrac{f}{u}=\infty$	$1-\dfrac{f}{u}=\infty$	$v=0$	
$0>u>(-\infty)$ 虛物	$(-\infty)<\dfrac{f}{u}<0$	$\infty>1-\dfrac{f}{u}>1$	$0<v<f$	實像(圖三 e)

乙　凸鏡　　　　f 恆爲負

$u=\infty$	$\dfrac{f}{u}=0$	$1-\dfrac{f}{u}=1$	$v=f$	虛像(圖二 b)
$\infty>u>0$ 實物	$0>\dfrac{f}{u}>(-\infty)$	$1<1-\dfrac{f}{u}<\infty$	$f<v<0$	虛像(圖三 f)
$u=0$	$\dfrac{f}{u}=\pm\infty$	$1-\dfrac{f}{u}=\pm\infty$	$v=0$	

$o>u>f$　虛物　$\infty>\dfrac{f}{u}>1$　$(-\infty)<1-\dfrac{f}{u}<o$　$o<v<\infty$　實像(圖三 g)

$u=f$　虛物　$\dfrac{f}{u}=1$　$1-\dfrac{f}{u}=o$　$v=\pm\infty$　（圖二 b)

$f>u>2f$　虛物　$1>\dfrac{f}{u}>\dfrac{1}{2}$　$o<1-\dfrac{f}{u}<\dfrac{1}{2}$　$(-\infty)<v<2f$　虛像(圖三 h)

$u=2f$　虛物　$\dfrac{f}{u}=\dfrac{1}{2}$　$f-\dfrac{f}{u}=\dfrac{1}{2}$　$v=2f$　虛像(圖三 i)

$2f>u>(-\infty)$　虛物　$\dfrac{1}{2}>\dfrac{f}{u}>o$　$\dfrac{1}{2}<1-\dfrac{f}{u}<1$　$2f<v<f$　虛　像(圖三 j)

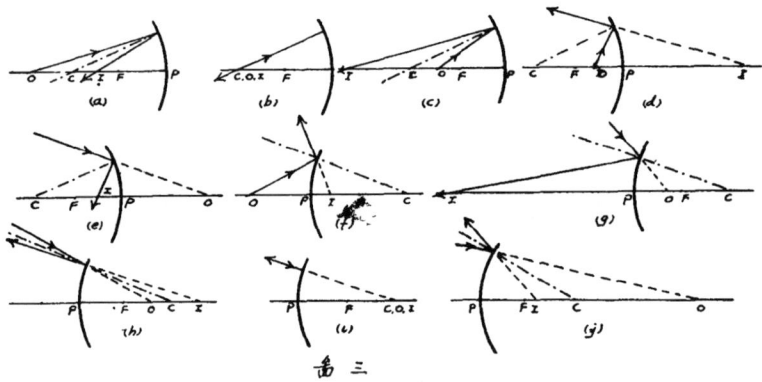

圖 三

　　由此可見,在凹鏡內實物可成實像,亦可成虛像,虛物則成實像;而在凸鏡內則實物成虛像,虛物則成實像或虛像.

　　在某種情形下,像與物之位置可以互易.如物在無限遠,則像在焦點,物在焦點則像在無限遠.凡二點可互爲物與像之位置者,曰共軛點(Conjugate Foci).在鏡面中心,則像與物符合,而共軛點之二點併爲一點.

　　六　像之大小及正倒

　　上所述之物與像,俱爲主軸上之點.此時之像無大小正倒可

言.若物非點而亦非全在主軸上,則所成之像較物可大可小,可正可倒矣.

　　今先求不在主軸上之物點所成之像點.可擇下列各條光線中之二,則其返射後之交點即爲像點.

　　(一) 平行于主軸,返射後向或由焦點進行者.

　　(二) 向或由焦點進行,返射後平行于主軸者.

　　(三) 經過中心,而以相反方向返射者.

　　(四) 經過頂點,而以返射角等于入射角返射者.

　　普通則擇(一)(四)兩條,因(二)(三)兩條離頂點過遠,鏡面之輻圍太大矣.

　　下列諸圖,以一箭頭 AB 爲物,而以作圖法求其所成像點.

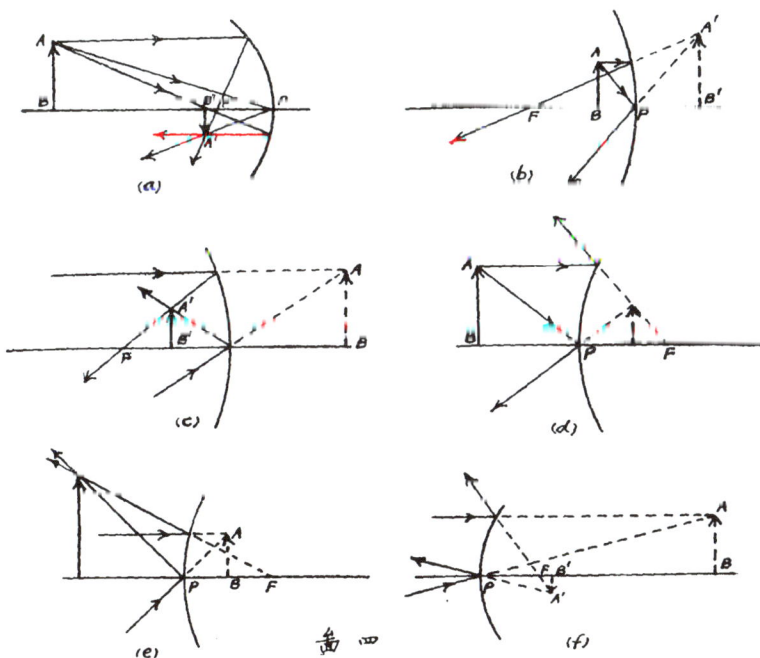

(a)　　　　　(b)

(c)　　　　　(d)

(e)　　圖四　　(f)

情形時所成之像 $A'B'$. 如 AB 直立于主軸,則 $A'B'$ 亦直立于主軸 (圖四).

就任何一圖中,可見 ABP 與 $A'B'P$ 兩直角三角形相似.故

$$AB \text{ 比 } A'B' = BP \text{ 比 } B'P$$

或 　　　　物之長:像之長 = 物距:像距.

又 u 與 v 之號若相反,則像爲正(Erect Image).若號相同,則爲倒(Inverted Image).

七 代表射鏡公式之曲線

由公式 　　　　　　$$\frac{1}{u} + \frac{1}{v} = \frac{1}{f}$$

得 　　　　　　　　$$uv - fu - fv = 0.$$

設 　　　　　　$$u = u' + f \qquad v = v' + f$$

則 　　$(\mu'+f)(v'+f) - f(u'+f) - f(v'+f) = 0$ 或 $\mu'v' = f^2$

故設以 u 爲橫坐標,v 爲縱坐標,則此公式之曲線爲一直交

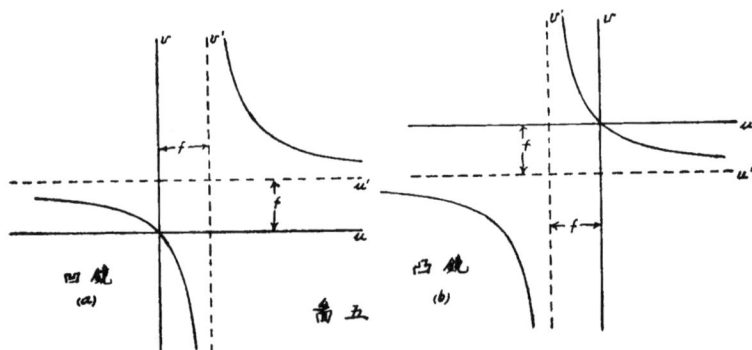

凹鏡
(a)

凸鏡
(b)

圖五

雙曲線(Rectangular Hyrerbola).其中心,即二漸近線 (Asymtotes) 之交點,在 $(f, f,)$ 點.一曲線在此二漸近線所成坐標(即 $u'v'$ 坐標)之第一象限,其另一曲線則在第三象限(圖五).用此曲線以求物在任

何位置時像之位置,其法甚爲便利,祇須在曲線上就巳知之 u 求未知之 v 可矣.且同時像之實虛大小正倒亦可一望而知.

(二)透鏡公式 (Lens Equation)

一 透鏡之種類

透鏡可分兩種.一曰凸鏡,又曰會聚鏡 (Convergiug Lens),包括雙凸平凸凹凸三種.此種透鏡之中部較邊爲厚,因之平行波(其波前爲平面)涌過透鏡時,中部之波前傳播較緩,平行波遂變爲會聚波.一曰凹鏡,又曰發散鏡 (Divergent Lens),包含雙凹平凹凸凹三種其中部邊逾爲薄,故平行波涌過時,中部波前傳播較速,變爲發散波(圖六).惟此種作用,祇于透鏡介質中光速較周圍小實爲如此時方然(如玻璃透鏡置于空氣中),若反之如空氣透鏡置于水內),則凸鏡爲發散鏡,而凹鏡爲會聚鏡矣.

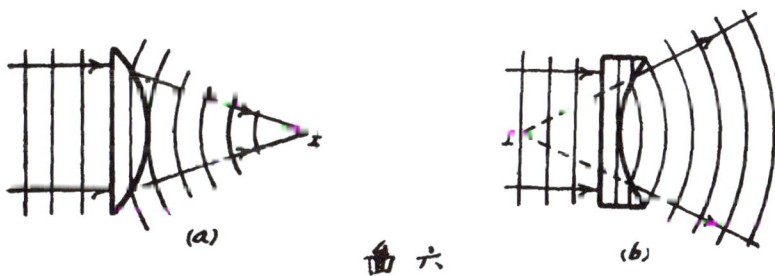

(a)　　　　　圖六　　　　　(b)

二 透鏡公式

薄透鏡而其幅度甚小,透鏡兩旁之介質相同者(玻璃透鏡在空氣內),則可用下公式.

$$\frac{1}{v} - \frac{1}{u} = (n-1)\left(\frac{1}{R_1} - \frac{1}{R_2}\right)$$

v 爲像距, u 爲物距, R_1 爲第一面(即入射面)之半徑, R_2 爲第二面(即出射面)之半徑. n 爲自透鏡兩旁介質至透鏡物質中之相

對折射率(Relative Index of Refraction). 如玻璃透鏡置于空氣或眞
空內,則 n 卽爲玻璃之絕對折射率 (Absolute Index of Refraction).

　　u, v, R_1, R_2 各距離,均自透鏡任一面頂點量起.其正負號與射
鏡公式同,卽與入射光線反向爲正,同向爲負.實像之像距爲負,虛
像之像距爲正,與射鏡相反.

　　三　主焦點及焦距

　　設出射光線平行于主軸,則 v 爲無限大,而 u 爲 $-\dfrac{1}{(n-1)(\frac{1}{R_1}-\frac{1}{R_2})}$.

卽在此物距,必須有一實物(會聚鏡),或虛物(發散鏡)也.此點曰第
一主焦點 (First Principal Focus). 卽出射光線平行于主軸時,入射
光線由之發散或向之會聚之點也(圖七 $a\,b$).透鏡至此點之距離,
曰第一焦距 f_1 (First Focal Distance).在會聚鏡,則第一主焦點爲實,
f_1 爲正.在發散鏡,則此點爲虛,f_1 爲負.

　　設入射光線平行于主軸,則 u 爲無限大,而 v 爲 $\dfrac{1}{(n-1)(\frac{1}{R_1}-\frac{1}{R_2})}$.

卽出射光線在此像距成一實像(會聚鏡),或一虛像(發散鏡)也.此
點曰第二主焦點(Second Principal Focus).卽入射光線平行于主軸

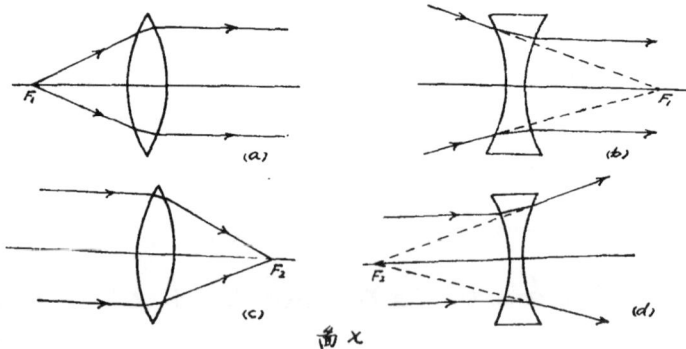

時,出射光線向之會聚,或由之發散之點也(圖七 c d). 透鏡至此點之距離曰第二焦距 f_2 (Second Focal Distance). 在會聚鏡,則第二主焦點爲實,f_2 爲負.在發散鏡,則此點爲虛,f_2 爲正.故

$$f_1 = -f_2 = \frac{1}{(n-1)(\frac{1}{R_1} - \frac{1}{R_2})}$$

普通所用之焦長 (Focal Length) f, 則爲第二焦距 f_2.

丁 凡透鏡公式可化爲

$$\frac{1}{v} - \frac{1}{u} = \frac{1}{f} = \frac{1}{f_1} = -\frac{1}{f_2}.$$

四　公式之討論

由上公式,若巳知 u,則可求 v.

$$\frac{1}{v} = \frac{1}{f_2} + \frac{1}{u} = \frac{u + f_2}{f_2 u}$$

$$v = \frac{f_2 u}{f_2 + u} = \frac{f_2}{1 + \frac{f_2}{u}}$$

甲 會聚鏡	f_1 恆爲正.		f_2 恆爲負.	
$u = \pm\infty$	$\frac{f_2}{u} = 0$	$1 + \frac{f_2}{u} = 1$	$v = f_2$	實像(圖七 c)
$\infty > u > 2f_1$ 實物	$0 > \frac{f_2}{u} > (-\frac{1}{2})$	$1 > 1 + \frac{f_2}{u} > \frac{1}{2}$	$f_2 > v > 2f_2$	實像(圖八 a)
$u = 2f_1$ 實物	$\frac{f_2}{u} = -\frac{1}{2}$	$1 + \frac{f_2}{u} = \frac{1}{2}$	$v = 2f_2$	實像(圖八 b)
$2f_1 > u > f_1$ 實物	$(-\frac{1}{2}) > \frac{f_2}{u} > (-1)$	$\frac{1}{2} > 1 + \frac{f_2}{u} > 0$	$2f_2 > v > (-\infty)$	實像(圖八 c)
$u = f_1$ 實物	$\frac{f_2}{u} = -1$	$1 + \frac{f_2}{u} = 0$	$v = \pm\infty$	(圖七 a)
$f_1 > u > 0$ 實物	$(-1) > \frac{f_2}{u} > (-\infty)$	$0 > 1 + \frac{f_2}{u} > (-\infty)$	$\infty > v > 0$	虛像(圖八 d)

$$u=0 \qquad \frac{f_2}{u}=\pm\infty \qquad 1+\frac{f_2}{u}=\pm\infty \qquad v=0$$

$0>u>(-\infty)$ 虛物 $\quad \infty>\dfrac{f_2}{u}>0 \quad \infty>1+\dfrac{f_2}{u}>1 \quad 0>v>f_2$ 實像(圖八e)

乙 發散鏡 $\qquad f_1$ 恆為負 $\qquad f_2$ 恆為正

$u=\pm\infty \qquad\qquad \dfrac{f_2}{u}=0 \qquad 1+\dfrac{f_2}{u}=1 \qquad v=f_2$ 虛像(圖七d)

$\infty>u>0$ 虛物 $\quad 0<\dfrac{f_2}{u}<\infty \quad 1<1+\dfrac{f_2}{u}<\infty \quad f_2>v>0$ 虛像(圖八f)

$u=0 \qquad\qquad \dfrac{f_2}{u}=\pm\infty \qquad 1+\dfrac{f_2}{u}=\pm\infty \qquad v=0$

$0>u>f_1$ 虛物 $(-\infty)<\dfrac{f_2}{u}<(-1)$ $(-\infty)<1+\dfrac{f_2}{u}<0$ $0>v>(-\infty)$ 實像(圖八g)

$u=f_1$ 虛物 $\qquad \dfrac{f_2}{u}=-1 \qquad 1+\dfrac{f_2}{u}=0 \qquad v=\pm\infty$ (圖七b)

$f_1>u>2f_1$ 虛物 $(-1)<\dfrac{f_2}{u}<(-\dfrac{1}{2})$ $0<1+\dfrac{f_2}{u}<\dfrac{1}{2}$ $\infty>v>2f_2$ 虛像(圖八h)

$u=2f_1$ 虛物 $\qquad \dfrac{f_2}{u}=-\dfrac{1}{2} \qquad 1+\dfrac{f_2}{u}=\dfrac{1}{2} \qquad v=2f_2$ 虛像(圖八i)

$2f_1>u>(-\infty)$ 虛物 $(-\dfrac{1}{2})<\dfrac{f_2}{u}<0$ $\dfrac{1}{2}<1+\dfrac{f_2}{u}<1$ $2f_2>v>f_1$ 虛像(圖八j)

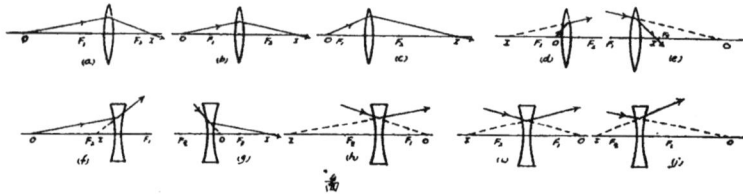

由此可知會聚鏡與凹鏡相仿,而發散鏡則與凸鏡相仿.

五 像之大小及正倒.

欲求不在主軸上之物點所成之像點,可擇下列各條光線中

之二,則其出射後之交點即是.

　　(一) 平行于主軸,而出射後向或由第二主焦點進行者.

　　(二) 向或由第一主焦點進行,而出射後平行于主軸者.

　　(三) 經過透鏡光心(Optical Center),而出射後仍依原方向進

行者.

　　普通擇(一)(三)兩條

　　下列諸圖,以一箭頭 AB 爲物,而以作圖法求其在各種不同

情形時所成之像 A'B'. 如 AB 直立于主軸,則 A'B' 亦直立于主軸

(圖九).

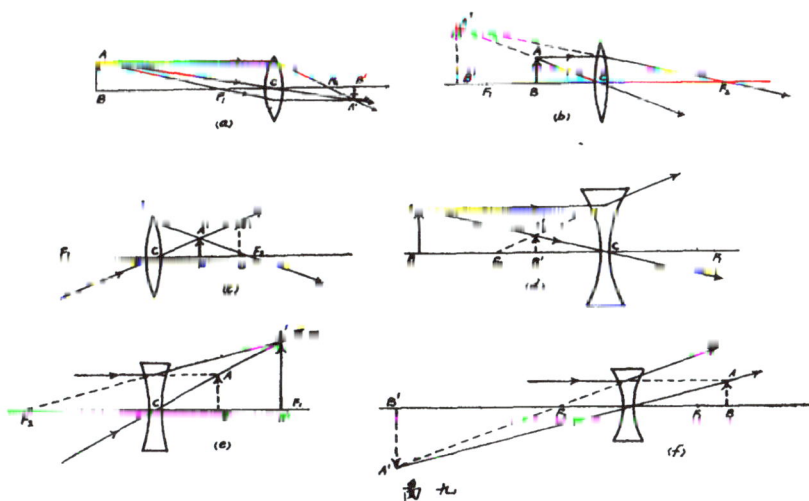

圖九

在任何一圖中,可見 ABC 與 A'B'C 二直角三角形相似.故

$$AB: A'B' = CB : C'B'$$

或　　物之長:像之長 = 物距:像距

又可見　　　　$$\frac{AB}{A'B'} = \frac{F_1 B}{CF_1} = \frac{u - f_1}{f_1}$$

及
$$\frac{AB}{A'B'} = \frac{CF_2}{F_2B'} = \frac{f_2}{v - f_2}$$

若 u 與 v 之號相同,則像爲正.相反爲倒.

六　代表透鏡公式之曲線

由公式
$$\frac{1}{v} - \frac{1}{u} = -\frac{1}{f_1} = \frac{1}{f_2}$$

得
$$uv - f_2 u - f_1 v = 0$$

設
$$u = u' + f_1 \qquad v = v' + f_2$$

$$(u' + f_1)(v' + f_2) - f_2(u' + f_1) - f_1(v' + f_2) = 0$$

$$u'v' = f_1 f_2 - f_1^2 = -f_2^2$$

故 u 爲橫坐標,v 爲縱坐標,則此公式之曲線爲一直交雙曲線.其中心卽二漸近線之交點在 (f_1, f_2) 點.一曲線在此二漸近線所成坐標(卽 u', v' 坐標)之第二象限,其另一曲線則在第四象限(圖十).因此曲線可直接求 u 任何值時 v 之值,且可知像之形狀.

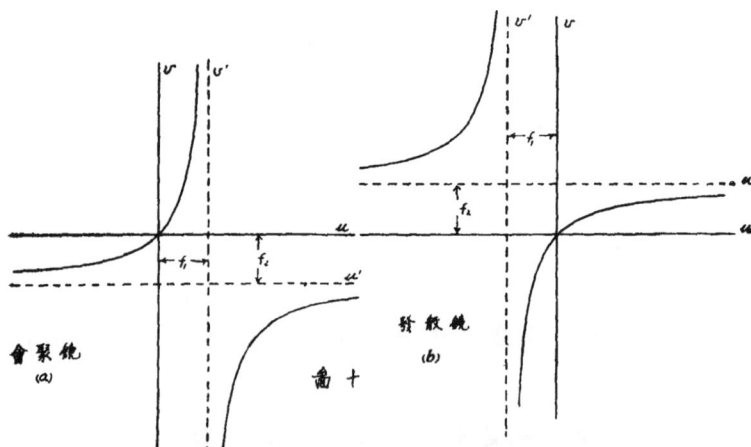

會聚鏡　　　　　　　　　　　　　發散鏡
(a)　　　　　　　　圖十　　　　(b)

（未完待續）

牛頓萬有引力定律之由來

蔡　其　清

　　牛頓萬有引力定律之發現,說者皆謂實由觀察蘋果落地而起,而 Brewster 氏更謂於 1814 年見此蘋果樹以徵實之,然於牛頓之書,固未曾述及此偶發事項也.歷來見蘋果落地者各各,何以至牛頓而始有此發現?則有間必有說焉,蓋牛頓幼讀於劍橋大學,熟習刻卜勒(Kepler)之大體運動三定律,又甞讀刻卜勒關於諸星引力定律諸論,咸體諸星恆以萬有引力相吸而以運動也.

　　牛頓先注意於兩物(如日與行星)之相吸,其結果則生刻卜勒之第三定律,卽行星繞日週期之平方必比例於行星與日平均距離之立方.於是牛頓卽作如是想:設日與行星間之吸力與距離之平方成反比,卽

$$F_g \quad G\frac{Mm}{\gamma^2}$$

在此 F_g 爲吸力, G 爲常數, M 與 m 爲日與行星之質量, γ 爲兩者間之距離.而保持行星在圓形軌道(因軌道幾近於圓故設爲圓)上運動之向心力爲

$$F_c = \frac{mv^2}{\gamma}$$

在此 v 爲行星之速度,此向心力卽由於吸力故得

$$G\frac{Mm}{\gamma^2} = \frac{mv^2}{\gamma}$$

又因 $v = 2\gamma/T$ 代入上式得

$$G\frac{Mm}{\gamma^{x}}=\frac{4\pi^{2}m\gamma}{T^{2}}$$

整理之得

$$\frac{T^{2}}{\gamma^{x+1}}=\frac{4\pi^{2}}{GM}$$

凡屬於一系之行星,繞行同一中心體其質量爲 M 者,則 T^{2}/γ^{x+1} 必爲常數,與行星之質量無關.但甚於觀察結果之刻卜勒第三定律則謂行星之 T^{2}/γ^{3} 爲常數,比較兩式卽得

$$x=2$$

此卽所謂反平方定律也.

　　由上所述,得見反平方定律足以說明刻卜勒定律,然何以吸力必比例於距離之反平方,而不爲他種函數,其物理上意義爲如何乎?則應之曰:此固質點在質點(或球)外者爲然.設質點在球內則其吸力卽比例於球心與質點之距離,設質點在無窮平面外者,則吸力卽爲常數,皆不復爲距離之反平方矣.欲明此理,須先知散度定理(Divergence theorem)此定理亦名高斯定理(Gauss theorem)以算式表之當如下形:

$$\iiint\left(\frac{\partial X}{\partial x}+\frac{\partial Y}{\partial y}+\frac{\partial Z}{\partial z}\right)dx\,dy\,dy=\iint(lX+mY+nz)\,ds$$

卽在一閉曲面內力場之體積分等於在此面上力之法線微分商之面積分.此處 X,Y,Z,爲力 f 之依三座標軸之三分量, l, m, n 爲微面積上法線之方向餘弦.欲證明之,祇須分開各個積分,如:

$$\iiint\frac{\partial X}{\partial x}\,dxdydz=\iint(X_{1}-X_{2})dy\,dz=\iint(l_{1}X_{1}ds_{1}+l_{2}x_{2}ds_{2})=\iint lXds$$

$$\iiint\frac{\partial Y}{\partial y}\,dx\,dy\,dz=\iint mYds$$

$$\iiint \frac{\partial Z}{\partial z} dx\, dy\, dz = \iint nZ ds$$

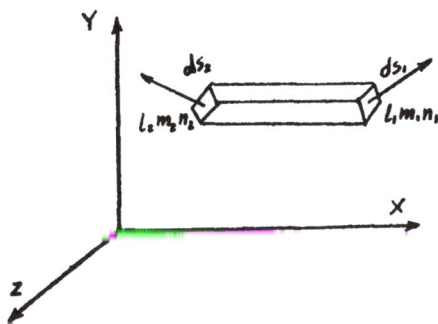

熱棧再加之即得.此定理得應用於物體吸引時之力線或流體流動時之流線(Line of flow)蓋此

$$\frac{\partial X}{\partial x} + \frac{\partial Y}{\partial y} + \frac{\partial Z}{\partial z}$$

則名為散度,其在流體動力學上之意義,用以測流體體積在某點對於時間之膨脹率.設一閉曲面內無源,則在穩定狀態時,其流入者管於流出,自無擴張之可言故散度為零.同樣設一閉曲面在一力場中,設其中不含有質量者,則依垂直力之面積分定理當有

$$\iint (lX + mY + nZ) ds = 0,$$

再依高斯定理即有

$$\iiint \left(\frac{\partial X}{\partial x} + \frac{\partial Y}{\partial y} + \frac{\partial Z}{\partial z} \right) dx\, dy\, dz = 0,$$

此式於任何形狀之體積皆為眞,故於分至最小之體積時亦為眞.因此在空間之各點,不含有質量者,當有

$$\frac{\partial X}{\partial x} + \frac{\partial Y}{\partial y} + \frac{\partial Z}{\partial z} = 0$$

明乎在質量外各點之散度為零,則宇宙引力之為距離之反平方,

卽不難求得.

　　今設有一質點於此,名爲力場之中心,則於此質點外對於他質點之吸力其方向必通過此質點,而其强度必爲兩者間距離之函數,今設爲 $f(r)$ 其依三座標之分力爲

$$X=f\cdot\frac{x}{r},\quad Y=f\cdot\frac{y}{r},\quad Z=f\cdot\frac{z}{r},$$

又因在質點外之散度爲零,卽有

$$\frac{\partial X}{\partial x}+\frac{\partial Y}{\partial y}+\frac{\partial Z}{\partial z}=\frac{\partial}{\partial x}\cdot(f\cdot\frac{x}{r})+\frac{\partial}{\partial y}\cdot(f\cdot\frac{y}{r})+\frac{\partial}{\partial z}(f\cdot\frac{z}{r})=o$$

而

$$\frac{\partial}{\partial x}\ (f\cdot\frac{x}{r})=f'\cdot\frac{x^2}{r^2}+f\cdot\frac{1}{r}-f\cdot\frac{x^2}{r^3}$$

$$\frac{\partial}{\partial y}\ (f\cdot\frac{y}{r})=f'\cdot\frac{y^2}{r^2}+f\cdot\frac{1}{r}-f\cdot\frac{y^2}{r^3}$$

$$\frac{\partial}{\partial z}\ (f\cdot\frac{z}{r})=f'\cdot\frac{z^2}{r^2}+f\cdot\frac{1}{r}-f\cdot\frac{z^2}{r^3}$$

加之得

$$\frac{df}{dr}+\frac{2f}{r}=o$$

亦卽

$$\frac{df}{f}=-\frac{2dr}{r}$$

積之

$$Lf=Lr^{-2}+Lc=Lcr^{-2}$$

∴

$$f=cr^{-2}$$

此卽反平方定律也, c 爲常數亦可書爲 GmM 旣如上述,而其他各種吸力定理如質點在球內,質點在無窮平面外等,皆可由此反平方定律求得,茲不縷述焉.

叢　　錄

玻　　璃

湯明奇譯 (By Alexander Silverman)

　　玻璃對於人類文明貢獻甚大.關於此物最早出處,歷史並無準確記載,但知遠在三千年前,已散佈各地.聖經曾述 Tubal-Cain 爲亞當以後第八人,生於紀元前 3870 年,擅長冶鍊銅鐵.如以陶土製成之杯瓶碗碟,厥上古立已有似玻璃之物質,世人咸有如所羅門格言皆用及玻璃一詞.昔辈柰氏 (Pliny) 認爲僑居於敍利亞白拉士河畔之腓尼基水手,當爲發現玻璃之重要人物.蓋彼等常將飯鍋支架石塊上烹煮食物,河岸沙地,石塊甚少,不免取船上鹼石以代用,因而無意間發現木灰,鹼石,砂土受火鎔混生成玻璃之奇蹟.紀元前 1500 年,埃及玻璃製造頗形可觀.當時各國珍視希有易碎之玻璃,當爲貴品.故目前流行物之一大概係勝利之侵路軍隊,將製玻璃之祕密技術由埃及傳至腓尼基,由腓尼基至希臘,其後至羅馬,而君士坦丁堡,威尼斯以及西歐.

　　玻璃在文化上之位置,稍加思索,即知其重要可貴.世人如尚未發現玻璃:大之不能觀察太空以明天體現象之精確知識;小之無術洞悉蛛絲之微而知細菌微生物之生活,蓋無望遠鏡顯微鏡故也.測量器,航海儀等必仍缺如;時鐘,指南針將因無物保護而不準確失去效用.無眼鏡以矯正目光,居室店舖工廠將一如古昔;無

充足光線.電燈不能入世,吾人必仍停留於油燈蠟燭時代.日用什器瓶罐不以玻璃製造,不便殊多.各種科學研究,亦難有所進展.由上觀之,玻璃與吾人關係,可謂密切矣.

玻璃製法一瞥

　　玻璃器皿,充斥於世,但如何製法,知者尚鮮.今不難作簡單實驗如下:取一百克白砂(矽石).三十五克鹼灰(乾燥純淨之炭酸鈉),十五克石灰石(主要成分爲碳酸鈣)混合放入火磚坩鍋中,加熱使溫度昇高在 1260°c 以上,則有無色透明如糖漿熔融物呈現.碳酸鈉與石灰因熱排除二氧化碳氣;白砂與所餘鹽基性成分化合而成鈉玻璃.此時溫度不足,製作品中易有小氣泡存留.試以鐵管黏玻質漿一團,則可吹成瓶泡或任何樣式.又如一人執附有黏性玻璃球鐵管,另一人用鐵管曳延之,可拉成細長玻管;不吹氣卽爲一玻璃棒.碗碟,茶杯燈罩鈕扣,圓彈等,均由注玻質漿入陰陽模而得.

　　前述原料所製成之鈉玻璃,多用作製瓶杯器皿之類.窗用玻璃製造者以硫酸鈉代用一部份炭酸鈉.大規模製作,須賴能連續運用之長方形熔箱,每日可熔玻漿六百噸至千噸.碎玻璃屑與原料時時傾進熔箱之一端.自此,約相當於熔箱長度三分之二處,有拱壁自上伸向玻璃漿表面.未熔物質多孔隙,較已熔者輕而漂浮.爲其截住,漸熔漸沉,然後自拱壁下通過流至彼端,用人工或自動機收集玻璃漿.注入模內以造杯盤,或吹成瓶罐等.更有以淺底大釜滿盛熔漿,通以氣管,在釜面上吹成直徑二呎之大玻璃泡,然後設法豎起高約四十呎之玻璃長桶,割裂底面,懸於支柱,以電熱鐵線,橫截分段,再縱劈爲二,移入碾壓爐,凹面向上,加熱壓成平板,是爲窗用玻璃,此法爲盧勃氏 Lubbers 在一八九六年發明.

　　五十年來,發明家勞心精思,設計連續玻璃板製造機以代前述之繁累方法.經比利時人福高爾脫 Emile Fourcault 與美國人苛爾勃恩 Colburn 努力研究,遂能早日如願以償.實驗時耗費頗巨,幸有製瓶機發明者屋溫斯 Michael J. Owens 之贊助.原理頗簡單:放入玻璃漿中一棒,與面平行舉起,則黏着棒上之玻璃,因冷凝固.此在棒與漿面間之玻片厚薄視昇舉速度而定.次使玻璃板轉過圓軸而平直拉出,其間經煅爐,使於漸冷狀態下,去所受張力而無折損之虞.最後截就適當大小,浸入酸溶液,清除表面污漬.

　　玻璃之化學基本亦可稍加敍述.試溶糖漿之類,因溫度之不同,加熱時間之長短,黏性各異.玻璃成分為與　　性,即所會物似此一定比例,故熔爐溫度不能任意變更,致喪失適當之堅韌性度及黏性,以致不宜製作.玻璃實為矽酸鹽及過量矽酐相混之固體溶液.吾人自不願經過玻璃板之物品,呈現波紋瘤核等怪像,此皆有賴於良好溫度之處理,以得均勻之質地構造.又若化學家不知用酸滌洗污膜,則自玻璃所見皆將此糊不清矣.去本來面目.設使玻璃窗稍受震擊,即行碎破,亦難推廣應用.幸能加硫酸鈣與礬土增其強度,此亦實驗所得功效也.

玻　　璃　　板

　　製玻璃板原料大致與窗用玻璃相同.熔器多為圓筒形,頂端開放,放入長方火爐內,熔器上部為凸緣箝口,以便用鐵箝將熔器提出,使表面玻滓清除刮去.然後傾其下部純淨熔漿於一鋼櫃,櫃之兩邊設有便於鋼輪轉動之軌道.如此,則玻璃漿被鋼輪輾壓成平板,其動作有如廚司以棍壓平麪麭然.大工廠採用連續製法,玻璃漿注入鋼櫃,不稍中斷,碾就之玻板,再加研磨,去其表面不平之

處,更以鐵丹(細鐵銹粉)擦光,直至透視時,無歪曲變形缺點而後巳.產品自較窗用玻璃優良.

於此,可順便提述頗有趣味之鋼筋玻璃.此物無他,不過爲幾層玻璃間繫以鐵絲篩,或用特異膠黏物質,接合數層玻璃板而成.俗以透明鋼呼之,如厚過一吋.手鎗彈難以擊穿;厚在兩吋以上,機關槍彈亦不能穿過.因其有防禦價值,銀行房屋多用之爲板壁.最初僅用於汽車窗門防備意外.透明鋼可以裂斷但不易破碎.

玻璃顏色變化,亦爲吾人所樂聞.自玻璃板邊際察視,呈青綠色,蓋砂與石灰石含有雜質如鐵類之故.黑粉狀之二氧化錳加入製玻璃原料中能去此青綠色,硒亦然.但用二氧化錳過多,玻璃將呈紫色;過多之硒現紅色.故化學家必先加分析深明原料所含雜質之多寡,而後始滲入一定量之二氧化錳或硒.此不過舉清除雜色法之一例而巳.

三稜鏡之奇幻作用,爲衆所知.當日光以某一角度射進時,則被分爲美麗悅目之七色.製造此等玻璃時,須用一氧化鉛代石灰石.炭酸鉀代用炭酸鈉.加硝酸鈉以阻止鉛化合物之轉向金屬性物質.玻璃對光線有屈折作用,但屈折程度視玻璃成分而定.惟紅鉛與炭酸鉀製成之三稜鏡,易析太陽光線呈虹之奪目七色.

光　學　用　玻　璃

因玻璃化學成分不同,發生差別光線屈折現象.由此研究,遂得創製各種光學儀器用之特種玻璃,如望遠鏡,顯微鏡,矯正視覺之眼鏡,X光線設備等.德國化學家候脫 Otto Schott 在 1880—1900 二十年間,獨多重要發明.除前述之幾種原料外,鋅,鋇,鋁,鋼,硼等之氧化物,皆可製無色玻璃.化學家將金屬氧化物依次代用石灰石

理学卷（第二册）　科学通讯　第二卷　第一期（1935）

或一氧化鉛,並試驗產品之光屈折作用,靭性,熱膨脹係數以確定用途.但未了之工作尙多,材料之未經試驗者猶不可勝數,卽已經試驗者·用量稍有更改,或有特殊之成績出現,亦未可知.此種研究工作,惠益於人類者至巨?

上海交通大学百年报刊集成·第一辑（1896—1949）·学术学科

書　評

化學參考書籍選輯（續）

陳　同　素

7. 日用化學　*Practical Every Day Chemistry. H. Bennett, F. A. I. C., Editor in chief of the Chemical Formulary. The Chemical Publishing Co., New York City 1934. XV +305 pp. 21×21 Cm. $2.00*

是書專載各種物品之製方而不及理論.包羅材料極多,編揖體材取製方格式.無論家庭,工廠,實驗室均可備此一書.

內容爲:粘着劑;農業園藝;裝飾及保護;香粧及藥材;乳劑;食品,飲料,及香料;墨水,粉筆,及複寫紙;皮,革,毛;油及潤滑劑;建築材料;紙;照相;鍍金術;研光劑及磨擦劑;橡膠,蠟及可塑物料;肥皂;織物,纖維;雜組及表格等.

編纂得體,收集完美而且多所修訂.編者不但寫出許多配方,且詳加說明;使讀者得知某物之效用何如.總之,此書所述每多教科書中所無者.

8. 化學德英字典　*A German-English Dictionary for Chemists. Austin M. Patterson, Antioch College. 2nd ed., John Wiley & Sons, Inc., New York City, 1935. XX +411 pp. 12×17.5 Cm. flexible binding. $3.00*

凡用過此書之人均知此書對於化學家之極大幫助.此書目的在使人閱讀化學文獻時覺得便當容易,第二版尤加改善.添加

字數不少,頁數自342增至411,新加詮譯之德文亦多,幾乎將初版重行寫過.在敍言中將德文化學名詞之命名原則仍為詳加申述.有此一冊書則批閱德文化學書報時可得左右逢源之利.

9.化學新編　　New World of Chemistry, Bernard Jaff, Chairman, Department of Physical Sciences, Bushwick High School, New York City, 1935 XII + 566 pp. Appendix & Index XXXpp. 339fig., unnumbered. 14×20 Cm. $ 1.80

是書頗引讀者興趣,名稱裝訂新穎美觀.體裁用小品灾不若普通教科書之索然無趣,蓋著者專以供給大多數人民以科學智識為旨趣而非為少數專攻化學之人而作普通文字消閒通俗,闡明化學與人生之關係,尤將古哲如何改進之歷史詳盡提出.全書分三十七章,每章平均十八頁.章末列出參考資料,結論及問題.參考資料除定期刊物外,全書列出者有五十五種之多.且均係引起讀者興趣之作,結論則以輕快之筆概述其基礎原理,問題則每章約有三十六則,或使溫習讀文,或使利用其原理以應用於生活情形,或使自己找覓解答方案,蓋如此相均是培養讀者之思考力也.

圖畫清晰精美,實化學教科書中之傑作也.

10.食物藥料化驗法　　Aids to the Analysis of Food & Drugs. C.G. Moor, M.A., F.I. C., Public Analyst for the County of Dorset, and William Partridge, F. I. C., lately joint Public Analyst for the County of Dorset. 5th ed., Revised & Partly Rewritten by John Ralph Nicholls, B.Sc., F. I. C., Chemist of the Government Laboratory, London, William Wood & Co., Baltimore, 1934. XIII + 322 pp. 16×10 Cm. $ 1.50

此冊內容廣博之書初版於 1895 年.在此四十年間迭次重版,為英國及別處化驗食物及藥料可靠之書典.首論食物及藥料之

成份,來源與種類;次論普通之攙和物質;末述其主要成份及攙和品之化驗方法.

　　本書所論及者有:牛乳製品,五穀及澱粉,飲料及調味品,防腐劑及着色料,藥品,消毒劑等等.附錄中有各種法規,對於化驗者甚有用處,原子量表,及校正容器方法等,書末並附索引.

　　文字清通簡練,方法精確繁多,故確爲日常在化驗室中工作人員不可或缺之書本也.

理学卷（第二册） 科学通讯 第二卷 第一期（1936）

專　載

近　代　幾　何

之　導　引

William C. Graustein 原著

顧　澄　達　惜

2.　設 $(3,4,-1)$, $(5,-3,1)$ 爲兩點,$(1,-1,2)$ 爲一線,求此線及「此兩點之連線」之交點之坐標。

3.　設 $(1,1,1)$,$(2,1,3)$ 爲兩線,$2u_1+3u_2+u_3=0$ 爲一點。求經過此點「及此兩線交點」之線坐標。

4.　Desargue 氏三角形定理之一半,試專以線坐標證明之。

5.　線 c 及「兩點 a,b 之連線」之交點之坐標爲 $(b|c)a-(a|c)b$;試證之,並說明其對立。

6.　「兩點 a,b 之連線」與「兩點 c,d 之連線」之交點之坐標爲

$$|bcd|a-|acd|b \quad 或 \quad |abd|c-|abc|d。$$

5　非齊次之線坐標　設 $u_3 \neq 0$, 則線 (u_1,u_2,u_3) 之非齊次坐標 (u,v) 可以兩比

$$u=\frac{u_1}{u_3}, \quad v=\frac{u_2}{u_3}$$

定之。[即可以此兩比爲此線之非齊次坐標之定義]。因 $u_3=0$ 即 $0u_1+0u_2+u_3=0$ 爲原點之方程式,故凡線之其 $u_3=0$ 者,皆爲經過原點之線。此類諸線皆無非齊次坐標。*

若在關係式

$$u_1x_1+u_2x_2+u_3x_3=0$$

中,以 u_3x_3 除之,及作 $u=u_1/u_3$, $v=u_2/u_3$, $x=x_1/x_3$, $y=x_2/x_3$ 則得

$$ux+vy+1=0$$

故得下定理:

定理1　點 (x,y) 在線 (u,v) 上之必充條件爲

---

*原註　與點坐標之情形相比較。點 (x_1,x_2,x_3) 之非齊次坐標 (x,y) 中,$x=x_1/x_3$,$y=x_2/x_3$,但 $x_3 \neq 0$。凡點之其 $x_3=0$ 者皆爲無窮遠線上之點,此類之點皆無非齊次坐標。

(1)
$$ux+vy+1=0。$$

從此條件得下兩定理:

定理 2　凡點(x_0,y_0)之不為原點者,其非齊次線坐標方程式為

(2)
$$x_0u+y_0v+1=0。$$

定理 3　凡線(u_0,v_0)之不為無窮遠線者,其非齊次點坐標方程式為

(3)
$$u_0x+v_0y+1=0。$$

若　$u_0v_0 \neq 0$, 則線(3)在兩軸上有截部(Intercept),卽

$$a=-\frac{1}{u_0}, \quad b=-\frac{1}{v_0},$$

[a為x軸上之截部, b為y軸上之截部]。因此得

$$u_0=-\frac{1}{a}, \quad v_0=-\frac{1}{b}。$$

故　線之非齊次坐標為其截兩軸上之截部之負反數 (negative receprocal)。

例　　　題

1.　設兩線為(u_1,v_1)及(u_2,v_2),則 在(及 惟 在)$u_1v_2-u_2v_1=0$時,此 兩線為(及方為)平行;又在(及惟在) $u_1u_2+v_1u_1=0$時,此兩線為(及方為)直交[二線直交卽二線之交角為直角]。試證之。

2.　若不同兩點 $P_1:(x_1,y_1)$, $P_2:(x_2,y_2)$ 之方程式寫作
$$\alpha \equiv x_1u_1+y_1u_2+u_3=0, \quad \beta \equiv x_2u_1+y_2u_2+u_3=0$$
之形式,則方程式 $\alpha-\mu\beta=0$ 所表之點,卽是分線段P_1P_2之比為 μ 之點。試證之。

3.　三角形各外角之平分線與其各對邊之交點為共線。試

證明之。

4.　設 $\alpha=o$, $\beta=o$ 仍爲題 2 中 P_1, P_2 之方程式,則 $k\alpha-l\beta=o$ 及 $l\alpha-k\beta=o$ 所表之兩點與「P_1P_2 之中點」等距離;試證之。因此,若「在三角形之各邊上各取一點所得之不同三點」爲共點,則在此三角形之各邊上再各取一點,使「此新取點與所在邊中點之距離」等於「此邊上原取點與此中點之距離」時,此新取之三點亦爲共線;試證之。

第 六 編

交 比

1 四線之交比 四線 L_1, L_2 及 L_3, L_4 爲調和束線時,其特性爲「L_3, L_4 分 L_1, L_2 之兩比之商爲 -1」。今設任意四共點線之此種商之值不與以任何限制而討論之。〔四共點線不爲調和束線時,其此種之商卽不爲 -1,以下卽去此 -1 之限制,而討論任意四共點線之此種商耳〕。此種無限制之商謂之此四共點線之**交比** (Crossratio), 以 $(L_1 L_2, L_3 L_4)$ 表之。

定義 設 L_1, L_2, L_3, L_4, 爲不相同之四共點線而其中之 L_1, L_2 爲有窮遠線,則「L_3 分 L_1, L_2 之比」除以「L_4 分 L_1, L_2 之比」之商謂之此四線之**交比**,以 $(L_1 L_2, L_3 L_4)$ 表之,卽

(1) $$(L_1 L_2, L_3 L_4) = \frac{L_3 分 L_1, L_2 之比}{L_4 分 L_1, L_2 之比}$$

設 L_1, L_2, L_3, L_4 之齊次坐標依次爲 $a, b, a + \lambda_1 b, a + \lambda_2 b$;則從第四編, 3 款,定理 1, L_3 及 L_4 分 L_1, L_2 之比 μ_1 及 μ_2 爲

$$\mu_1 = -\lambda_1 \sqrt{\frac{b_1^2 + b_2^2}{a_1^2 + a_2^2}}, \quad \mu_2 = -\lambda_2 \sqrt{\frac{b_1^2 + b_2^2}{a_1^2 + a_2^2}}。$$

故此四線之交比爲

$$(L_1 L_2, L_3 L_4) = \frac{\mu_1}{\mu_2} = \frac{\lambda_1}{\lambda_2}$$

因此得下定理:

定理 1 若 L_1, L_2, L_3, L_4 之坐標依次爲 $a, b, a + \lambda_1 b, a + \lambda_2 b$,則

(2)　　　　　　　　$(L_1L_2, L_3L_4) = -\dfrac{\lambda_1}{\lambda_2},$　　　　　$\lambda_1\lambda_2(\lambda_1 - \lambda_2) \neq 0$。

　　因定義中已先規定此四線不相同,故 λ_1 及 λ_2 既不能爲 0, 又不能相同。故此交比決不能爲 0 或 1。

　　兩線 L_1,L_2 中有一線爲無窮遠線時,可以此定理之內容爲交比之定義。故下定理普遍有效:

　　定理 2　設兩雙共點線爲 L_1,L_2 及 L_3,L_4, 則在(及惟在)

$$(L_1L_2, L_3L_4) = -1$$

時,此兩雙線爲(及方爲)調和束線。

　　定理 3　兩雙線互換其次序時,交比之值不因之而變。卽

$$(L_3L_4, L_1L_2) = (L_1L_2, L_3L_4)。$$

　　今證明此定理如下:設此四線之坐標如定理 1, 爲互換此兩雙坐標形式上之次序計,令

$$a' = a + \lambda_1 h,　　　b' = a + \lambda_2 h,$$

則　　　　　$(\lambda_1 - \lambda_2)a = -\lambda_2 a' + \lambda_1 b',$　　　$(\lambda_1 - \lambda_2)b = a' - b'$。

如是則 L_3, L_4, L_1, L_2 之坐標依次爲

$$a',　　b',　　a' - \frac{\lambda_1}{\lambda_2}b',　　a' - b'$$

故從定理 1, 得

$$(L_3L_4, L_1L_2) = -\frac{-\dfrac{\lambda_1}{\lambda_2}}{-1} = \frac{\lambda_1}{\lambda_2}$$

[此定理中所謂兩雙線互換其次序,並非謂互換其在平面上之位置,乃謂換 (L_1L_2, L_3L_4) 爲 (L_3L_4, L_1L_2) 耳。詳言之,此定理謂「L_3 及 L_4 分 L_1, L_2 之比所成之交比」與「L_1 及 L_2 分 L_3, L_4 之比所成之交比」其值相同。故所謂互換實卽換「此分彼」爲「彼分此」耳]。

定理 4　　若成交比之四線中已知其三線,並已知此交比之值 ($\neq 0,1$);則其第四線卽可惟一決定。

若 L_1, L_2 爲已知,則從已知之第三線可決定 (2) 中兩常數 λ_1, λ_2 內之一數。又此 λ_1, λ_2 之商卽交比之值;故交比之值爲已知,則此 λ_1, λ_2 中之又一數卽可求得,而第四線亦因此可以惟一決定。又若所已知者爲 L_3, L_4,則可引用定理 3,互換此兩雙線之次序,而決定此第四線。

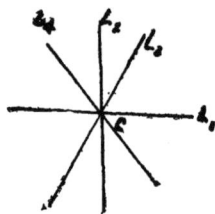

一　圖

如一圖,兩線 L_1, L_2 將平面分成四區域,各以此兩線爲界。若 (1) 所定之交比爲負,則兩線 L_3, L_4 在此不相同之兩雙區域中。因此,每雙線中之一線欲其繞 C 連續迴轉而合於此雙線中之他一線時,無法使其不經過他雙線中之一線[例如一雙線爲一圖中之 L_3, L_4 則無法使 L_3 不經過 L_1 或 L_2 而轉至 L_4。但 L_3 轉時不能離 C]。此種情形謂之**兩雙線互相分離**(Two pairs of lines separate one another)

若交比爲正,則 L_3, L_4 在 L_1, L_2 爲界之相同之一雙區域中,如此者謂之**兩雙線不互相分離**[L_3, L_4 在相同之一雙區域中,則 L_3 可不經過 L_1 或 L_2 而轉至 L_4]。從上所言,得下定理:

定理 5　　兩雙線 L_1, L_2 及 L_3, L_4 是否互相分離,視其交比 $(L_1 L_2, L_3 L_4)$ 之爲負或正而定*

---

*原註　　此定理僅就四線交於一有窮遠點者證明。若四線爲平行,則向此四線作一公共垂線時,此公共垂線與此四線共有四交點;而此四線之交比等於此公共垂線上四交點之交比。故四線爲平行時,及三線爲平行一線在無窮遠時,其分離之理論皆可化爲四共線點之分離理論。四共線點之分離理論,詳見下款。

例　　題

1. 設 L_1, L_2, L_3, L_4 依次爲下列各線,求 (L_1, L_2, L_3L_4):

(a) $\quad x-y=0, \quad 2x+y=0, \quad x+y=0, \quad 3x-y=0$。

(b) $\quad 2x_1-x_2+x_3=0, \; 3x_1+x_2-2x_3=0, \; 7x_1-x_2=0, \; 5x_1-x_3=0$。

2. 設 L_1, L_3, L_4 之方程式依次爲 $2x_1+x_2-x_3=0$, $x_1-x_2+x_3=0$, $x_1=0$, 及 $(L_1L_2, L_3L_4)=-2/3$, 求 L_2 之方程式。

3　四點定交比　點之交比與線之交比,其理論在根本上相同。

定義　設 P_1, P_2, P_3, P_4 爲不相同之四共線點,且 P_1P_2 爲有窮遠點,則其交比 (P_1P_2, P_3P_4) 爲

(1) $$(P_1P_2, P_3P_4)=\frac{P_3 分 P_1, P_2 之比}{P_4 分 P_1, P_2 之比}=\frac{\overline{P_3P_1}}{\overline{P_3P_2}}\bigg/\frac{\overline{P_4P_1}}{\overline{P_4P_2}}$$

從第四編, 1 款, 定理 2, 得下定理:

定理 1　由 P_1, P_2, P_3, P_4 之坐標依次爲 $a, b, a+\lambda_1 b, a+\lambda_2 b$,則

(2) $$(P_1P_2, P_3P_4)\quad \begin{matrix}\lambda_1\\\lambda_2\end{matrix}, \qquad\qquad \lambda_1\lambda_2(\lambda_1-\lambda_2)\neq 0。$$

若兩點 P_1, P_2 皆爲無窮遠點,或其中之一爲無窮遠點,則可以此定理之內容爲交比之定義。

定理 2　設兩雙共線點爲 P_1, P_2 及 P_3, P_4,則在(及惟在) $(P_1P_2, P_3P_4)=-1$ 時此兩雙共線點爲(及方爲)調和列點。

定理 3　兩雙點互換其次序時,交比之值不因之而變。

定理 4　若成交比之四點中已知其三點,並已知

理学卷（第二册）　科学通讯　第二卷　第一期（1936）

112　　　　　　近代幾何之導引

此交比之值，則其第四點即可惟一決定。

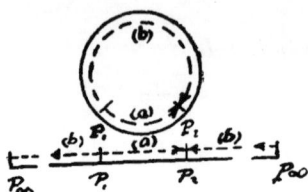

二　圖

若 P_1, P_2 爲圓周上之兩點，則沿此圓周由 P_1 至 P_2，有兩連續路線；其一爲 (a)，其二爲 (b) 如二圖。同此，在廣義直線（卽直線之含有其理想點者）上有兩定點時，由此定點至彼定點亦有兩連續路線。如二圖，由 P_1 至 P_2 之第一路線 (a) 爲線段 P_1P_2，其第二線 (b) 爲從 P_1 向左進行經過理想點 P_∞ 再囘至 P_2。*

若交比 (P_1,P_2,P_3P_4) 之值爲負，則兩點 P_3,P_4 中之一點，在由 P_1 至 P_2 之第一路線中；而其第二點則在由 P_1 至 P_2 之第二路線中。因此沿任何路線由 P_1 至 P_2 皆不能不經過 P_3 或 P_4。同此，沿任何路線由 P_3 至 P_4 亦不能不經過 P_1 或 P_2。此種情形，謂之**兩雙點互相分離**。

若交比 (P_1P_2,P_3P_4) 爲正，則 P_3,P_4 皆在由 P_1 至 P_2 之同一路線中，而謂之**兩雙點不互相分離**。因得下定理。

定理5　兩雙點 P_1,P_2 及 P_3,P_4 是否互相分離視其交比 (P_1P_2,P_3P_4) 之爲負或正而定。†

例　　題

1.　設 P_1,P_2,P_3,P_4 四點之坐標爲 $(1,2),(2,3),(5,6),(-2,-1)$，求其交比 (P_1P_2,P_3P_4)。(a) 從 P_3 及 P_4 分 P_1P_2 兩比求之，(b) 從 P_1 及 P_2 分

---

*原註　路線 (b) 之連續問題之詳細討論，見第九編1款。

†原註　若 P_1,P_2 P_3,P_4 皆爲無窮遠點，則其交比等於「P_1,P_2,P_3,P_4 與一有窮遠點之四連線 L_1,L_2,L_3,L_4」之交比 (L_1L_2,L_3L_4)，證見下款。故若公認兩雙點 P_1,P_2，及 P_3,P_4 是否互相分離視此兩雙線 L_1,L_2 及 L_3,L_4 是否互相分離而定，則定理5卽普遍有效而無除外例矣。

P_3P_4 之兩比求之;(c) 以 P_3 及 P_4 之齊次坐標作成 P_1 及 P_2 之齊次坐標之一次連合而後求之。

2.　設 P_1,P_2,P_4 之坐標爲 (1,1,1), (1,−1 1), (1,0,1) 及 (P_1P_2,P_3P_4) = 2; 求 P_3 之坐標。

3.　設 P_1,P_2,P_3 爲不相同之三共線點,P_4 爲其所共線上之無窮遠點,則其交比 (P_1P_2,P_3P_4) 等於 P_3 分線段 P_1P_2 之比。

3　交比爲射影性質

交比爲一切射影所保存(即使憑距離下其定義,亦是如此)其證明上之疑難實含於下定理之中,此定理成立則其疑難亦自去矣。

定理　設 L_1,L_2,L_3,L_4 爲不相同之四共點線,P_1,P_2,P_3,P_4 爲依次在此四線上之不相同之四共線點,則

$$(L_1L_2,L_3L_4)=(P_1P_2,P_3P_4)。$$

此定理可以第四編 5 款之法證明之,此定理證明之後可再照調和分離方面之相應證法「即第四編 5 款定理 3 之證法」證明交比爲射影性質。其詳細證法讀者可自爲之。

不同四共線點之對立爲不同四共點線。今再公認「四點有定次序者)有某交比」之對立爲「四線 (有相應次序者)有同交比」,及其逆。〔有同交比即有與此某交比同值之交比,簡言之即有相應次序之四點及四線,其有相同之交比者,公認其互爲對立〕

交比之公式

設 E_1,E_2,E_3,E_4 爲點列或線束中之不相同四原素,茲就此四原素之坐標之各種形式,作成其交比 (E_1E_2,E_3E_4) 之值,列表如下:

114　　　　　近 代 幾 何 之 導 引

	E_1	E_2	E_3	E_4	(E_1E_2,E_3E_4)
(1)	a	b	$a+\lambda_1 b$	$a+\lambda_2 b$	$\dfrac{\lambda_1}{\lambda_2}$
(2)	a	b	$k_1 a+l_1 b$	$k_2 a+l_2 b$	$\dfrac{l_1 k_2}{k_1 l_2}$
(3)	$a+\lambda_1 b$	$a+\lambda_2 b$	$a+\lambda_3 b$	$a+\lambda_4 b$	$\dfrac{(\lambda_3-\lambda_1)(\lambda_4-\lambda_2)}{(\lambda_3-\lambda_2)(\lambda_4-\lambda_1)}$
(4)	$k_1 a+l_1 b$	$k_2 a+l_2 b$	$k_3 a+l_3 b$	$k_4 a+l_4 b$	$\dfrac{|k_3 l_1|\cdot|k_4 l_2|}{|k_3 l_2|\cdot|k_4 l_1|}$

此(4)中之 $|k_3 l_1|$ 爲行列式,卽 $k_3 l_1 - k_1 l_3$,餘類推。

　　此(1)前巳說明,(2)可從(1)求得,(4)可從(3)求得。所宜再加說明者爲(3),今作成此(3)如下,以(3)中各原素之坐標寫成(2)之形式,令

$$a+\lambda_1 b=a', \qquad a+\lambda_2 b=b'$$

以 a,b 爲未知數解此兩方程式,而以 a',b' 之項表 a,b,則可以 a',b' 之一次連合表 E_3,E_4 之坐標。因此可得此四原素之坐標爲

$$a', \; b', \; (\lambda_3-\lambda_2)a'-(\lambda_3-\lambda_2)b', \; (\lambda_4-\lambda_2)a'-(\lambda_4-\lambda_1)b',$$

再應用(2),卽得(3)中之結果。

例　　　題

1.　求出(4)中之交比。

2.　若 x_1,x_2,x_3,x_4 爲 x 軸上之不相同四點,則

$$(P_1 P_2, P_3 P_4)=\frac{(x_3-x_1)(x_4-x_2)}{(x_3-x_2)(x_4-x_1)},$$

試證之。

3.　設經過一有窮遠點之不相同四線之斜率爲 $\lambda_1,\lambda_2,\lambda_3,\lambda_4$,證明

$$(L_1 L_2, L_3 L_4)=\frac{(\lambda_3-\lambda_1)(\lambda_4-\lambda_2)}{(\lambda_3-\lambda_2)(\lambda_4-\lambda_1)}。$$

4.　設 $(x_1,y_1),(x_2,y_2),(x_3,y_3),(x_4,y_4)$ 爲不相同之四共線點。若此

四點所共之線不與 y 軸平行,則

$$(P_1P_2,P_3P_4)=\frac{(x_3-x_1)(x_4-x_2)}{(x_3-x_2)(x_4-x_1)},$$

試證之。又若此點之坐標改爲齊次坐標 $a:(a_1,a_2,a_3),b,c,d$ 則此結果變爲何種形式?

5. 設 a,b,c,d 爲經過「一個不在 x 軸上之有窮遠點」之不相同四線,則其交比(照其排列次序)爲

$$\frac{|c_1a_3|\cdot|d_1b_3|}{|c_1b_3|\cdot|d_1a_3|},$$

試證之。此 $|c_1a_3|$ 爲一行列式,即 $c_1a_3-c_3a_1$。

6. 設 a,b,c,d 爲無窮遠線之四點,此四點所共直點,所共之不相同四線爲 L_1,L_2,L_3,L_4,則

$$(L_1L_2,L_3L_4)=\frac{|car|\cdot|dbr|}{|cbr|\cdot|dar|}$$

試證之。　指示。　用第五編4款題6。

7. 設轉四共點線 L_1,L_2,L_3,L_4 各定其正負方向;並證 L_3,L_1 間之方向角(由 L_3 轉至位置及正負方向皆與 L_1 相合時,其所轉之角即 (L_3L_1),而又不同於 (L_1L_3);其它 $(L_3L_2),(L_4L_2),(L_4L_1)$ 皆照此類推],則

$$(L_1L_2,L_3L_4)=\frac{\sin(L_3L_1)\sin(L_4L_2)}{\sin(L_3L_2)\sin(L_4L_1)}。$$

試證之。此四線所共之點爲有窮遠點。

8. 以一圓周上之四定點與此圓周上任意第五點連成四線時,此四線之交比爲常數(即此第五點變而此交比不變),試證之。

5　四原素之二十四交比　四不同原素(四共線點或

四共點線)可排成二十四種次序。故四原素可成二十四種交比。今研究此二十四交比間之關係。

此自須提出一交比,而決定其與其餘諸交比之關係。以此四原素隨意列定一種次序,而按此次序名之曰 E_1, E_2, E_3, E_4 〔例如四原素本為 P_1, P_2, P_3, P_4 如圖, $\overset{P_1}{\underset{\bullet}{}}\ \overset{P_2}{\underset{\bullet}{}}\ \overset{P_3}{\underset{\bullet}{}}\ \overset{P_4}{\underset{\bullet}{}}$ 不妨名 P_3 為 E_1, P_4 為 E_2, P_2 為 E_3, P_1 為 E_4; 如是則 (E_1E_2, E_3E_4) 即是 (P_3P_4, P_2P_1)。要之所謂四原素隨意列定一種次序,並非變更其原有之位置,不過隨意名其中某原素為第一原素,某原素為第二原素……耳〕。設此 E_1, E_2, E_3, E_4 之坐標依次為

$$a+\lambda_1 b,\quad a+\lambda_2 b,\quad a+\lambda_3 b,\quad a+\lambda_4 b$$

之形式,及交比 (E_1E_2, E_3E_4) 以簡號 $(12,34)$ 表之,則

(1) $$(12,34)=\frac{(\lambda_3-\lambda_1)(\lambda_4-\lambda_2)}{(\lambda_3-\lambda_2)(\lambda_4-\lambda_1)}。$$

下定理前已證明:

定理 1　以兩雙原素互換時,交比不因之而變,即

$$(34,12)=(12,34)。$$

從研究調和原素(即調和列點或調和束線)之經驗,得下定理:

定理 2　各雙原素之次序皆互換時,交比不因之而變,即

$$(21,43)=(12,34)。$$

因在(1)以1及2互換,並以3及4互換,則其結果為

$$(21,43)=\frac{(\lambda_4-\lambda_2)(\lambda_3-\lambda_1)}{(\lambda_4-\lambda_1)(\lambda_3-\lambda_2)}=(12,34)$$

故此定理為眞。

由是,此二十四交比可分成六組,每組為相等之四交比。例如

(2)　　　　　　　　$(12,34)=(34,12)=(21,43)=(43,21)$；

(3)　　　　　　　　$(21,34)=(34,21)=(12,43)=(43,12)$。

定理 3　　以一雙中之原素互換時,其交比等於原交比之反數,卽

$$(21,34)=\frac{1}{(12,34)}。$$

此定理可以類於定理 2 之證法證明之。

以上所論廿雙原素,其次序雖變而仍相連接,並未分開;今再論其分開者。例如$(13,24)$及$(14,23)$。下理易於推知:若$(12,34)$之值以 α 表之,卽

$$(12,34)=\alpha,$$

則

(4)　　　　　　$(13,24)=1-\alpha,$　　　$(14,23)=\dfrac{\alpha-1}{\alpha}。$

從此結果及定理 3,可知六組交比中,各組之代表交比之值用寫成下式:

(5)　　$(12,34)=\alpha,$　　$(13,24)=1-\alpha,$　　$(14,23)=\dfrac{\alpha-1}{\alpha},$

　　$(21,34)=\dfrac{1}{\alpha},$　　$(31,24)=\dfrac{1}{1-\alpha},$　　$(41,32)=\dfrac{\alpha}{\alpha-1}。$

例如(2)中四交比其值皆爲α,(3)中四交比其值皆爲1/α。

設以四原素分爲兩雙,令L_1,L_2爲一雙,L_3,L_4爲又一雙時,若此四原素能成一組調和原素,卽$(E_1E_2,E_3E_4)=-1$。則(5)中六交比之值,兩個等於 -1,兩個等於 2,兩個等於 1/2。其逆,若 α 爲此三數中之一數,則(5)中必有兩交比之值皆爲 -1,而此四原素必能適宜分雙成一組調和原素(適宜分雙卽以適宜之法分爲兩雙之意)。

定理 4　　四原素可以分雙,成爲調和原素之必充條件爲:其任意次序之交比之值爲三數 $-1, 2, 1/2$ 中之一數。

此四原素僅在「能適宜分雙成一組調和原素」時,此(5)中六交比方能不全相同。因令(5)中第一交比之值,依次等於其餘各交比之值作成諸方程式時;此諸方程式之實數解,除 0 及 1 外,只有 $a = -1, 2$ 及 $1/2$ 也。又因 $(12, 34)$ 爲原有二十四交比中之任意一交比,故無須再令各兩交比之值相等而討論之。

總上之結果得下定理:

定理 5　　二十四交比分爲六組,每組爲四交比,每組中四交比之值皆相同。若非其四原素能適宜分雙作成一組調和原素,則代表此六組交比之六值全不相同。

例　　　題

1.　證明(4)中各式所表之結果。

2.　若 E_1, E_2, E_3, E_4, E_5 爲不相同之共點線或不相同之共線點,則

$$(12, 34)(12, 45)(12, 53) = 1。$$

試證明之。

5　交比之應用　　Menelaus 氏及 Ceva 氏之定理　　設 P_1, P_2, P_3 爲三角形之三頂;並設 Q_1, Q_2, Q_3 爲三共棧點,且此三點各在此三角形之各邊上而不與此三角形之三頂相同,即 Q_1 在 $P_2 P_3$ 邊上, Q_2 在 $P_3 P_1$ 邊上, Q_3 在 $P_1 P_2$ 邊上.再在此三角形之此三邊上依次

各作一與頂不同之點 Q'_1, Q'_2, Q'_3, 並作成下之交比:

(1)　　　　$(P_2P_3, Q'_1Q_1)=k_1,$　$(P_3P_1, Q'_2Q_2)=k_2,$　$(P_1P_2, Q'_3Q_3)=k_3.$

定理 1　三點 Q'_1, Q'_2, Q'_3 爲共線之必充條件爲此三交比之積等於一, 卽 $k_1k_2k_3=1.$

設 P_1, P_2, P_3 之坐標爲 $a, b, c.$ 則從第三編, 7款, 題4, Q_1, Q_2, Q_3 之坐標可寫成

$$Bb-Cc,\quad Cc-Aa,\quad Aa-Bb$$

之形式; 因 $Q_1Q_2Q_3$ 與三頂不相同, 此 A, B, C 三常數無一爲 o. 於是可從(1)求得 Q'_1, Q'_2, Q'_3 之坐標爲

$$Bb-k_1Cc,\quad Cc-k_2Aa,\quad Aa-k_3Bb.$$

此三點與其點之必充條件爲有不全爲 o 之三常數 l, m, n 能合於

$$l(Bb-k_1Cc)+m(Cc-k_2Aa)+n(Aa-k_3Bb)=0,$$

卽　　　　$(n-k_2m)Aa+(l-k_3n)Bb+(m-k_1l)Cc=0.$

因 a, b, c 不共線及 $ABC \neq o$, 此記號式等於以 l, m, n 得元之三方程式, 卽

$$-k_2m+n=o,$$
$$l\quad-k_3n=o,$$
$$-k_1l+m\quad=o.$$

此三方程式有 o, o, o 外之解之必充條件爲其係數之行列式爲 0. 此條件遂可化爲 $k_1k_2k_3=1.$

定理 2　設三角形各邊上之點 Q'_1, Q'_2, Q'_3 與其對頂之三連線爲 $P_1Q'_1, P_2Q'_2, P_3Q'_3.$ 則在(及惟在)其三交比之積爲 -1 (卽 $k_1k_2k_3=-1$) 時此三連線爲 (及方爲) 共點[此 $Q'_1,$

Q'_2, Q'_3 三點與 P_1, P_2, P_3 三頂位置上之關係仍如本款開始所言〕

此定理之證明,讀者可自爲之.

若 Q_1, Q_2, Q_3 爲三角形三邊上之三無窮遠點,則 k_1, k_2, k_3 依次爲 Q_1', Q'_2, Q'_3 分三邊 P_2P_3, P_3P_1, P_1P_2 之代數比(參觀 2 款題 3),而此定理 1 及 2 遂變爲 Menelaus 氏及 Ceva 氏之著名定理.卽

Menelau 氏定理　設三角形 $P_1P_2P_3$ 各邊上之一點爲 Q'_1, Q'_2, Q'_3, 則在(及惟在)此三點分三邊 $P_2P_3, P_3P_1P_2$ 之三代數比之積爲 1 時,此三點爲(及方爲)共線.

Cea 氏定理　「三角形三邊上之三點(每邊上一點)與其對頂之三連線爲共點之必充條件」爲「此三點分此三邊之三代數比之積爲 -1」.

應用 Menelaus 氏定理可得一關於完全四邊形之有趣性質,如下.

定理 3　完全四邊形(其頂皆爲有窮遠點者)之三條對頂線之三中點爲共線.

設 P, Q, R 爲三條對頂線之中點,P', Q', R' 爲三角形 $P_1Q_1R_1$ 之三邊之中點如三圖因 P 爲「P_1 與 Q_1, R_1, P_2 之連線」之中點,則點 P 必在線 $R'Q'$ 上.同理 R 在 $Q'P'$ 上,Q 在 $P'R'$ 上.由是 P, R, Q 依次在三角形 $P'Q'R'$ 之各邊上,故若能證明

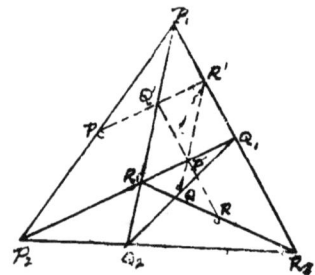

三　　圖

(2)
$$\overline{\frac{PR'}{PQ'}} \cdot \overline{\frac{RQ'}{RP'}} \cdot \overline{\frac{QP'}{QR'}} = -1,$$

本刊廣告價目表

等級	地位	全頁價目	半頁價目
甲	底封面外頁	伍拾元	
乙	底面裏頁及封面裏頁	三十五元	二十元
丙	封面裏頁之對面底面裏頁之對面	二十五元	十五元
丁普	通	二十元	十二元

一、乙丙丁四分之一頁按照半頁價目六折計算

二、廣告概用白紙黑字如用彩印色紙價目另議

三、廣告如用銅鋅版由本刊代辦照收製版費

四、連登多期價目從廉請逕函本校出版處經理組接洽

科學學院科學通訊投稿簡章

一、投稿不拘文言白話凡中英德法文均所歡迎

二、談言教材叢錄書評消息均以科學為範圍

三、投寄稿如係翻譯請附寄原本否則須將原文題目著首名出版日期及地點詳細開示

四、投寄之稿務望繕寫清楚加新式標點凡外國文樨亞碼及有插圖附表必須製版用墨色打印之如有插圖附表請用墨色

五、來稿經本刊揭載後每篇酌致關金若本刊尚未出版

六、投寄之稿無論登載與否概不退還惟預有聲明並備郵資者不致此限

七、投寄之稿經本刊揭載後版權卽爲本校出版委員會所有

八、郵資本院委員會有酌量增删之權如投稿人不願

九、有另行約定者不在此限

十、增删則應於投稿時聲明

編輯委員會

投寄之稿應逕寄上海徐家滙交通大學科學學院科通訊

中華民國二十五年四月出版

科學通訊（總九）

第二卷 第一期

編輯者 交通大學科學學院

發行者 交通大學出版處 上海徐家滙

印刷者 上海中國科學公司

代售處

上海

世界出版社
光華書局
學生書店
正中書局
作者書社
蘇新書社
志恆書店
世界書局
新光書店
大公報社代辦部
上海雜誌公司
黎明書局
廣州圖書消費合作社
武昌國圖
雲南人化書店

〔版權所有〕

本刊價目

每册大洋二角 全年八册

預訂壹元四角 國外另加郵費
（三四至六月改出一册）
（七、十、三月各一册）

科學學院科學通訊編輯委員會

裘維裕（科學院院長兼物理系主任）
徐名材（化學系主任）
胡其復
顧澄（總編）
周銘 理 胡
武崇材（數）
剛復（理） 嗣賢（化）

科學通訊

黎照寰

第二卷 第二期

（總十）

中華民國二十五年五月　　　上海交通大學科學學院編輯

本 校 出 版 刊 物

一. 期 刊

    1. 交大季刊　　　　　每册三角　　　全年一元

    2. 交大三日刊　　　　半年五角　　　全年一元

    3. 科學通訊（全年八期）　每册二角　　　全年一元四角

    4. 管理二月刊（全年五期）每册四角　　　全年一元六角

二. 本 校 一 覽

    1. 中文本　　　　　　　　　　　每册四角

    2. 英文本　　　　　　　　　　　每册六角

三. 本 校 研 究 所 編 輯 刊 物

    1. 油漆試驗報告，第一號　　　　每册二角

    2. 油漆試驗報告，第二號　　　　每册六角

    3. 地下流水問題之解法（英文本）　每册三角

    4. 美國鐵道會計實務，第一編（英文本）　每册六角

    5. 解決中國運輸問題之途徑（英文本）　每册四角

    6. 解決中國運輸問題之途徑（譯本）　每册三角

    7. 鐵路零担貨運安全辦法　　　　每册四角

經 售 處　　　　　本 校 出 版 處

科 學 通 訊

第二卷 第二期

目 錄

交 大 季 刊

每册大洋三角　全年壹元　　本校出版處發行　各地書局代售

第十六期要目

前漢時代陸路交通攷(續)
中國公路運輸概況
流體動力學上之相似性
On a Theorem of Lebesgue's.
煤粉用為燃料之檢討
道路材料試驗撮要
國有各路車輛過軌問題
Book Review on Technical Mechanics
　　by Maurer and Roark.
粵漢鐵路株韶段鐵道測量總報告
上海市中心區道路工程管理處實習報告
蘇次河先生榕樹廬詩集序
仁義釋
法蘭梯電器製造廠記略
What Prevents Social Progress?

第十七期要目

前漢時代陸路交通考(續)
陶藝淺說
鼠籠式交流感應電動機之現勢
無空氣注射狄思爾引擎之燃燒方法
道路材料試驗撮要(續)
擬議鍋爐揚電銲規章草案
研究所化學組油漆試驗報告
待焚文稿自敍
漫遊記自序
墨子間詁補正啟
中國要旱日實行工業化
Recent Advances in Industrial Electro
　　Chemistry

第十八期要目

前漢時代陸路交通考(續)
江西公路處之營運概況與改進
滬杭甬綫列車車輛調度概況
無窮級數之理論及應用
Peg Method　簡易法
研究所化學組油漆試驗報告(續)
Brief Moment in Messrs. Dorman
　　Long & Co, Ltd.
記桂林之遊
茹經堂畫記
工程——怎樣研究與選擇
歐游道憶錄

第十九期要目

工程學與實業之關係
前漢時代陸路交通攷(續)
中國之國防與鐵道
鐵路零擔貨運安全辦法
冷鑄鐵的成分及冷鑄件型的製法
無窮級數之理論及應用(續)
近世中國國外貿易要略及書評
論語類纂孝弟篇大義
八柱豪游圖記
Science Advisory Service to the Govern-
　　ment
世界銲鑕工程會議錄

管 理 學 院 叢 書

1.	鐵道經濟論叢	鍾偉成編	每冊大洋二角
2.	東北鐵路問題之研究	王同文著	上下冊合購壹元二角
3.	吾國鐵路枕木問題之研究	楊　城　王以瑗著　陳善繼	每冊大洋四角
4.	鐵路估值	涂　宓著	每冊大洋二角

發行者　上海徐家匯交通大學管理學院

代售處　各地大書局

談 言

不 定 形 $\dfrac{0}{0}$

$f(a)$ 及 $\Phi(a)$ 不爲 0 或不存在之不定形

顧 澄

前第八期談言因專爲中學生說法,只能言以 $x=2$ 代入 $\dfrac{x^2-4}{x-2}$ 所得之 $\dfrac{0}{0}$,與求極限時所遇之不定形 $\dfrac{0}{0}$ 不同,不憚再作進一步之說明。今再放寬範圍與大學學生略談初等微分中之不定形。

研究數學,首在徹底澄清道理,决不可如陶淵明之讀書不求甚解。今數學中求分數之值所遇之 $\dfrac{0}{0}$ 及求分數之極限所遇之 $\dfrac{0}{0}$ 同寫作 $\dfrac{0}{0}$,於是遂有視分數之極限爲分數之值者。此决不可,前期已經詳言。但恐仍不能解讀者之疑。故以下專談形式爲 $\dfrac{0}{0}$ 之不定形,餘如 $\infty-\infty,0\cdot\infty,0^0,\infty^0,1^\infty$ 等之不定形則皆從略。

I 不定形 $\dfrac{0}{0}$ 之意義 凡求 $\lim\limits_{x\to a}\dfrac{f(x)}{\Phi(x)}$ 時,如

$$\lim_{x\to a} f(x)=a \quad \text{及} \quad \lim_{x\to a}\Phi(x)=b\neq 0$$

則

$$\lim_{x\to a}\frac{f(x)}{\Phi(x)}=\frac{\lim\limits_{x\to a} f(x)}{\lim\limits_{x\to a}\Phi(x)}=\frac{a}{b}$$

此即所謂「分數之極限等於分子之極限除以分母之極限」也。但此定理必在分母之極限不爲 0 時方可應用。倘欲求

$$\lim_{x\to a}\frac{f(x)}{\Phi(x)}$$

而遇 $\lim\limits_{x \to a} f(x)=o$ 及 $\lim\limits_{x \to a} \Phi(x)=o$，則此定理即不能用.但不能因此定理不能用,而遂謂此極限不存在,必須再想他法以求此極限,及討論此極限是否存在.於是遂有各種求此極限之法.且因此係求分數極限之特種情形,遂以特種記號 $\dfrac{o}{o}$ 表之,以便說明.故:

不定形 $\dfrac{o}{o}$ 實爲求 $\lim\limits_{x \leftarrow a} \dfrac{f(x)}{\Phi(x)}$ 而適逢 $\lim\limits_{x \to a} f(x)$ 及 $\lim\limits_{x \to a} \Phi(x)$ 皆等於 o 時之 $\dfrac{f(x)}{\Phi(x)}$ 之一種簡號.亦即求 $\lim\limits_{x \to a} \dfrac{f(x)}{\Phi(x)}$ 時,若遇 $\lim\limits_{x \to a} f(x)$ 及 $\lim\limits_{x \to a} \Phi(x)$ 皆爲 o，則以 $\dfrac{o}{o}$ 爲 $\dfrac{f(x)}{\Phi(x)}$ 之簡號,而謂之求不定形 $\dfrac{o}{o}$ 之極限.

　　2. **求不定形 $\dfrac{o}{o}$ 之極限並非求分數之值**　從上所言,凡不定形 $\dfrac{o}{o}$ 之問題純屬求極限之問題與「求分數之值而遇 $\dfrac{o}{o}$」截然兩事,不可因同寫作 $\dfrac{o}{o}$ 混而爲 1. 蓋以 $x=a$ 代入 $\dfrac{f(x)}{\Phi(x)}$ 後,若

$$\frac{f(a)}{\Phi(a)}=\frac{o}{o}$$

則此分數在 $x=a$ 時確是不定,亦可謂之確是無值;不定不能使之定,無值不能使之有.至求分數之極限而遇不定形 $\dfrac{o}{o}$ 時,此 $\dfrac{o}{o}$ 僅是一上言之簡號而已,並非其極限真是不定,真不存在也(即其極限存在與否,尚須討論方能確定).

　　但初等微積中講不定形時,往往欲引起學生之興味,而先言其一種作用.例如『設 $x=a$ 時 $f(x)$ 及 $\Phi(x)$ 皆爲 o,則 $x=a$ 時 $\dfrac{f(x)}{\Phi(x)}=\dfrac{o}{o}$ 爲不定.既是不定即可爲任意數,故不妨任取一數爲其在 $x=a$ 時

之值,並言 $x=a$ 時如函數 $\dfrac{f(x)}{\Phi(x)}=\dfrac{0}{0}$,則此函數在點 $x=a$ 上不連續,倘 $x\to a$ 時此函數有極限而此極限爲 η,則以 η 爲此函數在點 $x=a$ 上之值,即可令此函數在點 $x=a$ 上連續云云,以明講不定形 $\dfrac{0}{0}$ 之目的,甚至以 $f(a)=f(b)=o$ 入不定形 $\dfrac{0}{0}$ 之定義. 初等微積立論不求十分嚴格,此種說法未嘗不可.此猶求積分並非即是求面積,然初等微積不妨借求面積以講求積分,但爲正本淸源計,在初等代數中說不到連續,應如八期談言中所云,經過初等微積後,應知如上言之情形無異是定一函數.

$$F(x) = \dfrac{f(x)}{\Phi(x)}, \qquad x\neq a\ 時,$$

$$= \eta, \qquad\qquad x\neq a\ 時.$$

當 $x\neq a$ 時此 $F(x)$ 與 $\dfrac{f(x)}{\Phi(x)}$ 全同,當 $x=a$ 時 $\dfrac{f(x)}{\Phi(x)}$ 與 $F(x)$ 截然兩物.故嚴格言之,不能去求是 $x=a$ 時 $\dfrac{f(x)}{\Phi(x)}$ 之值,蓋定與不定,無值與有值,不能同時並立也.

凡甲函數有可去不連續點 (Removable discontinuity),而願以定一在此點上連續之乙函數,其例甚多,不必甲函數在此點上不定,始能如此.

例 1.　$x=o$ 時 $x\sin\dfrac{1}{x}$ 不存在,而非不定,但點 $x=o$ 亦爲 $x\sin\dfrac{1}{x}$ 之可去不連續點,於是可定一在點 $x=o$ 上連續之函數

$$F(x)=x\sin\dfrac{1}{x}, \qquad x\neq o\ 時,$$

---

*此不必加入不定形 $\dfrac{0}{0}$ 之定義,見下 3 款及本款例 2.

$$= 0, \qquad\qquad x = 0 \text{ 時.}$$

例 2.　設 $f(x)$ 及 $\Phi(x)$ 爲

$$f(x) = x^3, \qquad\qquad x \neq 0 \text{ 時,}$$
$$= 2, \qquad\qquad x = 0 \text{ 時.}$$

及

$$\Phi(x) = x^2, \qquad\qquad x \neq 0 \text{ 時,}$$
$$= 1, \qquad\qquad x = 0 \text{ 時.}$$

則

$$\frac{f(x)}{\Phi(x)} = x, \qquad\qquad x \neq 0 \text{ 時,}$$
$$= 2, \qquad\qquad x = 0 \text{ 時.}$$

此 $\dfrac{f(x)}{\Phi(x)}$ 在 $x=0$ 時之值並非爲 $\dfrac{0}{0}$ 而實爲 2. 但點 $x=0$ 仍爲 $\dfrac{f(x)}{\Phi(x)}$ 之可去不連續點, 仍可定一在點 $x=0$ 上連續之函數

$$F(x) = \frac{f(x)}{\Phi(x)}, \qquad\qquad x \neq 0 \text{ 時,}$$
$$= 0, \qquad\qquad x = 0 \text{ 時.}$$

例 3.　在定此種連續函數外, 尚有較此更特殊之例, 可爲閱者道. 如討論函數之有界 (bounded) 及無界 (unbounded) 時, $\dfrac{1}{x}$ 爲無界雖極顯明, 然往往因欲人明 $\dfrac{1}{x}$ 不但在閉節 $(-\delta, \delta)$ 或 $(-\delta, 0)$ 或 $(0, \delta)$ 中無界 $(\delta > 0)$, 甚至在開節 $(0^*, \delta)$ 或 $(-\delta, 0^*)$ 中亦無界. 於是定一函數

$$F(x) = \frac{1}{x} \qquad\qquad x \neq 0 \text{ 時,}$$
$$= 0, \qquad\qquad x = 0 \text{ 時.}$$

而言此 $F(x)$ 仍是無界. 然有時不明定此 $F(x)$, 而云「設 $x=o$ 時 $\dfrac{1}{x}=o$, 則 $\dfrac{1}{x}$ 仍爲無界」. 但此種說法仍與定此 $F(x)$ 同. 決不可因此遂謂可以 o 爲「$x=o$ 時之 $\dfrac{1}{x}$ 之值」.

從此可知當

$$\frac{f(a)}{\Phi(a)}=\frac{o}{o} \text{ 及 } \lim_{x=a}\frac{f(a)}{\Phi(x)}=\eta$$

時, 另定一在點 $x=a$ 上連續之函數

$$F(x)=\frac{f(x)}{\Phi(x)}, \qquad x\ne o \text{ 時}$$
$$x=a \text{ 時}.$$

與上三例定 $F(x)$ 之情形相同, 決不能言 η 即是 $x=a$ 時 $\dfrac{f(x)}{\Phi(x)}$ 之值.

又如上之例 2, $\dfrac{f(o)}{\Phi(o)}\ne\dfrac{o}{o}$, 惟就求 $\lim\limits_{x\to a}\dfrac{f(x)}{\Phi(x)}$ 而論, 仍

$$\frac{\lim\limits_{x\to 0}f(x)}{\lim\limits_{x\to o}\Phi(x)}=\frac{o}{o}. \text{(亦爲不定形)}$$

但 $$\lim_{x\to o}\frac{f(x)}{\Phi(x)}=o, \qquad (\ne 2)$$

而 $$\frac{f(o)}{\Phi(o)}=2, \qquad (\ne o)$$

決不能以 o 爲「$x=o$ 時 $\dfrac{f(x)}{\Phi(x)}$ 之值」, 更可明白矣.

3. $f(a)=o$ 及 $\Phi(a)=o$ 無須入不定形 $\dfrac{o}{o}$ 之定義. 尋常初等微積中, 所設不定形 $\dfrac{o}{o}$ 之實例皆爲

上海交通大学百年报刊集成 · 第一辑（1896—1949）· 学术学科

$$f(a)=o \quad 及 \quad \Phi(a)=o. \tag{1}$$

$$\lim_{x\to a} f(x)=o \quad 及 \quad \lim_{x\to a}\Phi(x)=o. \tag{2}$$

所成之不定形.但不定形之定義中實無須有(1)之條件*而但須有(2)之條件.即不問 $f(a)$ 及 $\Phi(a)$ 爲何數,甚至不管其是否存在,只要 $f(x)$ 及 $\Phi(x)$ 合(2)之條件,則求 $\lim\limits_{x\to a}\dfrac{f(x)}{\Phi(x)}$ 時卽謂 $\dfrac{f(x)}{\Phi(x)}$ 爲不定形.

至求不定形 $\dfrac{o}{o}$ 之極限時,自須視其合於何種他條件,而定何種求法.例如 $f(x)$ 及 $\Phi(x)$ 皆在 $(a-\delta,\ a+\delta)$ 節中存在,並

$$f(a)=o \quad 及 \quad \Phi(a)=o, \tag{3}$$

$$f'(a)=l \quad 及 \quad \Phi'(a)=m\neq o, \tag{4}$$

則 $x\to a$ 時不定形 $\dfrac{f(x)}{\Phi(x)}$ 之極限爲

$$\lim_{x\to a}\frac{f(5)}{\Phi(x)}=\frac{l}{m}.$$

「(3) 非不定形 $\dfrac{o}{o}$ 之定義中應有條件」與「(4) 非不定形 $\dfrac{o}{o}$ 之定義中應有條件」同.此係一極明顯之事,而必須加以鄭重說明者.因學生見普通微積中以 (1) 入不定形 $\dfrac{o}{o}$ 之定義,或則所設實例皆兼

參觀 Pierpont 實變 數函數 第一册 p. 298。此處但言以 $f(x)$ 及 $g(x)$ 之極限代入 $\dfrac{f(x)}{g(x)}$ 成 $\dfrac{o}{o}$ 之形式.詳言以明之,即 $\lim\limits_{x\to a} f(x)$ 及 $\lim\limits_{x\to a} g(x)$ 代 $\dfrac{f(x)}{g(x)}$ 之 $f(x)$ 及 $g(x)$ 成 $\dfrac{o}{o}$ 之形式,然未言以 $f(a)$ 及 $g(a)$ 代 $\dfrac{f(x)}{g(x)}$ 之 $f(x)$ 及 $g(x)$ 成 $\dfrac{o}{o}$ 之形式,注意 $\lim\limits_{x\to a} f(o)=o$ 時 $f(a)$ 不一定亦等於

又就歷史言,雖似不妨以 (1) 入不定形之定義,但若 $f(x)$ 及 $\varphi(x)$ 皆在 $x=a$ 上連續,則 (2) 成立時,(1) 必成立,定義中既有 (2) 不必再有 (1);若 $f(x)$ 及 $\varphi(x)$ 在 $x=a$ 上不連續,則 (2) 成立時,(1) 決不能成立,定義中既有 (2) 決不能再有 (1),故爲定義普遍計,其中無須有 (1) 之條件.

含(1)條件之不定形,習之既久,往往以爲(1)亦是不定形$\dfrac{0}{0}$定義中之應有條件.於是遂覺

$$\text{不定形之}\dfrac{\lim\limits_{x\to a} f(x)}{\lim\limits_{x\to a}\Phi(x)}=\dfrac{0}{0}\text{與分數之}\dfrac{f(a)}{\Phi(a)}=\dfrac{0}{0}$$

不可分離.且因此遂誤認前者卽是後者,再因此而以爲不定形之極限存在而爲η時,此 η 卽是「$x=a$ 時$\dfrac{f(x)}{\Phi(x)}$之值」.如已確知(1)非「不定形$\dfrac{0}{0}$之定義中應有條件」,則不但自知不定形$\dfrac{0}{0}$之極限與$\dfrac{f(a)}{\Phi(a)}=\dfrac{0}{0}$⋯⋯⋯⋯⋯⋯⋯⋯⋯⋯⋯⋯會亦自可不生矣.

4　$f(a)\neq 0$ 及 $\Phi(a)\neq 0$ 之不定形$\dfrac{0}{0}$.

初等微積中之不定形既皆 $f(a)=0$ 及 $\Phi(a)=0$,故所用求不定形 $\dfrac{0}{0}$ 之極限之法,大抵首爲3欵中所言(3),(4),(5)之法.其來源爲

$$\dfrac{f(a+\Delta x)}{\Phi(a+\Delta x)}=\dfrac{f(a+\Delta x)-f(a)}{\Delta x}\Big/\dfrac{\Phi(a+\Delta x)-\Phi(a)}{\Delta x},\qquad (6)$$

故

$$\lim_{x\to a}\dfrac{f(x)}{\Phi(x)}=\lim_{\Delta x\to a}\dfrac{f(a+\Delta x)}{\Phi(a+\Delta x)}=f'(a)\Big/\Phi'(a)=\dfrac{l}{m}\qquad (7)$$

今$f(a)\neq 0$ 及 $\Phi(a)\neq 0$,則(6)不能成立.於是卽覺此法不能應用.究竟如何?

又者$f(a)$ 及 $\Phi(a)$皆不爲0,或有一不爲0,或皆不存在或有一不存在,則 $f'(a)$ 及 $f'(a)$亦必有一不存在或兩皆不存在,於是更覺此種微分方法對此完全失效.究竟如何?

此兩問題,如何解答,閱者請先思之.下期再談.

上海交通大学百年报刊集成·第一辑（1896—1949）·学术学科

教　材

圓函數及雙曲函數之幾何定義,並以此爲起點而平行論列之

秉　鈞

引言.　在數理解析之應用中,最常見之一微分方程式爲

$$\frac{d^2y}{dx^2}+ay=o,$$

其中 a 表一常數.當 $a>o$ 時,此方程式所決定之函數爲圓函數,——正弦及餘弦——;當 $a<o$ 時,此方程式所決定之函數爲雙曲函數,——雙曲正弦及雙曲餘弦.

此二種函數——圓函數及雙曲函數——旣同有若是之本源,則以同樣方法,將其平行論列,俾其關係益覺密切,是乃甚爲合理者也.然吾人對於雙曲函數之運用,普通不如對於圓函數之運用較爲容易.在圓函數能解決之問題中,吾人毫不遲疑卽應用此種函數;惟在雙曲函數能解決之問題中,吾人往往避免直用此種函數,而反求助於指數函數(exponeutial function)或對數函數之配合(然如此配合之式子實較避而不用之雙曲函數之式子爲復難)若此不同之看待及處置,實非所宜,而難令人滿意者也.蓋如是,則此二種函數之對稱性失,而無從推此及彼,節省記憶力也.職是之故,余所以有此篇也.

1.　幾何定義

1. 正弦及餘弦　於任意還定長之單位後,試取: 1) 半徑爲 1

理学卷（第二册） 科学通讯 第二卷 第二期（1936）

之一圓; 2)此圓之二正交直徑 ox, oy; 3) 此圓之一點 M, 及此點 M 對於 ox 軸之對稱點 N (圖1).

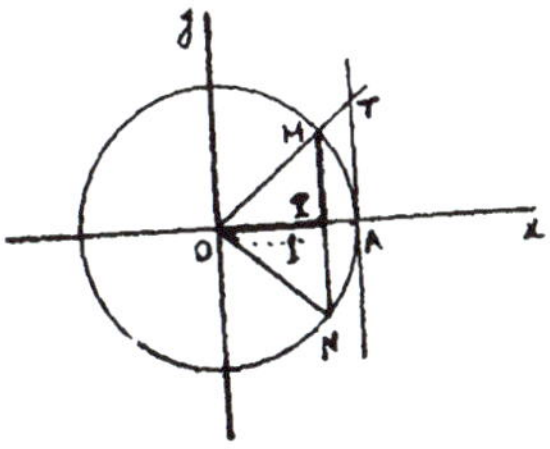

圖　一

設 σ 為圓扇形 (Circular sector) NOM 之面積,則 $\overline{OP}=x$ 之量為 σ ⋯⋯ 一函數,⋯⋯ σ ⋯⋯ 而以記號 $\sin\sigma$ 表之.

在此有 $x^2+y^2=1$ (圓之方程式),即

$$\cos^2\sigma+\sin^2\sigma=1.$$

當 M 由 ox 之 A 點起,在轉動一直角即令 ox 來到原來之 oy 之指向 (Sense) 中,連續及無窮走過其所在之圓周時,變元 (argument) σ 依 ⋯⋯ 而用 σ 由 $-\infty$ 至 $+\infty$;⋯⋯ $\cos\sigma$ 及 $\sin\sigma$ 則於 -1 及 $+1$ 間變動, $\cos\sigma$ 由1起, $\sin\sigma$ 由0起.

今取圖1之一相似形 (similar figure),其相似心 (center of similitnde)為 0 點,相似比 (ratio of similitude)為 r. 設三點 P,M,N 之相似點(homologous points)為 P',M',N', 則有

$$OP'=r\cdot OP=r\cos\sigma,$$

$$\overline{P'M'}=r\cdot\overline{PM}=r\sin\sigma,$$

扇形面積 $N'OM'=\sigma'=r^2\cdot\sigma,$

因而

$$\overline{OP'} = x' = r \cos \frac{\sigma'}{r^2},$$

$$\overline{P'M'} = y' = r \sin \frac{\sigma'}{r^2},$$

$$x'^2 + y'^2 = r^2.$$

由是得一定理如次:

$$x' = r \cos \frac{\sigma'}{r^2} \text{ 及 } y' = r \sin \frac{\sigma'}{r^2} \text{ 爲半徑爲 } r \text{ 之圓}$$

$$r'^2 + y'^2 = r^2$$

之流動點 (current point) M' 之坐標之式,此二式者,俱爲圓扇形 N' OM' 之面積 σ' 之函數.

茲可察出 $\dfrac{\sigma'}{r^2}$ 爲以半徑角(radian)爲單位時, AOM' 角之量.

2. 雙曲餘弦及雙曲正弦　　於任意選定長之單位後,試取: 1) 一等邊雙曲線 (equilateral hyperbola), 其半橫軸 (trausverse axis)爲 1; 2)此雙曲線之二正交直徑 ox, oy; 3)此雙曲線之一流動點 M,及 此點 M 對於 ox 之對稱點 N (圖2).

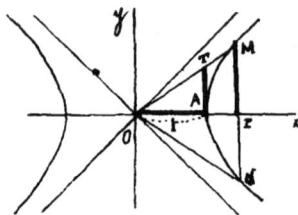

圖　二

說 σ 爲雙曲扇形(hyperbolic sector) NOM 之面積,則 $\overline{OP} = x$ 之量 爲 σ 之一函數,名曰 σ 之雙曲餘弦 (hyperbolic cosine),而以記號 cosh 表之,或簡以 $ch\sigma$ 表之. $\overline{PM} = y$ 亦爲 σ 之一函數,名曰 σ 之正弦

(hyperbolic sine),而以記號 sinh σ 表之,或簡以 $sh\,\sigma$ 表之.

在此有

$$x^2-y^2=1(\text{等邊雙曲線之方程式}),\text{即}$$

$$ch^2\sigma-sh^2\sigma=1.$$

當 M 由 ox 之 A 點起,連續及無窮走過雙曲線之在 xoy 角中之部分時,變元 σ 依連續方式而由 o 增至 $+\infty$,而 $ch\sigma$ 則由 1 起,恆爲增大,而至於 $+\infty$, $sh\sigma$ 則由 o 起,恆爲增大,而至於 $+\infty$.

今取圖 2 之一相似形,其相似心爲 o 點,相似比爲 r. 設三點 P, M,N 之相似點爲 P',M',N',則有

$$\overline{OP'}=r\cdot\overline{OP}=r\cdot ch\sigma,$$

$$\overline{P'M'}=r\cdot\overline{PM}=r\cdot sh\sigma$$

扇形面積 $N'OM'=\sigma'=r^2\sigma.$

因而

$$\overline{OP'}=x'=r\cdot ch\frac{\sigma'}{r^2},$$

$$\overline{P'M'}=y'=r\cdot sh\frac{\sigma'}{r^2},$$

$$x'^2-y'^2=r^2.$$

由是得一定理如次:

$x'=r\cdot ch\dfrac{\sigma'}{r^2}$ 及 $y'=r\cdot sh\dfrac{\sigma'}{r^2}$ 爲半橫軸爲 r 之等邊雙曲線

$$x'^2-y'^2=r^2$$

之流動點 M' 之坐標之式,此二式者,皆爲雙曲扇形 $N'OM'$ 之面積 σ' 之函數.

附註 1.　所取之等邊雙曲線以其二軸之角之平分線爲漸近線 (asymptotes).今命 $o\mu=\xi$, $ov=\eta$ 爲坐標爲 $x=OP$, $y=PM$(對於二

軸 ox, oy 者)之 M 點與此二平分線之距離(圖 3).

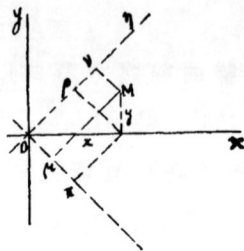

圖　　三

一正方形之邊與其對角線之比爲 $\dfrac{1}{\sqrt{2}}$,是以有

$$\xi = o\mu = o\pi - \mu\pi = \frac{1}{\sqrt{2}}x - \frac{1}{\sqrt{2}}y,$$

$$\eta = ov = o\varrho + \varrho v = \frac{1}{\sqrt{2}}x + \frac{1}{\sqrt{2}}y.$$

由是,故於方程式(在坐標系 xoy 中者)爲

$$x^2 - y^2 = 1$$

之雙曲線之流動點 M, 吾人有

$$\xi\eta = \frac{x-y}{\sqrt{2}} \cdot \frac{x+y}{\sqrt{2}} = \frac{x^2-y^2}{2} = \frac{1}{2}$$

復次,試察出

$$\sigma = 2 \times \text{扇形 } OAM \text{ 之面積} = 2(\text{面積 } OAMv - \text{面積 } OMv)$$

$$= 2[(OA\beta + \beta AMv) - OMv].(\text{圖 } 4)$$

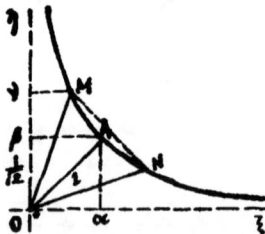

圖　　四

茲有 $OA\beta = OM\nu$，蓋依雙曲線在其二平分線 $o\xi$，$o\eta$ 所成之坐標系中之方程式，有

$$\beta A \cdot O\beta = \nu M \cdot O\nu$$

也．以故，得

$$\sigma = 2 \times \beta AM\nu.$$

試在 $o\eta$ 上，由 o 點起，取 $n+1$ 點，其相連二點之距離爲 $\dfrac{1}{\sqrt{2}}$；設 β，ν_1，ν_2，$\cdots$，ν_{i-1}，ν_i，$\cdots$，ν_n 爲此 $n+1$ 點．復次，試於雙曲線上亦取 $n+1$ 點，其在 $o\eta$ 上之投影恰爲前之分點，設 A，M_1，M_2，$\cdots$，M_{i-1}，M_i，$\cdots$，M_n 爲此等諸點（圖 5）爲入者．

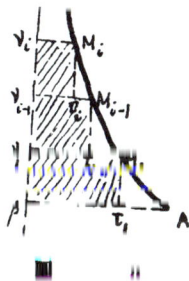

面積 $\beta AM_n\nu_n = \beta AM_1\nu_1 + \nu_1 M_1 M_2\nu_2 + \cdots + \nu_{i-1}M_{i-1}M_i\nu_i + \cdots + \nu_{n-1}M_{n-1}M_n\nu_n.$

但是，方程式 $\xi = \dfrac{1}{2\eta}$ 指示橫標 ξ 爲 η 之遞減函數（decreasing function），是以有

面積 $\nu_{i-1}M_{i-1}M_i\nu_i > $ 面積 $\nu_{i-1}\tau_i M_i\nu_i$（卽圖 5 中蓋以線影之面積），因而

面積 $\beta AM_n\nu_n > \beta\tau_1 M_1\nu_1 + \nu_1\tau_2 M_2\nu_2 + \cdots + \nu_{i-1}\tau_i M_i\nu_i + \cdots + \nu_{n-1}\tau_n M_n\nu_m.$

因諸點 $M_1, M_2, \cdots, M_{i-1}, M_i, \cdots, M_n$ 之橫標 ξ 之值爲

$$\xi_1 = \frac{1}{2\eta_1} = \frac{1}{2\frac{2}{\sqrt{2}}}, \qquad \xi_2 = \frac{1}{2\eta_2} = \frac{1}{2\frac{3}{\sqrt{2}}}, \cdots,$$

$$\xi_i = \frac{1}{2\eta_i} = \frac{1}{2\frac{i+1}{\sqrt{2}}}, \cdots, \xi_n = \frac{1}{2\eta_n} = \frac{1}{2\frac{n+1}{\sqrt{2}}},$$

故上之不等式可書爲

$$\text{面積 } \beta A M_n \nu_n > \frac{1}{\sqrt{2}} \cdot \frac{1}{2\frac{2}{\sqrt{2}}} + \frac{1}{\sqrt{2}} \cdot \frac{1}{2\frac{3}{\sqrt{2}}} + \cdots + \frac{1}{\sqrt{2}} \cdot \frac{1}{2\frac{n+1}{\sqrt{2}}},$$

卽

$$2 \times \text{面積 } \beta A M_n \nu_n > \frac{1}{2} + \frac{1}{3} + \cdots + \frac{1}{n+1},$$

若命

$$\sigma_n = 2 \times \text{面積 } \beta A M_n \nu_n, \text{ 則得}$$

$$\sigma_n > \frac{1}{2} + \frac{1}{3} + \cdots + \frac{1}{n+1}.$$

依調和級數(harmonic series)之理論,吾人知道最後此不等式之第二邊爲與 n 同時無窮增大.是故當 M 在雙曲線上無窮離遠時, σ 無窮增大.

　　　　附注 II　　今假想平面 xoy 在方向 ox 中及同時在方向 oy 中爲縮小或放大,末(final)長度與初 (initial)長度之比在 ox 方向中者爲 a, 在 oy 方向中者爲 b.

　　　　原來之 M 點於今變爲 M', 原來之坐標周圍線 (contour) OPM 於今變爲坐標周圍線 $OP'M'$, 而使有 (圖6)

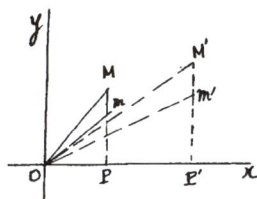

圖　　　六

$$OP' = a \cdot OP, \qquad P'M' = b \cdot PM;$$
$$x' = a \cdot x \qquad y' = b \cdot y.$$

至於面積爲 $\Delta\sigma$ 之三角形 OmM 變爲面積爲 $\Delta\sigma'$ 之三角形 $Om'M'$.
原來此二角形之高線□□者派各乘其以 a, 而其底（即□□□）則爲乘以 b, 是以有

$$\Delta\sigma' = a \cdot b \cdot \Delta\sigma.$$

設 M 爲在圓

$$x^2 + y^2 = 1$$

上之□□點,則在 M' 點之□□間,有關係爲

$$\left(\frac{x'}{a}\right)^2 + \left(\frac{y'}{b}\right)^2 = 1,$$

及逆之.是故 M' 點乃方程式爲

$$\frac{x'}{a} + \frac{y'}{b} = 1$$

之橢圓線之流動點.

圓扇形 NOM 之面積可視爲類似 OmM 之三角形之面積之和之極限,而相當之橢圓扇形 $N'OM'$ 之面積則可視爲三角形 $Om'M'$ 之面積之和之極限.以故,於以 σ' 表扇形 $N'OM'$ 之面積及 σ 表扇形 NOM 之面積(圖 7),則有

$$\sigma' = ab \cdot \sigma$$

由餘弦及正弦之定義,有

$$x = \cos \sigma, \qquad y = \sin \sigma$$

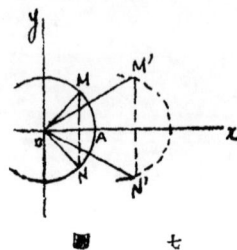

圖　七

因而

$$\frac{x'}{a} = \cos \frac{\sigma'}{ab}, \quad \frac{y'}{b} = \sin \frac{\sigma'}{ab}.$$

由是得定理如次:

$$x' = a \cos \frac{\sigma'}{ab} \text{ 及 } y' = b \sin \frac{\sigma'}{ab} \text{ 為橢圓線}$$

$$\frac{x'^2}{a^2} + \frac{y'^2}{b^2} = 1$$

之流動點 M' 之坐標之式,此二式者,皆為橢圓扇形 $N'OM'$ 之面積 σ' 之函數.

同理,設 M 為等邊雙曲線

$$x^2 - y^2 = 1$$

之流動點,則在 M' 點之坐標間,有關係為

$$\left(\frac{x'}{a} \right)^2 - \left(\frac{y'}{b} \right)^2 = 1,$$

及逆之.是故 M' 點乃方程式為

$$\frac{x'^2}{a^2} - \frac{y'^{12}}{b^2} = 1$$

之雙曲線之流動點.

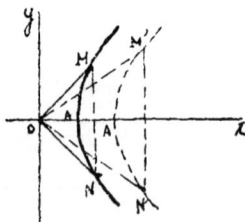

圖　八

　　復次,若以 σ' 表雙曲扇形 $N'OM'$ 之面積 (圖 8) 及 σ 表雙曲扇形 NOM 之面積,則有

$$\sigma' = ab \cdot \sigma$$

　　由雙曲餘弦及雙曲正弦之定義,有

$$x = ch\ \sigma \qquad\qquad y = sh\ \sigma,$$

因而

$$\frac{x'}{a} = ch\ \frac{\sigma'}{ab}, \qquad\qquad \frac{y'}{b} = sh\ \frac{\sigma'}{ab}.$$

　　由是得定理如次:

$$x' = a\,ch\ \frac{\sigma'}{ab} \quad 及\quad y' = b\,sh\ \frac{\sigma'}{ab}\quad 爲雙曲線$$

$$\frac{x'^2}{a^2} - \frac{y'^2}{b^2} = 1$$

之流動點 M' 之坐標之式,此二式者,皆爲雙曲扇形 $N'OM'$ 之面積 σ' 之函數.

　　綜上所述,可見於以任一橢圓線爲出發點而視其流動點 M' 之二坐標之每一坐標與半軸(半行於所取之坐標者)之長之比爲「橢圓幅比 $N'OM'$ 之面積與同心橢圓換爲一半軸的正方形中面積之比」之函數,則餘弦及正弦 (圖 9) 可得而表達焉.

　　同樣,於以任一雙曲線爲出發點,而視其流動點 M' 之二坐標

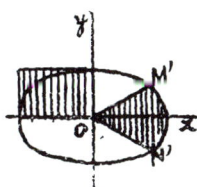

圖　　九

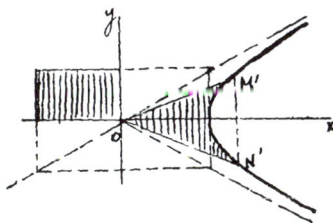

圖　　十

之「每一坐標與半軸(平行於所取之坐標者)之長之比」爲「雙曲扇形 N'OM' 之面積與以此雙曲線之二半軸爲邊之矩形之面積之比」 之函數,則雙曲餘弦及雙曲正弦(圖10)可得而表達焉.

　　茲有可察出者:在上所云之各比有其值爲無關於所取之單 位長;是乃抽象數也.　　　　　　　　　　　　　　　　(待續)

射鏡及透鏡公式之討論(續)

趙　富　鑫

(三)球面折射面之公式

一　公式

　　若光由一介質,經過一球面折射面 (Spherical Refracting Surface),入第二介質,則當輻度小時,在主軸上物點之像亦爲主軸上 之點.其公式爲

$$\frac{n_{1-2}}{v} - \frac{1}{u} = \frac{n_{1-2}-1}{R}$$

　　u 爲物距,v 爲像距,R 爲半徑,均自反射面之頂點量起,其正 負與透鏡同.n_{1-2} 則爲自第一介質至第二介質時之相折折射率, 如第一介質輕於第二介質,則 n_{1-2} 大於一,否則小於一.

二　主焦點及焦距

　　第一主焦點者,折射光線(Refracted rays)平行於主軸時,入射 光線由之發散,或向之會聚之點也.折射面頂點至此點之距離,曰 第一焦距 f_1.

　　由上公式,設 v 爲無限大,則

理学卷（第二册） 科学通讯 第二卷 第二期（1936）

教材二　　　　**射鏡及透鏡公式之討論**　　　　19

$$f_1 = u = -\frac{R}{n_{1-2}-1}.$$

此數之或正或負,視反射面之凸凹,及 n_{1-2} 之大於一或小於一而定.如面爲凹(R爲正),而 $n_{1-2}>1$,或面爲凸(R爲負),$n_{1-2}<1$,則第一焦點爲虛,f_1爲負,而此折射面爲發散的.若面爲凹,而 $n_{1-2}<1$,或面爲凸,而 $n_{1-2}>1$,則第一焦點爲實,f_1 爲正,而折射面爲會聚的(圖十—ab).

第二主焦點者,入射光線平行於主軸時折射光線由之發散,或向之會聚之點也.折射面頂點與此點之距離,曰第二焦距 f_2.

設公式中 u 爲無限大,則

$$f_2 = v = \frac{n_1 \cdot R}{n_{1-2}-1}$$

若面爲凹,而 n_{1-2} 大於一,或面爲凸,而 n_{1-2} 小於一,則第二焦點爲虛,而 f_2 爲正.若面爲凹,而 n_{1-2} 小於一,或面爲凸,而 n_{1-2} 大於一,則第二焦點爲實,而 f_2 爲負(圖十—cd).

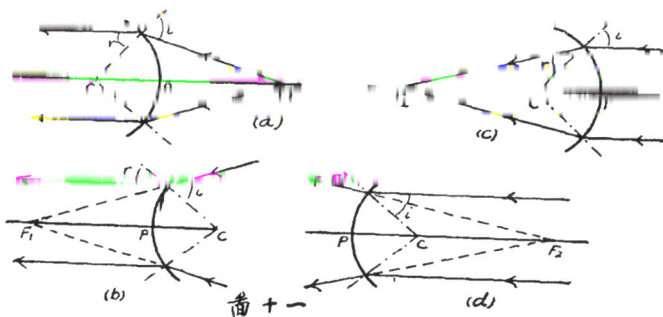

圖十一

又　　　　$f_2 = -n_{1-2}f_1$　　或　　$f_2 + n_{1-2}f_1 = 0$.

折射面之公式亦可作

$$\frac{n_{1-2}}{v} - \frac{1}{u} = -\frac{1}{f_1} = \frac{n_{1-2}}{f_2}.$$

三　公式之討論

由上式得　　　$\dfrac{n_{1-2}}{v} = \dfrac{1}{u} + \dfrac{n_{1-2}}{f_2} = \dfrac{f_2 + n_{1-2}u}{f_2 u}$

$$v = \frac{n_{1-2}f_2 u}{f_2 + n_{1-2}u} = \frac{f_2}{1 + \dfrac{f_2}{n_{1-2}u}} = \frac{f_2}{1 - \dfrac{f_1}{u}}$$

甲　會聚面　　凸面 n_{1-2} 大於一，或凹面 n_{1-2} 小於一，

f_1 恆為正　　　　　f_2 恆為負

$u = \pm\infty$　　　　$\dfrac{f_1}{u} = 0$　　$1 - \dfrac{f_1}{u} = 1$　　$v = f_2$　　實像

$\infty > u > f_1$ 實物　$0 < \dfrac{f_1}{u} < 1$　$1 > 1 - \dfrac{f_1}{u} > 0$　$f_2 > v > (-\infty)$　實像(圖十二a)

$u = f_1$　實物　　$\dfrac{f_1}{u} = 1$　　$1 - \dfrac{f_1}{u} = 0$　　$v = \pm\infty$

$f_1 > u > 0$　實物　$1 < \dfrac{f_1}{u} < \infty$　$0 > 1 - \dfrac{f_1}{u} > (-\infty)$　$\infty > v > 0$　虛像(圖十二b)

$u = 0$　　　　　$\dfrac{f_1}{u} = \infty$　　$1 - \dfrac{f_1}{u} = \infty$　　$v = 0$

$0 > u > (-\infty)$ 虛物　$(-\infty) < \dfrac{f_1}{u} < 0$　$\infty > 1 - \dfrac{f_1}{u} > 1$　$0 > v > f_2$　實像(圖十二c)

乙　　發散面　　凸面 n_{1-2} 小於一，或凹面 n_{1-2} 大於一，

f_1 恆為負　　　　　f_2 恆為正

$u = \pm\infty$　　　　$\dfrac{f_1}{u} = 0$　　$1 - \dfrac{f_1}{u} = 1$　　$v = f_2$　　虛像

$\infty > u > 0$　實物　$0 > \dfrac{f_1}{u} > (-\infty)$　$1 < 1 - \dfrac{f_1}{u} < \infty$　$f_2 > v > 0$　虛像(圖十二d)

$u = 0$　　　　　$\dfrac{f_1}{u} = \infty$　　$1 - \dfrac{f_1}{u} = \infty$　　$v = 0$

$0 > u > f_1$ 虛物　$\infty > \dfrac{f_1}{u} > 1$　$(-\infty) < 1 - \dfrac{f_1}{u} < 0$　$0 > v > (-\infty)$實像(圖十二e)

$u=f_1$　　　虛物　　　　　$\dfrac{f_1}{u}=1$　　　$1-\dfrac{f_1}{u}=0$　　　$v=\pm\infty$

$f_1>u>(-\infty)$虛物　　$1>\dfrac{f_1}{u}>0$　　$0<1-\dfrac{f_1}{u}<1$　　$\infty>v>f_2$　　　虛像（圖十二f）

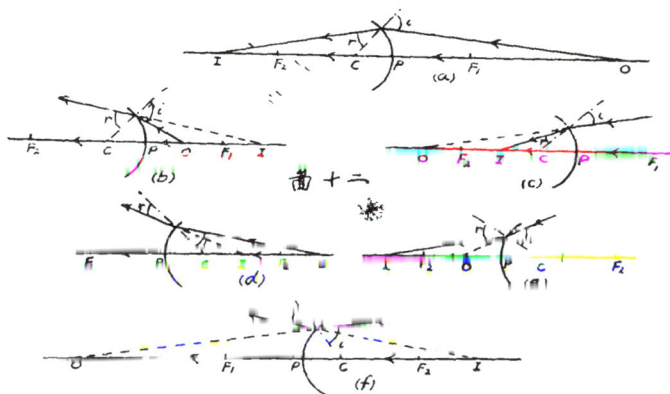

圖十二

故會聚面與會聚鏡相同,而發散面則與發散鏡相同.

四　　像之大小及正倒

欲求任何一物點所成之像,可擇下列各條光線中任何二條,則其折射後之交點即是.

(一)平行於主軸,而折射後向或由第二主焦點進行者.

(二)向或由第一主焦點進行,而折射後平行於主軸者.

(三)向或由折射面中心進行,而折射後不變向者.

(四)經過頂點,而入射角正弦與折射角正弦之比為折射率者.

今以上法作圖,示物與像之關係,會聚面及折射面各三(圖十三).

　　　由圖　　　　$\angle APB=i$　　　　$\angle A'PB'=r.$

因二者均為小角,故

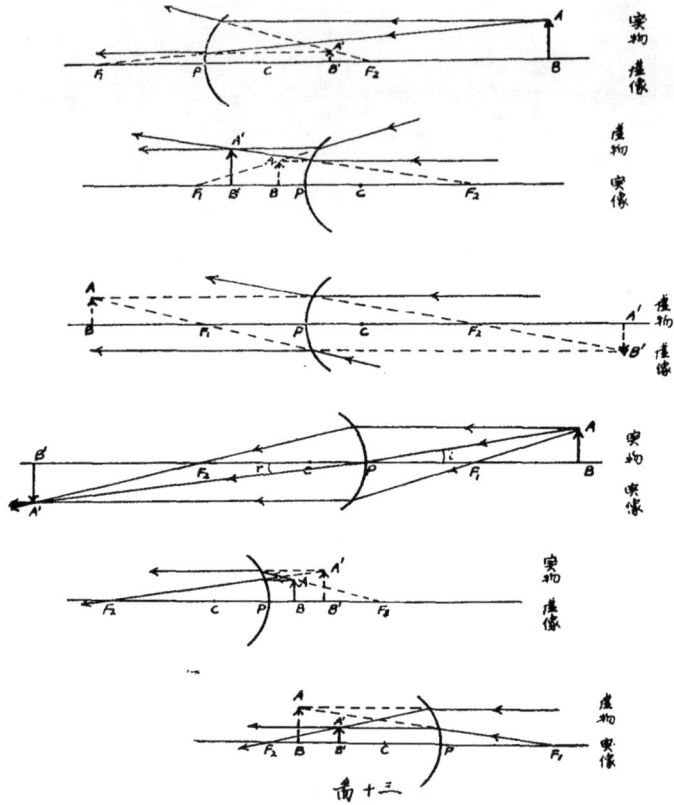

第十三圖

$$\angle APB = \frac{AB}{PB} \qquad \angle A'PB' = \frac{A'B'}{PB'}$$

又　　　　$\sin i = n_{1-2} \sin r$　　或　　　$i = n_{1-2} r$

故　　　$\dfrac{AB}{A'B'} = n_{1-2} \dfrac{PB}{PB'}$

即　　物之長:像之長 $= n_{1-2} \times$ 物距:像距

又由圖若 u 與 v 之向相同,則像爲正,相反爲負.

五　代表此公式之曲線

若　　　$u' = u - f_1$　　$v' = v - f_2$

由公式　　　　$\dfrac{u_{1-2}}{v} - \dfrac{1}{u} = -\dfrac{1}{f_2} = \dfrac{n_{1-2}}{f_2}$.

得　　　　　　$uv - f_2 u - f_1 v = 0.$　　　　　　而　　　$u'v' = f_1 f_2$

故以 u 爲橫坐標，v 爲縱坐標，則此公式之曲線亦爲一直交雙曲線.其中心，即二漸近線之交點在 (f_1, f_2) 點，一曲線在此二漸近線所成坐標（$u'v'$ 坐標）之第二象限，其另一曲線則在第四象限，與透鏡公式之曲線相同.所稍異者，透鏡之 f_1 等於 $-f_2$，故二漸近線與坐標軸之距離相同.而折射面之 f_1 與 f_2 之值不同，二漸近線與坐標軸之距離亦不同（圖十四）.

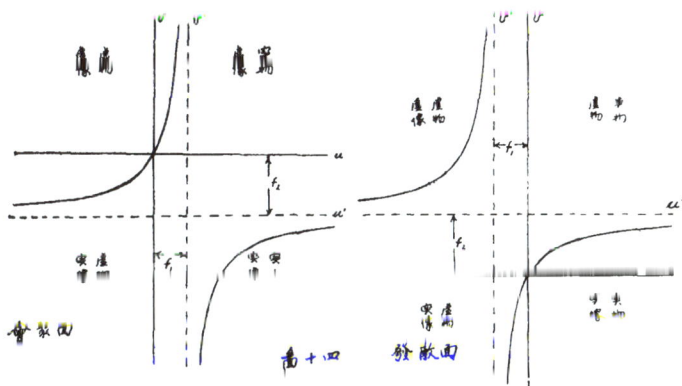

（四）透鏡兩面介質不同時之公式

若透鏡兩旁之介質不同，則其公式與（二）節所述者略異.

設 n_1 爲入射面（即第一面）外介質之絕對折射率，n_2 爲出射面外介質之絕對折射率，n_3 爲透鏡介質之絕對折射率.光線入透鏡時，經過一球面折射面（圖十五），其公式爲

$$\dfrac{\dfrac{n_2}{n_1}}{v'} - \dfrac{1}{u} = \dfrac{\dfrac{n_2}{n_1} - 1}{R_1},$$

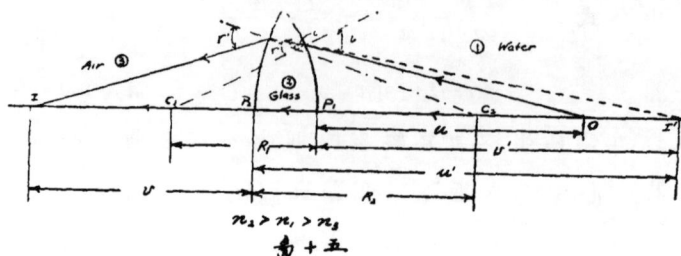

$$n_1 > n_2 > n_3$$

圖 + 五

$$或 \qquad \frac{n_2}{v'} - \frac{n_1}{u} = \frac{n_2 - n_1}{R_1}.$$

出透鏡時,又經過一球面折射面,其公式爲

$$\frac{n_3}{n_2} - \frac{1}{u'} = \frac{\frac{n_3}{n_2} - 1}{R_2},$$

$$或 \qquad \frac{n_3}{v} - \frac{n_2}{u'} = \frac{n_3 - n_2}{R_2}.$$

若爲薄透鏡,則 u' 等於 v', 故

$$\frac{n_3}{v} - \frac{n_1}{u} = (n_2 - n_1)\frac{1}{R_1} - (n_2 - n_3)\frac{1}{R_2} = \frac{1}{F}$$

此 F 或正或負,隨 n_1, n_2, n_3 之大小及 R_1, R_2 之正負而定.

若 v 爲無限大,則 u 等於 f_1, 卽第一焦距,而物點之位置爲第一主焦點. f_1 正時,第一主焦點爲實,而透鏡爲會聚鏡. f_1 負時,第一主焦點爲虛,而透鏡爲發散鏡.

$$f_1 = - n_1 F = - n_1 \left(\frac{R_1}{n_2 - n_1} - \frac{R_2}{n_2 - n_3} \right)$$

若 u 爲無限大,則 v 等於 f_2, 卽第二焦距,而像點之位置爲第二主焦點. f_2 負時,第二主焦點爲實,而透鏡爲會聚鏡. f_2 正時,第二主焦點爲虛,而透鏡爲發散鏡.

$$f_2 = +n_3 F = +n_3 \left(\frac{R_1}{n_2 - n_1} - \frac{R_2}{n_2 - n_3} \right).$$

此種透鏡之公式亦可寫成

$$\frac{n_3}{v} - \frac{n_1}{u} = -\frac{n_1}{f_1} = \frac{n_3}{f_2}.$$

故可見公式之討論與球面折射面相似也.

	甲　會聚鏡	f_1 恆爲正		f_2 恆爲負
$u = \pm\infty$		$v = f_2$		實像
$\infty > u > f_1$	實物	$f_2 > v > (-\infty)$		實像
$u = f_1$	實物	$v = \pm\infty$		
$f_1 > u > 0$	實物	$\infty > v > 0$		虛像
$u = 0$		$v = 0$		
$0 > u > (-\infty)$	虛物	$0 > v > f_2$		實像

	乙　發散鏡	f_1 恆爲負		f_2 恆爲正
$u = \pm\infty$		$v = f_2$		虛像
$\infty > u > 0$	實物	$f_2 > v > 0$		虛像
$u = 0$		$v = 0$		
$0 > u > f_1$	虛物	$0 > v > (-\infty)$		實像
$u = f_1$	虛物	$v = \pm\infty$		
$f_1 > u > (-\infty)$	虛物	$\infty > v > f_1$		虛像

像之大小,亦可從球面折射面之公式得之.

第一面　　物長:像長 $= n_{1-2}\ u : v' = \dfrac{n_2}{n_1}\ u : v' = n_2 u : n_1 v'$

第二面　　物長:像長 $= n_{2-3}\ u' : v = \dfrac{n_3}{n_2}\ u' : v = n_3 u' ; n_2 v$

故在透鏡　　物長:像長 $= \dfrac{n_2 u}{n_1 v'} \times \dfrac{n_3 u'}{n_2 v} = \dfrac{n_3 u}{n_1 v}.$

或　　　　　　　物長:像長＝ n_3 × 物距: n_1 × 像距

下圖係求像作圖法之一(圖十六). 透鏡爲會聚鏡,物與像皆爲實.光線:(一)經過第一主焦點,出射後平行於主軸;(二)平行於主軸,出射後經過第二主焦點;(三)則經過透鏡之中點,入射角爲 i,出射角爲 r,而 i 與 r 之比爲 n_3 比 n_1.在其他情形時,亦可用相同之法求像之位置.

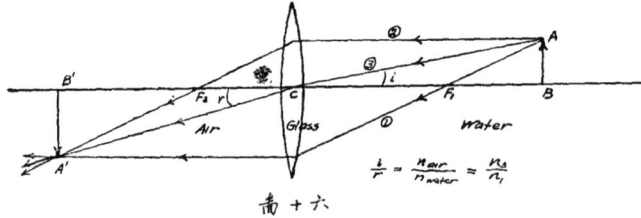

圖十六

由此作圖法,知 u 與 v 之向相同時,像爲正;相反時爲負.此種透鏡之公式,亦可用雙曲線代表之.

由　　　　　　$$\frac{n_3}{v} - \frac{n_1}{u} = \frac{1}{f}$$

得　　　　$$uv - n_2 fu + n_1 fv = uv - f_2 u - f_1 v = 0$$

若　　　　$$u' = u - f_1 \qquad v' = v - f_2$$

則　　　　$$u'v' = f_1 f_2$$

故若以 u 爲橫坐標, v 爲縱坐標,則成一直交雙曲線.其二漸近線在 (f_1, f_2) 點相交,卽 $u'v'$ 坐標軸也.一曲線在此坐標之第二象限,另一曲線在第四象限,與球面折射面完全相同(圖十四).

(未完)

氧 化 與 還 原

Oxidation and Reduction

楊 耀 文

1. 自然界之氧化

　　氧化與還原為化學變化中之重要部門,其作用雙方並進,相互發生,即一方受氧化,對方被還原,其關係在乎元素間之取與而已;由氣中含有佔百分之二十一,凡大地間自然變化,屬於氧化者居多,惟其變化較遲,故吾人不易覺察,人賴呼吸,藉以供化廢物,保持體溫,考厥原因,亦為氧化作用之一;由是推知有機物質之腐爛,金屬之生銹,均與氧有關,而燃料燃燒,發出熱量,以供原動力之需要者,氧尤為不可或缺之物質,設備一或不善,空氣不易流通,其結果必多求生燃燒之灰燼,不合經濟原理.

　　氧性活潑,其化合力甚強,可與諸多元素直接化合,實為強性氧化劑中之代表,當其氧化之時,每發熱量,如渦氣劇,溫度即易達着火點而燃燒隨之;如煤,油,木材等各種碳氫化合物,均為易於燃燒之質料,經燃燒大都完全分解,其中成分元素皆與氧化合而改造為二氧化碳與水蒸汽;化合物中,間亦有不經分解而全體受氧化者,惟不多覯耳.

　　氧在自然界佔重要地位,地殼組成,大部分為含氧化合物,即在地表生存之各種有生物,與分佈地面最為豐富之水,殆無不含氧;大氣乃氧之無盡藏,藉其來源,可以隨時供給遊離狀態之氧,非特對於一切有機體之生命皆屬必須,且與有機廢物之分解有重

要關係,江河流水因與空氣接觸,亦可取氧爲之清潔,蓋以有機物質之溶解或浮泛於水中者,感受氧化後,可造成無毒之氣體故;其他關於工業製造,療治疾病,科學實驗,需氧頗多;飛機師,鑛工,海底工作等,凡屬氧不充分地點,均須攜純氧以從事.

2. 氧化與還原之定義

氧化爲物質或其成分與氧化合作用之通稱;凡供給氧之物質,謂之氧化劑,純氧,空氣,及含氧化合物之易於分解,能析出氧以供氧化作用者均屬之;凡元素與氧化合,其造成之化合物,謂之該元素之氧化物;而物質氧化之際,所成就之各種氧化物,謂之該物質之氧化生成物;氧化之對象爲還原;凡含氧化合物內之氧被奪者,謂之被還原;故還原云者,由化合物內奪取其氧之作用也;凡物質或其成分與氧有化合之傾向,可用以由化合物中奪取其氧者,謂之還原劑;是氧化與還原,相反卽所以相成,其變化係雙方相對反應,一方供氧,一方得氧,卽一物體被還原,一物體受氧化,氧之取與,本不失毫釐,而新物質之造成,已迥非舊時狀態矣.

氧化與還原二名詞之意義,更有包涵較廣者,如氯亦爲活潑元素之一,能與諸多元素直接化合,造成氯化物,因其與氫有極强之愛力,每化合成氯化氫氣體,一若氫與氧化合成水汽者然,故氯與氧實有同樣之化學行爲,組成强性氧化劑之一族,謂之造鹽素族,氯爲代表,氟溴碘隸屬之;是氧化劑不僅限於氧元素,及含氧化合物,而氧化反應亦不可拘定爲物質與氧化合作用之一端;依此類推,其對象還原,因氧及氯,亦卽由化合物內奪取其氯之作用;凡物質能奪取氯元素與之化合者,亦得謂之還原劑.

3. 氧化與電子及原子價之關係

自瑞典化學家亞勒紐氏(S. A. Arrhenius)創設電離理論公布

理学卷（第二册）　科学通讯　第二卷　第二期　（1936）

於世,然後知電解質溶解水中時,其分子卽解離爲離子,各荷正負
不同性之電,謂之陽離子與陰離子;因陽離子之正電荷,以及陰離
子之負電荷,其總數恆相等,故以全體溶液言之,仍不失爲荷電中
和;職是之由,凡化合物分子之組成,均爲荷電中和性,而各個原子
之間,化合數量有不相同者,以元素各有一種特性原子價故,其原
子價之數量,必與成就離子時之電荷數量相同,是則原子價又可
表示各種原子荷電之容量;因離子有陰陽之分,荷電有正負之別,
於是化學方程式中,各種元素之原子價,亦以正負記號標識之,故
元素可區分以爲正電元素及負電元素,而原子價因亦隨有正負
性之可辨;總之無機化合物中,凡牽實屬與少數元素化合處境,其
主要爲荷電中和,最簡單者,爲同原子價之正負電元素,成一與一
之比例相互化合;但遇異原子價之元素,其如何爾相化合,必須顧
及荷電中和,則原子間之比例,應依正負原子價總數相等爲準則,
夫然而分子構成,其包含各個原子之數必不相等,每與原子價成
反比例;此二種元素化合成物之大概情形;苟有幾原子價之元素
參與化合作用,則間此二元素,可構成不同性之物質多種.

甚有較爲複雜者一種以上元素相互化合者同樣相及根等
參與化學反應,正如一原子,亦應如元素之有原子價,綜整個分子
而論,亦毫中有非極化原子價,(Non Polar Valance)意即兩元素之
原子價數量,有正負電荷相等之可能,而電解時所成離子,苟爲二
種以上元素成就之根,則此眞實電荷數量,爲根包含之各個元素
所共有,至各個元素之本身,僅能假定有電荷存在,因以計得其相
當之原子價;譬猶硫酸中之硫,其原子價當爲六,然並不荷電,不能
電解得硫,其參與變化者,實爲硫酸根,故硫與氧共同荷電,而硫之
原子價,當依氫與氧應有之原子價計算而得;凡屬化合物,其化學

行為具有氧化性者,與他物質起氧化作用時,其中元素,原子價必有變更之處;電解質中,含有變原子價之元素者,則其電荷亦有變更之可能,而與他物質起氧化與還原之作用;將此意義擴而充之:氧化云者,謂使金屬陽離子之原子價增加,或非金屬陰離子之原子價減少,即失去電子之反應也;還原云者,謂使金屬陽離子之原子價減少,或非金屬陰離子之原子價增加,即獲得電子之反應也.

　　化學反應,其類多端,中以複分解及中和,與電子及原子價不發生關係外,其餘若直接化合,置換,分解,均與電子及原子價不無關係,是皆有氧化與還原之作用,其他複雜者,更無論矣;今試各舉一例,以方程式表示之如下:

(a) 氯化鈣與硫酸鈉之複分解,
$$Ca^{++}Cl_2 + Na_2^+SO_4^{--} \longrightarrow Ca^{++}SO_4^{--} + 2Na^+Cl^-$$

(b) 硝酸與氫氧化鉀之中和,
$$H^+NO_3^- + K^+OH^- \longrightarrow K^+NO_3^- + H_2O$$

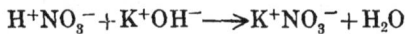

(c) 氫與氯之直接化合,
$$H_2^0 + Cl_2^0 \longrightarrow 2H^+Cl^-$$

(d) 鋅與硫酸銅之置換,
$$Zn^0 + Cu^{++}SO_4^{--} \longrightarrow Zn^{++}SO_4^{--} + Cu^0$$

(e) 氧化汞之分解,
$$2Hg^{++}O^{--} \longrightarrow 2Hg^0 + O_2^0$$

(f) 二氯化鐵與氯之反應,
$$2Fe^{++}Cl_2^- + Cl_2^0 \longrightarrow 2Fe^{+++}Cl_3^-$$

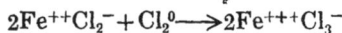

(g) 三氯化鐵與硫化氫之反應,
$$2Fe^{+++}Cl_3^- + H_2^+S^{--} \longrightarrow 2Fe^{++}Cl_2^- + 2H^+Cl^- + S^0$$

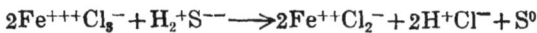

　　由此觀之,凡化學反應有氧化與還原作用者,其電荷數量及原子價均有變更之可能,是元素之間,實際上雖不憑藉電荷以起作用,然苟假定其存在,終可解釋一切疑難問題.

4.　改名陽化與陰化之商榷

理学卷（第二册）　科学通讯　第二卷　第二期（1936）

案以上各式反應,苟造成之化合物均爲荷電中和,則電解分離時,其離子各帶相當電荷,且中含變原子價之元素者,其離子即有取與電子之性度,於是電荷數量爲之變更,原子價隨以加減,是氧化與還原之作用,完全在陰陽離子之間,一視其電子能否取與,原子價能否爲之加減,終不必拘定於某元素之供給與攘奪;故吾國化學家有擬將氧化與還原改稱陽化與陰化之見解,其意義包含較廣,顧可概括一切,明白曉暢,確當無疑;但氧化與還原二名詞,沿襲已久,且氧化作用,大多數有氧參加,化合物中非電解質,本無所謂陰離子之存與電荷,初無關係,其化合時之原子價,並非依正負電荷數量而定,因亦無所謂正負原子價,然則此重要名詞,陽化陰化與氧化還原,兩相比較,孰爲適當,將何取何從,當代化學家不乏明哲,必有卓見及此.

5. 氫化與還原之識別

元素如氫,與氧有强愛力,頗易受氧化成水,故氫實爲强性還原劑,而氧化作用又可爲氫參加化學變化之一般;換言之,氧化劑被氫之影響而還原作用隨以發生,故氧化與還原,其大部分變化,與氫不無有密切之關係;因氧化與還原,其作用實爲對象,於是初習化學者,每有誤將氫化作用,卽爲還原之別稱;不知氫化與還原,絕對不發生關係,氫化在有機化學中頗稱重要,可以改造動植物油類,製爲固體脂肪,其作用爲氫之加入,所以改變非飽和碳氫爲飽和碳氫,實具氧化之可能性,與還原亦爲對象,惟再行分取其氫,頗非易事,因碳氫化合物全體爲强性還原劑也;是氫在此等作用之下,雖近氧化,然不能還原取氫,與普通氧化有異,顧初讀化學者,對於此點,特別注意及之.

酸 碱 同 時 校 訂 法

陳 同 素

利用純粹之碳酸鈣結晶可以同時校訂酸與碱之規定濃度. 本題所述之演算法甚爲便捷所得結果與氯化銀滴定法相差無幾.茲舉一例如后:

設有鹽酸及苛性鈉二液不知其規定濃度(*Normality*)但已經滴定比較過,知 $30cc$ 之苛性鈉相當於 $27cc$ 之鹽酸,今需求二液之規定濃度.

取 $50cc$ 鹽酸與 $0.75g$ 之碳酸鈣作用,多剩之酸以苛性鈉滴定則需用 $22.2\ cc$

今假定,　　　$cc =$ 酸鹽之容積

　　　　　　$n =$ 鹽酸之規定濃度

　　　　　$CC =$ 苛性鈉之容積

　　　　　$N =$ 苛性鈉之規定濃度

$$(cc)(n) = (CC)(N) \tag{1}$$

$$(27)(n) = (30)(N)$$

$$\therefore \quad n = \frac{(30)(N)}{27} \tag{2}$$

鹽酸相當於 $22.2\ cc$ 苛性鈉之容積爲:

$$(cc) = \frac{(22.2)(N)}{n} \tag{3}$$

$50cc$ 鹽酸加入碳酸鈣後,此容積 [3] 爲未作用者故鹽酸與碳酸鈣實在作用之容積爲

$$50 - \frac{(22.2)(N)}{n} \qquad [4]$$

以[2]代入[4]，

$$50 - \frac{(22.2)(N)}{\dfrac{(30)(N)}{(27)}} = 50 - \frac{(22.2)(27)(N)}{(30)(N)}$$

$$= 50 - \frac{(22.2)(27)}{(30)} \qquad [5]$$

以已知規定濃度之酸滴定一定量之碳酸鈣而求碳酸鈣之純粹度當爲，

$$\frac{(酸)(N)(碳酸鈣之千分之一當量)}{樣品重量} \times 100 = \%$$

今假定碳酸鈣爲 100 % 純粹則

$$\frac{\left[50 - \dfrac{(22.2)(27)}{(30)}\right]\left[\dfrac{(30)(N)}{(27)}\right] \times \left[碳酸鈣千分之一當量\right]}{0.75} \times 100 = 100\%$$

於是此式中祇有一個未知數, N, 求出等於 0.45 ^{n} 即苛性鈉之規定濃度也, 以此代入[1]式即可求出鹽酸之規定濃度(n)爲0.5 ^{n}

作法：取純粹碳酸鈣(100 %)硏成細粉,秤出 0.75g 三份放入三只250 cc 之三角瓶內,各加未知濃度之鹽酸 50 cc,加熱,使碳酸鈣全溶解,同時另外以苛性鈉滴定 25 cc 之鹽酸,用甲橙爲指示劑以得酸碱之濃度比例,追碳酸鈣溶解後,乃以苛性鈉滴定過剩之鹽酸.然後用上述公式以求出酸碱之規定濃度.　　　　（完）

理学卷（第二册）　科学通讯　第二卷　第二期（1936）

上海交通大学百年报刊集成·第一辑（1896—1949）·学术学科

叢　錄

玻　璃

湯　明　奇　譯

by Alexander Silverman

玻璃器皿

日用品用玻璃製造者漸多.倐脫 Otto Schott 曾將硼酸對於玻璃性質之影響,細加研究.因知硼酸不僅使玻璃有可作光鏡用之可貴價值,且如含有較少量碳酸鈉,在乍熱乍冷之劇烈溫度變化,使玻璃不易碎裂.此類玻璃器皿爲化學實驗室所不能缺少者,許多溶液,加熱後卽侵蝕金屬,非盛於玻璃容器中不可.美國玻璃製造廠已能製玻璃烹飪器,雖直接置放火爐之上,亦無碎裂之虞.

因烹飪玻璃器之製造,同時乃發現另一種玻璃性質之應用持玻棒入火熔化,則可抽拉玻璃細絲,其精細程度可至每二千條玻璃絲並列,亦不過一时闊而已;四磅玻璃卽可抽成橫斷北美洲之長線.俗名爲玻毛,因似絲絨羊毛故也.最早法國玩具商用作製鳥獸羽毛,但玻屑易刺入膚肌,自不適當.現在大船戰艦多用以保護蒸汽管,代替他種絕緣物質,如此竟可減船重三百八十噸之多約相當於四千五百人之重.且可減少通風設備,大爲經濟.

在博物館常見精緻水晶球或其他透明彫刻品,大概均係水晶石或最純淨之透朋矽石.湯'墨生 Elihu Thomson 博士鎔解晶石於電爐中,用適當方法控制氣壓以驅除晶石內之氣泡.此法處理,

所得產品雖似玻璃但性質迴異.熱紅時投之於水,並不爆裂.許多特異光線如紫外線,X線皆可透過,在此等玻璃板遮護下受日光浴,一若無玻璃然.透光程度,殊堪驚賞,雖厚至二十五生的,壓置書頁上,字畫清晰如故.若以之曲成 S 狀,自一端射進光線,光線能彎折進行,於他端射出.對於天文學,微生物學,攝影,影戲,醫學以及他種科學上之應用,現時尚不能正確估計之.

顏色玻璃

欲紅之光帶火焰,紅,橙,黃,綠,青,藍,紫以迄有色玻璃.最古之紅玻璃,賴黃金製成.如將黃金溶解於王水(強酸),傾注於少量之砂土上,俟其乾燥再與他種原料勻拌熔化則得黃色玻璃.熱後用還原焰燒煨,冷卻呈紅色,再燒呈紫色,更可藉藍黃金在玻璃中何以生出濃淡不同之顏色?蓋黃金溶於玻璃宛若糖溶於水,經受還原焰燒煉,黃金乃與玻璃分離成懸浮狀態,質點直徑約 $\dfrac{3}{12,500,000}$

至 $\dfrac{30}{12,500,000}$ 时,化學家命名為懸浮質.小質點將光線截斬屈折,以致現紅色如紅寶石較大質點中藍色,不同色彩即半緣用不出同大小質點之影響故也.銅為第二種物質用作製紅玻璃之原料者,銅銹或氧化銅及木炭與石灰石,鉛丹等,但無硝石,混合,可得似橄欖色之玻璃,加熱處理更呈紅色.如不用木炭而加硝石,不加熱處理時則得蔚藍色.黃金質玻璃,雖色彩姣豔,惟價昂且製作困難;銅質玻璃吸收光線太多,換言之,不宜於作信號燈誌之用.

化學家常思為各種物質開闢新用途.法國柏樂士 (Pelouze) 本此精神發現出硒可製紅色玻璃,硒為鍊銅工業之一廢物.古人已知硫磺在玻璃中生醜陋之楔色,硒之化學屬性有似硫磺.究因硒硫化學上相似,抑或硒自銅鑛產出乃引起用以製此紅玻璃之

問題,不得而知.但以氧化鋅代石灰石,再加適當量之硫化鎘(黃色顏料),硒,木炭,熔製玻璃,重熱後即得美麗紅色.更有進者,此種玻璃,透光性大,吸收光線甚少,頗宜於製作遠距離信號燈用.現在汽車後尾小紅燈多用之.

橙色玻璃,亦利賴於硒.用碱石灰代氧化鋅,則得燈色.加硫化鎘於碱石灰,所製玻璃爲美麗奪目之金黃色.又可利用銀化合物得淡黃色,氧化鈾得綠黃色.但黃色或類乎琥珀之玻璃頗多以硫磺,木灰加於碱石灰熔成,硫酸鈉與木炭有同樣效用.

綠色由於玻璃中有鐵質所致.鐵爲砂土及石灰石之雜質,前已述及.多鐵則色濃,製綠玻璃時用鐵銹即氧化鐵.鉻化合物如重鉻酸鈉可製黃綠色玻璃.氧化銅,硝石加於石灰石或鉛丹熔化之,則得似海水色之碧藍玻璃.欲得深藍色,加氧化鈷,同時須有硝石.

紫色玻璃,須用二氧化錳,硝石,石灰石或鉛丹製成.四至八盎斯此等混合物加於一百磅砂土內已足.過多將呈深紫色,乍視如黑玻璃.同理,用過多之氧化鈷以製藍玻璃亦不相宜.黑色玻璃即由此製成.

讀化學之人,當知用白金線圈製硼砂珠之實驗.用不同化合物製出各色玻璃有似吾人玩弄硼砂珠者.欲得綠藍紫中間色,須適當配合各種氧化物.任何不同濃淡之綠藍紫中間色,均易於處理產生,惟對於紅,橙,黃色頗多困難.

以上所述,除黑色外,皆屬透光玻璃.常見蛋白或乳白色之玻璃燈罩.此類玻璃製時須用氟化合物(螢石,冰晶石),鋁化合物(礬土,長石)與石灰石或含有硝石之鉛丹熔混之.自螢石所製之氟酸通常盛以蠟壁瓶以防其侵蝕玻璃,在玻璃器製作上,效用頗著.將蜂蠟或地瀝青類之化合物,塗於玻璃表面,任意彫繪花紋圖畫,或

塗蠟於紙,描繪圖案,再貼之玻璃,放入氟酸及他化合物之溶液內,則花紋深刻於玻璃面,侵入熱水,蠟膜融去,磨砂電燈泡亦依此製成,不過無需塗蠟耳.

將來之問題

關於製熔玻璃,許多問題尚無美滿解決.例如熔鍋不能經久,侵蝕太速.又如製造某種玻璃,常不如預料之佳,亦為一大損失.有種玻璃色彩尚不能產生,又有須加改良者.欲改善玻璃質地,須加新化合物,但影響經濟問題.玻璃仍易破碎等等.傳聞古羅馬皇帝第勃立斯 Tiberius 有一故事:有一公民能製有展性而不碎之玻璃,以花瓶進訊,乃將此玻璃瓶擲落地上,以作試驗,瓶輒但凹狀,但可用小鎚捶平如初.當時玻璃可比黃金,以為寶品,與所以貴重即由於易碎之故.皇帝遂問是否另有人亦知此製不碎玻璃之祕訣,此人答[無]竟遭斬首之禍云.所幸吾人生存於現代,人人希望世界進化,故各國均有研究化學之學會,出版雜誌,登載玻璃化學新知識商業刊物與廣告亦多關於玻璃發見之新消息.

最後,讓吾人注硝精水於硝酸銀中,現黑色,更注入,乃囘復清潔狀態,將玻璃板　面濡以蠟醴,浸於上所製就之溶液內,俾人攝一面,吾人乃可對鏐申謝玻璃之厚賜矣!

美國生物學家康克林博士小傳*

C. E. McClung 原著　　章　願達恉

美國普林斯頓大學艾溫康克林博士 (Dr. Edwin G. Conklin) 美國著名之生物學家也.博士富於辦理科學社務之經驗.在科學

理学卷（第二册）　科学通讯　第二卷　第二期（1936）

界交遊甚廣,且對人對事,均有果斷之判決力,故美國科學促進會,
自博士當選爲會長後,會務卽發達,蒸蒸日上.博士除有偉大之科
學建樹外,亦善於辭令,洵爲一最能幹而又最受人歡迎之演說家.
唯其如此,博士乃能使該科學會,深得衆人愛戴與信任也.

　　自烏特水產生物試驗所創立以來,博士卽努力經之營之.邇
來博士又榮任該具有國際性質之百慕大生物研究所董事長,美
國哲學會副會長,及該會之給獎委員會主席等職,亦多建樹.

　　此外,博士又爲威士達學會之基本顧問,烏特荷爾海洋研究
學會董事.舉凡博士參加之一切生物學會,均以獲得博士充任會
長爲幸.博士每在一科學團體任職,卽能使其收穫無窮之效益焉.

　　關於科學刊物方面,博士與生物形態學雜誌,實驗動物學雜
誌,遺傳學雜誌,及生物學雜誌等.皆有密切之關係,博士亦曾任全
國學會專研究生物學界論著之委員會主席.

　　博士本人又潛心研究發育史,生物分化法,及系統發育史等
問題,並已廣博探討腹足類,被囊類,腔腸類,腕足類及片脚類等動
物之胎生學.研究發育史時,舉凡細胞之生殖及創生次數之關係,
亦連帶探討之.博士常依據哲學之基礎以解釋生物學及演化論,
且尤側重於人類之生物事實與原理之相互關係.博士雖廣博研
究問題,但對於其研究工作,絕不苟懈,且均有精確之判斷.與博士
同一時期之其他生物學家,容或有發表論著比博士更多者,但其
中足與博士之作品媲美,而能留存於生物學界文獻永垂不朽者,
則鮮矣.博士博學多能,對於科學界屢有偉大之貢獻,今主持美國
科學促進會,自能有其豐功偉績,此不言可喩也.

*原文見 Scientific Monthly, Feb. 1936 P. 185.

書　評

化學參考書籍選輯（續）

陳　同　素　譯

11.**尋氏大學化學**　*General Chemistry for Colleges. Herman T. Briggs, Indiana Univ. Houghton Mifflin Co., Boston, 1935. viii + 860 pp. 261 fig. 15.5+23.5 cm. $ 3.75*

此書凡仕中學時代讀過一年化學者即可用之.共有二十九章,內容將理論十二章;非金屬十一章;金屬八章;膠體,溶液,放射性各一章.

前半本多論及原子與分子之理論及應用,原子構造提及甚早,全書常用及之.較難之事物嘗反覆講述之.

插圖清晰,紙張潔薄.可以省略之教材則用小號字排印.章末有概論,問題及參考書籍等.

12.**杜氏化學實驗**　*Chemistry Workbook. Charles E. Dull, Head of Science Department, West Side High School, Newark, N.J. Henry Holt & Co., New York City, 1935. vii+348 pp. 68 fig. 20.5×27.5 cm. $ 0.88*

此書有四要點: (1) 實驗方法, (2) 問題, (3) 溫習, (4) 教材呼應連貫.與著者所編之「現代化學」教科書並行,但其他教科書亦得與此並用.在每個實驗之前將本題大意提出發問,次為本題主旨.再次為參考教科書之練習問題及實驗,末後為自動試驗之練習以察學生之明瞭程度.材料依通常教科書之順序排列,其中以

金屬一則較長.最後有各種棟習如問題,公式,方程式等及普通之
表格附刊焉.書爲活葉式.

　　13.福氏化學實驗　*A Laboratory Manual of General Chemistry.
William Foster, Russell Wellman Moore, Professor of Chemistry in
Princeton Univ., and Hubert Alyea, Assistant Professor of Chemistry, in
Princeton Univ., 4th ed. Princeton Univ. Press, Princeton, N.J. 1935. xvi
+177 pp. 34 fig. 13.5×21.25 cm. $ 2.00*

　　此書與著者所編之化學教科書並行,普通之化學教科書亦
可適用之.除以前原有之最佳實驗三十則外又添加新材料不少.
前部較淺,後部如無機製造,定性分析基礎等則須稍有程度之學
生方可習之.前面三十則之實驗題材廣博,每題又分作若干子題
以醒眉目,如第十一節之氯可分爲「氯之製法」,「氯之性質」,「氯化
氫之製法」,「氯化氫及鹽酸之性質」,「水中氯化物之測定」,「原理」
「手續」,「課外作業」及「陳列」等。課外作業爲學生課後棟習之問題
解答,陳列一項則爲教師所預備,關於是項實驗之物陳設於實驗
室內.至於新添材料前十八課爲有機物,照相化學,溶解度,分析定
性方法及分類,後十五課爲製備藥品.

　　是書印刷精良,錯誤亦少.誠爲化學實驗書本中之佳構也.

　　14.史氏化學實驗　*Experiments in General Chmistry. H.W.
Stone, Assistant Prof. of Inorganic Chemistry, and M.S. Dunn, Associate
Professor of Chemistry, Univ. of California at Los Angeles, 2nd ed. Mc-
Graw Hill Book Co., Inc.,New York City. 1935. x+283 pp. 30 fig. 20×27
cm. $ 1.60*

　　本書巳出版十二年.適用於任何標準教科書.共有四十三節,
其中有十三節爲簡單之定量分析,八節爲簡單之定性分析.用是

書後可以養成學生無成見之觀察及引起其實習興趣.另有活葉之摘錄及習題(每次有七至十二個)以供學生之用而免除冗長之報告式。

內容分爲七編:第一編.普通實驗 —— 煤氣燈,玻璃操作,熔點,密度,三態與溫度,作用速率.第二編.原子理論. —— 結晶水,成份百分率之測定,化合比例,公式之測定.第三編.分子理論. —— 氣體與溫度,壓力,容積之關係,分子量,分子容積與量.第四編.溶液. —— 溶解度與溫度,分部結晶,離解,酸,碱,鹽,濃度,酸之當量,化學平衡,指示劑,離解常數.第五編.氧化與還原 —— 電位表,設計過錳酸鉀溶液,還原劑之當量,鐵,光化學.第六編.化學原理與應用. —— 元素之分類,氣體分析,分餾,酒精之製法,醋中之有機酸,硬水變軟法,焙粉之定性分析,焙粉中二氧化碳,氮素化合物之製法,由泥製鉀礬,樣品分析.第七編.附錄 —— 參考書籍,藥劑,儀器,圖表,實驗室作法,急救藥品.

是書注重於化學上之原理,故對於普通元素定性分析大都省略.學生如能完全明瞭本書內容則對於化學上之原理可謂得其精義矣.

理学卷（第二册） 科学通讯 第二卷 第二期（1936）

上海交通大学百年报刊集成·第一辑（1896—1949）·学术学科

專　載

近　代　幾　何

之　導　引

William C. Graustein 原　著

顧　澄　達　恉

卽可知 P,Q,R 爲共線.

今 P_2,Q_2,R_2 爲共線三點,且其中各點各在三角形 $P_1Q_1R_1$ 之一邊上,故

(3)
$$\frac{\overline{P_2Q_1}}{\overline{P_2R_1}}\ \frac{\overline{Q_2R_1}}{\overline{Q_2P_1}}\ \frac{\overline{R_2P_1}}{\overline{R_2Q_1}}=1.$$

因線 $PQ'R'$ 與線 $P_2R_1Q_1$ 平行,故

$$\frac{\overline{P_2Q_1}}{\overline{P_2R_1}}=\frac{\overline{PR'}}{\overline{PQ'}}.$$

同理,得

$$\frac{\overline{Q_2R_1}}{\overline{Q_2P_1}}=\frac{\overline{QP'}}{\overline{QR'}},\quad \frac{\overline{R_2P_1}}{\overline{R_2Q_1}}=\frac{\overline{RQ'}}{\overline{RP'}},$$

因此,(3) 可化爲 (2),而此定理已證明.*

例　　　題

1.　證明定理2.

2.　說明定理 1 之對立定理,並證明「定理 1 之證明可重新解釋之作爲此對立定理之證明」.

7　四原素非生不相同時之交比　前已言明不相同四原素爲 $a+\lambda_1 b,\ a+\lambda_2 b,\ a+\lambda_3 b,\ a+\lambda_4 b$ 時,其交比 (E_1E_2,E_3E_4) 之公式爲

$$(12,34)=\frac{(\lambda_3-\lambda_1)\,(\lambda_4-\lambda_2)}{(\lambda_3-\lambda_2)\,(\lambda_4-\lambda_1)}$$

今從此公式易得下諸極限:

(1) $\displaystyle\lim_{E_4\to E_3}(12,34)=1,\ \lim_{E_4\to E_2}(12,34)=0,\ \lim_{E_4\to E_1}(12,34)=\infty$

注意(2)式左 $R',Q';Q',P';P',R'$ 之次序與Menelaus氏定理三邊 P_2P_3, P_3P_1, P_1P_2 之下標 $2,3;3,1;1,2$ 之次序同。

以 此 諸 結 果 爲 基 礎, 可 採 用 下 諸 定 義.[*]

(2)　　　　$(E_1E_2, E_3E_3) = 1$,　　　$(E_1E_2, E_3E_2) = 0$,　　　$(E_1E_2, E_3E_1) = \infty$.

至 其 他 兩 原 素 相 同 時 之 交 比 之 諸 定 義, 可 照 5 款 之 定 理 1, 2 推 出; 因 只 須 注 意 此 兩 定 理 既 在 四 原 素 不 相 同 時 常 能 有 效, 則 在 有 兩 原 素 相 同 時 仍 可 作 爲 有 效; 即 可 推 得 此 類 定 義. 例 如, 既 (E_3E_4, E_1E_2) 等 於 (E_1E_2, E_3E_4), 吾 人 即 可 定: $(E_3E_3, E_1E_2) = 1$.

既 許 0 及 1 爲 交 比 之 值, 即 可 去 1, 2 兩 款 定 理 4 中 之 限 制. 例 如 儘 可 云:

定理 1　　若 P_1, P_2, P_3 爲 不 相 同 之 三 共 線 點, 則 在 其 所 共 之 線 上 必 有 惟 一 之 點 P 能 使 (P_1P_2, P_3P) 有 預 設 之 值, 此 值 可 爲 有 窮 或 無 窮. 其 特 例, P 之 爲 P_1 或 P_2 或 P_3, 可 照 此 預 設 之 值 爲 ∞[†] 或 0 或 1 而 定.

凡 四 原 素 中 有 三 原 素 相 同 之 情 形, 僅 在 此 雙 原 素 與 他 雙 原 素 之 一 相 同 時 可 以 發 生. 設 E_3, E_4 趨 於 (approach) E_2, 而 因 此 令

$$\lambda_3 = \lambda_2 + \varepsilon, \qquad \lambda_4 = \lambda_2 + \eta$$

及 最 後 令 ε 及 η 皆 趨 近 於 0. 則 交 比 (12,34) 變 爲

$$(12, 34) = \frac{\lambda_2 - \lambda_1 + \varepsilon}{\lambda_2 - \lambda_1 + \eta} \cdot \frac{\eta}{\varepsilon}$$

當 ε 及 η 趨 近 於 0 時, 此 式 右 邊 第 一 商 之 極 限 爲 1. 但 η/ε 爲 彼 此

---

[*]原註. 殷 格 育 之, (2) 中 僅 前 兩 等 式 能 代 表 兩 定 義. 至 其 第 三 等 式 $(E_1E_2, E_3E_4) = \infty$, 不 過 用 以 代 表 (1) 之 末 式 而 已. 即 此 第 三 等 式 之 意 義 不 過 爲 「E_4 趨 於 E_2 之 極 限 時 (E_1E_2, E_3E_4) 變 爲 無 窮 大」耳. 〔E_4 趨 於 E_2 之 極 限, 即 E_4 趨 近 於 E_2 而 以 E_2 爲 E_4 所 趨 之 極 限 之 意〕.

[†]原註. 此 不 過 謂 以 預 設 之 值 作 爲 變 數, 當 其 變 至 無 窮 大 時 P 趨 近 於 P_1 之 極 限 耳.

附 註. 「無 窮 大」爲 「愈 變 愈 大, 一 直 大 下 去, 絕 無 止 境」之 意. 爲 簡 便 計, 以 記 號 ∞ 表 此 十 二 字 之 意. 故 ∞ 但 代 表 一 種 意 思, 並 非 一 數.

無關之兩無窮小之比；此兩無窮小加以適當之限制，* 可使此比 η/ε 變爲任意預設之極限或可使其變爲無窮大．

　　若令 E_3 及 E_4 趨於 E_1 或四原素中之三原素趨於第四原素，其情形與上相類．故在此類情形之下，皆禁止下其交比之定義．（凡言「a 趨於 b」卽「a 趨於 b 之極限」之意．亦卽「a 趨於 b 而以 b 爲 a 所趨之極限」之意）．

例　　　　題

1.　證明（1）中諸極限．

2.　用極限法說明下定義爲有理由：

$$(E_1E_1,E_3E_3)=1,\quad (E_1E_2,E_1E_2)=0,\quad (E_1E_2,E_2E_1)=\infty.$$

---

　　* 例如欲令 η/ε 變爲預設之數 2，可令 η 及 ε 之變動中有 $\eta=2\varepsilon$ 之關係．如是 η 及 ε 趨於 0 時 η/ε 趨於 2．

　　又如欲令 η/ε 爲 ∞，則只須令 η 及 ε 之變動中有 $\varepsilon=\eta^2$ 之關係；如是則 $\eta\to0$ 時 ε 亦 $\to0$ 而 $\eta/\varepsilon=1/\eta\to\infty$．

上海交通大学百年报刊集成 · 第一辑（1896—1949）· 学术学科

第 七 編

變 形[1]

有一種運算,在學術上謂之變形 (Transformation) 者,剛動及射影即其例也.此二者可爲「將幾何性質分類」之基礎,其重要可知;今再進究如次.

A 剛動*

1 平面之簡單剛動 平移(Translation)　一平面之平

移[2]爲將此平面中各點按一定之方向移一定之距離.故一平面之平移可以此平面中之有向線段 $\overline{AA'}$ 完全決定之; $\overline{AA'}$ 之方向決定移向, $\overline{AA'}$ 之長決定移程(移向即平移所移之方向,移程即平移所移之距離). 若 $\overline{AA'}$ 在兩軸上之正射影爲 a, b,而此平移將點 $P:(x,y)$ 移至 $P':(x',y')$,則

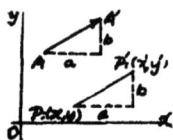

一　圖

(1)　　　$x' = x + a, \qquad y' = y + b.$

此兩方程式謂之平移之方程式 (equation of translation). 略稱平移方程式.

旋轉(Ratation)　先考一平面繞原點 0 旋轉一代數角 θ 之結果(代

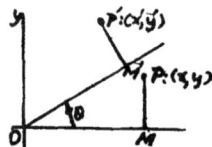

二　圖

*原註.本編此一部分所言者,以有窮遠平面爲限.

1.　Transformation 有譯爲變換者,在解析及代數中固無不可.但在幾何中則此言形之變而非言數之變(凡點,線,面,等皆形也).形雖可以數表之,然數爲工具,其所表之主體仍爲形.欲使讀者,知所變爲何物,宜譯爲變形.

數角 algebraic angle 即角之有正負者),設此旋轉將點 $P:(x,y)$ 轉至 $P':$ (x',y'),及將 P 在 x 軸上之正射影 M 轉至點 M';則 $\overline{OM}=\overline{OM'}=x$ 及 $\overline{MP}$ $=\overline{M'P'}=y$,因此

$$\text{Proj } \overline{OP'} = \text{Proj } \overline{OM'} + \text{Proj } \overline{M'P'}^{(3)}$$

此三正射影先就 x 軸上取之,再就 y 軸上取之,即得**旋轉之方程式**(Equations of rotation)爲

(2) $\qquad x'=x\cos\theta-y\sin\theta, \qquad y'=x\sin\theta+y\cos\theta,$

此二方程式,略稱爲**旋轉方程式**.

同理,繞一點 (x_0,y_0) **轉代數角 θ 之旋轉方程式爲**

(3) $\qquad x'-x_0=(x-x_0)\cos\theta-(y-y_0)\sin\theta,$

$\qquad\qquad y'-y_0=(x-x_0)\sin\theta+(y-y_0)\cos\theta,$

凡旋轉所繞之點謂之**旋轉之中心**.

例. 求拋物線 C' 之方程式,此 C' 之形式如三圖,其頂點爲原點,其通徑 (latus rectum) 之長爲 3,其軸與 x 軸之斜角爲 $30°$

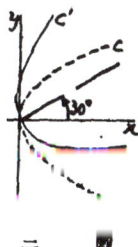

如圖, C 爲與 C' 形全同而位置不同之拋物線,以 C 繞原點轉 $30°$ 即可得 C'. C 之方程式爲

$$y^2=3x,$$

此旋轉方程式爲

---

2. 此取平行移動之意,因面中之點旣皆服定向進行,則其所行之路必皆相平行也。但此名亦須應用於空間;凡空間之平移讀者萬勿誤以只能平進而不能向上或向下,故註明於此。

3. Proj $\overline{OP'}$ 即 $\overline{OP'}$ 之射影之意,初意將其寫作「射影 $\overline{OP'}$」,繼思 $\sin\theta$ 旣經通用,不再寫作「正弦 θ」,則爲一律起見,此亦不妨逕寫爲 Proj $\overline{OP'}$,而再註明其意義於此。

$$x'=\tfrac{1}{2}\sqrt{3}\,x-\tfrac{1}{2}y, \qquad y'=\tfrac{1}{2}x+\tfrac{1}{2}\sqrt{3}\,y.$$

就 x,y 解此二方程式(以 x',y' 之項表 x,y),得

$$x=\tfrac{1}{2}\sqrt{3}\,x'+\tfrac{1}{2}y', \qquad y=-\tfrac{1}{2}x'+\tfrac{1}{2}\sqrt{3}\,y'.$$

再以此代入 C 之方程式中,卽得 C' 之方程式:

$$(-\tfrac{1}{2}x'+\tfrac{1}{2}\sqrt{3}\,y')^2-2\,(\tfrac{1}{2}\sqrt{3}\,x'+\tfrac{1}{2}y')=0,$$

卽

$$x'^2-2\sqrt{3}\,x'y'+3y'^2-4\sqrt{3}\,x'-4y'=0.$$

〔此(1),(2),(3)之方程式,雖與解析幾何中變換坐標之方程式相似;實則此處所言之變形乃變平面上點之位置而並不變軸之位置,解析幾何中之變換坐標乃變軸之位置而非變點之位置.讀者於此須加注意〕.

例　　題

1. 「以一定點移至一預定之點」之平移有一無二,試證之.求以點$(2,3)$移至點$(0,-1)$之平移方程式.以此平移施於曲線

$$y^2-x-8y+18=0.$$

(卽此曲線照移$(2,3)$至$(0,-1)$之移動時,其結果如何?).

2. 「繞一點 P_0 將一定點 A 轉至一預定點 A'(並設 $P_0A=P_0A'$)」之旋轉有一無二,試證之.求繞原點以$(3,1)$轉至$(-1,3)$之旋轉方程式.

3. 以雙曲線 $x^2-y^2=a^2$ 繞原點轉 $45°$.

4. 設有中心爲原點,兩半軸(Semi-axes)爲 $3,2$,橫軸(Transverse axis)爲 $x-2y=0$ 之橢圓,求其方程式.

5. 以任意一線繞一點轉角 θ 時,從此線至新線之角亦爲 θ(新線卽此線轉至之線).

2　兩變形之積　變形之反變形

第七編　　　　　　　　變　　形　　　　　　　　127

例. 求橢圓 C' (其中心爲點 $(4,6)$, 其兩半軸爲 3 及 2, 其橫軸之斜率爲 1) 之方程式.

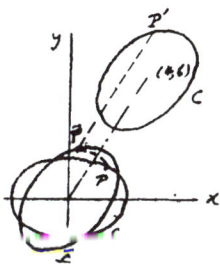

四　　圖

與 C' 形同而位置不同之橢圓 C, 卽

$$C: \qquad 4x^2 + 9y^2 = 36,$$

其中心爲原點, 其橫軸爲 x 軸. 以 C 繞原點 O 轉 $45°$ 使其轉至橢圓 $\bar{C}$, 再以 $\bar{C}$ 移至 C, 如四圖.

以 $P:(x,y)$ 轉至 $\bar{P}:(\bar{x},\bar{y})$ 之旋轉方程式爲

$$T_1: \qquad \bar{x} = \tfrac{1}{2}\sqrt{2}(x-y), \qquad \bar{y} = \tfrac{1}{2}\sqrt{2}(x+y).$$

以 $\bar{P}:(\bar{x},\bar{y})$ 移至 $P':(x',y')$ 之平移方程式爲

$$T_2: \qquad x' = \bar{x} + 4, \qquad y' = \bar{y} + 6.$$

從 1 欵之法, 易知此旋轉 T_1 以橢圓 C 轉至

$$\bar{C}: \qquad 4(\bar{x}+\bar{y})^2 + 9(\bar{x}-\bar{y})^2 = 72,$$

及此平移 T_2 以 $\bar{C}$ 移至

$$C': \qquad 5(x'+y'-10)^2 + 9(x'-y'+2)^2 = 12.$$

展開之及叙其同類項得所求之方程式爲

$$13x'^2 - 10x'y' + 13y'^2 - 44x' - 116y' + 364 = 0.$$

別法 以 T_1 中 $\bar{x},\bar{y}$ 之值代 T_2 中之 $\bar{x},\bar{y}$, 則得一變形 T, 卽

$$T: \qquad x' = \tfrac{1}{2}\sqrt{2}(x-y)+4, \qquad y' = \tfrac{1}{2}\sqrt{2}(x+y)+6,$$

此變形 T 可直接以 $P:(x,y)$ 變至 $P':(x',y')$, 因此可以 C 直接變至 C'

---

4. 凡平移, 旋轉等, 以此點變至彼點, 以此線變至彼線, 以此橢圓變至彼橢圓等皆謂之變形. 平移及旋轉屬於剛動 (變圖形位置而不變其大小), 剛動卽是一種變形. 又以前所言之射影 (旣變圖形之位置復變其圖形之大小) 亦是一種變形. 變形爲總名, 平移, 旋轉等爲此總名下之特名.

故若就 x, y 解 T 之兩方程式,先求得

$$x = \tfrac{1}{2}\sqrt{2}\,(x'+y'-10), \quad y = -\tfrac{1}{2}\sqrt{2}\,(x'-y'+2),$$

再以此代入 C 之方程式中,即得所求 C' 之方程式.

兩變形之積　　以上兩法,可以下圖表之:

$$P \xrightarrow{\ T_1\ } \bar{P} \xrightarrow{\ T_2\ } P'; \qquad\qquad P \xrightarrow{\ T\ } P'$$

此變形 T 顯為 T_1, T_2 兩變形依次施行之結果,在學術上謂 **此變形 T 為兩變形 T_1, T_2 之積**.其關係以記號表之,即

$$T = T_1 T_2$$

兩數之積合於交換律(即無關於其因數之次序).兩變形之積是否亦能如此?變形 $T_1 T_2$(先施 T_1 再施 T_2 之結果)是否與變形 $T_2 T_1$(先施 T_2 再施 T_1 之結果)相同?設在上例之中,仍用前之平移 T_2 及旋轉 T_1,先以 C 移至 $\bar{C}$,再以 $\bar{C}$ 轉至 C'';此 C'' 是否仍與 C' 同?但畫一粗圖,即可知此答案曰否!

就解析方面言之,用平移 T_2 以 (x,y) 移至 $(\bar{x}, \bar{y})$,得

$$\bar{x} = x+4, \qquad \bar{y} = y+6,$$

用旋轉 T_1 以 $(\bar{x}, \bar{y})$ 轉至 (x'', y''),得

$$x'' = \tfrac{1}{2}\sqrt{2}\,(\bar{x}-\bar{y}), \quad y'' = \tfrac{1}{2}\sqrt{2}\,(\bar{x}+\bar{y}),$$

消去其居中之變數 $\bar{x}, \bar{y}$,得積 $T_2 T_1$,即

$$x'' = \tfrac{1}{2}\sqrt{2}\,(x-y-2), \quad y'' = \tfrac{1}{2}\sqrt{2}\,(x+y+10).$$

此積 $T_2 T_1$ 顯與前積 $T_1 T_2$ 不同.

由以上所得之結果,可知 **兩變形之積大抵不合於交換律**.

變形之反變形 (Inverse of Transformation)　變形 T 之反變形為消去 T 之工作之變形.即能將 T 所變更之點一律恢復原狀之變形也.例如一方向線段所定之平移,其反變形為一方向反指之同

線段」所定之平移［例如 $\overline{AA'}$ 所定之平移,其反變形為 $\overline{A'A}$ 所定之平移］.

　　若第一變形為第二變形之反變形,則第二變形為第一變形之反變形.此兩變形有互反之關係.此互反之關係與「一數不為 0)及其反數之關係」相類.因此,T 之反變形自可以記號 T^{-1} 表之.「T^{-1} 之反變形為 T」可以 $(T^{-1})^{-1}=T$ 表之,此等式與代數中諸定律相合.

　　兩數為互反時,其積為 1.因兩變形為互反時,彼此互消其工作,故其積（不問其因數之次序如何）亦為一恆同變形 (Identical transformation),此恆同變形以 I 表之,即

$$I: \qquad x'=x, \qquad y'=y,$$

恆同變形者即使各點不動之變形也.［以 1 乘各數,其積仍為原數;以 I 施於各點,其結果各點仍在原位無所變動;故變形中之有 I 猶數中之有 1.］,以記號明之,

$$TT^{-1}=I \quad 或 \quad T^{-1}T=I$$

故若就 I 猶 1 著想,則 T,T^{-1} 二者仍合於代數中諸定律明矣.

　　若一變形 T 將一任意點 $P:(x,y)$ 運至點 $P':(x',y')$,則 T 之反變形仍將 $P':(x',y')$ 運回 $P:(x,y)$,故 T 之反變形之方程式大抵可就 x,y 解 T 之方程式(以 x',y' 之項表 x,y) 得之.例如 T 為旋轉而

$$T: \qquad x'=x\cos\theta-y\sin\theta, \qquad y'=x\sin\theta+y\cos\theta,$$

　　5,運即運往之運,以前於平移則言「移至」,於旋轉則言「轉至」,於變形則言「變至」,皆為便於初學之計.但變字因有特用(變數之變),不便常用.故以後照原文,凡移至,轉至,變至皆一律用「運至」(Carries into).變形乃一切變更形位之通稱,不僅為運移或旋轉,故言變形時亦不便言「移至」或「轉至」,故用運字以統括一切.

則可以此法求得 T^{-1},即

$$T^{-1}. \qquad x=x'\cos\theta+y'\sin\theta, \qquad y=-x'\sin\theta+y'\cos\theta.$$

例 　 題

1. 設 T_1 及 T_2 為 $x'=x-2,y'=y+1$, 及 $x'=-y,y'=x$, 求 積 T_1T_2 及 T_2T_1.

2. 就 繞 原 點 O 轉 角 θ 之 旋 轉 用 解 析 法 證 明 $TT^{-1}=I$.

3. 求 中 心 為 $(1,-2)$, 長 短 兩 軸 為 4 及 2, 橫 軸 之 斜 率 為 $-3/4$ 雙 曲 線 之 方 程 式.

4. 變 形 之 積 之 結 合 律(Associative Law), 設 三 變 形 為 T_1,T_2,T_3, 其 照 此 次 序 之 積 可 以 兩 法 求 得 之;試 兩 法 以 記 號 明 之, 即 $(T_1T_2)T_3$ 及 $T_1(T_2T_3)$. 此 第 一 法 為 先 作 成 T_1T_2 再 求 T_1T_2 及 T_3 之 積;此 第 二 法 為 先 作 成 T_2T_3, 再 求 T_1 及 T_2T_3 之 積. 此 兩 結 果 所 成 之 兩 變 形 為 相 同, 即

$$(T_1T_2)T_3=T_1(T_2T_3).$$

故 此 積 遂 可 以 $T_1T_2T_3$ 表 之.

設 T_1 及 T_2 為 題 1 之 兩 變 形, T_3 為 平 移: $x'=x+3,y'=y-2.$ 試 就 此 三 變 形 驗 明 此 律.

5. 兩 平 移 之 積 常 合 於 交 換 律, 試 證 之.

6. 兩 繞 原 點 之 旋 轉 之 積 常 合 於 交 換 律, 試 證 之.

7. 一 平 移 及 一 旋 轉 之 積 是 否 常 合 於 交 換 律?

3 平 面 之 普 通 剛 動 (The general rigid motion of the plane), 是 否 一 切 平 移 及 一 切 旋 轉, 已 能 包 括 平 面 之 一 切 剛 動?今 就 此 討 論 之.

先 考 完 全 決 定 一 剛 動 至 少 須 有 相 應 點 幾 雙?一 雙 相 應 點 A, A' 足 乎?曰 不 足, 因 以 平 面 剛 動, 將 A 運 至 與 A' 相 合 後, 此 平 面 仍 可 繞 A' 迴 轉 也.

交通大學招考男女生簡章 民國二十五年三月訂

一 學　額

本校於本年秋季擬招收科學一年級新生三十名(分數學物理化學三系)土木工程八十名（內唐山工程學院五十名）探冶工程三十名(設在唐山工程學院)電機工程三十名機械工程四十名鐵道管理五十五名(內北平鐵道管理學院四十名)實業管理財務管理公務管理各十五名

二 資　格

(甲)考生須體格健全毫無嗜好確能遵守校規服膺中國國民黨黨義(乙)考生須具有公立或已立案私立高級中學或其他同等學校畢業者爲合格

三 試驗科目

(甲)科學及工程一年級應試科目[附參考書目]

(1) 國　文　(作文——常識)
(2) 黨　義
　　世　界　史　(高中外國史上下册 李季谷 世界書局 陳氏高中本國史 陳登原 世界書局) 或 (World History, Written for Schools in China by Hutton Webster)
　　世　界　地　理　(高中世界地理 王謨 世界書局 本國地理 張其昀 商務印書館) 或 (Geography of the World by R.D. Wolcott)
　　(註)甲地得由考生任選一種於報名時認定
(3) 英　文　(Composition, Rhetoric and Grammar)
(4) 數　學
　　高　等　代　數　(漢譯范氏大代數學 高士奇筆 北平科學社) 或 (College Algebra by H.B. Fine)
　　解　析　幾　何　(斯改二氏解析幾何學原理 鄭文凱 商務印書館) 或 (The Elements of Analytic Geometry by P.F. Smith and A.S.Gale)
　　平　面　三　角　(漢譯葛氏平面三角學 高佩玉 北平科學社) 或 (Plane Trigonometry by W.A. Granville)
(5) 物　理　(復興高級中學教科書 物理學上下册 周昌壽 商務印書館) 或 (First Course in Physics by Milikan and Gale or Practical Physics by Black and Davis)
(6) 化　學　(復興高級中學教科書 化學上下册 鄭貞文 商務印書館) 或 Intermediate Chemistry by Smith and Kendall or Practical Chemistry by Black and Conant)

(乙)管理一年級應試科目[附參考書目]

(1) 國　文　(作文——常識)
(2) 黨　義
　　世　界　史　(高中外國史上下册 李季谷 世界書局 陳氏高中本國史 陳登原 世界書局) 或 (World History, Written for Schools in China by Hutton Webster)
(3) 英　文　(Composition, Rhetoric and Grammar)
(4) 物　理　(復興高級中學教科書 物理學上下册 周昌壽 商務印書館)或 (New Practical Physics by Black and Davis)
　　化　學　復興高級中學教科書 化學上下册 鄭貞文 商務印書館)或(High School Chemistry by Bruce)
　　(註)投考實業管理者兩種全考投考其他各門者得由考生任選一種於報名時認定
(5) 數　學
　　代　數　(高級中學教科書 代數學 何魯編 商務印書館)或(Second Course in Algebra by H.E. Hawkes, W.A. Luby and F.C.Touton)

平 面 幾 何 （復興高級中學教科書 幾何學 余介石 張通謨編 商務印書館）或
(Plane Geometry by A.Schultze, F.L. Sevenoak and E.S. huyler)

平 面 三 角 （復興高級中學教科書 三角學 李蕃編 商務印書館）或(Plane Trigo-
nometry by W.A. Granville)

（註)投考實業管理者三種全考投考其他各門者考幾何代數兩種

(6) 經 濟 大 意 （伊費二氏合著 經濟學原理 伍廉成 林秉中譯 世界書局）或 (Ele-
mentary Principles of Economics by Ely and Wicker)

簿 記 （簿記學 秘儲英著 商務印書館）或(Twentieth-Century Bookkeep-
ing and Accounting, Pt. I.)

世界地理 （高中世界地理 王謨 世界書局 本國地理 張其昀 商務印書館)或
(Geography of the World by R.D. Wolcott)

（註)投考實業管理者得由考生任選一種投考其他各門者任選兩種於報名時
認定

(丙)體格檢查
(丁)軍訓考驗
(戊)口 試

四 投考手續

(甲)考生須帶中學畢業或大學預科修業證書及最近四寸半身相片四張親自到本校所指定之處所填
寫報名單繳驗證書及領取准考證

(乙)考生應繳納報名費三元(在考期內本校供給午膳)
（註)考生錄取與否其報名費及相片概不退還

(丙)投考學生介紹書應由各該中學校長或預科主任直接填寄本校招生委員會（此項空白介紹書得
向本校註册處函索）

五 報名時期

自七月二十二日起至二十六日止每日上午八時至十二時

六 考試時期

自七月二十九日起至八月一日止每日上午八時至十二時下午一時三十分至四時三十分

七 報名及考試地點

(甲)上海徐家滙本校(乙)北平本校鐵道管理學院(丙)廣州青年會中學(丁)武昌中華大學

八 揭 曉

本屆錄取新生除本校發布外登載八月十九日上海申新及時事新報等三報八月二十二日天津大公廣
州民國漢口武漢等三報

九 納 費

新生入校除應納學宿膳等費七十一元外另交存儲費十元圖書館費十元體育館費十五元又制服費三
十五元於秋季開學時一次繳足該制服費於結業時有餘發還不足賠補

十 入 學

(甲)自九月一日起至五日止為新生入學期間逾期除名(乙)新生入校時須同保證人隨帶圖章來本校
訓育部填寫保證書

十一 通訊注意

凡函索本簡章者須附郵票五分本校投考須知郵票十分本校一覽中文本郵票四角英文本郵票六角逕
寄本校註册處空函不復

附 註

(甲)考試日程及考生須知在報名時發給(乙)本校唐山工程學院及北平鐵道管理學院招生簡章另由
各該院訂發(丙)各科答案除國文襲義英文軍訓外得用中文或英文(丁)本校設有 (一)程義乾紀念
獎學金 凡投考科學學院及管理學院入學試驗成績最優者(各一名)在第一學年內每名每學期給予
獎金二十元 (二)陳母獎學金 凡考生入學試驗數學科成績優良經錄取入學修畢第一學年課程者
除數學系一名外本年度輪獎科學學院一名各給獎金四十元

科學學院科學通訊投稿簡章

一、投稿不拘文言白話凡中英德法文字所歡迎
二、談言教材叢錄書評消息均以科學範圍為限
三、投稿之稿如係翻譯請附寄原本否則須將原文題目書名出版日期及地點詳細開示
四、投稿之稿務望繕寫清楚並加新式標點凡外國文稿須打印之如有插圖附表必須製版者繪以藍墨巴
五、來稿請註明姓名住址以便通訊并加蓋印章俾於答時核對
六、投寄之稿無論登載與否槪不退還但有聲明並備回郵者不在此限
七、投寄之稿經本刊揭載後每篇酌致酬金若本刊出版委員會所印
八、投寄之稿經本刊揭載後版權即爲本校出版委員會所有
九、有另行約定者不在此限
十、增删投寄之稿本院委員會有酌量增删之權如投稿人不願增删則於投稿時聲明
十一、投寄之稿應逕寄上海徐家匯交通大學科學學院科學通訊編輯委員會

中華民國二十五年五月出版

科學通訊　第二卷　第二期（總十）

編輯者　交通大學科學學院
發行者　交通大學出版處　上海徐家匯
印刷者　上海中國科學公司
代售處　上海　世界出版社　上海雜誌公司　大公報社代辦部
南京　正中書局
天津　志恆書局
漢口　光華書店　新光書店
武昌　世界書局
安慶　學生書店
廣州　廣州圖書消費合作社　黎明書局
雲南　雲南文化書店

版權所有

本刊價目

每冊大洋二角
預訂壹元四角　全年　八册（五月六月各一册）
國外另加郵費

科學學院科學通訊編輯委員會
主任　朱物華（物理主任）　徐名材（化）
系主任　胡敦復（數學主任）　顧澄（總編輯）
範會國（數）　武崇林（理）　周銘（理）　胡
　　　　　　時昭涵（化）　丁緒賢（化）

科學通訊

黎照寰

第二卷 第三期

（總十一）

中華民國二十五年六月　　上海交通大學科學學院編輯

每册大洋三角 全年壹元

交大季刊

本校出版處發行 各地書局代售

第十七期要目

前漢時代陸路交通考(續)
陶藝淺說
鼠籠式交流感應電動機之現勢
無空氣注射狄思爾引擎之燃燒方法
道路材料試驗撮要(續)
擬議鍋爐場電銲規章草案
研究所化學組油漆試驗報告
待焚文稿自敘
漫遊記自序
墨子閒詁補正敗
中國要早日實行工業化
Recent Advances in Industrial Electro Chemistry

第十八期要目

前漢時代陸路交通考(續)
江西公路處之營運概況與改進
滬杭甬綫列車車輛調度概況
無窮級數之理論及應用
Peg Method 簡易法
研究所化學組油漆試驗報告(續)
Brief Moment in Messrs. Dorman Long & Co, Ltd.
記桂林之遊
茹經堂畫記
工程——怎樣研究與選擇
歐游追憶錄

第十九期要目

工程學與實業之關係
前漢時代陸路交通攷(續)
中國之國防與鐵道
鐵路零擔貨運安全辦法
冷鑄鐵的成分及冷鑄件型的製法
無窮級數之理論及應用(續)
近世中國國外貿易要略及書評
論語類纂孝弟篇大義
八桂豪游圖記
Science Advisory Service to the Government
世界銲綴工程會議錄

第二十期要目

改進我國農業教育芻議
前漢時代陸路交通考(續)
美國鐵路管理起運貨棧之報告及統計
滬杭甬綫列車車輛調度概況(續)
過熱蒸汽機車
無窮級數之理論及應用(續)
中央及地方預算法規之研究
The L.N.E. Railway Dynamometer Car
看雲圖記
歲寒閣記
Physics Metaphysics & Common Sense

本刊啓事

本刊於暑假期內照例停刊第二卷第四期準於十月內

出版諸希

公鑒

理学卷（第二册） 科学通讯 第二卷 第三期（1936）

科 學 通 訊

第 二 卷　 第 三 期

目　 錄

國立交通大學研究所

本所成立以來設置（一）工業研究部分設設計材料機械電氣物理化學等組（二）經濟研究部分設社會經濟實業經濟交通管理會計統計等組除按照所訂計畫進行研究外歷承各路局各機關（如中國工程師學會上海市公用局義興公司等）託辦各項研究及試驗工作薄有貢獻關於上列諸組事項如蒙各界垂詢請惠臨上海徐家匯本所面洽或函商可也此布

溝渠工程學

是書爲本大學土木工程學教授顧康樂所著。係參考中西工程書籍雜誌，採擇各著之精粹而成。書凡十四章，詳述溝渠設計，建築與養護之原理及方法。舉凡污水量，暴雨水量，溝渠水力學，溝渠系統設計，溝渠附屬品，污水抽升，管圈設計，開掘塡覆，列板撐檔以及施工之實際進行，無不條分縷析，詳爲解釋。至於插圖之豐富，文字之簡明，尚其餘事。

▲商務印書館出版，定價一元八角。

理学卷（第二册） 科学通讯 第二卷 第三期 （1953）

談 言

不 定 形 $\dfrac{0}{0}$

$f(a)$ 及 $\Phi(a)$ 不爲 0 或不存在之不定形（續）

顧 澄

5. 設 $f(x)$ 及 $\Phi(x)$ 皆在 $\mathcal{L}_\delta(a)$ 中存在[*]，並 $\lim\limits_{x\to a} f(x)=0$ 及 $\lim\limits_{x\to a}\Phi(x)=0$，但 $f(a)$ 及中 $\Phi(a)$ 不爲 0，甚至爲不存在（其中有一如此或兩皆如此），求 $\lim\limits_{x\to a}\dfrac{f(x)}{\Phi(x)}$。

此宜注意者如下：

(a) $\dfrac{f(a)}{\Phi(a)}\neq\dfrac{0}{0}$，且 $f(a)$ 及 $\Phi(a)$ 有一不存在則 $\dfrac{f(a)}{\Phi(a)}$ 亦即不存在。

(b) $f(a)$ 不存在則 $f'(a)$ 亦不存在；$\Phi(a)$ 不存在，則 $\Phi'(a)$ 亦不存在。

(c) $f(a)\neq 0$ 則 $f(a+\Delta x)\neq f(a+\Delta x)-f(a)$。

若 $f(a)$ 爲不存在，則更不知 $f(a+\Delta x)-f(a)$ 爲何數，故

$$\frac{f(a+\Delta x)}{\Phi(a+\Delta x)}\neq\frac{f(a+\Delta x)-f(a)}{\Delta x}\bigg/\frac{\Phi(a+\Delta x)-\Phi(a)}{\Delta x}$$

故皆不能直接從前款之 (6) 得 (7)。

(d) 旣因 $f(a)$ 不存在而 $f'(a)$ 亦不存在，則 $\dfrac{f'(a)}{\Phi'(a)}$ 亦不存在。

---

[*] $\mathcal{L}_\delta(a)$ 即在區間 $(a-\delta,\ a+\delta)$ 中除去 a 點者。

凡初等徵積,甚至實變數函數論中,所有關於不定形 $\frac{o}{o}$ 之定理,其結果為

$$\lim_{x \to a} \frac{f(x)}{\Phi(x)} = \frac{f'(a)}{\Phi'(a)}$$

者皆不能直接應用.

(e)　$\lim_{x \to a} f(x) = o$ 而 $f(a) \neq o$,則 $f(x)$ 在點 $x = a$ 上不連續. 因此 $f'(a)$ 必不存在. 故但知 $\lim_{x \to a} f(x) = o$ 而 $f(a) \neq o$,即有與 (d) 相同之結果.

6.　但求前欵之極限 $\lim_{x \to a} \frac{f(x)}{\Phi(x)}$ 仍可應用徵分法.閱者於此應先注意極限定義中之一要點如下:

所謂 $x \to a$ 時 $f(x)$ 之極限. x 雖可與 a 任意接近,但 x 決不等於 a. 故

$$\lim_{x \to a} f(x) = \eta$$

時,此 η 不必等於 $f(a)$. 且 x 既決不等於 a,則求 $\lim_{x \to a} f(x)$ 時,$f(a)$ 為何數儘可不管 (不但可不管,實是不應管)*. 例如有兩函數

　　　　有些書中謂『若一變數 X 與 A 無窮近而決不達到 A,則 X 趨於極限 A』.有些人反對之.如 Osgood 氏 Introduction to the Calculus p. 20 之末註,即其一例.但前者之誤由於不善措辭.後者之反對,理由雖是,而於初學仍無所益,此處所舉之要點,初學或反因之而不明.蓋此非 $x \to a$ 時 $f(x)$ 能否達到 $f(a)$ 之問題,而實為 $f(a)$ 應管與否之問題.例如

$$f_1(x) = x^2$$

則 $f_1(a) = a^2$,而 $x \to a$ 時 $f_1(x)$ 雖與 a^2 極近而決不能等於 a^2 即所謂決不能達到 $a^2 = f_1(a)$;但 $\lim_{x \to a} f_1(x)$ 仍等於 $a^2 = f_1(a)$。又如

$$f_2(x) = c, \quad x = 任意數。$$

則 $f_2(a) = c$,而 $x \to a$ 時 $f_2(x)$ 無時不等於 c,即所謂能達到 $c = f_2(a)$。故就「能否達到」而論,前者之措辭確有語病,後者之反對實有理由。但 $x \to a$ 時雖 $f_2(x)$

（續下頁）

$$f_1(x)=o, \quad x\neq o \text{ 時} \Big\} \qquad f_2(x)=o, \quad x\neq o \text{ 時} \Big\}$$
$$=1, \quad x=o \text{ 時} \Big\}, \qquad =2, \quad x=o \text{ 時} \Big\}$$

則 $\displaystyle\lim_{x\to o} f_1(x)$ 及 $\displaystyle\lim_{x\to o} f_2(x)$ 皆 等 於 o，並 不 因 $f_1(o)=1$ 及 $f_2(o)=2$ 而 此 兩 極 限 有 所 不 同；故 求 此 $\displaystyle\lim_{x\to o} f_1(x)$ 時，$f_1(o)$ 為 何 數 實 不 必 管. 又 若 因 $f_1(o)=1$ 而 以 為 $\displaystyle\lim_{x\to o} f_1(x)\neq o$ 而 $=1$，則 是 大 誤；故 求 $\displaystyle\lim_{x\to o} f_1(x)$ 時，$f_1(o)$ 為 何 數，更 是 不 應 管.

從 上 所 言，可 知 求 $\displaystyle\lim_{x\to a} \dfrac{f(x)}{\Phi(x)}$ 時，$\dfrac{f(a)}{\Phi(a)}$ 為 何 數 （及 其 存 在 與 否)，亦 是 不 必 管 而 且 不 應 管

故 求 前 款 之 極 限，可 先 另 定 兩 函 數

$$F(x)=f(x), \quad x\neq a \text{ 時} \Big\} \qquad \psi(x)=\Phi(x), \quad x\neq a \text{ 時} \Big\}$$
$$=o, \quad x=a \text{ 時} \Big\}, \qquad =o, \quad x=a \text{ 時} \Big\},$$

再 用 微 分 法 求

$$\lim_{x\to a} \frac{F(x)}{\psi(x)},$$

如 此 極 限 存 在，則

$$\lim_{x\to a} \frac{f(x)}{\Phi(x)} = \lim_{x\to a} \frac{F(x)}{\psi(x)}.$$

無 時 不 等 於 c，然 此 c 皆 非「$x=a$ 時 之 $f_2(x)$ 之 值」而 實 為「$x\neq a$ 時 之 $f_2(x)$ 之 值」. c 雖 同，而 $x\neq a$ 及 $x=a$ 則 不 同. 當 求 $\displaystyle\lim_{x\to a} f_2(x)$ 時，仍 只 須 考 $x\neq a$ 時 之 $f_2(x)$ 之 值，而 不 必 管 $x=a$ 時 之 $f_2(x)$ 之 值. 故 改「不 能 達 到 $f(a)$」為「不 必 管 $f(a)$」即 無 語 病. 又 上 但 言「一 變 數 X」，其 意 義 是 否 專 指 x 之 函 數 $f(x)$，雖 不 明 瞭. 但 Osgood 氏 書，此 處 所 言 之 $\dfrac{\Delta y}{\Delta x}=\dfrac{f(x_0+\Delta x)-f(x_0)}{\Delta x}$ 實 為 Δx 之 函 數，以 $F(\Delta x)$ 表 之，實 與 上 言 $f_2(x)$ 之 性 質 同，不 過 $c=o$ 而 已.

北 京 大 學 近 出 Osgood 氏 Function of real Variables p. 70 極 限 之 定 義 中，亦 已 除 去 $f(a)$ 置 之 不 管. 其 記 號 $(\delta)'a$ 之 作 用 即 在 此.

如 $\lim\limits_{x\to a}\dfrac{F(x)}{\psi(x)}$ 不存在, 則 $\lim\limits_{x\to a}\dfrac{f(x)}{\Phi(x)}$ 亦不存在.

綜上所言得一定理如下:

設 $\lim\limits_{x\to a}f(x)=o$, $\lim\limits_{x\to a}f(x)=o$; $f(a)\neq o$ (或不存在), $\Phi(a)\neq o$ (或不存在).及令

$$F(x)=f(x),\quad x\neq a\text{ 時}\left.\right\}\qquad \psi(x)=\Phi(x),\quad x\neq a\text{ 時}\left.\right\}$$
$$=o,\qquad x=a\text{ 時},\qquad =o,\qquad x=a\text{ 時}.$$

若 $F'(a)=l$, $\psi'(a)=m\neq o$, 則

$$\lim\limits_{x\to a}\frac{f(x)}{\Phi(x)}=\frac{F'(a)}{\psi'(a)}=\frac{l}{m}.$$

其他與此相類之諸定理,閱者自能類推.不贅.

此定理雖初等微積,甚至函數論中,皆未道及.但極平淡無奇,凡深知函數之極限爲何物者皆能自思得之.本談之作,目的不在創不定形之新理,而實在欲學生注意上述極限定義中之一要點.故僅述此一定理已足.若再按初等微積或實變數函數論中關於不定形之諸定理,各作一與此相類之定理,或再推出若干無關重要之定理,以自矜創作,則未免同於兒戲.故至此爲止.但學生則不妨多作些此類定理以資棟習.

理学卷（第二册）　科学通讯　第二卷　第三期（1936）

教　材

圓函數及雙曲函數之幾何定義,並以此爲起點
而平行論列之(一續)

秉　鈞

3.　正切及雙曲正切.　在圓函數中,由於定義,正切(tangent)者爲正弦 $\sin\sigma$ 與餘弦 $\cos\sigma$ 之比,恆以記號 $\tan\sigma$ 表之.同樣,在雙曲函數中,由於定義,雙曲正切(hyperbolic tangent)者爲雙曲正弦 $\operatorname{sh}\sigma$ 與雙曲餘弦 $\operatorname{ch}\sigma$ 之比,恆以記號 $\operatorname{th}\sigma$ 表之.是故若於 ox 與圓周相交之 A 點作一切線,由 ox 到向徑(vector radius) OM,則正切 $\tan\sigma$ 乃由此切線之一線段(segment)表之:

$$\tan\sigma = \frac{\sin\sigma}{\cos\sigma} = \frac{\overline{PM}}{\overline{OP}} = \frac{\overline{AT}}{\overline{OA}} = \frac{\overline{AT}}{1}, \text{ (圖 1)}.$$

同理,若於 ox 與等邊雙曲線相交之 A 點,即此雙曲線之頂點,作一切線,由 ox 到向徑 OM,則雙曲正切 $\operatorname{th}\sigma$ 乃由此切線之一線段表之:

$$\operatorname{th}\sigma = \frac{\operatorname{sh}\sigma}{\operatorname{ch}\sigma} = \frac{\overline{PM}}{\overline{OP}} = \frac{\overline{AT}}{\overline{OA}} = \frac{\overline{AT}}{1} \text{ (圖 2)}.$$

在間隔 $(o, +\frac{\pi}{2})$ 中,正切 $\tan\sigma$ 爲一連續增函數(increasing function); 當 σ 由 o 變至 $\frac{\pi}{2}$ 時,此函數由 o 增大至 $+\infty$。

當 σ 由 o 變至 $+\infty$ 時,雙曲正切 $\operatorname{th}\sigma$ 由 o 連續增大至 $+1$.

4.附註.　於圓周或等邊雙曲線之每一點 M 都有一對坐標

$\overline{OP}$, $\overline{PM}$,面積爲 σ 之一扇形 NOM,及量爲 φ 之一中心角 AOM 與之對應（圖 11）.

　　逆之: 1)於扇形 NOM 之每一面積 σ 都有量爲 φ 之一角 AOM,所取之曲線(圓周或等邊雙曲線)之一點 M,及量爲 $\overline{OP}$, $\overline{PM}$ 之一對坐標與之對應.

　　2)於角 AOM 之每一量,(此量在圓周之情形中,可爲任一數,而在雙曲線之情形中,則其絕對值應爲至多不過一直角之半),都有扇形 NOM 之一面積 σ,所取曲線之一點 M,及量爲 $\overline{OP}$, $\overline{PM}$ 之一對坐標與之對應.

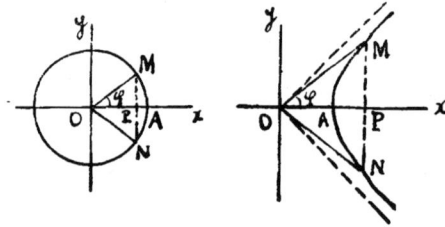

圖　11

　　M 點之坐標可視爲 σ 之函數,或 φ 之函數.在前之情形中,由於定義吾人得正弦函數及餘弦函數.在後之情形中,吾人所得者,普通異於前者.蓋譬如若取圓周之情形,則二數 φ 及 σ 爲成比例,而只於以半徑角 (radian) (卽一中心角,其所對之弧之長等於圓之半徑者)爲角之單位時,此二數始爲一樣.例如當中心角 AOM 爲 57°17′44″,806 時,吾人有 σ=1,而半徑爲 1 之圓上之 M 點之坐標乃爲變元爲 1 之圓餘弦及圓正弦之值:

$$x=\cos 1, \qquad y=\sin 1.$$

於是依規約吾人恆書

教材一，　　圆函数及双曲函数之几何定义,并以此为起点而平行论列之　　7

$$x=\cos 57°17'44'',806,\qquad y=\sin 57°17'44'',806,$$

意即谓 x,y 为扇形 NOM 之面积之　餘弦及圆正弦,而此扇形 NOM 者乃半径为 1 之圆中相当于量为 $57°17'44'',806$ 之半个中心角 AOM 者.

又例如设中心角 AOM 为 $\frac{1}{2}$ 直角,即 $45°$,即 $\frac{\pi}{4}$ 半径角,则有

$$\sigma=\frac{\pi}{4}=0,7853982\cdots\cdots,$$

而半径为 1 之圆上之 M 点之坐标乃为相当于值为 $0,7853982\cdots\cdots$ 之变元之圆餘弦及圆正弦之值:

$$x=\cos 0,7853982\cdots\cdots=0,707,$$
$$y=\sin 0,7853982\cdots\cdots=0,707.$$

于应用前例中所云之规约,吾人恆书

$$x=\cos\left(\frac{1}{2}直角\right)=\cos 45°,$$
$$y=\sin\left(\frac{1}{2}直角\right)=\sin 45°,$$

但吾人并无有

$$0,707=\cos\frac{1}{2},\qquad 0,707=\sin\frac{1}{2},$$

亦无有

$$0,707=\cos 45°,\qquad 0,707=\sin 45°.$$

然若以半径角为单位而量 AOM 角,则抽象数 σ —— 扇形 NOM 之面积之量 —— 乃与抽象数 φ —— AOM 角之量 —— 为一样: $\sigma=\varphi$,而圆周上之 M 点之坐标可书为

$$x=\cos\varphi,\qquad y=\sin\varphi.$$

是故半径为 1 之圆上之 M 点之坐标只于以半径角为角之单位时,始为角 AOM 之量之圆餘弦函数及圆正弦函数.

至於在等邊雙曲線之情形中,則二數 φ 及 σ 非復成比例,此數 σ 恆爲量 AOM 角之數之一複雜函數.

茲設以半徑角爲單位而量 AOM 角,試求在等邊雙曲線中 σ 及 φ 之關係.爲此,試於二正交軸 ox 及 oy 之平面中,在其四分之一之平面 β'oβ 中,(oβ' 爲 xoy' 角之平分線,oβ 爲 xoy 角之平分線),任取一點 M,(圖 12).設 x 及 y 爲 M 點之坐標,則有

$$x > o, \qquad x > |y|.$$

復次,若命

$$x^2 + y^2 = r^2_c, \qquad x^2 - y^2 = r^2_h,$$

而作以 O 爲中心而經過 M 之圓周,及作以 ox 及 oy 爲軸而經過 M 之等邊雙曲線,則此圓有其方程式爲

$$X^2 + Y^2 = x^2 + y^2 = r^2_c,$$

且交 ox 於 A_c 而使 $OA_c = r_c$;此雙曲線有其方程式爲

$$X^2 - Y^2 = x^2 - y^2 = r^2_h,$$

且交 ox 於 A_h 而 $OA_h = r_h$. 設 σ_c 爲圓扇形 NOM 之面積,σ_h 爲雙曲扇形 NOM 之面積,則依前所得結果,可知:

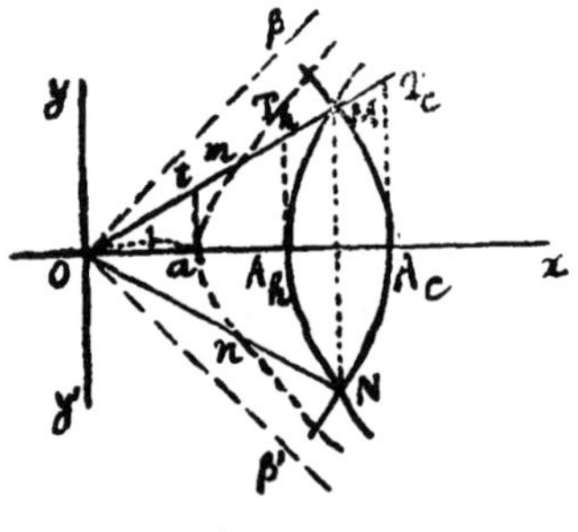

圖 12

1) 在圓周之情形中,有

$$x = r_c \cos \frac{\sigma_c}{r^2_c}, \qquad y_c = r_o \sin \frac{\sigma_c}{r^2_c};$$

2) 在雙曲線之情形中,有

$$x = r_h \operatorname{ch} \frac{\sigma_h}{r^2_h}, \qquad y = r_h \operatorname{sh} \frac{\sigma_h}{r^2_h}.$$

由是得

$$r_c \cos \frac{\sigma_c}{r^2_c} = r_h \operatorname{ch} \frac{\sigma_h}{r^2_h},$$

$$r_c \sin \frac{\sigma_c}{r^2_c} = r_h \operatorname{sh} \frac{\sigma_h}{r^2_h}.$$

因而

$$\tan \frac{\sigma_c}{r^2_c} = \operatorname{th} \frac{\sigma_h}{r^2_h}.$$

$\frac{\sigma_c}{r^2_c}$ 旣以中徑角爲單位時, noM 角之量 φ, 故有

$$\tan \varphi = \operatorname{th} \frac{\sigma_h}{r^2_h}.$$

$\frac{\sigma_h}{r^2_h}$ 爲以半橫軸爲 1 之等邊雙曲線爲界而與雙曲扇形 NOM 爲相似之雙曲扇形 nom 之面積之量 σ, 故得

$$\tan \varphi = \operatorname{th} \sigma = \overline{at},$$

是卽 ψ 與 σ 之關係而爲吾人所欲求者也。

復次,茲有可察出者:由於等式

$$\tan \varphi = \operatorname{th} \sigma = \frac{\overline{at}}{\overline{oa}} = \frac{\overline{A_h T_h}}{\overline{OA_h}} = \frac{\overline{A_c T_c}}{\overline{OA_c}},$$

推得

$$\overline{A_c T_c} = r_c \tan \frac{\sigma_c}{r^2_c},$$

$$\overline{A_h T_h} = r_h \operatorname{th} \frac{\sigma_h}{r^2_h}.$$

II. 導 函 數

5. 圓餘弦及圓正弦之導函數 (derivative). 設在半徑爲1之圓上,於 M 點來到 M' 時,面積 σ 之增量爲(圖13)

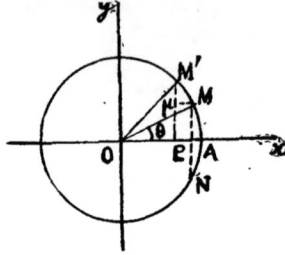

圖 13

$$\Delta\sigma = 2 \times 圓扇形\ MOM'\ 之面.積 = 2 \times \frac{1}{2}(OM)^2 \widehat{MOM'}$$

$$= \widehat{MOM'}\ 之量 = \widehat{MM'}\ 之量,$$

餘弦之增量爲

$$M\mu = \Delta x,$$

正弦之增量爲

$$\mu M' = \Delta y.$$

圓之方程式爲

$$(1)\quad x^2 + y^2 = 1,$$

故有

$$(2)\quad (x+\Delta x)^2 + (y+\Delta y)^2 = 1,$$

因而由(1),(2)二式之差,得

$$(3)\quad 2(x\Delta x + y\Delta y) + \Delta x^2 + \Delta y^2 = 0.$$

當 M' 趨近於 M 時,$\dfrac{\Delta x}{\Delta \sigma}$ 及 $\dfrac{\Delta y}{\Delta \sigma}$ 之極限爲若何,今試求之.吾人知道在每項無窮小之前,吾人可略去其階 (order) 較高之無窮小;如是,吾人代 $\widehat{MOM'}$ 以 MM' 及等式(3)以下之等式

$$(3')\quad x\Delta x+y\Delta y=o,$$

由後此等式,可見在所取之近似算法中,三角形 $M\mu M'$ 及 MPO 爲相似:

$$\frac{-\Delta x}{y}=\frac{\Delta y}{x}=\frac{MM'}{OM}=MM',$$

由是

$$\Delta x=-y\cdot MM',\qquad \Delta y=x\cdot MM',$$

及

$$\frac{\Delta x}{\Delta\sigma}=\frac{-y\cdot MM'}{MM'}=-y,$$

$$\frac{\Delta y}{\Delta\sigma}=\frac{x\cdot MM'}{MM'}=x.$$

是故得

$$\lim\frac{\Delta x}{\Delta\sigma}=\cos\sigma\text{ 之導函數}=-y=-\sin\sigma,$$

$$\lim\frac{\Delta y}{\Delta\sigma}=\sin\sigma\text{ 之導函數}=x=\cos\sigma.$$

附註.　爲求餘弦及正弦之導函數,吾人尚可作推理如次,由 (3) 得

$$(x+\frac{\Delta x}{2})\Delta x+(y+\frac{\Delta y}{2})\Delta y=o,$$

即

$$\frac{-\Delta x}{y+\dfrac{\Delta y}{2}}=\frac{\Delta y}{x+\dfrac{\Delta x}{2}}=\frac{\sqrt{\Delta x^2+\Delta y^2}}{\sqrt{(y+\dfrac{\Delta y}{2})^2+(x+\dfrac{\Delta x}{2})^2}}$$

$$=\frac{MM'}{\sqrt{x^2+y^2+\varepsilon}}=\frac{MM'}{\sqrt{1+\varepsilon}},$$

其中之 ε 爲與 MM' 同時趨近於零者.由是得

$$\Delta x = -\left(y + \frac{\Delta y}{2}\right)\frac{MM'}{\sqrt{1+\varepsilon}},$$

$$\Delta y = \left(x + \frac{\Delta x}{2}\right)\frac{MM'}{\sqrt{1+\varepsilon}},$$

因而

$$\frac{\Delta x}{\Delta \sigma} = -\left(y + \frac{\Delta y}{2}\right)\frac{MM'}{\sqrt{1+\varepsilon}\cdot\widehat{MM'}},$$

$$\frac{\Delta y}{\Delta \sigma} = \left(x + \frac{\Delta x}{2}\right)\frac{MM'}{\sqrt{1+\varepsilon}\cdot\widehat{MM'}},$$

是故

$$\lim\frac{\Delta x}{\Delta \sigma} = -y, \quad \lim\frac{\Delta y}{\Delta \sigma} = x,$$

是即以上所得之結果也.

6. 雙曲餘弦及雙曲正弦之導函數. 設在半橫軸爲 1 之等邊雙曲線上,於 M 點來到 M' 時,面積 σ 之增量爲

$$\Delta\sigma = 2 \times 雙曲扇形\ MOM'\ 之面積,(圖\ 14),$$

雙曲餘弦之增量爲

$$M\mu = \Delta x,$$

雙曲正弦之增量爲

$$\mu M' = \Delta y.$$

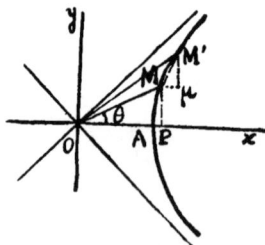

圖 14

雙 曲 線 之 方 程 式 爲

$$(4) \qquad x^2 - y^2 = 1,$$

故 有

$$(5) \qquad (x + \Delta x)^2 - (y + \Delta y)^2 = 1,$$

因 而 由 (4),(5)二 式 之 差,得

$$(6) \qquad 2(x\Delta x - y\Delta y) + \Delta x^2 - \Delta y^2 = 0.$$

當 M' 趨 近 於 M 時,試 求 $\dfrac{\Delta x}{\Delta \sigma}$ 及 $\dfrac{\Delta y}{\Delta \sigma}$ 之 極 限.

由 於 等 式

扇形面積 $MOM' = $ 面積 $P'OM' - ($面積 $POM) - ($面積 $P'PMM')$,

及代弧 $\widehat{MM'}$ 以弦 MM'(圖 15),得

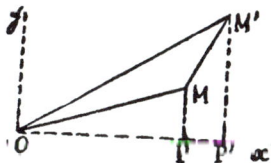

圖 15

$$(7) \quad \Delta\sigma = 2 \times \text{扇形面積} \ MOM' = (x + \Delta x)(y + \Delta y) - xy - (2y + \Delta y)\Delta x$$

$$= x\Delta y - y\Delta x.$$

於(6)式 中,略 去 其 階 較 高 之 無 窮 小,得

$$(6') \qquad x\Delta x - y\Delta y = 0.$$

若 於(7)式 中,分 別 代 $\Delta y, \Delta x$ 以 其 由(6')所 求 出 之 值,則 得

$$\Delta\sigma = \frac{x^2 - y^2}{y}\Delta x,$$

$$\Delta\sigma = \frac{x^2 - y^2}{x}\Delta y.$$

但 $x^2 - y^2 = 1$, 因 得

$$\Delta\sigma = \frac{\Delta x}{y} \text{ 及 } \Delta\sigma = \frac{\Delta y}{x}.$$

由最後此二關係,可見

$$\lim \frac{\Delta x}{\Delta\sigma} = y,$$

及

$$\lim \frac{\Delta y}{\Delta\sigma} = x.$$

是 故 得

chσ 之 導 函 數 = shσ,

shσ 之 導 函 數 = chσ.

7. 圓正切之導函數及雙曲正切之導函數. 吾人有

$$\tan\sigma = \frac{\sin\sigma}{\cos\sigma}, \quad \text{th}\sigma = \frac{\text{sh}\sigma}{\text{ch}\sigma},$$

因 之

a) $\tan\sigma$ 之 導 函 數 $= (\tan\sigma)' = \dfrac{(\sin\sigma)'\cos\sigma - \sin\sigma(\cos\sigma)'}{\cos^2\sigma}$

$$= \frac{\cos^2\sigma + \sin^2\sigma}{\cos^2\sigma} = \frac{1}{\cos^2\sigma} = 1 + \tan^2\sigma;$$

b) thσ 之 導 函 數 $= (\text{th}\sigma)' = \dfrac{(\text{sh}\sigma)'\text{ch}\sigma - \text{sh}\sigma(\text{ch}\sigma)'}{\text{ch}^2\sigma}$

$$= \frac{\text{ch}^2\sigma - \text{sh}^2\sigma}{\text{ch}^2\sigma} = \frac{1}{\text{ch}^2\sigma} = 1 - \text{th}^2\sigma.$$

附註. 等邊雙曲線之流動點 M_h 之坐標可由幾何法得之如次:於半徑爲1之圓之流動點 M_c, 引此圓之切線(圖16);此切線交 ox 於 P_h;設 A 爲此圓交於 ox 之點,今由 A 作此圓它切線,設 Q 爲半徑 OM_c 與此切線之交點;則有

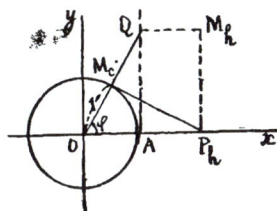

圖　16

$$OP_h = x, \qquad AQ = y.$$

蓋在三角形 OM_cP_h 中,有

$$\overline{OP_h}^2 - \overline{M_cP_h}^2 = \overline{OM_c}^2 = 1$$

卽

$$x^2 - y^2 = 1,$$

以 $M_cP_h = AQ$ 也.

復次,兹有可察出者:因 φ 爲 OM_c 與 ox 所成之角,故有

$$(OP_h = x = \mathrm{ch}\sigma) = \left(\frac{OM_c}{\cos\varphi} = \frac{1}{\cos\varphi}\right),$$

$$(M_cP_h = y = \mathrm{sh}\sigma) = (OM_c \cdot \tan\varphi = \tan\varphi),$$

$$\left(\frac{M_cP_h}{OP_h} = \frac{y}{x} = \mathrm{th}\sigma\right) = \sin\varphi;$$

總之,卽

$$\mathrm{ch}\sigma = \frac{1}{\cos\varphi}, \quad \mathrm{sh}\sigma = \tan\varphi, \quad \mathrm{th}\sigma = \sin\varphi.$$

是卽圓函數與雙曲函數之關係,而爲吾人在數理分析學中所見者也.

射鏡及透鏡公式之討論(續)

趙　富　鑫

五　厚透鏡之討論

若透鏡之厚不可略去不計,則公式較爲複雜.茲先就普遍情形論之.假設透鏡兩旁之介質不同;n_1 爲入射面前介質之絕對折射率,n_2 爲透鏡介質之絕對折射率,n_3 爲出射面後介質之絕對折射率.t 爲透鏡之厚.f_1 爲入射面之第一焦距,f_2 爲出射面之第二焦距.如圖十七.則

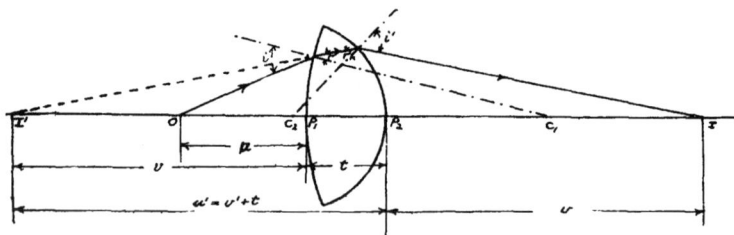

圖　17

在入射面　　$\dfrac{\dfrac{n_2}{n_1}}{v'} - \dfrac{1}{u} = -\dfrac{1}{f_1}$ 或 $\dfrac{n_2}{v'} - \dfrac{n_1}{u} = -\dfrac{n_1}{f_1}$

在出射面　　$\dfrac{\dfrac{n_3}{n_2}}{v} - \dfrac{1}{v'+t} = \dfrac{\dfrac{n_3}{n_2}}{f_2}$ 或 $\dfrac{n_3}{v} - \dfrac{n_2}{v'+t} = \dfrac{n_3}{f_2}$

合併此二式,消去 v',則可得

$$\frac{n_3}{v-\beta} - \frac{n_1}{u-\alpha} = \frac{1}{F}$$

而
$$\alpha = \frac{n_1 n_3 f_1 t}{n_2(n_1 f_2 - n_3 f_1) + n_1 n_3 t}$$

$$\beta = \frac{n_1 n_3 f_2 t}{n_2(n_1 f_2 - n_3 f_1) + n_1 n_3 t}$$

$$F = -\frac{n_2 f_1 f_2}{n_2(n_1 f_2 - n_3 f_1) + n_1 n_3 t}$$

此時 u 爲入射面頂點至物點之距離，v 爲出射面頂點至像點之距離。若以 $u-\alpha$ 爲 U，$v-\beta$ 爲 V，則

$$\frac{n_3}{V} - \frac{n_1}{U} = \frac{1}{F}$$

此公式與一兩旁介質不同之薄透鏡之公式相同，惟 U 爲自距入射面頂 α 之一點至物點之距離，V 爲自距出射面頂點 β 之一點至像點之距離。此距入射面頂點 α 之一點曰第一主點 (First Principal Point)，距出射面頂點 β 之一點曰第二主點(Second Principal Point)。如 U 爲零，則 V 亦爲零。故第一及第二主點爲共軛點。

若 V 爲無限大，則 U 爲 $-n_1 F$。此時物之位置爲第一主焦點，而第一焦距(F_1)爲 $n_1 F$。若 U 爲無限大，則 V 爲 $n_3 F$，此時像之位置爲第二主焦點，而第二焦距(F_2)爲 $n_3 F$，故

$$\frac{n_3}{V} - \frac{n_1}{U} = \frac{1}{F} = \therefore \frac{n_1}{F_1} = \frac{n_3}{F}$$

是以如物距目第一主點量起，像距自第二主點量起，則厚透鏡之討論，完全與兩旁介質不同之薄透鏡，即第四節所述者相似也。若以 U 爲橫坐標，V 爲縱坐標，則得一直交雙曲線，其二漸近線之交點在$(F_1 F_2)$點，與圖十四相同。

若透鏡兩旁之介質相同，則 n_1 等於 n_3，而上述公式變爲

$$\frac{1}{v-\beta} - \frac{1}{u-\alpha} = \frac{1}{F} \text{或} \frac{1}{V} - \frac{1}{U} = \frac{1}{F}$$

$$\alpha = \frac{f_1 t}{n(f_2 - f_1) + t}$$

$$\beta = \frac{f_2 t}{n(f_2 - f_1) + t}$$

$$F = -\frac{n f_1 f_2}{n(f_2 - f_1) + t}$$

n 爲自透鏡兩旁介質至透鏡介質之相對折射率（卽 $\frac{n_2}{n_1}$ 或 $\frac{n_3}{n_1}$）.第一焦距 F_1 爲 $-F$, 第二焦距 F_2 爲 F, 二焦距相等而方向相反.

此時公式之形狀及討論,與兩旁介質相同之薄透鏡,卽(二)節四段所述相同.以 U, V 爲坐標所成之曲線亦與圖十完全相同.

若 t 爲零,而 n_1 不等於 n_3, 則 α 及 β 均爲零,而

$$F = -\frac{n_2 f_1 f_2}{n_2(n_1 f_2 - n_3 f_1)}.$$

或　　　$$\frac{1}{F} = \frac{n_3}{f_2} - \frac{n_1}{f_1} = n_3 \frac{\frac{n_3}{n_2} - 1}{\frac{n_3}{n_2} R_2} + n_1 \frac{\frac{n_2}{n_1} - 1}{R_1}$$

$$= (n_2 - n_1) \frac{1}{R_1} - (n_2 - n_3) \frac{1}{R_2}$$

而　　　$$\frac{n_3}{v} - \frac{n_1}{u} = \frac{1}{F} = (n_2 - n_1) \frac{1}{R_1} - (n_2 - n_3) \frac{1}{R_2}.$$

此時第一主點在入射面頂點,第二主點在出射面頂點,卽(四)節所述之薄透鏡也.

若同時 n_1 等於 n_3, 則　　$$F = -\frac{f_1 f_2}{f_2 - f_1}$$

教材二　　　　　射鏡及透鏡公式之討論　　　　　19

$$\frac{1}{F} = \frac{1}{f_2} - \frac{1}{f_1} = \frac{\frac{1}{n}-1}{\frac{1}{n}R_2} + \frac{n-1}{R_1} = (n-1)\left(\frac{1}{R_1} - \frac{1}{R_2}\right)$$

即(二節所述之薄透鏡也.

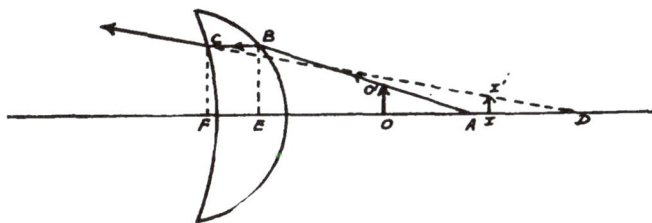

膸水㗊㗊㗊中㗊㗊㗊㗊中㗊㗊中㗊㗊 則㗊,此爲入射面之第
一主焦點.光線自物之 O' 點由 A 之方向射出至入射面之 B 點.然
後平行於主軸至出射面之 C 點. D 爲出射面之第二主焦點.光線
至 C 後,即由 D 之方向進行,而於 II' 處成一虛像(正像). EO 可作爲
物距, FI 可作爲像距.於是

$$\frac{BE}{OO'} = \frac{EA}{OA} = \frac{EA}{EA-EO} = \frac{f_1}{f_1-u}$$

$$\frac{CF}{II'} = \frac{FD}{ID} = \frac{FD}{FD-FI} = \frac{f_2}{f_2-v}$$

但　　　　　　　　$BE=CF$

故　　　　放大率 $= \frac{II'}{OO'} = \frac{f_1(f_2-v)}{f_2(f_1-u)}$.

此數爲正時,像爲正,負時爲倒.若物在第一主點上 $(U=o, u=\alpha)$,則像在第二主點上 $(V=o, v=\beta)$ 而

$$放大率 = \frac{f_1(f_2-\beta)}{f_2(f_1-\alpha)} = 1.$$

　　像與物同大而爲正.故入射光線自第一主面(經過第一主點
與主軸直交之面)之某點射出時則出射光線經過第二主面(經過
第二主點與主軸直交之面)之某點.此二點在主軸之同一邊而其
與主軸之距離相同.

　　主軸上又有二點曰節點.入射光線向第一點進行時,出射光
線由第二點以平行光向進行.此第一點曰第一節點 (First Nodal
Point),第二點曰第二節點(Second Nodal Point).如圖十九,a 爲會聚
鏡,b 爲發散鏡,N_1 爲第一節點,N_2 爲第二節點.在薄透鏡時則 N_1
及 N_2 合爲一點,即光心也.

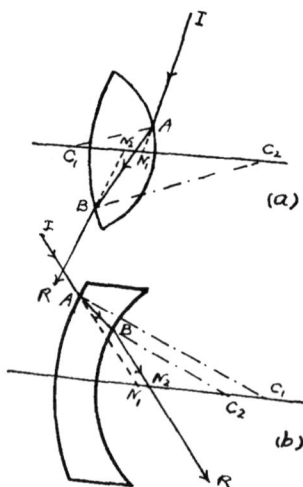

圖　19

　　二節點之位置可於圖二十求之.H_1 及 H_2 爲第一及第二主點.
H_1G 及 H_2K 爲第一及第二主面.F_1 及 F_2 爲第一及第二主焦點.N_1
及 N_2 爲第一及第二節點.光線 AB 自第一焦面上之 A 點射出,經
過第一節點 N_1 而遇第一主面於 B.則出射光線自第二節點 N_2 以

理学卷（第二册）　科学通讯　第二卷　第三期（1936）

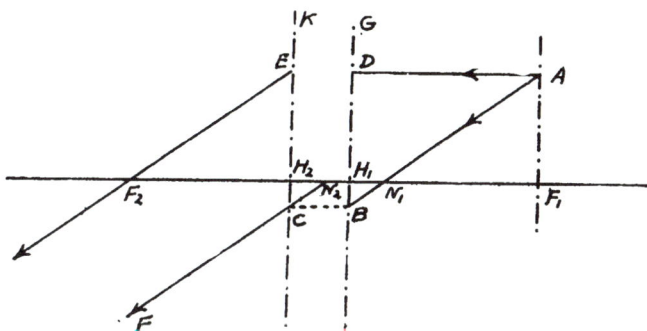

圖　20

平行方向出射而經過第二主面上與 D 等高之 C 點.故 N_1N_2CD 爲一平行四邊形.而 N_1N_2 等於 DC 亦等於 H_1H_2.即

二節點間之距離 ＝ 二主點間之距離

又一光線自 A 點平行於主軸.遇第一主面於 D 點.則出射時必自第二主面上與 D 點等高之 E 點出發,而經過第二主焦點 F_2.但因 A 爲第一焦面上之一點,故光線 EF_2 及 CF 必且相平行.故

$$H_2F_2 = F_1N_1 = -N_1F_1$$

而　　　$$n = H_1N_1 = H_2N_2 = H_1F_1 - N_1F_1 = H_1F_1 + H_1F_2.$$

即第一主點至第一節點之距離爲第一及第二焦距之和.若透鏡兩旁之介質相同時.第一節點與第一主點併合.而第二節點與第二主點併合.若爲薄透鏡,則二主點二節點均在光心.

故求任意一物點之像,祇須畫下列三條光線.(圖二十一)

（一）經過第一主焦點而遇第一主面於一點,出射後自第二主面上同高之一點出發而平行於主軸.

（二）平行於主軸而遇第一主面於一點,出射後自第二主面上同高之一點出發而經過第二主焦點.

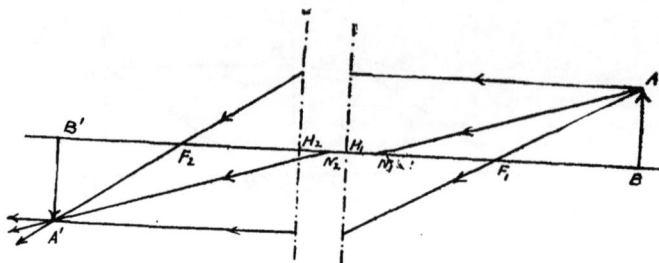

圖　21

(三)向第一節點進行,出射後由第二節點以平行方向出發.

由圖可知　　　　　$AB:A'B'=N_1B:N_2B'=\overline{u}:\overline{v}$

$\overline{u}$ 爲自第一節點量至物之距離, $\overline{v}$ 爲自第二節點量至像之距離.同向時像爲正,異向時像爲倒.

同時　　　　$\dfrac{AB}{A'B'}=\dfrac{BF_1}{H_1F_1}=\dfrac{-(H_1B-H_1F_1)}{H_1F_1}=\dfrac{F_1-u}{F_1}$

或　　　　$\dfrac{AB}{A'B'}=\dfrac{F_2H_2}{F_2B'}=\dfrac{-H_2F_2}{-(H_2F_2-H_2B')}=\dfrac{-F_2}{-F_2+v}.$

故代表厚透鏡公式之雙曲線,可用三種坐標,卽 $uv, UV,$ 及 $\overline{u},\overline{v},$ 也.若求像之位置,而物距及像點自折射面頂點量起時,卽用 u,v 坐標.若自主點量起,則用 U,V 坐標.若求像之放大率,則用 $\overline{u},\overline{v},$ 坐標. U,V 坐標之二軸距 u,v 坐標之二軸爲 α 及 $\beta.$ $\overline{u},\overline{v}$ 坐標之二軸距 U,V 坐標之二軸爲 $n=F_1+F_2.$ 圖二十二示一厚透鏡之曲線. 此鏡爲會聚鏡, R_1 爲 $-9, R_2$ 爲 6, t 爲 3, n_1 爲 1, n_2 爲 5/3, n_3 爲 4/3, f_1 爲 $\dfrac{27}{2}$, f_2 爲 $-24, \alpha$ 爲 $-\dfrac{9}{11}$, β 爲 $\dfrac{16}{11}$, F 爲 $-\dfrac{90}{11}$, F_1 爲 $\dfrac{90}{11}$, F_2 爲 $-\dfrac{120}{11}$, n 爲 $-\dfrac{30}{11}.$

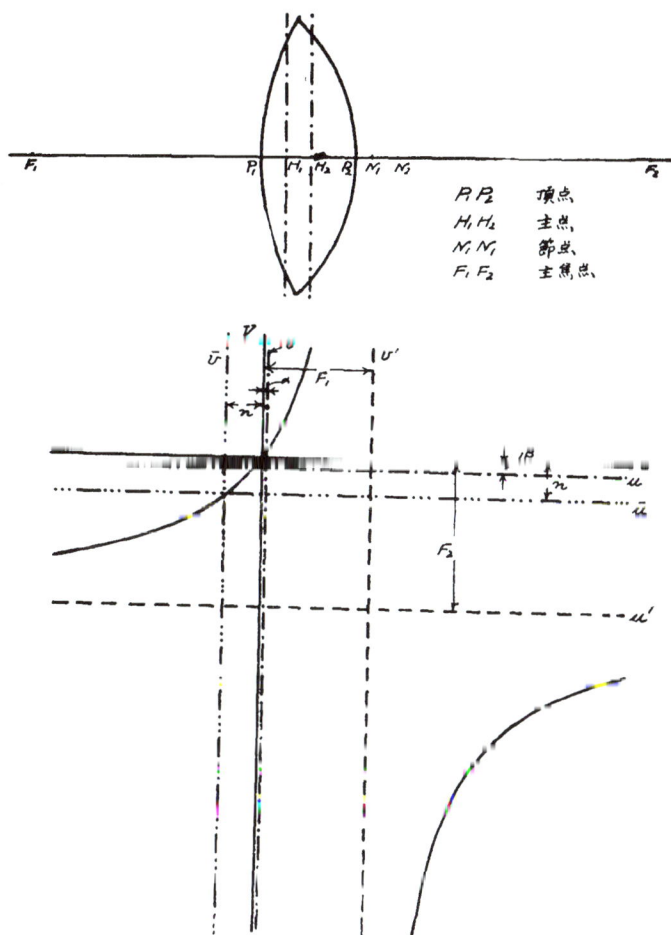

P₁P₂ 頂点
H₁H₂ 主点
N₁N₁ 節点
F₁F₂ 主焦点

圖　22

厚透鏡之二主點二主焦點二節點總稱其爲基點 (Cardinal Points)

兩個薄透鏡之組合,亦可作爲一厚透鏡.因薄透鏡之公式爲

$$\frac{n_3}{v} - \frac{n_1}{u} = -\frac{n_1}{f_1} = \frac{n_3}{f_2}$$

與球面折射面者同,故二透鏡之組合亦與二折射面之組合相同也.本節首述之公式亦可以用於兩個薄透鏡之組合.此時 t 爲兩透鏡間之距離.n_1, n_2 及 n_3 爲第一透鏡前,二透鏡間,及第二透鏡後之介質之絕對折射率.f_1 爲第一透鏡之第一焦距,f_2 爲第二透鏡之第二焦距.u 爲第一透鏡至物之距離,v 爲第二透鏡至像之距離.U 爲組合之第一主點至物之距離,V 爲組合之第二主點至像之距離.

若 n_1, n_2, n_3 俱相等則公式化爲

$$\frac{1}{v-\beta} - \frac{1}{u-\alpha} = \frac{1}{F}$$

$$\alpha = \frac{f_1 t}{f_2 - f_1 + t} \qquad\qquad \beta = \frac{f_2 t}{f_2 - f_1 + t}.$$

$$F = -\frac{f_1 f_2}{f_2 - f_1 + t}$$

若 f_1' 爲第一透鏡之焦長(卽$-f_1$),f_2 爲第二透鏡之焦長(卽 f_2)

則 $\qquad F = \dfrac{f_1' f_2'}{f_1' + f_2' + t} \qquad$ 而 $\dfrac{1}{F} = \dfrac{1}{f_1'} + \dfrac{1}{f_2'} + \dfrac{1}{f_1' + f_2'}.$

若兩透鏡密接則 t 爲零而 α 及 β 皆爲零.而

$$\frac{1}{F} = \frac{1}{f_1'} + \frac{1}{f_2'}$$

六　例題

茲擧數例,俾讀者明瞭上述討論之應用.

一. 一光源 O 置於會聚鏡 A 之前40糎.若會聚鏡 A 後40糎置一凹射鏡 B,則在離 A 25糎之 C 點成一實像.若凹射鏡易爲同半徑之凸射鏡,置於同處,則在離 A 10糎之 D 點成一實像.求會聚

鏡 之 焦 長 及 射 鏡 之 半 徑 并 求 用 凸 射 鏡 及 用 凹 射 鏡 時 之 放 大 率 (圖 二 十 三).

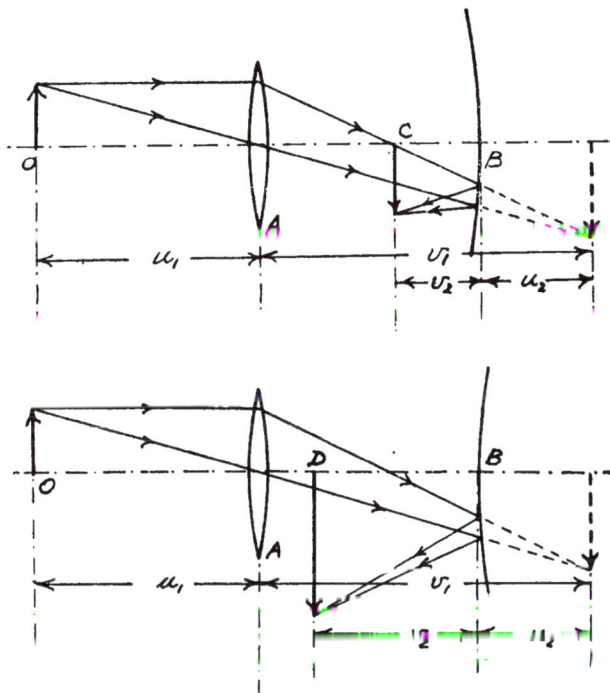

圖   23

解   設 透 鏡 之 焦 長 爲 f, 凹 鏡 或 凸 鏡 之 半 徑 爲 R.

則 在 透 鏡 $\dfrac{1}{v_1} - \dfrac{1}{u_1} = \dfrac{1}{v_1} - \dfrac{1}{40} = \dfrac{1}{f}$.   (1)

用 凹 射 鏡 時 $\dfrac{1}{v_2} + \dfrac{1}{u_2} = \dfrac{1}{40-25} + \dfrac{1}{40+v_1} = \dfrac{2}{R}$ (2)

用 凸 射 鏡 時 $\dfrac{1}{v_2'} + \dfrac{1}{u_2'} = \dfrac{1}{40-10} + \dfrac{1}{40+v_1} = -\dfrac{2}{R}$ (3)

從(2)及(3) $$\frac{4}{R} = \frac{1}{15} - \frac{1}{30} = \frac{1}{30}$$

∴ $R = 120$ 糎

代入(2) $$\frac{1}{15} + \frac{1}{40+v_1} = \frac{2}{120} = \frac{1}{60}$$

或 $$\frac{1}{40+v_1} = \frac{1}{60} - \frac{1}{15} = -\frac{1}{20}$$

∴ $v_1 = -60$

代 入(1) $$\frac{1}{f} = -\frac{1}{60} - \frac{1}{40} = -\frac{1}{24}$$

∴ $f = -24$ 糎

透鏡之放大率爲 $$\frac{v_1}{u_1} = -\frac{60}{40} = -\frac{3}{2}$$ 像爲倒

凹射鏡之放大率爲 $$\frac{v_2}{u_2} = \frac{v_2}{v_1+40} = \frac{15}{-20} = -\frac{3}{4}$$ 像爲正

凸射鏡之放大率爲 $$\frac{v'_2}{u'_2} = \frac{v'_2}{v_1+40} = \frac{30}{-20} = -\frac{3}{2}$$ 像爲正

故用凹射鏡時之總放大率爲 $\frac{3}{2} \times \frac{3}{4} = \frac{9}{8}$, 像爲倒;用凸

射鏡時之放大率爲 $\frac{3}{2} \times \frac{3}{2} = \frac{9}{4}$,像亦爲倒.

組成像之各光線亦可於圖二十三見之.

(待續)

理学卷（第二册） 科学通讯 第二卷 第三期（1936）

叢　　錄

人　造　絲

By M. G. Luft　郭　鍾　福　譯

（一）　概　論

一八八九年巴黎之國際展覽會中,陳列有新穎之合成紗線.
發明家稱之爲人造絲,而使紡織界起一殊大變化蓋不百年,此新
產物於工業界中,獨樹一幟.應用化學與紡織上之智識,不祇技巧
精緻,與人以優美之影像;且色澤鮮明,藝術日臻神化,予人生以更
豔麗可愛之境地.

因技藝之日進,紡織業之發展,有亟急的變更,如學術機關之
研究,出版物之傳佈,陳列所用各種會社之鼓勵,近年對於色澤配
合之更動人悅目,對於織物結構之更美麗完備,受一般民衆,尤以
濃於藝術風緻之女界,極大之歡迎.人造絲於是在紡織工業界中,
順則 具來.

科學家鑑於飼蠶以桑葉,能吐細絲,而謀以化學與機械之方
法,假植物中之纖維素爲原料,使成化合物之溶液,而紡人造絲.故
人造絲之發明,可以說基於自然間紡絲之觀察而成.蠶在幼蟲至
蛹之階段間,吐絲織繭,其口旁有兩極細之管孔,經此吐出膠狀之
半流體,遇空氣即凝固.蠶絲有兩種蛋白類組成:大概有纖維蛋白

素 (Fibroin) 80%, 絲蛋白素 (Sericin) 20%.後者爲溶性膠類.平均每一繭可得五百碼之細絲,所謂生絲者是.然其徑不甚均一,蓋吐絲時無機械式之運動,統制其間也.

　　法名科學家留墨 (Réaumur) 所著「昆蟲學史」(Histoire des Inctes) 一書中曾建議人工仿造自然絲.又意屬溫尼希羣島 (Venetian Islands) 之玻璃工業極發達,能用鋼桿尖端引熔融玻璃質成細絲,軸繞爲線,以製服裝.在巴黎大劇場中,曾新穎一時.於是啓化學家之注意.一八八五年瑞士人安特麥氏 (Andemars) 以硝酸作用於纖維,再溶於醚與酒精之溶液中而紡絲,得其專利.一八八二年英人斯橫 (Swan) 溫內 (Wyne) 斯溫勃尼 (Swinburne) 與波威爾 (Powell) 諸人製硝化纖維細絲,用於白熱燈泡中以代炭絲.惜其方法,不能應用於商業上.至明確之觀念實自一八八四年始,於時有法世家奢唐納 (Hilaire de chardonnet) 以硝化纖維在醚與酒精之溶液中,可使壓過細孔而形成細絲,卽於當年得製造之專利,名之曰人造絲,然尙未計及此粗製之代替物,能於四十年中,使紡織工業起殊大之變化也.

　　人造絲之原料,可用飼蠶之桑葉,提取其纖維素.然繭絲係動物產物之有機體,含有氮素;人造絲則不然,無氮素.化學成分亦不過爲纖維耳.人造絲爲合成法之產物,原料爲植物之纖維.自化學之觀點言,可比於棉花,亞麻,苧麻;而蠶絲羊毛等,爲動物之產物,絕不相同.

　　棉線絨線以植物纖維撚紡而成;人絲則以植物纖維經化學作用而成.纖維素含炭氫氧三種元素,天然間存量最多,棉爲其重要原料之一.我人之始祖以葉片蔽身,葉片中亦含有纖維素,則今日之化學家,用葉片製人造絲,豈非造福人羣歟!

　　在十九世紀之末,人造絲紡機始發明.此幼稚之工業於以成立.當製造時,自原料以至紡絲,日夜在化學或機械處理之中,大概須十五日,始可以自纖維轉成細絲云.

　　一八九一年法國貝尚岡(Besancon)之紡織工業社首先製造人造絲之商品.一八九〇年法化學家特斯柏西 (Despaisis) 發現棉纖維能溶於氧化銅之氫氧化錏液中,及一八九七年德人包雷(Pauly)利用其發現以製人造絲,名曰銅錏絲 (Cuproammonia silk).一八九二年英化學家克勞斯(Cross)貝凡(Bevan)與貝特爾(Beadle)發現另一纖維素化合物,名葉黃酸纖維者 (Cellulose Xanthate),係用二硫化炭作用於醇化纖維,因其粘性極高,故名曰「粘性絲」(Viscose). 現在世界人造絲產量百分之八十即用粘性法成之.約在同時克勞斯與貝望得另一纖維素化合物,係用醋酸處理所得者,此處現又為人造絲第四種方法,名醋酸絲之基礎.

　　近四十年中,此新製之人造絲,在化學上機械上都已完備,組細均一,靭力平均,較天然絲竟有過之.大戰之後,關於此新工業之生產者消費者,皆能注意而啓興奮之像,及於今日,人造絲產量之且,已超過天然絲矣.

（二）　製　造　法

　　現在通行者有四種方法自木材或棉纖維以製人造絲.原料以棉絨(附着於棉子者)與亞硫酸法所得之木漿為上.下表示纖維製取法之大概:

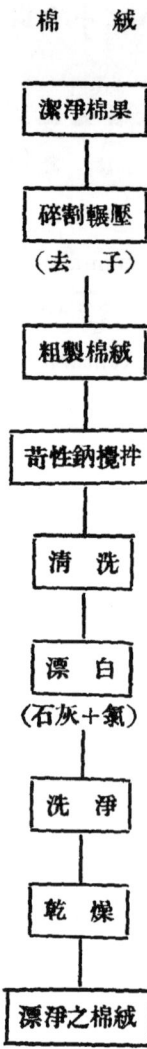

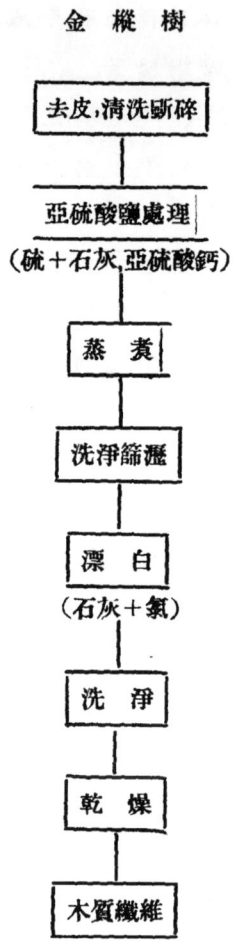

此種化學精製之纖維素,依下表之手續卽可製人造絲.人造絲製法:

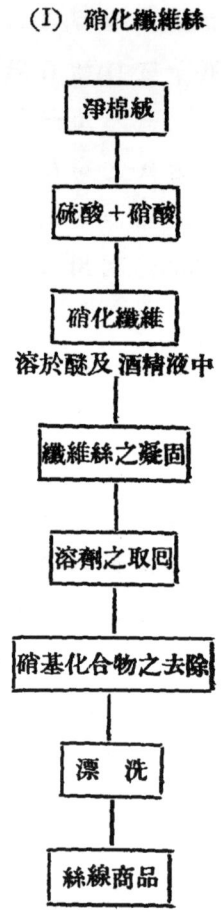

棉　絨	金　樅　樹	(I)　硝化纖維絲
潔淨棉果	去皮,清洗斷碎	淨棉絨
碎割輾壓（去　子）	亞硫酸鹽處理（硫＋石灰,亞硫酸鈣）	硫酸＋硝酸
粗製棉絨	蒸　煑	硝化纖維　溶於醚及酒精液中
苛性鈉攪拌	洗淨篩瀝	纖維絲之凝固
清　洗	漂　白（石灰＋氯）	溶劑之取囘
漂　白（石灰＋氯）	洗　淨	硝基化合物之去除
洗　淨	乾　燥	漂　洗
乾　燥	木質纖維	絲線商品
漂淨之棉絨		

理学卷（第二册） 科学通讯 第二卷 第三期 （1936）

(II) 銅銨絲　　　　　(III) 醋酸絲　　　　　(IV) 粘性絲

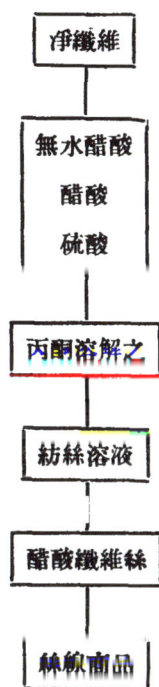

（I）　硝 化 纖 維 法(Nitro-cellulose Process)

　　棉之硝化時與製無煙火藥相似,以棉絨浸於濃硫酸與硝酸中,在適當之溫度,經相當之時間,而後取出,去除餘酸,清洗之.當硝化時極須注意,蓋製成物之品質,全倚於此也.

　　此硝化棉大半為三硝化纖維,待乾後與醚及酒精攪拌混合而成棉膠(Collodion)其未硝化完全,不能溶解之部份,經壓濾器以

614

去之.此液體經紡絲機之微細玻管,藉壓力壓出,成半流體狀之細絲而繞於轉軸上.當細絲壓出時,以熱空氣吹過之,使醚與酒精蒸發而成固結之絲線.再藉筳子使若干細絲合成絲線,再用紡車而成市上之線束.此線如火棉,易着火爆發.再需化學品處理之以去硝基根,而成純淨之纖維素.法用硫氫化鈉 (Sodium-hydro-Sulfide) 以浸之,洗淨漂白即可.

此法所用之化學藥品皆極昂貴.雖酒精與醚一部溶劑能收回復用,但全部總不能稱經濟.

(II)　　銅銨法(Cuprammonium Process)

氧化銅銨液能溶解纖維,於是利用此點以製銅銨絲.先以漂淨之纖維與氫氧化銅混和,以濃銨液溶解之.此藍色液含銅 3%, 氨 7-8% 纖維素 7-8% 爲最合式.其次即濾去不溶解物,否則紡絲時,不便莫甚.同時氣泡亦須藉低壓除去之,庶紡絲時不致中斷.自紡絲機細孔壓出之細絲,經硫酸或苛性鈉凝固液中,有時兩者兼用,先經苛性鈉液,再經稀硫酸液,得堅靭之絲紗.至裂線步驟,一如硝化纖維法之製線然,若餘留之化學藥品,須水洗淨盡,否則乾燥後,將影響其品質.至漂白染色,一如棉線,可任意施之,而銅與氨則另以他法收取之.

依德人替雷(Thiele)之試驗,紡絲時緊申其絲,可得極細而堅靭之絲,有過於天然絲者.此法在粘性液法未發明之前極盛行.

(III)　醋酸法(Acetate Process)

纖維之方程式爲 $C_6H_{10}O_5$,有三個氫氧基.經醋酸處理後,兩個或三個醋酸根能代替氫氧基而成醋酸纖維.此酯 (Ester) 能溶於酮 (Acetone),三氯甲烷 (Chloroform) 或酒精與醚之合液中.

一八九四年克勞斯(C. F. Cross)得醋酸纖維製造之專利.其

法以醋酸鋅(Zinc acetate)及氯化乙醯(Acetyl Chloride)與纖維作用而得.一九〇五年美馬爾斯(Miles)用特殊方法熟棟醋酸纖維而能製無燃燒性之攝影片.後經英人特雷弗(Dreyfus)兄弟之研究而成醋酸纖維絲.

製造法以漂淨之棉絨置於大磁缸中,加無水醋酸,冰醋酸與硫酸.待成溶液後加水.使醋酸纖維沉澱,清洗去餘酸而乾燥之.當加水時須有經驗者之管理始可.所成之醋酸纖維,溶於丙酮(Ace-tone)成膠液,過濾後如前法用纺綵模成綵.至絲用之燃氣,可蒸乘再用.以絲成線束後,卽可出售.商業上名曰 "Celanese" "Lustrone". 此產物不復用化學處理,使成純淨之纖維,是與上二法不同之處

醋酸與丙酮雖能一部收取再用.但究因價昂,數底煩難.同時以產品不易吸收水分,不能加染,故紡織業上用者極少.

(IV)　粘性法(Viscose Process)

此法製人造絲,應用最廣.世界產量之80%,以此法製之.以木漿或棉絨或兩者相和,均可爲原料.自木漿製者,有珠光,加染易均和.

法以木漿浸於10%之苛性鈉液中,使纖維膨大,此時甚耗,然後加壓以去鹼液.鹼液清鍊後,仍可應用.此鹼纖維之碎塊,放入一定溫度之室中若干時,便之熟化,然後放入隔絶空氣之攪拌器中,與二硫化炭在低溫時作用.而成黃色碎塊之葉黃酸纖維.此時須嚴加注意.經此處理卽得水溶性之化合物,而成橙黃色之粘性液,靜置定溫室中若干時,然後過濾,去氣泡,再紡成細絲.紡絲管用白金製成,凝固液用硫酸.其絲之粗細,視壓出粘液之速度而定.此絲可再燃繞成線.

此法之過程中,須嚴密注意,稍有忽略,失敗隨之.至紡絲時所

成之其他硫化物,在線束製成後,用硫化鈉溶液浸去之.再用氯氣漂白之.凡此處理,均須謹愼,否則足以折毀絲線.漂白後尙須經過洗淨烘乾手續,再逐線檢查,分別品類,方能出售.

人造絲亦如天然絲,以支數(denier)表其粗細程度.紡織業上常用者有150支及300支.亦卽一萬碼之絲重150克或300克.換言之150支重一磅有30,000碼,300支祇有15,000碼也.故愈細支數愈小.若繩以棉紗之標準,則相當於30支,較粗者爲15支云(棉紗一支,每磅長840碼).

(三)　性　質

每噸紙漿,可製絲1500磅,相當於45.000,000碼之150支標準絲.每機八時內可出 3,000,000 碼.木漿每磅約値五分,上等人絲每磅可値兩元.兩者同屬於纖維類,不過經化學家之一轉手,而使其値懸殊至此.足見其研究之價值,與工業上經濟上影響之大矣.

此工業中:機械之設備,生產之組織,化學之管理,都極重要.而機械與化學上之管理,須精密至徵.依次各步驟,尤宜協調.蓋此工業之原料豐富,所難者不過在各步驟中之管理耳.

人造絲性柔軟,富光澤,紡織業上應用極廣.其織物遇水,失堅韌性,迨乾後,又可恢復常態.但能耐高溫,如以沸水施之,毫不受損害.普通人造絲衣服之清洗,用180°F之熱水及優良之中性皂爲適當.此工業發展之初,用硝化纖維製造時,人皆嫌其易致火.然今日經許多改良,與其他織物原料之棉絲等較,亦未必更易致火矣.

今日化學家,仍在研究其性質,如何使之能隨用而變.如凝固液中成份之更換,使絲凝成圓形或扁形,以便編織家之應用.至防水人造絲亦大有改進.

人造絲經水浸後,能吸收水份,使體積脹大 40%, 乾後又復原狀.人造絲所以易於吸放水份者,皆緣其組織有微細管作用,且有廣大之表面故也.然亦可用化學藥品處理之,變其組織形體而易其性.如森諾斯(Sthenase) 用甲醛及乳酸(Lactic acid) 以製防水絲.雖然水份吸收與排除之易,亦人造絲之優點.蓋如襯衣,則人體發汗後,易發散,豈非使皮膚多舒適乎.故人造絲與棉或真絲之織品作襯衣料,最為適當.且真絲能因汗而轉黃腐壞,人造絲則不然,是又一利也.真絲常浸以金屬鹽,增加重量,甚至加重至原絲三倍之多.致絲性硬脆,不適於人體.人造絲則全係纖維素,不用加重物.

人造絲略成扁形,不如真絲之具圓形,故反射面較多,其光澤遜於真絲.硝化絲世前期,銅銨絲色則遜.若粘性絲具銀色,近於真絲,手觸之亦然,不過稍有涼意與粗澀耳.其粗細硬軟之程度,可於紡絲時定之.人造絲着火後,得無嗅之火燄,除少量灰份外,無多殘留物.真絲則無火燄而有嗅味,且有焦性殘留物.又如真絲與羊毛能溶於濃苛性鈉液中,人造絲不然,祇脹大而已.故就其性質,不難鑑別.

(四) 應 用

人造絲應用於紡織業方面者甚多.如織襯衣料,襪,帶,傘,絨布,襯被,帳幃,裝飾品,緞,花邊,錦繡,衣帽之托裹等.且可作絕緣體以護電線.故其應用之廣,棉不及也.雖然棉業亦不致因人造絲而不能存在.蓋人造絲與棉紗之合織品甚多.且人造絲一部原料,採自棉絨也.同時有不少化學家在設法使棉成良質之絲光紗（Mercerized Cotton),以與人造絲競爭而振興棉業,亦未可知.

人造絲亦常與真絲混織,以製襪帶,綢料,縐紗,洋紗,假皮,絲絨

等.亦可用作煤氣燈罩,玩具,假髮等製造.人造絲與毛氈,亦可相編織.以作流蘇,纓緶,氈絨等,外科家亦以之作包裹之用.蓋爲一良好之絕緣體.

（五）　渲　染

人造絲經加染後,光彩更艷麗.若與眞絲或毛之交織品,因其間吸附能力之不同.渲染後更美麗奪目.如醋酸絲與粘性絲交織者,亦可得繁複之色澤.如印染之,更能隨意,可多至十八種之色樣同時染上.用作裝飾物,可稱上品.

（六）　產　量

一九一三年,世界產量達二千萬磅.一九二四年已過一萬萬磅.其中40%係美國製造.今日人造絲之生產與消費量,較眞絲幾過兩倍.

（七）　餘　論

人造絲果已至至佳之境,則人人未敢必.卽其製造上,極須時日,須另謀簡捷之法.其副產物宜儘量利用.又如粘性絲法中之副產物——硫化氫——宜設法阻其生成.否則紡絲時因有氣泡而致中斷之弊.且空氣又易爲其污濁,不宜於工人之生活.其他如物理上,化學上檢別之法,尙無一定標準,亟須規定.而從事此業者須明化學智識,須具藝術能力,以使產物更進於優美完善.

人造絲遇水,失其強力;廢棄之織品,如何利用,此皆値得進而研究之.原料因地因時,變易其性.故製造管理上,難得一定法則,是極困難者也.而今纖維之化學組成,尙未深知;原料之試驗,尙無標準.苟化學家能設法自製纖維素,俾得一定性質之原料甯非更佳.但豈易遽成.然則化學家今後之努力,豈可以現狀爲滿足而停止乎!

理學卷（第二冊）　科學通訊　第二卷　第三期（1936）

專　載

近　代　幾　何

之趨勢

William C. Graustein 原　著

顧　澄　達　恉

兩雙相應點 A, A' 及 B, B'，其相應距離 AB 及 $A'B'$ 為相等者，足乎？曰足矣；因以平面剛動，一經將 A, B 運至依次合於 A', B' 後，即再無運動之可能*也．故得下定理：

定理 1　　設 A, B 為兩定點，A', B' 為他兩定點；若距離 $A'B'$ 等於距離 AB，則有必有（及只有）一剛動能將 A, B 運至 A', B'．

再設 S 為任意一剛動，並設想此 S 為兩雙相應點 A, A' 及 B, B' 所決定(6)，（此須 $AB = A'B'$）而就此 S 討論之．

以旋轉為例，若能覓出一旋轉 R 能運 A 至 A' 運 B 至 B'，則此 S 即是 R；因 S 及 R 既皆能運 A 至 A' 運 B 至 B'，則從定理 1 此 S 與 R 必須互相同也．

如五圖，若有一旋轉能運 A 至 A' 及 B 至 B'，則此旋轉之中心必為 AA' 及 BB' 之中垂線 a 及 b 之交點 C．如是則此旋轉之存在以兩角 ACA', BCB' 之相等（度數兼方向）為保證．今此兩角之必能相等，從兩三角形 ACB 及 $A'CB'$ 之相應邊皆相等可知．故 S 為一旋轉，

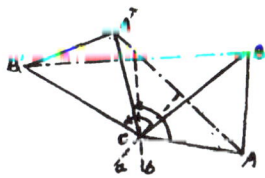　　　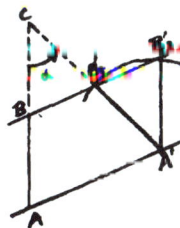

五　圖　　　　　　六　圖

*原註。此須鄭重說明者，一個變形但管「其平面中點之原有位置及運後位置」，而不管其運送之道路（即無關於由原有點至運至點之路徑）。以 A 運至 A'，B 運至 B' 之剛動，其自始至終之途徑雖可多至無窮；然此剛動只仍能作為一個剛動，因其平面之最後位置係有一無二也。

6．　此「決定」二字之意，如兩點決定一線，三點決定一面等之「決定」，以上同此。

上以 C 爲 a, b 之交點,乃假定 a 與 b 不平行,此無異假定 AA' 與 BB',爲不平行或不相合.今若 AA' 與 BB' 平行則如何？倘 AA' 與 BB' 平行,則如六圖作 A, A', B 三點時,旣 $A'B' = AB$,則 B' 之位置必在 B'_1 或 $B'_2{}^*$.若 B' 之位置在 B'_1,則 S 爲一旋轉;此旋轉即繞 C 而轉 α 角者(見六圖).若 B' 之位置在 B'_2,則 S 爲方向線段 $\overrightarrow{AA'}$ 所表之平移.

若兩線 AA' 與 BB' 相合,仍可以同法處分之.其詳細情形讀者可自致之.

上已就各種可以發生之情形完全考察,所得結果皆爲: S 必爲旋轉或平移.因得下定理:

定理 2　凡剛動必爲旋轉或平移.

如是則一切剛動皆可以 1 款 (1) 及 (3) 之方程式代表之.若欲單以一雙方程式表示其全體,則處分之法略異如下.

再就此任意剛動 S 研究之,若 AB 與 $A'B'$ 平行及其指向 (Sense)[7] 相同,則 S 顯爲一平移.若 AB 與 $A'B'$ 非平行及同指向,則設 θ 爲從線 AB (其方向由 A 至 $\overset{(8)}{B}$) 至線 $A'B'$ (其方向由 A' 至 B')

七　圖

之角,及設旋轉 R 爲繞 0 轉 θ 將 A 及 B 運至 $\overline{A}$ 及 $\overline{B}$.如是則或此 $\overline{A}$ 及 $\overline{B}$ 已與 A' 及 B' 相合.或 $\overline{A}\,\overline{B}$ 與 $A'B'$ 平行及同向(參觀 1 款題 5).在

＊原註.除非 AB 爲 AA' 之垂線,倘是如此,則 S 如何？

7.　指向(Sense)爲正負兩向之總稱;同正向或同負向不分別說明而統言之時曰同指向.

8.　即使 AB 之指向原爲 $\overleftarrow{AB}$,但此 θ 仍爲由 $\overrightarrow{A\,B}$ 至 $\overrightarrow{A'B'}$ 之角.又 AB 與 $A'B'$ 平行而指向相反,如右圖,　　　　　　$B\longrightarrow A$

則 θ 爲 $\overrightarrow{AB}$ 至 $\overrightarrow{A'B'}$ 之角即 $180°$　　　　$A'\longrightarrow B'$

前一情形,此 S 爲旋轉 R；在後一情形,此 S 爲於旋轉 R 之後再加一平移將 $\overline{A},\overline{B}$ 運至 A',B'.因得下定理：

定理 3　凡剛動或爲旋轉之後加一平移,或但爲二者之一(卽或但爲旋轉,或但爲平移).

設此「繞 0 之普通旋轉(General Rotation)[9]」及「普通平移」爲

$$\overline{x}=x\cos\theta-y\sin\theta, \qquad x'=\overline{x}+a,$$
$$\overline{y}=x\sin\theta+y\cos\theta, \qquad y'=\overline{y}+b,$$

則其積之方程式爲

(1)
$$x'=x\cos\theta-y\sin\theta+a,$$
$$y'=x\sin\theta+y\cos\theta+b.$$

又此兩方程式包括「$a=b=0$ 時之繞 0 旋轉」及「$\theta=0$ 時之平移」.故得下定理：

定理 4　凡平面之剛動可以 (1) 之兩方程式表之.

例　　題

1.　求能將 $(4,2)$ 及 $(3,5)$ 依次運至 $(2,4)$ 及 $(-1,5)$ 之剛動之方程式,用畫圖之法求之.

2.　證明剛動 $x'=-y+3,y'=x+1$ 爲繞點 $(1,2)$ 之旋轉.

3.　題 2 之剛動試以「一繞原點之旋轉」及「一平移」之積表之.

4　**變形之羣**(Groups of Transformations)　此「羣」字在變形論中有特殊之意義[與一羣鳥,一羣獸之羣不同；與嚴幾道所謂羣學之羣亦不同],今言其定義如下：

9.　普通旋轉卽任意旋轉之意,就上文言雖似七圖之角 θ,及 $AB,A'B'$ 之長及方向,皆爲一種特例；實則此圖所示仍爲一任意之情形.此 θ 儘可隨 $AB,A'B'$ 之位置而變,故此旋轉 R 仍可代表一任意旋轉.又任意二字有代表一切之意.

定義　凡一組變形,無論其個數爲有窮或無窮,若合於下之 (a) , (b) 則謂之一羣;

(a) 凡此組中兩變形之積(其特例,凡變形與其本身之積亦在此內)亦在此組之中;

(b) 凡此組中變形之反變形亦在此組之中.

例如恆同變形及繞原點轉 $180°$ 之旋轉,即

(1)　　　　　　$x'=x,\quad y'=y\quad$ 及 $\quad x'=-x,\quad y'=-y$

成爲一羣.因此各變形皆爲其本身之反變形,又與其本身之積皆爲恆同變形,以及其兩者之積皆爲此組中之旋轉也.

同理,四變形

(2)
$$x'=x,\quad x'=-y,\quad x'=-x,\quad x'=\ y,$$
$$y'=y,\quad y'=\ x,\quad y'=-y,\quad y'=-x,$$

成爲一羣.此四變形中,第一爲恆同變形;第二,三,四依次爲繞原點轉 $90°,180°,270°$ 之迴轉.

(1),(2) 兩羣中皆有恆同變形.實則凡變形之羣皆如此.因 T 爲某羣之一變形,則其反變形必屬於此羣,而其積 TT^{-1} 亦必屬於此羣.今此積爲恆同變形,故凡變形之羣必有恆同變形.故得下定理:

定理 1　凡變形之羣必有恆同變形.

(1)中變形皆在(2)之變形中,故(1)羣爲(2)羣之**子羣** (Subgroup).通例,若某羣變形中有一小組變形能自成爲羣,則此一小組變形謂之此某羣之子羣.

剛動羣及其子羣　就平面之一切剛動.

(3)　　　　　　$x'=x\cos\theta-y\sin\theta+a,\quad y'=x\sin\theta+y\cos\theta+b,$

所成之一組變形考之；此 a, b, θ 爲任意常數．其中任意兩變形之積，因其必屬於剛動，故必在此組之中．同理，凡其中一變形之反變形亦必在此組之中．故得下定理：

定理2　平面之一切剛動所成之一組變形[10](3)成爲一羣．

　　平面之一切平移所成之一組變形（連恆同變形在內），以方程式

(4)　　　　　　　　$x' = x + a, \qquad y' = y + b$

表之，此 a, b 爲任意常數．今以解析法證明此組變形成爲一羣．在此組中任意擇定之兩變形爲

$$x = x + a_1, \qquad x' = x + a_2,$$
$$\overline{y} = y + b_1, \qquad y' = \overline{y} + b_2,$$

此 a_1, b_1, a_2, b_2 爲定數．則其積

$$x' = x + a_1 + a_2, \quad y' = y + b_1 + b_2,$$

屬於此組；因此爲 $a = a_1 + a_2, \ b = b_1 + b_2$ 之一特種變形也．又若在此組中任意擇定之一變形爲

$$x' = x + a_0, \qquad y' = y + b_0,$$

則其反變形

$$x = x' - a_0, \qquad y = y' - b_0,$$

亦顯其屬此組．故得下定理：

定理3　平面之一切平移所成之一組變形(4)成

10．即(3)所代表之切剛動之全體，此處直譯爲：此平面之一切剛動之一組(3)，「一組(3)」三字恐讀者難明故改爲如此．但既云剛動又云變形，亦恐讀者誤會，故註明之．剛動是變形之一種．此(3)所代表者既專爲剛動；則一組變形(3)，即是一組剛動(3)。若但云「一組變形」而前後文不加限制，則當然不能作「一組剛動」解．餘推類。

爲一羣.

定理 4　繞一定點(例如原點)之一切旋轉成爲一羣.

此定理讀者可自證之.

平移羣爲剛動羣之子羣;因(4)中諸平移皆顯爲(3) 中諸剛動之θ=0者,故(4)必爲(3)之子羣.同理,繞原點之旋轉羣亦爲剛動之子羣. [平移羣即一切平移所成之羣,剛動羣即一切剛動所成之羣,餘類推].

剛動羣之方程式(3)中有三任意常數 $a,b,θ$;其值各自獨立,不互相倚;此任意常數亦謂之**泛數**$^{(11)}$(paramater). 爲表明此事計,謂之**此羣倚於**(depends)**三泛數**或謂此羣爲**三泛數羣**(three-paramlter group)

例　　　　題

1.　證明(2)中諸變形成爲一羣.

2.　以解析法證明繞原點之一切旋轉成爲一羣.

3.　平移羣倚於幾個泛數?繞一定點之旋轉羣倚於幾個泛數?

5　不變式(invarrants)　吾人已知凡剛動

(1)　　　　　　$x'=x\cosθ-y\sinθ+a,\quad y'=x\sinθ+y\cosθ+b;$

皆保存距離[即一切點經任何剛動之後,其間之距離皆無所變.「保存」二字之意義如此].今再以解析證明之.

11.　Parameter,有譯爲輔變數或叅變數或叅數者.此皆就Parametric equations 着想,而意譯之.就 parametric equation 言,此種譯法毫無不妥.但就本書第十一編所用之 parameter 言,則此諸譯名皆不可用.例如 $y=x^2$ 之 x 亦可謂之parameter.決無「輔」,「叅」之意.其詳見該編,爲先後一律計,故此處譯爲泛數,泛有「不定」,「任意」之意,「泛數」在此處即「任意常數」之意.縮爲兩字,在長句中較便。

設 $P_1 : (x_1, y_1)$ 及 $P_2 : (x_2, y_2)$ 爲任意而有定之兩點；$P'_1 : (x'_1, y'_1)$，$P'_2 : (x'_2, y'_2)$ 爲此兩點被(1)運至之兩點，則

$$x'_1 = x_1\cos\theta - y_1\sin\theta + a, \qquad y'_1 = x_1\sin\theta + y_1\cos\theta + b,$$

$$x'_2 = x_2\cos\theta - y_2\sin\theta + a, \qquad y'_2 = x_2\sin\theta + y_2\cos\theta + b,$$

故

$$x'_2 - x'_1 = (x_2 - x_1)\cos\theta - (y_2 - y_1)\sin\theta,$$

$$y'_2 - y'_1 = (x_2 - x_1)\sin\theta + (y_2 - y_1)\cos\theta.$$

平方之及加之，得

$$(x'_2 - x'_1)^2 + (y'_2 - y'_1)^2 = (x_2 - x_1)^2 + (y_2 - y_1)^2.$$

故 $P'_1P'_2 = P_1P_2$，而此已完全證明.

此所設兩點之坐標所成之式

(2) $$(x_2 - x_1)^2 + (y_2 - y_1)^2$$

常與運至兩點[12]之坐標所成同型之式相等.欲表明此事,可云：

(2)式爲關於剛動羣之兩點 $(x_1, y_1), (x_2, y_2)$ 之不變式.

此不過爲「距離爲剛動羣所保存」之解析方面之說明.

他一重要性質爲剛動羣所保存者,爲兩爲線間之用.設任意擇定之兩線爲

(3) $$a_1 x + a_2 y + a_3 = 0, \qquad b_1 x + b_2 y + b_3 = 0.$$

此兩線被普通剛動(1)運至他兩線時,欲求此他兩線須用(1)之反變形.此非言必須就 x, y 解(1)之方程式；因此反變形爲一剛動,其方程式之形式必須如(1),故儘可不就 x, y 解(1)而逕以此反變形寫作

(4) $$x = x'\cos\Phi - y'\sin\Phi + c \qquad y = x'\sin\Phi + y'\cos\Phi + d,$$

---

12. 一點 P_1 被一種變形運至 P'_1 時,稱 P'_1 爲 P 之「運至點」.此「運至兩點」卽所設兩點之運至點。

此 c, d, Φ 皆爲泛數,其與(1)中原泛數 a, b, Θ 之關係雖屬有定,但就現在之目的而論則可不問.

以(4)中之 x, y 代入(3)中,得

(5)　　　　　　$a'_1 x' + a'_2 y' + a'_3 = 0, \qquad b'_1 x' + b'_2 y' + b'_3 = 0.$

此即(3)中兩線被普通剛動(1)運至之他兩線,其方程式中之係數爲

$$a'_1 = \quad a_1\cos\Phi + a_2\sin\Phi, \qquad b'_1 = \quad b_1\cos\Phi + b_2\sin\Phi,$$

(6)　　$a'_2 = -a_1\sin\Phi + a_2\cos\Phi, \qquad b'_2 = -b_1\sin\Phi + b_2\cos\Phi,$

$$a'_3 = \quad a_1 c + a_2 d + a_3 \qquad b'_3 = \quad b_1 c + b_2 d + b_3$$

欲證明自(3)中第一線至第二線之角等於(5)中兩線之相應角,只須證明

$$\frac{a'_1 b'_2 - a'_2 b'_1}{a'_1 b'_1 + a'_2 b'_2} = \frac{a_1 b_2 - a_2 b_1}{a_1 b_1 + a_2 b_2}$$

從(6)中諸關係式,易知不論 c, d, Φ 之值如何,此等式必爲眞確.故:

從(3)中第一線至第二線之角之正切之式

(7)　　　　　　$$\frac{a_1 b_2 - a_2 b_1}{a_1 b_1 + a_2 b_2}$$

爲關於剛動羣之此兩線之不變式[*].

例 題

1.　在以上(7)爲不變式之證明中,試逐步詳細驗明之.

2.　證明

$$\begin{vmatrix} x_1 & y_1 & 1 \\ x_2 & y_2 & 1 \\ x_3 & y_3 & 1 \end{vmatrix}$$

[*]原註.不變式論之創作,剛英國數學家 Cayley 氏 (1821—1895) 及 Sylvester 氏 (1819—1897) 有大功.

爲三點$(x_1,y_1),(x_2,y_2),(x_3,y_3)$關於剛動羣之不變式.此不變式在幾何上之意義如何?

3. 證明一線之斜率爲關於平移羣之不變式.

4. $x_1y_2-x_2y_1$爲兩點$(x_1,y_1),(x_2,y_2)$關於繞原點之旋轉羣之不變式試證之,其幾何上之意義如何?

5. 證明

$$\frac{a_1x_0+a_2y_0+a_3}{\sqrt{a_1^2+a_2^2}}$$

爲一點(x_0,y_0)及一線$a_1x+a_2y+a_3=0$關於剛動羣之不變式.

6. 證明

$$x_0^2+y_0^2+a_1x_0+a_2y_0+a_3$$

爲一點(x_0,y_0)及一圓

$$x^2+y^2+a_1x+a_2y+a_3=0$$

關於剛動羣之不變式.

B 一維[1]射影變形

6 射影及射影相應 前已察知 線L在 線L'之射

影 作 相應其 爲凡相應四點之交比彼此相等.故

13.「維」譯 dimensional.此在舊慣上,已譯作度,卽所謂三度空間四度空間之「度」近有人譯作維.前次數學名詞審定時,熊君迪之亦主張譯維,意在四維之維,已經通過,弟雖未附議,但亦想不出妥譯.故此處從之.但讀者須注意現在幾何上所謂 dimension 已與以前不同.不能但就初等幾何之線面體着想一維,二維,三維.因平面中之線束亦爲一維,空間之線束亦爲二維.如度作測度之「度」講,似比維佳.(因一度幾何作可受一種度法之幾何講).惟度字已作角度用,三度與 3° 混.故弟從熊君主張.至此維字究取何義,亦殊難說.讀者讀畢本書第十一編後,在尋常中文方面縱覓不得其解釋,在此書中自能明其爲何義.此處弟以不解解之可耳.

定理 1　一線 L 在一線 L' 上之射影作成 L 上點列及 L' 上點列間之一一相應及保存交比.

其逆是否真確?凡保存交比之「兩點列間之一一相應」是否能由一射影作成之?[14]

14.　本書「射影」之意義,在第二編1款說明一線在一線上之射影及一面在一面上之射影及以一,二,三圖表示之後,未再言其他種解釋.今此處忽言能否以一射影作成(注意「一」字).下八圖又言令 L' 剛動使 A' 與 A 相合,讀者於此必覺難解.因 L 及 L' 既為設定之兩線.則如右圖以 L' 上指定之不同兩點 A',B' 與 L 上之不同兩定點 A,B 用射影法將其依次相配固一定可以辦到.蓋只須作 AA' 及 BB' 兩線,即可以其交點為射心而作成 A' 配 A 及 B' 配 B 之射影.但欲作一射影使 L' 上指定之不同三點 A',B',C' 與 L 上預設之不同三點 A,B,C 依次相配則不能一定辦到;蓋如右一圖 AA',BB',CC' 三線未必交於一點,如不交於一點則無法得射心,即無一種射影可使 A' 配 A, B' 配 B, C' 配 C 也.故照第二編1款所言之射影,則謂必有一射影作成定理2

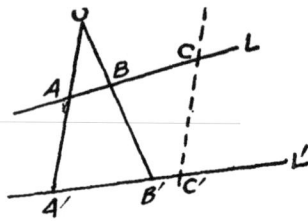

一　圖

中所言之相應,似乎不可.今著中斷言此種相應必可以一射影作成,而於八圖之勞,謂令 L' 剛動使 A' 與 A 合,則此剛動何時所許,以前亦未言過.讀者必更起疑謂剛動何以參加射影.故特補數語如下;

設 L 上三定點 A,B,C 及 L' 上三定點 A',B',C',如右 2 圖.雖 AA',BB',CC' 三線不共點,無法以第二編1款所言之射影一次作成 A' 配 A,B' 配 B,C' 配 C 之相應.但作兩次射影,如右 2 圖,連 A,A' 作線在其上任取一點 O,作 OB,OC 二線,過 A' 作一線交 OB 及 OC 於 D 及 E,再作 DB' 及 EC' 兩

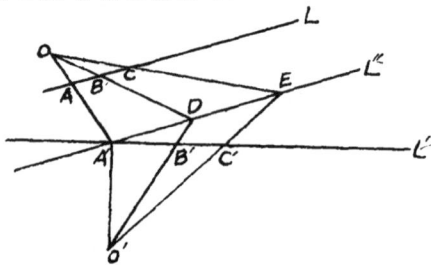

二　圖

線交於 O';如是則先以 O 為射心可將 L 上點列射在 A' 及 D 之連線 L'' 上,再以 O' 為射心將 L'' 上點列射在 L' 上.此兩次射影先作成 L 上點列與 L'' 上點列之相應,再作成 L'' 上點列與 L' 上點列之相應.因此,以 L'' 上點列過渡,可作成 L 上點列與 L' 上點列之相應.如此作成之相應亦謂射影相應.兩次(或若干次)射影之結果,亦可合稱為一射影作成之結果.故此「能否以一射影作成之」改為「能否以射影法作成之」則更妥.令 L' 剛動云云見下註.

欲證明此答案爲肯定,先證明下之定理:

定理2　凡兩點列間必有（及只有）合於下列(a),
(b)之相應:(a)此相應既爲一一,又能保存交比;(b)此相
應以甲點列中不同三定點A,B,C與乙點列中指定之
不同三點A',B',C'相配.[即兩點列間之相應,其既爲一一,又能
保存交比,並能以此點列中指定之不同三點A',B',C'與彼點列中
預設之不同三定點A,B,C相配者,必有一種亦只有一種]

若有一合於此$(a),(b)$之相應,而以A'配A,B'配B,C'配C;則在
甲點列中任意擇定一點P時,必以乙點列中能合於

(1) $$(A'B',C'P')=(AB,CP)$$

之P'與此P相配.從第六編7款定理1,具此性質之P'只有一點;
故(1)所定之相應能望其合於$(a),(b)$者,至多只有一種.

此(1)所定之相應既爲一一,復能A'配A',B'配B,C'配C.
則尚須證明者僅在其能保存交比而已;欲證明此事,只須證明:若
$P_1\longleftrightarrow P'_1,\ P_2\longleftrightarrow P'_2,\ P_3\longleftrightarrow P'_3,\ P_4\longleftrightarrow P'_4$ 爲不相同之四雙相應點,則

(2) $$(P_1P_2,P_3P_4)=(P'_1P'_2,P'_3P'_4).$$

從第三編,6款,題7,可擇定A及B之齊次坐標a及b,使C之
齊次坐標爲$a+b$.同理可擇定A'及B'之齊次坐標a'及b',使C'之齊
次坐標爲$a'+b'$.於是,若P之齊次坐標爲$a+\mu b$,則從(1)可知P'之
齊次坐標必爲$a'+\mu b'$.其特例,若P_1,P_2,P_3,P_4之齊次坐標爲

$$a+\mu_1 b,\quad a+\mu_2 b,\quad a+\mu_3 b,\quad a+\mu_4 b$$

則P'_1,P'_2,P'_3,P'_4之齊次坐標爲

$$a'+\mu_1 b',\quad a'+\mu_2 b',\quad a'+\mu_3 b',\quad a'+\mu_4 b'.$$

由此可知(2)中兩交比必相等;因交比之值只與μ相關,而此諸μ

之值在兩方面皆相同也.[從第六編, 2 款, 定理 4, 合於(1)之 P' 不但只有一點, 且必有一點; 故合於 $(a),(b)$ 之相應不但至多只有一種, 且能必有一種. 本定理至此已完全證明].

　　今可證明定理 1 之逆矣. 設有兩線 L 及 L' 上兩點列間之一種相應, 已知其為一一及保存交比, 並設 $A\longleftrightarrow A', B\longleftrightarrow B', C\longleftrightarrow C'$ 為其中不相同之三雙相應點. 令 L' 剛動[15], 使 A' 與 A 相合; 再作 BB' 及 CC' 兩線交於點 0 如八圖. 如是則 0 為射心, L 在 L' 上之射影所

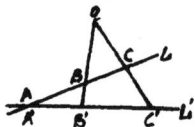

作成之相應具有「既為一一及保存交比並能以 A' 配 A, 以 B' 配 B', 以 C' 配 C」之性質. 而此種性質適為所設相應之性質, 又從定理 2, 有此性質之相應既只有一種; 則所設相應與此射影作成

八　　圖

之相應必為全等明矣.

　　定理 1 及其逆可合成下之定理:

定理 3　　一線在他線上之射影所作成之相應與「既為一一又能保存交比之兩點列間相應」完全相等.

　　此定理有兩種作用. 其一, 描寫「射影所作相應」之固有簡性. 其二, 藉此可研究「有此兩性質之相應」以代射影之研究; 換句話說, 卽研究射影之效果時, 可藉此避免詳細實行射影方法之困難.

　　吾人因此可不行射影之方法, 而專注意於其所生之相應. 此

15.　令 L' 剛動云云, 乃無異上註所言兩次射影之手續. 先以 L' 移至其 A' 與 L 上之 A 相合, 再如八圖作成 L 上列點與 L' 上列點之相應. 卽是兩次手續, 又剛動雖為射影之特例, 但此處仍以前註 14 之解釋為宜.

種相應自可謂之**射影相應**,略稱**射應**.

定義　兩點列間之相應,其爲一一及保存交比者,謂之**一維射影相應**(one-dimeneional projectivecorres pondence).略稱**一維射應**.

如是則定理 2 變爲·

定理 4　兩點列間之一射應,可以三雙相應點決定之.

相應及變形　在兩點列 R 及 R' 之相應中,兩相應點 P 及 P' 有相互之關係(卽此與彼應及彼與此應).因此,用雙矢記號 $\Gamma \longleftrightarrow \Gamma'$, $R \longleftrightarrow R'$ 表明此相應.

一相應 $R \longleftrightarrow R'$ 定兩變形;其一爲變形 $R \rightarrow R'$,卽以 R 中諸點運至 R' 中;其二爲反變形 $R' \rightarrow R$,卽以 R' 中諸點運至 R 中.

射影相應所定之變形,謂之**射影變形**(projective transformations).略稱**射變**.

7.　一維射影變形　今進求一任意射影相應之方程式及其所生射影變形之方程式.(射影變形之方程式略稱射變方程式).

16.　爲便計說明計,凡以射影法作成之兩點列間相應名爲甲種相應;旣爲一一又能保存交比之兩點列間相應名爲乙種相應.此定理中所謂完全相等,指「甲種相應之全體」與「乙種相應之全體」完全相等,非謂任一甲種相應與任一乙種相應必相等,例如甲種相應爲 $T_1, T_2, T_3, \cdots$ 其中無一相同(例如 L, L' 爲兩定線,以種種不同之射心所作成種種不同之射影);乙種相應爲 $T'_1, T'_2, T'_3, \cdots$ 其中無一相同(例如以甲點列中三定點與乙點列中各種不同三點相配所成之各種乙種相應);則 T_1 與 T'_1 等時,決不能再與 T'_2 等.亦可云每一甲種相應必有(及只有)一乙種相應與之相等.以上就各個相應之實體言.至但就其性質言,則可云甲種相應卽是乙種相應,乙種相應卽是甲種相應.此如三角形卽是三邊形,僅可云三角形與三邊形完全相等.

設「兩線 L 及 L' 上兩點列間之射應」爲「不相同之三雙相應點 $P_1 \longleftrightarrow P'_1,\ P_2 \longleftrightarrow P'_2,\ P_3 \longleftrightarrow P'_3$」所決定.則此射應可以方程式

(1)
$$(P'_1 P'_2, P'_3 P') = (P_1 P_2, P_3 P)$$

定之,此中 $P \longleftrightarrow P'$ 爲任意一雙相應點.

在 L 及 L' 上可用任意一卡氏坐標系(參觀第九編1款),表其上之點.設 x_1, x_2, x_3 及 x 爲 P_1, P_2, P_3 及 P 之非齊次坐標;x'_1, x'_2, x'_3 及 x' 爲 P'_1, P'_2, P'_3 及 P' 之非齊次坐標.則射應方程式(1)變爲

(2)
$$\frac{(x'_3 - x'_1)(x' - x'_2)}{(x'_3 - x'_2)(x' - x_1)} = \frac{(x_3 - x_1)(x - x_2)}{(x_3 - x_2)(x - x_1)}.$$

再求其所生之變形方程式,例如求以 L 上點列運至 L' 上點列之射變方程式,只須就 x' 解(2)而以 x 之式表 x'[17].若令

$$\frac{x'_3 - x'_1}{x'_3 - x'_2} = c', \quad \frac{x_3 - x_1}{x_3 - x_2} = c,$$

則此解法可以簡易.因 $x_1, x_2, x_3, x'_1, x'_2, x'_3$ 皆爲常數,此 c 及 c' 亦爲常數.於是方程式(2)變爲

$$c' \frac{x' - x'_2}{x' - x'_1} = c\ \frac{x - x_2}{x - x_1}.$$

就 x' 解之,得所求之方程式爲

(3)
$$x' = \frac{a_1 x + a_2}{b_1 x + b_2},$$

此 a_1, a_2, b_1, b_2 皆爲常數,例如 $b_1 = c - c'$.

若在 L 及 L' 上用齊次坐標,則變形(3)可變爲更對稱之形式.

17. 卽以 x' 爲元解方程式及(2),及以有 x 之式表 x' 之值.此 $x' = \frac{a_1 x + a_2}{b_1 x + b_2}$. 何以但云以有 x 之式表 x',而不言及 a_1, a_2, b_1, b_2?蓋意在注重 x 而以其爲主體也.此如 $ax^2 + bx + c$ 謂之 x 之二次式,注重 x 而以 a, b, c 爲係數.

上海交通大学百年报刊集成 · 第一辑（1896—1949）· 学术学科

本刊廣告價目表

等級 地位	全頁價目	半頁價目
甲 底面封面外頁	伍拾元	
乙 封面裏頁及底面裏頁	三十五元	二十元
丙 封面裏頁之對頁	二十五元	十五元
丁 普通	二十元	十二元

一、乙丙丁四分之一頁按頁中頁價目六折計算

二、廣告概用白紙墨字如用彩色紙價目另議

三、廣告如用銅鋅版或本刊代辦照數製版費

四、滿登多期價目裝版請送新本校出版處經現組接洽

科學學院科學通訊投稿簡章

一、投稿不拘文言白話凡中英德法文均所歡迎

二、譯著材通譯介紹消息均以科學為範圍

三、投稿之稿如係編譯請附原本否則須將原文題目著明姓名出版日期及地點以備評估

四、名詞及術語儘量寫明譯名

五、投稿之稿如有插圖表式請用新式標點凡外國文譯名請註明原姓名

六、來稿請註明姓名住址以便通訊並加蓋印章惟於便利圖書

七、投稿之稿揭載與否槪不退還如有聲明退還時檢對之郵資不在此限

八、投稿之稿經本刊揭載後每篇酌贈本校出版委員所刊物

九、投稿之稿本委員會有增刪之權如投編入個願刊有增刪時酌贈稿刊

十、投稿之稿應逕送上海徐家匯交通大學科學學院科學通訊編輯委員會

中華民國二十五年六月出版

科學通訊（總十一）

第二卷 第三期

編輯者 交通大學科學學院

發行者 交通大學出版處 上海徐家匯

印刷者 上海中國科學公司

代售處 上海 世界出版社 上海羅誌公司
　　　　漢口 生生書店 黎明書局
　　　　天津 世界書局 新新書社
　　　　南京 山中書局
　　　　武昌 華書書局 大公報社代辦部
　　　　安慶 新光書店
　　　　廣州 圖書消費合作社
　　　　杭州 文化書店
　　　　雲南文化書店

版權所有

本刊價目

每冊大洋二角 本年八冊

預訂壹元四角 國內另加郵費

科學學院科學通訊編輯委員會

總編輯 ······

物理系主任 ······

化學系主任 ······

算學系主任 ······

科學通訊

黎照寰

第二卷 第四期

（總十二）

中華民國二十五年十月 上海交通大學科學學院編輯

上海交通大学百年报刊集成·第一辑（1896—1949）·学术学科

交 通 大 學 出 版 刊 物

一. 期 刊

1. 交大季刊　　　　　　　每冊三角　　　　全年一元
2. 交大三日刊　　　　　　半年五角　　　　全年一元
3. 科學通訊（全年八期）　每冊二角　　　　全年一元四角
4. 管理二月刊（全年五期）每冊四角　　　　全年一元六角

二. 本 校 一 覽

1. 中文本　　　　　　　　　　　　　　每冊四角
2. 英文本　　　　　　　　　　　　　　每冊六角

三. 本 校 研 究 所 編 輯 刊 物

1. 油漆試驗報告,第一號　　　　　　　每冊二角
2. 油漆試驗報告,第二號　　　　　　　每冊六角
3. 地下流水問題之解法（英文本）　　　每冊三角
4. 美國鐵道會計實務,第一編（英文本）每冊六角
5. 解決中國運輸問題之途徑（英文本）　每冊四角
6. 解決中國運輸問題之途徑（譯本）　　每冊三角
7. 鐵路零擔貨運安全辦法　　　　　　　每冊四角
8. 中國國民經濟在條約上所受之束縛　　每冊六角
9. 皖中稻米產銷之調查　　　　　　　　每冊六角
10. 小麥及麵粉　　　　　　　　　　　　每冊五角

經售處 上海徐家匯本校出版處

科 學 通 訊

第 二 卷　　第 四 期

目　錄

交 大 季 刊

第 二 十 一 期　要 目

每 册 三 角　　預 定 全 年 一 元

管　理　二 月 刊

第 一 卷 第 三 期　要 目

每 册 四 角　　全 年 五 期 一 元 六 角

經 售 處　上 海 徐 家 匯 交 通 大 學 出 版 處

理学卷（第二册） 科学通讯 第二卷 第四期（1936）

談　言

似 是 而 非 之 算 法

顧　澄

嘗見人作三題其第一題爲：

（1）　求 $1 + \cfrac{1}{1 + \cfrac{1}{1 + \cfrac{1}{1 + \cdots}}}$ 之值，

令　　$x = 1 + \cfrac{1}{1 + \cfrac{1}{1 + \cfrac{1}{1 + \cdots}}}$，

則　　　　　　$x = 1 + \dfrac{1}{x}$，即 $x^2 - x - 1 = 0$

故　　　　　　　$x = \dfrac{1 + \sqrt{5}}{2}$.

於是再作下之二題：

（2）　令　$x = 1 - \cfrac{1}{1 - \cfrac{1}{1 - \cfrac{1}{1 - \cdots}}}$

則　　　　　　$x = 1 - \dfrac{1}{x}$，即 $x^2 - x + 1 = 0$

故　　　　　　　$x = \dfrac{1 + \sqrt{-3}}{2}$.

因得
$$1-\cfrac{1}{1-\cfrac{1}{1-\cfrac{1}{1-\cdots}}}=\frac{1+\sqrt{-3}}{2}.$$

（3）　令 $x=1-1+1-1+1-+\cdots\cdots$

則　　　　　　　$x=1-(1-1+1-1+1-+\cdots\cdots)$

$$=1-x$$

故　　　　　　　$x=\dfrac{1}{2}.$

因得　　　　　$1-1+1-1+1-+\cdots=\dfrac{1}{2}.$

　　閱者試思:此三題作法,用意全同,是否全合?又高中代數,（1）題作法確可如此.（2）,（3）兩題照（1）作之,似無不可,究竟合否?如云不合,其故何在?

　　倘此人但作（1）題,雖未嚴格說明其作法之理由,尚難斷其是否真明無窮連分數之意義.既同時有(2),(3)兩題之作法,即可知其於無窮連分數及無窮連分數之意義尚未明白.高中學生首應深明所讀數學中各項專名之意義,最忌但知模仿書中算法,一見問題隨意瞎算.此種習慣一成,以後無論進研何種科學,必錯誤百出而不自知.施諸實用,危險更甚.故計算雖不可不十分熟練,而理論尤須力求明白.不佞前作公式不可瞎用,意亦同此.至以上云云理由何在,願高中學生先加深思,並願高中教師於此種地方令學生十分注意.其詳細理由,下期再談.

汪聯松君所謂「幾何三大問題解法」之錯誤

顧　澄

所謂幾何三大問題不能但用規尺作其圖解,早經前人證明,已成一種定理,毫無疑義.苟非原證有誤決無忽有解法(指但用規尺之作圖法,下仿是)之理.舊原證所據之理,溯其來源,無不涉及數學之基礎.今原證無誤而汪君忽有解法,豈惟此三題本身之理論發生意外,且將全部數學爲之動搖.故不俟閱各報喧傳汪君之發明初未加以注意,及見北平晨報八月十八日所登汪君大作始知其錯誤所在,詳見數學雜誌第二期,各地商務印書館皆有出售,本刊從略以節篇幅.

蓋嘗論之,學數者宜注意基本理法,猶之建築大厦必先固其基礎,否則縱外表巍然而終必傾覆,汪君此著卽其一例.以汪君研究之勤歷時之久,其爲學精神自爲人所盡佩,惜所學數偏於應用(工科數學),未曾於理論方面特加注意,遂視其繪圖經驗上類似之世概以爲異是直線,世曾八年以力以想之而仍入於錯誤,倘早知此三題之理論性及數學之全體必無而有解法之理,必能當其十四年之精力用諸於高深之數學,縱在經驗上見此類似直線而覺有所得,亦必知先用初等解析幾何之法(如數學雜誌所載者)以察其是否果爲直線,祇須費數十分鐘之精神卽可省其八年之苦證.不俟於此,徒以事關數學基礎勢難緘默,幷非欲攻人之短以術己之長,願汪君恕之,且以汪君研究之精神至可欽佩,特附數言,深望汪君以後研數,先重理論不屢精詳,而後再發揮其學力,則前途無量可爲預祝;至此三題之誤作僅些微之得失,無關異日偉大之貢獻也.

教 材

圓函數及雙曲函數之幾何定義,並以此爲起點而,平行論列之(二續)

秉 鈞

III. 級數展開.

8. Mac-Laurin公式. 吾人知道所謂 Mac-Laurin 公式者,即

$$f(\sigma) = f(o) + \frac{\sigma}{1} f'(o) + \frac{\sigma^2}{1 \cdot 2} f''(o) + \cdots + \frac{\sigma^n}{1 \cdot 2 \cdots n} f^{(n)}(o) + \cdots.$$

本章所欲述者,乃應用此公式於前所定義之各函數,請分別言之.

1) 圓餘弦之展開式. 設

$$f(\sigma) = \cos\sigma,$$

於是有

$$f'(\sigma) = -\sin\sigma, \quad f''(\sigma) = -\cos\sigma, \quad f'''(\sigma) = \sin\sigma, \quad f^{(4)}(\sigma) = \cos\sigma, \cdots,$$

因而

$$f(o) = 1, \quad f'(o) = o, \quad f''(o) = -1, \quad f'''(o) = o, \quad f^{(4)}(o) = 1, \cdots,$$

是以得

$$\cos\sigma = 1 - \frac{\sigma^2}{1 \cdot 2} + \frac{\sigma^4}{1 \cdot 2 \cdot 3 \cdot 4} - \frac{\sigma^6}{1 \cdot 2 \cdots 6} + \frac{\sigma^8}{1 \cdot 2 \cdots 8} - \cdots.$$

2) 圓正弦之展開式. 設

$$f(\sigma) = \mathrm{Sin}\sigma,$$

於是

$$f'(\sigma)=\cos\sigma,\quad f''(\sigma)=-\sin\sigma,\quad f'''(\sigma)=-\cos\sigma\quad f^{(4)}(\sigma)=\sin\sigma,\cdots,$$

因而

$$f(o)=0,\quad f'(o)=1,\quad f''(o)=0,\quad f'''(o)=-1,\quad f^{(4)}(o)=0,\cdots,$$

是 以 得

$$\sin\sigma=\frac{\sigma}{1}-\frac{\sigma^3}{1\cdot2\cdot3}+\frac{\sigma^5}{1\cdot2\cdots5}-\frac{\sigma^7}{1\cdot2\cdots7}+\frac{\sigma^9}{1\cdot2\cdots9}-\cdots.$$

3) 雙曲餘弦之展開式.　　　設

$$f(\sigma)=\text{ch}\sigma,$$

於 是 有

$$f'(\sigma)=\text{sh}\sigma,\quad f''(\sigma)=\text{ch}\sigma,\quad f'''(\sigma)=\text{sh}\sigma,\quad f^{(4)}(\sigma)=\text{ch}\sigma,\cdots,$$

因 而

$$f(o)=1,\quad f'(o)=0,\quad f''(o)=1,\quad f'''(o)=0,\quad f^{(4)}(o)=1,\cdots,$$

是 以 得

$$\text{ch}\sigma=1+\frac{\sigma^2}{1\cdot2}+\frac{\sigma^4}{1\cdot2\cdot3\cdot4}+\frac{\sigma^6}{1\cdot2\cdots6}+\frac{\sigma^8}{1\cdot2\cdots8}+\cdots.$$

4) 雙曲正弦之展開式.　　　設

$$f(o)=\text{sh}\sigma,$$

於 是 有

$$f'(\sigma)=\text{ch}\sigma,\quad f''(\sigma)=\text{sh}\sigma,\quad f'''(\sigma)=\text{ch}\sigma,\quad f^{(4)}(\sigma)=\text{sh}\sigma,\cdots,$$

因 而

$$f(o)=0,\quad f'(o)=1,\quad f''(o)=0,\quad f'''(o)=1,\quad f^{(4)}(o)=0,\cdots,$$

是 以 得

$$\text{sh}\sigma=\frac{\sigma}{1}+\frac{\sigma^3}{1\cdot2\cdot3}+\frac{\sigma^5}{1\cdot2\cdot3\cdot4\cdot5}+\frac{\sigma^7}{1\cdot2\cdots7}+\frac{\sigma^9}{1\cdot2\cdots9}+\cdots.$$

IV. 負變元.奇偶性.

9.負變元.　在關於圓函數之圓中及關於雙曲函數之等邊

雙曲線中,今規定扇形 NOM (圖 17) 之面積不但有大小量,而且有正負號,及此正負號爲由次之方式而決定:於曲線之流動點由 N 到 M 時,若由中心 O 所引之向徑爲在「由 ox 到 oy 之指向」中轉動而由 ON 到 OM, 則此面積 NOM 爲正; 反之,若此向徑爲在相反之指向 —— 卽由 oy 到 ox 者 …… 中轉動而由 ON 到 OM, 則此面積爲負.

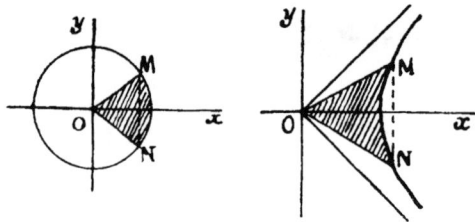

圖　17

1′.奇偶性.　依 I 章所述之幾何定義,於代變元 σ 以 $-\sigma$ 時,圓餘弦及雙曲餘弦俱不變其代數值,蓋無論變元爲 σ 或 $-\sigma$,坐標 OP 皆爲一樣也;以故,圓餘弦及雙曲餘弦乃爲偶函數 (even function); 反之,於代變元 σ 以 $-\sigma$ 時,圓正弦及雙曲正弦,圓正切及雙曲正切俱變號,蓋坐標 PM 及切線段 AT 俱變號也;以故,圓正弦,雙曲正弦,圓正切及雙曲正切乃爲奇,函數 (odd function).

前章所得之各級數恰合於此等奇偶性,故於代變元 σ 以 $-\sigma$ 時,此等級數尚可適用;易詞言之,卽無論 σ 爲在 $-\infty$ 及 $+\infty$ 中任一值,此等級數都可適用以表圓餘弦,圓正弦,雙曲餘弦,及雙曲正弦.

V.　反函數.

11.定義.　試取前所定義之圓函數或雙曲函數之一:圓餘弦,或圓正弦,或圓正切,或雙曲餘弦,或雙曲正弦,或雙曲正切.設在圓中或在等邊雙曲線中,(因所取之函數而定),面積 σ 變動所在之間隔 (a, b) 爲使所取之此函數恆爲增大或恆爲減小.命 λ 爲此函

理学卷（第二册） 科学通讯 第二卷 第四期（1936）

教材一　　　圓函數及雙曲函數之幾何定義,並以此爲起點而平行論列之　　　7

數.復次,設於 σ 取二極端值 a 及 b 時,所取之函數 λ 有其值爲 A 及 B (圖18),如是,則於 a 及 b 間之任一值 σ,皆有函數 λ 之一值(且只有一值)含在 A 及 B 間者與之對應;逆之,於函數 λ 之含在 A 及 B 間之任一值,皆有面積 σ 之含在 a 及 b 間之一值,(且只有一值),與之對應.與函數 λ 之一已知值對應之此面積 σ 之值,於 λ 之已知值變時,亦隨之而變,故 σ 乃爲 λ 之函數,是即所取之圓函數或雙曲函數之反函數(inverse function)也.

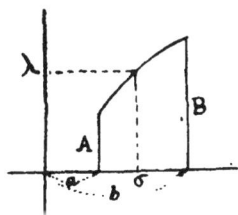

圖　18

二極端值 a 及 b,及與其對應之二極端值 A 及 B 可應如次:

圓函數或雙曲函數	a	b	A	B	反圓函數或反雙曲函數
$\lambda = \cos\sigma$	0	$+\pi$	$+1$	-1	$\sigma = \text{area } \cos\lambda$ (意即謂求一面積 σ 其圓餘弦爲 λ 者).
$\lambda = \sin\sigma$	$\frac{\pi}{2}$	$+\frac{\pi}{2}$	1	1	$\sigma = \text{area } \sin\lambda$ (意即謂求一面積 σ 其圓正弦爲 λ 者).
$\lambda = \tan\sigma$	$-\frac{\pi}{2}$	$+\frac{\pi}{2}$	$-\infty$	$+\infty$	$\sigma = \text{area } \tan\lambda$ (意即謂求一面積 σ 其圓正切爲 λ 者).
$\lambda = \text{ch}\sigma$	0	$+\infty$	$+1$	$+\infty$	$\sigma = \text{area } \text{ch}\lambda$ (意即謂求一面積 σ 其雙曲餘弦爲 λ 者).
$\lambda = \text{sh}\sigma$	$-\infty$	$+\infty$	$-\infty$	$+\infty$	$\sigma = \text{area } \text{sh}\lambda$ (意即謂求一面積 σ 其雙曲正弦爲 λ 者).
$\lambda = \text{th}\sigma$	$-\infty$	$+\infty$	-1	$+1$	$\sigma = \text{area } \text{th}\lambda$ (意即謂求一面積 σ 其雙曲正切爲 λ 者).

12.反函數之導函數.　設 λ, σ 爲二對應值; $\Delta\lambda$, $\Delta\sigma$ 爲其增量,則有

$$\frac{\Delta\lambda}{\Delta\sigma} \times \frac{\Delta\sigma}{\Delta\lambda} = 1.$$

由是,於 $\Delta\sigma$ 及 $\Delta\lambda$ 趨近於零時,得

$$(\lambda\ 對於\ \sigma\ 之\ 導\ 函\ 數) \times (\sigma\ 對於\ \lambda\ 之\ 導\ 函\ 數) = 1,$$

卽

$$\lambda'_\sigma \cdot \sigma'_\lambda = 1.$$

依此得:

1) $\quad (\sigma = \text{area } \cos\lambda)'_\lambda = \dfrac{1}{(\lambda = \cos\sigma)'_\sigma} = \dfrac{1}{-\sin\sigma} = -\dfrac{1}{\sqrt{1-\cos^2\sigma}} = -\dfrac{1}{\sqrt{1-\lambda^2}},$

吾人於 $\sin\sigma = \pm\sqrt{1-\cos^2\sigma} = \pm\sqrt{1-\lambda^2}$ 之方根號之前取正號,蓋當 σ 在間隔 (o,π) 中時, $\sin\sigma$ 爲正也.

2) $\quad (\sigma = \text{area } \sin\lambda)'_\lambda = \dfrac{1}{(\lambda = \sin\sigma)'_\sigma} = \dfrac{1}{\cos\sigma} = \dfrac{1}{\sqrt{1-\sin^2\sigma}} = \dfrac{1}{\sqrt{1-\lambda^2}},$

吾人於 $\cos = \pm\sqrt{1-\sin^2\sigma} = \pm\sqrt{1-\lambda^2}$ 之方根號之前取正號,蓋於 σ 在間隔 $\left(-\dfrac{\pi}{2}, +\dfrac{\pi}{2}\right)$ 中時, $\cos\sigma$ 爲正也.

3) $\quad (\sigma = \text{area } \tan\lambda)'_\lambda = \dfrac{1}{(\lambda = \tan\sigma)'_\sigma} = \dfrac{1}{1+\tan^2\sigma} = \dfrac{1}{1+\lambda^2}.$

4) $\quad (\sigma = \text{area } \text{ch}\lambda)'_\lambda = \dfrac{1}{(\lambda = \text{ch}\sigma)'_\sigma} = \dfrac{1}{\text{sh}\sigma} = \dfrac{1}{\sqrt{\text{ch}^2\sigma-1}} = \dfrac{1}{\sqrt{\lambda^2-1}},$

吾人於 $\text{sh}\sigma = \pm\sqrt{\text{ch}^2\sigma-1} = \pm\sqrt{\lambda^2-1}$ 之方根號之前取正號,蓋當 σ 在間隔 $(o, +\infty)$ 中時, $\text{sh}\sigma$ 爲正也.

5)　　$(\sigma = \text{area sh}\lambda)'_\lambda = \dfrac{1}{(\lambda = \text{sh}\sigma)'_\sigma} = \dfrac{1}{\text{ch}\sigma} = \dfrac{1}{\sqrt{\text{sh}^2\sigma + 1}} = \dfrac{1}{\sqrt{\lambda^2 + 1}}$,

吾人於 $\text{ch}\sigma = \pm\sqrt{\text{sh}^2\sigma + 1} = \pm\sqrt{\lambda^2 - 1}$ 之方根號之前取正號,蓋 $\text{ch}\sigma$ 恆
爲正也.

6)　　$(\sigma = \text{area th}\lambda)'_\lambda = \dfrac{1}{(\lambda = \text{th}\sigma)'_\sigma} = \dfrac{1}{1 - \text{th}^2\sigma} = \dfrac{1}{1 - \lambda^2}$.

V.　變元之相加.

13. 預註. 設 $\lambda(\sigma_1 + \sigma_2)$ 爲一圓函數或雙曲函數,其變元爲 $\sigma_1 + \sigma_2$;
今所欲述者,乃如何表此函數爲 $\lambda(\sigma_1)$ 及 $\lambda(\sigma_2)$ 之函數.

而積 $(\sigma_1 + \sigma_2)$ 之值爲一自變數 σ_1 及 σ_2 之一函數;今若 σ_1 及 σ_2 之
值各變,而其和不變,則此函數爲一常數.

若和數 $(\sigma_1 + \sigma_2)$ 之值爲不變,則二變數 σ_1 及 σ_2 非爲獨立,而乃
彼此關於同一自變數 t, 且如是之關係, 可由無窮多方式以表明
之,　　特別的,自變數何可爲二變數 σ_1 及 σ_2 中之一　　.復次,蓋此有

（1）　　$(\sigma_1 + \sigma_2)'_t = (\sigma_1)'_t + (\sigma_2)'_t = 0$,

今取函數 $\lambda(\sigma)$, 其與面積 σ_1 及 σ_2 對應之值爲 $\lambda_1 = \lambda(\sigma_1)$, $\lambda_2 = \lambda(\sigma_2)$,
試觀 σ（t 之函數）爲 $\lambda(\sigma)$ 之反函數及藉此函數 λ 而關於 t. 如是所
定義之「t 之函數」之函數滿足於全等式

$$(\sigma)'_t = (\sigma)'_\lambda \cdot (\lambda)'_t.$$

於是依關係（1）得

（2）　　$(\sigma_1)'_\lambda \cdot (\lambda_1)'_t + (\sigma_2)'_\lambda \cdot (\lambda_2)'_t = 0$.

14. 圓正弦中變元之相加.　　設

$$\lambda(\sigma) = \sin\sigma,$$

則有

$$\overline{(\sigma)}{}'_{\lambda} \begin{cases} = + \dfrac{1}{\sqrt{1-\lambda^2}}, & \text{若 } \sigma \text{ 爲在 } \left(-\dfrac{\pi}{2}+2k\pi\right) \text{ 及} \left(+\dfrac{\pi}{2}+2k\pi\right) \text{中,} \\[3mm] = - \dfrac{1}{\sqrt{1-\lambda^2}}, & \text{若 } \sigma \text{ 爲在 } \left(+\dfrac{\pi}{2}+2k\pi\right) \text{ 及} \left(\dfrac{3\pi}{2}+2k\pi\right) \text{中,} \end{cases}$$

(蓋在此間隔中, $\cos\sigma$ 爲負,應於 $\cos\sigma = \pm\sqrt{1-\sin^2\sigma} = \pm\sqrt{1-\lambda^2}$ 之方根號之前取負號也). 其中 k 爲任一整數 —— 正或負.

今爲確定注意計,設面積 σ_1 及 σ_2 俱含在 $\left(-\dfrac{\pi}{2}+2k\pi\right)$ 及 $\left(+\dfrac{\pi}{2}+2k\pi\right)$ 中.於是 (2) 式可書爲

$$(3) \quad +\frac{\lambda'_1}{\sqrt{1-\lambda_1^2}}+\frac{\lambda'_2}{\sqrt{1-\lambda_2^2}}=0,$$

因而

$$+\lambda'_1\sqrt{1-\lambda_2^2}+\lambda'_2\sqrt{1-\lambda_1^2}=0,$$

卽

$$+\left(\lambda_1\sqrt{1-\lambda_2^2}\right)'-\left(\lambda_1\frac{\lambda_2(-\lambda_2)'}{\sqrt{1-\lambda_2^2}}\right)+\left(\lambda_2\sqrt{1-\lambda_1^2}\right)'-\left(\lambda_2\frac{\lambda_1(-\lambda_1)'}{\sqrt{1-\lambda_1^2}}\right)=0,$$

因而

$$\left(+\lambda_1\sqrt{1-\lambda_2^2}+\lambda_2\sqrt{1-\lambda_1^2}\right)'+\lambda_1\lambda_2\left(\frac{\lambda'_2}{\sqrt{1-\lambda_2^2}}+\frac{\lambda'_1}{\sqrt{1-\lambda_1^2}}\right)=0.$$

惟依 (3) 式,此關係之第二括弧中之量爲零,是以得

$$(4) \quad \left(+\lambda_1\sqrt{1-\lambda_2^2}+\lambda_2\sqrt{1-\lambda_1^2}\right)'_t=0$$

他方面,因

$$\left[+\lambda(\sigma_1)\sqrt{1-\lambda^2(\sigma_2)}+\lambda(\sigma_2)\sqrt{1-\lambda^2(\sigma_1)}\right]$$

爲 σ_1 及 σ_2 之一函數,且「巳知 σ_1 及 σ_2」或「巳知 $u=(\sigma_1+\sigma_2)$, $v=(\sigma_1-\sigma_2)$」題爲同是一樣, $\left(\sigma_1=\dfrac{u+v}{2}, \sigma_2=\dfrac{u-v}{2},\right.$ 故此括弧中之量亦可視

爲二自變數 u 及 v 之一函數,而不僅可視爲二自變數 σ_1 及 σ_2 之一函數已也:

$$[+\lambda(\sigma_1)\sqrt{1-\lambda^2(\sigma_2)}+\lambda(\sigma_2)\sqrt{1-\lambda^2(\sigma_1)}]=f(u,\ v).$$

在上已見者二變數 u 及 v —— 普通爲獨立者 —— 爲使 u 爲一常數而只 v 獨變,則此函數爲不變,蓋其導函數於是爲零〔關係（4）〕也.是故在此情形中,實際上函數 f 爲不關於變數 v,所以有

$$(5)\quad +\lambda(\sigma_1)\sqrt{1-\lambda^2(\sigma_2)}+\lambda(\sigma_2)\sqrt{1-\lambda^2(\sigma_1)}=f(u)=f(\sigma_1+\sigma_2),$$

於全等式（5）中,試令 $\sigma_2=o$, 則得

$$+\lambda(\sigma)\sqrt{1-\lambda^2(o)}+\lambda(o)\sqrt{1-\lambda^2(\sigma)}=f(\sigma),$$

此 o 等式者,藉函數 λ 而決定函數 f.

今因 $\lambda(\sigma)=\sin\sigma$, 及 $\lambda(o)=\sin o=0$,上之決定 f 之全等式乃爲

$$\sin\sigma=f(\sigma).$$

因而由（5）式得

$$+\sin\sigma_1\sqrt{1-\sin^2\sigma_2}+\sin\sigma_2\sqrt{1-\sin^2\sigma_1}=\sin(\sigma_1+\sigma_2),$$

是卽關於正弦函數,吾人所欲得之關係也.

固且如 $\sin^2\sigma+\cos^2\sigma=1$, 及常 σ 值在所取之間隔 $\left(-\dfrac{\pi}{2}+2k\pi\right.$ $\left.+\dfrac{\pi}{2}+2k\pi\right)$ 中時,有

$$\cos\sigma=+\sqrt{1-\sin^2\sigma},$$

故上式可書爲

$$(6)\quad \sin\sigma_1\cos\sigma_2+\sin\sigma_2\cos\sigma_1=\sin(\sigma_1+\sigma_2).$$

於推求（6）式時,雖假設 σ_1 及 σ_2 爲在 $\left(-\dfrac{\pi}{2}+2k\pi\right)$ 及 $\left(+\dfrac{\pi}{2}+\right.$ $\left.2k\pi\right)$ 間,然此式實可適用於一切情形,是乃不難檢驗者也.

射鏡及透鏡公式之討論

（續）

趙富鑫

二.　一中空玻璃半球 A 之外半徑爲10糎,內半徑爲 5 糎.其中滿充以水,上蓋10糎半徑之實心玻璃半球 B.一發光物 O 置於中空半球之底.若自上看下時,求像之位置及大小.玻璃之折射率爲 5/3, 水之折射率爲 $\dfrac{4}{3}$.（圖二十四）

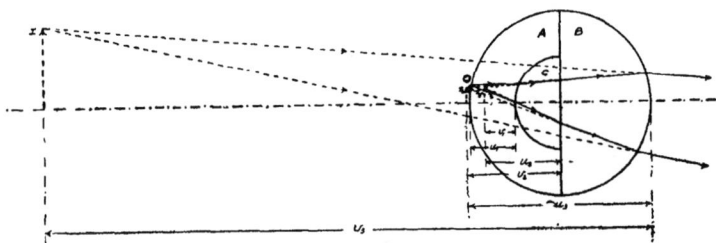

圖　24

解　此題可作爲三個折射面,可作爲二個厚透鏡,亦可作爲一個厚透鏡及一個折射面,先以第一法解之.

在中空玻璃半球 A 與水間之凸折射面

$$P_1 = 10-5 = 5, \quad R_1 = -5, \quad n_1 = \frac{\frac{4}{3}}{\frac{5}{3}} = \frac{4}{5}.$$

代入
$$\frac{n_1}{v} - \frac{1}{u_1} = \frac{n_1-1}{R_1}$$

得
$$\frac{4}{5v_1} - \frac{1}{5} = \frac{\frac{4}{5}-1}{-5} = \frac{1}{25}$$

$$\frac{4}{5v_1} = \frac{1}{25} + \frac{1}{5} = \frac{6}{25}$$

$$\therefore \qquad v_1 = \frac{4}{5} \times \frac{25}{6} = \frac{10}{3}.$$

在水與實心半球 B 間之折射面.

$$u_1 = v_1 + 5 = \frac{10}{3} + 5 = \frac{25}{3} \qquad R_2 = \infty \qquad n_2 = \frac{\frac{5}{3}}{\frac{4}{3}} = \frac{5}{4}.$$

從

$$\frac{n_2}{v_2} - \frac{1}{u_2} = \frac{n_2-1}{R_2} \qquad 0.$$

$$v_2 = n_2 u_2 = \frac{5}{4} \times \frac{25}{3} = \frac{125}{12}.$$

在實心半球 B 與空氣間之折射面

$$u_3 = v_2 + 10 = \frac{125}{12} + 10 = \frac{245}{12} \qquad R_3 = 10 \qquad n_3 = \frac{3}{5}.$$

故

$$\frac{3}{5v_3} - \frac{12}{245} = \frac{\frac{3}{5}-1}{10} = -\frac{1}{25}.$$

$$\frac{3}{5v_3} = \frac{10}{245} - \frac{1}{25} = \frac{11}{1225}$$

$$v_3 = \frac{3}{5} \times \frac{1225}{11} = \frac{735}{11} = 66\frac{9}{11} \text{ 糎.}$$

像之放大率為 $\dfrac{v_1}{n_1 u_1} \times \dfrac{v_2}{n_2 u_2} \times \dfrac{v_3}{n_3 u_3} = \dfrac{5}{4} \times \dfrac{10}{3} \times \dfrac{1}{5} \times \dfrac{4}{5} \times \dfrac{125}{12}$

$\times \dfrac{3}{25} \times \dfrac{5}{3} \times \dfrac{735}{11} \times \dfrac{12}{245} = \dfrac{50}{11}$,像為正.

　　若作為兩個厚透鏡,則可假設水及實心半球間有一空氣薄膜.自空心半球至水至此空氣薄膜為一厚透鏡,自空氣薄膜至實心半球至空氣為又一厚透鏡.

在第一厚透鏡 n_1 爲 5/3, n_2 爲 4/3, n_3 爲 1, t 爲 5, R_1 爲 -5, R_2 爲 ∞, 代入(五)節內之公式,得

$$f_1 = -25, \quad f_2 = \infty, \quad \alpha = o, \quad \beta = \frac{15}{4}, \quad F = 15,$$

$$F_1 = -25, \quad F_2 = 15, \quad n = -10.$$

此時 u 爲 5, $\qquad \dfrac{1}{v - \dfrac{15}{4}} - \dfrac{\dfrac{5}{3}}{5-0} = \dfrac{1}{15}.$

$$v = \frac{25}{4}.$$

$$放大率 = \frac{\overline{v}}{\overline{u}} = \frac{V-n}{U-n} = \frac{v-\beta-n}{u-\alpha-n} = \frac{\dfrac{25}{4} - \dfrac{15}{4} + 10}{5+10} = \frac{5}{6}.$$

在第二厚透鏡 n_1 爲 1, n_2 爲 5/3, n_3 爲 1, t 爲 10, R_1 爲 ∞, R_2 爲 10, 故

$$f_1 = \infty, \quad f_2 = -15, \quad \alpha = -6, \quad \beta = 0, \quad F = -15. \quad n = 0.$$

此時 u 爲 $\dfrac{25}{4}$, $\qquad \dfrac{1}{v-0} - \dfrac{1}{\dfrac{25}{4} + 6} = -\dfrac{1}{15}$

$$v = \frac{735}{11}.$$

$$放大率 = \frac{v-\beta-n}{u-\alpha-n} = \frac{\dfrac{735}{11} - 0}{\dfrac{25}{4} + 6} = \frac{60}{11}.$$

故全組合之放大率爲 $\qquad \dfrac{5}{6} \times \dfrac{60}{11} = \dfrac{50}{11}$ 像爲正.

若自空心半球至水至實心半球作爲一厚透鏡,則尚有一球

面折射面(卽實心半球之凸面).在厚透鏡, t 爲 5, n 卽 $\dfrac{n_2}{n_1}$ 或 $\dfrac{n_2}{n_3}$

爲 $\dfrac{\dfrac{4}{3}}{\dfrac{5}{3}}$ 卽 $\dfrac{4}{5}$, R_1 爲 -5, R_2 爲 ∞, 故

$$f_1 = -25, \quad f_2 = \infty, \quad \alpha = 0, \quad \beta = \frac{25}{4}, \quad F = 25, \quad n = 0.$$

此時 u 爲 5, $\qquad\qquad \dfrac{1}{v - \dfrac{25}{4}} - \dfrac{1}{5-0} = \dfrac{1}{25}$

$$v = \frac{125}{12}$$

卽第一法中之 v_2 也.

若以空心半球與水間之面爲折射面,而水至實心半球至空氣爲一厚透鏡亦可,茲不贅.

三.　平面玻璃版 A 與平凸透鏡 B 之空隙 C 充滿以水.透鏡及此空隙間之水層皆甚薄.一光源 O 置於透鏡 A 之平面上 12 糎處,光線經過透鏡及水層,由平面玻璃板之上面反射,復經過水層及透鏡,卽於透鏡平面上 8 糎處成一真像.求透鏡西面之曲徑.門

圖　25

解　此題可以球面折射面解之,亦可作爲兩面介質相同之薄透鏡或兩面介質不同之薄透鏡.先以第一法解之.

透鏡平面爲一折射面, u_1 爲 12, n_1 爲 $\dfrac{5}{3}$.

$$\therefore \qquad v_1 = n_1 u_1 = \frac{5}{3} \times 12 = 20.$$

透鏡凸面又爲一折射面，$u_2 = v_1 = 20$，n_2 爲 $\dfrac{\dfrac{4}{3}}{\dfrac{5}{3}} = \dfrac{4}{5}$，$R$ 爲半

徑.

則

$$\frac{4}{5v_2} - \frac{1}{20} = \frac{\frac{4}{5} - 1}{R} = -\frac{1}{5R}.$$

$$\frac{4}{5v_2} = \frac{1}{20} - \frac{1}{5R} = \frac{R-4}{20R}$$

$$v_2 = \frac{16R}{R-4}.$$

平面玻璃版之上面爲反射面，u_3 卽爲 v_2.

光線於 I 處成實像時由透鏡平面折射而出．此時 v_5 爲 -8，n_5

爲 $\dfrac{3}{5}$．故 $\qquad u_5 = \dfrac{v_5}{n_5} = -\dfrac{8}{\dfrac{3}{5}} = -\dfrac{40}{3}.$

此卽爲光線由透鏡凸面折射出之像距 v_4，此時半徑爲 $-R$

（因入射光線與前相反），n_4 爲 $\dfrac{\dfrac{5}{3}}{\dfrac{4}{3}}$ 或 $\dfrac{5}{4}$.

故 $\qquad -\dfrac{5}{4} \times \dfrac{3}{40} - \dfrac{1}{u_4} = \dfrac{\dfrac{5}{4} - 1}{-R} = -\dfrac{1}{4R}.$

$$\frac{1}{u_4} = \frac{1}{4R} - \frac{3}{32} = \frac{8 - ?R}{32R}$$

$$u_4 = \frac{32R}{8-3R}.$$

此 u_4 卽爲平面玻璃版之反射面之像距 v_3．惟因入射光線方

向相反故 $\qquad v_3 = -u_4 = -\dfrac{32R}{8-3R}$.

但 $\qquad\qquad \dfrac{1}{v_3} + \dfrac{1}{u_3} = \dfrac{1}{\infty} = 0$.

故 $\qquad u_3 = -v_3$ 或 $\qquad \dfrac{16R}{R-4} = \dfrac{32R}{8-3R}$.

$\therefore \qquad\qquad R = \dfrac{16}{5} = 2\ \dfrac{1}{5}$ 糎.

若以透鏡 A 為一兩面半實不同之透鏡,則光線下射時 n_1 為 1, n_2 為 $\dfrac{5}{3}$, n_3 為 $\dfrac{4}{3}$, R_1 為 ∞, R_2 為 R, 故

$$\frac{1}{F} = (n_2 - n_1)\frac{1}{R_1} - (n_2 - n_3)\frac{1}{R_2}$$

$$= \left(\frac{5}{3} - 1\right)\frac{1}{\infty} - \left(\frac{5}{3} - \frac{4}{3}\right)\frac{1}{R} = -\frac{1}{3R}.$$

代入 $\qquad \dfrac{n_3}{v} - \dfrac{n_1}{u} = \dfrac{1}{F}$

料 $\qquad \dfrac{4}{3v} - \dfrac{1}{12} = -\dfrac{1}{3R}$

$$v = \frac{16u}{R-4}.$$

光線上射時 n_1 為 $\dfrac{4}{3}$, n_2 為 $\dfrac{5}{3}$, n_3 為 1, R_1 為 $-R$, R_2 為 ∞

$$\frac{1}{F} = \left(\frac{5}{3} - \frac{4}{3}\right)\frac{1}{-R} = -\frac{1}{3R}$$

$$\frac{1}{-8} - \frac{4}{3u'} = -\frac{1}{3R}$$

$$u' = -\frac{32R}{3R-8}.$$

v 即爲平面反射面之物距,$-u'$ 爲像距,故

$$\frac{16R}{R-4} = -\frac{32R}{3R-8}$$

$$R = \frac{16}{5}.$$

下 射 時 之 放 大 率 爲 $\dfrac{n_2 v}{n_1 u} = \dfrac{-\dfrac{4}{3} \times 64}{12} = -\dfrac{64}{9}$, 上 射 時 之 放 大

率 爲 $\dfrac{n_1 v'}{n_3 u'} = \dfrac{-8}{-\dfrac{4}{3} \times 64} = \dfrac{3}{32}$, 反 射 面 之 放 大 率 爲 -1 (因 u 等 於 v),

故 總 放 大 率 爲 $\dfrac{64}{9} \times \dfrac{3}{32} = \dfrac{2}{3}$, 像 爲 正.

若 以 水 層 爲 透 鏡, 則 得 一 兩 個 透 鏡 之 組 合. 此 時 可 假 設 二 透 鏡 間 及 水 層 與 平 面 玻 璃 版 間 俱 有 空 氣 薄 膜, 故 二 透 鏡 均 爲 兩 邊 介 質 相 同 之 透 鏡.

玻 璃 透 鏡 之 焦 長 $\qquad \dfrac{1}{f_1} = (n-1)\left(\dfrac{1}{R_1} - \dfrac{1}{R_2}\right) = \left(\dfrac{5}{3} - 1\right)$

$$\left(\dfrac{1}{\infty} - \dfrac{1}{R}\right) = -\dfrac{2}{3R}.$$

水 透 鏡 之 焦 長 $\qquad \dfrac{1}{f_2} = \left(\dfrac{4}{3} - 1\right)\left(\dfrac{1}{R} - \dfrac{1}{\infty}\right) = \dfrac{1}{3R}.$

組 合 之 焦 長 $\qquad \dfrac{1}{F} = \dfrac{1}{f_1} + \dfrac{1}{f_2} = -\dfrac{2}{3R} + \dfrac{1}{3R} = -\dfrac{1}{3R}.$

故 光 線 下 射 時 $\dfrac{1}{v} - \dfrac{1}{12} = -\dfrac{1}{3R}$

$$v = \dfrac{12R}{R-4}.$$

光 線 上 射 時 $\qquad \dfrac{1}{-8} - \dfrac{1}{u'} = -\dfrac{1}{3R}$

理学卷（第二册） 科学通讯 第二卷 第四期（1936）

$$u' = \frac{24\,R}{8 - 3\,R}$$

v 爲反射面之物距，$-u'$ 爲反射面之像距，故 $v' = u'$

$$\frac{12\,R}{R - 4} = \frac{24\,R}{8 - 3\,R}$$

$$R = \frac{16}{6} \ \text{糎}$$

下射時之放大率爲 $\dfrac{v}{u} = \dfrac{-48}{12} = -4$，上射時之放大率爲 $\dfrac{v'}{u'}$

$= \dfrac{-8}{-48} = \dfrac{1}{6}$，反射面之放大率爲 -1，故總放大率爲 $\dfrac{2}{3}$

由上數例觀之，無論何種組合，在(一)至(五)節內所述公式十個一二用之，皆可求像之位置及大小，若以 uv 坐標作圖，則按圖索驥更可便利不少，所最要者則 u, v 之記號或正或負，不可錯亂，而尤於經射鏡反射後，入射光線方向相反，決定 u, v，之記號，更當審愼也.(完)

勘誤　二卷三期二十四面十三行之第二公式應改爲

$$\frac{1}{F} = \frac{1}{f_1} + \frac{1}{f_2} + \frac{t}{f_1 f_2}.$$

鉍與過氯酸之爆炸

陳同素 譯

二十五年四月某日忽聞試驗室內砉然巨聲,詢之,乃某生試驗合金時不愼,過氯酸與鉍之炸力甚大,將盛器粉碎,射擊玻窗成孔,有如銃彈斑跡.茲閱美國化學會誌有關於此項爆炸之研究一篇,亟遂譯以供參考——譯者附識.二十五年六月.

當過氯酸用以溶解含有鉍之合金時,有劇烈之爆炸發生或以爲此種爆炸由於氯酸或二氧化氯,但持下列理由察之,並不如此.

鉍與 70% 過氯酸在 100° 以下加熱,鉍漸漸溶解,生成少量之氯化物於此溶液內.在 110° 左近,鉍之表面生成一櫻色膜,再熱之則砉然一聲,將盛器及酸射出甚遠.比較便利而少危險性之製法爲用鉗夾住此金屬而浸入酸中,以本生燈熱至發煙爲止.此煙霧大部份爲過氯酸及少量之鹽酸,但並無鉍之化合物,爆炸後此金屬面復新亮,但粗糙有痕往往裂成小塊.爆炸之程度愈試愈烈,大約係表面之關係也.設有一鉍與濃過氯酸熱過卽成活性,雖放之於冷過氯酸中,片刻之間亦能爆炸矣.反之,倘將此金屬露置空中或水中若干時間,則櫻色膜消失而不會爆炸矣.

因此爆炸之性質別種金屬無之,故起初以爲鉍成爲一種不安定狀態之鉍(Metastabe form)與炸銻(Explosive Antimony·)相似.但此種假釋不能成立,因:(1)鉍與硫酸或燐酸或其他高沸點之酸

加熱,並不生成爆炸之鉍;（2）炸鍗在電解時生於陰極而濃過氯酸用鉍電極電解時,炸鉍(Explosive Bismuth)生於陽極;（3）鍗不能與過氯酸加熱之後而成爲活性;（4）鉍之活性以接觸水而消失.

此爆炸物又並非過氯酸鉍,蓋後者可以氧化鉍與多量之過氯酸蒸發製成之,常溫時極安定,灼熱時則漸漸分解也.嘗以此鹽與鉍粉(以亞錫酸鈉還原氫氧化鉍所成之鉍粉,有暗亮二種,用作觸媒)相混以促其分解,結果失敗.將此混合物與硼酸及硼砂(接觸劑)熔化亦無效果.上述試驗並可證明此爆炸作用非因過氯酸鉍之去水作用而成爲爆炸之「無水過氯酸」也.

此性與並無氯酸成二氧化氯上亦睡屑入水中使加硫酸阿尼林(Aniline Sulfate)於此溶液內,並無顏色,又不能使碘化鉀液放出游離碘.雖氯酸及二氧化氯易溶於濃過氯酸,但過氯酸取去鉍後並不會爆炸.將過氯酸流經鉍之陽極而電解時爆炸乃發生於金屬之表面.上述種種均可證明無氯酸或二氧化氯之存在者也.

又鉍之雜質(如磷)對此性質亦無關係,以無機賦劑種界鉍化合物所得之金屬鉍亦有此同樣性質.

以過氯酸與鉍酸鈉同熱則不炸,可見此不安定物質決非五價鉍之衍生物也.

由此以觀,爆炸之源乃鉍表面之一層褐色膜也.但無法分析此物,良以無適當之溶劑能除去多量之過氯酸而不作用於此褐色膜之故耳.以水洗此活性鉍之表面,則此膜卽刻水解成一酸性溶液,中含 Bi^{+++}, ClO_4^- 及 Cl^- 等游子將此溶液分析得各種不同之結果,亦無法解釋之.

包一小塊鉍於玻璃絲內,裝於倒置 V 形管之一支,另一支則盛幾尾之濃過氯酸,然後將此管抽成眞空而封之.酸乃注入鉍,熱

至生成一暗色之膜.溶液仍注回他支,輕擊此管,產物卽炸.凝集管壁之白霧含有 BiOCl.裂管,取其溶液及存積物,分析結果: Bi^{+++} 與 Cl^- 之比例極靠近 8:3.由此推之,其作用之方程式當如下.

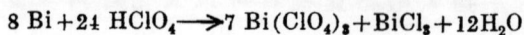

$$8\,Bi + 24\,HClO_4 \longrightarrow 7\,Bi(ClO_4)_3 + BiCl_3 + 12H_2O$$

但其中間步驟究竟如何,仍未得知.爆炸之來源大約係一價或二價鉍之鹽,最顯著之證明卽爲爆炸物中無金屬鉍也.

理学卷（第二册）　科学通讯　第二卷　第四期（19〔6）

叢　　錄

肥　皂

By Martin Hill Ittner　郭鍾福譯

　　肥皂之爲物,在聖經及早期拉丁文紀載中卽已提及.今姑不論其當時採用何法製成,但吾人得云當時之所謂肥皂,其一部份必與現今之肥皂相似,卽或誤一北言,其一部份亦必能與軀物上之油垢形成類似肥皂之物質.於十九世紀以前,肥皂之製法頗少改進.直至十九世紀初期,法人歇夫雷(Chevreul)深究其特性後,方能應用化學知識以管理其製造,迄至較近,肥皂製造乃成爲一大工業焉.

　　舊法製皂所用之原料,係利用烹飪餘棄之油脂及灰燼.先取一底上雖有無數圓空之大桶層置和芥,石灰,灰燼於其中,然後置此桶於側助定木桶中,而澆以清水冒頃洗下,稍頃,卽可集取其瀘出之褐色液於桶中,蓋灰燼中所含有之鉀化物巳與石灰水作用成苛性鉀矣.於是此鹼性液卽可和以油脂蒸煑之,待作用完畢,冷却後,切成硬塊,出售於市.但循此法製成之肥皂,其品質殆全賴於製造者之經驗,蓋全無科學知識於其中也.自化學上言,則肥皂實係仕們一高級脂肪酸之金屬鹽.普通所製者大都爲鈉或鉀之混合脂肪酸鹽,因自油脂提取時,不能得純粹之一種脂肪酸也.

鹼　化

製造肥皂之主要步驟爲鹼化,卽令鹼類(如氫氧化鈉)與油脂相作用之謂,其產物除肥皂外尙有甘油,式如下:

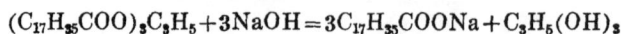

$$(C_{17}H_{35}COO)_3C_3H_5 + 3NaOH = 3C_{17}H_{35}COONa + C_3H_5(OH)_3$$

　　　硬脂　　　苛性鈉　　　鈉肥皂　　甘油

由斯可知,脂肪實由脂肪酸與甘油所組成,經鹼化後,此二者始得分離,而鹼化之目的卽在於此。

鹼

舊時製皂時所需之鹼,類都取自灰爐;近日製皂廠則大都自碳酸鈉直接製取氫氧化鈉。法以自鹼廠中購得之無水碳酸鈉溶於水中煮沸,更加入消石灰卽可。

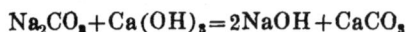

$$Na_2CO_3 + Ca(OH)_2 = 2NaOH + CaCO_3$$

　　　碳酸鈉　　消石灰　　苛性鈉　碳酸鈣

此時碳酸鈣因溶解度極小而成沉澱,所賸溶液卽爲氫氧化鈉。惟設濃度過高時,則不但碳酸鈣沉澱,消石灰溶解度亦甚微小,因之反應速度大減,一部分碳酸鈉將不能與消石灰作用,等於無形損失,雖所得之氫氧化鈉濃度較高,但在製皂時實無多大裨益。故書通常使此等作用起於濃淡適中之溶液中,一方以省濃縮時所需之燃料,一方亦以免碳酸鈉之浪費也。

製　皂

市上採用之製皂法甚夥,茲爲辨說化學原理起見,擇一最普通者如下:

　　先以鎔融之油脂藉唧筒打入皂鍋中，通入高熱蒸汽以沸煮之，一方更得藉水泡之上下攪動以助鹼化作用之完成。昔日不用蒸氣，而在鍋外直接以火煮之，但因其加熱不勻，故斯法現已廢棄，況應用蒸汽後，更能利用活塞以資調節。普通皂鍋極大，可容皂百萬磅以上。

　　當油脂與水之乳狀液沸煮時，即當徐徐加入百分之十至二十之苛性鈉溶液使起鹼化作用，於作用終了時尤須緩慢。待過量之鹼已加入後，當繼續煮之以使作用完成。於是乃可加食鹽或濃鹽液，則肥皂因不易溶於濃鹼液或濃鹽液中而析出。此時無須直接地入熱氣，僅藉外燃之蒸汽管加熱煮沸即可，以使雜質得與除鹼作用而分解之。同時所成之甘油即混和於鹼液中，而未起作用之脂肪亦隨肥皂而析出。

　　當停止加熱時，含有食鹽及甘油之過量鹼液，因比重較肥皂為大而下沉，隨後即可除去。由此所得賸餘之鹼液則可令其更與新加之脂肪作用，以利用餘留之鹼。此後之殘液因含有多量之甘油，故可運至甘油廠中提取之。至鍋中留下之肥皂，因根本上時尚含有稀釋之甘油，故須再加濃鹽液或苛性鈉溶液而蒸煮之，俟將多餘之鹼液除去後，更加水而通入蒸汽煮沸，則一部分肥皂漸溶於稀薄鹼液中。斯時皂鍋內即呈上下兩層，上部為含有極少量食鹽及鹼之純淨肥皂，下部即為食鹽，甘油及殘餘之鹼液，如此即可得極純之肥皂。故加水時應特加注意，設加水過多，則此二部將混而為一，不能分離矣。

　　當肥皂之粘度已達最低度時，即可停止加熱，靜置之以使兩部分離，如能利用離心分離器則更佳。由此所得上層之肥皂，約含水百分之三十，下層即為雜質，甘油，食鹽及五分之一之肥皂液。但

有時除此二層以外,尚有第三層出現,此層卽爲鹼液之不含肥皂者,蓋當靜置時溫度漸降,肥皂於鹼液中之溶解度漸小而終於完全析出,使鹼液另成一層也.

　　潔淨之肥皂在高溫度時爲流質,故可用唧筒運往別處,當較其他搬運法簡捷多多.

甘油之提取

　　製皂時所得之各種廢液,設將餘鹼除去後,卽可令與氯化鐵或硫酸鋁作用,使內中所有殘留之肥皂成鐵或鋁之不溶性皂而濾去之.此項不溶性皂係膠狀物,常黏附其他雜質,故當其過濾時,常能使雜質悉行除去,使濾液澄淸如水.於是此澄淸之溶液卽放置於多效式蒸發鍋中,於低氣壓下蒸煮之,久後濃度漸增,食鹽卽成粒結晶而出,當可運回製皂部再用,而如此所得之甘油其濃度可達百分之八十.隨後更將此甘油液於眞空蒸餾器中以水汽蒸餾精製之,卽可成淨純甘油,用以製造硝化甘油矣.

　　每百磅之普通純淨油脂,約可製甘油十磅,如是,則甘油之提煉豈非製皂廠當加注意之一重要問題耶.

脂肪之加酸分解

　　甘油之功用日廣,故自脂肪分解直接提取甘油之法亦日增,內中最稱美滿簡捷者,當推脫維契爾法 (Twitchell Process).斯法利用硫酸及少量接觸劑如磺酸等爲分解劑,則脂肪於沸水中可直接分解成遊離脂肪酸及甘油,卽每一脂肪分子與三水分子作用成三分子脂肪酸與一分子甘油:

$$R \cdot COO-CH_2 \quad OH \cdot H \qquad\qquad CH_2OH$$
$$R \cdot COO-CH_2 + OH \cdot H = 3RCOOH + CHOH$$
$$R \cdot COO-CH_2 \quad OH \cdot H \qquad\qquad CH_2OH$$

油　脂　　　水　　　脂肪酸　　　甘油

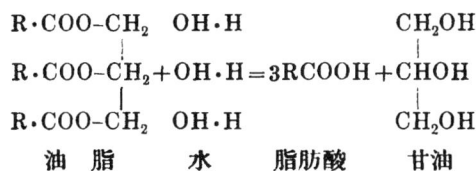

溶於微呈酸性之水溶液中之甘油,如以石灰中和此微量之硫酸,經過濾及蒸發蒸餾後卽可得粗製甘油,設更將內中雜質除去,乃可如上述精製法取得純淨甘油,同時由此法所得之脂肪酸層,則可用苛性鈉或碳酸鈉中和之以成肥皂,則較上法製成者當爲純淨,因內中已毫無甘油之存留矣.但當行此分解作用時,宜隔絕空氣且不使與鐵質物接觸,否則脂肪酸之色澤將受影響.

（待續）

書　評

化學參考書籍選輯

陳 同 素

15.無機製造.　*A Course in Inorganic Preparations. William Edwards Henderson, Prof. of Inorganic Chemistry, The Ohio State Univ., & W. Conard Fernelius, Assistant Prof. of Inorganic Chemistry, the Ohio State University.Mc Graw Hill Book Co., Inc., New York City, 1935. xviii+188pp. 24 figs 14×21 cm. $2.50*

全書有實驗一百十六個.特別或貴重儀器均所避免,作法隨時詮註原理.分爲三部如下:第一部示普通作法:結晶,複分解,蒸餾,昇華,高溫度,電解等.

第二部示各種化合物之製法:鹽類,酸,水與氨對於金屬化合物之作用,電化置換,金屬有機化合物等.

第三部示膠體之作法:製造方式,透析,乳化等.

此書目的在乎使學生得到製備純粹化合物之技能及熟習各種化合物之製造及作用等.

16.無機化學.　*Introduction to Inorganic Chemistry. G.H. Cartledge, Head of the Department of Chemistry, the University of Buffalo. Ginn & Co. Boston. 1935. vii+609pp. 52 figs. 14×20.5 cm. $3.00*

17.無機化學實驗.　*Laboratory Exercises in Inorganic Chemistry.*

G. H. Cartledge & H.M. Woodburn, the University of Buffalo,Ginn & Co.,
Boston. 1935. v+149pp. 23 figs. 14×20.5cm $1.00

　　是書爲著者在白反落大學數年來敎授化學之講義,利用已
知原理廣爲引證.首二章敍論,其後爲原子與元素,原子構造及化
學變化,化學平衡,溶液,週期率,氮族等.至於電化學,光化學,膠體,磷
之化合物,放射性等則並不專列章篇,僅於需要時講述之.氫,氧,氯
等,排在後面,金屬材料併爲四章.共計二十四章.末章講酸碱工業.

　　書中所附題目間或有較爲煩難者,但附錄中有荅下等藥劑
出.書中插圖不多,但所有插圖均屬精美之作.附錄簡單而完全,索
引亦然.

　　書中化學現象均以最新之物理或理論化學之學說說明之.
故多新術語之引用.實驗均從大處着眼,非僅就試驗管之觀察而
已.

　　此書編著得體,取材新穎,敎員中有厭棄舊敎本而欲易一新
書者,則捨此莫屬炎.

　　18.黎明大學化學.　*General Chemistry. Horace G. Deming, Prof.*
of Chemistry, Univ. of Nebraska. 4th.ed.　John　Wiley & Sons, Inc., New
York City. 1935. xiii+769pp. 170 figs. 13.5×22 cm. $3.50

　　此書初版在 1923 年,三版在 1930 年.在最近之五年內化學界
之新發明及進步又甚多.故敎師胥盼此書之再爲修正,以灌輸新
智識焉.

　　敎材偏重於工業上之應用,較第三版多 54 頁次序題材均有
更動.分爲四部:第一部.普通原理(223 頁).第二部.非金屬(312 頁).第
三部.有機化學 (68 頁).第四部.金屬(146 頁).但並不固執如此分法,
如氧與氫在第一部中講授而亦有許多之原理隨其出處分見於

後數章中.

　　許多教員不主張在學生未得事實觀念以前卽教以抽象之原理,此書卽將較深奧之理論移至後部始講授,夫如是而程度較低之學生亦可以閱讀自如矣.如化學公式之演算,原子量,分子量之測定.在以前數版中均於第一部內卽講授.今則已移至第37章矣.

　　書中對於理論化學方面,添加材料甚多,新術語亦然.有數處對於初學者似太難;故讀此書之學生須在中學時已有甚佳之化學根底.

　　按本校一年級化學教科書卽採用此書。

理学卷（第二册） 科学通讯 第二卷 第四期（1936）

専　載

近　代　幾　何

志　導　引

William C. Graustein 原 著

顧　澄　達　恉

令

$$x = \frac{x_1}{x_2}, \quad x' = \frac{x'_1}{x'_2},$$

得

(4)
$$\frac{x'_1}{x'_2} = \frac{a_1 x_1 + a_2 x_2}{b_1 x_1 + b_2 x_2},$$

從此式知 x'_1, x'_2 與 $a_1 x_1 + a_2 x_2, b_1 x_1 + b_2 x_2$ 成比例．故

(5)
$$\varrho x'_1 = a_1 x_1 + a_2 x_2,$$
$$\varrho x'_2 = b_1 x_1 + b_2 x_2, \qquad \varrho \neq 0.$$

其逆，可令(5)經過(4)仍回至(3)．故方程式(5)及方程式(3)代表相同之變形．

方程式(5)之右邊爲 x_1, x_2 之一次式．因此齊次坐標之(5)式變形，或非齊次坐標之(3)式變形，謂之一維一次[18]變形（one-dimension-

18．linear 直譯爲「線式的」，在他處不妨譯爲「線性」或但譯爲「線」如「線函數」之類．但此處則不相宜，故譯爲「一次」．此因一次變形不但表「線上點變爲線上點」，且表面上點變爲面上點；面上線變爲面上線，面上點變爲面上線，……等等．且此面上，「線上」實一維二維之分別．但欲「一次變形」之名稱諸（平面，空間合音）凡表點變點，線變線，線變點，點變線，點變面，面變點，面變面，面變線，……等之式皆是一次變形，若譯爲「線性變形」則初學於此，將從名稱上着想以爲所謂「線性變形」必專爲線 L 上之點變爲 L' 上之點或專是線變線矣．又英文凡 first degree（一次）往往改稱爲 linear，借此少寫一字．不但有理整函數如此，卽有理函數亦然．如 $u = \dfrac{c_0 + a_1 x + \cdots + c_m x^m}{b_0 + b_1 x + \cdots + b_m x^n}$，其次數之定義爲：$a_m$ 及 b_n 皆不等於 o 時，m 及 n 誰大，則誰爲 y 之次數（degree）．例如 m, n 皆爲 1，則 y 爲一次；m 爲 8，n 爲 7（或 m, n 皆爲 8）則 y 爲八次．函數論中關於有理函數之「次數」其定義皆如此．惟 y 爲一次時謂之 linear（when y is of the first degree it is called linear. The type of a linear rational function is therefore, $y = \dfrac{a_0 + a_1 x}{b_0 + b_1 x}$．Pierpont 實函數論第一册，p. 123）．可見 linear 卽是一次（first degree）．在英文可簡 of the first degree 爲 linear．在中文「一次」與「線性」皆是二字，落得清楚些．少令讀者以爲「線性變形」專是「線變線」或專是「此線上點變爲彼線上點」．但與幾何無關之處，直譯爲「線性」亦無不可．

al linear transformation).

　　以上所得結果,可以下定理明之:

定理　凡以一點列運至他點列之射影變形,皆爲一次變形.

例　　　題·

　　1.　求以 L 上之點 $0,1,2$ 依次運至 L' 上之點 $-1,0,-2$ 之射變方程式.此變形方程式以齊次坐標明之,並求(關於兩種坐標)其反變形之方程式.求出此各線上之影消點.

　　2.　求以「L 上之點 $2,4$ 及無窮遠點」依次運至「L' 上之點 $-1,1$ 及無窮遠點」之射變之方程式.

8.　一維一次變形　設

$$(1)\qquad x'=\frac{a_1 x+a_2}{b_1 x+b_2},\qquad 或\qquad \begin{aligned}\varrho x'_1&=a_1 x_1+a_2 x_2,\\ \varrho x'_2&=b_1 x_1+b_2 x_2,\end{aligned}$$

爲以線 L 上舊點運至線 L' 上諸點之任意一次變形.

　　以求反變形之形式運算施於(1)中右邊兩方程式,得

$$(2)\qquad \begin{aligned}\triangle x_1&=\varrho(\quad b_2 x'_1-a_2 x'_2),\\ \triangle x_2&=\varrho(-b_1 x'_1+a_1 x'_2).\end{aligned}$$

此 $\triangle$ 爲

$$\triangle=\begin{vmatrix} a_1 & a_2 \\ b_1 & b_2 \end{vmatrix}$$

　　此行列式 $\triangle$ 謂之一次變形(1)之行列式.　若 $\triangle=0$ 則(2)不能定此反變形[*].故除去此種情形,以後皆假定 $\triangle\neq0$..

　　故從(2)之兩方程式得

$$(3)\qquad x=\frac{b_2 x'-a_2}{-b_1 x'+a_1}\qquad 或\qquad \begin{aligned}\sigma x_1&=\quad b_2 x'_1-a_2 x'_2,\\ \sigma x_2&=-b_1 x'_1+a_1 x'_2,\end{aligned}\qquad \sigma\neq0$$

此卽 (1) 之反變形.此宜注意者此反變形之行列式與原變形之行列式同.

定理 1 凡以一點列運至他一點列之一次變形皆爲射影變形.

此卽 7 款定理之逆,欲證此理,須證明此變形 (1) 含有射影變形之兩特性.因 (1) 以 L 上各點各與 L' 上一點相配,而其反變形 (3) 則以 L' 上各點各與 L 上一點相配,故此變形 (1) 有射影變形之第一特性;卽此 (1) 作成 L 上點及 L' 上點間之一一相應.

又此變形 (1) 亦有射影變形之第二特性;卽此 (1) 亦保存交比.其理如下.設 (x_1,x_1),(y_1,y_2),(z_1,z_2),(t_1,t_2) 則 L 上 L' 上四點此即為 L' 上點爲前四點所運至者爲 (x'_1,x'_1),(y'_2,y'_2),(z'_1,z'_2),$(t'_1t'_2)$;則

$$(4) \quad \begin{aligned} \varrho_1 x'_1 &= a_1x_1+a_2x_2, & \varrho_3 z'_1 &= a_1z_1+a_2z_2, \\ \varrho_1 x'_2 &= b_1x_1+b_2x_2, & \varrho_3 z'_2 &= b_1z_1+b_2z_2, \end{aligned}$$

此僅擧例,餘可類推.此應鄭重說明者,因一點之齊次坐標其本身有一比例率常數,此比例率常數 ϱ 可從此一雙點變爲彼一雙點而不同.此關於此四雙點上 ϱ 之四值以 $\varrho_1\varrho_2\varrho_3\varrho_4$ 其也.

今所須證明者爲:此 L 上四點照所擧次序之交比與其運至四點之相應交比爲相等,卽

$$(5) \quad \frac{|z'x'|\cdot|t'y'|}{|z'y'|\cdot|t'x'|} = \frac{|zx|\cdot|ty|}{|zy|\cdot|tx|}.$$

*原註. $\Delta=0$ 時,a_1,a_2 與 b_1,b_2 成比例;因此,a_1x+a_2 與 b_1x+b_2 成比例.若將 a_1,a_2,b_1,b_2 皆爲 0 之情形除去不論,則此爲將 L 上各點(除去一點之外)盡運至 L' 上之同點之變形,例如變形

$$x' = \frac{3x-3}{2x-2} = \frac{3(x-1)}{2(x-1)}$$

將 L 上各點(除 $x=1$ 之點外)皆運至 L' 上之一點 $x'=3/2$.射心在 L' 上時,L 在 L' 上之射影正與此相類.故此種變形實爲此種射影之解析方面之情形.此種射影前已除去,故與之相應之變形亦須除去.

上海交通大学百年报刊集成 · 第一辑（1896—1949） · 学术学科

從(4),此行列式 $|z'x'|$ 可變爲

$$\begin{vmatrix} z'_1 & x'_1 \\ z'_2 & x'_2 \end{vmatrix} = \frac{1}{\varrho_1 \varrho_3} \begin{vmatrix} a_1z_1+a_2z_2 & a_1x_1+a_2x_2 \\ b_1z_1+b_2z_2 & b_1x_1+b_2x_2 \end{vmatrix} = \frac{\triangle}{\varrho_1 \varrho_3} \begin{vmatrix} z_1 & x_1 \\ z_2 & x_2 \end{vmatrix}$$

蓋此中間之行列式適爲兩行列式 $\triangle$ 及 $|zx|$ 之積也(參觀第一編6款題5).由是,此(5)左之各行列式,可以(5)右相應行列式之某倍數代之;而(5)左即可照此化爲(5)右;本定理亦即從此證明矣.

吾人今已達到一大目的.以一點列中諸點運至他點列中諸點之射影變形,以前但就幾何方面下其定義者,今能就解析方面表示其特性矣.從此定理1及7款之定理,可知此種射影變形與「以一點列中諸點運至他點列中諸點之一次變形」完全相等[20].

射影變形或一次變形之羣　設想像 L 及 L' 爲同線,而 x 及 x' 在此直線上屬於相同之坐標系,則方程式(1)代表「以一線運至其本身之普通射影(即一次)變形」.

此種變形之全體成爲一羣,蓋一次變形之反變形旣已知其仍爲一次,而兩一次變形之積亦易證明其爲一次(題2)也,故得下定理:

定理 2　以一點列運至其本身之一切射影變形

19.　此從下例可知:

例如 $A:(x_1,x_2)$ 爲 $(\gamma'a_1,\gamma'a_2)$, $B:(y_1,y_2)$ 爲 $(\gamma''\beta_1,\gamma''\beta_2)$. 按(1)將其變爲 $A':(x'_1, x'_2)$, $B':(y'_1,y'_2)$,則 $\varrho x_1'=\gamma'(a_1a_1+a_2a_2)$, $\varrho x'_2=\gamma'(b_1a_1+b_2a_2)\cdot \varrho y'_1=\gamma''(a_1\beta_1+a_2\beta_2)$ $\varrho y'_2=\gamma''(b_1\beta_1+b_2\beta_2)$.令 $\varrho_1=\dfrac{\varrho}{\gamma'}$, $\varrho_2=\dfrac{\varrho}{\gamma''}$,則因此 γ' 及 γ'' 之值不必相同,而此 ϱ_1,ϱ_2 之值亦不必相同.故關於 (x_1,x_2),(x'_1,x'_2);(y_1,y_2),(y'_1,y'_2);(z_1,z_2), (z'_1, z'_2);(t_1,t_2),$(t'_1t'_2)$四雙點之 ϱ 應假定其爲不同四值 $\varrho_1,\varrho_2,\varrho_3,\varrho_4$.

20.　此「完全相等」之意義與6款定理3中「完全相等」同義.就變形之實體言,爲一維射影變形之全體與一維一次變形之全體完全相等.如就變形之性質言則所謂「射影變形與一次變形完全相等」,其情形與言「三角形與三邊形完全相同一樣.

成 爲 一 羣.

在證明方程式(5)時,已證明

$$\begin{vmatrix} zx \\ zy \end{vmatrix} \cdot \begin{vmatrix} ty \\ tx \end{vmatrix}$$

爲四點 $(x_1,x_2),(y_1,y_2),(z_1,z_2),(t_1,t_2)$ 關於一次變形羣之不變式.

例　　題

1. 試用非齊次坐標證明一次變形保存交比.

2. 證明兩一次變形之積仍爲一次變形,注意此須證明其積之行列式不爲o.此可證明此積之行列式爲原兩變形之行列式之積以證明之.

3. 平移 $x'=x+b$ 爲一線運至其本身之剛動;此類剛動自成一羣,並爲「此線運至其本身之射影變形羣」之子羣,試證之.

線束之射影變形

定義　凡一線束中諸線運至他線束中諸線之變形,其能作成兩線束之諸線間之一一相應並保存交比者,謂之射影變形.

4. 以一線束之諸線運至第二線束之諸線之射影變形,其能以第一線束中不同三定線運至第二線束中指定之不同三線者,必有一種及只有一種,試證明之.

5. 以一線束運至第二線束之射影變形爲一次變形,此一次變形之形式爲

$$u' = \frac{a_1 u + a_2}{b_1 u + b_2}, \qquad 或 \qquad \begin{aligned} \rho u'_1 &= a_1 u_1 + a_2 u_2, \\ \rho u'_1 &= b_1 u_1 + b_2 u_2, \end{aligned} \qquad \Delta \neq o$$

此式中之 u, u' 爲此兩線束中線之非齊次坐標;(u_1, u_2), (u'_1, u'_2) 爲此兩線束中線之齊次坐標;參觀第九編 1 款,試證之.

　　6.　　以一線束中諸線運至第二線束中諸線之一次變形爲射影變形,試證之.

C　二維射影變形

9.　二維一次變形　上在 B 中,已將「此線在彼線上之射影」詳細分析,就幾何及解析兩方面列舉其特性.今再以此法施於「此面在彼面上之射影」,而先就此種射影之性質爲前所已述者言之如下.

定理 1　甲面在乙面上之射影作成此兩面中諸點間之一一相應,及此兩面中諸線間之一一相應,及保存交比.

　　此定理之逆亦爲眞確:即凡以一面運至他面之變形,其有此定理列舉三性質者,必能爲射影所作成*.　由是,幾何方面具此特性之射影,其效力卽爲有此三性質之變形.因此,以後可無須實行射影之法而專注意於有此三性質之變形.此種變形謂之二維射影變形(Two-dimensional projective transformation).略稱**二維射變**.

定義　以一面 M 中諸點運至一面 M' 中諸點之變形,其能(a)作成 M 及 M' 中諸點間之一一相應,(b)作成 M 及 M' 中諸線間之一一相應,(c) 保存交比者,謂之二維射影變形.〔卽變形之有此 (a),(b),(c) 三性質者,謂之二維射形變影〕.

***

*原註　此逆之證明,讀其可參觀 American Mathematical Monthly, Vol. XXXV (1928), pp. 412—415 之一款.但讀者可於讀完本書第九編後,再參觀之.

在一維方面,射影變形與一次變形完全相等,前已證明.今二維方面,亦是如此.欲證明此事,可先言二維一次變形之理論.

一次變形　以 M 中諸點運至 M' 中諸點之普通一次變形,以齊次坐標表之,爲

$$\varrho x'_1 = a_{11}x_1 + a_{12}x_2 + a_{13}x_3,$$
(1)
$$\varrho x'_2 = a_{21}x_1 + a_{22}x_2 + a_{23}x_3, \qquad \varrho \neq 0$$
$$\varrho x'_3 = a_{31}x_1 + a_{32}x_2 + a_{33}x_3.$$

用此種下標(例如 a_{ij} 上之 i,j)上如說有一種利益,即因此可將此變形方程式寫成簡單形式:

$$\varrho x'_1 = \sum_{j=1}^{3} a_{1j}x_j, \quad \varrho x'_2 = \sum_{j=1}^{3} a_{2j}x_j, \quad \varrho x'_3 = \sum_{j=1}^{3} a_{3j}x_j.$$

此三式更可簡作

(1')
$$\varrho x'_i = \sum_{j=1}^{3} a_{ij}x_j, \qquad (i=1,2,3)$$

(1)中係數之行列式常以 $|a_{ij}|$ 表之,明之此變形之行列式其 $|a_{ij}|=0$,則(1)不能作成 M 及 M' 中諸點間上一一相應.因此除去此種情形,而假定 $|a_{ij}| \neq 0$.

既假定 $|a_{ij}| \neq 0$,即可用 Cramer 氏法就 x_1, x_2, x_3 解(1)中諸方程式,而得(1)之 反變形,即

$$\sigma x_1 = A_{11}x'_1 + A_{21}x'_2 + A_{31}x'_3,$$
(2)
$$\sigma x_2 = A_{12}x'_1 + A_{22}x'_2 + A_{32}x'_3, \qquad \sigma \neq 0$$
$$\sigma x_3 = A_{13}x'_1 + A_{23}x'_2 + A_{33}x'_3,$$

即

(2')
$$\sigma x_i = \sum_{j=1}^{3} A_{ji}x'_j, \qquad (i=1,2,3).$$

此 A_{ij} 爲行列式 $|a_{ij}|$ 中 a_{ij} 之餘因數*.從第一編, 6款,題1,此反變形之行列式 $|A_{ij}|$ 之值爲 $|a_{ij}|^2$,而因此 $|A_{ij}|$ 不爲 0.

此變形(1)作成 M 及 M' 中諸點間之一一相應;蓋(1)旣對於 M 中各點,各以 M' 中惟一之點與之相配;而(2)又對於 M' 中各點,各以 M 中惟一之點與之相配也.[注意 x' 定時,(1)必有一解及只有一解; x 定時,(2)必有一解及只有一解].

此變形(1)作成 M 及 M' 中諸線間之一一相應.欲證明此語,須用下之預備定理;此預備定理極易證明,讀者可自證之.

預備定理　若變形(1)將面 M 中兩點 y,z 運至面 M' 中兩點 y',z',則此變形(1)將 M 中點 $y+\mu z$ 運至 M' 中點 $\varrho_1 y' + \mu\varrho_2 z'$; 此 ϱ_1,ϱ_2 依此爲兩雙點 $y\to y', z\to z'$ 之比例率常數之值.

若此 M 中兩點 y,z 爲不相同,則此 M' 中兩點 y',z' 亦必不相同;因否則 M 及 M' 中諸點間之相應將不爲一一矣.因此,若在 M 中任意擇定一線 L 而設想 y,z 爲此 L 上之不同兩點,則 y',z' 亦必在 M' 中決定一線 L'.當 μ 變時,點 $y+\mu z$ 亦隨之變而走成線 L;同時此運至點 $\varrho_1 y' + \mu\varrho_2 z'$ 亦走成線 L'.由是,每一 M 中線,有一 M' 中惟一線與之相應.同理,從此變形之反變形,可證明每一 M' 中線必有一 M 中惟一線與之相應.

此變形(1)保存交比.此但就點方面證明之足矣.設

$$y, \quad z, \quad y+\mu_1 z, \quad y+\mu_2 z$$

爲 M 中不相同之四共線點.則從預備定理,M' 中點爲此四點所運至者爲

---

*原註.在(1)中,a_{ij} 爲表 x'_i 之式中 x_j 之係數;在(2)中,A_{ij} 爲表 x_j 之式中 x'_i 之係數.故 a 或 A 之第一下標常與 x' 相關,而其第二下標則常與 x 相關.

$$y',\quad z',\quad \varrho_1 y'+\mu_1\varrho_2 z',\quad \varrho_1 y'+\mu_2\varrho_2 z'.$$

此每四點照其原有次序之交比皆爲 μ_1/μ_2. 故交比能保存.

上已證明此變形 (1) 有射影變形之三特性. 故得下定理:

定理 2　凡以 M 中諸點運至 M' 中諸點之一次變形皆爲射影變形.

此定理已證明「二維方面之射影變形與一次變形爲完全相等」之一半.

例　　　題

1.　求一次變形

$$\varrho x'_1=2x_1-x_2+x_3,\quad \varrho x'_2=x_1+2x_2-x_3,\quad \varrho x'_3=x_1+x_2+x_3$$

之反變形之方程式. 以原變形及反變形之方程式皆改作非齊次坐標之方程式.

2.　題 1 之變形可將線 $3x_1+x_2-2x_3=0$ 運至何線?

3.　何爲各面中影消線之方程式? 就題 1 之變形言之. 再就 ϱ 般之變形 (1) 言之.

4.　證明 9 款之預備定理.

5.　證明兩一次變形之積亦成一次變形並觀 8 款題?

10.　根本定理　現爲進論之第二步, 須證明下之定理:

定理 1　以一面 M 中諸點運至一面 M' 中諸點之一次變形, 其能以 M 中四定點 (無三點爲共線者) 依次運至 M' 中預定四點 (無三點爲共線者) 者, 必有一種及只有一種.[*]

特例 A　此定理先就「M 中四定點爲 $(1,0,0)$, $(0,1,0)$, $(0,0,1)$,

---

[*]原註. 此定理屬於 Moebius 氏. 射影變形之有統系研究自氏始.

$(1,1,1)$ 及 M' 中預定四點為 a',b',c',d'（但須其中無三點為共線）」之特例證明之.

設有一次變形

$$\varrho x'_1 = a_{11}x_1 + a_{12}x_2 + a_{13}x_3,$$
(1) $\qquad \varrho x'_2 = a_{21}x_1 + a_{22}x_2 + a_{23}x_3, \qquad |a_{ij}| \neq 0$
$$\varrho x'_3 = a_{31}x_1 + a_{32}x_2 + a_{33}x_3,$$

能運 $(1,0,0)$ 至 (a'_1,a'_2,a'_3)，運 $(0,1,0)$ 至 b'，運 $(0,0,1)$ 至 c'，運 $(1,1,1)$ 至 d'，則

$$\varrho_1 a'_1 = a_{11}, \quad \varrho_2 b'_1 = a_{12}, \quad \varrho_3 c'_1 = a_{13}, \quad -\varrho_4 d'_1 = \sum_{j=1}^{3} a_{1j},$$
(2) $\qquad \varrho_1 a'_2 = a_{21}, \quad \varrho_2 b'_2 = a_{22}, \quad \varrho_3 c'_2 = a_{23}, \quad -\varrho_4 d'_2 = \sum_{j=1}^{3} a_{2j},$
$$\varrho_1 a'_3 = a_{31}, \quad \varrho_2 b'_3 = a_{32}, \quad \varrho_3 c'_3 = a_{33}, \quad -\varrho_4 d'_3 = \sum_{j=1}^{3} a_{3j},$$

此為十三個未知數之十二個一次齊次方程式；其中九個未知數為九個 a_{ij}，四個未知數為四個 ϱ. 解此諸方程式之第一步，可先以前九式諸 a_{ij} 之值代入後三式中，將九個 a_{ij} 消去. 其結果為四個未知數 ϱ 之三個齊次方程式，卽

$$a'_1\varrho_1 + b'_1\varrho_2 + c'_1\varrho_3 + d'_1\varrho_4 = 0,$$
$$a'_2\varrho_1 + b'_2\varrho_2 + c'_2\varrho_3 + d'_2\varrho_4 = 0,$$
$$a'_3\varrho_1 + b'_3\varrho_2 + c'_3\varrho_3 + d'_3\varrho_4 = 0.$$

因 a',b',c',d' 中無三點為共線，此方程式系之品數為三. 故其 $0,0,0,0$ 外之任意解為

(3a) $\qquad \varrho_1 = k\,|b'c'd'|, \qquad \varrho_2 = -k\,|a'c'd'|,$
$$\varrho_3 = k\,|a'b'd'|, \qquad \varrho_4 = -k\,|a'b'c'|.$$

此 k 為任意常數之不為 o 者，以此諸值代入 (2) 中之前九式，卽得諸 a_{ij} 之值，卽

$$a_{11}=k\,|b'c'd'|\,a'_1,\quad a_{12}=-k\,|a'c'd'|\,b'_1,\quad a_{13}=k\,|a'b'd'|\,c'_1,$$

(3b)　　　$$a_{21}=k\,|b'c'd'|\,a'_2,\quad a_{22}=-k\,|a'c'd'|\,b'_2,\quad a_{23}=k\,|a'b'd'|\,c'_2,$$

$$a_{31}=k\,|b'c'd'|\,a'_3,\quad a_{32}=-k\,|a'c'd'|\,b'_3,\quad a_{33}=k\,|a'b'd'|\,c'_3.$$

公式(3a),(3b) 代表方程式(2)之一切解(除去盡爲 o 之一解).故若有一具所求性質之一次變形(1),則其中係數必如(3b)所表示.又因凡與(3b)中 k 之兩值相應之兩組 a_{ij} 皆成比例,此一次變形必有一無二.

若(3a)所表之諸 ϱ 無一爲 o,則此一次變形以 M 中諸定點運至 M' 中指定諸點.今因 a',b',c',d' 四點中無三點爲共線,則無一 ϱ 爲 o 可知.

尚有一事必須成立者,即 $|a_{ij}|\neq o$. 此 $|a_{ij}|$ 定由由(1)與(3b)求之,得

$$|a_{ij}|=\varrho_1\varrho_2\varrho_3\,|a'b'c'|,$$

故 $|a_{ij}|\neq o$,而此證已完全.

特例 B　　從上可知必有獨一無二之一次變形,能將 M 中任意四點 a,b,c,d (其中無三點爲共線者)依次運至 M' 中四點 $(1,0,0)$,$(0,1,0),(0,0,1),(1,1,1)$.此變形當然爲上所决定之變形之反變形.

通例　　設 M 中四定點爲 a,b,c,d 及 M' 中相應四預定點爲 a',b',c',d'.再加一新面 $\overline{M}$,及在其上誌定四點 $(1,0,0),(0,1,0),(0,0,1),(1,1,1)$. 從上兩特例,知必有獨一無二之一次變形 T_1 能將 M 中點運至 $\overline{M}$ 中點,而運 a 至 $(1,0,0)$,運 b 至 $(0,1,0)$,運 c 至 $(0,0,1)$,運 d 至 $(1,1,1)$,又必有獨一無二之一次變形 T_2 能將 $\overline{M}$ 中點運至 M' 中點,而運 $(1,0,0)$ 至 a',運 $(0,1,0)$ 至 b',運 $(0,0,1)$ 至 c',運 $(1,1,1)$ 至 d'. 此兩變形之積 $T=T_1T_2$ 爲運 M 中點至 M' 中點之一次變形(0 款題5),而運 a 至 a',b 至 b',c 至 c',d 至 d'.

現在尚須證明者爲:只有 T 能合於所求之一次變形.倘尚有一第二變形 S 能合所求;則積 ST_2^{-1} 爲以 M 中四點 a,b,c,d 依次運至 $\overline{M}$ 中四點 $(1,0,0),(0,1,0),(0,0,1),(1,1,1)$ 之一次變形.今如此之變形只有一種,卽 T_1. 故 $ST_2^{-1}=T_1$ 而 $ST_2^{-1}T_2=T_1T_2$. 但 $T_2^{-1}T_2$ 爲恆同變形,而 $T_1T_2=T$.故 $S=T$*.

例　　題

1.　求依次運 $(1,0,1),(0,1,1),(1,1,1),(0,0,1)$ 至 $(1,0,0),(0,1,0),(0,0,1),(1,1,1)$ 之一次變形.

2.　以解析法證明「以一線 L 中不同三定點依次運至一線 L' 中不同三定點之一次變形」有一無二.

11. 二維射影變形　今可完全證明二維方面之射影變形及一次變形爲完全相等矣.前在 9 款中已證明凡一次變形皆爲射影變形.現在尚須證明者,爲凡射影變形皆爲一次變形.

設 T 爲以一面 M 中諸點運至他一面 M' 中諸點之射影變形.在 M 中擇定無三點爲共線之四點 A_1,A_2,A_3,D; 並設 T 將此四點運至 M' 中之四點爲 $A'_1 A'_2,A'_3,D'$.則此後四點亦必有「無三點爲共線」之性質;此從 9 款射影變形定義中之 (b) 可知.因此,必有以 M 中點運至 M' 中點之獨一無二之一次變形 S, 運 A_1 至 A_1' 運 A_2 至 A'_2, 運 A_3 至 A'_3,運 D 至 D'.(從 10 款定理 1).

欲證明此 T 與 S 相同,可證明此二者皆以 M 中任意一點運至 M' 中相同一點.〔卽 S 所運至之點必與 T 所運至之點相同〕.

---

*原註.此可以下二圖明之,爲從 $ST_2^{-1}=T_1$ 推得 $S=T_1T_2$ 之一助.此第一圖描寫假設 $ST_2^{-1}=T_1$.此第二圖可作爲從第一圖以 T_2 換 T_2^{-1} 而反矢向之結果.從此可知 $S=T_1T_2$, 故 $S=T$.

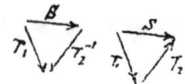

第七編　　　　　變　　形　　　　　157

既知 T 及 S 皆以 A_1,A_2,A_3,D 運至 A'_1,A'_2,A'_3,D'；又因凡一次變形皆爲射影變形，S 自必如 T 亦爲射影變形；故如九圖，S 及 T 皆運 a_3 至 a'_3，運 d_3 至 d'_3，且因此必皆運 D_3 至 D'_3（以此爲例，餘類推）。

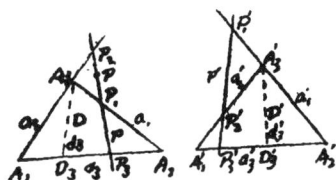

因 S 及 T 皆以 a'_3 上之 A'_1,A'_2,D'_3 與 a_3 上之 A_1,A_2,D_3 相配，故必皆以 a_3 上任意一定點運至 a'_3 上相同一點，蓋 S 及 T 皆作成 a_3 及 a'_3 上點列間之射影相應（題 1），而兩點列間之一個射影相應爲不相同之三雙相應點惟一共定也。

由是，此兩變形皆以三角形 $A_1A_2A_3$ 邊上諸點運至三角形 $A'_1A'_2A'_3$ 邊上相同諸點，已經證明。

再設 P 爲不在三角形 $A_1A_2A_3$ 上之任意一定點，並設 p 爲經過 P 之一線，及此線與三角形 $A_1A_2A_3$ 之三邊交於不相同之三點 P_1,P_2,P_3。因 S 及 T 皆以 P_1,P_2,P_3 同運至三點 P'_1,P'_2,P'_3，亦必皆以 p 同運至一線 p'，故必亦皆以 p 上任意一定點運至 p' 上相同一點且依同樣，即 S 及 T 皆以相同之一點 P' 與 P 相配，故得下定理.

定理　以一面 M 中諸點運至一面 M' 中諸點之射影變形與以 M 中諸點運至 M' 中諸點之一次變形完全相等.[21]

由此可知關於一次變形之根本定理在射影變形方面亦是有效.

例題1.　若「以一面 M 中諸點運至 M' 中諸點之射影變形」將 M 中一線 L 運至 M' 中一線 L'，則此射影變形作成 L 及 L' 上兩點列間之射影相應，試證明之.

12. 線素面[22]**之一次變形及射影變形**　　以前所論之射影變形乃就點幾何着想.但一面 M 在一面 M' 上之射影亦可就線幾何着想.如是則 M 在 M' 上之射影可視作以 M 中諸線運至 M' 中諸線之變形,而以 M' 中線 L' 與 M 中線 L 相配;此 L' 爲「L 及射心所定之面」與 M' 之交線.

　　此項討論,只須將以上諸款之材料,就線幾何方面研究.茲但言其大略;至於定理之證明,讀者可自作之.

　　定義　　凡以一面 M 中諸線運至 M' 中諸線之變形,其能 (a) 作成 M 及 M' 中諸線間之一一相應, (b) 作成 M 及 M' 中諸點間之一一相應, (c) 保存交比者,謂之射影變形.

　　以面 M 中諸線 u 運至 M' 中諸線 u' 之普通一次變形爲

(1)
$$\varrho u'_1 = b_{11}u_1 + b_{12}u_2 + b_{13}u_3,$$
$$\varrho u'_2 = b_{21}u_1 + b_{22}u_2 + b_{23}u_3, \qquad |b_{ij}| \neq 0$$
$$\varrho u'_3 = b_{31}u_1 + b_{32}u_2 + b_{33}u_3,$$

卽

$$\varrho u'_i = \sum_{j=1}^{3} b_{ij}u_j, \qquad (i=1,2,3).$$

　　其反變形爲

$$\sigma u_i = \sum_{j=1}^{3} B_{ji}u_j', \qquad (i=1,2,3),$$

此 B_{ij} 爲行列式 $|b_{ij}|$ 中 b_{ij} 之餘因數.

21.　參觀註 16. 及 20.

22.　「線素面」卽以線爲原素之面.

第七編　　　　　變　　　形　　　　　159

定理 1　以 M 中諸線運至 M' 中諸線之一次變形,其能依次運 M 中無三線爲共點之四定線至 M' 中無三線爲共點之預定四線者,必有一種及只有一種.

定理 2　以 M 中諸線運至 M' 中諸線之射影變形及一次變形完全相等.

例　　　　題

1.　證明變形(1)爲射影變形.

2.　證明定理 2.

0.　0 款題 1 定　一次變形以 M 中線 u 運工 M' 中線 u',求此線素變形之方程式.

13. 同素射影變形　凡以面 M 中諸點運至面 M' 中諸點之普通射影變形

(1) $$\varrho x'_i = \sum_{j=1}^{3} a_{ij} x_j, \quad (i=1,2,3), \quad |a_{ij}| \neq 0,$$

皆作成運 M 中諸線至 M' 中諸線之變形;若此能以 M 中任意一線 u 運工 M' 中之線 u',也,求此線素變形(¹¹)之方程式,可以(1)之反變形

(1') $$\sigma x_i = \sum_{j=1}^{3} A_{ji} x'_j \qquad (i=1,2,3)$$

所表之 x_1, x_2, x_3 代入線 u 之方程式

$$u_1 x_1 + u_2 x_2 + u_3 x_3 = 0$$

23.　「線素變形」即「線變爲線之變形」,亦可簡稱爲「線變形」。「點變爲點之變形」可稱爲「點素變形」,略稱「點變形」。「同素變形」即既爲「點素變形」又爲「線素變形」之變形。同素射影變形爲一次變形,至此爸可知一次變形不宜稱爲線性變形.如云「同素射影變形爲線性變形」,則人將疑同素射影變形爲專是線變線之變形矣.

中,及在代得之方程式中將含 x'_1, x'_2, x'_3 之項分別集合.於是得線 u' 之方程式

$$x'_1 \sum_{j=1}^{3} A_{1j}u_j + x'_2 \sum_{j=1}^{3} A_{2j}u_j + x'_3 \sum_{j=1}^{3} A_{3j}u_j = 0,$$

而因此得 u' 之坐標爲

$$(2) \qquad \lambda u'_i = \sum_{j=1}^{3} A_{ij}u_j, \qquad (i=1,2,3).$$

從方程式(2),可知如何將線 u 運至線 u'.故(2)中諸方程式卽所求線素變形之方程式.

因(1)爲(1')之反變形,故就其相類之情形而論,(2)之反變形爲

$$(2') \qquad \mu u_i = \sum_{j=1}^{3} a_{ji}u'_j, \qquad (i=1,2,3)$$

此(2),(2')兩變形皆爲一次,故皆爲射影變形.故得下定理:

定理1 以 M 中諸點運至 M' 中諸點之射影變形作成以 M 中諸線運至 M' 中諸線之射影變形.

讀者可自行證明其對立定理,幷證明:若「以 M 中諸線運至 M' 中諸線之變形」及其反變形之方程式爲

$$(3) \qquad \varrho u'_i = \sum_{j=1}^{3} b_{ij}u_j, \qquad \sigma u_i = \sum_{j=1}^{3} B_{ji}u'_j, \qquad (i=1,2,3)$$

則從之生出之「以 M 中諸點運至 M' 中諸點之變形」及其反變形之方程式爲

$$(4) \qquad \lambda x'_i = \sum_{j=1}^{3} B_{ij}x_j, \qquad \mu x_i = \sum_{j=1}^{3} b_{ji}x_j', \qquad (i=1,2,3).$$

上海交通大学百年报刊集成·第一辑（1896—1949）·学术学科

從此諸定理,可知由 M 至 M' 之此兩種變形,其不同之處僅在此以點爲基本原素,彼以線爲基本原素而已.簡言之,其所異者不過觀點不同而已.其結果仍是相同.故此兩種變形自可與以共同之名稱,而謂之同素射影變形(Collineation).

定義　甲面在乙面上之射影變形,其本爲運點至點而因此運線至線者,或本爲運線至線而因此運點至點者,謂之同素射影變形.或略稱爲同素射變.

「同素」二字之義,謂旣不專屬於點幾何,亦不專屬於線幾何,乃同屬於點線兩幾何之意.「點線無公共之名稱,因其皆可爲幾何之基本原素,姑用此素字而已,未必適當也」.同素射變可以點坐標或線坐標表之.若(1)爲用點坐標之同素射變,則(2)爲用線坐標之相同同素射變.又(3),(4)代表相同之同素射變.

例　　題

1.　試明前排1之對立.

2.　設點坐標之同素射變之方程式爲

$$\rho x^1{}' = x_1 + x_2, \quad \rho x^2{}' = x_1 + x_3, \quad \rho x^3{}' = x_1 + x_2$$

求其關於線坐標之方程式.但須用以上之方法而不用以上之公式求之.

14. 變形之羣及其相關之幾何

設 M 及 M' 爲相同之平面,(x_1, x_2, x_3) 及 (x'_1, x'_2, x'_3) 屬於此平面中之同坐標系.則此面運至其本身之普通同素射變(以點坐標表之者)爲

$$(1) \qquad \rho x'_i = \sum_{j=1}^{3} a_{ij} x_j, \qquad (i=1,2,3), \qquad |a_{ij}| \neq 0.$$

此類同素射變之全體成爲一羣;叁觀 9 款及 9 款之題 5.故:

定理 1 一壔變至其本身之一切同素射變成爲一羣.

同素射變(1)之方程式,以非齊次坐標表之,爲

(2) $$x' = \frac{a_{11}x + a_{12}y + a_{13}}{a_{31}x + a_{32}y + a_{33}}, \quad y' = \frac{a_{21}x + a_{22}y + a_{23}}{a_{31}x + a_{32}y + a_{33}}$$

面之普通剛動

(3) $$x' = x\cos\theta - y\sin\theta + a, \quad y' = x\sin\theta + y\cos\theta + b,$$

可爲(2)之特例,卽(3)之係數 a_{ij} 與以特值,卽可徙(2)得(3).故

定理 2 面之剛動羣爲同素射變羣之子羣.

欲明此定理之意義,可再注意度量性質及射影性質之分別,射影性質爲關於同素射變羣(卽射影變形羣)之不變性質,而射影幾何,爲研究射影性質者.又凡性質之關於剛動羣不變而關於範圍較大之同素射變羣則非不變者爲度量性質,而度量幾何爲研究度量性質或兼及射影性質者[參觀第二編1款度量定理之定義;度量幾何卽研究度量定理之幾何].

因此,射影幾何可謂之與同素射變羣相關之幾何,而度量幾何可謂之與剛動羣相關之幾何.

定理 2 旣言剛動羣爲同素射變羣之子羣,則度量幾何必可與以一種解釋,而從此解釋可以度量幾何爲射影幾何之子幾何(Subgeometry).此種解釋之天性後下編研究之.

第七篇之例題

1. **相似變形**(Transformations of Similarity)　剛動之效果但變圖形之位置.相似變形之效果則兼能將圖形之大小均勻放大或均勻縮小.換句話說,即剛動保存圖形之形狀及大小,而相似變形則保存圖形之形狀而不保存其大小.

證明:從原點之收放變形(Radial Transformation)

$$x'=\varrho x, \qquad y'=\varrho y, \qquad\qquad \varrho>0$$

爲一特別相似變形;又普通相似變形爲「普通剛動及此收放變形之積」.故其方程式爲

$$x'=\varrho(x\cos\theta-y\sin\theta+a), \qquad y'=\varrho(x\sin\theta+y\cos\theta+b).$$

證明一切相似變形成爲一羣.

2. **平移收放變形**(Homothetie Transformations)　此類變形爲方程式

$$x'=\varrho x+a, \qquad y'=\varrho y+b \qquad\qquad \varrho>0$$

所定之變形.證明其以下三性質:

(a)　平移收放變形爲從原點之收放變形及平移之積,或但其二者之一.

(b)　平移收放變形或爲一平移,或爲從一定點之收放變形.

(c)　一切平移收放變形成爲一羣.

3. **方程式**

$$x'=\frac{x+3}{x-1}$$

代表一線運至其本身之射影變形.證明:此變形不變兩點 $x=3,x=-1$ 之原位置,而以其他之點運至其調和共軛點(關於此 $x=3, x=-1$ 兩點者).

4. 設一線被一次變形

$$x'=\frac{3x+2}{x+4}$$

運至其本身.證明:此線中有兩定點仍在原位置,而其餘之點 P 及其運至點 P' 分此兩定點之交比爲常數.

5. 設一變形以一線上特別兩點 P_1,P_2 外之各點 P 運至他點 P' 而使交比 (P_1P_2,PP') 等於常數 $k(\neq0,1)$,則此變形以 P_1,P_2 兩點各運至其本身.試證之,並證明此變形爲射影變形.

6. 證明同素射變

$$x'=\frac{x}{2x-1},\qquad y'=\frac{y}{2x-1},$$

不變原點 O 及線 $x=1$ 上各點之位置,而將任意他一點 P 運至其調和共軛點(關於 O 及 OP 與 $x=1$ 之交點者).證明此同素射變爲其本身之反變形.

7. 說明同素射變

$$x'=\frac{x}{3x-2},\qquad y'=\frac{y}{3x-2}$$

之幾何上之意義.

8. 設一線 $L: y-6=o$ 被同素射變

$$x'=\frac{3x+y+4}{y-1},\qquad y'=\frac{-4x-y+1}{y-1}$$

運至他一線 L',求此 L' 之方程式.

證明: L 被此同素射變運至 L',與被剛動運至 L' 相類,卽此同素射變亦保存距離也.

9. 設割錐線

$$2x^2+3xy+2y^2+x+y-1=o$$

理学卷（第二册）　科学通讯　第二卷　第四期（19５）

被同素射變

$$\varrho x'_1 = 2x_1 + x_2 + x_3, \quad \varrho x'_2 = x_1 + 2x_2 + x_3, \quad \varrho x'_3 = x_1 + x_2 + 2x_3$$

運至他一曲線,求此他一曲線之方程式.

10.　**奇異一次變形**(Singular Linear Transformation).變形之行列式爲 o 者,謂之奇異變形.(a)證明變形

$$\varrho x'_1 = 2x_1 - x_1 + x_3, \quad \varrho x'_2 = x_1 + x_2 + x_3, \quad \varrho x'_3 = 4x_1 - 5x_2 + x_3,$$

爲奇異變形.證明:此變形以平面上各點(除一點之外)皆運至一線

$$3x'_1 - 2x'_2 - x'_3 = 0$$

之上.此除去之點爲何點?幾何方面之情形與此變形相類者爲如何?

(b)　證明:奇異變形

$$\varrho x'_1 = x_1 - x_2 + x_3, \quad \varrho x'_2 = -2x_1 + 2x_2 - 2x_3, \quad \varrho x'_3 = 3x_1 - 3x_2 + 3x_3,$$

以平面上之各點(除在某定直線上者外)皆運至一點 $(1, -2, 3)$.幾何方面有與此變形相類之情形否?

(c)　證明:(a)及(b)之兩變形,其係數矩陣之品散依次爲 ? 及 1.將奇異一次變形及其幾何方面之相類情形作成一普通定理.

國立交通大學研究所

本所成立以來設置（一）工業研究部分設設計材料機械電氣物理化學等組（二）經濟研究部分設社會經濟實業經濟交通管理會計統計等組除按照所訂計畫進行研究外歷承各路局各機關（如中國工程師學會上海市公用局義興公司等）託辦各項研究及試驗工作薄有貢獻關於上列諸組事項如蒙各界垂詢請惠臨上海徐家匯本所面洽或函商可也此布

溝渠工程學

是書爲本大學土木工程學教授顧康樂所著。係參考中西工程書籍雜誌，採擇各著之精粹而成。書凡十四章，詳述溝渠設計，建築與養護之原理及方法。舉凡污水量，暴雨水量，溝渠水力學，溝渠系統設計，溝渠附屬品，污水抽升，管圈設計，開掘塡覆，列板撐檔以及施工之實際進行，無不條分縷析，詳爲解釋。至於插圖之豐富，文字之簡明，尙其餘事。

▲商務印書館出版，定價一元八角。

本刊廣告價目表

等級 地位	位　地	全面價目	半面價目
甲	底封面外頁	伍拾元	
乙	底面裏頁及封面裏頁	三十五元	二十元
丙	封面裏頁底面裏頁之對面	二十五元	十五元
丁 普通	通	二十元	十二元

一、乙丙丁四分之一頁按照半頁價目八折計算
二、廣告概用白紙黑字如用彩印色紙價目另議
三、廣告如用銅鋅版由本刊代辦照收版費
四、連登多期價目從廉請逕函本校出版處經理組接洽

科學學院科學通訊投稿簡章

一、投稿不拘文言白話凡中英德法文字所歡迎
二、談言教材叢錄專評消息均以科學爲範圍
三、投寄之稿如係翻譯請附寄原本不須將原文數目寄姓名
四、投寄之稿繕寫清楚並加新式標點凡外國文獸等請註明開示
五、打印之如有插圖附表必須製版者請用墨色
六、來稿請註明姓名住址以便通訊並蓋印章
七、投寄之稿無論登載與否概不退還但預有聲明並附寄費者不在此限
八、郵資者在此限
九、投寄經本刊揭載後每篇酌給酬金若本刊尚未稿者已東校出版委員會
十、投寄之稿應逕寄上海徐家匯交通大學科學學院科學通訊編輯委員會

中華民國二十五年十月出版

科學通訊（總十二）
第二卷　第四期

編輯者　交通大學科學學院
發行者　交通大學出版處　上海徐家匯
印刷者　上海中國科學公司
代售處　上海

版權所有

本刊價目

每册大洋二角
預訂壹元四角
國外另加郵費

科學院科學通訊編輯委員會

科學通訊

黎照寰

第二卷 第五期

（總十二）

中華民國二十五年十一月　　上海交通大學科學學院編輯

交 通 大 學 出 版 刊 物

一. 期 刊

1. 交大季刊　　　　　　　每冊三角　　　　全年一元
2. 交大三日刊　　　　　　半年五角　　　　全年一元
3. 科學通訊(全年八期)　　每冊二角　　　　全年一元四角
4. 管理二月刊(全年五期)每冊四角　　　　全年一元六角

二. 本 校 一 覽

1. 中文本　　　　　　　　　　　　　　每冊四角
2. 英文本　　　　　　　　　　　　　　每冊六角

三. 本 校 研 究 所 編 輯 刊 物

1. 油漆試驗報告,第一號　　　　　　每冊二角
2. 油漆試驗報告,第二號　　　　　　每冊六角
3. 地下流水問題之解法(英文本)　　每冊三角
4. 美國鐵道會計實務,第一編(英文本)　每冊六角
5. 解決中國運輸問題之途徑(英文本)　每冊四角
6. 解決中國運輸問題之途徑(譯本)　每冊三角
7. 鐵路零担貨運安全辦法　　　　　每冊四角
8. 中國國民經濟在條約上所受之束縛　每冊六角
9. 皖中稻米產銷之調查　　　　　　每冊六角
10. 小麥及麵粉　　　　　　　　　　每冊五角

經 售 處　上 海 徐 家 匯 本 校 出 版 處

科 學 通 訊

第 二 卷　第 五 期

目　錄

交 大 季 刊

第二十一期　要目

每 冊 三 角　　預 定 全 年 一 元

管 理 二月刊

第一卷第三期　要目

每 冊 四 角　　全 年 五 期 一 元 六 角

經售處　上海徐家匯交通大學出版處

理学卷（第二册）　科学通讯　第二卷　第五期（1935）

談　言

似是而非之算法

顧　澄

本文中雜入一次方程式之一節，欲便中學生閱看耳。凡中學生之未習無窮連分數及無窮級數者，可專閱中間關於一次方程式之一段。

1. 前期所言之誤算，首爲「存在問題」。（1）之可以如是作法者，實因尋常高中代數中已證明 $a_1, a_2, a_3, \cdots$ 皆爲正數時

$$a_1+\cfrac{1}{a_2+}\ \cfrac{1}{a_3+}\ \cfrac{1}{a_4+}\cdots^{(1)}$$

必爲收斂，故 $1+\cfrac{1}{1+}\ \cfrac{1}{1+}\ \cfrac{1}{1+}\cdots$ 縱於計算之前尚未知其爲何數而已知其確是一數（即其所表之數確是存在），故儘可如（1）算之。至於 $1-\cfrac{1}{1-}\ \cfrac{1}{1-}\ \cfrac{1}{1-}\cdots$ 則不收斂，不能代表一數，卽其所表之數不存在，故決不能如（2）算之。[2]（3）之誤算與此同，因 $1-1+1-1+\cdots$ 不收斂不能代表一數也。[3]

難者曰尋常代數方程式如

$$x^2+10x+10=0 \qquad (\cdots)$$

中之 x 亦代表未知數何以不能以 x 代（2），（3）所求之數。

---

1. 此爲 $a_1+\cfrac{1}{a_2+\cfrac{1}{a_3+\cfrac{1}{a_4+\cdots}}}$ 之簡寫法。

2. （2）之算法中，以 $1-\cfrac{1}{1-\cfrac{1}{1-\cfrac{1}{1-\cdots}}}$ 改爲 $1-\cfrac{1}{x}$ 乃認 $1-\cfrac{1}{1-\cfrac{1}{1-\cdots}}$ 爲存在，而以 x 表之，故作法錯誤。

3. 此但就高中代數所講無窮級數之斂散言。至於發散級數論中

答．　n 次方程式

$$x^n + a_1 x^{n-1} + a_2 x^{n-2} + \cdots + a_n + 0$$

必有 n 個根,已經證明,成一定理,故 (一) 中之 x 雖屬未知,而確有其數 (確是存在),故可解 (一) 得之. 至 (2) 中之 x 不但未知,且不存在;故決不能如 (2) 算之. 須知數之存在而但未知者與其絕不存在者,須嚴加分別不可混而爲一.

　　難者曰 n 次方程式必有 n 個根之定理,已屬方程式論,非初中代數所能言. 而初中代數不能不致一次方程式及二次方程式之解法,欲免如 (2),(3) 之弊,試問將如何教之.

　　答　此在教者之善於想法,例如

　　(a)　令學生依法求得方程式之根後,必須代入方程式中驗之.[4] 此不但借此使其養成不誤算之習,且要在令其知確有能滿足所求方程式之數. 既經驗明求得之數能滿足所求方程式,則可知此所求方程式中 x 所表之數雖名未知而確是存在. 此則善教初中學生者必常常與學生說明之.

　　(b)　方程式之根亦有不存在者,例如

$$x + b = o \qquad\qquad (二)$$

之 $a = o$ 時,又如

$$ax + by = c \qquad a'x + b'y = c' \qquad (三)$$

所謂 $\cdot 1 - 1 + 1 - 1 + - + \cdots = \dfrac{1}{2}$ 另是一事,不在現在所談之範圍內,且此 $\dfrac{1}{2}$ 亦不能如 (3) 法算出之。

　　4.　例如從 (7) 求得 $x = -1$, 或 -2 後必須令學生代入(一)中,得 $(-1)^2 + 3(-1) + 2 = 0$ 及 $(-2)^2 + 3(-2) + 2 = 0$ 使其知兩邊確是相等. 且必須使其知不但所得之 -1 及 -2 未曾算錯,且確有兩數能滿足此 (一)。

理学卷（第二册）　科学通讯　第二卷　第五期　（1936）

之係數有 $ab'-a'b=0$ 之關係時，[5]善教初中之教師，於此必能更對學生說明方程式之根存在與不存在之情形，且必令學生知在解形式為（三）之方程式之前，必先察其係數中有無 $ab'-a'b=0$ 之關係；如察知其無，方能依法求其根；如察知其有，則不但不能求得其根，且不應盲求其根，且於所出題中常陰置此種不定或不能之方程式於其內，令學生作之，[6]以察其是否有識別之力，否則再與細講，使永記勿忘．

(c)　凡因學生限於程度而無法語以較深之理論時，可將易犯錯誤之算法，隨時提醒．即使無法使其知所以然亦應使其知所當然．

難者曰．　如（二）之 $a=0$ 及 $b\neq0$ 學生自能依法算出

$$x = \frac{b}{o}$$

為不能，又如（三）之係數有 $ab'-a'b=0$ 之關係，學生自能算出

$$x = \frac{cb'-c'b}{a}, \qquad y = \frac{ac'-d'c}{o},$$

而知其無所用代數上作用，具特殊定力量，依法算之其結果自能照

示吾人以不知其所......

算之．如（三）之算題，所得之三點虛數，即此可為......

5.　此更宜先以係數寫成數字，如

$$\left.\begin{array}{l}x+2y=3\\2x+4y=4\end{array}\right\} \quad 及 \quad \left.\begin{array}{l}x+2y=3\\2x+4y=6\end{array}\right\}$$

等講明「不能」及「不定」之情形，及告以不但在「不能」時 x 所表之數為不存在，且在「不定」時 x 所表之數亦為不存在．（此後者為不存在，實因其不確定之故，與前者自是有別）．

6.　但亦有極良之中學教師，因此受冤枉之攻擊者．常聞人云某教習出錯了題，傳為笑柄．實則所謂出錯，究是故意出錯，還是不知錯而出錯，極應分別．此種不辨性質，遣意譏人，實是一種極壞之濫習．

所表之數不存在,何必先問 $1-\cfrac{1}{1-}\ \cfrac{1}{1-}\ \cfrac{1}{1-}\cdots$ 之歛否,而後定其是否可用 (2) 之算法?

　　答.　　然則 (3) 之結果並不是虛數,能卽其合否?須知方程式是一種簡單算式,適能如子所言而已.決不能因此概括一切之算法.今設一與一次方程式相類之例,以明未知數必先知其'存在,而'後可以求之如下:

設欲將 $\dfrac{1}{x^2-4}$ 改爲兩部分分數之和,令

$$\frac{1}{x^2-4}\equiv\frac{A}{x-2}+\frac{B}{x+2},\qquad\qquad(\text{四})$$

再令 $x=0$ 及 1 得兩一次方程式

$$A-B=\frac{1}{2},\qquad 3A-B=1.\qquad\qquad(\text{五})$$

解之得 $A=\dfrac{1}{4}$ 及 $B=-\dfrac{1}{4}$, 故得

$$\frac{1}{x^2-4}\equiv\frac{1}{4}\left(\frac{1}{x-2}-\frac{1}{x+2}\right)\qquad\qquad(\text{六})$$

而毫無錯誤.又若欲將 $\dfrac{1}{x^2-4}$ 改爲 $\sin x$ 及 $\cos x$ 所成之和而令

$$\frac{1}{x^2-4}\equiv A\sin x+B\cos x,\qquad\qquad(\text{七})$$

及再令 $x=0$ 及 $\dfrac{\pi}{2}$, 得兩一次方程式

$$B=-\frac{1}{4},\qquad A=\frac{4}{\pi^2-16},\qquad\qquad(\text{八})$$

此爲已解方程式,故得

$$\frac{1}{x^2-4}\equiv\frac{4}{\pi^2-16}\sin x-\frac{1}{4}\cos x.\qquad\qquad(\text{九})$$

此 (九) 完全錯誤;何則,(九) 之右邊爲週期函數,而 (九) 之左邊則不然也.
　　上可以 (四),(五) 之法得 (六). 而決不能照 (四),(五) 之法用 (七)

及(八)得(九).蓋因(四)中之 A 及 B 存在,而(七)中之 A 及 B 不存在也.(八)之兩一次方程式何嘗能昭示吾人以 $-\frac{1}{4}$ 及 $\frac{4}{\pi^3-16}$ 之不合.又方程式之本身為一事,應用方程式以解決他問題又是一事.(八)之本身無所謂誤否,但憑以求(七)中之 A 及 B 得(九)則誤.此正與由(2)求 $1-\frac{1}{1-}\ \frac{1}{1-}\ \frac{1}{1-}\cdots$ 同.前之照(1)求(2)亦正如此處之照(四)求(七).

　　由此可知數學中之各種存在定理,非常重要.其最淺近為大學習數學生所無不知者,如陰函數之存在定理,微分方程式之解之存在定理之類.但往往有人雖讀過此類定理而但視作尋常定理,而毫不知其重要所在.甚至教科書中特標出「存在」二字,亦熟視無視.於何知之,從近日汪聯松君所謂發明幾何三大問題之解法知之.汪君係工科出身,其見不到此,限於數學知識,毫不足責.雖結果錯誤,而求學之勤可佩.吾人對此只能存哀矜勿喜之心而善導之.惟專習數學者亦竟有閱汪君之作而疑所謂幾何三大問題或有解法者,則於數學中所謂存在與否太不注意矣.須知幾何作圖法所謂能與不能,即其圖之作法「存在」與「不存在」,凡曰證明其不能以規尺作法無窮次亦不能作者,乃指其法之存在與否,即作法之存在與否.而乃或者以為「兩邊之和小於他一邊之三角形」方是不存在,而「一角之三分之一之角」並非不存在,如何不能作,此則大誤.須知所謂三等分一角之作圖作法不存在,乃指其作法言,乃指其不能專用規尺二者有窮次之作法言,非指一角之三等分線不存在言,此猶普通一元五次方程式無解法,乃指不能以有窮次之加減乘除開方之法解之,而其根未嘗不存在也.解法不存在與根之存在無涉.決不能因根存在而謂其解法亦必存在.此亦必宜分別,故特於此附及之,以解或者之疑也.(待續)

理学卷(第二册)　科学通讯　第二卷　第五期(1936)

教 材

因子定理用于行列式之討論

孟　羣

本校今年（廿五年）入學試驗代數試題之一爲

（1）
$$\text{「求證} \quad \begin{vmatrix} a^3 & 3a & 3a & 1 \\ a^2 & a^7+2a & 2a+1 & 1 \\ a & 2a+1 & a+2 & 1 \\ 1 & 3 & 3 & 1 \end{vmatrix} = (a-1)^6$$

證明之法,固屬多方.而此之所欲論者,乃爲用 Factor Theorem 之證法者.若干試卷略云:

「如命 $a=1$,則上之行列式四列全同.因如有二列相同,則行列式即應有一因子 $a-1$,今四列全同,故必有 $_4c_2=4.3/2=6$ 個 $a-1$ 之因子云云.」

自表面言之,此亦似乎持之有故,而言之成理者.今再考究另一行列式

（2）
$$\begin{vmatrix} a-2 & -1 & -1 & -1 \\ -1 & a-2 & -1 & -1 \\ -1 & -1 & a-2 & -1 \\ -1 & -1 & -1 & a-2 \end{vmatrix}.$$

如命 $a=1$,則仍爲四列全同,如以上所云之 argument 爲合理,然則此 a 之四次多項式亦將有六個 $a-1$ 之因子乎?讀者明達,當有以知其必不然矣.

今 Factor theorem 及行列式兩列或兩行相同則必爲零之事

實,固毫無疑問,然則上述之 argument, 其誤究果何在乎?今不揣固陋,敢進一辭,非欲强索解人,或亦足供同好商榷之意云爾.

行列式（1）之必有 $a-1$ 之因子固無疑義,然究重至若干次,乃可研究之問題.如上之所言,决無由知其因四列相等而 $a-1$ 之因子重至 6 次, 但至少亦必重至三次;此其重複之理由,粗略言之,可云因第一第二,第一第三,第一第四相等,因而必重三次.而二三,二四,三四之相重,已包于所已用之中,不可再用,故只能知至少重三次也.然重者干次因子,如此說法,完屬猜度之辭.譬四行亦可相等,何以不連行而亦言之.云行列式更有他之三因子 $a-1$ 乎?欲明悉此事之究竟,須從行列（Matrix）之性質研究之.

如有 n 次行列於此,其元素爲常數或某一變數 λ 之多項式,其中所含不等零之行列式次數最高者,如云爲 r, 則 r 即稱爲行列之級（rank）. 如於一行列中,

　　i) 將任何二行或二列互換,

　　ii) 將所有元素只異數不等用零者乘之,

　　iii) 以某某原本子之若干用其乘且，付（或列）上所有元素再加厥另一行（或列）之數,而其中原用上行列式之次數最高而仍不等於零者,亦仍不等於零。故若用 (i) (ii) (iii) 三種形化,其行列之 rank 不致更改,而狀貌則可以化作適當之形,如所謂 normal form 者,於是降級等事,即可以一覽無餘也.用此之方法,如行列之 n 次行列式 $D_n(\lambda)$ 不全等於零,則行列可以化作以下之形狀:

$$
\begin{vmatrix}
E_1(\lambda) & 0 & 0 & \cdots & 0 \\
0 & E_2(\lambda) & 0 & \cdots & 0 \\
0 & 0 & E_3(\lambda) & \cdots & 0 \\
\vdots & & & & \vdots \\
0 & 0 & 0 & \cdots & E_n(\lambda)
\end{vmatrix}
$$

其中 $E_{i-1}(\lambda)$ 爲 $E_i(\lambda)$ 之因子, $i=1, 2\cdots\cdots n$, 即所稱爲行列之 invariant factors 者也. 又 $E_1(\lambda)\,E_2(\lambda)\cdots\cdots E_n(\lambda)=D_n(\lambda)$.

如上之行列式（1），作爲行列，即可以如下化之：

最先，第一列 $-3\times$ 第二列 $+3\times$ 第三列 $-$ 第四列，

其次，第二列 $-2\times$ 第三列 $+$ 第四列，

再次，第三列 $-$ 第四列，

則行列卽變作

$$
\begin{pmatrix}
(a-1)^3 & 0 & 0 & 0 \\
(a-1)^2 & (a-1)^2 & 0 & 0 \\
a-1 & 2(a-1) & a-1 & 0 \\
1 & 3 & 3 & 1
\end{pmatrix}
$$

又　第一行 $-$ 第二行 $+$ 第三行 $-$ 第四行，

第二行 $-2\times$ 第三行 $+3\times$ 第四行，

第三行 $-3\times$ 第四行，

則行列之形卽爲

$$
\begin{pmatrix}
(a-1)^3 & 0 & 0 & 0 \\
0 & (a-1)^2 & 0 & 0 \\
0 & 0 & (a-1) & 0 \\
0 & 0 & 0 & 1
\end{pmatrix}
$$

再經過行列之互換，卽爲

（1）
$$
\begin{pmatrix}
1 & 0 & 0 & 0 \\
0 & a-1 & 0 & 0 \\
0 & 0 & (a-1)^2 & 0 \\
0 & 0 & 0 & (a-1)^3
\end{pmatrix},
$$

卽　$E_1(a)=1$, $E_2(a)=a-1$, $E_3(a)=(a-1)^2$, $E_4(a)=(a-1)^3$, $D_4=(a-1)^6$.

至行列式（2）之行列變化，則稍爲繁雜，今姑擧其結果如下.

$$\begin{bmatrix} a-2 & -1 & -1 & -1 \\ -1 & a-2 & -1 & -1 \\ -1 & -1 & a-2 & -1 \\ -1 & -1 & -1 & a-2 \end{bmatrix} \rightarrow \begin{bmatrix} -1 & a-2 & -1 & -1 \\ a-2 & -1 & -1 & -1 \\ -1 & -1 & a-2 & -1 \\ -1 & -1 & -1 & a-2 \end{bmatrix}$$

$$\rightarrow \begin{bmatrix} -1 & 0 & 0 & 0 \\ 0 & (a-2)^2-1 & -(a-2)-1 & -(a-2)-1 \\ 0 & -(a-2)-1 & (a-2)+1 & 0 \\ 0 & -(a-2)-1 & 0 & (a-2)+1 \end{bmatrix} \rightarrow \begin{bmatrix} 1 & 0 & 0 & 0 \\ 0 & a-1 & 0 & -(a-1) \\ 0 & 0 & a-1 & -(a-1) \\ 0 & -(a-1) & -(a-1) & (a-1)(a-3) \end{bmatrix}$$

$$\rightarrow \begin{bmatrix} 1 & 0 & 0 & 0 \\ 0 & a-1 & 0 & 0 \\ 0 & 0 & a-1 & 0 \\ 0 & 0 & -(a-1) & (a-1)(a-4) \end{bmatrix} \rightarrow \begin{bmatrix} 1 & 0 & 0 & 0 \\ 0 & a-1 & 0 & 0 \\ 0 & 0 & a-1 & 0 \\ 0 & 0 & 0 & (a-1)(a-4) \end{bmatrix} \quad (2')$$

$E_1=1, E_2=a-1, E_3=a-1, E_4=(a-1)(a-4), D_4=(a-1)^3(a-4).$

不難知 (2) 及 (2') 號上原 (1) 行列與 (1') 行列之級十成相同，蓋令 $a=1$ 則二者降級之數亦匯相同今代入 (2) 式得四列相同，而級降爲 1. 故代入 (2') 中之級，亦降爲 1. 然於 (2') 中若級降爲 1，則對角線上應惜有三元素 $D_4(\lambda)$ 可以爲 $a=1$ 陳血，瓜以 $D_4(a)$ 至正少有三因子爲 $a-1$. 至於此 $a-1$ 之因子是否可以高於三重，則非此法之所得決定者也.

更以 (1) 及 (1') 考之，以 $a=1$ 代入，則全然與 (2) 及 (2') 相同，卽亦恰有三個 invariant factors 有 $a-1$ 之因子，換言之，$D_4(\lambda)$ 至少有 $(a-1)^3$ 之因子.至是否得高於此，則僅用此法實無把握也.

就通例言之，若以 $\lambda=a$，代入一行列而其級降 k 次，或云所得

行列之級爲 $n-k$,則此行列恰有 k 個 invariant factors.

$$E_{n-k+1}(\lambda),\ E_{n-k+2}(\lambda),\cdots\cdots E_n(\lambda)$$

可以爲 $\lambda-\alpha$ 除盡,而 $D_n(\lambda)$ 卽至少有 $(\lambda-\alpha)^k$ 之因子.但欲更進一步卽無可證明矣.

　　讀者當見此原係初等代數中無關宏恉之一小節耳,然欲原委分明,卽不能無賴於高等代數. Klein 之所以對授習數學者諄諄言角之不可以三等分,立方之不可以倍積,與夫圓之不可以方者,或亦此物此志歟?

圓函數及雙曲函數之幾何定義,並以此爲起點而平行

論列之(三續)

秉　鈞

15.圓餘弦中變元之相加.　a)在全等式(6)中,試令 $\sigma_2=\dfrac{\pi}{2}$,則以 $\cos\sigma_2=\cos\dfrac{\pi}{2}=0$ 及 $\sin\sigma_2=\sin\dfrac{\pi}{2}=1$,於是得

$$\cos\sigma=\sin\left(\sigma+\frac{\pi}{2}\right).$$

b) 復次,由如此所得之關係,得

$$\cos\left(\sigma+\frac{\pi}{2}\right)=\sin\left(\sigma+\frac{\pi}{2}+\frac{\pi}{2}\right)=\sin(\sigma+\pi).$$

但面積 σ 及 $(\sigma+\pi)$ 乃與圓周上同在一直徑上對立之兩點 M 及 M' 對應,(圖19),蓋以圓之面積爲 π 也.以故,得

$$\sin(\sigma+\pi)=-\sin\sigma,$$

因而

$$\cos\left(\sigma+\frac{\pi}{2}\right)=-\sin\sigma.$$

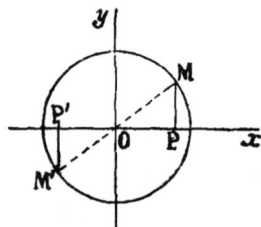

圖 19

教 材 二　　　圓函數及雙曲函數之幾何定義,並以此爲起點而平行論列之　　11

c) 由 全 等 式 (6), 得

$$\sin\sigma_1 \cos\left(\sigma_2+\frac{\pi}{2}\right) + \sin\left(\sigma_2+\frac{\pi}{2}\right)\cos\sigma_1 = $$

$$\sin\left(\sigma_1+\sigma_2+\frac{\pi}{2}\right),$$

因 而 依 *a)* 及 *b)* 之 所 得, 便 得

$$-\sin\sigma_1 \sin\sigma_2 + \cos\sigma_2 \cos\sigma_1 = \cos(\sigma_1+\sigma_2).$$

卽

$$(7)\qquad \cos(\sigma_1+\sigma_2) = \cos\sigma_1 \cos\sigma_2 - \sin\sigma_1 \sin\sigma_2.$$

是 卽 關 於 圓 餘 弦, 吾 人 所 欲 得 之 關 係 也.

此 關 係 (7) 尚 可 得 之 如 次:於 全 等 式 (6) 中,試 作 變 換

$$u=(\sigma_1+\sigma_2), \quad v=(\sigma_1-\sigma_2),$$

於 是 有

$$\sin u = \sin\frac{u+v}{2} \cos\frac{u-v}{2} + \sin\frac{u-v}{2} \cos\frac{u+v}{2}.$$

若 取 此 式 之 兩 邊 對 於 u 之 帶 函 數,則 得

$$\cos u = \frac{1}{2}\cos\frac{u+v}{2}\cos\frac{u-v}{2} + \frac{1}{2}\sin\frac{u+v}{2}\left(-\sin\frac{u-v}{2}\right)$$

$$+ \frac{1}{2}\cos\frac{u-v}{2}\cos\frac{u+v}{2} + \frac{1}{2}\sin\frac{u-v}{2}\left(-\sin\frac{u+v}{2}\right),$$

卽

$$\cos u = \cos\frac{u+v}{2}\cos\frac{u-v}{2} - \sin\frac{u+v}{2}\sin\frac{u-v}{2},$$

於代 u 及 v 以其值,則得

$$\cos(\sigma_1+\sigma_2)=\cos\sigma_1\cos\sigma_2-\sin\sigma_1\sin\sigma_2,$$

是乃上之（7）式也.

16.圓正切中,變元之相加. 於以全等式（7）之兩邊除全等式（6）之相當邊,則得

$$(8)\qquad \tan(\sigma_1+\sigma_2)=\frac{\tan\sigma_1+\tan\sigma_2}{1-\tan\sigma_1\tan\sigma_2},$$

是乃關於圓正切,吾人所欲得之關係也.

17.雙曲正弦中,變元之相加. 設 $\lambda(\sigma)=\mathrm{sh}\,\sigma$;於是無論 σ 取任何值,皆有

$$(\sigma)'_\lambda=\frac{1}{\sqrt{\lambda^2+1}},$$

因而（2）式可書為

$$+\frac{\lambda_1'}{\sqrt{\lambda_1^2+1}}+-\frac{\lambda_2'}{\sqrt{\lambda_2^2+1}}=\theta;$$

若復作第14節中之推理,則得

$$\lambda_1'\sqrt{\lambda_2^2+1}+\lambda_2'\sqrt{\lambda_1^2+1}=\big(\lambda_1\sqrt{\lambda_2^2+1}+\lambda_2\sqrt{\lambda_1^2+1}\big)'$$

$$-\lambda_1\lambda_2\Big(\frac{\lambda_2'}{\sqrt{\lambda_2^2+1}}+\frac{\lambda_1'}{\sqrt{\lambda_1^2+1}}\Big)=\big(\lambda_1\sqrt{\lambda_2^2+1}+\lambda_2\sqrt{\lambda_1^2+1}\big)'=0;$$

於是猶之第14節關於圓正弦之情形,吾人推得

$$\lambda(\sigma_1)\sqrt{\lambda^2(\sigma_2)+1}+\lambda(\sigma_2)\sqrt{\lambda^2(\sigma_1)+1}=g(u)=g(\sigma_1+\sigma_2);$$

由是

$$\lambda(\sigma)\sqrt{\lambda^2(0)+1}+\lambda(0)\sqrt{\lambda^2(\sigma)+1}=g(\sigma);$$

但 $\lambda(\sigma)=sh\sigma$ 及 $\lambda(o)=sho=o$, 因之得

$$sh\sigma=g(\sigma),$$

而有

$$sh\sigma_1\sqrt{sh^2\sigma_2+1}+sh\sigma_2\sqrt{sh^2\sigma_1+1}=sh(\sigma_1+\sigma_2),$$

即

$$(9)\qquad sh(\sigma_1+\sigma_2)=sh\sigma_1\,ch\sigma_2+sh\sigma_2\,ch\sigma_1,$$

是即關於雙曲正弦,吾人所欲得之關係也.

18.雙曲餘弦中,變元之相加. 於關係(0)中,試作變換

$$u=(\sigma_1+\sigma_2),\qquad v=(\sigma_1-\sigma_2),$$

則得

$$shu=sh\frac{u+v}{2}\,ch\frac{u-v}{2}+sh\frac{u-v}{2}\,ch\frac{u+v}{2},$$

是式也,於取其兩邊對於 u 之導函數,則爲

$$chu=\frac{1}{2}\,ch\frac{u+v}{2}\,ch\frac{u-v}{2}+\frac{1}{2}\,sh\frac{u+v}{2}\,sh\frac{u-v}{2}$$

$$+\frac{1}{2}\,ch\frac{u-v}{2}\,ch\frac{u+v}{2}+\frac{1}{2}\,sh\frac{u-v}{2}\,sh\frac{u+v}{2},$$

$$=ch\frac{u+v}{2}\,ch\frac{u-v}{2}+sh\frac{u+v}{2}\,sh\frac{u-v}{2},$$

由是得

$$(10)\qquad ch(\sigma_1+\sigma_2)=ch\sigma_1\,ch\sigma_2+sh\sigma_1\,sh\sigma_2,$$

是即關於雙曲餘弦,吾人所欲得之關係也.

19.雙曲正切中,變元之相加. 若以全等式(10)之兩邊除全等式(9)之兩相當邊,則得

$$th(\sigma_1+\sigma_2)=\frac{sh(\sigma_1+\sigma_2)}{ch(\sigma_1+\sigma_2)}=\frac{sh\sigma_1\,ch\sigma_2+sh\sigma_2\,ch\sigma_1}{ch\sigma_1\,ch\sigma_2+sh\sigma_1\,sh\sigma_2},$$

因而

(11)
$$\operatorname{th}(\sigma_1+\sigma_2)=\frac{\operatorname{th}\sigma_1+\operatorname{th}\sigma_2}{1+\operatorname{th}\sigma_1-\operatorname{th}\sigma_2},$$

是卽關於雙曲正切,吾人所欲得之關係也.

　　20.幾何求法.　　前所得關於變元相加之各公式,亦可以各函數之幾何定義爲出發點而求得之.

　　1）圓正弦及圓餘弦.　設 σ_1 爲圓扇形 N_1OM_1 之面積; σ_2 爲圓扇形 N_2OM_2 之面積;至於面積 $(\sigma_1+\sigma_2)$ 則爲圓扇形 NOM 者(圖20).

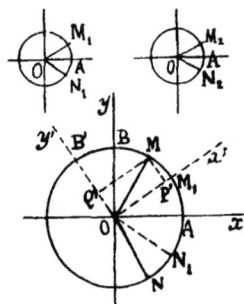

　　由定義, $\cos(\sigma_1+\sigma_2)$ 及 $\sin(\sigma_1+\sigma_2)$ 乃爲坐標系 xoy 中 M 點之坐標,是卽 OM 在 ox 及 oy 上之直角投影(orthogonal projection)也.

　　設 OP' 爲 OM 在 OM_1 上之直角投影, 則 OM 在一軸上之投影乃爲 OP' 及 $P'M$ 在此軸上之投影之代數和.他方面,茲有

$$OP'=\cos\sigma_2,\quad P'M=\sin\sigma_2.$$

　　今求 OM 在 ox 及 oy 上之直角投影.OP' 及

圖 20

$P'M$ 在 ox 及 oy 上之投影,或 OP' 及 OQ' 在 ox 及 oy 上之投影(卽 P' 及 Q' 之坐標)爲(參閱第1節):

OP' 在 ox 上之投影 $=OP'\cos\sigma_1=\cos\sigma_2\cos\sigma_1,$

OP' 在 oy 上之投影 $=OP'\cos($扇形 R_1OM_1 之面積$)$

$\qquad\qquad =\cos\sigma_2\cos($扇形 R_1OM_1 之面積$),$(圖21),

OQ' 在 ox 上之投影 $=OQ'\cos\left(\sigma_1+\dfrac{\pi}{2}\right)=\sin\sigma_2\cos\left(\sigma_1+\dfrac{\pi}{2}\right).$

OQ' 在 oy 上之投影 $=OQ'\cos($扇形 $D'OB'$ 之面積$)$

$\qquad\qquad =\sin\sigma_2\cos($扇形 $D'OB'$ 之面積$),$

理学卷（第二册） 科学通讯 第二卷 第五期（1936）

教材二　　圓函數及雙曲函數之幾何定義,並以此爲起點而平行論列之　　15

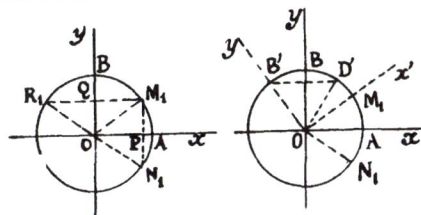

圖 21

因而得

$$OM \text{ 在 } ox \text{ 上之投影} = \cos(\sigma_1 + \sigma_2) = \cos\sigma_2 \cos\sigma_1 +$$
$$\sin\sigma_2 \cos\left(\sigma_1 + \frac{\pi}{2}\right),$$

$$OM \text{ 在 } oy \text{ 上之投影} = \sin(\sigma_1 + \sigma_2) = \cos\sigma_2 \cos(扇形 \, R_1 OM_1 \text{ 之面積})$$
$$+ \sin\sigma_2 \cos(扇形 \, D'OB' \text{ 之面積}).$$

由圖 22, 其中二角 M_1OD 及 AOD 爲相等及同向,可見

$$\cos\left(\sigma_1 + \frac{\pi}{2}\right) = \cos(扇形 \, C'OB' \text{ 之面積}) = OS = -OQ$$
$$= -\sin\sigma_1.$$

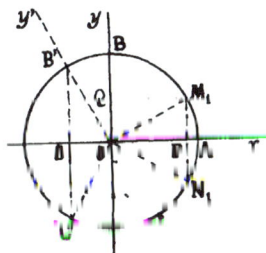

圖 22

復次,由圖 21,可見.

α)　$\cos(扇形 \, R_1 OM_1 \text{ 之面積}) = O'Q = \sin\sigma_1;$

β)　$\cos(扇形 \, D'OB' \text{ 之面積}) = \cos(扇形 \, N_1 OM_1 \text{ 之面積})$
$$= \cos\sigma_1.$$

總上所述,可見 OM 在 ox 及 oy 上之投影爲

$$\cos(\sigma_1 + \sigma_2) = \cos\sigma_2 \cdot \cos\sigma_1 - \sin\sigma_2 \cdot \sin\sigma_1,$$
$$\sin(\sigma_1 + \sigma_2) = \cos\sigma_2 \cdot \sin\sigma_1 + \sin\sigma_2 \cdot \cos\sigma_1,$$

是卽上所已得者也.

　　2) 雙曲正弦及雙曲餘弦. 設 σ_1 爲雙曲扇形 N_1OM_1 之面積；σ_2 爲雙曲扇形 N_2OM_2 之面積；至於面積 $(\sigma_1+\sigma_2)$ 則爲雙曲扇形 NOM 者,(圖 23).

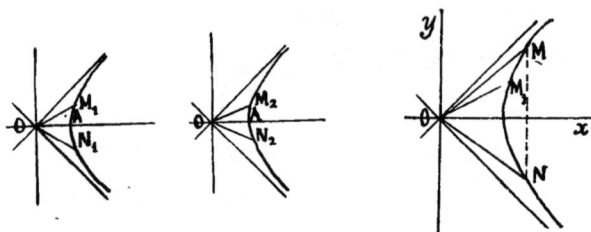

圖 23

　　由定義, $\mathrm{ch}(\sigma_1+\sigma_2)$ 及 $\mathrm{sh}(\sigma_1+\sigma_2)$ 乃爲坐標系 xoy 中 M 點之坐標, 請爲求之.

　　此點 M 乃於令扇形 M_1OM 之面積爲等於 AOM_2 之面積而得. 今假想此二扇形間,有其元素(element)互爲對應,而使其二對應元素爲同面積:

　　　　扇形 lom 之面積=扇形 $l'om'$ 之面積(圖 24).

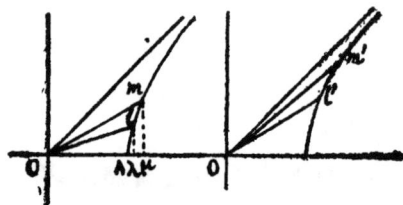

圖 24

　　設 x 及 y 爲 l 之坐標; $(x+\Delta x)$ 及 $(y+\Delta y)$ 爲 m 之座標.於代微弧 $\overset{\frown}{lm}$ 以其弦 $\overline{lm}$, 則得

　　　　(扇形 lom 之面積)=(面積 μom)-(面積 λol)-(面積 $\lambda lm\mu$),

由是得

$$2 \times (\text{扇形 } lom \text{ 之面積}) = (x+\Delta x)(y+\Delta y) - xy - \Delta x$$
$$(y + y + \Delta y) = x\Delta y - y\Delta x.$$

復次,設 x' 及 y' 爲 l' 之坐標;$(x'+\Delta x')$ 及 $(y'+\Delta y')$ 爲 m' 之坐標,則以二元素扇形 lom 及 $l'om'$ 爲等價(equivalent)之故,於忽略其階高於 1 之無窮小,便得

(12)
$$x\Delta y - y\Delta x = x'\Delta y' - y'\Delta x'.$$

他方面,等邊雙曲線之方程式爲
$$X^2 \quad Y'' = 1,$$

吾人有
$$x^2 - y^2 = (x+\Delta x)^2 - (y+\Delta y)^2,$$

卽
$$x\Delta x - y\Delta y = -\frac{1}{2}\left[(\Delta x)^2 - (\Delta y)^2\right]$$

同理
$$x'\Delta x' - y'\Delta y' = -\frac{1}{2}\left[(\Delta x')^2 - (\Delta y')^2\right],$$

因而於忽略其階高於 1 之無窮小,則有

(13)
$$x\Delta x - y\Delta y = x'\Delta x' = y'\Delta y'.$$

於將二等式 (12) 及 (13) 之相當邊相加及相減之,得

(14)
$$(x-y)(\Delta x+\Delta y) = (x'-y')(\Delta x'+\Delta y')$$

及

(15)
$$(x+y)(\Delta x-\Delta y) = (x'+y')(\Delta x'-\Delta y'),$$

於除二式 (14) 及 (15) 之兩邊以等式
$$x^2 - y^2 = x'^2 - y'^2$$

之兩相當邊,得
$$\frac{\Delta(x+y)}{x+y} = \frac{\Delta(x'+y')}{x'+y'}$$

及
$$\frac{\Delta(x-y)}{x-y} = \frac{\Delta(x'-y')}{x'-y'}.$$

設 t 及 t' 爲異於零,則關係

$$\frac{\Delta t}{t} = \frac{\Delta t'}{t'},$$

即

$$t'\Delta t - t\Delta t' = 0$$

乃與關係

$$\Delta \frac{t'}{t} = \frac{t'+\Delta t'}{t+\Delta t} - \frac{t'}{t} = 0$$

爲等價.因而可知比率 $\frac{t'}{t}$ 乃爲一常數.

明乎是,可見在所取之情形中,比率 $\frac{x'+y'}{x+y}$ 及 $\frac{x'-y'}{x-y}$ 俱各爲常數.

於點 (x, y) 由 A 到 M_2 時,其對應點 (x', y') 由 M_1 到 M,是以有

$$\frac{(x'+y')_{M_1}}{(x+y)_{A}} = \frac{(x'+y')_{M}}{(x+y)_{M_2}}$$

及

$$\frac{(x'-y')_{M_1}}{(x-y)_{A}} = \frac{(x'-y')_{M}}{(x-y)_{M_2}}.$$

但是

$$(x+y)_{A} = x_{A} + y_{A} = 1 + 0 = 1,$$

及

$$(x-y)_{A} = x_{A} - y_{A} = 1 - 0 = 1,$$

因而得

$$x'_{M} + y'_{M} = (x'_{M_1} + y'_{M_1})(x_{M_2} + y_{M_2})$$

及

$$x'_{M} + y'_{M} = (x'_{M_1} - y'_{M_1})(x_{M_2} - y_{M_2}),$$

由是得

$$x'_{M} = x'_{M_1} x_{M_2} + y'_{M_1} y_{M_2},$$

及

$$y'_{M} = x'_{M_1} y_{M_2} + y'_{M_1} x_{M_2},$$

卽

$$\mathrm{ch}(\sigma_1 + \sigma_2) = \mathrm{ch}\sigma_1 \, \mathrm{ch}\sigma_2 + \mathrm{sh}\sigma_1 \, \mathrm{sh}\sigma_2$$

及

$$\mathrm{sh}(\sigma_1 + \sigma_2) = \mathrm{ch}\sigma_1 \, \mathrm{sh}\sigma_2 + \mathrm{sh}\sigma_1 \, \mathrm{ch}\sigma_2,$$

是乃上所已得之結果也.

關於人工放射原子的研究

(On the Artificial Radioelements)

葉 蘊 理

最初發現有放射性的物質的人是法國物理家 Henri Becquerel(1896).他發現鈾能使照片印像,這個發現到1898年引起Pierre Curie的注意,於是和他的夫人Sklodowska Curie(即今世稱居禮夫人)通力合作,費了九年工夫的力量,才從許多噸的 Pitchblende 的礦石中提出還不到 1 gramme 的有放射性的東西,意即它自動的放射一種有遊離作用(Ionization)的放射線,這東西是銀色,發金屬的光亮,遇空氣馬上就黃化成爲粉末,這東西就是世界上最寶貴的東西,也就是由它們命名的鐳(Radium).居禮夫人用化學方法求出這物質的原子量(Atomic Weight)是226,它的原子數(Atomic number)是88.用化學符號來表示,我們可寫爲:

$$_{88}Ra^{226}$$

我們把它寫爲這種形式,因爲按照今年國際化學專家會議,主張把A.W.寫在右邊,A.N.寫在左邊,與前年在比京開的 Solvay 物理會議和去年英京國際會議所採用的符號稍有不同:這就是A.W.由寫在右邊上角,顯然的,這種寫法沒有前者寫的醒目,所以我們現在也採用新法.

經了這點小注意後,我們姑且不提鐳的發明後關於它的各種研究,單說鐳既不斷在放射中,後來Ramsay證明這種射線是一種氦(Helium)的原子核,也就是一種物質,所以鐳在不斷的減少它的分量:假定有x重量的鐳,經過T的時間後減少$\frac{x}{2}$,這種時期,人們稱作週期(Period).鐳是很寶貴的東西,也幸它的週期是很長

的:約爲 1500 年.

在別方面,人們經研究後證明凡是有放射性的物質,它的減少率是按照超越曲線 $e^{-\lambda t}$ 的,故 λ 與週期 T 成反比例,這由下式可推出:

$$\frac{x}{2} = xe^{-\lambda T}, \qquad -\log_e 2 = -\lambda T$$

$$\therefore \qquad\qquad \lambda = \frac{\log 2}{T}. \qquad\qquad (1)$$

在 1919 年以前,人們對於放射物質的研究都是有關它的本身的放射性或化學性.但試想這種放射性是來於原子核內部構造的崩毀,這種自動的崩毀是否用人工方法也可以引起呢?英國劍橋大學 (Rutherford) 教授曾提起這個問題,而發現用強力的 α 線,卽爲 RaC 所自動發出的氦原子核轟射鋁葉時,發現一種射線,比 α 射線在空氣中所能走的路徑遠長,用磁場證明這是一種元核(Proton),亦卽氫的原子核($_1$H^1),原子核反應式(Nuclear Reaction)可寫爲:

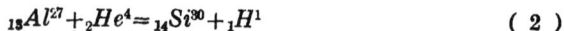

$$_{13}Al^{27} + _2He^4 = _{14}Si^{30} + _1H^1 \qquad\qquad (2)$$

$_{14}$Si^{30} 是硒的同位體 (Isotope),由 Aston 所發明的 Mass-spectrozroph 可以證明它的存在.

同樣用 α 線轟射氮時,也得到元核的放射,它的原子核反應可以寫爲:

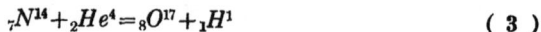

$$_7N^{14} + _2He^4 = _8O^{17} + _1H^1 \qquad\qquad (3)$$

Blackett 曾用 Wilson's Cloud Chamber 攝得極顯明的照片:看見多條交叉的軌道,一條短而粗的是屬於 $_8O^{17}$,一條是長而細的,是屬於元核,$_1H^1$.因爲元核較快而輕,所以它的遊離作用較小而路

教材三　　　　　　　　關於人工放射原子的研究　　　　　　21

徑較長.

　　到 1930 年,用 α 線轟射鉑 (Beryllium) 德人 Bothe 和 Becker 證明 γ 線的存在.這個實驗引起法人 F. Joliot 及 Curie 夫人的女兒 Irène Curie 的注意,重作實驗而發現中子 (Neutron) 之存在,這是一顆 A.W. 約等於 1, A. N. 則爲零的質點,因其不含電荷,所以它能單身直搗原子核的禁城,故其侵透力比 γ 線更大. γ 線普通只能透過七,八公寸,中子則能透過十餘公寸.用 Polonium 的 α 線來轟射鉑時又可射出正電子與負電子. Joliot-Curie 以爲這是 γ 線在原子核裏變化所成(Internal materialization),但這種解釋却不能適用於鋁:用 α 線轟擊 Al 時,他們發現有正電子放出,但並無強力的 γ 線和負電子放出.因此這裏的正電子不能說是來於 Materalization 了.更可奇怪的,就是把 α 線的來源取消後,鋁葉仍不斷的放射正電子,不過它的數目漸漸的減少,而遞減的情形是服從我們在上所述的超越曲線的,由此可見正電子想必來自一種放射物質之崩壞.所以 Joliot-Curie 就把這種原子核反應分爲兩種步驟來說明.

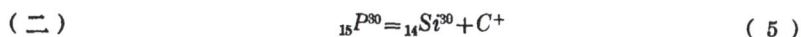

（一）　　　　　　$_{13}Al^{27} + _2He^4 = _{15}P^{30} + _0N^1$　　　　　（4）

（二）　　　　　　$_{15}P^{30} = _{14}Si^{30} + C^+$　　　　　（5）

　　這就是說:用 α 線轟擊鋁時,可便變爲通常矽的同位體 $_{14}Si^{30}$,但可取多種方式:或者按照（2）式直接變成,或者按照（4）式與（5）式先變爲磷的同位體 $_{15}P^{30}$,這是一種有放射性的原子,所以它先放射一顆正電子再變爲矽.據他們的結果,放射磷(Radiophosphorus) 有週期 $T = 3'15''$.

　　Joliot-Curie 對於別的輕質原子也作過同一試驗,結果他們

　　　　　參閱「科學」第十八卷第三期 P. 384-394 (1934)

發現硼(Boron)和鎂(Magnesium)都也可產生放射的原子,由前者所得的是放射的氮 $_7N^{13}$,由後者所得的是放射硒 $_{14}Si^{27}$. 我們單看放射氮是怎樣變出來的:

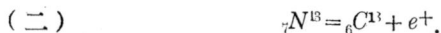

（一）$$_5B^{10} + _2He^4 = _7N^{13} + _0n^1$$

（二）$$_7N^{13} = _6C^{13} + e^+.$$

爲證明這個反應式人們有多種方法,一種用 Wilson Chamber 和 Magnetic field 可以看出正電子的 Ionization 和它的 Curvature 的方向如何,而證明這是荷正電的電子,一種是用化學反應方法證明 $_7N^{13}$ 之存在.Joliot-Curie 用了一塊 BN 加上 $NaOH$, 發生 NH^3,把 NH^3 通入遊離室,再用 Hoffmann electrometer 測量微弱的電流,所以如果 Amonium 中的氮原子不含放射性,那末遊離室中的電流就不會發生了.

用化學方法, Joliot-Curie 也證明他們對於鋁和鎂所發生的 Radiophosphorus $_{15}^{30}$ 和 Radiosilicium $_{14}Si^{27}$ 的實在性.

對於這個偉大的科學發現（1933）,明眼人當可看出它的重要性:在科學界中另闢一田境,在科學史上另開一新紀元.

並且這幾年來歐美各國科學家對原子核的研究已備有相當的利器和思想,所以法國物理家的發現隨卽引起人們的注意而加以證實.但這還不算數,他們又發明用別的人工方法而產生有放射性的原子,而這是普通化學裏沒有登載過的原子.關於這種工作在這多年裏進步大有一日千里之概,結果很多,我們不能在此贅述,不過可注意的有多方面,一是在美國 Califorina **大學** Lawrence 用它的 Cyclotron 儀器來使重氫（Deuterium）的遊子在用高强的電場（10^6 electron volt 以上）中加速.因此得着一種有高强的動能（Kinetic Energy）的質點,這種質點注射到物質上也有

產生放射原子的可能;例如:通常食鹽中的鈉可以變爲放射鈉(Radiosodium).

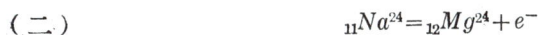

（一）　　　　　　　　　　　　$_{11}Na^{23} + _1H^2 = _{11}Na^{24} + _1H^1$

（二）　　　　　　　　　　　　$_{11}Na^{24} = _{12}Mg^{24} + e^-$

　　這就是說:鈉的唯一同位體 $_{11}Na^{23}$ 先變成另一同位體 $_{11}Na^{24}$, 同時有一顆元核 $_1H^1$ 放出;不過這個新原子 $_{11}Na^{24}$ 是自然界中沒有的,它的原子核組織是不穩固的,所以放出一顆負電子,而變爲穩定的原子卽鎂.這放射鈉的週期約十五小時,所以美國醫院裏已有人在試驗這負電性的射線在生理上的效應如何.由此我們得到結論:純粹科學的研究與人生也有密切的關係,而是人所未可逆覩的.

　　另一種人造放射原子的方法,而成效最大的,要推意大利物理家 E. Fermi 敎授和它的同事所用中子注射法.因爲中子不荷電,侵透力較強,所以大半原子都受影響,不像 Joliot-Curie 所用 α 線的方法只有極少數的成效.例如鋁葉經中子注射後亦可以產生 Lawrence 敎授所得的放射鈉 $_{11}Na^{24}$,有同　週期,這裏的反應式可寫爲;

$$_{13}Al^{27} + _0n^1 = _{11}Na^{24} + _2He^4,$$

$$_{11}Na^{24} = _{11}Mg^{24} + e^-.$$

　　由此可見同一放射原子可用多種方式產生.据 Fermi 的研究,我們現在已經知道從最輕的原子氫($_1H^1$)到第九十二種原子卽最重的鈾($_{91}U^{??}$)能夠給我們新的放射原子的已有七十種以上.由這種結果,我們對於輕質原子核的穩定性(Stablity)曾加以推測,發現這種結構的穩定性啓示一種週期現象.* 關於這個問題近

* Comptes Rendus. (1934)

閱美國哥倫比亞大學 Goldsmith* 先生曾加以補充,提出物理學會討論,在英,法**方面都有人在繼續研究中.

最後我們已知道在普通原子中,還有鉀 (Kalium)和銣 (Rubidium)也放射β線,雖是很微弱,但也是可測出的放射性.這種放射性的來源,曾絞費了許多學者的腦汁而不得其解.這真是件物質的謎.現在我們貢獻一個說明就是根據上述的我們研究 Fermi 試驗的結果,這種長週期的放射原子也許是在宇宙混沌時代,中子注射穩定原子後所遺留下的効應.因這週期非常之長 (10^9 years),所以在混沌時代鉀和鈉的放射性當比現在更強烈.英國 Exter大學 F.H. Neuman 教授*** 和 Walke 先生對於這解釋也曾有所檢討,恕不贅述.

---

* Physical Review (1935)

** C. R. (1936)

*** Nature (1935)

流體動力學上幾件表現器

蔡　其　清

　　流體動力學之論流體運動,普通分爲二部,一爲理想流體之運動,一爲實際流體運動卽黏滯動。理想流體運動又分爲位動及轉動,位動則每一微體祇移位置而無轉動,轉動則除遷移位置外更須旋轉一角度.至實際流體運動,又分爲片動及擾動.片動爲運動之沿一定流線進行者,而擾動則不依一定流線進行,故爲非穩定狀態者.又片動通常皆爲轉動,惟當黏滯性流體經過距離極近之二平行板時此運動亦能爲位動者,蓋特例也.凡此位動,轉動片動,擾動爲初學易於明瞭計,常有儀器以表現之,茲就實驗室中已製就者,略加說明焉.

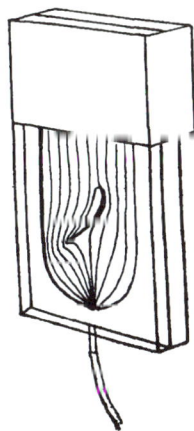 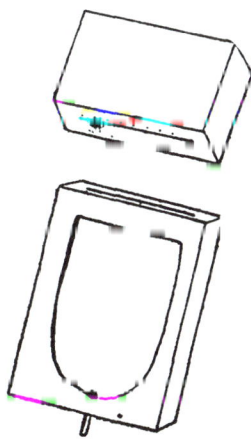 

圖　一　　　　　圖　二　　　　　圖　三

流線表現器　該器之製造卽根據上述之黏滯性流體經過

距離極近二平板間之理論而用以表明位動者.如圖在銅板上蓋
一玻片,中留一極薄之槽（約一公
厘）.其上更銲接一盒,縱分爲二,其
一貯水,他一則貯色水,其貯水者下
鑿一縫,貯色水者下鑿一列之細孔,
二者之距離極近使之皆下注於簿
槽之中.槽之下部須范爲光滑之流
線形.則不至有轉動發生,其下端則
聚於一管,接以皮帶,約束皮帶,可節
制水流速度.當水流至穩定狀態時,
即見自細孔流出之色線位置固定
不復遷徙.今設以各種形狀之阻礙
物置於其中,即見流線繞阻礙物之
邊緣進行,其圖形與理論上二因次
的位動所得者大致相同,如(圖一)乃
阻礙物爲飛機翼橫斷面時四週流
線之情形,(圖二)示水盒之未銲上
之情形,(圖三)爲該器之縱斷面.

　　渦旋環表現器　依理論在理
想流體中,因無黏滯性,故渦旋線不
能創造,設能創造亦不復毀滅.在實
際流體中常籍磨擦以造成渦旋動,
如匙在咖啡杯中攪動即有渦旋線
發生,其一例也.惟渦旋線不易觀察
其性質,故常用渦旋環表現之.此器

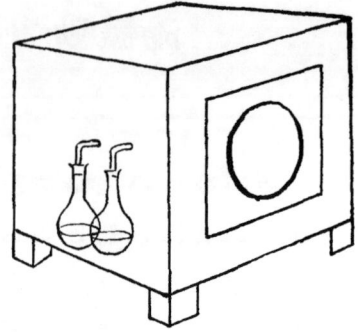

圖　四

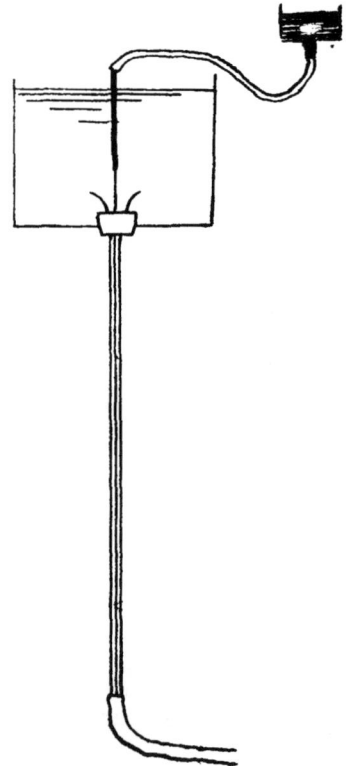

圖　五

教材四　　　　　流體動力學上幾件表現器　　　　　27

為容積約一立方尺之木箱,前面釘一鑿有圓孔之白鐵皮,後面則釘一橡皮布.旁鑿二孔以二導管通於二燒瓶,燒瓶內一置鹽酸,一置阿母尼亞.臨用時在二燒瓶上加熱,則箱內即有氯化銨白煙發生,再輕擊橡皮布,則洞口即有一渦旋環向前進行,直徑大者進行緩,直徑小者進行速.如二環相對進行,則見其相斥,如二環並行進行則見其相吸,再合而為一,繼以振動.設二環前後進行,則後環必追透前環.如是更繼續追逐至消散而止.設以燭火阻礙渦旋環之進行,則燭火即為之熄滅.其他更可賴以表現反射,屈折諸現象實一有興味之實驗也.

擾動表現器　　如(圖五)在水箱底鑿一圓孔,拴以木塞,中通一玻璃管,管之長約一公尺.玻璃管開口處須為流線形之喇叭以防管口因磨擦而生渦旋動,管之下端聯一橡皮帶,約束皮帶,可以調節水流.直刺喇叭口之中間,更裝一尖端細管,用皮帶通至一貯墨水之器,皮帶上亦有挾子可以調節色水之流動.水箱中水須待其靜止,水準亦須有相當之高,然後微開水管,再開墨水管,使墨水不致擴散為度.如是當水流速度不甚劇時,則墨水帶似直線進行,此即所謂片動也.及至一定速度,則流線即起振盪,不復能依直線進行,而成擾動矣.設精密測量之,得見片動與擾動之嬗變,實有賴於管徑 r 之大小,水流之速度u,及水溫（與動黏滯性v為反比）.三者或三者之一過一定限時,運動即須變形.蓋此三者實皆為萊氏數(Reynold's number)$\frac{ur}{v}$ 之因子.即無論在各種不同直徑之管中,當一定萊氏數時擾亂運動即行開始,此數名為臨界萊氏數.而相當此數之速度則為臨界速度.

叢　錄

肥　皂

（續）

郭　鍾　福

石灰製皂法

　　除上述二法外,尚有一法雖處理不易,但自化學上觀之,當特饒興味,茲試述之如次.斯法係以脂肪與過量之濃厚石灰水攪拌,稍待,此混合物即全行固結,蓋已成不溶性之鈣肥皂矣.而同時產成之甘油則散佈於此皂之諸空際中.設以此硬塊肥皂掘出研細,繼以熱水屢加洗灌,則甘油當全部浸出而鈣肥皂仍不致溶解.此甘油液經濃縮蒸餾後即可得普通甘油.同時,鈣肥皂則移入皂鍋內加鹽水與碳酸鈉共煮之.於是鈣肥皂即與碳酸鈉相互置換而生普通之鈉肥皂與沉澱碳酸鈣:

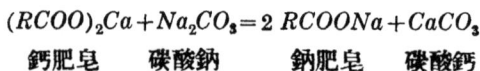

$$(RCOO)_2Ca + Na_2CO_3 = 2\,RCOONa + CaCO_3$$
　　鈣肥皂　　碳酸鈉　　　鈉肥皂　　碳酸鈣

　　因碳酸鈣之溶解度較鈣肥皂更小,故斯項作用更易完成.當此作用完成後所得之混合物靜置時,鈉皂即上浮而可取出,但炭酸鈣則混雜於下層之鹼液中,必經沖淡後方得濾出.此法現頗盛行於歐洲諸小工廠中,但因鈣皂之掘取磨細及碳酸鈣之過濾,倍感困難,需要人工極多,故斯法實不甚經濟,而大工廠中早已廢棄之矣.

　　上述諸法,皆製皂之普通者,至於產物種類之不同,實由於原料之配合上與嗣後處理法上之不同而已.

肥皂之種類

　　家用浣洗用之肥皂中,常和以松脂肥皂以增加其於冷水中之溶解度,並改善其去垢力,因自純牛脂製成之肥皂,於斯數點實輕遜也.椰子油拼合他種油脂可用以製造浮懸皂與香水皂,以其能使此等肥皂有特殊之泡沫性.浮懸皂之製造,係以空氣打入熔融之肥皂中,以增其空隙而減其比重,使能浮懸水面.

　　普通家用肥皂中常和以含水碳酸鈉及水玻璃(矽酸鈉),蓋此類化學藥品能使硬水軟化以免生成不溶性之鈣肥皂或鎂肥皂而貯積於衣上也.

　　香皂係以靜置法製成之肥皂烘乾後加香料而機製成塊者.製造時先以熔融之純淨肥皂徐徐傾於一鋼製之迴旋筒上,筒中灌以冷水,使流質肥皂凝成薄片於其上.此皂片幾經鋼筒之凝壓,最後卽切成細條,當以運輸帶上而移至乾燥室,藉熱空氣以除去水份由此所得之皂條約含水百分之八至十二,而普通家用皂中則含水恆在百分之三十以上.蒸乾後之皂條,當卽和以適當之香料,在旋轉攪拌器中拌勻,更經重壓機及適當口徑之擠作裝置壓成長條,切塊後卽可包裝而出售矣.

　　普通之洗衣皂中,亦常摻以少許香料,其目的不僅在使用者感到愉適,且以其兼有保藏能力,使之不易酸敗也.斯項香料大都自植物花朵等部分蒸取而得.用化學方法直接合成之香料亦多,與糖菓罐頭食物中所用者泰半相似.

透明肥皂

使肥皂透明之目的,不過在於吸引顧客而已.普通有<u>英</u>國法與<u>德</u>國法兩種.在<u>英</u>國法中,以稍含松脂皂之上等淨皂切成細塊,烘乾後而使溶於酒精中.過量之酒精得蒸餾除去,而下沉之不溶性雜質亦可分除之.於是傾此淨皂之酒精溶液於長型中,使其冷凝成塊,而所含酒精亦自行蒸發殆盡.至此即成不含水份或酒精之透明肥皂矣.

德國法則用相當量之油脂與濃鹼液,更加少量之酒精,濃糖液及甘油,使皂化完成而無過量之鹼性物夾雜其中.有時可用蓖麻子油以代普通油脂,因由斯製成之肥皂更易透明故也.此類肥皂混合液製妥後,少加色料,傾入型中固結之即成.由此法製成之肥皂因含水與酒精較多,故應用時易於消蝕,不若由上法製成者之經用.

市上出售之肥皂汁,即係肥皂於水或酒精中之溶液.然製造此類肥皂時如採用硬脂或軟脂或其他硬肥皂時,則產品當冷時將成膠狀混濁物.故通常僅椰子油最為適當,然設純用此油,則所成之皂常生令人不快之臭味,且於皮膚亦呈粗澀不適之現象.

修　面　皂

肥皂之主要目的當為去垢,但近日於修面去鬚時更需特製之肥皂.修面皂之特點在於泡沫之能持久,使鬚髮濕潤後而利於修剃,且此等泡沫必能於冷水或熱水中均能立剎生成.普通之香水皂或浮懸皂雖起泡甚多,但因其片剎即逝,故不適用於修面乾近.特種修面皂之製造,各廠家類守秘密,但大概必係鉀之硬脂酸鹽,或更利用椰子油,因由椰子油製成之肥皂,易溶於水而起泡沫也.

肥皂之去垢作用

肥皂之去垢作用,在於其溶液之潤滑性,溶解力低小之表面張力及易成乳狀液等特性.由於其表面張力之低小,故其接觸之任何表面均能爲其浸潤漫佈,則垢漬一經與之混和卽不易再與原物黏附,故得隨皂液爲水沖去.皂液中因略呈鹼性,故與垢漬易於生成乳狀液.故洗濯時常需搖動以助垢污之下落而成細粒,更加以皂液之潤滑性,則乳狀液之生成當更易,而塵垢油膩亦可頃剋除去矣.

色　彩

皆皂與抹濕皂顯少製自牛脂或椰子油,故恆呈白色.未經漂洗之棕樹油恆與製成之肥皂以橙紅色;設棕樹油經氧化劑(如重鉻酸鈉與稀鹽酸)漂洗後,所製成之肥皂爲淡褐色.白橄欖油或蓖麻子油製成者亦呈白色.但用二硫化碳自橄欖殘渣中浸出之次橄欖油常用以製成綠色之漂染用皂或其他較賤之化粧香皂.洗衣皂之呈靑色,則由於松脂肥皂混雜具中之故.

脂肪之特性

脂肪之組白硬脂酸或軟脂酸者,恆係飽和化合物而爲固體;脂肪之組白油酸者,則帙飽和物每分子短少二氫原子,日常係流體.脂肪之研討爲極繁複之事,因有機體之認識,非惟必先知其內中氫,氧,碳三原素之組成,且於其構造排列亦必擬定而後可.

自混雜之脂肪酸中提取純粹之脂肪酸,實非易事.將來或於更有良好方法之發明,則肥皂之製造當更可日新月異矣.

氫化作用

當市上缺少硬脂時,製皂廠則僅可利用油類以替代之,斯項

理学卷（第二册）　科学通讯　第二卷　第五期（1936）

油類必經氫化,加入適量之氫原子,使成飽和化合物,然後方能直接用以製皂.其法卽將氫氣於高壓力通入混有鎳屑之油液中,溫度常保持於攝氏一百八十五度左右,鯨油或植物油經此加氫作用後卽成硬脂,有時且可供食用云.

脂肪酸可能之製造法

任何脂肪酸之構造式,其末端之碳原子常連結二個氧原子,內中之一個復與一氫原子結合.設以此構造式與石油屬之碳氫化物相比較,則可知兩者間僅末端一碳原子上之組成不同而已.碳氫化物末端之一碳原子與三氫原子相連,成一甲烷基,但此類碳氫化物上之甲烷基極易氧化,成一酸基,與脂肪酸所含者相仿.設吾人能設法使三個氧原子與此類甲烷基相作用,則吾人卽可自石油中取得脂肪酸矣.

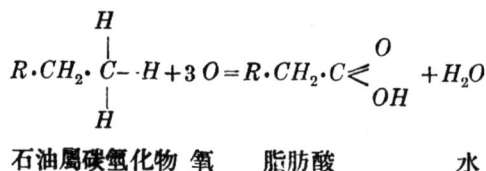

$$R \cdot CH_2 \cdot \overset{\displaystyle H}{\underset{\displaystyle H}{C}} - H + 3O = R \cdot CH_2 \cdot C \diagdown \overset{\displaystyle O}{\underset{\displaystyle OH}{}} + H_2O$$

石油屬碳氫化物 氧 脂肪酸 水

此類反應驟視之殊屬不易,但亦決非絕對不可能者.苟吾人能得一適當之氧化觸媒,則石油或能與空氣相作用而生成脂肪酸.因實際上更感困難之問題亦已為化學家所解決矣.

脂肪酸之蒸餾

大部分油脂經與苛性鈉蒸煮後卽能生成相當純淨之肥皂,但有時自廢棄脂肉所得之劣等油脂則不宜直接製皂.故斯類油脂必先經加酸分解後更行眞空蒸餾,如是卽可得白色或淡褐色之脂肪酸,以供製造次等皂之用,因大部雜質已於蒸餾時除去矣.

（完）

鋼　鐵　製　造

范　棠　譯

紀元前七百年,希臘詩人赫西屋(Hesiod)氏已劃分人類歷史爲四個時期:曰金器時期,銀器時期,銅器時期,及鐵器時期.赫氏當時所處者,即最後之鐵器時期.吾人由於此項傳說,乃信黃銅之製造,遠始於鐵器製造之前.觀大戰近載發掘所得之銅質遺物,恆古於鐵製器物,足證斯說之可信.然吾人設云鐵器之製造,或得與銅器,同時開始,亦非絕不可能之事,而吾人所以未能掘獲與銅器同時代之鐵器者,或因鐵器消蝕較速所致.但吾人知鐵器之應用,亦遠在紀元前三千年以前,因喜爾(Hill)氏於一八三七年,曾將古代坭塊擊碎後獲得紀元前三千年所製之鐵器,鐵製之犂鏵,自紀元前一三〇〇年以來,吾人已熟用之矣.

今日之鋼鐵冶煉法,猶爲最近之進展.自人類有史以前直至一九〇〇年間,鋼鐵之製造,幾無進步可言,即有之,亦細小不足道.惟昔日用木炭之熔燒白鑛苗制成金屬之古法嘗已迭經改進如熔鐵所用之煉爐,其高已自數呎增至二十餘呎.又如昔日製造熟鐵,僅經一次手續,但究今則必經一次之處理,易爲之.即今日之熟鐵,非自鑛苗直接製成,而必先經硬質之鑄鐵,然後更於適當情形下重熔之,使其易於鍛接而富有延性.

普通所謂之『坩堝法』(Crucible Process),即創自一七八四年.設以此法與昔日之煉鋼法相較,則或將謂兩者已絕對相異.遐邇馳名之談墨司葛司保安刀片,其所用原料,即係由此法製成者,

一八五九年左右,英之享利柏塞麥(Sir Herry Bessemer)及美

之威廉凱利 (Willam Kelly) 發明一鍊鋼法,卽現今稱爲柏塞麥法 (Bessemer Process) 者是.由於此法之採用,鋼之產量乃大增,成本亦隨之減低.其於今日之文化,重要可知.苟世上一日無鋼,則擧凡火車,電車,摩天樓,輪船等造成今日文化之因素,亦必盡成泡影.由是以觀,則吾人設以柏氏鍊鋼法爲劃分今古兩冶金術之界石,亦無不可.隨後繼此法而起者,乃有開爐鍊鋼法 (Open' Hearth Process),其出品之產量及品質,則現已超越於前法。

鋼鐵製造史上之第二界石,卽爲一九〇〇年台勒 (Taylor) 與華脫 (White) 二氏對於高速鋼製造之改進.自一九'〇五年以來,特種合金鋼之應用,遂與日俱增.但關於此方面之發展,進行甚漸殊難舉出某一年爲特殊階段,然馳騁市上之汽車固非彼不可,則今日文化之激進,合金鋼之發明,實亦重要因素也。

不銹鋼及耐熱鋼之改進,爲當今之急務.生銹剝蝕,爲鋼鐵之最弱點.吾人因鋼鐵銹蝕而蒙之損失,雖至今猶無精確之統計,但依大概言,則每年至少在一萬萬元以上.職是之故,輓近乃有不銹鋼之發明,種類繁多,各有專長,實爲機械製造之寶貴原料.不銹鋼有極佳之物理性質,且能施以修琢磨削諸處理.一如普通鋼鐵之不易折損,惜當今猶嫌其價格過貴,應用未趨普遍,設他日能減低成本,則其應用之前途,當更未可限量.

高溫度製造,爲現今各工廠常見之手續,則其所用機件,勢非耐熱不可.耐熱鋼鐵之主要條件,爲其性質之不受溫度增高而變化.如是方能於　溫度時,不失其應有之强力及延性等物理性質.反是,則危險殊甚,爆裂坍卸等現象,當相繼發生.惜關於此方面之研究,進展殊緩,然其影響於人類之文化已多,實堪注意者也.

　　　　　　　　　　　　　　　　　　（待續）

理学卷（第二册） 科学通讯 第二卷 第五期（1936）

专 载

近 代 幾 何

之 導 引

William C. Graustein 原 著

顧 澄 達 恉

第 八 編

複素面之度量幾何

1 引論 複素數

以前所論者但爲一次式問題;卽問題(以解析法將其構造時)之只含一次方程式者.今再就二次式問題討論之.例如求圓及線

$$x^2+y^2=1, \qquad x=a, \qquad\qquad a>0,$$

之交點.若 $a<1$, 則此線及圓有兩交點.若 $a>1$, 則此線不與圓交但 $a>1$ 時,此兩方程式仍是能解.例如 $a=2$, 則此兩方程式之兩解爲 $(2.\sqrt{-3})$, $2, -\sqrt{-3})$, 而其中 y 之值皆是虛數.

照以前之目的論,須線與圓常交於兩點.爲滿足此種需要起見,在此 $a=2$ 時可創造兩理想點,而卽以兩雙數 $(2,\sqrt{-3})$, $(2,-\sqrt{-3})$ 爲其坐標.

將此種意思作統系的進論之前,先略言複素數之意義.

複素數(complex numbers). 若 a' 及 a'' 爲任意兩實數,則普通複素數 a 爲

$$a=a'+ia'',$$

此 i 爲一理想數,此理想數有「其平方爲一」之性質,卽此 i 有 $i^2=-1$ 之性質.

此複數之 $a''=0$, 則此複數卽爲實數,凡實數皆可作如是觀. 又若 $a''\neq0$, 則此複數 $a=a'+ia''$ 謂之**虛數**.

---

　* 複素數以後或略稱複數,讀者幸勿誤以爲若干實數(素數)之稽之複數.又凡「複素」二字以後或皆略爲「複」字.如複素點略爲複點之類.

　** 此處省原文,實則但就數論,無所謂理想。i 之定義爲「數之其平方

此「複」與「虛」，意義不同．「虛」對「實」言，而「複」則兼虛實二者言．

複數之代數與實數之代數同．其特例，凡第一編所言行列式，矩陣，一次方程式，及一次相倚之諸理論，將其中所有之實數盡改為複數時，仍與前同毫無所變．

例題．　證明：若兩複數 $a=a'+ia''$, $b=b'+ib''$ 之積為 o，則此二數中至少有一數為 o．

2　複素點及複素線 (complex points and lines)　**點**　設在平面上作卡氏坐標軸，及設

為 -1 者」，即以 $i^2=-1$ 為 i 之定義．在實數中無如此之數，與有理數中無 $\sqrt{2}$ 相同；甚至與自然數中無 -1 同．若因實數之平方皆不為 -1 而云 i 為理想數，則有理數之平方亦皆不為 2 亦須名 $\sqrt{2}$ 為理想數矣．即以虛數論，函數論中曾一再說明此虛字為不通，不過以「虛數」一名沿用已久，不便改革，仍用之耳．

但在幾何方面，以卡氏坐標表點，則實點畫得出，虛點畫不出，謂虛點為理想點亦無不可．複素載題亦有圖表之方法，亦用兩軸，其表複素之法與以卡氏坐標表點之法相類．但二者貌同而實異，一坐標面決不能同時表虛實兩類之點，例如右圖 P 處，如 x, y 皆為實軸，則 P 表點 $(2,3)$；x 為實軸 y 為虛軸，則 P 表複數 $2+3i$．不惟在此圖中，無淺義複點 $(2+3i, 3+2i)$．即以複數 $2+3i$ 論，亦不能在一圖中既以 P 表點 $(2,3)$，復以 P 表複數 $2+3i$．上云虛點畫不出者，因此．

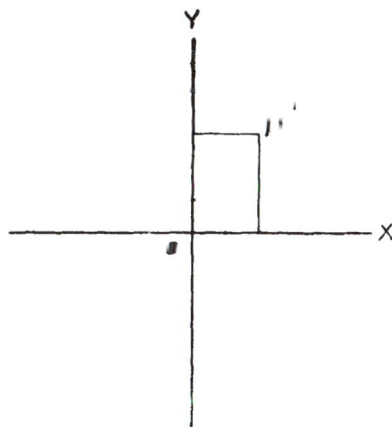

以前因兩平行線無交點，欲去此除外例，創一理想點即無窮遠點．今因一圓與一直線有時交有時不交，欲去此不交之除外例，而又創理想點即虛點．故謂虛點為理想點實前後一致．但亦不必因此謂 i 為理想數，致與解析方面不一致．

$$x = x' + ix'', \quad y = y' + iy'',$$

為一雙複數.若 x 及 y 皆為實數,即 (x, y) 為一尋常點,以後謂之**實點**.若 x, y 中有一個為虛數或皆為虛數,則在此平面上創造一新點,而以 (x, y) 為其坐標;此新點以後謂之**虛點** (imaginary point).

　　一切實及虛之點 (x, y) 之全體,組成**有窮複素面**(finite complex plane).此面中之任意一點謂之**複素點** (complex point).複素面及複素點略稱**複面**及**複點**.因此,複點亦如複數或為實點或為虛點.

　　非齊次坐標 (x, y) 亦可以

$$x_1 = x_1' + ix_1'', \quad x_2 = x_2' + ix_2'', \quad x_3 = x_3' + ix_3''.$$

所成之齊次坐標 (x_1, x_2, x_3) 代之.若 x_1, x_2, x_3 與 o, o, o 以外之三實數成比例,則 (x_1, x_2, x_3) 為一實點之坐標;例如 $(2, o, 4)$, $(2i, o, 4i)$, $(2-2i, o, 4-4i)$ 皆為同一實點之坐標.若 x_1, x_2, x_3 不與 o, o, o 以外之任何三實數成比例,則 (x_1, x_2, x_3) 及「與之成比例之一切 $(\varrho x_1, \varrho x_2, \varrho x_3)$」為一新造虛點之一組齊次坐標,此 ϱ 為一任意複數但不為 o.複點(卽實點及虛點)(x_1, x_2, x_3) 之全體,組成**廣義複數面**略稱**廣義複面**(extended complex plane)〔非齊次坐標之複點中無無窮遠點,齊次坐標之複點中有無窮遠點;有窮複面及廣義複面之分別在此〕.

　　線　引入虛線之法與引入虛點之法相類.此只須以處置點坐標之法施之於線坐標〔例如 u_1, u_2, u_3 中有一數為虛數,且不與 o, o, o 以外之任何三實數成比例時,線坐標 (u_1, u_2, u_3) 所表之線謂之**虛線**,實線及虛線之總稱為**複線**〕.

　　點及線　實點 x 在實線 u 上之必充條件為

（1）　　　　　　　　$(u \,|\, x) \equiv u_1 x_1 + u_2 x_2 + u_3 x_3 = o.$

———————————————————

＊ 此亦 $\dfrac{x_1}{x_3} = x$, $\dfrac{x_2}{x_3} = y$.

今亦公認此式爲「一複點 x 在複線 u 上」之必充條件.

從此公認可推知:凡第五編 4 款就實面中所言點線關係之理論,在複面中亦皆成立.蓋由是可知 $(a|u)=0$ 爲複點 a 之方程式,及 $(a|x)=0$ 爲複線 a 之方程式;再從此進推,卽可證明凡第五編 4 款中之點線關係論在複面中亦無不有效也.

例　　題

1.　證明兩點 $(1, i, 3+2i)$, $(1, -i, 3-2i)$ 之連線爲實線.

2.　求兩線

$$2x_1 - ix_2 + (1+i)x_3 = 0, \quad 2ix_1 - x_2 + (1+i)x_3 = 0,$$

之共點.

3　共軛複數　兩數

$$a = a' + ia'', \quad \bar{a} = a' - ia''$$

謂之共軛複數 (conjugate-complex numbers).其特例,在 $a'' \neq 0$ 時此二數謂之共軛虛數 (conjugate-imaginary numbers)〔以後爲說明上之便利起見,常謂 $\bar{a}$ 爲 a 之共軛, a 與 $\bar{a}$ 之共軛或謂 a 與 $\bar{a}$ 互爲共軛.〕

定理 1　一複數爲實數之必充條件爲此複數與其共軛複數相等.

此因若 $a''=0$,則 $a=\bar{a}$.其逆,若 $a=\bar{a}$,則 $ia''=0$ 而 $a''=0$,故 a 爲實數之必充條件爲 $a=\bar{a}$.〔凡 $a'+ia''=b'+ib''$ 時, $a'=b'$, $a''=b''$.此爲定義〕.

定義　若兩原素(卽兩點或兩線)中,一原素之齊次坐標爲 (a_1, a_2, a_3),他一原素之齊次坐標爲 $\bar{a}_1, \bar{a}_2, \bar{a}_3$),則此兩原素謂之**共軛複原素**.或略稱**兩複原數互爲共軛**.

從此定義可推知:若兩有窮複原素之坐標爲非齊次坐標,則

存(及 惟 在 其 兩 坐 標 中 相 應 各 標 互 爲 共 軛 複 數 時,此 兩 原 素 爲(及 方 爲)共 軛 複 原 素.但 兩 共 軛 複 原 素 之 坐 標 爲 齊 次 坐 標,則 其 中 相 應 各 標 無 互 爲 共 軛 複 數 之 必 要.因 齊 次 坐 標 可 有 一 比 例 率 之 因 數 也.

定理 2　複 原 素,在(及 惟 在)與 其 共 軛 複 原 素 相 合 時,爲(及 方 爲)實 原 素.

凡 實 原 數 之 齊 次 坐 標,其 中 各 數 皆 可 作 爲 實 數〔其 原 非 實 數 者,亦 可 以 比 例 率 乘 之,將 其 化 爲 實 數〕,故 此 實 原 素 之 共 軛 複 原 素 之 坐 標 必 與 此 實 原 素 之 坐 標 相 等,故 此 實 原 素 之 共 軛 複 原 素 必 與 此 實 原 素 相 合.

其 逆,設 兩 共 軛 複 原 素 爲 相 合.其 中 一 原 素,可 擇 一 齊 次 坐 標 (a_1, a_2, a_3) 表 之,而 擇 取 之 時,可 使 此 中 一 數 爲 1, 例 如 令 $a_3 = 1$. 如 是 則 其 中 他 一 原 素 之 坐 標 爲 $(\bar{a}_1, \bar{a}_2, \bar{a}_3)$, 而 此 $\bar{a}_3 = 1$. 旣 此 兩 原 素 爲 相 合,則

$$a_1 = \varrho\, \bar{a}_1, \quad a_2 = \varrho\, \bar{a}_2, \quad a_3 = \varrho\, \bar{a}_3.$$

因 $a_3 = \bar{a}_3 = 1$, 故 $\varrho = 1$, 而 $a_1 = \bar{a}_1, a_2 = \bar{a}_2$. 由 是 a_1 及 a_2 皆 爲 實 數,而 此 原 素 爲 實 原 素.本 定 理 之 證 明,於 此 完 成.

算 式 $(u\,|\,x)$ 可 作 爲 一 個 複 數.其 共 軛 複 數 爲 $(\bar{u}\,|\,\bar{x})$, 此 從 習 題 2 可 知.又 若 一 複 數 爲 o,則 其 共 軛 複 數 亦 必 爲 o. 故 若

$$u_1\, x_1 + u_2\, x_2 + u_3\, x_3 = o,$$

---

*原 註　例 如 兩 原 素 $(2, i, 1-i)$ 及 $(2+2i, -1+i, 2i)$,其 中 相 應 各 標 雖 不 互 爲 共 軛 虛 數,而 仍 爲 共 軛 虛 原 素.因 此 兩 坐 標 實 與 $(2, i, 1-i)$ 及 $(2, -i, 1+i)$ 相 同 也.〔此 因 $(2+2i, -1+i, 2i)$ 中 各 數 以 比 例 率 因 數 $\dfrac{1}{1+i}$ 乘 之,卽 得 $(2, -i, 1+i)$。又 如 $(2, i, 1-i)$ 及 $(3, -1+i, 5-i)$,無 法 以 比 例 率 因 數 乘 之 將 其 中 各 數 化 作 互 爲 共 軛 者,則 不 能 謂 之 共 軛 虛 原 素〕.

則　　　　　　　　　　$\bar{u}_1\,\bar{x}_1+\bar{u}_2\,\bar{x}_2+\bar{u}_3\,\bar{x}_3=0\,.$

故得下定理:

定理 3　　若一點 x 在一線 u 上,則其共軛複點 $\bar{x}$ 在其共軛複線 $\bar{u}$ 上.〔此 $\bar{x}$ 為 x 之共軛, $\bar{u}$ 為 u 之共軛.今但云「共軛複點 $\bar{x}$」而不云「x 之共軛複素點 $\bar{x}$」者,因讀者於此,必能明白,不必辭費也.以後凡先言一原素,再言此原素之共軛複原素時,在就上下文觀察,其意義甚明之處,皆但云共軛複原素.又不與調和共軛等並提時,或更略為共軛原素.其餘如共軛點,共軛線等,皆可照此類推.要之字少句短,往往意更顯明.惟須防誤會或難解之處,亦不能省字耳.〕

其特例,若一虛點在一實線上,則共軛虛點亦在此實線上.故凡一實線上之諸點必為實點或為兩兩互為共軛之虛點.同理,凡經過一實點之諸線必為實線或為兩兩互為共軛之虛線.

今可證明下之重要命題矣.

定理 4　　兩共軛虛線之交點為實點,兩共軛虛點之連線為實線.〔兩共軛虛線即兩互為共軛之虛線,兩共軛虛點即兩互為共軛之虛點.〕

設 L 及 $\bar{L}$ 為兩共軛虛線,及 P 為其交點.從定理3,既 P 在 L 及 $\bar{L}$ 上,則 P 之共軛複點 $\bar{P}$ 亦必在 L 及 $\bar{L}$ 上.故 $\bar{P}$ 必與 P 相合;而從定理2,此 P 必為實點.

此定理下半節之解析證明法如下.設兩共軛虛點為 $a,\bar{a}$.此兩點之連線 L 之坐標為

$$a_2\,\bar{a}_3-a_3\,\bar{a}_2,\quad a_3\,\bar{a}_1-a_1\,\bar{a}_3,\quad a_1\,\bar{a}_2-a_2\,\bar{a}_1.$$

從題1,此各數之共軛可依次化為

$$\bar{a}_2\,a_3-\bar{a}_3\,a_2,\quad \bar{a}_3\,a_1-\bar{a}_1\,a_3,\quad \bar{a}_1\,a_2-\bar{a}_2\,a_1.$$

此卽共軛複線 $\overline{L}$ 之坐標.因此三數依次爲前三數之負數,故 L 必與 $\overline{L}$ 相合而爲實線.

附理 有一實線經過一虛點,及有一實點在一虛線上.[*]

在虛線上之實點卽此虛線及其共軛虛線之交點.倘此虛線上再有第二實點則此虛線將爲實線矣〔此與假設衝突,故在一虛線上只能有一實點〕.

例　　題

1. 證明:若 a,b 爲兩複數,則其和之共軛爲其共軛之和及其積之共軛爲其共軛之積,卽

$$\overline{a+b}=\bar{a}+\bar{b}, \qquad \overline{ab}=\bar{a}\,\bar{b}.$$

並將此定理推廣至任意有窮個複數.

2. 用題1之法證明 $(u\,|\,x)$ 之共軛爲 $(\bar{u}\,|\,\bar{x})$.

3. 證明:若 a,b 爲共軛複數,則其和及積皆爲實數.此定理如何修改之,使其逆亦爲眞確.

4. 證明 2 款,題2之兩線爲共軛虛線.

5. 求在線 $(2,\,i,\,3-4i)$ 上之實點.

6. 求經過點 $(1,\,i,\,0)$ 之實線.

7. 證明三點 $(1+i,\,-1+i)$, $(1,\,1+i)$, $(i,\,-1-i)$ 爲共線,求其所共線上之實點.

8. 定理4之第二部分以幾何法證明之.

9. 證明:在(及惟在一虛線有實斜率或平行 y 軸時,此虛線上之實點爲(及方爲)無窮遠點.

---

[*] 此附理照原文直譯,實則其中兩有字下宜加(及只有).此從證可知.

理学卷（第二册）　科学通讯　第二卷　第五期（1936）

743

10. 證明：「兩定點所定之線」及「此兩定點之共軛複點所定之線」互爲共軛.

4　複面上之度量幾何

設有一圓,其心爲 o,其半徑爲 r. 設 A 爲此圓所在面上之一點而不與圓心相同. 在半直線 OA 上取一點 B,使能

$$OA \cdot OB = r^2.$$

在線段 AB 之中分點 C 上作 AB 之垂線交此圓於 D,及作 AD, OD.

從兩直角三角形 ACD 及 OCD,得

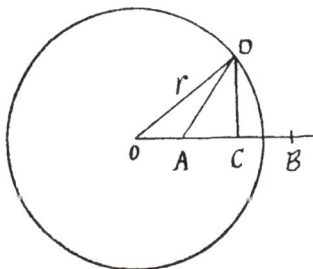

圖　一

$$AD^2 = CD^2 + AC^2, \quad CD^2 = r^2 - OC^2.$$

故

$$AD^2 = r^2 - (OC^2 - AC^2),$$
$$AD^2 = r^2 - (OC - AC)(OC + AC),$$
$$AD^2 = r^2 - OA \cdot OB = r^2 - r^2 = 0,$$

而

$$AD = 0.$$

由是從 A 至 D 之距離爲 0 故 A 與 D 相合,即凡點之今爲此圓之心者皆在此圓之上！〔有此理否?〕.

讀者試暫閣此書,思此謬誤所在.

批評　因用此一圖,讀者必以爲此證限於一實圓及實點 A;遂猜及此 C 應在圓外,而此 D 當爲虛點. 此種猜測雖屬聰明而無誤,但知此之後,究有何益? 是否將因此斷定此實點 A 與虛點 D 相合?

實則,不問此圓及此 A 是否爲實,此 $AD = 0$ 之推斷大抵眞確. 此圓與此 A 儘可有一爲虛或竟兩皆爲虛. 蓋在其爲一虛或兩虛

之時,此圓僅爲一種記號,不過藉以明推論之步驟而已,並非居推論中之一步也.

複面中之研究,固不宜隨意假定「凡於實點爲眞之事實對於虛點亦眞」,而於應用實面中之定理須加審愼.今於據以推斷 $AD=o$ 之 Pychagoras 定理雖未嘗不可以起疑,而發生「其在複面中是否亦常眞確」之問題.但此定理在複面中實永爲眞確,其證見後.

由上所言,已可斷定此 $AD=o$ 之證明常爲有效.所餘只有一個問題,卽 A 是否與 D 相合?兩複點其距離爲 o 者是否必須相合?

例　　題

1. 設 x 及 y 皆以實數爲爲限,求方程式

$$x^2+y^2=o$$

之一切解.若 x 及 y 皆爲複數,則如何?其結果以幾何說明之.

2. 照讀者之意思說明本款末節之謬誤所在,以解析法驗明此說明(假定此圓及 A 皆爲實,並以 O 爲原點及 OA 爲 x 軸).

5　迷向線 (isotropic lines)　今再就複面中之距離及角,作有統系之研究.凡距離及角之公式,假定其在複面中者與在實面中者相同〔此爲一種公約〕.

兩點間之距離　若兩點爲 (x_1, y_1), (x_2, y_2),則其距離之平方爲

$$D^2=(x_2-x_1)^2+(y_2-y_1)^2.$$

距離 D 大抵有兩值,究竟宜用何值,常無一定理由.因此,凡可

---

* 此答曰否。上「凡點之不爲此圓之心者皆在此圓之上」之謬誤,並不由於 $AD=o$ 而實由於誤以爲 $AD=o$ 時 A 必合於 D 之故。著者於此故作疑陣,懸而不斷,使讀者深思之後,再讀下文,一切困難,自能迎刃而解。筆墨之巧眞有出人意外者。此一批評爲研究複面中情形之關鍵所在.讀者宜細玩之。

** 原註。例如兩點爲 (i, i), $(1, 1)$ 則 $D^2=2(1-i)^2$, 而 $D=\pm\sqrt{2}(1-i)$.

第八編　　　　　複素面之度量幾何　　　　175

用其平方時,以用其平方爲便.以後皆如此.

惟 D^2 爲 0 時, D 始僅有一值.此在實面之中,雖屬一無關重要之細事;但就上款之奇論而言,今已變爲一特別有味之事矣.

設有動點 (x, y),其與定點 (x_0, y_0) 之距離常爲 0,此動點之軌迹如何?此軌迹之方程式爲

$$(x-x_0)^2 + (y-y_0)^2 = 0.$$

因

$$(x-x_0)^2 + (y-y_0)^2 = [(x-x_0) - i(y-y_0)][(x-x_0) + i(y-y_0)].$$

故此軌迹含有兩直線

(1)　　　　$(x-x_0) - i(y-y_0) = 0, \quad (x-x_0) + i(y-y_0) = 0,$

此兩直線皆經過 (x_0, y_0),而其斜率爲 $-i$ 及 i.†

線之其斜率爲 $-i$ 及 i 者,謂之迷向線,或略稱爲迷向.此軌迹問題之答語遂變爲:

定理 1　　與一定點常成 0 距離之動點之軌迹爲經過此定點之兩迷向線〔0 距離即距離之爲 0 者〕.

一迷向線 L 上之任兩點 P_1, P_2 之距離皆爲 0;因此 L ⋯⋯ $P_1 P_2 = 0$.其逆,若 P_1, P_2 成 0 距離,則此兩點之連線爲一迷向線;因 $P_1 P_2 = 0$,則 P_2 在〔與 P_1 成 0 距離之一切點之軌〕上,故 P_2 必在經過 P_1 之兩迷向線中之一線上.故得下定理:

定理 2　　一線爲迷向線之必充條件爲:其上任意

_____

†原註.　吾人公認表一線之斜率之常用公式

$$\lambda = \frac{y_2 - y_1}{x_2 - x_1}$$

可應用於複面　中故凡線之斜率皆可照常　　此線之方程式察知.

兩 點 之 距 離 爲 o.

斜 率 爲 $-i$ 之 一 切 迷 向 線 合 成 一 平 行 線 束, 其 束 頂 爲 無 窮 遠 點 I: $(1, -i, o)$; 又 斜 率 爲 i 之 一 切 迷 向 線 合 成 一 平 行 線 束, 其 束 頂 爲 J: $(1, i, o)$. 此 兩 線 束 之 方 程 式 爲

$$x - iy + k = o, \quad x + iy + l = o$$

此 k 及 l 爲 任 意 常 數〔此 第 一 線 束 中 諸 迷 向 線 謂 之 第 一 類 迷 向 線, 此 第 二 線 束 中 諸 迷 向 線 謂 之 第 二 類 迷 向 線〕.

無 窮 遠 之 圓 周 點　　零 圓 (null circle)

$$(x - x_{0})^2 + (y - y_0)^2 = o$$

旣 爲 (1) 之 兩 迷 向 線 所 組 成, 則 此 零 圓 必 經 過 I, J 兩 點. 實 則 無 論 何 圓 無 不 經 過 I 及 J; 此 因 任 意 圓 之 齊 次 坐 標 方 程 式 爲

$$x_1^2 + x_2^2 + a_1 x_1 x_3 + a_2 x_2 x_3 + a_3 x_3^2 = o,$$

而 $(1, -i, o)$ 及 $(1, i, o)$ 之 能 適 於 此 式 極 易 驗 明 也.

其 逆, 若 割 錐 線

$$A x_1^2 + B x_1 x_2 + C x_2^2 + D x_1 x_3 + E x_2 x_3 + F x_3^2 = o$$

含 I 及 J,[*] 則

$$A - Bi - C = o, \quad A + Bi - C = o,$$

故 必 $A = C$ 及 $B = o$, 而 此 割 錐 線 爲 一 圓. 故 得 下 定 理:

定理 3　　割 錐 線 爲 圓 之 必 充 條 件 爲 其 必 經 過 兩 迷 向 線 束 之 兩 頂 I 及 J.

因 有 此 性 質, 故 稱 I, J 爲 **無 窮 遠 圓 周 點** (circular points at infinity); 在 意 義 顯 明 時, 逕 略 稱 爲 圓 點. 此 乃 一 種 慣 例 上 之 名 稱. 不 可 望 文 生 義 誤 作 他 解.

---

[*]原 註, 此 假 定 A, B, C 不 全 爲 O,

理学卷（第二册） 科学通讯 第二卷 第五期（1936）

從一點至一線之距離　此距離之平方以常用公式

$$d^2 = \frac{(a_1 x_0 + a_2 y_0 + a_3)^2}{a_1^2 + a_2^2}$$

表之. 此距離大抵有定義, 並有兩値. 惟此線爲迷向線, 則 $a_1^2 + a_2^2 = 0$, 而此公式不復有意義. 故 一迷向線至一點之距離爲無定義, 甚至雖此點在此線之上亦是如此.

角及垂直　設 L_1 及 L_2 爲同類兩迷向線, 卽設此兩迷向線之斜率 λ_1 及 λ_2 同爲 i, 或同爲 $-i$; 則 $\lambda_1 \lambda_2 = -1$ 卽 $1 + \lambda_1 \lambda_2 = 0$. 此爲尋常垂直之條件, 吾人或因此卽 L_1 及 L_2, 前已知其爲平行者, 亦能互爲垂直〔但此實然誤〕.

照本款開始之公約, 從一線至他線之角 θ. 當尋常公式

(2) $$\tan\theta = \frac{\lambda_2 - \lambda_1}{1 + \lambda_1 \lambda_2},$$

或 $\cot\theta = \frac{1 + \lambda_1 \lambda_2}{\lambda_2 - \lambda_1}$ 有意義時, 卽以其有意義者表之 (卽此二公式雖有意義卽以誰表之). 今則假 $\lambda_1 = \lambda_2$, 又 $1 + \lambda_1 \lambda_2 = 0$, 此二公式遂無一有意義, 而距角亦必遂無定義.

因此, 吾人不能言及同類兩迷向線間之角, 亦不能言及其互爲垂直; 因所謂垂直卽交於直角之意也. 故同類兩迷向線仍但爲其固有之平行而已.

今再考一迷向線至任意他一有窮遠線之角 θ (此任意他一有窮遠線不與此迷向線同類. 若此迷向線之斜率爲 i 及他線之斜率爲 λ, 則得

$$\tan\theta = \frac{\lambda + i}{1 - \lambda i} = i\,\frac{\lambda + i}{\lambda + i} = i.$$

*原註. 平行之觀念與角無關. 因兩有窮遠線交於無窮遠點時, 謂之此兩線平行也.

今†

（3）
$$\tan\theta = \frac{1}{i}\,\frac{e^{\theta i} - e^{-\theta i}}{e^{\theta i} + e^{-\theta i}}$$

當 $\tan\theta = i$ 時,此（3）變爲

$$e^{\theta i} = 0, \quad 卽 \quad \theta i = \log 0!$$

若此迷向線之斜率爲 i, 則同理得 $\tan\theta = -i$, 而

$$e^{-\theta i} = 0, \quad 卽 \quad -\theta i = \log 0!$$

此兩 θ 皆無定義,故

一迷向線與任意線不能有角.

其逆亦爲真確: **若兩有窮遠線間之角不存在,則此兩線中至少有一線爲迷向線.** 斜率爲 λ_1, λ_2 之兩線間之角 θ, 在以下兩種情形發生時,爲不存在: (一),（2）所表之 $\tan\theta$ 爲 $\frac{0}{0}$ 之形式;(二), $\tan\theta$ 或 $\cot\theta$ 有定義,而（3）式或其相等之公式

（4）
$$\theta = \frac{1}{2i} \log \frac{i - \tan\theta}{i + \tan\theta}$$

所表之 θ 無定義.** 若 $\tan\theta = \frac{0}{0}$, 則 $\lambda_1 = \lambda_2$ 及 $1 + \lambda_1\lambda_2 = 0$ 而此兩線爲同類迷向線.又（4）所表之 θ 但在 $\tan\theta = i$ 或 $\tan\theta = -i$ 時爲無定義(此

---

† 原註. 假定

（a）
$$e^{i\theta} = \cos\theta + i\sin\theta, \quad e^{-i\theta} = \cos\theta - i\sin\theta,$$

則從加及減得

（b）
$$\sin\theta = \frac{e^{\theta i} - e^{-\theta i}}{2i}, \quad \cos\theta = \frac{e^{\theta i} + e^{-\theta i}}{2}$$

如是則 $\tan\theta$ 有（3）中之值. θ 爲實數時（a）之研究,可參觀 Osgood 氏之 Advanced Calculus, pp. 337, 338; θ 爲複數時,（b）及（3）之證明可參考同書 pp. 503, 504.

　　$\log x$ 在 $x = 0$ 時爲不存在,故 $\log 0$ 爲無定義,讀者幸勿誤以爲 $\log 0 = -\infty$, 因後者是 $R \lim\limits_{x\to 0} \log x = -\infty$ 之簡號.雖非 $x = 0$ 時 $\log x$ 爲 $-\infty$ 也.

　　讀者於此或疑 $\tan\theta$ 爲 θ 之正切, θ 無意義則其正切何能發生

極易明,無須再證).此時 (2) 化為

$$(\lambda_1+i)(\lambda_2-i)=0 \quad 或 \quad (\lambda_1-i)(\lambda_2+i)=0,$$

而此兩線中至少有一線為迷向線.

　　　注意　既迷向線與任意線不能有角,則迷向線無斜角(slope-angle).但此非云迷向線無斜率;因一線之斜率,為公式

$$\lambda=\frac{y_2-y_1}{x_2-x_1}$$

所表之數;以此為斜率之定義,則斜率不再與角之觀念有關,而專為此線上一方向線段在兩軸上之兩正射影之比率.

從一線 L_1 至他一線 L_2 定角 θ 定正切,亦可作一無關於 θ 之定義,此只須將 tanθ 之尋常定義略加推廣,而以之為兩方向線段之比,如二圖.於是

$$\tan\theta=\frac{\overline{MP_2}}{\overline{P_1M}}$$

言蓋?此答如下.著者於此視 tanθ 為 $\dfrac{\lambda_1-\lambda_2}{1+\lambda_1\lambda_2}$ 之代表,所謂 tanθ 有無意義相 $\dfrac{\lambda_1-\lambda_2}{1+\lambda_1\lambda_2}$ 相無意義而相,此無異令 $R=\dfrac{\lambda_1-\lambda_2}{1+\lambda_1\lambda_2}$ 則問 R 有無意義,儘叫不問 θ 為如何也.下推廣 tanθ 之尋常定義為

$$\tan\theta=\frac{\overline{MP_2}}{\overline{P_1M}},$$

意亦同此.即 tanθ 照此推廣之義,不復視作 θ 之正切,而但視其為 $\dfrac{\overline{MP_2}}{\overline{P_1M}}$ 之代表,蓋為作 $\tan\theta=\dfrac{\overline{MP_2}}{\overline{P_1M}}$,而其實為作

$$R=\frac{\overline{MP_2}}{\overline{P_1M}}$$

無異,盡可視作與 θ 無關也. tanθ 在此廣義之下謂之相對斜率(但仍為 $\dfrac{\lambda_1-\lambda_2}{1-\lambda_1\lambda_2}$ 之代表);否則,仍應有常意義為 θ 之正切.讀者以後遇 tanθ,須細別之.

而「L_1, L_2 之斜率所表之 tanθ」之尋常公式,極易由此推得。*

因從 L_1 至 L_2 之角之正切之觀念實為斜率觀念之推廣。故此正切儘可謂之 L_2 關於 L_1 之 **相對斜率** (relative slope). 如是則名稱及定義皆與角之觀念分離矣

從一迷向線至他一線之角雖無定義,但一迷向線關於任意有窮遠線(除去此迷向線之同類迷向線)之相對斜率則常有定義。此相對斜率常為 i 或 $-i$; 此 i 或 $-i$ 視此迷向線之斜率為 $-i$ 或 i 而定。故一迷向線關於一切有窮遠線(除去此迷向線之同類迷向線)之相對斜率皆相同。迷向線之名稱†,即因其有此性質。

迷向線常謂之 **極小線** (minimal lines); 此因其為 o 距離之線,遂謂之極小距離之線耳。但此種定名,頗覺不妥;因在實面中,雖 o 距離為極小距離,但在複面中則不能作如是觀。須知複數無「大於」或「小於」,故亦無最小之複數。

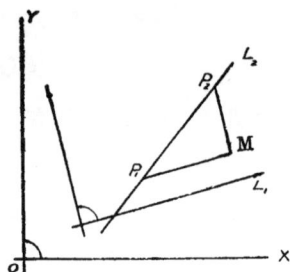

二　圖

習　題

1.　以距離公式直接證明:斜率為 $-i$ 之迷向線上兩有窮遠點之距離為 o。

2.　在線 $x+y+2=o$ 上求與原點成 o 距離之點。

3.　證明:在(及但在) $a_1^2+a_2^2=o$ 時,有窮遠線 $a_1x+a_2y+a_3=o$ 為(及方為)迷向線。

*原註。此自須先求其關於實線之公式,再公認其亦能應用於虛線。

†原註。 Isotropic 源於希臘字之 ισος 及 τρ'επω, 此 ισος 為「等於」之意, τρ'επω 為「輚」之意。譯者按:照此原註,不應譯為迷向線,但此字向無通用之譯名,而科學社已譯為迷向線,省得改作,故從之耳。

4. 若一尋常四邊形之四邊爲四迷向線(每類兩線),則其對頂線互相垂直及互相平分.

試就此定理之特例,卽此四邊形之兩對頂爲共軛虛點$(2, 3i)$,$(2, -3i)$時,證明之.

5. 證明:兩共軛虛點間之距離之平方爲實負數.

6. 證明:兩共軛虛線決不能互相垂直.

7. 證明: Pythagoras 定理在複面中亦爲眞確.

8. 設有一動點及一迷向線上之兩定點,並設此動點動時,其對此兩定點之角常爲直角,此動點之軌迹如何?以解析法管之.

§ Laguerre 氏角之定義　　　兩點無論爲實或虛,其距離之平方,在剛動羣爲不變式.故一剛動必以「0 距離兩點」運至「0 距離兩點」,故亦必以迷向線運至迷向線(0 距離兩點卽距離爲0之兩點).

欲以解析法證明此事,只須證明凡剛動皆以無窮遠圓周點[*]運至其本身;因如是則「凡剛動將凡「經過圓點[*]之有窮連線」運至「經過圓點之有窮連線」,亦卽以一迷向線運至一迷向線.因剛動以一線運至一線,旣圓點運至本身,則被運線之過圓點者其運至線必仍過此圓點.今證明凡剛動皆以圓點運至其本身如下:

普通剛動之齊次坐標方程式(因圓點之坐標爲齊次)爲

$$\varrho x_1' = x_1 \cos\theta - x_2 \sin\theta + ax_3,$$
$$\varrho x_2' = x_1 \sin\theta + x_2 \cos\theta + bx_3,$$
$$\varrho x_3' = \qquad\qquad x_3.$$

以 I 之坐標 $(1, -i, 0)$ 代此 x_1, x_2, x_3, 則得 $x_3'=0$, 及

圓點卽無窮遠圓周點,原文如此,乃省文耳.凡原文之此類省文不致引起讀者之誤會者,以下皆照譯不改.參觀5款定理3下所註.

國立交通大學研究所

本所成立以來設置（一）工業研究部分設設計材料機械電氣物理化學等組（二）經濟研究部分設社會經濟實業經濟交通管理會計統計等組除按照所訂計計畫進行研究外歷承各路局各機關（如中國工程師學會上海市公用局義興公司等）託辦各項研究及試驗工作薄有貢獻關於上列諸組事項如蒙各界垂詢請惠臨上海徐家匯本所面洽或函商可也此布

溝渠工程學

是書爲本大學土木工程學教授顧康樂所著。係參考中西工程書籍雜誌，採擇各著之精粹而成。書凡十四章，詳述溝渠設計，建築與養護之原理及方法。舉凡污水量，暴雨水量，溝渠水力學，溝渠系統設計，溝渠附屬品，污水抽升，管圈設計，開掘填覆，列板撐檔以及施工之實際進行，無不條分縷析，詳爲解釋。至於插圖之豐富，文字之簡明，尤其餘事。

▲商務印書館出版，定價一元八角。

本刊廣告價目表

等級 地位	全頁價目	半頁價目
甲 底封面外頁	伍拾元	
乙 底面裏頁及封面裏頁	三十五元	二十元
丙 底面裏頁之對面	二十五元	十五元
丁 普通	二十元	十二元

一、乙丙丁四分之一頁按照半頁價目六折計算
二、廣告概用白紙黑字如用彩印色紙價目另議
三、廣告如用銅鋅版由本刊代辦照收製版費
四、連登多期價目從廉請逕函本校出版處經理社接洽

科學學院科學通訊投稿簡章

一、投稿不拘文言白話凡中英德法文均所歡迎
二、談言教材叢錄書評消息均以科學為範圍
三、投寄之稿如係譯稿請附寄原文否則須將原文著者姓名出版日期及地點詳細開示
四、投寄之稿務望繕寫清楚並加新式標點凡外國人稿件並須
五、打印之如有插圖附表必須製版者請用墨筆繪給稿費
　　來稿請註明姓名住址以便通訊并加蓋印章傳信便給稿費
六、投寄之稿無論登載與否概不退還但預有郵資者不在此限
七、投寄之稿經本刊揭載後每篇酌致酬金若承刊載西籍所有但
八、投寄之稿經本刊揭載後創為本刊西籍所有但
九、有另行約定者不在此限
十、投寄之稿如須增删則應於投稿時聲明
　　編輯委員會投寄之稿應逕寄上海徐家匯交通大學科學學院科學通訊編輯委員會

中華民國二十五年十一月出版

科學通訊（總十二）

第二卷 第五期

編輯者 交通大學科學學院
發行者 交通大學出版處 上海徐家匯
印刷者 上海中國科學公司
代售處
南京　正中書局
上海　世界出版社
　　　世界書局
　　　大公報社代辦部
武昌　光華書店
　　　志恆書店
　　　新光書店
　　　上海雜誌公司
成都　作者書社
　　　黎明書局
　　　新中書社
南寧　廣州圖書消費合作社
雲南文化書店　生活書店

版權所有

本刊價目
每册大洋一角 全年八册
預訂壹角四 國外另加郵費

科學學院科學通訊編輯委員會
委員會：科學學院院長兼物理系主任　徐名材
學系主任　周敦復（數學系主任）
編輯　顧澄（總編）
　　　裘一匡（數）　武崇林（數）　周銘（理）　丁嗣賢（化）　樊鏘漁（化）

科學通訊

黎照寰

第二卷　第六期

（總十四）

中華民國二十五年十二月　　　上海交通大學科學學院編輯

交 通 大 學 出 版 刊 物

一. 期 刊

1. 交大季刊　　　　　　　每冊三角　　　　全年一元
2. 交大三日刊　　　　　　半年五角　　　　全年一元
3. 科學通訊（全年八期）　每冊二角　　　　全年一元四角
4. 管理二月刊（全年五期）每冊四角　　　　全年一元六角

二. 本 校 一 覽

1. 中文本　　　　　　　　　　　　　　　每冊四角
2. 英文本　　　　　　　　　　　　　　　每冊六角

三. 本 校 研 究 所 編 輯 刊 物

1. 油漆試驗報告,第一號　　　　　　　每冊二角
2. 油漆試驗報告,第二號　　　　　　　每冊六角
3. 地下流水問題之解法（英文本）　　　每冊三角
4. 美國鐵道會計實務,第一編（英文本）每冊六角
5. 解決中國運輸問題之途徑（英文本）　每冊四角
6. 解決中國運輸問題之途徑（譯本）　　每冊三角
7. 鐵路零担貨運安全辦法　　　　　　　每冊四角
8. 中國國民經濟在條約上所受之束縛　　每冊六角
9. 皖中稻米產銷之調查　　　　　　　　每冊六角
10. 小麥及麵粉　　　　　　　　　　　　每冊五角

經 售 處　上 海 徐 家 匯 本 校 出 版 處

理学卷（第二册） 科学通讯 第二卷 第六期（1936）

科 學 通 訊

第 二 卷　　第 六 期

目　　錄

國立交通大學研究所

本所成立以來設置（一）工業研究部分設設計材料機械電氣物理化學等組（二）經濟研究部分設社會經濟實業經濟交通管理會計統計等組除按照所訂計畫進行研究外歷承各路局各機關（如中國工程師學會上海市公用局義興公司等）託辦各項研究及試驗工作薄有貢獻關於上列諸組事項如蒙各界垂詢請惠臨上海徐家匯本所面洽或函商可也此布

溝渠工程學

是書爲本大學土木工程學教授顧康樂所著。係參考中西工程書籍雜誌，採擇各著之精粹而成。書凡十四章，詳述溝渠設計，建築與養護之原理及方法。舉凡污水量，暴雨水量，溝渠水力學，溝渠系統設計，溝渠附屬品，污水抽升，管圈設計，開掘填覆，列板撐檔以及施工之實際進行，無不條分縷析，詳爲解釋。至於插圖之豐富，文字之簡明，尚其餘事。

▲商務印書館出版，定價一元八角。

理学卷（第二册） 科学通讯 第二卷 第六期（1936·

談　言

似 是 而 非 之 算 法（二續）

顧　　澄

2. (2),(3) 之誤次由於湊七巧板之算法　古人云學而不思則罔，思而不學則殆，實治學之名言。逞則決無有成之理。思而不學勞在蹉跎，概有所得，無徒實用此人豈能知無益評貴者也。惟學而不思，不惟不求用心，習而無得，等於未學。抑且小則謬種流傳誤人不淺，大則喪家敗國貽害無窮（此指學政治經濟者言。但戰時算錯彈程，測錯方向，亦是不得了的）。以前治舊學者往往讀書萬卷而執筆爲文詞藻雖麗徵實不遇，甚至言行譫妄愈好自用。俗常謂之兩腳書廚或稱書獃，而終不解學之何以害人至於如此。實則非學害人，乃由其不思之自害。不思則罔，古人已早言之矣。

　　竊以前治舊學者，如讀經習詩而習徵文雖有用處，且往往誤覆於此今什之輩用讀而代數者耶甘中一切字等皆誤於代徵未涉之來源于求甚解草草讀過，而但注意其中算例，儲作題時可以模仿。於是即從事演題，讀陸直照書由算例依樣葫蘆，但注溝計算之方法而不思其本源之所在及可用之範圍，於是養成只知所當然，而絕不思所以然之習慣。遂至所謂演題無異「湊七巧板」。每遇一較難之題，先觀書中答數，再取所知之公式一一湊之，湊來湊去，至湊成答數而後已；或則取所知之方法一一試之，試來試去，至試出答數而後已。至於湊成答數之公式或試出答數之方法，究竟對於此題，是否可用，不惟不知思，且習慣已成認爲不必思；甚至雖有人告以應思，亦雖欲思而竟無從思。實則此種演題，答數雖得，而其得法往往大誤。於是凡書中無答之題則算得結果雖誤而亦不自知。其稍細心者，雖知以所得結果驗之

於本題,驗而不合,再知上所言者漢之試之,至所得結果能合於題而後已。然遇排列錯列概率等題,所得結果無法驗之於本題者;或題極繁複不易驗所得結果合否者;遂因無法自驗,而卽自以爲是。至無窮級數無窮連分數等更無法實驗得數之合否,於是漢七巧板之算法遂窮其弊百出而不可究詰矣。

以得數驗之於本題固屬學數者所應爲,且足以養成良好之習慣。然所用之方法及公式合,而但恃以驗計算之合否則可。若不自知其所用之法式是否可用,而但恃驗算以定應用何種法式(此乃漢中之漢,試中之試),則亦足生極溧之習慣。每見漢七巧板者讀較深之數學,於設理難明之處,卽以數代入式中驗之;驗而能合,自謂已明,卽行前進;又遇難處,再以數驗,當然必合,復往前進;一番讀畢甚易。所謂讀過,實是驗過。至多能強記些定理及方法,而於書中所言之理,實所知無幾。彼自謂已讀高深數學有所專長,而矜其談論,甚至極淺之基本觀念向屬茫然者。皆此種讀法之結果。所謂閉腳書廚,肚中書雖多,而其頭腦實是木製與書中之理渗不相關,卽此類也。須知定理應證明而不恃驗明者,卽因驗之雖萬次合而亦許一萬○一次卽不合。若無力能明書中所言之理應再從淺處讀起,必至眞能明白方可前進。如無力明理專恃數驗,但知強記;此卽所謂學而不思,未有不入於罔者。此種讀書可名之**驗書**以便後論。

凡**驗書**之徒,來自漢七巧板算法者,雖不明理,尚能半是半非算些難題;苟知洗其舊習,取所知者,各各深思,求其貫通,則向之一盤散沙或竟能成統系,昔之一團亂絲或能條分縷折,一旦忽成大家。至驗書之徒專由於腦力不足者,則甚至稍難之題亦不能解,遑論進求高深。此惟有再自算術學起隨學隨思,同時揀習演題,處處留意法式之合否;所謂困而學之,亦未必無成之日。否則雖自謂已讀高深之書,除非愼緘其口,愼棄其筆,稍有著述未有不見笑於人者也,

以上所謂漢七巧板算法及驗書求進,皆學而不思之代表,**深願中學教師處處留心學生之習慣,時時導之於學思並進**;幷令其演題之時勿先看答數,亦專摹仿書中之算例,而使其時時思法式之來源,以養成其

理学卷（第二册）　科学通讯　第二卷　第六期（1936）

審揮執可應用之習慣,則水到渠成以後自不至有 (2),(3) 等似是而非之算法,為竟前途功必尚在大學良教授之上也。

　　駭學之徒,雖不明理而尚知識。然更有既不明理并不知識,僅死記書中定義定理,如和尚誦經者,此則學而不思至於極點。其弊必至自己毫無主宰,但知本外國教學書中之語為金科玉律,雖錯亦視為真。四十餘年前英文數學首至吾國者大抵為 1900 年前之本。例如代數微積諸書,雖方法甚多,極適用公式之能事,學演難題無善於是。惟於說理方面往往極疏而有誤。當時學數者但學不思,取以教人但重演題之法絕不講其理之所在。及 1900 年後□精之英文書□□□□國自謂已經學過□名但□其中有無□□□□□□□□□□□□□□□用□□謬說流傳尚存今日己世界□最淺近者如 1÷0=∞; log0=−∞;比任何數皆大之數謂之無窮;比任何數皆小之數謂之無窮小;$\frac{dy}{dx}=\frac{0}{0}$;無窮級數是無窮個數之和;…等在外國早已考核者,在吾國仍生龍活虎,到處盤踞學數者之心中,害甚於茲,不易醫治。我不自量,頗欲薈作此醫,故前有公式不可瞎用及怪函之駁覆等文,實則本刊誤□□治□□之期,特前對大學生耳,近則專對中學生耳。

　　學而不用之弊既如上述,今可以不朋葛例略示舉生思法,以補 1 款所言矣。

　　在初等代數小學遇算術級數幾何級數等亡求和法值,而舉高等代數中之無窮級數時即應細思:

　　（1）所謂無窮級數之和與算術級數之和有無不同之處。

　　（2）如有不同,其故何在?

　　（3）以前所謂求幾何級數之和與現在無窮級數中所謂幾何級數之和有無分別?

　　（4）以前求算術級

$$1+2+3+\cdots+n$$

之和時,無論 n 爲何數皆可求得其和,且一望而知其爲 $\frac{1}{2}n(n+1)$．現在無窮級數

$$1+2+3+\cdots$$

何以反爲發散而是無和?

　　若照此一一細思,自知(3)之作法錯誤．

　　今爲便利高中學生閱此計,將上擧諸問題略作解答.並爲便說明計,凡初中代數內之算術級數幾何級數如

(a)　　　　　　　　　　$1+2+3+\cdots+n$

(b)　　　　　　　　　　$1+r+r^2+\cdots+r^n$

之類,皆謂之有窮級數,有窮者因其項數有窮也．

　　閱者或疑求(a),(b)之和時,無論 n 如何大皆可求得,n 旣可任意大,項數卽可任意多,如何能謂之有窮? 此種疑問實因「無窮」「有窮」之分別尙未明白.此不明白,卽不能進讀較深之數學(亦有全不明此種分別之人,而讀高等解析者,至多只能死記幾條定理,毫無所用,等於不讀).須知十是有窮,萬亦是有窮,萬萬亦是有窮,$200^{100^{1000}}$ 亦是有窮,無論如何大只要寫得出的數終是有窮.所謂無窮乃多至沒有完沒有盡,決不能以一數表之.例如

(a)　　　　　　　　　　$1+2+3+\cdots+n$

之 n 無論如何大,只要你說得出來,其項數卽有盡卽是有窮.至於

$$1+2+3+\cdots$$

或寫作

(c)　　　　　　　　　$1+2+3+\cdots+n+\cdots$

乃表示其項數多至沒有完沒有盡的,無論如何終說不出其有幾項,只能云其項數 無窮多.(a)之 n 後沒有 $+\cdots$,(c)之 n 後有 $+\cdots$ 極須注意.倘云 n 是一萬,立可斷定 (a) 有一萬項;然 (c) 有幾項, 如云

一萬多項,則究竟比一萬多幾項仍說不出,而只能云多無窮個項,但無窮不是數,有窮及無窮旣經分淸,可進言以上擧諸問題矣.

　　尋常所謂加法皆爲有窮個數之加法?至於無窮個數之加法實無定義(集合論除外).何以不下定義呢.因有窮個數加得完;無窮個數加不完無法下定義.又因有窮個數加得完,無論個數如何多,加起來終是一個確定之數.至於無窮級數如

$$1+\frac{1}{2}+\frac{1}{4}+\frac{1}{8}+\cdots+\frac{1}{2^n}+\cdots$$

等,雖首1加$\frac{1}{2}$,再加$\frac{1}{4}$,再加$\frac{1}{8}\cdots$,直加下去,愈加愈近於2,且終不能比2大,似乎儘可謂與有窮個很多的數之加法一樣,雖加不完而已看出其和爲2,如以其和爲2,與有窮個數之和亦無分別.然試將

$$1-2+3-4+5-6+-\cdots$$

即

$$1+(-2)+(3)+(-4)+5+(-6)+\cdots$$

加之無論你加幾萬次,能看出其和是一個定數嗎?

　　以前十八世紀的人數學家,有的以爲無窮級數卽是無窮個數的和,不管「無窮個數的和」有無定義,拿起來就亂七八糟的算.有的以爲以無窮級數從一算式展出來的,這個算式就是他的代表,例如

$$\frac{1}{1-r}=1+r+r^2+r^3+\cdots$$

介$r=-1$, 則

$$\frac{1}{2}=1-1+1-1+1-+\cdots$$

　$r=2$, 則　　　　　　　$$-1=1-2+4-8+16-32+-\cdots$$

有的以爲

$$1-1+1-1+-\cdots \text{旣}=(1-1)+(1-1)+(1-1)+\cdots=0+0+0+\cdots=0$$

$$又 = 1-(1-1)-(1-1)-\cdots = 1-0-0-0-\cdots = 1$$

遂說由 $0=1$ 他居然證明了「由無生有,創造世界」是可能的(這是 Guido Grandi 老先生的把戲),種種奇談鬧得烏煙瘴氣,皆由無窮個數的加法沒有定義,各算其算,弄出來的.後來 Abel 及 Cauchy 等實在看不過,加以攻擊式批評,規定了收歛發散的定義.無窮級數同有窮級數分了家,兩個和字不作一樣講,這一部分數學始能安安穩穩望前進步了近百年.最後又發生了發散級數的可和論,生些問題,這不是向高中學生說得明白的,我們暫且不講他,專講高中代數內無窮級數論.

　　求有窮級數如 (a) 及 (b) 之和,不過用些巧法比尋常相加的老法子快些,實則,用老法求出來的和與用巧法求出來的和是完全一樣的,所以有窮級數的和與尋常加法的和意義全同,毫無分別.換句話說,有窮級數的求和法乃「特種有窮個數加法」的一種捷法而已.

　　至於求無窮級數的和,雖好像與「有窮個數加法」相類,實則差得很遠.須知無窮級數的求和,實是求一種敍列的極限,並不是拿無窮個數來加.所以這個和字,是一種極限的代表與「有窮級數之和」的和字意全不同.這個求極限的意義略述如下,於高中學生或有些益處:

　　設有一敍列

(d) 　　　　$a_1,\ a_1+a_2,\ a_1+a_2+a_3,\ a_1+a_2+a_3+a_4,\cdots,a_1+a_2+\cdots+a_n,\cdots$

我們為寫法便利起見,將他簡寫為

(e) 　　　　　　　　$a_1+a_2+a_3+\cdots+a_n+\cdots$

名之為無窮級數.此 (e) 不過是 (d) 的一種新記號,毫無別的意義,萬不可視作無窮個數 $a_1, a_2, a_3,\cdots,a_n,\cdots$ 相加起來的和.

再令

$$s_1=a_1,\ s_2=a_1+a_2,\ s_3=a_1+a_2+a_3,\cdots,\ s_n=a_1+a_2+a_3\cdots+a_n,\cdots$$

則 (d) 卽是

(d') 　　　　　　　　　　　　$s_1,\ s_2,\ s_3,\cdots,s_n,\cdots.$

所謂求 (e) 的和,就是求 (d) 卽 (d') 的極限,亦卽求 $\lim\limits_{n\to\infty}\ s_n.$

但此極限 $\lim\limits_{n\to\infty} s_n$ 有時存在,有時不存在.如存在則稱此無窮級數爲收歛,幷以此極限爲其和.如不存在,則稱此無窮級數爲發散.

從上可知有窮級數是一定有和的,其和與尋常加法的和一樣無窮級數不一定有和卽使有和,亦不是尋常的和而是一種極限.此如有窮幾何級數

$$1+r+r^2+\cdots+r^n,$$

不問 r 爲何數,終可求得其和;而無窮幾何級數

$$1+r+r^2+\cdots+r^n+\cdots$$

則必須 r 之絕對值比 1 小的時候方能收歛.又有窮算術級數

$$1+2+3+\cdots+n$$

不論 n 代何數終可求得其和;而無窮算術級數

$$1+2+3+\cdots+n+\cdots$$

則終是發散而沒有和.

閱者至此,亦許想到無窮級數,因爲一項一項的加下去終加不完,所以用求極限 $\lim\limits_{n\to\infty} s_n$ 之法。實則此種求極限,仍是一項一項加下去,看他是否趨於一個定數之意.何妨無窮級數卽作爲無窮個數之加法.卽以此求極限法爲加法之新定義及以所得之和爲和之新定義,如是則新定義可包括舊定義.似不必拉上級列多一周折.

此一疑問很好,如讀數學,處處如此多想,必能進步甚遠.在已經深明無窮級數論後,不妨如此設想,且此種求極限法實有推廣尋常求和法之意.但

為免去許多初學的誤會,及省去許多說理上困難起見,還以無窮級數作為一種數列的記號為妙,其理如下:

(一)　凡有窮個數之加法皆有和,無窮級數不一定有和.若認無窮級為無窮個數之加法,則加法將發生有和與否之不便.初中代數講加法時,說話上將時加限制,且學生見尋常加法皆有和已成習慣,不知不覺的以為無窮個數的加法亦必無不有和.習慣一成雖高中代數內說明無窮個數之加法可以無和,亦必隨便看過不再記憶,此語雖若遁廳實則確是如此.有許多人功年在中學不要好,基本觀念弄錯成習之後,雖升入中外大學,學了許多高深數學,仍是觀念不清隨口瞎說.雖愛之如子弟,常常耳提面命導之於正,而終不能改.不佞近年專作此類校正觀念之文,亦即防青年再有此習之故.

(二)　尋常加法因能結合交換兩定律,加時可將被加數之次序隨意顛倒,或先將其中每若干個加為一數後再以之加;而無窮級數則不全能合此二律.若稱為無窮個數之和,恐學生亦隨意顛倒其項之次序,及隨意插入或取去括弧,雖算錯而不自知,**無窮級數於實用方面極有關係;此種流弊更不可不防.**

(三)　反之,若以此種求極限法為加法之新定義而以之包括舊定義,則舊定義本可隨意應用結合交換二律者,將因此新定義受種種限制,欲其不受此種限制則說理上必極辭費而不便,又因配分律而以和與和相乘時此新舊兩定義亦互相牽制,易起錯誤及不便處更多.

因此種種,不如先一刀兩段,離去無窮個數加法之意思,索性不作為先有 $1+a_1+a_2+\cdots$ 而求其值,反作先有 $s_1=a_1$, $s_2=a_1+a_2$, $s_3=a_1+a_2+a_3$, $\cdots$ 而以 $a_1+a_2+a_3+\cdots$ 為其新記號,如是則決無流弊發生,而說理上亦極便利.以前 Abel,Cauchy 見十八世紀數學界之混亂,不憚殫精極慮規定斂散諸定義,主張嚴格,以救積弊;而 Knopp 居德方初敗國勢陵夷之日,所著無窮級數論,於一切基本觀念皆極力說明,惟恐人之或誤,而於 $a_1+a_2+a_3+\cdots$ 之非「無窮個數之和」,及「無窮個數之加法」實無意義,更言之至再至三,丁寧反覆,惟恐人之或忘,其默拯後進為國培才之心處處躍於紙上,而足以誤人子弟之譌說亦不憚嚴辭闢之以杜流弊.英人有 Bromwich 之巨著而仍譯之,良有以也

有窮級數及無窮級數之分別旣明,則有窮連分數及無窮連分數之別亦是一樣.卽有窮連分數

$$b_0 + \frac{a_1}{b_1 +} \quad \frac{a_2}{b_2 +} \quad \frac{a_3}{b_3 +} \cdots \frac{a_n}{b_n}$$

與尋常分數同,無論 n 如何大,只要不發生「以 0 除」終是一確定之數.至於無窮連分數

$$b_0 + \frac{a_1}{b_1 +} \quad \frac{a_2}{b_2 +} \quad \frac{a_3}{b_3 +} \cdots \frac{a_n}{b_n +} \cdots$$

則與本身無定義,而但爲一種數列 (x_n) 卽

$$x_1 = b_0, \; x_1 = b_0 + \frac{a_1}{b_1}, \; x_2 = b_0 + \frac{a_1}{b_1 + \dfrac{a_2}{b_2}}, \; x_3 = b_0 + \frac{a_1}{b_1 + \dfrac{a_2}{b_2 + \dfrac{a_3}{b_3}}}, \cdots$$

之新記號.若 $\lim\limits_{n \to \infty} x_n$ 存在,則謂此無窮連分數收斂,而卽以此極限爲其值.若 $\lim\limits_{n \to \infty} x_n$ 不存在,則謂此無窮連分數爲發散,而並不是一個數.前一款中所謂存在與否之問題,從是盆可明矣.

　　古人在學而不思則罔,思而不學則殆兩語外,又說博學之,審問之,慎思之,明辨之,篤行之.此更是求學之要法缺一不可的.慎思之後又必加以明辨是更要緊的.所謂明辨,就是要細別級數是有窮無窮之類.高等數學中有許多東西好像一樣,而實則不同的;并且各有各的範圍不可相混的,譬如棋中有中國象棋外國軍棋,都有馬可是跳法不同這種地方,是極須分別的,例如我就無窮級數之普通斂散論說 $1-1+1-1+-\cdots$ 不等於 $\frac{1}{2}$,你拿了發散級數的可和定義來說此級數亦可等於 $\frac{1}{2}$.這就是我們下象棋時,你要想跳外國軍旗馬,就叫頭腦不淸.請多用些慎思明辨的工夫再來下棋罷!

教 材

旋轉面及旋轉體求積公式之推廣

石 法 仁

旋轉面及旋轉體之求積法,恆見於微積分教本中.惟其公式皆以坐標軸爲旋轉軸,偶遇以他線爲軸之問題,勢須藉冗煩之移軸法,或與此相似之法以取之;教本之多無此類問題者,殆以此耳.今推得公式二則,無論以何線爲軸(只要 y 軸或平行於 y 軸之線除外）之旋轉面及旋轉體,均可用此等公式直接求之.用以解題尚稱簡便,用敢刊之,以供同好.

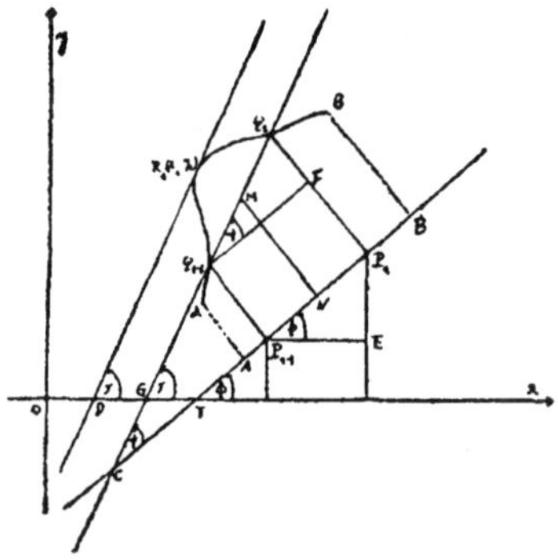

圖 一

（一） 旋轉面積之推廣公式

設
$$L:y=mx+c \tag{1}$$

爲一巳知直線(卽圖中之直線 TB)

教材一　　　　旋轉面及旋轉體求積公式之推廣　　　　**11**

$$K : y = f(x) \tag{2}$$

爲一已知曲線. 又設 $\alpha(x_0, y_0)$ 及 $\beta(x', y')$ 爲曲線 K 上之二點, $f(x)$ 在 (x_0, x') 間爲 x 之連續函數, 且有微分係數. 當曲線 K 上之弧 $\overparen{\alpha\beta}$ 繞直線 L 旋轉時, 則所生旋轉面之面積爲

$$S = 2\pi\sqrt{1+m^2} \int_{x_0}^{x'} \frac{f(x)-mx-c}{1+mf'(x)} \sqrt{1+[f'(x)]^2}\,dx \tag{3}$$

由 α 及 β 各作垂直於 L 之直線, 交 L 於 A 及 B 二點. 以 $P_1, P_2, P_3, \dots\dots$ P_{n-1} 各點分線段 $\overline{AB}$ 爲 n 分 $\Delta l_1, \Delta l_2, \Delta l_3, \dots\dots \Delta l_n$ (等或不等均可). 經過各分點作垂直於 L 之諸線, 夾曲線 K 於 $Q_1, Q_2, Q_3, \dots\dots Q_{n-1}$ 各點. 又作諸弦 $\overline{\alpha Q_1}, \overline{Q_1 Q_2}, \overline{Q_2 Q_3}, \dots\dots \overline{Q_{n-1}\beta}$. 當弧 $\overparen{\alpha\beta}$ 繞直線 L 旋轉時, 則每弦各生臺形側面. (lateral surface of a frustum) 弧 $\overparen{\alpha\beta}$ 繞 L 旋轉時所生之旋轉面積, 則可以諸臺形側面積之和之極限定之.

以 ΔS_i 表第 i 個臺形之側面積. 圖中 M 爲弦 $\overline{Q_{i-1}Q_i}$ 之中點, NM 垂直於直線 L, 則

$$\Delta S_i = 2\pi \cdot \overline{NM} \cdot \overline{Q_{i-1}Q_i} \tag{4}$$

由直角三角形 $Q_{i-1}FQ_i$ 得

$$\cos\psi = \frac{\overline{Q_{i-1}F}}{\overline{Q_{i-1}Q_i}} = \frac{\overline{P_{i-1}P_i}}{\overline{Q_{i-1}Q_i}}$$

設

$$\Delta l_i = \overline{P_{i-1}P_i},$$

則

$$\overline{Q_{i-1}Q_i} = \sqrt{1+\tan^2\psi} \cdot \Delta l_i. \tag{5}$$

由三角形 TGC 得:　　　　　$\tau = \psi + \Phi$

故

$$\tan\psi = \frac{\tan\tau - \tan\Phi}{1+\tan\tau\tan\Phi} \tag{6}$$

按平均值定律, 弧 $\overparen{Q_{i-1}Q_i}$ 上必有一點 $R_i(x_i, y_i)$, 曲線 K 在此點上之

切線與弦 $\overline{Q_{i-1}Q_i}$ 平行,以 DR_i 表此切線,則 DR_i 之線坡(slops)爲 $f'(x_i)$,故弦 $\overline{Q_{i-1}Q_i}$ 之線坡亦爲 $f'(xi)$,因 $\overline{Q_{i-1}Q_i}$ 之傾斜角(angle of inclination)爲 τ, 故

$$\tan\tau = f'(x_i) \tag{7}$$

又

$$\tan\Phi = m \tag{8}$$

將(7)及(8)同時代入(6)內得

$$\tan\psi = \frac{f'(x_i)-m}{1+mf'(x_i)} \tag{9}$$

以 Δx_i 表 Δl_i 在 x 軸上之垂直射影,由直角三角形 $P_{i-1}EP_i$ 可得

$$\cos\Phi = \frac{\Delta x_i}{\Delta l_i},$$

故

$$\Delta l_i = \sqrt{1+m^2}\,\Delta x_i. \tag{10}$$

將(9)及(10)同時代入(5)內,得

$$\overline{Q_{i-1}Q_i} = \sqrt{1+\left(\frac{f'(x_i)-m}{1+mf'(x_i)}\right)^2}\,\sqrt{1+m^2}\,\Delta x_i. \tag{11}$$

設 δ 表直線 L 至 $R_i(x_i,y_i)$ 點之垂直距離,則

$$\delta = \frac{y_i-mx_i-c}{\sqrt{1+m^2}}. \tag{12}$$

又 δ 與 $\overline{NM}$ 之關係可表以

$$\delta = \overline{NM}+\varepsilon_i \tag{13}$$

式中 ε_i 爲一小數,能滿足(理詳於後之註釋)

$$\lim_{\Delta l_i \to o}\varepsilon_i = o \tag{14}$$

由(12)及(13)可得

$$\overline{NM} = \frac{y_i-mx_i-c}{\sqrt{1+m^2}}-\varepsilon_i \tag{15}$$

將(11)及(15)同時代入(4)內得

$$\Delta S_i = 2\pi\left(\frac{y_i-mx_i-c}{\sqrt{1+m^2}}-\varepsilon_i\right)\sqrt{1+m^2}\,\sqrt{1+\left(\frac{f'(x_i)-m}{1+mf'(x_i)}\right)^2}\,\Delta x_i$$

理学卷（第二册） 科学通讯 第二卷 第六期（1936）

教材一　　　　　旋轉面及旋轉體求積公式之推廣　　　　　**13**

因　　　　　　　　　　　　$y_i = f(x_i)$

故　　　$\Delta S_i = 2\pi(f(x_i) - mx_i - c)\sqrt{1 + \left(\dfrac{f'(x_i) - m}{1 + mf'(x_i)}\right)^2}\,\Delta x_i$

$\qquad\qquad - \varepsilon_i 2\pi\sqrt{1 + m^2}\sqrt{1 + \left(\dfrac{f'(x_i) - m}{1 + mf'(x_i)}\right)^2}\,\Delta x_i$

以 S' 表諸臺形側面積之和,則

$$S' = 2\pi\sum_{i=1}^{i=n}(f(x_i) - mx_i - c)\sqrt{1 + \left(\dfrac{f'(x_i) - m}{1 + mf'(x_i)}\right)^2}\,\Delta x_i$$

$$- 2\pi\sum_{i=1}^{i=n}\varepsilon_i\sqrt{1 + m^2}\sqrt{1 + \left(\dfrac{f'(x_i) - m}{1 + mf'(x_i)}\right)^2}\,\Delta x_i \qquad (16)$$

又 ████ ████ ████,　　　████ ████ ████,則

$$\sum_{i=1}^{i=n}\varepsilon_i\sqrt{1 + m^2}\sqrt{1 + \left(\dfrac{f'(x_i) - m}{1 + mf'(x_i)}\right)^2}\,\Delta x_i$$

$$\leqslant \varepsilon\sum_{i=1}^{i=n}\sqrt{1 + m^2}\sqrt{1 + \left(\dfrac{f'(x_i) - m}{1 + mf'(x_i)}\right)^2}\,\Delta x_i,$$

又

$$\lim_{n\to\infty}\varepsilon = \lim_{\Delta x\to 0}\varepsilon = 0, \text{（理見後之註釋）}$$

而 　$\lim_{n\to\infty}\sum_{i=1}^{i=n}\sqrt{1 + m^2}\sqrt{1 + \left(\dfrac{f'(x_i) - m}{1 + mf'(x_i)}\right)^2}\,\Delta x_i$, ████

因 $\overset{\frown}{\alpha\beta}$ 表弧 $\overset{\frown}{\alpha\beta}$ 之長,故為一定數,故

$$\lim_{n\to\infty}\sum_{i=1}^{i=n}\varepsilon_i\sqrt{1 + m^2}\sqrt{1 + \left(\dfrac{f'(x_i) - m}{1 + mf'(x_i)}\right)^2}\,\Delta x_i = 0. \qquad (17)$$

應用積分基本定理於(16),兼用(17)之關係,則所求之面積為

$$S = 2\pi\lim_{n\to\infty}\sum_{i=1}^{i=n}(f(x_i) - mx_i - c)\sqrt{1 + \left(\dfrac{f'(x_i) - m}{1 + mf'(x_i)}\right)^2}\,\Delta x_i$$

$$= 2\pi\int_{x_0}^{x_\infty}\frac{f(x) - mx - c}{1 + mf'(x)}\sqrt{1 + \{f'(x)\}^2}\,dx$$

推論　　如以直線 $x - c = 0$ 為旋轉軸, $x = F(y)$ 表曲線之方程式,

$\alpha(x_0, y_0)$ 及 $\beta(x', y')$ 爲此曲線上之二點,當曲線上之弧 $\widehat{\alpha\beta}$ 繞 $x-c=0$ 旋轉時,則所生旋轉面之面積爲

$$S = 2\pi \int_{y_0}^{y'} (x-c) \sqrt{1 + \left(\frac{dx}{dy}\right)^2}\, dy = 2\pi \int_{y_0}^{y'} (F(y)-c) \sqrt{1 + (F'(y))^2}\, dy$$

註釋　　　茲證　　　$\lim\limits_{\Delta l_i \to 0} \varepsilon_i = 0$

設 Q_{i-1} 及 Q_i 之坐標爲 $Q_{i-1}(x'', y'')$ 及 $Q_i(x''+\Delta x, y''+\Delta y)$. 因 M 爲弦 $\overline{Q_{i-1}Q_i}$ 之中點,故其坐標爲 $M\left(x'' + \frac{\Delta x}{2},\ y'' + \frac{\Delta y}{2}\right)$. 又 $R_i(x_i, y_i)$ 之坐標 可書爲 $R_i(x''+\delta x, y''+\delta y)$. 當 Δx 及 Δy 趨近於 0 時,δx 及 δy 亦均趨近 於 0. 故直線 L 至 R_i 之垂直距離爲

$$\delta = \frac{y'' + \delta y - mx'' - m \cdot \delta x - c}{\sqrt{1+m^2}}. \text{(參閱 12)}$$

又 L 至 M 點之垂直距離爲

$$\overline{NM} = \frac{y'' + \dfrac{\Delta y}{2} - mx'' - \dfrac{m}{2}\Delta x - c}{\sqrt{1+m^2}}$$

故　　　　　　$$\delta - \overline{NM} = \frac{\delta y - \dfrac{\Delta y}{2} + \dfrac{m}{2}\Delta x - m \cdot \delta x}{\sqrt{1+m^2}}$$

因　　　　　　$$\Delta l_i = \sqrt{(\Delta x)^2 + (\Delta y)^2},$$

故當 Δl_i 向 0 趨近時,Δx 及 Δy 亦均向 0 趨近,故

$$\lim_{\Delta l_i \to 0} \varepsilon_i = \lim_{\Delta l_i \to 0}(\delta - \overline{NM}) = \lim_{\substack{\Delta x \to 0 \\ \Delta y \to 0}} \left\{ \frac{\delta y - \dfrac{\Delta y}{2} + m\left(\dfrac{\Delta x}{2} - \delta x\right)}{\sqrt{1+m^2}} \right\} = 0$$

（二）　旋轉體積之推廣公式

設　　　　　　　　　$L: \quad y = mx + c$　　　　　　　　　（1）

爲一已知直線,(卽圖中之直線 MN)

$$K: \quad u = f(x) \qquad\qquad\qquad （2）$$

教材一　　　　旋轉面及旋轉體求積公式之推廣　　　　**15**

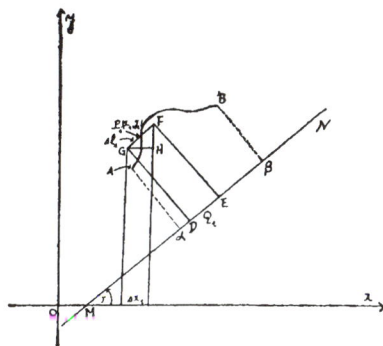

圖　　二

為一已知曲線．$A(x_0, y_0)$ 及 $B(x', y')$ 為曲線 K 上之二點，並設 $f(x)$ 在 (x_0, x') 間為連續函數．當曲線 K 上之弧 $\widehat{AB}$（如圖）繞直線 L 旋轉時，則所生旋轉體積為

$$V = \pi \int_{x_0}^{x'} \frac{(f(x) - mx - c)^2}{\sqrt{1 + m^2}} \, dx \qquad (3)$$

由 A 點及 B 點作垂直於 L 之二直線，交 L 於 α 及 β 二點，將線段部分為 n 分 $\Delta l_1, \Delta l_2, \Delta l_3, \Delta l_4 \cdots \Delta l_n$（等或不等均可）．設 Q_1 為 Δl_1 內之任一點，同樣 Q_i 為 Δl_i 內上任一點．然後由 $Q_1, Q_2, Q_3, \cdots Q_i, \cdots$ 作 L 之垂直線，各交曲線 K 於 $P_1, P_2, \cdots P_i \cdots P_n$ 諸點，以 $\Delta l_1, \Delta l_2 \cdots \Delta l_i \cdots$ 為底，以 $\overline{Q_1 P_1}$, $\overline{Q_2 P_2}$, $\cdots \overline{Q_i P_i} \cdots$ 為高，在 L 上作 n 個正平行四邊形．當弧 $\widehat{AB}$ 繞直線 L 旋轉時，則每四邊形各生一圓柱體．弧 $\widehat{AB}$ 繞 L 旋轉時所生旋轉體積可以諸柱體體積之和之極限定之．

設 P_i 之坐標為 $P_i(x_i, y_i)$，又設 ΔV_i 表第 i 個圓柱體之體積，則

得　　　　　　　　　$$\Delta V_i = \pi \cdot \overline{Q_i P_i}^2 \cdot \Delta l_i$$

又　　　　　　　　　$$\overline{Q_i P_i} = \frac{y_i - mx_i - c}{\sqrt{1 + m^2}}$$

故 $$\Delta V_i=\pi\left(\frac{y_i-mx_i-c}{\sqrt{1+m^2}}\right)^2\cdot\Delta l_i \qquad (4)$$

以 Δx_i 表 Δl_i 在 x 軸上之垂直射影,由直角三角形 GHF 可得

$$\cos\tau=\frac{\overline{GH}}{\overline{GF}}=\frac{\Delta x_i}{\Delta l_i}$$

故 $$\Delta l_i=\sqrt{1+\tan^2\tau}\cdot\Delta x_i.$$

但 $\tan\tau$,爲 L 之線坡故

$$\tan\tau=m$$

故 $$\Delta l_i=\sqrt{1+m^2}\,\Delta x_i \qquad (5)$$

將(5)代入(4)內得 $$\Delta V_i=\pi\frac{(y_i-mx_i-c)^2}{\sqrt{1+m^2}}\Delta x_i \qquad (6)$$

以 V' 表諸圓柱體體積之和,則

$$V'=\pi\sum_{i=1}^{i=n}\frac{(y_i-mx_i-c)^2}{\sqrt{1+m^2}}\Delta x_i$$

因 $$y_i=f(x_i)$$

故 $$V'=\pi\sum_{i=1}^{i=n}\frac{\{f(x_i)-mx_i-c\}^2}{\sqrt{1+m^2}}\Delta x_i \qquad (7)$$

應用積分基本定理於(7)式,得所求之體積

$$V=\pi\lim_{n\to\infty}\sum_{i=1}^{i=n}\frac{(f(x_i)-mx_i-c)^2}{\sqrt{1+m^2}}\Delta x_i=\pi\int_{x_0}^{x'}\frac{(f(x)-mx-c)^2}{\sqrt{1+m^2}}dx \qquad (8)$$

推論   當曲線 $x=F(y)$ 繞直線 $x-c=0$ 旋轉時,則所生旋轉體之體積爲

$$V=\pi\int_{y_0}^{y'}(x-c)^2dy=\pi\int_{y_0}^{y'}(F(y)-c)^2dy$$

指 數 及 對 數 函 數

R. Cooper 著

〔孟華譯自 Mathematical Gazette, Vol xx, No.240, 1936 年 十 月 號〕

§1　　通常敍述指數及對數函數之理論者每取

$$\exp x = 1 + x + \frac{x^2}{\text{}} + \cdots \quad 或 \quad \log x = \int_1^x \frac{dt}{t}$$

爲定義.前者定義之亦便,乃在其于無窮級數之理論,需甚順多,而二者之引述方式,均非依學生首次遭遇此等函數時之理路,對大多數學生而言,正確理論之最佳典型,乃係能就已習用之方法而補其罅漏者,此理甚長,姑不多論.至若取

$$\exp x = \lim_{n \to \infty} \left(1 + \frac{x}{n}\right)^n$$

爲定義者其困難已早周知矣

於初等代數內吾人先研究指數,再繼以一般底數之對數隨Neville 教授在其主席講演之一提議,著者已依直截方法,開發此種理論,而並不借助於無窮級數.蓋儻有學生在未遇此種理論之前,即應需指數及對數函數等之一正確理論也.如欲亦包括複素數,則必應用圓函數.但不幸於此點,如吾人不願用無窮級數者,則必需應用此等函數之反函數以定此等函數之定義,然何定義之困難殊爲更甚.吾人論斷,如已至能以此等函數之 Maclaurin 級數之部分和以逼近此等函數即當適可而止,當亦理之所許也.[(1)]

§2　　應用 Dedekind 截隔論之論斷吾人即可得 a^x 之定義, a

---

(1)　見 H.G. Forder, Foundations of Euclidan Geometry (1927)

爲任何 >0 之數,r 爲任何有理數.在已成立指數定則之後,吾人即得證實若[2] $x>y>0,\ 0<r<1,\ r$ 有理,則

$$rx^{r-1}(x-y)<x^r-y^r<ry^{r-1}(x-y). \tag{2.1}$$

用此式及 $a^r\ a^{r'}=a^{r'}(a^{r-r'}-1)$,卽可證 a^r 爲變數 r 之綿續函數[2'],且當 $a>1$ 時爲眞增函數,$0<a<1$ 時爲眞減函數也.

吾人茲設 $a>1$,且可予 a^x 之定義爲對所有 $r<x$ 時各數 a^r 之上界.此數亦必將等於對於所有 $r'>x$ 時 $a^{r'}$ 之下界,且當 x 爲有理時,此之定義一仍可通.淺易之指數定則,關於所有實數指數者,均可推得;且(2.1)亦得推行於無理之指數焉.對於[3] $0<h<1$,吾人有

$$ha^{h-1}(a-1)<a^h-1<h(a-1) \tag{2.2}$$

因而 $a^{x+h}-a^x=a^x(a^h-1)$ 卽示 a^x 爲眞增函數.至於 $0<a<1$ 之情形,亦可同法推求也.

欲微分 a^o 吾人必需考究

$$\lim_{h\to o}\frac{a^h-1}{h}$$

之存在問題.吾人先見僅需研究 h 之正值卽可.嗣又可見吾人僅需取 $h=1,n,n$ 正整數卽足;因若 $n-1\leqslant h^{-1}<n$ 則 $(a^h-1)/h$ 卽位於 $(n-1)$ $(\sqrt[n]{a}-1)$ 及 $n(\sqrt[n-1]{a}-1)$ 之間也.於 P.M. §75,139 頁曾有證

$$f(a)=\lim_{n\to\infty}n(\sqrt[n]{a}-1).$$

不拘 $a>0$ 爲任何數均存在,且具有以下之性質:

---

(2)　參考 G.H. Hardy, Pure Mathematics p.139 或 Hardy-Litllewood-Pólya, Inequalities, Th 41, p.39. 此二書以下將稱作 P.M. 及 H.L.P.

(2')　定義區域此時僅爲有理數——譯註

(3)　顯而易見之推廣只有『≦』之號而無『<』但此已足吾人之用矣. 欲求『<』之推廣可見 H.L.P. p41 或者用 H.L.P. p.18 所指示之方法.〔或可見本刊一卷第四期頁 23 至 2(——譯註〕

理学卷（第二册） 科学通讯 第二卷 第六期（1936）

$$f(1) = o, \quad f(1/a) = -f(a), \quad f(ab) = f(a) + f(b). \tag{2.3}$$

因此吾人可以書

$$\frac{d}{dx} a^x = a^x f(a). \tag{2.4}$$

其次，因 $f(a) = \lim (a^h - 1)/h$ 而 $(a^h - 1)/h$ 在 $o < h < 1$ 時位於 $(a-1)/a$ 及 $a-1$ 之間，吾人觀察得在 $a > 1$ 時 $f(a) > o$，於是由 (2.3) 知 $f(a)$ 為真增函數且

$$\lim_{a \to +\infty} f(a) = +\infty, \quad \lim_{a \to +o} f(a) = -\infty$$

且此函數方為連續函數，以 i 則

$$f(a) - f(b) = \lim_{n \to \infty} n(\sqrt[n]{a} - \sqrt[n]{b}), \tag{2.5}$$

是以由 (2.1) 知其位於 $(a-b)/a$ 及 $(a-b)/b$ 之間也。因此若 $f(e) = 1$ 之方程式必能為某唯一之數 e 之定義，$e > 1$ 且

$$\frac{d}{dx} e^x = e^x. \tag{2.6}$$

因[4] $\frac{d}{dx} e^{ax} = a e^{ax}$，故若吾人以初等代數論對數方法，以此 e 為底數，則導式 (2.4) 即示 $f(a) = \log a$，若 $\log a$ 之導數則由反函數之定則得之也可，即由 (2.5) 直接得之亦無不可也。

至此吾人即可以依通常方式以樹立 e^x 及 $\log x$ 之多數性質。特殊吾人得應用 Taylor 定理(有餘數者)以示當 $x \to o$ 時

$$e^x = 1 + x + \frac{x^2}{2!} + \cdots + \frac{x^n}{n!} + O(|x|^{n+1}),$$

$$\log(1+x) = x - \frac{x^2}{2} + \cdots + (-1)^n \frac{x^n}{n} + O(|x|^{n+1}).$$

及展為無窮級數之式也。　　　　　　　　　　　　　　（待續）

---

(4) 吾人已用 $\frac{dy}{dx} = \frac{dy}{dz} \cdot \frac{dz}{dx}$ 之定則。

歐 姆 定 律 概 論

趙 富 鑫

歐姆定律 (Ohm's Law) 爲電學上一極重重之定律.其應用甚廣.舉凡直流交流各種電路之解法,電阻電位差電流等之各種測定方法,推而至於發電機電動機變壓器及眞空管之各種電路,無不應用此律.惟初學者對於此律,多未根本瞭解,是以研究各種電路時,時見困難.本文就此律之應用,由淺入深,作詳細之討論,且處處舉例以明之,亦可爲研究電學者之一助也.

第一部　歐姆定律對於直流電路之應用.

(一) 歐姆定律　此律本身甚爲簡單.曰『在同一溫度時,經過某一導體之電流(Electrical Current)與此導體兩端之電位差(Electrical Potential Difference) 成正比,且自高電位流至低電位.』以算式表之爲

$$I \propto V \quad 或 \quad V \propto I$$

即
$$I = VG \quad 或 \quad V = IR$$

此 G 及 R 在同一溫度時爲常數.G 爲此導體之電導 (Electrical Conductance), R 爲此導體之電阻 (Electrical Resistance). 由此可知

$$R = \frac{V}{I} \quad G = \frac{I}{R} \quad R = \frac{1}{G} \quad G = \frac{1}{R}$$

在實用單位制內,V 之單位爲伏特(Volt),I 之單位爲安培(Ampere),R 之單位爲歐姆(Ohm), G 之單位爲姆歐(Mho).

一導體之電阻,與其長成正比,而與其截面積成反比.所謂長

教材三　　　　　歐　姆　定　律　概　論　　　　　21

者,爲沿電流方向之長度,而截面則與電流方向垂直.如導體之長與截面積俱均勻(如一平行立方體或一導線),則

$$R = \varrho \frac{l}{a} \quad \text{或} \quad G = \frac{1}{\varrho} \cdot \frac{l}{a}$$

此常數 ϱ 爲此導體物質之一種性質. ϱ 爲一糎長及一平方糎截面積之導體之電阻,曰電阻係數 (Specific Resistance or Resistivity). $\frac{1}{\varrho}$ 爲一糎長及一平方糎截面積之導體之電導,曰電導係數 (Specific Conductance or Conductivity).普通所謂導體之 ϱ 甚小,而所謂非導體之 ϱ 則甚大,但並非無限大,故世間無絕對非導體.

導體之電阻與溫度亦有關係.除碳外,溫度增加時,電阻亦增加.

(二) 電阻之串聯與並聯　數電阻 (卽有電阻之導體) 可以兩種方法聯合之.

(甲) 串聯(Series Connection).　如圖一.

此時同一電流 I 經過各電阻,各電阻兩端之電位差爲

$$V_1 = IR_1 \quad V_2 = IR_2 \quad V_3 = IR_3$$

而此組合兩端之電位差,則爲

$$V = V_1 + V_2 + V_3 = I(R_1 + R_2 + R_3).$$

此組合相當於一電阻,若 R 爲此相當電阻,則 $V = IR$.

故　　　　　　　$$R = R_1 + R_2 + R_3 + \cdots\cdots$$

而　　　　　　　$$\frac{1}{G} = \frac{1}{G_1} + \frac{1}{G_2} + \frac{1}{G_3} + \cdots\cdots$$

(乙) 並聯(Parallel Connection).　如圖二.

此時經過各電阻之電流各各不同.然各電阻兩端之電位差

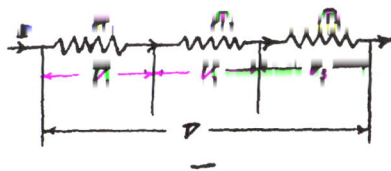

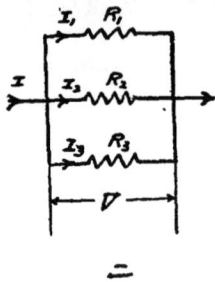

V 則相同.故

$$I_1 = \frac{V}{R_1} \qquad I_2 = \frac{V}{R_2} \qquad I_3 = \frac{V}{R_3}$$

總電流 $\qquad I = I_1 + I_2 + I_3 = V\left(\frac{1}{R_1} + \frac{1}{R_2} + \frac{1}{R_3}\right).$

若 R 爲此組合之相當電阻,則 $\quad I = \frac{V}{R}$

故 $\qquad \dfrac{1}{R} = \dfrac{1}{R_1} + \dfrac{1}{R_2} + \dfrac{1}{R_3} + \cdots\cdots$

而 $\qquad G = G_1 + G_2 + G_3 + \cdots\cdots$

若兩電阻並聯,則 $\quad \dfrac{1}{R} = \dfrac{1}{R_1} + \dfrac{1}{R_2} = \dfrac{R_1 + R_2}{R_1 R_2}$ 而 $R = \dfrac{R_1 R_2}{R_1 + R_2}.$

各電阻之電流,與其電阻成反比,卽

$$I_1 = I\frac{R}{R_1}, \qquad I_2 = I\frac{R}{R_2}, \qquad I_3 = I\frac{R}{R_3}$$

若兩電阻並聯,則 $\qquad I_1 = I\dfrac{R_2}{R_1 + R_2} \qquad I_2 = I\dfrac{R_1}{R_1 + R_2}.$

　　電阻之組合若純爲串聯,並聯,或二者兼有時,卽可以上二法依次計算之.惟有時其組合不能分爲串聯或並聯時,則須用（六）節之法解之.

　　用上原理,更可求導體之長及截面積非均勻時之電阻.舉一例以明之.設有一空心圓柱,長爲 L,內半徑爲 a,外半徑爲 b.其電阻隨電流之方向而異.

　　（甲）若電流方向平行於圓柱之軸,則導體之長（沿電流方向）爲 L,截面積爲 $\pi(b^2 - a^2)$,二者俱均勻,故其電阻

$$R = \varrho\,\frac{L}{\pi(b^2 - a^2)}.$$

（乙）若電流方向沿圓柱之半徑（如圖三），則導體之截面積處處不同,而其電阻不能再以 $\varrho\dfrac{l}{a}$ 求之. 此時可分圓柱為無數薄圓筒. 設某一薄圓筒之半徑為 x,厚為 dx, dx 為無限小,此薄圓筒形導體之截面積（與電流方向垂直）即為 $2\pi x \cdot L$,而其長為 dx,故其電阻

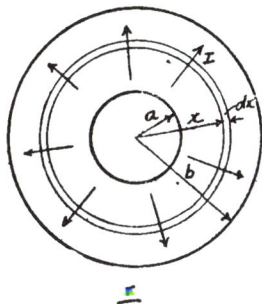

$$dR \quad \frac{\varrho dx}{2\pi Lx}.$$

此無數薄圓筒顯然串聯,故圓柱之總電阻為

$$R = \int dR = \frac{\varrho}{2\pi L}\int_a^b \frac{dx}{x} = \frac{\varrho\log\dfrac{b}{a}}{2\pi L}.$$

輸送電力用電纜外之絕緣包皮即為此圓柱狀,故電纜之絕緣電阻（Insulation Resistance）即可以此法計算之.

（丙）若電流依圓周方向進行（如圖四），則此導體之長處處不同.此時亦可分為無數薄圓筒.每一圓筒沿電流方向之長為 $2\pi x$,而其截面積為 $L \times dx$,故其電導為

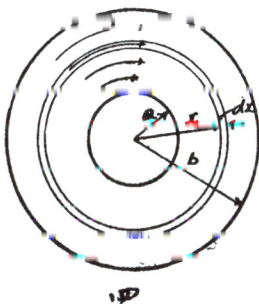

$$dG = \frac{Ldx}{\varrho \cdot 2\pi x}.$$

此時各圓筒顯然並聯,故圓柱之總電導為

$$G = \int dG = \frac{L}{2\pi\varrho}\int_a^b \frac{dx}{x} = \frac{L}{2\pi\varrho}\log\frac{b}{a}.$$

而　　　　　　$$R = \frac{2\pi\varrho}{L\log\dfrac{b}{a}}$$

　　若在一圓柱形鐵心外繞以線圈，而通以交流電時，則圓柱內即發生渦電流 (Eddy Current)．此時之電流沿圓周方向，而其電阻即用上法計算．

　　(三) 電流計之分流器，安培計及伏特計．電流計 (Galvanometer) 者，指示及測量電流之儀器也．普通達松發爾電流計 (Darsonval Galvanometer) 之線圈偏轉度 (Deflection) 與電流成正比，且因線圈電阻一定，故電流計兩端之電位差與偏轉度亦成正比．是以電流計可測量電流及電位差．但因此種電流計頗為靈敏，故祇能量極小之電流或電位差，若欲使其量限 (Range) 較大，則須另以適當電阻聯接於電流計．

　　如欲量較大電流，則須以電阻 S 並聯於電流計 G (如圖五)．如

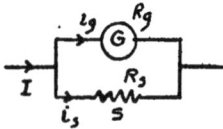

此則所欲量之電流 I 祇有一部 i_g 經過電流計，然電流計之偏轉度則與總電流 I 亦成正比，因從 (二) 節，$i_g = I\dfrac{R_s}{R_s + R_g}$ 而 $I = i_g\dfrac{R_s + R_g}{R_s}$ 也．

此電阻 S 曰分流器 (Shunt)．此時電流計之量限即增 $\dfrac{R_g + R_s}{R_s}$ 倍．如 R_s 為 $\dfrac{1}{9}R_g$，則量限增 10 倍，R_s 為 $\dfrac{1}{99}R_g$，量限即增 100 倍．故每一電流計可附以數個電阻圈，使其量限增加各種不同之倍數．此數電阻圈即曰特用分流器 (Special Shunt Box)．其電阻大概甚低．一電流計之特用分流器不能用於他電流計，因各電流計之電阻不同也．

　　倘有一種裝置，曰普用分流器 (Universal Shunt)，如圖六．此種分流器為一高電阻 R (至小 100000 歐姆)，聯於電流計之兩端．若所

欲量之電流由 A 點入 B 點出,則

$$i_g = I\frac{R}{R+R_g} \doteqdot I\frac{R}{R} = I.$$

因電流計之電阻大抵不過數百歐姆,與 R 比時可略去不計也.此時電流計之量限並無增加.

　　若電流 I 由 C 點出,而 A 至 C 之電阻 r 爲 $\frac{R}{n}$,則

$$i_g = \frac{\frac{R}{n}}{(R_g+\frac{R}{n})+(R-\frac{R}{n})} = \frac{R}{n(R+R_g)} \doteqdot \frac{I}{n} \quad \text{而} \quad I = n i_g.$$

此時電流計之量限增至 n 倍.此數 n 與電流計之電阻 R_g 無關,故同一分流器可用於任一電流計.

　　如電流計之分流器裝置在電流計之內,而電流計之偏轉度直接顯示安培數,則稱爲安培計(Ammeter).

　　此時應用之分流器電阻　　　$R_s = \frac{i_g}{I-i_g} R_g$

　　如欲量較大之電位差時,則須以電阻 M 串聯於電流計 G (如圖七).如此則電流兩端之電位差祇爲所欲量之電位差 V 之一部分,然電流計偏轉度仍與總電位差 V 成正比,因 $V = i_g(R_m+R_g)$ 也.此電阻 M 稱爲倍加器(Multiplier).如 R_m 爲 $9R_g$,則電流計之電位差量限增至 10 倍.若此倍加器裝置在電流計內,而其偏轉度直接指示伏特數,則稱爲伏特計(Voltmeter).此時應用之倍加器電

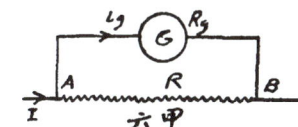

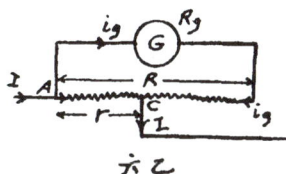

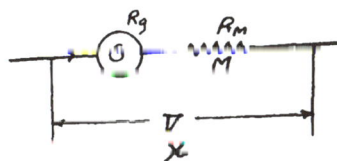

阻　$R_m = \dfrac{V - i_g R_g}{i_g}$.

（四）電池　普通之電池(Cell)，爲一電解液內置以兩種不同之電極，例如硫酸溶液內置銅板及鋅板爲伏打電池(Voltaic Cell)．銅板爲陽極，鋅板爲陰極．電解液亦有電阻，卽電池之內電阻‥(Internal Resistance)．故若有電流通過電池，則溶液兩端亦有電位差或電位降落，是爲內降落(Internal Drop)．其值爲 Ir．但電池兩極之電位差則不祗此，尚有所謂電動勢(Electro-motive Force)者焉．蓋在電池內因化學作用之故，每電極與電解液間有一定之電位差，在伏打電池中則電解液之電位高於鋅板，而銅板復高於電解液．兩處電位差之和曰電動力 E，爲一定數，在伏打電池約爲1.1伏特．若以圖表示各處之電位，則曰電位圖(Potential Diagram)，如圖八甲．此圖之縱坐標爲電位，橫坐標爲電阻．故電動勢爲一自陰極至陽極之電位上升(Potential Rise)．其方向如圖．

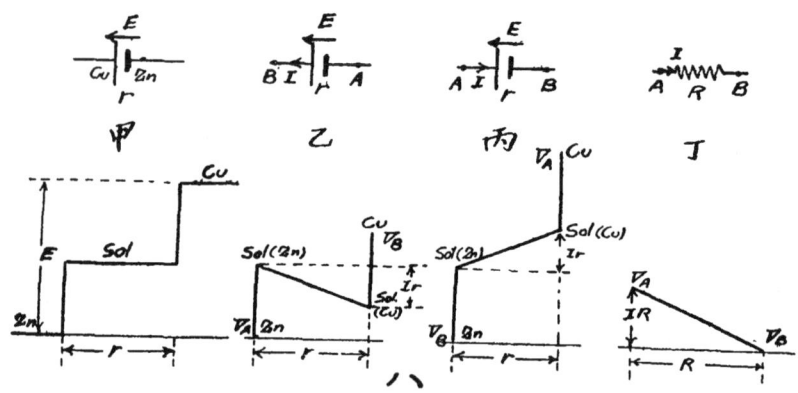

八

若電池中有電流經過，則其兩端之地位差隨電流之方向而異．

教材三　　　　　　歐 姆 定 律 概 論　　　　　27

若電流之方向與電動勢相同,則其電位圖如圖八乙.由此可知

$$V_A - V_B = Ir - E \qquad V_B - V_A = E - Ir$$

因自陰極至陽極有一電位上升 E 及一電位降落 Ir 也.

若電流之方向與電動勢相反,則其電位圖如圖八丙.由此可知

$$V_A - V_B = Ir + E \qquad V_B - V_A = -E - Ir$$

因自陰極至陽極有一電位上升 E,而在相反方向有一電位降落 Ir 也.此式亦可用於電解池 (Electrolytic Cell) 內,E 則爲電解時發生之極化電動勢(E.M.F. of Polarization).

上列二式,雖非歐姆定律原式,而亦從之得來,而爲其變相也.

若爲電阻,則電位圖如圖八丁,而

$$V_A - V_B = Ir \qquad V_B - V_A = -Ir.$$

若一電池兩端接一電阻圈,則電池中之電流與電動勢同向.此電阻圈曰外電阻 R(External Resistance),其電位降落 IR 曰外降落 (External Drop),此時之電位圖如圖九(在此圖內爲簡便起見,假定電動勢祗在電池陰極與電解液之間).外降落 IR 卽電池兩端之電位差 V 卽 $(V_B - V_A)$,亦卽 $E - Ir$.故

$$E = IR + Ir = V + Ir,$$

而 $$I = \frac{E}{R + r}$$

換言之,一電路內之電流,爲此電路內之電動勢以其內外電阻之

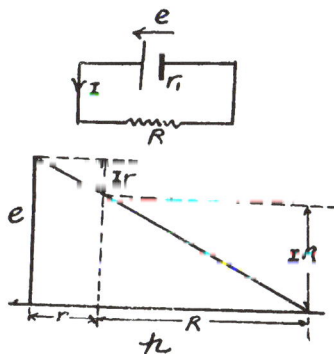

和除得之商數,電池之電動勢與內電阻爲定數,故外電阻愈大,電流愈小.

　　當電池兩端不連接時,外電阻爲無限大,而電流爲零.此時電路稱爲斷路 (Open-circuit). 內降落 Ir 亦爲零,而電池兩端之電位差等於其電動勢 E.當電池兩端以一電阻甚小之導線連接時,外電阻可視爲零.此時之電路曰促路(Short circuit).電流爲 $\dfrac{E}{r}$,此爲最大值.內降落 Ir 等於電動勢 E,而電池兩端之電位差 V 爲零.

　　(五) 電池之串聯與並聯　　數電池亦可聯在一處,與電阻同.

　　(甲) 串聯　　如圖十甲乙.同一電流 I 經過各電池.甲圖二電動勢同向,乙圖反向.從甲圖

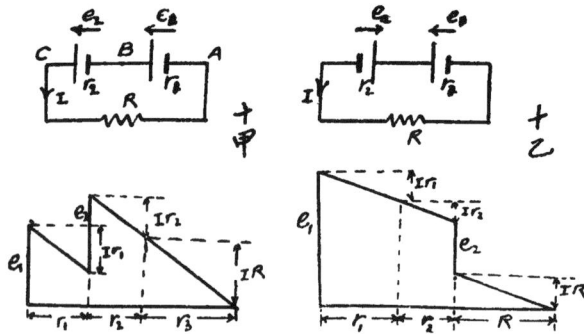

$$V_A - V_B = Ir_1 - e_1$$

$$V_B - V_C = Ir_2 - e_2$$

$$V_C - V_A = IR$$

相加得　　　　　$e_1 + e_2 - IR - Ir_1 - Ir_2 = 0.$

故　　　　　$I = \dfrac{e_1 + e_2}{R + (r_1 + r_2)}.$

同樣從乙圖　　$e_1 - e_2 - IR - Ir_1 - Ir_2 = 0$ 　　　$I = \dfrac{e_1 - e_2}{R + (r_1 + r_2)}.$

理学卷（第二册）　科学通讯　第二卷　第六期（1936）

以上各式亦可自圖十之電位圖直接得之.

設此二電池之組合相當於一電池,則此一電池之電動勢必為 e_1+e_2 或 e_1-e_2,而其內電阻必為 r_1+r_2,蓋惟如此則能在同一外電阻 R 內得同一電流 I 也.

故串聯時　相當電動勢 $\overline{E}=e_1\pm e_2\pm\cdots=$ 各電動力之代數和

　　　　　相當內電阻 $\overline{r}=r_1+r_2+\cdots=$ 各內電阻之算術和.

電動勢在電流方向者應用加號,反方向者,應用減號.

則　　　　　　　　電流 $I=\dfrac{\overline{E}}{R+\overline{r}}$.

若有 n 個電動勢與內電阻俱相同之電池串聯,而電動勢方向相同者,則 $\overline{E}$ 為 ne,$\overline{r}$ 為 nr,而 I 為 $\dfrac{ne}{R+nr}$.

（乙）並聯　與電阻之並聯相同.各電池之一端（不論陽極陰極）連接一處,其他端亦連一處,各電池內之電流不同.茲先論兩電池並聯之相當電動勢及相當內電阻.電動勢方向相同.（圖十一甲）

從圖　　　$V_B-V_A=e_1-i_1r_1=e_2-i_2r_2=IR$.

故　　　　$i_1=\dfrac{e_1-IR}{r_1}$　　　$i_2=\dfrac{e_2-IR}{r_2}$.

但　　　　　　　$i_1+i_2=I$

故　　　$\dfrac{e_1-IR}{r_1}+\dfrac{e_2-IR}{r_2}=I$.

即　　　　　$I=\dfrac{e_1r_2+e_2r_1}{Rr_1+Rr_2+r_1r_2}$.

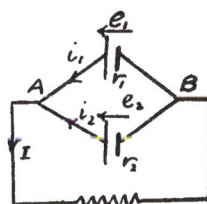

十一

因二內電阻係並聯,故

　　　　相當內電阻 $\overline{r}=\dfrac{r_1r_2}{r_1+r_2}$.

故
$$I=\frac{\overline{E}}{\dfrac{r_1r_2}{r_1+r_2}+R}=\frac{\overline{E}}{\dfrac{Rr_1+Rr_2+r_1r_2}{r_1+r_2}}=\frac{e_1r_2+e_2r_1}{Rr_1+Rr_2+r_1r_2}.$$

故
$$\overline{E}=\frac{e_1r_2+e_2r_1}{r_1+r_2}.$$

　　若 e_2 之方向相反,則可假定各電流之方向與前相同（若算出之電流爲負,則實際方向與假定者相反,惟其數量仍相同）,故照(甲)節 e_1 應用加號,e_2 應用減號.

卽
$$\overline{E}=\frac{e_1r_2-e_2r_1}{r_1+r_2}\qquad \overline{r}=\frac{r_1r_2}{r_1+r_2}$$

$$I=\frac{e_1r_2-e_2r_1}{Rr_1+Rr_2+r_1r_2}.$$

$$i_1=\frac{e_1-IR}{r_1}\qquad i_2=\frac{-e_2-IR}{r_2}.$$

　　若有三電池並接（圖十二）,則可先求第一第二兩電池並聯時之相當電動勢 e' 及內電阻 r',然後再與第三電池並聯.

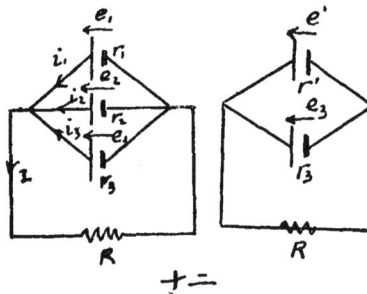

十二

$$e'=\frac{e_1r_2+e_2r_1}{r_1+r_2}\qquad r'=\frac{r_1r_2}{r_1+r_2}.$$

$$\overline{E}=\frac{e'r_3+e_3r'}{r'+r_3}=\frac{\dfrac{e_1r_2+e_2r_1}{r_1+r_2}\times r_3+e_3\times\dfrac{r_1r_2}{r_1+r_2}}{\dfrac{r_1r_2}{r_1+r_2}+r_3}$$

$$= \frac{e_1 r_2 r_3 + e_2 r_1 r_3 + e_3 r_1 r_2}{r_1 r_2 + r_2 r_3 + r_1 r_3}.$$

$$\overline{r} = \frac{r' r_3}{r' + r_3} = \frac{\frac{r_1 r_2}{r_1 + r_3} \times r_3}{\frac{r_1 r_2}{r_1 + r_3} + r_3} = \frac{r_1 r_2 r_3}{r_1 r_2 + r_2 r_3 + r_1 r_3}.$$

$$I = \frac{\overline{E}}{R + \overline{r}} = \frac{e_1 r_2 r_3 + e_2 r_1 r_3 + e_3 r_1 r_2}{R r_1 r_2 + R r_2 r_3 + R r_1 r_2 + r_1 r_2 r_3}.$$

$$i_1 = \frac{e_1 - IR}{r_1} \qquad i_2 = \frac{e_2 - IR}{r_2} \qquad i_3 = \frac{e_3 - IR}{r_3}.$$

若任何一電動勢之方向與假定之電流方向相反,則此電動勢前為減號.

　　由此可得一普遍之公式.凡 n 個電池並聯時,其相當電動勢式之分子有 n 項,每項為每一電池之電動勢乘其他各電池之內電阻;其分母有 n 項,每項為 $n-1$ 個內電阻之積(n 個電阻中每次取 $n-1$ 個,則有 n 個組合).相當內電阻式之分子為各內電阻之積,分母與相當電動勢同.總電流式之分子與相當電動勢式之分子同,分母則有 $n+1$ 項,前 n 項為相當電動勢式之分母乘外電阻,末項則為各內電阻之積.每個電池之電流則為其電動勢減去外降者,而以其內電阻除之.計算時可假定電流之方向,同向之電動勢用加號,反相則用負號.

　　若此並聯組合在斷路時(圖十三),即 R 為無限大,則 I 為零,然此時各電池內仍有電流 i_1, i_2, i_3,此種電流為環流電流(Circulating Current). 此時之 IR,或電池組合兩端之電位差,即為此組合之相當電動勢 $\overline{E}$,因此組合相當於一電池,而斷路時電池兩端之電位差等於電動勢

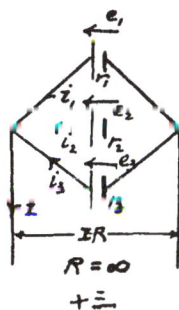

也.

故 $$i_1=\frac{e_1-\overline{E}}{r_1} \qquad i_2=\frac{e_2-\overline{E}}{r_2} \qquad i_3=\frac{e_3-\overline{E}}{r_3}.$$

因此數電流之和爲零,至少有一電流爲負,卽至少有一電池中之電流方向與假定者相反也.

若兩電池並聯,則 $$i_1=-i_2=\frac{e_1-e_2}{r_1+r_2}.$$

若此並聯組合在捷路時(圖十四),R爲零,而

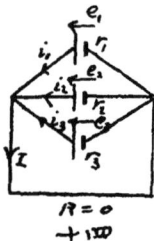

$$I=\frac{e_1r_2r_3+e_2r_1r_3+e_3r_1r_2}{r_1r_2r_3}=\frac{e_1}{r_1}+\frac{e_2}{r_2}+\frac{e_3}{r_3}$$

而 $$i_1=\frac{e_1}{r_1} \qquad i_2=\frac{e_2}{r_2} \qquad i_3=\frac{e_3}{r_3}.$$

每電池之電流與各電池分別捷路時相同.

若各電池之電動勢相同,方向相同 $(e_1=e_2=e_3)$時,不論內電阻是否相同,

$$\overline{E}=\frac{er_1+er_2}{r_1+r_2}=e.$$

若各電池之內電阻相同$(r_1=r_2=r)$時,則

$$\overline{E}=\frac{e_1r\pm e_2r}{r+r}=\frac{e_1\pm e_2}{2}=\frac{\Sigma e}{n} \quad 而 \quad \overline{r}=\frac{r}{n}.$$

Σe 爲各電動勢之代數和,故 $\overline{E}$ 爲各電動勢之代數平均數.

若電動勢及內電阻俱相同,方向亦同,則

$$\overline{E}=e \qquad \overline{r}=\frac{r}{n} \qquad 而 \qquad I=\frac{e}{R+\dfrac{r}{n}}.$$

電力傳遞線路,常可以電池並聯法解之.舉例如下:

例一. A爲一電源,輸送電流至 B 處,B 處有蓄電池一座及電燈若干盞(圖十五).則當蓄電池放電時電燈中之電流爲電源

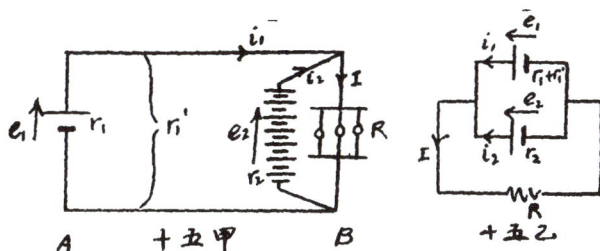

十五甲　　　　　　十五乙

A 及蓄電池所共同供給,但蓄電池漏電時,則電燈及蓄電池之電流均爲電源 A 所供給.電源 A 與蓄電池爲並聯,外電阻爲電燈之總電阻 (電燈恆並聯),而二根導線之電阻 r' 可視爲電源 A 內電阻之一部.其相當電路如圖十五乙.

　　例二.　A 處有二電源串聯,接出三導線 a, b, c 至 B 處,B 處則有電燈兩羣.此即所謂三線傳遞制度 (Three Wire Distributing Sys-

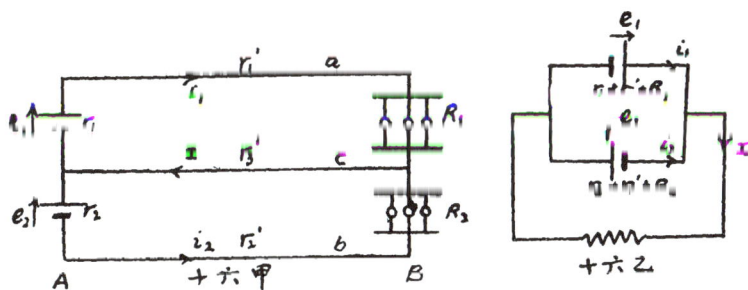

十六甲　　　　　　十六乙

tcm) 也.此二電源亦爲並聯,電動勢方向相反,外電阻爲中間導線 c 之電阻 r'_3.相當電路見圖十六.(待續)

同素異性體及構造式

陳　同　素

　　近代有機化學之基本原理爲化合物構造式之研究,初學有機化學者亦類能道之.但此種理論在研究之初,當有一實驗之明示,不可僅使學生憑此紙上之構造式而幻想.當使知由物質之性質以解釋分子間之結構.換言之,由其構造式而推知其化學性質.構造式不僅爲原子間如何連繫之公式並當暗示爲一種『反應』之公式也.倘能如此研讀,學生始能領會於一構造式之何所指示矣.

　　化合物構造式之研究允稱化學界中偉大勳業之一,經過各專家之堅苦研求,在五十年以前,此種學問已進入完善準確之境地.致現在之化學教科書內均以「信條」之方式出之.而不詳其究竟.惟此種研讀工作能啓發吾人對於一玄奧事物之悟性,於文化,於科學,均極重要,吾人當努力棟習之.不宜人云亦云者也.

　　構造式之實驗要使學生容易領悟而又易於表演者亦至爲重要.茲篇所述或可有補於教者.

　　同素異性體之一例:乙醇與甲醚(ethyl alcohol & methyl ether)

　　首先須使學生知構造式之必需;在無機化學中所用以表示一化合物之公式之方法,往往在有機化學中不敷應用.化合物之同素異性現象自然引出分子構造之學說.同素異性體之例甚多,但適用於教授.初學者甚難得.今擇乙醇與甲醚二物爲例,頗見合用,因二物之化學性質截然不同且其異點卽可利用之以示結構

之不同.乙醇爲我人日常所見（卽火酒），甲醚在化學實驗室內亦易取得.

　　先提示二物之化學公式 C_2H_6O. 完全相同（由分析結果算出,不贅述）;以下將述二物之性質不同之點.甲醚自行製備如下:配一混合液含有1.3份甲醇及2份硫酸,凟蒸餾瓶內,上裝迴流冷却器,漸熱至140°C（溫度計插入液體內）.在 110°C f甲醚卽生成,熱至 140°C 于積完成.逸出氣體經過一石灰液然後集於濃硫酸瓶內（用冷水冷却）,在常溫時1容硫酸可溶600容甲醚.後者不溶於水,若以之濶入水中則甲醚可完全散出.以下實驗所用甲醚卽取此法.

　　甲醚之氣體可以點火燃着,試之如下.裝置如圖1.A 爲試管盛水,B爲量管盛此溶液,C爲螺旋夾以使溶液滴入試管,待空氣盡排出後,氣體在出口處可以燃着.A底放一小塊陶片使氣流均勻.學生乃知甲醚與乙醚之性質迥殊.

無機化合物之結構

　　什麼證乙醇與甲醚之構造式以卽半實溫得無機化學由之原子價及分子構造.僅藉原子價不足以定一化合物之分子式,試舉例以釋明之:一

　　由分析結果知氧化鎂之水化物其公式當爲 MgO_2H_2.鎂及氧均屬二價,氫爲一價,則其結構可有下列二式

$$\mathrm{Mg}\!<\!\!\begin{array}{c}\mathrm{O-O-H}\\\mathrm{H}\end{array} \qquad 及 \qquad \mathrm{Mg}\!<\!\!\begin{array}{c}\mathrm{O-H}\\\mathrm{O-H}\end{array}$$

試審察下列之反應

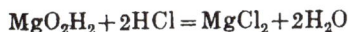

$$MgO_2H_2 + 2HCl = MgCl_2 + 2H_2O$$

此式與荷性鈉（其結構巳知爲 Na—O—H）及鹽酸之反應相仿

$$Na-\overline{|O-H+H|}-Cl=NaCl+H_2O$$

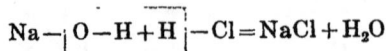

二者均產生一鹽類及水,而水乃由碱中之 OH 基與酸中之 H⁺所
合成,今此鎂化合物能生成二分子之水則其含有2個 OH 基也必
矣.更以他反應證之

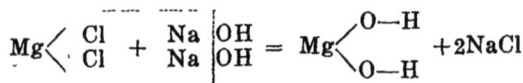

$$Mg\Big\langle\begin{matrix}Cl\\Cl\end{matrix}+\begin{matrix}Na\\Na\end{matrix}\Big|\begin{matrix}OH\\OH\end{matrix}=Mg\Big\langle\begin{matrix}O-H\\O-H\end{matrix}+2NaCl$$

再舉一例,由分析結果知亞硫酸之公式爲 H_2SO_3 硫四價氧
二價,氫一價,故可有下列三種不同之構造式

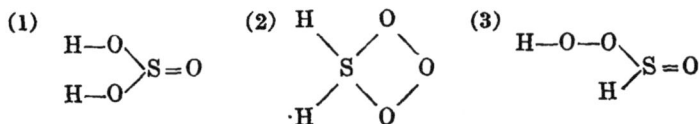

(1)
$$\begin{matrix}H-O\\H-O\end{matrix}\Big\rangle S=O$$

(2)
$$\begin{matrix}H&&O\\&S&\\\cdot H&&O\end{matrix}$$

(3)
$$\begin{matrix}H-O-O\\\quad H\end{matrix}\Big\rangle S=O$$

欲證第一式之準確,可用氯化氧硫與水之作用示之.硫爲四價故
前者之構造祇有一式 $O=S\Big\langle\begin{matrix}Cl\\Cl\end{matrix}$.作用之生成物爲亞硫酸及氯化
氫,其作用祇有下式可以示之

$$O=S\Big\langle\begin{matrix}Cl\\Cl\end{matrix}+\begin{matrix}H-O-H\\H-O-H\end{matrix}\longrightarrow O=S\Big\langle\begin{matrix}OH\\OH\end{matrix}+2HCl$$

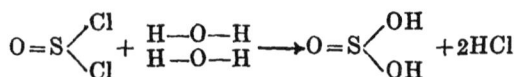

由此以觀,凡一化合物之實驗式可有不同寫法,而每一個分
子中,其原子之連繫有一定順序;此則可研究該物之化學性質以
得之.

乙醇與甲醚之構造式

先察乙醇之化學性質,當然不需盡舉其反應,祇需求反應所
得之產物,其構造爲學生所巳知者即可.如 $C_2H_6O+HBr\rightarrow C_2H_5Br+H_2O$

理学卷（第二册） 科学通讯 第二卷 第六期（1936）

生成水必須講明,水之構造式爲學生所熟知,夫水之生成由於 H 及 OH 之中和作用,故此例之水亦必爲 H 及 OH 所化合,Br 與 C_2H_6O 化合先必放棄 H.是以 H 乃自 HBr 分子所來,而 OH 乃自 C_2H_6O 分子來也.故 C_2H_6O 可視作 C_2H_5 及 OH 所連繫成功者也.

C_2H_5OH 中之一個 H 原子其位置與其他 H 原子不同,試以鈉置換乙醇中之氫,祇有其中之一可被置換.若加一定量之乙醇於定量之鈉,初作用甚烈,片刻後卽停止作用.斯乃乙醇鈉生成後種被鈉面使乙醇不能繼續作用於鈉也.試法述之於后.

小圓底燒瓶(見圖2)加 60—100cc 火油(kerosene)再加6.9 0 克鈉,裝上冷却器,加熱,此時,在乾燥管以右之部份須拆開,迨火油煮沸,取去燈火,取下燒瓶,裝上瓶塞,包以抹布,搖之至冷.熔化之鈉此時變成細粉.待燒瓶全冷後,裝置如圖 2,並將右部儀器連上乾燥管(用 $CaCl_2$).

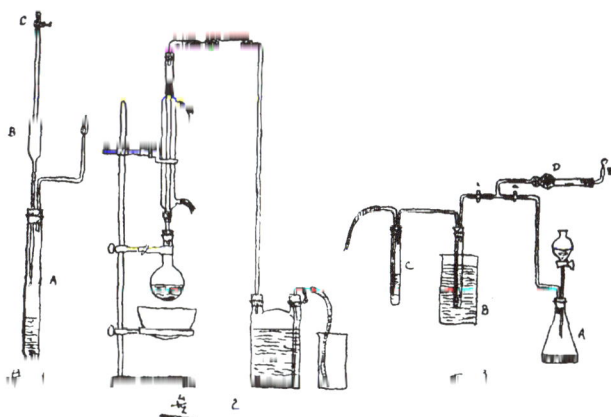

微開燒瓶,加入一定量之乙醇,卽速裝連冷却器上,乙醇之量不必與鈉量相當.蓋量氫氣之容積時無需乎鈉量者也.

輕搖燒瓶,乙醇與鈉作用,氫卽發生,將雙口瓶中之水排入量

筒內,至作用漸緩時,燒瓶中物必須養沸.約 3—5 分鐘後,全部乙醇均被作用,乃將燒瓶冷下,乃量排出之水,改算此氫容積至標準狀況下.此結果可與理論甚靠近.比較此結果與所用乙醇量可知每一分子量之乙醇,鈉祇能置換其中之一原子量之氫.構造式已明示之矣.(鈉可故意多用以示其祇能置換一原子量之氫)

今既證明乙醇之構造式,而 C_2H_6O 祇能有兩種構造式,則其他一式當爲甲醚也明矣.

鈉可置換乙醇內 OH 基之 H,今甲醚中之六個 H 均與 C 相連,故應無 H 可被鈉所置換.下述方法卽以表示此說.

圖 3 中,A 用以發生甲醚,B 盛乙醇,C 盛濃硫酸,D 爲乾燥管,A 與 B 連接.D 管前端裝一出口 E.開 a(閉 c)滴甲醚之硫酸溶液於水,待空氣驅出,開 D 管,用鉗放入鈉二三片(鈉之外層刮去並以乙醚洗之).乃閉 D 管,自 E 逸出之氣可以燃着,察 D 中之鈉在甲醚氛圍中一無變化.熄 E 口之火焰,先開 c 乃閉 a 鼓入空氣經 C 被濃硫酸乾燥,乃經過乙醇,帶之入 D 管而與鈉作用.(可由鈉外觀之變化知之)並以試管覆於 E 端以集氫氣證明之(在甲醚驅出後 1—2 分鐘收集之).

由此實驗之演出,學生對於同素異性體及其構造之空洞觀念可得完全領會矣.

叢　錄

鋼　鐵　製　造

（續）

范　棠譯

茲將普通鋼鐵之冶鍊法,列述如下:

（一）生鐵 (Pig Iron)——鋼鐵製造之主要原料,厥為生鐵,則其冶鑄,當為世上諸重工業之基礎,吾人烏可忽視之.冶鐵之原料為鐵鑛,焦碳,及石灰.鐵鑛中用作冶鍊生鐵之原料者,計有赤鐵鑛 (Fe_2O_3),褐鐵鑛$(Fe_2O_3 \cdot 2H_2O)$,磁鐵鑛(Fe_3O_4),菱鐵鑛 (Fe_2CO_3) 等數種.焦碳之應用,基於其富有強烈之還元作用,使氧化鐵還元.焦碳可由煤自行蒸餾而得,或由附近煤氣廠供給.石灰則為最普通之催熔劑,可用石灰石供給之.普通冶製生鐵一噸,需鐵苗二噸,焦碳一噸,石灰石四分之一噸.故冶鐵之原料,賤而重,則其運輸當為緊要之因素,而廠址之勘定,重要可知.普通則每設於煤鐵兩鑛兼有之處,設附近有石灰鑛,則更為相宜.

此外,空氣之供給,亦為冶鐵廠重要工作之一.雖空氣不用購買,但因其需要量大,亦非耗費極大之動力不可.普通一鼓風爐,每廿四小時約需空氣一千二百噸,至其體積,當更驚人,此項空氣,必預先燒熱,以期爐中,得達最高之溫度.

由是所得之生鐵,其組成雖每因原料來源之不同而異,但恆不出下列諸範圍:鐵93%,碳4%,錳0.5—1%,矽0.6—4%,硫0.1%以

下,磷0.1%以下.生鐵之分析,對於嗣後之鍊鋼鑄鐵,關係甚鉅.

（二）鑄鐵（Cast Iron）——鑄鐵係由生鐵重行鎔鑄而成.熔融時,矽及碳之含量亦常加以糾正,以得適當之性質.但因其過於脆弱,故機械各部分常受巨力之引壓者,恆不以鑄鐵製成.

（三）鍛鐵（Malleable Cast Iron）——或稱展性鐵,爲生鐵經加熱處理後所得富於展性之鑄鐵.熱處理之原理,爲生鐵中所含碳質之經均勻分佈,使各部之組成愈趨一致.故其引力及展性均有改進.

（四）熟鐵（Wrought Iron）——生鐵經精煉之手續,卽成熟鐵,恆於特製之淺底爐中製成之.普通每爐僅能製熟鐵五百磅左右.法將生鐵加入爐中,加熱使熔,乃加適量之氧化鐵礦,使矽,錳,碳含量之減少.最後,因碳質之減少,鐵質乃不復爲流體,而成漿狀物,因鐵與碳混合體之熔點,較純鐵爲低也.於是使此漿狀物流出,卽時模鑄,卽成熟鐵.經此處理後,一部分之渣滓雖已除去,但內中仍含有百分之二之渣滓,其餘則爲純鐵.熟鐵之特性爲不生銹,故機械中需要不銹之金屬部分時,恆採用之.

（五）鋼（Steel）——自生鐵鍊鋼,法術時有改進.現今採用者,計有下列數種:（甲）柏塞麥轉爐法,（乙）開爐法,（丙）坩堝法,及（丁）電爐法.

（甲）柏塞麥法——此法之特點,在利用空氣之吹入,以除去碳,矽,錳諸雜質.待雜質盡除後,空氣卽停止吹入,然後加適量之錳鐵合金,以調節碳,矽,錳之含量.柏塞麥鋼之組成如下:碳 1% 左右,錳0.3-1%,矽1%左右,其餘卽爲純鐵.

規定之組成達到後,卽可鑄成鋼錠.普通鋼錠之長度爲六十吋;高十八吋,寬廿二吋.當鋼錠冷卻適至表面凝固時,卽將其置於

溫煉爐中,使內外溫度相等,漸次冷却,待達華氏二千至二千三百度時,卽可任意輾成各式機件器物,如鐵軌,鋼板,鋼條之類,輾製時,恆須重行加熱,因鋼鐵於高溫度時易於就範故也。

（乙）開爐法——此法始創於一八六六年.法將大量之廢鐵及生鐵於淺底無蓋之爐中熔融,但或時亦有將熔融之生鐵直接自鼓風爐中運來注入者,則手續更簡.爐之面積甚大,每次約可出鋼百噸左右.開爐法有酸式鹼式二種,依所用催熔劑,及爐磚之性質而區別.酸式開爐法之主要目的為減少生鐵中矽,錳,碳之含量,以適合鋼之規定組成.鹼式開爐法中,則硫,磷二質之含量,亦同時加以糾正.於任何一法中,碳,矽,錳三者之去除,均係用氧化鐵完成,卽氧化鐵自身還元,而使雜質氧化,因氧與鐵之結合力較其與碳矽等之結合力為弱.鹼式法中,因有鹼性渣滓之生成,故一部分之硫與磷,亦得同時除去.氧化完畢後,卽應加含有碳,矽,錳之物質,以達一定之含量.初視之,此類先除後加之方法,未免矛盾,但事實上,確為應有之手續.其原因有二,第一,先使雜質需除,然後加適量之原料物質,較直接調節其含量為易.第二,氧化時恆有氧化鐵之生成,故事後必加碳矽諸質以除去之,因氧化鐵之存在,對於鋼之性質,大有損害也.至於碳質之重新加入,則別有用意,因其能改變鋼之性質,使適合各種需要.由此法所得之鋼,與上述之柏塞麥鋼,性質頗相似,但其硫磷之含量則較低,故品質較優,因硫磷之存在,均有不利,前者能使鋼之成形困難,後者則能使其受震動時易於折斷.

　　至其鑄鍊之法,則與上法相同,其應用之場合,亦類似之.但最近則斯種開爐法顯有替代柏塞麥法之趨勢,因由是製成之鋼,非惟品質較為勻一,且磷硫之含量亦較低,惜其成本稍貴耳.

　　（丙）坩堝法——此法最初之應用,為特種工具鋼之鍛鍊,手續

至為簡單,將熟鐵及碳置於坩堝中長期溫煉卽得.故事實上,雜質絲毫未曾除去,僅使各部組成均勻而已.

　　(丁)電爐法——電爐煉鋼法之原理,與開爐法相同;僅加熱之方式迥異.開爐法之加熱,利用煤氣之燃燒,此法則盡由電能供給.由於電流之易於調節,電爐法之特點,卽在於碳矽等質含量調節之精確及手續之簡易.較近特種合金鋼之冶煉,如高速鎢鋼,耐酸矽鋼,以及鉻,鎳,釩,鈾合金鋼等,莫不由此煉成.他日之發展尚未可限量,而坩堝法之必為其淘汰,亦為意中事也.

鋼鐵製造概圖

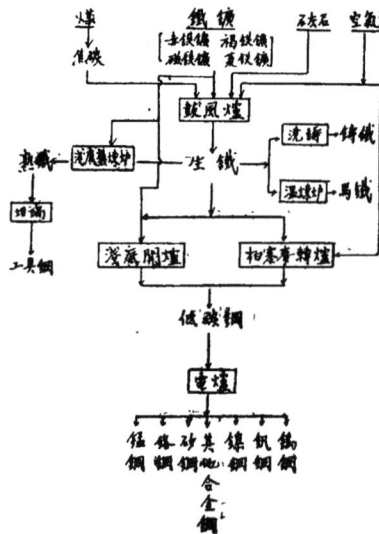

　　　　　　　　　　　　　　　　　　　　　　　　（完）

理学卷（第二册） 科学通讯 第二卷 第六期（1936）

専 載

近 代 幾 何

之 導 引

William C. Graustein 原 著

顧 澄 達 恉

$$\varrho x_1' = \cos\theta + i\sin\theta = \quad 1(\cos\theta + i\sin\theta),$$

$$\varrho x_2' = \sin\theta - i\cos\theta = -i(\cos\theta + i\sin\theta).$$

令 ϱ 等於 $\cos\theta + i\sin\theta$, 則得 $x_1' = 1$, $x_2' = -i$. 故此剛動以 I 運至其本身. 同理, 此剛動亦以 J 運至其本身. 故得下定理:

定理 1　　凡剛動皆以各無窮遠圓周點運至其本身, 及以各迷向線運至其同類迷向線.

「交於有窮遠點 P 之兩有窮遠非迷向線[†] L_1, L_2 及同過 P 之兩迷向線 L_I, L_J」被剛動依次運至「交於有窮遠點 P' 之兩有窮遠非迷向線 L_1', L_2' 及同過 P' 之兩迷向線 L_I', L_J'」. 剛動爲同素射變之特例, 必能保存交比. 故

$$(L_1' \, L_2', \, L_I' \, L_J') = (L_1 \, L_2, \, L_I \, L_J).$$

故得下定理:

定理 2　　兩非迷向線 L_1, L_2 被「其交點上兩迷向線 L_I, L_J」分成之交比

(1)　　　　　　　　　　$r = (L_1 \, L_2, \, L_I \, L_J)$

爲關於剛動羣之不變式.

因 L_1, L_2 一經擇定, L_I, L_J 亦卽確定〔無論 L_1, L_2 爲如何之有窮遠非迷向線, 只要其交點一定, L_I, L_J 亦卽確定; 卽 P 定時 L_I, L_J 不因 L_1, L_2 變而亦變〕. 故此交比 r 實僅兩線 L_1, L_2 之不變式. 但從 L_1 至 L_2 之角 θ 爲 L_1, L_2 之度量的不變式 (且並不希望求一無關於 θ 之第二不變式). 故於此自可覓一連絡 r 及 θ 之關係如下:

今算出此 r. 設 L_1 及 L_2 之斜率爲 λ_1 及 λ_2,[*] 則因 L_I 及 L_J 之斜率

---

† 　非迷向線卽線之不爲迷向者.

*原註. 兩線中有一線與 y 軸平行時, 讀者可自考之.

理学卷（第二册） 科学通讯 第二卷 第六期（1936）

第八編　　　　　複素面之度量幾何　　　　　**183**

為 $-i$ 及 i，得(從第六編4款習題3)[*]

$$r=\frac{(\lambda_1+i)(\lambda_2-i)}{(\lambda_1-i)(\lambda_2+i)}=\frac{(1+\lambda_1\lambda_2)+i(\lambda_2-\lambda_1)}{(1+\lambda_1\lambda_2)-i(\lambda_2-\lambda_1)}.$$

但

$$\tan\theta=\frac{\lambda_2-\lambda_1}{1+\lambda_1\lambda_2}.$$

故

$$r=\frac{1+i\tan\theta}{1-i\tan\theta},$$

即
（2）
$$\tan\theta=\frac{1}{i}\cdot\frac{r-1}{r+1}.$$

以此與

$$\tan\theta=\frac{1}{i}\cdot\frac{e^{2\theta i}-1}{e^{2\theta i}+1}$$

比較，得
（3）
$$r=e^{2\theta i}\quad 即\quad \theta=\frac{1}{2i}\log r.$$

故得下定理

定理 3　若 L_1 及 L_2 瓜交於　有窮遠點之兩有窮遠非迷向線，則從 L_1 至 L_2 之角 θ 可以

$$\tan\theta=\frac{1}{i}\cdot\frac{r-1}{r+1}\quad 或\quad \theta=\frac{1}{2i}\log r$$

表之，此 r 為交比 $(L_1 L_2, L_I L_J)$。

若 L_1 及 L_2 互為垂直，則從（2）得 $r=-1$[*]，其詳亦盧故得下定理：

定理 4　兩有窮遠非迷向線，在(及惟在)其被「其

---

[*] 嚴格言之，須改（2）為 $\cot\theta=i\frac{r+1}{r-1}$。再從 $\theta=90°$ 得 $0=i\frac{r+1}{r-1}$，故 $r=-1$。

交點上兩迷向線」調和*分離時,爲(及方爲)互相垂直.

　　此諸定理[†]組成角及垂直之射影的定義;而以交比及調和分離表示角及垂直之特性.又此諸定理爲連絡度量幾何及射影幾何之要具,至爲重要,入後自知.

　　此諸定理又能顯出迷向線之職務.以前但見迷向線之破壞作用,原有之觀念爲其破壞者不在少處.今則迷向線已變爲建設工具,可以之爲「角及垂直之新解釋」之基礎矣.

　　迷向線關於角及相對斜率之特殊情形,今已失其神祕.當兩線 L_1, L_2 之一爲迷向線時,交比 r 中之四線已非全不相同,自有特殊情形可以發生(第六編, 7 款).例如 L_1 爲經過 P 及斜率爲 $-i$ 之迷向線,則此 L_1 與 L_I 相合, 而 $r = (L_I L_2, L_I L_J) = 0$. 故不論此 L_2 爲何線, 只要不爲 L_I, 則此交比常相同.由是可知「L_I 關於 L_2 之相對斜率爲常數」亦不足奇異.

例　　題

　　1.　直接證明:剛動以「斜率爲 i 之迷向線」運至「斜率爲之迷向線」.

　　2.　以 5 款題 4 之定理推廣之,作成一普通定理.應用完全四邊形之調和性質及 Laguerre 氏之垂直定義以綜合法作成之.

　　7　度量幾何與射影幾何之關係　前已言明剛動爲特種同素射變,今又證明剛動不變各無窮遠圓周點之位置.於是發生一重要問題,卽是否能以「有此性質之同素射變」表示剛動之特性(此性質卽「不變各無窮遠圓周點位置」之性質)?(卽是否凡有此性質之同素射變皆爲剛動,及其逆).

　　若同素射變

[†] 原註.　此諸定理法國幾何家 Laguerre 氏實先作成;時爲 1853 年.

第八編　　　　　複素面之度量幾何　　　　　185

$$\varrho x_1' = a_{11}x_1 + a_{12}x_2 + a_{13}x_3,$$

（1）　　　$$\varrho x_2' = a_{21}x_1 + a_{22}x_2 + a_{23}x_3, \qquad |a_{ij}| \neq o.$$

$$\varrho x_3' = a_{31}x_1 + a_{32}x_2 + a_{33}x_3,$$

不變 I 及 J 之位置,則必以 I 及 J 之連線運至其本身,即以 $x_3 = o$ 運至 $x_3' = o$; 由是 $a_{31} = a_{32} = o$ 及 $a_{33} \neq o$. 再以 a_{33} 除 (1) 中各方程式,得

$$\sigma x_1' = a_1 x_1 + a_2 x_2 + a_3 x_3,$$

（2）　　　$$\sigma x_2' = b_1 x_1 + b_2 x_2 + b_3 x_3, \qquad \Delta = \begin{vmatrix} a_1 & a_2 \\ b_1 & b_2 \end{vmatrix} \neq o.$$

$$\sigma x_3' = \qquad\qquad x_3.$$

此中之 σ 爲 ϱ/a_{33}, a_1 爲 a_{11}/a_{33}, 餘類推.

　　因 (2) 以各無窮遠圓周點運至其本身,故

$$\sigma_1 = a_1 - ia_2, \qquad \sigma_2 = a_1 + ia_2,$$

$$-i\sigma_1 = b_1 - ib_2. \qquad i\sigma_2 = b_1 + ib_2.$$

消去 σ_1, σ_2 得

$$ia_1 + a_2 + b_1 - ib_2 = o,$$

$$-ia_1 + a_2 + b_1 + ib_2 = o.$$

故　　　　　　$$a_2 = o, \qquad b_1 = a_1, \qquad b_2 = a_1.$$

　　以此代入 (2),及改爲非齊次坐標,則得

（3）　　　$$x' = a_1 x - b_1 y + a_3, \qquad \Delta = a_1^2 + b_1^2 \neq o.$$

$$y' = b_1 x + a_1 y + b_3,$$

既 $a_1^2 + b_1^2 \neq o$, 可令

$$\frac{a_1}{r} = \cos\theta, \qquad \frac{a_3}{r} = a,$$

此中, $r = \sqrt{a_1^2 + b_1^2}.$

$$\frac{b_1}{r} = \sin\theta, \qquad \frac{b_3}{r} = b,$$

而 (3) 中兩方程式可變爲

$$
(4)\quad
\begin{aligned}
x' &= r(x\cos\theta - y\sin\theta + a),\\
y' &= r(x\sin\theta + y\cos\theta + b).
\end{aligned}
\qquad
\Delta = r^2,\ r > 0.
$$

此爲相似變形之方程式,見第七編末題1.

本問題之答案至此已經明白.

定理1　相似變形爲同素射變之不變無窮遠圓周點之位置者.

若變形 (4) 以兩點 (x_1, y_1), (x_2, y_2), 運至 (x'_1, y'_1), (x'_2, y'_2), 則

$$
(x'_2 - x'_1)^2 + (y'_2 - y'_1)^2 = r^2\left[(x_2 - x_1)^2 + (y_2 - y_1)^2\right].
$$

此卽兩點間距離之平方經此變形之後,雖非**絕對的**仍爲原距離之平方;但仍**相對的**爲原距離平方之乘以 r^2 者(此 r^2 爲比例率).

故可謂

$$
(x_2 - x_1)^2 + (y_2 - y_1)^2
$$

爲兩點 (x_1, y_1), (x_2, y_2) 關於相似變形羣之**相對不變式**.

必 r^2 爲1,距離之平方始爲**絕對不變式**;卽變形必須爲剛動羣,距離之平方始爲**絕對不變式** (absolute invariant). 故得下定理:

定理2　剛動爲同素射變之有下二性質者:(一)不變兩點 I, J 之位置;(二)能使距離之平方不但爲相對不變式,并能爲絕對不變式.

剛動與相似變形所異者不過一種特別情形.剛動保存一圖形之狀態及大小,而相似變形則但保存一圖形之狀態而已.相似

*原註　上僅證明同素射變之不變 I 及 J 之位置者爲相似變形.此逆可由讀者自證之.

理学卷（第二册）　科学通讯　第二卷　第六期（1936）

性幾何（卽與相似變形羣相關之幾何）但管圖形之狀態，而度量
幾何（卽與剛動羣相關之幾何）則兼論圖形之大小[十].

歐氏幾何一部分爲相似性幾何，一部分爲度量幾何.彼在相
似圖形之理論中，但論圖形之狀態；在全等圖形之理論中及屬於
計量方面之大部工作中，則皆論及圖形之大小.惟就其全體而論，
歐氏幾何實爲度量幾何；因其中所論之一切性質，惟剛動羣始能
將其全體保存也.

就又一方面言，從上兩定理可知：度量幾何與相似性幾何所
差無幾，不若此兩幾何與射影幾何（與同素射變羣相關之幾何）
相去之遠；故此兩幾何間之分別在比較上已是甚微，無關重要.相
似性幾何爲「同素射變羣之子羣」之幾何（此子羣卽凡不變無窮遠
圓周點位置之同素射變所成之羣）.度量幾何爲「此子羣之附條
件者」之幾何（此條件卽距離爲絕對不變式而不爲相對不變式）.
〔詳言之，相似變形爲同素射變之不變無窮遠圓點之位置者；故
相似變形羣爲同素射變羣之子羣剛動爲相似變形之距離不爲
相對不變式而爲絕對不變式者；故剛動羣爲相似變形羣之子羣，
亦卽同素射變之子羣之子羣.故就嚴格言，相似性幾何爲屬於「同
素射變羣之子羣」之幾何，度量幾何幾爲屬於「此子羣之子羣」之幾
何.原文不逕言度量幾何爲此子羣之子羣之幾何，而必如上云云
者；卽因剛動與相似變形所差無幾，其中分別在比較上已是甚微

十　dimension 或譯度或譯元或譯維.用在此處皆不能使讀者明其
意義所在.今姑以大小二字譯之，而略加說明如下：
就綫而論其大小爲長短，就面而論其大小爲長短廣狹，就體而論其
大小爲長短廣狹厚薄.兼論圖形之大小者卽兼論圖形之長短廣狹厚薄
也.dimension 上譯爲維，已見前註（第六編 6 款註），但此處如仍譯作維，在
中文方面恐無人能明其爲何義：姑譯作「大小」以便讀者.

無關重要,不妨視孫如子逕以剛動羣直隸於同素射變羣,並說明其所附之條件以防誤會耳.」故:

　　將此無關重要之條件置之不論,則儘可以度量幾何作爲射影幾何之子幾何, 卽射影幾何之能不變兩共軛虛點者(射影變形羣可分兩部分,甲爲不變此兩共軛虛點之位置者,乙爲變此兩共軛虛點之位置者.屬於甲之幾何,卽此所謂射影幾何之子幾何).

　　從度量幾何之此種解釋所發之光輝,可知迷向線(卽過兩固定點之線)及「角及垂直之 Laguerre 氏定義」以眞確之目光觀察之,與其謂爲理論上之不自然或硬造之原素,不如謂爲理論中之基本原素(兩固定點卽此不變位置之兩共軛虛點,卽圓點 I 及 J).

　　例題.　求出能固定兩實點 $(1,1,0)$,$(1,-1,0)$ 之同素射變,證明
$$(x_2-x_1)^2-(y_2-y_1)^2$$
爲關於此類同素射變之 (x_1,y_1),(x_2,y_2) 之相對不變式.

　　8　應用於割錐線　係數皆爲實數及 A,B,C 不全爲 0 之二次方程式
$$(1) \qquad Ax_1^2+Bx_1x_2+Cx_2^2+Dx_1x_3+Ex_2x_3+Fx_3^2=0$$
代表一割錐線.從**判別式** (discriminant)
$$\Delta=F(4AC-B^2)+BDE-AE^2-CD^2$$
爲 0 或不爲 0, 而此割錐線爲變態或非變態 (degenerate or nondegenerate);又從 $B^2-4AC>0$, $=0$,或 <0, 而此割錐線爲雙曲線,拋物線,或橢圓(以上云云,見平面解析幾何,讀者當已深知).

　　(1) 爲橢圓時,可用變軸法將 (1) 化爲下三式之一:
$$(2) \qquad \frac{x^2}{a^2}+\frac{y^2}{b^2}=1, \quad \frac{x^2}{a^2}+\frac{y^2}{b^2}=-1, \quad \frac{x^2}{a^2}+\frac{y^2}{b^2}=0.$$

此第二式在實面中無軌迹,但在複面中,則不僅此第一式有軌迹而已,此第二式亦有軌迹.故在複面中,非變態橢圓有兩種:一種爲有實迹(實點之連續迹)者,一種爲無實迹者.

（2）中第三式所表之變態橢圓爲兩相交共軛虛線

$$(3) \qquad \frac{x}{a} + i\,\frac{y}{b} = 0, \qquad \frac{x}{a} - i\,\frac{y}{b} = 0$$

所組成.

（1）爲拋物線時,從 $\Delta \neq 0$,或 $\Delta = 0$ 而（1）可化爲

$$y^2 = 2mx, \qquad 或 \qquad y^2 = k.$$

非變態拋物線只有一種形式．變態拋物線爲兩平行線所組成,此兩平行線可爲不同兩實線或相同兩實線,或共軛兩虛線.

（1）爲雙曲線時,非變態及變態雙曲線各僅一種,卽

$$(4) \qquad \frac{x^2}{a^2} - \frac{y^2}{b^2} = 1; \qquad \frac{x^2}{a^2} - \frac{y^2}{b^2} = 0.$$

此變態雙曲線僅相交兩實線所組成.

從以上所言,可得下定理:

定理1　割錐線,在(及惟在)其爲相同或不相同之兩線所組成時,爲(及方爲)變態.

割錐線與無窮遠線之關係．割錐線（1）與無窮遠線 $x_1 = 0$ 之兩交點爲二次方程式

$$A x_1^2 + B x_1 x_2 + + C x_2^2 = 0$$

之兩解.故從 $B^2 - 4AC > 0$, $= 0$, 或 < 0,而此兩交點爲不同兩實點,相同兩實點,或共軛兩虛點.故得下定理:

定理2　凡割錐線爲雙曲線或拋物線或橢圓,可

上海交通大学百年报刊集成·第一辑（1896—1949）·学术学科

交 大 季 刊

第二十一期　要目

每冊三角　　預定全年一元

管　理　二月刊

第一卷第三期　要目

每冊四角　　全年五期一元六角

經售處　　上海徐家匯交通大學出版處

科學學院科學通訊投稿簡章

一、投稿不拘文言白話凡中英德山文均所歡迎

二、談言教材叢錄專評消息均以科學為範圍

三、投寄之稿如係翻譯請附寄原本否則須將原文題目著者姓名出版日期及地點詳細開示

四、投寄之稿繕寫請清楚並加新式標點凡外國文稿件須請打印之如有插圖附表必須製版者請用墨色

五、來稿請註明姓名住址以便通訊并加蓋印章傳於發給稿費

六、投寄之稿無論登載與否概不退還但預有聲明並備足回寄郵資者不在此限

七、投寄之稿經本刊揭載後每篇酌致酬金若本刊向未揭載已先在他處發表者恕不致酬

八、投寄之稿經本刊揭載後版權即為本校出版處所有但有另行約定者不在此限

九、投寄之稿本院委員會有酌量删削之權如投稿人不願有何删改應於投稿時聲明

十、投寄之稿應逕寄上海徐家滙交通大學科學學院科學通訊編輯委員會

中華民國二十五年十二月出版

科學通訊（總十四）

第二卷 第六期

編輯者 交通大學科學學院

發行者 交通大學出版處 上海徐家滙

印刷者 上海中國科學公司

代售處 上海

世界出版社　大公報社代辦部

作者書社　上海雜誌公司

蘇新書社　黎明書局

正中書局　生活書店

志恆書店

光華書局

世界書局　新光書店

學生書店

大京 北京 天津 漢口 武昌 重慶 廣州 貴陽 雲南
廣州圖書消費合作社
雲南文化書店

版權所有

本刊價目

每册大洋二角 全年八册（一月至八月各一册）

預訂壹元四角 國外另加郵費 四十二分（九月至十二月各一册）

科學學院科學通訊編輯委員會

主編（交通大學院長兼物理系主任）徐名材（化）

副主任 朱敦復（數學系主任）顧澄（總編輯）

委員：

范會國（數）武崇林（數）周銘（理）胡（刪後理）

時昭涃（化）丁嗣賢（凡）

科學通訊

黎照寰

第二卷 第七期

（總十五）

中華民國二十六年一月 上海交通大學科學學院編輯

上海交通大学百年报刊集成·第一辑（1896—1949）·学术学科

交通大學出版刊物

一. 期 刊

1. 交大季刊	每冊三角	全年一元
2. 交大三日刊	半年五角	全年一元
3. 科學通訊（全年八期）	每冊二角	全年一元四角
4. 管理二月刊（全年五期）	每冊四角	全年一元六角

二. 本 校 一 覽

1. 中文本	每冊四角
2. 英文本	每冊六角

三. 本 校 研 究 所 編 輯 刊 物

1. 油漆試驗報告,第一號	每冊二角
2. 油漆試驗報告,第二號	每冊六角
3. 油漆試驗報告,第三號	每冊一元
4. 地下流水問題之解法（英文本）	每冊三角
5. 美國鐵道會計實務,第一編（英文本）	每冊六角
6. 解決中國運輸問題之途徑（英文本）	每冊四角
7. 解決中國運輸問題之途徑（譯本）	每冊三角
8. 鐵路零担貨運安全辦法	每冊四角
9. 中國國民經濟在條約上所受之束縛	每冊六角
10. 皖中稻米產銷之調查	每冊六角
11. 小麥及麵粉	每冊五角

經售處　上海徐家匯本校出版處

科 學 通 訊

第 二 卷 第 七 期

目 錄

國立交通大學研究所

本所成立以來設置（一）工業研究部分設設計材料機電氣物理化學等組（二）經濟研究部分設社會經濟實業經濟交通管理會計統計等組除按照所訂計畫進行研究外歷承各路局各機關(如中國工程師學會上海市公用局義興公司等)託辦各項研究及試驗工作薄有貢獻關於上列諸組事項如蒙各界垂詢請惠臨上海徐家匯本所面洽或函商可也此布

溝渠工程學

是書爲本大學土木工程學教授顧康樂所著。係參考中西工程書籍雜誌，採擇各著之精粹而成。書凡十四章，詳述溝渠設計，建築與養護之原理及方法。舉凡污水量，暴雨水量，溝渠水力學，溝渠系統設計，溝渠附屬品，污水抽升，管圈設計，開掘填覆，列板撐檔以及施工之實際進行，無不條分縷析，詳爲解釋。至於插圖之豐富，文字之簡明，尚其餘事。

▲商務印書館出版，定價一元八角。

理学卷（第二册） 科学通讯 第二卷 第七期（1937）

談　言

形式計算及實用計算

處處無微係數之連續函數

顧　澄

數學自代數起常以字母代任何數使算式之意義普遍,所得結果可包括一切;遂造成種種公式以備普遍應用,代數之勝於算術即由於此,與公式相類者又有所謂計算規則,如計算分數之通分約分法等法;求解方程式之移項,配方,消去,代入等法;微積分中之分項求微分積分及照 Talor 級數展開函數等法;凡此種方法可簡稱爲公法.公法與公式性質實同,不過前者以文字述之後者以算式表之耳.但公式公法雖名之爲公,實常有除外例不盡可普遍應用.(參觀本刊第一卷六期談言中所謂應用條件).例如 $(a-b)(a+b)=a^2-b^2$ 爲毫無除外例可普遍應用之公式;而 $\dfrac{a^3-b^3}{a-b}=a^2+ab+b^2$ 及 $a^2+b^2>2ab$ 即皆有「須除去 $a=b$」之除外例.至於公法,則如「依 Talor 級數展開函數」之類,更條件甚嚴,不能隨便應用.

以數學施諸實用,往往解決一題須用許多公法公式,於理論方面無深切研究者,常以爲字母既可代表任何數,且既稱公式公法,儘可不加考慮,隨意應用;因此所得結果常靠不住,致誤人事.本談目的意在說明但知此種形式計算之弊,蓋以數學施諸實用,非若學校演題,不能粗率也.

凡以字母表數及專用公法公式計算,不經理論上之嚴密考

慮者謂之**形式計算**;所得結果謂之**形式結果**.凡形式計算,已經理論上之嚴密考慮,已知其確能成立者,謂之**理論計算**;形式結果已經理論上之嚴密審查表明其除外例者,謂之**理論結果**.理論計算爲防止「以數學施諸實用時發生錯誤」而設者,逈可簡稱爲**實用計算**.

　　現在不明**數學眞相**者,一見「**理論**」兩字,卽認爲與實用無關.常聞「**數學應重實用,少談理論**」之說,此實大誤.買得大炮,只講放得響,不講放得準,要炮何用.因爲理論深而難學,只要講粗淺之應用;此何異主張只要有大刀隊卽可國防無虞.今名此種理論計算爲**實用計算**,卽欲使不明數學者知**理論正以防應用之錯誤**.

　　有些數學家聽了「**數學須重應用,少談理論**」或「**洋八股**」等;卽生大氣;說道我們應有「**爲學問而學問・並不爲應用而學問**」之精神.此種反駁,雖極正大;此種精神雖初不爲應用而終必能致大用;但不僅不能使不明數學者知理論之重要,幷且使其益覺理論與應用無關.況當此國難當頭,不是民殷國富,世界承平可從從容容專講學問不管實用之日;雙方目的,既是一樣(一方要實用,一方怕用錯了),何必吵嘴.我極願罵「洋八股」的常常罵,提醒大家,注重實用;幷極願人人力防應用錯誤而注重理論;所以本談標題不用「形式計算與理論計算」而用「形式計算與實用計算」以溝通雙方之意見.去年本刊我做了許多「**公式不可瞎用**」的談言,亦卽此意.所最望的,凡學數學的人,萬勿但學些形式計算能夠湊湊七巧板(見前期談言)卽以爲自足,以致實用起來,誤了大事.

　　數學是極難的,但形式計算是很容易.所以有些極笨的人因爲別的科學弄不懂,反來學數學.其實他走錯了路,只能學些形式計算,一遇實用計算卽弄不淸.所以中小學中的數學雖是人人須

學的,但中學畢業生如自己覺得應用問題怕做的,我極望他萬勿至中外大學專讀數學;否則學後萬勿至中學去敎數學.此語雖若閒文實極重要.因爲怕做應用問題的實用計算不易學得好;吾國一線生機全在中小敎育,不可不審愼也.

有些人以爲注重實用只須演算應用題,不必講抽象理論.此亦大誤.因應用題無窮盡.要執簡御繁,必須講抽象之實用計算,方能包羅萬象肆應無窮.至於各個應用問題之算法,各種數學敎科書中多得很,不必本談來講.以下所講的,是形式計算及理論計算(卽實用計算)之分別及利弊.

1. 所謂形式計算,例如

（1）分數加法

$$\frac{x^2-(a+b)x+ab}{x^2-(b+c)x+bc}+\frac{x^2-(b+c)x+bc}{x^2-(a+c)x+ac} \tag{一}$$

$$=\frac{x-a}{x-c}+\frac{x-b}{x-a} \tag{二}$$

$$=\frac{2x^2-(2a+b+c)x+a^2+bc}{x^2-(a+c)x+ac} \tag{三}$$

（2）求導函數

$$\frac{d}{dx}\tan^{-1}\frac{1}{x}=-\frac{1}{1-x^2} \tag{四}$$

（3）微分無窮級數

$$\frac{d}{dx}\left(\sin x+\frac{\sin 2x}{2}+\frac{\sin 3x}{3}+\cdots\right)$$

$$=\cos x+\cos 2x+\cos 3x+\cdots \tag{五}$$

（4）從

$$u^2+y^2=0 \tag{六}$$

得

$$x+y\frac{dy}{dx}=0 \tag{七}$$

以上四種算法皆是形式計算,所得結果皆是形式結果,但以數學施諸實用,則所得結果盡是數值而不是文字.決不能學會形式計算卽自以爲能將數學施諸實用.

難者曰,欲以形式計算施諸實用只須以數字代文字,何難之有.答曰然,而不盡然.

例如 $x=a$, $x=b$, $x=c$ 則 (一) 式無意義,(二)及(三)兩式皆是瞎算. 故理論計算必先聲明 (即實用計算必先察知) $x{\neq}a$, $x{\neq}b$, $x{\neq}c$ 後方能寫出(二)及(三)兩式.

又 $x=0$ 時 (四) 式為無效, 即 $x=0$ 時 $\dfrac{d}{dx}\tan^{-1}\dfrac{1}{x}$ 為無值,並不是 $-\dfrac{1}{0+1}=-1$,又 $\sin x+\dfrac{\sin 2x}{2}-\dfrac{\sin 3x}{3}+\cdots$ 雖是不論 x 為何數皆是收斂. 但 (3) 中算法完全不通. 不論 x 為何數,(五) 式完全無用.

又 (4) 之從 (六) 得 (七) 完全不通.

由是可知以數學施諸實用之際,若但知形式計算,而不知理論計算,則極易誤事. 至此 (四) 式之 x 不能等於 0 見本刊第一卷第四期;此 (五)(七) 兩式之不通閱者可自思之.

2. 再設一極有趣味之例於下. 此例即所謂**處處連續而處處無微係數之** Weierstrass **函數**,其形式為.

(5) $$\sum_{n=0}^{\infty} a^n \cos(b^n\pi x)$$

此中之 a 為小於 1 之正數,b 為奇數且須 $ab>1+\dfrac{3}{2}\pi$.

因 $0<a<1$,無論 x 為何數,此 (6) 皆為收斂,故此 (6) 可定一 x 之函數. 以 $F(x)$ 表之即

$$F(x)=\sum_{n=0}^{\infty} a^n \cos b^n\pi x,\quad 0<a<1,\ b\ 為奇數,\ ab>1+\dfrac{3}{2}\pi.$$

又因 $0<a<1$,此 (5) 在 $(-\infty,\infty)$ 中為均勻收斂,故此 $F(x)$ 在任何 x 上皆為連續即無處不連續. 據 Weierstrass 之意,在任何 x 上,此 $F'(x)$ 皆無微係數,即無論 x 為何數 $F'(x)$ 皆不存在,即所謂處處無微係數.

但照形式計算,則

(6) $$F'(x)=-\pi\sum_{n=0}^{\infty}(ab)^n \sin b^n\pi x$$

介 $x=$ 整數 m 即 $\pm 1,\ \pm 2,\ \pm 3,\cdots$

理学卷（第二册）　科学通讯　第二卷　第七期　（1937）

談言　　　　　　　　　形式計算及實用計算　　　　　　　　5

則
$$F'(m) = -\pi \sum_{n=0}^{\infty} (ab)^n sinb^n \pi m$$

$$= -\pi \sum_{n=0}^{\infty} 0$$

$$= 0,$$

即覺得 $x=m$ 時 $F(x)$ 有微係數而並非無微係數. 又令 $x=0$, 則更易知 $F'(0)=0$.

又再照形式計算試從微係數之定義求 $F'(m)$, 則

$$F'(m) = \lim_{h \to 0} \sum_{n=0}^{\infty} \frac{a^n}{h} [cosb^n\pi(m+h) - cosb^n\pi m]$$

$$= \lim_{h \to 0} (-1)^m \sum_{n=0}^{\infty} \frac{a^n}{h} [cosb^n\pi h - 1]$$

$$= \lim_{h \to 0} (-1)^m \sum_{n=0}^{\infty} \frac{a^n}{h} [(1 - \frac{b^{2n}\pi^2 h^2}{2!} + \frac{b^{4n}\pi^4 h^4}{4!} - \cdots) - 1]$$

$$= \lim_{h \to 0} (-1)^m \sum_{n=0}^{\infty} a^n [-\frac{b^{2n}\pi^2 h}{2!} + \frac{b^{4n}\pi^4 h^3}{4!} - + \cdots].$$

$$= 0$$

結果仍與前同. 更覺得無論用形式計算, 或逕從定義下手, 均得 $F'(m)=0$. 如是則在無窮個正負整數上皆有微係數.

又設 b 不盡因數而 $b=f_1 f_2 \cdots f_v$ 及 $l_1, l_2, \cdots l_v$ 爲任意正整數, $p_1, p_2, \cdots p_v$ 爲任意整數, 則

$$x = p_1/f_1^{L_1}, \ p_2/f_1^{L_1} \cdot f^{L_2}, \ p_3/f_1^{l_1} \ f_2^{l_2} \cdot f^{l_3}, \cdots p_v/f_1^{l_1} f_2^{l_2} \cdots f_v^{l_3}$$

時, (6) 右級數之尾部皆爲 0, 而 (6) 右爲有窮項之和. 由是在此無窮個分數上 $F(x)$ 亦皆有微係數. 如 b 爲素數則 $x = p_v/b^{l_1}$ 時情形與上同(注意此 $l_1, l_2 \cdots l_v$ 各可代表任意正整數, $p_1, p_2 \cdots p_v$ 各可代表任意整數). 又照上從 $F'(x)$ 之定義入手, 在此類 x 上亦得相同之情形.

綜上所言, $F(x)$ 旣在無窮個整數上又在無窮個分數上皆有微係

數,何能云處處無微係數.

想是 $Weierstrass$ 錯了.但 $Weierstrass$ 是最嚴密的解析家,決不會錯的,究竟何故?

或謂 $Weierstrass$ 自巳沒有正式公布他的證明,本是一件可疑的事.但 $du\ Eois\text{-}Reymond$ 於 1875 年公佈 $Weierstrass$ 的證明的時候,$Weierstrass$ 還是生存,何以不提出異議.并且以後的數學大家何以皆無反響.卽此可見 $Weierstrass$ 沒有錯.但以上求得 $F'(m)=0$ 之錯處何在,亦須注意的.

或謂我們不可崇拜偶像,無論何種數學大家不能保其沒有錯及看不出錯.你旣確實求得 $F'(m)=0$ 等,亦許是一種極大發見,可以打倒 $Weierstrass$ 及相信他的一切數學家.謝謝,不敢當,不敢當,我是最崇拜 $Weierstrass$ 的,決不敢作此妄想.以上所說求得 $F'(m)=0$ 之兩法,全是形式計算,是極沒有道理的,不過借此使只知形式計算的人知形式計算靠不住罷了.但只知形式計算的人如沒有知道 $Weierstrass$ 說過此函數 $F(x)$ 是處處沒有微係數的;你如敎他求 $F'(m)$,他眞可求出 $F'(m)=0$ 來;又如他巳知道 $Weierstrass$ 說過 $F(x)$ 是不能微分的,你如問他上兩法的錯處何在,他若說不出,但告訴你『$Weierstrass$ 的話不會錯的,一切承認 $Weierstrass$ 說法的大數學家,亦不會錯的,所以上兩法求出來的 $F'(m)=0$ 是一定錯的』.這種敷衍了事,亦正足表示其不通.所以上兩法的錯處亦必須確確實實說出來而後可.本期稿多,此談不能全載,暫停一停,下期再續,極望閱者先想想以上求得 $F'(m)=0$ 之兩法錯在何處,如欲知道 $F(x)$ 處處無微係數的理由,可先查查各種實變數函數論,尤其是 $Hobson$ 的實變數函數論第二册 $p.\ 401$—405.如能閱至 $p.\ 421$,自然更好.至此 $F(x)$ 處處無微係數的證明,俟下期再講.　　　　　　　(未完)

教 材

關於乘冪之微分

孟 羣

本刊前期(及本期)中作者曾譯載 R. Cooper 論指數及對數函數之一文,於指數及對數函數之定義及性質之推求,均各有所論列.但作者以爲 Cooper 之所言,未及乘冪;乘冪之一事,固亦簡易然當其指數爲無理數時,微分方法雖數見不鮮,然殊少直接了當之方法,是以亦未嘗無可研究之餘地.Cooper 文中曾稱「正確理論之最佳典型,乃係能就已習用之方法而補其罅漏者」,似乎不無見地.本文之目的,乃在錄敍一二常用之方法,而考其依據,並贅以臆測之管見,或者較習用之法略少依傍亦未可知也.

當指數爲有理數時,乘冪之定義,尋常代數,均有敍述,無庸多贅.而指數爲無理數則自不能不用無理數之近代定義.簡略言之,可如下述:

若有叙列 $m_1, m_2, \cdots, m_n, \cdots$ 於此各 m_n 均係有理數.若相應於任意預定之一 $\varepsilon > 0$, 必有一正整數 p 存在,使當 i, k 各大於 p 時,即有不等式 $|m_i - m_k| < \varepsilon$, 則吾人謂此敍列爲一實數 m 之定義.此 m 可以有理,可以無理.勿論若何,吾人謂

(1)
$$\lim_{n \to \infty} m_n = m.$$

自然,亦許有他種有理數敍列極限亦爲 m 者.

若 $x>0$, 則無論 m_n 為若何之有理數,吾人容易知 $x^{m_n}>0$ 必存在而且唯一,因而可造另一歛列

$$x^{m_1},\ x^{m_2},\cdots,x^{m_n},\cdots$$

此歛列亦能為一實數 x^m 之定義,且勿論以何種數歛列表 m,上之歛列,必表同此一數 x^m,吾人並云

（1'）$$x^m=\lim_{n\to\infty} x^{m_n}.$$

如此所定 x^m 之定義,顯甚自然,並無扭曲現實之處也.今且論關於 x^m 之微分者.

（Ⅰ）有云[2] x^m 之定義卽為 $e^{m\log c}$,有云[3]欲微分 x^m 則化 x^m 為 $e^{m\log x}$.至於實際之微分方法,則如吾人所習知者,應用

（2）$$\frac{df(x)}{dx}=\frac{df}{du}\cdot\frac{du}{dx}$$

之公式,得

$$\frac{d}{dx}e^{m\log x}=\frac{d}{du}e^u\cdot\frac{d}{dx}mu\qquad u=\log x$$

$$=m\cdot\frac{e^u}{x}=mx^{m-1}$$

此法似甚單簡.然第一吾人須知（2）公式之必可用.此公式非可以輕心掉之者,其證明之法必須謹愼將事,於 Pierpont, Theory of Functions of Real Variables, I, §§ 378−380, pp 232−235 及 Osgood, Functions of Real Variables ch. IV, §5, pp 103−4可以見之也.第二,必須知 $\frac{d}{dx}\log x=1/x$ 及 $\frac{d}{dx}e^x=e^x$.夫指數及對數函數之簡明正確理論正未易得而況求 x^m 之微分,必先仰仗 e^x, $\log x$ 之微分,其扭曲似已甚矣.抑猶有進者,則 x^m 之定義,取作 $e^{m\log x}$ 是.或以在複素函數論中,此係通常之定義為言.然吾須知複素函數論中 z^m 之定義本與實函數所用,並非一事,不可混為一談.不能相提並論也.　　　　（待續）

理学卷（第二册）　科学通讯　第二卷　第七期（1937

指 數 及 對 數 函 數

R. Cooper 著，原文見 Mathematical Gazette, Vol. XX, No. 240, Oct., 1936.

（續）

孟　羣　譯

§3　實變數之圓函數.[5]

昔人今以下之等式

$$s(x)=\int_0^x \frac{dt}{\sqrt{1-t^2}}, \quad c(x)=\int_x^1 \frac{dt}{\sqrt{1-t^2}}, \quad \pi=2[s(x)+c(x)]$$

爲一常數 π 及二函數 $s(x),c(x)$ 在區間 $-1\leqslant x\leqslant 1$ 內之定義，兩函數均係綿續且爲眞增，(因而可以反轉)，$s(x)$ 爲奇函數且[6]

$$-\tfrac{1}{2}\pi=s(-1)\leqslant s(x)\leqslant s(1)=\tfrac{1}{2}\pi,$$

$$\pi=c(-1)\geqslant c(x)\geqslant c(1)=0.$$

Euler 證加法公式(和角公式)之方法，乃係企圖尋求 x,y 間之種種關係，如置 $s(x)+s(y)=$ ..... 此項關係即得

$$\frac{dx}{\sqrt{1-x^2}}+\frac{dy}{\sqrt{1-y^2}}=0 \qquad (3.1)$$

因而

$$\int \sqrt{1-y^2}\,dx+\int \sqrt{1-x^2}\,dy=\text{常 數}$$

將兩項各行部分積分且應用(3.1)則見

$$x(1-y^2)^{1/2}+y(1-x^2)^{1/2}=\text{常 數}$$

-----

(5)　於 P.M.(五 版, p.387)中此等函數係基於 $\tan^{-1}x$ 之一定義爲 $\int_0^x \frac{dt}{1+t^2}$，此處所用之方法則得避免 $\tan x$ 之無限大，因而得使昔人可應用 Euler 體加法公式之優美證明也。

(6)　$c(x)$ 及 π 均已有定義且爲有限.因若 $0\leqq x\leqq 1-2^{-n}$，則

$$s(x)\leqslant s(1-2^{-n})\sim \sum_{r=1}^{n-1}2^{-(r-1)}<2 \text{ 也}.$$

是以 $s(x)+s(y)$ 應卽爲 $\{x(1-y^2)^{1/2}+y(1-x^2)^{1/2}\}$ 之函數.命 $y=1$ 卽可決定此函數而得

$$s(x)+s(y)=s\{x(1-y^2)^{1/2}+y(1-x^2)^{1/-}\} \tag{3.2}$$

對於所有之 x,y 之能使各變數不出於區間 $(-1,1)$ 者爲眞實.於(3.2)內命 $y=-1$,則得

$$c(x)=\tfrac{1}{2}\pi-s(x)=-s\{-(1-x^2)^{1/2}\}=s\{(1-x^2)^{1/2}\}$$

今乃定函數 $x=\sin\theta,y=\cos\Phi$ 之義爲 $\theta=s(x)$ $\Phi=c(y)$.$\sin\theta$ 及 $\cos\Phi$ 均爲眞增且綿續各於區間 $-\tfrac{1}{2}\pi\leqslant\theta\leqslant\tfrac{1}{2}\pi$ 及 $0\leqslant\Phi\leqslant\pi$ 內爲有定義.二者能滿足以下之等式

$$\left.\begin{array}{l}\sin(\tfrac{1}{2}\pi-\theta)=\cos\theta,\\[2pt]\sin^2\theta+\cos^2\theta=1,\\[2pt]\sin(\theta+\Phi)=\sin\theta\cos\Phi+\cos\theta\sin\Phi.\end{array}\right\} \tag{3.3}$$

只須所用函數均有定義各式卽爲眞實.由此各式當 $\theta,\Phi,\theta+\Phi$,均位於 $(0,\tfrac{1}{2}\pi)$ 內時,可得

$$\cos(\theta+\Phi)=\pm(\cos\theta\cos\Phi-\sin\theta\sin\Phi),$$

當 $\Phi=0$ 時,僅上符號爲眞,故由綿續之故,僅能在 $\cos(\theta+\Phi)=0$ 時換成下符號.所以當 $\theta,\Phi,\theta+\Phi$ 俱在 $(0,\tfrac{1}{2}\pi)$ 之內,時

$$\cos(\theta+\Phi)=\cos\theta\cos\Phi-\sin\Phi\sin\Phi. \tag{3.4}$$

再 $\sin\theta,\cos\theta$ 之定義區域可以由命

$$\sin(n\pi+\theta)=(-1)^n\sin\theta,\ \cos(n\pi+\theta)=(-1)^n\cos\theta$$

而推延至所有之實數 θ.

　　吾人必需證實 (3.3),(3.4) 在任何處均爲眞實且在任何處.[7]

---

(7) 導數之證實幾同無需,只有在 $\pi/2$ 之倍數處須有實證,然亦較用 $\tan^{-1}x$ 爲基礎者簡便多多,以吾人無須向 $\tan x$ 之無限大者何也。

均有

$$\frac{d}{d\theta}\sin\theta=\cos\theta, \quad \frac{d}{d\theta}\cos\theta=-\sin\theta.$$

在推延加法公式之眞實區域時,其僅遇之困難,只在第一步,即於(3.3₂)及(3.4)內使θ+Φ脫去束縛是也.由此二式,命以ψ−θ代Φ,且解所得之式,即可得尋常 sin(ψ−θ) 及 cos(ψ−θ) 之公式,其條件爲θ,ψ,ψ−θ 須俱在(0,½π)內.其次,若θ,Φ 在(0,π/2)內,但θ+Φ>½π,吾人可取α,β 使

$$0<\alpha<\theta, \ 0<\beta<\Phi, \ \alpha+\beta=\tfrac{1}{2}\pi,$$

且時

$$\sin(\theta+\Phi)=\cos\{(\theta-\alpha)+(\Phi-\beta)\}$$

作兩次展開,即得所需之結果也.

現在吾人可以求得 sinθ 及 cosθ 之 Maclaurin 級數,有餘或無餘,且見 Euler 公式

$$\sin\theta=(e^{i\theta}-e^{-i\theta})/2i, \quad \cos\theta=\tfrac{1}{2}(e^{i\theta}+e^{-i\theta})$$

們『形式』上之滿足,假如 $e^{i\theta}$ 之定義命作 $\sum_{1}^{\infty}(i\theta)^n/n!$,至其他圓函數之性質則可由初等方法得之.

§4　複變數之類

吾人他 $e^{\alpha+i\beta}$ 之定義爲 $e^{\alpha}(\cos\beta+i\sin\beta)$,其 α,β 爲實數,且得證實指數定則 $e^{z}\cdot e^{z'}=e^{z+z'}$.

任何非零之複數,可以唯一之形式表作

$$r(\cos\theta+i\sin\theta)=re^{i\theta}, \quad r>0, \quad -\pi<\theta\leqslant\pi,$$

因而吾人可命 $\log(re^{i\theta})$ 之定義爲 $\log r+i\theta$.由此得[8]

$$\log ab=\log a+\log b \quad (\bmod\ 2\pi i).$$

---

(8) 吾人僅予 logz 以主值之定義,且所用亦僅及此.

吾人有

$$\log(1+re^{i\theta})=\tfrac{1}{2}\log(1+2r\cos\theta+r^2)+i\tan^{-1}(\frac{r\sin\theta}{1+r\cos\theta}).$$

將虛實二部分各應用中值定理,則得當 $r\to o$ 時,

$$\log(1+re^{i\theta})=O(r). \qquad\qquad (4.1)$$

有餘式之級數.

指數級數甚易求出之.對 n 之任何實值吾人見當 $z=x+iy\to o$ 時

$$e^x=1+x+\frac{x^2}{2!}+\cdots+\frac{x^n}{n!}+O(|x|^{n+1})$$

$$\cos y+i\sin y=1+(iy)+\frac{(iy)^2}{2'}+\cdots+\frac{(iy)^n}{n!}+O(|y|^{n+1}).$$

直接乘出則得[9]

$$e^z=1+z+\cdots+\frac{z^n}{n!}+O(|z|^{n+1}) \qquad\qquad (4.2)$$

對數級數則儘有困難,吾人將以之與二項定理同證.若 m 爲一正整數,吾人由初等代數,知

$$(1+z)^m=1+\binom{m}{1}z+\cdots+\binom{m}{r}z^r+\cdots+z^m.$$

故若 m 爲大於 n 之一整數,則當 $z\to o$ 時

$$(1+z)^m=1+\binom{m}{1}z+\cdots+\binom{m}{n}z^n+O(|z|^{n+1}), \qquad\qquad (4.3)$$

而其 O 關於在任何區間 $n<m\leqslant k$ 內爲均一.

再吾人由(4.1)及(4.2)

$$e^{m\log(1+z)}=1+m\log(1+z)+\cdots+\frac{\{m\log(1+z)\}^n}{n!}+O(|z|^{n+1}) \qquad (4.4)$$

---

(9) 誤差爲有限項數之和,其各項之形狀均爲

$O(|x|^r|y|^s)$ 其中 $n+1\leqslant r+s\leqslant 2(n+1)$,

其中 O 關於所有實或複而滿足 $|m| \leqslant k$ 之 m 為均一.

因 (4.3) 及 (4.4) 均為眞實,故由命其相等而得等式

$$Am + Bm^2 + \cdots + Hm^n = O(|z|^{n+1}). \tag{4.5}$$

其中 $A, B, \cdots H$ 等為 z 之某種函數.特殊如有

$$A = \log(1+z) - (z - \frac{z^2}{2} + \frac{z^3}{3} - \cdots + (-1)^{n+1}\frac{z^n}{n}),$$

(4.5) 中之 O 項對於所有滿足 $n < m \leqslant k$ 之整數 m 為均一.

取 n 個如 (4.5) 之等式,而命其 m 不相等,但各為大於 n 之整數,則吾人可以解得 $A, B, \cdots H$ 等之值.且可確言每個均為 $O(|z|^{n+1})$,蓋因

$$\begin{vmatrix} m_1 & m_1^2 & \cdots & m_1^n \\ m_2 & m_2^2 & \cdots & m_2^n \\ \cdots\cdots\cdots\cdots\cdots\cdots \\ m_n & m_n^2 & \cdots & m_n^n \end{vmatrix}$$

僅有在兩 m 相等時或一 m 為零時始能為零也.對於特例 A,吾人得以下形式之對數級數,當 $z > 0$ 時,

$$\log(1+z) = z - \frac{z^2}{2} + \cdots + (-1)^{n+1}\frac{z^n}{n} + O(|z|^{n+1}).$$

下於 $A, B, \cdots H$ 之普通情形則示 (4.3) 爲對於 m 之任何實或複數之值均爲眞實,而不止對於正整數爲然也.將此與 (4.4) 結合,吾人即見二項式定理就 (4.3) 之形式爲眞實,且不論 m 之爲任何實或複值也.　　　　　　　　　　　　　　　（完）

圓函數及雙曲函數之幾何定義，並以此爲起點
而平行論列之 (四續)

秉　　鈞

VII.　複變元.

21. 定義　命 $i = \sqrt{-1}$，則所謂複面積者，乃其式爲 $(\sigma_1 + i\sigma_2)$ 之一複變數焉.內中 σ_1 及 σ_2 皆爲實數.今爲欲決定複面積之圓函數及雙曲函數,吾人推廣:

1) 第 VI 章所述之變元相加之公式;

2) 第 III 章所述之級數展開式之意義.

由定義,吾人有

$$\sin(\sigma_1 + i\sigma_2) = \sin \sigma_1 \cos i\sigma_2 + \cos \sigma_1 \sin i\sigma_2,$$

$$\cos(\sigma_1 + i\sigma_2) = \cos \sigma_1 \cos i\sigma_2 - \sin \sigma_1 \sin i\sigma_2,$$

$$\tan(\sigma_1 + i\sigma_2) = \frac{\sin(\sigma_1 + i\sigma_2)}{\cos(\sigma_1 + i\sigma_2)},$$

$$\text{sh}(\sigma_1 + i\sigma_2) = \text{sh} \sigma_1 \text{ ch} i\sigma_2 + \text{ch} \sigma_1 \text{ sh} i\sigma_2,$$

$$\text{ch}(\sigma_1 + i\sigma_2) = \text{ch} \sigma_1 \text{ ch} i\sigma_2 + \text{sh} \sigma_1 \text{ sh} i\sigma_2,$$

$$\text{th}(\sigma_1 + i\sigma_2) = \frac{\text{sh}(\sigma_1 + i\sigma_2)}{\text{ch}(\sigma_1 + i\sigma_2)},$$

內中由定義吾人有

$$\cos i\sigma = 1 - \frac{(i\sigma)^2}{1 \cdot 2} + \frac{(i\sigma)^4}{1 \cdot 2 \cdot 3 \cdot 4} - \frac{(i\sigma)^6}{1 \cdot 2 \cdots 6} + \frac{(i\sigma)^8}{1 \cdot 2 \cdots 8} - \cdots$$

$$= 1 + \frac{\sigma^2}{1 \cdot 2} + \frac{\sigma^4}{1 \cdot 2 \cdot 3 \cdot 4} + \frac{\sigma^6}{1 \cdot 2 \cdots 6} + \frac{\sigma^8}{1 \cdot 2 \cdots 8} + \cdots,$$

$$\cos i\sigma = \text{ch} \sigma;$$

理学卷（第二册）　科学通讯　第二卷　第七期（1937）

教材三　　圓函數及雙曲函數之幾何定義，並以此爲起點而平行論列之　　15

$$\sin i\sigma = \frac{i\sigma}{1} - \frac{(i\sigma)^3}{1\cdot2\cdot3} + \frac{(i\sigma)^5}{1\cdot2\cdots5} - \frac{(i\sigma)^7}{1\cdot2\cdots7} + \cdots$$

$$= i\left(\frac{\sigma}{1} + \frac{\sigma^3}{1\cdot2\cdot3} + \frac{\sigma^5}{1\cdot2\cdots5} + \frac{\sigma^7}{1\cdot2\cdots7} + \cdots\right),$$

即

$$\sin i\sigma = i\ \mathrm{sh}\ \sigma;$$

$$\mathrm{ch}\ i\sigma = 1 + \frac{(i\sigma)^2}{1\cdot2} + \frac{(i\sigma)^4}{1\cdot2\cdot3\cdot4} + \frac{(i\sigma)^6}{1\cdot2\cdots6} + \frac{(i\sigma)^8}{1\cdot2\cdots8} + \cdots$$

$$= 1 - \frac{\sigma^2}{1\cdot2} + \frac{\sigma^4}{1\cdot2\cdot3\cdot4} - \frac{\sigma^6}{1\cdot2\cdots6} + \frac{\sigma^8}{1\cdot2\cdots8} - \cdots$$

即

$$\mathrm{ch}\ i\sigma = \cos\sigma;$$

$$\mathrm{sh}\ i\sigma = \frac{i\sigma}{1} + \frac{(i\sigma)^3}{1\cdot2\cdot3} + \frac{(i\sigma)^5}{1\cdot2\cdots5} + \frac{(i\sigma)^7}{1\cdot2\cdots7} + \frac{(i\sigma)^9}{1\cdot2\cdots9} + \cdots$$

$$= i\left(\frac{\sigma}{1} - \frac{\sigma^3}{1\cdot2\cdot3} + \frac{\sigma^5}{1\cdot2\cdots5} - \frac{\sigma^7}{1\cdot2\cdots7} + \frac{\sigma^9}{1\cdot2\cdots9} - \cdots\right),$$

即

$$\mathrm{sh}\ i\sigma = i\sin\sigma.$$

由上見

$$\tan i\sigma = i\ \mathrm{th}\ \sigma$$

$$\mathrm{th}\ i\sigma = i\tan\sigma$$

總上所述，得

$$\sin(\sigma_1 + i\sigma_2) = \sin\sigma_1\ \mathrm{ch}\ \sigma_2 + i\cos\sigma_1\ \mathrm{sh}\ \sigma_2,$$

$$\cos(\sigma_1 + i\sigma_2) = \cos\sigma_1\ \mathrm{ch}\ \sigma_2 - i\sin\sigma_1\ \mathrm{sh}\ \sigma_2,$$

$$\mathrm{sh}(\sigma_1 + i\sigma_2) = \mathrm{sh}\ \sigma_1\cos\sigma_2 + i\ \mathrm{ch}\ \sigma_1\sin\sigma_2,$$

$$\mathrm{ch}(\sigma_1 + i\sigma_2) = \mathrm{ch}\ \sigma_1\cos\sigma_2 + i\ \mathrm{sh}\ \sigma_1\sin\sigma_2;$$

因而

$$\tan(\sigma_1 + i\sigma_2) = \frac{\tan\sigma_1 + i\ \mathrm{th}\ \sigma_2}{1 - i\tan\sigma_1\ \mathrm{th}\ \sigma_2},$$

$$\mathrm{th}(\sigma_1 + i\sigma_2) = \frac{\mathrm{th}\ \sigma_1 + i\tan\sigma_2}{1 + i\ \mathrm{th}\ \sigma_1\tan\sigma_2}.$$

（未完）

16　　　　　　　　　　科・學　通　訊　　　　　　敎材四

曲面組含兩個變常數時之包圍曲面

石　法　仁

今以 $f(x, y, z, a, b)=0$ 代表一組巳知曲面,當 a 及 b 獨立變動時,如全體曲面皆與一定曲面相切,則此定曲面稱爲 $f(x,y,z,a,b)=0$ 之包圍曲面(enveloping Surface).包圍曲面上之點,除適合 $f(x,y,z,a,b)=0$ 外,亦必適合 $\dfrac{\partial f}{\partial a}=0$ 及 $\dfrac{\partial f}{\partial b}=0$.此理之證明,微分幾何,數學解析及微分方程嘗有論之者.第其理皆非基於上述包圍曲面之定義.茲本諸此定義推得證法一則,爰述之於下:

設 　　　　　　$f(x, y, z, a, b)=0$ 　　　　　　（1）

表一組巳知曲面, a, b 爲兩個參變數 (parameters).當 a 及 b 獨立變動時,如 (1) 式之曲面有一定曲面爲其包圍曲面.則包圍曲面上點之坐標,皆可視爲 a, b 之函數.故包圍曲面之參變數方程式,(perametricequations) 可書爲

$$x=\Phi_1(a, b)$$
$$y=\Phi_2(a, b) \Bigg\}$$
$$z=\Phi_3(a, b)$$

　　　　　　　　　　　　　　　　　　　（2）

依包圍曲面之定義,其任何一點,必在 (1) 之一曲面上,故 (2) 恆能適合 (1) 式,故

$$f[\Phi_1(a, b), \Phi_2(a, b), \Phi_3(a, b), a, b]=o$$ 　　　（3）

今所須證明者,乃 (2) 必適合

$$\frac{\partial}{\partial a} f(x, y, z, a, b)=0$$ 　　　　　　（4）

理学卷（第二册） 科学通讯 第二卷 第七期 （1937）

及
$$\frac{\partial}{\partial b} f(x, y, z, a, b) = 0 \tag{5}$$

設 (x, y, z) 爲（1）之某曲面與（2）相切時之切點,又以 $(\cos\alpha,\cos\beta, \cos\gamma)$ 表某曲面在 (x, y, z) 點上法線之方向餘弦. (direction cosines) 則

$$\frac{\cos\alpha}{\dfrac{\partial f}{\partial x}} = \frac{\cos\beta}{\dfrac{\partial f}{\partial y}} = \frac{\cos\gamma}{\dfrac{\partial f}{\partial z}} \tag{6}$$

又以 $(\cos\alpha', \cos\beta', \cos\gamma')$ 表曲面（2）在 (x, y, z) 點上法線之方向餘弦,則

$$\frac{\cos\alpha'}{\dfrac{\partial(\Phi_2, \Phi_3)}{\partial(a, b)}} = \frac{\cos\beta'}{\dfrac{\partial(\Phi_3, \Phi_1)}{\partial(a, b)}} = \frac{\cos\gamma'}{\dfrac{\partial(\Phi_1, \Phi_2)}{\partial(a, b)}} \tag{7}$$

在（7）式內

$$\frac{\partial(\Phi_2, \Phi_3)}{\partial(a, b)} = \begin{vmatrix} \dfrac{\partial\Phi_2}{\partial a} & \dfrac{\partial\Phi_2}{\partial b} \\[2mm] \dfrac{\partial\Phi_3}{\partial a} & \dfrac{\partial\Phi_3}{\partial b} \end{vmatrix}$$

因（1）之某曲面與曲面（2）相切於 (x, y, z) 點,故須有相同之法線,故

$$\frac{\cos\alpha}{\cos\alpha'} = \frac{\cos\beta}{\cos\beta'} = \frac{\cos\gamma}{\cos\gamma'}$$

因得

$$\frac{\dfrac{\partial f}{\partial x}}{\dfrac{\partial(\Phi_2, \Phi_3)}{\partial(a, b)}} = \frac{\dfrac{\partial f}{\partial y}}{\dfrac{\partial(\Phi_3, \Phi_1)}{\partial(a, b)}} = \frac{\dfrac{\partial f}{\partial z}}{\dfrac{\partial(\Phi_1, \Phi_2)}{\partial(a, b)}}$$

或

$$\left. \begin{aligned} \frac{\partial f}{\partial x} &= K\frac{\partial(\Phi_2, \Phi_3)}{\partial(a, b)} \\[2mm] \frac{\partial f}{\partial y} &= K\frac{\partial(\Phi_3, \Phi_1)}{\partial(a, b)} \\[2mm] \frac{\partial f}{\partial z} &= K\frac{\partial(\Phi_1, \Phi_2)}{\partial(a, b)} \end{aligned} \right\} \tag{8}$$

因曲面 (2) 上之點,恆適合 (1) 式,故亦能適合

$$\frac{\partial f}{\partial x}\frac{\partial \Phi_1}{\partial a}+\frac{\partial f}{\partial y}\frac{\partial \Phi_2}{\partial a}+\frac{\partial f}{\partial z}\frac{\partial \Phi_3}{\partial a}+\frac{\partial f}{\partial a}=0 \qquad (9)$$

及

$$\frac{\partial f}{\partial x}\frac{\partial \Phi_1}{\partial b}+\frac{\partial f}{\partial y}\frac{\partial \Phi_2}{\partial b}+\frac{\partial f}{\partial z}\frac{\partial \Phi_3}{\partial b}+\frac{\partial f}{\partial b}=0 \qquad (10)$$

將 (8) 同時代入 (9) 式及 (10) 式,得

$$K\left\{\frac{\partial(\Phi_2,\Phi_3)}{\partial(a,\ b)}\cdot\frac{\partial\Phi_1}{\partial a}+\frac{\partial(\Phi_3,\Phi_1)}{\partial(a,\ b)}\cdot\frac{\partial\Phi_2}{\partial a}+\frac{\partial(\Phi_1,\Phi_2)}{\partial(a,\ b)}\cdot\frac{\partial\Phi_3}{\partial a}\right\}+\frac{\partial f}{\partial a}=0 \qquad (11)$$

及

$$L\left\{\frac{\partial(\Phi_2,\Phi_3)}{\partial(a,\ b)}\cdot\frac{\partial\Phi_1}{\partial b}+\frac{\partial(\Phi_3,\Phi_1)}{\partial(a,\ b)}\cdot\frac{\partial\Phi_2}{\partial b}+\frac{\partial(\Phi_1,\Phi_2)}{\partial(a,\ b)}\cdot\frac{\partial\Phi_3}{\partial b}\right\}+\frac{\partial f}{\partial b}=0 \qquad (12)$$

即

$$K\begin{vmatrix}\frac{\partial\Phi_1}{\partial a}&\frac{\partial\Phi_2}{\partial a}&\frac{\partial\Phi_3}{\partial a}\\[4pt]\frac{\partial\Phi_1}{\partial a}&\frac{\partial\Phi_2}{\partial a}&\frac{\partial\Phi_3}{\partial a}\\[4pt]\frac{\partial\Phi_1}{\partial b}&\frac{\partial\Phi_2}{\partial b}&\frac{\partial\Phi_3}{\partial b}\end{vmatrix}+\frac{\partial f}{\partial a}=0 \quad \text{及} \quad K\begin{vmatrix}\frac{\partial\Phi_1}{\partial b}&\frac{\partial\Phi_2}{\partial b}&\frac{\partial\Phi_3}{\partial b}\\[4pt]\frac{\partial\Phi_1}{\partial a}&\frac{\partial\Phi_2}{\partial a}&\frac{\partial\Phi_3}{\partial a}\\[4pt]\frac{\partial\Phi_1}{\partial b}&\frac{\partial\Phi_2}{\partial b}&\frac{\partial\Phi_3}{\partial b}\end{vmatrix}+\frac{\partial f}{\partial b}=0$$

因行列式內皆有二列相同,故 (11) 及 (12) 化簡時為

$$\frac{\partial f}{\partial a}=0 \quad \text{及} \quad \frac{\partial f}{\partial b}=0$$

故包圍曲面上之點,必適合

$$\frac{\partial f}{\partial a}=0$$

及

$$\frac{\partial f}{\partial b}=0$$

參閱 Bell 之三度‧解析幾何第 311 頁.及 Goursat-Hedrick 之數學解析第一本,第 460 頁.

　　註: 由 (1), (4), (5) 消去 a 及 b,如非為 (1) 之包圍面,則必為 (1) 之奇點 (Lengular point) 之軌跡.

歐 姆 定 律 概 論 (一續)

趙 富 鑫

（六）克希荷夫定律　上述電路,尚爲簡單,若遇複雜電路,電池電阻不能視爲串聯或並聯者,則須用克希荷夫定律(Kirchhoff's law)矣.此定律分二部.

（甲）第一律　在任何繁複電路內,必有連接數電阻之接頭(Junction)(如圖十七).設以向此接頭之電流爲正,反者爲負,則在任何接頭處各電流之代數和爲零,卽 $\Sigma i=0$.

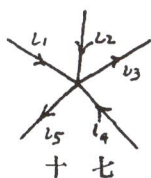

按圖　$i_1+i_2-i_3+i_4-i_5=0$.

此律爲任何連續流動之特性,固不僅電流爲然也.蓋從上式,$i_1+i_2+i_4$ 等於 i_3+i_5,卽流向接頭之總電流(每秒鐘流過之電量)等於流出接頭之總電流,否則在此接頭將有電積聚或虧損矣.

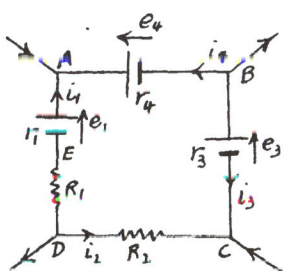

（乙）第二律　在任何繁複電路中,若取一網目,則在其中不但有電動勢,亦有電阻上之電位降落.設就時鐘方向或反時鐘方向偱行,以距偱向(Direction of Tracing)之電動勢爲正,反者爲負,在循向之電位降落爲負,反者爲正.則在任一網目,各電動勢及電位降落之代數和爲零,卽 $\Sigma e+\Sigma iR=0$.

按圖反時鐘方向偱行,則

$$-e_1+i_1r_1-i_1R_1-i_2R_2+e_3+i_3r_3+e_4-i_4r_4=0.$$

若順時鐘方向循行,則正者爲負,負者爲正,而結果仍相同.

此律亦可自歐姆定律得之.設以此網目分爲五部,每部之電位差如下:

$$V_E - V_A = i_1 r_1 - e_1$$

$$V_D - V_E = i_1 R_1$$

$$V_C - V_D = -i_2 R_2$$

$$V_B - V_C = i_3 r_3 + e_3$$

$$V_A - V_B = -i_4 r_4 + e_4$$

以此五式相加,則得上式.故克希荷夫第二律,亦不過歐姆定律之變相也.

由此二律,可得數聯立方程式,解此數式,卽可得各部之電流。聯立方程之數(卽接頭及網目之總數),恆較未知電流之數多一.然由第一定律所得之數式,非各自獨立,其中任一式可由其他各式求得,故實際上方程式數與未知數數仍相同也.

電流方向除一望而知者外,可以任意假定.若結果爲負,則實在方向與假定者相反,然其數量則無誤.

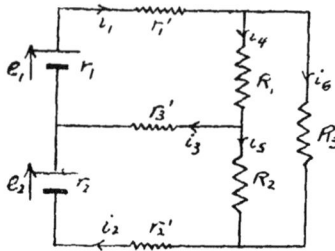

十　　九

(五.)節所述二例,均可以克希荷夫定律解之.茲更舉一例,設就上述三線傳遞制度 ab 兩線間更接電燈一羣 R_3,則此電路不能作爲電池並聯,而必須以克希荷夫定律解之.若電流方向假定如圖十九,則可得下列各式.

$$i_2 + i_3 - i_1 = 0$$

$$i_1 - i_4 - i_6 = 0$$

$$i_4 - i_3 - i_5 = 0$$

教材五　　　　　欧 姆 定 律 概 論　　　　　21

$$i_5 + i_6 - i_2 = 0$$

以上各式中任何一式,可自其他三式中求得.故實際祇有三式.

$$e_1 - i_1 r_1 - i_1 r_1' - i_4 R_1 - i_3 r_3' = 0$$

$$e_2 + i_3 r_3' - i_5 R_2 - i_2 r_2' - i_2 r_2 = 0$$

$$i_4 R_1 - i_6 R_3 + i_5 R_2 = 0.$$

解此六聯立方程式,卽可求 i_1 至 i_6 六電流.

　　另有一解法.先假定每一網目中有一電流環流,名謂馬克士威電流 (Maxwell's current). 兩網目共有之電池或電阻中,則同時有兩馬克士威電流,或同向或反向,實際上之電流則爲此二者之代數和.乃用克希荷夫第二定律作成若干方程式,其數與馬克士威電流之數相同.然後求得各馬克士電流,再求各部之實際電流.試就上例解之(圖二十),先假定三馬克士威電流 x,y,z,用克希荷夫第二律得下列三式.

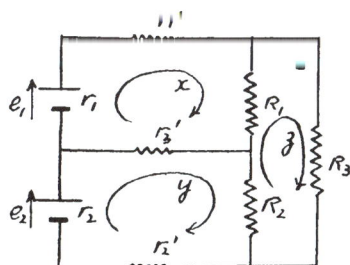

$$e_1 - xr_1 - xr_1' - (x-z)R_1 - (x-y)r_3' = 0.$$

$$e_2 - yr_2 - (y-x)r_3' - (y-z)R_2 - yr_2' = 0.$$

$$(x-z)R_1 - zR_3 + (y-z)R_2 = 0.$$

由此得 x, y, z. 然後再求各線中之電流,r_1' 中爲 x, r_2' 中爲 y, r_3' 中爲 $x-y$, R_1 中爲 $x-z$, R_2 中爲 $y-z$, R_3 中爲 z.

　　此法較直接用克希荷夫第一第二律爲簡單,因聯立方程式之數目較少,然其原理則一也.

　　（七）各種直流電橋及電位計之電路　測定電阻,電動勢,電位差及電流時,常應用各種特殊電路.其最要者爲惠斯登電橋,

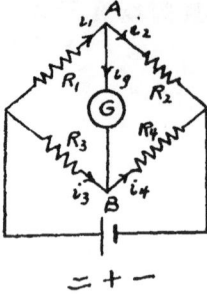

(Wheatstone Bridge),愷爾文電橋(Kelvin's Bridge),及電位計 (Potentiometer).

　　（甲）惠斯登電橋. 如圖二十一.電阻R_1,R_2與R_3,R_4並聯.電流計 G 跨於此並聯之兩分路上,形如橋之跨於水面.平常時 G 中之電流i_g,或由 A 至 B, 或由 B 至 A. 若以 R_1,R_2,R_3,R_4 四電阻作適當之變更,則 G 中電流可爲零,而電橋平衡.此時 AB 兩點之電位相同.故

$$i_1 R_1 = i_3 R_3 \qquad i_2 R_2 = i_4 R_4$$

$$\frac{i_1 R_1}{i_2 R_2} = \frac{i_3 R_4}{i_4 R_4}$$

但　　　　　　$i_1 = i_2 \qquad i_3 = i_4$

故　　　　　　$\dfrac{R_1}{R_2} = \dfrac{R_3}{R_4}.$

　　故若 R_1, R_2, R_3, R_4 四電阻成一比例式時,則電橋平衡.若 R_1 爲未知電阻,則其數值卽可從其他三者求得.

$$R_1 = R_2 \times \frac{R_3}{R_4}.$$

故此電路可用以測定電阻也.至詳細之構造,則各式不同,茲不贅. 用此電橋,除極小極大電阻不甚準確外,其餘皆可應用.

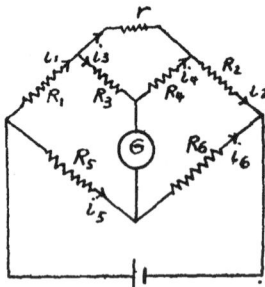

　　（乙）.愷爾文電橋　　如圖二十二. R_1 爲欲測定之低電阻,R_2爲已知之低電阻.若變更 R_2,R_3,R_4,R_5 或 R_6 使電橋平衡(i_g 爲零）,則

$$i_1 R_1 + i_3 R_3 = i_5 R_5 \quad i_2 R_2 + i_4 R_4 = i_6 R_6$$

二十一

二十二

理学卷（第二册）　科学通讯　第二卷　第七期（1937）

但
$$i_3=\frac{r}{r+R_3+R_4}i_1 \qquad i_4=\frac{r}{r+R_3+R_4}i_2$$

故
$$i_1(R_1+\frac{rR_3}{r+R_3+R_4})=i_5R_5$$

$$i_2(R_2+\frac{rR_4}{r+R_3+R_4})=i_6R_6$$

同時
$$i_1=i_2 \qquad i_3=i_4 \qquad i_5=i_6$$

故
$$\frac{R_1(r+R_3+R_4)+rR_3}{R_2(r+R_3+R_4)+rR_4}=\frac{R_5}{R_6}$$

即
$$(r+R_3+R_4)(R_1R_6-R_2R_5)+r(R_3R_6-R_4R_5)=0$$

或
$$R_1R_6-R_2R_5=0 \qquad R_3R_6-R_4R_5=0.$$

故
$$\frac{R_1}{R_2}=\frac{R_3}{R_4}=\frac{R_5}{R_6}.$$

故若以 $\dfrac{R_3}{R_4}$ 及 $\dfrac{R_5}{R_6}$ 配成同一之比,則 R_1 之值卽可從 R_2 求之. 此法每用以測極低之電阻.

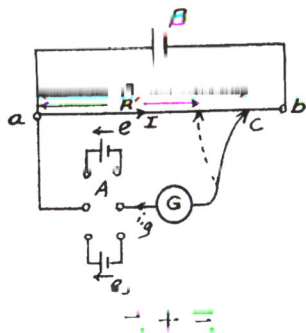

（丙）電位計　此電路用以測定電動勢電位差及電流,用時以電池 B 供給電流於導線 ab.另以一電池 A 串聯於一電流計,再接於 a 點及在導線上可移動之 c 點.此電池 A 之電動勢爲 e,導線 ac 間之電阻爲 R,電流爲 I,電池 A 陽極接于導線上電位較高之 a 點.則用克希荷夫第二律得

$$e-i_gr-i_gR_g-IR=0. \qquad i_g=\frac{e-IR}{r+R_g}.$$

若以 c 點向 b 點移動,則 R 增加, I 雖亦同時更變,但甚微小,故 IR（卽

a 至 c 之電位降落)亦增加.當 IR 小於 e 時,i_g 為正,電流依假定方向. IR 大於 e,i_g 為負,電流方向相反.故當 IR 等於 e,則電流為零,而電位計平衡.此時 I 之值為一定數,即電池 B 之電動勢除以電池 B 及導線 ab 之總電阻,而與 e 之值無涉.故若在電路中接一雙極雙連電鍵如圖,一面為未知電動力 e 之電池,一面為一標準電池,其電動力 e_s 為一已知之常數.先以電鍵接 e,移動 c 點至平衡,得 ac 間之電阻 R.再以電鍵接 e_s,更移 c 點至平衡,而得 ac 間之電阻 R'.

則

$$e = IR \qquad e_s = IR'$$

而

$$e = e_s \times \frac{R}{R'}.$$

若導線之截面積均勻,則

$$e = e_s \times \frac{l}{l'}.$$

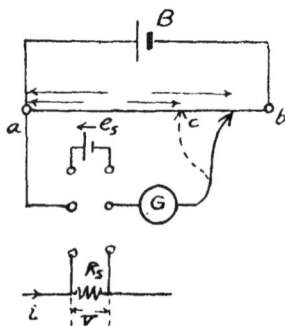

二十四

此法亦可用以測定任何電位差,祇須將此電位差接在 e 處,電位較高之一點接於導線 a 點(圖二十四).則

$$V = e_s \times \frac{l}{l'}.$$

若此電位差為電流 i 經過電阻 R_s 時之電位降落,則

$$iR_s = e_s \times \frac{l}{l'} \quad \text{而} \quad i = \frac{e_s}{R_s} \times \frac{l}{l'}.$$

故若 R_s 為一標準電阻,則可求 i 之值.

應用此法時,所最要者有二點.一,所量電動勢或電位差之電位較高點須接至導線 a 點.二,所量電動勢或電位差須較 IR 之最大值,即電池 B 之電動勢為小.否則不能平衡也.

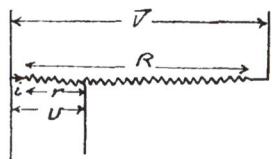

理学卷（第二册）　科学通讯　第二卷　第七期（1937）

若欲量較大之電位差時,則需用一分電位器 (Potential Divider),如圖二十五.此器為一高電阻 R,所量之高電位差 V 接於兩端.一部分 r 上之降落 v 則接至電位計,而用電位計測定.高電阻內之電流為 i,則 V 為 IR,而 v 為 ir.而所欲量之電位差 V 為電位計上讀出

二十五

之 v 之 $\dfrac{R}{r}$ 倍.

(八) 對稱電路之解法　有時一電路各部互相對稱,是謂對稱電路(Symmetrical circuit).此種電路解法,因可應用各種原理,可以較為簡單.普通應用之原理如下.

一.所謂對稱部分,其電阻之數目聯法及數值各互相等,故各電阻內之電流亦必互相等.

二.在各對稱部分中,各對稱點之電位必相同.即在不對稱部中,亦可有數點電位相等.數等位點可合為一點.聯二等位點之電阻內無電流,可聯去不計.

三.各對稱部如有一點共同,則可分為數點,分屬各部分.有時于對稱部共同有之一點亦可分開,但分成之負載必須管電位.

四.兩對稱部分所共有之電阻 R,可分為 $2R$ 之電阻二個,分屬一部分三對稱部分所共有者,則分為 $3R$ 之電阻三個餘類推.

茲舉數例,以說明上述原理.

例一.　設有導線八根,每根之電阻為 r,組成方錐形之骨架,如圖二十六甲.求電流自 A 點至 B 點之總電阻,A 至 C 之總電阻及

A 至 D 之總電阻.

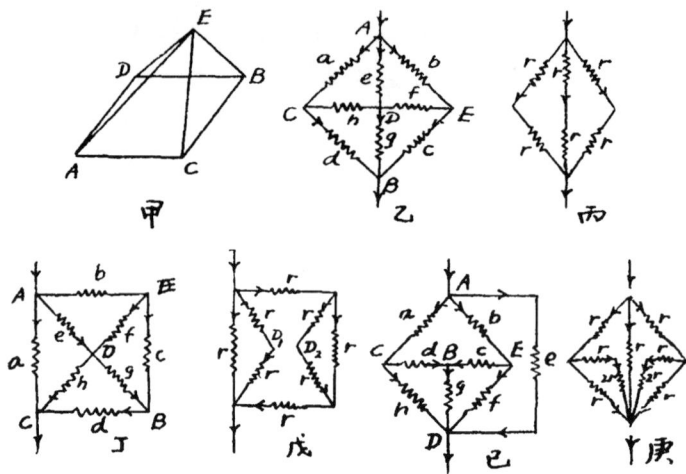

二　十　六

甲.電流自 A 至 B 時,電路如圖二十六乙.導線 a, b, e 電阻相同,接法亦同,故電流相同而互對稱.故 C, D, E 為等位點.是以 f, h 中無電流,可略去.電路乃變如圖丙,為三個 $2r$ 之並聯組合.其總電阻為 $\dfrac{2}{3}r.$

乙.電流自 A 至 C 時,電路如圖丁. D 點可分為二點 D_1, D_2,如圖戊. D_1 為 AC 之中點, D_2 為 EB 之中點亦即 AC 之中點,故二點電位相同也.故總電阻為

$$\cfrac{1}{\dfrac{1}{r}+\dfrac{1}{2r}+\cfrac{1}{2r+\dfrac{2r \cdot r}{2r+r}}}=\frac{8}{15}r.$$

丙.電流自 A 至 D 時,電路如圖己.電阻 g 為二對稱部分所共有,可分為兩個 $2r$,如圖庚.故總電阻為

理学卷（第二册）　科学通讯　第二卷　第七期（1937）

$$\frac{1}{\dfrac{1}{r}+2\times\dfrac{1}{r+\dfrac{3r\cdot r}{3r+r}}}=\frac{7}{15}r.$$

例二.十二根導線,每根電阻為r,組成正立方形之骨架,如圖二十七甲.求自A至B,自A至C,及自A至D之各總電阻.

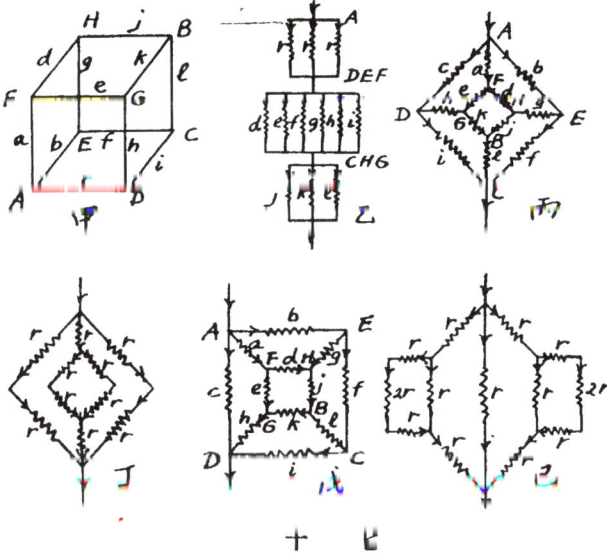

甲.電流自A至B時,a,b,c三導線互相對稱,故D,E,F為等位點而可併為一點,同懷j,k,l亦對稱,故C,G,H為等位點而可併成一點,故電路可畫如乙圖.其總電阻為

$$\frac{r}{3}+\frac{r}{6}+\frac{r}{3}=\frac{5}{6}r.$$

乙.電流自A至C時,電路如圖內.b與c,a與e各對稱.故D,E,G,H為等位點,電阻h及g可略去,如圖丁.總電阻為

$$\frac{1}{2\times\dfrac{1}{2r}+\dfrac{1}{2r+\dfrac{2r}{2}}}=\frac{3}{4}r.$$

丙.電流自 A 至 D 時,電路如圖戊.若以電阻 j 拆爲二個 $2r$ 之電阻,一連於 d 及 k,一連於 g 及 l,則除 c 外成爲兩個對稱部分,如圖巳.故總電阻爲

$$\cfrac{1}{\cfrac{1}{r}+2\times\cfrac{1}{2r+\cfrac{4r\cdot r}{4r+r}}}=\frac{7}{12}r.$$

（九）重叠原理　一電路包含二個以上之電池時,可以重叠原理(Principle of Superposition) 解之.先求每一電池在此電路各部份所生之電流,在其他電池處,則存其內電阻而去其電動勢.然後每一部份內之實際電流,爲各電池在此部份內所生電流之和.舉例如下.

例一.（五）節所述之二電池並聯可以此法解之.先求 e_1 所生之電流,電路如圖二十八甲.

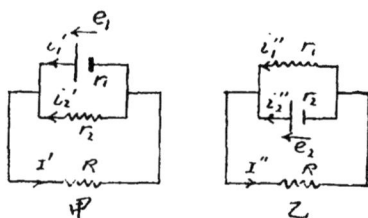

二　十　八

$$i_1'=\frac{e_1}{r_1+\cfrac{Rr_2}{R+r_2}}=\frac{e_1(R+r_2)}{Rr_1+Rr_2+r_1r_2}$$

$$i_2'=-\frac{e_1}{r_1+\cfrac{Rr_2}{R+r_2}}\times\frac{R}{R+r_2}=-\frac{e_1R}{Rr_1+Rr_2+r_1r_2}.$$

$$I'=-\frac{e_1}{r_1+\cfrac{Rr_2}{R+r_2}}\times\frac{r_2}{R+r_2}=\frac{e_1r_2}{Rr_1+Rr_2+r_1r_2}.$$

再求 e_2 所生之電流,電路如圖乙.

$$i_1''=-\frac{e_2R}{Rr_1+Rr_2+r_1r_2}\qquad i_2''=\frac{e_2(R+r_1)}{Rr_1+Rr_2+r_1r_2}\qquad I''=\frac{e_1r_2}{Rr_1+Rr_2+r_1r_2}.$$

將二圖重叠,卽得二電池並聯之電路.

$$I = I' + I'' = \frac{e_1 r_2 + e_2 r_1}{R r_1 + R r_2 + r_1 r_2}.$$

$$i_1 = i_1' + i_1'' = \frac{e_1 (R + r_2) - e_2 R}{R r_1 + R r_2 + r_1 r_2} \qquad i_2 = \frac{e_2 (R + r_1) - e_1 R}{R r_1 + R r_2 + r_1 r_2}.$$

設以 I 代入 $i_1 = \frac{e_1 - IR}{r_1}$ 及 $i_2 = \frac{e_2 - IR}{r_2}$ 兩式,所得之 i_1 及 i_2 與此二式相同.

　　例二.圖二十九之電路亦可以此法解之.先求電池 A 所生之電流,因電路為對稱的,a 與 o 為等位點,而 ac 中電流為零.故 I' 為 $\frac{e}{2r}$ 而 i' 為 $\frac{e}{4r}$.再求電池 B 所生之電流,則 bd 中為零,I'' 為 $\frac{e}{2r}$ 而 i'' 為 $\frac{e}{4r}$.二者重叠之後,二電池中之電流為 $\frac{e}{2r}$,ab 及 cd 中之電流為 $i' + i''$ 或 $\frac{e}{2r}$,而 bc 及 da 中電流為 $i' - i''$ 或零.

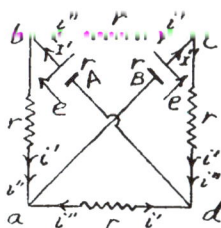

二 十 九

　　(十) 電能及電功率　二點間之電位差之定義為自一點移單位電量而他點時所需之功.故若以電量 Q(卽等於電流乘時間或 It)乘下列方程式

$$E = IR + Ir$$

則得　　　　$EQ = QIR + QIR$　　　或　　　$EIt = I^2 Rt + I^2 rt.$

此式兩方均為功或能.當電流經過電阻時,發生熱效應,電能(Electrical Energy) 耗費變為熱能.$I^2 Rt$ 為在外電阻中耗費之電能.$I^2 rt$ 為在內電阻中耗費之電能.在電池中,發生化學作用.當電流與電動力同向時,化學能變為電能.EIt 卽電池所供給之電能.電池供

給之電能等於電路內耗費之電能總數,是卽能量不滅律也.電能之單位爲焦耳(Joule).

將上式再除以 I,則得　　　　$EI = I^2R + I^2r$

此式兩方均爲電功率 (Electrical Power).EI 爲電池供給之電功率.I^2r 爲耗費於內電阻之電功率,I^2R 爲耗費於外電阻之電功率,亦可寫作 VI 或 $\dfrac{V^2}{R}$,V 爲外電阻兩端之電位差.電功率之單位爲瓦特(Watt) 及仟瓦(Kilowatt).仟瓦時(Kilowatt)爲功率仟瓦時一點鐘內所用之電能,等於 3600000 焦耳,亦爲電能之單位.卽普通火表上之一度也.

由上可知.電動力爲維持電路內單位電流之電能供給率,而電位降落爲電阻內有單位電流時之電能耗費率.

上述電能之式,僅於電流不變時爲然.若電流可變,則供給之電能爲 $\int eidt$ 而耗費之電能爲 $\int i^2Rdt$.

一個電池亦可視爲一種機器.其輸入 (Input) 爲電池供給之 EI.一部分 Ir^2 耗廢於電池內,其餘 I^2R 或 P 則爲輸出.故 $P = EI - I^2r$.電池之效率 η (Efficiency) 爲輸出與輸入之比.卽 $\eta = \dfrac{I^2R}{EI}$.當 R 爲零時,電流爲最大值 $\dfrac{E}{r}$.但輸出 P 則爲零而效率 η 亦爲零.若輸出最大時,則

$$\frac{dP}{dI} = \frac{d}{dI}(EI - I^2r) = E - 2Ir = 0.$$

而　　　　$I = \dfrac{E}{2r},$　　　但 $I = \dfrac{E}{R+r}$　　　故 $R = r.$

此時　　　　　　$P = \left(\dfrac{E}{2r}\right)^2 r = \dfrac{E^2}{4r}$

教材五　　　　　歐　姆　定　律　概　論　　　　　31

而　　　　　　$\eta = \dfrac{I^2R}{EI} = \dfrac{IR}{IR+Ir} = \dfrac{R}{R+r} = 50\%.$

若欲效率爲最大値 100%，則 R 爲無限大．但此時爲斷路，故 100% 效率不能達到．而當 R 極大時，η 近於 100%，此時 P 及 I 均近於零．

若電池中電流與電動勢反向時，則其化學作用與電流電動勢同向時相反，而電能變爲化學能．此時

$$V=E+Ir \qquad VI=EI+I^2 \qquad VIt=EIt+I^2rt.$$

此時 VI 爲耗費於電池中之總電功率，其中 EI 變爲化學能，I^2r 變爲熱能．在電解池內之作用亦用．

（十一）直流發電機與電動機之電路　　直流發電機(D. C. Generator)內有一電樞 (Armature)，上繞線圈，在電場 (Field) 旋轉時，可發生一電動勢，與電池相同．惟電池之電動勢不變，而發電機之電動勢則隨其旋轉速率 n，及每一磁極下之磁通量 Φ(Magnetic Flux) 而變．當通 ⋯⋯，⋯ 爲一常數，其發電機電樞線圈(Armature Coil) ⋯⋯⋯⋯⋯⋯⋯⋯⋯⋯⋯⋯⋯⋯⋯⋯⋯⋯⋯⋯⋯⋯⋯⋯⋯電能，而發電機內則機械能變爲電能．

發電機內產生磁通量之電場線圈(Field Coil)可另由一電源供給，是謂分激發電機 (Separately Excited Generator)．亦可由發電機電樞自身供給，是謂自激發電機(Self Excited Generator)．自激發電機之電場線圈可與電樞線圈串聯，曰串繞發電機(Series Generator)，可並聯，曰分繞發電機 (Shunt Generator)，亦可分爲二，一串聯，一並聯，曰複繞發電機 (Compound Generator)．電路如圖三十甲乙丙．電樞線圈可代以一電池，其電阻爲 R_a，電場線圈則可以一電阻 R_f 代之，則各種發電機之相當電路如圖三十丁戊已．

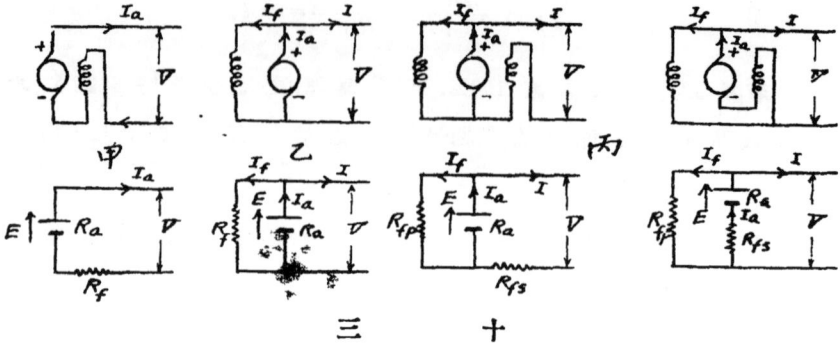

$$三　　十$$

發電機兩端電位差則為

串繞　　　　　　　$V = E - I_a(R_a + R_f)$.

分繞　　　　　$V = E - I_a R_a$　　　$I_a = I + I_f$　　$I_f = \dfrac{V}{R_f}$

復繞(短分路)　$V = E - I_a R_a - I R_{fs}$　　$I_a = I + I_f$　　$I_f = \dfrac{V + I R_{fs}}{R_{fp}}$

　　(長分路)　$V = E - I_a(R_a + R_{fs})$　　$I_a = I + I_f$　　$I_f = \dfrac{V}{R_{fp}}$.

　　發電機之效率,亦可由上列各式求得.茲舉分繞發電機為例.

$$VI_a = EI_a - I_a^2 R_a$$

或　　　$EI_a = VI_a + I_a^2 R_a = VI + VI_f + I_a^2 R_a = VI + I_f^2 R_f + I_a^2 R_a$

VI 為發電機之輸出電功率, $I_a^2 R_a$ 為電樞內損失之電功率, $I_f^2 R_f$ 為電場內損失之電功率, 故 EI_a 為輸入之電功率,即自機械功率轉變而來者.此外尚有一種雜散功率損失 L (Stray Power Loss) 包括軸承等處之摩擦損失及電樞心內之磁滯損失(Hysteresis Loss)及渦流損失 (Eddy Current Loss). 此雜項損失可假定為不變.於是 $EI_a + L$ 為發電機之機械功率輸入.而其總效率為

$$\eta = \frac{VI_a}{VI_a + I_a^2 R_a + I_f^2 R_f + L}.$$

理学卷（第二册） 科学通讯 第二卷 第七期（1937）

教材五　　　　　歐姆定律概論　　　　　33

　　若以電流通於發電機內,則電樞旋轉而電能變爲機械能.是爲電動機(Electrical Motor).電動機內有一反電動勢 E' (Back E.M.F.),與電流方向相反.此反電動勢亦爲 $\Phi Z'n$.故電動機相當於一電動勢電流反向之電池.電動機亦分串繞分繞複繞三種,其電路與相當電路見圖三十一.

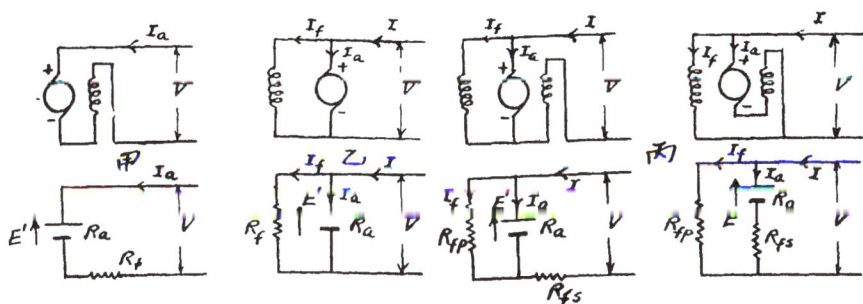

三　十　一

串繞　　　　　　　　　　$V = E' + I_a(R_a + R_f)$。

分繞　　　　　　$V = E' + I_a R_a$　　　　$I_a = I - I_f$　　$I_f = \dfrac{V}{R_f}$

複繞(短分路)　$V = E' + I_a R_a + I R_{fs}$　$I_a = I - I_f$　$I_f = \dfrac{V - I R_{fs}}{R_{fp}}$

（長分路）　$V = E' + I_a(R_a + R_{fs})$　$I_a = I - I_f$　$I_f = \dfrac{V}{R_{fp}}$。

　　電動機之效率亦可求得.

　　$VI_a = E'I_a + I_a{}^2 R_a$　　$E'I_a = IV - I_a{}^2 R_a = V(I - I_f) - I_a{}^2 R_a = VI - I_f{}^2 R_f - I_a{}^2 R_a$.

$I_a{}^2 R_a$ 及 $I_f{}^2 R_f{}^2$ 爲電樞及電場內之損失.VI 爲電動機之輸入,$E'I_a$ 爲電動機之輸出電功率,即變爲機械功率者.$E'I_a - L$ 則爲輸出之機械功率.故電動機之效率

$$\eta = \frac{VI - I_a{}^2 R_a - I_f{}^2 R_f - L}{VI}.$$

（待續）

食品中之穀類

楊耀文

　　自茹毛飲血之風,一變而進趨乎粒食饔飱之化,於是人摹主要食品,胥恃穀類爲基本,早晚餔啜,每餐必需,偏若魚肉菜蔬等品,不過供作佐膳之用,故穀類之於人生,至關重要,耕稼不時,爲農事大忌,旱潦饑饉,天災流行,其妨害農功,尤屬人事不得預防之遺憾,無他,人生衣食所需,多數以農產物爲質料,至於無機物質,雖貴如黃金鑽石,飢不可食,寒不可衣,苟非爲人所重,不將糞土視之.要之人生在世,非飽食煖衣,不足與語禮義廉恥;管子有言:食廩實而後知禮節,衣食足而後知榮辱,是農產物之收穫,非特有關國計民生,抑且所以維繫綱常,禮義廉恥,國之四維,須得生活有恃無恐,四維乃隨以張揚,民爲邦本,本固邦甯,經國大詒,民食爲先,國勢安全,實有賴乎農產物之豐稔,其重要蓋可知矣.

　　世界萬國,土宜不同,氣候並不一致,故其所產穀類,種別繁多,各國取用以爲食品者,因亦隨地而異;亞洲各國,以米爲主,麥粟等次之,歐美各國,概以麥類爲主,而土耳其等國,則又以玉蜀黍爲主,將此三者製爲食品,而人摹生活於是乎無虞;今試分述如下。

1.　米　(Rice)

　　產生米粒之植物曰稻,屬禾本科,爲一年生草本農作物;暮春播種,經過夏季發育時期,至秋節而收穫,吾國南省氣候炎熱之處,有一年兩穫者.稻之種子即爲米,米食之國不可一日缺;稻有多種;以性別言,有粳稻糯稻之分,以時別言,有早稻晚稻之判,以地別言,

有水稻陸稻之稱;稻實成熟曰穀,礱去其殼曰糙米,碾去其穗曰白米,必待最後手續完備,將生米煮成熟飯,乃可充作食品.

　　藝稻之法,先行選擇種子,限地一區,於三月中下旬,犂平土壤,使面表鬆碎,施肥灌水後,乃將種子撒播其間,是曰植秧,其所植之區曰秧田;待其抽苗叢密,長約二公寸時,分行移植於廣大區域,通稱曰稻田,是為插秧,農家最忙之時也;稻田亦須先事耕作,施肥灌水,一若秧田然;其有開始播種於稻田之中,苗長後不為移植,因無行列者曰散稻,可省去插秧工作,但遇過密處必須分別去留之.自插秧活着期後,在夏季孕青期間,耕作除草,前後共需三次,並施肥二次,通常保持田水約一公分深,此時先將水份排去,耘鬆土壤,攦去稗草,乃灌溉薄層之水,使日光得接觸土壤,經過一二日後,再行灌水耘平,是即謂之夏耘,至秋初成熟時期,停止灌溉,成熟後齊根刈下,堆積於空曠之場,以曝乾得穀為度.

　　陸稻原與同種,性質較次,生青期短,施肥除草,大致相同,不拘土性,不畏水旱,成熟時期較早,其產生監順,苟遇大旱,而七八月之間雨量稀間者,無用灌水,但適為旱地農作物.

　　稻之全體,下部為根,呈纖維狀,初由種子發生者曰種根,後由稈節旁苗着曰稈根,上抽中空之莖,有多數稈節,葉依稈節交互而生,下為葉鞘,緊抱莖稈,葉鞘與葉身連接處有葉舌及葉耳;其穗生存於葉鞘之中,隨莖稈之長大而發育,迨及莖身充實,不再生長,於是穗擠其端而逐漸膨大,是為孕穗,穗初抽時曰抽穗,全部抽出時曰穗齊;穗生就為複總狀,有主梗與小枝梗之分,花即托生於小枝梗上;花之外層為護穎,其次為外穎內穎,外穎尖端有芒;穎之中央為雌蕊,卵形,花柱二本,柱頭羽毛狀,周有六雄蕊;在子房外穎之間,有薄片二枚曰鱗被;係風媒花,營自花受粉;其實為穀,呈長圓形,有

穎包之,內爲米粒,一隅有胚,其背部有二小溝.

米之成分,以百分計,平均爲水份一三‧一一,蛋白質七‧八五脂肪〇‧八〇,澱粉七四‧一八,糖類二‧三四,纖維〇‧六三,灰分一‧〇一,故營養力頗高,至其殼穀可作燃料,糠皮可飼鷄豚,葉稈可編繩索草屬,並可造紙,然多數均用以充柴薪.

2. 小 麥(Wheat)

麥亦屬禾本科,爲越年生草本植物,吾國北部中部皆藝之,北方人民尤資爲要糧,全世界以俄美二國產額爲最多;其種別有小麥大麥之分,而以小麥爲主要,播種期在九十月之交,至越年四五月間成熟;他如燕麥又稱雀麥與蕎麥等,性質頗相近,亦可取充食品,惟非主要食糧.

當大小麥播種期前,須將田土耕作,使面表土壤浮鬆,繼乃撒播種子,以分行有條列爲佳;待其萌芽揭青後,先行施肥一次,然後間月芟除穢草三四次不等,並補行施肥二次,除草之際,同時即將土壤培壓,防止麥根浮起,以抑生青過茂,故麥田土壤,粘實爲宜;其在發育期間,須得雨露潤澤,而田不蓄水,排水良好區域,頗適宜於種麥,因麥性畏水浸漬故;麥之收穫時期,大抵在五月下旬至六月初旬,將麥莖齊根刈下,乾燥後拍取其實.

麥根亦爲纖維狀入土不深,當萌芽時先發幼根三,及定根出便歸無用;麥莖中空如竹,細圓有節,外皮光滑堅緻,每節生葉,葉之脈皆縱列平行謂之平行脈葉;細而長,側鋒如劍,下截包裹莖外,其狀如鞘,名之曰箨;麥穗爲多花聯綴所組成,以穗之異點而更分爲大小麥焉;小麥之花,自二至九,互生於扁平之中軸上,自成其爲一小穗,大麥則每三花聚集一穗,花有內外二殼,衡抱如函,外殼之端

有長芒,所以防鳥之喙食,穀外有穎,雌雄兩蕊,皆在穀中,雄蕊三本,雌蕊一本,其上端有細毛如綿,亦係風媒花,嘗自花受粉;小麥之子實呈紡綞形,脫粒時除穎甚易,面有縱溝一,頂端稍鈍,生有細毛;大麥子實之異點在其果皮與內外穎互相黏着,不易分離。

　　小麥之成分,以平均百分計,爲水份一三・六五,蛋白質一二・三五,脂肪一・七五,澱粉六四・〇八,糖類三・八三,纖維二・五三,灰分一・八一,故營養力亦顯著.其取用以爲食品者,頂將麥粒磨之爲粉,分去其麩,將粉製成麵饅頭燒餅等類,炊熟而食之;西人則每將麥粉和水,加以酵母,製成麵包,烘焙至相當火候,柔軟芳香,稱爲佳品爲家常食用所必需,間有製成各種糕餅而充作食品者,其分別製爲餅乾,則可以久藏不壞,供不時之需;麥粉和葷羹熟,經過發酵作用,可以造醬及醬油,其麩可製麵筋及飼馬,麥莖可編草帽玩具等,亦可充柴薪;至大麥之成分,惟澱粉較低,其餘均較小麥爲高,雖可炊食,然大抵用以製麥酒,造飴糖;燕麥則壓成麥片,食味良而消化易,蕎麥磨粉,亦可製作食品,惟皆種植不多,不需取用。

3. 玉蜀黍 (Maize)

　　玉蜀黍小屬禾本科,爲一年生旱本植物,俗稱珍珠米,以其形似也;吾國各地皆產,視爲雜糧,東北各省,產量尤夥;其原產地爲美洲,全世界產額,十分之七爲美產;播種期在三四月之交,至七八月間而成熟;是時葉毀焦黃,苞衣枯白,子粒硬實而現角質狀,此爲表示收穫期之特徵.

　　玉蜀黍播種之前,先將土地整理耕作,由二十至二十五公分爲度,其下面心土亦宜犂起多少,以資風化,尚須破碎土塊,而土壤過鬆,則又不利發芽,故犂碎之土,必經鎮壓適當,始可下種;播種之

法,先行相度適宜部位,排成行列,點穴下種,每穴播種子四粒,其深度以六七公分最爲普通,若遇黏濕土壤,三四公分卽可,至乾燥砂土,須達十二公分左右;一待發芽抽苗後,在孕育期間,應行施肥二次,耕作除草三次,如其正幹近土處生有分根卽須除去,自生長至開花時期,以氣候潤濕爲宜,而結實時期,則以溫度稍高,氣候乾燥爲宜,結實成熟後,將穗全部採下,曬乾待用.

　　當玉蜀黍長足後,其根深入土中,其莖高約二公尺餘,葉茁長,脈皆平行,異花同株,雌蕊生葉腋間,集而爲穗,外有強靱之包皮,其名曰護被,頂有髮狀之花柱,垂於外邊;雄蕊生居莖頂,成總穗狀,花粉成熟,散落柱頭,營自花受粉或異花受粉,其種子略如碗荳,叢集穗心,四周附着,結成排列成行之顆粒,有硬質軟性之分.

　　玉蜀黍之成分,以平均百分計,爲水份一三·四七,蛋白質九·五〇,脂肪四·六二,澱粉六二·五七,糖類五·八四,纖維二·四九,灰分一·五一,故其營養力亦高,吾國取作食品之時,或將子粒熟食,或磨粉製爲糕餅,其澱粉亦可釀酒,至土耳其等國,則製爲麵包以供家常食用之需,爲麥粉之代用品;莖稈及葉可充飼料燃料,護被可以造紙,而其花心之灰,可以提取炭酸鉀.

　　其他各種農作物,不論種瓜得瓜,種荳得荳,舉皆春耕夏耘,經農夫勞作數月之久,然後能得食於立談之頃,當其胼手胝足,胃盰勤劬,一刻千金,不容稍緩,豈非勞力所以食人,大有造於羣衆之生命乎;苟人生飽食煖衣,逸居無敎,頹然坐享其成,而漠然無所動乎其中,其不爲廢民也幾希,雖通國民衆,不必盡治農家者言,要皆當各守其業,通功合作,以維繫國家之命脈,否則徒事素餐,轉耗物力,將何以生存於天地之間;故立國之要,全在國無廢民,民無廢事.

叢　錄

有 機 質 玻 璃

郭 鍾 福 譯

（一） 引　言

合成樹脂可以代替玻璃，即此處所謂有機質玻璃者是。此篇將以無機質玻璃與有機質玻璃作一比較的研究。合成樹脂之原料，大部爲酚(Phenol)，甲醛(Formaldehyde)與乙烯苯(Styrene)。至於纖維素，酪素之衍生物，以及自然間之樹脂，茲篇不加討論。

玻璃之一般通性，亦即有機質玻璃須具備者，可約言如下：透明，無色，高度折射率（尤以製裝飾品者爲然），價廉，易處理，在日光，晴雨，乾濕，震動等下足穩定性，耐化學品之侵蝕，起楝性，不易炸裂軟化，吸濕少，溶解度小，而屈風硬，不能割痕等。

實際上，上述諸點，合成樹脂難能兼具。有時且嫌成本高，穩定性差，易軟化，吸濕多，硬度較小，然有玻璃所不及者，則爲軟靭，無虞脆折，易於割切製型。且可黏合玻片，得深厚之成品。

合成樹脂雖經二十年來之努力研究，可以代替玻璃，然仍未臻至佳之境，當不能與橫幾世紀經驗之玻璃技術同日並語。故此作豈敢誇大，亦不過引起世人之信念，不斷努力，使合成樹脂可以仿製玻璃而已。基於此點，敢從若干種合成樹脂之製造以及其性質，略加討論於下。　　　　　　　　　　　　　（未完）

陰游子系統定性分析法

陳 同 素 譯

第一組:碳酸,氟,楮酸,砷酸,亞砷酸,燐酸,亞硫酸,酒石酸,在鹼液內可以鈣鹽澱出.

第二組:硫酸,酪酸,在鹼液內可以鋇鹽澱出.

第三組:蛪,硼酸,高鐵蛪,低鐵蛪,硫,在鹼液內可以鋅鹽澱出.

第四組:一硫硫酸,硫蛪酸,碘,溴,氯,在微酸液內除一硫硫酸變成硫化銀外,可以銀鹽澱出。

第五組:氯酸,亞硝酸,醋酸.自第四組濾剩在液內,並無沈澱.

第六組:硝酸,取原液試之.

分 析 方 法

製備溶液 供試品須爲鈉,鉀,或銨之鹽類.將其固體與規定碳酸鈉溶液煮之,濾過,濾液卽可供分析第一組之用.假設樣品中並無重金屬則將固體溶解於苛性鈉液可也.

第一組 此組必須化驗,蓋加入試劑後有氫氧化鈣澱出.設製備溶液有酪酸豎之可疑則依 (a) 法行之,如無則依 (b) 法.

(a) 將樣液稀釋至.50cc.,加 2cc 之 4N. NaOH,然後加 2N.Ca(NO$_3$)$_2$ 使陰游子澱出,濾過,洗二次,再以 5% NH$_4$OH 洗之至無鉻酸爲止.煮沸濾液使留在液內之亞硫酸鹽或酒石酸鹽盡行澱出.如有沈澱發生,則與本組之沈澱相併.然後依第一組之方法分析之.濾液包含第二至第五組,保留之.

(b) 稀釋樣液至 5cc.,加 4N. NaOH,乃加入 2N.Ca(NO$_3$)$_2$,煮沸,

濾過,洗二次,至無硝酸根爲止.濾液包含第二至第五組保留之.沈澱內可有下列各物:—$CaCO_3$,CaF_2,CaC_2O_4,$CaSO_3$,$Ca_3(AsO_3)_2$,$Ca_3(PO_4)_2$,$CaC_4H_4O_6$,$Ca_3(AsO_4)_2$.以 12.5% 醋酸處理之,加 25cc 水,濾過,洗淨.

如加醋酸於沈澱而發泡沫者則有碳酸,取樣品之固體若干加雙倍之氯酸鉀,加水拌和,加稀酸,發生泡沫者則有碳酸.

不溶於醋酸之沈澱,再用稀硫酸處理之,洗淨.氟仍留在沈澱內,可以剝玻璃之作用證明之.濾液內之樟酸可加入 0.01N. $KMnO_4$ 而褪色以證明之.

自醋酸處理剩下之濾液中可有下例各物:$SO_3^=$,$AsO_4^≡$,$AsO_3^≡$,$PO_4^≡$,$C_4H_4O_6^=$.試法如下.

加濃熱 $HgCl_2$ 溶液於濾液中如有 Hg_2Cl_2 之白色沈澱生成則爲有 $SO_3^=$ 之表示.然後將餘下之濾液煮之,以驅除 SO_2 氣體.

於此煮沸之濾液中加濃 HCl 及 KI 固體如有棕色發生則爲有 $AsO_4^≡$ 之表示.

濾液稀釋一倍後,可以將 0.01N. 碘液褪色者則爲有 $AsO_3^≡$ 之表示.

假使 $AsO_4^≡$ 及 $AsO_3^≡$ 均存在時,則剩下濾液中加 Na_2SO_3 固體及 HCl 煮之.通入 H_2S 而濾去 As_2S_3,煮沸濾液以除去多剩之 H_2S.

濾液中加鉬酸銨液,如有黃色沈澱發生,則爲有 $PO_4^≡$ 之表示.

濾液中加 H_2SO_4 以除去 Ca 加 2~3 滴 1N. $Co(NO_3)_2$,加 4N. NaOH 而溶液呈藍色,再多加 5cc 煮之,濾過,假使濾液呈深藍色,則爲有 $C_4H_4O_6$ 之表示,但溶液須熱,蓋冷時此藍色即褪去.

本組各游子試驗之敏感度 (mg/10cc) 如下:—
$CO_3^=$ …; F^- …; $C_2O_4^=$ 0.057; $SO_3^=$ 0.08; $AsO_4^≡$ 0.004; $AsO_3^≡$ 0.01; $PO_4^≡$ 0.05; $C_4H_4O_6^=$ 0.004.

　　第二組，自第一組得來之濾液加 0.5N. Ba(NO$_3$)$_2$. 如有沈澱，爲有第二組游子之表示. 完全澱出之，熱之至沸，水洗二次，其濾液含有第三至第五組.

　　如沈澱係白色不溶於 HCl 者，則爲 SO$_4^=$

　　以 HCl 處理沈澱後，加 NH$_4$OH 中和之，再以醋酸加入使成酸性. 得黃澱者則爲 CrO$_4^=$.

　　本組各游子試驗之敏感度如下：SO$_4^=$0.018, CrO$_4^=$0.02.

（待續）

書　評
化 學 參 考 書 籍 選 輯
陳 同 素

19.**戴 明 化 學 實 習**　*Exercise in General Chemistry & Qualitative Analysis. Horace G. Deming, Prof. of Chemistry, Univ. of Nebraska, and Saul B. Arenson, Associate Prof. of Inorganic Chemistry, Univ. of Cincinnati 4th.ed. John Wiley & Sons, Inc., New York City. 1935. xv + 326pp. 25fig. 13.5×21.5cm. $1.80.*

是書初版於 1924 年.內容之次序與戴明大學化學四版相仿. 關於元化學及定性試驗之敏感度等均添入新材料.其課習驗亦多加修正.基本功課之主要目標在於:(1)使學生熟悉各種主要之物質性狀,(2)啓發物質變化有關之原理,(3)以實習方法得到經驗.此書有焉.實驗範圍包涵頗廣,綜計 75 題, 226 頁.行文清順通達.

第二部爲定性分析,所佔篇幅不及百頁.陽游子之分類試證,供武固體之製備,普遍陰沸了之試法,叙述甫悉,理論方面則不多說明.在 249—250 頁 上謹細擇了可被硫化偏直接遭原爲砷酸一節:

$$H_3AsO_4 + H_2S \longrightarrow H_3AsO_3 + H_2O + S$$

此係盧司氏 (Rose) 之舊說.須加更正如次:

（1）$H_3AsO_4 + H_2S \longrightarrow H_3AsO_3S + H_2O$

（2）$\quad H_3AsO_3S \longrightarrow H_3AsO_3 + S$

（3）$\quad 2H_3AsO_3 + 3H_2S \longrightarrow As_2S_3 + 6H_2O$

就大體言,此書爲將來深求化學智識之堅固基礎.與戴明大學化學敎科書並用,更爲適合.

按本校一年級之化學實習,卽採用此書.

消　息

科　學　學　院　消　息

數　學　系

本屆畢業生三人,一人留任本系助教,餘二人各任中學教員.

物　理　系

（一）本年度得中英庚款委員會補助金三萬元,爲購置 X 光器械之用,現已分別訂購.

（二）本年擬添建近代物理試驗室,現已決定與電機學院合建三層樓一座,定名爲哲生實驗館.

（三）胡剛復教授因事請假,改聘葉蘊理先生繼任,葉先生留法十餘年,專攻近代物理造詣甚深.

化　學　系

（一）新近添建之工業化學試驗室,現已落成,下層將設製革高壓等試驗室及裝置各項化工機械,上層供教員學生研究工作之用,正在計畫佈置中.

（二）本屆畢業生十六人,均已獲相當職務,計服務鐵路及工廠者各五人,任大學助教及中學教員者各二人,供職政府及留學外國者各一人.

（三）中國化學工業社在本系設立獎學金一名,以資助清寒勤學之青年,現已給予二年級生馮國璟君.

理學卷（第二冊）　科學通訊　第二卷　第七期（1937）

專　載

近　代　幾　何

之　導　引

William C. Graustein 原　著

顧　澄　達　恉

照 此割錐線與無窮遠線之交點爲不相同兩實 點或相同兩實點或共軛兩虛點決定之. （例如割錐線與無窮遠線之交點爲不同兩實點則此割錐線爲雙曲線。）

　　　抛物線之此種特性,表示非變態*抛物線

$$y^2 = 2mx \quad 或 \quad x_2^2 = 2mx_1x_3$$

與無窮遠線相切.兹驗明此事如下:切在點 (x_0, y_0) 或 (r_1, r_2, r_3) 上之切線爲

$$y_0y = m(x+x_0) \quad 或 \quad r_2x_2 = m(r_3x_1 + r_1x_3).$$

此抛物線上之無窮遠點爲 $(1,0,0)$,其方向與抛物線軸之方向同. 在此無窮遠點上之切線爲

$$ox_2 = m(ox_1 - 1x_3), \dagger \quad 卽 \quad x_3 = 0.$$

故得下定理:

定理 3　　抛物線與無窮遠綫相切,其切點爲在其軸方向之無窮遠點.

　　　橢圓與無窮遠線相交之兩共軛虛點若爲無窮遠圓周點,則此橢圓爲圓.

　　　漸近線 (asymptotes).　　雙曲線之兩切線,若其兩切點爲此雙曲線與無窮遠線之兩交點,則希望此兩切線爲此雙曲線之兩漸近線,頗合於理.讀者試證明此希望確合事實.

　　　以此結果爲基礎可作成一漸近線之新定義如下:

定義　切曲線於無窮遠點之切線,其不爲無窮遠

---

*原註　本款此後及下款中所謂割錐線者以非變態割線爲限.

†原註　關於切割錐綫於無窮遠點之切綫之定義,在此處有何種默認之公約?

理学卷（第二册） 科学通讯 第二卷 第七期（1937）

線者,謂之此曲線之漸近線.

拋物線無漸近線,橢圓無論其有無實迹,皆有兩共軛虛漸近線,此兩共軛虛漸近線交於此橢圓之中心,極易證明.故圓之兩漸近線爲經過其中心之兩迷向線.

例 題

1. 證明

$$\Delta = \frac{1}{2} \begin{vmatrix} 2A & B & D \\ B & 2C & E \\ D & E & 2F \end{vmatrix}$$

2. 證明切曲線（1）於點 (r_1, r_2, r_3) 上切線爲

$$Ar_1 x_1 + \frac{B}{2}(r_2 x_1 + r_1 x_2) + Cr_2 x_2 + \frac{D}{2}(r_3 x_1 + r_1 x_3) + \frac{E}{2}(r_3 x_2 + r_2 x_3) + Fr_3 x_3 = 0.$$

先就非齊次坐標之相應問題解之.[*]

3. 求拋物線

$$x^2 - 4xy + 4y^2 + 2x + y - 6 = 0,$$

上之無窮遠點,再從此定其軸之方向.

4. 證明切「（1）中第 式所表雙曲線」於其上兩無窮遠點」之兩切線,爲（4）中第二式所表之兩線.

5. 證明：（2）中前兩式所表各橢圓之兩漸近線爲（3）中兩式所表之兩線.

6. 求雙曲線

$$x^2 - xy - 2y^2 - x + 5y - 3 = 0$$

之漸近線之方程式.再從此求此雙曲線之中心之坐標.

9 迷向切線 焦點及準線(isotropic tangents foci and directrices)

---

[*]原註 參觀解析幾何 p 188, 題 2.

抛物線　抛物線

（1）　　　　　　　　　　　$y^2 = 2mx$

必有（及只有）一切線，其斜率能爲預定之數 $\lambda(\neq 0)$；而此切線爲

$$y = \lambda x + \frac{m}{2\lambda}.$$

故抛物線必有兩迷向切線；其斜率一爲 i，一爲 $-i$（迷向切線卽切線之爲迷向線者）．此兩迷向切線卽

（2）　　　　　　　$y = ix + \frac{m}{2i}, \quad y = -ix - \frac{m}{2i}.$

　　此兩迷向切線交於何點？其交點顯爲 $(m/2, 0)$，卽其交點爲此抛物線之焦點（focus）！

　　此兩迷向切線切此抛物線於何點？此兩切點在準線（directrix）上！卽此兩切點爲「此抛物線之點在準線上者」！此因兩迷向切線截 x 軸之截部皆爲 $\frac{m}{2}$，故其切點之橫標（abscissa）皆爲 $-m/2$，故其切點皆在準線 $x = -m/2$ 上．*故得下定理：

定理1　抛物線有兩迷向切線．其交點爲焦點，其切點在準線上．

　　以上所言抛物線及迷向切線之關係，以三圖明之如右〔此種圖表法不過一種記號，藉以明複面中之關係而已，並非謂焦點眞可走出抛線外，準線眞可走入抛線內如右圖也〕．　　　　　　　三　圖

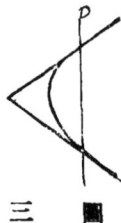

† 原註　參觀解析幾何第九編6款．
* 原註　（1）之切線之切點之橫標爲「切線截 x 軸之截部」之反符號者，此從切點爲 $(x_0\ y_0)$ 之切線方程式 $y_0 y = m(x + x_0)$ 可知．

糖圓 橢圓

(3)
$$\frac{x^2}{a''} + \frac{y^2}{b^2} = 1$$

必有(及只有)兩切線,其斜率能爲預定之數λ; 此兩切線爲

$$y = \lambda x \pm \sqrt{a^2\lambda^2+b^2}.$$

故橢圓應有四迷向切線(兩線爲一類),其方程式爲

(4)

(a) $y=i(x-c)$,   (c) $y=-i(x-c)$,

(b) $y=i(x+c)$,   (d) $y=-i(x+c)$,

此 $c = \sqrt{a^2-b^2}$.

此四迷向切線所成之尋常四邊形,其兩對頂在x軸上者爲實點 $F:(c,0)$ 及 $F':(-c,0)$; 其他兩對頂在 y 軸上者爲共軛虛點 $G:(0,ci)$ 及 $\overline{G}:(0,-ci)$.此四邊形爲5款,題4所研究之型式;其對頂線在兩軸上且互相平分.

預備定理 若$^{(3)}$之切線截兩軸之截部爲 A, B, 則其切點爲$(a^2/A \ \ b^2/B)$

從此預備定理,可知:經過 $F:(c,0)$ 之兩切線之兩切點在線 $D: x=a^2/c$ 上,經過 $F':(-c,0)$ 之兩切線之兩切點在線 $D': x=-a^2/c$ 上. 同理,經過 $G:(0,ci)$ 之兩切線之兩切點在線 $E: y=b^2/ci$ 上; 經過 $\overline{G}:(0,-ci)$ 之兩切線之兩切點在 $\overline{E}: y=-b^2/ci$ 上.

此兩點 F 及 F'爲橢圓之尋常焦點, 而D及D'爲其相應準線.此兩點G及 $\overline{G}$ 亦謂之焦點;而此兩線E及 $\overline{E}$ 亦謂之其相應準線;此乃一種公認之名稱也.

從上所言得下定理:

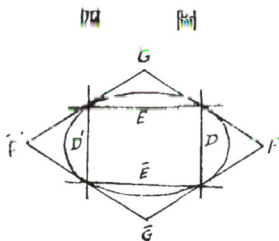

四 圖

定理 2 有實迹之橢圓共有四迷向切綫,其中兩線爲一類. 此四迷向切線之有窮遠諸交點爲此橢圓之四焦點,而「經過一焦點之兩切線之切點」在「此焦點之相應準線」上.

橢圓之性質與實焦點及實準線相關者,貫軸(transverse axis)旣爲其中重要角色,則共軛軸(conjugate axis)方面似應有相類之性質.今共軛軸方面確有此種相類性質,而共軛虛焦點及共軛虛準線實爲此種性質之基礎.

此兩組性質,以下表明之,最易醒目.

焦點	準線	性質
$F,F':(\pm c,o);$	$D,D':x=\pm\dfrac{a^2}{c};$	$\pm FP\pm F'P=2a,\quad \dfrac{FP^2}{PM^2}=e^2,\quad e^2=\dfrac{c^2}{a^2}.$
$G,\overline{G}:(0,\pm ic);$	$E,\overline{E}:y=\pm\dfrac{b^2}{ci};$	$\pm GP\pm \overline{GP}=2b,\quad \dfrac{GP^2}{PN^2}=e'^2,\quad e'^2=-\dfrac{c^2}{b^2}.$

此末二行爲「焦點準線性質」(focus-directrix properties),以「橢圓上一點 P 至焦點及其相應準線之兩距離」之兩平方表之.以距離之平方表之者,因複面中之距離有兩值,欲避去由此發生之歧義耳.

至於第三行之性質,則此種歧義無法避去;其方程式之解釋必須謹愼.例如其第一方程式實代表「由符號之四種可能配合所生之四方程式」.符號之四種可能配合卽 $(+,+),(-,-),(+,-),(-,+)$.卽 FP 及 $F'P$ 一經擇定,以之爲橢圓上一點 P 至 F 及 F' 之距離之定值,則此 FP 及 FP 必適於此四方程式之一.例如 P 爲實點而 FP 及 $F'P$ 皆爲正,則此一方程式爲 $FP+F'P=2a$.*

---

* 案 P 爲 $\dfrac{x^2}{a^2}+\dfrac{y^2}{b^2}=1$ 上之實點,則 FP, $F'P$ 只能適於 $FP+F'P=2a$.

理学卷（第二册）　科学通讯　第二卷　第七期（1937）

第八編　　　　　　　　複素面之度量幾何　　　　　　195

例　　題

1. 證明下關係:

$$\pm GP \pm \overline{GP} = 2b, \quad \left(\frac{GP}{PN}\right)^2 = -\frac{c'}{b^2}.$$

證明兩離心率 e, e' 之倒數之平方之和爲1.

2. 研究雙曲線之迷向切線,焦點及準線;以所得諸結果列成一表.

3. 就無實迹之橢圓照題2作之.

4. 求拋物線

$$x^2 + 2xy + y^2 - 2x + 2y - 1 = 0$$

之焦點之坐標.

5. 求雙曲線

$$6x^2 - 24xy - y^2 - 150 = 0$$

之焦點.

如 P 爲 $\left(\dfrac{a^2}{c}, i\dfrac{b^2}{c}\right)$，則 FP, FP' 能適於 $-FP + F'P = 2a$；如 P 爲 $\left(-\dfrac{a^2}{c}, i\dfrac{b^2}{c}\right)$，則 $FP, F'P$ 能適於 $FP - F'P = 2a$；如 P 爲 $\left(-\dfrac{ia}{c}, \dfrac{b}{c}\sqrt{c^2+1}\right)$，則 $FP, F'P$ 能適於 $-FP - F'P = 2a$。此 c 爲 $\sqrt{a^2 - b^2}$。又此三處點皆在此橢圓上。

交 大 季 刊

第 二 十 二 期　　要 目

每 册 三 角　　預 定 全 年 一 元

管　　理　二 月 刊

第 一 卷 第 四 期　　要 目

每 册 四 角　　全 年 五 期 一 元 六 角

經 售 處　上 海 徐 家 匯 交 通 大 學 出 版 處

中華民國二十六年一月出版

科學通訊 第二卷 第七期（總一五）

編輯者　交通大學科學學院
發行者　交通大學出版處　上海徐家匯
印刷者　上海中國科學公司
代售處　上海
　　世界出版社　上海雜誌公司
　　作者書社　大公報社代辦部
　　蘇新書社　黎明書局
　　新光書店　生活書店
　　光華書局　雲南文化書店
　　世界書局　廣州科圖書消費合作社
　　志明書局
　　正恆書局

版權所有

本刊價目
每冊大洋二角　全年八冊
預訂實元四角　國外另加郵費

科學學院科學通訊編輯委員會
　王裕（科學院長兼物理系主任）　徐名材（几）
集主任　胡敦復（算學系主任）　周銘（理）顧澄（理）副
范會（理）　武忠林（數）　周銘（理）　
楊（理）　嵇（漁化）　丁嗣賢（化）

科學通訊

黎照寰

第二卷 第八期

（總十六）

中華民國二十六年三月　　　上海交通大學科學學院編輯

交 大 季 刊

第 二 十 二 期　　要 目

每冊三角　　預定全年一元

管 理　二 月 刊

第 一 卷 第 四 期　　要 目

每冊四角　　全年五期一元六角

經售處　上海徐家匯交通大學出版處

科 學 通 訊

第 二 卷 第 八 期

目 錄

上海交通大学百年报刊集成·第一辑（1896—1949）·学术学科

交通大學出版刊物

一. 期刊

1. 交大季刊　　　　　　　每冊三角　　　　全年一元
2. 交大三日刊　　　　　　半年五角　　　　全年一元
3. 科學通訊（全年八期）　每冊二角　　　　全年一元四角
4. 管理二月刊（全年五期）每冊四角　　　　全年一元六角

二. 本校一覽

1. 中文本　　　　　　　　　　　　　　　每冊四角
2. 英文本　　　　　　　　　　　　　　　每冊六角

三. 本校研究所編輯刊物

1. 油漆試驗報告,第一號　　　　　　　每冊二角
2. 油漆試驗報告,第二號　　　　　　　每冊六角
3. 油漆試驗報告,第三號　　　　　　　每冊八角
4. 地下流水問題之解法（英文本）　　　每冊三角
5. 美國鐵道會計實務,第一編（英文本）每冊六角
6. 解決中國運輸問題之途徑（英文本）　每冊四角
7. 解決中國運輸問題之途徑（譯本）　　每冊三角
8. 鐵路零担貨運安全辦法　　　　　　　每冊四角
9. 中國國民經濟在條約上所受之束縛　　每冊六角
10. 皖中稻米產銷之調查　　　　　　　　每冊六角
11. 小麥及麵粉　　　　　　　　　　　　每冊五角
12. 平漢沿綫農村經濟調查　　　　　　　每冊一元六角
13. X 射綫檢驗材料法　　　　　　　　　每冊一元二角

經售處　上海徐家匯本校出版處

談　言

形式計算及實用計算 (續)

處處無微係數之連續函數

顧　澄

1. 以前求得求得 $F'(m)=0$ 之算法,究竟錯在何處? 前依形式計算求得 (6) 後,即應從理論入手,先察知 (6) 是勻斂 (Uniform Convergent) 或在何處勻斂,而後能決定 (6) 是可用或在何處可用.例如欲求 $F'(0)$, 須先證明 (6) 在 $x=0$ 之隣近 $D_\varepsilon(0)$ 中勻斂,方能斷定 $F'(0)$ 確是存在,而得 $F'(0)=0$.今未先證明 (6) 在 $D_\varepsilon(0)$ 中勻斂而但照形式計算之辦法,即以 $x=m$ 代入 (6) 中得 $F'(m)=0$,即是計算上之一種錯誤,而所得之 $F'(m)=0$ 還未必可用;此即形式計算不可恃之實例.

2. $F'(m)=0$ 是實據此勻斂條件而且斷 $F'(m)$ 0 之錯誤. 上所謂算法錯誤是一事.至 $F'(m)=0$ 是否為錯而不可用實又是一事. 蓋 (6) 在 $D_\varepsilon(m)$ 中勻斂值是 $F'(m)$ 存在之充分條件而並非其必要條件,決不能因上言之算法是錯,而即言 $F'(m)=0$ 亦錯;因勻斂條件既非必要,則 (6) 在 $D_\varepsilon(m)$ 中不勻斂時, $F'(m)$ 亦許存在,如是則 $F'(m)=0$ 亦計不錯而可用也.閱者於此應注意下之兩點:

(a)　如 Weierstrass 之言果為確而 $F'(x)$ 決不存在,則 (6) 必處處不勻斂.故言 $F'(m)=0$ 未必可用,亦必先確實證明 (6) 在 $D_\varepsilon(m)$ 中不勻斂而後可以斷言.若不先證明而但云 (6) 不勻斂,此仍無

異說「Weierstrass 不會錯的,所以 $F'(m)=0$ 是錯的」一樣.

(b)　即使已經確實證明 (6) 在 $D_\varepsilon(m)$ 中不勻歛,亦萬不可即斷 $F'(m)=0$ 不可用.即因 (6) 不勻歛而言 $F'(m)=0$ 未必可用則可,而謂其必不可用則不可,此種分別極須注意.

3. 然則 $F'(m)=0$ 是否可用,將如何斷定之? (6) 在 $D_\varepsilon(m)$ 中不勻歛已經證明後,欲知 $F'(m)=0$ 是否可用,應照下兩法決定之.

(c)　用次勻歛 (Sub-uniform Convergence) 方面之「$F(x)$ 為可微分之必要及充分條件」決定之.

(d)　逕從 $F'(m)$ 之定義,試求 $F'(m)$ 以決定之.

用次勻歛決定之法閱者可自為之,至從 $F'(m)$ 之定義求 $F'(m)$,則前期已經試求藉與從 (6) 所得之結果相比較,然所得亦是 $F'(m)=0$.初觀此事,(6) 之勻歛雖未證明,而從定義入手再求一次,仍能得 $F'(m)=0$,則此 $F'(m)=0$ 似已不錯.何以仍與 Weierstrass 之言相反.此第二法之錯處何在,所得結畢究否可用.閱者試再思之.

至其錯誤所在,俟下期先將 $F(x)$ 處處不能微分之證法講明以後再談,此非不佞故作狡獪,仿做小說的且看下囘分解之法請閱者多購一冊本刊,實因不但純粹形式計算如前之由 (6) 得 $F'(m)=0$ 為不可恃;甚至稍明理論知再從定義入手者亦往往因習於形式計算,偶不留意,仍得一錯誤之結果而不自覺;頗望閱者於此再思一番,細察其錯處所在;蓋吾人治學,必先能知錯,而後始能知眞;如明明有錯而指不出錯處所在,則平日認為不錯者亦必不可靠,縱本期即寫出 Weierstrass 之證法,彼不能指出此錯之人,亦決不能眞知 Weierstrass 證法為不錯,至多不過信仰其人,如和尚誦經,迷信佛菩薩之言必是不錯而已,本談不即如前期所言提出 Weierstrass 函數不可微分之證,而至此即止者,實由此耳.(待續)

教 材

關 於 乘 冪 之 微 分

孟 羣

(II) 若干書中求 $y=x^m$ 微分之方法如下.兩 邊 取 對 數,得

$$\log y = m\log x,$$

求微分

$$\frac{1}{y}\ \frac{dy}{dx} = \frac{m}{x}.$$

因得

$$\frac{dy}{dx} = m\frac{y}{x} = mx^{m-1}.$$

此種証法設用 $\frac{d}{dx}$ 此種方法⋯⋯求如 dy/dx 之存在與否,是以下須自第⋯式得第二式也.曾問本刊二卷五期「似是而非之算法」.

(III)　R. Courant 在其 Vorlesungen über Differential-und Integralrechnung I., SS. 125-6,曾 有 關 於 乘 冪 微 分 之 討 論.略 云

「相 應 於 以 等 式

$$u^m \quad \lim_{n\to\infty} u^m$$

爲 無 理 指 數 乘 冪 之 定 義,吾 人 或 許 以 爲 自 有 理 指 數 乘 冪 微 分 之
公 式

$$\frac{d}{dx}x^{m_n} = m_n x^{m_n-1},$$

直接用極限之運算,求得

（3）
$$\lim\frac{d}{dx}x^{m_n} = \lim m_n x^{m_n-1} = mx^{m-1},$$

即可謂

（4）
$$\frac{d}{dx}x^m = mx^{m-1}$$

此結果雖如吾人之預期,但吾人必須確知自 $x^{m_n} \to x^m$ 定可以推得

（5）
$$\frac{d}{dx}x^{m_n} \to \frac{d}{dx}x^m$$

始能成立,然此事精微,殊非一二言所可決者.尋常如有已知曲線（如圖一之直線 AB）於此,吾人得以另一曲線敘列逼近之.而其方向則與原曲線在任何點上可以有任意預定之差別,卽如直線 AB,卽可以波形曲線敘列逼近之,而其波形曲線永遠與此直線交成 $45°$ 之角.」

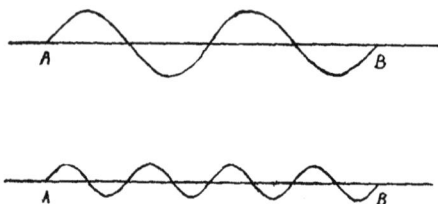

圖　一

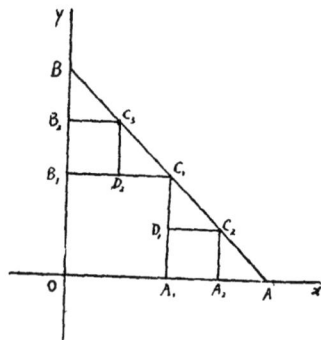

圖　二

又如另一圖,線段 AB 爲 $x+y=1$ 之一段,但如平分 AB 爲 2^n 等

分,分點譬如 C_1, C_2, C_3…等,則吾人卽可作折線敍列 AA_1CB_1B, $AA_2C_2D_1C_1D_2C_3B_2B$,… 以逼近之,$n\to\infty$ 時,折線之極限卽此直線 AB,[(5)] 故 AB 一面可視作 $x+y=1$ 之一部,而另一面則爲任一點上均無切線之曲線,二者迥不相同也.

「由是見 (5) 式一般未必眞確,故由 (3) 式得 (4) 式一般爲不可能,不能以其所得之結果偶爾眞實,而卽謂其方法之可靠也」.

(IV)　由定積分之定義,如 $f(x)$ 及 $g(x)$ 兩可積函數在其公同之定義區間 $a\leq x\leq b$ 內任何點上相差不過 ε,

$$|f(x)-g(x)|<\varepsilon,\qquad\qquad a\leq x\leq b$$

則

$$\left|\int_a^b f(x)dx-\int_a^b g(x)\,dx\right|<\varepsilon(b-a),$$

或卽

$$(6)\qquad -\varepsilon(b-a)+\int_a^b g(x)dx<\int_a^b f(x)dx<\int_a^b g(x)dx+\varepsilon(b-a).$$

此式用一甲得流通之_____.

由 ___ 之____ (1'),____ 與一 ε,則當 n 充分大時,

$$|x^m-x^{m_n}|<\varepsilon.$$

因 m 爲無理數,故 $m\neq-1$ 因而各 m_n 亦可取爲 $\neq-1$.由是於 (6) 中命 $f(x)=x^m$, $g(x)=x^{m_n}$,則得

$$(7)\qquad -\varepsilon(b-a)+\int_a^b x^{m_n}dx<\int_a^b x^m dx<\int_a^b x^{m_n}\,dx+\varepsilon(b-a).$$

當 $m_n\neq-1$ 爲有理數時其定積分甚易求得爲[(6)]

$$\int_a^b x^{m_n}dx=\frac{1}{m_n+1}(b^{m_n+1}-a^{m_n+1}).$$

代入 (7) 式中,且命 $n\to\infty$,亦卽 $\varepsilon\to0$,則得

$$\int_a^b x^m dx = \lim_{n \to \infty} \frac{1}{m_n+1}(b^{m_n+1}-a^{m_n+1}) = \frac{1}{m+1}(b^{m+1}-a^{m+1}).$$

故由積分之基本定理,

亦即
$$\frac{1}{m+1}\frac{d}{dx}x^{m+1}=x^m,$$

$$\frac{d}{dx}x^n = nx^{n-1}.$$

此證載在 R. Courant 微積分（即上所引者）卷一, 103 頁至 105 頁.讀者或有讀此證時,見其迂迴曲折,以微分之公式,而以積分之理證明,且 Courant 氏為無聊者乎.然自理論上言之,微分學不必先於積分學,積分學或且易於微分學,如 Courant 之書,即係先積分而後微分者,此亦有甚正當之理由,未可以厚非.雖然,此證固屬新異,而究覺迂迴,似非論乘冪微分所必由之路也.

(V)　最自然之法,自然推 (III), (III) 既係「此路不通」,則其次似為以下之方法.於代數中吾人知若 $x,y>0,x\neq y,k$ 有理,且 $0<k<1$,則

$$kx^{k-1}(x-y)<x^k-y^k<ky^{k-1}(x-y),$$

若 $k<0$ 或 $k>1$, 則

$$kx^{k-1}(x-y)>x^k-y^k<ky^{k-1}(x+y).$$

今若 m 為任一無理數.取敍列 $m_1, m_2 \cdots m_k \cdots$, m_n 俱為有理,則

$$m_n x^{m_n-1}(x-y)<x^{m_n}-y^{m_n}<m_n y^{m_n-1}(x-y),$$

或

$$m_n x^{m_n-1}(x-y)>x^{m_n}-y^{m_n}>m_n y^{m_n-1}(x-y).$$

命 $n\to\infty$ 則得

（8）
$$\begin{cases} mx^{m-1}(x-y)\leqslant x^m-y^m\leqslant my^{m-1}(x-y), \\ mx^{m-1}(x-y)\geqslant x^m-y^m\geqslant my^{m-1}(x-y). \end{cases}$$

命 $y = x + h$, 則於任何情形,由 (8) 之二式,知

$$mh(x+h)^{m-1} \leq (x+h)^m - x^m \leq mhx^{m-1},$$

或 　　　　　　　　　　　　　　　　　　　　　　　　$h \gtreqless 0$

$$mh(x+h)^{m-1} \gtreqless (x+h)^m - x^m \gtreqless mhx^{m-1}.$$

因而差商 $\dfrac{(x+h)^m - x^m}{h}$ 常位於 $m(x+h)^{m-1}$ 及 mx^{m-1} 之間,所以

$$\lim_{h \to 0} \frac{(x+h)^m - x^m}{h} = mx^{m-1} \qquad (x > 0).$$

此事於本刊一卷四期曾略談及,但彼處已費許多功夫證明 (8)式中等號之可以除去,然吾人所用僅(8)式已足,此式不過由代數之一不等式直接用極限所求得者耳.

————————

（1）　參閱本刊一卷一,二兩期談言欄,「無理數究竟要不要」,嚴密之理論,可參考 Knopp 無窮級數論前數章(數學雜誌正登載中)

（2）　如 E. G. Phyllips, A course of Analysis (1930) p. 97 及 R. Fricke, Lehrbuch der Differential-und Integralrechnung (1921) I, SS. 86-7.

（3）　多數之微積分均係如此.

（4）　此事亦常有發現,而可異者則 A. Harnack, Elements of Differential and Integral Calculus (English Translation by Carthart) §31, p55, 亦有此說,以 Harnack 而亦有此說,是亦可異已.

（5）　吾人甚易見此逼近之曲線,其極限之長度爲等於 2 而決非 $\sqrt{2}$,故非 AB 之長度,是以見極限曲線與原曲線有甚大之差別.由是以談,則尋常圓函數等之幾何定義,殊未可靠,如有以原

點爲中心,半徑爲1之圓於此,何以見其必爲 $x^2+y^2=1$,而非其一種極限曲線耶?若然,則弧度之說,即生問題,他更無論矣.

（6）　欲求 $\int_a^b x^k dx$, k 有理,則可命 $\sqrt[n]{b/a}=q$,且以 a, aq, $aq^2 \cdots aq^{n-1}$, $aq^n=b$ 分區間 (ab) 爲 n 分,則積分即下式當 $n\to\infty$ 時之極限:

$$a^k(aq-a)+(aq)^k(aq^2-aq)+(aq^2)^k(aq^3-aq^2)+\cdots+(aq^{n-1})^k(aq^n-aq^{n-1})$$

$$=a^{k+1}(q-1)\{1+q^{k+1}+q^{2(k+1)}+\cdots+q^{(n-1)(k+1)}\}=a^{k+1}(q-1)\frac{q^{n(k+1)}-1}{q^{n+1}-1}$$

$$=(b^{k+1}-a^{k+1})\cdot\frac{q-1}{q^{k+1}-1}.$$

當 $n\to\infty$ 時, $q\to1$. 故所求者即爲 $\frac{q-1}{q^{k+1}-1}$ 之極限. 今如 $q=r/s$, 則命 $q^{\frac{1}{s}}=p$, $q\to1$ 時, $p\to1$, 而吾人所須求者,即爲 $\frac{p^s-1}{p^{r+s}-1}$ 之極限.亦即

$$\lim_{p\to1}\frac{p^{s-1}+p^{s-2}+\cdots+1}{p^{r+s-1}+p^{r+s-2}+\cdots+1}=\frac{s}{r+s}=\frac{1}{k+1},$$

故　　　　　　　　$\int_a^b x^k dx = \frac{1}{k+1}(b^{k+1}-a^{k+1}).$

（7）　見 G. Chrystal, Textbook of Algebra, II, p. 45.

（完）

圓函數及雙曲函數之幾何定義,並以此爲起點而平行論列之(五續)

秉　鈞

22.圖解.　函數 $x+iy$ 乃表複變數平面中坐標爲 x,y 之點,是乃吾人所習知者也.今命

a)$\sin(\sigma_1+i\sigma_2)=(x+iy)$,

b)$\cos(\sigma_1+i\sigma_2)=(x+iy)$,

內甲　$x=\sin\sigma_1\,\mathrm{ch}\,\sigma_2$,

$y=\cos\sigma_1\,\mathrm{sh}\,\sigma_2$;

內甲　$x=\cos\sigma_1\,\mathrm{ch}\,\sigma_2$,

$y=-\sin\sigma_1\,\mathrm{sh}\,\sigma_2$;

則坐標 x,y 可依次之幾何法得之.

在半徑爲1,中心爲0之圓上,設點1爲與面積 σ_1 對應之點.在半橫軸爲1,中心爲0之等邊雙曲線上,設點2爲與面積 σ_2 對應之點(圖25).

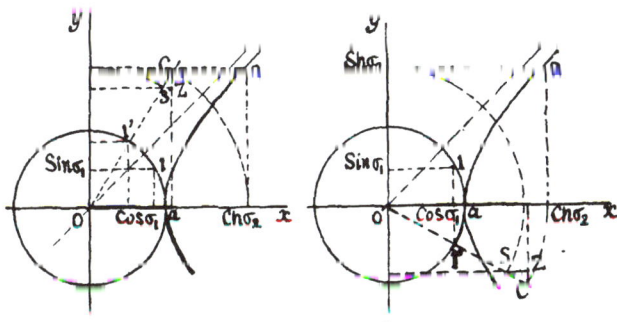

圖25

在圓上,吾人置以:

1) 對於 xoy 角之平分線爲與點1爲對稱之點,今以點1'表之;

2) 對於 ox 軸爲與點1爲對稱之點,今亦以點1'表之.

其次,吾人引直線01',再其次,以0爲中心,次第以點 2 之坐標爲半徑,作二圓弧,此二圓弧交直線01'於c及s:

$$oc = \text{ch } \sigma_2, \quad os = \text{sh } \sigma_2.$$

今可證c點之橫標爲x,s點之縱標爲y,而點$(x+iy)$則爲點z,何則?蓋由圖25之相似三角形,可見

$$\frac{x_o}{oc} = \frac{x_{1'}}{01'} \quad \text{及} \quad \frac{y_o}{os} = \frac{y_{1'}}{01'},$$

是卽

$$\frac{x_o}{\text{ch } \sigma_2} = \frac{\sin \sigma_1}{1},$$

及

$$\frac{y_o}{\text{sh } \sigma_2} = \frac{\cos \sigma_1}{1},$$

由是

$$x_o = \sin \sigma_1 \text{ ch } \sigma_2,$$

及

$$y_s = \cos \sigma_1 \text{ sh } \sigma_2;$$

$$\frac{x_o}{\text{ch } \sigma_2} = \frac{\cos \sigma_1}{1},$$

及

$$\frac{y_o}{\text{sh } \sigma_2} = \frac{-\sin \sigma_1}{1},$$

由是

$$x_o = \cos \sigma_1 \text{ ch } \sigma_2,$$

及

$$y_s = -\sin \sigma_1 \text{ sh } \sigma_2.$$

復次,今若命

$$c)\,\text{sh}(\sigma_1 + i\sigma_2) = (x+iy),$$

內中 $x = \text{sh } \sigma_1 \cos \sigma_2,$

$y = \text{ch } \sigma_1 \text{ sh } \sigma_2;$

$$d)\,\text{ch}(\sigma_1 + i\sigma_2) = (x'+iy'),$$

內中 $x' = \text{ch } \sigma_1 \cos \sigma_2,$

$y' = \text{sh } \sigma_1 \sin \sigma_2;$

則坐標x,y亦可如上由幾何法得之.

在半徑爲'1,中心爲0之圓上,設點2爲與面積σ_2對應之點.在半橫軸爲1,中心爲0之等邊雙曲線上,設點1爲與面積σ_1對應之點(圖 26).

其次,吾人引直線02.再其次,以0爲中心,次第以點 1 之坐標爲半徑,作二圓弧,此二圓弧交直線02於c及s:

$$oc = \text{ch } \sigma_1, \quad os = \text{sh } \sigma_1.$$

今可證:1) s 點之橫標爲 x, c 點之縱標爲 y,而點 $(x+iy)$ 則爲點 z; 2) c 點之橫標爲 x', s 點之縱標爲 y',而點 $(x'+iy')$ 則爲點 z'.

蓋由圖 26 之相似三角形,可見

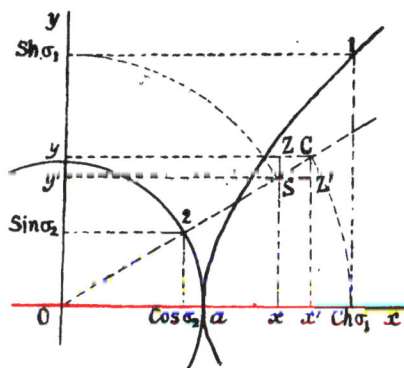

圖26

$$\frac{x_s}{os} = \frac{x_2}{o2}, \quad 卽 \quad \frac{x_s}{sh\,\sigma_1} = \frac{\cos\cdot\sigma_2}{1}, 因而\; x_s = sh\,\sigma_1\cos\sigma_2;$$

$$\frac{y_c}{oc} = \frac{y_2}{o2}, \quad 卽 \quad \frac{y_c}{ch\,\sigma_1} = \frac{\sin\sigma_2}{1}, 因而\; y_c = ch\,\sigma_1\sin\sigma_2;$$

$$\frac{x_c}{oc} = \frac{x_2}{o2}, \quad 卽 \quad \frac{x_c}{ch\,\sigma_1} = \frac{\cos\sigma_2}{1}, 因而\; x_c = ch\,\sigma_1\cos\sigma_2;$$

$$\frac{y_s}{os} = \frac{y_2}{o2}, \quad 卽 \quad \frac{y_s}{sh\,\sigma_1} = \frac{\sin\sigma_2}{1}, 因而\; y_s = sh\,\sigma_1\sin\sigma_2.$$

歐 姆 定 律 概 論 (二續)

趙 富 鑫

（十二）上所述者，乃歐姆定律對於直流電路之應用.內有磁感應線(Lines of Magnetic Induction)之磁路 (Magnetic Circuit)，與電路類似，亦可應用此定律.設就一鐵環外繞以線圈，線圈內通電流（如圖三十二），則在鐵環內有磁感應線，磁感應線之總數曰磁通，Φ (Magnetic Flux).此鐵環卽為一磁路.

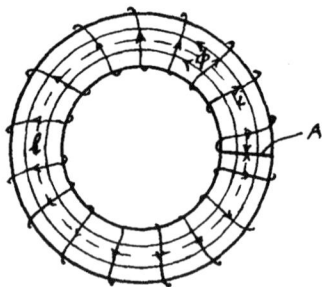

$$\Phi = \frac{4\pi Ni}{\dfrac{l}{\mu A}}.$$

N 為線圈之轉數，i 為線圈中之電流. $4\pi Ni$ 則為以單位磁極循行磁路一週所需之功，與一電路內之電動勢類似.

（一電路之電動勢為以單位電量循行電路一週所需之功，亦卽維持一單位電流所需之電功率），故稱為磁動勢 F (Magnetomotive Force).磁動勢在線圈內發生，猶之電動勢在電池內發生.

三 十 二

l 為鐵環卽磁路之長(沿磁通方向)，A 為鐵環卽磁路之截面積 (垂直於磁通方向). μ 為鐵之磁導係數 (Magnetic Permeability)，$\dfrac{1}{\mu}$ 則稱為磁阻係數 (Magnetic Reluctivity). $\dfrac{l}{\mu A}$ 或 R 為磁阻 (Magnetic Reluctance)，其倒數 $\dfrac{\mu A}{l}$ 為磁導 (Magnetic Permeance). 磁阻與電阻，磁導與電導，磁阻係數與電阻係數，磁導係數與電導係數，俱

理学卷（第二册）　科学通讯　第二卷　第八期（1937）

相類似.

故上式可寫作　　　　　　　　$\Phi = \dfrac{F}{R}$

此式與電路內之 $I = \dfrac{E}{R+r}$ 類似, 故磁通相當於電流. 惟二者僅形式上相似, 實則一為每單位時間流過之電量, 而一則僅為一種假設之線代表此磁導體(卽鐵環)磁化之程度, 而非單位時間流過之磁量也.

若一磁路中有幾個磁導體串聯, 則與電阻之串聯類似. 如圖三十三甲. 此時總磁阻　　　　　$R = R_1 + R_2 + R_3 + R_4 + R_5$

$$R_1 = \frac{l_1}{\mu_1 A_1}, \qquad R_2 = \frac{l_2}{\mu_2 A_2}, \text{ 等等.}$$

$$\Phi = \frac{F}{R_1 + R_2 + R_3 + R_4 + R_5}.$$

故　　　　　　　　$F = \Phi R_1 + \Phi R_2 + \Phi R_3 + \Phi R_4 + \Phi R_5$

$\Phi R_1,\ \Phi R_2$ 等為各磁導體兩端之磁位差(Magnetic Potential Difference), 或磁位降落, 與電位降落 IR 類似. 一磁路內之磁動勢等於全路中部磁位降落之和.

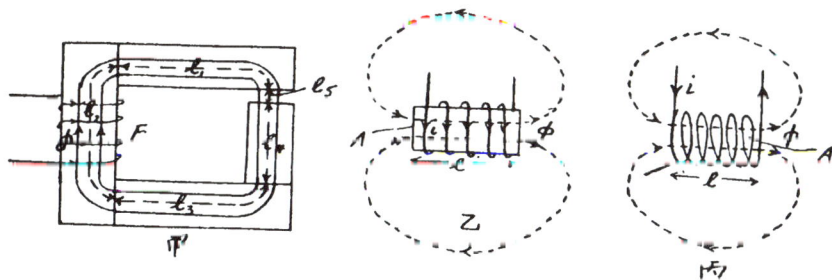

三 十 三

此圖之 R_5 為空氣隙之磁阻, 其 μ_5 為一. 空氣隙甚短時, 其中之磁感

應線互相平行,故磁阻 R_5 等於 $\dfrac{l_5}{\mu_5 A_5}$.若空氣隙甚長,則磁感應線不平行,而磁阻無從計算矣.如圖三十三乙之鐵心線圈,則線圈內鐵心之磁阻爲 $\dfrac{l}{\mu A}$,而線圈外空氣部外磁路之磁阻,無從計算,但因磁感應線散佈至無限遠,磁阻可視爲零.故 Φ 等於 $\dfrac{4\pi N i \mu A}{l}$, l 爲鐵心之長,A 爲其截面積.又如圖三十三丙之空心線圈,線圈內之磁感應線平行,故磁阻爲 $\dfrac{l}{A}$,而線圈外之磁阻則爲零.故 Φ 爲 $\dfrac{4\pi N i A}{l}$, l 爲線圈之長,A 爲線圈之面積.

幾個磁導體亦可並聯,與電阻類似.如圖三十四爲一種變壓器之鐵心. R_1 與 R_2 並聯,再與 R' 串聯,故總磁阻

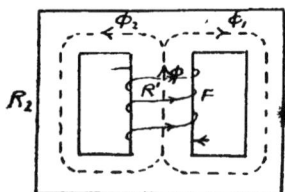

三　十　四

$$R=R'+\frac{R_1 R_2}{R_1+R_2}.$$

而

$$\Phi=\frac{F}{R'+\dfrac{R_1 R_2}{R_1+R_2}}.$$

$$\Phi_1=\Phi\frac{R_2}{R_1+R_2} \qquad \Phi_2=\Phi\frac{\cdot R_1}{R_1+R_2}.$$

一言蔽之,磁路與電路類似,故凡解電路之各種方法,如克希荷夫定律等,無一不可應用於磁路也.磁路之克希荷夫定律爲

$$\Sigma\Phi=0 \qquad 及 \qquad \Sigma F+\Sigma\Phi R=0.$$

(十三) 自感圈及電容器內之電流　　以上諸節內之電流均爲電阻內之不變電流,在電路通時,電流恆久不變。然在自感圈 (Inductance Coil) 及電容器 (Condenser) 中之電流,其值非不變,茲就此種電流述之.

甲.自感圈　　自感圈除電阻外,有自感係數 L (Self-inductance).

理学卷（第二册）　科学通讯　第二卷　第八期（1937）

故電流變化時，即生一感應電動勢 e'（Induced E. M. F.），其值為 $L\dfrac{di}{dt}$. 電流增加時，e' 之方向與 i 相反，電流減少時，則相同. 設

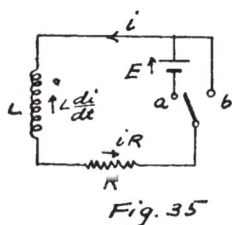

Fig. 35

一自感圈接於一電池，如圖35，將電鍵移至 a 點，則電流逐漸增加，此時電路內有二電動勢 E 及 e'，及一電位降落 iR. 故按克希荷夫定律，在任何時

$$E - L\frac{di}{dt} - iR = 0.$$

當電流增至最後不變值 I_0 時，e' 爲零，故 E 等於 $I_0 R$.

故
$$L\frac{di}{dt} = (I_0 - i)R.$$

或
$$-\frac{di}{I_0 - i} = -\frac{R}{L}dt.$$

其積分爲
$$\log_\varepsilon (I_0 - i) = -\frac{R}{L}t + C$$

當 t 爲零時，電流 i 爲零，故 C 爲 $\log_\varepsilon I_0$.

故
$$\log_\varepsilon \frac{I_0 - i}{I_0} = -\frac{R}{L}t.$$

或
$$i = I_0(1 - \varepsilon^{-\frac{R}{L}t}).$$

此 ε 爲自然對數之基數即 2.7128… 也.

由上式可知電流逐漸增加，如圖 36a，而須至 t 爲無限大時，電流方爲 I_0. 實際上則經過短時期後（至多數秒鐘）電流之值與 I_0 相差甚微，故可謂已達到不變值矣.

若將電鍵移至 b 點，則電流逐漸減少，此時之式爲

$$-L\frac{di}{dt} - iR = 0.$$

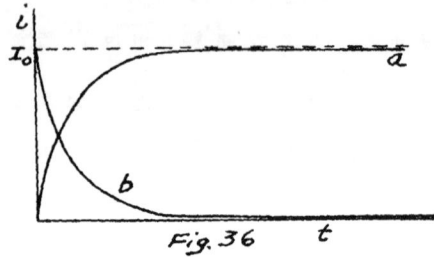

Fig. 36

或
$$\frac{di}{i} = -\frac{R}{L}\,dt.$$

其積分為 $\log_{\varepsilon} i = -\dfrac{R}{L}\,t + C.$ 當 t 為零, i 為初值 I_0, 故 C 為 $\log_{\varepsilon} I_0.$

故
$$\log_{\varepsilon}\frac{i}{I_0} = -\frac{R}{L}\,t.$$

或
$$i = I_0\varepsilon^{-\frac{R}{L}t}.$$

電流之減少如圖 36b. 實際上則短時期後電流已可謂零.

無論增加或減少時, $\dfrac{R}{L}$ 愈大, 變化愈速, 故 L 為零時 (卽純粹電阻), 電流於瞬時間增至 I_0, 而 R 為零時 (純粹電感, 實際無此情形) 電流永遠不能增加.

乙電容器　當電容器接於電池時, 如圖 37, 電鍵移至 a 點, 電荷逐漸流向電容器兩板, 成為電流. 而兩板間卽生一電位差, 其值為 $\dfrac{q}{C}$, q 為板上之電荷量, (Quantity of Charge), C 為電容器之電容 (Capacity). 此時電流 i 為 $\dfrac{dq}{dt}$. 故按克希荷夫定律

$$E - R\frac{dq}{dt} - \frac{q}{C} = 0.$$

理学卷（第二册） 科学通讯 第二卷 第八期（1937）

電流停止後，q 爲 Q_0，而 $\dfrac{dq}{dt}$ 爲零，故 E 爲 $\dfrac{Q_0}{C}$．

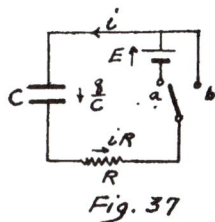

Fig. 37

故
$$R\frac{dq}{dt}=(Q_0-q)\ \frac{1}{C}.$$

或
$$-\frac{dq}{Q_0-q}=-\frac{1}{CR}dt.$$

解之得
$$q=Q_0\left(1-\varepsilon^{-\frac{1}{CR}t}\right).$$

而
$$i=\frac{dq}{dt}=\frac{Q_0}{CR}\,\varepsilon^{-\frac{1}{CR}t}=I_0\varepsilon^{-\frac{1}{CR}t}$$

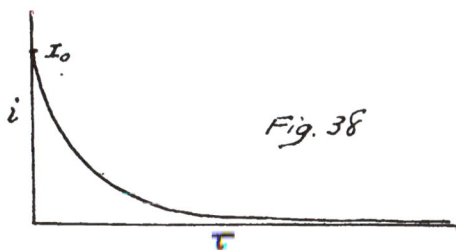

Fig. 38

電量之變化與圖 36a 相同，電流之變化則如圖 38　理論上電量及電流須至 t 爲無限大時方至不變值 Q_0 及零，而實際上則短時期後即達到

　　若電鍵移至 b 點，則兩板之電荷逐漸相向流而中和，而電量減至零，此時設假定 i 方向仍與前相同，則

$$-R\frac{dq}{dt}-\frac{q}{C}=0$$

或
$$\frac{dq}{q}=-\frac{1}{CR}dt.$$

解之得
$$q=Q_0\,\varepsilon^{-\frac{1}{CR}t}$$

而
$$i=\frac{dq}{dt}=-\frac{Q_0}{CR}\varepsilon^{-\frac{1}{CR}t}=-I_0\varepsilon^{-\frac{1}{CR}t}$$

電量之變化與圖 $36b$ 相同,電流之變化亦如圖 38, 惟方向與假定者相反,即與充電時相反也.短時期後電流及電量亦可謂零.

$\frac{1}{CR}$ 愈大,電流之變化率愈速.故一相當電阻 R 爲零之電容器(卽絕緣電阻爲無限大)可以瞬時充電或放電,而 C 爲無限大之電容器,則永遠不能.

丙自感圈與電容器　若一電路內有自感圈及電容器,如圖 39. 則當電鍵移至 a 點時,電容器卽充電.此時應用克希荷夫定律則得

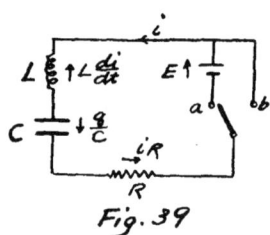
Fig. 39

$$L\frac{di}{dt}+iR+\frac{q}{C}=E.$$

若以　　　　$Q=q-CE$

則可化爲　　$L\frac{d^2Q}{dt^2}+R\frac{dQ}{dt}+\frac{Q}{C}=0.$

此微分方程式之解爲

$$Q=\varepsilon^{-\alpha t}(A_1\varepsilon^{\beta t}+A_2\varepsilon^{-\beta t}).$$

$$\alpha=\frac{R}{2L}\quad 而\quad \beta=\sqrt{\frac{R^2}{4L^2}-\frac{1}{LC}}$$

A_1 及 A_2 可自起始情形中求得.設 $t=0$ 時, $q=0$, $i=0$, 則

$$q=CE[1-\frac{1}{2\beta}\varepsilon^{-\alpha t}\{(\alpha+\beta)\varepsilon^{\beta t}-(\alpha-\beta)\varepsilon^{-\beta t}\}].$$

若　　　　　$\frac{R^2}{4L^2}>\frac{1}{LC}$　　或　　$R>2\sqrt{\frac{L}{C}}$

則 β 爲實數,而 q 照圖40之曲線 a 增加,至 t 爲無限大時, q 爲 CE 或

理学卷（第二册） 科学通讯 第二卷 第八期（1937）

Q_0.

若　　　　　$\dfrac{R^2}{4L^2} < \dfrac{1}{LC}$　或　$R < 2\sqrt{\dfrac{L}{C}}$

則 β 為虛數．此時可設

$$\beta = j\omega = j\sqrt{\dfrac{1}{LC} - \dfrac{R^2}{4L^2}}.$$

而　　　$q = CE\left[1 + \dfrac{j}{2\omega}\varepsilon^{-\alpha t}\{(\alpha + j\omega)\varepsilon^{j\omega t} - (\alpha - j\omega)\varepsilon^{-j\omega t}\}\right]$

此式可化為正弦函數

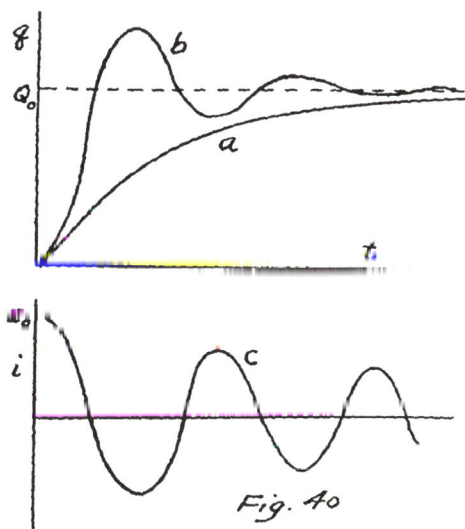

Fig. 40

$$q = CE\left[1 - \dfrac{\sqrt{\omega^2 + \alpha^2}}{\omega}\varepsilon^{-\alpha t}\sin(\omega t + \theta)\right]$$

而　　　　　　　　　　$\tan\theta = \dfrac{\omega}{\alpha}$

q 以振動狀增加,振動幅度逐漸減小,而於無限大時 q 至末值 CE.

如圖40曲線 b.

此時電路中電流爲一種振動電流,如圖 $40c$.

$$i = \frac{dq}{dt} = \frac{\omega^2 + \alpha^2}{\omega} CE\varepsilon^{-\alpha t}\sin\omega t = I_0\varepsilon^{-\alpha t}\sin\omega t.$$

電流方向常交變(一時爲一向,一時爲反向),每一交變之時期常相等,曰週,(Cycle).每秒之週數曰頻率 f (Frequency),而 ω 等於 $2\pi f$. 故

$$f = \frac{\omega}{2f} = \frac{1}{2\pi}\sqrt{\frac{1}{LC} - \frac{R^2}{4L^2}}$$

是謂電路之固有頻率(Natural Frequency).振動電流之振幅,依 $\varepsilon^{-\alpha t}$ 而逐漸減少,以至於零.

若 R 爲零,則 α 爲零,而

$$q = CE[1 - \sin(\omega t + \theta)]$$
$$i = I_0 \sin\omega t.$$

電流之振動永遠不停,而其振幅不變.此時 ω 爲 $\sqrt{\frac{1}{LC}}$ 而固有頻率 f 爲 $\dfrac{1}{2\pi\sqrt{LC}}$.

若圖39中電鍵自 a 移至 b, 則電容器放電,而

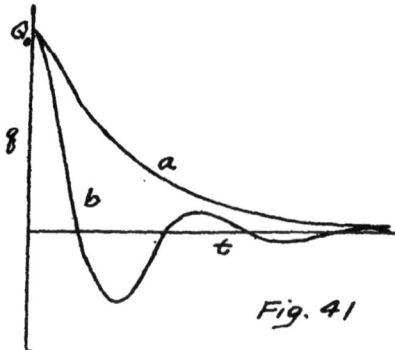

Fig. 41

$$L\frac{di}{dt} + iR + \frac{q}{C} = 0.$$

故　　　　　$q = \frac{Q_0}{2\beta}\varepsilon^{-\alpha t}[(\alpha+\beta)\varepsilon^{\beta t} - (\alpha-\beta)\varepsilon^{-\beta t}].$

若 $R > 2\sqrt{\dfrac{L}{C}}$，則 β 為實數，而 q 依圖41曲線 a 減至零。

若 $R < 2\sqrt{\dfrac{L}{C}}$，則 β 為虛數，而可作為 $j\omega$，

$$q = \frac{\sqrt{\omega^2+\alpha^2}}{\omega^2}Q_0\varepsilon^{-\alpha t}\sin(\omega t+\theta) \qquad \tan\theta = \frac{\omega}{\alpha}.$$

而　　　$i = -\frac{\omega^2+\alpha^2}{\omega}Q_0\varepsilon^{-\alpha t}\sin\omega t = I_0\varepsilon^{-\alpha t}\sin\omega t.$

q 以振動狀減少，如圖41曲線 b。電路內發生減幅之振動電流，其頻率為固有頻率。

若 R 為零，則

$$q = Q_0\sin(\omega t+\theta) \qquad\qquad i = I_0\sin\omega t$$

電流振幅不變，而頻率為 $\dfrac{1}{2\pi\sqrt{LC}}$。

若言能之變化，則當自感圈內電流增加時，電池中之動電能 (Electromotive Energy) 變為磁能 (Magnetic Energy)；而減少時則磁能化為動電能；一部份之動電能則耗費於電阻中而變為熱能。電容器充電時，動電能變為靜電能 (Electrostatic Energy)，放電時，靜電能變為動電能。在一有自感圈及電容器之電路內，則靜電能由動電能變為磁能，再由動電能而變為靜電能，同時一部動電能逐漸耗費，變為熱能。

第二部　歐姆定律對於交流電路之應用

（一）交流之意義　所謂交流或交變電流者，普通係指一種

方向常交變而其數值則爲時間之正弦函數之電流.其瞬時電流
(Instantaneous Current)可以下式表示之

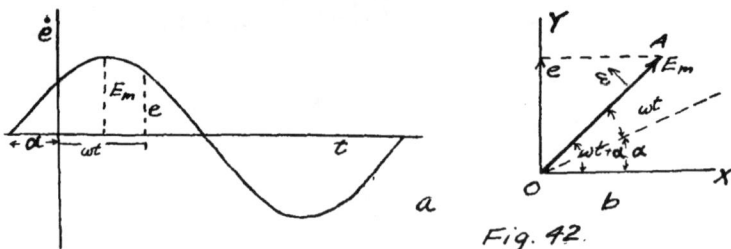

Fig. 42.

$$i = I_m \sin(\omega t + \alpha)$$

I_m 爲最大電流 (Maximum Current). α 爲一定角,若時間自 i 爲零時
算起,則 α 爲零.$\omega t + \alpha$ 則稱爲相角(Phase Angle).上式可以一正弦曲
線代表之,橫坐標爲 t,縱坐標爲 i, 如圖 42 a.亦可以一種旋轉向
量 (Rotating Vector) 代表之,如圖 42 b.此向量 OA 之長爲電流之最
大值,繞 O 點以角速度 ω 旋轉.OA 與 X 軸線所成之角爲相角.故在
Y 軸線上之投影爲 $I_m \sin(\omega t + \alpha)$ 卽電流之瞬時值也.OA 旋轉一次,
則電流方向交變一次,故 ω 爲 $2\pi f$.

　　同樣交變電動勢及交變電位差爲

$$e = E_m \sin(\omega t + \alpha) \quad 或 \quad v = V_m \sin(\omega t + \alpha).$$

　　若二交流式內之角 α 不同,則雖頻率相同時,此二電流仍不

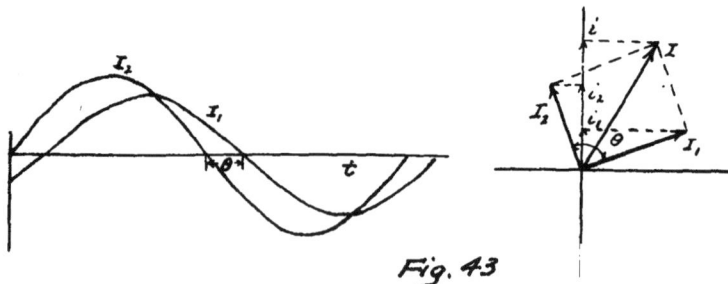

Fig. 43

能同時達到最大值.此時此二電流爲異相,如圖43.

$$i_1 = I_{m1}\sin(\omega t + \alpha_1) \qquad i_2 = I_{m2}\sin(\omega t + \alpha_2).$$

i_1 對於 i_2 爲落後 (Lagging), i_2 對於 i_1 爲超前 (Leading).二者間相差 (Phase difference) 爲 θ 或 $\alpha_2 - \alpha_1$. 若 θ 爲 $180°$,則二者反相 (Opposite Phase).若 θ 爲 $90°$,則二者正交 (At Quadrature).若 θ 爲 $360°$,則二者仍同相.二交變電位差,或一交流與一交變電位差間,亦可有同樣之相差.

　　合併異相之二電流時,須將瞬時電流相加,則得圖43之 i 曲線此曲線之類率用 i_1 及 i_2 相同,惟異相.可代表此總電流 i 之旋轉向量,即爲 I_1 及 I_2 二向量之和 I,蓋從圖43可見 I 在 Y 軸線上之投影,即爲 i_1 及 i_2 之投影之和也.故旋轉向量可以平常方法合併或分析.

　　量交流用之電流計之偏轉度與 i^2 成正比,但因方向交變甚速,故偏轉度僅指示 i^2 之平均數.設有一直流 I 亦示同樣偏轉度,則 I 亦此交流之 $\dfrac{1}{t_2-t_1}\displaystyle\int_{t_1}^{t_o}$ 此 $I=i$,亦此交流之均方根值 (RootMean Square Value),此式四分之 過算之,則

$$I^2 = \frac{1}{\dfrac{\pi}{2\omega} - 0}\int_{0}^{\frac{\pi}{2\omega}} i^2 dt = \frac{2\omega}{\pi}\int_{0}^{\frac{\pi}{2\omega}} I_m^2 \sin^2 \omega t \; dt = \frac{I_m^2}{2}.$$

故　　　　　　　　　　$$I = \frac{1}{\sqrt{2}}I_m = 0.707 I_m.$$

交流經過電阻 R 時,損失之電能爲

$$W = \int_{t_1}^{t_2} i^2 R \; dt = \left[\frac{1}{t_2-t_1}\int_{t_1}^{t_2} i^2 R dt \right](t_2-t_1) = I^2 R t.$$

即等於一直流 I 經過 R 時之電能損失也.故 I 亦稱爲有效電流,(Effective Current),其意即爲 I 值之直流與有效值 I 之交流之效應相同.交流與交變電位差均以此有效值或均方根值表示之.

此外尚有平均值(Average Value),

$$i=\frac{1}{t_2-t_1}\int_{t_1}^{t_2}idt=\frac{1}{\frac{\pi}{2\omega}-0}\int_0^{\frac{\pi}{2\omega}}I_m\sin\omega t\ dt=\frac{2}{\pi}I_m=0.636\ I_m.$$

但此值無甚用處.

(二) 自感圈,電容器,及交流串聯電路　若交流經過一純粹電阻時,兩端之電位差等於電流乘電阻,與直流相同.

$$i=I_m\sin\omega t \qquad v=iR=I_mR\sin\omega t=V_m\sin\omega t.$$

故 　　　　　　　　$$V_m=I_mR \quad 或 \quad V=IR.$$

此時 V 與 I 同相,而歐姆定義直接可應用,

若交流經過一自感圈,如圖44,則因自感應作用 (Self Induction),線圈內發生一電動勢,此電動勢 e' 為 $L\dfrac{di}{dt}$,L 為線圈之自感

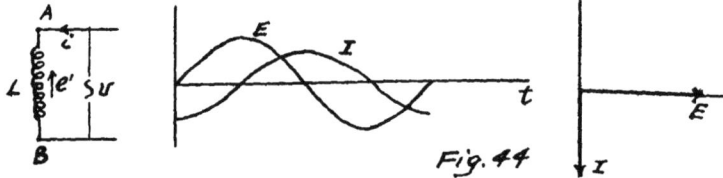

Fig. 44

係數. i 增加時, e' 與 i 反向, i 減少時,則為同向.若線圈之電阻為零,則任何時電位差 v 卽(v_A-v_B)應與 e' 相等.卽 $v=L\dfrac{di}{dt}$.

設 　　　　　　　　$$i=I_m\sin\omega t.$$

則　$$v=L\frac{d}{dt}(I_m\sin\omega t)=\omega L\,I_m\cos\omega t=\omega L\,I_m\sin\left(\omega t+\frac{\pi}{2}\right)$$

或　　　　　$$v=V_m\sin\left(\omega t+\frac{\pi}{2}\right).$$

$$V_m=\omega L\,I_m=I_mX \quad V=IX. \quad X=\omega L.$$

歐姆定律仍可應用,惟電位差與電流正交,電位差超前 90°,電流落後 90°. X 亦爲電位差與電流之比,與 R 相似,曰電抗 (Reactance). 此時之電抗因自感作用而生,故曰感抗 (Inductive Reactance).

在一互感圈 (Mutual Induction Coil) 內情形亦同.如 I_1 爲原線圈 (Primary Coil) 之電流 (交流),則在副線圈兩端之電位差爲

$$v_2 = M\frac{d}{dt}(I_{m1}\sin \omega t) = \omega M I_{m1}\sin\left(\omega t + \frac{\pi}{2}\right) = V_{m2}\sin\left(\omega t + \frac{\pi}{2}\right)$$

$$V_2 = \omega M I_1.$$

M 爲二圈間之互感係數 (Mutual Inductance or Coefficient of Mutual Induction).

直流不能經過一電容器,但交流則能.若圖 45 之電容器兩端有一交變電位差 v,則二板上之電量 q 發生交變 (增加或減少),而

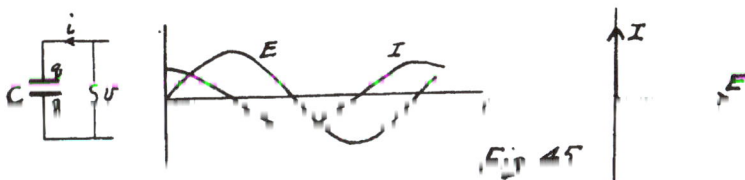

圖 45

電量之變化率 $\dfrac{dq}{dt}$ 即電流也.電容器之電位差 v 等於 $\dfrac{q}{C}$,C 爲電容器之電容.

設
$$i = I_m \sin \omega t.$$

$$q = \int i\, dt = \int I_m \sin \omega t\, dt = -\frac{I_m}{\omega}\cos \omega t = \frac{I_m}{\omega}\sin\left(\omega t - \frac{\pi}{2}\right).$$

故
$$v = \frac{q}{C} = \frac{I_m}{\omega C}\sin\left(\omega t - \frac{\pi}{2}\right) = V_m \sin\left(\omega t - \frac{\pi}{2}\right).$$

$$V_m = \frac{I_m}{\omega C} = I_m X \qquad V = IX. \qquad X = \frac{1}{\omega C}$$

歐姆定律仍可應用,惟電位差與電流正交,電位差落後90°,電流超前90°,此時之 X 曰容抗 (Coapcitive Reactance).

電抗之數值與頻率有關.頻率愈高,感抗(ωL)愈大,容抗 $\left(\dfrac{1}{\omega C}\right)$ 愈小,故直流(頻率爲零)經過線圈時,電抗爲零;而電容器對於直流之電抗爲無限大,直流不能經過.

若一交流電路,有電阻,自感圈及電容器串聯,如圖46,則可以各部之電位差之向量相加

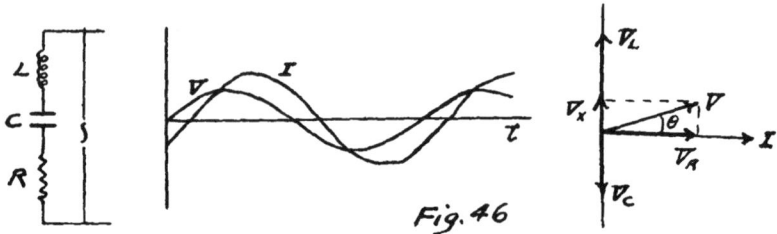

Fig. 46

$$V_R = IR$$

$$V_L = \omega L I = I X_L$$

$$V_C = \frac{I}{\omega C} = I X_C.$$

$$\vec{V} = \vec{V_R} + \vec{V_L} + \vec{V_C}$$

或 $\quad V = \sqrt{V_R^2 + (V_L - V_C)^2} = I\sqrt{R^2 + (X_L - X_C)^2} = I\sqrt{R^2 + X^2} = IZ.$

$$X = X_L - X_C = \omega L - \frac{1}{\omega C}. \qquad Z = \frac{V}{I} = \sqrt{R^2 + X^2}$$

此 X 爲總電抗,亦卽各部電抗之代數和,感抗爲正,容抗爲負. Z 則組合兩端總電位差與電流之比曰阻抗 (Impedance),相當於直流電路之總電阻.電抗與阻抗之單位與電阻同.

電流 I 與總電位差 V 異相,其相差(自 I 量至 V)爲

$$\theta = \tan^{-1} \frac{V_L - V_C}{V_R} = \tan^{-1} \frac{X_L - X_C}{X}.$$

教材三　　　　　　　歐 姆 定 律 概 論　　　　　　27

若 X_L 大 於 X_C, 則 θ 為 正, 而 電 流 落 後, 若 X_L 小 於 C_C, θ 為 負 而 電 流 超 前. 若 X_L 等 於 X_C, 則 X 為 零, V 為 IR, 與 直 流 經 過 時 相 同. V 與 I 同 相, 而 I 之 值 為 最 大. 此 時 稱 為 串 聯 共 振 (Series Resonance). 其 頻 率 稱 為 共 振 頻 率 (Resonant Frequency).

因
$$X_L - X_C = \omega L - \frac{1}{\omega C} = 0.$$

故
$$\omega = \frac{1}{\sqrt{LC}} \quad \text{而} \quad f = \frac{1}{2\pi\sqrt{LC}}.$$

交 流 電 路 之 電 功 率 損 失 之 瞬 時 值 p 或 vi 為 時 間 之 函 數.

設
$$v = V_m \sin\omega t \qquad i = I_m \sin(\omega t - \theta).$$

則
$$p = vi = V_m I_m \sin\omega t \cdot \sin(\omega t - \theta) = V_m I_m (\sin^2\omega t \cos\theta$$
$$- \frac{1}{2}\sin 2\omega t \sin\theta) = p_1 + p_2.$$

第 一 部 p_1 為 一 脈 動 函 數, 常 為 正, 第 二 部 p_2 則 為 一 正 弦 函 數. 如 圖 47. 第 一 部 為 動 電 能 之 耗 費 於 電 阻 中 而 變 為 熱 能 者, 第 二 部 則 為 動 電 能 之 變 為 磁 能 或 靜 電 能, 而 復 變 為 動 電 能 者, 若 求 平 均 電 功

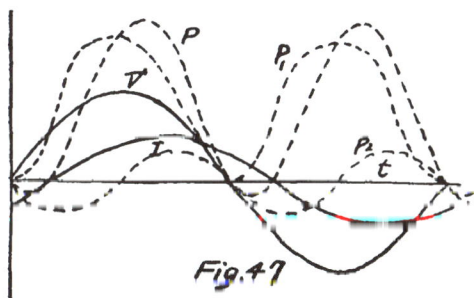

Fig. 47

$$P = \frac{1}{t_2 - t_1}\int_{t_1}^{t_2} p_1 dt = \frac{1}{\frac{\pi}{2\omega} - 0}\int_0^{\frac{\pi}{2\omega}} V_m I_m \sin^2\omega t \cos\theta = \frac{V_m I_m}{2}\cos\theta.$$

$$或\qquad P=VI\cos\theta.$$

故在交流電路,若電位差與電流異相時,則電流電位差二者之積非如直流時之爲電功率也.但 $V\cos\theta$ 即爲 V_R 或 IR,故 $P=I^2R$ 仍可應用於交流電路.此 $\cos\theta$ 曰功率因數 (Power Factor).有感圈及電容器之功率因數爲零,此時雖有電流經過,而無電能損失,蓋此時動電能與磁能或靜電能相迭互變,而並不變爲熱能.若在純粹電阻內,則電能完全變爲熱能而 $\cos\theta$ 爲一矣.功率因數之值可自電阻及電抗得之.

$$\cos\theta=\frac{V_R}{V}=\frac{R}{Z}.$$

量電功率時,用一瓦特計(Wattmeter).以瓦特計之電流圈與電路串聯,其經過之電流爲 i,電壓圈與電路並聯,其兩端之電位差爲 v.則瓦特計之偏轉度與 vi 之平均值成正比,即顯示 $EI\cos\theta$ 也.

Pavlov 氏演辭[*]　　莫葉譯

余所望於青年學子者:研究科學,首在循序漸進,勿稍躐等。欲得智識須步步謹嚴成爲習慣。欲求深造,應登高自卑先將基本理法學至十分透澈。當逐步前進之際,必俟前步精熟方可進究次步。遇有不明,應盡力深求,萬勿以猜測及假定試掩汝智識上之缺點。粗簡之科學工具,須自用慣,務求十分熟練猶鳥之用翼。鳥翼全賴空氣支持,如無空氣,鳥雖有翼亦不能飛。須知事實之於科學正如空氣之於鳥翼。苟無事實,決無科學家發生。苟無事實作證,所有理論同於空想盡成無裨實際之臆測。當學習,觀測及實驗之際,勿以僅知事物之表面爲已足。勿但爲事實之記錄者,須鑽研其中之奧妙,而探求其上之定律。

其次,當遇事謙遜,不自滿假。永勿自謂已知一切。縱蒙獎勵,仍當保持勇氣,毅然答曰余實無知,萬勿因此嬌矜。

最後,從事科學應盡力追求,專心勿二。須知科學之成,全恃吾人畢生之研究,稍有分心即難圓滿。科學需要絕不分心之追求者,當汝工作,當汝研究,應具十分熱心。

[*] 此爲 Ivan Pavlov 氏死前對蘇維埃聯邦受高等教育青年之演說,英譯載於去年四月四日出版之 Issue of Nature 雜誌中。

理学卷（第二册） 科学通讯 第二卷 第八期 （1937）

叢　錄

有 機 質 玻 璃

郭 鍾 福 譯

（二） 有機質玻璃之類別

視製成之情形,有機質玻璃可分二大類:

（1） 縮合樹脂(Condensation resin)——有酚醛 (phenol-formal-dehyde), 脲醛 (Urea-formaldehyde), 硫脲醛 (Thiourea-formaldehyde) 及苯二甲酸酐甘油 (Phthalic anhydride glycerol) 等縮合物.

（2） 叠合樹脂(Polymerisation resins)　叠合作用由於不飽和基之存在所致.如乙烯基 (Vinyl), 乙烯苯基 (Styryl), 丙烯醯基 (acryl) 等物聚合所成之樹脂, 皆其著例, 凡此皆含有不飽和基: $CH_2 = C<$

下表中所舉各種樹脂,皆屬此二類,而其性質為最邇近玻璃者.

表　一

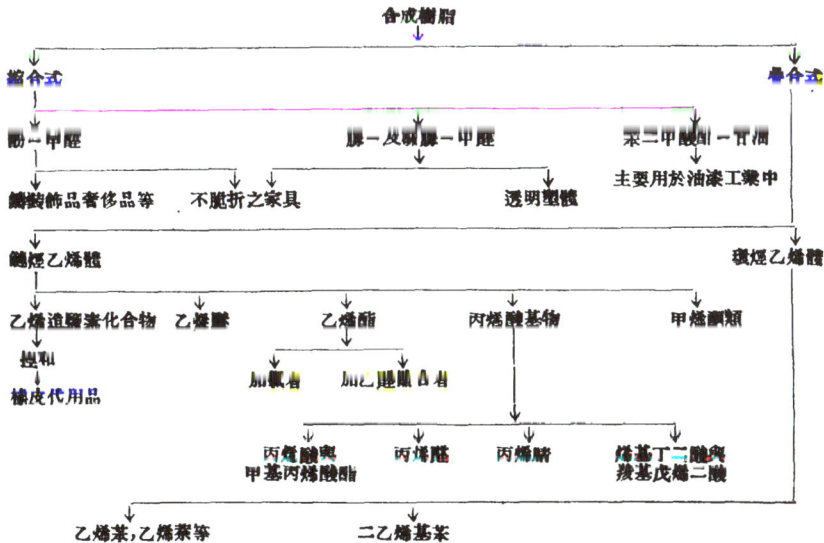

　　縮合式之產物經加熱加壓而硬化後,具不溶解不鎔融之特性.利用此點,可以鑄型.產物耐熱,但溫度高至 300℃ 時,則易焦化分解.又當硬化時溫度減低時間加長,可使色淺淡.

　　疊合式之產物多自化合物之含 $CH_2=C<$ 基者製成,加熱後,可溶解或鎔融,最後則起解化 (Depolymerization).其產物之種類甚多.色多淺淡,形狀較縮合者更近似玻璃.

(三) 縮合樹脂

　　酚醛縮合脂最早由貝克蘭(Backeland)在 1908 年發明,今日工業上已大量製造.然其色黃,經久且轉深,用以作玻璃,爲一大缺點.最近有矯正之法:如稍加藍色染料,可消去黃色.或加其他染料,使得其他鮮豔色澤等.至合成時之確切方法尙多保守祕密;但多用甲醛,另加甘油之類,產物較優.又有機酸(如草酸)可作接觸劑等,則人人已知之矣.又硬化時宜緩緩加熱,可不加壓力.成品晶亮,可作裝飾品用,然其色易變,不宜作高貴用品.

　　脲甲醛縮合脂,係最近十年來努力之產物,初時頗引人注意.性雖柔韌,不易脆折,但製造時頗困難云.

　　縮合樹脂和以塡充料及染料可鑄各種日常應用器具,性堅韌,不脆折,可代陶磁玻璃等器具.

　　又有自多元醇 (Polyhydric alcohols) 與多鹽基酸 (Polybasic acids)製成無色之縮合樹脂.色淡富彈性.在油漆工業上之應用已多.至用以代玻璃則尙在初期試驗中.1931 年伐侖及貝望 (H. Warren & E. A. Bevan)用以製傘柄,人造寶石,鋼琴鍵子等,已經成功.故此類縮合物並於此特加提及.

（四）叠合樹脂

叠合樹脂爲人造樹脂之較早者,如苯駢呋喃(Coumarone)苯駢環丙烯(Indene)等早巳應用之矣.然用以代玻璃則爲最近之事.最初試驗2烯基丁二酸(Itaconic acid)及3羧基戊烯二酸(Aconitic acid)得無色之叠合物.又有以丙烯醛(acrolein)製合成樹脂名"Orca"者,曾著名一時,但其色黃,爲一缺點.

乙烯苯(Styrene)爲最易叠化之煤膠產物,其叠合脂可以用作杷樑體.歐美諸國,正努力研究中.

新近有自乙烯造鹽素化合物,或其醚,酯之類,以及丙烯酸等製樹脂者,得相當結果成品如玻璃之潔淨,有彈性,可在車床上製各種應用品,是爲玻璃所不及者.又可作黏合玻璃之用.

凡此叠化物之原料須具乙烯($CH_2=C<$)之組合,但亦可依下列二式得之.

（1）自三重價標間之結合而得:

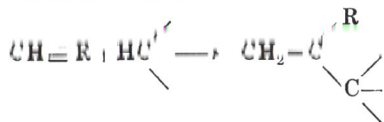

$$CH=R + HC \diagup \longrightarrow CH_2-C \diagup^{R}_{\diagdown C-}$$

（2）自飽和體分去水或分去造鹽素酸而得:

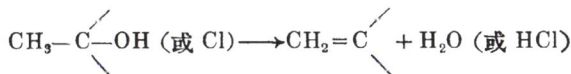

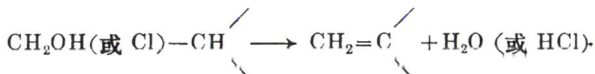

$$CH_3-C-OH \text{（或 Cl）} \longrightarrow CH_2=C \diagup + H_2O \text{（或 HCl）}$$

$$CH_2OH\text{（或 Cl）}-CH \diagup \longrightarrow CH_2=C \diagup + H_2O \text{（或 HCl）}$$

煤膠經解裂法(Cracking Process),此類作用卽能發生.故乙烷苯可以得乙烯苯:

理学卷（第二册）　科学通讯　第二卷　第八期　1937）

$$C_6H_5-CH_2-CH_3 \longrightarrow C_6H_5-CH=CH_2.$$

乙烯苯在實驗室中,又可另法製造:

$$C_6H_5CH_2CH_2Cl- \longrightarrow C_6H_5CH=CH_2+HCl.$$

　　如依上述(1)法以得疊化物者,恆以乙炔爲出發點,以其價廉而易得也.乙炔可與氯化氫,醋酸,氫化醋酸等,用汞爲接觸劑,生各種衍生物.

　　依上述(2)法以得疊化物者,如以不飽和酮類,醇類或酯類相疊合卽得.至不飽和酮類之製造,茲舉一例於下:

　　丁酮(butanone)在鹼性液中與等重量之甲醛液(40%)相縮合.待其作用完畢後,蒸餾之取其沸點在180°—190°間者,可得一酮類化合物:

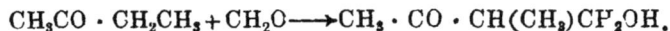

$$CH_3CO \cdot CH_2CH_3+CH_2O \longrightarrow CH_3 \cdot CO \cdot CH(CH_3)CH_2OH.$$

　　此化合物用碘或氧化鋅爲接觸劑,加熱,失一水分子而得甲烯丁酮(Methylene butanone),性易揮發.

$$CH_3CO \cdot CH(CH_3) \cdot CH_2OH \longrightarrow CH_3CO \cdot C(CH_2)=CH_2+H_2O.$$

　　所得甲烯丁酮,宜除去未作用之丁酮與甲醛,但甲醛之除去甚難,故最後合成樹脂,因之有雜色.

　　諸乙烯之化合物,在日光下疊合時之速度各不同.如以0.1%之過氧化苯甲醯(Benzoyl peroxide)加入後,可改變其疊合速度至適宜程度.惟產物密度增加,換言之,卽體積縮小;且易生氣泡.然使乙烯化合物在易揮發之溶劑中疊合之,隨後設法除去溶劑,可去此弊.

(五)分子結構

　　合成樹脂爲C, H, O, N, Cl, S等不同份量之元素所組成.無無

理学卷（第二册） 科学通讯 第二卷 第八期（1937）

機物之存在,故其結構與玻璃迥異,但自物性上言,二者皆係冷却凝固體。至分子結構,在玻璃,甚爲複雜,不能一定;在樹脂,雖複雜,仍可測知云.

　　未經硬化之酚醛縮合物,其份子量頗低,約在 400—500 之間,至硬化後;因其不溶性,甚難測定.

　　又須注意者,凡具玻璃性質之物體,非必曰分子量須高,混合須均勻.蓋服侖突爾 (D. Vorlander) 研究苯二甲酸酐二酚之甲苯基衍生物之結果,證明單純物質在過低溫度(Super cooled)下,亦能成玻璃之形狀也.

　　疊合樹脂因分子間之互相連繫,據斯韜定格 (H. Staudinger) 等研究之結果,乙烯苯疊化物之分子量自 1000 至 250,000, 甚有高至 1,000,000 者.分子間結合可成鏈形,捲形,螺蠍形等,其分子量之大小,影響疊化物之物理性質.

(六)有機質與無機質玻璃之比較

　　表二示兩種玻璃一般通性之比較,最可注意者爲疊合乙烯苯之高度折射率, (High refractive index), 低功率因數 (Low power factor).甚宜作電氣及光學材料,表中之數值皆係平均數,當然亦有相距甚遠之樣品,不能概括於此.

(七)有機質玻璃耐久性之改進問題

　　有機質玻璃雖未臻至佳之境,但疊合式脂顯有取代玻璃之趨勢.僅其溶性大,軟化溫度低,是其缺點耳.此類性質或由於分子結合,爲長鏈狀之故.故今日須改變其分子結構成交叉重疊之網

表　二

性質	酚一醛式 鑄型	酚一醛式 塑型	服一型 鑄型	服一型 塑型	甲烯丁二式	乙烯脂	聚合乙烯苯	無機玻璃
比重	1.27-1.30	1.36		1.49	1.12	1.35	1.05	2.4-6
抗張強度(lb./in.^{2})	8000	9000		5-7000	—	8-10,000	—	5-12,000
抗壓強度(lb./in.^{2})	18,000	32,000		24-26,000	—	—	13,000	100-150,000
彎曲強度(lb./in.^{2})	16,500	—		9-13,000	—	—	9000	5-12,000
彈性係數(lb./in.^{2})	4.1×10^5	13×10^5		—	—	$3.5\text{-}4.0\times10^5$	—	$8\text{-}12\times10^6$
耐刮割硬度	佳	佳	佳	佳	劣	劣	劣	優
介質強度(V./mil)	750	350-500		300-400	至100	400-500	1250-2000	250-1000
介質常數	7-8	5-6		7.0	0.5	4.0	2.0-2.4	6.0-10.2
功率因數$(10^6\sim)$	0.04	0.04		0.01-0.03(60~)	無	0.0175	0.0'02	0.004-0.010
功率因數$(10^3\sim)$	0.04	0.07		—	—	0.0143	0.0002	0.008-0.026
軟化溫度(°C)	不能鎔融	—	不能鎔融	—	—	56-65	至130	500-750
吸濕量(%/24hr.)	約1.10	0.31	無	0.6-0.9	0.5	0.2	0.0	0.0
油浸作用	無	無		無	無	無	無	無
稀鹼作用	破	直接		直接	破蝕	破蝕	無	直接
稀酸作用	破蝕	破蝕		直接	破蝕	破蝕	無	直接
熱膨脹係數	96×10^{-6}	—		—	—	—	100×10^{-6}	$3\text{-}10\times10^{-6}$
折射率	1.56-1.70	—	1.56	—	1.52	1.52-1.53	1.67	1.4-1.75

狀,使長闊且厚,成所謂三向分子 (Molecules in three dimensions).譬如長鏈狀分子結合之 Navolaks 樹脂易溶解,能熔融;但藉甲醛之聯繫,成網狀結合,已能得不溶解,不熔融之三向分子矣.

斯韜定格與霍歐(H.Staudinger & W. Heuer) 研究乙烯苯樹脂,使軟化點提高,得一有效方法,即以少量之二乙烯化合物(Divinyl compounds),加入即可.曾試加 0.002% 之二乙烯苯(divinyl benzene),結果滿意.所得產物在苯中僅起膨大作用而無溶解作用.至其間之結合,可示如下:

$$-\underset{|}{\overset{C_6H_5}{CH}}-CH_2-\underset{|}{\overset{C_6H_5}{CH}}-CH_2-\ (I) \quad + \quad -\underset{|}{\overset{C_6H_5}{CH}}-CH_2-\left[\underset{|}{\overset{C_6H_5}{CH}}-CH_2\right]_n-\underset{|}{\overset{C_6H_5}{CH}}-CH_2-\ (II)$$

（乙烯苯之鏈狀分子結合）

$+$

$$\underset{CHC=H_2}{\overset{CH=CH_2}{\bigcirc}} \quad （二乙烯苯）$$

（三向分子結合）

自上圖可知乙烯苯長鏈狀之分子愈多,如 (II) 式,所需二乙烯苯使之相結合者愈少.

　　此種學說之發明,對於合成樹脂,頗有關係.且乙烯苯疊合物之絕緣能力特强,使之更有價値也.又推定敦(Teddington) 化學研究室之試驗報告謂甲烯丁酮(Methylene butanone) 製成之樹脂易溶解;而自甲烯丙酮 (Methylene acetone) 製成者則否.此事實依上法可以解釋,蓋丙酮在疊化之前先因縮合而生二甲烯丙酮,此二甲烯基可使分子交叉結合,故產物不易溶也.

　　用多元烯基化合物得交叉結合之原理,可以普遍應用,而得近似玻璃之產物.二甲烯基化合物之結合,可示如下:

$$CH_2 = CH \cdot R_n \cdot CH = CH_2$$

　　如 n 數小,則二重價標距離接近;如 n 數大,則較遠,因此在物理上化學上之性質亦隨之有異,至二甲烯苯分子中, $-R_n-$ 係苯環云.

　　另有一法,依最近之專利註冊中所述,可以改進有機質玻璃者.係多元醇(Polyalcohol)代替一元醇(Monoalcohol) 與丙烯酸成合成脂.如用二元醇,則得下式:

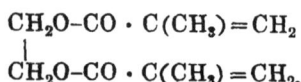

$$CH_2O\text{--}CO \cdot C(CH_3) = CH_2$$
$$CH_2O\text{--}CO \cdot C(CH_3) = CH_2.$$

　　式中同時有兩個甲烯基,是可注意者也.

　　又有第三種曰交疊法 (Interpolymerization). 如丙烯酸酯(鏈狀)與乙烯苯 (環狀) 相疊合,據云產物之絕緣性甚强.在推定敦試驗所,曾試以甲烯丁酮與乙烯苯之疊合.凡類於此之改進,正無限止,現僅其發軔而已.

　　(本篇譯自 Morgan, Megson and Leighton Holmes: Organic Glasses. 見　J. Soc. Chem. Ind. 55. 319, 1936).

（完）

陰游子系統定性分析法

（續）

陳同素譯

第三組　將第二組留下之濾液加 1N. $Zn(NO_3)_2$ 而有沈澱發生者則爲有第三組之表示.假使生沈澱時之溶液顏色有變遷者則爲 $[Fe(CN)_6]^{\equiv}$ 之被還原也.在此種情形時,則濾液在本沈澱以前先當以硫酸低鐵試之.在溶解樣品時,$[Fe(CN)_6]^{\equiv}$ 輒被還原,但在本方法中不能辨別設第二組已證明存在,則加 0.3~0.4 g. Na_2CO_3 於此濾液中,加多量 $Zn(NO_3)_2$ 以生沈澱.煮沸後濾過,洗二三次至無 NO_3 爲止.濾液包含第四及第五組保留之.沈澱中可有下列各物: $Zn(CN)_2$; $Zn_3(BO_3)_2$; ZnS; $Zn_3[Fe(CN)_6]_2$; $Zn_2[Fe(CN)_6]$.

CN^- 及 $BO_3^{\equiv}$ 之分離: 以 12.5% HAc 處理上述沈澱,水洗.將此醋酸液加 6N. NH_4OH 與 $(NH_4)_2Sx$; 加 HCl 使成酸性,煮沸,濾過.於濾液內加 10% $Fe(NO_3)_3$,如有紅色發生則有 CN^-.濾液內之 $BO_3^{\equiv}$ 可用薑黃紙試驗之.

$[Fe(CN)_6]^{\equiv}$ 之分離及證明.殘渣以 6N. NH_4OH 處理之,溶液則通至稀 HCl 中.此濾液內之 $Fe(CN)_6$ 可用 $FeSO_4$ 加入,使生藍色(或藍澱)以證明之.

殘渣加 $Pb(ONa)_2$,呈黑色(或櫻色)者,則有 $S^=$.

殘渣用 Na_2CO_3 分解,加 HCl 使成酸性,加 1N. $CuSO_4$ 有紅櫻色沈澱發生者,則有 $[Fe(CN)_6]^{\equiv\equiv}$ 在加 HCl 時須冷,蓋熱時 H_2CO_3 使 $H_4-Fe(CN)_6$ 分解.

本組各離子試驗之敏感度如下: CN^- 0.015; $BO_3^{\equiv}$ 0.8; $Fe(CN)_6^{\equiv}$ 0.063; $S^=$ 0.037; $Fe(CN)_6^{\equiv\equiv}$ 0.2.

第四組　　將第三組留下之濾液加 5%AgNO₃. 如有沈澱則爲有第四組游子之表示. 如有 S₂O₃⁻存在時則沈澱之顏色由白而黃而橙而紅而黑, 乃加 6N. NH₄OH 便成鹼性(多加 1cc), 再加 AgNO₃ 使完全澱出. 裊之. 加 HNO₃ 使成微酸性, 濾過, 水洗之. 如無 S₂O₃⁻存在則此步加 NH₄OH 之手續可以免去. 加 NH₄OH 之理在於 Ag₂S₂O₃ 能水解而使溶液呈酸性, 設溶液太酸性, 則 ClO₃ 將還原. 濾液內含第五組保留之. 此沈澱可含有下列各物: Ag₂S, AgSCN, AgI, AgBr, AgCl.

加 2N. FeCl₃ 後, 澄清液體內有紅色發現者則有 SCN⁻.

餘剩之沈澱加 (NH₄)₂Sx, 煑沸, 加 H₂SO₄ 使成酸性, 煑沸, 濾過, 水洗.

濾液加 NH₄OH 使成鹼性而後加醋酸使成酸性, 加入有機溶劑, 加 NaNO₂ 發生紫色者有 I⁻(NaNO₂ 不能多用, 否則與 SCN 作用而發生妨礙).

SCN⁻及 I⁻之分離. 多剩之濾液加 NH₄OH 使成鹼性, 再加 H₂SO₄ 使適成酸性, 然後多加 5cc 酸, 熱至 60°, 加 1N. CuSO₄, 使完全澱出, 濾去, 洗之.

乃加 AgNO₃ 於此濾液內如有沈澱則爲有 Br⁻ 或 Cl⁻ 之表示.

濾液中加 0.01N. KMnO₄ 氧化後再加入一種與水不相混之溶劑, 如有棕色發現則有 Br⁻.

剩餘之濾液加 AgNO₃ 完全澱出, 濾過水洗. 於此沈澱加硝酸銀氨液(0.01N.AgNO₃+0.25ᴺ.NH₄OH)再加 HNO₃ 有白澱發生者則有 Cl⁻.

本組各游子之試驗敏感度如下: S₂O₃⁻ 0.007; SCN⁻ 0.03; I⁻ 0.05; Br⁻ 0.222; Cl⁻ 0.066.

第五組　　自第四組留下之濾液含有本組. 加 Na₂CO₃ 固體, 煑沸, 濃縮, 濾過, 洗之.

濾液加 HNO_3 使成酸性,加 $NaNO_2$ 以還原之然後加入 $AgNO_3$,如生白澱,則有 ClO_3^-

濾液加 HAc 後再加 $FeSO_4$,如呈櫻色則有 NO_2^-

濾液使成酸性後加 5% $La(NO_3)_3$ (硝酸鑭),0.01N. 碘液數滴及 1N. NH_4OH 加至微混,如呈深藍色則有 Ac. 設在變混濁時或其以前無藍色發現,則將此溶液煑沸而使靜置,如有 Ac^- 存在,則此時可有藍色發生矣.假使 $BO_3^{\equiv}$ 同時存在則當試驗如下.將濾液加 H_2SO_4 而蒸餾之.乃取餾液試 Ac^- 如上法.

本組各游子之試驗靈感度如下:ClO_3^- 0.065; NO_2^- 0.009; Ac^- 0.47.

第六組　　本組祇有 NO_3^- 可用原來製就之溶液供試.先後加 0.5N. $Ba(Ac)_2$ 及飽和 AgAc,煑沸,濾過,以固體 NH_4Cl 處理其濾液,蒸發至將乾,再加水,重複此操作.如 NO_2^- 不存在則此 NH_4Cl 之加用可以免去.在此酸性濾液內,以 Na_2SO_3 還原 ClO_3^- 後,加 $FeSO_4$ 試之——如常法.

試驗之靈感度·NO_3^- 0.11.　　　　　　　　　　（完）

譯自 "A System of Qualitative Qualysis for the Anions" By. J. T. Dobbins & H. A. Ljung. Jour. Chem. Edu. PP. 586~588, Vol. 12 No. 12 (1935)

彭庚教授 W. Hr. Perkin, Junior

陳 兆 畦

氏生於一八六〇年,晷齡時,正值扁素 Benzene 公式與炭元四價說出世之日.時其父彭庚爵士Sir W. H. Perkin正創立人造染料工業,而有機化學大師赫夫門 Hoffman 方膺皇家學院講席.夫際如是時代,處如是環境,則氏以化學爲終身事業者,有由來矣.

及長,從佛蘭克令遊 Frankland,專攻化學,成績冠儕輩,佛氏深重其才,乃闢特別試驗室,使從事於高深研究.一八八〇年,氏始與赫更生Hodkinson格蘭偉 Greenway 二氏同發表一論文,此爲氏研究問世之礪矢,自後赴德意志入烏申保 Wuzeburg 大學,遊於偎士斯來那士 Wiscelenas之門.旣獲賢師之助,氏之學業精進,一日千里.閱二年,旣畢所業,乃轉而至明星 Munich 大學,問學於貝爾亞教授,Prof Bayer.居該地四年,受貝氏之影響殊深.貝氏愛其才,乃擢爲助手.當是時,氏從事於密閉炭練 Closed Carbon Chain 之研究,凡關於一環形之炭化物 Monocyclic hydrocarbons, 靡不詳加探討,一一施於人工集成.英國皇家學會鑒於其發明之重要,乃贈以戴維獎章 Davy medal. 夫以一青年學子而能獲此高上榮譽,實世所罕觀.

居·烏申保時,現任聖安得路大學 St. Andrew University教授之佩第博士Dr. Purdie曾與之共學.佩第教授年事稍長,且已結婚,挈其夫人,同居於烏申保.彭氏於長日研究之餘,輒至其寓晚膳,且任洗滌盤碟之勞.膳畢,常至歌場舞榭,或聆歌,或跳舞,翌晨,仍繼續研究不倦.佩第教授嘗加以勸諫,謂如是行爲,將損康健,而氏則謂此乃恢復身心疲勞之良方,且由是可深悉德人之風俗習慣焉.彼之

能深習世故,辨別賢邪,其經驗多由爾時獲得也.

居明星四年,始返國,曼遮士打大學之狄生教授 Prof. H. B. Dixon 卽加羅致.是時氏所研究之問題爲 Brazilin 與 Haematoxylin 等色素.後轉入愛丁堡之 Heriot Watt 大學,充第一任化學敎授.居是席六年,專從事於 Alkaloid heberine cryptopine 之研究,此等物質之構造公式,乃氏與其門人羅濱生 Robinson 用集成法所證明者.

一八九二年,曼遮士打之歐文學院顧廉馬爾敎授 Schorlemmer 遽歸道山,氏乃受聘以承其乏.此時氏始獲機會以發展其研究而十學理之闡明,新知之發掘,時有所聞,可謂得研究成績畢萃之時期.柏林大學之沙菲爾敎授 D. Fisher 當代最負盛名之有機化學大師也,盛譽彭氏造詣之高深與發明之重要,謂曼遮士打之供獻足與柏林相頡頏,時歐文學院之試驗室,每告人滿,而負笈來遊者,仍絡繹於途,後經大加擴充,四方學子,始無向隅之嘆.

彭氏任敎歐文學院時,每週有四日於晨九時半授課.氏晨六時卽起床,或奏鋼琴,或整理庭園之花木,八時半或八時三刻涖校,蓋將監督其助手預備講演時之試驗也.未章講壇前,氏必專心預備講稿,彼視敎室講演,異常鄭重,講辭清晰流利,書於黑板上之公式,令人一目了然.且常將各化合物之特性製成圖表,書於黑板上,更易引人入勝.對於高級生徒,則選擇數種重要化合物盡量發揮,或講演其所採用之研究方法,或鼓勵閱讀化學論文.彼講辭中常有『予昨夜曾細讀維特遇耶 Victor Weyer 之論文』一語,蓋希望其弟子能養成讀化學論文之智慣也.

其餘時間則耗於試驗室內,與指導高級生研究,至下午三時半或四時始休,十二時半用午膳,費時不逾半句鐘.氏試驗桌之一端,滿置各種清潔璃玻器具,而經用之器具,則置於他端.當研究緊

張時,玻璃杯試管等漸積漸多,桌上幾無餘隙,而氏此時工作亦告一段落,蓋已下午四時矣.氏於四小時內所作試驗,他人於倍蓰時間內亦難如其所獲之富.晚間則寫科學論文,或參與宴會,或在寓內舉行小音樂會,蓋氏酷嗜音樂,其座上常有大陸之音樂名家,凡高級生從事於研究工作者,均有參與機會,一聆名師之雅奏也.

凡至氏之研究室,目擊其試驗時之情形,罕有不興奮發之感.其手術之靈巧,觀察之敏捷,判斷之正確,令人有觀止之嘆.無論何種複雜反應,均能以最簡便之方法,使其實現,當反應進行時,氏手執鉛槧,詳紀變化之步驟,蓋彼最感覺愉快者,乃在觀察過程中各種現象,而非其最後之結果.氏以豐富之經驗,精密之研究,對於各種反應,鮮不洞悉隱秘,深窺微妙.且其判斷之速,更非常人所能企及;每一新化合物發現,氏稍一審察,卽知其是否所欲得者.倘有某種反應,氏無法使其實現,則此反應之不能成立,可以置信無疑.曾遊彭氏之門者,諒能憶及其試驗時之狀態.氏恆立桌邊,一手持本臣燈 Bunsen Burner 以控制眞空蒸溜,一手則採集各不同溫度下之蒸溜液,或將粗製化合物溶於溶液中,使其結晶.數分鐘內剎有美麗結晶體發現於白金匙中矣.其弟子常謂氏能使任何物體結晶,蓋其髭鬚間能分泌一適當之物質,足爲結晶之核心云.

氏之研究常採用所謂小規模試驗,惟必須大量製造時,藥品價值雖昂,亦不能阻其進行.所需用之稀有藥品,多爲其助手所製造,而彼則任精製之責.若各種藥品備妥,卽開始研究,費用多寡,恆視爲無足輕重也.

氏常與他人共研究一問題,惟重要之分析工作,必委其助手爲之.在曼遮士打時,此項職務恆爲現任伯明罕大學教授之霍華斯先生Prof Haworth所擔任,霍教授嘗語人云『一日彭庚教授庋子

理学卷（第二册）　科学通讯　第二卷　第八期　1937）

叢錄三　　　　　　彭　庚　敎　授　　　　　　**43**

一有機物，形似煤炭，有亮光，惟非結晶體；分析後卽將結晶報告，<u>彭</u>敎授頗覺愉快，蓋彼希望得一 Benzilin 之養化物，而予之結果，與其所期望者適相符合也」.

　　氏之待其弟子也，除竭誠指導而外，恆加以鼓勵，力助其成功. 其及門桃李中以研究化學為畢生事業者，大不乏人，蓋得之於其師者深也. 夫旣從事於化學，而又不肯發奮研究，則必不容於<u>彭</u>氏之門，<u>量邇十打大畢之</u>研究成績，實<u>彭</u>氏之人榙與熱忱方以使之然也.

上海交通大学百年报刊集成·第一辑（1896—1949）·学术学科

書　評

化 學 參 考 書 籍 選 輯

陳 同 素

20.無 機 微 量 定 性 分 析. *Introduction to the Microtechnique of Inorganic Qualitalive Analysis A.A. Benedetti-Pichler, Dr. Techn. Sc., Assistant Prof. of Chemistry., & W.F. Spikes, M.S., Washington Square College, New York Univ. Microchemical Service, 30 Van Zandt Ave., Douglaston, New York, 1935. viii+182pp. 15×23cm. $. 3.00.*

本書分爲三篇:第一篇講顯微鋭之用法 (18 頁). 第二篇有實驗 60 個,其中 40 個係陽游子與少許陰游子之試法.手續講來淸爽明白,試證之限度亦註明,並有空白之地位可供畫圖之用.普通陽游子之系統分類及試法在第三篇中 (40 頁).全書有插圖 60, 及有用之表格甚多.

是書爲紐約大學之敎科講義,其特點在於以前所出敎科書中所無之分類系統.但一學期內是否可做畢此書之實驗,是屬疑問.最好將全部實驗分爲正副兩種.在53—54頁之討論敏感度及67—70頁之樣品份量與技術之關係,尤爲精湛之作.

21.定性分性化學. *Qualitative Chemical Analysis(Inorganic and Organic) F. Mollwo Perkin, Late Head of Chemistry Department, Borough Polytechnic Institute, London. Revised by Julius Grant. 5th. ed. Longmans, Green & Co., London & New York, 1935. x+377pp. 13.5×*

21.5cm $. 3.50.

此書初版在 1901 年．此爲第五版．材料擴充．微量分析法(無機及有機)．有機試劑與染點試驗法 (Spot test)，及不常見之元素試法，均係新添．對於稀有元素與植物碱之論述，益見詳盡。

本書分爲二部前部爲無機．後部爲有機．無機部共十章．第一，二兩章爲乾法試驗．微量分析方法及濕法試驗，六章講金屬游子，一章講酸根游子．末章爲系統之分類及試驗．

有機部凡八章．首章講有機化合物中之候氫氣硫黃磷砒等之試法．其餘各章討論有機酸與酚類之反應及分法，酯，碳氫化合物，高級脂肪酸，甘油化物，醛，醇，酮，醋，鹽基，生糖質及植物碱等之反應。

書中各個實驗均經著者做過，故極合實用，任化驗工作者得之，甚爲便利；若用作分析化學敎本，則對於溶液之性質，游子平衡，氧化與還原作用等原理，須加補充。

廣東新會荷塘高邊樓巷陳拔儔君徵求本刊第一卷第一期願剖衷否以爲償三倍爲酬請逕與陳君接洽可也

國立交通大學研究所

本所成立以來設置（一）工業研究部分設設計材料機械電氣物理化學等組（二）經濟研究部分設社會經濟實業經濟交通管理會計統計等組除按照所訂計畫進行研究外歷承各路局各機關（如中國工程師學會上海市公用局義興公司等）託辦各項研究及試驗工作薄有貢獻關於上列諸組事項如蒙各界垂詢請惠臨上海徐家匯本所面洽或函商可也此布

溝渠工程學

是書爲本大學土木工程學教授顧康樂所著。係參考中西工程書籍雜誌，採擇各著之精粹而成。書凡十四章，詳述溝渠設計，建築與養護之原理及方法。舉凡污水量，暴雨水量，溝渠水力學，溝渠系統設計，溝渠附屬品，污水抽升，管圈設計，開掘填覆，列板撑檔以及施工之實際進行，無不條分縷析，詳爲解釋。至於插圖之豐富，文字之簡明，尚其餘事。

▲商務印書館出版，定價一元八角。

理学卷（第二册）　科学通讯　第二卷　第八期·1937·

專　載

近　代　幾　何

之　導　引

William C. Graustein 原　著

顧　澄　達恉

第 九 編

一 維 射 影 幾 何

一維度量坐標　點列中坐標

一實線*L上之卡氏坐標,以下列三項

一　圖

爲基礎;(一) 在 L 上擇定一有窮遠點 0,(二) 規定 L 上方向之正負,(三) 規定一單位距離.於是 P 爲 L 上一有窮遠點時,其非齊次坐標 x 爲有向距離 $\overline{OP}$, 卽

$$x = \overline{OP}.$$

此有窮遠點 P 之齊次坐標 (x_1, x_2) 爲「比爲 x 之任意兩數 x_1, x_2」所組成;卽凡合於

$$\frac{x_1}{x_2} = x \qquad\qquad x_2 \neq 0$$

之任意兩數 x_1, x_2, 皆可以之爲此 P 之齊次坐標,而以 (x_1, x_2) 表之.

當 P 在 L 上向任意一方向無窮後退時,x 無窮變大,其逆亦眞.故 L 上之無窮遠點,以 $(1, 0)$ 或更普通之 (ϱ, o) 爲其坐標,但 $\varrho \neq o$.

如是則凡廣義直線 L 上之點已各有其齊次坐標,而凡 $(0, 0)$ 外之一雙數 (x_1, x_2) 已各能爲此 L 上一點之坐標.

線束中坐標

設有一束頂爲有窮遠點 0 之線束,L_0 爲此線束中之一定線,及擇定測量此 0 上諸角之正向;則此線束中一線

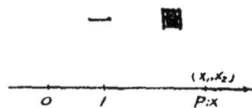

---

*原註　現在所論者以實點及實線爲限.

二　圖

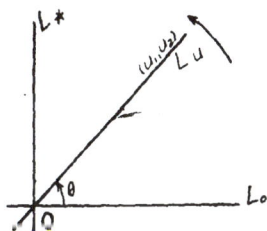

L 之非齊次坐標 u 爲「從 L_0 至 L 之角 θ」之
正切,卽

$$u=\tan\theta.$$

垂直於 L_0 之線 L_*（如二圖）無坐標.

　　凡任意兩數 u_1, u_2 其比爲 u 者,以
之爲此線 L（不爲 L_* 者）之齊次坐標
(u_1, u_2),卽凡合於

$$\frac{u_1}{u_2}=u \qquad\qquad u_2\neq0$$

之任意兩數 u_1, u_2 皆可以之爲此 L 之齊次坐標,而以 (u_1, u_2) 表之.
但此 L 不能爲 L_*.

　　至於 L_* 則以 $(1, 0)$ 或更普通之 $(\varrho,0)$ 爲其坐標,但 $\varrho\neq0$.

　　廣狹直線可覗作閉連續集.　　如三圖,若角 φ 從 0 增至 2π,則

三　圖

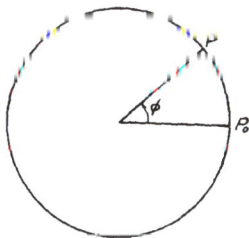

點 P 走成一圓.故圓上諸點可以節(interval)
$0\leqq\varphi\leqq2\pi$ 中 φ 之諸值表之,而點 P_0 與 0 及 2π
兩值相應

　　前「$0\leqq\varphi\leqq2\pi$ 中之一切實數之全體」組成
所謂數之連續集(continuous set of numbers),
或連續數集,或簡稱爲連續集 (continuum).
因此「圓上一切點之全體」謂之連續點集或
連續集.

　　圓上 P_0 以外之諸點,以節 $0<\varphi<2\pi$ 中 φ 之諸值表之,其全體亦
成一連續集;此種連續集,謂之開連續集 (open continuum).前一連
續集謂之閉連續集 (closed continuum).

　　吾人亦可設想以「節 $-\pi/2\leqq\theta\leqq\pi/2$ 中 θ 之諸值」表二圖之線束,而

$-\pi/2$ 及 $\pi/2$ 則皆與 L_* 相應; 此諸線之全體(L_*在內)成一閉連續集.

　　若在此線束中除去一線, 則所餘者成一開連續集. 若除去之線爲 L_*, 則所餘諸線以「節 $-\pi/2<\theta<\pi/2$ 中 θ 之諸值」表之; 或以「坐標 u 之一切值」表之; 此所謂坐標 u 之一切值, 即是節 $-\infty<u<\infty$ 中 u 之一切值.

　　一圖線上諸點, 除去無窮遠點之外, 其全體以「坐標 x 之值之全體」表之; 此所謂坐標 x 之值之全體, 即是節 $-\infty<x<\infty$ 中 x 之值之全體〔爲簡便計, 「節 $-\infty<x<\infty$ 中 x 之值之全體」一語, 可但以 $-\infty<x<\infty$ 表之, 餘類推〕. 此一圖線上諸點, 除去無窮遠點外, 其全體成一開連續集; 加入無窮遠點, 則此開連續集即變爲閉連續集.

　　圓及線束皆在直覺上顯爲連續而且閉, 至於廣義直線, 則在直覺上不能想像其有連續且閉之性質, 但能知其爲直而已.*

　　廣義直線有「經過無窮遠點之連續性」, 在幾何方面雖難明瞭, 在解析方面則證明甚易. 因「節 $1\geqq x_2\geqq-1$ 中 x_2 值之全體」爲連續, 「由 $1\geqq x_2\geqq-1$ 中一切 x_2 所成一切雙數 $(1000, x_2)$ 之全體」亦必爲連續. 故凡廣義直線上之點, 以此類雙數爲坐標者, 其全體必爲連續. 如四圖, 此類之點爲直線上從點 $x=1000$ 起連續向右, 經過無窮遠點, 再從左回至點 $x=-1000$ 止之一切點之全體故

四　圖

　　廣義直線爲一閉連續集.

　　讀者研究五圖之後, 於「廣義直線爲閉連續集」一語當更能同意. 此圖表示「廣義直線 L 上一切點」與「圓 C 上一切點」之相應, 且其

　　　廣義直線, 在直覺上未嘗不能想像其連續; 但所能想像之連續乃不閉之連續而非能閉之連續耳. 嚴言之, 所不能想像者惟閉而已.

五　　圖

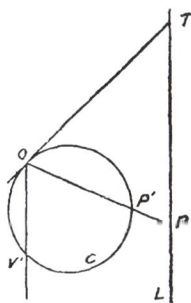

相應之法既爲連續相應又爲一一相應，而無所除外．此項相應依下法作成：以 C 上一點 O 爲射心，將 L 上之點射至 C 上．例如「經過 O 與 L 平行之線」交 C 於 V'，及「切 C 於 O 之切線」交 L 於 T，則 V' 與 L 上之無窮遠點相應，及 O 與 T 相應．〔又如圖 P' 與 L 上之 P 相應．今設想 OP' 線反鐘表之針而旋轉，先由 OP' 轉至 OT，再由 OT 轉至與 L 平行之 OV'，再由 OV' 轉至 OP'；自可明 C 上自 P' 過 O 經 V' 回 P' 之點，依次與 L 上自 P 過 T 經無窮遠點回 P 之點一一相應．如是則因 C 爲閉連續集，而 L 亦爲閉連續集明矣〕．

2　點列中射影坐標 (projective coordinates in a range of points)　爲射影幾何中應用坐標計，應規畫僅以射影性質[*]爲基礎之坐標，茲先就「一直線上之實點列」規定之．

定義　設 P_*, P_0, P_1 爲一點列中不同三定點及 P 爲此點列中任意一點，則「關於此 P_*, P_0, P_1 之 P 之射影坐標」爲交比 $(P_* P_0, P_1 P)$，[†]即

$$x = (P_* P_0, P_1 P).$$

射影坐標或略稱射標．

---

[*]原註　Von Staudt (1798—1867) 首先將射影幾何離開度量原素．

[†]原註　以前以距離定交比，今以交比定射影坐，似未能與度量幾何完全脫離關係．但亦可先下調和分離之射影定義（第六編 7 款），再從之作成交比及射影坐標之理論，使此理論純粹爲射影的而非度量的，且其中「點列之射影坐標」亦以交比爲其定義與此處同．惟此種理論出於本書範圍之外；可參觀 J. L. Coolidge, Non-Euclidean Geometry, Ch. XVIII.

理学卷（第二册）　科学通讯　第二卷　第八期（1937）

　　P_{*} 外之各點 P 各有惟一坐標 x；其特例，P_0 之坐標爲 0，P_1 之坐標爲 1（參觀第六編 7 款定理一）。P_{*} 無坐標；惟一動點 P 趨於 P_{*} 而以 P_{*} 爲其極限時，此 P 之坐標趨於無窮大。

　　此 P_{*}，P_0，P_1 謂之此坐標系之基點(basic points)。因此三點可任意取定，故點之坐標系有無窮多 [每組基點可作成一組坐標系]．

　　定理 1　　量標爲射標之特例，即 L 上之量標爲「以 L 上無窮遠點爲 P_{*} 之射標」（即凡以 L 上之無窮遠點爲 P_{*} 之射標皆可作爲一種量標，量標即度量坐標之簡稱，以下仿是）．

　　以 L 上之定點 P_0 爲原點，有向線段 $\overline{P_0P_1}$ 爲單位距離，則 L 上任意一點 P 之量標 X 爲　　　　　　　六　　圖

$$X = \frac{\overline{P_0P}}{\overline{P_0P_1}},$$

又「關於 P_∞（以之爲 P_{*}），P_0，P_1 之 P 之射標 x」爲

$$x = (P_\infty P_0,\ P_1 P) = (P P_1,\ P_0 P_\infty) = \frac{\overline{P_0P}}{\overline{P_0P_1}}$$

故 $X = x$，即 P 之量標等於「無窮遠點及原點被單位點 $X = 1$ 及 P 分成之交比」．

　　坐標之變換　　設在一線 L 上任意定出一量標 x 及一射標 x'[即在 L 上任意定出一個量標系及一個射標系，x 爲此量標系中任意一量標，x' 爲此射標系中任意一射標。此但云量標 x 及射標 x' 乃一種省文，以下仿是]．則從定義

$$x' = (P_{*} P_0,\ P_1 P)$$

本刊廣告價目表

等級 地位	全頁價目	半頁價目
甲 底封面外頁	伍拾元	
乙 底面裏頁及封面裏頁	三十五元	二十元
丙 封面裏頁底面裏頁之對面	二十五元	十五元
丁 普通	二十元	十二元

一、乙丙丁四分之一頁按照半頁價目六折計算

二、廣告概用白紙黑字如用彩印色紙價目另議

三、廣告如用銅鋅版由本刊代辦照收製版費

四、連登多期價目從廉請逕函本校出版處經理課接洽

科學學院科學通訊投稿簡章

一、投稿不拘文言白話凡中英德法文均所歡迎

二、談言教材叢錄書評消息均以科學為題圖

三、投寄之稿如係翻譯請附寄原本否則須將原史題目著者姓名出版日期及地點詳細開示

四、投寄之稿務望繕寫清楚並加新式標點凡外國文稿件並請打印之如有插圖附表必須製版者請用墨色

五、來稿請註明姓名住址以便通訊并加蓋印章惟於發給稿費

六、投寄之稿無論登載與否概不退還但預有聲明連備另寄

七、投寄之稿經本刊揭載後每篇酌致酬金若本刊尚未揭載已先在他處發表者不在此限

八、郵資不在此限

九、投寄之稿經本刊揭載後版權即為本校出版委員會所有但有另行約定者不在此限

十、增刪則應於投稿時聲明
投寄之稿本校委員會有酌量增刪之權如投稿人不願有何刪削

編輯委員會

投寄之稿應逕寄上海徐家滙交通大學科學學院科學通訊

中華民國二十六年三月出版

科學通訊（總十六）

第二卷 第八期

編輯者 交通大學科學學院

發行者 交通大學出版處 上海徐家滙

印刷者 上海中國科學公司

代售處 上海 世界出版社 正中書局 志恆書局
作者書社 上海雜誌公司
蘇新書社 黎明書局
京 世界書店 光華書店 大公報社代辦部
津 學生書局 世界書局
昌
慶
州 新光書店
廣州圖書消費合作社
雲南文化書店 生活書店

版權所有 翻印必究

本刊價目

每冊大洋一角 全年八冊（一二三四五六月各一冊）

預訂壹元四角 國外另加郵費（一二三四五六月各一冊）

科學通訊

黎照寰

第三卷 第一期

（總十七）

中華民國二十六年四月　　　上海交通大學科學學院編輯

交 大 季 刊

第二十三期　要目

每冊三角　　預定全年一元

管　理　二月刊

第一卷第五期　要目

每冊四角　　全年一元六角

經售處　上海徐家匯交通大學出版處

科 學 通 訊

第三卷　第一期

目　錄

交 通 大 學 出 版 刊 物

一. 期 刊

 1. 交大季刊　　　　　每冊三角　　　全年一元
 2. 交大三日刊　　　　　半年五角　　　全年一元
 3. 科學通訊（全年八期）　每冊二角　　　全年一元四角
 4. 管理二月刊（全年五期）每冊四角　　　全 年 一 元 六 角

二. 本 校 一 覽

 1. 中文本　　　　　　　　　　　每冊四角
 2. 英文本　　　　　　　　　　　每冊六角

三. 本 校 研 究 所 編 輯 刊 物

 1. 油漆試驗報告,第一號　　　　　每冊二角
 2. 油漆試驗報告,第二號　　　　　每冊六角
 3. 油漆試驗報告,第三號　　　　　每冊八角
 4. 地下流水問題之解法（英文本）　每冊三角
 5. 美國鐵道會計實務，第一編（英文本）每冊六角
 6. 解決中國運輸問題之途徑（英文本）每冊四角
 7. 解決中國運輸問題之途徑（譯本）　每冊三角
 8. 鐵路零担貨運安全辦法　　　　　每冊四角
 9. 中國國民經濟在條約上所受之束縛　每冊六角
 10. 皖中稻米產銷之調查　　　　　每冊六角
 11. 小麥及麵粉　　　　　　　　　每冊五角
 12. 平漢沿綫農村經濟調查　　　　　每冊一元六角
 13. X射綫檢驗材料法　　　　　　每冊一元二角

經 售 處　上 海 徐 家 匯 本 校 出 版 處

談　言

形式計算及實用計算 (續)

處處不能微分之連續函數

顧　澄

1.　今將如前期所言,證明 $F(x)$ 爲不可微分矣.欲明一函數之性質須先知其各值漲落之情形.欲知其各值漲落之情形,可令 y 等於此函數作一曲線圖,以察其大略,今

$$y = F(x) = \sum_{n=0}^{\infty} a^n \cos b^n \pi x$$

爲一非直覺曲線,其圖無法精畫.茲但就其前三項作三種遞近曲線,借此推想其極限曲線*之情形:令 $b=13$, $a=\frac{1}{2}$ 及以 π 爲 x 軸上之一單位,而作成

(I)　　　　　　　　　　$y_1 = \cos x$

(II)　　　　　　　　　　$y_2 = \cos x + \frac{1}{2}\cos 13x$

(III)　　　　　　　　　$y_3 = \cos x + \frac{1}{2}\cos 13x + \frac{1}{2^2}\cos 13^2 x$

之曲線如下圖:

圖中最粗者爲第一遞近曲線 (I),次粗者爲第二遞近曲線 (II),最細者爲第三遞近曲線(III).

---

*　令 y 等於 $F(x)$ 之第一項所作之曲線爲第一遞近曲線.令 y 等於 $F(x)$ 之前 n 個項之和所成之曲線,爲第 n 遞近曲線, $y = F(x)$ 之曲線爲極限曲線. n 愈大則第 n 遞近曲線與極限曲線之形狀愈近.

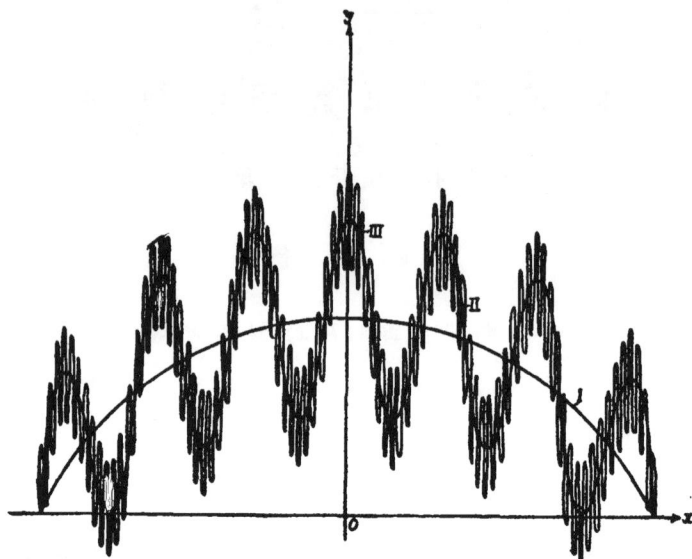

　　閱者可先細察此由 (I) 變 (II)，由 (II) 變 (III) 之情形，再閉目推想其第四，第五，… 諸遞近曲線，即可得下之概想：

　　（1）各曲線有許多峯(卽極大).

　　（2）遞近愈進峯愈多(如 (II) 之峯比 (I) 多，(III) 之峯比 (II) 之峯多).

　　（3）峯愈多其勢愈陡(卽向上愈高，兩旁愈狹).

　　（4）雖峯愈多愈陡，然峯頂仍平轉而下.並非尖點(無論何次遞近曲線皆如此).

　　從此（4）可得一<u>最有意味，而最易誤會，及因此而最應精究</u>之事如下：

　　（一）以原點 0 爲例，每一遞近曲線在其上皆有一峯(無論求至第幾次遞近線，必在原點 0 上仍有一峯).雖因遞近之次數愈高而此峯愈陡，然其頂仍平轉而有切線.此切線必與 x 軸平行.從此

可知

$$y_1'(0) = 0, \quad y_2'(0) = 0, \quad y_3'(0) = 0, \cdots$$

及無論 m 如何大(只要爲定數),必

$$y'_m(0) = 0.$$

既 $y_1'(0) = 0$, $y_2'(0) = 0$, $y_3'(0) = 0$, $\cdots$ $y'_m(0) = 0$, 則 $m \to \infty$ 時似乎 $F'(0) = \lim\limits_{m \to \infty} y'_m(0) = 0$, 而以前所得之 $F'(0) = 0$ 爲不謬矣.何以 Weierstrass 云 $F(x)$ 不可微分.此較前兩期所言更有意味,而極望閱者再揣磨一思者也.

　　前兩法求得 $F'(m) = 0$ 時,似乎不誤而實屬錯誤,其情形與此相類.閱者可互相推敲,以助思路.

　　(二) 以上所謂在原點 0 上,各遞近曲線皆有一峯,且其峯頂必平轉而有切線,雖屬無誤.但極限曲線

$$y = F(x)$$

則情形立變,竟無一平轉之峯頂.詳言之,即

$$y_1 = \cos x$$

$$y_2 = \cos x + \tfrac{1}{2}\cos 13x$$

$$y_3 = \cos x + \tfrac{1}{2}\cos 13x + \frac{1}{2^2}\cos 13^2 x$$

$$\cdots\cdots\cdots\cdots\cdots\cdots\cdots\cdots\cdots\cdots$$

$$y_m = \cos x + \tfrac{1}{2}\cos 13x + \cdots + \frac{1}{2^m}\cos 13^m x$$

$$\cdots\cdots\cdots\cdots\cdots\cdots\cdots\cdots\cdots\cdots$$

之曲線,雖皆有許多平轉峯頂,且頂數依次愈增愈多,地平切線(即與 x 軸平行之切線) 亦愈增愈多.但一至其極限

$$y = F(x)$$

之曲線即立變爲無一平轉之頂,無一地平切線,竟無異俗所謂[

睛一瞧,老雞婆竟變了鴨」.登非怪事.然事雖怪而有至理.級數勻歛論之發生,卽由於此.上所謂最有味而最易誤會者亦在於此.老雞婆變鴨雖極有味,但極易誤認此鴨仍是老雞婆.(一) 中之

$$F'(0) = \lim_{m \to \infty} f_m'(0) = 0$$

卽是認鴨爲老雞婆.閱者或覺此類俗語,喋喋不休,非常討厭.須知十九世紀極有功數學之大師 Cauchy 先生亦曾認過鴨是老雞婆,可見道是初學最易誤會,不得不打兩句趣話,使其容易記憶.恕罪恕罪.

　　(三) 難者或曰,你何以知道

$$y = F(x)$$

之曲線無一平轉之峯頂,無一地平切線.這雙鴨究竟如何變出來的.何妨將 $y = F(x)$ 之曲線畫給我看看,使我知此鴨之眞相.否則明明都是老雞婆,那裏能忽然變了鴨.我們不講空談,須拿證據來!

　　哈哈,你亦學了道兒,居然亦來要證據.講到數學,登有無證據之理.但是給你證據之前,先要說兩語.請少安毋躁:$y = F(x)$ 的曲線是「非直覺曲線」,不能精細畫出來的,上已早經說過.畫曲線不過是幫助研究函數的一種工具,不能源以作證的.這個變鴨證據,如但畫一圖了事,未免太容易了,須知 $F(x)$ 處處不能微分,卽是變鴨的證據.(照以上所言,則 $y_m'(0) = 0$ 而 $F'(0)$ 不存在,巳足證明上所謂之變鴨). 正是我在本期所要提出的,請閱下文,自知這個證據,非常有力,毫不含糊.

---

　　* Gauchy 初以爲 $\Sigma f_m(x)$ 中之各項 $f_m(x)$ 皆在某節中連續及 $\Sigma f_m(x)$ 在此節中收歛時,其和 $\varphi(x)$ 亦必在此節中連續. Abel 始指出此 $\varphi(x)$ 不一定在此節中連續.

2.　今可證明在 $0<a<1$, b 爲奇數, 及 $ab>1+\dfrac{3}{2}\pi$ 時

$$F(x)=\sum_{n=0}^{\infty} a^n\cos b^n\pi x$$

$$=\cos\pi x+a\cos b\pi x+a^2\cos b^2\pi x+\cdots$$

爲處處不能微分矣.

照談言體例,本不應該作詳細嚴密之證明,更不應該在書上抄一現成證明來敷衍了事,卽使要用現成證明,亦儘可說明在某書某頁,何必再抄一遍.但這個現成證明,中間用了幾個簡單記號,恐初學見了他以爲深的了不得,就不細看,幷且這個現成證明很簡括,恐初學看了句句明白而仍不得其緊要關鍵.再加要知道前兩法求得之 $F'(m)=0$ 是錯的,亦最好先說明此證,再講以前的錯處.因此暫時破例,先在 Pierpont 實變數函數論第二册 $p.$ 498—500 抄下一證.(他書亦有此證,何以必抄 Pierpont 的呢.因 Pierpont 是 Weierstrass 的高足,其證必本師說.且 Pierpont 書吾國已有翻版,閱書易於查閱,今必用 Weierstrass 之原證對歐洲新發明,恐例開書如下:

此證亦從求微分之定義入手,先作

$$\frac{\Delta F}{\Delta x}=Q=\sum_{n=0}^{\infty}\frac{a^n}{h}\{\cos b^n\pi(x+h)-\cos b^n\pi x\},$$

(7)　　$$=\sum_{n=0}^{m-1}\frac{a^n}{h}\{\cos b^n\pi(x+h)-\cos b^n\pi x\}+\sum_{n=m}^{\infty}\frac{a^n}{h}\{\cos b^n\pi(x+h)-\cos b^n\pi x\}$$

$$=Q_m+\bar{Q}_m$$

此式中之 $Q, Q_m, \bar{Q}_m$ 不過爲以後書寫便利,臨時加入之一種記號,並無其他意義.卽 Q 爲 $\dfrac{F(x)}{\Delta x}$ 之簡號,Q_m 爲 $\sum_{n=0}^{m-1}\dfrac{a^n}{h}\{\cos b^n\pi(x+h)-\cos b^n\pi x\}$

之簡號, 及 $\overline{Q_m}$ 爲 $\sum\limits_{n=m}^{\infty}\dfrac{a^n}{h}\{\cos b^n\pi(x+h)-\cos b^n\pi x\}$ 之簡號, 此外別無他意.

欲知 $F(x)$ 之能否微分, 只須知 $h\to 0$ 時 Q 之極限是否存在. 照例此 Q_m 爲有窮個項, 當 $h\to 0$ 時其極限存在, 極易明白. 所須詳細研究者 $h\to 0$ 時 $\overline{Q_m}$ 之極限是否存在而已. 但爲周密計, 仍照 Pierpont 之證法如下. Pierpont 爲 Weierstrass 之高足, 此項證法或卽出於 Weierstrass. 故不便有所修改, 以存其眞, 只能略加註釋而已.

其次,

$$Q_m=\sum_{n=0}^{m-1}\frac{a^n}{h}\{\cos b^n\pi(x+h)-\cos b^n\pi x\}$$

$$=-\pi\sum_{n=0}^{m-1}\frac{(ab)^n}{h}\int_x^{x+h}\operatorname{Sin}b^n\pi u\,du,$$

因

$$\left|\int_x^{x+h}\operatorname{Sin}b^n\pi\,u\,du\right|<\left|\int_x^{x+h}du\right|=|h|$$

故, 若 $ab>1$, 則

$$|Q_m|<\pi\sum_{n=0}^{m-1}(ab)^n=\pi\frac{1-(ab)^m}{1-ab}<\pi\frac{(ab)^m}{ab-1};$$

注意此乃不論 h 爲何數皆能成立者.

復次(此下最重要),

$$\overline{Q_m}=\sum_{n=m}^{\infty}\frac{a^n}{h}\{\cos b^n\pi(x+h)-\cos b^n\pi x\},$$

上之 h 可以任意取定, 今按下法取定之, 其理由至下自明. 先令 l_m 爲與 $b^m x$ 最近之整數[1], 及令

---

1 及 2. 例知 $b^m x=1.4$ 則 $l_m=1$, 而 $\xi_m=.4$; $b^m x=1.9$, 則 $l_m=2$ 而 $\xi_m=-.1$.

$$b^m x = l_m + \xi_m,$$

則

$$-\tfrac{1}{2} \leqq \xi_m \leqq \tfrac{1}{2}. \quad (2)$$

而

$$b^m(x+h) = l_m + \xi_m + h b^m = l_m + \eta_m \quad (3)$$

於是按

$$\eta_m = \xi_m + h b^m \text{ 爲 } \pm 1 \text{ (二者隨意)} \quad (4)$$

之關係擇定 h. 如是,則

(8) $$m \to \infty \text{ 時, } h = \frac{\eta_m - \xi_m}{b^m} \to 0, \quad (5)$$

且

$$\operatorname{Sgn} h = \operatorname{Sgn} \eta_m, \text{ 及 } |\eta_m - \xi_m| \leqq \frac{3}{2}. \quad (6)$$

從以上云云,可知

$$\cos b^n \pi(x+h) = \cos b^{n-m} \pi \cdot b^m(x+h) = \cos b^{n-m}(l_m + \eta_m)\pi$$

$$= \cos(l_m + \eta_m)\pi, \qquad \text{因 } b \text{ 爲奇數},$$

$$(-1)^{l_m+1}, \qquad \text{四 } m \text{ 爲奇數.}$$

及

$$\cos b^n \pi x = \cos b^{n-m}(l_m + \xi_m)\pi$$

$$= (-1)^{l_m} \cos b^{n-m} \xi \pi$$

故

(9) $$\overline{Q}_m = e_m \sum_{n=m}^{\infty} \frac{a^n}{h} \{ 1 + \cos b^{n-m} \xi_m \pi \},$$

3.　此係令 $\xi_m + h b^m = \eta_m$, 別無他意。

4 及 5.　此卽令 η_m 可爲 $+1$, 可爲 -1。倘 η_m 專 $=1$, 則 h 爲 $+$ 而 $\to 0$。倘 $\eta_m = -1$, 則 h 爲負而 $\to 0$。倘 η_m 或爲 $+1$ 或爲 -1, 則 h 爲或正或負而 $\to 0$。此爲本體之重要關鍵。蓋以下云云, 乃證明 h 順此決趨於 0 時, 可令 Q 或 $\to +\infty$ 或 $\to -\infty$ 卽在 $\pm \infty$ 間振動, 而不能爲有定之無窮也。

6.　sgn 卽「符號」之意。sgn h = sgn η_m 卽 h 之符號等於 η_m 之符號之意; 卽 η_m 爲正則 h 亦爲正, η_m 爲負則 h 亦爲負之意。

此中之 e_m 爲 $(-1)^{l_m+1}$ 之簡號,即

$$e^m = (-1)^{l_m+1}.$$

此 (9) 右各 { } 中之數皆 $\geqq 0$, 而其第一個 { } 中之數顯爲 > 0 〔因第一個 { } 中 $n=m$, $b^{n-m}=1$, ξ_m 之絕對值 $\leqq \frac{1}{2}$〕. 故

$$\operatorname{Sgn} \overline{Q}_m = \operatorname{Sgn} \frac{e_m}{h} = \operatorname{Sgn} e_m \eta_m,$$

而

$$|\overline{Q}_m| > \frac{a^m}{h} = \frac{(ab)^m}{\eta_m - \xi_m} \geqq \frac{2}{3}(ab)^m.$$

上旣假定 $ab > 1 + \frac{3}{2}\pi$, 則 $|\overline{Q}_m| > |Q_m|$. 而從 (7) 可知

(10)
$$\operatorname{Sgn} Q = \operatorname{Sgn} \overline{Q}_m = \operatorname{Sgn} e_m \eta_m,$$

及

(11)
$$|Q| > (ab)^m \left(\frac{2}{3} - \frac{\pi}{ab-1} \right)$$

最後令 $m \to \infty$, 亦卽按 (8) 之法令 $h \to 0$. 旣 η_m 可任意爲 $+1$ 或 -1, 則從 (10) 及 (11) 可知按 (8) 法令 $h \to 0$ 時必能任意使 $Q \to +\infty$, 或 $-\infty$, 卽在 $\pm\infty$ 間振動而不能 $\to$ 有定之無窮. 故 $F(x)$ 在任何點上皆無有窮或無窮之微係數. 此非言 $y = F(x)$ 之曲線上處處無切線,惟卽有切線亦必爲尖點切線 (Cuspidal tangents) 耳. (如尖點切線不作爲切線,則此曲線爲無切線).

上已證完. 從上之末一語,可知 $y = F(x)$ 之曲線必無平轉之峯頂. 而前言之變鳴證據亦已確實得到.

從 (11) 雖可知 $m \to \infty$ 時 $|Q|$ 必 $\to \infty$. 但 $m \to \infty$ 時 Q 之符號究竟是否始終一致;初觀似不易明,而上證頗似尚未十分完善. 但此可加數語以明之.

例如 $x=0$ 時，l_m 及 ξ_m 皆為 0，則 $e_m=(-1)^1=-1$，而

$$\mathrm{Sgn}\,Q=\mathrm{Sgn}(-\eta_m),$$

如是，則令 η_m 常為 $+1$ 及 $h=\dfrac{1-\xi_m}{b^m}\to 0$ 時，

$$Q\to -\infty;$$

及令 η_m 常為 -1，則 $h=\dfrac{1\,\xi_m}{b^m}\to 0$ 時

$$Q\to +\infty;$$

由是可知 $F'(0)$ 必不存在.

　　至 $x\neq 0$ 及 $b^m x$ 不為整數時，雖 l_m 之值亦隨 m 而變，$e_m=(-1)^{l_m+1}$ 亦因此而或正或負. Q 之符號須視 $e_m\eta_m$ 之符號而定（從 10），似極複雜難明. 實則，η_m 既可或為 $+1$ 或為 -1，無論 e_m 之符號隨 m 如何變，終可令 η_m 或為 $+1$ 或 -1 而使 $e_m\eta_m$ 之符號變動不已. 例如 $m\to\infty$ 時，e_m 常為正（或常為負）則可令 η_m 先為 $+1$ 再為 -1 依次相間而前. 又若 e_m 之符號本無變動不已，則可令 η_m 亦為 $+1$. 由是可知無論 x 為何數，皆因 η_m 既可為 $+1$ 又可為 -1，終可令 Q 在 $\pm\infty$ 間振動而不趨於有定之無窮（即不專 $\to +\infty$，或專 $\to +\infty$）. 要之，h 之 $\to 0$，可令 $\eta_m=+1$ 而按 (8) 法 $\to 0$；亦可令 $\eta_m=-1$ 而按 (8) 法 $\to 0$；幷可令 η_m 忽 $=+1$ 忽 $=-1$ 而按 (8) 法 $\to 0$；則從 (10) 及 (11) 可知 $h\to 0$（即 $m\to\infty$）時 $\lim\limits_{h\to 0} Q$ 必不存在矣. 此末段所言，不嫌重複，說而再說者，實因此為本證之要點，且與下期所言有關；並為凡求函數之極限時必須注意之點，初學於此，往往易於忽略，遂致無極限亦認為有極限；故不憚喋喋耳.（待續）

教　材

$\dfrac{1}{(D-a_1)(D-a_2)\cdots(D-a_n)}$ 能否適合交換定律

石　法　仁

設 $P_1, P_2, \cdots P_n$ 爲已知常數, D 代表 $\dfrac{d}{dx}$, X 爲 x 之已知函數. 又設 $a_1, a_2, \cdots a_n$ 爲代數方程式

$$m^n + P_1 m^{n-1} + P_2 m^{n-2} + \cdots + P_n = 0 \qquad (1)$$

之 n 個根.則微分方程

$$\frac{d^n y}{dx^n} + P_1 \frac{d^{n-1}y}{dx^{n-1}} + P_2 \frac{d^{n-2}y}{dx^{n-2}} + \cdots + P_n y = X \qquad (2)$$

用符號式可書爲

$$(D^n + P_1 D^{n-1} + P_2 D^{n-2} + \cdots + P_n)y = X$$

或

$$(D-a_1)(D-a_2)\cdots(D-a_n)y = X \qquad (3)$$

（2）之特解(particular Solution)（此篇所稱特解,卽微分方程敎本中,令積分常數 Constant of integration 爲 0 時,所得之特解.）常表以

$$y = \frac{1}{(D-a_1)(D-a_2)\cdots(D-a_n)}X \qquad (4)$$

此篇主旨,在論作用式 $\dfrac{1}{(D-a_1)(D-a_2)\cdots(D-a_n)}$ （此篇所稱作用式皆指此)作用於 X 時,其結果與作用式因子(factors)之次序有無關係.蓋一般微分方程敎本,對作用式作用於 X 之結果,似皆默

認與因子之次序無關.然施諸解題,則不盡然.此問題在識者固不值一談,然初學或不無誤會焉.爰舉例以明余言之不謬.

試應用(4)式求下列微分方程之特解

$$\frac{d^2y}{dx^2}-3\,\frac{dy}{dx}-4y=e^{4x} \qquad\qquad (5)$$

(5)之符號式為 $(D-4)(D+1)y=e^{4x}$

(5)之特解為

$$y=\frac{1}{(D-4)(D+1)}\,e^{4x}=\frac{1}{D-4}\,e^{-x}\int e^{x}e^{4x}dx=\frac{1}{D-4}\,\frac{e^{4x}}{5}$$

故 $y=e^{4x}\int\left(e^{-4x}\cdot\frac{e^{4x}}{5}\right)dx=\frac{xe^{4x}}{5}$ (6)

試改換 $\dfrac{1}{(D-4)(D+1)}$ 因子之次序,再求(5)之特解得

$$y=\frac{1}{(D+1)(D-4)}\,e^{4x}=\frac{1}{D+1}\,e^{4x}\int e^{-4x}\cdot e^{4x}dx$$

$$y=\frac{1}{D+1}\,xe^{4x}=e^{-x}\int e^{x}\cdot xe^{4x}dx=\frac{xe^{4x}}{5}-\frac{e^{4x}}{25} \qquad (7)$$

由(6)及(7)可知

$$\frac{1}{(D-4)(D+1)}e^{4x}+\frac{1}{(D+1)(D-4)}e^{4x}$$

觀乎此例,則作用式 $\dfrac{1}{(D-a_1)(D-a_2)\cdots(D-a_n)}$

作用於 X 之結果,與其因子之次序,不無關係,可斷言矣.作用式改換因子之次序後,與未改前,對 X 之作用,既可生不同結果;然此種相異結果是否皆為(2)之特解?其差別何在?發生不同結果之理由又何在?茲依次釋之如下:

先改換(4)式分母之次序,並設

$$\Phi_1(x) = \frac{1}{(D-a_n)(D-a_1)\cdots(D-a_2)(D-a_{n-1})}X \tag{8}$$

又
$$\Phi_2(x) = \frac{1}{(D-a_1)(D-a_2)\cdots(D-a_n)}X \tag{9}$$

將 (8) 及 (9) 分別代入 (3) 內得

$$(D-a_1)(D-a_2)\cdots(D-a_n)\Phi_1(x) = X$$

即
$$(D-a_1)(D-a_2)\cdots(D-a_n)\frac{1}{(D-a_n)(D-a_1)\cdots(D-a_{n-1})}X = X \tag{10}$$

及
$$(D-a_1)(D-a_2)\cdots(D-a_n)\Phi_2(x) = X$$

即
$$(D-a_1)(D-a_2)\cdots(D-a_n)\frac{1}{(D-a_1)(D-a_2)\cdots(D-a_n)}X = X \tag{11}$$

但 (10) 及 (11) 之眞確,甚易驗明.是則 $y = \Phi_1(x)$ 及 $y = \Phi_2(x)$ 皆爲 (2) 之特解矣.

今將論 $\Phi_1(x)$ 及 $\Phi_2(x)$ 之差別:旣巳證明 $y = \Phi_1(x)$ 及 $y = \Phi_2(x)$ 皆爲 (2) 之特解,則以下二式之眞確明矣.

$$(D^n + P_1 D^{n-1} + P_2 D^{n-2} + \cdots + P_n)\Phi_1(x) = X \tag{12}$$

$$(D^n + P_1 D^{n-1} + P_2 D^{n-2} + \cdots + P_n)\Phi_2(x) = X \tag{13}$$

(12) − (13) 得

$$(D^n + P_1 D^{n-1} + P_2 D^{n-2} + \cdots + P_n)\{\Phi_1(x) - \Phi_2(x)\} = 0 \tag{14}$$

由 (14) 可知 $y = \Phi_1(x) - \Phi_2(x)$ 必屬於 (2) 之 Complementary function.

作用式因改換因子之次序,對 X 之作用,往往發生相異之結果,已由實例證明.而其理由果何在乎?欲究此理,當察作用式對 X 作用之本義.依作用式對 X 作用之定義,乃連續積分.而每次積分,本應隨時加入積分常數 (Constants of integration). 且第一次所加常數項,至第二次則化爲 x 之函數.倘依此繼續進行,最後結果,實微分方程之普通解,非其特解也.（用此法求普通解,以其冗煩,故

棄之不用.)作用式對 X 作用之本義,厥在此耳.如用此種作用式,求微分方程之特解,則每次積分,永令積分常數爲0.如此所得結果,實則作用式作用於 X 應得結果之一部分,非全璧也.改換因子之次序,再用之以求特解,則每次積分,仍令積分常數爲0,最後則得別一不完全結果.既皆爲不完全之結果,安得期其相同耶.

（4）之化簡,往往先將 D 視爲代數量,用部分分數法,partial fraction)書作用式爲

$$\frac{1}{(D-a_1)(D-a_2)\cdots(D-a_n)}=\frac{A_1}{D-a_1}+\frac{A_2}{D-a_2}+\cdots+\frac{A_n}{D-a_n} \quad (15)$$

則

$$\frac{1}{(D-a_1)(D-a_2)\cdots(D-a_n)}X=\frac{A_1}{D-a_1}X+\frac{A_2}{D-a_2}+\cdots+\frac{A_n}{D-a_n}X \quad (16)$$

既已證明 $\dfrac{1}{(D-a_1)(D-a_2)\cdots(D-a_n)}$ 對 X 作用之結果, 與其因子之次序有關,則 (16) 兩端之不可期其必等,亦自明矣.然應用前法可證 (16) 右端之結果,亦爲 (2) 之特解.且 (16) 兩端之差必屬於 (2) 之 Complomontary function.

總之作用式對 X 作用之結果,雖常因因子次序之改換而改換,(16) 兩端結果之不可期其必等,然此種不同結果,皆爲微分方程之特解.以此法求特解,至今仍可應用無阻者,實此理持之耳.

圓函數及雙曲函數之幾何定義，并以此爲起點而
平行論列之（六續）　　　　秉　鈞

23.極坐標．　坐標爲 x,y 之 z 點有其極坐標(polar coordinates)
爲

$$\overline{oz}=\varrho, \quad \widehat{xoz}=\omega, (圖\ 27).$$

吾人有

$$\varrho=\sqrt{x^2+y^2}, \quad \omega=\text{angle tan}\left(\frac{y}{x}\right).$$

表 $\sin(\sigma_1+i\sigma_2)$ 之點有其坐標爲

$$x=\sin\sigma_1\,\text{ch}\,\sigma_2, \quad y=\cos\sigma_1\,\text{sh}\,\sigma_2.$$

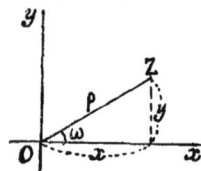

圖27

因而得其極坐標爲

$$\varrho=\sqrt{\sin^2\sigma_1\,\text{ch}^2\sigma_2+\cos^2\sigma_1\,\text{sh}^2\sigma_2}=\sqrt{\sin^2\sigma_1(1+\text{sh}^2\sigma_2)+(1-\sin^2\sigma_1)\text{sh}^2\sigma_2}$$

$$=\sqrt{\sin^2\sigma_1+\text{sh}^2\sigma_2},$$

$$\omega=\text{angle tan}\left(\frac{\text{th}\,\sigma_2}{\tan\sigma_1}\right).$$

同理，表　$\cos(\sigma_1+i\sigma_2)$, $\text{sh}(\sigma_1+i\sigma_2)$, $\text{ch}(\sigma_1+i\sigma_2)$ 之點之極坐標,亦可

如上得之.

以上所得之各坐標可俱表明之如下表:

函　　數	x	y	ϱ	ω
$\sin(\sigma_1+i\sigma_2)$	$\sin\sigma_1\text{ch}\,\sigma_2$	$\cos\sigma_1\text{sh}\,\sigma_2$	$\sqrt{\sin^2\sigma_1+\text{sh}^2\sigma_2}$	$\text{angtan}\left(\dfrac{\text{th}\,\sigma_2}{\tan\sigma_1}\right)$
$\cos(\sigma_1+i\sigma_2)$	$\cos\sigma_1\text{ch}\,\sigma_2$	$-\text{sih}\,\sigma_1\text{sh}\,\sigma_2$	$\sqrt{\cos\sigma_1+\text{sh}^2\sigma_2}$	$\text{angtan}(-\tan\sigma_1\text{th}\,\sigma_2)$
$\text{sh}(\sigma_1+i\sigma_2)$	$\text{sh}\,\sigma_1\cos\sigma_2$	$\text{ch}\,\sigma_1\sin\sigma_2$	$\sqrt{\text{sh}^2\sigma_1+\sin^2\sigma_2}$	$\text{angtan}\left(\dfrac{\tan\sigma_2}{\text{th}\,\sigma_1}\right)$
$\text{ch}(\sigma_1+i\sigma_2)$	$\text{ch}\,\sigma_1\cos\sigma_2$	$\text{sh}\,\sigma_1\sin\sigma_2$	$\sqrt{\text{sh}^2\sigma_1+\cos^2\sigma_2}$	$\text{angtan}(\text{th}\,\sigma_1\tan\sigma_2)$

（待續）

歐　姆　定　律　概　論 (三續)

趙　富　鑫

（三）交流並聯電路　在上節內,以 I 爲參考向量,而以 V 分

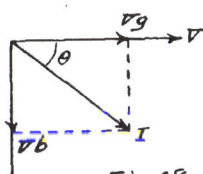

Fig. 48

解爲 V_R 及 V_x(卽 V_L-V_c)二部份.然亦可以 V 爲參考向量,而以 I 分爲 I_g 及 I_b 二部,如圖48.I_g 與 V 同相,I_b 與 V 正交.此 I_g 及 I_b 並非實際電流,故在電路圖上不能註出也.

$$I_g = I\cos\theta = \frac{V}{Z}\ \frac{R}{Z} = V\frac{R}{Z^2} = Vg. \qquad g = \frac{R}{Z^2} = \frac{I_g}{V}.$$

$$I_b = I\sin\theta = \frac{V}{Z}\ \frac{X}{Z} = V\frac{X}{Z^2} = Vb. \qquad b = \frac{X}{Z^2} = \frac{I_b}{V}.$$

$$而\quad I = \sqrt{I_g{}^2 + I_b{}^2} = V\sqrt{g^2 + b^2} = Vy = \frac{V}{Z} \qquad y = \frac{1}{Z} = \frac{I}{V}.$$

$$\tan\theta = \frac{I_b}{I_g} = \frac{g}{b} \qquad \cos\theta = \frac{I_g}{I} = \frac{g}{y}.$$

此 g, b 及 y 相當於直流電路之電導,g 卽曰電導,因電阻而有,b 曰電納(Susceptance),因電抗而有.電抗爲正時(感抗大於容抗),則電納爲正,電抗爲負時,電納亦爲負.y 則曰導納(Admittance),爲阻抗之倒數,而電導或電納,則非電阻或電抗之倒數.由電導及電納亦可求得電阻及電抗,

$$V_R = V\cos\theta = \frac{I}{y}\ \frac{g}{y} = I\frac{g}{y^2} = IR \qquad R = \frac{g}{y^2}$$

$$V_X = V\sin\theta = \frac{I}{y}\ \frac{b}{y} = I\frac{b}{y^2} = IX \qquad X = \frac{b}{y^2}$$

電路內之電功率則為

$$P = VI\cos\theta = VI_g = V^2 g.$$

若有二電路並聯時，如圖49，則因 V 相同，可以每路電流分為 I_g 及 I_b 二部.

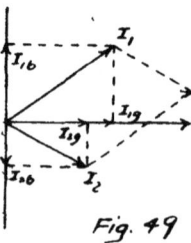

Fig. 49

$$\vec{I} = \vec{I_1} + \vec{I_2}$$

或

$$I = \sqrt{I_g^2 + I_b^2} = \sqrt{(I_{1g} + I_{2g})^2 + (I_{1b} + I_{2b})^2}$$

$$V = \sqrt{(g_1 + g_2)^2 + (b_1 + b_2)^2} = V\sqrt{g^2 + b^2} = Vy.$$

$$g_1 = g_1 + g_2 \qquad b_1 = b_1 + b_2$$

$$\theta = \tan^{-1}\frac{b_1 + b_2}{g_1 + g_2}.$$

g_1, g_2 恆為正，b_1, b_2 則隨 X_1, X_2 而定.

簡言之，各部串聯時，總電阻為各電阻之和，總電抗為各電抗之和，而並聯時總電導為各電導之和，總電納則為各電納之和.一電路之電阻電抗與其電導電納，可以互相換算.例如電容器之絕緣電阻 R，本與電容 C 並聯，但可化為一電阻 R'，與電容 C 串聯，如圖50.此時

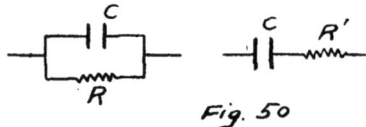

Fig. 50

$$g_1 = 0 \qquad\qquad g_2 = \frac{1}{R} \qquad\qquad g = \frac{1}{R}$$

$$b_1 = \frac{1}{X} = \omega C \qquad b_2 = 0 \qquad\qquad b = \omega C$$

故

$$R' = \frac{g}{g^2 + b^2} = \frac{\dfrac{1}{R}}{\left(\dfrac{1}{R}\right)^2 + (\omega C)^2} = \frac{R}{1 + \omega^2 C^2 R^2}.$$

此電阻 R' 即電容器之有效電阻(Effective Resistance)，R 愈大，則 R

愈小,完全絕緣之電容器之有效電阻則爲零.

　　若二部並聯,而 b_1 等於 b_2,正負相反(一部有 L, 一部有 C),則 b 爲零,I 與 V 同相,而 I 之值最小. 此時稱爲並聯共振(Parallel Resonance).若兩部均無電阻,則 g_1 及 g_2 均爲零,I_1 與 I_2 反相而相等,故而 I 亦爲零.此時之共振頻率亦爲 $\dfrac{1}{2\pi\sqrt{LC}}$.

　　(四) 複數之應用　交流電路解決,苦利用複數(Complex Number)可便利不少.任何一向量,如 V,可以一複數代表之.先以 V 分解爲二部,a 沿 X 軸,b 沿 Y 軸,如圖51. V 之長爲 $\sqrt{a^2+b^2}$, V 與 X 軸間之角 θ 爲 $\tan^{-1}\dfrac{b}{a}$. 以 a 爲複數之實數部分 (Real part),b 爲虛數部分 (Imaginary part). 則

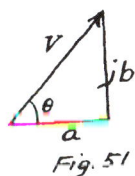
Fig. 51

$$\vec{V}=a+jb=V\varepsilon^{j\theta} \qquad V=\sqrt{a^2+b^2} \qquad \theta=\tan^{-1}\frac{b}{a}.$$

　　二向量相加或減時,

$$\vec{V_1}=a_1+jb_1=V_1\varepsilon^{j\theta_1} \qquad \vec{V_2}=a_2+jb_2=V_2\varepsilon^{j\theta_2}.$$

$$V_1+V_2=(a_1+a_2)+j(b_1+b_2)$$

$$\vec{V_1}-\vec{V_2}=(a_1-a_2)+j(b_1-b_2).$$

相乘或相除時,則

$$\vec{V_1}\vec{V_2}=(a_1+jb_1)(a_2+jb_2)=(a_1a_2-b_1b_2)+j(a_1b_2+a_2b_1).$$

或　$$\vec{V_1}\vec{V_2}=V_1V_2\varepsilon^{j(\theta_1+\theta_2)}.$$

$$\frac{\vec{V_1}}{\vec{V_2}}=\frac{a_1+jb_1}{a_2+jb_2}=\frac{(a_1+jb_1)(a_2-jb_2)}{(a_2+jb_2)(a_2-jb_2)}=\frac{a_1a_2+b_1b_2}{a^2+b^2}+j\frac{(b_1a_2-b_2a_1)}{a^2+b^2}$$

或　$$\frac{\vec{V_1}}{\vec{V_1}}=\frac{V_1}{V_2}\varepsilon^{j(\theta_1-\theta_2)}.$$

在串聯交流電路中,可以 I 爲 X 軸.則 V_R 與 I 同向爲 $\vec{V}$ 之實數部分, V_x 與 I 垂直,爲虛數部分,而 θ 則爲 V 與 I 間之相差.同樣 Z 亦可視爲向量,與 V 同向,分爲 R 及 X 二部, R 在 V_R 方向, X 在 V_x 方向.則在

純粹電阻　　　　　$\vec{V}_R = IR + jo$　　　　　　　　　　$\vec{R} = R + jo$

純粹電感　　　　　$\vec{V}_L = o + jI\omega L$　　　　　　　　　$\vec{X}_L = o + jwL$　　　　X_L 爲正

純粹電容　　　　　$\vec{V}_C = o - jI\omega C$　　　　　　　　$\vec{X}_C = o - j\omega L$　　　　X_C 爲負

串聯電路　　　　　$\vec{V} = \vec{V}_R + \vec{V}_L + \vec{V}_C = IR + jI\left(\omega L - \dfrac{1}{\omega C}\right)$

$$= I\Sigma R + jI\Sigma X = V\varepsilon^{j\theta}$$

$$V = I\sqrt{\Sigma R^2 + \Sigma X^2} = IZ \qquad \theta = \tan^{-1}\frac{\Sigma X}{\Sigma R}$$

$$\vec{z} = R + j\left(L\omega - \frac{1}{\omega C}\right) = \Sigma R + j\Sigma X = Z\varepsilon^{j\theta} \qquad Z = \sqrt{(\Sigma R)^2 + (\Sigma X)^2}$$

若以 V 爲 X 軸,則 I_g 爲實數部分而 I_b 爲虛數部分.故

$$\vec{I} = I_g + jI_b = Vg + jVb = I\varepsilon^{j\theta}$$

$$I = \sqrt{I_g{}^2 + I_b{}^2} = V\sqrt{g^2 + b^2}. \qquad \theta = \tan^{-1}\frac{b}{g}.$$

$$\vec{y} = g + jb \qquad y = \sqrt{g^2 + b^2}.$$

在自感圈中 X 爲正而 b 爲負,因在向量圖內 X 爲正時, I_b 爲負也.在電容器中則 X 爲負而 b 爲正矣.

若有數部並聯,則

$$\vec{I} = V\Sigma g + jV\Sigma b = I\varepsilon^{j\theta} \qquad I = V\sqrt{(\Sigma g)^2 + (\Sigma b)^2} = Vy \qquad \theta = \tan^{-1}\frac{\Sigma b}{\Sigma g}.$$

$$\vec{y} = \Sigma g + j\Sigma b \qquad\qquad y = \sqrt{(\Sigma g)^2 + (\Sigma b)^2}.$$

由此可知任何電路內之 V 或 I 均可以複數表之,從此複數

理学卷（第二册） 科学通讯 第三卷 第一期（1937）

式可知 V 及 I 之數值及二者間之相差.若以 $\vec{V}$ 之複數式除以 $\vec{I}$ 之複數式,即得 $\vec{Z}$ 之複數式,同樣 $\vec{I}/\vec{V}$ 爲 $\vec{y}$. 若以 $\vec{V}$ 及 $\vec{I}$ 之式相乘,則得一複數式,代表電功率.其實數部份爲實在耗費部份,即功率損失 P 或 $VI\cos\theta$,其虛數部分爲非耗費部分,即動電能與電磁能或靜電能間互相迻換之部分,亦即所謂無功部分(Wattless Component)也

該舉一例以明之.有一自感圈,電阻爲 10 歐姆,自感係數爲 0.06 亨利.又有一電容器,電容爲 20 微法拉.設二者串聯於 100 伏特每秒 150 週之交流電源,求各部之電流電位差及電功率.又設二者並聯,求各部之電流,電位差及電功率.

（甲）串聯　見圖 52A.

$$\vec{X}_L = j\omega L = j2\pi \times 150 \times 0.06 = j56.5$$

$$\vec{X}_C = -\frac{j}{\omega C} = -j\frac{1}{2\pi \times 150 \times 20 \times 10^{-6}} = -j53.1$$

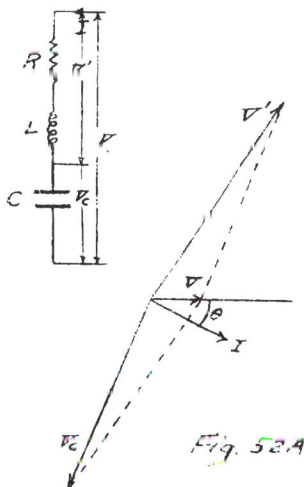

Fig. 52A

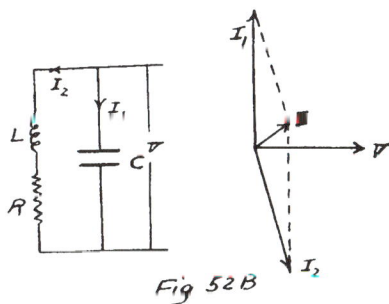

Fig 52B

$$\therefore \quad \vec{Z} = 10 + j56.5 - j53.1 = 10 + j3.4.$$

設 $$\vec{V} = 100 + j0.$$

則 $$\vec{I} = \frac{\vec{V}}{\vec{Z}} = \frac{100 + j0}{10 + j3.4} = 8.97 - j3.04$$

$$I = \sqrt{8.97^2 + 3.04^2} = 9.46 \qquad \theta = \tan^{-1}\frac{-3.04}{8.97} = -18^0 44'$$

$$\therefore \qquad \vec{I} = 9.46\varepsilon^{-j18^0 44'}$$

自感圈之阻抗 $$\vec{Z'} = 10 + j56.5$$

故自感圈兩端之電位差

$$\vec{V'} = \vec{I}\,\vec{Z'} = (8.97 - j3.04)(10 + j56.5) = 261.5 + j476.$$

$$V' = \sqrt{261.5^2 + 476^2} = 542 \qquad \theta' = \tan^{-1}\frac{476}{261.5} = 61.^0 19'$$

$$\vec{V'} = 542\varepsilon^{j61^0,\,19'}$$

電路內之總電功率

$$P = 100 \times 8.97 - 0 \times 3.04 = 897$$

自感圈內之電功率

$$P' = 261.5 \times 8.97 - 476 \times 3.04 = 897.$$

(乙) 並聯 見圖 52 B.

$$\vec{Z_1} = -j53.1 \qquad\qquad \vec{Z_2} = 10 + j56.5$$

$$\vec{I_1} = \frac{100 + j0}{-j53.1} = j1.883 = 1.883\varepsilon^{j90^0}$$

$$\vec{I_2} = \frac{100 + j0}{10 + j56.5} = 0.304 - j1.716 = 1.743\varepsilon^{-j79^0 57'}$$

$$\vec{I} = \vec{I_1} + \vec{I_2} = 0.304 + j0.167 = 0.347\varepsilon^{j28^0 43'}$$

或 $$\vec{y} = \frac{1}{-j53.1} + \frac{1}{10 + j56.5} = 0.00304 + j0.00167$$

$$\overrightarrow{I}=(100+j0)(0.00304+j0.00167)=0.304+j0.167$$

電路內之總電功率,亦即自感圈內之電功率

$$P=100\times0.304-0\times0.167=30.4$$

（五）克希荷夫定律 —— 交流電橋　由上所述,可知交流電路之解法,與直流電路相似.祇須將每個電流或電位差以複數代表之,串聯時則將各電位差之實數及虛數二部份分別相加,並聯時則將各電流之實數及虛數兩部份分別相加.Z 或 y 亦可以複數式代表之.是以克希荷夫定律亦可應用於交流電路,其式如下

$$\Sigma I=0 \qquad 及 \qquad \Sigma E+\Sigma IZ=0.$$

式內各 I, E, 及 IZ 各分實數及虛數兩部分,兩部分應分別相加,其和各為零.

茲用此定律以說明各種交流電橋(A. C. Bridge)之原理.所謂交流電橋,乃以各種電阻,線圈,電容器等聯成惠斯登電橋線路,而更變其中之一,使直流或交流經過電橋時電流計之偏轉度俱為零,然後可以測定待量電池或電容.茲舉數例如下,略述如下.

甲.自感電橋(Self-inductance Bridge)　如圖 53.先更變 R_2 使直流通過時平衡（i_g 為零）,則

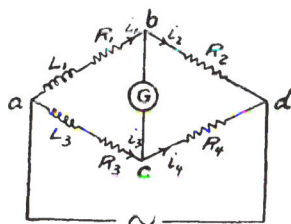

Fig. 53

$$\frac{R_1}{R_2}=\frac{R_3}{R_4}.$$

然後通以交流,更變 L_2, 使達平衡,則在 abc 網目內

$$i_1R_1+ji_1\omega L_1=i_3R_3+ji_3\omega L_3$$

在 bcd 網目內　　　$i_2R_2=i_4R_4$

但　　　$i_1=i_2$　　　$i_3=i_4$

故
$$\frac{R_1+j\omega L_1}{R_2}=\frac{R_3+j\omega L_3}{R_4}$$

減去上式得
$$\frac{L_1}{R_2}=\frac{L_3}{R_4}$$

由此可測定 L_1 及 R_1, 卽一自感圈之電阻及自感.

乙.馬克士威自感電容電橋(Maxwell's L-C Bridge) 如圖 54. $L_1 R_1$ 爲一自感圈,先更變 R_2, R_3, R_4 中任一電阻,使直流平衡.然後更變 C_4 使交流平衡.則

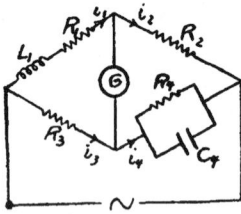
Fig. 54

$$\frac{i_1}{i_2}\frac{Z_1}{Z_2}=\frac{i_3}{i_4}\frac{Z_3}{Z_4} \quad \text{或} \quad \frac{Z_1}{Z_2}=\frac{Z_3}{Z_4}$$

因 C_4 與 R_4 並聯,故

$$Z_4=\frac{1}{\dfrac{1}{R_4}+\dfrac{1}{-j\dfrac{1}{\omega C_4}}}=\frac{R_4}{1+jR_4C_4\omega}$$

故
$$\frac{R_1+jL_1\omega}{R_2}=\frac{R_3}{\dfrac{R_4}{1+jR_4C_4\omega}}=\frac{R_3+jR_3R_4C_4\omega}{R_4}$$

以實數與虛數分開,則得

$$\frac{R_1}{R_2}=\frac{R_3}{R_4} \qquad \frac{L_1}{R_2}=\frac{R_3R_4C_4}{R_4}=R_3C_4$$

若知 C_4 可測定 L_1 及 R_1,反之若知 L_1,可測定 C_4 故名 $L-C$ 電橋.

丙.安特孫 L-C 電橋 (Anderson's L-C Bridge) 如圖 55. $L_1 R_1$ 爲一自感圈.先得直流平衡,然後更變 C 得交流平衡.則

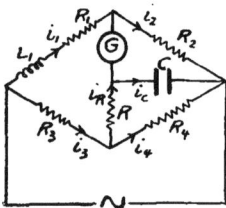
Fig. 55

$$i_1(R_1+jL_1\omega)=i_2R_3+i_RR$$

$$i_2R_2=-ji_C\frac{1}{C\omega}.$$

教材三　　　　　　　　**歐 姆 定 律 概 論**　　　　　　　23

但　　　　　　　　　$i_1 = i_2$　　　　$i_R = i_C$

故　　　　　$$\frac{R_1 + jL_1\omega}{R_2} = \frac{\left(\dfrac{i_s}{i_C}\right)R_3 + R}{-j\dfrac{1}{C\omega}}.$$

然　　　　$$i_R R - j i_C \frac{1}{C\omega} = i_C \left(R - j\frac{1}{C\omega}\right) = i_4 R_4$$

而　　　　　　　　　$i_s = i_C + i_4$

故　　　　$$\frac{i_s}{i_C} = \frac{R_4 + R - j\dfrac{1}{C\omega}}{R_4}$$

故　　$$\frac{R_1 + jL_1\omega}{R_2} = \frac{\left(R_4 + R - j\dfrac{1}{C\omega}\right)\dfrac{R_s}{R_4} + R}{-j\dfrac{1}{C\omega}}.$$

分 開 實 數 及 虛 數,得

$$\frac{R_1}{R_2} = \frac{R_s}{R_4} \quad 及 \quad \frac{L_1}{R_2} = C\left[\frac{R_s}{R_4}(R_4 + R) + R\right].$$

普 通 R_s 與 R_4 相 等,則

$$L_1 = CR_2(2R + R_1).$$

若 知 C 可 測 L_1, 知 L_1 可 測 C

丁.渥 溫 L-C 電 橋(Owen's L-C Bridge)　　如 圖 56, 此 法 祇 有 交 流
平 衡,而 無 直 流 平 衡,欲 得 交 流 平 衡,可 同 時 更
變 C_s 及 R_s, 在 交 流 平 衡 時,

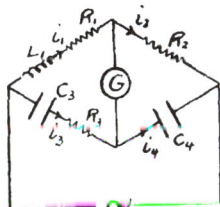

Fig. 56

$$\frac{R_1 + jL_1\omega}{R_2} = \frac{R_s - j\dfrac{1}{C_s\omega}}{-j\dfrac{1}{C_4\omega}}$$

分 開 實 數 及 虛 數,得

$$\frac{R_1}{R_2} = \frac{C_4}{C_s} \quad 及 \quad \frac{L_1}{R_2} = C_4 R_s.$$

於是由 C_4 可測定 L_1, 由 L_1 可測定 C_4.

戊. **互感電橋** (Mutual Inductance Bridge)
如圖 57. M_1 及 M_2 爲二互感圈. L_1 及 L_2 爲 M_1
及 M_2 之副線圈,分列電橋兩分路中. 其原線
圈則串聯,電流爲 i. 在交流平衡時,

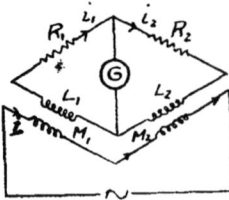

Fig. 57

$$(R_1 + jL_1\omega)i_1 + jM_1\omega i = 0.$$

$$(R_2 + jL_2\omega)i_2 + jM_2\omega i = 0,$$

故

$$\frac{R_1 + jL_1\omega}{R_2 + jL_2\omega} = \frac{jM_1\omega}{jM_2\omega}.$$

或

$$\frac{M_1}{R_1} = \frac{M_2}{R_2} \text{ 及 } \frac{M_1}{L_1} = \frac{M_2}{L_2}.$$

欲得交流平衡時,同時更變 L_1 (或 L_2) 及 R_1 (或 R_2).於是由 M_1 可
求 M_2, 由 M_2 可求 M_1.

此式中之 M_1 及 M_2 或俱爲正或俱爲負,卽 L_1 及 L_2 中之互感電
動勢或與自感電動勢俱同向或俱反向也.

己. **馬克斯威互感自感電橋** (Maxwell's M-L Bridge). 如圖 58.
先更變電阻得直流平衡,然後更變 M 或 L_1 得交流平衡.

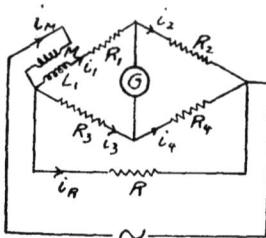

Fig. 58

$$i_1(R_1 + jL_1\omega) + ji_M M\omega = i_2 R_3$$

$$i_2 R_2 = i_4 R_4$$

而

$$i_1 = i_2 \qquad i_3 = i_4$$

故

$$\frac{R_1 + jL_1\omega + j\dfrac{i_M}{i_1}M\omega}{R_2} = \frac{R_3}{R_4}.$$

但

$$i_3 R_3 + i_4 R_4 = i_R R$$

故

$$i_M = i_1 + i_3 + i_R = i_1 + (1 + \frac{R_3 + R_4}{R})i_3$$

代入上式得

$$\frac{(R_1+jL_1\omega)+jM\omega}{R_2}=\frac{R_3-jM\omega(1+\frac{R_3+R_4}{R})}{R_4}.$$

分開實數及虛數,得

$$\frac{R_1}{R_2}=\frac{R_3}{R_4}$$

及 $\dfrac{L_1+M}{R_2}=\dfrac{-M(1+\frac{R_3+R_4}{R})}{R_4}$ 或 $M=-L_1\dfrac{R_4}{R_2(1+\frac{R_3}{R})+R_4(1+\frac{R_2}{R})}.$

於是由 L_1 可得 M, 由 M 可得 L_1.

此式中之 M 為負,即 L_1 中之互感電動勢與自感電動勢反向也.

庚.海維賽德 M-L 電橋 (Heaviside M-L Bridge). 如圖 59.先更動電阻得直流平衡, 然後更動 M 或 L_3 得交流平衡.

$$i_1(R_1+jL_1\omega)+ji_MM\omega=i_3(R_3+jL_3\omega)$$

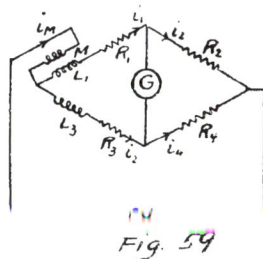

Fig. 59

$$i_1R_2=i_3R_4$$

而 $\quad i_M=i_1+i_3$

故 $\quad \dfrac{(R_1+jL_1\omega)+jM\omega}{R_2}=\dfrac{(R_3+jL_3\omega)-jM\omega}{R_4}$

分開實數及虛數,得

$$\frac{R_1}{R_2}=\frac{R_3}{R_4}$$

及 $\quad \dfrac{L_1+M}{R_2}=\dfrac{L_3-M}{R_4}$ 或 $M=\dfrac{L_3R_2-L_1R_4}{R_2+R_4}$

普通 R_2 與 R_4 相等,則

$$M=\frac{1}{2}(L_3-L_1).$$

故由 M 可得 L_2, 由 L_2 可得 M.

此式中之 M 爲正, 卽 L_1 中之互感電動勢與自感電動勢同向也.

又若以自感 L 串聯於 L_2, 更動 M 至 M', 使交流平衡. 然後除去 L, 更動 M 至 M'', 使交流平衡. 則

$$M' = \frac{1}{2}(L_2 + L - L_1) \qquad M'' = \frac{1}{2}(L_2 + L)$$

故 $$L = 2(M' - M'').$$

祇知 M' 及 M'', 卽可求 L.

辛. 海德淮勒互感電容電橋 (Heydweiller's M-C Bridge). 如圖 60. 同時更變 R_1, R_2 或 C_2 使交流平衡. 當平衡時

$$i_1(R_1 + jL_1\omega) + ji_M M\omega = 0.$$

$$i_2(R_2 - j\frac{1}{C\omega}) = i_4 R_4$$

但 $$i_M = i_1 + i_4.$$

故 $$\frac{R_1 + jL_1\omega + jM\omega}{R_2 - j\frac{1}{C_2\omega}} = \frac{-jM\omega}{R_4}$$

分開實數及虛數得

$$M = -L_1\frac{R_4}{R_2 + R_4}$$

$$M = -C_2 R_1 R_4$$

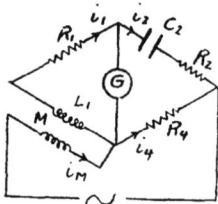

Fig 60

故由 C_2 可得 M, 由 M 可得 C_2.

此式中之 M 爲負, 卽 L_1 中之互感電動勢與自感電動勢反向也.

壬. 電容電橋 (Capacity Bridge). 如圖 61. 更變 C_2 及 R_2 至交流

教材三　　　　　　歐　姆　定　律　概　論　　　　　　27

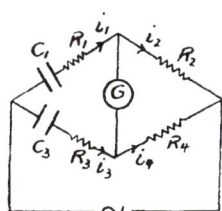

Fig. 61

平衡.則

$$\frac{Z_1}{Z_2} = \frac{Z_3}{Z_4}$$

$$\frac{R_1 - j\dfrac{1}{C_1\omega}}{R_2} = \frac{R_3 - j\dfrac{1}{C_3\omega}}{R_4}$$

或　　　$$\frac{R_1}{R_2} = \frac{R_3}{R_4} \quad 及 \quad \frac{C_1}{C_3} = \frac{R_4}{R_3}.$$

故電容 C_1 及其相當電阻 R_1 即可測定.

癸.頻率電橋(Frequency Bridge). 如圖 62.先將 C 撬路,更變 R_2,

R_3,R_4,得直流平衡.則　　　$$\frac{R_1}{R_2} = \frac{R_3}{R_4}$$

然後將撬路拆開,更變 C_1,使交流平衡.則

$$i_1 R_1 + j i_1 \left(L\omega - \frac{1}{C\omega}\right) = i_4 R_4$$

$$i_2 R_2 = i_3 R_3$$

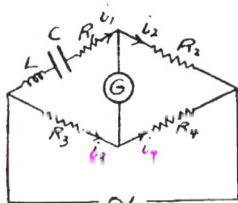

Fig. 62

故　　　$$\frac{R_1 + j\left(L\omega - \dfrac{1}{C\omega}\right)}{R_2} = \frac{R_3}{R_4}$$

故　　　$$L\omega - \frac{1}{C\omega} = 0$$

即 LCR_1 為一共振電路,而頻率可以測定

$$f = \frac{\omega}{2\pi} = \frac{1}{2\pi\sqrt{LC}}.$$

以上各種電橋,乃普通測定, $L, M,$ 及 C 之法,實則直流惠斯登電橋之變相也.

（六）向量圖(Vector Diagram). 交流電路之解法,已如上述,然有時使用各法,每致迷亂無從着手.若欲步驟清晰,則須畫電路之向量圖.所謂向量圖者,於一圖內畫各電流各電位差之旋轉向量,代表各量之數值及各量間之相差.畫此圖可任擇一量爲 X 軸,則其餘各量均可由此作成.凡自感圈中之電流,恆落後於電位差,而電容器中之電流恆超前於電位差.二電流或二電位差之和,爲二者之向量和.已得向量圖,再用(三)(四)兩節各法,則無論如何繁複之電路,各部中之電流電位差,皆可逐一求得,不致迷亂矣.簡單串聯及並聯之向量圖,已見(四)節.茲再就較繁之電路,舉數例於下.

甲.如圖 63 A 之電路,可以 I_2 作 X 軸,依此作其他各向量,則得向量圖如圖 63B.於是各量間之關係,瞭然顯示,祇需代入數值,卽可得各量之數值及其間之相差矣.

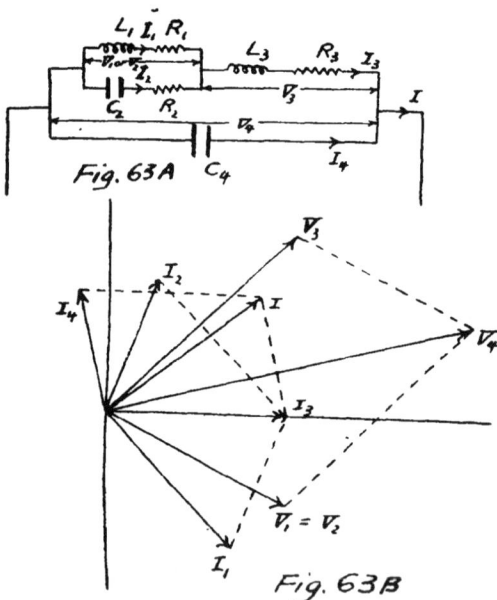

乙.圖 64A 爲馬克斯威 L-C 電橋之向量圖,因交流平衡,故 i_1Z_1 之向量與 i_2R_2 之向量同起訖點.64B 爲安特孫 L-C 電橋之向量圖.64C 爲馬克斯威 M-L 電橋之向量圖,$-I_M\omega M$ 爲 L_1 中因互感所生之電位差,較 I_M 超前 90°,而與 $I_1\omega L_1$ 反相.$I_1\omega M$ 則爲 L 中因互感所生之電位差,較 I_1 落後 90°,而與 $I_M\omega L$ 反相.64D 則爲

Fig. 63A

Fig. 63B

理学卷（第二册） 科学通讯 第三卷 第一期（1937）

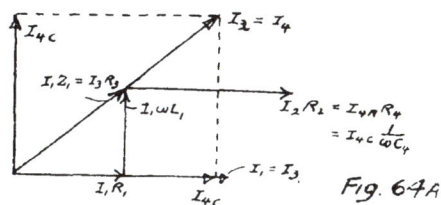

Fig. 64A

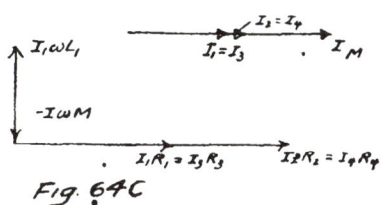

Fig. 64C

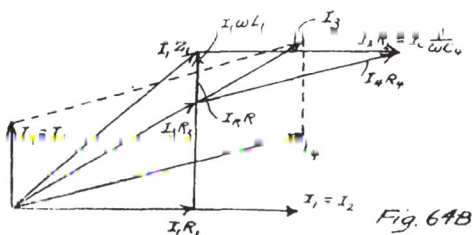

Fig. 64B

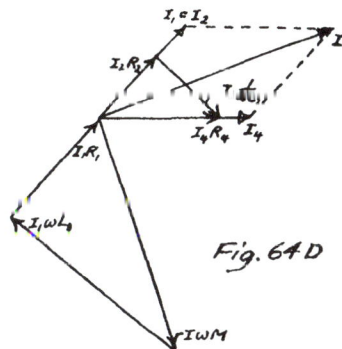

Fig. 64D

Fig. 64E

海德淮勒 M-C 電橋之向量圖. $64E$ 則爲頻率電橋之向量圖, 共振部 份之 $I_1\omega L_1$ 等於 $I_1\dfrac{1}{\omega C_1}$ 而反相.

（七）發電機電動機變壓器等之電路.

甲變壓器　簡單之變壓器爲一磁路上繞以二線圈, 一爲原線圈, 一爲副線圈. 如圖 65. 若於原線圈通以交流 I'_1, 則在副線圈內有交變電動勢 E_2. 此交變電動勢與原線圈內因自感作用而生之交變電動勢 E_1 之比, 此爲副線圈圈數 N_2 與原線圈圈數 N_1 之比. 蓋 e_2 爲 $-N_2\dfrac{d\Phi}{dt}$ 而 e_1 爲 $-N_1\dfrac{d\Phi}{dt}$ 也. E_2 之相則

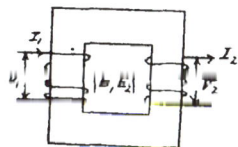

Fig. 65

適與 E_1 反. 若副線圈之電阻爲 r_2, 電抗爲 x_2, 電流爲 I_2, 則副線圈兩端之電位差爲

$$V_2 = E_2 - I_2(r_2 + jx_2).$$

原線圈內之起磁電流(Magnetizing Current)I_m普通作爲與起感應作用之電流I_1'並流,而合爲I_1.故原線圈兩端之電位差爲

$$V_1 = E_1 + I_1(r_1 + jx_1).$$

r_1爲原線圈之電阻, x_1爲電抗.

I_1'與I_2之比爲N_2比N_1,蓋在一完全無功率損失之變壓器, $V_1 I_1' = V_2 I_2$, $V_1 = E_1$, $V_2 = E_2$也. I_1'與I_2亦反相.

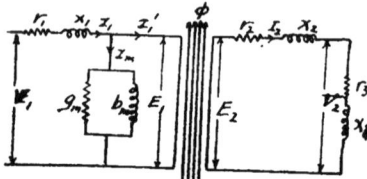

Fig. 66

$$\frac{E_1}{E_2} = -\frac{N_1}{N_2} \qquad \frac{I_1'}{I_2} = -\frac{N_2}{N_1}.$$

於是一變壓器之電路可如圖66. g_m及b_m爲對於起磁電流I_m之電導及電納. I_m恆落後於E_1.

$$V_1 = I_1(r_1 + jx_1) + E_1 = I_1(r_1 + jx_1) - \frac{N_1}{N_2} E_2.$$

$$I_1 = I_m + I_1' = I_m - \frac{N_2}{N_1} I_2$$

$$I_m = I_{m\sigma} + j I_{mb}.$$

此時之向量圖如圖67. 圖中Φ代表磁路中之磁通之旋轉向量,較E_1落後$90°$,較E_2超前$90°$.

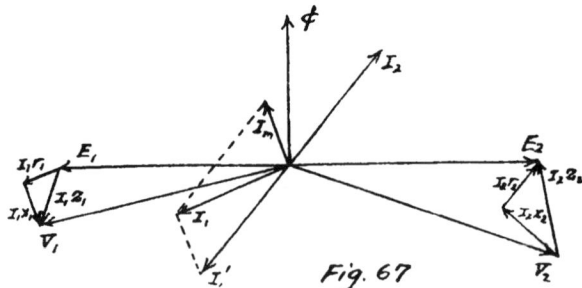

Fig. 67

教材三　　　　　**歐　姆　定　律　概　論**　　　　　**31**

副線圈之電阻 r_2 可視爲與原線圈之電阻 r_1 串聯, 其相當值爲 $\left(\dfrac{N_1}{N_2}\right)^2 r_2$, 蓋此時之能率損失爲 $I_1{}'^2\left(\dfrac{N_1}{N_2}\right)^2 r_2 = I_2{}^2 r_2$ 也. 同樣 x_2 之串聯相當值爲 $\left(\dfrac{N_1}{N_2}\right)^2 x_2$. 且副線圈後之担負(Load) 之電阻 r_3 及電抗 x_3 (圖66) 亦可作爲與原線圈串聯, 相當值爲 $\left(\dfrac{N_1}{N_2}\right)^2 r_3$ 及 $\left(\dfrac{N_1}{N_2}\right)^2 x_3$. 故變壓器之電路可化成圖 68

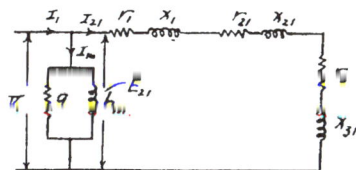

Fig. 68

$$r_t = r_1 + \left(\frac{N_1}{N_2}\right)^2 (r_2 + r_3) = r_1 + r_{21} + r_{31}$$

$$x_t = x_1 + \left(\frac{N_1}{N_2}\right)^2 (x_2 + x_3) = x_1 + x_{21} + x_{31}$$

乙. 感應電動機　　感應電動機(Induction Motor)可作爲一變壓器, 其副線圈與原線圈間, 有一種相對運動. 副線圈卽電動機之轉

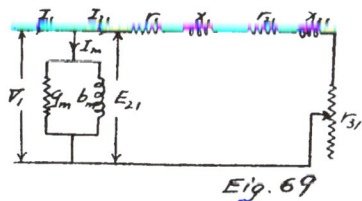

Fig. 69

動子(Rotor), 原線圈卽固定子(Stator). 設固定子之電阻爲 r_1, 電抗爲 x_1, 轉動子之電阻爲 r_2, 電抗爲 x_2, 則 r_2 及 x_2 相當於 r_{21} 及 x_{21}, 與 r_1 及 x_1 串聯. 電動機之担負相當於電阻 r_{31} (電動機之機械功率輸出相當於 $I_{21}{}'^2 r_{31}$) 則感應電動機之電路, 如圖 69 所示. 而

$$I_m = I_{mg} + jI_{mb} \qquad I_1 = I_m + I_{21}$$

$$V_1 = (r_1 + r_{21} + r_{31}) I_{21} + j(x_1 + x_{21}) I_{21}.$$

丙.交流發電機及同步電動機　—交流發電機 (Alternator)
內發生一電動勢 E_g, 因電樞線圈之電阻 r_a 及電抗 x_a, 故其兩端
電位差 V 爲 E_g 減去 $I(r_a+jx_a)$, 更由漏磁通 (Leakage Flux) 之故,發生
電樞反應 (Armature Reaction), 此種電樞反應相當於一電抗 x_r, 故
E_g 爲無担負時之電動勢 E_0 減去 jIx_r. 此 x_r 與 x_a 之和爲 x_s 曰同步
電抗 (Synchronous Reactance). 故一電動機之相當電路及向量圖如
圖 70, I 恆落後於 V.

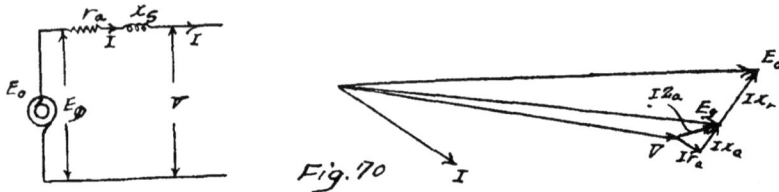

Fig. 70

而　　　　　　　　　$V = E_0 - I(r_a+jx_s).$

若在交流發電機內通以外來之交流,則轉動子轉動而爲一
同步電動機 (Synchronous Motor). 此時若電流之方向與發動機相
同,則 E_o 之方向與發動機相反. 故

$$V = E_o + I(r_a+jx_s).$$

此時之向量圖如圖 71. I 可超前於 V, 如圖 a, 或落後於 V, 如圖 b.

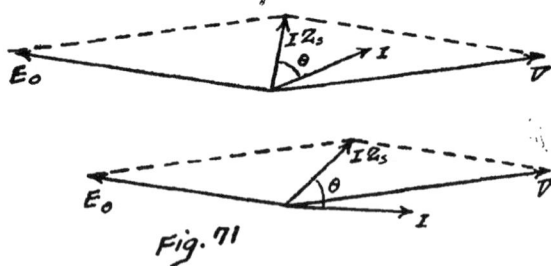

Fig. 71

以上所述爲各種交流電機之簡單相當電路及向量圖.至其
原理,則可叁閱關於交流電機之書籍,茲不復贅.　　　　　（待續）

理学卷（第二册）　科学通讯　第三卷　第一期　（1937）

叢　　錄

非 交 換 及 非 結 合 代 數 中 之 冪[1]

莫　葉　譯

在非交換非結合代數中,冪 x^n 之可能意義,究有多少;此種討論,頗有意味.今節譯 Mathematical Gazette 中一節[2]如下:

當 n 不甚大時, x^n 之意義不難一望而知.如: x 及 x^2 各僅有一種意義; x^3 能表示 xx^2 或 x^2x; x^4 能表示 $x \cdot xx^2$, $x \cdot x^2x$, x^2x^2, $xx^2 \cdot x$, $x^2x \cdot x$; x^5 有十四種意義; x^6 有四十二種意義; … 等.此處所討論之問題,爲:不論 n 爲任何正整數,求 x^n 意義之多少.其答數爲 $\dfrac{2(2n-3)!}{n!(n-2)!}$.

證　設 a_n 表所求數.因 x^n 可從 xx^{n-1}, x^2x^{n-2}, x^3x^{n-3},…, $x^{n-1}x$ 中任一個發生,故得,在 $n>1$ 時,

$$a_n = a_1a_{n-1} + a_2a_{n-2} + a_3a_{n-3} + \cdots + a_{n-1}a_1 \qquad (1)$$

(1) 式左端爲

$$F(x) = a_1x + a_2x^2 + a_3x^3 + \cdots + a_nx^n + \cdots \qquad (2)$$

中 x^n 之係數;[3]同時 (1) 式右端,在 $n>1$ 時,爲 $\{F(x)\}^2$ 中 x^n 之係數.[4]因此,在 x 值夠小時〔設 $F(x)$ 能在此時爲絕對收斂〕,則

$$F(x) = x + \{F(x)\}^2 \qquad (3);$$[5]

即

$$F(x) = \tfrac{1}{2}(1 \pm \sqrt{1-4x}) \qquad (4)$$

(4) 式祇能用負號,蓋從 (1) 式知 $F(0)=0$ 也.如是則

$$F(x) = \tfrac{1}{2} - \tfrac{1}{2}\sqrt{1-4x}$$

$$= \tfrac{1}{2} - \tfrac{1}{2}\left[1 - 2x + \frac{\tfrac{1}{2}(-\tfrac{1}{2})}{2!}16x^2 - \cdots\right] \tag{5}.$$

從 (5) 知,在 $|x| < \tfrac{1}{4}$ 時,$F(x)$ 爲絕對收斂,故

$a_n = x^n$ 之係數

$$= -\frac{1}{2 \cdot n!} \cdot \frac{1}{2}\left(-\frac{1}{2}\right)\left(-\frac{3}{2}\right)\cdots\left(-\frac{2n-3}{2}\right) \cdot (-4)^n.$$

設 $n > 1$,則

$$a_n = [1 \cdot 3 \cdot 5 \cdots (2n-3)]2^{n-1} \div n!$$

$$= \frac{2\,(2n-3)!}{n!\,(n-2)!},$$

此式在 n 之值小時極易驗明其爲正確.

譯 者 註

1. 原文載 The Mathematical Gazette Vol. XXI. No. 242. Feb., 1937. p. 36 37,爲 I. M. H. Etherington 氏所著.該文內容,除論及在不交換不結合代數中冪之意義有多少外;且更論及其在交換而不結合代數中之情形.但因其後者之簡單公式,未曾求出,故刪而未譯.

2. 在普通代數中,將其算術基本律之交換,結合兩定律抽去,所成之新代數,名之爲不交換不結合代數.在量子力學上頗有要用.在此新代數中,

$$ab \neq ba; \quad (ab)c \neq a(bc).$$

3. 實卽以 a_n 爲 x^n 之係數,而造出一無窮級數

$$F(x) = \sum_{n=1}^{\infty} a_n x^n.$$

4. 設 $F(x)$ 爲絕對收斂級數,則其平方,自然存在.而 $\{F(x)\}^2$ 中 x^n 之係數,用 Cauchy 氏級數求積法寫出,正如 (1) 式右端.詳見顧譯無窮級數之理論及應用第十七章(載交大季刊廿二期中).

5. 因 $a_1 = 1$.

陰游子系統定性分析法

陳 同 素 譯

本文所述陰游子之定性分析方法比較上次刊載於科學通訊第二卷七,八兩期之方法尤見系統分明操作一貫,爰再譯出以供研究陰游子系統分析法者之參攷查本方法第一組之試驗,似尚未盡善,如供試液不能煮沸則 CO_2 反應及 SO_2 吸收管反應均不顯明,各種氣體之來源太複雜必需再做確定試驗尤以硫化物爲然,置於瓶內之試紙其顏色反應頗不定等而第四組內各游子之試法仍係個別之試驗也.

——譯者附識

分 組 表

樣液做成 18 竓容積			
土份(15竓)，加HAc			副份，試驗
氣體：SO_2, CO_2, H_2S, Cl_2 （第一組） （又S_2, CN^-, $FeCN_6^=$, $FeCN_4^=$）	濾液，加NH_4OH中和 加$BaAc_2$	沈澱，棄 棄之	Ac 及 S_2, $S_2O_3^=$
	沈澱：$SO_4^=$,$SO_3^=$ 　$PO_4^≡$,$C_2O_4^=$ 　$C_2O_4^=$ 之鋇 　鹽. （第二組） （又,F,$AsO_3^≡$, 　$AsO_4^≡$）	溶液，加 $AgAc$	
		沈澱： Cl^-,Br^-,I^- SCN^-之銀鹽 （第三組）	溶液：加NH_4OH 及Na_2SO_4 濾過, 試驗NO_2^-,NO_3^- ClO_3^-, B_3^-, MnO_4^- 之鈉鹽 （第四組）

第一組:　將含有1克固體之溶液濃縮或稀釋至18㏄.有機物並不妨礙.用三角瓶 (Erenmeyer flask) 一個,瓶塞中裝一漏斗管,一導管與吸收 SO_2 之玻璃球管相連 (見圖),其中放 $KMnO_4$ 粉末以玻璃絲濕潤後塞住.此管並可除去 H_2S. 導管他端浸入一貯有 3 ㏄之 $0.3N Ba(OH)_2$ 之試管中.取濾紙一條浸潤 $1N. PbAc_2$ 溶液,另一條浸潤飽和之 K_2CrO_4 溶液與一濕潤之澱粉與碘化物之紙條同懸於瓶內,(瓶壁須乾).將15㏄供試液由漏斗管注入,然後加入多量之 $6N. HAc$ 使成酸性,攪和,在 65° 以下熱之二分鐘.

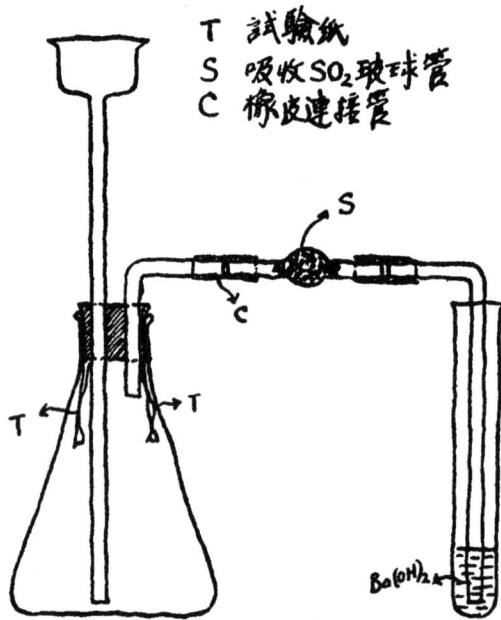

T　試驗紙
S　吸收 SO_2 玻球管
C　橡皮連接管

發出之 Cl_2 能使澱粉與碘化物之紙條變成藍色,指示有 ClO^- 之存在.發出之 CO_2 能使試管內之 $Ba(OH)_2$ 生成白澱,指示有 $CO_3^=$ 之存在.發出之 H_2S 能使瓶內之紙條變黑,指示有 $S^=$ 之存在.靜置及冷却片剩後有硫析出者指示有 $S_2O_3^=$ 之存在 (或 $PbAc_2$ 紙條亦

變黑者,則此硫或由多硫化物中來).發出之 SO_2 使 K_2CrO_4 變綠色而不帶棕色者(由於 $S^=$)乃確定此 $S_2O_3^=$ 游子[1].如有大量 $SO_3^=$ 時則亦能分解成 SO_2 而轉變 K_2CrO_4 爲綠色.所以無白色沈澱生成者則不能認爲 $S_2O_3^=$ 之存在.

設 $S^=$, $S_2O_3^=$, ClO^- 等游子均存在則多加 HAc,攪和後煮沸以除去氣體.硫須乘熱濾去.雖此時有一小部份 SO_3 可以分解掉,但尚無礙於大量.

第二組:　將第一組之溶液加 NH_4OH 以中和之.濾去沈澱(由陽游子組成者),煮沸後加入 1N. 之熱 $Ba(Ac)_2$ 溶液使凡硫沈下.煮五分鐘,使澱下,乃濾過洗淨.移此沈澱於皿中.以 50 毛熱水與 2 毛 6N. HCl 處理數分鐘.煮 5 分鐘濾之,此不溶解之沈澱係 $SO_4^=$ (但必須確定試驗之)洗淨. ($SiO_3^=$ 在此處可以析出) 將沈澱與 Na_2CO_3 在木炭上以還原焰熔化後試其 $S^=$ 反應.

溶液中可含有 $SO_3^=$, $CrO_4^=$, $C_2O_4^=$ 及 $PO_4^\equiv$ 等游子.加溴水,試驗 $SO_3^=$ 一如上法.確定試驗亦以試 $SO_4^=$ 者試之.驅除溴氣後調整此容積至 20 毛.假使 $CrO_4^=$ 存在而驅除溴後溶液呈橙色溶出有 $CrO_4^=$,欲作確定試驗則取出一小部份加 H_2SO_3 試之. $C_2O_4^=$ 以 $4N.CaCl_2$ 溶液及 1 毛 12N. NH_4Ac [2] 溶液試之.確定試驗:溶此沈澱於稀 H_2SO_4

(1)　如確定試驗無 $S_2O_3^=$ 而有硫之白色沈澱則須依照後述之特別試驗以試之.上述之試法, $S_2O_3^=$ 在 10 毛以上及無 $S^=$ 與大量 $SO_3^=$ 之混合物時始爲靈敏(在強酸中不符).

自滴斗管加下 2 毛之 6N. NH_4OH 及 $Ni(Ac)_2$ 使 $S^=$ (完全)及 CN^-, $FeCN_6^\equiv$, $FeCN_6^\equiv$ 等澱出.濾過,以 NH_4OH 溶解 CN^- 等,但 NiS 則不能,然後依普通方法分析 CN^-, $FeCN_6^\equiv$, $FeCN_6^\equiv$ 等。

(2)　F^- 能與 Ca^{++} 生成沈澱但不溶於稀 H_2SO_4.將 CaF_2 烘乾後,和以 2 倍電量之石英末,置乾試管內,滴入濃硫酸使成薄漿,熱至 90°C 以驅除 SiF_4,用玻棒蘸水滴懸其上,即有混濁現象(H_2SiO_3)又見水滴沿管壁如油滴然,均足證明 F^- 之存在,此試驗另以原樣品作之.

後加 0.001M. KMnO₄. 留下之濾液加 HNO₃ 及 (NH₄)₂MoO₄ 試 PO₄⁼[1]

　　第三組: 由上組留下之濾液加 1 竓 6N. HAc 及飽和 AgAc 溶液至沈澱完全爲止.濾過,以含有少許 AgAc 之水洗之.移此沈澱於試管內,加 15 竓「氰化物試劑」[2](或 (NH₄)₂CO₃ 溶液),振盪數分鐘,濾過,以熱水洗沈澱.濾液則加稀硝酸使成酸性.白色之沈澱示有 Cl⁻ 之存在.(此澱見光後能變爲紫褐色.) 經「氰化物試劑」所處理之沈澱放皿中加水與 NH₄OH(14%NH₃)等份之液體,劇烈攪拌 2 分鐘,濾,洗,黃色澱爲 I⁻ 之表示(須經確定試驗). 剩下 NH₄OH 濾液加 HNO₃ 使成酸性.有淡黃色沈澱則表示有 Br⁻.(SCN 可能澱出,Cl⁻ 多時亦可澱出)濾出後溶解於 NH₄OH 如上.加 (NH₄)₂S 至 Ag₂S 完全澱出.煮 2 分鐘.濾過,蒸至 5 竓,加 HNO₃ 於濾液使成酸性(白色沈澱由於析出之硫)加氯水及 1 竓 CS₂,振盪,CS₂ 液層呈櫻色則確定 Br⁻ 之存在,加 1 竓 Fe(NO₃)₃.水層呈紅色則示有 SCN⁻,加 HgCl₂ 溶液而紅色褪去者則確定有 SCN⁻ 之存在矣.

　　可疑之 AgI 沈澱以 1:1NH₄OH 洗淨 Br⁻ 後移至蒸發皿內,加鋅粉,稀 H₂SO₄,蓋好,數分鐘後濾去鋅粉,盛試管內,加 1 竓濃 HNO₃, 3 竓 H₂O₂ 及 1 竓 CS₂,振盪後, CS₂ 層呈紫色者方可確定 I⁻.

　　第四組: 於第三組之濾液[3]加 NH₄OH 中和之,加 Na₂SO₄ 使沈澱完全,濾去之,將濾液蒸至 20 竓,設液呈紫色則有 MnO₄⁻ 可以 H₂SO₄ 及 H₂C₂O₄ 證明之.

---

　　(1)　勿加熱,因 MₒO₃ 或 AsO₃⁼ 及 AsO₄⁼ 能澱出也。欲試後幾個游子,可用一鈉燐酸 (NaH₂PO₄) 完全沈澱此 (NH₄)₂MₒO₄, 濾去,而通入 H₂S, 得 As₂S₃ 之黃色沈澱,以示其存在。

　　(2)　0.25M NH₄OH, 0.25M KNO₃, 0.01M AgNO₃

　　(3)　假設有顏色之陽游子存在時則加 15 竓之 2N. Na₂CO₃ 溶濾,煮 10 分鐘於閉蓋之皿中.濾,洗,棄此沈澱.乃加 HAc 於濾液至汽泡發盡爲止.加 NH₄OH 中和之。

理学卷（第二册） 科学通讯 第三卷 第一期（1937）

叢錄二　　　　　陰游子系統定性分析法　　　　　**39**

取濾液之一部加酸性 (0.4N. H_2SO_4)$FeSO_4$[1], 櫻色表示有 NO_2^-, 可以硫脲(thiourea)證明之[2].

無 NO_2^- 時, 於另一部份加 5 蚝 $NaNO_2$,4 蚝濃 HNO_3 及 5 蚝 $AgAc$, 白色之 $AgCl$ 澱卽表示有 ClO_3^- 之存在.

NO_3^- 可用櫻色圈 (Brown Ring)或二苯胺(diphenyl amine) 試法試驗之.(後者亦可用於 ClO_3^- 及 MnO_4^-)

BO_2^- 用薑黄試紙試之

另取一份蒸乾.將殘渣移入乾試管中.加 2 蚝濃 H_2SO_4 及 2 蚝木精(Methanol).試管口裝一塞,中插一玻管夾端,熱後加熱而燃火於尖端以證明 $BO_3^{\equiv}$.

特別試驗: 因本文所述之手續中須加用 HAc, 故 Ac^- 之試驗必須取原來之樣液供試.於 2 蚝原液加 $CuSO_4$ 至沈澱（如有）完全,濾過,蒸濾液至幾乾（沈澱或係硫化物等,棄之）, 放入坩鍋中,加 2 蚝濃 H_2SO_4 煑之,如有醋之氣味則示有 Ac^-.加 3 蚝醇繼續煑之,如 ████████ Ac^- 干██████████████████████ █████此試法有助.又原液如爲鹼性則加 HCl 使成酸性,如原酸性則以 NaOH 中和後稍加 HCl 使成酸性.加 $Pb(NO_3)_2$ 以除 Cl^-,$S^=$, $CO_3^=$ 等,濾過,蒸濾液至乾,灼熱以除去過多之 HCl, 乃加 4 滴 1N. $FeCl_3$ 溶液,紅櫻色示 Ac^- 之存在,加 25 蚝水,煑 2 分鐘,於玻璃盛器細審其淡櫻色之沈澱.

$S_2O_3^-$ 游子必需確定試驗;蓋 SO_3^- 與 S^- 能作用而生成硫於第一組中.故如果有此二個游子,則須先除去之: 於 1 蚝鹼性原液加

---

(1)　溶液中放纖釘少許,則可保特其還原狀態至數月之久。

(2)　NO_3^- 常與 NO_2^- 同處且無通常之法以辨別之.倘試出有 NO_2^- 時則 NO_3^- 亦不必試之矣。

1N. Cd(NO$_3$)$_2$ 溶液至黃色沈澱完全爲止,濾去後再加 BaCl$_2$ 而濾去沈澱,將此濾液加入 25 竓水中,其中含有 1 竓鹼性 KMnO$_4$ (0.05% KMnO$_4$ 與 0.1% NaOH);倘此液於 40 秒鐘內呈出藍綠色而轉成綠黃色(俯視試管之底)者,則確定有 S$_2$O$_3^=$.

不溶於水之標品之處理法: 倘樣品不溶於水而溶於 HCl 或 HCl 與 Zn 者則卽可用後者代替第一組內所用之 HAc,繼續依照上敍之手續做去.(第三組之氯化物澱可置不顧)

SO$_3^=$(可完全溶解於 HCl 而不用 Zn)可於第一組中發爲 SO$_2$ 氣體而使 K$_2$CrO$_4$ 變綠但無櫻色(由於 S$^=$).SO$_3^=$ 與 S$^=$ 同時存在時有黃色之硫析出於瓶璧.S$_2$O$_3^=$ 存在時溶液中有白色之硫析出及 SO$_2$ 之放出,但此種情形極爲少數(不溶於水之 S$_2$O$_3^=$ 甚少). 如疑有水溶性醋酸物及氯化物之存在時可以抽取一部份溶液以試之.

倘樣品不能溶解於水或 HCl 與 Zn,則用 Na$_2$CO$_3$ 熔融之.試 CO$_3^=$ 及 S$^=$ 則當另外取 0.5 克之原來樣品粉末以 HCl 與 Zn 處理之.蓋有數種硫化物如硫鐵礦等不能用 Na$_2$CO$_3$ 熔化者當用此法也.氧化矽亦用原來樣品試之. Na$_2$CO$_3$ 處理後剩下殘渣以濃 NH$_4$OH 抽取,濾過,乃加 HAc 以使濾液成酸性而試之如第三組. 〔完〕

譯自 "Systematic Qualitative Analysis of Anions"

By E. W. Flosdorf & C. Henry. pp. 274-277

J. Chem. Edu. Vol. 13, No. 6 (1936)

研求科學之工具與使命

忙　人

講學貴能專精而廣博抑廣博而尚能專精是以外國語言文字爲研求科學者所不可缺之一科也語言文字在有限範圍內又爲一種科學於人情物理其數其成甚有關係吾人學之即可以用之况吾人之立場學者而外尚有社會之人民政團之國民其所繫之權利與義務更課且速重且切要人類進化國家幸福必須吾人皆能通力合作以爲之善謀乃可推展則各國語言文字更不可不學習也明矣本年二月之 Scientipe Monthly 科學月刊 Prof. E.Weber of the Polytechnic Institute of Brooklyn 論及 The International Mission of Science 頗詳其中有足令人三致意焉者如次:

First of all, the subject of science is independent of any individual or nation. If it is found by an Englishman that light and radio waves are essentially the same phenomena, any one on earth might repeat the crucial experiments and will obtain the same results under similar conditions. Let me emphasize the same result. Where in any other occupation of the mind, be it religion, philosophy, law, economics or even the social sciences, can this be said? But more, the most standardized language on earth is mathematics, and just mathematics is the universal means of expressing scientific truths. Be it in the form of a theory or in the form of quantitative experiments, the mathematical relations form the backbone of true science. In fact, it is even presumed at times that nothing should be called science unless it could be brought into the form of mathematical relations.　This may, of course, be going too far. Nevertheless, it indicates that the method of scientific investigation is the same in all countries and for all individuals.　A third reason ...... is the fact that scientific knowledge has grown to such vast proportions that it is humanly impossible for any one man to master all of it.　Any scientist interested in a particular subject, who sets out to do research, must inevitably study first what has been done in this field.　Without this information, he might spend a lifetime trying to reestablish discarded theories or to rediscover what others had found long before him.　It is necessary for a scientist to study not only the local, but the world literature in order to keep abreast of the events.　But this means continued contact with foreign publications, as well as with the national ones.

It means cosmopolitan interests as against national interests.　And it means, most important of all, admiration for the progress of scientific thought and discoveries in other countries and, connected with it, a deep admiration for the achievements of the human mind. .... It is obvious, then, that science has a true international mission.　Far from choosing propagandistic methods to promote internationalism, science creates the true atmosphere of humanity as a common bond of the many diversified races and nations, just as the universe of radiation is the super unit of light and heat, of death rays and life rays.　As it is important to recognize the facts and advantages of racial and national differences, so it is equally important to consider nationalism only as a first step towards true international understanding, based upon respect and appreciation for the services of each individual nation to humanity.

消　　息

科　學　人　格

石　法　仁

（譯自 1937 年三月所出之美國科學第 147 頁）

　　諾貝爾(Nobel)科學獎金,最近爲美國青年博士安迭生(Carl D. Anderson)所得,安氏係加里佛尼亞工學院 (California Institute of Technology, Pasadena)物理助教授安氏之學士博士學位,皆受自該校,故安氏之學業完全爲該校陶冶而成.

　　安氏之得諾貝爾獎金,使該校教授之得此項獎金者增爲三人.更增加其母校榮譽,其他二人爲物理家密里根博士(Dr. Robert A. Millikan)及生物學遺傳學家莫根博士.(Dr. Thomas Hunt Morgan)美國教育機關,達此相等記錄者,尚無他處.

　　安氏於 1930 年獲博士學位後,即開始計劃研究工作聲譽甚高,近數年來,密里根博士在諾曼橋物理試驗室 (Norman Bridge Laboratory of Physics)從事宇宙射線 (Cosmic ray)之研究與安氏共同設計製造一儀器,以研究宇宙射線之性質.

　　宇宙射線穿過物體,則有微體 (Particles) 由物體發出.爲量此種微體之速度及能量,乃應用威爾滜雪室 (Wilson cloud chamber)並佐以一巨大磁石.因磁極(magnetic poles)開荷電微體(electrically charged particles) 之運動,係曲線而非直線;由曲度半徑 (radius of curvature) 可計算微體之速度.用此種儀器,曾察得俱高速度之電

子, (electrons) 大部顯示強有力之電荷. (powerful electrical Charge) 荷正電微體 (positively charged particles) 之性質,經數月之研究後, 於是安氏於雲室中,加入一鉛板障礙物.由微體穿過鉛板前後路程之測計,微體之質量(Mass)及電子荷, (electron charge) 得以確定

此種佈置,試驗結果甚佳.至 1932 年八月,安迭生獲一影片,證明荷正電微體,經過鉛板後,顯示仍有能量,但較爲微弱,其路程之彎曲與平常荷負電微體 (Negatively charged particles) 之路程相反,此種結果,卽可證明該微體必爲正電子 (Positive electron). 更進之研究,確定一種新基本微體之存在.關於此項發現,密里根之『正負電子,質子,光子,中子及宇宙射線』〔Electrons(+and−), Protons, Photons, Neutrons anb Cosmic Rays〕書中,論陽電子(positron)之章,已有詳細記載.又布林士敦(Princeton)之敎授康當 (E. U. Condon) 對此亦有記述載於 1935 年八月所出之美國科學,並有陽電子軌跡之影片.

此項發明,實非起始研究時逆料所及,然狄拉克 (Dirac) 之電子方程式 (electron-equation), 已預知此種微體存在之可能.狄氏『空間穴』(hole in space)之假說,實卽此種微體耳.

狄氏由數學預知陽電子,安氏用實驗分離陽電子,均認爲重要之供獻,而受諾貝爾獎金,考其年歲又皆爲三十一,此種巧合,顯足道也.狄氏爲英國劍橋大學 (Cambridge University) 名科學家,於 1936 年得諾貝爾獎金.

安氏以其研究宇宙射線能量,(energy spectrum of cosmic rays) 及其穿過物體所失之能量,於宇宙射線之研究,有更進之貢獻.安氏與其試驗室同事狄墨伊博士, (Dr. S. H. Neddermeyer) 於 1935 年及 1936 年之夏,攜其精巧儀器,至比克高峯 (Pike's Peak) 之頂,及

巴那馬;曾得甚良好之影片.

安氏常以熱誠語人:關於原子核物理,(nuclear physies)尚有許多問題,需待研究.並云『吾欲在此範圍內作繼續之努力』.

此貌似童子之青年教授,常自稱彼毫無嗜好,又自謂,彼未曾有何供獻.其和藹可親之態,更可表示安氏算爲一最近人情之科學家.

英國科學界近聞

蘭 葉 譯

前數月中,英國科學界,受三鉅贈,以助其研究之進展.去年五月, *Austin* 爵士,捐二十五萬磅(現約合國幣四百五十萬元)於劍橋大學,專供作 *Cavendish* 氏實驗用,較近則爲 *Nuffield* 爵士,贈牛津大學一百二十五萬磅(現約合國幣二千二百五十萬元),供研究生研究醫學用.最近英國皇家學會秘員真保管 *H. D. Gordon Warton* 氏死後遺贈之二十萬磅(現約合國幣三百六十萬元),以其利息,獎勵研究冶金,工程,物理,及化學者.

上海交通大学百年报刊集成·第一辑（1896—1949）·学术学科

專　載

近　代　幾　何

之　導　引

William C. Graustein 原　著

顧　澄　達　恉

及如七圖,得

$$(P_2 P_0, P_1 P) = \frac{(x_2 - x_1)(x - x_2)}{(x_3 - x_2)(x - x_1)},$$

七　圖

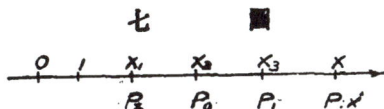

此 x_1, x_2, x_3, x 為 P_2, P_0, P_1, P 之量標.故

$$x' = \frac{(x_3 - x_1)(x - x_2)}{(x_3 - x_2)(x - x_1)}.$$

此為表示「由量標 x 變成射標 x'」之式.因 x_1, x_2, x_3 為常數,此為一次變形之形式

（1）
$$x' = \frac{a_1 x + a_2}{b_1 x + b_2}, \qquad a_1 b_2 - a_2 b_1 \neq 0.$$

至「由 x' 變成 x 之倒變換」自必亦為此種形式.故變量標 x 為射標 x' 之變換,或變射標 x' 為量標 x 之變換,皆可以一次變形作成之.

再設 x 及 x' 為 L 上之兩射標系,及 $\overline{x}$ 為 L 上之一量標系;則變 x 為 $\overline{x}$, 及變 $\overline{x}$ 為 x', 皆可以一次變形作成之,適已言明.且兩一次變形之積仍為一次變形.故「變 x 為 x' 之變換」必可以一次變形作成之.故:

定理 2　變第一射標系為第二射標系之解析式為一次變形.

以射標表示射影性質　設 Q_1, Q_2, Q_3, Q_4 為 L 上之四點,其射標為 x_1', x_2', x_3', x_4',其量標為 x_1, x_2, x_3, x_4.則交比 $(Q_1 Q_2, Q_3 Q_4)$ 之量標公式為

（2）
$$(Q_1 Q_2, Q_3 Q_4) = \frac{(x_3 - x_1)(x_4 - x_2)}{(x_3 - x_2)(x_4 - x_1)}.$$

變量標 x 為射標 x',既為一次變形;且（2）右之式又為關於一次變形羣之不變式,故

$$\frac{(x_3{}' - x_1{}')(x_4{}' - x_2{}')}{(x_3{}' - x_2{}')(x_4{}' - x_1{}')} = \frac{(x_3 - x_1)(x_4 - x_2)}{(x_3 - x_2)(x_4 - x_1)};$$

而此交比之值以射標表之,為

$$(Q_1 Q_2,\ Q_3 Q_4) = \frac{(x_3{}' - x_2{}')(x_4{}' - x_2{}')}{(x_3{}' - x_2{}')(x_4{}' - x_1{}')}.$$

故:

定理3　一線 L 上四點之交比之算式以射標表之者與量標所表者同(換句話說,一線 L 上之四點,無論以射標表之或量標表之,其交比之公式相同).

由是,以線 L 上諸點運至線 L' 上諸點之射變之解析的理論,仍悉如前;因此項理論專以交比為基礎也.故:

定理4　兩線 L 及 L' 上諸點皆以射標表之時,「L 上諸點運至 L' 上諸點之射變」為其坐標之一次變形,其逆亦真.

一次變形之解釋　在度量幾何中,等式

$$x' = x\cos\theta - y\sin\theta + a, \quad y' = x\sin\theta + y\cos\theta + b$$

有兩種解釋.其一為平面之剛動,其二為由原卡氏坐標 (x, y) 變為新卡氏坐標 (x', y') 之變換.前者為坐標系不變而變動平面上諸點,後者為平面上諸點不變而變更表此諸點之坐標系(簡言之,前者為不變坐標軸而變點之位置,後者為不變點之位置而變坐標軸及原點).

現在一次變形(1)亦可作兩種與此相類之解釋.其一,以之代表一線 L 運至其本身之射變;其二,以之代表 L 上之此射標系變為他射標系之變換(前者為基點不變而點之位置變,後者為

理学卷（第二册）　科学通讯　第三卷　第一期（1937）

點之位置不變而基點變).

但以後者而論,尚未完全證實.因以上但證明凡射標之變換皆爲一次變形(定理 2),至其逆亦眞尚未證實也.今證明此逆亦眞如下:

設 x 爲 L 上之射標,及設以一次變形（1）將 x 變爲 x';而證明 x' 亦爲 L 上之射標.

因（1）必能以三對不同之值 $x_1 \to x_1'$, $x_2 \to x_2'$, $x_3 \to x_3'$ 決定之,做

$$\frac{(x_3'-x_1')(x'-x_2')}{(x_3'-x_2')(x'-x_1')} = \frac{(x_3-x_1)(x-x_2)}{(x_3-x_2)(x-x_1)}$$

爲與（1）相等之式.其特例,設 $x_1'=\infty$, $x_2'=0$, $x_3'=1$,即設 x_1 爲 x 之值之能使 x' 之值趨於無窮大者,x_2 及 x_3 爲 x 之值之能使 x' 之值爲 0 及 1 者(即設 x 爲 x_1, x_2, x_3 時, x' 依次爲 $\infty, 0, 1$).* 則因 $x_2'=0$, $x_3'=1$,而上式變爲

$$\frac{1-x_1'}{x'-x_1'} \cdot x' = \frac{(x_3-x_1)(x-x_2)}{(x_3-x_2)(x-x_1)}.$$

當 x_1' 無窮趨大時,此式遂之極限即 x' 即

$$x' = \frac{(x_3-x_1)(x-x_2)}{(x_3-x_2)(x-x_1)}.$$ **

故,從定義,此 x' 爲 L 上之射標;其基點依次爲 x_1, x_2, x_3 所表之點.

射影直線之本性 (nature of projective line)　在作成一射標系時,其一基點 P_∞ (卽射標變爲無窮大之點)可任意擇定;而尋常所謂無窮遠點(即線之直覺觀念上之無窮遠點)反只要擇定適宜

---

* $x'=\infty$ 及「x' 爲 ∞」及「x 變爲無窮大 (becomes infinite)」等,皆是「x 趨於 ∞」之一種簡訊.下仿是.

** 讀者於或覺 x_1' 趨於 ∞ 時上式左邊變爲 x' 雖屬無疑,何以右邊不變?實則此可作爲 x_1 未是 X_1,而此 X_1 與 x_1 相應.於是 X_1 趨於 x_1 時 x_1' 趨於 ∞;同時上式左邊變爲 x'。

三基點即可使其爲任意預定之射標.是則尋常無窮遠點已失其固有之恆性,不再與直線上之他點有異(用卡氏坐標時,無論原點0,正向及單位距離如何取法,尋常無窮遠點之齊次坐標終爲$(\varrho, 0)$,此即所謂其固有之恆性).故就1款及此處所言,可得下之論斷:

射影直線爲「無非常點之閉連續集」.廣義(度量)直線(extended metric line) 爲「有一非常點之閉連續集」.†

齊次射影坐標　以上所言點 P 之射標 x 爲非齊次射標,其齊次射標爲兩數 (x_1, x_2), 而 $\dfrac{x_1{}'}{x_2}=x$; P_{∞} 之齊次射標爲 $(1, 0)$ 或 $(\varrho,0)$, 但 $\varrho \neq 0$. 齊次射影坐標以下略稱齊射標.

例　題

1. 一次變形

$$\varrho x_1' = 2x_1 - 4x_2,$$
$$\varrho x_2' = \ \ x_1 - x_2,$$

表示齊射標之變換.試在此各齊射標系中求出他系之基點.

2. 設欲將已知射標系 x 變爲新射標系 x', 而 x' 之基點 P_{∞}, P_0, P_1 遞依次爲 $x=3$, $x=-2$, $x=5$. 試求表「由 x 變爲 x'」之一次變形.

3　線束中射影坐標*(projective coordinates in a pencil of

---

† 　非常點即異於尋常之點.廣義直線上之點(除無窮遠點外)皆因原點及單位點變而其坐標亦變;獨無窮遠點則不論原點及單位點如何變更而其坐標絕不因之而變.廣義(度量)直線上之非常點即是其上之無窮遠點.

* 　以後略稱線束之射標,或線束射標.點列中點之射影坐標略稱點列之射標或點列射標.

lines)　此項討論與2款所言者正爲對立.讀者就此對立二字着想,自可得與2款諸定理對立之諸定理.故僅略述如下.設以一線束中之不同三線 L_∞, L_0, L_1 爲基線,則此線束中任意一線 L 之射影坐標 u 爲

$$u = (L_\infty L_0,\ L_1 L_2).$$

與此相應之 L 之齊次射影坐標爲 (u_1, u_2),此與 u 之關係爲 $u = \dfrac{u_1}{u_2}$, L_∞ 之齊次射影坐標爲 $(1, 0)$ 或 $(\varrho, 0)$, $\varrho \neq 0$. 此射影坐標及齊次射影坐標以後亦略稱射標及齊射標 (在意義概顯明時,以後或肯稱坐標或射標).

在一已知線束中,「由量標變爲射標之變換」爲一次變形;因此,「由甲射標變爲乙射標之變換」亦爲一次變形.故線束中「束線之交比」及「一線束運至其本身或第二線束之射變」以射標表之,其解析方面之公式皆與量標所表者同.

射標之釋例　若 $a: (a_1, a_2, a_3)$ 及 $b: (b_1, b_2, b_3)$ 爲平面中兩不同□束(或□).□ a 及 b 所定取列(或線束)中之原素,隨 μ 之□而變坐標□而□之,因將 μ 之比,此間關係與 μ 上相值一一相應,故由可視此點列(或線束)中原素之坐標.此 μ 實爲一種射標;因四原素 $\mu = \infty$, $\mu = 0$, $\mu = 1$, $\mu = \mu$ 之變比卽四原素 $a, b, a+b, \mu a+b$ 之變比,顯然爲 μ 也 $[a$ 與 $\mu = \infty$ 相應者,因 $\mu a + b$ 卽 $a + \dfrac{b}{\mu}, \mu \to \infty$ 則 $a + \dfrac{b}{\mu} \to a]$.同理,若以 $ka+lb$ 代 $\mu a+b$,則 (k, l) 爲此點列(或線束)中原素之射標,此爲齊次.由是言之,前在點列及線束中,早已常用射標矣.

例　題

1. 試證明線束中線之量標爲射標之特例.

2. 試說出及證明2款定理2及3之對立.

上海交通大学百年报刊集成·第一辑（1896—1949）·学术学科

交通大學管理學院叢書

（1）　**鐵道經濟論叢**　　　　　　　編者　鍾偉成
　　　　　　　　　　　　　　　　定價　大洋二角

▲**內容**　本書內有關於鐵道之專論十篇，其中以編者所著之創辦鐵路押滙芻議，整頓鐵路運輸責賣之我見
等篇爲最有價值。

（2）　**東北鐵路問題之研究**（上下冊）　作者　王同文
　　　　　　　　　　　　　　　　　　定價　一元二角

▲**內容**　本書上冊共有十章，先述中東路之史的發展，經濟價值，組織概要，營業與運輸概况，後敍日本
侵略下之鐵路問題，如滿鐵會社之組織，財務，營業等概况，日本對東北之鐵路侵略政策，又分
析研究南滿路之營業狀况與營業統計，及運輸狀况與運輸統計，最後論述吉會鐵路問題。共一百
四十餘頁。下冊計有八章，另加續編四章。內容爲：滿鐵租用地問題，南滿鐵路之倉庫管理，東
北鐵路聯運及競運問題，葫蘆島築港與東北鐵路網，東北鐵路與國際關係，東北現有鐵路與總理
計劃，今後東北鐵路之整理計劃。續編中有：中日鐵道交涉問題。九一八後之東北鐵路，李頓報
告書中之東北鐵道問題述評，中東路出售問題。敍簡甚詳，立論尤新。共二百頁，誠爲研究東北
鐵路問題之唯一有價值書籍。

（3）　**吾國鐵路枕木問題之研究**　作者　楊　城　王以璦　陳善繼
　　　　　　　　　　　　　　　　　定價　大洋四角

▲**內容**　本書共分八章，其對於枕木之購買，枕木之管理，枕木折舊法之討論，枕木之製煉，發揮學理甚
詳，作者並注重於中國急應造林，以提倡國貨平木等問題，凡欲研究鐵路材料者，宜各執一書

（4）　**鐵路估值**　　　　　　　　　作者　涂　宓
　　　　　　　　　　　　　　　　定價　大洋二角

▲**內容**　本書共有七章，其對於估值原理，估值方法，有形與無形的財產估值，多多討論。

發　行　者　上海交通大學管理學院

代　售　處　上　海　作者書社　新中國書局　神州國光社　黎明書局
　　　　　　　　　　民智書局　大公報社代辦部
　　　　　　　漢　口　光華書局　杭州　現代書局
　　　　　　　南　京　正中書局　天津　大公報社代辦部
　　　　　　　武　昌　新光書局　北平　北平交通大學圖書館
　　　　　　　安　慶　世界書局

本刊廣告價目表

等級	地　位	全頁價目	半頁價目
甲	底封面外頁	伍拾元	
乙	封面裏頁及底面裏頁	二十五元	二十元
丙	底面裏頁之對面	二十五元	十五元
丁	普通	二十元	十二元

一、乙內丁四分之一頁按照半頁價目六折計算
二、廣告概用白紙黑字如用彩印巴紙價目另議
三、廣告之稿如用銅鋅版由本刊代辦賒收製版費
四、連登多期價目從廉請逕函本校出版處經理組接洽

科學學院科學通訊投稿簡章

一、投稿不拘文言白話凡中英德法文均所歡迎
二、談言教材戴錄審評消息均以科學為範圍
三、投寄之稿請繕寫清楚並加新式標點凡外國文稿件並請打印之如有插圖附表必須製版者請用墨也
四、投寄之稿務望繕寫清楚加新式標點凡外國文稿件並請清示名著者姓名出版日期及地點詳細開示
五、來稿請註明姓名住址以便通訊並加蓋印章曾於登給稿費
六、時核對之稿無論登載與否機不退遺但預有聲明並備足回寄郵資者不在此限
七、投寄之稿經本刊揭載後每篇酌致酬金若本刊尙未揭載已先在他處發表者恕不致酬
八、投寄之稿揭載後版權即為本校出版處所有但有另行約定者不在此限
九、投寄之稿本刊經保有刪改之權如投函人不願有何增刪則應於投稿時聲明
十、投寄之稿應逕寄上海徐家匯交通大學科學學院科學通訊編輯委員會

中華民國二十六年四月出版

科學通訊（總十七）

第三卷　第一期

編輯者　交通大學科學學院
發行者　交通大學科學出版處　上海徐家匯
代售處　上海中國科學公司

印刷者　上海中國科學公司

代售處　南京正中書局　上海雜誌公司　大公報社代辦部
天津世界出版社　志恆書店　黎明書局
漢口光華書店　世界書局　新光書店
安慶學生書局　生活書店
廣州廣州圖書消費合作社
常州雲南文化書店

版權所有

本刊價目

每冊大洋一角　全年八冊
預訂費元四角　國外另加郵費
（三、四、五、六月各一冊，十、十一、十二、一月各一冊）

科學學院科學通訊編輯委員會

長　科學學院院長兼物理系主任　徐名材（化）
委員　物理系主任　顧澄（地）
化學系主任　武崇林（數）
數學系主任　胡敦復（數）　周銘（理）
時昭瀛（化）　丁嗣賢（化）

科學通訊

黎照寰

第三卷 第二期

（總十八）

中華民國二十六年五月　　　　上海交通大學科學學院編輯

交通大學出版刊物

一. 期刊

1. 交大季刊　　　　　　每冊三角　　　全年一元
2. 交大三日刊　　　　　半年五角　　　全年一元
3. 科學通訊（全年八期）　每冊二角　　　全年一元四角
4. 管理二月刊（全年五期）每冊四角　　　全年一元六角

二. 本 校 一 覽

1. 中文本　　　　　　　　　　　　每冊四角
2. 英文本　　　　　　　　　　　　每冊六角

三. 本 校 研 究 所 編 輯 刊 物

1. 油漆試驗報告,第一號　　　　　每冊二角
2. 油漆試驗報告,第二號　　　　　每冊六角
3. 油漆試驗報告,第三號　　　　　每冊八角
4. 地下流水問題之解法（英文本）　每冊三角
5. 美國鐵道會計實務,第一編（英文本）每冊六角
6. 解決中國運輸問題之途徑（英文本）每冊四角
7. 解決中國運輸問題之途徑（譯本）每冊三角
8. 鐵路零擔貨運安全辦法　　　　　每冊四角
9. 中國國民經濟在條約上所受之束縛　每冊六角
10. 皖中稻米產銷之調查　　　　　每冊六角
11. 小麥及麵粉　　　　　　　　　每冊五角
12. 平漢沿綫農村經濟調查　　　　每冊一元六角
13. X射綫檢驗材料法　　　　　　每冊一元二角

經售處　上海徐家匯本校出版處

科 學 通 訊

第 三 卷　第 二 期

目　錄

交 大 季 刊

第二十三期　要目

每 冊 三 角　　預 定 全 年 一 元

管　　　理　二月刊

第二卷第一期　要　目

每 冊 四 角　　　全 年 一 元 六 角

經售處　上海徐家匯交通大學出版處

談　言

形 式 計 算 與 實 用 計 算

處處不能微分之連續函數　（三續）

顧　澄

1.　今可再談以前第二法求得 $F'(m)=0$ 之錯誤矣. 爲便利計, 令 $m=0$, 將 $F'(m)$ 改爲 $F'(0)$ 而說明其錯如下: 第二法雖亦從定義入手, 然形式計算者因心中有一個 $\cos b^n\pi 0=1$, 逐運用化 $\cos b^n\pi x$ 爲級數之方法將

$$F'(0)=\lim_{h\to 0}\sum_{n=0}^{\infty}\frac{a^n}{h}\{\cos b^n\pi(0+h)-\cos b^n\pi 0\}$$

$$=\lim_{h\to 0}\sum_{n=0}^{\infty}\frac{a^n}{h}\{\cos b^n\pi h-1\} \tag{12}$$

既得

$$=\lim_{h\to 0}\sum_{n=0}^{\infty}\frac{a^n}{h}\{-\frac{b^{2n}\pi^2 h^2}{\lfloor 2}+\frac{b^{4n}\pi^4 h^4}{\lfloor 4}-+\cdots\}$$

$$=\lim_{h\to 0}\sum_{n=0}^{\infty}a^n\{-\frac{b^{2n}\pi^2 h}{\lfloor 2}+\frac{b^{4n}\pi^4 h^3}{\lfloor 4}-+\cdots\} \tag{12}$$

後, 見括弧中各項皆有 h, 就以爲令 $h\to 0$ 則各項必同時爲 0, 立可求得

$$F'(0)=0,$$

而不知已是大錯, 此種錯誤, 只知形式計算者幾乎無時不犯, 用到實際問題, 眞是十分危險.

其誤因所在, 可分兩層:

第一,亦是勻斂問題,因不先證明 (12) 右之級數在 $D_\varepsilon(0)$ 中勻斂,即不應以分項求極限所得之 $F'(0)=0$ 爲眞確可靠.但此尙是學問程度的問題,學過勻斂的人自然會知道.又勻斂條件,僅是充分,並非必要.此 $F'(0)=0$ 雖不可靠,尙難斷其必不可用.其情形與以前所言第一法之錯誤同.

第二,上令 $h\rightarrow0$ 所得之極限,究竟是分項求得的呢,還是總起來求得的呢? (12) 右之級數旣不在 $D_\varepsilon(0)$ 中勻斂,分項求極限法已不可靠.應再總起來求極限,以觀所得結果與分項求極限之結果是否相同.同則分項求極限之結果還是可用.

2. 現就總求 (12) 右級數之極限談談,如下.

只知形式計算的人,他必以爲總起來求極限,亦必得 $F'(0)=0$. 這種錯誤,不是學問程度問題,卽不是學過勻斂理論與否之問題.全是弄慣了形式計算,平日只知方法,不知細想,腦筋已是麻木的緣故.

因只知形式計算的人,常以爲 $h\rightarrow0$ 卽是 $h=0$. 他不管是分項求極限,還是總起來求極限;總覺得「$h\rightarrow0$ 卽令 $h=0$, 故 (12) 右邊級數中各項同時無不爲0;所以 $F'(0)$ 必 $=0$」.* 此是他分不出「分項求極限」及「總起來求極限」兩種情形不同的緣故;卽使他知道二者有別,亦必仍以爲總起來求極限,還是得到 $F'(0)=0$.

實則 $h\rightarrow0$ 不但不是令 $h=0$, 並且不准令 $h=0$. 乃是令 h 經過種種空列而趨於0. 所謂趨於0決不等於 0. 這個分別如弄不清,則函數之極限論他雖學過,亦等於不學.故附帶多說幾句於下.

所謂空列,卽是數列之其極限爲0者(可參觀交大季刊十八期拙譯級數論中空列之定義,此譯在印刷上有些誤刋,但此處沒有刋誤.或參觀數學

* 此種錯誤最易犯,以下卽說明其錯處.

理学卷（第二册） 科学通讯 第三卷 第二期 1937

雜誌第一期批譯級數論中空列之定義),例如

$$1,\ \frac{1}{2},\ \frac{1}{3},\ \cdots,\ \frac{1}{n},\ \cdots \qquad 可寫作\ \left(\frac{1}{n}\right),$$

$$1,\ -\frac{1}{2},\ \frac{1}{3},\ -\frac{1}{4},\ \frac{1}{5},\ \cdots\ 可寫作\ \left(\frac{(-1)^{n+1}}{n}\right).$$

$$1,\ \frac{1}{2^2},\ \frac{1}{4^2},\ \frac{1}{6^2},\cdots \qquad 可寫作\ \left(\frac{1}{(2n)^2}\right)$$

··

··

等皆是空列.空列之式樣,無窮無盡,須十分注意.

　　3.　今先將(12)右之級數詳寫為

$$\left(\frac{\pi^2 h}{\underline{2}}+\frac{\pi^4 h^3}{\underline{4}}+\cdots\right)+a\left(\frac{h^2\pi^2 h}{\underline{2}}+\frac{h^4\pi^4 h^3}{\underline{4}}+\cdots\right)+a^2\left(-\frac{b^4\pi^2 h}{\underline{2}}+\frac{b^8\pi^4 h^3}{\underline{4}}-\cdots\right)+\cdots$$

$$\cdots+a^n\left(-\frac{b^{2n}\pi^2 h}{\underline{2}}+\frac{b^{4n}\pi^2 h^3}{\underline{4}}-\cdots\right)+a^{n+1}\left(-\frac{b^{2(n+1)}\pi^2 h}{\underline{2}}+\frac{b^{4(n+1)}\pi^4 h^3}{\underline{4}}-\cdots\right)-\cdots \quad (13)$$

所謂令 $h\to0$ 而總起來求此級數之極限,乃須將此級數視作一個 h 之函數而求其極限;不可一項一項分開來先求其極限,再以各項之極限加起來作成另一級數而後再求其和.所以總求(13)之極限,且光須同時顧到(13)中之一切項;不能但管其第一項而有顧此失彼之錯誤.

　　再為便利證明計先將(13)所書之「h 之函數」寫作 $f(h)$,如是則所謂令 $h\to0$ 而總起來求(13)之極限;必須 h 經過任一空列而 $\to0$ 時, $f(h)$ 皆 $\to0$,方能說 $\lim\limits_{h\to0}f(h)=0$. 若 h 經過許多空列而 $\to0$ 時, $f(h)$ 皆 $\to0$;但另有一特種空列, h 經過之而 $\to0$ 時, $f(h)$ 不再 $\to0$ 而 $\to$ 他數;則不但 $\lim\limits_{h\to0}f(h)\neq0$,並且 $\lim\limits_{h\to0}f(h)$ 為不存在.更宜注意的, $h\to0$ 時,不許令 $h-0$.

　　3.　今在(13)之各括弧中各取出第一項之絕對值,列之如次(下之 $n>m$):

$$\frac{\pi^2 h}{\lfloor 2}, \quad \frac{b^2\pi^2 h}{\lfloor 2}, \quad \frac{b^4\pi^2 h}{\lfloor 2}, \quad \cdots, \quad \frac{b^{2m}\pi^2 h}{\lfloor 2}, \quad \cdots, \quad \frac{b^{2n}\pi^2 h}{\lfloor 2}, \cdots \tag{14}$$

令 h 依 $\left(\dfrac{1}{m}\right)$ 而 $\to 0$，卽令 h 經過 $1, \frac{1}{2}, \frac{1}{3}, \cdots, \frac{1}{m}, \cdots$ 而 $\to 0$，則 (14) 變爲

$$\frac{\pi^2}{m\lfloor 2}, \quad \frac{b^2\pi^2}{m\lfloor 2}, \quad \frac{b^4\pi^2}{m\lfloor 2}, \quad \cdots, \quad \frac{b^{2m}\pi^2}{m\lfloor 2}, \quad \cdots, \quad \frac{b^{2n}\pi^2}{m\lfloor 2}, \cdots. \tag{15}$$

當 b 依 $\left(\dfrac{1}{m}\right) \to 0$ 時卽 $m \to +\infty$ 時，(15) 中前部中各項雖因此亦 $\to 0$ (但愈在前者 $\to 0$ 速，愈在後者 $\to 0$ 遲)，惟同時須注意 (15) 中後部之情形如下：

1)　　m 愈大時，$\dfrac{b^{2m}\pi^2}{m\lfloor 2}$ 之地位愈向右移．

2)　　$m \to +\infty$ 時，$\dfrac{b^{2m}\pi^2}{m\lfloor 2}$ 亦 $\to +\infty$ 而不 $\to 0$（因 $b>1$）

3)　　$m \to +\infty$ 時，凡 $\dfrac{b^{2m}\pi^2}{m\lfloor 2}$ 右方之項皆 $\to +\infty$，且愈右則 $\to +\infty$ 愈遠．

4)　　無論 m 如何大，(15) 中必有與之相應之項 $\dfrac{b^{2m}\pi^2}{m\lfloor 2}$；從此項起之 (15) 之後部

$$\frac{b^{2m}\pi^2}{m\lfloor 2}, \quad \frac{b^{2(m+1)}\pi^2}{m\lfloor 2}, \quad \cdots, \quad \frac{b^{2n}\pi^2}{m\lfloor 2}, \cdots$$

中各項當 $h \to 0$ 時皆 $\to +\infty$，且愈右者其 $\to +\infty$ 愈速．

故若但就 (15) 中之某一固定之項言，雖 $h \to 0$ 時此固定項必 $\to 0$，但若統觀 (15) 之全體，則 $h \to 0$ 時 (15) 中常有一後部其中各項皆 $\to +\infty$ 而不 $\to 0$．因此可知：所謂「$h \to 0$ 時 (12) 右級數中各項同時無不爲 0」乃大錯而特錯．形式計算者所用第二法之誤處以此爲最大（閱

995

理学卷（第二册）　科学通讯　第三卷　第二期（1937）

者應注意分項求極限與總求極限不同之情形）.

4. $h\to0$ 時 (12) 右級數中各項不能同時為 0, 雖已明白. 但 (12) 右級數中之諸項有正有負, 是否在 $h\to0$ 時, 可以相消等等；討論起來, 似乎又須涉及此級數可否重列為 h 之冪級數等問題, 不易立斷 $F'(0)=0$ 為錯誤. 實則, 只須在前期本談之 Q 中令 $x=0$, 即可知所得結果與此 (13) 貌雖不一, 其實則同〔注意 (12) 前之 (12)′〕. 再觀前期本談第 6 面中前六行中云云, 自知 $F'(0)=0$ 必是錯誤無疑.

本談照原定計畫, 本想再將處處不可微分之連續函數之本身做做, 並再將別種種做與此種函數之構造法, 紹介與閱者看看. 但不料愈寫愈多, 已連佔本刊四期, 篇幅有限, 不便再續下去. 只得暫作結束, 以便下數期先談些與中學數學有關之問題後, 再來談此.

教　材

圓函數及雙曲函數之幾何定義，并以此爲起點而平行論列之（七續）　　秉　鈞

24.反函數之決定． 在此吾人所欲解決之問題爲：設巳知函數 $\sin(\sigma_1+i\sigma_2)$，$\cos(\sigma_1+i\sigma_2)$，$\mathrm{sh}(\sigma_1+i\sigma_2)$ 及 $\mathrm{ch}(\sigma_1+i\sigma_2)$ 之一之值 $z=x+iy$，試求其變元之對應值 $(\sigma_1+i\sigma_2)$．

依巳知其值之函數爲圓正弦，圓餘弦，雙曲正弦或雙曲餘弦，吾人有圖25及圖26所表明之四種情形之一，即下圖28之四種情形之一：

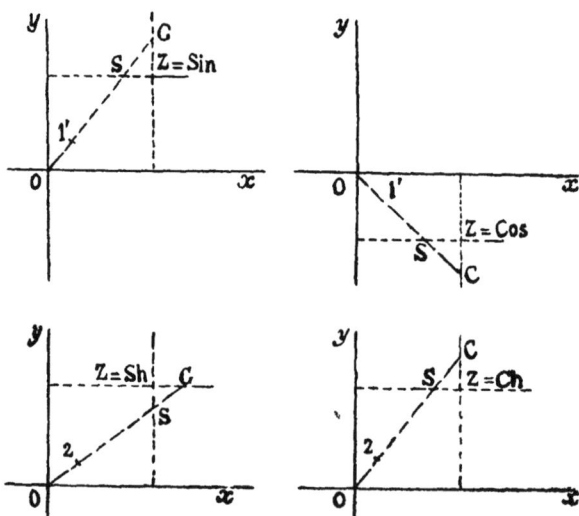

圖　28

於巳知點 Z 後，爲要得 σ_1 及 σ_2，只須由此求出點 1' 及點 2．後此

二點之一為半徑為 $oa=1$ 之圓與直線 OSC 之交點;其他則為在半

橫軸為 $oa=1$ 之等邊雙曲線上,而有其橫標為 $\overline{OC}=c>o$, 縱標為

$OS=s$, 內中點 S 及 C 為經過 Z 之坐標線(即由 Z 所引平行於 ox 及

oy 之直線)與直線 OSC 之交點(圖28). 直線 OSC 為引自 O 而使

$$\overline{OC^2}-\overline{OS^2}=1 \ (=\overline{oa^2}).$$

特別的,直線 OSC 為由長度 $\overline{OC}=c$ 所決定.以故, 今試求此長

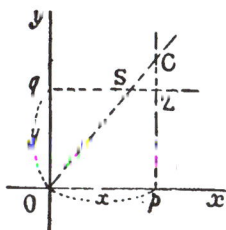 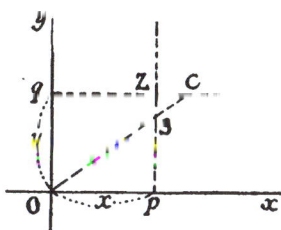

圖　29a　　　　　　　　　　圖　29b

度 c.

若已知其值之函數為圓正弦,或圓餘弦,或雙曲餘弦,則有圖

29a 之情形;若已知典值之圓數為雙曲正弦,則有圖29b 之情形.

如　　　　　　　　$\overline{OC}=c,$　　$\overline{OS}=s,$　　$\overline{Oa}=1=a,$

則應有　　　　　　　　　　　$c^2-s^2=a^2.$

今取 $a+b=c$ 為輔助(Auxiliary) 未知數,並依已知其值之函

數係為圓正弦,圓餘弦,雙曲餘弦 (圖 29a), 或為雙曲正弦 (圖 29b)

而分兩種情形論之.

α) 圓正弦,圓餘弦及雙曲餘弦之情形(圖 29a).由相似三角形

OSq 及 OCp, 可見

$$\frac{pC}{OC}=\frac{qO}{OS},$$

即

$$\frac{\sqrt{c^2-x^2}}{c}=\frac{y}{s},$$

$$\frac{c^2-x^2}{c^2}=\frac{y^2}{s^2},$$

由 是 得

$$\frac{c^2-x^2-y^2}{c^2-s^2}=\frac{y^2}{s^2},$$

即

$$\frac{c^2-(x^2+y^2)}{a^2}=\frac{2y^2}{u^2-a^2},$$

$$[c^2-(x^2+y^2)](u^2-a^2)=2a^{c}y^2.$$

但因 $2c^2=u^2+a^2$, 後 此 等 式 可 書 爲

$$u^4-a^4-2(x^2+y^2)(u^2-a^2)=4a^2y^2,$$

或

$$u^4-2(x^2+y^2)u^2=a^4-2a^2(x^2-y^2),$$

$$[u^2-(x^2+y^2)]^2=(x^2+y^2)^2+a^4-2a^2(x^2-y^2)=(x^2+y^2+a^2)^2-4a^2x^2$$

$$=(x^2+y^2+a^2+2ax)(x^2+y^2+a^2-2ax)=[(x+a)^2+y^2][(x-a)^2+y^2].$$

　　設 A 爲 坐 標 爲 $(x-a)$ 及 y 之 點, B 爲 坐 標 爲 $(x+a)$ 及 y 之 點(圖 30), 則 以

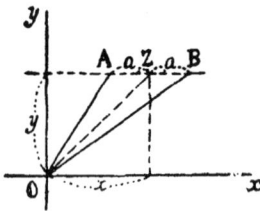

圖　30

$$x^2+y^2=\overline{OZ^2},$$

$$(x-a)^2+y^2=\overline{OA^2},$$

$$(x+a)^2+y^2=\overline{OB^2},$$

於 是 上 之 最 後 等 式 可 書 爲

$$(u^2-\overline{OZ^2})^2=\overline{OA^2}\cdot\overline{OB^2},$$

即

$$u^2 - \overline{OZ^2} = \pm OA \cdot OB.$$

於代 u^2 以其值 $(2c^2-a^2)$，則得

$$2c^2 = a^2 + \overline{OZ^2} \pm OA \cdot OB,$$

或

$$4c^2 = 2(a^2 + \overline{OZ^2}) \pm 2OA \cdot OB = \overline{OA^2} + \overline{OB^2} \pm 2OA \cdot OB = (OA \pm OB)^2,$$

但以 c 必須爲正之故，得

$$2c = OB \pm OA,$$

復次，以尚須 $b>a$，$2b>2a$，及在三角形 AOB 中，有 $(OB - OA) < 2a$，所以只有　解式可取，是即

$$2c = OB + OA.$$

（待續）

Riemann 氏 定 理[1]

山 澤 仁

Cauchy 氏第二積分定理，應用範圍，限於完全解析 analytic 之域；徜域內有不連續點時，則遭失效，此 Riemann 氏定理所由作也，夷考此定理(詳於下)之濫觴，當推 Riemann，故 Osgood 氏以 Riemann 氏定理名之，顧 Riemann 之證明，Osgood 認爲不無微玷，因以己意

---

(1)　閱 Osgood, Lehrbuch der Funktionentheorie, 第 五 版, 325 頁 或 Townsend, Functions of a Complex Variable, p. 263.

(2)　閱 Osgood, Lehrbuch der Funktionentheorie, 第 五 版, 325 頁.

闡發之,並作證明,刊布 Bulletin of Amer. Math. Soc. (June 1896, p. .298) 及其巨著 Lehrbuch der Funktionen theorie. (第五版第325頁)余今不揣固陋,用極淺方法,將此定理,略事伸述,並引出與此有關之定理二則,復由他途草一證明.惟余自知學識浮淺,天性粗率,謬誤恐所不免;深望先進諸賢,有以敎之.

§1.　Osgood 氏解析定義: 如 $f(z)$ 在某域內爲連續函數,且 $\int f(z)dz$ 沿此域內之任意閉曲線作積分時永等於 0, 則 $f(z)$ 在該域內爲解析函數 (analytic function) (此定義譯自 Bulletin of Amer. Math. Soc., June 1896, p. 298)

§2.　定理1. (1) 設 $f(z)$ 在巳知域 S 內,除 $z=a$ 外,爲解析函數. (2) 設 $z=a$ 爲 $f(z)$ 之不存在點,但 $z \neq a$ 時, $|f(z)| < M$.(M 爲一定常數) 則在此二條件下,可得以下二結論:

(1)　　$z \neq a$ 時

$$f(z) = P_0 + (z-a)P_1 + (z-a)^2 P_2 + (z-a)^3 P_3 + \cdots + (z-a)^n P_n + \cdots$$

常能適用.式中

$$P_0 = \frac{1}{2\pi i}\int_E \frac{f(t)}{t-a}dt, \quad P_1 = \frac{1}{2\pi i}\int_E \frac{f(t)}{(t-a)^2}dt, \quad P_2 = \frac{1}{2\pi i}\int_E \frac{f(t)}{(t-a)^3}dt,$$

$$P_3 = \frac{1}{2\pi i}\int_E \frac{f(t)}{(t-a)^4}dt, \quad \cdots\cdots P_n = \frac{1}{2\pi i}\int_E \frac{f(t)}{(t-a)^{n+1}}dt, \quad \cdots\cdots$$

(2)　　$\lim\limits_{z \to a} f(z)$ 必存在, 且 $\lim\limits_{z \to a} f(z) = \frac{1}{2\pi i}\int_E \frac{f(t)}{t-a}dt.$

(E 爲巳知域 S 內包有 $z=a$ 之任意圓週)

證　以 a 爲圓心, ρ 爲半徑作一圓週 γ. 則 $f(z)$ 在 E 及 γ 間爲解析函數.如以 S' 表 E 及 γ 間之域,則在 S' 內之任一點 z 上可得[3]

---

(3)　　閱 Townsend, Functions of a Complex Variable p. 75.

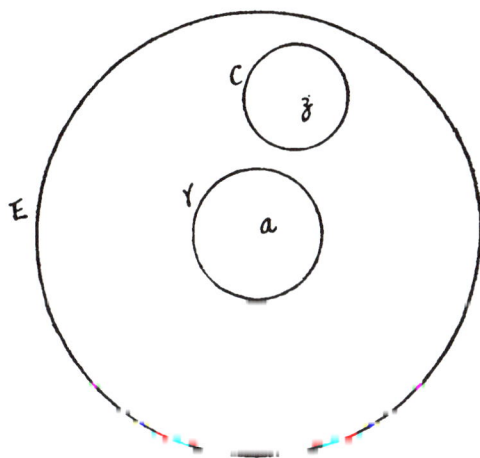

（圖　　一）

$$f(z) = \frac{1}{2\pi i} \int_C \frac{f(t)}{t-z} dt \tag{1}$$

（C 表 S' 內以 z 為圓心之任意圓週）

因　　　$$\int_E - \int_\gamma + \int_C$$

故　　　$$f(z) = \frac{1}{2\pi i} \int_E \frac{f(t)}{t-z} dt - \frac{1}{2\pi i} \int_\gamma \frac{f(t)}{t-z} dt \tag{2}$$

當 t 循 γ 取值時，$\left| \frac{t-a}{z-a} \right| < 1$；故 $\frac{1}{t-z}$ 可用以下幾何級數表之．

$$\frac{1}{t-z} = -\frac{1}{z-a} \left(1 + \frac{t-a}{z-a} + \left(\frac{t-a}{z-a} \right)^2 + \left(\frac{t-a}{z-a} \right)^3 + \cdots + \left(\frac{t-a}{z-a} \right)^n + \cdots \right) \tag{3}$$

當 t 循 E 取值時，$\left| \frac{z-a}{t-a} \right| < 1$，故 $\frac{1}{t-z}$ 又可用另一幾何級數表之如下．

$$\frac{1}{t-z} = \frac{1}{t-a} + \frac{z-a}{(t-a)^2} + \frac{(z-a)^2}{(t-a)^3} + \cdots + \frac{(z-a)^n}{(t-a)^{n+1}} + \cdots \tag{4}$$

以 $f(t)$ 乘 (3) 及 (4) 之兩端得

$$\frac{f(t)}{t-z}=-\frac{1}{z-a}\Big(f(t)+\frac{(t-a)\,f(t)}{z-a}+\Big(\frac{t-a}{z-a}\Big)^2 f(t)+\cdots+\Big(\frac{t-a}{z-a}\Big)^n f(t)+\cdots\Big)(5)$$

及　$\dfrac{f(t)}{t-z}=\dfrac{f(t)}{t-a}+\dfrac{z-a}{(t-a)^2}f(t)+\dfrac{(z-a)^2}{(t-a)^3}f(t)+\cdots+\dfrac{(z-a)^n}{(t-a)^{n+1}}f(t)+\cdots$ （6）

茲將證;當 t 循 γ 取值時, (5) 為絕對均一收歛級數 (absolutely and uniformly convergent series).

　　設　$|t-a|=r,\ |z-a|=R.$

故　　　　　　　　　　　　$\Big|\dfrac{t-a}{z-a}\Big|<1$ 即　$\dfrac{r}{R}<1$

於是　$\dfrac{M}{r}\Big(\dfrac{r}{R}\Big)+\dfrac{M}{r}\Big(\dfrac{r}{R}\Big)^2+\dfrac{M}{r}\Big(\dfrac{r}{R}\Big)^3+\cdots+\dfrac{M}{r}\Big(\dfrac{r}{R}\Big)^n+\cdots$　（7）

為收歛幾何級數.比較 (5) 及 (7) 相當項之絕對值得

$$\Big|\frac{(t-a)^n f(t)}{(z-a)^{n+1}}\Big|<\frac{M}{r}\Big(\frac{r}{R}\Big)^{n+1}$$

由此可知在 S' 內 (5) 為絕對均一收歛級數[4].同理可證在 S' 內 (6) 亦為絕對均一收歛級數.故 (5) 及 (6) 之兩端可按項積分[5].

$$\int_\gamma \frac{f(t)}{t-z}dt=-\Big[\frac{1}{z-a}\int_\gamma f(t)\,dt+\frac{1}{(z-a)^2}\int_\gamma (t-a)\,f(t)\,dt$$

$$+\frac{1}{(z-a)^3}\int_\gamma (t-a)^2 f(t)\,dt+\cdots+\frac{1}{(z-a)^{n+1}}\int_\gamma (t-a)^n f(t)\,dt\cdots+\cdots\Big]\ （8）$$

$$\int_E \frac{f(t)}{t-z}dt=\int_E \frac{f(t)}{t-a}dt+(z-a)\int_E \frac{f(t)}{(t-a)^2}\,dt+(z-a)^2\int_E \frac{f(t)}{(t-a)^3}\,dt+\cdots$$

　　(4)　閱 Pierpont, Functions of a Complex Variable, p. 197 及 Townsend, Functions of a Complex Variable, p. 220.

　　(5)　閱 Pierpont, Functions of a Complex Variable, p. 202 及 Townsend, Functions of a Complex Variable, p. 225.

$$+(z-a)^n \int_E \frac{f(t)}{(t-a)^{n+1}} dt + \cdots \qquad (9)$$

將 (8) 及 (9) 代入 (2) 內得

$$f(z) = \left\{ \frac{1}{2\pi i} \int_E \frac{f(t)}{t-a} dt + \frac{z-a}{2\pi i} \int_E \frac{f(t)}{(t-a)^2} dt + \frac{(z-a)^2}{2\pi i} \int_E \frac{f(t)}{(t-a)^3} dt + \cdots \right.$$

$$+ \frac{(z-a)^n}{2\pi i} \int_E \frac{f(t)}{(t-a)^{n+1}} dt + \cdots \right\} + \left\{ \frac{1}{2\pi i (z-a)} \int_\gamma f(t)\, dt \right.$$

$$+ \frac{1}{2\pi i (z-a)^2} \int_\gamma (t-a) f(t) dt + \frac{1}{2\pi i (z-a)^3} \int_\gamma (t-a)^2 f(t) dt + \cdots$$

$$+ \frac{1}{2\pi i (z-a)^{n+1}} \int_\gamma (t-a)^n f(t) dt + \cdots \left. \right\} \qquad (10)$$

茲將證:

$$\frac{1}{2\pi i (z-a)} \int_\gamma f(t) dt + \frac{1}{2\pi i (z-a)^2} \int_\gamma (t-a) f(t) dt + \cdots$$

$$\cdots + \frac{1}{2\pi i (z-a)^{n+1}} \int_\gamma (t-a)^n f(t) dt + \cdots = 0 \qquad (11)$$

因 $z=a$ 為 $f(z)$ 在 S 內之惟一不存在點,故 γ 之半徑 ϱ 可任意縮小,而不影響各積分之值,今圍遶 γ 之方向而得

$$t-a = \varrho e^{i\theta} \quad , \quad 所以 \quad dt = i\varrho e^{i\theta} d\theta$$

又
$$\left| \int_\gamma f(t) dt \right| = \left| \int_0^{2\pi} f(t) \cdot i\varrho e^{i\theta} d\theta \right| = \int_0^{2\pi} |f(t)| \, \varrho \, |e^{i\theta}| \cdot |d\theta|$$

因 $|f(t)| < M$, 又 $|e^{i\theta}| = 1$

故
$$\left| \int_\gamma f(t) \, dt \right| < 2\pi \varrho M$$

同理得

$$\left| \int_\gamma (t-a) f(t) dt \right| < 2\pi \varrho^2 M$$

$$\left| \int_\gamma (t-a)^2 f(t) dt \right| < 2\pi \varrho^3 M$$

$$\cdots\cdots\cdots\cdots\cdots\cdots\cdots\cdots\cdots\cdots\cdots\cdots$$
$$\cdots\cdots\cdots\cdots\cdots\cdots\cdots\cdots\cdots\cdots\cdots\cdots$$

$$\left|\int_{\gamma}(t-a)^n f(t)dt\right|<2\pi\varrho^{n+1}M$$

由 以 上 可 得

$$\left.\begin{array}{l} \left|\dfrac{1}{(z-a)}\int_{\gamma}f(t)dt\right|<\dfrac{2\pi\varrho M}{|z-a|} \\[3mm] \left|\dfrac{1}{(z-a)^2}\int_{\gamma}(t-a)f(t)dt\right|<\dfrac{2\pi\varrho^2 M}{|z-a|^2} \\[3mm] \left|\dfrac{1}{(z-a)^3}\int_{\gamma}(t-a)^2 f(t)dt\right|<\dfrac{2\pi\varrho^3 M}{|z-a|^3} \\[3mm] \cdots\cdots\cdots\cdots\cdots\cdots\cdots\cdots\cdots\cdots \\[1mm] \cdots\cdots\cdots\cdots\cdots\cdots\cdots\cdots\cdots\cdots \\[3mm] \left|\dfrac{1}{(z-a)^{n+1}}\int_{\gamma}(t-a)^n f(t)dt\right|<\dfrac{2\pi\varrho^{n+1}M}{|z-a|^{n+1}} \end{array}\right\}\tag{11}$$

將 以 上 (11) 各 式 兩 端 相 加 得

$$\begin{aligned} &\left\{\left|\dfrac{1}{z-a}\int_{\gamma}f(t)dt\right|+\left|\dfrac{1}{(z-a)^2}\int_{\gamma}(t-a)f(t)dt\right|+\cdots\right. \\ &\left.+\left|\dfrac{1}{(z-a)^{n+1}}\int_{\gamma}(t-a)^n f(t)dt\right|+\cdots\right\}<2\pi M\left\{\dfrac{\varrho}{|z-a|}+\dfrac{\varrho^2}{|z-a|^2}+\cdots\right. \\ &\left.+\dfrac{\varrho^{n+1}}{|z-a|^{n+1}}+\cdots\right\} \end{aligned}\tag{12}$$

因 z 爲 γ 外 之 點, 故 $\dfrac{\varrho}{|z-a|}<1$

於 是 　　　$\dfrac{\varrho}{|z-a|}+\dfrac{\varrho^2}{|z-a|^2}+\cdots+\dfrac{\varrho^{n+1}}{|z-a|^{n+1}}+\cdots$

爲 收 斂 級 數, 且

$$\dfrac{\varrho}{|z-a|}+\dfrac{\varrho^2}{|z-a|^2}+\dfrac{\varrho^3}{|z-a|^3}+\cdots+\dfrac{\varrho^{n+1}}{|z-a|^{n+1}}+\cdots=\dfrac{\varrho}{|z-a|-\varrho}$$

故

$$\left|\frac{1}{z-a}\int_{\gamma}f(t)dt\right|+\left|\frac{1}{(z-a)^2}\int_{\gamma}(t-a)f(t)dt\right|+\cdots$$

$$+\left|\frac{1}{(z-a)^{n+1}}\int_{\gamma}(t-a)^nf(t)dt\right|+\cdots<2\pi M\cdot\frac{\varrho}{|z-a|-\varrho}$$

但

$$\left|\frac{1}{2\pi i(z-a)}\int_{\gamma}f(t)dt+\frac{1}{2\pi i(z-a)^2}\int_{\gamma}(t-a)f(t)dt+\cdots\right.$$

$$\left.+\frac{1}{2\pi i(z-a)^{n+1}}\int_{\gamma}(t-a)^nf(t)dt+\cdots\right|\leqslant\left|\frac{1}{2\pi i(z-a)}\int_{\gamma}f(t)dt\right|$$

$$+\left|\frac{1}{2\pi i(z-a)^2}\int_{\gamma}(t-a)f(t)dt\right|+\cdots+\left|\frac{1}{2\pi i(z-a)^{n+1}}\int_{\gamma}(t-a)^nf(t)dt\right|+\cdots$$

故

$$\left|\frac{1}{2\pi i(z-a)}\int_{\gamma}f(t)dt+\frac{1}{2\pi i(z-a)^2}\int_{\gamma}(t-a)f(t)dt+\cdots\right.$$

$$\left.+\frac{1}{2\pi i(z-a)^{n+1}}\int_{\gamma}(t-a)^nf(t)dt+\cdots\right|<\frac{M\varrho}{|z-a|-\varrho}\qquad(13)$$

因 M 爲定數,又 $z\neq a$ 時 $|z-a|$ 亦爲定數.當 ϱ 充分小時,則 (13) 之左

端可任意小.而各積分之值復不因 ϱ 之變動而變動,故

$$\frac{1}{2\pi i(z-a)}\int_{\gamma}f(t)dt+\frac{1}{2\pi i(z-a)^2}\int_{\gamma}(t-a)f(t)dt+\cdots$$

$$+\frac{1}{2\pi i(z-a)^{n+1}}\int_{\gamma}(t-a)^nf(t)dt+\cdots=0\qquad(14)$$

故 $z\neq a$ 時,下式

$$f(z)=\frac{1}{2\pi i}\int_E\frac{f(t)}{t-a}dt+\frac{z-a}{2\pi i}\int_E\frac{f(t)}{(t-a)^2}dt+\frac{(z-a)^2}{2\pi i}\int_E\frac{f(t)}{(t-a)^3}dt+\cdots$$

$$+\frac{(z-a)^n}{2\pi i}\int_E\frac{f(t)}{(t-a)^{n+1}}dt+\cdots\qquad(15)$$

常成立.可知 $f(a)$ 雖不存在,然在 $z=a$ 之附近,$f(z)$ 之值,確可用 (15)

式右端之級數表之.惟 $z=a$ 時,(15) 式不能適用,以 $z=a$ 爲 $f(z)$ 之不

(6)　　閱 Townsend, Functions of a Complex Variable, p. 264.

存在點也.

當 t 循 E 取值時,$\dfrac{f(t)}{(t-a)^n}$(此處 $n=1, 2, 3, 4, 5,\cdots$)皆爲連續函數,故各積分

$$\int_E \frac{f(t)}{t-a}dt,\ \int_E \frac{f(t)}{(t-a)^2}dt,\ \int_E \frac{f(t)}{(t-a)^3}dt,\cdots\cdots\int_E \frac{f(t)}{(t-a)^{n+1}}dt,\cdots$$

皆有定值.[7] 由此可討論 z 趨近 a 時,$f(z)$ 之極限值矣.當 z 趨近 a 時,取 (15) 式兩端之極限值得

$$\lim_{z\to a} f(z) = \lim_{z\to a}\left\{\frac{1}{2\pi i}\int_E \frac{f(t)}{t-a}dt\right\}$$

但 $\dfrac{1}{2\pi i}\displaystyle\int_E \dfrac{f(t)}{t-a}dt$ 與 z 無關故

$$\lim_{z\to a} f(z) = \frac{1}{2\pi i}\int_E \frac{f(t)}{t-a}dt. \tag{16}$$

因 $\dfrac{1}{2\pi i}\displaystyle\int \dfrac{f(t)}{t-a}dt$ 有一定之值,故 $\displaystyle\lim_{z\to a} f(z)$ 必存在,且其值可用 (16) 式表之.　　　　　　　　　　　　　　　　　（待續）

閒　話　單　擺

—溫理—

單擺這個問題,是很古老的了,古今研究的人屈指難數。但是不幸得很,對於這個最平常的物理現象,初學的人能夠澈底明瞭的,在一班上可說也就寥若晨星了.好比問吧,這個公式

$$T = 2\pi\sqrt{\frac{l}{g}} \tag{1}$$

何以恰好有個 π 在裏面?T 又何以恰好只依靠 l/g?所以這公式是

---

(7)　　閱 Pierpont, Functions of Complex Variable, p. 196。

美麗,但終未免美中帶點神秘.

話雖如此,在國內流行的初等物理課本中,對這公式不是沒有證明的.打開 Stewart, Kimball, 或 Duff 的 College Physics, 他們不是明白的說了這是來於 Restoring force 和 Simple harmonic motion 的關係嗎?例如 Duff 書中 116. Simple Pendulum 一節用了三十幾行的話就給出了上面提出的公式 (1). 為明白起見,姑把他的最後幾行引證在下:

Hence, denoting the acceleration along the tangent by a, we have by the Second law of Motion

$$-mg\frac{x}{l}=ma$$

and

$$a=-\frac{g}{l}x.$$

Since the multiplier of x is a constant throught the motion, the acceleration is opposite to and proportional to the displacement. Hence the motion is simple harmonic motion, and, if T be the period, or time of vibration of the pendulum, by § 1113.

$$T=2\pi\sqrt{\frac{-x}{a}}=2\pi\sqrt{\frac{l}{g}}.$$

這樣證明可說是最簡捷的了,但是我以為不免對於初學者還會引起些誤會,影響到習題上的錯解:

甲生:按照 110 節, Simple harmonic Motion (S.h.m.) 是來於中心的吸引力,此力是與質點在直線上的距離 x 成比例的,但是現在單擺是在圓圈上運動,根本沒有直線,那公式裏的 x 不是不能應用了嗎?

先生:假定弧線 s 很小,那末 s 大約等於 x,所以 x 就是 s, s 也就是 x.

乙生:然則吸引中心似乎 C' 點了,但是明明的,有眼共覩,單擺是望着 C 點,不然它也不會囘來了,請問究竟是 C 或是 C' 點?

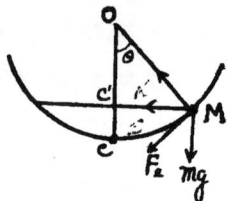

先生:這隨你們各人看法吧,假如單擺擺到 M 點時,吸引中心就在 C',垂直時就在 C 點了.

乙生:那末在 C 與 C' 之間不是有無數的吸引中心了嗎?這在物理的觀點上似乎很難想像的吧.

先生:你的算學太不行了,等你將來學到微積分時就領會了.現在閒話少說,言歸正傳.

丙生:還有件奇怪的事,那就是據 112 節說: Any Simple harmonic motion may be regarded as a projection of a uniform motion in a Circle. 按這 projection 是在兩條垂直的座標 x, y 上.現在 Simple pendulum 走的明明是曲線,請問這個 projection 怎樣作法吧?

丁生:我看單擺旣在圓線上轉來轉去,而週期 T 等於那作均速的圓周運動,那末單擺的速度也應該是均速的了,但事實上它不單是有加速,並且我上次作實驗時看出速度的大小也有週期性.這是什末道理呢?

由甲,乙,丙,丁四位好問的學生,可見要把這單擺現象給他們一個澈底的認識,却是值得考慮的一件事.我以爲單用套公式的方法是不夠的.

由甲,乙,丙三生的疑問,可見它們對於極短的曲線混作極短的直線是難於想像的.這種思想不成熟的過失是可以原諒的,因爲這也難怪:原來物理實驗室中的單擺實驗所用的線長和單擺

fig. 1.

移動的弧長之比並不是無窮小.爲免去甲生所提起中心的所在起見,我們可以把地心吸力 mg 和掛線的張力 T 組合起來,得總力 F_e,這個力就是在弧線上的囘力 (restoring force),有了這力,單擺運動才會發生.這個力是在圓線的切線上,同時它是在吸引中心的方向上的.所以在任何角度下,吸引中心是 C 點而不是甲生所說的 C' 點.這與把直線 x 認爲弧線 s 的假設是獨立的.但是如果先作這個假設,那就要引起甲生的疑難了.照這個說明,還有個好處,就是 S.h.m. 不限定在直線上,有如 Duff 起初證明用,以說明單擺的 S.h.m. 的,就是在圓線上,近中心的一小段上也有存想的可能,因爲

$$ms'' = F_e = -mg \sin \theta \qquad (2)$$

同時我們假定這角度 θ 是很小的,因此 $\sin \theta = \theta = \dfrac{s}{l}$, 所以 (2) 式可寫爲

$$ls'' = -gs \qquad (3)$$

意卽

$$弧線上的加速\ s'' = -\omega^2 \times 弧線, \qquad (4)$$

$$\omega^2 = \frac{g}{l},$$

相當於

$$直線的加速 = -\omega^2 \times x. \qquad (5)$$

這樣說明,雖然還是要假定角度 θ 很小,但這是單擺調和運動的必需條件,否則就名不符其實了.

爲要囘答丙生的疑問,最好用圖示的辦法,因爲用套公式的方法總未免有點簡接性,初學的人往往想不過來.

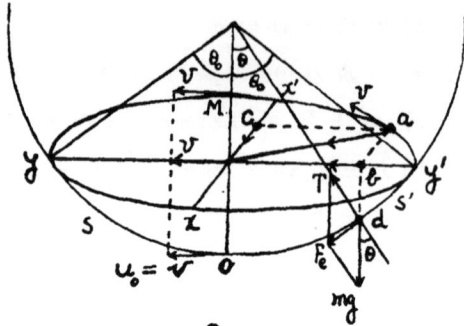

$$\text{fig 2.}$$

　　由這個圖可見有四個質點 a, b, c, d 在運動中. a 點在作均速的圓運動. b, c 就是 Duff 所謂的 projection, 是一種 S.h.m. 至 d 點就是我們的單擺. 嚴格講起來, 單擺的弧線 $s\,s'$ 和直線 $y\,y'$ 相差是很微小的, 但為扶助丙生的想像起見, 我們姑且把它劃為在有半徑等於擺長 l 的圓線上. 由這圖上不難看出單擺運動何以也是 S.h. m., 何以是均速圓運動的產兒. 為節省起見, 恕不贅述了.

　　最後還要滿足丁生的疑味. 他的問題較有趣味, 而更有關現象之基本性. 由這個問題, 引起我們怎樣合理的證明單擺的週期公式 (1).

　　能力 (Energy) 保存原則, 即動能＋位能是常定的原則, 是高中畢業生已知道的了, 但是怎樣利用它來說明單擺的運動, 不要說高中學生未必全知, 就是大學初年級學生恐也未必澈底明瞭. 這只要看 Duff 的書就可知他並沒有曉到利用這個機會來說明這自然界中一大定律, 同時因此也就未能澈底說明自然界中一大基本運動, 就是單擺運動. 我敢斷定: 單擺運動弄不清楚的學生, 遇到別的週期現象也必困難叢生, 然則單擺運動在高中或大學初年的物理教育中所占的位置可知了.

第一動能 E 與位能 V 相加旣是常數,那末這兩種能儘管變化的時候,一定是互相抵償的了.換言之,位能增加 x 時,動能必減少 x.位能最大時,動能必最小,反之亦然.爲把這個道理應用到此地來,第一先要計算動能,Duff 告訴我們凡物之動能是 $\frac{1}{2}mv^2$.那末現在單擺的 v 是多少呢? Duff 又告訴我們凡物的圓運動速度是 $v = r. \omega. = \text{radius} \times \text{angular velocity}$. 現在單擺運動旣是如上圖所述可認爲圓運動的 projection,那末在單擺的速度 u 應等於圓速度 v 的 projection 了.單擺垂直時,速度最大,設爲 u_0,但這時圓上一點在 M,故其速度 v 的方向與 vv' 不行,方與在 0 點的切線不行,故這時

$$u_0 = r\omega \quad (6), \qquad \omega = \frac{2\pi}{T}. \qquad (7)$$

但 r 是圓的半徑 $= l \times \sin\theta_0$, θ_0 是單擺的最大角度.假定 θ_0 很小,故 $\sin\theta_0 = \theta_0$, (6) 式可寫爲

$$u_0 = l\theta_0\omega.$$

因此這時最大的動能 E_0

$$E_0 = \frac{1}{2}mu_0^2 = \frac{m l^2 \theta_0^2 \omega^2}{2}. \qquad (8)$$

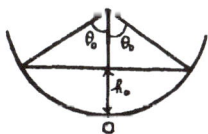

在別方面,位能 V,由 Duff 書中,人們也知道是

$$V = mgh \qquad (9)$$

h 是質點,由最低一點到某定點的高度,但在 0 點是最低,所以它的位能等於零,而動能最大.當擺到最高點 $h_0 = l - l\cos\theta_0 = l(1 - \cos\theta_0)$ 時, V 最大,即位能是最大,同時動能最小,因到這時起,擺的速度降至於零.零了之後,又因受回力下降,因此位能漸減,而動能漸加,等到來到 0 點,位能又降至於零,而動能最大,故擺又乘勢繼續前進,來到對方最

fig 3

高點,那時位能到了最大值,所以動能又降至於零,又只好服從回力命令下降了.無奈能力不滅,所以動能和位能儘管互相爭來奪去,結果還是單擺漁翁得利,永遠自强不息,若不是空氣阻力等作怪,他的運動眞是可以天長地久咧.

　　閒話少說,且說位能取最大值 V_0 時,由 (9) 式可知

$$V_0 = \mathrm{mg}l(1-\cos\theta_0) \qquad (10)$$

　　能力保存原則旣是說　　$V+E=$ 常數　　　　　　　　(11)

那末 $V_0=$ 常數 $=E_0$ 是很顯然的了,因此

$$\mathrm{mg}l(1-\cos\theta_0) = \frac{ml^2\theta_0^2\omega^2}{2} \qquad (12)$$

　　或因　 $1-\cos\theta_0 = 2\sin^2\frac{\theta_0}{2}$, 又因 θ_0 很小,故 $1-\cos\theta_0 \sim \frac{\theta_0^2}{2}$

　　由此　　　　　　　　$\frac{\mathrm{mg}l\theta_0^2}{2} = \frac{ml^2\theta_0^2\omega^2}{2}$　　　　　　　(13)

　　$\therefore$　　　　　　　$\omega^2 = \frac{l}{g},\quad \omega = \sqrt{\frac{l}{g}}$

　　或卽　　　　　　　　$T = 2\pi\sqrt{\frac{g}{l}}$　　　　　　　　　(14)

　　由此證明我們最先提出的公式 (1). 這個證明[*]不用高深數學,完全根據能之保存原則,同時可以說明單擺運動詳細經過情形.最後還可以使學生明瞭怎樣動能和位能互相的交換或消長.

　　在這投考大學時期將屆的機會,我希望這點閒話也能夠有點補益,因爲這篇文字的動機也是在和一位高中畢業生談話後所引起的啊.

　　——————————————

　　[*]其實道與證明 $v=\sqrt{2gh}$ 是物體下降速度的原理相似.

理学卷（第二册）　科学通讯　第三卷　第二期　（1937）

歐姆定律概論 （四續）

趙富鑫

（八）三相電路　以上所述之交流電路均係單相（Single Phase），然普通發電廠之發電機均爲三相（Three-phase），卽發電機發生頻率及有效值均相同之三個交變電動勢，各電動勢之相各差120°。故由此發電機接出之電路均爲三相電路。茲略述之。

三相電路可分兩種，一爲 Δ 接法，一爲 Y 接法。

甲．Δ接法　三個担負聯成 Δ 形，由三角出三線 A, B, C，而三個電位差（$E_1=E_2=E_3=E$）則加於 AB, BC, 及 AC 之間，如圖72a。若各個担負相等，則爲平衡電路（Balanced Circuits）。此時各相之電流 I_1, I_2, I_3 相等，且相對稱。卽其方向如圖所示也。每相內電流與電位差間之相差爲 θ。A, B, C 各線內之電流 I_A, I_B, I_C 亦相等而對稱。故

$$I_A=I_1-I_3 \quad I_B=I_2-I_1 \quad I_C=I_3-I_2$$

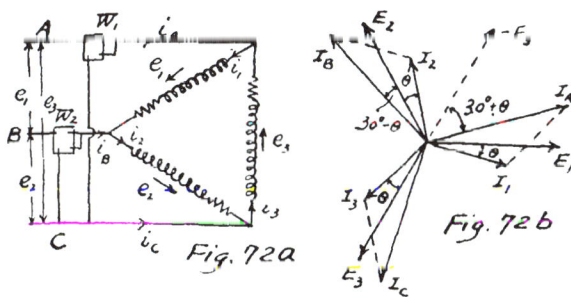

Fig. 72a　　　Fig. 72b

故　　　　　　　$I=I_A=I_B=I_C=\sqrt{3}\,I_1$。

各相之電功率爲 $E_1I_1\cos\theta$, $E_2I_2\cos\theta$, $E_3I_3\cos\theta$ 亦相等

故總電功率爲　　　　$P=3E_1I_1\cos\theta=\sqrt{3}\,EI\cos\theta.$

此總電功率可以瓦特計兩只 W_1 及 W_2 量之，W_1 之電流圈接於 A 線，電壓圈接於 AC 間，W_2 之電流圈接於 B 線，電壓圈接於 BC 間，則　　　　　　　　$P_1=E_3I_A\cos(30°+\theta)$

$$P_2=E_2I_B\cos(30°-\theta).$$

故　$P=P_1+P_2=EI[\cos(30°-\theta)+\cos(30°+\theta)]=2EI\cos30°\cos\theta$

$$=\sqrt{3}\,EI\cos\theta.$$

若各担負不相等，則爲不平衡電路。設 $E_1=E_2=E_3=120$,

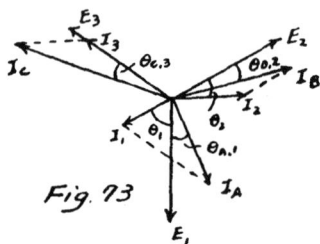

Fig. 73

$z_1=3+j4,\ z_2=4+j2,\ z_3=3.$

則　$I_1=\dfrac{120}{\sqrt{3^2+4^2}}=24.$

$\theta_1=\tan^{-1}\dfrac{4}{3}=53°10'$

$I_2=\dfrac{120}{\sqrt{4^2+2^2}}=26.9$

$\theta_2=\tan^{-1}\dfrac{2}{4}=26°34'$　　$I_3=\dfrac{120}{3}=40$　$\theta_3=0.$

向量圖如圖 73，從此圖得

$$I_A=37.6\qquad I_B=49.0\qquad I_C=64$$

$$\theta_{A,1}=-24°36'\qquad \theta_{B,2}=11°10'\qquad \theta_{C,3}=-13°10'$$

故總功率爲

$$P=E_1I_1\cos\theta_1+E_2I_2\cos\theta_2+E_3I_3\cos\theta_3$$

$$=120\times24\cos53°10'+120\times26.9\cos26°34'+120\times40\cos0°$$

$$=9000.$$

乙．Y 接法　三個担負聯成 Y 形，分接三線 A,B,C. 由發電機出之有效值相等而相差爲 $120°$ 之三個電位差 E_1, E_2, E_3, 則接於 AB, BC 及 AC. Y 之中心或與發動機之相當一點連接（發電機內

普通亦有三個線圈作 Y 接法），或不相連．若爲平衡線路，如圖74a，則三線之電流 I_A, I_B, I_C 相等．

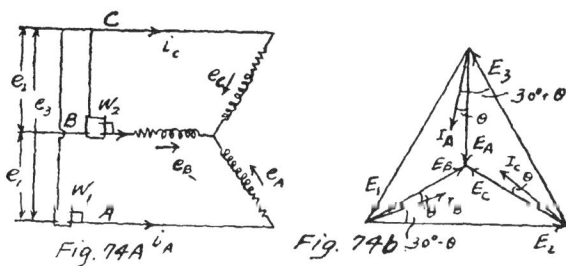

Fig. 74A　　　　　　Fig. 74b

$$I = I_1 = I_{\Pi} = I_{\Pi}$$

各個担負兩端之電差 E_A, E_B, E_C 亦互相等而對稱，故

$$E_1 = E_A - E_B \qquad E_2 = E_B - E_C \qquad E_3 = E_C - E_A.$$

故　　　　　　$E = E_1 = E_2 = E_3 = \sqrt{3}\, E_A = \sqrt{3}\, E_B = \sqrt{3}\, E_C.$

向量圖見圖74b．總電功率爲

$$P = E_A I_A \cos\theta + E_B I_B \cos\theta + E_C I_C \cos\theta = \sqrt{3}\, EI \cos\theta.$$

此總電功率亦可以兩瓦特訐如上法量之．

若爲不平衡電路 Y 之中心不接於發電機之中心者，則 E_A, E_B, E_C 不復相等．設 $E_1 = E_2 = E_3 = 440$, $Z_A = 2 + j4$, $Z_B = 3 + j2$, $Z_C = 1 + j3$. 先畫向量圖 75a,假定 E_A, E_B, E_C 三向量之交點 N 之位置，以 E_A 分爲 k 及 h 兩部，則

$$E_A = k - jh \qquad E_B = (k - 220) + j(381 - h) \qquad E_C = (k - 440) - jh$$

於是

$$I_A = \frac{k - jh}{2 + j4} \qquad I_B = \frac{(k - 220) + j(381 - h)}{3 + j2} \qquad I_C = \frac{(k - 440) - jh}{1 + j3}.$$

因中心並不接出，故 $I_A + I_B + I_C$ 爲零，將實數及虛數分別相加，得

$$k - 1.52h - 83.7 = 0 \qquad j(h + 1.25k - 590) = 0.$$

故　　　　　　　　$k = 299 \qquad h = 140.$

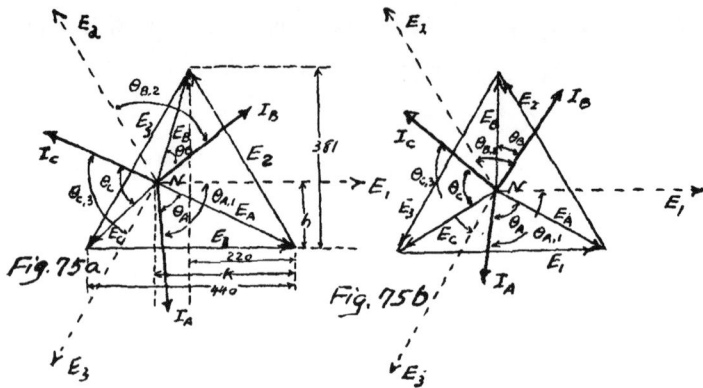

Fig. 75a   Fig. 75b

故得　　　　　$E_A=328$　　　　$E_B=253$　　　　$E_C=201$

　　　　　　$I_A=73.3$　　　　$I_B=70.3$　　　　$I_C=63.3$

　　　　　　$\theta_B=63°25'$　　　$\theta_B=33°40'$　　　$\theta_C=71°35'$

從向量圖得

　　　　$\theta_{A,1}=88°45'$　　　$\theta_{B,2}=81°10$　　　$\theta_{C,3}=87°25'$

而電功率

$$P=E_AI_A\cos\theta_A+E_BI_B\cos\theta_B+E_CI_C\cos\theta_C=29900.$$

若 Y 之中心接至發電機之中心.則

$$E_A=E_B=E_C=\frac{440}{\sqrt{3}}=254.$$

故　$I_A=\dfrac{254}{2+j4}=56.8$　$I_B=\dfrac{254}{3+j2}=70.5$　$I_C=\dfrac{254}{1+j3}=80.4$

　　　$\theta_A=63°25'$　　　$\theta_B=33°40'$　　　$\theta_C=71°35'$

向量圖如 75b.從圖得

　　　$\theta_{A,1}=93°25'$　　　$\theta_{B,2}=63°40'$　　　$\theta_{C,3}=101°35'$

而總電功率為

$$P=E_AI_A\cos\theta_A+E_BI_B\cos\theta_B+E_CI_C\cos\theta_C=27700.$$

是以無論 Δ 及 Y 接法,祇須將其向量圖畫出,則可以圖解法

及複數法計算各相各線之電流電位差矣.

（九）真空管電路　普通三極真空管(Triode)之電路亦可作爲簡單之直流及交流電路.三極管有燈絲(Filament)或陰極(Cathode),供給電子(Electrons), 分至屏極(Plate)及柵極(Grid),成爲屏電流及柵電流.柵極對於燈絲之電位差,可控制柵電流,亦可控制屏電流;而屏極對於燈絲之電位差,可控制屏電流,亦可控制柵電流.屏電流 I_p 對於屏電位 D_p 及柵電位 D_g (假定燈絲電位爲零)之關係,見

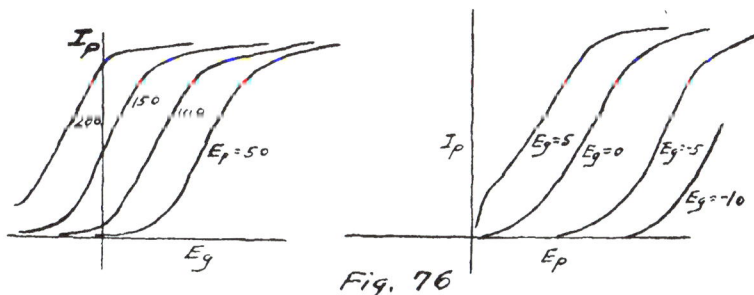

Fig. 76

圖76,是爲真空管之特性圖(Characteristic).若於柵電路內加以交
流電位差則屏電流亦小數生必變感脈動,如圖77,此是此實體電位
差得以放大或整流.

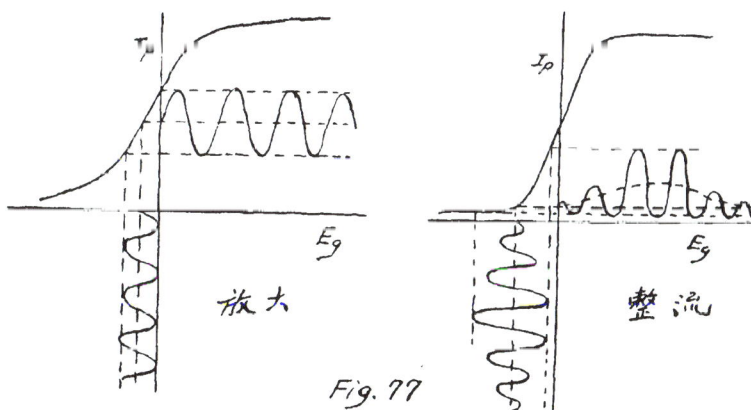

放大　　　整流

Fig. 77

屏極與燈絲間,可作爲有一電阻 r_p,即所謂屏電阻 (Plate Re-sistance) 也. 此電阻並非定數,可自圖76之 $I_p - E_p$ 曲線斜度見之, 同樣柵極與燈絲間, 亦有一非定數之電阻 r_g. 又當柵電位變動 ΔE_g 時,屏電流之變動與屏電位變動 $\mu_p \Delta E_g$ 時相同, 此 μ_p 曰柵屏放大因數(Grid-plate Amplification Constant). 同樣屏電位變動 ΔE_p 時, 柵電流之變動與柵電位變動 $\mu_g \Delta E_p$ 時相同.

故如圖78之三極管放大器 (Amplifier), 對於直流之相當電路如圖79a, 對於交流之相當電路如圖79b. 實際上則爲二圖之合併. 從直流線路及特性圖, 得 r_g, r_p, μ_g, μ_p 之值, 代入交流線路中應用.

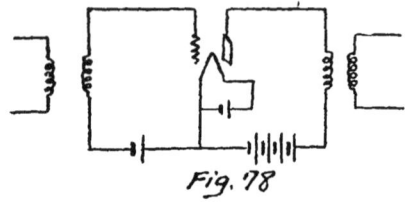

Fig. 78

三極管之絲屏柵三極, 相離甚近, 故每二極間之電容, 亦不可不計. 設 C_{pg} 爲屏柵間電容, C_{pf} 爲屏絲間電容, C_{gf} 爲柵絲間電容.

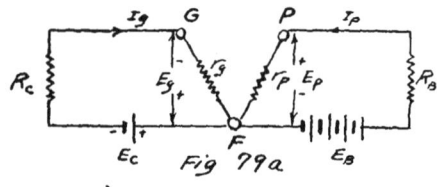

Fig 79a

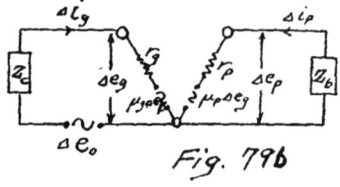

Fig. 79b

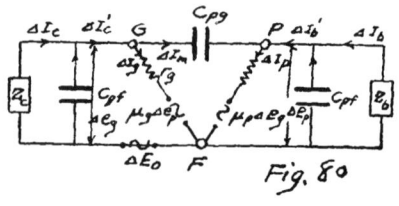

Fig. 80

則三極管對於交流之相當電路應如圖80. 是以任何眞空管電路. 均可以簡單之相當電路代表之.

（完）

理学卷（第二册） 科学通讯 第三卷 第二期（1937）

油　漆

郭　鍾　福

油漆在今日之應用甚大,一方可作裝飾用,一方亦作保護用.今日用具之美觀耐用,油漆與有力焉.至其歷史早在四千五百年前.蓋當時埃及用赭石,石灰,赤鐵石,焦炭,烟食,孔雀石等顏料,塗飾器物表面,已具油漆之微意.三千年前波斯人,埃及人用蛋白作黏合劑,調和顏料,使不易剝落,是一大進步也.

1900 年凡厄克兄(Brothers Van Eyck) 徵明顏料用油版偶合作裝飾用,而建近代油漆工業之基礎.此事在今日視之,固無足異;且一若當然者.然在當時能引出一新穎觀念,實非易事.誠以一件事之觸機,有似化學作用之接觸劑者,能促進社會文明之急速進展,每每而然也.初創者固在有意無意之間,而其功績,甯不可稱.然則本日文明之進展,亦倚於我人今日之隨時留心者已.凡厄克選用胡麻仁油(Linseed oil),實一乾性油也.此油選用五百年之久,毋有變更.

1900 年,即凡厄克發明之後五百年,於時有一大變化,即中國桐油之應用是.現在此油世界上之消費量日有增加,識以其物品之佳美使然也.在中國早已用作裝飾,用時稍炭濃.及今日則用以調製各種油漆,甚少單獨應用者.同時除桐油外,尚有魚油,豆油,蓖蔴子油等半乾性油代替品.

油漆乾後,其塗層,光亮平滑,性質堅韌,能耐光熱風雨者,油之力也.至於顏色鮮艷動人,則倚於所用之顏料.初時白色顏料,都用鉛白.近八十年間有鋅白,鋅鋇白(lithopone)等出品.鉛白質雖優良,

然普通內部黍漆及磁漆製造,則以鋅鋇白爲優.白色顏料應用最多,蓋易與其他顏料調和得深淺不,同之顏色也.其質宜精良.

最近有鈦,銻等氧化物顏料之應用.其遮蔽力(hiding power)勝於鉛白.凡顏料之遮蔽性,與折射率(refractive index)甚多關係.遮蔽力大者,其折射率亦高.如油之折射率約 1.48,而顏料則爲 1.9 至 2.2. 故如油漆上塗木板後,其木紋年輪仍可明見,若加顏料粉飾後,則不復可見矣,遮蔽力大故也.

有機彩色之進步亦甚快,不僅耐久性强,價格亦較廉云.

近代塗料(paint)製造法頗簡單.逐以顏料均勻地混入乾性油中,繼加松節油等調薄劑,至適當濃度;同時加以少量鈷,鉛,錳鹽等催乾劑卽成.

假漆(Varnish)製造時,以樹脂融鎔,加入熱養之乾性油,稍養,然後以調薄劑及催乾劑調和之卽可.

十五年前,硝棉漆發明.其用與油漆雖同,其製造法,則迥異.且用適當之溶劑,可以噴射,塗層更均勻,光亮,易乾燥.家具,汽車等甚多用之.然非謂此可施於任何表面也.又所用溶劑皆甚昂貴,且溶劑最後亦不過在空氣中,揮發而去,故甚不經濟也.

近又有合成樹脂者,使油漆工業更進一步.最著者,如甘油二甲苯酸酯.用以代舊時之樹脂,製造油漆,黏着力强,性軟靱,耐水,耐酸鹼,性質皆特優,絕緣能力亦佳.

油漆之機械及試驗方面之進步亦甚多.如磨機,混和機,離心機,波動篩,曝露機,硬度計,驗光計,粘滯計等,皆有發明改良.紫外線對於油漆塗層之侵蝕力最劇.故有曝露於紫外線下試驗,以縮短時間者,便利不少云.

理学卷（第二册）　科学通讯　第三卷　第二期（1937）

叢　　錄

宇宙線研究的新工具

Dr. Robert Andrew Millikan 著　　　　M. S. 譯

宇宙線一名詞,[1] 因當一九二五年時研究的結果纔知道這種射線的本源,既不是來於雕地球大氣圈較近或較遠的地方,又不是太陽和內眺能晉几的人大亚諸寰毎個射線可以眼見實亿從宇宙間遙遠的地方射來的,同時它在圓蓋的天體面上有均勻的分佈.自從在高山上有雪的湖面研究宇宙線之後,人們就自然想去計量它這巨大的侵透能力.這也是很自然的人們去利用已知的 X 和 γ 射綫的吸收定律,來計量宇宙線洞穿能力.當一九三〇年時,趙[2] 君首先把這個問題證明的清清楚楚的,就是射線的能力,在二百萬電子弗打（Electron-volts）的時候,這時電子核在吸收現象內,不但開始工作,並且是吸收現象中的一個頂土要的作用.前道一項已足見克蘭尼申那定律（Klein-Nishina Law）實不能解釋高度能力射綫吸收的問題,於是人們爲希望得到宇宙綫能力的一點知識起見,不得不利用雲室（Cloud Chamber）巧妙的方法來直接計量.爲了這種需要安德孫（Anderson）米立根（Millikan）和耐德邁爾（Neddermeyer）三人,在一九三一年間用直接觀察可

(1)　　Proceeding of National Academy of Sciences, 12; 18—55, 1926.

(2)　　Chao, Pro. Nat Acad. Sci. 16; 431, 1930; Phy. Rev. 36; 15—19 1930.

偏斜性(Deflectibilities)[3]的方法,始知宇宙綫的能力尚在六十億電子弗打以上,並發現幾個有高能力的宇宙線,不在一百五十億電子弗打之下.我們拿這個計量一看,就知道米立根氏早年先假定的宇宙綫的能力的來源,可用質量損失 (packing fraction) 說明,是完全錯誤了.雖然如此,像這一類未嘗含糊的試證,使我們對於不論是原子核對於電子或光子 (Photon) 的吸收定律的觀念,仍然在五里霧中.所以我們必需利用更多的實驗紀載來幫助,纔能清楚.關於這一點,最近已有一點的貢獻,現在我們把他談一談.

在低弱的能下有一種理論 —— 從二百萬至一千五百萬的電子弗打 —— 的範圍內,—— 就是首先經歐貢漢(Oppenheimer),柏特 (Bethe), 和哈德勒 (Heitler) 三人共同創立的一種學說,卽把光子在原子核內變成電子偶 (Electron-pairs) 後,而發生了重大的吸收性,來補充克蘭尼伸那的原子核外吸收的學說.這種學說經勞立特孫(Lauritsen)和其他學者在前面已經說過的能的極限之間,用原子數不同的物質實驗光子吸收能力的變化,結果認爲十分的對.這種學說必要的條件就是,在物質的某層厚內的吸收性,和射入光子的能力成正比,同時也必需和原子數的平方同變化.那麼從這個地方看來,這種定律好像已能成立,對於我們研究宇宙綫原子核吸收律的期望,好像更進一步的了,因爲按照前面已經說過的幾位學者,對於這兩個同樣定律的實驗分析:不論是含有更高强的能的光子的或電子的吸收,也全都適合.現在我對宇宙綫研究的新結果要解釋的,似乎還在把歐貢漢的原子核吸收定律,再作進一步的小擴充.　　　　　　　　（待續）

---

(3)　見 "Electrons (+and-), Proton, Photons, Neutrons & Cosmic Rays"
一書 321—330 頁 此種計量之歷史, 1935 年 Uni. of Chica. Press 出版.

金屬面之加工整理

郭　淑　盦　譯

近代金屬面多加工整理,增加其抗蝕耐擦能力,同時美觀方面,亦多幫助.鐵之應用最廣,但在空氣中亦能生銹,更何言儲藏強烈性之化學品.欲避免此病,於是加工整理尚矣.普通可塗上一層耐腐蝕性之材料:諸如銅,錫,鎳,鉻等金屬;及氧化鐵,磷酸鐵;琺瑯,油漆,塗料,橡皮等.皆視應用情形而異.

鐵和以鎳,鉻,矽等使成合金,抗蝕能力,較鐵為強.或者其表面有細密極薄之氧化物層,質極堅硬,於耐蝕性,頗多幫助.近日鐵合金之用量日益增多.

鐵面電鍍一層鉻質,可增加其耐擦能力.如鐵之表面有碳化鐵,氮化鐵之化合物者,其硬度亦大為增加.

鐵中加有鎢質,硬度亦高.鎢有多至18%者,即在高溫,硬度仍不變,是其優點.又鈷鉻鎢之非鐵合金,硬度在灼燒時,亦甚高云.

金屬面上塗他種金屬之方法甚多.如熔點低者,可在熔融液中浸過即可.如熔點高者,可用電鍍.又有金屬粉用動拉法上塗者,或用噴霧法上塗者,方法各異.

磷酸鐵鹽塗於金屬面上,以增強其耐蝕性者,應用漸多.有時於其上再加油漆,更耐用.鐵器表面用化學方法,使積一層碳化鐵或氮化鐵,於防蝕耐擦,皆有效用.

琺瑯質之塗層,雖早於二千年前,已經發明.但其配合及手術,極為複雜.及今有待研究者仍多.高溫化學,現在發軔之初,如應用於此方面,將來之改良,當可期也.

油漆,塗料,橡皮之金屬面塗層,近來研究者甚多.而油漆與珐瑯,形式相似,性質相殊.兩者之製造廠,各譽其是,相競於市.

金屬如用於高度抗蝕之處,宜用橡皮作塗層.以其能耐强酸而質輕便也.但能耐溫度以 150°F 爲限.如製造適宜,亦可至 200°F 者,再上則不宜矣.一以抗蝕力較低,二以其軟化變形也.

金屬面能保持潔淨,不易生銹,是亦宜注意者.

原文見 Journal of Chemical Education, Feb. 1937.

R. Rogers: Modern Methods of Metal Finishing.

THE AIMS OF SCIENCE TEACHING

(From "Science Education", Vol. 21, No. 1, Page 1-4, February, 1937)

EDWIN G. CONKLIN

President, American Association for the Advancement of Science.

After I had decided to speak to you on the "Aims of Science Teaching" I found that the simile suggested by the word "aims" could be carried further. Our aims in teaching are too often like those of the amateur hunter or soldier who shoots into air and at things in general. In war it is said that only one shot in a million counts and about that proportion seems to hold in hitting rabbits or students. The gun used is usually an heirloom handed down to us from some former teacher or pedagogical hierarchy and whether popgun, blunderbuss or cannon is used on all occasions irrespective of the game and aim. The ammunition is usually in the form of standardized cartridges loaded with wad from textbooks or old lecture notes. The man behind the gun is the teacher and he usually gets more kick out of the shooting than the man in front of the gun who is the student or victim. Too often the teacher is interested only in scoring a few hits and the student in getting passed.

As a result of more than fifty years of teaching in many grades from the one-room, ungraded country school to the graduate work of the university, I am impressed with the thought that our methods of teaching generally lose sight of the chief aim or purpose of all instruction. This is true of all teaching, whether in the sciences *or the humanities. The ancient conflict between science and the classics was a dis-*pute about guns and ammunition rather than about the more important matter of aim and objective, and to this day the pedagogical hierarchy and the teacher's training schools are concerned more with pedagogical guns ammunition than with the man behind the gun or the all important aim.

If I were to write my "confessions" I should repent the fact that in my teaching I have frequently thought more of my subject than of my subjects, more of information than of education. Of course we all strive to impart knowledge of the subject which we teach but we are too often satisfied if our students are able on examination to give back to us in more or less mutilated form the information which we have conveyed to them. Information has its place in education but its chief value is to serve as a means to more important ends.

All education is a phase of development, and all conscious education is an attempt to draw out or develop certain inherited capacities. During the whole of my career as a scientist I have been a student of animal development, and I have observed that in all forms of development, whether it be that of an animal or plant or of the body, mind and morals of a human being the same fundamental factors are involved. Heredity fixes the capacities of every creature whether plant, or animal or man; environment, which includes training or use, brings these capacities to full development. The inherited potentialities or capacities of any creature are much greater than are ever realized in development. In attempting to control development we seek to stimulate certain capacities and to suppress other. The experimental embryologist can begin his experiments with the earliest stages of development. By various physical and chemical stimuli he can cause an egg to give rise *to twins or multiple embryos, he can produce many forms of abnormal or monstrous* individuals.

After the birth of the embryo the experimental zoologist can greatly influence the later development by modifications of food, temperature, and functional activity. Anything and everything that can possibly develop under any possible set of conditions was inherent in the egg from which the animal came. By modifying the environment one or another of these capacities may be inhibited and others developed.

The true teacher is also a student of development. It is true that the material on which he works comes to him much later in life than case of the experimental embryologist, but the fundamental principles are essentially the same at all stages in the life cycle, and in the development of mind and character as well as of the body.

The inherited capacities of every human being are vastly greater than those that come to development. In each one of us there were several alternative personalities, which we might have been but only one of which we actually are. By our environment and training as well as by our heredity we are what we are. There is good biology in the old saying attributed to John wesley, as well as several other religious leaders, who on seeing a drunken sot exclaimed, "There but for the grace of God goes John Wesley." As intellectual and social characteristics develop later than the physical ones they are more subject to experimental control.

The teacher therefore is a worker in the field of experimental development. Whether he knows it or not he is attempting to develop certain capacities of his students and to repress others. The methods used may vary enormously but they may all be classified as stimulations and inhibitions, or more strictly as stimulations only, for inhibitions are stimulations of an antagonistic sort. A muscle stimulated contracts, a gland secretes, a nerve conducts, an egg develops; without stimulation nothing happens, which is saying nothing more than that every thing has its cause or causes, whether in the world of lifeless or of living things. Such causes may be external or internal and what we call automatic action merely means that the immediate cause is internal. A self-starter in man is no more causeless than a self-starter in an automobile.

Stimulation then is always necessary to call forth any response, whether it be of an organ or an organism. My students have sometimes mutilated this statement by saying that "stimulants" are necessary for any action, but the word "stimulant" has almost as many meanings as the word "spirit." In the development of the mind no less than of the body stimulation is necessary and the good teacher is the one who knows how and when to apply the proper stimulus. Unfortunately for mass education, individuals differ so greatly that ideal stimulation must be individually applied, but fortunately all normal human beings have so much in common that in groups selected as to capacity and stage of development certain forms of stimulation may call forth corresponding responses in all.

Another fundamental biological principle is that when responses to stimuli are frequently repeated they become more easy, more rapid, more nearly automatic, more like reflexes. These are known as "conditioned reflexes" or habits, and they are the most valuable and lasting results of all education. Indeed I think it doubtful whether there is any other permanent result of education. Information may last until examination but not much longer. Although do not recall the lessons they so laboriously learned and upon the remembrance of which they passed or failed in their examinations, but they do remember the habits they acquired, often from causal contacts with teachers or students. And how frequently they recall the unconscious behavior, the careless words of a teacher. When my old students tell me of some of these things, which have entered into their permanent mental furniture and become a part of their habits and character, I think of the saying of Scripture—"for every idle word and act ye shall be brought into judgment." The imparting of information which is the chief aim of most teachers is the least permanent and important of their functions. "Whether there be tongues they shall cease, whether there be knowledge it shall vanish away, but now abideth character."

理学卷（第二册）　科学通讯　第三卷　第二期（1937）

The essence of all real education is habit formation. Heredity is first nature, habit is second nature. Heredity is unalterably fixed from the moment of the fertilization of the egg, habits are conditioned reflexes and are acquired. The true aim of all great teaching is to guide students to the acquirement of good habits and the avoidance of bad ones. This applies to habits of body, mind and morals, and within the limits of inherited capacity, habits determine whether one is a worker or an idler, reliable or unreliable, helpful or selfish, a success or a failure.

The true measure of education is not information, not examinations, but habits and character,—and I wish we had some better methods of measuring this than those now in use in our schools. It is true that examinations themselves if they are well conducted teach habits of concentration, accuracy, order, construction, initiative and independence, but as usually given they are in the main mere memory tests. Here as in class instruction the teacher should realize that the chief aim of teaching is not knowledge but character and that all good teaching begins with inspiration or stimulus, proceeds to illumination or example, and that mere information is the least important of the three; information, illumination, inspiration and the greatest of these is inspiration.

All this is true of teaching in general, but what should be the principal aims in science teaching? They study of science is peculiarly well suited to develop habits of curiosity, accuracy, logical and rational deductions, distinction of fact from fancy, reliance no natural causation rather than magic, appreciation of the fact that all knowledge is the result of experience and that it is never perfect but is always capable of improvement, humility in realizing.

> "How little we have gained
>
> How vast the unattained,"

aesthetic appreciation of the stability, order and beauty of nature, ethical devotion to truth, sympathy and service. Here is a program to stimulate the enthusiasm of every science teacher. How sadly the world needs such habits is evident on every side. The world is full of people whose education has crushed or dwarfed these habits, people who are unable to distinguish reason from emotion, truth from propaganda, evidence from ballyhoo; people who think that their opinions are absolutely right and that all who differ from them are absolutely wrong; people who are unable to criticize their own views, to acknowledge unwelcome truth, to see that all knowledge is relative, to "conceive it possible that they may be mistaken"; people who are unable to see that all behavior, even irrational behavior, has natural and therefore understandable causes, and that the only way to cure or alleviate disorders, whether physical, mental or social, is to remove or control their causes; people who are unable to put themselves, in thought and sympathy, in the places of others from whom they differ and to appreciate the partial truth of the saying, "To comprehend all is to pardon all."

The peace and progress of mankind depend upon the acquisition of such mental and moral habits as make for peace and progress. The social disorders of our present world are not so much due to heredity, or original sin, or the devil, as to the bad social habits that have been inculcated. The usual teaching of science has not prevented the formation of such anti-social habits but it is none the less true that science teaching is peculiarly well fitted to cultivate sound mental and social habits. This, in my opinion, should be the chief aim of science teaching.

書　評

化 學 參 考 書 籍 選 輯

陳　同　素

22.定量分析化學　Textbook of Quantitative Analysis By W. T. Hall. 2nd ed. pp. ix+350 New York: J. Wiley & Sons, Inc.; London: Chapman & Hall. Ltd, 1935. 15s.

本書已將初版重新編過,足供一學年以用.初版內有幾種方法已被刪去,補入新法.理論及計算法之篇幅均增加.

第一篇爲重量與容量方法之分析.解釋及緒述大體均甚明白.第二篇注重鋼鐵分析,適於工程學生之用.方法均根據實業界所用者.美國麻省理工大學亦用此書.末章爲電位滴定法.

編著體裁甚佳.附有合式之圖解表格甚多.學工程之學生宜讀是書.

23.有機化合物之系統試驗法.　The Systematic Identification of Organic Compounds: A Laboratory Manual, By R. L. Shriner & R. C. Fuson pp. ix+195. New York: J. Wiley & Sons, Inc.; London: Chapman & Hall, Ltd., 1935. 11 s.

此書在美國之意利諾大學(University of Illinois)用過數年.試證單體之方法,基於物理性質,基本成份,及溶解度,分成九大類.然後再用尋常之分組試劑與衍生物之製造以證明之.本書之牛幾

全為討論有機物衍生物之材料,書中有表二十五.列出分類之化合物,胥按其沸點或熔點之順序排列;每一化合物又酌列其衍生物之沸點及熔點.後數章則有混合物之分開及許多習題以啓發學生如何利用其實驗所得之紀載以證明某種化合物.

索引編來完善,參攷亦稱豐富.洵學校實驗課程之佳本也.

24.焰　　Flame. By O.C. de C. Ellis. Ph. D., & W. A. Kirkby. Ph. D. pp. vi+106. London: Methuen & Co., Ltd., 1936. 3 s.

著者於前四年曾著火與焰之歷史,頗引人入勝.茲者復與葛格貝君合編是書.論述焰之關於工業上及科學上之關係.著者均從事於礦坑安全研究所之火焰部.故此書內容實為二君經驗所得之智識之菁華也.篇幅雖不多,但為化學書籍中專門著述之一,頗可一讀.但非普通程度之人所能一目瞭然.須具有數學及化學根底者乃能讀之而津津有味也.文體簡潔流暢,參攷文獻另列表,甚便查攷之用.

25.汽鍋用水處理法　　oiler Feed Water Treatment. By F. J. Matthews, D. Sc. pp. 250. London: Hutchinson & Co., Ltd., 1936. 12s. 6d.

此書不僅述頓水法及管理法,即最近十年來之新法亦有極簡明之敍述.

前數章與普通書本相若.其內容為:各種汽鍋用水之特性,苛性鈉石灰頓水法之化學原理及苛性鈉石灰廠之構造及操作情形,鋁酸鈉去除水之剩餘硬度(Residual-hardness)與減少鍋膜之生成,鋁矽酸鈉頓水劑(Zeolite Softeners),碱性水之處理,煖水之供給汽鍋用水,水之配合及鋇石灰頓水法,膠體之改善用水,鍋膜之生成,碳酸物與燐酸物之改善用水之意義及目的,侵蝕,發泡及濕汽現象,分析及日常試驗.

附錄內有分析用藥之製備,硬度表(Clark 氏),及化學因數等.書中理論與實驗部份配置適當.印刷亦佳.

國立交通大學研究所

本所成立以來設置（一）工業研究部分設設計材料機械電氣物理化學等組（二）經濟研究部分設社會經濟實業經濟交通管理會計統計等組除按照所訂計畫進行研究外歷承各路局各機關（如中國工程師學會上海市公用局義興公司等）託辦各項研究及試驗工作薄有貢獻關於上列諸組事項如蒙各界垂詢請惠臨上海徐家匯本所面洽或函商可也此布

溝渠工程學

是書爲本大學土木工程學教授顧康樂所著。係參考中西工程書籍雜誌，採擇各著之精粹而成。書凡十四章，詳述溝渠設計，建築與養護之原理及方法。舉凡污水量，暴雨水量，溝渠水力學，溝渠系統設計，溝渠附屬品，污水抽升，管圈設計，開掘填覆，列板撐檔以及施工之實際進行，無不條分縷析，詳爲解釋。至於插圖之豐富，文字之簡明，尚其餘事。

▲商務印書館出版，定價一元八角。

理学卷（第二册） 科学通讯 第三卷 第二期 1937

専　載

近　代　幾　何

之　導　引

William C. Graustein 原　著

顧　澄　達　恉

4　射影相應　射影相應及射影變形,以射標討論之,可比第七編所述者簡易.同時,並可擴大其理論之範圍.

第七編中曾詳細討論兩點列間之射應(卽射影相應).今則兩線束間之此類相應,及一點列與一線束間之此類相應,皆可作成.爲避三者分言,過於辭費起見,特與點列及線束一公共之名稱,卽 **一維基本**形 (one-dimensional fundmental forms)或略稱 **一維基形**,在意義極顯明時,更去一基字而逕稱爲 **一維形**.如是則三類射應之定義可合爲一定義如下:

定義　若甲乙兩一維基形之甲中原素與乙中原素一一相應,且其相應原素之交比相等,則 **謂此兩一維基形成射影相應.**

同此,其基本定理亦可如下:

定理 1　甲乙兩一維基形間,必有(及只有)一種射應能以「乙中指定之不同三原素」與「甲中預設之不同三原素」相配.

今就兩線束證明此定理,餘可類推.以「甲線束中預設之不同三線」爲射標 u 之三基線 L_*, L_0, L_1, 及以「乙線束中與此相配之指定不同三線」爲射標 u' 之三基線 L'_*, L'_0, L'_1; 則以 L'_* 配 L_*, L'_0 配 L_0, L'_1 配 L_1 之射應,必須照

$$(L'_*L'_0, L'_1, L') = (L_*L_0, L_1L) \tag{a}$$

之關係,以乙線束之 $L':u'$ 配甲線束之 $L:u$. 故

(1)　　　　　　　　　$u' = u.$

由此方程式作成之相應,顯爲射應.此定理已經證明[L定時,合於 (a) 式之 L' 必有一條及只有一條; L' 定時合於 (a) 式之 L 亦必有

一條及只有一條；故由 (1) 作成之相應必為一一.至其保存交比，
既 (1) 從 (a) 得，自更顯然].

　　此「由甲線束運至乙線束之射變 (1)」為一次變形.若此 u 及 u'
以他兩種射標代之，則其射變仍為一次變形；因「一射標變為他射
標之變換」為一次變形也［他兩種射標即不以上言之甲中三線
及乙中三線為基線，而另以甲中他三線及乙中他三線為基線之
他種射標].其逆，凡以甲線束之射標 u 耕為乙線束之射標 u' 之一
次變形，皆具射變之特性［因凡一次變形皆有一一相應及保存
交比之特性，前已證明].故：

　　定理 2　　「甲一維基形運至乙一維基形之射變」
與「甲形射標變為乙形射標之一次變形」完全相同.

　　5　複素射影幾何 (complex projective geometry)　　以上所
謂一維基形之射標皆為實數.今再推廣之而論其為複數者.設射
標為一任意復數　$w = w' + iw''$. 若 w 為實數，則 w 仍以上所言原素
（即實原素）之射標，若 w 為虛數則造一新原素名之為虛原素 (im-
aginary element)，而以 w 為此射標.實原素及虛原素之全體組成
複原素一維基形或略稱**複一維形** (complex one-dimensional form).

　　複一維形中四複原素之交比之定義為有意義之

(1)　　　　　　　$$(E_1E_2, E_3E_4) = \frac{(w_3-w_1)(w_4-w_2)}{(w_3-w_2)(w_4-w_1)},$$

此 E_1、E_2、E_3、E_4 為四複原素；w_1, w_2, w_3, w_4 依次為其射標：即照實原
素之交比公式而下複原素交比之定義；亦即立一公約，認實原素
之交比公式能適用於複原素之交比.當此四原素全不相同時，此
(1)式常有意義；非全不相同時，可照第六編 7 款之辦法處理之.

　　　　＊原註　　若 E_∞, E_0, E_1 為複一維基形之基礎原素，及 E 為此複一維

理学卷（第二册）　科学通讯　第三卷　第二期（1937）

　　因交比之理論,其關於複原素者與關於實原素者同,故凡一維射變之理論爲以上所述者,其適用於複一維形與適用於實一維形同;卽「複一維形之射變之理論」正與「前言之實一維形之射變之理論」相同也.

例　　題

　　1. 若虛數及其共軛之比爲實,則此比等於 −1;試證之.由此可作成下之定理:若(及惟)[†] 兩實原素及兩共軛虛原素成調和原素,則此兩實原素被此兩共軛虛原素分成之交比爲(及方爲)實;試證之.

　　2. 本題與第六編 5 款定理 5 有關. 若四不同複原素之二十四交比之一爲「−1 之立方虛根之一」〔卽爲兩數 $\omega_1 = \frac{1}{2}(1 + i\sqrt{3})$, $\omega_2 = \frac{1}{2}(1 - i\sqrt{3})$ 中之一數〕,則此二十四交比中有十二個等於 ω_1,他十二個等於 ω_2;試證之.在此種情形之下,謂之此四原素成相等非調和組(equi-anharmonic set).

6　一維射變之固定原素及不變式 (fixed elements and invariant of one-dimensional projective transformation)

設 (w_1, w_2) 爲一維形之齊射標,而討論此一維形運至其本身之實射變[*]

$$(1) \qquad \begin{aligned} \varrho w'_1 &= a_1 w_1 + a_2 w_2, \\ \varrho w'_2 &= b_1 w_1 + b_2 w_2 \end{aligned} \qquad \Delta = \begin{vmatrix} a_1 & a_2 \\ b_1 & b_2 \end{vmatrix} \neq 0,$$

此 a_1, a_2, b_1, b_2 爲實數.

　　若一原素被此 (1) 運至其本身,則此原素謂之變形 (1) 之固

葢形中射標爲 w 之原素,則 E 爲虛時 (亦如 E 爲實時) $w = (E_{\ast} E_0, E_1 E)$. 葢令 w_1 趨於無窮大及以 0, 1, w 依次代 w_2, w_3, w_4 時,即可從 (1) 求得此式也.

　　† 　視 7 款定理 2 之性.

　　*　　下 (1) 中係數爲實數時,稱 (1) 爲實射變或實一次變形.

定原素或二重原素 (double element). 故若(及惟)

$$\frac{w_1}{w_2} = \frac{a_1 w_1 + a_2 w_2}{b_1 w_1 + b_2 w_2},$$

卽

(2) $\qquad b_1 w_1{}^2 + (b_2 - a_1) w_1 w_2 - a_2 w_2{}^2 = 0,$

則原素 (w_1, w_2) 爲固定原素. 此 (2) 中, 若 $b_1 = b_2 - a_1 = a_2 = 0$, 則 (1) 爲恆等式而一切原素無一不爲固定. 否則, (2) 可担保只有(及必有)兩個定原素, 其爲實而不同, 或實而相同, 或虛而共軛, 可照 (2) 之判別式 (discriminant)

$$D = (b_2 - a_1)^2 + 4 a_2 b_1 = (a_1 + b_2)^2 - 4\Delta$$

之爲正, 或 0, 或負決定之. 故:

定理 1　凡一次變形之不爲恆等式者必有(及只有)兩固定原素.

凡一次變形, 其兩固定原素爲實而不同者, 謂之雙曲線變形 (hyperbolic transformation), 略稱雙曲變形; 其兩固定原素爲實而相同者, 謂之抛物線變形 (parabolic transformation), 略稱抛物變形; 其兩固定原素爲虛共軛虛數者, 謂之橢圓變形 (elliptic transformation).

非抛物變形[*] (nonparabolic transformation) 有不相同之三對相應原素, 必能決定一個一次變形; 及必須有不相同之三對相應原素, 方能決定一個一次變形; 前已言過. 今決定非抛物變形之此種三對原素中, 可以其兩對爲兩二重原素(因每個二重原素可作爲自己與自己相應之一對原素). 故:

定理 2　一非抛變形可以其兩二重原素及另一對

[*]原註　此非抛物變形包括橢圓及雙曲兩變形, 但不包括恆等變形. 非抛物變形以下略稱非抛變形.

相應原素決定之（卽每一種非拋變形爲「其兩二重原素及其另一對相應原素」所決定）.

　　若 E_1 及 E_2 爲兩二重原素, E_3 及 E_3' 爲另一對已知相應原素, 並 E 及 E' 爲任意一對相應原素, 則此變形之記號方程式爲

$$(E_1E_2, E_3'E') = (E_1E_2, E_3E).$$

設 $E_1, E_2, E_3, E_3', E, E'$ 之非齊次射標依次爲 $w_1, w_2, w_3, w_3', w, w'$; 先將此諸射標代入此記號方程式而詳細寫出其尋常方程式; 再移轉其中之因數, 使 E 及 E' 之射標專在左邊, 而 E_3 及 E_3' 之射標專在右邊; 則得

$$(E_1E_2, EE') = (E_1E_2, E_3E_3').$$

　　此方程式之右邊爲常數. 設此常數等於 k (此 $k \neq 0, 1$); 則從此方程式可知一重要定理:

　　定理 3　　一對任意相應原素分兩二重原素(依一定之次序)所成之交比爲一常數, 卽

（3）　　　　　　　　　　$(E_1E_2, EE') = k,$　　　　　　　　$k \neq 0, 1.$

　　此交比謂之非拋變形之**不變交比**[**] (invariant cross ratio) 或逕簡稱爲非拋變形之**不變式**, 此因其對於一維基形中射標之變

---

　　[*]原註　此實有兩種交比. 例如 P, Q 爲兩二重原素, 則以 P 爲 E_1 及 Q 爲 E_2 時, 此交比爲 $(PQ, EE')=k_1$; 又以 Q 爲 E_1 及 P 爲 E_2 則此交比爲 $(QP, EE')=k_2$. 此 k_1 及 k_2 互爲倒數卽 $k_1 = \dfrac{1}{k_2}$. 在此二者之中可擇定一種而繼續用之.

　　[**]　以前所謂不變式皆就變形羣言, 此所謂不變交比專對某一個非拋變形言. 意在專就某一個非拋變形而論, 無論 E, E' 爲其何種相應兩原素, 此交比 k 之值不變. 但就別一個非拋物變形言, 則另有一個不變交比 k' 矣. 至此爲一維基形中射標變換之不變式者, 因變換後 E_1, E_2, E, E' 之射標皆變而 k 之值仍不變. 此從一次變形不變交比之值極易明白. 所須特加注意者, 每一非拋變形有一不變交比耳.

換確爲一不變式,故有此名稱.

　　記號式（3）所表之非拋變形,以其中各原素之射標代入而詳細寫出其左邊之交比,並以「含 E 之坐標之因數」移至右邊,則得

$$（4）\qquad \frac{w'-w_2}{w'-w_1}=k\ \frac{w-w_2}{w-w_1}, \qquad k\neq0,1,$$

此 w_1 及 w_2 爲兩固定原素之坐標,而 k 爲不變式.故

　　定理 4　一非拋變形可以其兩二重原素(按一定次序)及其不變式決定[†]之.

　　若非拋變形爲雙曲變形,則其兩二重原素皆爲實原素而其不變式 k 亦自必爲實數〔因 w_1, w_2 爲實,則 w,w' 爲實時 k 必爲實;既 k 爲不變式,則 w,w' 縱有爲爲虛者,k 亦不能不爲實矣〕.由變換射標法可使其兩二重原素之齊次射標變爲 (1,0) 及 (0,1).如是則可在（4）中令 $w_2=0$ 及令 w_1 趨於無窮,而得此變形之新方程式;此新方程式較（4）爲簡,卽

$$（5）\qquad w'=kw. \qquad k\neq0,1.$$

由是,用適宜之法取定射標果時,任何雙曲變形之方程式皆可用變換射標之法將其化爲（5）式;此（5）謂之雙曲變形之**標準式**(normal form).

　　非拋變形爲橢圓變形時,其兩二重原素爲共軛虛原素,並可用變換射標法將其變爲非齊射標 i 及 $-i$. 因此,可得橢圓變形之**標準式**,卽

$$（6a）\qquad \frac{w'+i}{w'-i}=k\ \frac{w+i}{w-i}, \qquad k\neq0,1,$$

　　[†]　原文爲「惟一決定」.此但言「決定」者,因中文「決」字已含有「惟一」之意也.他處同此.

卽

$$(6b) \qquad (1-k)(ww'+1)+i(1+k)(w-w')=0.$$

照 5 款題 1, 此不變式 k 之形式爲 $m/\overline{m}$, 此 m 爲一虛數, 故 k 爲實數時只能爲 -1.

　　　　抛物變形　　若用變換射標法, 將抛物變形之固定原素 (卽二重原素) 變爲 $(1,0)$, 則 (2) 式所產生之固定原素只能爲獨一無二之 $(1,0)$. 因此, 必 $b_1=0$, $b_2-a_1=0$; 而得抛物變形之標準式爲

$$(7) \qquad w'=w+c, \qquad\qquad c\neq 0.$$

<h2 align="center">例　　題</h2>

　　1.　不用本款之公式, 直接求以下各變形之固定原素及不變式.

$$(a)\quad w'=\frac{4w-2}{w+1}; \qquad (b)\quad w'=-\frac{w+5}{w+1}.$$

　　2.　設有一非抛變形, 其兩二重原素爲 $w_1=1$, $w_2=-1$, 不變式之值爲 2. 求此非抛變形之方程式.

　　3.　同上題, 設 $w_1=1+i$, $w_2=1-i$, $k=i$ 而求其非抛變形之方程式.

　　4.　設有一非抛變形, 其 $w_1=-1$, $w_2=3$, 及以 $w=1$ 運至 $w'=0$, 求此非抛變形之方程式.

　　5.　若

$$(8) \qquad w'=\frac{a_1w+a_2}{b_1w+b_2}$$

爲非抛變形及 w_1, w_2 爲其固定原素, 則其不變式 k 之值爲

$$k=\frac{a_1w_1+b_2w_2}{b_2w_1+a_1w_2},$$

但此式之右須有意義, 試證之.〔略示作法, 以 (4) 化爲 (8) 之形狀,

再以其結果中係數與(8)之係數比較.]試再由是證

(9)
$$k = \frac{a_1 + b_2 \pm \sqrt{(a_1+b_2)^2 - 4\Delta}}{a_1 + b_2 \mp \sqrt{(a_1+b_2)^2 - 4\Delta}},$$

此式中符號之取法視兩固定原素中誰為 w_1 及誰為 w_2 而定.

6. 凡拋物變形之固定原素及一任意原素 E 被「E 之運至點及運至 E 之點」調和分離.試證之.

7. 若一次變形之一固定原素及他一原素 E 有題6所言之性質,則此一次變形為拋物變形.試證之.

7　對合 (involution)　普通非拋變形其不變式為 -1 者,可以方程式

(1)
$$(E_1 E_2, EE') = -1$$

表之,此式中之 E_1 及 E_2 為兩二重原素.此變形顯能將「關於兩固定原素之調和共軛點」互相對調.故若此變形運 E 至 E', 亦必運 E' 至 E. 換句話說,此變形將以兩二重原素分成調和分離之各對原素互相對調.

此變形既以 E 運至 E' 時,亦必以 E' 運至 E, 則此變形必為自倒.凡變形之有此性質者謂之對調變形(involutory transformation).

定義　凡變形 T 之不為全等變形者,在(及惟在)其為自倒時稱為(及方為)對調變形.

凡變形 T 及其倒變形之積必為全等變形,即 $TT^{-1}=I$. 故 T 若為自倒,則 T 及其本身之積為全等變形,即 $TT=I$. 其逆,若 $TT=I$, 則 T 有取消其本身工作之效力,而 T 必為自倒.故

---

* 凡變形 T 之本身即為 T 之倒變形者,謂之此 T 為自倒.即 $T=T^{-1}$ 時, T 為自倒.

定理 1　凡「非全等變形之變形」爲對調變形之必充條件爲：此變形與其本身之積爲全等變形（卽變形 T 非全等變形時，T 爲對調之必充條件爲 $TT=I$）．

上巳言明凡一次變形之爲「非拋變形及其不變式爲 -1」者皆爲對調變形．實則再無他種對調變形，其理如下：

定理 2　設以一維基形運至其本身之射變爲 T，若（及惟）* 此 T 爲非拋變形，且其不變式爲 -1，則此 T 爲（及方爲）對調變形．

證明此定理如下．先設此 T 爲非拋變形之爲對調變形者，其兩二重原素爲 E_1 及 E_2，其不變式爲 k．則 T 以 E 運至 E' 時，亦必以 E' 運至 E；卽

$$(E_1E_2,\ EE')=k,\ (E_1E_2,\ E'E)=k, \qquad\qquad k\neq 0,\ 1.$$

此第二交比爲第一交比之倒數，故 $k=1/k$ 卽 $k^2=1$．因 $k\neq 1$，故必 $k=-1$．

此外尚須證明者爲拋物變形決不能爲對調變形．此從 6 款所言拋物變形之標準式 $w'=w+c$，卽可知其必是如此．

對調射變尋常謂之對合 (involution)．用此名稱，可綜以上諸結果如下：

---

* 以前用「在（及惟在）」表明「一句作兩句」之用法，已早經註明；并於註中說明如照原文應爲「若（及惟若）」，但「惟若」二字在中文方面不習慣故改用「在（及惟在）」．但讀者至此，於「一句作兩句」之法必已十分習慣．故爲與原文相近或句法簡便計，再用「若（及惟）」以明一句作兩句之用．想能一望知其意義，不至再覺費解．但仍加一說明如下：

「若此 T 爲非拋變形及其不變式爲 -1，則此 T 爲對調變形」及「惟此 T 爲非拋變形及其不變式爲 -1，則此 T 方爲對調變形」．以此兩句併作一句爲「若（及惟）此 T 爲非拋變形及其不變式爲 -1，則此 T 爲（及方爲）對調變形」．但「（及方爲）」刪去後亦可明白此句之用意，故有時刪之．

本刊廣告價目表

等級	地位	全頁價目	半頁價目
甲	底面封面外頁	叁拾元	
乙	封面裏頁及底面裏頁	二十五元	二十元
內	封面裏頁底面裏頁之對面	二十元	十五元
丁 普	通	十五元	十二元

一、乙內丁四分之一頁按照全頁價目六折計算

二、廣告稿用白紙黑字如用彩印也紙價目另議

三、廣告如用銅鋅版由本刊代辦加收製版費

四、連登多期價目從廉請逕函本校出版處經理組接洽

科學學院科學通訊投稿簡章

一、投稿不拘文言白話凡中英德法文均所歡迎

二、譯著教材叢錄書評消息均以科學爲範圍

三、投寄之稿如係翻譯請附寄原本否則須將原文題目著者姓名出版日期及地點詳細開示

四、投寄之稿繕寫務請清楚並加新式標點凡外國之稿件請用墨色打印之如有插圖附表必須製版者請用墨色

五、來稿請註明姓名住址以便通訊并加蓋印章俾於圓給稿費

六、投寄之稿無論登載與否概不退還但預有聲明並備足回郵者不在此限

七、郵資不在此限致酬金若本刊的本揭載已郵資者恕不致酬

八、投寄之稿經本刊揭載後版權爲本校出版委員會所有但有另行約定者不在此限

九、投寄之稿本院委員會有酌爲增刪之權如投稿人不願有何刪則則應於投稿時聲明

十、投寄之稿應逕寄上海徐家匯交通大學科學學院科學通訊編輯委員會

中華民國二十六年五月出版

科 學 通 訊 （總十八）

第三卷 第二期

編輯者 交通大學科學學院

發行者 交通大學出版處 上海徐家匯

印刷者 上海中國科學公司

代售處 上海

世界出版社
正中書局
上海雜誌公司
作者書社
世界書局
光明書局
新光書店
黎明書局
生活書店
大公報肚代辦部

開明書店
圖書消費合作社
雲南文化書店

南京 天津 北平 漢口 武昌 安慶 廣州 雲南

版 權 所 有

本刊價目

每冊大洋二角 全年八冊

預訂壹元四角 國外另加郵費（三、四、六月各一冊）

科學學院科學通訊編輯委員會

裘維裕（科學學院長兼物理系主任）

朱物華（電機系主任） 徐名材（化）

胡剛復（理） 顧澄（機械）

沈會圓（數）

武東林（數） 周鋿（運） 胡

裴昭澔（生） 丁嗣賢（化）

科學通訊

黎照寰

第三卷　第三期

（總十九）

中華民國二十六年六月　　　上海交通大學科學學院編輯

交通大學出版刊物

一. 期刊

  1. 交大季刊　　　　　每冊三角　　全年一元
  2. 交大三日刊　　　　半年五角　　全年一元
  3. 科學通訊(全年八期)　每冊二角　　全年一元四角
  4. 管理二月刊(全年五期)每冊四角　全年一元六角

二. 本校一覽

  1. 中文本　　　　　　　　　每冊四角
  2. 英文本　　　　　　　　　每冊六角

三. 本校研究所編輯刊物

  1. 油漆試驗報告,第一號　　　每冊二角
  2. 油漆試驗報告,第二號　　　每冊六角
  3. 油漆試驗報告,第三號　　　每冊八角
  4. 地下流水問題之解法(英文本)　每冊三角
  5. 美國鐵道會計實務,第一編(英文本)　每冊六角
  6. 解決中國運輸問題之途徑(英文本)　每冊四角
  7. 解決中國運輸問題之途徑(譯本)　每冊三角
  8. 鐵路零擔貨運安全辦法　　每冊四角
  9. 中國國民經濟在條約上所受之束縛　每冊六角
  10. 皖中稻米產銷之調查　　　每冊六角
  11. 小麥及麵粉　　　　　　　每冊五角
  12. 平漢沿線農村經濟調查　　每冊一元六角
  13. X射綫檢驗材料法　　　　每冊一元二角

經售處　上海徐家匯本校出版處

理学卷（第二册） 科学通讯 第三卷 第三期（1937）

科 學 通 訊

第 三 卷　第 三 期

目　錄

交 大 季 刊

第 二 十 四 期　　要　目

每冊三角　預定全年一元

管　理　二月刊

第 二 卷 第 二 期　要　目

每冊四角　全年一元六角

經售處　上海徐家匯交通大學出版處

談　言

關於函數方程式 $f(x)+f(y)=f(x+y)$

崇　林

近各同學頗有以下之問題若何解答不恥下問者.

"If $f(x)+f(y)=f(x+y)$ for every value of x and y, prove that $f(x)=cx$ where c in a constant."

研究此題者以習應用科學之人為多,私心竊以為在此提倡『物質救國』之時,純理科學每目為迂遠而不近事情,飛機大砲不必求其所以發明改良,而只問其如何裝卸如何使用即為已足,而居然有習實用而不忘理論者,是亦可喜之一現象歟.

為蒐求此問題之來源　非歷史的來源——乃知其曾發現於去年得華當央攷試之試題中.當時及華使,此攷者成見之困惑不止.以為此題大難無從下手,以為主試先生必此道之名手必有解此之妙法.而惜乎該校辦埋樹學招攷事務處之 official publication 僅刊試題,而不及解法.『題目發出從君做,不把解法度與人』,致困惑之人未聆妙論,惜哉!

雖然此之一問題其歷史來源亦已久矣. D'Alembert 於十八世紀即已有研究,迨後繼之者頗不乏人.但凡有研究者必有另外之條件.易辭以言,凡有研究者,其問題之形式都未能如上述者之廣闊,除去 Hamel 及 Lebesgue 二人.但二人之研究結果則又與上書

題中之形式不符.是以可謂如照上式之問題而欲索解人殆僅有主試者已.

　　為向不恥下問諸君作答,作者不敏僅敢對『有條件』之問題,加以淺近之研究.如不加條則將引 Hamel 及 Lebesgue 以自解嘲.如照上書方式研究,證明必僅有 cx 之解答存在,則不俟方引領以望『妙作』之何時能發表也.

　　(i)　　設函數 $f(x)$ 為處處可微分.

　　就任意一定點 ξ 而對 x 微分,已知方程式

$$(1)\qquad\qquad f(x)+f(y)=f(x+y),$$

則得

$$f'(\xi)=f'(\xi+y),\qquad y \text{ 任意}.$$

因知 $f'(\xi)$ 為與 ξ 之無關之一常數 c.　　但因 ξ 為任意,故即謂

$$f'(x)=c.$$

是以

$$(2)\qquad\qquad f(x)=cx+k,\qquad k \text{ 為未定常數}.$$

於 (1) 內命 $x=y=0$,則得

$$f(0)+f(0)=f(0),$$

是以 $f(0)=0$.　於 (2) 內命 $x=0$ 則得 $f(0)=k$,　$\therefore k=0$,因而

$$f(x)=cx,\qquad c \text{ 常數}.$$

　　(ii)　　設 $f(x)$ 為處處綿續.

　　於 (1) 內命 $y=-x$,則得

$$f(x)+f(-x)=f(0)=0.$$

是以

$$(3)\qquad\qquad f(-x)=-f(x).$$

故知 $f(x)$ 為壹 odd function,故吾人得僅就 x 之正值論之即為已足.

由 (1) 得

$$f(x_1)+f(x_2)+\cdots+f(x_m)=f(x_1+x_2+\cdots+x_m).$$

取 $x_1=x_2=\cdots=x_m=x$, 則得

$$f(mx)=mf(x).$$

因而

$$(4)\qquad f(m)=mf(1).$$

又

$$nf\left(\frac{1}{n}\right)=f\left(n\cdot\frac{1}{n}\right)=f(1)\qquad\qquad n\,正整數.$$

$$f\left(\frac{1}{n}\right)=\frac{1}{n}f(1).$$

自此得

$$f\left(\frac{m}{n}\right)=mf\left(\frac{1}{n}\right)=\frac{m}{n}f(1).\qquad\qquad m,\,n\,正整數.$$

故若 x 為任何有理正數, 必有

$$(5)\qquad f(x)=xf(1).$$

茲另設 ξ 為一正無理數. 因假設 $f(x)$ 為綿續, 故勿論 x 以何種方式訊近 ξ 時,

$$f(\xi)=\lim_{x\to\xi}f(x).$$

合取一有理數絃 $x_1,x_2,\cdots,x_n$ 逼近 ξ, 則亦必有

$$f(\xi)=\lim_{n\to\infty}f(x_n)$$

$$=\lim_{n\to\infty}x_nf(1)=f(1)\lim_{n\to\infty}x_n$$

$$=\xi\cdot f(1).$$

將此與 (5) 結合則見勿論 x 之為有理抑為無理, 必有

$$f(x)=cx.\qquad\qquad c=f(1)\,常數.$$

(iii)　設 $f(x)$ 在某指定一節 $(0,d)$ 內為有界 (bounded). [1]

[1]　此證見 Dienes, Taylor Series.

　　因若 $f(x)$ 於 $(0, d)$ 內有界,云如 $|f(x)|<A$,則於 $(0, 2d)$ 內必有 $|f(x)|<2A$,換言之 $f(x)$ 在任何有限節內為有界,故如命節 $(0, d)$ 為括有 $(0, 1)$ 亦不為過.

　　如命 $[x]$ 表 x 內所含之最大整數(x 可命為正,因此時仍可用 (3)).則由 (1)

$$f(x-[x])+f([x])=f(x).$$

或由 (4) 即為

$$f(x)=f(x-[x])+[x]f(1).$$

因 $0 \leqslant x-[x]<1$,故對任何 x 之值 $|f(x-[x])|<A$. 且吾人易見 $\lim_{x \to \infty} \frac{[x]}{x}=1$.是以

$$\lim_{x \to \infty} \frac{f(x)}{x}=\lim_{x \to \infty} \frac{f(x-[x])}{x}+\lim_{x \to \infty} \frac{[x]}{x} \cdot f(1)=f(1),$$

勿論 x 若何趨向 ∞ 均為真實. 特殊命 y 為某任一定值而命 $x=ny$ 則亦有

$$(6) \qquad \lim_{n \to \infty} \frac{f(ny)}{ny}=f(1).$$

但

$$\frac{f(ny)}{ny}=\frac{nf(y)}{ny}=\frac{f(y)}{y}$$

對任意 y 為真實,因而見 $\frac{f(ny)}{ny}$ 對任意定值 y 為等於常數 $\frac{f(y)}{y}$,故其極限亦必等於此數.

$$\frac{f(y)}{y}=\frac{f(ny)}{ny}=\lim_{n \to \infty} \frac{f(ny)}{ny}=f(1) \qquad\qquad 由 (6).$$

故 $f(y)=y \cdot f(1)$ 對於任何 y 之定值為真.是亦即謂

$$f(x)=cx, \qquad\qquad c=f(1)$$

也.

(iv)　　無假設之一種情形.

若假設全無則 $f(x)=cx$ 自仍能為 (1) 之一解答,但不必為其唯一之解答,例如

Hamel 在 Mathematische Annalen 60 (1905)

Lebesgue 在 Accademie des Scieces de Turin (1906—7)

均曾證明如應用 Zermelo's Auswählprinzip (即 Principle of Selection),則滿足 (1) 之不連續解答,亦可做出.證明過長姑不備錄.吾人之所注意者則確知 cx 並非 (1) 之唯一解答而已.

———

綜以上之所言,當見由 (i) 而 (iii) 條件由狹而闊,方程式則均僅有唯一之解答.但一至 (iv) 而條件盡去,則 cx 即非唯一之解答.但自試題之文句觀之,則似乎係須證明只要 $f(x)+f(y)=f(x+y)$,則必有 $f(x)=cx$ 者不亦甚可異乎?如謂題示係指只須求一解答 $f(x)=cx$ 而不必及於其他之解答,則任何應試者豈能了解及此未經明叫之意,且由意測!

如有甲乙丙三應試者於此,其解答方式順次為 (i), (ii),(iii),則三人孰為得正解者,三者將無一可,抑且皆可用乎?

或以為不加條件,正所以試應試者之程度,見淺見深各隨自便,評鷺甲乙亦可隨之.斯亦未必盡當,如另有一應試者莫君須有,引用 Hamel 或 Lebesgue 之不連續解答,或竟可自造一不連續解答,以滿足此之方程式.則典試先生將以為文不對題,如馬嘴之不對驢唇,而屏之孫山之外乎?抑不自覺汗流之浹背而悶知所措乎?

應試諸君當不少讀過聊齋誌異者,當其讀至『冷生』篇之『讀』時,不知作何感想?其將啼笑皆非乎?

　　凡此之所談或皆可謂之狂囈.主試先生必有不憑借任何條件而能證明 cx 爲唯一解答之妙法,必有可以使 Hamel, Lebesgue 等失色之證明,必可以使習純理科學者得以大開眼界,使習應用科學者得以大感研究理論之興趣,間接以促進『物質救國』之運動,則吾國復興前途其庶有豸乎,吾將拭目俟之.

教　材

圓函數及雙曲函數之幾何定義,幷以此爲起點而平行論列之(八續)　　　秉　鈞

對應於此解之直線 OSC 可依次之方法而易得之:於直線 OB 上取一點 α 而使 $Bα=OA$, 復次, 以 O 爲中心及 $Oα=(OB+OA)$ 爲半徑作一圓弧,此圓弧交「平行於 oy 而橫標爲 $2x$ 之直線」於一點 γ. (圖 31); 由如此所得之直線 $Oγ$, 便可得二點 S 及 C, 而問題於以解决矣:在半徑爲 1 之圓上之點 1′ 或點 2 爲此圓與直線 $Oγ$ 之交點,在半橫軸爲 $oa=a=1$ 之等邊雙曲線上之點爲以 $c=OC$ 爲橫標, $s=OS$ 爲縱標.

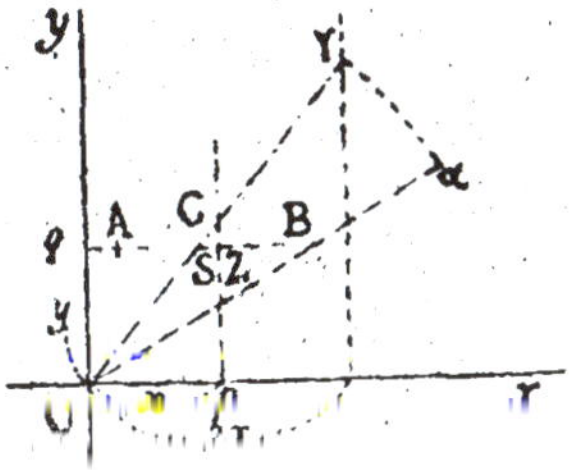

爲要證明如此所得之解不但爲必要,而且尙爲充分,只須將上之各步計算,逆其次序而爲,而由等式

$$2c=OB+OA$$

圖 31

推至等式

$$\frac{c^2\cdot(x^2+y^2)}{a^2}=\frac{2y^2}{u^2-a^2};$$

復次,由 u^2 之定義得

$$u^2-a^2=(2c^2-a^2)-a^2=2(c^2-a^2)$$

因而得

$$\frac{c^2-(x^2+y^2)}{a^2}=\frac{y^2}{c^2-a^2},$$

由是

$$\frac{c^2-x^2}{c^2}=\frac{y^2}{c^2-a^2};$$

他方面,由二相似三角形 OSq 及 OCp (圖 31),得

$$\frac{c^2-x^2}{c^2}=\frac{y^2}{s^2},$$

因之

$$c^2-a^2=s^2,$$

即

$$c^2-s^2=a^2;$$

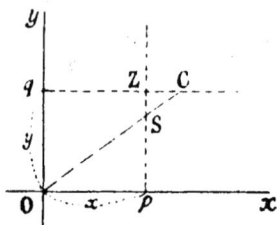

圖 29b

是故橫標為 c,縱標為 s 之點乃在半橫軸為 $OA=a$ (在 ox 軸上) 之等邊雙曲線上此即所須證驗者也.

β) 雙曲正弦之情形(圖 29b). 由二相似三角形 OSp 及 OCq,得

$$\frac{pS}{OS}=\frac{qO}{CO},$$

即

$$\frac{\sqrt{s^2-x^2}}{s}=\frac{y}{c},$$

由是得

$$\frac{s^2-x^2}{s^2}=\frac{y^2}{c^2},\qquad \frac{(x^2+y^2)-s^2}{c^2-s^2}=\frac{y^2}{c^2},$$

$$\frac{(x^2+y^2)-s^2}{a^2}=\frac{2y^2}{u^2+a^2},$$

$$[(x^2+y^2)-s^2](u^2+a^2)=2a^2y^2,$$

$$[2(x^2+y^2)-(u^2-a^2)](u^2+a^2)=4a^2y^2,$$

$$2(x^2+y^2)(u^2+a^2)-(u^4-a^4)=4a^2y^2,$$

$$[u^2-(x^2+y^2)]^2=(x^2+y^2)^2+a^4+2a^2(x^2-y^2)=(x^2+y^2+a^2)^2-4a^2y^2$$
$$=[x^2+(y+a)^2][x^2+(y-a)^2].$$

設 A' 爲坐標爲 x 及 $(y-a)$ 之點，B' 爲坐標爲 x 及 $(y+a)$ 之點（圖32），則有

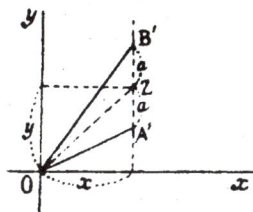

圖　　32

$$(u^2-\overline{OZ^2})^2=\overline{OA'^2}\cdot\overline{OB'^2},$$
$$u^2-\overline{OZ^2}=\pm OA'\cdot OB',$$
$$2c^2=a^2+\overline{OZ^2}\pm OA'\cdot OB',$$
$$4c^2=\overline{OA'^2}+\overline{OB'^2}\pm2OA'\cdot OB'=(OA'\pm OB')^2,$$
$$2c=OB'\pm OA',$$

但以 $2c>2a$ 及 $(OB'-OA')<2a$，於是得

$$2c=OB'+OA'.$$

則應从此圖上直綫 OOO 可由此上之各式得上及將此綫 OZ 延長至 a' 而使 $B'a'=OA'$，再以 O 爲中心，Oa' 爲半徑，作一圓弧，此圓弧交「平行於 ox 而縱標爲 $2y$ 之直綫」於一點 Y'；由如此所得之直綫 OY'，便可得二點 S 及 C（圖33）。

爲要證明如此所得之解,不特爲必要而且尚爲充分,只須將上之作步計算,逆其次序而爲,而山等式

$$2c=OB'+OA'$$

推至等式

$$[2(x^2+y^2)-(u^2-a^2)](u^2+a^2)=4a^2y^2,$$

內中 $u^2 = 2c^2 - a^2$, 因而有

$$\frac{(x^2 + y^2) - (c^2 - a^2)}{a^2} = \frac{y^2}{c^2},$$

由是

$$\frac{(c^2 - a^2) - x^2}{c^2 - a^2} = \frac{y^2}{c^2}.$$

他方面,由二相似三角形 OSp 及 OCq (圖 33),得

$$\frac{s^2 - x^2}{s^2} = \frac{y^2}{c^2},$$

因之

$$c^2 - a^2 = s^2,$$

即

$$c^2 - s^2 = a^2,$$

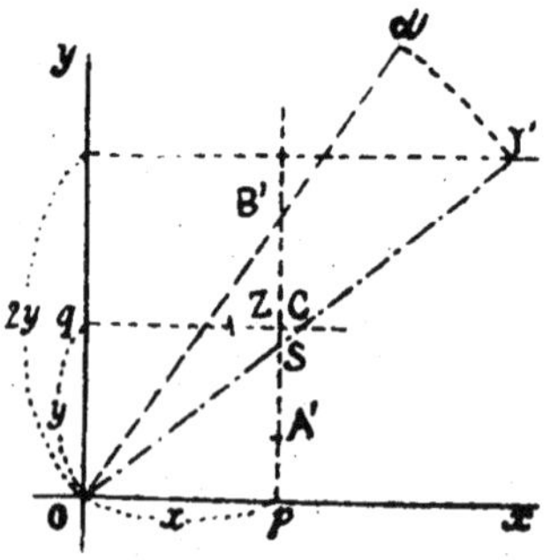

是卽所須證驗者也。

附註. 總括本章所述,可見由於圖解法,吾人易由 $(\sigma_1 + i\sigma_2)$ 而決定 $\sin(\sigma_1 + i\sigma_2)$, $\cos(\sigma_1 + i\sigma_2)$, $\mathrm{sh}(\sigma_1 + i\sigma_2)$, $\mathrm{ch}(\sigma_1 + i\sigma_2)$ 之對應值;及逆之,由此等值之任一個,可推得 $(\sigma_1 + i\sigma_2)$。

圖 33

Riemann 氏 定 理 (續)

石 法 仁

§3　Riemann 定理

(1)　設 $f(z)$ 在已知域 S 內,除 a 點外為解析函數.

(2)　設 $z=a$ 為 $f(z)$ 之不存在點,但 $z \neq a$ 時,$|f(z)|<M$.

則 $f(z)$ 在已知域之全境,可為解析函數.

證　由定理 1 可知在已知情形下,$\lim\limits_{z \to a} f(z)$ 必存在.如命 $\lim\limits_{z \to a} f(z) = f(a)$ 則 $z=a$ 化為 $f(z)$ 之連續點.故 $f(z)$ 在 S 之全域內為連續函數.由 Osgood 之解析定義,[8]可知欲證 $f(z)$ 在 S 內為解析函數,僅證 K 為 S 內之任意閉曲線時,積分 $\int_K f(z)dz$ 永為 0 足矣.今 S 內之閉曲線可分三類:

第一類為不以圍 a 點亦不經過 a 點之閉曲線.

第二類為包圍 a 點之閉曲線.

第三類為經過 a 點之閉曲線.

茲先就 K 為第一類閉曲線時論 $\int_K f(z)dz$ 之值.

因 $z=a$ 為 $f(z)$ 在 S 內之惟一不存在點,故 K 不包圍 a 點,亦不經過 a 點時,永可得

$$\int_K f(z)dz = 0$$

茲再就 K 為第二類閉曲線時,論 $\int_K f(z)dz$ 之值.

---

(8)　Townsend, Functions of a Complex Variable, p. 80.

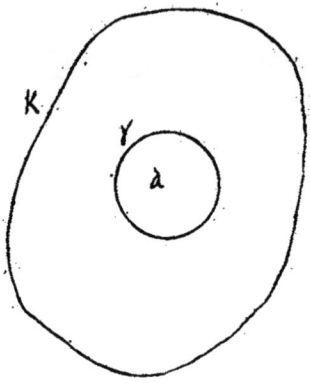

（圖　二）

以 a 爲圓心,(如圖二)ϱ 爲半徑,在 K 內作一圓週 γ,其方程式爲

$$z-a=\varrho e^{i\theta} \quad 故 \quad dz=i\varrho e^{i\theta}d\theta$$

則

$$\left|\int_{\gamma} f(z)dz\right| = \left|\int_0^{2\pi} f(z)\cdot i\varrho e^{i\theta}d\theta\right| \leqslant \int_0^{2\pi} |f(z)|\,\varrho\,d\theta$$

當 z 循 γ 取值時,$|f(z)|<M$.

故

$$\left|\int_{\gamma} f(z)dz\right|<2\pi\varrho M$$

因 ϱ 之值可任意小,且不影響積分之值.故

$$\int_{\gamma} f(z)dz=0$$

但[9]

$$\int_K f(z)dz = \int_{\gamma} f(z)dz \qquad 所以 \int_K f(z)dz=0$$

最後就 K 爲第三類閉曲線時,論 $\int_K f(z)dz$ 之值.

　　先由 L 及 L'(如圖三)(L 及 L' 爲 K 上與 a 接近之二點)作兩根等長直線 LM 及 $L'M'$.又以 K 內任意點 b 爲圓心 ϱ 爲半徑,經過 M 及 M' 作圓週 γ,則

(9)　　閱 Townsend, Functions of a Complex Variable, p. 74.

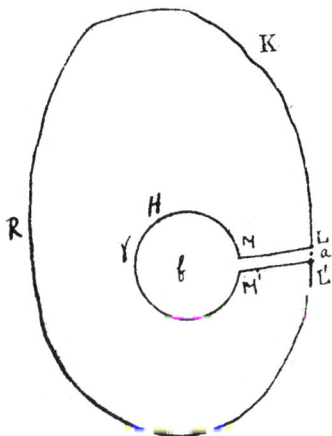

（圖　三）

$$\int_{LRL'} f(z)dz + \int_{L'M'} f(z)dz + \int_{M'HM} f(z)dz + \int_{ML} f(z)dz = 0$$

因

$$\int_{L'M'} f(z)dz + \int_{ML} f(z)dz = 0$$

故

$$\int_{LRL'} f(z)dz = \int_{MHM'} f(z)dz$$

今 γ 之方程式為

$$z - b = \varrho e^{i\theta}$$

故

$$dz = i\varrho e^{i\theta} d\theta$$

於是

$$\left| \int_{MHM'} f(z)dz \right| = \left| \int_{\varepsilon}^{2\pi-\varepsilon} f(z) i\varrho e^{i\theta} \cdot d\theta \right| \leqq \int_{0}^{2\pi-\varepsilon} |f(z)| \varrho \cdot e^{i\theta} | \cdot d\theta$$

（ε 為任意小數）當 z 循 γ 取值時,

$$|f(z)| < M. \quad 又 \quad |e^{i\theta}| = 1$$

故

$$\left| \int_{MHM'} f(z)dz \right| < (2\pi - 2\varepsilon)\varrho \cdot M$$

因 M 爲定數, ϱ 可任意縮小而不影響積分之值.又 ε 亦爲任意小數.故

$$\int_{MHM'} f(z)dz=0$$

因此可得

$$\int_{LRL'} f(z)dz=0$$

當 ε 縮小時, L 及 L' 可無限接近,故

$$\int_K f(z)dz=0$$

故 K 爲 S 內任意閉曲線時,永得 $\int_K f(z)dz=0$. 由 Osgood 解析定義則 $f(z)$ 在 S 之全域爲解析函數矣.

有時 $\lim_{z \to a} f(z)$ 之存在,不難察得;而 $|f(z)|<M$ 之 M 反不易尋出.爲解決此類問題計,又推得定理一則如下.

§4　　**定理2:**　(1) 設 $f(z)$ 在已知域 S 內除 a 外爲一解析函數.

(2) 設 $f(a)$ 不存在,但 $\lim_{z \to a} f(z)=A$ (A 爲定常數)

則 z 趨近 a 時,(自一切方向) $f(z)$ 將趨近 $\dfrac{1}{2\pi i}\displaystyle\int_K \dfrac{f(t)}{t-a} \cdot dt$; 卽

$$\lim_{z \to a} f(z) = \frac{1}{2\pi i}\int_K \frac{f(t)}{t-a}\cdot dt \qquad (1)$$

如命

$$\lim_{z \to a} f(z)=A=f(a)$$

則

$$f(a)=\frac{1}{2\pi i}\int_K \frac{f(t)}{t-a}\cdot dt \qquad (2)$$

{K 爲 S 內包有 a 點之尋常閉曲線 (regular closed curve)}

證　以 a 爲圓心, ϱ 爲半徑在 S 內作一圓週 γ (如圖二)則 $f(z)$

在 K 及 γ 間爲解析函數,故[10]

$$\int_K \frac{f(t)}{t-a}\,dt = \int_\gamma \frac{f(t)}{t-a}\,dt \tag{3}$$

設 z 爲 γ 內異於 a 之任一點,則

$$\int_K \frac{f(t)}{t-a}\,dt = \int_\gamma \frac{f(t)-f(z)}{t-a}\,dt + \int_\gamma \frac{f(z)}{t-a}\,dt$$

或
$$\int_K \frac{f(t)}{t-a}\,dt = \int_\gamma \frac{f(t)-f(z)}{t-a}\,dt + f(z)\int_\gamma \frac{dt}{t-a} \tag{4}$$

當 ϱ 趨近 0 時,試論 (4) 式兩端之極限值.

$$\lim_{\varrho\to 0}\int_K \frac{f(t)}{t-a}\,dt = \lim_{\varrho\to 0}\int_\gamma \frac{f(t)-f(z)}{t-a}\,dt + \lim_{\varrho\to 0}f(z)\int_\gamma \frac{dt}{t-a}$$

今 $\quad \displaystyle\lim_{\varrho\to 0}f(z)\int_\gamma \frac{dt}{t-a} = 2\pi i \lim_{z\to a}f(z)$ （因 $\varrho\to 0$ 時,則 $z\to a$）

又 γ 爲 $\quad t-a = \varrho e^{i\theta} \quad$ 故 $dt = i\varrho e^{i\theta}d\theta, \quad$ 又 $\dfrac{dt}{t-a} = id\theta.$

於是

$$\left|\int_\gamma \frac{f(t)-f(z)}{t-a}\,dt\right| = \left|\int_0^{2\pi}\{f(t)-f(z)\}\,id\theta\right| \leqslant \int_0^{2\pi}|f(t)-f(z)|\cdot|d\theta|$$

$$\uparrow \qquad f(t)-f(z) = (f(t)-A)+(A-f(z))$$

故 $\qquad |f(t)-f(z)| \leqslant |f(t)-A| + |f(z)-A|$

因 $\qquad \displaystyle\lim_{z\to a}f(z) = A.$

故 ϱ 尤分小時,$|f(t)-A|$ 及 $|f(z)-A|$ 皆可小於任意小數 $\dfrac{\varepsilon}{2}$. 故

$$|f(t)-f(z)| < \frac{\varepsilon}{2} + \frac{\varepsilon}{2} = \varepsilon$$

------

(10)　閱 同 (9).

又
$$\left| \int_{\gamma} \frac{f(t)-f(z)}{t-a} dt \right| < 2\pi\varepsilon$$

於是
$$\int_{\gamma} \frac{f(t)-f(z)}{t-a} dt = 0. \tag{5}$$

故 (4) 化爲
$$\lim_{\varrho \to 0} \int_{K} \frac{f(t)}{t-a} dt = 2\pi i \lim_{z \to a} f(z)$$

因
$$\int_{K} \frac{f(t)}{t-a} dt \text{ 與 } \varrho \text{ 無關,故}$$

$$\lim_{z \to a} f(z) = \frac{1}{2\pi i} \int_{K} \frac{f(t)}{t-a} dt$$

如命
$$\lim_{z \to a} f(z) = A = f(a)$$

則
$$f(a) = \frac{1}{2\pi i} \int_{K} \frac{f(t)}{t-a} dt.$$

換言之即 $f(z)$ 在 K 內有以上不存在點時, Cauchy 氏積分定理仍可適用.

舉例　　　設　$f(z) = \dfrac{2e^z - e(z+1)}{z-1}$

當 $z=1$ 時 $f(1)$ 不存在,且 $z=1$ 爲 $f(z)$ 之惟一不存在點.

但
$$\lim_{z \to 1} f(z) = \lim_{z \to 1} \frac{2e^z - e(z+1)}{z-1} = \lim_{z \to 1} \frac{2e^z - e}{1} = e$$

故
$$e = \frac{1}{2\pi i} \int_{K} \frac{2e^z - e(z+1)}{z-1} \cdot \frac{dz}{z-1}$$

（K 爲包圍 $z=1$ 之閉曲線）

（完）

蒸　汽　壓　力　之　謎

范　棠

　　物體因蒸汽壓力之消長而起之現象殊衆,如沸騰,冷凝,溶解等是.此項現象,雖外態互異,但其原理則同:卽物體恆自蒸汽壓力大之處所,移至蒸汽壓力小之處所,以達於平衡狀態.其移動則恆假道於蒸汽.至於蒸汽壓力之所以消長,則因素不一,其主要者有三,卽 (一)溫度之變化, (二)溶質之存在, (三)表面情形之特殊.下列三項似非而是之現象,其原由卽甚於此,茲試列述如次:

　　(一)　水銀易地

　　現象　一置水銀少許於開口之盛器中,歷久卽能不翼而飛.苟細心搜尋,或能於室之角隅發現數粒.

　　理由——水銀於平常溫度下,亦有相當之蒸汽壓力,雖壓力極小,亦足供注意.則其消失,常屬平常之蒸發作用,因其本身之蒸汽壓力恆較其所周圍空氣中之無汽壓力爲高也.故室中空氣若歷久不使流通,卽含有飽和之水銀蒸汽,一旦溫度下降,卽有凝結之趨向;因溫度降低時,無汽壓力卽隨之減小,過剩之蒸汽自當凝結析出.如是則室中各處必有水銀細滴散佈,惟不易爲人察覺而已.但設室中空氣常在流動,則全室中之水銀蒸汽永無飽和之時;但角隅處空氣流動較緩,或將入於飽和狀態,如遇溫度下降,卽有水銀細粒生成.而室中溫度,後日有增減(日間高,夜間低),一週轉間,卽有少許水銀自盛器中移至屋隅.如是日積月累不難積成巨粒,終爲人目所察覺也.

　　上項現象,卽因蒸汽壓力受溫度之變化而消長所致.

（二）杯水自飛

現象——取大小相仿之燒杯兩只,甲杯儲濃食鹽水,乙杯儲等容積之純水,然後並列置於大鐘罩中,使罩中空氣與外方隔絕.歷久則乙杯中之純水能自動飛入甲杯.

理由——此項現象乃因甲杯中有溶質存在所起.溶質之存在,能減低水分之蒸汽壓力.故於同一溫度下,乙杯中水分之蒸汽壓力大於甲杯中水分所具之蒸汽壓力,水分自能漸次移至甲杯中也.

（三）空管積水

現象——將毛細玻管之一端密封,卽將此端插入水中,共置密閉之鐘罩中.歷久,細管中亦能有水分存在,其高度與一端未封前浸入水中所升起者相同.

理由——毛細管作用本因玻璃表面與水分接觸起特殊影響所致,而此處所謂水分,實不僅限於液態水,卽水蒸汽亦然.故毛細管中水分之積貯,不僅限於直接由液態水自下端升入,更可假道於蒸汽由上端飛入,因管中水分之蒸汽壓力較管外為低也.此種現象,卽為液體表面情形之特殊使其蒸汽壓力發生變化之一例.

化學元素之歷史觀

郭　鍾　福

　　化學之目的在研究天然物,人造物,或兩者組成物之性質.其組成物之單體,如用任何化學方法,不能再分爲簡單之個體,是謂元素.關於元素之理論,古哲學家,已多注意.惟各時代之學說,歷有變遷,及今回憶,頗具興味,爰述其概要於下:

　　古代於物質組織之觀念,與近代之原子學說相似.紀元前四世紀,亞理士多德(Aristotle) 以爲物質皆有冷熱,乾濕之性質.其所以能使人感覺此類之性質者,由於物質中包含四種元素:火（乾,熱）,空氣(濕,熱),水(濕,冷),土(冷,乾). 此學說至十八世紀,尚有人信仰者.

　　常八世紀時,希臘化學家另倡硫 (可燃性),汞(揮發性), 鹽(不可燃性)之元素說.十八世紀之初又有燃燒素學說(Phlogiston theory) 出,盛行一時.及後定量分析日漸發達,一般哲學家多偏重於元素之性質方面.以爲燃燒素與亞氏所謂火,水,空氣,土有若干關係.及十八世紀之終,拉佛西亞(Lavoisier) 摧翻燃燒素之學說,以爲盧無支渺;同時以水,空氣,土爲若干元素結合所成,並非單體爲證.但光與熱拉氏尚不能解釋,仍作元素視之.此或者當時物理學尚未十分進步,誤認光,熱,電等爲一種物質之故.

　　一六六一年波亦兒 (R. Boyle) 予元素之定義爲一簡單而非混合之個體,各元素可成混合體,混合體亦可分爲元素.故用化學分析法以決定一物質之爲元素,抑爲混合物.此元素之定義,十八世紀時所公認爲是者.

1067

理学卷（第二册）　科学通讯　第三卷　第三期（1937）

十九世紀之中,關於元素之性質,同時有三種觀點,分述如下:

(一) 多數化學家,以元素爲最簡單之物質,但於同素異形體 (Allotropic modification)未曾注意,蓋同素異形體之化學性質相同,若干物理性則相殊,是果同一元素歟,抑異類元素歟.

(二) 有若干化學家以爲最簡單之物質倘不可稱爲元素,而其主體始爲元素,卽在今日,此說亦相當準確,故週期表中所列元素,並非表示最簡單之物質,而爲簡單物質之主體也.

(三) 拉佛西亞元素說以爲分至不可再分者是爲元素,同一元素,大小相同,重量相等,世人限於此說,故一時進步甚難.

給呂薩克(Gaylussac)研究空氣之性質,於體積及重量之間,往往發生疑問,於是有阿伏伽特路 (A. Avogadro, 1811)及安倍(A. Ampère 1814) 二氏以原子學說解釋之,更有肯尼薩路 (S. Cannizzaro 1860)之分子學說,使元素概念,更爲圓滿,嗣後化學家公認物質組成之單位爲分子,分子又由原子組成,此原子實爲物質之主體,可以元素稱之,於是從前意想中之所謂物質主體,至此得一解決,此後之化學,亦可謂分子與原子之化學矣.

二十世紀之初,分子與原子之存在,藉 x 光分析,得實際之證明,一九一二至一九一四年 x 光分析法,進步甚速,自結晶體中,可檢明原子及離子(帶電之原子),一九一三年摩西雷 (H. Moseley)並藉其景色之波長,以計算其原子序數(atomic number),以區別各種原子者.

原子序數爲元素之重要物理常數,依摩氏之解說,謂原子核上之正電荷數,與原子序數有直接關係,一種元素之原子序數且相同.

一九二〇年愛斯東 (F. Aston) 研究原子之質量,自其分光景

線中,檢出一奇異之現象,謂同一元素,其間之重量並不相同.與拉氏之元素說相異,於是倡同性異量體(isotopes)之學說.即原子序數相同,化學性一樣,而原子重量不同之謂.然亦因此有不同元素其重量碰巧相等,而原子序數不同,化學性相殊者,即稱之爲同量異性體(isobares).於是元素之種類,並不止九十二種矣.

原子(atoms)與離子(ions),用化學方法,不能分解,而自之可組成各種物質.依元素之定義,頗相脗合.至今日已知不同原子有三百種.每種原子又能成若干種離子.故原子離子合計,數近一千.離子係原子增加或失去電子之所成,故離子與原子有直接關係.

今日化學元素之定義爲一種物質之主體,其原子與離子皆有同一之原子序數者(a chemical element is a principle, all atoms and ions of which have the same atomic number).化學元素又可隨其有無同性異量體(isotopes)而分爲不均一元素(heterogeneous)及均一元素(homogeneous)之二種,或稱爲「複合」(Complex)或「簡單」(simple)元素之二種.

複合元素之原子量(亦即原子當量與原子價之乘積),係其同性異量體之平均值.從理言之,與原子量應依其中同性異量體之重量及多寡計算.但與普通實驗所測得者極相近.

原子與電子又與電子接正電子負電子等相處當然此亦可稱爲元素.要非化學元素而已.蓋今日之化學分析,迄原子離子而止,尙未能越此範圍也.

叢 錄

戰爭心理的數學性質

蕭 立 坤

　　在去年 3452 期的 Nature 週刊上看到一篇很簡短的文章,題爲 Mathematical Psychology of War, 作者爲 L. F. Richardson. 現在特把牠翻譯出來,并且補入一些新材料,成爲此篇.

　　根據史實,一個戰爭前後兩敵對國的行爲,大概可以兩方程式表示之:

$$\frac{dx}{dt} = ky - ax + g \tag{1}$$

$$\frac{dy}{dt} = lx - \beta y + h \tag{2}$$

其中 x, y, 表甲乙二敵對國(或協約諸國與同盟諸國)之備戰量或『實力』; t 表時間; k, l 表甲乙之『抵抗係數』; a, β 表『疲乏與開支係數』; g, h 表對現行條約不滿意之程度.以文字言之,則曰:備戰之速度 $\left(\frac{dx}{dt}\right)$ 等於現在敵國之實力 (y) 及抵抗(或侵略)敵國之決心 (k) 之乘積減去本國實力 (x) 與軍費增多之痛苦 (a) 之乘積,再加上本國對現行條約不滿意之程度 (g).蓋敵國實力既大,本國自當加速備戰,免遭侵略.若本國已有龐大之軍備,人民又因軍費負担而困苦,自必從緩鼓起戰爭.對現行條約不滿意多,則改約之心意切,

勢必思再戰以訂優越多惠之約;然在現行條約下保有廣大之殖民地之國家,自不欲修改約章. $k, l, \alpha, \beta, g, h$ 均可暫視爲不變,且 k, l, α, β 均爲正數,因爲侵略與抵抗均足以引起戰爭故 k, l 常爲正;人民對軍費負担,決無快樂可言,故 α, β 常爲正. $g, h,$ 則可正可負,對受侵略及無殖民地之國爲正,反之爲負.國際形勢因此可由平面上之一點 (x, y) 表示之.今試舉數例以釋其義:

(1) 若 x, y, g, h 均同時爲零,以上兩方程式均爲零.故曰國際間之永遠和平惟有藉裁軍與互相滿足平等互惠之條約才能維持.若僅裁軍而各民族不能平等互惠, 卽 $x = y = 0,$ 而 g, h 不爲 $0,$ 則

$$\frac{dx}{dt} = g, \quad \frac{dy}{dt} = h, \text{故雙方備戰速度仍不爲 } 0, \text{戰爭終難倖免.}$$

(2) 若只裁一方之軍備,卽令 $y = 0, x \neq 0$ 之義,上二方程式爲

$$\frac{dx}{dt} = -\alpha x + g$$

$$\frac{dy}{dt} = lx + h.$$

下一方程式之義卽 y 并不致以爲 $0, y$ 將日增月長,故結果 ky 與 $(-)\beta y$ 二項仍不能忽去不計,而恢復到篇首二式之形.故單方之裁軍決無補於和平.歐戰後凡爾塞和約限制德國之軍備,結果相當時期之後,德國自動宣佈恢復軍役及重整陸海空軍,卽此之明證也.

(3) 若一國擁有巨大之軍備,其鄰國亦必擴軍,此卽

$$\frac{dx}{dt} \quad ky$$

之義,故 x 逐漸澎漲,於是因果互爲,更促成

$$\frac{dy}{dt} = lx.$$

故 x, y 均極速增加,使戰爭如弦上之箭,不得不發.此即日本擁有大軍備,而中國欲防其侵略,亦不得不擴軍之由也.故若萬一中日發生大戰,只能咎日本之多兵,不能咎中國之好戰也.

今試再論一般之情勢.上述之點 (x, y) 在國際平面中依 (1) (2) 二方程式而移動;若 x, y 均趨於無限大 (∞),大戰臨矣;若均趨於 0,則和平可期;若趨於負 ∞,即雙方均積極廢軍致力和平,當無戰爭.

若 $\dfrac{dx}{dt} = 0$, $\dfrac{dy}{dt} = 0$,即保持現在實力,不再增減,(1),(2) 二式均代表一直線,其交點即「均勢點」.解 (1),(2) 二式(先令 $\dfrac{dx}{dt} = \dfrac{dy}{dt} = 0$)得

$$x_0 = \frac{kh + \beta g}{\alpha\beta - kl} \qquad (3) \qquad\qquad y_0 = \frac{lg + \alpha h}{\alpha\beta - kl} \qquad\qquad (4)$$

惟對不幸生於均勢時代之人,均勢點有種種惡劣之可能.(一)偶而 $\alpha\beta = kl$, x_0, y_0 之分母為 0,故二直線只能交於無限遠,換言之,即無均勢之可能.(二)均勢點常位於第一象限以外,因而 x 或 y 將為負,或 x, y 均為負;故均勢惟縮軍可得.(三)平面中之動點若恰與 (x_0, y_0) 相合,此點確在平衡狀態,但此種平衡或為不穩平衡.

欲討論平衡狀態,試解 (1), (2) 二式:

由 (1)
$$y = \frac{1}{k}\left(\frac{dx}{dt} + \alpha x - g \right)$$

求微分後,與 (2) 相併,即 $\dfrac{dy}{dt} = \dfrac{1}{k}\left[\dfrac{d^2x}{dt^2} + \alpha \dfrac{dx}{dt} \right] = lx - \beta y + h$

或
$$\frac{d^2x}{dt^2} + \alpha \frac{dx}{dt} = klx + kh - \beta\left[\frac{dx}{dt} + \alpha x - g \right]$$

或
$$\frac{d^2x}{dt^2} + (\alpha + \beta) \frac{dx}{dt} + (\alpha\beta - kl)\left(x - \frac{kh + \beta g}{\alpha\beta - kl} \right) = 0 \qquad\qquad (3')$$

叢錄一　　　　　　戰爭心理的數學性質　　　　　　25

試一察 (1),(2), 可知 x, y 完全對稱, 故只須將 (3') 中之 x 換爲 y, k 換爲 l, l 換爲 k, 等等, 卽得

$$\frac{d^2y}{dt^2} + (\alpha+\beta)\cdot\frac{dy}{dt} + (\alpha\beta-kl)\left(y - \frac{lg+\alpha h}{\alpha\beta-kl}\right) = 0 \qquad (4')$$

以 e^{mt} 代 (3') 中之 $x - \frac{kh+\beta g}{\alpha\beta-kl}$, 可知 e^{mt} 爲微分方程式 (3') 之一解, 惟 m 須同時爲

$$m^2 + (\alpha+\beta)m + (\alpha\beta-kl) = 0. \qquad (5)$$

之根.

解 (5) 得

$$\left.\begin{array}{l} m_1 = \dfrac{-(\alpha+\beta) + \sqrt{(\alpha-\beta)^2+4kl}}{2} \\[2mm] m_2 = \dfrac{-(\alpha+\beta) - \sqrt{(\alpha-\beta)^2+4kl}}{2} \end{array}\right\} \qquad (5')$$

用同法可解 (4'). 因 (3'),(4') 爲二次微分方程式, 故其解必含二常數 A, B. 故 (3'),(4') 之完全解如下:

$$x = \frac{kh+g\beta}{\alpha\beta-kl} + Ae^{\frac{1}{2}\{-(\alpha+\beta)+\sqrt{(\alpha-\beta)^2+4kl}\}t}$$
$$+ Be^{\frac{1}{2}\{-(\alpha+\beta)-\sqrt{(\alpha-\beta)^2+4kl}\}t} \qquad (a)$$

$$y = \frac{lg+\alpha h}{\alpha\beta-kl} + A'e^{\frac{1}{2}\{-(\alpha+\beta)+\sqrt{(\alpha-\beta)^2+4kl}\}t}$$
$$+ B'e^{\frac{1}{2}\{-(\alpha+\beta)-\sqrt{(\alpha-\beta)+4kl}\}t} \qquad (b)$$

m_2 之值常爲負, m_1 之爲正爲負視

$$(\alpha+\beta) + \sqrt{(\alpha-\beta)^2+4kl} \gtrless 0$$

而定, 卽 $(\alpha-\beta)^2+4kl \gtrless (\alpha+\beta)^2$ 亦卽 $kl \gtrless \alpha\beta$ 而定.

若　　　　　　　　　　$\alpha\beta > kl$ 　　　　　　　　　　(6)

m_1 爲負, 故 $(a),(b)$ 中含 (e) 之項均將因 t 增大而漸小且近於 0, 卽 x, y 趨於 x_0, y_0

若　　　　　　　　　　　　　　$\alpha\beta < kl$　　　　　　　　　　　　　　（7）

(a),(b) 中前一含 (e) 項之指數爲正,故 t 增大時,x,y 均趨於無限遠.換言之;若兩抵抗係數之積大於疲乏係數之積時,國際局勢始處於不穩狀態.

然返觀現在情勢因科學之發達,各國軍需工業澎漲極速.又因各民族間(質言之,各族領袖)所信奉之主義不同,使互相維繫之力益少,互相猜忌之心日增,故抵抗係數之積,正大大增加,而疲乏係數之積則日漸減少也,故今日國際形勢正趨惡劣.

在此不穩狀態下,動點將視其始點之位置而定,漸趨於正 ∞ 或負 ∞.試轉換直角坐標爲極坐標,以區分此二種不同趨勢之始點.命 $x_0\,y_0$ 爲極點,且設

$$x - x_0 = \gamma\cos\theta \qquad y - y_0 = \gamma\sin\theta \qquad (8)(9)$$

求微分,

$$\frac{dx}{dt} = -\gamma\sin\theta\,\frac{d\theta}{dt} + \cos\theta\,\frac{d\gamma}{dt}$$

$$\frac{dy}{dt} = \gamma\cos\theta\,\frac{d\theta}{dt} + \sin\theta\,\frac{d\gamma}{dt}$$

代入 (1),(2)

$$-\gamma\sin\theta\,\frac{d\theta}{dt} + \cos\theta\,\frac{d\gamma}{dt} \quad k(y_0 + \gamma\sin\theta) - \alpha(x_0 + \gamma\cos\theta) + g \qquad (d)$$

$$\gamma\cos\theta\,\frac{d\theta}{dt} + \sin\theta\,\frac{d\gamma}{dt} \quad l(x_0 + \gamma\cos\theta) - \beta(y_0 + \gamma\sin\theta) + h \qquad (e)$$

由 (d) $e)$ 消去 $\frac{d\gamma}{dt}$,再求 γ,

$$\frac{d\gamma}{dt} \quad \left[ky_0 - \alpha x_0 + g + \gamma\left(k\sin\theta - \alpha\cos\theta + \sin\theta\,\frac{d\theta}{dt}\right)\right]\frac{1}{\cos\theta}$$

$$\left[l\,x_0 - \beta y_0 + h + \gamma\left(l\cos\theta - \beta\sin\theta - \cos\theta\,\frac{d\theta}{dt}\right)\right]\frac{1}{\sin\theta}$$

附錄一　　　　　戰爭心理的數學性質　　　　　27

$$\gamma = \frac{(lx_0 - \beta y_0 + h)\cos\theta - (ky_0 - \alpha x_0 + g)\sin\theta}{\frac{d\theta}{dt} + k\sin^2\theta - l\cos^2\theta - (\alpha-\beta)\sin\theta\cos\theta}$$

代入 x_0, y_0 之值（用(3), (4)），可見 γ 之分子為 0，故其分母必須為 0，始可使 γ 不為 0. 卽

$$\frac{d\theta}{dt} = l\cos^2\theta - k\sin^2\theta + (\alpha-\beta)\cos\theta\sin\theta \tag{10}$$

令 $\frac{do}{dt} = 0$，卽 θ 是一常數，x, y 僅在一通過 x_0, y_0 之定直線上變動，解(10)得

$$2k\tan\theta = \alpha-\beta \pm \sqrt{(\alpha-\beta)^2 + 4lk} \tag{11}$$

此式代表斜度不同之二相交直線.

　　動點只能在此二線上移動，而不能橫過之. 故(11)將國際平面分為四部分. 若恰遇 $\alpha=\beta$, $l=k$ 等特殊條件，$2k\tan\theta = \pm 2k$，卽 $\tan\theta = \pm 1$，$\theta = \pm(\pi/4)\pm\pi$. 若均勢呈不穩狀態，$(kl>\alpha\beta)$則 $\theta=-45°$，$\theta=+135°$或一般的寫爲

$$2k \tan\theta = \alpha-\beta \pm \sqrt{(\alpha-\beta)^2 + 4kl},$$

其所代表之分割線，特別具有奧妙之意義，蓋此線分割國際平面成二部分，一部分旨在和平，另一部分則亟欲大戰，造成混亂之局，此與今日世界情勢相同. 德，日，意諸國極力造成戰端，而中，法，美等國殊不願人類再受戰禍也.

　　常數 k, l, α, β, g, h 易受緩慢之變化. 工程與化學之進步，足使 α, β 逐漸降低，故若 l, k 不變，現今國際局勢實遠不如一百年前之穩固. 印刷物及無線電播音所發出之猜忌與親善，大足以影響 k, l 之數值.

　　又以上所述之兩國，必其文化程度及人口多寡相當，始與事

實相合,故若將來集體安全制實行後,求和平之集團之人民較欲戰之族,其數或多至數十倍,戰爭自不易輕啟也.

以上之方程式,頗不適於內戰之行為.又現今歐洲行獨裁制之國家,領袖個人之偏見頗足影響和平之前途,此種偏見與 x, y 究有何確當關係,亦待以後再論.

宇宙線研究的新工具 (續)

Dr. Robert Andrew Millikan 著　　　M. S. 譯

　　去年夏天,安德孫和耐德遜爾二人,在裴克峯的(Pike's Peak)山頂,用我們在一九三一年為計量宇宙線的能力特別製造的大力磁石,攝取了一萬多張的雲室照片.安、耐二人把這一萬張,還有一大部分在巴薩登那(Pasadena)攝取的照片一一統都研究過了,以為直接計量一下能力不同的電子,洞穿雲室中間五粍厚的鉛板後所損失的能.據他們觀察的結果,能的損失,恰好和歐貧漢柏特　哈特勒的學說發生相合,因為它對射入一直到三百萬電子弗打時的電子能大概成正比例,同時也像和原子數的平方成正比.雖然如此,我們對超出前面說的電壓的宇宙線的能,實無法量定.這些試驗不過對於原子核吸收宇宙線的真正認識,作一開端而已.

　　況且這兒有許多有力的事實對這種學說有衝突的地方,換句話說,或至少這種學說成立的理由並不充足.請看下面,便知其詳.

（1）耐赫 (Neher)，米立根二人，攜帶一個藏在十五糎厚鉛板，十五糎厚的鐵板，和又一十五糎厚的鉛板裏的量電器，乘轟炸機在巴薩登那附近的練兵場(March Field)上飛行，在二萬呎以上的高空時，發現吸收定律是隨同遮蓋量電器物質的增加而升高，就是說吸收的形狀，近乎原子數的一次方定律較甚於二次方定律。德國的司坦開 (Steincke) 氏和其他的學者，作低空飛行時的試驗，也得到同樣的結果。

（2）第二個困難的地方，就是電子能力在數十億電子弗打時的洞穿力總和，如按上面的學說來講必比洞穿三糎厚的鉛板的能力為小，可是我們根據量電器的記數和計算器(Counter)試驗的事實一看，就知道有游離作用的宇宙稜質點以直稜形的路徑能夠穿過五倍，或廿倍，甚而至於更高時，能穿過一百糎厚的鉛板。

為保全這種學說存在，和避免各種困難起見，不得不用通常有人假定的一個凡是長射程質點的徑跡(Track)，不是電子的徑跡，實是一種質量較重質點的徑跡的觀念，因為這一類射稜如 α，質子(Proton)，我們並不知道內個會生出此種次射稜成γ稜，而此種子和電子則能生這種副稜，又以數目或能力的增加而增加效率。所以有人斷定說，宇宙稜現出一切的厚洞穿力的形像，都是這種重質點的作用。當宇宙稜中一切的電子化合物和光子化合物，從入地球大氣閭頂上一層的時候，便真正的直接被吸收，這時那有洞穿力的重質點和原子核碰撞下，便生出電子生出的電子翻過來就變成光子，由電子變成光子又立即變成電子偶了，所有這一切的電子和光子，不論是怎樣組成的根據電子偶說上的條件來講，全以最大的速度被吸收，至於那些重質點它們本身卻不發生放射性的碰撞 (Radioactive Collision)，仍本其原來的職務，把宇宙

稜的能力深深洞入大氣圈底下的一層和湖底上,這就是我們能在湖底找到宇宙稜的原因了.

　　為討論這種學說起見,可以把這種重質點分成兩大類: (1)是正核子, (2) 是一切較重的原子核.第 (2) 類可以立刻略去不談,因為一切原子核,除去氫之外,差不多都帶有倍數的電荷,同時也因沿着一個徑跡的游離作用(Ionization)是和游離質點所帶的電荷的平方成正比,那麼帶有單數和倍數電荷的質點相異的地方,只用雲室試驗法,按密度不同的徑跡來觀察,便可以分辨出來.可是安德孫和耐德邁爾二人已經研究過五千多個以上的徑跡,也曾觀察過多少個從外來的帶有倍數電荷的質點,生出的徑跡.那麼這兩三個『可以想出的』的質點,已經有這麼一個來源,我們拿它去說明安,倪二人最近在裴克峯山頂和在巴薩登那最近的新最現,是最適合不過的.

　　這種發現就是原子核又有一種新式形狀的吸收.這種作用是和電子偶的產生,不發生關係的.當吸收作用發生時,原子核作出有規則的分裂後,必把重而可游離的質點逐出.被逐出的質點,通常都是一個質子,并伴有一羣正或負電子.由逐出質子後所生的濃密徑跡,便可量出一種可以高至一百萬弗打的能力,但是這與以直綫路徑常向射入射稜方向作運動不同的『電子雨』(Electron Shower) 徑跡不同,質點向後射擊的次數,大概常較向前的時候為多.至於通常的情形,大多以分裂後的原子核為中心,任意分佈在它的周圍.裴克峯上所攝的一萬張照片中間,發現有一百多張是這種質子的徑跡.至於它分裂的形狀,大多數都很清楚的.所以那兩三個『可以想得出的』從外來的質點,可以說是和這種原子核分裂的形狀是極相似的.這種發現的意思就是表示,電子偶

學說對原子吸收所觀察的事實,述說的並不完全.至於游離後的重質點,能洞穿大氣圈的一事,雖經斐克家那末高的山上作出來的計量,也仍沒有得到一點相當的證明.

但是經波文(Bowen),米立根和耐赫三人,升至大氣圈頂上一層高空所作的計量試驗,對有游離性的重質點的數目,也沒有得到什麼結果而失敗了.波文和米立根二人,最早於一九三一年發表過,凡量電器裏盛有空氣的壓力,由一氣壓增至三十氣壓時,則由一氣壓時游離作用而推算在三十氣壓時的作用應乘的因子常字,不論這種電流是用γ綫生的或用宇宙綫生的,結果全都一樣.這個意思就是說,凡能游離的質點,通過量電器的可生電流,在兩種情形之下,平均起來,全應是一樣的.但是我們知道,γ綫放射出的質點,只是正負電子罷了.因此,宇宙綫放射的情形,在這種分別試驗的範圍內,必定實在也都是電子.這和我們用空氣量電器和氫氣量電器來在極高的高空時作的試驗,是一致相合的.同樣和瑞根那(Regener)氏的深度游離曲綫(Depth-Ionizing Curves)也相同.不論瑞氏是用量電器或用單式陰平計算器(Uingle Ion Counter)去觀察,很顯明的地方,就是離子計算器只計量彈丸(Shots)用,而量電器只計量離子的電流.那麼一切的彈丸,不論是從量電器中或算計器中經過,平均每粒平均上必生出數目一樣的離子,要不然分光器曲綫上的各點一定都比計算器曲綫上的各點高.由是可知,算計器裏的重質點,和電子在計算器裏的活躍是一樣的,不過質子在量電器裏生出的電流,比電子大.

那麼這三種試驗的結果,合起來就是 (1)雲室中除去原子核分裂後的徑跡外,並無其他濃密的徑跡.(2)γ射綫和宇宙綫在

(4)　　　Nature, 128: 1934; also Rhys. Rev. 39: 397, 1932.

低壓空氣量電器裏的效應相同. (3) 量電器的高度曲線和單式計算器的高度曲線相等.——這一條對游離重質點一問題,證明的非常好,就是射入大氣圈裏的游離質點,為數是很少的.

雖然,我們要拿這個理論去解釋宇宙線的性質,就不適用.因為當能力在十億電子弗打以上的時候,宇宙線中質子的游離徑跡,和電子的游離徑跡,就沒有分別.所以質子是否能射入大氣圈裏或不射入大氣圈裏,需用別的試驗法,決定出來的.最近已出版的米,那[6]二人合著的 "Precision World Survey of Sea-level Cosmic-Ray Intensities" 一書,對這一點證明上,尤多新穎有力的貢獻.這種測量表示由北磁極附近(其南之八度)一直到巴薩登南 (Pasadena) (磁緯41°)之間,宇宙線在海平面上的強度,並不發生百分之一的變化.它的異常不變性(Extraordinary Constancy)可由下文證明清楚,一九三五年第五十期的物理評論 (Physical Review) 十九頁上登載的用兩個量電器,由英屬哥倫比亞(British Columbia) 的維多利亞 (Victoria) 地方至巴薩登那的緯度,有五晝夜不斷所觀察的記數,然在巴薩登那南幾里作的記數便開始猝然減低.赤道俯角 (Equatorial Dip) 磁緯41°地方發生這種異常猝落的情形,正是給我們一個頂好的證明,就是凡從外來的,都是電子(正或負),不是質子,也不是其他任何一類的重質點.海平面上實際能發生一切游離作用的原故,都由這外來的電子所致.這種證明,就是根據因為從北磁極緯度往南而來的磁緯度僅在一處,才發生赤道效應 (Equatorial Effect),即猝然低落的事實.由緯度41°發生的猛烈的猝落的事實,可推算大氣圈這時對外來電子的抵抗力,據愛卜斯坦

---

(5)　初次發表於 1935 年 12 月 19 日出版之第 34 期之 Carnegie Institute Reports, 繼又發表於 Phys. Rev. 50, 15, 1936。

——勒邁特——瓦拉爾他(Epstein-Le Maitre-Vallarta)三人的分析,約為六十億電子弗打,這個測驗的錯誤率,約為百分之二十左右.人們如由北往南測量所有屬乎這類能力的電子,以 0° 與 45° 對垂直方向作成的角度洞入地球內部.可見它們恰被這種地球磁場的封閉效應(Blocking Effect)所阻,這就是海平面上強度猝然減低的由來.能力稍弱的電子,需在比較高的高空中,方可穿過磁場.但是這種效應,在海平面上一點都顯不出來,因為它們沒有充分的能力,克勝大氣圈的抵抗力.這就是在緯度 41° 以上時所作的一切曲綫變為平坦的一個大原因.

　　現在我們要知道六十億弗打的質子,在地球磁場內,實際就像六十億弗打的電子,也受相當的影響.那麼因為質子並不像電子能發生放射性的碰撞,所以它洞穿大氣圈的力量比電子容易,電子則能發生這種碰撞,并且能力約在三十億的電子都是這緣故,所以這時磁緯54° 左右的海平面強度中必有一個「質子層棚」[6](Proton Shelf).事實上並沒有直視試驗后的形狀,可謂由於試驗時並沒有數目充足的質子進來,改變在海平面上測定的游離作用.這個意思就是,凡關於所能測定的游離作用,不問直接或間接由外來的帶電的粒子,這都是來於電子,不是因外來的質子或其他重原子核.

　　所以我們對於從前說過的各種困難應該用別的方法,把它解決出來.有一個方法就是在高度能力時,歐賁漢 —— 柏特 —— 哈特勒的定律的,又是失敗的了.我們如根據一九三二年波文

----

(6)　　J. S. Bowen, R. A. Millikan & H. V. Neher: Rhys. Rev. 44; 246—53, 1933;

—— 米立根 —— 耐赫三人的觀察[7]一看,就知道這個方法是應當失敗的.

歐,米,耐三人,在秘魯(Peru)(磁度 3°S),巴拿馬 (Panama) (磁度 20°N),巴薩登那附近的練兵場(March field)(41°N), 司拋干(Spokane) (54°N)和柏斯(The Pas)(63°N)等地上空飛行時所繪的高度游離曲線,在司拋干和柏斯之間二萬二千呎高度,並沒發生什麼相異的地方.但在司拋干和練兵場之間,就發生顯著的變化(12%), 在緯度 54°的時候,地球磁場的封閉效應就開始發生作用,同時截阻能力在二十四億電子弗打的電子侵入.磁緯 63° 和 54° 與 41° 中間的強度,發生百分之12顯著的猝落之間,這時宇宙線的強度,却並沒有什麼變化的原故,很顯明的表示出來,就是電子能力在二十四億電子弗打時的洞穿力,像電子能力在六十億電子弗打時的洞穿力,都有一定的射程的.電子能力在廿四億弗打時的射程,小於大氣圈由頂至底二分之一的距離,如電子能力為六十億弗打時,它的射程就等於大氣圈的總距離.但是這件事實,已違背了歐貞漢 —— 柏特 —— 哈特勒三氏的定律,按歐,—— 柏,—— 哈三氏的定律必要的條件是,電子洞穿一已知厚度的物質時,能的損失是和射入時電子的能成正比,反過來說,就是實際和洞穿力或射程成反比的吸收係數(Coefficient of Absorption),不論電子的能是廿四億弗打是六十億弗打全都一樣.可是現在這個試驗不是明明白白的說廿四億弗打的電子射程,不是比六十億弗打電子射程的二分之一還小嗎?

歐貞漢一柏特一哈特勒三氏定律同樣缺欠的地方,好像也被耐,米,哈三人最近這一次同溫層飛行試驗給指出來了.原來耐,

---

(7)　　　Phys. Rev. 46; 641—652, 1934.

米,哈三人,當七月的六,七,八三天的飛行,把記錄量電器升到所能達到的高空,已打破一切空前的記錄,所以他們這次所得的記數,也比平常用汽球功作獲得的記數精密的多,以前這一類的試驗,觀察人員多免强從量電器裏的單式放電作用,得到所要求的記數.雖然,放電的速率,在高空時比在海平面多二百次,結果是一樣.最近新式的耐荷氏量電器,作飛行試驗時,以3¼之小時為一週期,每四分鐘,由一輕便畜電器,自動重新充電一次.此器是耐赫博士(Dr. Victor Neher)和海因斯博士(Dr. Sherwood Haynes)費了兩年的光陰,編研究出來的,它的效用十分完美,每小時充電時的損失,比百分之½還小. ——真可說是一件真正著名的功勞了.因此器製造成功,使它的精確性,和我們在飛機上,用耐荷氏重型儀器,每四分鐘由三百弗打的電池充電時,得到的結果是一樣的良好.——此器每小3¼時只放電一次,即可從量電器內得到30至50倍的精確性.捕影片上的形狀而言,每次放電速率的照像記錄,顯著十分的清楚.同時氣壓計刻劃的記數,也一樣的精確可讚.這種氣壓計,此是量飛行時止飛機武器身上的氣壓計內刻劃的氣壓計上劃表示,在極高的高空時的壓力,水銀柱只有 12.9 糎高或水杆達17.5 糎高,意即到達大氣圈頂上的高度,已經是百分之 98.3, 量電器在這極端高空,所得的記錄,也是十分的美滿.這時高空大氣的壓力,按韓副瑞 (Humphrey)[8] 氏表上的記載,正和夏日飛至 58 粁或92000呎時高空的壓力相當.照這些記數所繪出來的游離壓力曲線,特別現出很强烈的樣子,因為是用量電器把上層空氣圈游離作用的結果計量後,得到一個很精密最大數值,可以說是這第一次的記錄,當水柱高 60 糎或水銀柱高 4.4 糎時,如仍往上飛行時使

(8)　　Humphrey 著 之 "Physics of the Atmosphere, last Edition 1929.

氣壓計的水銀柱高1.29糎,這時的游離壓力曲線却反驟然落到較低的數值,比水銀柱在4.40糎時的壓力,倒少百分之22.假如我們把我們的曲線和瑞根納(Regner)氏的曲線一比,高度雖然差不多也一樣,不過瑞氏的曲線是在磁緯50°得的,不是在38.5°得的,從這個地方看來,在這高的緯度而能力較低的電子,能穿過地球磁場的,只有它們能使瑞氏的曲線和我們的曲線當中發生相異的地方,假如這兩種曲線,從實驗上的觀察完全不差.這些電子在未曾和它的副電子現出平衡狀態時,絶不會洞穿大氣圈的.那麼這又是表明歐眞漢——柏特——哈特勒三氏定律失敗的一個證據.所有以上一切高空飛行的工作,不論這種試驗是在極度高空作的,或在中等高空作的,好像都和 "Precision Sea-Level Intensity" 一書上說的相符合.同時也就表示對由外來質子的數目一問題,不必注意和以偶成說爲基礎而創立的原子核高度吸收力定律的失敗.所以我們希望這次耐赫博士在印度廔德拉附近赤道地帶的試驗工作,用計量的方法,把原子核吸收現象的理論,另關一條更大而更光明的途徑.　　　　　　　　　　（完）

科學工業及社會

羣　譯

（節譯 Nature 139卷 3517號 525--529頁）

雖則科學及工業研究部（Department of Scientific and Industrial Research）最近之年報,具載英國工業界有漸趨樂於應用科

學知識及科學方法之徵象,而特別在聯合研究運動之進步,然顧問會議 (Advisory Council),則未能以聯合研究之全體現狀爲滿意,且指示其對巳有之經費尚未能作適當之應用也.在工業界,關於毛絲織業者,此之警告,巳得 D. R. H. Wilkins(Huddersfield 毛絲織商)之伸言.伊曾力指若干紡織商人,目光如豆,自謂不肯資助研究之理由.不曰事業頗順利,固無須及此,則曰事業不順利,而無力及此也!

　　毛織工業者,乃顧問會議所特行指出,未繳聯合研究首次捐款一種工業中之一者也.觀於此種工業在 Torridon 之聯合研究,以有限之物力,成可欽佩之工作,以及其附近之 Leeds大學,在近年關於毛類之化學及物理上構造之重要發現,則此種工業之不肯予研究以相當之資助,抑尤可異巳.雖然,若此之冷淡,正足示顧問會議所云,革新指導研究之機構,以促進其與工業之接觸,爲不可緩也.

　　年報又言,自工業之觀點言之,研究乃達一目的之工具;卽應用科學知識於生產之各階段,以及新生產方法之發展是也.欲於工業中,科學有應用與發展,則工業之若何始能利用科學及科學方法,必須完全了解,而此事業則亦只當合作問題由科學家及工業家共同研究之,始能有所成就.熱誠者流,每以爲儘量推廣科學之應用,卽可爲社會謀福利,而於受科學敎育者及從事生產之工業家間,經驗,敎養以及觀點之不相同,每不加以注意.科學家實應遷就工業家,而科學及工業研究部之一重要工作,卽爲輔助此等接觸之組織也.

　　此合作之一問題,自其各方面言之,或卽爲今日工業及科學當前最重要之問題.所謂促進工業及科學之接觸者,非僅謂其足

以促進工業界使從事於被相當忽視之研究也.促進科學應用之問題,亦視各工業而並非一致,半因其各工業性質之不相侔,半亦因其傳統習慣之相異,以及其所已採用科學人才之服務若何,成效若何而不相同.雖然,最亟之務,卽當為使工業家宣示其問題與科學家,而以經濟之重要為根據,以定特殊研究之次序也.

　　科學對解答工業問題之效勞,須視工業方面之努力及工業與科學之密切合作而定.於此種情形之下,一研究所之幹部,自其工業及科學上日常問題之知識,常能作不可估價之勞績.

　　若欲用最佳方法解決問題,則問題之宣示,實屬重要,蓋以現代工業之目的而言,問題不僅關及於一種科學,或至於牽及多種之科學也.不寧惟是,若欲儘量利用物力,期待最佳結果,則或許一問題之解決,不僅須自一種工業且須自各種工業方面研究之.此如顧問會議之所指,或係英國近年來工業現狀最可注意之發展也.

　　近五年來,數種大工業,延攬專門研究人才,如化學家,物理學家,工程師,博物學家或昆蟲學家,作適當之分組研究,解特殊之問題,或發展一新產品製法,已見有其效果.比如電燈效率之逐漸改良,如英國之已在高度清晰電視獲得位置,如輕化煤為油之商業上發展等等均是(中略).

　　為經濟上之理由,以及為隨知識俱來不可免之科學界高度分科,僅以株守一種研究而謀進步為滿意者之工業,殊無前途可言.合作,分工以及廣大之系統組織,乃成功之要素.再者,各種科學間相互關係之探討,由此種合作之所利導者,每能啓發新穎之思想,與促進重要之進步,科學史之所載固已數見不鮮.職是之故,吾人不必憂懼研究合作之足以消滅個性,與礙塞創造之思想,如若

干人士所云云者,蓋此種危險,雖不能求有,然有賢明之管制,即得以避去之也(中略).

不同之工業,欲解決有共同利益之問題,其研究活動之調整方法,或欲謀國家之普遍福利,而須由各種工業及部院之共同研究,始能解決者,其方式若何,殊不難枚舉實例.雖然,其重要之所在,則為欲自可能之物力,得最佳之結果,仍須研究工作之調整有更遠大之實施也.

即就此一事實而言,最近 Oxford 大學,為兩種研究基金各募捐五十萬磅,即屬切要之事.蓋科學知識之進步,已使科學,醫學及社會學各學院,在此物質機械發達之時代,難於使所學與所用者,相輔而行,使對畢業後之極深研究,不易有適當之置備.不特此也,亦正因自然科學之進步,須經費以建設新實驗室或擴已有之舊實驗室,須充實設備,任用職員,須改善各屬科學研究之設備,以及設立研究員之位置,凡此皆足示須賴另外之經費,以改善或擴充關於人類問題之研究,特別如人類社會及其相關之科學,如人類學者也.

事之顯然者,即吾人今已進至一階段,統籌全國中研究之資源及機構,學院的及工業的均不偏重,實屬事不容已.輕蔑或委廢研究者,固係自招國難,然一部分之偏重,而罝其他者於不顧,其危險亦不容忽視.改善通國研究工作之分配方法,早應籌及,而此之所謂分配,則必須兼所有之研究機關而言,勿論其為屬於國家之部院或係大學抑在工業.關於如此之通國統籌科學及工業研究部甚可作不少之助力,蓋此外少有如此之機關,能於工業內部,提倡深遠之應用科學及自然科學之研究,而對此等研究,關於此等科學本身之反應,復能就其內容及其前途,有所成就,如科學及工

業研究部者也.在現代,學術界及工業界在自然科學研究間之關係,其進步多寡之視合作之程度,而不關於研究之發自工業抑學術方面,其工業及學術研究所互與之興感及互助,凡此皆足爲自然科學研究向工業界索特殊扶植之張本,而此類發現應用於工業者之多而且速尚未計及焉.

若此種研究之重載,已爲工業界所肯負担,則大學內之研究經費,卽可從行支配,使社會科學之研究,亦得分潤.蓋如欲了解社會之問題及其組織,與適應今日之環境,則社會問題之研究亦屬急需也.如無此種諒解,則科學知識所能予人羣之福利,將有永遠不能享受之危險矣.

問題固屬急要,然要非一朝一夕所能解決者.凡欲調整研究之資源與物力者,均應具有遠大之眼光,及恢廓之態度.且如欲研究有賢明之處理,則必須集思廣益,統各有關係者而合籌之.以狹義或黨派之精神,束縛研究者,必致改變其精良之性質,舊沒其興感之工能.金錢之用於自然科學或人文科學者,斷非浪費,而二者間之分配,則僅能由若干人士決定之,此若干人者,須知幹練工作者之所能成就,須知工作者之必須自由,庶在不久之將來,工作者俱成智識界完整與自由之保障者,人將稱其前曾招致著名科學捐金之贈與也.

若研究捐金之管理,稍有足以損大學中維持思想自由之權(此事最近已在多方面受有嚴重之危險),則勿論合作若何成功,協力如何密切,均屬無濟於事.是故惟有大學不僅能啓發文化,且亦兼能盡其衛道之責,吾人始能希望思想之自由,使進化得有依據,不僅在解決政治,社會人類及國際間重要問題爲然,卽在工業界不斷向科學界所提出之根本問題亦莫不如此也.

書　評

化學參考書籍選輯

陳　同　素

26.普通化學. *General Chemistry Alexander Smith. Revised by James Kendall, Prof. of Chemistry in the University of Edinburgh; formerly Prof. of Chemistry at University of Columbia & of New York. Revised Edition D. Appleton-Century Co., New York City. 1936. xxviii+691 pp. 173 figs. 13.5×20cm. $3.50 net.*

此書較第一版修正革新之處甚多.著者編著目的在求合於教科之用.而不論學生之是否專修化學均可適用.普通化學之編著最易趨於失之過汇.今著則編輯材料平均,講解並不輕重實爲開導初學者之佳篇.

基本原理敍逑清楚.原子學說,分子學說,結晶構造,原子價與原子構造,化學平衡,游離新解等均極基注意.

二版書內於每章之末附註參考書籍少許及習題甚多.排印醒目,內容充實而書幅並不笨重;但關於金屬元素所講似屬太少.

27化學實驗. *A Laboratory Course in Elementary Chemistry E.B.R. Prideaux, M.A., B.Sc., D.Sc. F.I.C. University College, Nottingham, & F. C. Laxton, B.Sc., A.I.C. University College, Nottingham, England. William Heinemann Ltd., London. 1935 xiv+258 pp. 38 figs.*

16 tables. 12.5×19cm. $2.00 net.

此書係著者三十年來在各地學校敎授之經驗敎案.內容除普通之實驗外類多量的實驗.如銅之當量,二氧化碳之容積,空氣之密度,鋼中之鐵量.

敎材豐富,每星期六學時尚嫌不夠,故敎師可於同類性質之實驗中選做一種.

有機化學方面有:氮,硫,燐,鹵族之測定,脲,醋酸鹽,植物鹼等之試法,以及澱粉,糖,醇,碳水化合物之普通實驗.陰陽游子之試證及分類均有敍述.共有練習題一百多.可適用於任何標準敎科書.

28.**實驗大學化學**. *General College Chemistry for the Laboratory Rufus D. Reed, Associat Prof. of Chemistry & Robert W. McLachlan, Assistant Professor of Science, New Jersey State Teachers College. Syllabus. form. Lithoprinted. Edwards Brothers, Inc., Ann. Arbor. Michigan, 1935.×+87pp. 11 figs. 21×27.5cm. $1.80.*

此書目的在求大學普通化學之實習室,敎室,與圖書室等工作之密切關係.內容有二十三個實驗.包括普通化學內一般的題材.並附定性分析之初步(陰游子部份删去).

爲求加重圖書室工作起見,著者引典凡百四十種.每個實驗附參攷約三十種.問題三四十個.有幾題再注明參攷材料以便學生多得關於是項實驗之智識.補充實驗亦多.

學生宜於實習之前將此參攷材料閱讀,如此始符編者原旨,但所費時間比普通課本自當較多.

29.**無機定量分析**. *Textbook of Quantitative Inorganic Analysis. I. M. Kolihoff, Professor of Anal Chem. & E. B. Sandell, Instructor in anal. chem., Univ. of Minesota. the Macmillan Co., New York City, 1936.*

xv+749pp. 116 figs. 14×22cm. $4.50.

本書可用作初學者之敎科書.編制務求學生之能嫻熟基本原理及實用方法.先述重量法(gravimetric analysis) 諸凡應用到之原理如平衡定律,溶解度等以及實用技術如試劑,秤量等均詳細論述.次爲各種特殊定量之敍述而於差誤之來源及消除,亦經提出解釋.

容積法 (volumetric analysis) 所佔篇幅較少.次論比色法,光帶法,及利用物理測量之各種方法.並註出參攷書籍以便學者之詳細研究.末爲比較複雜物品之分析.每章附有演算習題.

30.**工業材㪚**. *Materials of Industry. Samuel Foster Mersereau, Brooklyn Technical High School. Revised edition Mc-Graw Hill Book Co., Inc., New York. City, 1936.* xⱽiii+541 pp. 237 figs. 15×21cm. $2.00.

是書爲高級職業學校之學生而作.內容包含木材,木炭,松節油,蘇料,石油,瀝青,石灰,水泥,陶磁,石料,燃料,鋼,鐵,銅,鋁,釬,錫,各種合金,橡皮,可塑物料等.

對於各種化學工業之中的進展敍述詳細,插圖清楚文字簡潔,高級中學之化學敎員及商界中人讀之,亦甚適用.

上海交通大学百年报刊集成 · 第一辑（1896—1949） · 学术学科

專　載

近代幾何

之導引

William C. Graustein 原著

顧澄達恉

定理 3　一維基形中之對合爲「非拋一次變形之不變式爲 -1 者」,其要義爲以「將不同兩固定原素調和分離之各對原素」互相對調.

此各對原素,各稱對合中之耦(pairs in the involution),並云此種耦之全體組成此對合〔以記號明之,設 E_1 及 E_2 爲兩不同固定原素,凡將此 E_1 及 E_2 調和分離之各對原素爲 $P_1, Q_1; P_2, Q_2; P_3, Q_3; \cdots$ 則謂之此 $P_1, Q_1; P_2, Q_2; P_3, Q_3; \cdots$ 之全體組成一對合.此中每一對 P_n, Q_n 謂之此對合中之一耦〕.

定理 4　一對合可以其兩固定原素決定之.

若兩固定原素爲實,則此對合爲雙曲對合,其標準方程式爲

$$(2) \qquad w' = -w,$$

此乃在 6 款 (5) 式中令 $k = -1$ 所得者.

若兩固定原素爲共軛虛原素,則此對合爲橢圓對合,其標準方程式爲

$$(3) \qquad ww' + 1 = 0,$$

此乃在 6 款 (6) 式中令 $k = -1$ 所得者.

定理 5　一對合中之不同兩實耦,其是否互相分離視此對合爲爲橢圓或雙曲而定(卽此對合爲橢圓對合,則此兩實耦互相分離;此對合爲雙曲對合,則此兩實耦不互相分離.又實耦卽實原素所成之耦).

不同兩實耦 E, E' 及 $\bar{E}, \bar{E}'$,其是否互相分離,視交比 $(EE', \bar{E}\bar{E}')$ 爲負或正而定.今從橢圓對合及雙曲對合之兩標準方程式(3)及(2),得此交比之值爲

$$-\left(\frac{\bar{w} - w}{w\bar{w} + 1}\right)^2 < 0, \qquad \left(\frac{\bar{w} - w}{\bar{w} + w}\right)^2 > 0.$$

故此定理必眞.

定理 6　若一次變形 T 能將一對不同原素互相對調,則此 T 必爲一對合.

設 T 以 A 及 A' 兩原素對調,而證 T 運 E 至 E' 時亦必運 E' 至 E. 欲證此事,只須證明:若 T 運 E 至 E' 及運 E' 至 $\bar{E}$, 則 $\bar{E}$ 必常與 E 同. 因 A, A', E, E' 運至 A', A, E', E, 故

$$(AA', E\bar{E}') = (A'A\ E'\bar{E}).$$

故

$$(AA', EE') = (AA', \bar{E}E'),$$

而 $\bar{E}$ 必與 E 同.

定理 7　必有(及只有)一對合能將兩對不同原素之每對中原素互相對調(即設 A, A' 及 B, B' 爲兩對不同原素,則必有(及只有)一對合旣能對調 A, A' 又能對調 B, B').

設兩對不同原素爲 A, A' 及 B, B'. 則必有(及只有)一個一次變形能運 A 至 A', A' 至 A 及 B 至 B'; 從定理 6 可知此一次變形必爲對合.

從此定理 7, 可得下之重要結論:

定理 8　設有兩對不同原素,則必有(及只有)另一對原素能將其各對中原素調和分離.

將此各對原素調和分離之另一對原素卽是「此兩對原素決定之對合」之兩二重原素;此兩對原素皆假定其爲實者.此另一對原素爲實原素或爲共軛虛原素,視此對合爲雙曲或橢圓而定.故從定理 5, 得

附理　此另一對原素爲實原素或共軛虛原素,視

注：该刊影印底本自此页后缺。